西安年鉴

XI'AN YEARBOOK

2019

西安市人民政府主办　　西安市地方志办公室编

世界图书出版公司

西安　北京　上海　广州

西安行政区划图

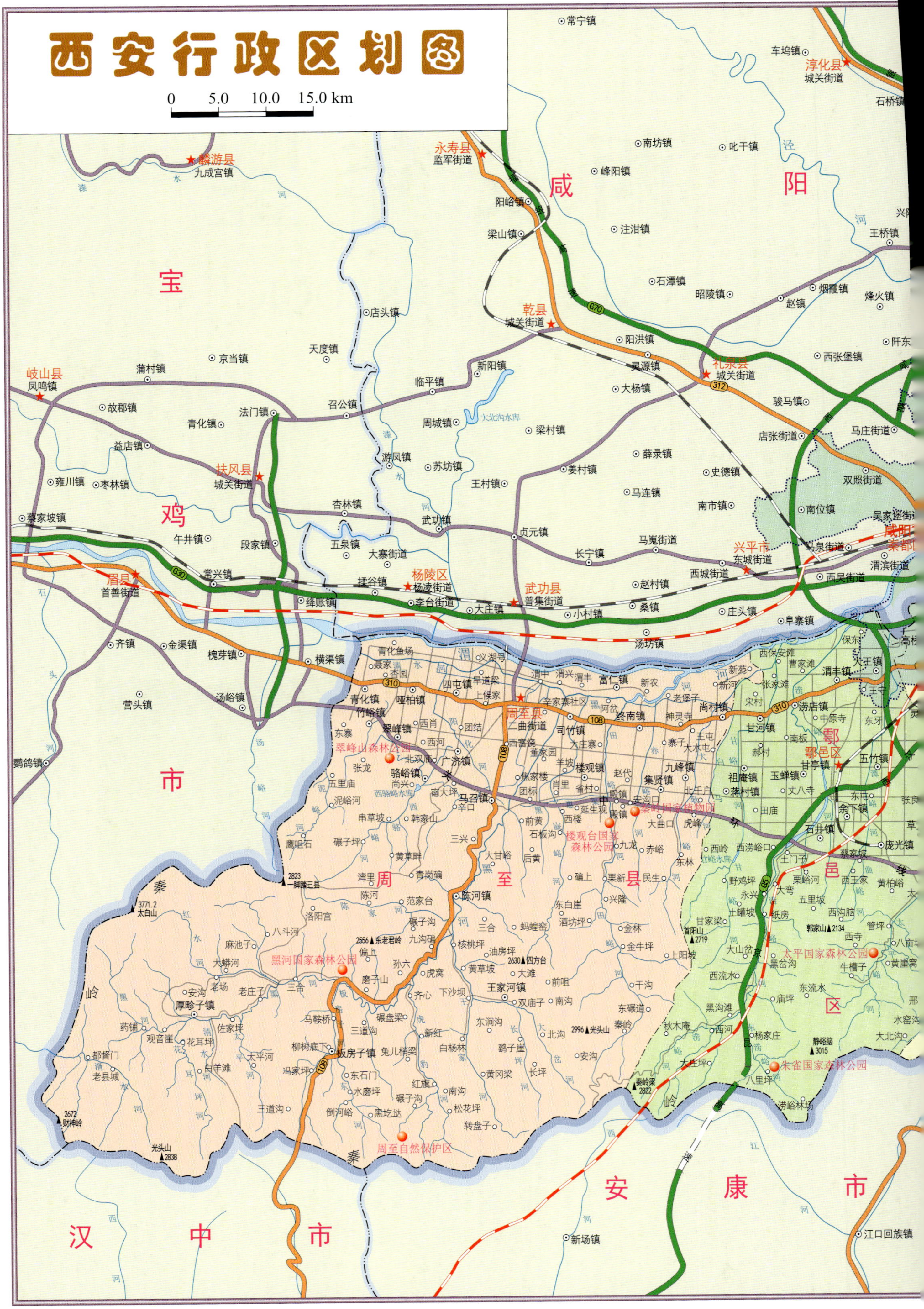

0 5.0 10.0 15.0 km
宝
鸡
市
咸
阳
汉
中
市
安
康
市
周
至
县
鄠
邑
区
麟游县
九成宫镇
永寿县
监军街道
淳化县
城关街道
乾县
城关街道
礼泉县
城关街道
岐山县
凤鸣镇
扶风县
城关街道
杨陵区
杨陵街道
武功县
普集街道
兴平市
东城街道
眉县
首善街道
周至县
鄠邑区
甘亭镇
咸阳
秦都
常宁镇
车坞镇
石桥镇
南坊镇
叱干镇
峰阳镇
阳峪镇
梁山镇
注泔镇
王桥镇
石潭镇
昭陵镇
赵镇
烟霞镇
烽火镇
店头镇
天度镇
京当镇
蒲村镇
阳洪镇
新阳镇
临平镇
召公镇
法门镇
故郡镇
青化镇
益店镇
周城镇
大北沟水库
梁村镇
大杨镇
骏马镇
西张堡镇
阡东
马庄街道
店张街道
游凤镇
苏坊镇
姜村镇
薛录镇
史德镇
王村镇
马连镇
双照街道
雍川镇
枣林镇
杏林镇
南市镇
南位镇
蔡家坡镇
午井镇
武功镇
贞元镇
马嵬街道
段家镇
五泉镇
大寨街道
长宁镇
常兴镇
揉谷镇
西城街道
渭滨街道
西吴街道
李台街道
赵村镇
绛帐镇
大庄镇
小村镇
桑镇
庄头镇
阜寨镇
齐镇
金渠镇
槐芽镇
横渠镇
汤坊镇
营头镇
汤峪镇
鹦鸽镇
青化镇
竹峪镇
哑柏镇
四屯镇
富仁镇
终南镇
尚村镇
渭丰镇
涝店镇
翠峰镇
二曲街道
司竹镇
甘河镇
骆峪镇
广济镇
楼观镇
九峰镇
集贤镇
祖庵镇
玉蝉镇
蒋村镇
五竹镇
马召镇
余下镇
石井镇
庞光镇
翠峰山森林公园
楼观台国家森林公园
秦岭国家植物园
黑河国家森林公园
周至自然保护区
太平国家森林公园
朱雀国家森林公园
陈河镇
王家河镇
厚畛子镇
板房子镇
太白山
东老君岭
首阳山
光头山
静峪脑
秦岭梁
财神岭
新场镇
江口回族镇

铜川市
渭南市
商洛市
西咸新区
高陵区
临潼区
阎良区
灞桥区
未央区
新城区
碑林区
莲湖区
雁塔区
长安区
蓝田县
泾阳县
三原县
富平县
华州区
临渭区
柞水县
西安咸阳国际机场
秦始皇兵马俑博物馆
骊山国家森林公园
王顺山国家森林公园
终南山国家森林公园
秦岭野生动物园
属西安市
省政府
市政府
图例
省政府驻地
市政府驻地
区（县）政府驻地
乡镇及街道
村庄
机场
景点
山峰、高程
地级界
县级界
西咸新区
河流
铁路 火车站
高速铁路
高速公路及编号
国道及编号
省道
县乡道
街道
城墙
西S(2018)013号

西安城区图

西安城区图
机场城际
西咸新区秦汉新城管委会
石桥立交
六村堡立交
朱宏路立交
地铁四号线
市政府
市委
西咸新区开发建设管委会
汉长安城遗址
地铁一号线
帽耳刘立交
后围寨立交
三桥立交
大兴立交
未央区
莲湖区
碑林区
阿房宫立交
石桥立交
昆明路立交
地铁三号线
太白立交
长安立交
丈八立交
河池寨立交
里花水立交
高新区管委会
西高新立交
地铁二号线
长安区
西宝高速公路
绕城高速公路
西安火车北站
西安火车站
G210国道

地铁三号线
保税区
新筑
双寨
国际港务区
务庄
香湖湾
浐灞中心
桃花潭
广泰门
辛家庙
石家街
胡家庙
朝阳门
康复路
长乐坡
万寿路站
通化门
浐河
半坡
纺织城
长乐公园
咸宁路
青龙寺
北池头
大雁塔
大唐芙蓉园
曲江池西
金滹沱
航天大道
天飞路
四号线
地铁一号线
西安国际港务区管委会
浐灞生态区管委会
灞桥区
高新东区管委会
曲江新区管委会
西安城东交通枢纽
北辰立交
杏园桥
谢王立交
太华路立交
安邱立交
方家村立交
官厅立交
灞河大桥立交
半坡立交
香王立交
穆蒋王立交
纺织城立交
兴庆立交
太乙立交
雁塔立交
曲江立交
空工立交
绕城高速公路
东三环路
高架快速干道
华清东路
长乐路
咸宁中路
咸宁东路
纺北路
纺南路
西康铁路
长鸣路
包茂高速
西安世博公园
汉杜陵
红旗水库
鲸鱼沟
灞陵休闲山庄
纺织城站
京昆高速
G210国道
连霍高速公路
沪陕高速公路
西蓝高速公路
陇海铁路
灞河
浐河
图例
省、市、区政府驻地
汽车站
铁路 火车站
灞河南
机场城际及站点
地铁 地铁站
高速公路
环城路
主干道路
一般道路
次要道路
规划道路
审图号：西S(2018)013号

01 XI'AN'S TITLES
荣耀西安

全国副省级城市	1994年
国家卫生城市	2008年
综合性国家高新技术产业基地	2008年
国家园林城市	2009年
中国最具文化底蕴城市	2009年
中国最具幸福感城市	2009年 2012年 2013年 2014年 2015年 2017年 2018年
海外高层次人才创新创业基地	2009年
全国社会治安综合治理优秀城市	1997年 2001年 2005年 2009年
中国国际形象最佳城市	2010年
十大中国最关爱民生城市	2010年
中国十大创新型城市	2011年 2012年
国家知识产权示范城市	2012年
全国双拥模范城市	1988年 1992年 1996年 2000年 2004年 2008年 2012年 2016年
中国形象最佳城市	2013年
中国十佳品牌会展城市	2013年
中国最具投资吸引力城市	2013年
国家下一代互联网示范城市	2013年
中国领军智慧城市	2014年
中国最具文化软实力城市	2014年
全球最具发展潜力新兴城市	2014年
中国十大区域性金融中心城市	2014年
最佳国内旅游城市	2014年
中国十大影响力会展城市	2014年
国家电子商务示范城市	2014年
国家跨境贸易电子商务服务试点城市	2014年
国家现代服务业综合试点城市	2014年
国家食品安全示范城市	2014年 2017年
国家质量强市示范城市	2014年 2016年
中国最佳营商环境十大城市	2014年
全国文明城市	2015年 2017年
国家系统推进全面创新改革试验区	2015年
国家自主创新示范区（西安高新区）	2015年
国家森林城市	2016年 2017年
中国旅游城市数字资产榜Top10	2016年
中国最具投资潜力城市	2017年
国家中心城市	2018年
东亚文化之都	2018年
中国全面小康特别贡献城市	2018年
中国书店之都	2018年
全球最具发展潜力新兴城市	2018年
全国十大正能量城市	2018年

02 RAW DATA OF XI'AN 数字西安

土地面积	10108平方千米
年末常住人口	1000.37万人
生产总值	8349.86亿元
第一产业增加值	258.82亿元
第二产业增加值	2925.61亿元
第三产业增加值	5165.43亿元
人均GDP	85114元
社会消费品零售总额	4658.72亿元
进出口总值	3303.87亿元
旅游业总收入	2554.81亿元
全体居民人均可支配收入	31407元
城镇常住居民人均可支配收入	38729元
农村常住居民人均可支配收入	13286元
地方财政一般预算收入	684.71亿元
地方财政一般预算支出	1151.61亿元
全社会总用电量	396.75亿千瓦小时
全社会货物运输总量	2.62亿吨
全社会旅客运输总量	2.61亿人次
房屋施工面积	16044.57万平方米
房屋竣工面积	977.28万平方米
商品房销售面积	2713.46万平方米
金融机构人民币存款余额	20948.18亿元
金融机构人民币贷款余额	19729.82亿元
普通高等学校	63所
普通中学	456所
全年申请专利量	71250件
医院床位数	6.90万张
卫生技术人员数	10.15万人
全社会供水总量	90394.45万立方米
市区供水总量	49512万立方米
城乡居民人民币储蓄存款余额	8360.33亿元
实际利用外商直接投资	63.54亿美元
城镇非私营单位就业人员年平均工资	83821元

03 MUST-SEE DESTINATIONS 西安印象

1 绿色浐灞
2 西安城墙
3 美丽秦岭（西安日报社 提供）

4 无人机表演（曲江新区 提供）
5 文化旅游步行街——新唐人街（西安日报社 提供）
6 大唐芙蓉园新春灯会（西安日报社 提供）

04 MAJOR EVENTS 年度大事

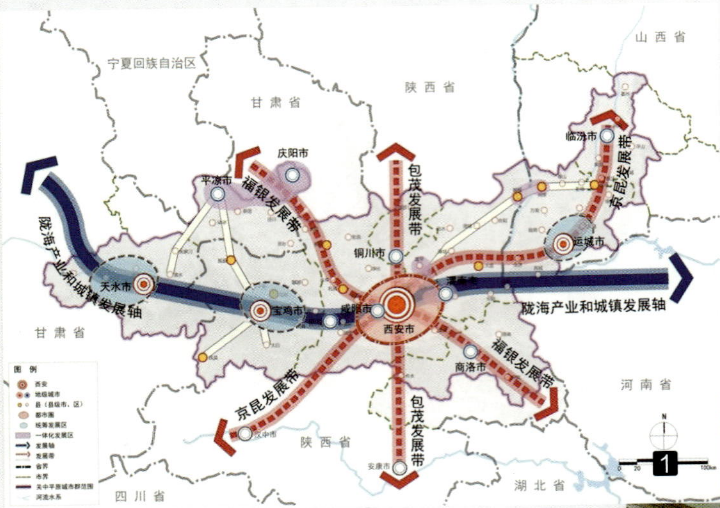

1 2018年2月7日，国家发展和改革委员会发布《关中平原城市群发展规划》，提出建设具有国际影响力的国家级城市群，明确要建设西安国家中心城市，建成国际化大都市。图为关中平原城市群空间格局图

2 2018年7月以来，西安市按照中央工作组和中共陕西省委、陕西省人民政府统一部署，举全市之力坚决打赢秦岭保卫战。图为8月17日，滦镇街道上王村卧福公司28栋违建别墅拆除现场（西安日报社 提供）

3 2018年春节，西安通过一系列活动展示和文化盛会全方位为海内外游客奉上一场“最中国、最正宗、最有味、最梦幻、最幸福”的节日盛宴，“西安年 · 最中国”成为城市营销经典案例。图为春节期间大唐不夜城步行街“西安年·最中国”活动现场（曲江新区 提供）

4 2018年，西安继新增市场主体突破50万户、民营市场主体超过140万户之后，个体工商户数量突破100万户（市工商局 提供）

5 2018年，西安市各区（县）、各部门以超常规的推进力度，攻坚克难，干出加速度，一条条“断头路”的打通，破解了群众出行难题。图为打通后的电厂南路（市建委 提供）

6 2018年12月26日，地铁四号线开通运行，前期已平稳运行96天，完成验收并试运行。车厢以“蒂芙尼蓝”为主色调，装修风格以“丝路长安”为主题，设29座车站，成为继二号线之后，又一贯通南北的重要交通通道（西安日报社 提供）

5

4

6

7　2018年，“长安号”国际货运班列开行1235列，运送货物120.2万吨，货值17.2亿美元，分别是2017年的6.37倍、5.18倍和8.7倍，重载率、货运量、实际开行量3项指标稳居全国第一。图为10月30日，中欧班列“长安号”2018年开行首超1000列庆祝活动现场（港务区 提供）

8　2018年，西安户籍新政持续改革创新，西安机遇叠加、活力迸现，吸引众多海内外人才前来落户，寻找创新、创业的大好机遇和广阔空间。截至年底，西安市常住人口1000.37万人，比上年末净增加38.7万人。图为庆祝第75万名新市民落户欢迎仪式现场（市公安局 提供）

9　2018年11月23日，国务院发布《关于支持自由贸易试验区深化改革创新若干措施的通知》，明确“支持西安机场利用第五航权”，为西安国家航空枢纽和临空经济示范区建设再添助力

10　2018年以来，中共西安市委、西安市人民政府围绕“一年治标、两年治根、三年治本”目标，贯彻落实“有黑扫黑，有恶除恶，有乱治乱”要求，强化政治担当，加强统筹领导，“扫黑除恶”取得阶段性成果。图为西安市检察机关开展“扫黑除恶创平安、守护公正助发展”主题宣传活动（市检察院 提供）

05 HOT TOPICS 年度热词

1 **“西迁精神”**：2018年伊始，中共中央总书记习近平在新年贺词中提到西安交通大学西迁老教授的来信：“广大人民群众坚持爱国奉献，无怨无悔，让我感到千千万万普通人最伟大，同时幸福是奋斗出来的。”中共西安市委出台《关于“弘扬西迁精神奋力追赶超越”的决定》，动员全市上下学习弘扬“西迁精神”。11月6日，西安交通大学“西迁人”爱国奋斗先进事迹报告会在人民大会堂举行。图为报告会现场（市委宣传部 提供）

2 **“秦岭违建拆除”**：自2018年7月31日起，秦岭违建别墅专项整治行动在秦岭北麓西安境内展开。清查违建别墅1194栋，其中依法拆除1185栋，依法没收9栋。依法收回国有土地303.8公顷，退还集体土地217.13公顷，复绿176.4公顷，实现从全面拆除到全面复绿。图为9月11日，秦岭北麓鄠邑段“山水草堂”项目违建别墅集中拆除现场（市规划局 提供）

3 **“国家中心城市”**：2018年，西安正式获批建设国家中心城市。年底，中共西安市委、西安市人民政府印发《西安国家中心城市建设实施方案》，加快推进西安国家中心城市全面建成。图为陕西西安出口加工区（经开区 提供）

4 “西安年·最中国”：2018年，“西安年·最中国”系列活动，成为春节期间全国年味儿最浓、人流量最大、关注度最高、传播面最广、点赞率最多的热点和亮点。春节假期，西安接待游客1269.49万人次，比上年增长66.56%，实现旅游收入103.15亿元，增长137.08%。图为春节期间，大唐不夜城步行街“西安年·最中国”活动现场（曲江新区 提供）

5 “超大城市”：截至2018年年底，西安市常住人口1000.37万人，正式迈入“超大城市”圈

6 “第五航权”：2018年11月23日，国务院发布《关于支持自由贸易试验区深化改革创新若干措施的通知》中，明确“支持西安机场利用第五航权”。第五航权的开放意味着西安拥有拥抱全球航空市场的“准入券”，将成为打造国际航空枢纽的有力跳板

7 **“创新创业”**：2018年以来，西安市按照“权力能放尽放、奖补能优则优、门槛能降则降”的原则，推出一系列政策鼓励创新、支持创业。图为3月8日，“创业西安行——莲湖站”主题活动在蔚蓝丝路众创空间举办（莲湖区 提供）

8 **“断头路”**：2018年，西安市采用升级“断头路”作战指挥部，无人机逐路航拍，挂分布图、作战图、进度图，实施挂牌督办和“日督查、周小结、月点评、季通报、年考核”等系列措施，全面落实《断头路三年清零行动方案》，破解群众出行难题。图为打通后的凤城二路（西安日报社 提供）

9 **“摇号上学”**：2018年，西安小学升初中民办院校首次实行电脑摇号加面谈形式

10 **“房价”**：2018年，受户籍政策等因素影响，西安房价涨幅明显，中共西安市委、西安市人民政府进一步落实限购、限价、摇号等房地产调控政策，确保西安市房地产市场健康发展。图为7月9日，西安市司法局在西安市公证处开展第一期商品房销售摇号公证活动（市司法局 提供）

“一带一路”建设

1 2018年5月11—15日，第三届丝绸之路国际博览会暨中国东西部合作与投资贸易洽谈会在西安举办（市会展办 提供）

2 2018年4月15日，中国（陕西）自由贸易试验区公共法律服务中心揭牌仪式暨“一带一路”国际商事法律服务论坛在西安国际港务区举行（港务区 提供）

3 2018年10月30日，“一带一路”开放大通道建设与枢纽、门户、流动经济发展高峰论坛活动在西安国际港务区举行（港务区 提供）

4 丝路梦工厂（浐灞生态区 提供）

06 INTERNATIONAL EVENTS AND CONFERENCES 国际化大都市建设

5 2018年4月10—12日，第八届中国西部国际物流产业博览会在西安举办（市会展办 提供）

6 2018年9月7—10日，第九届中国西部文化产业博览会在西安举办（市会展办 提供）

7 2018年10月24—25日，第二届全球程序员节在西安高新技术产业开发区举办（西安日报社 提供）

8 2018年10月23—25日，第二届世界饮品大会在西安举办（市会展办 提供）

5

6

7

8

9 2018年10月11日，随着第四次液压同步提升标高到达41.789米，西安奥林匹克体育中心体育馆主体砼结构完成，体育馆轮廓形成，雏形呈现。游泳跳水馆主体砼结构完成，屋面钢结构桁架滑移完成（港务区 提供）

10 2018年10月20日，西安国际马拉松赛在永宁门广场鸣枪开跑（曲江新区 提供）

11 2018年12月20日，2018西安电竞产业峰会在西安举办（市会展办 提供）

12 2018年5月7日，西安乃至西北地区首条直飞英国伦敦航线开通，它不仅是西安又一条飞往世界重要政治金融中心的航线，也是西安直达欧洲的第七条航线（西安日报社 提供）

13 2018年12月9—11日，“世界唐人街·相聚长安城”海内外文商旅大集系列活动在西安举行（市会展办 提供）

14 2018年，保税物流中心完成进出口货值8.2亿元（西咸新区 提供）

15 西咸中央商务区起步区一期（西咸新区 提供）

16 2018年4月18日，在首届“中国华服日”，曲江新区大唐芙蓉园邀请西安市文化学者、古乐专家、外国友人一同开展“曲水流觞·桃花祓禊踏歌行”主题活动（西安日报社 提供）

07 INVESTMENT PROMOTION 招商引资

第二届西商大会

1. 2018年6月29日至7月1日，第二届世界西商大会在西安举办（市会展办 提供）
2. 嘉宾观看入城仪式演出（市会展办 提供）
3. “新经济领军人物对话西安”圆桌会议（市会展办 提供）
4. 签约现场（市会展办 提供）
5. 西商总会在西安成立（市会展办 提供）

6 2018年3月28日，三星（中国）半导体有限公司存储芯片二期项目开工奠基仪式在西安举行（市工信局 提供）

7 2018年1月16日，西安市人民政府与阿里巴巴网络技术有限公司在西安高新技术产业开发区软件新城举办第二批合作项目签约暨阿里巴巴丝路总部揭牌仪式（港务区 提供）

8 2018年10月31日，富邦华一银行西安分行在西安高新技术产业开发区开业，成为入驻西安的首家台资银行（市金融办 提供）

9 2018年9月1—2日，2018中国500强企业高峰论坛在西安举办（市工信局 提供）

10 2018年6月27日，西安市人民政府和社会资本合作(PPP)高端论坛召开（市发改委 提供）

11 2018年3月26日，西安市2018年第一批扩大有效投资重大项目集中开工仪式举行，西安阎良国家航空高技术产业基地总投资75亿元的16个重大项目开工建设（航空基地 提供）

12 2018年5月17日，西安航空科技创新服务中心获得国家军民融合公共服务平台颁布的军民融合科技服务机构认定，这是陕西省唯一入选的创业孵化类服务机构（航空基地 提供）

13 欧亚创意设计园孵化中心（浐灞生态区 提供）

14 婚庆文旅小镇（浐灞生态区 提供）

12

13

14

08 *ECOLOGICAL CONSERVATION* 生态建设

1 2018年4月19日，西安市环境保护局、西安市机动车排气污染监督监测中心与西安国家民用航天产业基地管委会、西安市环境保护局航天分局联合在中国航天科技集团公司第六研究院社区科技广场组织开展“绿色出行我是践行者”全民减排宣传活动（市环保局 提供）

2 西安市环境保护局工作人员检查、调研江村沟垃圾填埋场渗滤液问题（市环保局 提供）

3 2018年4月28日，西安市浐河治水工程雁塔鱼化污水处理厂通水调试仪式举行（市水务集团 提供）

4 2018年1月9日，西安公共交通公司举行“比亚迪”纯电动车投放仪式（市城投集团 提供）

5 西安石油大学南区实施广场透水混凝土海绵化改造（市建委 提供）

6 2018年7月26日，大学生志愿者为沿街商户赠送绿植和治污减霾宣传资料（西安日报社 提供）

7 西安曲江新区曲江池西路绿化景观（市城管局 提供）
8 沣河综合治理（西咸新区 提供）
9 灞渭湿地（西安日报社 提供）
10 周至县沙河夜景（周至县 提供）

09 PUBLIC CULTURE 公共文化

1 2018年8月2日，中央广播电视总台《天下有情人》七夕特别节目暨2018年“七夕晚会”西安会场节目在西咸新区沣东新城昆明池录制（西咸新区 提供）

2 2018年9月17—20日，第三届中法文化论坛在西安举办（市会展办 提供）

3 话剧《柳青》演出剧照（曲江新区 提供）

4 2018年7月20日，新城区长乐中路街道金康社区联合西安明众社会工作服务中心开办传统民俗班，邀请专业老师为社区群众传授面塑、剪纸、石头画等传统技艺（西安日报社 提供）

“三城”建设

5 2018年12月22日，蓝海风·漫巷项目开业，国内首个百米书墙亮相西安（经开区提供）

6 西安半坡博物馆举办“史前工场”进校园活动（市文物局 提供）

7 2018年7月22日，大唐不夜城步行街举行民乐表演（西安日报社 提供）

10 LIVEHOOD PROGRAMS 社会民生

脱贫攻坚

1. 2018年6月22日，西安市民政局组织专家到临潼区穆寨乡姚坡村开展扶贫送医、送药、送健康活动（市民政局 提供）
2. 2018年10月17日，西安市司法局在临潼区石湾村开展“脱贫奔小康 法律伴你行”专场宣传活动（市司法局 提供）
3. 2018年11月22日，共青团西安市委员会在周至县楼观新镇小学举办西安共青团助力脱贫攻坚“暖冬行动”暨“小葵花爱心暖冬包”发放活动（团市委 提供）
4. 西安经济技术开发区在蓝田县建设的脱贫攻坚农林产业示范基地大棚（经开区 提供）

5 2018年3月16日，西安市妇女联合会、西安市法学会联合举办以“构筑法律屏障，维护妇女儿童权益”为主题的西安市《中华人民共和国反家庭暴力法》实施情况研讨会（市妇联 提供）

6 2018年3—5月，西安住房公积金管理中心在全市组织开展新市民住房问题西安片区调研活动（市公积金中心 提供）

7 2018年2月21日，西安市药品稽查执法人员对中药饮片进行执法检查（市食药监局 提供）

8 2018年4月4日，西安市召开全市放心肉菜示范超市暨食用农产品示范市场创建工作推进会（市食药监局 提供）

9 2018年11月，新城区中山门社区卫生服务中心对65岁以上老年人进行体检（市卫计委 提供）

10 西安曲江新区税务局24小时自助办税服务区（市税务局 提供）

11 长安区太乙宫村立面整治（市建委 提供）

13 2018年3月15日，西安市工商行政管理局举行“国际消费者维权日”活动，并表彰2017年“打假维权十大能手”(市工商局 提供)

14 2018年8月16日，新城区太华路街道举行建设“平安西安、争创‘平安鼎’”启动仪式，来自街道、社区的200余名干部群众及辖区派出所民警，通过现场宣誓、签名等形式，积极参与、全力支持争创“平安鼎”活动（西安日报社 提供）

15 2018年5月15日，西安市人民政府金融工作办公室在碑林区李家村万达广场开展“全市防范和打击非法集资现场宣传日”活动（市金融办 提供）

16 2018年，西安市制定印发《西安市“名校+”工程行动计划（2018—2021年）》，新组建市级“名校+”教育联合体66个、区（县）级教育联合体193个，另组建跨区域“名校+”13个，覆盖学生32.5万人。图为9月1日，大雁塔小学“名校+”教育联合体举行秋季开学典礼（雁塔区 提供）

西安年鉴编辑部

编辑说明

一、《西安年鉴》是西安市人民政府主办、西安市地方志办公室承编的地方信息资料性文献。1993年创刊，每年编辑一卷。《西安年鉴》（2019）为第二十七卷。

二、《西安年鉴》（2019）坚持以辩证唯物主义的立场、观点和方法，以马克思列宁主义、毛泽东思想、邓小平理论、“三个代表”重要思想、科学发展观和习近平新时代中国特色社会主义思想为指导，旨在准确、科学、权威、系统地记载2018年西安地域内政治、经济、文化和社会发展的基本情况，为社会各界读者了解和研究西安提供基本的信息资料。自2018年起，《西安年鉴》相继出版有英文版。

三、本卷年鉴采用分类编辑法，大部分栏目设“类目—分目—条目”3个层次，部分类目设有二级分目。全卷共有类目36个、分目179个、二级分目7个、条目1535个。不同层次的标题，字体、字号和版式设计有明显区别；有些内容较多的条目，文内用楷体标出相应的层次。

四、本卷年鉴记述的地域范围一般以2018年西安市行政区划为界，一些发生在外地，但与西安关系密切的信息亦予以收录。区域名称“西安市”“全市”指西安市和所辖各区（县），“城三区”指新城、碑林、莲湖3区，“城六区”指新城、碑林、莲湖、灞桥、未央、雁塔6区。

五、本卷年鉴所载录的内容和数据一般限于2018年，分别由西安地域内各有关部门、区（县）、开发区和行业提供，并经撰稿单位负责人审定。其中，主要数据采用西安市统计局提供的快报数据，引用时请注意。

六、本卷年鉴正文涉及的单位名称和文件名称，在条目中首次出现一般采用全称，再次出现的则采用习惯简称。需要解释的名词，除“特载”类目在正文后集中注释外，一般采取括注形式。

七、本卷年鉴有目录、索引2种检索途径，目录在卷前，索引在卷尾。

八、本卷同时出有电子版，可登录西安地方志网（网址：http://xadfz.xa.gov.cn）免费浏览下载。

目　录

特　载

专　文

大 事 记

西安概貌

中国共产党西安市委员会

西安市人民代表大会

西安市人民政府

中国人民政治协商会议西安市委员会

纪检监察

民主党派·工商联

群众团体

法　治

开发区建设

农业和农村经济

工业·建筑业

信息产业

交通运输·邮政快递

商贸服务业·会展业

旅 游 业

经济管理与监督

房地产业

教育

科学研究和技术服务

出版传媒

文化艺术

体　育

综　述

群众体育

竞技体育

医疗卫生

医疗服务

社会民生

区（县）概况

人　物

附　录

索　引

Contents

Democratic Parties and Federation of Industry & Commerce

Grassroots Organizations

Rule of Law

Military Affairs

Urban Construction & Management

Construction of Development Zones

Agriculture and Rural Economy

Industry & Construction Sector

Information Industry

Transport, Postal and Courier Services

Commerce & Trade Industry and Conference & Exhibition Industry

Tourism

Economic Management and Supervision

Finance & Taxation

Financial Industry

Real Estate Industry

Education

Scientific Research & Technical Services

Publishing and Media

Culture & Art

Sports

Public Health

People's Livelihood

District(County) Profiles

Figures

Appendix

Index

特载

责任编辑
姚文东

西安年鉴
2019
XI'AN YEARBOOK

在市委十三届八次全会第一次全体会议上的讲话

中共陕西省委常委、西安市委书记　王永康

（2019年1月2日）

这次市委十三届八次全会的主要任务是：以习近平新时代中国特色社会主义思想为指导，全面贯彻党的十九大和十九届二中、三中全会及习近平总书记对西安系列重要指示批示精神，认真落实中央经济工作会议、中央农村工作会议和省委十三届四次全会要求，总结2018年工作，分析当前形势任务，审议中共西安市委《关于深刻汲取秦岭北麓违建别墅问题教训　彻底肃清魏民洲等流毒和恶劣影响　全面净化修复政治生态的决定》和《关于加快推进新型智慧城市建设的决定》，讨论《西安市全面推进“一网通办”　加快数字化转型行动方案》，研究部署政治建设、新型智慧城市建设和2019年工作，动员全市上下坚定信心、全力攻坚，以优异成绩庆祝中华人民共和国成立70周年。

根据市委常委会安排，我讲5个方面意见。

一、关于2018年工作报告

刚刚过去的2018年，是极不平凡的一年。在以习近平同志为核心的党中央坚强领导下，在省委的正确领导下，我们坚持以习近平新时代中国特色社会主义思想和习近平总书记对西安工作系列重要指示批示精神统揽全局，深入贯彻党中央重大决策部署和省委要求，实施新时代大西安“三步走”战略，埋头苦干、知难奋进，坚决打赢秦岭保卫战，推动追赶超越发展迈上新台阶，落实“五个扎实”要求取得新成绩。

一年来，市委常委会重点抓了5件大事。

*第一，深入学习贯彻习近平新时代中国特色社会主义思想和党的十九大精神。*我们坚持把学习贯彻新思想和十九大精神作为重大政治任务，与学习贯彻习近平总书记对西安工作系列重要指示批示和来陕视察重要讲话精神贯通起来，着力学懂、弄通、做实，“四个意识”“两个维护”更加坚定。

打牢“学”这个基础，召开53次常委会分专题学习，组织35次中心组集体研讨，邀请各领域专家进行讲解辅导，分级、分批开展干部轮训，强化理想信念、绝对忠诚和使命担当。按照“七进”和“八个一”要求，精心组织宣讲5942场次，营造大学习氛围。

突出“思”这个关键，组织实施大调研，市委常委带头，围绕三大攻坚战、营商环境、硬科技、新经济和补民生短板等，走出去考察，走下去开展“体验式”“解剖麻雀式”调研，形成了一批调研成果，为市委决策提供了重要依据。

夯实“用”这个根本，坚持学用结合、学以致用，制定实施《2018年追赶超越升级版方案》等，开展“追赶超越”奋进年、“营商环境”提升年、“招商项目”落地年活动，有力推动新思想和十九大精神落地见效。

*第二，全面彻底整治秦岭北麓违建别墅问题。*我们深入学习习近平总书记重要指示批示精神和习近平生态文明思想，并作为强大思想推动力和政治指引，在中央工作组和省委正确领导下，把秦岭北麓违建别墅专项整治作为耻事、急事和头等大事，围绕“政治上查清、整治上彻底、长远上规范”的目标，成立专项整治领导小组，市、区（县）领导带头啃硬骨头，冲在一线当“施工队长”，取得“百日攻坚”的全面胜利。

按照“彻底查清、彻底排查、彻底整治、彻底查处”的要求，坚持依法依规按政策处理，用市场化方式解决资金问题，一个态度抓到底，一把尺子量到底，彻底查清查处违建问题背后的人和事，彻底排查整治违建项目，共拆除违建别墅1185栋、没收9栋，依法收回国有土地4557亩、退还集体土地3257亩，拆除各类违建162万平方米，实现从拆到绿、从乱到治，取得了良好的政治效果、纪法效果和社会效果。

举一反三、建立长效机制，市委专题召开十三届六次全会，审议通过市委《关于深入学习贯彻习近平总书记对西安工作系列重要批示指示精神的决定》和《关于深入学习实践习近平生态文明思想加快创建国家生态文明建设示范区的决定》，成立市委重大工作推进办公室，建立、贯彻、落实习近平总书记重要指示批示精神的全过程制度，并把每年的2月15日设立为“西安生态日”。

认真反思秦岭北麓违建别墅问题，召开专项整治情况通报会、秦岭生态环境保护大会，同时市党政班子及长安区、鄠邑区、秦岭办等27个单位分别召开专题民主生活会，深刻吸取教训，明确整改方向，放大多重政治效应，切实把规矩立起来、把作风正起来、把责任扛起来！

*第三，扎实推进三大攻坚战。*坚持把脱贫攻坚作为重大政治任务，以中央脱贫攻坚专项巡视和国务院大督查为契机，严格对照“577”脱贫退出标准，推广联村党委模式、“三变”改革等经验，推进“八个一批”政策措施精准落地，去年上半年考核全省优秀，“周至摘帽、142个贫困村退出、12864户40570人在册贫困户脱贫”指标已全部达标。

加快实施乡村振兴，启动农村人居环境整治三年行动，成功举办大西安农民节、农民丰收节活动。市级以上农业龙头企业达171家，第一产业增加值270亿元、增长3.3%。我们像抓秦岭北麓违建别墅专项整治一样抓“大棚房”问题专项整治，坚决遏制农地非农化现象。

有效开展污染防治，制定实施新一轮“铁腕治霾·保卫蓝天”三年行动方案，加大散煤、扬尘、臭氧、散乱污等重点问题整治，优良天数增加8天，重度及重度以上污染天数减少10天，PM10、PM2.5分别下降6.2%、13.7%，空气质量持续好转，综合指数改善位居全省前列。

扎实抓好中央环保督察“回头看”反馈问题整改，开展黑臭水体大排查，完成建成区“2+4+15”黑臭水体整治整改，加快江村沟等重点环境整治。持续开展“五策治水”，新增水生态面积2590亩、湿地5870亩。

守牢不发生重大风险底线，严厉打击非法集资、金融诈骗等违法活动，网贷机构数量和交易规模均达到“双降”要求。

*第四，全面部署加快国家中心城市建设。*国家批复《关中平原城市群发展规划》，提出建设具有国际影响力的国家级城市群，明确西安国家中心城市的定位，这是西安改革开放以来具有里程碑意义的大事！

为把《规划》落到实处，我们于去年7月底召开市委十三届五次全会，以融入“一带一路”大格局为主线，全面部署加快西安国家中心城市建设。全会审议通过市委《关于加快国家中心城市建设推动高质量发展的决定》及《西安国家中心城市建设实施方案》，这是党的十九大部署和习近平总书记关于城市群发展战略在西安的具体化，提出了国家中心城市建设的思路目标，明确了提升“三中心二高地一枢纽”的功能定位，确立了打造新型城镇化样板和高质量发展样板的路径。最近省上公布的《关中平原城市群发展规划实施方案》，主要任务第一条就是支持西安国家中心城市建设。

围绕国家中心城市定位和完善大西安“2050”空间战略规划，制定实施支持西咸新区、富阎一体化发展的意见，大西安空间布局进一步优化。系统推进城市双修试点，实施城乡环境大整治和“四改两拆”，新增城市绿地638万平方米，12座公园拆除围墙全面开放，深化烟头革命、厕所革命，城市品质明显提升。

*第五，大力开展“营商环境”提升年活动。*我们以打造最佳营商环境城市为目标，大力发展民营经济，出台加强和改善营商环境的决定及21个专项行动方案，深入推进行政效能革命，建成投用西安政务服务网，“最多跑一次”达86.92%，“网上办”达85.45%，营商环境排名全国前十。

成立西商总会，举办第二届世界西商大会、西安企业家节，倡导像尊重科学家一样尊重企业家。认真贯彻落实习近平总书记关于民营企业发展的系列重要讲话和中央25号文件精神，召开民营经济发展大会，表彰优秀企业、优秀民营企业家、优秀创业明星。

市场主体呈井喷式增长，全年新增55万户、增速居副省级城市第一，总量达148万户、跃升到副省级城市第四，非公经济增加值占比达到53.3%。持续升级“三大新政”，全年落户80万人，两年引进人才超过100万人。西安已成为国内创业热点城市！

一年来，市委常委会统筹推进“五位一体”总体布局，协调推进“四个全面”战略布局，围绕稳增长、促改革、调结构、惠民生、防风险及党的建设，研究新情况、解决新问题，主要做了以下9项工作。

*一是，加快推动高质量发展。*贯彻新发展理念，以高质量发展统筹高端产业和中高速增长，深化供给侧结构性改革，经济发展稳中向好、结构趋优、动能强劲，综合实力迈上新台阶！预计地区生产总值8230亿元，增长8%、同比提高0.3个百分点。固定资产投资增长8.5%，其中工业投资增长29%、提高39.6个百分点；民间投资增长16%，提高4.9个百分点。社会消费品零售总额4670亿元，增长10%。一般公共预算收入684.7亿元，增长10.8%，税收占比81.3%，提高12.7个百分点。城乡居民人均可支配收入分别为38729元、13477元，分别增长7.9%、8.8%。

*二是，狠抓主导产业培育。*实施工业“五个三”行动，三星二期、吉利、奕斯伟等重大项目快速推进，新能源汽车、光电子器件、工业机器人等产品产量分别增长71%、2.5倍、2倍。规模以上工业增加值增长9.2%，其中，高新技术产业增加值增长12.5%，战略性新兴产业增加值增长11%。还突出抓新经济，互联网前10强有9家落户西安，网上零售额增长30%，新增上市挂牌企业16家。服务业增加值5160亿元，增长8.2%。举办中国“500强”企业峰会和系列校友回归等重大产业招商活动，签约项目860个、总投资2.58万亿元，百亿元以上项目50个。实际利用外资43.27亿美元，实际引进内资3115亿元，增长19%。落户世界“500强”企业达215家。“3+1”万亿级大产业体系加速形成。

*三是，加大基础设施投资力度。*3次举行重点项目集中开工，项目数852个，总投资1.07万亿元、年度完成投资2200亿元。677个市级重点在建项目年度完成投资4068亿元。轨道交通建设全面提速，4号线通车运营。新增入库PPP项目202个，签约额2210亿元、年度完成投资236亿元，35个特色小镇年度完成投资400亿元。30条断头路打通，73个地下综合管廊项目加快推进。城市综合承载力明显增强。

*四是，充分释放创新潜力。*加快创新平台建设，中国西部科技创新港、西工大翱翔小镇、西电军民融合创新谷等项目扎实推进，成为国家首批知识产权运营试点城市，技术成果交易额1030亿元，研发投入占GDP比重4.98%，专利拥有量4.1万件，其中发明专利授权量8100件，占比25.4%，开展系列创业行活动595场，累计建设众创载体1156个、面积3281万平方米，入孵企业和团队4.18万家。培育瞪羚企业和小巨人企业404家，产生首家本地独角兽企业“易点天下”。编制9个硬科技产业专项规划，举办全球硬科技创新大会，“硬科技”作为西安原创概念进入国家话语体系！

*五是，全面深化重点领域改革。*256项改革任务整体进展顺利，机构改革方案获批，土地和住房供给侧结构性改革加快推进。通过国家全面创新改革试验三年系统评估，总结上报军民融合创新改革经验4条，积极创建国家军民融合创新示范区，民参军企业达到430家，军民融合产业总收入突破2500亿元。组建西城发集团等国有投资公司，建立市政府向市人大常委会报告国有资产制度，完成西安建工、市政集团等混合所有制改革。

*六是，面向“一带一路”提速对外开放。*以庆祝改革开放40周年和“一带一路”倡议提出5周年为契机，召开全市对外开放大会，推出开放政策升级版，申报获批省“一带一路”综合改革开放试验区，加快内陆型改革开放新高地建设。进出口总值3200亿元、出口1900亿元、进口1300亿元，分别增长25.7%、22.4%、30.9%，增幅居副省级城市前列。

大力发展枢纽经济、门户经济、流动经济，国家级临空经济示范区、跨境电商综合试验区和第五航权等获批，第二国际商事法庭落户，新增国际友城2个，丝路国际电影节等重大国际活动成功举办。西安咸阳国际机场航空旅客吞吐量稳居全国第七，货邮吞吐量突破30万吨，增速位居全国十大机场第一。中欧班列“长安号”开行1235列，实际开行总量、重载率、货运量全国第一。全面完成自贸区127项试点任务，“舱单归并”模式在全国得到复制推广。

*七是，加强宣传思想文化工作。*落实意识形态工作责任制，集中整治网络舆论环境，精心组织重大主题宣传报道，西安发布、长安号、丝路朗读等市属新媒体平台影响力与日俱增。大力弘扬社会主义核心价值观，深入挖掘西迁精神内涵，持续深入开展“车让人”等，西安入选全国十大正能量城市。

大力实施“文化+”战略，新增规上文化企业115家，总量达到471家，完成营收480亿元，增长20%以上。加快书香、音乐、博物馆之城建设，新建实体书店840个，总量达到1818个，荣获年度“中国书店之都”。精心策划“西安年·最中国”系列、“唐都长安1400年”等品牌活动，接待海内外游客2.47亿人次、增长36.7%，旅游总收入2554.8亿元、增长56.4%，增速均居副省级城市第一。西安成为十大国内热门旅游目的地城市第一位！

*八是，全力保障和改善民生。*持续破解民生难题，新增城镇就业14万人，加大保障住房供给，保持房地产市场平稳健康发展。新组建市级“名校+”教育联合体66个、区（县）级193个，新增学位10万个。新建医联体13个，国际医学中心等项目有力推进。深入推进扫黑除恶专项斗争，开展争创“平安鼎”活动，刑事接报警数下降14.2%、“两抢”接报警数下降38%。入冬以来，把保供气保供暖作为第一民生工作，确保群众温暖过冬！“1+N社会救助体系”的经验受到国务院通报表扬。西安连续7年被评为“中国最具幸福感城市”！

*九是，深入推进全面从严治党。*制定坚决维护以习近平同志为核心的党中央权威和集中统一领导的《十条要求》，全面贯彻《中央办公厅关于陕西省委、西安市委在秦岭北麓西安境内违建别墅问题上严重违反政治纪律以及开展违建别墅专项整治情况的通报》精神，开展习近平总书记对西安工作系列重要指示批示贯彻落实情况“回头看”，在县处级以上干部中开展“讲政治、敢担当、改作风”专题教育，强化政治纪律政治规矩教育。

贯彻新时代党的组织路线，细化完善“三项机制”，制定培养选拔优秀年轻干部《实施办法》，评选表彰首届全市最佳领导干部和最美公务员，持续加强铁军队伍建设，着力整顿软弱涣散基层党组织。

保持正风肃纪高压态势，出重拳整治“庸、懒、散、慢、虚”问题，查处违反中央八项规定精神问题324件，党纪政务处分480人。强化巡察监督，严肃查处脱贫攻坚、生态环保、营商环境等群众身边腐败和作风问题，立案2320件，党纪政务处分

2884人。坚决肃清魏民洲等流毒影响，开展冯新柱案“以案促改”，用身边人、身边事开展警示教育，不断净化政治生态。

同时，市委充分发挥总揽全局、协调各方作用，定期听取市人大常委会、市政府、市政协、市中院、市检察院党组工作汇报，支持依法履职、创新工作。人大的法律监督、政协的民主监督更加富有成效！统筹推进统战、民宗、对台、外侨、工青妇等各方面工作，凝聚起追赶超越抓发展的强大合力！

市委常委会高度重视自身建设，出台了加强市委常委班子团结奋斗的《十条规定》，常委同志带头执行民主集中制，充分发挥示范带动作用。

同志们，事非经过不知难！过去的一年我们经受了深刻的政治洗礼、思想教育和党性锻造，确实极不平凡！我们之所以能知难而进、迎难而上、取得成绩，归根到底是以习近平同志为核心的党中央坚强领导的结果，是省委、省政府正确领导的结果，是全市上下团结、拼搏、奋斗的结果！

在此，我代表市委常委会，向全市干部群众和各界人士表示衷心的感谢！

在肯定成绩的同时，还要正视问题和不足：

一是，政治纪律上，有的区（县）、部门从政治上谋划、部署、推动工作和抓落实的意识还不强，客观上还不同程度存在“不敬畏、不在乎、喊口号、装样子”的现象。

二是，工作作风上，部分干部不严不实，不认真、不负责，不担当、不作为，重表态轻落实，到现场一线发现、研究、解决问题还不够，形式主义、官僚主义屡禁不绝。

三是，管党、治党上，还存在责任层层传导不实和宽松软的问题，对“关键少数”的从严监督管理还不够，派驻纪检组“探头”作用发挥还不充分，党风廉政建设和反腐败斗争形势依然严峻复杂。

四是，经济发展上，支持民营经济的政策落实还不到位，部分企业生产经营较为困难，新开工项目减少，基础设施投资增速回落，稳增长面临较大压力。

五是，民生改善上，教育、医疗等短板问题还比较突出，优质资源总量供给不足、分布不平衡，满足市民群众美好生活需要还必须加力提速。

六是，生态环境上，推进治污减霾、打赢蓝天保卫战面临巨大压力，黑臭水体治理等问题依然突出，持之以恒有效地保护秦岭任重道远。

对这些问题和不足，我们要高度重视、加快解决。

二、关于深刻吸取秦岭北麓违建别墅问题教训，突出加强政治建设，始终在思想上、政治上、行动上同以习近平同志为核心的党中央保持高度一致

秦岭北麓违建别墅问题最大的教训，就是政治纪律和政治规矩意识不强，没有从党内政治要件和政治规矩的高度，及时贯彻落实习近平总书记重要指示批示，没有把讲政治体现到具体的人、具体的事和具体的行动上，没有体现到实际抓落实的成效中。

深刻吸取教训，最根本的就是要切实把政治建设摆在首位，要把准政治方向、严明政治纪律、强化政治责任，确保习近平总书记重要指示批示和党中央决策部署不折不扣落到实处、见到实效。

*第一，要把准政治方向，坚持用习近平新时代中国特色社会主义思想武装头脑、指导实践、推动工作。*思想理论上的坚定清醒是政治上坚定的前提，必须坚持不懈抓好理论武装。

各级党组织要健全完善党内学习制度，以党委（党组）中心组学习等制度为主要抓手，列出学习清单、制定学习计划，定期开展集体学习，同“两学一做”学习教育常态化制度化、开展“不忘初心、牢记使命”主题教育、开展主题党日活动和专题组织生活会等紧密结合，推动学习教育往深里走、往实里走、往心里走。

*第二，要严明政治纪律，坚决以贯彻落实习近平总书记重要指示批示的实际行动践行“两个维护”。*严明政治纪律和政治规矩，最根本的是要坚决维护习近平总书记核心地位，坚决维护党中央权威和集中统一领导。

各级党组织和广大党员干部要把“两个维护”作为首要政治任务，作为最大的政治、最大的大局。

“两个维护”是统一的、不可分割的，维护习近平总书记核心地位，就是维护党中央权威和集中统一领导。维护党中央权威和集中统一领导，首先要维护习近平总书记核心地位。这是一切工作的生命线。

要从政治和全局高度充分认识习近平总书记重要指示批示是党内政治要件，代表的是党中央权威，要把不折不扣贯彻落实作为政治责任、领导责任、工作责任，作为党内基本的政治规矩，要以最鲜明的政治立场、最自觉的政治担当、最坚决的实际行动，迅速组织传达学习，研究部署，抓好落实并及时报告，坚决克服“不敬畏、不在乎、喊口号、装样子”的问题，坚决杜绝表态多落实差、调门高行动少的问题。

广大党员干部要对党忠诚老实，说老实话、办老实事、做老实人，不搞两面派，不做两面人。要严格执行重大问题请示报告制度，做到不漏报、不瞒报、不虚报。决不弄虚作假！

*第三，要强化政治责任，加大对政治纪律和政治规矩执行情况的巡察督查力度。*要构建党委主体责任、纪委监督责任、党委书记第一责任、班子成员“一岗双责”的“四责联动”机制，推动管党治党责任有效落实。

各级党组织要经常性开展政治建设情况自查，严肃党内政治生活，加强政治纪律规矩教育，真正把政治纪律和政治规矩立起来、严起来、执行到位。

各级纪检监察机关要强化政治巡察，重点检查新思想和习近平总书记重要指示批示、党中央决策部署贯彻落实情况，切实发挥政治巡察“探照灯”“显微镜”作用，加大对违反政治纪律和政治规矩的问责力度，做好警示教育“后半篇文章”，真正使纪律成为带电的高压线。

广大党员干部特别是领导干部要当好表率，带头遵守政治纪律和政治规矩，带头坚决做到“两个维护”，敢抓敢管、善抓善管，发展积极健康的政治文化，增强斗争精神，坚决同破坏政治纪律和政治规矩的行为作斗争，努力做政治建设的实践者、推动者。

要举一反三，放大多重政治效应。要系统梳理党的十八大以来，贯彻落实习近平总书记对西安工作重要指示批示事项台账，确保全部办结并持续推进落实见效。

同时，要扎扎实实推进中央巡视、督查问题整改落实。巡视是全面从严治党的重要支撑，是督促党中央决策部署贯彻执行的重要手段。巡视督查问题整改是检查“四个意识”“两个维护”的政治体检。我们要树立“整改不到位就是政治上不担当”的意识，找准症结、剖析根源，从细从实制定整改方案，确保限时整改、有效整改，决不留尾巴。

三、关于当前发展形势和思路目标

今年是中华人民共和国成立70周年，是全面建成小康社会关键之年。中央经济工作会议，深入分析研判国内外大势，为我们做好今年工作指明了方向、提出了要求。

从国际看，世界面临百年未有之大变局，经贸保护主义、单边主义倾向加剧，不确定性、不稳定性因素较多，国际货币基金组织下调了今年世界经济增长预期。但和平与发展的时代主题没有改变，经济全球化的大趋势不可逆转，变局中危和机同生并存。

从国内看，经济运行稳中有变、变中有忧，外部环境复杂严峻，经济面临下行压力。但我国发展仍处于并将长期处于重要战略机遇期，加快经济结构优化升级、提升科技创新能力、深化改革开放、加快绿色发展、参与全球经济治理体系变革带来新机遇，拥有足够的韧劲、巨大的潜力，经济长期向好的态势不会改变，完全有条件、有能力、有信心实现高质量发展。

从自身看，西安发展一方面困难挑战在增多，在新的下行压力中保持中高速增长、做大规模总量面临考验，在要素约束趋紧中实现新旧动能转换、提升效益质量面临难题；另一方面积极因素在累积，“一带一路”、国家中心城市建设等重大战略交汇叠加，特别是近两年追赶超越跑出了“加速度”，综合实力连续迈上新台阶，市场主体活力迸发，对外开放潜力释放，城市吸引力、竞争力、影响力显著增强，正处在拼一拼就能冲得上去、松一松就会拉大差距的紧要关头！

我们要从长期大势认识当前形势，坚定清醒有作为，扎扎实实落实好中央和省委既定部署，聚精会神办好自己的事情，善于在复杂多变的国际宏观环境中趋利避害，善于在稳中有变的国内经济运行中赢得先机，善于在创新求变的区域竞争格局中换道超车，不断把追赶超越高质量发展推向前进！

基于此，做好今年工作，总的要求是：以习近平新时代中国特色社会主义思想为指导，全面贯彻党的十九大和十九届二中、三中全会精神，树牢“四个意识”，坚定“四个自信”，坚决做到“两个维护”，高举新时代改革开放伟大旗帜，统筹推进“五位一体”总体布局，协调推进“四个全面”战略布局，坚持稳中求进工作总基调，坚持新发展理念，坚持推动高质量发展，坚持以供给侧结构性改革为主线，坚持深化市场化改革、扩大高水平开放，紧扣追赶超越和“五个扎实”要求，全面落实“五新”战略任务，大力培育“三个经济”，加快国家中心城市建设、推动追赶超越高质量发展，加快建设现代化经济体系，继续打好三大攻坚战，着力激发微观主体活力，统筹推进稳增长、促改革、调结构、惠民生、防风险工作，进一步稳就业、稳金融、稳外贸、稳外资、稳投资、稳预期，纵深推进全面从严治党，保持经济持续健康发展和社会大局稳定，增强市民群众获得感、幸福感、安全感，为全面建成小康社会收官打下决定性基础，以优异成绩庆祝中华人民共和国成立70周年。

主要指标预期目标为：①地区生产总值增长8%左右；②一般公共预算收入增长8%以上；③全社会固定资产投资增长8%以上；④社会消费品零售总额增长9%以上；⑤规模以上工业增加值增长8.5%以上；⑥服务业增加值增长8.2%以上；⑦城镇常住居民人均可支配收入增长7%以上；⑧农村常住居民人均可支配收入增长8%以上；⑨居民消费价格涨幅控制在3%左右；⑩万元GDP能耗下降2.8%。

确定这样的预期目标，综合考虑了国内外环境，体现了稳中求进工作总基调，体现了西安作为省会城市、国家中心城市的责任担当。

实际工作中，我们要确立更加高的奋斗目标，紧扣重要战略机遇的新内涵，坚定不移抓机遇、用机遇，开展“追赶超越”攻坚年、“营商环境”提升年、“作风建设”强化年等活动，以最大努力争取最好成绩！具体来讲，有以下机遇。

*一是，要抢抓深化供给侧结构性改革带来加速新旧动能转换的机遇。*面对新的形势变化，中央明确坚持以供给侧结构性改革为主线不动摇，更多运用市场化、法治化手段，落实“八字”方针：在巩固“三去一降一补”成果的基础上，要增强微观主体活力、提升产业链水平、畅通经济循环。比如，制定国家中长期科技发展规划，设立国家科技成果转移转化示范区，加强重大技术装备补短板，建设国家产业创新中心，加快5G商用，等等。

西安完全可以争取到这些政策资源，在更好发挥创新第一动力作用、加速新旧动能转换、建设现代产业体系上走在前列。

*二是，要抢抓宏观政策逆周期调节带来加大基础设施投资的机遇。*经济周期波动是客观规律，在快速增长阶段，财政货币政策趋紧，增加固定资产投资往往成本较高；而在下行阶段，财政货币政策相对宽松，固定资产投资成本反而比较低。对于地方政府和企业来说，正是大干投资、大上项目的最佳窗口期。

比如，去年12月29日，全国人大常委会已经授权国务院提前下达2019年地方政府新增一般债务限额5800亿元，新增专项债务限额8100亿元，合计1.39万亿元。

我们一定要抓住逆周期调节的宏观政策机遇，争取更大份额的地方政府专项债券规模，千方百计做大融资规模，提高直接融资比例，全面加快交通、物流、能源、市政、生态环保、农业农村等重大项目建设，在棚户区改造、海绵城市建设、地下综合管廊、水电气暖设施改造等民生领域，要推出更多PPP项目，打一场基础设施补短板的主动仗和攻坚战。

*三是，要抢抓促进区域协调发展带来加快国家中心城市建设的机遇。*今年国家出台政策，促进区域协调发展，其中一个重点就是要推动一些中心城市地区加快工业化、城镇化，提升城市群功能，增强中心城市辐射带动力，形成高质量发展的重要助推力，共同形成推动高质量发展的动力系统。这是第一次提出要把中心城市作为高质量发展的重要助推力。同时，今年是西部大开发20周年，国家正围绕加大生态保护修复力度，加强基础设施建设，打造优势特色产业，研究新时代支持西部发展的政策措施。这对西安发展是极大利好，将进一步增强西安的发展后劲。

我们一定要加强谋划、主动对接，在加快国家中心城市建设、构建大西安都市圈、推动关中平原城市群发展等方面，特别是在重大交通工程和人工智能、工业互联网、物联网等新型基础设施建设，以及秦岭生态保护上，争取更多的规划、项目、资金、政策支持，努力打造新型城镇化和高质量发展的样板。

*四是，要抢抓推进新时代改革开放带来加力非公有制经济发展的机遇。*新时代中央推出的改革开放新举措很多，一个重要指向就是要进一步优化营商环境、着力激发微观市场主体活力。我们一定要把这些政策研究透，抓住机遇、乘势而上，特别是要在优化营商环境、加大招商力度、支持民企发展等方面创造性抓落实，把改革之路走得更快、开放之门开得更大，推动非公经济快速发展！

请市委政策研究室、市政府研究室加快研究！

*五是，要抢抓培育发展国内市场带来加强保障和改善民生的机遇。*中央经济工作会议鲜明提出，要促进形成强大国内市场，强调改变重投资、轻消费的做法。比如，加快教育、育幼、养老、医疗、文化、旅游等服务业发展；增加高品质商品供给；发展农村电商；鼓励信息、体育、网购等消费新业态；改善消费环境，等等。孕育了保障和改善民生的众多新机遇。

总之，我们一定要增强机遇意识，善抓机遇、用好机遇，实现最优政策组合和最大整体效果！

四、关于2019年重点任务

*第一，聚焦全面小康高水平，全力打好三大攻坚战。*三大攻坚战决定着全面小康社会的成色、底色。当前要针对突出问题，集中力量打好重点战役。

*一是，要坚决打好污染防治攻坚战。*彻底整改中央环保督察“回头看”反馈问题，一个一个啃下硬骨头！

打赢蓝天保卫战关键要坚持铁腕治霾，系统推进减煤、控车、抑尘、治源、禁燃、增绿，重点加快清洁能源替代、柴油货车污染治理和新能源车推广，强化“散、乱、污”和扬尘污染源分类整治，做好重污染天气应对和区域联防联控，确保空气质量排名退出169个城市后20位。

打赢碧水保卫战关键要坚持河长制、湖长制，深化“五策治水”，紧盯黑臭水体彻底整治、水源地保护，加快推进雨污分流、管网改造、污水提标、污泥处置和八水绕长安等重点工程，建成生态水面2000亩、修复湿地4000亩，早日还老百姓清水绿岸，实现水清、有鱼、无异味。

打赢净土保卫战关键要贯彻落实《土壤污染防治法》，突出农业用地污染管控和修复，抓紧落实生活垃圾末端处理系统解决方案，要加快5个垃圾无害化处理厂投入使用，从根本上解决江村沟生态环境问题。

要强调的是，打好污染防治攻坚战，还要增强服务意识，帮助企业制定环境治理解决方案。要精细管理，避免简单粗暴，防止“平时不用力，临时一刀切”。

*二是，要全面打赢脱贫攻坚战。*要保持政策的稳定性，开

展“回头看”，做到“持续帮”，增强内生动力和造血功能，防止返贫和产生新的贫困，巩固脱贫成果。要继续深化“产业、就业、金融”增收和“教育、医疗、住房”减负双向扶持措施，高质量推进剩余贫困人口脱贫，确保脱贫成效经得起历史和实践的检验。

三是，要坚决打好防范化解重大风险攻坚战。这项工作做好了，就是为党分忧，不给全局添乱。要针对今年系列敏感节点，加大对金融、房地产、政府债务、社会稳定、安全生产、食品药品安全、防灾减灾等重点领域风险的研判预测，抓早抓小、主动化解，守住底线、加固底板。

第二，聚焦秦岭保护高标准，全力争创国家生态文明建设示范区。国家生态文明建设示范区，是国家生态文明建设体系中的最高层级。我们要以争创为抓手，以秦岭保护为重中之重，一步一个脚印，推进生态文明建设上层次、上水平。

一是，要坚定不移学习贯彻习近平生态文明思想。这是我们做好生态环境保护工作的根本遵循。要树牢“人与自然和谐共生”的科学自然观、“绿水青山就是金山银山”的绿色发展观、“良好生态环境是最普惠的民生福祉”的基本民生观、“山水林田湖草是一个生命共同体”的整体系统观和“用最严格制度最严密法治保护生态环境”的严密法治观，做到内化于心、外化于行，自觉融入工作实践中、体现在抓落实的成效上。

二是，要坚定不移保护秦岭生态环境。要全面巩固和拓展专项整治成果，做好已拆违建覆土复绿复耕工作，加强保留别墅项目跟踪管理。要进一步理顺秦岭生态环境保护体制机制，切实做好《条例》《规划》《办法》的修订完善，划定生态保护红线，完善生物多样性保护、旅游发展、村镇建设等专项规划，实行秦岭生态环境保护负面清单制度，严格管控要求和项目准入。要建立完善信息化指挥监督平台，压实网格长责任，健全常态化专项执法检查机制，加快秦岭国家公园和大绿道建设，开展“爱我秦岭”活动，切实保护好国家生态安全屏障。

三是，要坚定不移推动绿色发展。要构建绿色生产方式，明确禁止和限制发展的行业、生产工艺和产业目录，加快城市建成区重污染企业搬迁改造或关闭退出；要加快能源消费绿色升级，强化燃煤清洁高效利用和城市供气管网、应急调峰储气等基础设施建设，实施水资源消耗总量和强度“双控”行动，加快创建国家节水型城市；要实施花城、绿道建设，推进“五路”两侧及“1＋38”酒店周边区域绿化提升，年内城区植树不少于30万株、新增城市绿地不少于600万平方米；要倡导绿色生活方式，深入开展节约型机关和绿色家庭、社区、学校等创建活动，引领绿色生活新时尚。

第三，聚焦经济发展高质量，全力构建具有竞争力的现代产业体系。经济发展高质量首先是产业发展高质量。要坚持深化供给侧结构性改革，着力推动实体经济、科技创新、现代金融、人力资源协同发展，加快构建高新技术产业、先进制造业、现代服务业、文化旅游业“3+1”万亿级大产业为主导，硬科技、军民融合、新经济为引领的现代产业体系。

一是，要抓实制造业高质量发展。制造业在实体经济中占据主体地位。要以创建制造业高质量发展国家级示范区为目标，一手抓传统产业改造提升，一手抓战略性新兴产业培育，加快突破高端产业、高端环节、高端品牌，努力打造万亿产业、千亿集群、百亿企业。

高端产业就是要重点发展光电芯片、人工智能、信息技术、生物技术、智能制造、航空航天、新材料、新能源等硬科技“八路军”产业，打造全球硬科技之都、新能源汽车之都。高端环节就是要加快建设以军民融合为特色的国家创新高地，集中力量突破关键核心技术，在为国担当中抢占产业发展制高点。高端品牌就是要支持三星、美光、华为、中兴、吉利、比亚迪、西飞、陕汽、陕鼓、西电、法士特、隆基硅、铂力特等重大项目和重点企业发展，树立起“西安制造”品牌。

要优先发展先进制造业和现代服务业，并推动先进制造业和现代服务业深度融合发展，着力培育现代物流、科技服务、金融保险、工业设计、文化创意、信息服务、电子商务等现代生产性服务业，提升产业链水平，把制造业对服务业的拉力、服务业对制造业的推力，转变为高质量发展的优势。

二是，要抓实创新驱动发展。要实施争创国家实验室计划，争取更多大科学装置、重大科技基础设施、前沿技术创新平台和产业创新平台落地西安，加快推进国家综合性科学中心、国家技术转移西北中心建设，成为名副其实的丝路科创中心、国家创新高地。

要实施“高校+”战略，积极探索高校+创新创业基地、高校+科技园区、高校+特色小镇等模式，健全产学研一体化创新机制，提高科技成果就地转化和产业化率。要强化企业创新主体地位，促进新经济发展，培育更多瞪羚企业、科技小巨人、独角兽和“专精特新”隐形冠军，不断壮大创新型企业集群。

三是，要抓实现代金融助推。要壮大科技、文化、绿色、军民融合等十大金融产业，支持民营银行、社区银行发展，为产业发展、科技创新增添新动力。要以上交所设立科创板为契机，深入推进“龙门行动”计划，推介更多优质企业特别是科技型企业上市挂牌。

四是，要抓实人力资源支撑。要深入实施“三大新政”，持续开展“双百万”工程，以更好的环境、政策、举措吸引人才，年内再落户各类人才40万人左右。要深入推进系列创业行，强化创业投资对双创的支撑引领，升级各类双创载体平台，推动孵化器、众创空间从数量向质量转变，争取国家产教融合建设试点，推动“五大创业经济”取得新突破。

五是，要抓实产业集群集约集聚。要坚持实施招商引资“一号工程”，围绕产业强链、延链、补链，加大重大产业项目招引力度，促进集群发展。要以“落地论成效”“亩产论英雄”“质量论高低”，持续提高工业投资、民间投资的比例，加大基础设施投资的力度，促进集约发展。要出台产业发展规划和用地规划，深度整合全市资源，优化形成各板块、各开发区分工错位、产业鲜明的发展格局。

第四，聚焦要素集聚高功能，全力加快国家中心城市建设。国家中心城市建设已完成“谋篇布局”，下一步关键要“精准落子”，面上建新城、拓功能，线上密网络、畅交通，点上抓整治、提品质，更多更快集聚高端要素资源，推动城市能级跃升，不断增强综合承载力、辐射带动力。

一是，要抓重要功能板块承载要素集聚。要加快编制统一的、全覆盖的国土空间规划，加速多规融合，构建管用、适用、好用的新时代空间治理体系。

要坚持“十字方针”的空间发展战略，推动大西安多轴线、多中心、多组团协同发展，重点培育丝路国际金融中心核心区、中央文化商务区、西轴线中央商务区等增长极；加快建设软件新城、西安科学城、长安大学城、沣西丝路创新城、东部新城等一批新城示范区；着力打造三学街、七贤庄、小雁塔、大唐东市、革命公园等特色片区及特色小镇，形成全市高质量发展新的动力系统。

在这当中，要注重融入新型智慧城市、海绵城市、绿色低碳城市理念，注重城市设计和风貌塑造，注重地下空间开发和地上连廊贯通，建出精品、建好地标！

二是，要抓重大交通工程支撑要素集聚。世界进入大流动时代，交通的先导性、引领性作用更加凸显。强化“六维支撑”首先要强化交通功能支撑，补基础设施短板首先应补交通短板，补得越早、成本越低、见效越快。

要做好中央和省上重大交通项目服务保障工作，谋划推进关中平原城市群互联互通项目，加快轨道交通在建工程进度，抓好第三期建设规划开工，构建大西安都市圈快速交通网络，打通更多对外运输大通道。

要启动以交通为重点的“5个一千公里”计划，即围绕“一千公里快速路、一千公里轨道交通、一千公里绿道、一千公里地下综合管廊、一千公里线缆落地”的目标，从今年开始，全面加快路网、管网、绿网、市政设施建设步伐，确保每年都有新突破、新进展。

要启动公共交通“3个一千”行动，即围绕“一千公里公交专用道、一千条城市客运线路、一千万人次日均客运量”的目标，全面加快“公交都市”建设。

要实施“交通+”战略，大力推广TOD、XOD模式，加快上盖物业开发，促进土地集约利用、城市精明增长。

三是，要抓重点整治工作吸引要素集聚。要继续推动城乡环境大整治、“四改两拆”工作，加快实施城中村、断头路、户外广告“三年清零行动”，抓好开放式校园、开放式公园、开放式街区“新三大提升”，提高“五化”水平，以“绣花功夫”推动城市精细管理、精心经营、精致服务。

第五，聚焦“一带一路”高定位，全力扩大对外开放。开放解决的是发展内外联动的问题，开放发展是西安新时代追赶超越的最大机遇。要以建设“一带一路”综合改革开放试验区为抓手，以开放促改革、促创新、促发展，争当新时代改革开放排头兵。

一是，要深度融入“一带一路”建设。围绕“五通”、融入“五路”，找准大西安在“一带一路”中的新地位、新作用，首先要推动国内区域段建设，在关中平原城市群中发起建立常态化交流平台和沟通机制，在基础设施、生态保护、产业协作、科技创新、公共服务等方面，对接落地一批重大项目，加快西咸、西铜、富阎一体化进程，构建区域发展共同体。要发挥西安在新亚欧大陆桥经济走廊“心脏”作用，对接“六大经济走廊”，加快构建“四向联动、多点支撑、全域开放”的大格局，拓展战略腹地、开放空间。

二是，要打造“三个经济”发展示范。要抓紧出台发展“三个经济”的实施办法，依托国家级临空经济示范区、国际港务区、高铁新城、新筑物流基地等，用好“第五航权”、海关特殊监管区等政策，着力建设国际航空、铁路、公路、物流、信息和人文交流枢纽，提升要素集散能力，培育具有比较优势的国际产业体系和开放型经济体系。今年，要支持新开通国际国内货运航线各3条，确保开行中欧班列达到1800列。

三是，要打造自贸试验区升级版。要落实好自贸区建设“53条新政”，争取设置新的自贸片区，积极申报自贸港，加快投资贸易自由化便利化，推动由商品和要素流动型开放向规则等制度型开放转变。

要着力稳外贸，推动一般贸易、加工贸易、服务贸易全面转型升级，扩大产品进口，发展跨境电商，形成优质优价、优进优出的外贸格局。今年，进出口总值要增长25%以上、达到4000亿元以上。要着力稳外资增量，引进一批规模大、示范性强的外资项目。今年，实际引进外资要达到65亿美元。

四是，要加快建设中外合作产业园。坚持引进与外拓相结合，推广“两园两地”合作模式，加快欧亚经济综合园区、中俄丝路创新园等重点项目建设，推动中欧、中德、中瑞、中意、中法、中东欧等国际园区的谋划建设，推进西安制造、西安服务、西安品牌走出去。

五是，要创新国际人文交往模式。文化是西安最大的优势，也是我们最独特的战略资源。要推动哈萨克斯坦等国领事机构落地，加快建设领事馆区，积极争取更多领事机构、签证中心、国际组织、国际商会、国际产业联盟等落户，打造国际机构聚集区，不断扩大西安的“朋友圈”，重点做好“一带一路”沿线国家和地区友城结对工作，尽快实现国际友城数量翻一番。要设立“一带一路”奖学金，做大丝路大学联盟，支持面向“一带一路”开展人才培训、留学培养，打造留学生之城。确保到2021年，在西安的留学生达到2万人以上。还要谋划与“一带一路”沿线城市开展世界文明对话，提高民心相通能力和水平。

第六，聚焦追赶超越高效率，全力深化重点领域改革。改革是追赶超越的加速器、动力源。要坚定再出发的决心信心，狠抓中央、省上确定的重大改革事项，以经济体制改革为牵引，带动全局改革发展。

一是，要纵深推进“最多跑一次”改革。要坚持以“最多跑一次”改革撬动政府数字化转型，倒逼简政放权、放管结合、优化服务。要紧盯“一网、一门、一次”目标，以“改革+革命”决心，推动数据整合共享，持续完善政务服务网功能，提高“一网通办”深度和比例。

要启动市级政务云平台建设，积极推进“无差别全科受理”，完善政务服务“一窗受理、集成服务”模式，打造“互联网+政务”的“数小二”和“秦务员”品牌，努力实现“网上办、掌上办、马上办、一次办、就近办”，努力打造“三化五最”营商环境。

要实施“城市大脑”计划，在城管、交通、教育、医疗、环保、水务、市政、农业等领域，推进智慧治理、发展智慧经济、共享智慧生活。

二是，要充分激发民营经济发展活力。民营经济也是信心经济。要坚决落实好习近平总书记关于支持民营企业发展六条政策举措，全面落实刚刚研究出台的《民营经济补短板促发展实施方案》，坚决破除民营企业发展障碍。

要优先受理民营企业的控告、申诉、举报，要特别慎重对企业负责人和业务骨干采取强制措施，要特别慎重查封扣押冻结企业财产，要保护民营企业家的人身安全和财产安全，依法保护知识产权，共同打造新型民营经济示范城市。要发挥西商总会桥梁纽带作用，多关心民营企业，多关心民营企业家，继续办好西商大会、西安企业家节等活动，让西商群体自信起来、自强起来、自豪起来！今年，要再新增各类市场主体60万户以上。

三是，要扎实推进国资国企改革。要实施战略性重组和布局优化，组建一批国有资本运营公司，实现从管企业到管资本转变。要激发国有上市公司活力，发挥融资平台作用。要积极推进国企混改，一企一策推进落实，支持非公资本参股控股。坚持政企分开、政资分开、公平竞争，持续规范完善国企法人治理结构。

同时，要统筹推进各领域改革，不断增强改革的系统性、整体性、协同性。要压茬推进机构改革，优化机构设置，加快职能转变，大幅减少政府对资源的直接配置行为，凡是市场能自主调节的就让市场来调节，凡是企业能干的就让企业干。要实施天然气价格疏导，建立上下游价格联动机制、季节性差价制度。

第七，聚焦文化旅游高品质，全力打造现代时尚“两都六城”和世界一流旅游目的地。文化是西安最独特的战略资源。要坚持文化强市，围绕世界文化之都、世界旅游时尚之都定位，实施“文化+”战略，抓紧制定各行业专项规划和年度行动计划，打造万亿文旅产业，竖起文化自信旗帜。

一是，要深化书香之城、音乐之城、博物馆之城建设。在书香之城建设上，要持续推进空间载体建设，鼓励多开设24小时书店，让西安成为一个科技、文化、教育浓郁的城市，推广“书店+咖啡+茶吧+文创+零售+互联网”等新型业态一体的综合书店，推进全民阅读常态化，要多设立读书节，让读书、阅读、书店成为西安城市的新地标、新风尚。

在音乐之城建设上，要建设提升一批大中型演艺场馆、音乐主题示范街区、音乐特色小镇和产业园区，办好“西安国际音乐节”“一带一路”国际音乐博览会等品牌活动，实施“西安音乐人回家”计划和专题招商引资，打造设施完善、人才辈出、产业繁荣、原创音乐汇聚、国际交流广泛、音乐文化浓厚的现代音乐之城。

在博物馆之城建设上，重点要支持省三大博物馆改造提升，加快实施西安博物院、半坡遗址博物馆改扩建项目，鼓励民营博物馆发展，推动数字文博建设，保护文物和大遗址，把西安打造成中华民族共有的精神家园标识地。

二是，要打造会展名城、赛事名城、文创名城。要加快“三中心”建设，做好全运会各项筹备工作，持续办好丝博会、欧亚经济论坛等品牌活动，提升“西马”“城马”品牌影响力，争取承办国家重大主场外交和国际大型会议，积极申办全国、国际高水平体育赛事，培育引进龙头会展企业、专业赛事运营机构，推动“会议+展览+赛事+产业+园区”融合发展。要加快建成一批创意街区、创客空间、文创园区和特色小镇，培育一批国际文化企业和文创品牌，打造全国文创名城。

三是，要建设世界一流旅游目的地。坚持全域旅游理念，围绕旅游新业态、新模式，建立大旅游产业生态圈。要实施旅游国际行动计划，开展全球城市营销，用好“第五航权+过境免签”政策，让西安成为全球游客出游必选、途经必游的世界一流旅游目的地。要构建现代旅游服务体系，加快高品质酒店建设，制定实施精品民宿发展三年行动计划，办好2019“西安年·最中国”系列品牌活动，力争今年年内旅游人数超过3亿人次，旅游总收入达到3000亿元。

要制定实施西安国际消费中心建设规划，打造国际化核心商圈，集聚更多国际品牌，支持开设品牌咖啡店、连锁便利店、时尚餐饮店，鼓励发展美食经济、月光经济，线上、线下联动，实现“买全球、卖全球、享全球”，建成面向全国、辐射“一带一路”的国际消费中心城市。要多渠道提高城乡居民收入，增强市民群众消费能力。

第八，聚焦城乡融合高起点，全力实施乡村振兴战略。当前，西安发展最大的不平衡是城乡发展不平衡，最大的不充分是农村发展不充分。要坚持农业农村优先发展，落实“五级书记抓乡村振兴”要求，以“五个美丽”建设为统揽，打造乡村振兴西安样板。

一是，要加大农村人居环境整治力度。这是实施乡村振兴的突破口和第一仗。要结合三年行动计划，实施“百村示范、千村整治”工程，开展农村“垃圾革命、污水革命、厕所革命”等“新三大革命”，实施农村庭院绿化美化。要推进行政村规划编制全覆盖，实施村庄基础设施建设工程，提升村容村貌，加快建设一批以关中民居为特色的美丽乡村，年内建成50个“五个美丽”样板村，累计建成300个美丽宜居村庄示范村，要尽早串点连线成片打造美丽乡村风景线旅游线。

二是，要加快构建现代农业生产经营体系。要深入推进农业供给侧结构性改革，支持农业龙头企业、新型经营主体和职业农民发展，不断完善“一区三带七板块”现代农业产业发展格局，打造特色农业品牌。要深入推进“大棚房”专项清理整治，依托大都市推进农村各产业融合发展，用好用活“农业+旅游、农业+电商、农业+特色小镇”等新业态，实现富集体、富农民。

三是，要探索城乡融合发展新模式。要加快农村承包地、宅基地“三权分置”改革和农村金融改革、农村“三变”改革，高标准完成全国农村集体产权制度改革整市推进试点任务，稳步探索农村集体经营性建设用地入市。加快启动干部联乡、能人回乡、市民进乡、资本下乡、企业兴乡“五乡行动计划”，凝聚乡村振兴强大合力。要把远郊区（县）绿色生态优势和开发区辐射带动优势结合起来，共建产业园区，共谋繁荣发展。

第九，聚焦美好生活高期待，全力办好民生实事。我们拼搏奋斗的目的，归根到底是为了让这座城市有更好未来，让市民群众有更美好的生活。要顺应美好生活新期待，实施一批民生工程、办好一批民生实事，以实际行动践行以人民为中心的发展思想。

一是，要办更好的教育。要坚持教育“六个优先”，实施“名校+”工程和引进新十大名校、十大国际学校“双十计划”，不断做大优质教育资源总量，打造“一带一路”教育中心。要加快城乡义务教育一体化发展，推广“大学区”制度改革经验，盘活、优化教师资源，年内新组建市级“名校+”教育联合体40个以上，确保新增学位9.92万个以上，努力办好人民满意的教育。

二是，要办更好的医疗。要大力推进“健康西安”建设，深入开展综合医改，加快红会国际医院、国际儿童医院等项目建设，持续引进国际医疗机构，鼓励现有医院开设国际院区，争取区域医疗中心落地，打造“一带一路”国际医疗中心。要健全医养结合政策，大力发展养老产业，努力探索破解大城市养老难的西安路径。

三是，要努力实现住有宜居。要坚持“房住不炒”，扛起城市政府稳定房地产市场主体责任，深化土地和住房供给侧结构性改革，把居住用地“两个20%”原则落实到今年土地储备供应计划中，精准施策、综合施策，切实做到稳地价、稳房价、稳预期。

四是，要打造“15分钟系列便民服务圈”。要围绕打造15分钟交通圈、餐饮圈、就医圈、教育圈、养老圈、政务圈、购物圈、阅读圈、健身圈、休闲圈，制定“新民生实事”方案，要落实责任、分解任务，一件一件抓到位，让市民群众有更多获得感、幸福感。

五是，要有更可靠的保障。要把稳就业摆在更加突出的位置，抓好重点群体就业。要持续优化“1+N”社会救助体系，完善城乡居民大病保险制度。要创新社会治理，深入开展“平安鼎”创建，完善社会治安防控体系，纵深推进扫黑除恶专项斗争，让人民群众有更多安全感。

五、关于认真贯彻落实中央办公厅《通报》精神，全面加强党的领导，深入推进全面从严治党

中央办公厅《通报》指出了我们在政治纪律、工作作风、管党治党等方面存在突出问题。之前中办督查组也反馈了秦岭北麓违建问题、干部作风问题和舆论环境等问题。解决这些问题，归根到底要以党的政治建设为统领，全面加强党的领导，切实加强党的政治建设，深入推进全面从严治党。

全面从严治党要抓住“关键少数”，重点是市管干部和各单位的党政一把手，切实把铁军队伍建设好。要认真践行新时代党的组织路线和好干部标准，构建素质培养、知事识人、选拔任用、从严管理、正向激励“五大体系”，落实“五坚持五重用”要求，运用“三项机制”，把不作为、乱作为、慢作为的干部坚决调下去，把想干事、能干事、干成事的干部用起来，树立鲜明的正确用人导向。要深入实施“11333”挂职锻炼、“6个100”工程，把更多优秀年轻干部培养使用起来。

党的力量来自组织。要把抓住“关键少数”和管好“绝大多数” 结合起来，全面加强各级党组织和党员队伍建设。要以提升组织力为重点，认真贯彻落实《中国共产党支部工作条例（试行）》，严格落实组织生活制度，持续整顿软弱涣散基层党组织，筑牢坚强战斗堡垒。要高度重视发展和管理党员工作，充分发挥先锋模范作用。要结合开展“不忘初心、牢记使命”主题教育和“讲政治、敢担当、改作风”专题教育，全面加强干部教育培训，切实提高“八种本领”，做到忠诚、干净、担当。

全面从严治党永远在路上。要深刻汲取秦岭北麓违建别墅问题教训，始终保持正风肃纪反腐高压态势不松劲，严格执行中央八项规定精神，集中整治形式主义、官僚主义，加大执纪监督问责力度，切实把党风廉政建设和反腐败斗争不断引向深入。要深化监察体系建设，完善派驻机构改革，充分发挥派驻纪检组“探头”作用。要全面彻底肃清魏民洲等流毒及其恶劣影响，以秦岭北麓违建别墅问题违纪违法案件为反面教材，做好“以案促改”、警示教育的“后半篇文章”，真正使广大党员干部知敬畏、存戒惧、守底线。

加强党的领导是全面的、具体的，必须体现到各领域、各方面。要充分发挥党委总揽全局、协调各方作用，认真贯彻执行民主集中制，支持人大常委会、政府、政协、法院、检察院依法履职、创造性开展工作，确保党的领导更加坚强有力。要严格落实意识形态工作责任制，加强意识形态阵地管理。要统筹推进统战、工青妇等各方面工作，扩大团结面，画好同心圆。

同志们！机遇总是垂青敢于追梦、勇于奋斗的人。让我们更加紧密地团结在以习近平同志为核心的党中央周围，高举习近平新时代中国特色社会主义思想伟大旗帜，凝心聚力加油干、改革开放再出发，以加快国家中心城市建设、推动追赶超越高质量发展的优异成绩，向中华人民共和国成立70周年献礼！

政府工作报告

——在西安市第十六届人民代表大会第四次会议上

西安市人民政府代市长　李明远

（2019年2月15日）

各位代表：

现在，我代表西安市人民政府向大会报告工作，请予审议，并请各位政协委员和其他列席人员提出意见。

一、2018年政府工作回顾

过去的一年，是西安砥砺奋进、负重争先的一年。一年来，在省委、省政府和市委的坚强领导下，我们高举习近平新时代中国特色社会主义思想伟大旗帜，坚持以习近平总书记对陕西及西安工作系列重要指示批示精神统揽全局，围绕“追赶超越”定位和“五个扎实”要求，聚焦“五新”战略任务和新时代大西安“三步走”战略，以“追赶超越奋进年、营商环境提升年、招商项目落地年”活动为抓手，锐意进取、奋力赶超，较好完成了市十六届人大三次会议确定的各项任务，大西安发展稳步推进，国家中心城市建设精彩开局。

*扎实推进经济持续健康发展，综合实力迈上新台阶。*生产总值跨越8000亿元大关，达到8349.86亿元，增长8.2%、增速居副省级城市第一，占全省比重升至34.2%，创14年来新高。一般公共预算收入完成684.7亿元，增长10.8%。新增市场主体55万户，总数达148万户，增速和市场主体活跃度均居副省级城市榜首。净增“五上”企业736户，创近五年新高。进出口总值首破3000亿元，达到3303.87亿元，增长29.6%，增速居副省级城市第一。被联合国城市发展报告评为“2018全球最具发展潜力新兴城市”，入选改革开放40年经济发展最成功40个城市。

*扎实推进农业现代化建设，特色农业发展亮点纷呈。*深入实施农业提质增效“四大工程”，田园综合体创建全面启动，新增农民专业合作社496家，成功创建2个省级现代农业产业园，现代农业园区达426家，市级以上农业龙头企业达171家。积极实施乡村振兴战略，启动农村人居环境整治三年行动，隆重庆祝首届中国农民丰收节，成功举办大西安农民节、中国樱商大会、世界饮品大会等重大节会，全年休闲农业接待游客2650万人次。粮食生产实现“十五连丰”。

*扎实加强文化建设，文化影响力显著提升。*大力实施“文化+”战略，新增规上文化企业130家、总量达486家，实现营收500亿元、增长23%以上。新增交大西迁博物馆等8座博物馆、总数达134座。新建实体书店840家、总量达1927家，获评“中国书店之都”。精心策划“西安年·最中国”“唐都长安1400年”等文化品牌活动，成功举办第三届中法文化论坛、“2018中欧旅游年”闭幕式、2018西安国际马拉松赛、第十七届西安国际音乐节等重大活动，城墙·碑林历史文化景区晋级国家5A级旅游景区。世界文化旅游大会永久会址落户，西安当选“东亚文化之都”。

*扎实做好保障和改善民生工作，群众有了更多获得感。*着力办好为民“十大实事”，城乡居民人均可支配收入分别达38729元和13286元，增长8.1%和9.0%。改造老旧小区243.9万平方米，完成12个城中村、5个棚户区改造项目回迁安置，解决12.5万户房屋办证遗留问题。新增学位10.11万个。新增养老床位7601张，65岁以上老年人免费体检惠及60.5万人。“12345”市民服务热线高效运行，全市四级政务服务体系更加完善。“‘1+N’社会救助体系”获国务院通报表扬，荣获“中国全面小康特别贡献城市”称号。

*扎实落实全面从严治党，着力打造铁军队伍。*牢固树立“四个意识”，自觉践行“两个维护”，扎实开展习近平总书记对西安工作系列重要指示批示贯彻落实情况“回头看”，坚决肃清魏民洲等流毒影响，开展冯新柱案“以案促改”，不断强化党员干部纪律观念和规矩意识。充分发挥《问政时刻》《每日聚焦》《党风政风热线》等监督平台作用，大力纠治“庸懒散慢虚”作风问题。深入推进“两学一做”学习教育常态化制度化，积极开展“讲政治、敢担当、改作风”专题教育，不断提升政府自身建设水平，政府执行力、战斗力进一步提升。

一年来，我们不忘初心，牢记使命，埋头苦干，主要做了八个方面的工作。

*（一）推动经济高质量发展。*实施工业“五个三”行动，规模以上工业增加值、工业投资分别增长9.4%和28.7%，战略性新兴产业增加值增长13.5%。编制出台9个硬科技产业规划，举办2018全球硬科技创新暨“一带一路”创新合作大会，“硬科技”作为西安原创概念进入国家话语体系。现代服务业占GDP比重40%左右。新增上市挂牌企业16家，金融业增加值实现874.91亿元。社会消费品零售总额增长9.6%。全社会固定资产投资增长8.4%，其中民间投资增长20.3%。税收占一般公共预算收入比重81.3%，非公经济占比53.4%，万元生产总值能耗下降5.99%。举办中国“500强”企业峰会和百万校友回归等重大招商活动，全年签约引进项目760个，计划总投资2.45万亿元，三次集中开工重大项目852个、计划总投资1.07万亿元，677个市级重点在建项目完成投资4068亿元。全年接待海内外游客2.47亿人次、增长36.7%，旅游业总收入2554.8亿元、增长56.4%，西安成为十大国内热门旅游目的地城市第一位。

*（二）统筹城市高品质规划建设。*城市高质量发展“十字方针”深入实施，“多轴线多中心多组团”空间格局逐步形成，大西安“2050”空间战略规划不断完善。制定实施支持西咸新区、富阎一体化发展意见，西咸国家级新区建设全面加快，大西安建设有了实质性突破。扎实推进基础设施补短板行动，实施城市基础设施建设项目496个，全年完成城建投资773.6亿元。地铁4号线开通运营，西延路快速路建成通车，打通断头路30条，新增公交线路20条、新能源公交车1700辆，73个地下综合管廊项目加快推进，城市综合承载力明显增强。系统推进城市双修试点，强力开展“四改两拆”、城乡环境大整治行动，拆除违法建设1891万平方米、整治290万平方米，绕城高速路两侧单立柱广告实现“清

零”。盒马鲜生等“新零售”竞相布局，SKP、大悦城、大融城等大型商业综合体建成开业，新增万众国际W酒店等高品质酒店15座，言几又、钟书阁等一批知名书店相继进驻，城市品质形象大幅提升。

（三）深化全面创新改革。顺利通过国家全面创新改革试验系统评估，14个优秀案例入选全国百佳，6条创改经验在全国推广。深化重点领域改革，市级机构改革按期完成，国有企业“三供一业”分离移交工作居全省第一，农村集体产权制度改革工作走在全国前列。全年研发投入410亿元、占GDP比重4.91%，专利申请总量7.12万件，技术成果交易额1028.33亿元，获批国家知识产权保护中心。培育瞪羚企业和小巨人企业404家，“易点天下”成为我市首家独角兽企业。积极创建国家军民融合创新示范区，“民参军”企业达430家，军民融合产业总收入突破2500亿元。开展“创业西安行”系列活动596场，累计建成众创载体1156个、3281万平方米，入孵企业和团队4.18万家，跻身全国“双创”城市第一梯队。

（四）扩大高水平对外开放。以庆祝改革开放40周年和“一带一路”倡议提出5周年为契机，推出开放政策升级版，积极创建“一带一路”综合改革开放试验区。大力发展“三个经济”，获批国家级临空经济示范区和跨境电商综合试验区，新增7条国际客运航线、总数达64条，航空旅客吞吐量跃居全国第七，货邮吞吐量突破31万吨、增速位居全国十大机场第一，西安咸阳国际机场获批第五航权。西安港铁路口岸监管区正式投用，中欧班列“长安号”开行1235列，实际开行总量、重载率、货运量全国第一。自贸试验区西安区域127项和西咸新区区域69项改革试点任务全部完成，形成167个创新案例，“铁路运输方式舱单归并新模式”等5个案例在全国复制推广。新增国际友好城市和友好交流城市8个，第二国际商事法庭落户西安。成功举办丝路国际电影节、全球程序员节等重大国际活动，在我市投资或设立分支机构的世界“500强”、中国“500强”企业分别达215和293家。全年引进内资3114.49亿元，实际利用外资63.54亿美元。西安在开放中赢得了口碑、积蓄了加速赶超的强大动能。

（五）推进生态文明建设。积极践行“两山”理念，启动国家生态文明建设示范区创建工作。深入开展“五路”两侧增绿美化、“美丽西安·绿色家园”行动，建成绿地广场62个，城区新增绿地647万平方米，完成造林3.56万亩，免费开放公园15个，顺利通过国家园林城市复审。大力清理整治“大棚房”，完成整改682处、恢复耕地3514.88亩。扎实抓好中央环保督察“回头看”问题整改，强力整治黑臭水体，加快江村沟等重点环境问题治理。持续开展“五策治水”，“八水绕长安”生态恢复工程和剿劣水“十大工程”稳步推进。

（六）打好“三大攻坚战”。扎实推进脱贫攻坚，抓好“八个一批”政策措施精准落地，联村党委、扶贫超市等创新举措在全省推广，“周至县摘帽、142个贫困村退出、14534户41211人建档立卡贫困户脱贫”指标全部达标，贫困发生率从1.28%降至0.23%。有效开展污染防治，制定实施新一轮“铁腕治霾·保卫蓝天”三年行动方案，聚焦“减煤、控车、抑尘、治源、禁烧、增绿”六大行动，全年整治“散、乱、污”企业16281户，削减煤炭156.41万吨，PM10、PM2.5分别下降6.2%、13.7%。生活垃圾分类工作全面展开，高陵、蓝田等生活垃圾无害化处理项目加快推进。守住不发生重大风险底线，严厉打击非法集资、金融诈骗等违法活动，网贷机构数量和交易规模均达到“双降”要求。

（七）优化城市发展环境。认真落实习近平总书记关于民营企业发展的系列重要讲话和中央25号文件精神，制定出台我市推动民营经济高质量发展“30条措施”，召开第二届世界西商大会、对外开放暨民营经济发展大会，成立西商总会，举办西安企业家节，隆重表彰优秀企业、优秀民营企业家和优秀创业明星。深入推进“放管服”改革，不断深化“三大革命”，持续升级“三大新政”，营商环境综合排名跃进全国前十。出台优化提升营商环境组合方案，西安政务服务网建成投用，“最多跑一次”和“网上办”分别达90%和96%，企业开办平均时间从14.1天缩短到2.7天。全年落户人口80万人，引进培养各类人才38.6万人。颁布实施《西安市控制吸烟管理办法》。新建改建各类公厕2098座，提升改造农村户厕16.7万座，开放社会单位公厕385座。深入开展“车让人”等活动，入选全国十大正能量城市。

（八）提升市民幸福指数。全市财政用于民生支出达921.5亿元，增长9.7%。新增城镇就业14.39万人，农村劳动力转移就业72.2万人，城镇登记失业率为3.26%。组建66个市级、193个区级“名校+”教育联合体，惠及学生32.5万人，全市普通高中全部达到省级标准化。新建紧密型医联体13个，重点人群家庭医生签约154万人，市人民医院、国际医学中心等重大项目加快推进。开工建设各类保障性住房50045套，近60万名职工利用公积金改善了住房条件。新农合按病种定额付费全面推行。食品药品抽检合格率均在97%以上。有效防控非洲猪瘟疫情。深入推进扫黑除恶专项斗争，积极开展“平安鼎”创建活动，刑事、“两抢”接报警数分别下降14.2%、53.6%。连续7年入选“中国最具幸福感城市”。

过去一年，我们坚决贯彻习近平总书记关于秦岭保护重要指示批示精神，在省委、省政府和市委的坚强领导下，聚焦“彻底查清、彻底排查、彻底整治、彻底查处”要求，全面彻底整治秦岭北麓违建别墅问题，依法依规做好撤销立项、违建拆除、资金追缴、土地收回、覆土复绿等工作，共拆除违建别墅1185栋，没收9栋，回收国有土地4557亩，退还集体土地3257亩，拆除各类违建162万平方米，复绿2646亩，实现了政治上查清、整治上彻底、长远上规范的目标，取得了良好的政治效果、纪法效果和社会效果。

过去一年，我们自觉接受市人大及其常委会法律监督和工作监督，主动接受市政协民主监督，共办理人大代表建议374件，政协提案753件，办复率100%。大力支持国防和军队建设，积极开展双拥共建等工作。国家安全、人民防空、民族宗教、防震减灾、妇女儿童、参事、统计、档案、侨务、气象、地方志、残疾人等工作取得新进步。

各位代表，过去一年成绩的取得，是以习近平同志为核心的党中央英明决策的结果，是省委、省政府和市委坚强领导的结果，是市人大及其常委会和市政协监督支持的结果，是全市上下团结拼搏、共同奋斗的结果。在此，我代表市政府，向全市广大干部群众，向各位代表、各位委员，各民主党派、各人民团体和驻市中省单位，向在西安投资兴业的企业家、创新创业者，向所有关心支持西安发展的各界人士，表示衷心感谢！向驻市解放军指战员、武警部队官兵，以及海内外同胞、侨胞、友人，致以崇高敬意！

我们深知，西安发展仍面临不少问题：经济总量不大，一、二、三产业内部结构不优，“拳头”产业、龙头企业规模偏小、数量偏少；科教、军工资源优势发挥不充分，西安制造、西安创造的水平还偏低，经济实力与创新能力不相匹配；各类惠企政策落实还不到位，企业获得感还不明显，民营经济发展相对滞后；污染防治工作亟待加强，打赢蓝天保卫战面临巨大压力，持之以恒有效保护秦岭和加强生态文明建设任重道远；民生领域还有不少短板，教育、医疗等优质资源总量供给不足、分布不平衡，上好学校难、看大病不方便等问题仍然比较突出；安全生产基层基础薄弱，城市运行安全保障和精细化管理水平还需提升；形式主义、官僚主义问题依然存在，政府自身建设还需加强。对此，我们将采取更有针对性、更有力的措施，切实加以解决。

二、2019年总体要求和主要目标

今年是中华人民共和国成立70周年，是决胜全面建成小康社会关键之年，是加快建设国家中心城市的重要之年，也是奋力追赶超越、加速高质量发展的攻坚之年。今年市政府工作的总体要求是：以习近平新时代中国特色社会主义思想为指导，全面贯彻党的十九大和十九届二中、三中全会精神，坚持稳中求进工作总基调，坚持新发展理念，坚持推进高质量发展，坚持以供给侧结构性改革为主线，坚持深化市场化改革、扩大高水平开放，紧扣“追赶超越”和“五个扎实”要求，全面落实“五新”战略任务，大力培育“三个经济”，加快国家中心城市和国际化大都市建设，着力构建现代化经济体系，继续打好三大攻坚战，着力激发微观主体活力，统筹推进稳增长、促改革、调结构、惠民生、防风险工作，进一步稳就业、稳金融、稳外贸、稳外资、稳投资、稳预期，保持经济持续健康发展和社会大局稳定，增强市民群众获得感、幸福感、安全感，以优异的成绩庆祝中华人民共和国成立70周年。

综合各方面因素，今年全市经济社会发展的主要预期目标为：地区生产总值增长7.8%左右；一般公共预算收入增长6%；全社会固定资产投资增长7%；社会消费品零售总额增长9%；规模以上工业增加值增长8.3%；城乡常住居民人均可支配收入分别增长7%和8%；城镇登记失业率控制在4%以内；居民消费价格指数涨幅控制在3%左右；万元生产总值能耗下降2.8%，主要污染物排放总量削减完成省上下达任务。

做好今年工作，需要抢抓以下五个方面机遇。

——抢抓加快国家中心城市建设机遇。用好国家“一带一路”建设、加快区域协调发展和支持西部发展等政策措施，高标准建设“三中心二高地一枢纽”，高水平推进“一带一路”综合改革开放试验区，构建大西安都市圈，全面提升引领、辐射和带动能力，彰显关中平原城市群核心担当。

——抢抓加速新旧动能转换机遇。坚持深化供给侧结构性改革“八字方针”，巩固“三去一降一补”成果，集聚先进生产要素，加快产业转型升级，提升产业链水平，畅通经济循环，统筹空间、规模、产业三大结构，打造具有西安特色的现代产业体系。

——抢抓加大基础设施投资机遇。争取中省更大支持，全面加快交通、物流、能源、市政、生态环保、农业农村等重大项目建设，全力推进水电气暖设施、棚户区等改造和海绵城市、地下综合管廊等建设，打一场基础设施补短板的主动仗和攻坚战。

——抢抓加力民营经济发展机遇。在优化营商环境、强化招商引资、支持民企发展、激发微观市场主体活力等方面创新举措、狠抓落实，推动民营经济大发展、大突破，让开放之门开得更大、改革之路走得更快。

——抢抓加强保障和改善民生机遇。加快教育、育幼、养老、医疗、文化、旅游等服务业发展，增加高品质有效供给，统筹做好户籍人才新政服务配套，持续办好为民实事，不断提升市民群众获得感、幸福感和安全感。

三、2019年重点工作任务

围绕市委十三届八次全会“聚焦9个高”工作部署，扎实开展“追赶超越攻坚年”“营商环境提升年”“作风建设强化年”活动，重点做好10方面工作：

（一）聚力打好“三大攻坚战”

继续打好污染防治攻坚战。全力打赢蓝天保卫战，坚持铁腕治霾，系统推进减煤、控车、抑尘、治源、禁烧、增绿，加快清洁能源替代、柴油车污染治理和新能源车推广，强化“散乱污”和扬尘污染源分类整治，做好重污染天气应对和区域联防联控，空气质量排名退出169个城市后20位。坚决整改中央环保督察“回头看”反馈问题，帮助企业制定解决方案，防止“一刀切”。全力打赢碧水保卫战，严格落实河湖长制，深化“五策治水”，启动实施黑臭水体治理攻坚三年行动，加强水源地保护和水体生态修复，新建4座污水处理厂，完成10座污水处理厂提标扩能，修复湿地4000亩。全力打赢净土保卫战，全面落实《土壤污染防治法》，抓好农业用地污染管控和修复完善，推进生活垃圾源头减量和分类工作，落实生活垃圾末端处理系统解决方案，确保5个生活垃圾无害化处理项目建成投用。实施江村沟垃圾填埋场生态修复，启动唐家寨等4个村整村搬迁，从根本上解决江村沟生态环境问题。

全面打赢精准脱贫攻坚战。深入开展脱贫攻坚三年行动，以巩固提升、防止返贫为重点，实施增收富民、人居环境、新风文明、公共服务、体制机制“五大提升工程”，统筹打好产业扶贫、就业创业、环境整治等“十场硬仗”，确保有条件的贫困户至少有1个增收产业，有劳动力的贫困家庭至少有1人稳定就业。大力推进易地搬迁户旧房腾退、宅基地复垦。强化扶志扶智，激发内生动力。坚持脱贫不脱政策，有效巩固脱贫成果。

坚决打好防范化解重大风险攻坚战。实行政府举债负面清单制、举债终身问责制和债务问题倒查机制，实施债务全口径动态监测，确保全市政府性债务有序下降。建立地方金融风险监测预警平台，严厉打击非法集资等涉众型经济犯罪行为。同时，加强房地产、社会稳定、安全生产、防灾减灾等重点领域风险研判，坚守底线、积极化解。

（二）聚力构建具有竞争力的现代产业体系

推进制造业高质量发展。以创建制造业高质量发展国家级示范区为目标，一手抓传统产业改造提升，一手抓战略性新兴产业培育，加快突破高端产业、高端环节、高端品牌，打造万亿产业、千亿集群、百亿企业。围绕打造全球硬科技之都、新能源汽车之都，重点发展人工智能、生物技术、智能制造、光电芯片、航空航天、新材料、新能源等硬科技产业。实施电气设备、集成电路等重大产业化工程，集中力量突破关键核心技术，加快建设以军民融合为特色的国家创新高地。支持华为、中兴、比亚迪、西飞、陕汽、铂力特等重大项目和重点企业发展，塑造“西安制造”“西安创造”品牌，壮大“百亿元企业俱乐部”，力争年内新增规上工业企业100家以上。

提升现代服务业发展质量。深化国家服务业综合改革试点，着力培育现代物流、科技服务、金融服务、工业设计、文化创意、信息服务、电子商务等现代生产性服务业，促进生活性服务业向便利化、精细化、高品质升级。制定实施西安国际消费中心建设规划，开展供应链体系建设试点，实现“买全球、卖全球、享全球”。扎实推进“商圈建设三年行动计划”，加快浐灞、西咸等6个城市商业中心建设，推动钟楼、南门等重点商圈升级。鼓励发展美食经济、月光经济，支持开设品牌咖啡店、连锁便利店、时尚餐饮店，创建5条特色街区，抓好“大唐不夜城·现代唐人街”国家高品位步行街试点。加快国家电子商务示范城市建设，促进实体零售转型发展和线上线下融合发展，力争全年电子商务交易额达到4300亿元。

毫不动摇发展民营经济。全面落实我市《关于推动民营经济高质量发展的若干意见》，坚决破除民营企业发展“隐性障碍”，打造新型民营经济示范城市。推行涉企行政事业收费和政府性基金目录公示制度，确保清单外“零收费”。实施民营企业用地优惠政策，实行小微企业“零成本”接电。健全降低中小微企业融资成本的奖补机制，实施中小企业金融“增氧”计划，着力解决给民营企业不敢贷、不愿贷的问题。建立亲清政商关系，完善民营企业家参与涉企政策制定机制，成立民营企业维权投诉中心。充分发挥西商总会桥梁纽带作用，继续办好西商大会、西安企业家节等活动，让西商群体自信起来、自强起来、自豪起来！

增强金融服务实体经济能力。围绕科技、文化、绿色、军民融合等十大产业，加大金融创新力度，优化金融资源配置。发挥政府基金引领作用，鼓励扶持创业投资、私募股权投资、产业投资等投资基金，支持民营银行、社区银行发展，加快打造丝路国际金融中心。抢抓“科创板”设立机遇，深入推进“龙门行动计划”，推介更多优质企业特别是科技型企业上市挂牌，年内新增上市企业2家，新增“新三板”“青创板”挂牌企业10家。

（三）聚力扩大有效投资

强力推进招商引资。更加注重招商引资的质量和效益，围绕产业聚链、强链、补链，充分利用各类招商推介平台，发挥好各驻外办“前哨”“桥梁”作用，加强城市品牌营销，积极开展精准化、专业化招商，着力在招大引强、聚新培优上实现新突破。实施差异化招商策略，建立招商引资项目库，明晰全市土地、标准厂房、写字楼等资源要素，推出产业用地指南，精准开展项目推介、项目流转，避免同质竞争。全年新签约百亿元项目18个以上，实际引进内资3300亿元以上，实际利用外资70亿美元以上。

全力抓好项目建设。积极实施项目带动战略，深化重大项目领导包抓制度，优化规划、土地、资金等要素配置，全力破解征地、拆迁、管网迁改等难题。强化项目建设绩效评估，落实“通报、督查、考核、约谈、激励”五大机制，不断提高项目开工注册率、资金到位率、竣工投产率。深入实施特色小镇总体规划，打造一批特色鲜明、创新力强的特色小镇。持续开展重大项目集中开工、示范观摩等活动，统筹推进738个市级重点项目建设，力争年度完成投资3500亿元以上。

不断优化投资结构。结合大西安产业发展规划，加快推动各类资本向先进制造业、高新技术产业、商贸物流业和文化旅游业集聚。扎实推进工业项目建设，突出抓好三星二期、吉利新能源汽车产业化等9个单体投资50亿元以上的重大项目，力争工业投资增长15%以上。充分释放民间投资潜力，吸引更多民间资本投资我市基础设施、社会事业和特色优势产业，鼓励支持民间投资、社会资本参与PPP项目，力争年内民间投资增长10%以上。

（四）聚力打造“三化五最”营商环境

纵深推进“互联网+政务服务”。以“最多跑一次”改革撬动政府数字化转型，聚焦“一网、一门、一次”目标，推动数据整合共享，持续完善政务服务网功能。启动西安市市民中心建设，建成全市“政务云”和“一网通办”总门户，推进“无差别全科受理”，完善“一窗受理、集成服务”，实现“网上办、掌上办、马上办、一次办、就近办”，年内实现500项以上高频事项“一网通办”。

激发各类市场主体活力。围绕与市场主体密切相关的开办企业、办理规划许可、获得信贷等方面，开展涉企政策措施大排查大落实和营商环境满意度大提升专项行动，全面推行“双随机一公开”监管模式，优化环保、消防、税务、市场监管等执法方式，大力降低企业合规成本，争创全国营商环境标杆城市。实施新经济企业梯度培育计划，培育更多具有核心竞争力的创新型领军企业，壮大新经济产业集群。全年新增小巨人企业260家，各类市场主体60万户以上。

打造“双创”升级版。持续深化“三大新政”，开展“双百万”工程，以更好的环境、政策、举措引才聚才，年内再落户各类人才40万人以上。深入推进“创业西安行”系列活动，升级各类双创载体平台，进一步完善政策措施，推动孵化器、众创空间从数量向质量转变。争取国家产教融合建设试点，推动“五大创业经济”取得新突破。统筹抓好国家小微企业创业创新基地示范城市和国家级“双创”示范基地建设，高标准办好2019全球硬科技创新暨“一带一路”创新合作大会、西安国际创业大会和国际创业大赛、第三届全球程序员节等活动，让“创业西安”城市品牌越来越响亮。

（五）聚力推动文化旅游融合发展

不断提升西安文化影响力。围绕世界文化之都定位，大力发展“互联网+文化+外贸”新模式，办好丝绸之路国际艺术节、第八届西安戏剧节和东亚文化之都、“唐诗之城”系列活动，推出一批具有国际影响力的文化艺术精品。推进公共文化服务体系建设，建成一批农村文化礼堂，广泛开展群众性文化活动。积极引进文化运营企业和产业化项目，抓好文化交流基地建设，继续办好“石榴花之春”中韩文化交流等活动，积极申办丝路卫视，支持国家数字出版基地、丝绸之路国际文化艺术品交易平台和华商传媒等做大做强。全面实施文化复兴工程，建设西安优秀传统文化资源数据库，用好兵马俑、大小雁塔、城墙等名片，丰富“西安语言”，讲好“西安故事”。强化历史文化遗址保护和开发利用，加快推进三学街、七贤庄、小雁塔、大唐东市等特色片区建设。大力发展非遗经济，支持有条件的区（县）创建“中国民间文化艺术之乡”。

建设世界一流旅游目的地。围绕世界旅游时尚之都定位，坚持全域旅游理念，聚焦“商养学闲情奇”新业态、新模式，加快建立大旅游产业生态圈。实施旅游国际行动计划，用好“过境免签+第五航权”政策，让西安成为全球游客出游必选、途经必游的世界一流旅游目的地。构建现代旅游服务体系，加快高品质酒店建设，实施精品民宿发展三年行动，加快推进沣东华侨城旅游综合体等重点项目建设，抓好朱雀·太平景区、大明宫遗址公园、翠华山·南五台创建5A景区工作。办好“西安年·最中国”系列品牌活动，力争全年接待国内外游客3亿人次，旅游总收入突破3000亿元。

深化书香、音乐、博物馆之城建设。实施“书香西安”重大文化设施提升工程、“品读西安”文化发展工程，推广“书店+咖啡+茶吧+文创+零售+互联网”等新型业态一体的综合书店，让书香成为古城的独特味道。建设提升一批大中型演艺场馆、音乐主题示范街区、音乐特色小镇和社区“音乐角”，办好西安国际音乐节、“一带一路”国际音乐博览会等品牌活动，实施“西安音乐人回家”计划和专题招商引资活动，让音乐成为古城的时尚韵律。全力支持省三大博物馆改造提升，加快实施西安博物院改扩建项目，鼓励民营博物馆发展及各类数字博物馆、智慧博物馆项目建设，把中华民族共有精神家园标识的品牌叫响做亮。

打造会展、赛事、文创名城。大力发展会展经济，加快“三中心”建设，积极争取承办国家重大主场外交和国际大型会议，办好欧亚经济论坛、丝博会等品牌活动，全年举办规模以上会展活动260场以上。大力推进“体育+”，积极申办全国、国际高级别体育赛事，办好2019西安国际马拉松等精品赛事，做好十四届全运会各项筹备工作。大力发展文创产业，推动会展、会议、赛事、产业、园区融合发展，加快建成一批创意街区、创客空间、文创园区和特色小镇，培育一批国际文化企业和文创品牌。

（六）聚力推进全面创新改革和高水平对外开放

统筹抓好两个“国字号”创新改革示范工程。深入推进全面创新改革试验和高新区国家自主创新示范区建设，抓好国家知识产权强市和运营试点城市建设工作，积极创建国家军民融合创新示范区。大力实施“高校+”战略，健全产学研一体化创新机制，提高科技成果就地转化和产业化率。探索建立吸引国内外顶尖科学家、创新团队有效机制，实施争创国家重点实验室计划，争取更多大科学装置、重大科技基础设施、前沿技术创新平台和产业创新平台落地西安。加快国家综合性科学中心、国家技术转移西北中心建设，推进中科院西安科学园、中国西部科技创新港、西工大翱翔小镇等项目，打造丝路科创中心、国家创新高地。持续推进军民融合创新，加快军地科技、军地经济融合发展，力争军民融合产业总收入达2700亿元以上，“民参军”企业达450家。

创建“一带一路”综合改革开放试验区。落实自贸区建设“53条”新政，争取设立新的自贸片区，积极研究申报内陆自贸港，打造自贸试验区升级版。支持西咸新区自贸区建设中医药健康养生产业聚集区，加快建设西安综合保税区和西安航空综合保税区，推进汽车平行进口试点城市和二手车出口试点申报。扎实推进国家跨境电商综合试验区建设，打造跨境电商产业集群。深化“两园两地”合作模式，加快推进欧亚经济综合园区、中俄丝路创新园和中欧、中德、中法等国际园区建设。鼓励陕鼓、西电、法士特、隆基股份、爱菊集团等本地骨干企业开展跨国并购、境外投资、境外园区建设和国际产业合作，确保全年进出口总值达到3500亿元以上。创新国际人文交往模式，加快领事馆区建设，着力做好“一带一路”沿线国家和地区友城结对工作。加快建设一批高服务水平的国际化社区，为外国人来西安工作生活提供更大便利。

打造“三个经济”发展示范。出台加快发展“三个经济”实施意见，着力培育具有比较优势的国际产业体系和开放型经济体系。加快推进西安咸阳国际机场三期、西安火车站改扩建等重大项目建设，不断提升全要素流通能力，促进枢纽优势向发展优势转化。加快航空、铁路口岸以及进口商品展示交易、跨境电商国际合作、加工贸易转移承接等平台建设，着力构建交通商贸物流、国际产能合作、科技教育、国际文化旅游、丝绸之路金融等五大中心。加快西安新筑铁路物流基地、长安航空营运基地、西咸新区现代服务贸易企业聚集区建设，支持空港保税物流中心申报综合保税区。促进“长安号”高频次运营、高质量发展，力争全年开行1800列以上。

深化重点领域改革。加快市属经营性国有资产统一集中监管和国企混改，组建一批国有资本运营公司，规范完善国企法人治理结构。做好天然气价格疏导工作，实施上下游价格联动机制、季节性差价制度。继续做好国有林场改革，确保通过国家验收。完成机构改革任务，加快转变政府职能，创新公共资源配置方式，提高资源配置的效率和效益。

（七）聚力创建国家生态文明建设示范区

坚定不移保护秦岭生态环境。认真贯彻落实习近平总书记关于秦岭生态保护重要指示批示精神，巩固和拓展专项整治成果，用最鲜明的政治立场、最自觉的政治担当、最坚决的实际行动，持之以恒有效保护好秦岭生态环境。加快修订秦岭生态环境保护《条例》《规划》《办法》，完善生物多样性保护、旅游发展、村镇建设等专项规划。建立秦岭生态保护基金，实行秦岭生态环境保护负面清单和责任清单制度。构建“数字秦岭”全方位监督体系，完善区（县）、镇街、村（社区）三级网格化管理，健全常态化专项执法检查机制。加快秦岭国家公园建设和生态修复，开展“爱我秦岭”活动，切实保护好国家生态安全屏障。

坚定不移推动绿色发展。牢固树立“绿水青山就是金山银山”理念，以生态文明建设引领经济社会发展，让绿色成为城市最优质的资产。构建绿色生产方式，明确禁止和限制发展的行业、生产工艺和产业目录，制定实施绿色循环发展三年行动计划，加快城市建成区重污染企业搬迁改造或关闭退出，在高新区、经开区等产业园区实施循环化改造试点，推进产业结构绿色转型。促进能源消费绿色升级，强化燃煤清洁高效利用和城市供气管网等重大基础设施建设，实施水资源消耗总量和强度“双控”行动，创建国家节水型城市。加快花城、绿道建设，推进“五路”两侧及“1+38”酒店周边区域绿化提升，年内新增城市绿地不少于600万平方米。倡导绿色生活方式，深入开展节约型机关和绿色家庭、社区、学校等创建活动，引领绿色生活新时尚。

健全生态安全保障体系。完善《大西安生态绿色空间体系规划》，推进生态保护红线勘界定标，科学确定环境质量底线、资源利用上线，制定生态环境准入清单。实行最严格环境执法监管，建立统一的监管和执法体制。设立“西安生态日”，建立生态补偿标准体系和生态补偿资金稳定增长机制。

（八）聚力增强城市功能品质

优化完善城市功能板块。坚持“精准落子”，面上建新城、拓功能，线上密网络、畅交通，点上抓整治、提品质，推动城市能级跃升。坚持“十字方针”，加快编制统一的、全覆盖的国土空间规划，强化城市设计和“城市双修”。用好增量土地，重视低效存量土地开发，促进土地集约利用，避免新增违法用地。统筹推进大西安多轴线、多中心、多组团协同发展，加快建设软件新城、长安大学城、沣西丝路创新城、东部新城等示范区，重点培育丝路国际金融中心核心区、中央文化商务区、西轴线中央商务区等增长极，推动空间结构调整、产业格局重塑，促进高端要素资源集聚。加快新型智慧城市建设，实施“城市大脑”计划，推进智慧治理、发展智慧经济、共享智慧生活。

大力推进基础设施建设。扎实推进公共服务设施“三年攻坚”行动，全面构建公共服务设施网络体系。启动“5个一千公里”计划，全面加快路网、管网、绿网、市政设施建设步伐。启动公共交通“3个一千”行动，全面加快“公交都市”建设。加快地铁5、6、9号线等在建工程进度，启动轨道交通建设三期规划，确保1号线二期开通试运营。实施“交通+”战略，大力推广TOD、XOD模式，加快上盖物业开发。协调推进国省干线改扩建工程，启动西安外环高速南段、东三环至临潼和西户快速干道建设，推进西阎快速干道项目。推动5G应用示范和产业合作，加快站址规划和基站建设，打造“无线西安”。

不断提高城市精细化管理水平。聚焦“洁化”，进一步完善生活垃圾分类处置设施体系，深入推进“烟头革命”“厕所革命”，新建改建各类公厕1225座，提升改造农村户厕20万座。聚焦“绿化”，加快65个绿地广场和口袋公园建设，改造提升40个老旧绿地广场，开工建设3个主题公园，建设一批城区绿化景观示范路，植树造林3万亩。聚焦“美化”，持续推进“四改两拆”，加快实施城中村、断头路、违法户外广告“三年清零行动”，抓好开放式校园、开放式公园、开放式街区“新三大提升”。聚焦“亮化”，整体设计策划“三环两河三横六纵”亮化，提升重点路段夜景亮化和楼宇亮化水平。聚焦“序化”，加快城市管理综合服务平台建设，强化道路、街面、社区等城市末端管理，持续开展“车让人”等主题活动，全面提升城市形象品质。

加快推动区域协同发展。建立关中平原城市群常态化交流平台和沟通机制，在基础设施、生态保护、产业协作、科技创新、公共服务等方面，对接落地重大项目。加快西咸、富阎一体化进程和西铜、西渭融合发展，推进西咸新区国家创新城市发展方式试验区建设，协力建好富阎产业合作园，构建区域发展共同体，带动关中平原乃至中西部城市群融合互动发展。

（九）聚力推进乡村振兴战略

全力打造美丽宜居新乡村。紧紧围绕“五个振兴”，加快推进“五个美丽”建设。不断加大农村人居环境整治力度，实施“百村示范、千村整治”工程，开展农村垃圾、污水、厕所“新三大革命”。推进行政村规划编制全覆盖，完成400个村庄基础设施和公共服务设施建设，创建50个“五个美丽”样板村，累计建成300个美丽宜居示范村。大力弘扬优良乡风民俗，办好农民丰收节等主题活动，营造全社会关注“三农”、关爱农民的良好氛围。

加快构建现代农业生产经营体系。积极培育发展农业龙头企业、新型经营主体和职业农民，持续开展“四大提升工程”，不断完善“一区三带七板块”现代农业发展格局。大力推进“三品一标”认证，增加优质绿色农产品供给，力争农产品加工经营收入达到650亿元。培育壮大农村电子商务主体，打造5个电子商务示范镇，25个电子商务示范村，农村电商企业突破400家。促进农村一、二、三产业融合发展，支持临潼创建全国农村一、二、三产业融合发展先导区，支持周至创建猕猴桃知名品牌示范区，建设好蓝田县国家农村产业融合发展示范园。深入推进“大棚房”专项清理整治，坚决遏制农地非农化现象。抓好非洲猪瘟防控。

探索城乡融合发展新模式。加快农村承包地“三权分置”“三变”和金融改革，稳妥推进宅基地改革，高标准完成农村集体产权制度改革整市推进试点任务，探索农村集体经营性建设用地入市。启动实施干部联乡、能人回乡、市民进乡、资本下乡、企业兴乡“五乡行动计划”，出台村集体经济发展奖励扶持办法，推动农民增收致富。坚持远郊区县绿色生态优势和开发区辐射带动优势相结合，共建产业园区，共谋繁荣发展。

（十）聚力满足群众美好生活新期待

千方百计稳定就业。坚持把稳就业放在突出位置，实施就业优先战略和更加积极的就业政策，统筹推动高校毕业生、退役军人、就业困难人员、农村转移劳动力等重点群体充分就业、高质量就业。深入实施治欠保支三年行动计划，切实保障农民工劳动报酬权益。实施劳动者终身职业培训，扩大职业技能培训规模，全年实现城镇新增就业14万人，职业技能培训4.8万人次。

优先发展教育事业。全面提升公办学校办学质量，持续做大优质教育资源总量，新组建市级“名校+”教育联合体40个以上。出台新一轮中小学、幼儿园布局规划，全面开展城镇住宅小区配建教育设施排查整治工作，落实加大财政教育投入和支持区县教育发展若干政策，启动新建中小学34所、幼儿园54所，扩建中小学62所、幼儿园21所，确保新增中小学学位8万个、幼儿园学位2万个以上。大力发展特殊教育、网络教育和职业教育，支持驻市高校“双一流”建设，支持和规范社会力量兴办教育。实施引进新十大名校、十大国际学校“双十计划”，打造“一带一路”教育中心。设立“一带一路”奖学金，做大丝路大学联盟，打造留学生之城。

推进健康西安建设。深入推进健康家庭、健康社区、健康村庄等8类“健康细胞”创建，做好国家卫生城市复审，全面提升城乡居民健康素养水平。持续开展综合医改，抓好国家药品集中采购试点工作，健全完善紧密型医联体分工协作和双向转诊机制，拓展智慧医疗应用场景，搭建全市统一的预约挂号系统和支付平台。继续实施改善医疗服务行动，做好疫苗使用和预防接种提升工作，加快红会国际医院、国际儿童医院建设，不断增加优质医疗资源供给。完善医养结合政策，大力发展养老产业，全年新增养老床位6400张以上。积极引进国际医疗机构，鼓励现有医院开设国际院区，争取区域医疗中心落地，打造“一带一路”国际医疗中心。

完善多层次社会保障体系。坚持“房子是用来住的、不是用来炒的”定位，坚决扛起稳定房地产市场主体责任，把居住用地“两个20%”原则落实到今年土地储备供应计划中，努力稳地价、稳房价、稳预期。年内新建保障性住房4万套，实施老旧住宅小区综合改造200万平方米。继续实施失业保险“援企稳岗护航行动”，完善工伤保险、失业保险制度，优化“1+N”新型救助体系，不断提升基层社会救助能力和救助覆盖面。全力打造“15分钟便民服务圈”，让市民生活更便捷、更舒适。

建设更高水平“平安西安”。抓好重点行业领域安全生产专项整治，继续开展建筑施工、道路交通、危险化学品安全攻坚行动，坚决遏制重特大安全事故发生。加强应急管理体系建设，完善防灾减灾救灾体系，切实保障城市运行安全和人民群众生命财产安全。严防严管严控食品药品安全风险，确保市民群众饮食用药安全。大力推进城乡社区治理和服务创新，扎实做好矛盾纠纷排查化解工作。持续开展“平安鼎”创建活动，纵深推进扫黑除恶专项斗争，严厉打击盗抢、电信网络诈骗等犯罪，打造全国最具安全感城市。

同时，加强国防动员、人民防空和后备力量建设，认真做好退役军人事务和优抚双拥工作，扎实做好民族、宗教、外事、气象、地震、统计、档案、地方志等工作，支持工会、共青团、妇联、侨联、科协、残联、慈善等事业发展。

四、全面建设新时代人民满意政府

旗帜鲜明讲政治。主动对标对表，提高政治站位，切实树牢“四个意识”，坚定“四个自信”，坚决做到“两个维护”，始终在思想上政治上行动上同以习近平同志为核心的党中央保持高度一致。坚持把政治建设放在首位，严守政治纪律和政治规矩，扎实开展“不忘初心、牢记使命”主题教育，深入推进“讲政治、敢担当、改作风”专题教育，不折不扣落实中央决策部署。坚持把党的领导贯彻到政府工作的各方面、各环节，坚决贯彻市委决策部署，严格执行请示报告制度，确保政令畅通、执行有力。

担当作为抓落实。坚持“干”字当头，突出“实在实干实绩”导向，全面落实“三项机制”，营造肯干、实干、能干的浓厚氛围。坚持问题导向，当好“施工队长”，践行“一线抓落实工作法”，形成上下贯通、层层负责的主体责任链。牢记初心使命，坚决兑现承诺，为群众福祉担当，真心实意为群众干实事、办好事、解难事。坚持以实绩论英雄，落实国务院“30条”激励支持措施，对真抓实干成效明显的区县、开发区进一步加大激励支持力度，真正让愿干事、能干事、干成事的受褒奖、得实惠。

驰而不息强作风。认真落实中央八项规定精神和省委、市委实施办法，大兴求真务实之风，集中整治形式主义、官僚主义顽疾，切实解决干部队伍中的“庸、懒、散、慢、虚”问题。坚持低调务实不张扬，事不过夜马上办，始终与人民群众想在一起、干在一起，用为民造福的不懈奋斗诠释“人民勤务员”的政治本色和使命担当。

清正廉洁树形象。深入推进党风廉政建设和反腐败斗争，时刻把纪律和规矩挺在前面，始终保持惩治腐败的高压态势。深刻汲取秦岭北麓违建问题惨痛教训，严格落实主体责任和“一岗双责”，严守西安铁军“六条铁规”，严防群众身边的不正之风和腐败问题。严格遵守宪法法律，坚持依法行政，建设法治政府。自觉接受人大监督、政协监督和监委监督，主动接受群众和媒体监督，加强审计监督，让权力在阳光下运行，努力实现干部清正、政府清廉、政治清明。

各位代表！新时代要有新气象，大西安要有大作为。让我们更加紧密地团结在以习近平同志为核心的党中央周围，在省委、省政府和市委的坚强领导下，不忘初心、牢记使命，接续奋斗、逐梦前行，全面加快国家中心城市和国际化大都市建设，奋力谱写大西安追赶超越高质量发展和全市人民高品质幸福生活的新篇章，以优异成绩迎接中华人民共和国成立70周年！

专文

责任编辑
姚文东

中国共产党西安市第十三届委员会第八次全体会议举行

1月2、3日，中国共产党西安市第十三届委员会第八次全体会议举行。全会高举习近平新时代中国特色社会主义思想伟大旗帜，全面贯彻党的十九大和十九届二中、三中全会及习近平总书记对西安工作系列重要指示批示精神，紧扣追赶超越和“五个扎实”要求，认真落实中央经济工作会议、中央农村工作会议和省委十三届四次全会要求，总结2018年工作，分析当前形势任务，研究部署政治建设、新型智慧城市建设和2019年工作，达到了统一思想、坚定信心、凝聚力量的目的。

全会由市委常委会主持。审议通过中共西安市委《关于深刻汲取秦岭北麓违建别墅问题教训 彻底肃清魏民洲等流毒和恶劣影响 全面净化修复政治生态的决定》《关于加快推进新型智慧城市建设的决定》，讨论《西安市全面推进政务服务“一网通办”的行动方案》。中共西安市委常委在主席台就座，市委委员、市委候补委员出席会议。

全会指出，刚刚过去的2018年，是西安极不平凡的一年。在以习近平同志为核心的党中央坚强领导下，在省委的正确领导下，市委常委会坚持以习近平新时代中国特色社会主义思想和习近平总书记对西安工作系列重要指示批示精神统揽全局，深入贯彻党中央重大决策部署和省委要求，启动新时代大西安“三步走”战略，知难而进、迎难而上，坚决打赢秦岭保卫战，推动高质量发展迈出新步伐、城市综合实力跃上新台阶、全面从严治党取得新进展、追赶超越在许多关键领域实现新突破。

全会充分肯定市委常委会一年来着重抓的5件大事：一是深入学习贯彻习近平新时代中国特色社会主义思想和党的十九大精神；二是全面彻底整治秦岭北麓违建别墅问题；三是扎实推进三大攻坚战；四是全面部署加快国家中心城市建设；五是大力开展“营商环境”提升年活动，大力发展民营经济。高度评价推进的9项工作：一是加快推动高质量发展；二是狠抓主导产业培育；三是加大基础设施投资力度；四是充分释放创新潜力；五是全面深化重点领域改革；六是面向“一带一路”提速对外开放；七是加强宣传思想文化工作；八是全力保障和改善民生；九是深入推进全面从严治党。

全会指出，秦岭北麓违建别墅问题，教训十分深刻，必须全面反思。在习近平总书记重要指示批示的思想推动和政治指引下，在中央工作组和省委的正确领导下，市委常委会围绕“政治上查清、整治上彻底、长远上规范”的要求，开展专项整治，实现从拆到绿、从乱到治，取得了良好的政治效果、纪法效果、社会效果。要深入贯彻中央办公厅《通报》精神，深刻汲取秦岭北麓违建别墅问题教训，切实把政治建设摆在首位，全面加强党的领导，深入推进全面从严治党，把准政治方向、严明政治纪律、强化政治责任，以实际行动坚决维护习近平总书记核心地位、坚决维护党中央权威和集中统一领导，始终在思想上政治上行动上同以习近平同志为核心的党中央保持高度一致。

全会指出，加快国家中心城市建设、打造新型城镇化样板，已从“谋篇布局”进入“精准落子”阶段。市委常委会把推进“一网通办”、加快数字化转型、建设新型智慧城市，作为加快国家中心城市建设的先手棋，找准了突破口、抓到了关键处，体现了把握城市发展规律、顺应科技产业革命、转变城市发展方式的战略思维、行动自觉，必将有力推动营商环境、公共服务、城市治理等方面的根本变革。

全会指出，西安发展正处在加速追赶超越的紧要关头。一方面，当前经济形势稳中有变、稳中有忧、稳中有缓，在下行压力中保持中高速增长、加速新旧动能转换、做大总量提升质量压力加大；另一方面，积极因素在加快累积，“一带一路”等重大机遇交汇叠加，特别是近两年“大西安”追赶超越跑出了“加速度”，城市吸引力、竞争力、影响力显著增强。危与机同生并存，困难不要低估、机遇不可多得、信心不能动摇、目标不应降格、干劲不容松懈。

全会强调，要从长期大势认识当前形势，坚定、清醒、有作为，扎扎实实落实好中央、省委和市委既定部署，要牢牢把握经济发展的主动权，积极在复杂多变的宏观环境中趋利避害、化危为机、赢得先机，立足岗位、聚精会神办好自己的事情，为全局发展多作贡献，为市民群众多谋福祉。做好2019年工作的总体要求是：以习近平新时代中国特色社会主义思想为指导，全面贯彻党的十九大和十九届二中、三中全会精神，增强“四个意识”，坚定“四个自信”，坚决做到“两个维护”，高举新时代改革开放伟大旗帜，统筹推进“五位一体”总体布局，协调推进“四个全面”战略布局，坚持稳中求进工作总基调，坚持新发展理念，坚持推动高质量发展，坚持以供给侧结构性改革为主线，坚持深化市场化改革、扩大高水平开放，紧扣追赶超越和“五个扎实”要求，全面落实“五新”战略，大力培育枢纽经济、门户经济、流动经济，加快国家中心城市建设、推动追赶超越高质量发展，加快建设现代化经济体系，继续打好三大攻坚战，着力激发微观主体活力，统筹推进稳增长、促改革、调结构、惠民生、防风险工作，进一步稳就业、稳金融、稳外贸、稳外资、稳投资、稳预期，纵深推进全面从严治党，保持经济持续健康发展和社会大局稳定，增强市民群众获得感、幸福感、安全感，为全面建成小康社会收官打下决定性基础。

全会强调，要抢抓深化供给侧结构性改革带来加快新旧动能转换、宏观政策逆周期调节带来加大基础设施投资、促进区域协调发展带来加快国家中心城市建设、推进新时代改革开放带来加力非公有制经济发展、培育发展国内市场带来加强保障和改善民生等“五个加”新机遇，开展“追赶超越”攻坚年、“营商环境”提升年、“作风建设”强化年等“三个年”活动，重点抓好9方面任务：

一是聚焦全面小康高水平，全力打赢污染防治、精准脱贫、防范化解重大风险三大攻坚战；

二是聚焦秦岭保护高标准，坚定不移学习贯彻习近平生态文明思想，走生态优先、绿色发展路子，全力争创国家生态文明建设示范区；

三是聚焦经济发展高质量，优先发展先进制造业和现代服务业，抓实制造业、创新驱动、现代金融、人力资源、产业集群，全力构建具有竞争力的现代产业体系；

四是聚焦要素集聚高功能，抓重要功能板块、重大交通工程、重点整治工作集聚高端要素，全力加快国家中心城市建设；

五是聚焦“一带一路”高定位，围绕“五通”、融入“五路”，打造“三个经济”发展示范、自贸试验区升级版，建设中外合作产业园，创新国际人文交往模式，全力扩大对外开放；

六是聚焦追赶超越高效率，全力提升营商环境，深化“最多跑一次”、国资国企等重点领域改革，激发民营经济发展活力，助推高质量发展；

七是聚焦文化旅游高品质，围绕世界文化之都、世界旅游时尚之都定位，深化书香、音乐、博物馆之城建设，打造会展、赛事、文创名城，全力建设世界一流旅游目的地；

八是聚焦城乡融合高起点，加大农村人居环境整治力度，构建现代农业生产经营体系，探索城乡融合发展新模式，全力打造乡村振兴西安样板；

九是聚焦美好生活高期待，办好人民满意教育，推进“健康西安”建设，强化基本民生保障，打造“15分钟系列便民服务圈”，推进住有宜居，全力办好民生实事。

（摘自《西安日报》，记者何兴龙、车阳阳采写）

西安经济总量实现新突破

2018年，西安经济总量实现新突破，踏上8000亿元新台阶，同比增长8.2%，位居副省级城市前列；GDP占全省的比重升至34.2%，比上年提高0.1个百分点，创14年来新高。昨日，市统计局分析认为，2018年西安经济运行呈现出“5个加速”的发展特点。

发展要素加速聚集

亮点：市场主体同比增长91.7% 迁入新西安人接近80万

市场主体持续增长。“筑巢引凤栖”——“放管服”改革持续深化，亲商助商氛围浓厚，新登记市场主体井喷式增长，大西安的市场活跃度明显增强。全年全市新登记市场主体达到54.3万户，同比增长91.7%；累计市场主体超过148万户，在副省级城市排在前列。12月末，“五上”单位7350户，比年初净增736户。

人力资源持续增加。“花开蝶自来”——我市的户籍政策不断优化升级，人才体制机制创新，惜才育才环境改善，引来孔雀“西北飞”，大西安焕发出强大的“吸引力”。全年迁入的新西安人接近80万人，其中，博士以上1253人，硕士研究生26762人，本科生237543人；人才引进32126人，学历落户和人才引进占总迁入人口的63.5%。

贷款增速持续提高。我市近两年来各项举措带来的成效，促进资金“虹吸效应”显现。12月末，金融机构人民币贷款余额增长16.4%，创2016年3月以来新高。

增长新动能加速形成

亮点：战略性新兴产业产值占比提高

产业动能高端化。产业加速迈向中高端，规模以上战略性新兴产业产值占规上工业总产值比重达39.8%，同比提高0.6个百分点。先进设备制造行业成长较快，占比最大的计算机、通信和其他电子设备制造业增加值增长14.8%，对全市工业贡献率达到32.4%；铁路、船舶、航空航天和其他运输设备制造业，电气机械和器材制造业增加值分别增长11.7%和10.5%，均高于全市增长水平。工业产品呈现附加值高、环保节能、智能化、数字化、集成化等特点，新产品不断涌现，产量实现较快增长。智能电视从无到有，光电子器件产量增长3.3倍、锂离子电池增长2.0倍、新能源汽车增长70%、光纤增长51.3%。现代服务业增长势头迅猛。1—11月，体育产业、文化产业、健康服务业、科技服务业以及“新服务”企业的营业收入增速都在20%以上。

投资动能快转换。在全面提升营商环境上下足功夫，吉利、阿里巴巴、腾讯、亚马逊等重大项目签约落户促进了实体领域投资，以制造业为代表的产业投资进一步加快。2018年，工业投资增速扭负为正，连续10个月保持20%以上增长。三星、吉利、爱生无人机等项目拉动工业投资增长28.7%。其中，制造业投资增长31.8%。高技术制造业投资占工业投资比重超过四成，比上年提高11.5个百分点；增长68.7%，连续8个月增速都在50%以上。民间投资增长20.3%，较上年提高9.2个百分点。

消费动能正升级。在旅游、城市宣传带动下，积极推动消费升级，提升消费供给水平。新需求催生了新业态、新模式，商圈建设加快提档升级，我市消费品质彰显出品质与个性。定位生鲜快配的盒马鲜生、7fresh超市，锁定全方位休闲娱乐的SKP、大悦城等商业综合体，以及品牌咖啡及连锁便利店，都增加了城市时尚与便捷。与消费升级相关的化妆品类、石油及其制品类、通信器材类商品分别增长20.9%、19.6%和14.2%。网上零售占限上零售额的比重升至11.5%，同比提高3.2个百分点。

科创动能再增进。大众创业万众创新蔚然成风，创新成果不断涌现，硬科技之都成为西安鲜明的城市新IP，中国科学院西安科学园成为西安科研新高地。截至12月末，国家级高新技术企业达到2139家，累计已建成各类众创载体1156个、入孵企业4.1万家，就业人数超过40万人。全年发明专利26675件，发明专利授权量8096件，技术合同成交额1030亿元，同比增长21%。

开放水平加速提升

亮点：进出口总值连续11个月居副省级城市第一

大力发展“三个经济”，推动高水平对外开放。高质量建设自由贸易试验区，其中“铁路运输方式舱单归并新模式”在全国复制推广。“长安号”国际货运班列已开行1235列，开行数量、货运总量、重载率居全国第一。成功获批临空经济示范区和跨境电商综合试验区，西安咸阳国际机场获批行使“第五航权”。全市进出口总值首破3000亿元，达到3303.87亿元；

保持29.6%的快速增长，连续11个月位列副省级城市第一。

高质量发展加速推进

亮点：规上工业企业利润增速由降转增

质量效益持续改善。企业效益日趋稳定。自2017年11月以来，规模以上工业企业利润增速由下降转为增长。1—11月，规模以上工业企业利润总额增长8.0%，同比提高4.8个百分点。企业亏损面21.7%，同比缩减3.1个百分点。财税质量进一步优化。税收占一般预算收入比重达81.3%，较上年提高12.7个百分点；税收增长24.0%，连续2年位列副省级城市第一。

绿色发展取得成效。坚持绿色可持续发展，将绿水青山作为永续发展的根基，严格划定生态保护红线。坚决彻底整治秦岭北麓违建别墅、重拳治理黑臭水体、加大散乱污治理力度；开展“五路”两侧增绿、“美丽西安·绿色家园”行动，居民生活环境得到改善。全年空气质量优良天数达到188天，比上年增加8天。规模以上工业综合能源消费量下降3.4%，降幅较上年扩大1.3个百分点，能源利用率进一步提高。

经济地位作用加速攀升

亮点：GDP占全省比重创14年来新高

全面加快国家中心城市建设，西安在关中平原城市群的“领头雁”作用凸显，在全省的经济聚集度攀升。GDP总量3年连续跨越三级台阶，2018年跨上8000亿元台阶，达到8349.86亿元，占全省的比重升至34.2%，比上年提高0.1个百分点，创14年来新高；GDP、规模以上工业增加值、工业投资、进出口总值、税收收入等多项指标增速位居副省级城市前列。

市统计局分析认为，总的来看，西安全年经济保持总体平稳、稳中向好态势，推动经济高质量发展的环境不断优化、要素不断聚集，基础不断加固，经济增长的势头更强、潜力更足、韧性更好。（摘自《西安日报》，记者王昕采写）

西安保障和改善民生 让群众获得感、幸福感、安全感增加

4年前，中共中央总书记习近平来陕视察，为三秦百姓送来温暖的问候和深情的关怀。总书记指出，做好保障和改善民生工作十分重要。要更加注重保障基本民生，更加关注低收入群众生活，更加重视社会大局稳定。

4年过去了，西安交出怎样的民生工作成绩单？这里有一组2018年的数据：新增城镇就业14.39万人，农村劳动力转移就业72.2万人，城镇登记失业率为3.26%；组建66个市级、193个区级“名校+”教育联合体，惠及学生32.5万人，全市普通高中全部达到省级标准化；新建紧密型医联体13个，市人民医院、国际医学中心等重大项目加快推进；开工建设各类保障性住房50045套，近60万名职工利用公积金改善了住房条件；新农合按病种定额付费全面推行；食品药品抽检合格率均在97%以上；连续7年入选“中国最具幸福感城市”；“1+N”社会救助体系获国务院通报表扬……2018年，西安扎实做好保障和改善民生工作，一件件民生工作的积极变化令人倍感温暖，而这一个个民生指数的背后，对应的是古城群众不断增加的获得感和幸福感，也是回应习总书记对古城人民的热切期盼。

破解“民生九难” 以实际行动回应市民期待

“大冷的天，又让你们跑一趟，快进屋里暖和暖和……”3名穿白大褂的医护人员刚走出入户电梯，70多岁的楚奶奶已在门口迎候。他们进屋后顾不上休息，先查看了她的老伴吕大爷的情况，娴熟地为其更换了尿管。这3名医护人员是西安市第五医院外科主任鲁琪、护士长张亚萍和医生朱平，他们冒着严寒来到解家村新社区82岁老党员吕大爷家中提供上门医疗服务。

提起鲁琪及五院帮扶医生团队的帮助，楚奶奶眼眶泛红。她回忆说，2016年年初老伴脑出血瘫痪在床，每个月都要更换一次导尿管，为此她跑了周边的医院和卫生所，希望有医生上门为老伴更换尿管，但因各种原因未能如愿。医生不能上门，就意味着老人需要每月去医院，可儿女不在身边，加之家住楼层高，楚奶奶一个人根本无法将老伴送至医院。而导尿管如长期不更换会导致尿路感染，引发炎症，每到老伴的导尿管该更换的时候，楚奶奶就心急如焚。一次，在市五院专家团队进社区开展义诊活动中，鲁琪了解到吕大爷的情况后，次日便带着医疗器材同医院外科泌尿专业医生朱平专程前往楚奶奶家中为吕大爷诊治。从那以后，鲁琪他们就担负起为老人定期更换尿管的职责，无论刮风下雨寒冬酷暑，他们每个月都会上门为吕大爷服务。

家庭医生服务是西安医改惠民措施的一个缩影。近年来，为有效缓解群众“看病难、看病贵”问题，让群众就医更有获得感，西安市委、市政府高度重视医改工作，在政策制定、经费预算等方面对公立医院改革做到优先安排、优先拨付、优先落实。2018年各大医院药品、医用耗材和检验检查费用占医疗收入比重明显下降，群众就医满意度明显提升。2018年5月，西安市公立医院综合改革以“真抓实干、成效明显”受到国务院办公厅的通报表彰。

我市现有60岁以上老人152.7万人，老龄化率16.35%。如何让老人享受更贴心的服务，乐享幸福晚年？近年来，我市养老工作以着力破解 “养老难”为导向，紧紧抓住提升养老服务品质这个“牛鼻子”，持续推进养老服务业综合试点改革，进一步调整完善政策，推进放管服改革，加大财政支持力度，强化养老服务设施建设，鼓励扶持社会力量参与，形成低端有保障、中端有供给、高端有市场的养老服务格局，努力让西安成为老年人幸福生活的城市。目前，全市共有各类养老设施1980个，其中养老机构149家，社区居家养老服务站795个，农村幸福院962个，日间照料中心74家。累计建成各类养老床位5.4万张，比改革试点前增加了2.5万张，增长了2.61倍，每千名老人拥有养老床位数达到35.36张，基本满足我市养老需求。

随着西安收获蓝天数越来越多，天空越来越美，市民明显感受到西安在环境治理方面的成效。2018年西安优良天数188天，同比增加8天，综合指数同比下降12.2%，环境空气质量6项指标平均浓度均下降，其中PM2.5同比下降16.4%，“气质”改善幅度位于全国前20名。

为破解“就业难”，西安围绕高校毕业生就业创业中的痛点和难点，推出《西安市进一步加快人才汇聚若干措施》，实施“就业奖”“留才奖”等4条新政，升级扶持创业优惠政策，吸引更多高校毕业生特别是优秀毕业生来西安就业创业。2018

年，西安城镇新增就业14.39万人，城镇登记失业率3.26%，农村劳动力转移就业72.2万人；登记贫困劳动力转移就业18125人，贫困劳动力创业435人，贫困劳动力技能培训3819人；城镇失业人员再就业人数6.25万人，其中就业困难人员就业人数为2.27万人；目前已累计新开发公益性岗位2069个。

西安采取多项措施解决停车难问题，除了投运的大车家巷、北马道、西安高级中学等7座停车场外（近3000个泊车位），继续加大停车场建设步伐。

解决“上学难”，教育改革创新持续加码。破解“治堵难”，群众出行更加便捷。破解“治脏难”，城乡面貌焕然一新。解决“办事难”，持续优化提升营商环境。破解“住房难”，满足群众住房需求……一桩桩一件件，随着西安着力破解“民生九难”工作的持续有效推进，换来的是老百姓日益提升的幸福感和满意指数。

办好“十大实事” 满足市民美好生活新追求

“公园拆围墙透绿是真正的惠民政策，市民游园更方便，感觉也更惬意。而且围墙拆了以后，我们现在进园比以前方便了很多。”家住海伦春天小区的张师傅退休后就喜欢上了练武，每天早上叫上志同道合的几个邻居在红光公园里切磋武艺。张师傅说，以前围墙没拆时，来早了就只能在大门外排队等候，到点才能进园，现在围墙拆了，随时随地都可以进入公园，非常方便。

记者了解到，红光公园位于城乡接合部，周边有海伦春天、巨威大秦郡、石家村小区等多个大型社区，围墙的拆除大大方便了市民游园，目前公园西门两侧的围栏都已拆除，进园步道增加为12个。

城市公园宛如一座城市的绿肺，给居住在城市的人们带去绿色的气息，公园的开放程度也是衡量一座城市文明和进步的重要标志。按照市委关于拆除公园围墙、免费向市民开放的要求和市委、市政府的工作安排，2018年12月底前，西安完成包括莲湖公园、革命公园等在内的一大批市管公园和区管公园的围墙拆除工作，并同步落实免费开放政策，真正做到还园于民。其中2018年12月底前拆除围墙的公园共计12个，包括革命公园、长乐公园、莲湖公园、文景山公园、红光公园、丰庆公园、纺织公园等7个市管公园，以及儿童公园、环城西苑、秦二世陵遗址、清凉山（森林）公园、水景公园等5个各区、开发区主管公园。计划2019年12月底前拆除围墙的公园共4个，分别是劳动公园、环城公园、凤凰池生态谷和汉城湖风景区。据悉，除了这16个拆除围墙的（免费）公园之外，西安还将对其他一些公园因“园”制宜，采取相关透绿或免费开放措施，尽可能让市民和游客更多地享受公园美景和绿色，这其中包括兴庆宫公园、浐灞国家湿地公园、大唐芙蓉园和寒窑遗址公园等。

2月14日正月初十，浓浓的年味还随处可见。上午10时，在欢快的音乐声中，西安话剧院新春惠民演出组就早早来到碑林博物馆，为市民以及省内外的游客呈上了一场精彩的演出。演出开始后，一下子就吸引了路过的行人和游客纷纷驻足，笑声、掌声、呐喊声伴随着整台演出。台下的好多观众在开心观看节目的同时，也纷纷拿起手机、相机记录这一精彩瞬间，成为一个美好的回忆。

城墙内欢声笑语，而此时在高陵区文卫路小区的舞台上，欢快的群口快板拉开了文化惠民演出的大幕。这是由爱乐合唱团组成的“平安高陵·扫黑除恶”志愿者宣传小分队，他们走进社区，通过文艺演出的方式向广大群众宣传扫黑除恶专项斗争的有关知识。社区居民李阿姨说：“今天的节目水平很高，我们特别喜欢，希望社区以后这样的活动能多办一些。”

为全面构建公共文化服务体系，让群众共享改革开放和文化发展成果，经西安市委、市政府研究决定，西安市从2009年开始在全市范围内开展“千场戏剧惠民演出活动”。西安市千场戏剧惠民活动是一项政府出资、剧团唱戏、百姓受益的惠民工程，活动由西安市文化和旅游局、西安市财政局主办，各区县文化主管部门、财政局协办，每年经过一定的程序，挑选专业院团演出，将戏曲、歌舞、曲艺、综艺等优秀文艺节目送到田间地头、厂矿社区的百姓中间。截至2018年底，西安已组织专业文艺院团在全市范围内免费为群众演出剧（节）目12000余场，观众超过1850万人次，政府财政资金投入超过1.1亿万元，基本做到了全市各社区、乡镇和各大村的全覆盖。

加强社会治理，绿地广场、四改两拆……几年来，西安全力推进民生改革，紧贴民生需求，不断加大民生投入，着力办好为民“十大实事”民生工程，让市民有了更多获得感。

完善“1+N”社会救助体系 做好兜底民生保障工作

党的十八大特别是十九大以来，我市民政工作始终坚持把困难群众救助作为重心和主业，全面建立了“1+N”社会救助体系。即以城乡最低生活保障制度为主体，特困人员供养、医疗救助、临时救助、教育资助、困难高中生救助、残疾人两项补贴、困难失能老人护理补贴、流浪乞讨人员救助、困难群众殡葬救助、农村留守儿童和困境儿童关爱保护、渐退帮扶、分类施保等制度为补充的救助制度体系，有力保障了各类困难群体的权益福祉。2018年11月19日，“西安市建立完善‘1+N’社会救助体系、织牢织密兜底保障网”受到国务院办公厅的通报表扬。

“多亏了我们村的党支部书记和驻村干部及时救助，要不然我也活不到现在。”今年50多岁的长安区五星街办燎原村低保户刘武升感激地说。刘武升患有多种疾病，没有子女。2017年年初，燎原村党支部书记和驻村干部在一次入户调查中，遇到刘武升突发肺心病。二人及时采取措施，将其送往医院救治，使其转危为安。入户调查、邻里走访等，是定位困难群众的传统方式。近年来，在传统定位方式的基础上，西安市不断创新完善，建立起社会救助的“主动发现”机制，这是西安“社会救助体系、织牢织密兜底保障网”的一个缩影。

夯实兜底线，就是做好兜底性民生保障，确保底线公平。西安在低保“应保尽保”的基础上，紧紧围绕“1”这个主体，从纵向上建立救助标准自然增长机制，实现了救助标准逐年科学化、制度化、合理化增长，切实兜牢民生保底线。2018年共为各类救助对象发放救助金9.79亿元，有效提升了救助质量水平，增强了救助对象的获得感、幸福感。拓展“N”，织密救助网就是建立健全民生保障安全网，使困难群众求助有门、受助及时，减少冲击社会道德和心理底线事件的发生。在已形成较为完善的社会救助制度体系的基础上，西安从横向上持续拓展救助范围和内容，通过“N”个政策的叠加与延伸，不断扩大救助覆盖面。2018年救助各类困难人员34万多人次，实现应保尽保，应助尽助。为更好落实“织密救助网”“夯实兜底线”要求，西安还采取多种机制措施，紧紧围绕打通服务群众的“最后一公里”，聚焦“救急难”，着力打造人民满意的“阳光救助”。日臻完善的救助体系，不断扩大的救助范围，逐年提高的救助水平，为西安困难群众编织起牢固的社会保障网。

市民获得感、幸福感、安全感的不断充实、不断有保障，是西安扎实做好保障和改善民生工作的具体体现，也是西安坚持以人民为中心、为人民谋幸福，贯彻落实党的十九大精神，用习近平新时代中国特色社会主义思想武装头脑、指导实践、推动工作的生动写照。事实证明，只要坚持以人民为中心的发展思想，只要把人民对美好生活的向往作为奋斗目标，多谋民生之利、多解民生之忧，在发展中补齐民生短板，就一定能够交出让人民满意的历史答卷。

（摘自《西安日报》，记者张黎娜采写）

大事记

责任编辑
姚文东

1月

1日 中共中央总书记习近平在新年贺词中提到西安交通大学西迁老教授的来信："广大人民群众坚持爱国奉献，无怨无悔，让我感到千千万万普通人最伟大，同时幸福是奋斗出来的。"

△西安地铁扫码过闸发布会暨蚂蚁森林西安城市公益林签约仪式举行。西安地铁在全国率先实现"全线网、双离线、先享后付"手机过闸功能。

△西安市开通"12345"市民服务热线。

2日 西安市人民政府印发《西安市国家级旅游业改革创新先行区建设实施方案》，西安市将坚持全域旅游发展理念，打造国际一流旅游目的地城市，从旅游资源大市向旅游产业强市转变。

4日 西安驻加州大学硅谷离岸创新中心挂牌。

5日 西安航空基地综合保税区经国务院批复设立。该保税区是我国中西部地区首个以航空制造产业为发展特色的综合保税区。

△西安钱币博物馆现代货币馆开馆。

8日 法国总统马克龙访华抵达西安，在大明宫国家遗址公园进行演讲。

9日 "2018秦商联合会年会暨2017年全球秦商影响力人物总评榜颁奖盛典"在西安索菲特人民大厦举行，共颁奖项8个，63家企业和个人获奖。

△西安市2018年纯电动公交车投运暨支付码乘车启动仪式在辛家庙公交枢纽站举行。

11日 四川广元市与西安市签订《战略合作框架协议》。

13日 由中国航天第十二研究院、中国航天工程科技发展战略研究院和钱学森军事系统工程研究院共同主办的第十三期钱学森论坛在西安市举行。

△由东方财富网、天天基金网主办，西安市人民政府特别支持的年度金融领域行业大榜"长安之夜——2017东方财富风云榜"评选活动在西安举行颁奖典礼。

14日 《复兴中的世界城市：西安国际化大都市发展蓝皮书（2018）》发布。

16日 西安市与阿里巴巴集团第二批合作项目签约暨阿里巴巴丝路总部揭牌仪式举行。签约仪式上，盒马鲜生、"城市交通大脑"、"城市水务大脑"、科技产业扶贫、网络丝绸之路、菜鸟智慧物流基地、阿里巴巴创新中心等13个项目签约。

19日 西安户籍新政流程升级，只凭身份证、毕业证，即可申请办理西安户口。

23日 陕西省首个妇幼援非项目——中国与马拉维妇幼健康工程项目推进会暨赴非专家组启程仪式在西安交通大学第一附属医院举行。

△西安旅游发展基金成立大会暨签约仪式举行。

△西安市人民政府与太平洋建设集团战略合作框架协议签约仪式举行。

24日 富阎产业合作园区总体规划专家论证会在西安市阎良区召开。

29日 "西安交警"应用程序上线运行，可实现交管业务查询、智慧提醒、交通文明积分等功能。

30日 腾讯双创小镇（西安）项目落户西安浐灞生态区。

31日 深圳市腾讯计算机系统有限公司与西安城市基础设施建设投资集团有限公司联合推出长安通公交乘车码，乘客只需手机扫码就可便捷乘车。

△空军军医大学西京医院创伤骨科完成世界首例3D打印肱骨近端假体，用以治疗肱骨近端粉碎骨折的手术。

2月

1日 西安市公安局公布《2018年户籍工作"一指南、两规范"》，大幅简化落户流程，提升服务标准。

2日 "西安市智慧医院"医疗服务应用程序上线，患者在西安市13家市直属医院和长安区医院就诊时，通过手机就能进行挂号、门诊缴费、费用明细查询等业务办理。

2—5日 中国人民政治协商会议西安市第十四届委员会第二次会议在陕西宾馆召开。

5日 西安地铁四号线全线洞通。

△西北工业大学教授王震因其在网络科学与数据科学的研究成果及转化贡献，获得《麻省理工科技评论》评选的"中国35岁以下科技创新青年奖"。

6日 秦岭终南山世界地质公园第二次再评估工作获联合国教育、科学及文化组织"绿牌"通过，秦岭终南山世界地质公园的身份有效期再延长四年。

7日 国家发展和改革委员会、住房和城乡建设部印发《关中平原城市群发展规划》，明确西安成为全国第九个国家中心城市。

△"风云西商"颁奖典礼在大唐西市举行。11名企业家获"风云西商"奖项，10名企业家获"风云西商提名奖"。

11日 西安市发布《西安市招商引资优惠政策黄金十条》，主要涉及高新技术产业、先进制造业、商贸物流业、文化旅游产业、军民融合产业、特色小镇、金融产业、创业创新、企业运营、人才安居10大领域。

16日 2018"西安年·最中国"大唐不夜城"现代唐人街"开街暨"春临长安·福喜盈门"大拜年活动在西安曲江新区举行。

28日 西安市第十一次归侨侨眷代表大会在西北饭店召开。选举产生西安市归国华侨联合会第十一届委员会委员和第十一届委员会主席、副主席、秘书长。

3月

2日 500架无人机在空中进行3D表演，庆祝元宵节。

3日 西安市第四医院眼科眼底后节手术团队用时40多分钟，完成高难度的3D微创玻切眼科手术。

5日 即日起，凭学历落社区集体户只需通过掌上户籍室的"绿色通道"上传身份证、学历证书照片即可，无须现场办理。

△西安市泥巴创客空间的泥巴实验室成为MIT FabLab(麻省理工FabLab)全球网络的一员，是我国第二十一个加入MIT FabLab网络的成员。

13日 西安市公交总公司开通314路公交线路。

14日 《西安渼陂湖水系生态文化旅游区规划建设实施方案》印发。

15日 西安市人民政府印发《西安市企业投资负面清单》，公布西安市企业投资限制和禁止企业进入的投资领域，以及需要各级政府投资主管部门核准的项目目录清单。对于《西安市企业投资负面清单》之外的企业投资，政府一律不再核准，实行备案制。

16日 "企服中国"2018中国企业服务创新大会（西安站）在西安创业大街举行。

18日 "大西安农民节"活动开幕。在高陵区和阎良区举办开幕式、项目签约仪式、纪念林植树、乡村振兴战略论坛等活动，并对"三农"领域十个系列的"十佳"先进典型进行表彰。

△由共青团西安市委员会、陕西省音乐家协会、西安市新文艺青年协会主办的"中国首个二十四节气非遗音乐"创作活动启动仪式暨《天人长安》古琴作品专辑发布会在大唐芙蓉园举行。

19日 西安市与海航现代物流集团

签订《共建“一带一路”中欧合作产业园战略合作框架协议》。

△西安市与博世（中国）投资有限公司签订《共建“一带一路”中欧合作产业园起步区战略合作框架协议》。

△西安市工商局与中国建设银行陕西省分行举行“工商注册建行直通车”战略合作签约仪式暨全自助工商注册服务启动仪式。在西安市14个建行网点推出营业执照自助办理机，为新注册企业提供“零见面、零纸张、零跑路、零等待”的“工商+金融”一站式、综合化服务。

△由中共西安市鄠邑区委、鄠邑区人民政府与西安建筑科技大学、阿里巴巴教育集团合作举办的西安市鄠邑区乡村振兴学院举行揭牌仪式，并开始首期乡村振兴领军人才培训。

22日 西安市农村“厕所革命”建设管理高峰论坛在高陵区举行。

22—24日 中共西安市委组织部、西安市招才引智委员会、西安市人力资源与社会保障局组织西安地区45家重点单位，赴北京开展 “2018年西安春季赴京高端人才引进推介活动”。在活动现场，西安市公安局再次推出户籍新政新举措，全国在校大学生凭学生证和身份证即可在线落户西安。

23—26日 第五十三届全国工艺品交易会在西安曲江国际会展中心举行。本届交易会展场面积达5万平方米，国际标准展位达2300多个。来自全国28个省（区、市）的1300家企业参展。

23日至5月2日 由西安市人民政府和荷兰驻华大使馆共同主办的中国·西安2018“一带一路”国际灯光节在西安举行。其间，展示了10位享誉全球的荷兰艺术家的高科技灯光艺术作品。

24日 2018西安“文明与旅游同行”启动仪式暨2018版《长恨歌》首演活动在华清宫举行。

△陕西梅里众诚动物保健有限公司奠基仪式在西安市西咸新区空港新城举行。该项目一期投资8.4亿元，专注于猪口蹄疫疫苗的研发生产。

27日 据《西安日报》报道，《西安市引进培养高层次人才“5531”计划实施办法》于近日颁布。

27—29日 “2018世界华文媒体西安行”活动在西安举行。来自全球12个国家，17家媒体的负责人先后到访西安高新技术产业开发区、西安国际港务区、西安奥体中心施工现场、大明宫国家遗址公园等地进行采访。

28日 三星（中国）半导体有限公司存储芯片二期项目在西安开工奠基。

28—29日 2018年全国花卉产销形势分析会在长安区召开。

29日 在第六届“媒体公益与社会责任”研讨会上，西安被评为“全国十大正能量城市”。

△国际首例小儿胸腹腔镜辅助结肠代食道手术在西安交通大学第二附属医院获得成功。

30日 华为软件开发云(西安)上线仪式暨华为云西安创新中心揭牌仪式在西安举行。

△“2018西安·世界厕所工作大会——厕所革命之建设与管理”在西安国际会议中心举行。

△新版《西安市住宅专项维修资金管理办法》开始施行。

30—31日 由中国果品流通协会主办的2018中国樱商大会在西安召开。

30日至4月1日 2018西安丝绸之路国际旅游博览会在西安曲江国际会展中心举办。

31日 西安市与延安市签署《西安市人民政府、延安市人民政府战略合作框架协议》。

△由西安世园投资（集团）、宋城演艺联合建设的“中华千古情”项目在西安浐灞生态区世博园举行启动仪式。

4月

5—7日 2018 西安国际港务区“一带一路”杯全运之城青少年足球全国邀请赛在陆港足球运动主题公园举行。本次比赛有来自西安、铜川、汉中、榆林、兰州、武汉等地的学校、青训中心、俱乐部的15支代表队参赛。

9日 乌兹别克斯坦撒马尔罕州西安港企业交流对接会在西安国际港务区举行。150多名中、乌企业家现场对接洽谈，寻求合作。

10—12日 2018第八届中国西部国际物流产业博览会暨中国（西安）智慧交通博览会在西安曲江国际会展中心举行。

11日 西安市第一个海外招才引智工作站成立。

△西安交通大学学生航模队在美国洛杉矶举办的2018SAE国际航空设计大赛中，获得微型组别设计答辩环节、载重量2项单项冠军，并首次以总分第一获得冠军。

13日 在2018中国数字阅读大会上，西安市获得“中国十大数字阅读城市”称号。

13—15日 西安市首届兰花节暨长安第四届兰花节在长安区太乙宫街道大秦岭兰花生态园举行。

14日 2018大唐芙蓉园全球“成人礼”大典在紫云楼北广场举行。

15日 西安市与浙江大学和绿城中国控股有限公司签署合作协议。

△西安警方破获全国首例打着“区块链”概念的特大网络传销案，9名主要犯罪嫌疑人全部抓获归案。

16日 “通丝路”陕西跨境电子商务人民币结算服务平台上线仪式举行。该服务平台落户西安浐灞生态区。

△从即日起，西安市15家医院开展无偿献血者临床用血费用直报工作。

18日 中国（陕西）自由贸易试验区西安国际港务区“一带一路”电子商务哈萨克斯坦培训班开班暨淘宝大学丝绸之路（西安）培训基地揭牌仪式举行。

19日 2018全球旅游目的地营销峰会暨世界文化旅游大会启动仪式在西安曲江国际会议中心举行。

△中俄丝路创新园（中方园区）在西咸新区沣东新城开园。

△爱沙尼亚全球运输解决方案有限公司与西安国际陆港多式联运有限公司签约，开通中欧班列（西安—塔林）线路。

21日 2018西安城墙国际马拉松赛在西安城墙举行。

22日 第十二届“西安读书月”全民阅读活动在西安国际港务区陆港大厦西部出版物交易中心启动。

23日 西安市人民政府与西北大学签署战略合作协议。

23—24日 亚洲、大洋洲地区投资基金业协会第二十三届年会在西安举办。

24日至12月底 西安市开展打击传销专项执法行动。

25日 国家发展和改革委员会、中国国家民用航空局批复西安临空经济示范区建设。该示范区位于西咸新区空港新城，面积144.1平方千米。

26日 西安市与阿里巴巴集团签署“阿里巴巴全球创客大赛”“新医疗”“精准脱贫和乡村振兴”“智慧旅游”“卫星测控云”“智慧房管”“金融科技联合创新平台”“未来医院”“智慧客运”等合作协议。

△2018清华五道口全球金融论坛西安峰会在西安举行。

27日 西安全面开放在西安创业的35岁以下企业法定代表人、股东和企业员工落户西安政策。

△《西安市城镇厕所革命三年行动计划方案（2018—2020年）》印发。

28日 西安市教育局发布《西安

市2018年民办学校初中招生入学工作方案》。对民办初中报名学生数超过招生计划数的学校，通过电脑随机派位与面谈相结合的方式进行；报名学生数未达到招生计划数，民办学校直接全部录取报名学生。

29—30日 2018中国整合医学大会在西安举行。

5月

1日 即日起，西安市民全年周六均可办理出入境证件。

2日 东航西北分公司开通西安—圣彼得堡直飞航线，该航线是西北地区首条直飞圣彼得堡的航线。

3日 西安市与研祥高科技控股集团签署全国科技装备业企业总部项目战略合作协议。

6日 以“新时代、新作为、新篇章”为主题的“一带一路”核心区和自由贸易试验区建设智库论坛在西安召开。

7日 西安市人民政府印发加强和改善营商环境5个工作方案和21个行动方案。

△天津航空公司开通西安直飞伦敦航线。

8—10日 第九届全球秦商大会在西安举行，其规模、国际化程度等均创历届之最。

8日 全国首届科技服务标准化高峰论坛在西安市举行。

△《西安市保障农民工工资支付工作考核办法》出台，将保障农民工工资支付工作列入各区（县）政府和开发区管委会年度考核目标之一。

△西安国际医学中心项目主楼封顶暨“一带一路”国际医疗中心项目启动。

11—15日 第三届丝绸之路国际博览会暨中国东西部合作与投资贸易洽谈会在西安曲江国际会议中心召开。本届大会围绕政府对话、企业合作、民间交流、友城互动等方面策划6大类40项会议活动，涵盖经贸、人文、投资、科技、金融等20多个领域。来自美国、法国、英国、日本、西班牙、韩国、泰国、尼泊尔、哈萨克斯坦等20多个国家和30多家境外企业参展，设置展位2600个，参展企业达2000多家，展销展示各类特色产品达到上万余种。西安曲江和绿地展馆参展参会人数达到30万人次，吸引4500余名专业观众参观洽谈。会议通过《上合组织成员国跨境动物疫病联合防控合作会议联合声明》，形成《2018丝绸之路商务合作（西安）圆桌会共识》，发起成立丝绸之路大学联盟航天航空子联盟等11个“一带一路”教育教学和研究机构。陕西省代表团签订利用外资项目合同总投资额51.22亿美元，签订国内联合项目合同总投资额14045.21亿元，高新技术成果交易合同额5.19亿元。

12日 中国（陕西）自由贸易试验区发展论坛在西安万达（富力）希尔顿酒店召开。

△“西北帕金森病防治联盟”在西安成立。

12—13日 “考古视野下的丝绸之路国际论坛”在西安召开。

13日 2018世界知名大学西安博览会在西安交通大学举行。来自26个国家和地区的87所大学、157位代表参加此次博览会。

△西安国际化高端金融人才培养孵化基地揭牌暨西安领事馆区志愿者服务团授旗仪式在西安浐灞生态区举行。

16日 西安恒大童世界项目开工仪式在西咸新区举行。

16日至9月上旬 2018年“创业大西安”创业大赛暨“一带一路”阿里巴巴诸神之战全球创客大赛（西安）在西安启动。

21日 首趟“长安号”跨境电商专列抵达西安国际港务区西安铁路集装箱中心站。该趟中欧班列是5月5日由德国汉堡始发，车上满载京东全球购的汽车用品、家居等商品，途经波兰、白俄罗斯、俄罗斯、哈萨克斯坦，从阿拉山口入境。

22日 由中国科学院西安光学与精密机械研究所承担的国家重大科研装备研制项目“高性能条纹相机的研制”通过验收。

22—27日 西安国际创业大会在曲江国际会议中心举行。开幕式上，表彰100位西安创业英雄并向10位创业英雄代表颁奖，西安向全球招揽英才到西安创业。

23日 即日起，西安市民在西安市19个出入境接待大厅办理证件时，可以通过微信、支付宝、银行卡三种方式缴费。

26日 西安交通大学第一附属医院大兴善寺院区开诊。这是国内公立医院和佛教寺院在探索医疗模式上的首度合作。

27—28日 2018国际人工智能院长论坛在西安索菲特人民大厦举行。

△第二届中国匠人大会在西安举行。

27日 阿里巴巴集团·阿里云计算有限公司、慧科集团（阿里云合作方）与西安文理学院、西安铁路职业技术学院、西安职业技术学院签约，分别合作共建3所阿里云大数据应用学院，计划3年内至少培养1000名云计算与大数据人才。

△西安市人民政府、西安高新技术产业开发区分别与科大讯飞股份有限公司签署合作协议。

6月

1日 西安市环保部门在全国率先研发的车辆环保装置——一致性核查及监管系统投入使用。

4日 “西安·最中国”文化旅游推介会在香港举行。

5日 2018香港—西安投资环境推介会暨重点项目签约仪式在香港举行。

6日 西安市人民政府在深圳与华大基因集团签署合作框架协议。

9日 2018年西安市中小学航空航天模型竞赛暨第二十届“飞向北京—飞向太空”全国青少年航空航天模型教育竞赛活动选拔赛在白鹿仓景区飞行小镇举行。

10日 西安市人民政府在广州与雪松控股集团签订战略合作框架协议。

12日 西安市民办学校初中招生电脑随机派位工作于10：00在各区（县）指定地点同时开始。西安市29所报名人数大于招生计划数的民办学校通过电脑随机派位方式录取学生8560人，15所报名人数小于招生计划数的学校直接录取报名学生2015人。

14日 首善高新暨西安丝路国际金融中心核心区启动仪式在西安高新技术产业开发区举行。

15日 电视剧《白鹿原》在第二十四届上海电视节上获“白玉兰”最佳中国电视剧奖。

18—19日 由西安市人民政府和陕西师范大学主办，以长安与世界对话为主题的“唐都长安1400年国际学术研讨会”在西安曲江宾馆举行。

18日 唐长安城明德门遗址保护工程启动。

19日 西咸新区空港新城管委会、西部机场集团、龙浩航空三方在空港新城共同签约保障西安至青海西宁全货运航线运营，标志着陕西首条高原货运航线在西咸新区空港新城开通。

22日 中国社会科学院和经济日报社共同发布《中国城市竞争力报告No.16——40年：城市星火已燎原》，西安当选“中国经济发展最成功的城市”。

29日 最高人民法院第二国际商事

法庭在西安揭牌。

29日至7月1日 第二届世界西商大会在西安举办。西商总会成立，比亚迪股份有限公司董事局主席兼总裁王传福当选为首届会长。

7月

3日 西安市人民政府与河南省三门峡市签署战略合作框架协议。

5日 中国航天科技集团公司第四研究院承担研制的我国新一代中型运载火箭固体助推发动机与伺服系统进行地面联合热试车取得成功。

10日 西安高新区北美（硅谷）离岸创新中心揭牌成立。这是中国高新区第一次在美国创业创新大本营设立离岸创新机构。

14日 2018GIX全球创新大赛半决赛（西安赛区）在西安国家数字出版基地启迪之星（西安）举办，来自陕西、四川、青海的13支队伍参加比赛。

16日 西安北至机场城际轨道项目首列电客车交付暨调试动员会在机场城际艺术中心综合维修基地进行。

18日 第二届中国（西安）丝路经济带人力资源发展高峰会在西安曲江国际会议中心举行。来自全国13个省（区）市的人社厅、局以及9个人力资源服务行业协会、11个国家级人力资源服务产业园和320余家人力资源服务机构近800人参会。

△西安市工商行政管理局高新分局颁发西安市首张通过全程电子化登记系统变更的营业执照。

30日 秦岭北麓违规建别墅问题专项整治工作动员部署大会在西安召开。

30—31日 中国共产党西安市第十三届委员会第五次全体会议举行。审议通过《中共西安市委关于加快国家中心城市建设 推动高质量发展的决定》，讨论《西安国家中心城市建设实施方案》。

8月

3日 西安市残疾人联合会第七次代表大会召开。

3日至9月2日 “中国·西安老城根Gpark法国国际水秀音乐节”在西安举办。

4—5日 第四届“丝绸之路”中国·西安“禧福祥六年西凤杯”国际乒乓球公开赛在城市运动公园体育馆举行。来自国内外的33支参赛队伍的150余名选手参赛。

5日 由新浪体育主办的“3×3黄金联赛”三人制篮球赛西安赛区决赛举行。

7日 国务院网站发布《国务院关于同意在北京等22个城市设立跨境电子商务综合试验区的批复》，同意在西安设立跨境电子商务综合试验区。

△西安市人民政府与上海证大喜马拉雅网络科技公司举行签约仪式。

10日 优信集团全国总部启动仪式在西安举行。

△西安市与重庆市南川区签署旅游战略合作协议。

12—18日 国高水平后备人才基地U13女子篮球比赛在西安幸福篮羽健身俱乐部举行。来自上海、杭州、成都、山东、福州、陕西等地的15支队伍、300余名8—12岁的青少年女子运动员参赛。

14日 西安市出台《“铁腕治霾·保卫蓝天”三年行动方案（2018—2020年）》。

17日 《大西安现代物流业发展规划（2018—2021年）》印发。

24日 西安丝路柏庭CCRC（持续照料退休社区）国际长者乐享小镇项目签约仪式举行。

△西安交通大学机械学院2015级博士生崔敏超获第十一届中国青少年科技创新奖。

25—26日 第一届中国认知计算与混合智能学术大会在西安举行。

26日 西安高新技术产业开发区与清华大学共建交叉信息核心技术研究院签约仪式在高新区举行。

28日 西安市首批开沃纯电动公交车投运仪式举行。

30日 在黑龙江省哈尔滨市举行的第十次中日韩文化部长会议上，三国文化部长共同为当选2019年“东亚文化之都”的西安市授牌。

31日 科大讯飞丝路总部揭牌暨首批合作项目签约仪式在西安高新技术产业开发区举行。

△西安地铁四号线地铁车辆由西安中车长客轨道车辆有限公司交付西安地下铁道有限公司，标志着西安正式迈入高端轨道交通装备本地化制造行列。

9月

1日 《西安市文明行为促进条例》开始施行。

1—2日 2018中国500强企业高峰论坛在西安举行。

4日 2018年西安市新登记市场主体突破30万发布仪式在西安经济技术开发区举行。

5—6日 2018全球创投峰会在西安举行。西安市发布“创投十条”。全球丝路创投联盟成立。

7—10日 第九届中国西部文化产业博览会在西安曲江国际会议中心举行。

8日 首届西安企业家节在西安举办。

8—10日 2018海绵城市建设国际研讨会在西安举行。

9日 云轨示范线项目开工暨比亚迪30GWh动力电池项目签约仪式在西安高新技术产业开发区举行。

11—13日 2018丝路电视国际合作共同体高峰论坛在西安举行。

11—14日 第二十五届国际热处理及表面工程联合会大会在西安曲江国际会议中心举行。

13—16日 2018丝绸之路西安国际骨科学术大会在西安陕西大会堂举行。

14日 西安市举行西安新青年下乡计划暨“青春助力脱贫攻坚工作‘345’工程”启动仪式。

17—20日 以“‘一带一路’：文明互鉴与创新”为主题的第三届中法文化论坛在西安举行。其间，举办“中法市长对话”等6项主体活动、“中法青年论坛”等8项平行文化分论坛以及“大明宫与凡尔赛宫的对话”图片展等9项文化展览交流活动。

18日至10月10日 西安举行主题为“庆祝丰收、弘扬文化、振兴乡村”的“中国农民丰收节”庆祝活动。

19—20日 第七届APEC电子商务工商联盟论坛在西安举行。

19—21日 2018 中国（西安）电子商务博览会在西安曲江国际会展中心举行。

△由中国石墨烯产业技术创新战略联盟（CGIA）、西安市科学技术局和西安市高新技术产业开发区管委会联合主办的2018中国国际石墨烯创新大会在西安召开。其间，西安丝路石墨烯创新中心揭牌。

22—26日 “2018·回望长安”中日文化交流活动在举行。

25日 西安市工会第十五次代表大会召开。

26日 在中国天然氧吧2018创建活动发布会上，周至县获“中国天然氧吧”称号。

26—29日 中国共产主义青年团西安市第十八次代表大会在西安陕西宾馆召开。

28日 2018西安硬科技中国AI+医疗

创新大会暨领创医学大脑DeepDoc人机大赛在沣东新城管委会举行。来自国内医学领域院士、人工智能专家、跨国知名企业及投资人等200余人参会。

△西安交通大学第一附属医院使用“磁悬吊牵拉”系统实施单侧乳腺切除术，实现世界上磁技术在乳腺外科领域的首次应用，是世界首例“磁悬吊牵拉”辅助单人乳腺切除术。

30日 西部网货城·亚欧国际小镇与天猫新零售召开签约仪式暨新闻发布会，双方签署合作协议，建设西安西部网货城·亚欧国际小镇新零售体验馆。

10月

3—7日 2018世界首届篮球峰会及国际篮联三人篮球（U23）世界杯在西安举行。

5—6日 西安世园音乐节在西安世博园长安花谷举行。

8日 西安市取消11项行政许可等事项。分别为：企业集团核准登记；设立分公司备案；外商投资合伙企业设立、变更、注销分支机构备案；营业执照作废声明；台港澳人员在内地就业许可；国内企业在境外投资开办企业（金融企业除外）核准初审；机动车维修经营许可；外商投资道路运输业立项审批；国家重点保护水生野生动物及其产品进出口初审；农业机械维修技术合格证核发；船舶进出渔港签证。

8—13日 第五届丝绸之路国际电影节在西安举行。本届电影节评审单元，从来自世界68个国家的565部中外优秀影片中，评选出2018金丝路传媒荣誉“最佳故事片”“最佳动画片”“最佳纪录片”“最佳男演员”“最佳女演员”5项大奖。

9—10日 2018世界文化旅游大会峰会在西安浐灞生态区举行。

9—15日 2018年全国双创活动周西安会场主题活动在西安高新技术产业开发区、西安经济技术开发区、西安曲江新区、西安浐灞生态区、西安阎良国家航空高技术产业基地、西安国家民用航天产业基地、碑林区、长安区同时举行。

12日 西安航空产业合作发展恳谈会召开，签约项目19个，总投资163.2亿元。

13日 西北工业大学80周年校庆纪念大会在西安举行。

14—15日 2018国际智能无人系统大会在西安举行。

15日 西安120医疗救治应急指挥新系统运行。

16日 中国共产党西安市第十三届委员会第六次全体会议举行。审议通过《中共西安市委关于深入学习贯彻习近平总书记对西安工作系列重要批示指示精神的决定》《中共西安市委关于深入学习实践习近平生态文明思想加快创建国家生态文明建设示范区的决定》。

16—20日 全球PM2.5研究与治理大会在西安浐灞生态区举行。来自世界各地20多个国家和地区的约800人参加会议。

18日 第三届西安大学生求职大赛启动仪式暨“百万大学生留西安就业创业”政策宣讲会在西安文理学院举行。

19日 2018第二届西部数字经济高峰论坛在西安曲江创客大街举行。西部数字经济研究院跨境电商分院成立并落户西安曲江新区。

20日 2018西安（阳光城）国际马拉松赛在永宁门鸣枪开跑。来自30个国家和地区的3万名长跑爱好者参赛。

21日 西安市非物质文化遗产保护示范单位授牌仪式在绿地笔克会展中心举行，延长壳牌石油有限公司成为西安市首家被授予“非物质文化遗产保护示范单位”的企业。

23—25日 第二届世界饮品大会在西安举办。

24—25日 第二届“全球程序员节”在西安高新国际会议中心举行。

24日 陕西省内首个诺贝尔奖得主工作室——罗伯特·莫顿（Robert C. Merton）工作室揭牌仪式在西北大学举行。

29日 中国·西安2018军民融合发展合作交流大会举行。

29—30日 西安市十六届人民代表大会常务委员会第十五次会议举行。会议审议通过《西安市城市轨道交通条例》《西安市急救医疗管理条例》，市人大常委会关于废止《西安市经纪人条例》的决定，关于批准2018年新增地方政府债券收支安排及预算调整方案的决议等。

30日 丝路科技人才资本大市场暨城市客厅系列项目开工仪式在西安高新技术产业开发区举行。

△在海南博鳌举行的2018“一带一路”媒体合作论坛上，西安获2018“一带一路”媒体合作论坛“‘一带一路’建设案例奖”。

11月

2日 第三届中国创新挑战赛（西安）军民融合专题赛在陕西省科技资源统筹中心举行。

2—3日 由中共西安市委宣传部主办、西安曲江文化旅游(集团)有限公司与纽约中美文化艺术基金会合作共同组织的“西安兵马俑跑马拉松”活动在纽约曼哈顿举办。

3日 西北大学附属医院·西安市第三医院全面开诊。

4—9日 联合国全球卫星导航系统国际委员会第十三届大会在西安举行。国家主席习近平发来贺信。

6日 西安市台胞台属联谊会第五次代表大会召开。

△西安交通大学“西迁人”事迹报告会在北京人民大会堂举行。

7日 2018硬科技智库圆桌论坛在西安市举行。

8—11日 2018全球硬科技创新暨“一带一路”创新合作大会在西安举行。此次大会以“硬科技发展西安，硬科技改变世界，硬科技决胜未来”为主题，其间，举行包括2018全球硬科技创新暨“一带一路”创新合作大会开幕式暨高峰论坛、2018西安全球硬科技产业博览会、2018硬科技智库圆桌论坛等22场系列活动。还发布《2018中国硬科技产业发展白皮书》，宣读《“一带一路”硬科技创新合作西安宣言》，表彰奖励2017年国家、省部级科技进步奖代表，西安市2018年“十佳科技企业家”和“十佳创新人物”代表。

8—10日 2018西安国际光电子集成技术论坛在西安曲江新区召开。

9日 中以科技创新合作高峰论坛在西安曲江国际会议中心举办。

13日 中国科学院西安科学园暨西安科学城建设启动仪式在西安高新技术产业开发区举行。

△在陕西—深圳经贸合作推介会上，灞桥区“纺织城国医小镇项目”和西安国家民用航天基地的“栢丽广场项目”签约，投资额386亿元。

14日 空军军医大学唐都医院骨科采用世界首创改良膜诱导技术，为1名患者植膜“造骨”补损，修复并重建17.2厘米长的骨头。

15日 在陕西—香港经贸合作交流大会上，西安高新技术产业开发区的“香港国际娱乐科创城项目”及西安经济技术开发区的“恒辉瑞泰汽车零部件研发生产项目”签约，投资额23.76亿美元。

17日 中国共产党西安市第十三届委员会第七次全体会议举行。全会审议通过《关于终止上官吉庆、程群力2名同志西安市第十三次党代会代表资格的决议》。

△西安市人民政府与中国航空工业集团在西安签署深化国产民机产业发展合作以及西飞民机增资、支持幸福航空发展等系列协议。

△在首届中国城市品牌杭州高峰论坛上，西安被评为“2018国际访客影响力十强城市”“2018中国城市文化影响力十强城市”“2018中国城市治理影响力十强城市”。

20日 西延路与西影路立交通车。

20日至2019年1月 第十七届西安国际音乐节举行。

21日 首部《中国城市创新竞争力发展报告（2018）》蓝皮书由社会科学文献出版社出版并向社会公布。蓝皮书显示，2018年中国城市创新竞争力排名西安位列第八位，在中西部地区排名第一。

22日 长龙航空公司开通首条西安直飞澳门航线。

23日 西安市首家创客学院挂牌设立。

24日 西安市人民政府与空军军医大学签署战略合作协议。

△国家开放大学华侨学院西安分院揭牌。

25日 中国自主品牌CF3核燃料元件N36锆合金材料产业化首批产品在西安经济技术开发区交付，标志着中国具备自主知识产权核级锆合金工业化规模生产能力。

△西安市非物质文化遗产保护协会成立大会举行。

26日 2018中国幸福城市论坛发布《2018中国城市幸福感报告》及“2018中国最具幸福感城市”名单，西安获“2018中国最具幸福感城市”称号。

27日 西安市临潼区人民检察院被最高人民检察院授予“全国模范检察院”称号。

29日 三星动力电池等系列项目在西安高新技术产业区开工。

△三一集团总投资30亿元的“三一西安产业园”项目落户西咸新区。

△农信互联科技集团有限公司与西安经济技术开发区管委会签约，投资10亿元在经开区建设西北总部项目。

30日 科技六路（丈八北路—西三环）竣工通车。

30日至12月2日 2018西安首届咖啡文化节在西安高新技术产业开发区嘉会坊举行。

12月

1日 西安公共交通总公司新开行政中心到尚苑路草滩十路的282公交线路，全长15千米，发车时间为6:30—20:00。

△300辆吉利纯电动公交车陆续投放12条线路，首批100辆投放到900路、214路、238路和新开通的282路这4条公交线路。

△团结南路（丰镐西路—昆明路）建成通车。

△西安地铁线网闸机改造工作全面完成，全线各车站闸机均实现使用手机支付宝、微信扫码快速过闸功能。

2日 在苏州召开的“2018中国年度创投人物大会暨中国创投二十年盛典”上，西安市获“中国创投20年最具潜力城市”奖。

△西安高新技术产业开发区与中南控股集团有限公司签署战略合作框架协议。

6—7日 2018国际创业大赛总决赛在西安举行，西安飞芯电子科技有限公司自主研发的硬科技项目——“车载固态激光雷达项目”获得特等奖。

7日 西安丝路国际金融中心核心区项目集中签约仪式在西安高新技术产业开发区举行。

9日 西安市与哥伦比亚内瓦市、韩国安东市签署发展友好城市关系意向书。

9—11日 “世界唐人街·相聚长安城”海内外文商旅大集系列活动在西安举行。

11日 中国东方航空公司在西安开通西北首条直飞马德里航线。

13日 在第七届“新传播年度论坛”上，西安获“城市形象海外推广奖”。

△西安财经学院更名为西安财经大学，其中文简称为“西安财大”“西财大”。

13—16日 西安首届“一带一路”国际音乐产业博览会暨乐器科技及音乐教育展在西安曲江国际会展中心举办。

14日 西北儿科联盟学术委员会成立，陕西省儿童医学中心落户西安市儿童医院。

15日 西安市举行2018年西安市新登记市场主体突破50万颁牌暨简化企业开办“一网通办”平台启动仪式。中央电视台《新闻联播》播出题为《西安：今年新登记市场主体突破50万户》的消息。

△由中国扶贫开发协会、国家信息中心、求是《小康》杂志社联合主办的2018第十三届中国全面小康论坛在北京开幕。西安市首次获得“中国全面小康特别贡献城市”奖；在城市创新指数副省级城市排行榜上，西安市位列第五名。

17日 陕西省人民政府下发《关于设立西安“一带一路”综合改革开放试验区的批复》，同意设立西安“一带一路”综合改革开放试验区。

19日 西安市人民政府与阿里巴巴集团签署第四批16个合作项目协议。

20—21日 西安市十六届人大常委会第十七次会议召开，表决通过《西安市旅游条例》。

21日 西安企业及企业家联合会在西安市人民政府召开2018西安100强企业分析报告发布暨授牌大会。这是西安市首次进行西安100强企业排序和分析报告发布。

△中国（西安）跨境电子商务综合试验区启动仪式在西安国际港务区迈科大厦举行。

21—23日 2018中国高校创新创业教育联盟年会在西安举行。

23日 空间太阳能电站地面验证系统和陕西省空间太阳能电站系统重点实验室落地西安。

24日 西安志愿者协会第三次会员代表大会召开。

△西安知识产权运营战略合作联盟揭碑成立。

26日 10时，西安地铁四号线开通试运营。四号线全程35.2千米，单程运行63分钟。

27日 在发展中国家科学院第28届院士大会上，中国科学院地球环境研究所研究员曹军骥获2019年度发展中国家科学院（TWAS）地学天文和空间科学奖，是国内第六位TWAS地学奖获奖者。

28日 在2018环球趋势大会上，西安获2018年度“发展成就奖”。

△西安—兰州全货运航线开通。

29日 西商总会——西商青年企业家协会成立大会召开。

△西安地铁一号线二期（沣河森林公园站—后卫寨站）双线实现“轨通”。

30日 西安高新区钱学森学校暨基础设施配套项目集中开工仪式举行。

31日 2019“西安年·最中国”嘉年华开幕式暨跨年祈福盛典活动在大雁塔北广场举行。

△西安咸阳国际机场开通西安直飞洛杉矶航线。（姬娟妮）

西安概貌
责任编辑
姚文东
西安年鉴
2019
XI AN YEARBOOK

基本情况

◆历史沿革 西安古称长安，位于中国内陆腹地黄河流域中部关中盆地，是中华民族和东方文明的发源地之一。早在100万年前，蓝田古人类就在这里建造了聚落；7000年前的仰韶文化时期，这里已经出现了城垣雏形。西安有3100多年的建城史和1100多年的国都史，先后有西周、秦、西汉、东汉、新、西晋(愍帝)、前赵、前秦、后秦、西魏、北周、隋、唐13个王朝在此建都，又为赤眉、绿林、大齐(黄巢)、大顺(李自成)等农民起义政权都城。自西汉起，西安就成为中国与世界各国进行经济、文化交流和友好往来的重要城市。“丝绸之路”就是以长安为起点，西至古罗马。西安是闻名世界的历史名城，与罗马、雅典、开罗齐名，也是中国六大古都中建都历史最长的一个，长安文化代表着中华文化的主干。“西安”之名称，始于明代。元至元九年（1272），元世祖封三子忙哥剌（la，音“腊”）为安西王，镇守这里，改京兆府为安西路。元皇庆元年（1312），改安西路为奉元路。明洪武二年（1369），改奉元路为西安府，府城简称西安，名称一直沿用至今。

历史上，西安也是地方行政机关——州、郡、府、路、省和长安、咸宁两县的治所。1911年辛亥革命爆发后，西安是全国最早响应的省会城市之一。20世纪20年代，随着西安现代工商业的发展和城市人口的增加，诞生并逐步形成了不同于历史上任何行政建制的新型地方行政建制，即市级建制。民国十六年（1927）11月25日，陕西省政府议决设立西安市。民国十九年（1930）11月8日，陕西省政府撤销西安市建制，辖区复归长安县。民国二十一年（1932）3月5日，国民党确定长安为陪都，定名西京，并成立西京筹备委员会，但西京市政府始终未成立，后西京筹备委员会撤销。民国三十三年（1944）9月1日，西安市政府正式成立，为陕西省辖市。民国三十六年（1947）8月1日，西安市升格为国民政府行政院直辖市，为全国12个院辖市之一。

民国二十五年（1936）12月12日，这里发生了震惊中外的“西安事变”。事变之后，设在西安的国民革命军第八路军驻陕办事处，为延安革命根据地输送了大批青年知识分子和军需物资。党和国家领导人周恩来、邓小平、叶剑英等都曾在此领导过革命斗争。1949年5月20日西安解放。之后，西安是中央西北局和西北行政委员会所在地，中央人民政府的直辖市；1954年6月改为省辖市；1984年10月被国务院列为计划单列市；1992年被批准为内陆开放城市；1994年被批准为全国综合配套改革试点城市和副省级城市；2018年被确定为国家中心城市。

西安以强大的科技实力、门类齐全的工业体系和日益成熟的城市服务体系成为中国重要的科研、高等教育、国防科技工业和高新技术产业基地及辐射北方中西部地区的金融、科技、教育、旅游、商贸中心。

西安建都朝代

朝代	首都名称	首都地点	起止年份	前后历时
西周	丰镐	西安市长安区境	武王元年（前1046）至幽王十一年（前771）	276年
秦	栎阳	西安市阎良区武屯镇	秦献公二年（前383）至孝公十二年（前350）	178年
	咸阳	西安市未央区境	秦孝公十二年（前350）至子婴元年（前206）	
西汉	长安	西安市未央区境	汉高祖元年（前206）至孺子初始元年（8）	214年
新	长安	西安市未央区境	王莽始建国元年（9）至地皇四年（23）	15年
东汉(献帝)	长安	西安市长安区境	东汉初平元年（190）至兴平二年（195）	6年
西晋(愍帝)	长安	西安市未央区境	西晋建兴元年（313）至建兴四年（316）	4年
前赵	长安	西安市未央区境	前赵光初二年（319）至光初十二年（329）	11年
前秦	长安	西安市未央区境	前秦皇始元年（351）至太安元年（385）	35年
后秦	长安	西安市未央区境	后秦建初元年（386）至永和二年（417）	32年
西魏	长安	西安市未央区境	西魏大统元年（535）至西魏恭帝三年（557）	23年
北周	长安	西安市未央区境	北周闵帝元年（557）至静帝大定元年（581）	25年
隋	大兴	西安市区	隋开皇元年（581）至大业十四年（618）	38年
唐	长安	西安市区	唐武德元年（618）至天授元年（690）	272年
	长安	西安市区	唐神龙元年（705）至天祐元年（904）	
合计				1129年

注：根据2000年11月9日夏商周断代工程正式公布的《夏商周年表》和最近历史研究成果对西安十三朝建都起止年份和前后历时进行了修订。

◆地理

位置、面积　西安市位于黄河流域中部关中盆地，东经107°40′—109°49′和北纬33°42′—34°45′之间。东以零河和灞源山地为界，与华县、渭南市、商州区、洛南县相接；西以太白山地及青化黄土台塬为界，与眉县、太白县接壤；南至北秦岭主脊，与佛坪县、宁陕县、柞水县分界；北至渭河，东北跨渭河，与咸阳市区、杨凌区和三原、泾阳、兴平、武功、扶风、富平等县（市）相邻。辖境东西长204千米，南北宽116千米。总面积10108平方千米，其中市区面积3582平方千米。

地质　西安市的地质构造兼跨秦岭地槽褶皱带和华北地台两大单元。距今1.3亿年前燕山运动时期产生横跨境内的秦岭北麓大断裂，自距今约300万年前第三纪晚期以来，大断裂以南秦岭地槽褶皱带新构造运动极为活跃，山体北仰南俯剧烈降升，造就秦岭山脉。与此同时，大断裂以北属于华北地台的渭河断陷继续沉降，在风积黄土覆盖和渭河冲积的共同作用下形成渭河平原。

地貌　西安市境内海拔高度差异悬殊位居全国各城市之冠。巍峨峻峭、群峰竞秀的秦岭山地与坦荡舒展、平畴沃野的渭河平原界线分明，构成西安市的地貌主体。秦岭山脉主脊海拔2000—2800米，其中西南端太白山峰巅海拔3867米，是大陆中部最高山峰。渭河平原海拔400—700米，其中东北端渭河河床最低处海拔345米。西安城区便建立在渭河平原的二级阶地上。

◆自然资源

河流、水资源　西安地区自古有“八水绕长安”之美称。市区东有灞河、浐河，南有潏河、滈河，西有皂河、沣河，北有渭河、泾河，此外还有黑河、石川河、涝河、零河等较大河流。其中绝大多数属黄河流域的渭河水系。渭河横贯西安市境内约150千米，年径流量25亿立方米。西安地下水储量估算，总计19.91亿立方米。还另辟有较理想的水源基地。2001年12月，黑河水利枢纽主体工程建成，每年向西安供水4亿立方米，形成日供水能力120万吨，加上地下水资源，市区日供水能力172万吨，基本满足城市生产生活用水。

土壤　西安市土壤分布形成南北两个差异明显的区域，北部的渭河平原以黄褐土、褐土为代表，南部的秦岭山地以黄棕壤、棕壤为代表。据1980—1986年土壤普查，全市有12个土类24个土壤亚类50个土属，计181个土种。土壤类型的复杂多样，为区内农作物的多品种组合提供了有利条件。

动植物　西安的自然植被未遭受第四纪大陆冰川直接侵袭，尚保留若干第三纪古老的孑遗植物，如银杏、水青树、连香、马甲子等。秦岭山地从高海拔向低海拔垂直分布有高山灌丛草甸、针叶林、针阔叶混交林和落叶阔叶林等自然植被类型。自然植被中野生植物资源丰富，计有野生植物138科681属2224种，为中国种子植物的重要基因库之一。渭河平原主要为大田农作物、蔬菜、果园和城市绿化等栽培植物类型。野生动物资源主要分布在秦岭山地，有兽类55种、鸟类177种，包括有大熊猫、金丝猴、扭角羚秦岭亚种、鬣羚、大鲵、黑鹳、白冠长尾雉、血雉、金鸡等珍稀动物。为保护自然生态系统和珍稀动植物资源，境内已建立3个国家级自然保护区。

矿产资源　西安境内地层发育复杂，构造类型多样，为各种矿产资源的形成提供了有利条件。已发现的矿产资源共47种，其中金属矿产21种、非金属矿产22种、能源矿产2种、其他矿产2种。大部分金属和非金属矿产分布在南部秦岭山区。秦岭以北平原地区具有良好的储存地热水的地质条件，仅城区可以开发的地热面积约780平方千米，地下热水可采储量约为5.39亿立方米。（鲁　夫）

◆气候　西安市属暖温带半湿润大陆性季风气候，冷暖干湿，四季分明。冬季寒冷、风小、多雾霾、少雨雪；春季温暖、干燥、多风、气候多变；夏季炎热多雨，伏旱突出，多雷雨大风；秋季凉爽，气温速降，秋霖明显。年平均气温13.1℃—14.3℃，最冷1月平均气温-1.2℃—0.5℃，最热7月平均气温26.5℃—27.0℃，年极端最低气温-21.2℃（蓝田1991年12月28日），年极端最高气温43.4℃（长安1966年6月19日）。年降水量528.3—718.5毫米，由北向南递增。7月、9月为明显降水高峰。年日照时数1595.6—2035.8小时，年主导风向各地有差异，西安市区常年盛行东北风，周至、鄠邑区、长安为西风，高陵、临潼为东北偏东风，蓝田为东风。年内主要气象灾害有干旱、高温、大风、沙尘、雷电、冰雹、暴雨、低温冻害、连阴雨和雾霾。

·气候特点及评价·

2018年，西安市年平均气温14.5℃，较历年（1981—2010年）均值偏高0.7℃，春季、夏季平均气温分别为1961年以来历史同期第二、第三偏高年份。降水量587.9毫米，较历年均值偏少近1成，分布不均。日照偏多。冬季降水较历年同期偏多近4成，秋季降水较历年同期偏少3成，为1999年以来历史同期第三偏少年份。全年灾害性天气多发，主要有高温、干旱、暴雨（雪）、大风、沙尘、寒潮、雾和霾等。冬季降雪强度大、积雪深，使交通运输受阻；春季首场透雨出现时间与常年相同，春季寒潮降温强，低温冷冻害严重；初夏汛雨出现时间较常年偏早6天，强度偏强；夏季高温范围广、强度大，各区（县）高温日均为1998年以来历史同期最多年份；秋季秋雨开始日期较常年接近，强度偏弱。综合评定，2018年属于正常年景。

气温　全年平均气温13.7℃—15.5℃，蓝田最低，西安市区最高。与历年同期（1981—2010年）相比，全市气温均偏高0.1℃—1.4℃，西安市区偏高1.2℃（图1）。全市年平均气温14.5℃，较常年均值偏高0.7℃，为1961年以来第七偏高年份（图2）。年极端最高气温40.2℃(7月20日长安、鄠邑)，西安市区40.1℃（7月19日）；年极端最低气温-15.3℃（1月29日长安），西安市区-9.8℃（1月29日）。从月份来看，3月、8月平均气温异常偏高，4—7月各月平均气温均偏高，11月持平，其余月份偏低；从季节来看，全市冬季、秋季平均气温偏低，夏季偏高，春季异常偏高。

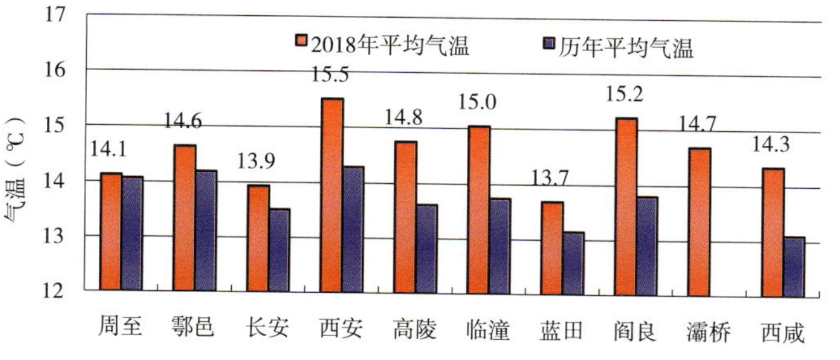

图1　2018年西安市年平均气温与历年对比柱状图
（注：灞桥2013年建局，无历史资料）

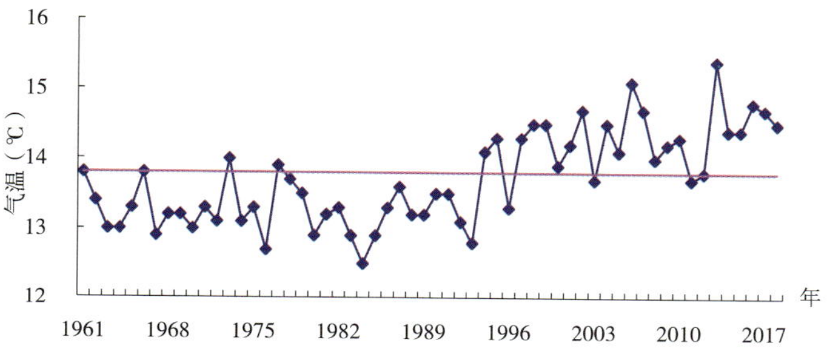

图2　1961年来西安市逐年平均气温变化曲线图

冬季（2017年12月至2018年2月）平均气温-0.3℃—2.2℃，与历年同期比较，西安市区、临潼、阎良偏高0.2℃—0.6℃，其余区（县）偏低0.2℃—0.9℃；全市平均气温1.2℃，较历年同期偏低0.3℃，属正常略偏低年份。春季（3—5月）平均气温15.7℃—17.6℃，与历年同期比较，全市均偏高1.6℃—2.6℃；全市平均气温16.6℃，较历年同期偏高2.2℃，为1961年以来历史同期仅次于2013年的第二偏高年份，其中3月全市平均气温12.3℃，与历年同期比较偏高3.9℃，为1961年以来历史同期第二偏高年份。夏季（6—8月）平均气温26.3℃—28.0℃，与历年同期比较，全市均偏高0.8℃—2.2℃；全市平均气温27.1℃，较历年同期偏高1.6℃，为1961年以来历年同期仅次于1997年和2013年的第三偏高年份，其中8月全市平均气温28.1℃，与历年同期比较偏高3.2℃，为1961年以来历史同期第二偏高年份。秋季（9—11月）平均气温12.8℃—14.6℃，与历年同期比较，长安、周至、鄠邑、蓝田偏低0.3℃—1.0℃，其余区（县）偏高0.2℃—0.9℃；全市平均气温13.6℃，较历年同期偏低0.1℃，属正常略偏低年份。

降水　全年降水总量444.7—742.9毫米，高陵最少，蓝田最多。与历年同期比较，长安、周至、蓝田降水量基本持平，其余区（县）偏少1—2成（图3）。日最大降水量87.7毫米（8月22日周至），西安市区日最大降水量31.6毫米（7月4日）。全市年平均降水量587.9毫米，较历年同期偏少近1成（图4）。从月份来看，1月、11月降水量异常偏多，3月、4月、6月、7月偏多；10月降水量异常偏少，其余月份偏少。从季节来看，冬季、夏季降水量偏多，春季持平，秋季偏少。

冬季（2017年12月至2018年2月）降水量24.4—52.8毫

米，与历年同期相比，全市均偏多，长安偏多9成，西咸偏多近7成，其余区（县）偏多2—4成；全市平均降水量34.4毫米，较历年同期偏多近4成，属偏多年份，其中1月全市平均降水量为23.3毫米，与历年同期比较偏多2.5倍，为1961年以来历史同期仅次于1989年的第二偏多年份。春季（3—5月）降水量83.3—173.3毫米，与历年同期相比，临潼、鄠邑基本持平，长安、周至、蓝田偏多1—2成，其余区（县）偏少1—3成；全市平均降水量130.7毫米，与历年同期持平，属正常年份，其中4月平均降水量61.5毫米，较历年同期偏多近5成，是1999年以来历史同期第3偏多年份。夏季（6—8月）降水量221.9—350.7毫米，与历年同期相比，长安、周至、鄠邑偏多1—2成，西安市区、临潼偏少近1成，其余区（县）基本持平；全市平均降水量289.9毫米，较历年同期偏多近1成，属正常略偏多年份，其中7月平均降水量为139.2毫米，较历年同期偏多3成，为1961年以来历史同期第九偏多年份。秋季（9—11月）降水量99.3—176.9毫米，与历年同期相比，全市均偏少1—4成；全市平均降水量127.2毫米，较历年同期偏少3成，为1999年以来历史同期第三偏少年份，其中，10月平均降水量7.2毫米，较历年同期偏少近9成，为1961年以来历史同期最少年份；11月平均降水量31.3毫米，较历年同期偏多5成，为1997年以来历史同期第八偏多年份。

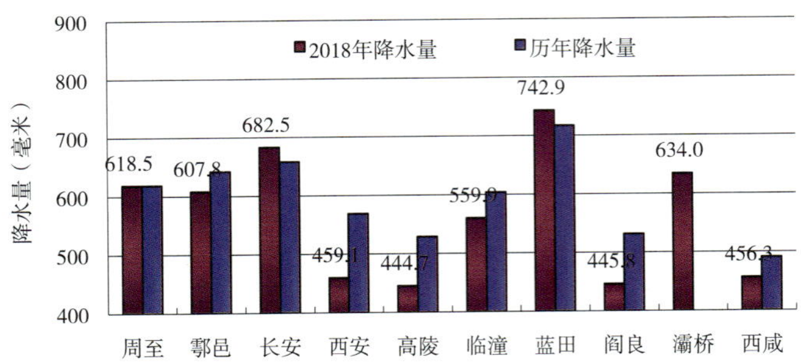

图3　2018年西安市年降水量与历年对比柱状图
（注：灞桥2013年建局，无历史资料）

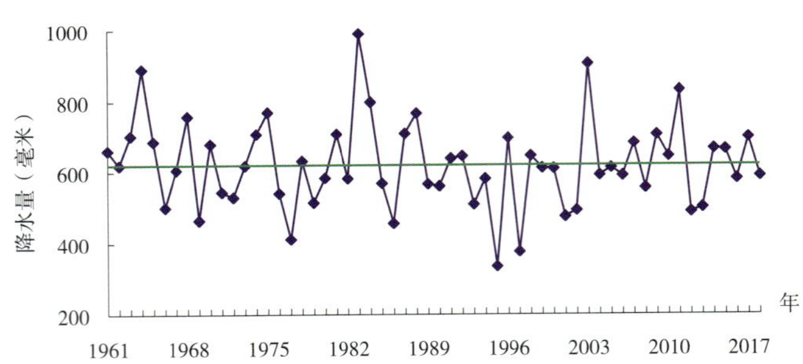

图4　1961年来西安市逐年降水量变化曲线图

日照　全年总日照时数1669.4—2379.6小时，蓝田最少，临潼最多。与历年同期相比，长安、蓝田偏少19.8小时和340.1小时，其余区（县）偏多180.1—487.0小时（图5）。全市平均日照时数2054.2小时，较历年同期偏多204.7小时，属偏多年份。

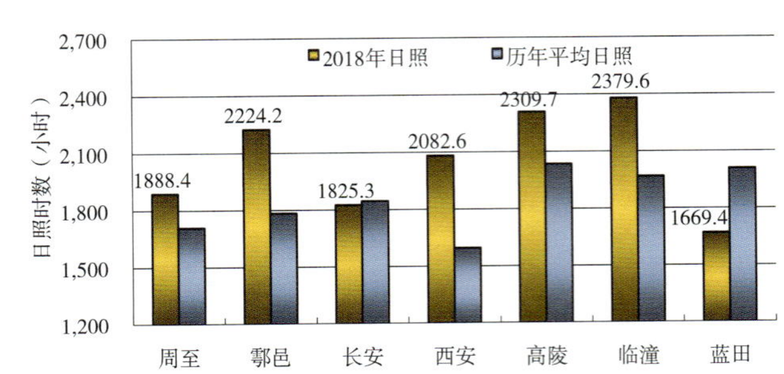

图5　2018年西安市年日照时数与历年对比柱状图

·重要天气气候事件·

雾霾　全年出现大雾32天60站次，其中11月最多，为7天18站次。从空间分布来看，高陵最多，为14天；周至次之，为12天；长安9天；鄠邑8天；西安市区、临潼各6天；蓝田最少，为5天。全年出现霾95天277站次，1—3月、11—12月较多，其余月份较少。从空间分布来看，周至为55天；蓝田53天；临潼51天；高陵49天；西安市区47天；长安16天；鄠邑6天。

寒潮、暴雪　1月2—7日，全市出现入冬以来第一场大范围的雨雪天气，除周至外均出现暴雪，最大积雪深度达16厘米（西安市区4日）。过程降水量10.1—17.9毫米，与历史同期相比，临潼、高陵排第一位，长安排第三位，其余区（县）排第二位。24—29日，全市再次出现大范围的雨雪降温天气。过程降水量4.1—13.6毫米，长安出现暴雪，积雪深度达14厘米，日平均气温下降6℃—8℃，日极端最低气温达-15.3℃（长安29日），为2018年全市年极端最低气温。4月3—7日，出现大范围寒潮天气过程，全市气温明显下降，7日各区（县）最低气温降至-2.2℃—2.8℃，较3日下降10℃—12℃，其中蓝田最低达-2.2℃，为历史同期日极端最低第2低值年；长安、临潼为-0.6℃、-0.3℃，为第三低值年。

首场透雨、初夏汛雨和秋雨　4月11—13日，出现大范围降水过程，过程降水量高陵17.6毫米，其余区（县）21.6—40.6毫米，达到区域性透墒雨标准，出现日期和常年相同。初夏汛雨为6月24日至7月11日，较常年（6月30日）提早6天，历时18天，强度为近5年最强。汛雨期出现13个降水日、1个暴雨日（7月4日蓝田63.2毫米），平均降水量131.6毫米，较常年同期偏多1.1倍。秋雨持续时间短、雨量偏少、综合强度偏弱。于9月13日开始，秋雨期15天，秋雨量69.0毫米，秋雨综合强度指数-0.60，属偏弱等级。

高温、伏旱　全年35℃以上高温出现53天244站日，40℃以上高温出现2天3站日。高温日主要集中在6月11—15日、23—24日、28—30日，7月15—29日，8月1—15日、19—21日、26—31日。其中，7月17—26日除周至外全市连续10天出现35℃以上高温天气；8月出现35℃以上高温天气24天99站次，全市平均高温日14天，较历年同期偏多11天，是1961年以来历史同期第三偏多年。盛夏气温高，降水少，7月31日至8月11日出现伏旱，伏旱持续12天，强度指数0.61，为偏强伏旱。

大风、沙尘天气　全年出现大风天气11天19站次，其中，蓝田5天；高陵、周至各4天；西安市区3天；长安2天；鄠邑1天。分别为3月4日、16日、17日，4月4日，5月5日、17日、22日、26日，7月26日和8月7日、21日。最大风速为25.5米/秒（长安8月7日），其次为21.8米/秒（高陵3月16日）。3月16日，临潼出现浮尘天气；5月26日，周至出现扬沙天气。

暴雨　全市国家自动站出现暴雨日3天，较常年同期偏多2天。6月18日周至，7月4日蓝田，8月22日周至、鄠邑4站次先后出现暴雨天气，其中8月22日周至日最大降水量87.7毫米，为1961年以来历史同期第五高值。

连阴雨　9月13—20日，出现一次大范围连阴雨天气过程。此次过程持续时间长，范围广，过程降水量48.1—93.8毫米，周至最少，蓝田最多。此次连阴雨过程全市7个监测站有5个连阴雨天数达到7天，属于强连阴雨天气过程。

·气候影响及评价·

气候对农业的影响　1—2月气温偏低，降水偏多，气象条件利于冬小麦越冬返青及设施果蔬稳健生长。1月2—7日、24—28日的雨雪天气过程解除了前期旱情，有利于冬小麦安全越冬及返青生长，对减少病菌虫害越冬基数较为有利；同时造成部分设施棚体和棚膜受损，导致设施瓜菜和经济林果出现不同程度冻害现象。3月气温异常偏高，光照充足，大部土壤墒情良好，冬小麦长势正常。16—17日出现大风降温过程，导致受损大棚内栽种的蔬果受到不同程度低温冷害，对杏、桃等处于开花期果树产生一定影响。4月气温偏高，降水偏多，利于秋播作物生长和春播开展。3—7日出现寒潮大风降温天气，造成猕猴桃、葡萄、核桃部分果园新梢、叶片和花芽冻坏，樱桃幼果发青、发黑，导致减产甚至部分绝收。11—13日出现春季首场透雨，利于小麦产量形成及春播作物的出苗生长，也有利于猕猴桃、葡萄等经济林果的新梢生长和树势恢复。5月上中旬气温偏高，降水偏少，土壤墒情较适宜，利于春播作物生长和秋播作物籽粒灌浆。下旬气温偏低，降水分布不均，日照不足，西部区（县）出现轻到中旱，气象条件利于小麦灌浆成熟，对果品有一定不利影响。6月气温偏高，降水偏少，利于夏季粮食作物成熟、收获和晾晒，8—9日、16—19日降水天气，有效缓解前期旱情，利于夏播作物出苗及春播作物生长，也适宜经济林果果实膨大和幼梢生长。7月上旬气温偏低，降水异常偏多，导致土壤过湿，对秋粮作物正常生长有一定影响，部分农田受灾。中下旬气温偏高，降水偏少，土壤墒情适宜，气象条件利于夏玉米生长发育，持续的高温少雨天气，对猕猴桃果园的管理和叶片、果实生长不利。8月上中旬气温偏高，降水分布不均，西部区（县）出现轻到重旱，不利于夏玉米开花授粉和灌浆生长，持续高温少雨致使果实膨大受到抑制。下旬前期出现大范围降水，旱情得到缓解或解除，利于秋收作物灌浆生长及经济林果生长发育。9月气温偏低，降水偏少，大部土壤墒情较好，利于秋粮作物生长及经济林果正常生长发育。13—20日出现连阴雨天气，对葡萄采摘收获有不利影响。10月气温偏低，降水偏少，日照充足，西部区（县）出现旱情并发展，对小麦出苗生长不利，利于成熟期果实着色、糖分转化等品质提升，也利于正常采收及采后果园清园、防病、施基肥等管理。11月上中旬气温偏低，出现2次明显降水天气过程，有效改善土壤墒情，有利于冬小麦冬前根、蘖生长及壮苗形成，但西部区（县）土壤水分亏缺对冬小麦的正常生长也起到抑制作用，同时低温寡照天气，使设施蔬果生长受阻，对成熟期的秋冬茬蔬果着色不利。下旬气温偏高，日照充足，对冬小麦生长有利，也有利于设施蔬果壮苗形成和品质的提高。12月气温偏低，降水偏少，日照偏少，气象条件利于冬小麦壮苗形成和安全越冬。由于降水分布不均，西部区（县）存在不同程度缺墒现象，对冬小麦未造成明显不利影响。月内大部分时段雾、霾以及低温雨雪天气频现，光、热条件明显不足，影响设施蔬菜正常生长。

气候对交通及居民生活的影响　受1月2—7日暴雪天气影响，高速陕西段部分路段实行交通管制，部分客运班线、多趟高铁停运，航班延误，农业生产和群众生产生活受到严重影响。据西安市民政局统计，因降雪导致6007人受灾，农作物受灾面积399.35公顷，绝收面积8.35公顷，因灾死亡羊10只、大牲畜6只，直接经济损失13849.708万元。3月15—19日出现大风降温天气过程，导致部分大棚及大棚内栽种的蔬果受损，同时对处于开花期的杏、桃等果树产生一定影响。据西安市民政局统计，造成全市设施农业受灾面积2233公顷，经济损失6037.7万元，其中阎良区受灾最为严重，受灾面积达1953公顷，经济损失5000万元。4月3—7日出现大范围寒潮大风天气过程，导致部分设施农业受损，猕猴桃、葡萄、樱桃、核桃均不同程度受灾，甚至部分绝收。据西安市民政局统计，全市受灾人口24721人，农作物受灾2725公顷，其中农作物绝收面积386.7公顷，经济损失11745万元。7月强对流天气多发，导致渭河等河流水位上涨，对农业生产造成一定的不利影响。据西安市民政局统计，全市受灾人口68325人，农作物受灾面积6345.551公顷（绝收5237.9424公顷），房屋倒塌12间，严重损坏119间，一般损坏143间，直接经济损失10618.567万元，其中农业损失9612.087万元。8月强对流天气多发，对农业生产造成一定的不利影响。据西安市民政局统计，暴雨洪涝天气造成全市受灾人口3378人，紧急转移安置人口61人，一般损坏房屋4户6间，农作物受灾面积134.2133公顷，直接经济损失44.034万元，其中农业损失40.264万元。9月发生洪涝灾害4起。据西安市民政局统计，全市受灾人口43人，紧急转移安置人口40人，严重损坏房屋38间，一般损坏房屋2间，直接经济损失38.6万元。

（曲静　金丽娜）

◆行政区划　中华人民共和国成立后，西安市的行政隶属关系和行政区划设置有过几次较大的变动和调整。1949年5月20日西安解放，属陕甘宁边区辖市；1950年改由西北军政委员会领导，1953年1月27日，西北军政委员会改由西北行政委员会管辖，西安市属西北行政委员会；1953年3月12日，改为中央直辖市，为全国12个中央直辖市之一；1954年6月19日改为省辖市。

中华人民共和国成立初期，西安市设12个区，其中城区8个、郊区4个，城区未设立街道行政建制，郊区下设有19个乡。1954年调整行政区划，将12个区和部分新划入的乡镇合并调整为9个区，定名为新城区、碑林区、莲湖区、长乐区、雁塔区、阿房区、未央区、草滩区、灞桥区。1957年4月撤销长乐、未央两区建制，市辖区减为7个，将草滩区更名为未央区。1958年11月将长安、蓝田、临潼、鄠县划归西安市。1960年撤销莲湖、碑林、新城区建制。1961年8月将蓝田、临潼、鄠县划出。1962年恢复新城、碑林、莲湖区建制。1965年撤销灞桥、雁塔、阿房、未央区建制，辖地合并为一个郊区，市辖区减为4个。1966年6月，将临潼县所属阎良镇划归西安市组建为阎良区，将咸阳市(县级市)划归西安市。1966年11月，新城、碑林、莲湖、阎良区更名为东风、向阳、红卫、东红区，1972年恢复原名。1971年11月，经国务院批准，又将咸阳市划出。1980年3月，撤销西安市郊区，恢复灞桥、未央、雁塔区建制。1983年10月，经国务院批准，将渭南地区所属蓝田、临潼县和咸阳地区所属户县、周至县(1964年9月10日，陕西省人民委员会报国务院批准，将鄠县改为户县，盩厔改为周至)、高陵县划归西安市，西安市共辖新城、碑林、莲湖、灞桥、未央、雁塔、阎良7区，长安、蓝田、临潼、周至、户县、高陵6县。1997年8月5日，经国务院批准，撤销临潼县，设立临潼区。2002年6月2日，经国务院批准撤销长安县，设立长安区后，西安市共辖9区4县。2014年12月13日，《国务院关于同意陕西省调整西安市部分行政区划的批复》公布；2015年8月4日，高陵“撤县设区”，并正式挂牌，从此结束了2365年的县制历史。2016年12月23日，根据《国务院关于同意陕西省调整西安市部分行政区划的批复》(国函〔2016〕188号)，陕西省人民政府发布《关于同意西安市调整部分行政区划的批复》，同意撤销户县，设立西安市鄠邑区，西安市行政区划由10区3县变为11区2县。截至2017年年底，西安市有120个街道、52个镇、1021个社区和2074个行政村（以上数字均含西咸新区），有7个国家级开发区（西安高新技术产业开发区、西安经济技术开发区、西安曲江新区、西安浐灞生态区、西安阎良国家航空高技术产业基地、西安国家民用航天产业基地、西安国际港务区），并代管一个国家级新区，即西咸新区，总面积10752平方千米。

◆人口　2017年年末，西安市常住人口1000.37万人，比上年末净增加38.70万，其中，男性人口511.79万人，占51.2%；女性人口488.58万人，占48.8%，性别比为104.75∶100(以女性为100，男性对女性的比例)。全年出生人口12.23万人，出生率为12.47‰；死亡人口5.38万人，死亡率为5.48‰；自然增长率为6.99‰。城镇人口740.37万人，占常住人口比重(常住人口城镇化率)74.01%；乡村人口260.00万人，占25.99%。年末，全市户

籍总人口986.87万人，比上年增长9.0%。（齐 铭）

◆**民族** 2018年，西安市有民族52个（无怒族、德昂族、珞巴族、独龙族），少数民族常住人口9.56万人，占全市总人口的1.1%，占陕西省少数民族总人口的半数以上。其中，人口过10000人的有回族65276人，占68.7%；满族10840人，占11.34%。其他人口过1000人的少数民族有6个，分别是蒙古族4469人、壮族1960人、藏族1923人、土家族2279人、苗族1572人和维吾尔族1232人。1000—500人的民族有3个，分别是朝鲜族、彝族和侗族。500—100人的民族有11个，分别是布依族、白族、瑶族、锡伯族、土族、哈萨克族、黎族、畲族、仡佬族、撒拉族和羌族。100人以下的民族有29个。总体分布呈现大分散、小聚居的特点，85%以上的少数民族集中在莲湖、新城、碑林、雁塔4个区，城市民族工作特点突出。办理“居住证”的外来少数民族流动人口有6万余人，以西部流入为主，务工经商者居多，近一半是回族。有民族中小学10所（中学2所、职校1所、小学5所、幼儿园2所），有内地援疆、援藏学校各1所。全市有少数民族企业和个体工商户3000余家（户），年生产销售额近30个亿元。有少数民族党政干部374人，其中，厅局级2人；县处级正职（含市副局级）62人；县处级副职69人；科级及科以下241人。有少数民族市人大代表19人；少数民族市政协委员25人。

◆**宗教** 2018年，西安市经依法批准设立登记的宗教活动场所有427处（佛教131处、道教35处、伊斯兰教27处、天主教96处、基督教138处），其中全国重点佛教、道教寺观10处（大慈恩寺、大兴善寺、卧龙寺、香积寺、净业寺、兴教寺、草堂寺、广仁寺、八仙宫、楼观台）。有宗教教职人员2223人（佛教1124人、道教252人、伊斯兰教109人、天主教512人、基督教226人），其中宗教教职人员担任各级人大代表、政协委员的有23人。有信教群众45.8万人（佛教17万人、道教6万人、伊斯兰教6.8万人、天主教6万人、基督教10万人）。有全市性宗教团体6个（西安市佛教协会、西安市道教协会、西安市伊斯兰教协会、西安市天主教爱国会、西安市基督教三自爱国运动委员会、西安市基督教协会）；有带有宗教性质的社会团体2个（西安市基督教青年会、西安市基督教女青年会）；有区（县）级宗教团体20个，其中佛教4个（长安、蓝田、鄠邑、周至）；道教1个（长安）；天主教4个（临潼、高陵、鄠邑、周至）；基督教11个（灞桥1个，阎良2个，临潼2个，高陵2个，蓝田2个，鄠邑2个）。宗教活动场所有文物保护单位27处（国家级重点文物保护单位9处、省级重点文物保护单位11处、市级重点文物保护单位5处、区（县）级2处）。（延 续）

国民经济和社会发展

◆**经济概况** 2018年，西安市实现生产总值8349.86亿元，比上年增长8.2%。规模以上工业增加值增长9.4%，较上年提高3.6个百分点。全社会固定资产投资增长8.4%，较上年回落4.5个百分点，其中固定资产投资（不含农户）增长8.5%。社会消费品零售总额4658.72亿元，增长9.6%，较上年回落0.9个百分点，其中限额以上消费品零售额增长9.3%，回落0.3个百分点。财政总收入1460.39亿元，增长13.6%。地方财政一般公共预算收入684.71亿元，增长10.8%，其中税收收入556.58亿元，增长24.0%；地方财政一般公共预算支出1151.61亿元，增长10.2%。全市常住居民人均可支配收入31407元，增加8.7%。截至年底，金融机构人民币存款余额20948.18亿元，增长4.5%，较上年末回落0.6个百分点；金融机构人民币贷款余额19729.82亿元，增长16.4%，较上年末提高5.5个百分点。

◆**农业生产** 2018年，西安市粮食总产量142.14万吨，比上年增长1.6%。蔬菜产量373.69万吨，增长5.3%；水果产量89.15万吨，下降0.7%。西安市粮食种植面积27.97万公顷，下降1.1%；蔬菜种植面积7.18万公顷，增长3.0%；瓜果种植面积0.99万公顷，增长1.0%；油料种植面积0.31万公顷，增长7.5%；棉花种植面积60公顷，下降0.3%。

◆**工业和建筑业** 2018年，西安市完成工业增加值1874.36亿元，比上年增长9.0%，其中规模以上工业增加值增长9.4%；规模以上工业企业主营业务收入5215.00亿元，增长9.9%；实现利润总额352.40亿元，增长6.7%。

西安市完成建筑业增加值1073.12亿元，增长7.9%。全年房地产开发投资增长7.9%。房屋施工面积16044.57万平方米，增长1.3%；房屋竣工面积977.28万平方米，下降40.2%。

◆**交通运输和邮政电信** 2018年，西安市货物运输总量2.62亿吨，比上年增长5.2%；货物运输周转量518.90亿吨公里，增长10.0%。旅客运输总量2.61亿人次，增长6.4%；旅客运输周转量362.42亿人公里，增长12.3%。截至年底，全市机动车保有量325.63万辆，增长12.8%，其中私人汽车保有量279.52万辆，增长13.3%。

邮政业务总收入61.68亿元，增长13.3%。电信业务总收入150.21亿元，增长1.7%。截至年底，全市固定电话用户259.94万户，移动电话用户1858.09万户，固定互联网宽带接入用户393.47万户。（田旭鹏）

◆**国内贸易** 2018年，西安市实现社会消费品零售总额4658.72亿元，比上年增长9.6%，其中限额以上企业(单位)消费品零售额2973.14亿元，增长9.3%。出台《西安市商圈建设三年行动方案》，签约和在建商业综合体项目70个，建成开业商业综合体22个，新增商业面积200多万平方米。出台《西安市高品位步行街建设方案》，市、区（县）联动培育6条“示范特色商业街”，大唐不夜城·新唐人街被商务部列入全国首批11条“高品位步行街”改造提升试点工作名单。推进《西安市咖啡馆建设三年行动计划》，全市咖啡馆数量突破800家。完成用2年时间改造提升62家集贸市场任务。推进国家供应链体系建设试点工作，支持20个供应链体系重点项目。开展以“誉满中国 享西安”为主题的“2018购物美食节”等32场次系列促消费活动，节日销售额增速13%以上。（朱晓航）

◆**对外经济** 2018年，西安市出台《提升企业跨境贸易和投资便利化行动方案》《西安市扶持外贸企业发展奖励办法》，减少外贸企业申办对外贸易经营者备案、国际货运代理企业备案办理环节和时间，取消外贸企业邀请外国客人来华和中国香港、澳门客人来大陆签证初审和转报环节，外贸企业降低运营成本超10%。成功组团参加2018首届中国国际进口博览会，采购金额14.8亿美元。推动外贸高质量发展，机电产品和高新技术产品占全市进出口总值的80%以上，全年实现贸易进出口总值3303.9亿元，比上年增长29.6%，增速领跑全国15个副省级城市。获批中国（西安）跨境电子商务综合试验区。全年跨境电商完成206.7万单，货值超过7750万美元。整车口岸进口汽车1836辆；进境粮食指定口岸完成粮食进口2.5万吨；进境肉类指定口岸完成进口肉类进口420吨。国际货运班列“长安号”年度开行1235列，货运量120.2万吨，开行量、重载率、货运量均居全国第一。西安咸阳国际机场开通航线348条，通达160个国内城市、53个境外城市，航线网络通达能力仅次于北京；货邮吞吐量30.47万吨，增长20.1%，增速位列全国十大枢纽机场之首。“一带一路”国际商务服务中心揭牌运营。全年新设境外投资企业28家，实际投资2.24亿美元；对外承包工程完成营业额40.5亿美元；新派对外劳务人员7325人，年末，在外人数13319人，新签对外劳务人员合同工资额4266万美元。全市服务外包执行金额19.71亿美元，增长11.4%。

（南国栋）

◆金融 截至2018年年底，西安市金融机构本外币存款余额21266.72亿元，比上年年末增长4.4%；本外币贷款余额19891.60亿元，增长16.0%。全年证券市场各类证券交易总额32892.35亿元，比上年下降29.7%。年末，全市拥有上市股份公司34家，上市总股本550.02亿股，总市值3838.09亿元。有保险公司62家、保险专业中介机构123家；保费收入478.56亿元，增长13.7%，其中人身险保费收入365.99亿元，增长15.3%；全年支付各类赔款给付130.82亿元，增长10.2%。

（田旭鹏）

◆教育 2018年，西安市登记注册幼儿园1780所，其中普惠性幼儿园1335所，占75%。实施13年免费教育，拨付义务教育免学费、杂费资金11.44亿元。全市26728户建档立卡户的35364名学生实现义务教育“零辍学”；19.65万名在校学生足额享受各类学生资助。创建普通高中特色学校18所。推进中等职业学校校企合作项目，支持灞桥区职业教育中心和浙江吉利控股集团进行校企合作，西安市首个中等职业教育学校“吉利定向班”顺利开班；推进阎良区职业教育中心与施耐德电气有限公司进行校企合作项目，由施耐德公司捐赠设备的电气实验室建成并投入使用。稳妥、有序做好143名藏族学生扩招入学工作。启动154所学校“全面改薄”建设项目，下达市级补助资金4.35亿元，竣工130所，在建24所。全年增加中小学、幼儿园学位10.11万个，全市入学矛盾得到妥善化解。制定印发《西安市“名校+”工程行动计划(2018—2021年)》，全市新组建市级“名校+”教育联合体66个、县（区）级“名校+”教育联合体193个，另组建跨区域“名校+”教育联合体13个，覆盖学生32.4万人。

◆科技、文化和体育 2018年，西安市技术合同成交额1028.33亿元；专利申请量71250件，其中发明专利26625件；新增高新技术企业超过300家；全要素生产率58%；全社会科技研发投入410亿元，较上年增长13.8%。全市累计建成众创载体1156个、总面积3281万平方米，入孵企业、团队4.19万家，就业人数43.1万人。开展“创业西安行”活动近600场。全年新增高新技术企业超过300家、科技型中小企业3032家、“小巨人”企业270家、工程技术研究中心48家，培育的“小巨人”企业——易点天下网络科技有限公司成为陕西省首家“独角兽”企业。

广泛开展“文化西安”系列群众性文化活动，组织开展“西安年•最中国”新春盛典暨新时代民俗文化年展活动、西安市首届农民节系列主题文化活动及2018•西安大学生开学盛典“进了永宁门 都是西安人”、“唐都长安1400年”、第三届中法文化论坛、“2018中欧旅游年”闭幕式、第十七届西安国际音乐节等各类文化活动。文化惠民扎实推进，在全市农村及社区放映公益电影36317场，观众244万人次。举办第十二届“西安读书月”，开展300余项主题读书活动。新建实体书店840家，西安市被中国书刊发行业协会和百道网评为“中国书店之都”。鄠邑区以户县农民画、周至县集贤镇以西安鼓乐为代表进行申报，被陕西省文化厅命名为2018—2020年度“陕西省民间文化艺术之乡”；周至县集贤镇被陕西省文化厅向文化旅游部推荐申报“中国民间文化艺术之乡”。

举办2018西安国际马拉松赛、2018西安城墙国际马拉松赛、2018“一带一路”击剑邀请赛、2018“丝绸之路”国际拳击对抗赛等特色赛事活动，完成“陕西省援建社区全民健身路径工程”14个、“农民体育健身工程”90个、社区全民健身路径60个、多功能运动场10个、健身气功站（点）30个。组织运动员参加国际、国内比赛，获第一名29个、第二名25个、第三名18个。

◆卫生 2018年，西安市加快推进现代医院管理制度改革，在全市试点开展以修订医院章程为核心的公立医院综合改革示范工作。全市建成医联体45个，下派专家1.73万人次，双向转诊服务19万余人次。新农合个人筹资标准提升至690元，补偿参合患者1317.87万人次、总金额31.82亿元，参合率99.44%。5月，西安市被国务院办公厅表彰为“公立医院综合改革成效较为明显的城市”。为5万多名贫困群众体检，为2.12万名贫困慢性病患者提供签约服务和健康管理，贫困人口家庭医生签约服务率100%；为贫困人员报销医疗费用2.28亿元，报销比例94.28%；全市338名大病患者专项救治率100%。为65岁以上老年人实施增项免费体检，惠及群众57万人。全市15万座无害化卫生厕所改造任务全部完成。

◆旅游业 2018年，西安市接待海内外游客24738.75万人次，比上年增长36.73%；旅游业总收入2554.81亿元，增长56.42%，接待人次和旅游收入两项指标增速均位居全国副省级城市第一，西安被国家旅游局（现文化和旅游部）评为“2018年春节最火爆旅游目的地”，名列“全国十佳旅游目的地城市”第三名、“十大国内热门旅游目的地城市”第一位。结合创建“国家级旅游业改革创新先行区”，完善旅游综合管理体制，制定《西安市全域旅游示范市建设实施方案》，在市级层面组建旅游警察支队、工商旅游分局和旅游巡回法庭，区（县）成立旅游发展委员会、旅游警察大队。春节期间，以“西安年•最中国”为主题，策划推出一系列充满年味的活动，吸引国内外大量游客。“五一”假期，西安市名列“全国酒店需求量最大城市”第二位；国庆假期，游客接待量和收入均位居“十大国内热门旅游目的地城市”第一名。协调华夏旅游文化综合体二期、宋城中华千古情等4个项目签约，合同协议总额285亿元。全市第一批7个“旅游特色小镇”完成投资47.92亿元。制定《西安市旅游厕所革命新三年行动计划方案（2018—2020年）》，全年建成旅游厕所267座、第三卫生间111座。

◆环境保护 2018年，西安市编制《西安市“铁腕治霾•保卫蓝天”三年行动方案（2018—2020年）》和《西安市2018年“铁腕治霾•保卫蓝天”“1+2+22”组合方案（办法）》。先后召开全市铁腕治霾工作会议5次，聚集全市力量推动铁腕治霾。坚持深化、细化“减煤、控车、抑尘、治源、禁烧、增绿”6项措施。2018年，全国169个重点城市中，西安市位于空气质量同比改善幅度相对较好的20个城市之列。收获优良天188个，比上年增加8天。其中，优级天数21个，刷新了2013年实施国家新的环境空气质量标准以来的最好成绩。制定《西安市“绿盾2018”自然保护区监督检查专项行动工作方案》，部署针对西安市6个自然保护区的专项行动。立案查处环境违法企业1331家，处罚环境违法企业1150家，处罚金额5438万元；约谈企业72家次；实施按日连续处罚案件1件，罚款金额2.2万元；实施查封、扣押案件487件；实施限制生产、停产整治企业60家；移送公安机关适用行政拘留环境违法案件64起。

（解消敌）

◆“八水绕长安”工程建设 2018年，西安市全力推进生态恢复“八水绕长安”工程及9个生态示范河（湖）段建设2项重点工作。全市建成生态水面172.67公顷、湿地391.33公顷，全面完成年度任务。渭河、灞河等9条生态示范河（湖）段建设起到良好示范引领作用。周至县渭河周杨大桥滩区整治工程、渭河高陵耿镇桥至泾渭交汇口段（北岸）滩区治理工程新增湿地68公顷。

◆河湖长制 2018年，西安市出台《西安市全面落实湖长制的实施意见》，在陕西省率先启动湖长制，市、区（县）、镇、村四级河湖长体系和三级河道警长体系全面构建，实现全市140个湖泊、水库、陂塘“湖长”全覆盖。1468个河湖长制项目开工建设。全面打响“剿劣水”开局战，全市投入机械3589台、人力9.1万人次，清理垃圾46万立方米，拆除违建33处6547平方米，查处非法排污口183个。全市河湖长制综合测评调查满意度达到94%。

◆就业与社会保障 2018年，西安市城镇新增就业14.39万人，城镇失业人员再就业6.25万人，城镇登记失业率3.26%。引进产业发展与科技创新类人才36.64万人，培养实用型人才6.07万人。全年新建创业孵化基地29家，新批准人力资源服务机构308家。

截至年底，全市城镇基本医疗保险参保人数527.00万人；城镇企业职工养老保险参保人数417.57万人；失业保险参保人数167.54万人；工伤保险参保人数229.00万人；职工生育保险参保人数213.01万人。农村新型合作医疗参保人数438.10万人，实际参合率99.44%。

◆安全生产 2018年，西安市深入推进安全生产领域改革发展，先后制定《西安市贯彻落实<地方党政领导干部安全生产责任制规定>实施细则》《安全生产约谈制度》《安全生产巡查制度》。全年发生各类生产安全事故417起，死亡196人，其中，生产经营性道路交通事故380起，死亡153人；工矿商贸事故33起，死亡41人。积极开展道路交通、危险化学品、建筑施工安全3项攻坚行动，打击严重违法、违规行为18122起，问责曝光工作不力的单位81家，行政处罚2270万元。西安市人民政府21个安全生产督导组开展督导检查294次，发现并督促整改隐患842项。 （朱晓航）

◆西安全面创新改革试验区建设 2018年，西安市制定印发《2018年西安市全面创新改革试验工作要点》，对23项重点工作进行细化分工，将责任落实到各部门，确保工作的延续性和系统性。编制《西安市军民融合深度发展专项行动计划（2018—2020年）》，先后组织召开全面创新改革试验工作推进会议14次，安排部署各阶段全面创新改革重点工作。继续开展全面创新改革试验第三批试点单位遴选工作，印发《关于公布西安市全面创新改革试验第三批试点单位的通知》，确定9个试点单位及任务。14个全面创新改革试验典型案例入选国家发展和改革委员会全面创新改革试验百佳案例。扩大改革宣传效应，制作《西安市军民融合发展纪实宣传片》，重新修编《全面创新改革试验文件汇编（第四版）》，并向相关单位印发。6月，国家评估组对西安市全面创新改革试验工作进行系统评估，肯定西安市3年来的全面创新改革试验工作。

◆西安高新区国家自主创新示范区建设 2018年，西安市修订完善《西安自主创新示范区发展规划纲要（2018—2025）》。建设西安自创区综合服务大厅，按照“一厅办公、一口受理、一表填报、一网提交、一次办结”的思路，全面实施“多证合一、多项联办”改革，实施“5+2”延时服务工作机制，形成“在线预约、网上申请、快递送达”的办理模式。加快贸易便利化改革，上海自贸试验区31项海关创新制度中的25项已成功在西安高新综合保税区复制。发布城市级“双创”品牌“秦英汇”“创咖云”。截至年底，累计拥有创新创业载体平台110个，孵化面积近500万平方米。拥有国内外知名企业研发中心120个，其中世界“500强”研发机构48个；区内企业累计获得国家和省（部）级科技奖300余项，拥有31项具有全球影响力的国际标准，国家（国军）标准和行业标准超过800项；每万名从业人员授权专利量超过500件，位居全国高新区第一位。出台《西安国家自主创新示范区关于推进军民融合产业发展专项政策》，支持国有军工科研院所改制、科研协同创新体系建设、企业国际化拓展、承担国家重大项目、企业军工资质提升、“民进军”等，形成军民融合产业扶持政策体系。全年享受政策企业达143家，补贴金额4196万元。引进区域性金融机构总部、金融要素平台、金融中介服务机构等28家，引进阿里巴巴丝路总部、链融能源区块链、清华大学交叉信息研究院金融科技与监管中心等金融科技企业22家，其中知名金融科技企业3家，累计新增投资机构247家。

◆陕西自由贸易试验区西安区域建设 截至2018年12月初，西安市承担的陕西自由贸易试验区127项试点任务全部完成。围绕重点改革领域形成136项创新案例，“铁路运输方式舱单归并新模式”被国务院作为自贸试验区改革试点经验在全国复制推广；“互联网+政务服务”等6项创新举措在陕西省范围内进行复制推广；26项创新成果被《每日经济新闻》评为陕西自贸试验区“最佳实践案例”。制定印发《西安市“证照分离”改革试点工作实施方案》，并将改革范围扩展到西安阎良国家航空高技术产业基地、西安国家民用航天产业基地等6个国家级开发区。吸引173家外资企业落户自贸区。在全国率先开展特殊区域外集成电路研发检测全程保税业务试点；创新推进“货站前移”“舱单归并”等监管服务举措，通关效率大幅提升。创新“税银企”合作机制，以企业纳税信用评级贷款信用，为小微企业“因税获贷”纯信用贷款；上线运行“通丝路”跨境电子商务人民币结算平台，推动出口贸易和人民币国际化进程；抢抓自贸试验区内资融资租赁试点企业审批权限下放的政策红利，推动自贸试验区内新增6批23家内资融资租赁试点企业，注册资本总额过100亿元。开通西安至中亚五国、汉堡、布达佩斯等11条跨境铁路班列干线，在德国法兰克福等地设立8处“海外仓”。全年自贸试验区西安区域新增市场主体21116家，注册资本1978.19亿元。其中，新增外资注册企业173家；注册资本1亿元以上企业262家。

◆脱贫攻坚 2018年，西安市制定年度《脱贫攻坚工作要点》《贫困退出实施方案》，年度“县摘帽、村退出、户脱贫”任务涉及的19项指标全部达标。强力推进“十百千万”产业扶贫工程，全市8492户有能力、有条件、有意愿发展产业的贫困户中长期产业实现全覆盖。家中至少有1名劳动力的在册贫困户实现就业的有10987户，就业率100%。完成“油返砂”工程829.47千米，完成通组路257.32千米，建成通村道路44千米，全市所有行政村通水泥（沥青）路。完成安全饮水、电力提升项目84个。累计完成农村危房改造7181户（其中中央、陕西省补助3845户），并实现全部入住。“十三五”期间，计划实施移民搬迁的1966户的新房全部建成，并实现入住。累计发放扶贫小额信贷14958户3.47亿元，获贷率100%。教育、健康、兜底扶贫政策全面落实到位。全年中央、陕西省、西安市及涉贫区（县）共投入财政专项扶贫资金64924万元。其中，中央拨付9523万元；省级拨付5493万元；市本级财政拨付资金31400万元（较上年25675万元增长22.3%）；区（县）拨付财政资金18508万元。拨付资金已全部按时下达到各相关区（县），共支出资金61002万元，占投入总量的94%。出台《驻村联户工作管理细则》，进一步规范人员选派，强化日常管理，集中培训567场次，培训12648人次。全力支持周至县从组织领导、人才交流、产业合作等6个方面，强化与江苏省太仓市合作，不断深化苏陕扶贫协作。推进“多区帮一县”制度，累计投入帮扶资金2.4亿元。统筹推进国企、高校、医院三大帮扶体系，同时充分发挥民营企业、群团组织等社会力量作用，动员城区284所学校和医院、115家商会组织和民营企业、30家市属国有

企业进村开展脱贫攻坚、“美丽乡村”建设，实现“陕西省定贫困村”结对帮扶全覆盖。（南国栋）

政治文明建设

◆社会主义民主法治建设 2018年，中国共产党西安市常务委员会充分发挥总揽全局、协调各方作用，定期听取西安市人民代表大会常务委员会、西安市人民政府、中国人民政治协商会议西安市委员会、西安市中级人民法院、西安市人民检察院党组工作汇报，支持依法履职、创新工作，人大的法律监督、政协的民主监督更加富有成效。统筹推进统战、民族宗教、对台、外事侨务、工会、共青团、妇女等各方面工作，凝聚“追赶超越”抓发展的强大合力。高度重视自身建设，出台《加强市委常委会班子团结奋斗的十条规定》，市委常委带头执行民主集中制，充分发挥示范带动作用。（曹　蓉）

◆法治建设 2018年，西安市人民政府组织常务会议集体学法4次。制定修改《西安市城市公共汽车客运管理条例》等5部地方性法规。制定出台《西安市网络预约出租汽车经营服务管理暂行办法》《西安市控制吸烟管理办法》2部政府规章。启动《西安市秦岭生态环境保护条例》修订工作。在西安国际港务区成立陕西省首个自贸区公共法律服务中心，与北京著名法律服务机构合作引进商事调解机制。在西安交通大学成立全国首个“丝绸之路国际律师学院”。（朱晓航）

◆机构改革 2018年，西安市积极推进市及区（县）监察委员会机构设置、人员转隶、方案拟定、报审工作，全面完成西安市监察体制改革。将西安市地铁建设指挥部办公室更名为西安市城市轨道交通建设办公室，对其职能进行调整加强，进一步理顺地铁管理体制。在西安市科技局设立西安市硬科技创新产业局，成立硬科技产业服务中心，为西安市打造“硬科技之都”奠定坚实基础。在文化创意、创业服务、大数据发展等领域，优化调整相关机构职责，加强中共西安市委宣传部、西安市科技局等机构及人员力量，在体制、机制上为新经济做好机构和人员保障。（南国栋）

◆政府信息公开 2018年，西安市人民政府办公厅主动公开政府信息594647条。开展邀请公民代表走进市政府活动8次、公民代表走进区（县）政府活动88次，3277位公民代表走进区（县）政府。寒假、暑假期间，235名大学生到市级机关见习；1429名大学生到区县政府、开发区见习。在西安市人民政府门户网站开设《政务专题》专栏，主动回应社会热点。积极推进基层政务公开标准化、规范化试点工作。《西安市人民政府公报》出刊12期，出增刊2期，每期印制6000册，赠送有关部门、机关。西安市档案馆受理公众信息查阅7351人次，公开文件1401卷；西安图书馆受理公众政府信息查询48人次。全年全市各级行政机关受理政府信息公开申请7319件，较上年增长128.9%。（彭　磊）

精神文明建设

◆概况 2018年，西安市精神文明建设工作坚持以培育和践行社会主义核心价值观为主线，深入实施“尚德西安”道德建设工程，持续深化群众性精神文明创建活动，大力提升市民文明素质和城市文明程度，为西安“追赶超越”、建设国家中心城市和国际化大都市提供了良好社会环境。截至年底，西安市在全国志愿服务信息系统平台注册志愿者人数116.26万人，实名注册志愿者108.88万人，注册志愿服务团体4201个，注册志愿服务项目20605个，登记志愿服务总时长1063.13万小时。

◆群众性精神文明创建活动 2018年，西安市精神文明建设工作委员会办公室制定《2018—2020年西安市创建文明城市工作规划》，启动新一轮“文明城市”创建工作。制定下发《2018年度西安市创建文明城市工作要点》，印发《2018年西安市迎接全国文明城市年度测评工作项目责任分解》，对全市创建“文明城市”工作进行安排部署和组织推动。推进全市“文明单位”“文明村镇”“文明校园”“文明社区”创建工作。制定下发《2018年西安市精神文明建设各类先进集体年度测评体系》，加强群众性文明创建活动动态管理。在全市各窗口行业开展“人民满意”主题创建活动，扩大创建工作的社会覆盖面与影响力。按照《西安市文明家庭评选标准和评选办法》，开展第二届“西安市文明家庭”推荐表彰活动。按照自下而上的程序推荐产生候选家庭，推荐评选表彰80户“西安市文明家庭”，以“文明家庭”榜样示范引领效应倡导文明新风，推动形成爱国爱家、相亲相爱、向上向善、共建共享的社会主义家庭文明新风尚，实现以家庭文明促进社会文明的目的。

◆未成年人思想道德建设 2018年，西安市精神文明建设指导委员会办公室继续系统推进未成年人理想信念、道德实践、素质教育、成长环境“四大工程”建设，不断深化“我的中国梦”主题教育实践活动。组织开展评选、表彰“美德少年”活动，3人获“陕西省美德少年”称号。组织开展2018年“我们的节日·清明”祭英烈追思祭扫活动和“小脚丫走好红色路”示范活动，近80万人次未成年人参与。举办全市青少年爱国主义读书教育“时刻听党话 永远跟党走”征文、演讲、讲故事活动，1名选手获全国总决赛二等奖。开展优秀童谣评选表彰活动，征集童谣作品近200首，并对获奖作品结集出版。开展“向国旗敬礼”活动，80万名青少年广泛参与。重视加强乡村少年宫使用管理，举办全市乡村学校少年宫业务骨干培训班，组织全市45所乡村学校少年宫常态化开展各项活动。

◆农村精神文明建设 2018年，西安市精神文明建设指导委员会办公室以“美丽乡村·文明家园”活动为载体，按照“巩固、扩面、提升”的工作思路，推动文明乡风建设。开展“十星级文明户”评选和“好公婆、好儿媳、好家庭”评选表彰活动，让社会主义核心价值观在乡村扎根。在“西安市首届农民节”活动期间，召集西安市农业林业委员、西安市总工会、共青团西安市委员会、西安市妇女联合会等部门召开联合评审会，评选表彰“西安市十佳农村文明家庭”。

◆诚信建设 2018年，西安市精神文明建设指导委员会办公室依托陕西省、西安市信用平台，落实已经制定的制度文件精神，做好信用信息的充实、丰富和动态更新工作，实现守信“红名单”和失信“黑名单”常态化征集、发布。贯彻西安市人民政府出台的《建立完善守信联合激励和失信联合惩戒制度加快推进社会诚信建设实施方案》，执行多部门、跨地区、跨行业的守信联合激励和失信联合惩戒制度，增加守信红利，提高失信代价。加强诚信文化宣传教育，广泛开展诚信主题创建活动，营造诚信和谐的良好社会氛围。

◆志愿服务 2018年，西安市精神文明建设指导委员会办公室在全市启动“2018年学雷锋志愿服务集中行动”，推动各行业和社会团体等志愿服务项目落地社区。实现志愿服务专业化培训常态全覆盖，科教、文化、卫生、法律，应急救援等专业培训常年、常态化扎根社区。围绕西安市中心工作和重点工作，持续开展“烟头垃圾不落地·文明西安跟我行”“‘车让人，人守规’文明交通志愿服务行动”等多种志愿服务活动1万余场次，上百万群众积极参与。在中共中央宣传部、中央精神文明建设指导委员会办公室等部门组织开展的2018年宣传推选学雷锋志愿服务“四个100”（100名“最美志愿者”、100个“最佳志愿服务组织”、100个“最佳志愿服务项目”和100个“最美志愿服务社区”）先进典型活动评选中，西安市邓景元获“全国最美志愿者”称号；“关心关爱‘小葵花’行动”获“最佳志愿服务项目”称号。

◆道德模范评选表彰学习宣传活动 2018年，西安市精神文明建设指导委员会办公室持续组织开展“我推荐我评议身边好人”活动，全年上榜“中国好人”12人、“陕西好人”30人，评选产生“西安好人”70人。组织举办西安市第四届道德模范暨2017年度“西安好人”颁奖典礼。组织开展市级道德模范集中巡演、巡讲活动100多场次。持续加大道德模范、“身边好人”宣传力度，在《西安日报》《西安晚报》图文并茂地宣传先进典型事迹。积极参加陕西省第五届道德模范评选表彰活动，9人获“陕西省道德模范”称号；2人获“陕西省道德模范”提名奖。

◆“尚德西安”道德建设系统工程 2018年，西安市精神文明建设指导委员会办公室开展社会公德、职业道德、家庭美德、个人品德教育实践活动，组织实施“文明交通”“文明旅游”“文明餐桌”“网络文明传播”等群众性实践活动，有效提升城市文明创建的内涵、推动“尚德西安”道德实践系统工程在全市城乡基层落细、落小、落实。

◆公益广告系列宣传活动 2018年，西安市精神文明建设指导委员会办公室坚持标准数量不降的目标，全面落实各类媒体、媒介刊播、刊载公益广告任务。筹备召开全市专题会议，起草印发相关文件，对全市公益广告宣传工作进行部署和推动。探索、巩固、提升创建“文明城市”阶段的公益广告宣传新途径，开展2018“微文明·新风尚”公益微视频作品征集活动，从征集到的575件作品中择优选出28件优秀作品进行展播。对接协调中央电视台和市属各单位，顺利完成《社会主义核心价值观主题公益广告西安篇》拍摄任务，并在中央电视台16个频道和所属新媒体滚动播出。对各类媒体、媒介刊播、刊载情况持续开展明察暗访，全市公益广告保持全覆盖。西安市精神文明建设指导委员会办公室再次获“陕西省公益广告刊播制作工作先进单位”称号。

◆“文明旅游”活动 2018年，西安市精神文明建设指导委员会办公室召开全市文明旅游工作联席会议，分解部署29项任务，推动“文明旅游”工作常态、长效开展。组织开展“西安市首批文明旅游单位”创建活动，审核并向陕西省推荐了一批重信守诺的优秀旅游企业。举办“2018西安文明与旅游同行活动启动仪式”，同步开展“网络随手拍”有奖征集等系列活动。继续开展“最美导游、最美游客”评选活动。加强新闻宣传、舆论监督和网上宣传引导，印制发放宣传品79万余份，针对不同群体在重要时间节点开展“文明旅游”主题活动42场。多措并举，不断强化旅游市场监管，规范旅游秩序。《人民日报》在10月7日头版刊发《文明旅游渐成风尚》文章对西安“文明旅游”工作进行报道。

◆“我们的节日”主题活动 2018年，西安市精神文明建设指导委员会办公室采用轮值制度，在七大传统节日（春节、元宵、清明、端午、七夕、中秋、重阳）期间，分别安排不同区（县）、开发区承办全市示范活动。活动主题鲜明、形式多样，群众参与面广，效果良好。通过群众性节日民俗、文化娱乐、经典诵读、体育健身等形式，大力弘扬中华优秀传统文化和美德，培育践行社会主义核心价值观。

◆“道德讲堂” 2018年，西安市精神文明建设指导委员会办公室继续开展“道德讲堂”活动，以“弘扬西迁精神”为主题，先后开展“道德讲堂”市级示范堂活动25期。截至年底，全市建成各级各类“道德讲堂”2400余个，举办各种形式的“道德讲堂”活动9600余场，参与人数超过120万人次，全面涵盖各类群体。（赵 玥）

生态文明建设

◆概况 2018年，西安市环保系统紧扣“追赶超越”定位、生态环境补短板工作和全年目标责任，以铁腕治霾为重点，扎实推进“四治一增”相关工作，促进环境质量的提升，各项工作稳步推进。全年空气质量优良天数188天，比上年增加8天。全市集中式饮用水源地的水质达标率99.7%。区域环境噪声等效声级均值56.1分贝，道路交通噪声等效声级均值69.8分贝。

（党 艳）

◆秦岭生态环境保护 2018年，西安市深入学习贯彻习近平生态文明思想和习近平总书记关于秦岭北麓西安境内违规建别墅问题系列重要批示指示精神，进一步提高政治站位，严明政治纪律，强化政治担当，牢固树立和践行“绿水青山就是金山银山”的理念，持续推进网格化管理，加快基础设施建设，努力提升秦岭北麓生态环境质量。存在问题：一是全社会保护秦岭的认识还需要进一步提高，二是监管手段还需要进一步提升。

秦岭北麓违建专项整治 7月24日至10月31日，在中央工作组的直接指导下，在中共陕西省委专班的领导下，西安市开展了为期3个月的违建别墅专项整治工作。成立市领导牵头，49个市级部门为成员单位的建章立制工作组，从政治引领、法规政策、体制机制着手，围绕规划体系、管理体制、宣传教育、督查落实等方面，梳理出84项内容。共拆除违建别墅1185栋1528套，累计拆除面积56.39万平方米；依法没收9栋16套，改造后用于公用事业。收回土地303.8公顷；退还土地217.13公顷；恢复生态土地178.13公顷。通过建立地理信息平台对3286套可留别墅实现长效监管。

秦岭生态保护长效监管机制建设 西安市人民政府专门成立秦岭生态环境保护长效机制专班，安排落实市级各部门制定完善秦岭保护政策、制度。西安市秦岭生态环境保护管理委员会办公室承担8项任务，涉及生态补偿、网格化管理、项目准入、信息化建设、社会监督等多个方面，形成《西安市关于健全完善秦岭北麓生态补偿机制的意见》《西安市秦岭北麓生态环境保护地域网格化管理的实施办法》《利用科技手段加强巡查建立秦岭生态保护信息化管理平台的实施办法》《西安市秦岭北麓生态保护影响环境负面清单》等相关政策制度。西安市秦岭生态环境保护管理委员会办公室配合西安市人民代表大会做好《西安市秦岭生态环境保护条例》的修改、调研工作，并向西安市秦岭生态环境保护管理委员会各成员单位征求修改意见。10月27日至11月5日，配合陕西省人民代表大会常务委员会检查《陕西省秦岭生态环境保护条例》执法检查工作。10月27日，初步完成关于修订《西安市秦岭生态环境保护管理办法》的建议，并上报西安市秦岭生态环境保护长效机制领导小组。11月9日，参加西安市人民代表大会常务委员会办公厅组织召开的征求《西安市秦岭生态环境保护条例》修改意见座谈会，并提出具体意见。2月23日，西安市人民政府印发《西安市秦岭生态保护区农家乐管理办法》后，进一步规范“农家乐”经营行为。制定“西安市秦岭生态环境保护约谈制

度”，并征求沿山各区（县）和市级相关部门意见，经市政府审定后下发。在广泛调研的基础上，起草制定《秦岭生态保护区网格化管理网格员管理实施意见》，落实奖补政策，加强“网格员”管理。按照中共陕西省委主要负责人关于“进一步抓好秦岭北麓生态环境保护网格化管理”的指示要求，加强日常监管，加大检巡查力度，以网格化为基础，建立日常巡查检查信息周报送制度，巩固专项整治成果，杜绝新增违规建设。学习借鉴西安市铁腕治霾网格化管理工作经验，对《西安市秦岭北麓生态环境保护网格化管理实施意见》进行修订。加强网格化信息监管平台建设，对接西安市财政局完成年度资金预算和经费申请工作。组织西安市人民政府法制办公室、西安市财政局、西安市民政局、西安市国有资产管理委员会、西安市人民政府金融工作办公室、西安市投资控股有限公司等单位召开专题会议，共同商讨筹备秦岭生态保护基金会。组织起草《秦岭生态保护基金会章程》《关于成立秦岭生态保护基金会的请示》，每天向中共西安市委、西安市人民政府主要领导汇报当日主要工作进展情况。多次对设立秦岭生态保护基金会的服务宗旨、业务范围、组织架构、基金的管理与使用、基金会章程、基金会企业发起人、捐赠资金来源等事项进行研究商讨。11月7日，市政府专题会已研究同意，待报市政府常务会审定。

秦岭生态环境保护问题整改　以中央环保督察和陕西省联合执法检查反馈问题为重点，强力开展整改工作。建立工作台账，实行督办整改、销号管理制度，确保问题有效整改。截至年底，中央环保督察反馈的涉及秦岭5个方面的问题全部完成整改。涉及矿山开采、审批的3个问题已报陕西省国土资源厅验收销号；涉及划定秦岭生态环境保护范围、落实综合协调和齐抓共管机制的问题已报陕西省发展和改革委员会申请销号；涉及自然保护区存在采矿、采砂、开垦等违法行为问题，已进行全面排查，未发现相关问题，陕西省林业厅已组织开展销号验收。中共陕西省委环保督察反馈的涉及秦岭5个方面问题。涉及履职不到位、工作不实、措施不力、检查不够、执法不严、监管缺失问题，已进行全面整改，并报西安市环保督察整改工作领导小组办公室验收销号；涉及汤峪镇污水排放问题已完成整改，并报西安市环保督察整改工作领导小组申请验收销号；涉及饮用水源地环境安全隐患问题，已实施李家河上游污水管网及处理设施建设，正在实施黑河上游3个镇污水处理设施建设，关闭并注销马鞍桥金矿；涉及农村污水处理站运行不规范问题，已开始实施农村污水治理PPP项目，完善农村污水收集管网设施，加强农村污水处理设施运行监督管理；涉及矿山生态恢复治理及“农家乐”污水排放问题，已全面实施关闭矿山生态恢复治理工程，根据西安市秦岭生态环境保护管理委员会联席会议安排部署，制定下发《秦岭生态保护区农村生活污水治理实施方案》和《秦岭生态保护区农家乐污水治理实施方案》。对西安市人民代表大会常务委员会指出的“正在整改的48个点位”和“存在问题的20个点位”，指导督促市级相关部门和沿山6个区（县），制定整改方案，加强督导检查，并逐一进行整改销号。要求每月25日前，承担整改任务的部门和区（县）政府报送整改进展情况，在汇总后，每月28日前报送中共西安市委、西安市人民代表大会常务委员会和西安市人政府。截至年底，“48个点位正在整改中”的问题，已完成整改40个，“20个点位仍存在问题”，已全部整改完毕，其他问题均按计划正在整改。截至10月底，2017年交办未整改到位的23个问题，已整改到位17个，完成率73.9%；2018年新发现疑似问题141个，已整改到位129个，完成率91.5%，总体完成率为89%。坚持每周向西安市纪律检查委员会汇报工作情况；向沿山各区（县）下发《关于市纪委转交问题线索整改情况的通报》。根据6月15日全市秦岭生态环境保护专题会议精神，对秦岭北麓“乱搭乱建、乱排乱放、乱采乱挖、乱砍乱伐、乱捕乱猎”现象和其他突出环境问题深入开展集中整治。6月25日，制定并印发《西安市秦岭生态环境保护“五乱”集中整治工作方案》；11月13日，按照11月7日中共陕西省委专项整治工作组第8次会议安排部署，下发《关于报送秦岭北麓专项整治举一反三问题的通知》，要求相关部门对“五乱”问题形成整治工作方案，实行台账管理。按照《西安市“四改两拆”三年攻坚行动实施方案》职责分工和目标任务，制定《西安市秦岭办“四改两拆”工作方案》，印发《关于开展秦岭生态环境保护区违法建设清查摸底工作的通知》，组织召开秦岭保护区“四改两拆”工作推进会，并安排专人负责督促督导。组织和指导沿山6个区（县）清查摸底，依法认定，完成“四改两拆”任务1439872.63平方米，并按西安市规划局要求完成“四改两拆”挂图指挥系统数据录入工作。8月，配合西安市“四改两拆”领导小组办公室，对长安区、鄠邑区“四改两拆”工作进行督导检查。

秦岭生态基础建设　（1）环山路“亮化、美化、绿化”工程建设。蓝田县环山路大寨至厚镇段27千米“亮化工程”，完成7条支线村道126个路灯安装工作，完成主线基础及开挖窖池1478个，混凝土浇筑1430个，主线安装路灯1352个，正在进行基础及窖池回填工作。周至县环山路楼观至马召段11.8千米“绿化提升工程”，实施绿化7.8千米，种植乔木树种38种6800余棵；种植灌木面积约12100平方米、地被植物面积19150平方米、竹类面积236平方米；绿化面积110000余平方米，正在实施树池、人行步道、自行车道、停车位铺设及修建排洪渠等工作，同时开展浇水、清除杂草、防治病虫害等苗木养护工作。（2）环山路特色节点建设。贯彻落实中共西安市委、西安市人民政府关于“打造景色优美的特色节点，为群众提供更多休闲休憩的好去处”的工作要求，指导和配合完成蓝田县玉山游客中心、公王岭，周至县财神庙、凤凰岭4个特色节点建设。截至年底，完成蓝田县公王岭节点建设；建成凤凰岭特色节点文化景墙、东区生态停车场、农贸摊位硬化建设，正在进行山体立面挡土墙建设和植草植树；建成财神庙节点景观廊道，人行步道已全部硬化，正在进行绿化前期准备工作。（3）“数字秦岭”项目建设。完成“数字秦岭”示范建设项目申报和审批工作，以及重点区域监控项目招投标工作。截至年底，完成硬件采购、软件安装工作，正在进行系统调试工作。（4）实施“农家乐”规范管理。贯彻落实《西安市秦岭生态保护区农家乐管理办法》，会同西安市旅游发展委员会，指导区（县）人民政府抓好《办法》的贯彻落实，规范秦岭生态保护区内“农家乐”管理。4月2日，印发《西安市秦岭生态保护区农家乐专项整治实施方案》，协调沿山各区（县）政府和市级部门，对“农家乐”经营活动中存在的违规建设、违规经营、低质服务、危害生态环境等行为进行摸底调查，制定整改方案，开展“农家乐”专项整治。7月9—13日，成立5个督导组，分别对沿山区（县）“农家乐”整治工作进行督查。9月下旬，再次下发《关于深入推进秦岭北麓农家乐专项整治工作的通知》，要求沿山各区（县）配合农村生活污水处理设施建设工程，全面开展“农家乐”除油设备采购安装验收工作。对难以实施农村生活污水设施建设工程的区域，组织“农家乐”自建污水处理设施；对饮用水水源地保护区范围内的“农家乐”实行关停取缔。截至年底，各区（县）完成秦岭生态保护区“农家乐”摸底排查，摸排“农家乐”2618户，其中关停取缔300户，对违规建设的“农家乐”进行拆除。部分区（县）对经营户除油烟设备进行入户检查和集中培训。

秦岭环境保护宣传　深化秦岭生态环境保护宣传教育工作，协调中央、陕西省、西安市主要媒体，广泛宣传秦岭生态环境保护好的做法、好的经验，在《人民日报》、新华社、《西安日报》等报刊、网络媒体、门户网站发表各类宣传秦岭生态保护稿件200余篇（条）。多次与新华网沟通对接，策划组织系列有关秦岭生态环境保护宣传活动。组织拍摄反映秦岭历史文化、自然生态的专题系列宣传片《秦岭之美》，已拍

摄完成3集待审定。编辑完成《秦岭诗词》文稿。联合蓝田县人民政府在环山路举办“大美秦岭”2018西安·蓝田国际自行车赛，传播绿色、环保理念，树立市民环保意识。1月、4月、7月，分别在西安市广播电台《人大之声》《秦风热线》节目介绍西安市人民代表大会常务委员会视察《西安市秦岭生态环境保护条例》执行情况问题整改工作和《西安市秦岭生态保护区农家乐管理办法》相关内容。3月，联合沿山区（县）政府和市级有关部门，组织“依法保护生态、建设大美秦岭”为主题的“秦岭生态保护宣传周”活动；在沿山6个区（县）分别举办法律、法规知识宣讲和“送法下乡”活动，宣传培训2000余人，发放宣传资料1万余册。联合西安市人民政府法制办公室，组织2000余人在临潼区和灞桥区宣讲法律、法规，对三级“网格长”和四级“网格长”以及村民3000人进行培训。

（赵秦建）

◆污染减排 2018年，西安市环境保护局制定《西安市2018年主要污染物总量减排实施方案》，明确22个市级部门和21个区（县）政府及开发区管委会的减排责任。全市二氧化硫年平均值15微克/立方米，低于国家环境空气质量二级标准0.75倍，与上年度相比年均值下降21.1%；二氧化氮年平均浓度值55微克/立方米，超过国家环境空气质量二级标准0.38倍，下降6.8%；颗粒物（PM10）年平均浓度值122微克/立方米，超过国家环境空气质量二级标准0.74倍，下降6.2%；颗粒物（PM2.5）年平均浓度值63微克/立方米，超过国家环境空气质量二级标准0.80倍，下降13.7%；一氧化碳24小时平均第95百分位数的浓度2.2毫克/立方米，低于国家环境空气质量日平均值二级标准0.45倍，下降21.4%；臭氧日最大8小时平均第90百分位数的浓度180微克/立方米，高于国家环境空气质量二级标准0.13倍，下降2.7%。

◆环保规划与财务 2018年，西安市环保系统为落实西安市人民政府印发的《西安市2018年“铁腕治霾·保卫蓝天”“1+2+22”组合方案(办法)》有关要求，推进重点工程项目建设进度，争取中央、陕西省环保专项资金3.4亿元，重点支持燃煤锅炉拆除、农村连片整治、黄标车及老旧车淘汰等项目。列支市级专项资金3.9亿元，重点支持燃煤锅炉拆除、燃煤锅炉烟气治理、有机废气治理、农村环境保护、环保能力建设等项目。

◆环境影响评价 2018年，西安市环保系统优化审批流程，最大限度压缩环评审批时限，比法定时间提速80%以上。分别采用“许可证件‘邮寄办’、不愿跑路‘网上办’、部分业务‘现场办’”等模式方便群众办事，做到让群众少跑腿、让数据多跑路。全年审批各类建设项目环评文件1009件，其中“环境影响报告书”63件、“环境影响报告表”946件，备案“环境影响登记表”16221件；审批排污许可事项61件，其中“核发排污许可证”55件，变更“排污许可证”6件；审批辐射安全许可事项49件，其中核发“辐射安全许可证”37件，注销“辐射安全许可证”8件，不予办理“辐射安全许可证”4件。

◆中央环保督察“回头看” 2018年，西安市环保系统全力配合做好中央环保督察“回头看”，做好督察组下沉督察、现场检查以及信访移交案件查办等工作。督察组进驻陕西省期间，交办西安市信访投诉问题420件，占陕西省总量(1711件)的24.5%，全部办结上报。除6件涉密投诉问题外，其余414件信访问题查处情况全部在《西安日报》、西安市人民政府官网、西安市环境保护局官网同步公开。420件信访投诉问题中，属实375个，不属实45个。责令整改91家，立案处罚60家，累计罚款935.087万元；查封扣押10家，限产停产21家，取缔96

2018年7月5日，西安市环境保护局高新分局工作人员利用无人船对潏河高新段的排污明渠和水下排污暗管进行排查

家；约谈19人，问责262人，刑事拘留5人。

◆水环境管理 2018年，西安市环境保护局牵头制定《西安市水污染防治2018年度工作方案》，并制定《西安市环境保护局剿劣水三年行动方案暨2018年工作方案》以及《西安市环境保护局剿劣水考核办法》，拟定《西安市渭河流域水污染补偿实施方案》。坚持每月对重点水污染问题进行现场督办，汇总分析市级19个河（湖）水质监测数据，对各区（县）政府、开发区进行考核打分。按照“全国饮用水水源地环境保护专项行动”要求，对黑河金盆水库等地表水、饮用水水源地环境问题进行排查整治，被生态环境部纳入整治清单的市级水源地85个环境问题全部完成整治。制定《关于加强秦岭北麓西安段饮用水水源保护的实施办法》，进一步构建秦岭北麓饮用水源保护的长效管理机制。推进饮用水水源地保护区划分和市、县饮用水水源地调查评估工作。针对国家重点建设项目西（安）十（堰）、西（安）延（安）高铁建设工作要求，开展灞河地下水源地保护区调查工作。针对西咸新区沣河、皂河水源地水质锰超标问题，督促相关部门对高锰单井予以关闭，并加快科研项目进展。制定《西安市黑臭水体整治整改攻坚工作总体方案和六个黑臭水体专项整治整改方案》，组建黑臭水体问题整治整改攻坚指挥部，分管副市长任指挥长，实施“剿灭黑臭水体攻坚行动”。西安市3个国考断面中，渭河新丰镇大桥、灞河灞河口断面水质均值为Ⅲ类；灞河三郎村断面水质均值为Ⅳ类，均达到考核要求(考核标准为渭河新丰镇大桥、灞河三郎村、灞河灞河口断面水质均值分别达到Ⅴ类、Ⅴ类和Ⅳ类)。

◆大气环境管理 2018年，西安市人民政府编制《西安市“铁腕治霾·保卫蓝天”三年行动方案（2018—2020年）》和《西安市2018年“铁腕治霾·保卫蓝天”“1+2+22”组合方案（办法）》。先后召开全市铁腕治霾工作会议5次，聚集全市力量推动铁腕治霾。西安市环境保护局坚持深化、细化“减煤、控车、抑尘、治源、禁烧、增绿”6项措施，对照自身职责完成重点治霾任务。对全市涉及挥发性有机物排放的8个行业重点工业企业进行调查摸底，督促摸排出的45家企业全部完成治理。参照京、津、冀等地的做法，制定并发布《西安市建筑类涂料与胶粘剂挥发性有机化合物含量限值标准》。拆除燃煤锅炉7台；对1台进行改造；对16台燃煤锅炉进行封停，后根据天然气供应保障情况，本着优先保民生的原则，启用其中的5台；对3602台燃气锅炉实施低氮改造。对江村沟垃圾填埋场臭气综合治理相关单位厂区作业情况进行24小时驻场督查；联合中共西安市委督查室、西安市人民政府督查室组成联合督查组，对填埋场环境综合整治情况进行督察；督促责任单位加快工程进度，减少对周边环境影响。

◆**土壤污染防治** 2018年，西安市环境保护局督促各区（县）、开发区完成土壤污染防治工作方案和年度实施方案的编制工作。加强对全市17个疑似污染地块和1个污染地块的监督管理，继续推进辖区内土壤污染地块管理工作信息机制和管理联动机制的有效落实。制定《西安市土壤污染防治工作方案及2017—2018年度实施方案任务分解方案》，明确环保系统土壤污染防治工作任务和责任划分。在陕西省环境保护厅统一组织下，启动重点行业、企业用地调查和涉镉重金属排查工作，并配合详查单位开展信息调查和信息核实工作，协调解决信息采集过程中遇到的困难和问题。

◆**环境执法** 2018年，西安市环境保护局组织开展全市铁腕治霾强化督查和后督查工作。6月9日至7月9日，按照《西安市2018年铁腕治霾第一次强化督查方案》，在全市抽调150人组成3个督查组进驻25个区（县）、开发区（含西咸5个新城）开展铁腕治霾第一次强化督查工作，检查9199家企业，发现8353家企业存在问题。按照《关于做好汾渭平原大气污染热点网格相关工作的通知》（环办环监函〔2018〕918号）要求，制定《西安市铁腕治霾工作领导小组办公室关于做好汾渭平原大气污染热点网格相关工作的通知》。全面推广环境监察移动执法设备运用，全市环境监察系统配发移动执法设备348台，实现全市所有环境监察机构全覆盖。严格执行《中华人民共和国环境保护法》及《环境保护主管部门实施按日连续处罚办法》《环境保护主管部门实施查封、扣押办法》《环境保护主管部门实施限制生产、停产整治办法》《企业事业单位环境信息公开办法》4个配套办法。出动环境执法人员32006人（次），检查企业13008家次，立案查处环境违法企业1331家，处罚环境违法企业1150家，处罚金额5438万元；约谈企业72家次；实施按日连续处罚案件1件，罚款2.2万元；实施查封、扣押案件487件；实施限制生产、停产整治企业60家；移送公安机关适用行政拘留环境违法案件64起，拘留47人，移送司法机关案件3起。

◆**自然与农村生态保护** 2018年，西安市环境保护局制定《西安市“绿盾2018”自然保护区监督检查专项行动工作方案》，部署针对西安市6个自然保护区的专项行动。指导各涉农区（县）、开发区开展“生态文明建设示范区”创建工作，并对上报的44个生态村申报文本进行初审。组织实施农村环境综合整治示范项目，涉及鄠邑区、周至县2个区（县）的9个镇、67个行政村，总投资3091.84万元，整治内容包括污水处理、水源保护、环境宣传、垃圾收集4大类。编制完成《西安市（含西咸新区）生态保护红线划定初步方案》，初步确定将10个区域纳入生态保护红线范围。扣除重叠面积后，全市生态保护红线总面积为4220.66平方千米，占全市国土面积的39.19%，其中禁止开发区域和其他各类保护地面积2450.75平方千米，占市国土面积的22.76%。

◆**辐射安全监管** 2018年，西安市环境保护局根据中央、陕西省要求，在陕西省率先完成辐射环境安全大检查工作。西安市环保系统排查单位287家，排查持“辐射安全许可证”单位294家，发现整改问题68个，处罚具有辐射安全问题的工作单位10家，罚款21万元。配合陕西省环境保护厅完成对有关单位的整改“回头看”和监督检查工作。排查清理高校闲置放射源，其中西安工程大学的7枚闲置放射源、西安交通大学医学院放射性物质被清理和安全收贮。完成西安曲江新区少量放射性物质，西安大唐灞桥热电厂、西安太华热力公司、西安中核蓝天铀业有限公司、西安盛赛尔电子有限公司的12枚闲置放射源的安全收贮工作。

◆**危险废物安全监管** 2018年，西安市环境保护局严把危险废物环境管理准入关，利用“固体废物信息管理系统”，实现危险废物全过程管理。通过开展规范化管理考核、夯实危险废物企业责任等措施，进一步规范危险废物污染防治工作。完成675家固体废物、992家危险废物单位的申报登记和管理计划备案工作。加大危险废物处置能力建设，开展非特定性行业废铅蓄电池、废矿物油及含矿物油废物专项执法监察。

◆**环境监察** 2018年，西安市环境保护局按照西安市铁腕治霾要求，对涉气重点污染源在冬防期间落实24小时驻厂监管制度，加强日常监督检查，利用监督性监测和自动监控数据，对超标排放等违法行为严管重罚，倒逼企业提高守法意识。开展定期巡查与全面检查相结合、常规监督与明察暗访相结合的方式，对涉水企业遵守环保法律、法规情况进行监督检查，督促监管责任单位履职尽责，使涉水企业保持污水处理设施规范运行与管理。根据“2018年国家重点监控企业名单”，开展对国家控制重点污染源管理，落实国家重点监控企业监管的“一厂一档”和日常监管要求，继续加强对企业自动监控设备安装及联网工作的督导检查。对严重水气环境违法行为，除采取常规的行政处罚措施之外，用好、用足法律赋予的手段，依法采取包括实施按日连续处罚，查封、扣押，限制生产、停产整治在内的强力措施。加强环境行政执法与刑事司法联动，及时梳理环境违法案件线索，严厉打击环境违法行为，形成环保部门与公、检、法机构的良性互动。

◆**环境宣传教育** 2018年，西安市环境保护局围绕环保中心工作主动作为，以开展新闻宣传和组织主题活动为重点，为推动环境质量持续改善营造良好氛围。通过发布新闻通稿、组织新闻媒体开展采访和开设专题节目、开展报纸专版宣传为主要形式，以各类新闻媒体为宣传主阵地，宣传大气、水、土壤污染防治和第二次全国污染源普查等重点工作和公众参与有奖举报、环保法律法规和科普知识等，充分发挥舆论的正面引导作用。全年发布新闻通稿183篇，市级以上各类新闻媒体报道西安市环保工作的新闻达1万余篇（条）。在陕西电视台、西安电视台专门时段播出西安市铁腕治霾宣传广告；在《华商报》《三秦都市报》《西安日报》《西安晚报》等报刊进行专版宣传；在西安广播电台开设18期《铁腕治霾我们在行动》专题访谈节目以及在黄金时段播报实时空气质量；在人民网、新华网、中国环境网、凤凰网、西部网、陕西传媒网、腾讯网等网络媒体进行宣传。

◆**环境应急** 2018年，西安市环境保护局完成《西安市突发环境事件应急预案》和《西安市环境保护局突发环境事件应急预案》修编工作。进一步强化环境应急管理工作，快速、及时、妥善地处置11起突发环境事件，未造成环境污染，确保了区域环境安全。

◆**政务信息与环境信访** 2018年，西安市环境保护局及时将各类环保热点、焦点话题、重点工作进展情况以信息的方式上报，为领导和上级机关科学决策服务。上报环境保护部、陕西省环境保护厅以及中共西安市委、西安市人民政府各类信息500余篇。

严格执行环境信访工作制度，坚持从污染源头入手，通过严格环境执法解决信访投诉问题，环境信访工作取得较为明显的成效。“12369”环保热线合并至“12345”市民热线，办理批办件21288件，环境保护部和陕西省环境保护厅信访批转件13件，“12369”环保微信举报平台投诉件4276件，陕西省、西安市批办环境投诉件303件，人民网地方领导留言件73件，新闻媒体环境投诉调查函件108件，做到信访件办理“件件有着落，事事有回音”。

（党　艳）

中国共产党西安市委员会
责任编辑
姚文东
西安年鉴
2019
XI AN YEARBOOK

综　述

◆概况　2018年，中国共产党西安市委员会在以习近平同志为核心的党中央坚强领导下，在中共陕西省委的正确领导下，坚持以习近平新时代中国特色社会主义思想和习近平对西安工作系列重要指示、批示精神统揽全局，深入贯彻党中央重大决策部署和中共陕西省委要求，实施新时代大西安“三步走”战略，埋头苦干，知难奋进，坚决打赢秦岭保卫战，推动“追赶超越”发展迈上新台阶，落实“五个扎实”要求取得新成绩。

◆贯彻中央决策部署　2018年，中国共产党西安市委员会坚持把学习贯彻新思想和中国共产党第十九次全国代表大会精神作为重大政治任务，与学习贯彻中共中央总书记习近平对西安工作系列重要指示、批示和来陕视察重要讲话精神贯通起来，着力学懂、弄通、做实，“四个意识”“两个维护”更加坚定。一是打牢“学”这个基础。召开53次常委会分专题学习，组织35次中心组集体研讨，邀请各领域专家进行讲解辅导，分级、分批开展干部轮训，强化理想信念、绝对忠诚和使命担当。组织宣讲5942场次，营造大学习氛围。二是突出“思”这个关键。组织实施大调研，中共西安市委常委带头，围绕“三大攻坚战”、营商环境、硬科技、新经济和补民生短板等，走出去考察，走下去开展“体验式”“解剖麻雀式”调研，形成一批调研成果，为市委决策提供重要依据。三是夯实“用”这个根本。坚持学用结合、学以致用，制订实施《2018年追赶超越升级版方案》等，开展“‘追赶超越’奋进年”“营商环境提升年”“招商项目落地年”活动，有力推动新思想和十九大精神落地见效。

◆全面彻底整治秦岭北麓违建别墅问题　2018年，中国共产党西安市委员会深入学习中共中央总书记习近平重要指示、批示精神和习近平生态文明思想，并作为强大思想推动力和政治指引，在中央工作组和中共陕西省委正确领导下，把秦岭北麓违建别墅专项整治作为耻事、急事和头等大事，围绕“政治上查清、整治上彻底、长远上规范”的目标，成立专项整治领导小组，市、区（县）领导带头啃硬骨头，冲在一线当“施工队长”，取得“百日攻坚”的全面胜利。一是按照“彻底查清、彻底排查、彻底整治、彻底查处”的要求，坚持依法、依规按政策处理，用市场化方式解决资金问题。一个态度抓到底，一把尺子量到底，彻底查清、查处违建问题背后的人和事，彻底排查、整治违建项目，拆除违建别墅1185栋，没收9栋，依法收回国有土地303.8公顷，退还集体土地217.13公顷，拆除各类违建162万平方米，实现从拆到绿、从乱到治，取得良好的政治效果、纪法效果和社会效果。二是举一反三，建立长效机制。专题召开中国共产党西安市第十三届委员会第六次全体会议，审议通过中共西安市委《关于深入学习贯彻习近平总书记对西安工作系列重要批示指示精神的决定》和《关于深入学习实践习近平生态文明思想加快创建国家生态文明建设示范区的决定》，成立中共西安市委重大工作推进办公室，建立贯彻落实中共中央总书记习近平重要指示、批示精神的全过程制度，并把每年的2月15日设立为“西安生态日”。三是认真反思秦岭北麓违建别墅问题。召开专项整治情况通报会、秦岭生态环境保护大会，同时市党政班子及长安区、鄠邑区、西安市秦岭生态环境保护管理委员会办公室等27个单位分别召开专题民主生活会，深刻吸取教训，明确整改方向，放大多重政治效应，切实把规矩立起来、把作风正起来、把责任扛起来。

◆推进“三大攻坚战”　2018年，中国共产党西安市委员会坚持把脱贫攻坚作为重大政治任务，以中央脱贫攻坚专项巡视和国务院大督查为契机，严格对照“577”脱贫退出标准（“户脱贫”5条刚性指标、“村退出”7条刚性指标、“县摘帽”7项刚性指标），推广联村党委模式、“三变”改革等经验，推进“八个一批”（通过发展产业脱贫一批、通过外出务工脱贫一批、通过易地搬迁脱贫一批、通过生态补偿脱贫一批、通过资产收益脱贫一批、通过教育培训脱贫一批、通过大病救助脱贫一批、通过社会保障脱贫一批。）政策措施精准落地。“周至摘帽、142个贫困村退出、12864户40570人在册贫困户脱贫”指标全部达标。加快实施乡村振兴，启动“农村人居环境整治三年行动”，举办“大西安农民节”“农民丰收节”活动。市级以上“农业龙头企业”达到171家，实现第一产业增加值258.82亿元，比上年增长3.3%。像抓秦岭北麓违建别墅专项整治一样抓“大棚房”问题专项整治，坚决遏制农地非农化现象。有效开展污染防治，制订实施《西安市“铁腕治霾·保卫蓝天”三年行动方案(2018—2020)（修订版）》，加大散煤、扬尘、臭氧和散、乱、污等重点问题整治，优良天数增加8天，重度及重度以上污染天数减少10天，PM10、PM2.5分别下降6.2%、13.7%，空气质量持续好转，综合指数改善位居陕西省前列。扎实抓好中央环保督察“回头看”反馈问题整改，开展黑臭水体大排查，完成建成区黑臭水体整治整改，加快江村沟等重点地区环境整治。持续开展“五策治水”（工程治水、生态治水、技术治水、管理治水、社会治水），新增水生态面积172.67公顷、湿地391.33公顷。守牢不发生重大风险底线，严厉打击非法集资、金融诈骗等违法活动，网贷机构数量和交易规模均达到“双降”要求。

◆国家中心城市建设　2018年1月9日，国务院批复《关中平原城市群发展规划》，提出建设具有国际影响力的国家级城市群，明确西安国家中心城市的定位。围绕国家中心城市定位和完善《大西安2050空间发展战略规划》，中国共产党西安市委员会制定实施支持西咸新区、富阎一体化发展的意见，“大西安”空间布局进一步优化。系统推进生态修复、城市修补试点，实施城乡环境大整治和“四改两拆”（“四改”：棚户区／城中村改造、旧住宅区改造、旧工厂改造、架空通信线缆改造；“两拆”：违法建设拆除及整治、违法户外广告牌匾标识拆除整治），新增城市绿地638万平方米，12座公园拆除围墙全面开放，深化“烟头革命”“厕所革命”，城市品质明显提升。

◆“营商环境提升年”活动　2018年，中国共产党西安市委员会以打造“最佳营商环境城市”为目标，大力发展民营经济，出台《关于加强和改善营商环境的决定》及《西安市简化企业开办和注销程序行动方案》《西安市简化企业投资项目施工许可证办理程序行动方案》《西安市方便企业用水行动方案》等21个专项行动方案。深入推进“行政效能革命”，建成投用“西安政务服务网”，“最多跑一次”事项占比达86.92%，“网上办”事项占比达85.45%，营商环境排名全国前十位。成立西商总会，举办第二届世界西商大会、“西安企业家节”，倡导像尊重科学家一样尊重企业家。认真贯彻落实中共中央总书记习近平关于民营企业发展的系列重要讲话和中央25号文件《中共中央国务院关于营造企业家健康成长环境弘扬优秀企业家精神更好发挥企业家作用的意见》（中发（2017）25号文件）精神，召开民营经济发展大会，表彰“优秀企业”“优秀民营企业家”“优秀创业明星”。市场主体呈井喷式增长，全年新增民营企业55万户，增速位居全国15个副省级城市第一位；总量达到148万户，跃升到副省级城市第四位；非公经济增加值占全市经济增加值的比重达到53.3%。持续升级户籍、人才、创新创业"三大新政"，全年落户80万人，2017—2018年引进人才超过100万人。

◆推动高质量发展 2018年，中国共产党西安市委员会贯彻新发展理念，以高质量发展统筹高端产业和中高速增长，深化供给侧结构性改革，经济发展稳中向好、结构趋优、动能强劲，综合实力迈上新台阶。实现地区生产总值8349.86亿元，比上年增长8%。固定资产投资增长8.4%，其中工业投资增长28.7%，较上年提高39.3个百分点；民间投资增长20.3%，较上年提高9.2个百分点。社会消费品零售总额4658.72亿元，增长9.6%。地方财政一般公共预算收入684.71亿元，增长10.8%，其中税收收入556.58亿元，增长24.0%。全市居民人均可支配收入增长8.7%。其中，城镇常住居民人均可支配收入38729元，增长8.1%；农村常住居民人均可支配收入13286元，增长9.0%。

◆培育主导产业 2018年，中国共产党西安市委员会快速推进三星二期、吉利新能源汽车产业化项目、奕斯伟硅产业基地等重大项目，新能源汽车、光电子器件、工业机器人等产品产量分别增长71%、2.5倍、2倍。规模以上工业增加值增长9.4%。高新技术产业总产值增长8.5%，战略性新兴产业总产值增长9.7%。突出抓好新经济，全国互联网前10强企业有9家落户西安，网上零售额增长30%。新增上市挂牌企业16家。服务业增加值5165.43亿元，增长8.3%。举办中国500强企业峰会和系列校友回归等重大产业招商活动，签约项目860个，总投资2.58万亿元，其中100亿元以上项目50个。实际利用外资63.54亿美元，增长14.9%。落户世界500强企业达到215家。

◆基础设施建设 2018年，中国共产党西安市委员会举行3次重点项目集中开工仪式，项目总数852个，总投资1.07万亿元，年度完成投资2200亿元。677个市级重点在建项目年度完成投资4068亿元。轨道交通建设全面提速，西安地铁四号线通车运营。新增入库PPP项目202个，签约额2210亿元，年度完成投资236亿元，其中35个特色小镇年度完成投资400亿元。打通30条"断头路"，73个地下综合管廊项目加快推进。城市综合承载力明显增强。

◆创新发展 2018年，中国共产党西安市委员会加快创新平台建设，中国西部科技创新港、西工大翱翔小镇、西电军民融合创新谷等项目扎实推进，西安市成为国家首批"知识产权运营试点城市"。全年实施市级科技计划项目178项。国家级高新技术企业数2139家，比上年增加300家。全年技术市场合同交易额1028.33亿元。全年专利申请量71250件，其中，发明专利申请量26625件。全市众创空间1156个，增加734个；众创空间面积3281万平方米，比上年增加1892万平方米。入孵企业和团队4.18万家，培育瞪羚企业和小巨人企业404家，产生首家本地独角兽企业"易点天下"。编制9个硬科技产业专项规划，举办全球硬科技创新大会，"硬科技"作为西安原创概念进入国家话语体系。

◆重点领域改革 2018年，西安市256项改革任务整体进展顺利，机构改革方案获批，土地和住房供给侧结构性改革加快推进。通过国家全面创新改革试验三年系统评估，总结上报军民融合创新改革经验4条，积极创建"国家军民融合创新示范区"，民参军企业达到430家，军民融合产业总收入突破2500亿元。组建西安城市发展（集团）等国有投资公司，建立西安市人民政府向西安市人民代表大会常务委员会报告国有资产制度，完成西安建工（集团）有限公司、西安市市政建设(集团)有限公司等混合所有制改革。

◆对外开放 2018年，西安市以庆祝改革开放40周年和"一带一路"倡议提出5周年为契机，召开全市对外开放大会，推出开放政策升级版，申报获批陕西省"一带一路"综合改革开放试验区，加快内陆型改革开放新高地建设。全年进出口总值3303.87亿元，比上年增长29.6%。其中，出口1957.49亿元，增长26.1%；进口1346.38亿元，增长35.0%。大力发展枢纽经济、门户经济、流动经济，国家级临空经济示范区、跨境电商综合试验区和第五航权等获批，第二国际商事法庭落户，新增国际友城2个，"第五届丝绸之路国际电影节"等重大国际活动成功举办。西安咸阳国际机场航空旅客吞吐量稳居全国第七位，货邮吞吐量突破30万吨，增速位居全国十大机场第一。中欧班列"长安号"开行1235列，实际开行总量、重载率、货运量均位居全国第一。全面完成自贸区127项试点任务，"舱单归并"模式在全国得到复制推广。

◆宣传思想文化工作 2018年，中国共产党西安市委员会落实意识形态工作责任制，集中整治网络舆论环境，精心组织重大主题宣传报道，"西安发布""长安号""丝路朗读"等市属新媒体平台影响力与日俱增。大力弘扬社会主义核心价值观，深入挖掘"西迁精神"内涵，持续深入开展"车让人"等活动，西安入选"全国十大正能量城市"。大力实施"文化+"战略，新增规模以上文化企业115家，总量达到471家，完成营收480亿元，比上年增长20%以上。加快"书香之城""音乐之城""博物馆之城"建设，新建实体书店840个，总量达到1818个，获年度"中国书店之都"。精心策划"西安年·最中国"系列、"唐都长安1400年国际学术研讨会"等品牌活动，全年接待国内外游客24738.75万人次，增长36.7%；旅游业总收入2554.81亿元，增长56.4%，增速均居全国副省级城市第一位。据携程网发布的《2018年国庆旅游预测报告》显示，西安位居"十大国内热门旅游目的地城市"第一名。

◆保障和改善民生 2018年，中国共产党西安市委员会持续破解民生难题，新增城镇就业14.39万人，城镇失业人员再就业6.25万人。加大保障住房供给，保持房地产市场平稳健康发展。新组建市级"名校+"教育联合体66个、区（县）级193个，新增学位10万个。新建医联体13个，有力推进西安国际医学中心等项目。深入推进扫黑除恶专项斗争，开展争创"平安鼎"活动，刑事接报警数下降14.2%；"两抢"接报警数下降38%。入冬以来，把保供气保供暖作为第一民生工作，确保群众温暖过冬。以城乡最低生活保障制度为主体，特困人员供养制度、医疗救助制度、临时救助制度、教育资助制度、残疾人两项补贴制度、高龄老人生活保障补贴制度、困难失能老人护理补贴制度、渐退帮扶制度、分类施保制度等为补充的"1+N社会救助体系"的经验受到国务院通报表扬。西安连续7年被评为"中国最具幸福感城市"。

◆全面从严治党 2018年，中国共产党西安市委员会制定《市委常委会关于坚决维护以习近平同志为核心的党中央权威和集中统一领导的十条要求》，全面贯彻《中央办公厅关于陕西省委、西安市委在秦岭北麓西安境内违建别墅问题上严重违反政治纪律以及开展违建别墅专项整治情况的通报》精神，开展中共中央总书记习近平对西安工作系列重要指示、批示贯彻落实情况"回头看"。在县处级以上干部中开展"讲政治、敢担当、改作风"专题教育，强化政治纪律、政治规矩教育。贯彻新时代党的组织路线，细化完善干部鼓励激励、容错纠错、能上能下"三项机制"，制定《西安市培养选拔优秀年轻干部实施办法》，评选表彰首届"西安市最佳领导干部"和"最美公务员"，持续加强铁军队伍建设，着力整顿软弱涣散基层党组织。保持正风肃纪高压态势，出重拳整治“庸、懒、散、慢、虚”问题，查处违反“中央八项规定”精神问题324件，党纪政务处分480人。强化巡察监督，严肃查处脱贫攻坚、生态环保、营商环境等群众身边腐败和作风问题，立案2320件，党纪政务处分2884人。坚决肃清魏民洲等流毒影响，开展冯新柱案“以案促改”，用身边人、身边事开展警示教育，不断净化政治生态。

◆中国共产党西安市第十三届委员会第五次全体会议 2018年7月30—31日在陕西宾馆举行，会期一天半。全会由中国共产党西安委员会常委会主持。中共陕西省委常委、西安市委书记王永康代表市委常委会做工作报告。全会审议通过《中共西安市委关于加快国家中心城市建设 推动高质量发展的决定》，研究讨论《西安国家中心城市建设实施方案》。中共西安市委委员、候补委员，不是市委委员、候补委员的中国共产党西安市委员会、西安市人民代表大会、西安市人民政府、中国人民政治协商会议西安市委员会、中国共产党西安市纪律检查委员会和各区（县）、开发区、西咸新区、市级各部门等单位有关负责人，党的关系在市上的陕西省属部门是中共党员的主要负责人，各镇（街）党（工）委书记，不是中共党员的市人大常委会副主任、市政府副市长、市政协副主席，市级各民主党派主委、市工商联主席，西安市全国十九大代表、中国共产党西安市第十三次代表大会基层一线代表，专家、学者代表，“优秀企业家”代表，“西安市最佳领导干部”和“最美公务员”，共590人参加会议。

◆中国共产党西安市第十三届委员会第六次全体会议 2018年10月16日在陕西宾馆举行。全会由中国共产党西安市委员会常委会主持。中共陕西省委常委、西安市委书记王永康讲话。全会审议通过《中共西安市委关于深入学习贯彻习近平总书记对西安工作系列重要批示指示精神的决定》《中共西安市委关于深入学习实践习近平生态文明思想加快创建国家生态文明建设示范区的决定》。中共西安市委委员、候补委员，不是市委委员、候补委员的中共西安市委、西安市人民代表大会、西安市人民政府、中国人民政治协商会议西安市委员会、中国共产党西安市纪律检查委员会和各区（县）、开发区、西咸新区、市级各部门等单位有关负责人，市属国有企业、市属高校、市级各人民团体等是中共党员的主要负责人，党的关系在市上的陕西省属部门是中共党员的主要负责人，不是市委委员、候补委员的区（县）、开发区、西咸新区各新城主要负责人，各区（县）、开发区、西咸新区各新城镇（街）党（工）委书记，不是中共党员的市人大常委会副主任、市政府副市长、市政协副主席，市级各民主党派主委、市工商联主席，西安市全国十九大代表、中国共产党西安市第十三次代表大会基层一线代表，共420人参加会议。

◆中国共产党西安市第十三届委员会第七次全体会议 2018年11月17日在中国共产党西安市委员会举行。全会审议通过《关于终止上官吉庆、程群力2名同志西安市第十三次党代会代表资格的决议》。中共西安市委委员、市委候补委员参加会议。 （曹 蓉）

中国共产党西安市委员会
（以2018年年底在职为准）

书　　记　王永康
副 书 记　韩　松
常　　委　史晓红　吕　健　赵　敏　卢　凯　高　杲　聂仲秋　卢力群　胡　泽　钟洪江　王　琳　杨晓东
秘 书 长　杨晓东
副秘书长　丁　恒　张友社　王庆华　方家平

市委工作机构

市委办公厅
副 主 任　刘新锋

市委组织部
部　　长　赵　敏
副 部 长　张　涌　李宁君（兼）　李继红　张传时
部务委员　李来绪　张　勇
纪检组长　王清山

市委宣传部
部　　长　卢　凯
副 部 长　蒋少宁　关相林　廉宏伟
纪检组长　聂　虹（女）

市委统战部
部　　长　史晓红（女）
副 部 长　张少纯　孙杏娟（女）
纪检组长　马小莉（女）

市委政策研究室
主　　任　王庆华
副 主 任　刘发奎　李传顺　孙怀国

市委政法委员会
（市社会管理综合治理委员会办公室）
书　　记　韩　松
副 书 记　丁　恒　赵　夏　孙永涛
政治部主任　蒙　斌
纪检组长　喻惠霞（女）
市委维稳办副主任　高　威

市直属机关工作委员会
常务副书记　张爱萍（女）
副 书 记　张军利　刘培宏
纪工委书记　王晓军

市机构编制委员会办公室
主　　任　王炳南
副 主 任　张忠芳　苏立群（满）
机构编制督查专员　顾　蕾（女）

市信访局（市信访接待中心）
副局长（副主任）　张　蔚　王增武　杨德山

市委老干部工作局
局　　长　李继红
副局长　陈世祥　汪虎乾
西安老年大学校长　毕　锟

市委直属工作单位

市委党校
（市行政学院、市社会主义学院）
校　（院）　长　韩　松
常务副校（院）长　王华旭
副校（院）长　史晓英　范建军　徐　来

市委党史研究室
副主任　杨　伟

市档案馆（局）
馆（局）长　崔　林
副馆(局)长　黄海绒（女）　吴立民

西安报业传媒集团（西安日报社）
党委书记　张　哲
党委副书记　张更武　缑发世
纪检组长　初亚莉（女）
董事长（社　长）　张　哲
副社长（总编辑）　张更武
总　经　理　边雅妮（女）
副　总　编　牛延平　凌　波　程建设　杨志宏

市统筹城乡发展工作领导小组办公室
主　任　倪广天
副主任　李岁会

市委派出机构

市非公有制经济组织党建工作委员会
副书记　李新霞（女）

组 织

◆**概况** 2018年，中共西安市委组织部以党的政治建设为统领，统筹推进领导班子和干部队伍建设、基层党组织和党员队伍建设、人才队伍和组织部门自身建设，围绕全市“追赶超越”工作大局，不断提高组织工作质量水平，为建设国家中心城市、加快大西安国际化进程提供坚强的组织保证。截至年底，全市有基层党组织19063个，其中党委810个、党总支1040个、党支部17213个；有党员474106人，其中女性党员145099人。

◆**学习贯彻“十九大”精神** 中共西安市委组织部学习贯彻习近平新时代中国特色社会主义思想和中国共产党第十九次全国代表大会精神，举办全市领导干部专题培训班5期，培训1400余人，中共西安市委主要领导出席开班式并做专题辅导。组织全市处级以上领导干部集中轮训和补训班6期，培训干部约2400人。组织市级领导和党的十九大代表与省、市党代表等组成百人宣讲团赴一线宣讲。开展“党员领导干部十九大报告学习笔记学习观摩展览活动”和“讲政治、学思想、爱领袖”主题党日，创新“八个一”和“七进”专项活动，确保党的十九大精神在西安落地生根。

◆**“两学一做”学习教育** 2018年，中共西安市委组织部融入西安元素，将中国共产党第十九次全国代表大会报告、新修订的《中国共产党章程》和“红船精神”“延安精神”“西迁精神”等纳入“学”的内容，将为民服务“店小二”、追赶超越“排头兵”和大西安铁军建设纳入“做”的内容。开展“讲忠诚、强本领、勇担当、敢开拓、肯实干，争当铁军标兵”主题党日活动，研究制订《“不忘初心、牢记使命，加快追赶超越步伐，落实五个扎实要求”大调研实施方案》，成立工作机构，组织召开领导小组会议和推进部署会，建立方案备案、台账管理、信息工作、考核督查等制度。开展“五进、五问、五提升”集中走访月活动，融合开展“三会一课”、主题党日、民主评议党员和发展党员等专项检查调研，发现、解决各类问题863条，为群众办实事、好事2612件。

◆**干部教育培训** 2018年，中共西安市委组织部举办市管干部进修、青年干部培训等主体班次61期，各类专题培训、讲座等20余期；组织开展生态文明建设、行政效能提升等异地培训20余期，培训党员干部9200人次。开展企业家境外培训，在西安交通大学设立西安企业家学院，大力培养“新西商”。在“西安市干部教育在线”推出9个系列70期微课，在线培训干部29312人次。建好用好“西安事变”旧址等12个红色文化培训教学点和八路军驻西安办事处等党性教育基地，拓宽教育载体形式。全年组织新提拔领导干部367人次开展“延安精神”专题培训；组织新任职市管党员领导干部130人次开展任前党性教育。

◆**干部队伍建设** 2018年，中共西安市委组织部研究制定《关于进一步激励广大干部新时代新担当新作为的实施意见》，修订完善《西安市党政干部鼓励激励实施细则（试行）》《西安市党政干部容错纠错实施细则（试行）》《西安市推进市管党政领导干部能上能下实施细则（试行）》，切实把苦干、实干的干部选出来，把懒政怠政的干部换下去，进一步树立实干、实践、实效的鲜明导向。严格落实《党政领导干部选拔任用工作条例》及“凡提四必”（对拟提拔或进一步使用人选的干部档案必审、个人有关事项报告必核、纪检监察机关意见必听、线索具体的信访举报必查）等规定，向中共西安市委常委会报批干部任免21次571人。按照《市委常委会讨论任用干部票决办法》，对241名市管干部拟任人选进行票决。对到龄退休的78名干部及时办理免职手续。集中开展“西安铁军排头兵”专项调研，完成2018年市管后备干部集中调整补充工作。贯彻落实西安市年轻干部座谈会精神，制定《关于大力发现培养选拔优秀年轻干部的实施办法》等文件，充分激发干部队伍活力。深化干部“11333”挂职计划（每年选派100名后备干部到信访、维稳、督查、重点项目等急难险重岗位挂职；每年选派100名优秀年轻后备干部到成都、杭州、武汉、郑州、宁波、温州等城市挂职学习锻炼；每年从驻陕985、211重点高校及中国烟草总公司、陕西省科研院所选拔30名左右专业干部到区／县、开发区及市级综合部门、主要经济部门挂职；每年选派30名区／县、开发区干部到市级部门挂职锻炼；每年选派30名市级机关干部到区／县、镇／街等基层一线挂职锻炼），选派500余名干部赴国家部委和省级机关、基层一线、发达地区、高校院所等挂职锻炼；接收54名干部来西安市挂职；抽调2300余名干部参加专项任务。全年引进专业干部160余名，接收170名定向选调生。

◆**干部日常管理监督** 2018年，中共西安市委组织部加强组织系统信息化建设，成立干部信息管理处，研究制定《2018—2020年全市组织系统信息化工作规划》《市管干部档案材料收集归档联系制度》，推进以“干部信息库”“档案数字化库”和“大组工网”为重点的“两库一网”建设，为全市组织工作提供科学高效的信息服务支撑。全年组织300余人次进行档案管理培训，开展档案专项检查50余次，集中录入、审核、维护干部信息7万余条，管理市管干部档案2600余册，“大组工网”组网顺利、运行顺畅。研究制定《市管领导班子和领导干部综合研判办法（试行）》，着力构建“考核评价+调研推荐结果+日常掌握”综合研判提名机制，精准识别干部政治素养。突出“旗帜鲜明讲政治”硬标准，出台《关于突出政治标准 考准考实干部政治表现的办法》等政策举措，为用好、用准干部提供制度支撑。研究制定《关于调整干部任职备案工作程序的通知》，提出《抽调市管干部工作管理办法》，进一步规范干部管理工作。开展国有企业选人、用人专项整治，专项巡查1517家单位，整改问题2557个。全力配合做好秦岭北麓专项整治工作。实地查阅相关单位资料，开展政治纪律审查。完成全市公职人员本人及亲属持有秦岭北麓房产情况申报。建立“绿色通道”，高效协助中央和陕西省、西安市纪检部门做好相关涉案人员证据资料调取工作。围绕秦岭北麓违规建别墅专项整治工作，分2批次组织沿山区（县）和有关市级部门召开专题民主生活会，始终把政治纪律、政治规矩挺在前面。开展2012年6月至2016年12月期间选人、用人工作“回头看”，列出问题清单和具体案例，针对性制定整改落实措施。彻查深挖涉及魏民洲流毒影响的人和事，严肃查处“吃空饷”问题。按照冯新柱案“以案促改”工作要求，对77名实配市管“一把手”个人有关事项报告情况进行重点抽查并形成处理意见，在全市开展处级以上领导干部外出请假报备自查自纠。落实领导干部“经济责任审计”制度，持续加强对“裸官”的监督管理工作。开展“带病提拔”倒查工作，对7名干部进行倒查。针对中共中央办公厅督查组反馈问题，印发《在全市开展干部作风问题排查整改的工作方案》，组织召开全市干部作风排查整改工作会议，派出10个检查组对全市各单位进行督促检查。针对中共陕西省委组织部反馈意见指出的干部作风方面的21个问题，在全市范围进行通报，紧抓不放，限期整改，不断巩固干部作风排查成果。举办领导干部报告个人有关事项“两项法规”（《领导干部报告个人有关事项规定》《领导干部个人有关事项报告查核结果处理办法》）培训，组织开展个人有关事项报告集中填报。严格落实“凡提必查”要求，重点抽查186名市管干部考察对象、1585名处级干部考察对象个人有关事项报告。“12380”举报平台受理各类信访举报件233件，查处问责身份造假、学历造假、破格提拔等问题3起，移交问题线索3件。

◆**基层党组织和党员队伍建设** 2018年，中共西安市委组织部开展抓党建、促脱贫攻坚工作。在全市推行绘制“1+5+X”民情大数据地图（“一张基础图”：村情民情图；“五张重点图”：组织体系图、产业发展图、帮扶联系图、重点人员图、河长路长图，还要结合自身工作实际，绘制“X”的“若干补充图”），挂图作战，精准施策。推广“党支部+三变改革+经济合作组织+贫困户”模式，建立42个联村党委，带动14274名农民致富增收。在专业合作社、协会等新型经营主体中建立党组织191个，吸纳贫困户4324户。推行村级党务、村务、财务“三公开”，把扶贫政策落实、资金往来等纳入公开内容，助力“阳光”脱贫。配齐、配强力量，考录37名满2个聘期的大学生村官到扶贫一线工作，培训涉贫镇（街）党政班子成员、驻村干部等46916人次，16名“优秀第一书记”和驻村工作队员、10名“脱贫攻坚致富带头人”和“优秀村干部”受到全省表彰。

农村党建 将村级党组织标准化建设和“美丽党建”相结合，创建“美丽党建”示范村12个。派驻工作组，集中整治218个软弱涣散村党组织，调整配强村党组织班子成员33人，协调解决各类矛盾问题392件。实施乡村振兴“雏雁工程”，培训村干部17956人次。强化党建引领扫黑除恶专项斗争，梳理汇总《农村基层党组织扫黑除恶“二十问”》，规范涉黑、涉恶线索移交办理流程，发现、移交涉及“村霸”“黑恶势力”等农村涉黑、涉恶问题线索12条21人。完成全市2074个村的“两委会”换届任务，农村干部队伍结构实现优化，村级党组织领导核心地位进一步凸显。

城市党建 推动城市基层党建市、区（县）、镇（街）、社区“四级联动”，推行“网格化”管理，配备“三长三员”（片长、街长、网格长，网格监管员、食药监管员、市容监管员），统筹推进城市基层党建引领基层治理工作。举办全市社区党组织书记示范培训班，筹划建立社区工作者职业体系和薪酬体系，推动深化街道体制改革。印发《关于全面加强机关党的政治建设打造“三表率一模范”铁军部门办法（试行）》等文件，深化机关“互查互评互学互促”和“追赶超越当先锋、打造铁军作表率”主题实践活动，组织开展“一季度一亮相擂台赛”，创建机关党建品牌。进一步理顺组织管理体制，统筹推进国有企业、学校、公立医院等党组织规范化建设。

非公企业和社会组织党建 深化“双建双促双强”活动，向重点非公企业选派党建指导员4183人。贯彻落实全国互联网党建工作座谈会精神，在全市互联网企业中开展“六个一”党建系列活动（提高一个思想认识、清理一个工作思路、找准一个着力点、把握一个工作方法、狠抓一项制度落实、实现一个突破）。在全市社会组织中开展“三个一批”（规范一批、巩固一批、提升一批）党建专项提升活动，重点加强对律师事务所、民办医院、民办学校和商会等行业领域党建工作的研究指导。全市非公企业和社会组织建立党组织2723个，工作覆盖率动态保持100%。

党员干部远程教育管理 严格落实中央、陕西省党员发展宏观调控要求，制订党员发展计划，实施违规、违纪发展党员责任追究，从源头上保证党员队伍的先进性和纯洁性。开展全市组织系统重点、亮点工作宣传。“西安党建网”刊载全市组织工作信息2300余条，网站浏览量突破450万人次；“西安组工”微信公众平台发布消息260期，关注人数接近11万。全年参加在线学习、考试的党员人数突破56万人次，群众超过17万人次。

落实基层党建工作责任制 贯彻落实全国、全省、全市组织工作会议精神，制定《市委常委会抓基层党建责任清单》《基层党建工作百分制考核办法》，建立市、区（县）、镇（街）三级抓基层组织建设工作责任制，确保责任落实到位。做好全市各级党组织年度组织生活会、民主评议党员和各级抓基层党建述职评议考核有关安排部署、督查指导、总结上报等工作，推动全面从严治党要求落到实处。列席指导西安市水务局、西安市环境保护局、长安区、周至县等47个单位98次“六个一”专题民主生活会，压实全面从严治党政治责任。

◆**人才工作** 2018年，中共西安市委组织部深化人才发展机制体制改革，开创招才引智新渠道。落实“人才新政23条”，配套制订20余项支持政策和实施细则，4次升级户籍新政政策。联合西安市人力资源和社会保障局开展20城、30校、70场专场招聘，聘请102名“招才大使”和“校园引才特使”，在中国人民大学、中关村人才协会等高校、部门设立20家国内引才工作站，建成海外人才工作站16个。全年超过75万人落户西安，学历落户和人才引进占总迁入的65%以上，人才“西”引效果明显。实施引进高层次人才“5531”计划（从2017年开始，用5年时间为西安市引进和培养国内外顶尖人才／A类50人左右，国家级领军人才／B类300人左右，地方级领军人才／C类100名左右），新建院士工作站35家、博士后创新基地8个；引进陕西省内外院士31人、博士后20余人。建设5万平方米海外高层次人才产业园，为人才创新创业提供“全链式”发展平台。举办10场“梦回长安·百万校友回归”活动，签约投资总额约2万亿元。实施“五年留住百万大学生工程”，举办国内首个大学生城市毕业盛典和开学盛典，开展“万名学子看西安”“新西安人游西安”等活动，向全国各地招揽人才。以主城区、开发区为主阵地，以“五区联动”（院区、园区、校区、街区、社区）为主要途径，重点打造高新区咖啡街区、曲江新区创客大街等众创载体。与西安交通大学共建创新创业学院，探索本地高校院（所）人才创业和成果转化新模式，建成众创载体866个，总面积2458.78万平方米；入孵企业、团队3.3万家，总人数37.8万人。举办“创业西安行”等活动489场，组织领导干部赴高校院（所）、创业机构和企业调研，与创新、创业人才代表座谈，解决实际问题。落实市级领导联系服务院士专家“六个一”工作机制（开展一次集中慰问；通报一次全市经济社会发展情况；上门征求一次意见建议；邀请解决一个重大难题；召开一次专题协调会议；开展一次问题回访）和“六个一”礼遇（提供一份医疗“绿卡通”；定制一张“旅游年卡”；赠阅一份党报；组织一场专题文艺演出；开展一次集中宣传；设立一部服务热线），不断增强院士专家成就感、归属感、获得感。统筹抓好人才教育、医疗以及人才公寓建设等基本服务保障，形成人才政策体系，建立高层次人才“清单制”“帮办制”服务保障机制，设立“人才帮办专员”，提供“一站式”服务。西安市人才工作多次被《国内动态清样》《人民日报》等新闻媒体报道。 （薛　昱）

宣　传

◆**概况** 2018年，西安市宣传思想战线坚持以习近平新时代中国特色社会主义思想和中国共产党第十九次全国代表大会精神为指导，全面贯彻落实全国、全省宣传思想工作会议精神，增强“四个意识”，坚定“四个自信”，做到“两个维护”，自觉担负起“举旗帜、聚民心、育新人、兴文化、展形象”使命任务，始终围绕中心、服务大局，追赶超越、守正创新，进一步加强理论武装、意识形态、舆论引导、网络宣传管理、核心价值观建设、精神文明创建、文艺文化、基层基础等工作，主动作为，真抓实干，各项工作取得新突破、新成效。

◆**理论宣传** 2018年，中共西安市委宣传部坚持把学习宣传贯彻习近平新时代中国特色社会主义思想和中国共产党第十九次全国代表大会作为首要政治任务抓紧、抓好，制订印发《关于开展习近平新时代中国特色社会主义思想主题宣传工作方案》《中共西安市委理论学习中心组2018年学习安排意见》，组织中共西安市委中心组集体学习35次，开展集体学习研讨8次。围绕学习习近平新时代中国特色社会主义思想、学习贯彻“两山”理念、坚决打赢“秦岭保卫战”等组织开展理论征文、学习研讨、研究阐释等活动，邀请32人举办专题辅导报告会27场次。先后召开学习贯彻习近平新时代中国特色社会主义思想、《习近平谈治国理政（第二卷）》工作推进会，举办5场“追赶超越论坛 补齐十大短板”系列研讨会。印发《关于学习宣传弘扬“西迁精神”的通知》，召开“西迁精神与大西安建设”座谈会，取得4项研究成果。以学习贯彻党的十九大精神为主题，开展理论宣讲5942场次，直接听众超过59.1万人次。开展《习近平谈治国理政（第二卷）》、党的十九大报告、《中国共产党章程》等诵读活动8000余场，推送音频575篇，每天参与“西安发布”微信小程序《习近平谈治国理政（第二卷）》“打卡学习”的人数超过20万人次。严格落实意识形态工作责任制，先后组织开展3批次督查、检查，认真抓好中央监督、检查反馈问题的整改落实。

◆**新闻舆论引导** 2018年，中共西安市委宣传部全面贯彻落实《中共中央关于加强和改进党的新闻舆论工作的意见》和《中共陕西省委关于贯彻落实〈中共中央关于加强和改进党的新闻舆论工作的意见〉的实施方案》，制订西安市《贯彻落实〈中共中央关于加强和改进党的新闻舆论工作的意见〉和省委〈实施方案〉的工作方案》，坚持团结、稳定、鼓劲，做大、做强正面宣传。召开全市新闻宣传工作联席会议，持续做好习近平新时代中国特色社会主义思想和中国共产党第十九次全国代表大会精神的宣传报道。围绕“三大攻坚战”、“三大革命”、“三大新政”、建设国家中心城市、环保督查、营商环境、扫黑除恶等重大主题，开展主题宣传、成就宣传、典型宣传，《西安日报》《西安晚报》组织采访2000多人，投入2600多个版面；西安广播电视台开设180多个专栏，播出新闻3万多条次；中央、陕西省主要媒体刊播西安市稿件2900多篇（条）。《人民日报》头版头条刊发《西安：剑指沉疴开新局》；新华社刊发《西安多举措改善发展环境 凝聚“追赶超越”动能》；中央电视台《新闻联播》播发多篇稿件。大力宣传“西安年·最中国”系列文化活动，仅中央电视台在2018春节期间就发稿45条。做好秦岭北麓违建别墅专项整治宣传报道，中央媒体发稿25篇；省级媒体发稿547篇；市级媒体发稿1370篇。开展舆论环境集中整治专项行动，收回、注销90人的“记者证”，清退26名工作人员，培训300余名媒体从业者。加强舆论监督，办好《每日聚焦》《问政时刻》《党风政风热线》《明察暗访看民生》等舆论监督栏目，助力解决问题720件，新华社等媒体对此进行了深度报道。

◆**网络信息管理** 2018年，中共西安市委宣传部加强网络信息管理，召开全市网络安全和信息化工作会议。以学习宣传贯彻习近平新时代中国特色社会主义思想和中国共产党第十九次全国代表大会精神为主线，推出相关稿件500余篇。围绕建设国家中心城市、“三大革命”、“三大新政”等一系列重大主题，推出各类新媒体稿件6万余篇，阅读量超7亿次。培育壮大《西安晚报》、“长安号”微博等媒体，形成立体发声的“大西安”新媒体矩阵，“西安发布”各平台位列全国政务新媒体榜单前列。制定抖音宣传方案，利用短视频开展“最美西安”系列宣传，抖音上与西安相关的视频量超过190万条，播放总量近90亿次，《西安人的歌》全网播放量高达20多亿次，中央电视台《点赞中国》网络正能量展播特别节目介绍了西安市的做法。制定《西安市网络安全事件应急预案》，建立网信、公安自媒体管理联动机制，举办全市网络安全培训班。健全网上舆情监测处置工作机制，坚持每日舆情研判制度，协调处置网络舆情960余条。组建网军5万余人，举办7期全市骨干网评员培训班，组织4期全市网络舆论引导实战对抗演练暨网评业务技能比赛。

◆**社会主义核心价值观和精神文明建设** 2018年，中共西安市委宣传部以再造居民公约、传家训、树家风等为重点，推进社会主义核心价值观“六进”工作。选树先进典型，组织先进模范人物和“十佳系列”“最美系列”评选宣传活动，开展“新时代·城市英雄榜”户外大屏幕宣传，营造向上、向善的良好风气。大力弘扬“西迁精神”，召开“西迁精神”理论研讨会，命名西安交通大学西迁历史纪念馆为“西安市爱国主义教育基地”。制订《西安市庆祝改革开放40周年宣传工作方案》，组织开展庆祝改革开放40周年系列宣传工作。开展全市扫黑除恶专项斗争宣传和脱贫攻坚扶志、扶智工作。召开全市创建“全国文明城市”工作推进会，制定《2018—2020年西安市巩固提升“全国文明城市”创建成果工作规划》，不断巩固提升“全国文明城市”创建成果。出台《西安市文明行为促进条例》，持续开展“烟头不落地 西安更美丽”、文明交通“车让人、人守规”等主题实践活动。推动移风易俗，倡导乡风文明，全省农村精神文明建设暨“美丽乡村·文明家园”建设经验交流会在西安市召开。深化“厚德陕西”“尚德西安”建设，西安市9人当选“陕西省第五届道德模范”；12人上榜“中国好人”；29人上榜“陕西好人”；59人当选“西安好人”。

◆**文艺文化工作** 2018年，中共西安市委宣传部实施“名城、名家、名作工程”，电视剧《白鹿原》《那年花开月正圆》获得“飞天奖”“金鹰奖”“白玉兰奖”；话剧《柳青》获丝绸之路国际艺术节“文化贡献”奖，

2018年11月6日，西安交通大学“西迁人”爱国奋斗先进事迹报告会在人民大会堂举行

并代表陕西参加“文华大奖”角逐；秦腔《三滴血》在国家大剧院演出；秦腔历史剧《关中晓月》入选“国家艺术基金扶持项目”；电视剧《初婚》等10余部作品在中央电视台、中央人民广播电台播出；电视剧《西京故事》入选全国“庆祝改革开放四十周年推进剧目”。举办中央电视台七夕晚会、春节戏曲晚会、丝绸之路国际电影节、西安国际音乐节、西安国际戏剧节、西安国际舞蹈节等文化盛会。举办“擂响中华”“醉梨园·最中国”戏曲电视节目，展示中华戏曲魅力，打造“梨园之都”。组织开展纪念大唐建都1400周年系列活动，西安交响乐团赴罗马、米兰交流演出。持续推进“音乐之城”“书香之城”“博物馆之城”建设，截至年底，全市实体书店数量由2017年度的827家增加到1927家，总量跃居全国第五位；西安市获“2018中国书店之都”大奖；2个书店获“年度最美书店”称号；4个书店分别获“年度社区书店”“年度少儿书店”“年度品牌书店”“年度大学书店”称号。深化文化体制改革，制订出台《西安市建设“丝路文化高地”行动计划（2018—2021）》《西安“十三五”时期文化发展改革规划》和《西安市“一带一路”文化发展改革先行先试区建设方案》，召开7次西安市文化体制改革专项小组会议和4次专题会议，制定印发《西安市文化体制改革专项小组2018年工作要点》和《改革任务台账》，举办全市文化体制改革业务培训班，完成35项年度改革任务。加快补齐文化产业短板，推进文化产业大项目、文化园区、文化小镇建设，开展西安市文化创意产业“十佳企业”“十佳人物”评选表彰活动，参加文化产业招商推介活动，加大扶持政策兑现力度，组建“西安市文化产业发展基金”，每月召开一次文化产业点评会、观摩会。西安曲江文化产业投资（集团）有限公司连续7年进入“全国文化企业30强”。

◆**对外宣传**　2018年，中共西安市委宣传部制定《西安城市形象塑造与传播大纲》，面向全球开展西安城市形象宣传口号和城市LOGO征集评选活动。与星球研究所合作推出《什么是西安》文章，阅读量超过200万次。在北京、上海等（省、市、区）的14所高校开展34场“万名青年学子看西安”名人名家报告会，以及“百校青年才俊话西安”和“百所高校团队宣西安”西安城市营销大赛和设计大赛活动。在纽约、柏林、新奥尔良先后举办“西安兵马俑跑纽约马拉松”“来自兵马俑故乡（西安）的新年礼物”“未来创新城市”国际论坛等活动。邀请和组织国内、外媒体来西安采访50余批次，英国《自然》杂志推出《聚焦西安》特辑；美国《华尔街日报》就西安市人才新政进行报道，提升了西安的美誉度和影响力。围绕举办第三届丝绸之路国际博览会、第三届中法文化论坛、第五届国际丝绸之路电影节、2018西安国际马拉松、第八届中国西部国际物流产业博览会等20多场重大活动，面向全球推送信息，讲好“西安故事”。主动设置议题，开展“名人说西安”“最美西安”系列宣传活动，扩大城市对外宣传力度。2018年，西安市获得“2018中国最具幸福感城市”“中国全面小康特别贡献城市”“2018中国国际环境标杆城市”“2018中国最具投资吸引力城市”“2018绿色发展和生态文明建设十佳城市”“十大数字阅读城市”“2018年度发展成就奖”“2018一带一路建设案例奖”“城市形象海外推广奖”等荣誉称号和奖项。（史　帆）

统一战线

◆**概况**　2018年，西安市统战系统以习近平新时代中国特色社会主义思想为指导，按照中共西安市委决策部署紧扣“追赶超越、服务大局”主线，讲政治、强担当，勇创新、谋作为，推进各领域统战工作。在市各民主党派中深化“不忘合作初心，继续携手前进”主题教育；在党外知识分子中开展“弘扬爱国奋斗精神，建功立业新时代”主题教育；在非公经济人士中开展“不忘创业初心、接力改革伟业”主题教育等，在“画好最大同心圆”中为“大西安”建设凝心聚力。组织开展“纪念中共‘五一口号’发布70周年”系列活动。“开展一次春季植树、观看一部爱国片、举行一次书画展、举办一台歌咏会、开展一次‘延安行’参观学习、召开一次座谈会”六个一活动，累计参与人数1800人次。支持民主党派围绕中共西安市委、西安市人民政府中心工作发挥职能作用，就“深化我市民营经济发展改革”、《富阎一体化规划》编制工作、农村人居环境建设等开展专题调研，听取市级各民主党派、工商联负责人、无党派人士代表和党外专家学者的意见，梳理出5类25个方面的问题，提出5个方面的对策建议；就“西商精神”、营商环境等内容确定10个课题。

◆**党外知识分子工作**　2018年，中共西安市委统战部举行西安欧美同学会与浦发银行西安分行战略合作签约仪式，成立西安欧美同学会国际人才交流中心、基金运行管理中心、企业联盟等，助推海外留学归国人员开展创新、创业和招才引智工作。按照欧美同学会在全国建设“海归小镇”的计划，进行调研分析和论证，先后2次赴北京向欧美同学会总会汇报，按照其指导意见，确定以硬科技及电子信息为“海归小镇”产业发展方向，组建项目公司，完成前期规划设计、运营模式等设计方案。举办第二届海归创业大赛，凸显“以创赛促引才”主题，征集涵盖人工智能、创新教育等众多前沿领域的参赛项目62个，其中海外项目8个，评出1个“卓越奖”、2个“杰出奖”、3个“优秀奖”和4个“鼓励奖”。大赛现场邀请60余家知名创业投资和创业服务机构代表跟进、服务创业大赛项目，初步达成合作意向8个，投资意向金额约6000万元，并促成境内外6个优秀项目落地。召开以“新时代、新使命、新征程”为主题的欧美同学会年会暨“中国梦·中国心”新春音乐会。为欧美同学会西安高新区分会、欧美同学会西安港务区分会、欧美同学会生物医药专业委员会、专业委员会建筑行业专业委员会及美、日、法、加等11个海外工作站授牌。与人才服务、金融投资、创业孵化、法律咨询和教育培训领域的6家机构签署战略合作协议。着力打造为自由职业艺术人士服务为主的西安灞桥“半坡艺术联盟”创新实践基地，并根据特点分成文创联盟、书画联盟等6大类。开展“讲中国故事·做时代先锋”主题演讲活动、“共筑中国梦·共绘新时代”十九大主题书画展、“和声之夜”音乐会、“新阶层·心作品”书画展等活动。在全国新的社会阶层人士统战工作经验交流会暨实践创新基地建设中期推动会上就党外知识分子工作做经验介绍。

◆**民族宗教工作**　2018年，中共西安市委统战部深入学习习近平生态文明思想和关于秦岭生态环境保护6次重要指示、批示精神，关于宗教工作的重要论述、重要批示及中央关于宗教工作的重大决策部署，先后召开5次市级统战、宗教部门干部和秦岭沿山六区（县）统战、宗教部门主要负责人会议，培训基层干部400余人次，送政策、法规资料1000余册。6次召集宗教团体负责人会议，重点约谈宗教界有影响的代表人士60余人次，开展对照检查，在树牢“四个意识”，坚定“两个维护”中把思想统一到秦岭北麓违规建别墅专项整治和宗教工作自查、自纠上来。结合秦岭北麓违规建别墅专项整治工作，就涉宗教问题进行排查，制订《宗教专班小组整治工作方案》，组成3个排查组、8个专项工作组，先后进行3次“拉网式”排查、1次实地复查核实，排查宗教点位990个，查清、查实秦岭北麓宗教活动场所违建问题并建立排查档案，形成102卷、189宗资料。形成《秦岭北麓西安段涉宗教问题处置意见》，就区（县）48个存在涉宗教问题的场所建设情况的初步意见进行集中复核研判，确定了最终拆除整改的场所27个（宗教活动场所25个、民间信仰场所1个、擅自设立宗教活动场所1个），应拆除面积15801.25平方米。组织3个督导组，一边督导拆除，一边宣讲政策、做好思想工作，最终形成共识，使27个场所全部签订《拆除协议书》。截至10月25日，全面拆除违建，整个工作平稳有序，没有发生大的舆情、群体性事件和泄密事件。印发《关于进一步推进宗教工作三级网络两级责任制落实的意见》《关于加强秦岭北麓宗教活动场所长效管理机制的十条措施》，为恢复秦岭北麓宁静、和谐、美丽奠定了基础。以迎接中央首次开展的宗教工作督查为契机，成立宗教工作自查自纠领导小组、西安市民族宗教工作讲师团，并制定《宗教工作自查自纠方案》，召开全市动员部署会、应知应会培训会。对照中央、陕西省督查的12个方面28项内容，坚持问题导向，先后3次召开督导推进会，全面深化自查、自纠工作。开展佛教、道教、基督教、伊斯兰教、天主教及高校抵御宗教渗透和网络传教等专项调研，并成立调研组，赴13个区（县）、4个开发区、108处宗教场所、16个宗教团体，调研检查各地宗教工作开展情况。加强对区（县）工作的指导和督查，建立市、区（县）联动机制，形成上下联系、纵横互动的责任体系和工作体系。对排查出的120个问题，列出清单，建立台账，并成立督导组，对全市6个宗教工作重点区（县）开展督导。截至年底，整改问题89个，剩下的31个问题需长期予以解决。提前两年完成大型露天宗教造像治理工作。

◆非公经济统战工作 2018年，中共西安市委统战部协助中共西安市委、西安市人民政府设立并召开首届“‘9·8’企业家节”，按照“1+17+21”活动构架，举办“首届西安企业家节表彰大会”1个主体活动，开展“创新创业故事演讲比赛”“全球管理论坛”“2018中国500强企业高峰论坛”“2018全球创投峰会”等17项系列子活动，21个区（县）、开发区相继举行“企业家联谊晚会”“百名最美员工评选表彰活动”“金牌企业家评选表彰大会”等活动。围绕中共中央总书记习近平关于民营企业的系列讲话，制订《学习贯彻落实习近平总书记民营企业座谈会重要讲话精神方案》，代中共西安市委起草《关于深入学习宣传贯彻习近平总书记民营企业座谈会重要讲话精神的通知》（市办字〔2018〕207号），向各区（县）委统战部，各异地、行业商会下发《通知》，就传达学习提出明确要求；及时收集、汇总各级、各部门学习贯彻讲话精神的做法、措施，从学习宣传、细化措施、健全机制、发挥作用等4大类16个方面制定贯彻落实意见。制订《深入企业一线开展大走访、大调研活动的实施方案》，重点对经济占比高、影响面广的房地产、制造业、高科技等10个行业开展调研，走访企业196家，收集意见、建议400多条，在向中共西安市委报告的同时，协调市级有关部门帮助解决困难。在《西安日报》开设《打造一流营商环境，弘扬优秀企业家精神》专栏，报道26期206人次。组织市级民主党派开展“暖冬行动”，向贫困群众捐赠价值80余万元的物资，并撰写春联3000多幅；协助中国民主建国会西安市委员会开展“三下乡”活动，为李魏村推销葡萄700余箱。引导非公人士参与“百企联百村，共建美丽新农村”扶贫行动，动员72个商会组织、43家企业对口帮扶蓝田、周至72个贫困村，通过产业扶贫、就业扶贫、智力扶贫、捐赠扶贫等形式，实施就业、创业、技能等免费培训，提供2000多个就业岗位，捐赠3000多万元。利用宗教人士的50万元捐赠资金，为李魏村建成40千伏屋顶光伏发电项目。组织台资企业协会慰问魏家岭老人，并捐赠价值5000元的慰问品等。

◆港澳台海外统战工作 2018年，中共西安市委统战部在香港、澳门分别成立香港西安商会和澳门西安商会，加强西安与香港、澳门在经济、社会、文化、教育等领域的交流合作。举办“新西安新西商2018台商西安行暨第二届西台经贸交流会”，邀请100余人参加活动，并组织台商考察西安高新技术产业开发区、西咸新区等地，宣传西安市重点项目和优惠政策。制定《关于促进西安与台湾经济合作交流的实施办法》，为台胞在西安市投资、创业、就业等方面提供政策支持。召开西安市台胞台属第五次代表大会，选举出新一届会长、副会长和理事。举办“四海一家·丝路长安”陕港青年交流活动，邀请香港青年800人、西安青年400人参加活动，围绕全方位展示西安改革开放的巨大成就和“西安最中国”风采，开展入城仪式、城墙健步走、参观游览等活动，通过航拍、快闪、校园参观等形式加深陕港青年相互了解；采取现场采访、摄影摄像、航拍等多种手段向海内外推介西安市，同时在各门户网站、短视频自媒体上大量转载和推送，密集进行宣传报道。整个活动在各种媒体报道82次，其中中央媒体18次、涉外媒体24次、省级媒体7次、市级媒体33次。

◆党外代表人士队伍建设 2018年，中共西安市委统战部起草《西安市党外干部队伍建设五年规划（2018—2022）》和《西安市民营企业家培育计划（2018—2022）》，经中共西安市委统一战线工作领导小组会议审议后，以中共西安市委办公厅、西安市人民政府办公厅名义下发，为党外代表人士队伍建设和民营企业家培育提供保障。组织20名高新技术型、新生代企业家赴德国培训，学习国外先进企业经营理念；在复旦大学、清华大学分别举办“企业管理与发展战略”专题培训班、全市统战部部长和党外局级干部研修班等。全年举办各类培训班20期，培训1000人次；选调60人次参加中共中央、陕西省和西安市各类培训班。

◆统战宣传和理论研究 2018年，中共西安市委统战部利用《西安统一战线》、“西安统一战线”微信平台、《西安统战情况交流》、《统战信息专报》等载体，及时采编、报送工作中的特点、亮点和经验做法。全年出版《西安统一战线》4期；发布微信177期；编辑《西安统战情况交流》15期、《统战信息专报》12期。《中国统一战线》《朋友》《西安日报》分别有3篇、4篇、48篇文章专题对西安市统战工作进行报道。向中共中央统战部和中共陕西省委统战部上报各类信息71条，采用51条，其中“中央统一战线网站”采用21条。（朱 皓）

政策研究

◆概况 2018年，中共西安市委政策研究室（中共西安市委全面深化改革领导小组办公室）围绕西安市“追赶超越”发展大局，全力服务中共西安市委各项重大决策，较好地发挥了智囊团和参谋助手作用。全年办结中共西安市委主要领导批示件和交办事项1078件；代拟中共西安市委文件29份；完成调研报告168份；起草各类综合文稿277篇；完成中国共产党西安市第十三届委员会第六次全体会议、第七次全体会议、第八次全体会议出台的8个《决定》及《方案》的起草工作。

◆建言献策 2018年，中共西安市委政策研究室深入学习研究中央、陕西省、西安市各项重大决策部署，准确领会中共西安市委领导工作思路，广泛征集各方意见建议，结合西安市实际及时提出政策、措施建议，以文辅政成效明显。

起草中国共产党西安市第十三届委员会3次全会出台的决定 起草《中共西安市委关于加快国家中心城市建设 推动高质量发展的决定》，明确西安市要全面提升西部经济中心功能、对外交往中心功能等6大重点任务，对推动国家中心城市建设起到了纲领性作用。起草《关于深入学习实践习近平生态文明思想 加快创建国家生态文明建设示范区的决定》《关于深入学习贯彻习近平总书记对西安工作系列重要批示指示精神的决定》，对西安市推动中共中央总书记习近平系列重要批示、指示精神落地生根、坚决打赢秦岭保卫战具有十分重要而深远的意义。起草《中共西安市委关于加快推进新型智慧城市建设的决定》，进一步明确西安市城市发展转型升级的重点任务、现实路径和具体举措，着力推动高质量发展。

制定中共西安市委出台的相关文件 按照中共西安市委安排，研究制定中共西安市委《贯彻落实党的十九大精神坚定不移将改革推向深入的意见》《关于加强市委常委会班子团结奋斗的十条规定》，以及中共西安市委、西安市人民政府《关于支持曲江新区打造文化产业改革示范区的意见》《关于支持临潼区追赶超越加快发展的意见》《关于推动民营经济高质量发展的若干意见》《西安市全面推进"一网通办"着力加快数字化转型行动方案》，另外还研究制订落实西安市第十三届委员会第七次全体会议出台的决定涉及的132项具体任务的工作方案，并均以中共西安市委、西安市人民政府或中共西安市委办公厅、西安市人民政府名义下发全市执行。

完成其他综合文稿的起草 起草中共西安市委主要领导在中共西安市委常务委员会、中共西安市委全面深化改革领导小组会议及相关专项会议上的讲话文稿、署名文章等综合文稿50余篇。其中，《在担当实干中永葆忠诚为民本色》的署名文章在中共中央宣传部《党建》杂志刊发；《打造"一带一路"双创之都 助力西安实现新跨越》的署名文章在国家发展和改革委员会主管的《中国经贸导刊》上刊发。

◆调查研究 2018年，中共西安市委政策研究室按照在全市开展"大调研"活动的安排部署，紧扣中共西安市委中心工作和中共西安市委主要领导交办的调研课题的落实，力求在全局性、战略性问题和热点、难点问题上下功夫、求突破、出实招。全年组织赴先进城市调研26批次，起草形成调研报告168份，其中半数以上调研报告得到中共西安市委主要领导的批示或肯定，是形成调研报告最多、成果转化最多的一年。组织开展全市2017年度优秀调研成果评选活动，收集参评稿件489篇，表彰130篇，其中获一等奖15篇、二等奖50篇、三等奖65篇，表彰优秀组织奖单位10个。遴选西安市调研成果参加陕西省2017年度党政领导干部优秀调研成果评选活动，报送79篇，获奖15篇，其中获二等奖5篇、三等奖10篇。

围绕全局性、战略性重大问题开展调研 围绕推动民营经济发展、转变城市发展方式和经济增长方式等宏观经济领域课题开展深度研究，形成《以高质量发展统筹高端产业和高速增长 调优做大GDP的建议报告》《聚焦八大经济形态 构建现代产业体系 推动西安经济奔向高质量未来》等报告。贯彻落实中共西安市委提升营商环境的要求，研究制订全市《政务服务"一网通办"大调研工作方案》，先后赴深圳、贵阳、宁波、上海等城市学习考察，形成《关于我市营商环境的情况报告》《以营商环境新成效激发追赶超越新动能》《关于进一步培育和弘扬企业家精神的几点建议》等调研报告。

围绕学习先进经验做法开展调研 组织考察组赴上海、广州、深圳、杭州、武汉、成都、南京、郑州等先进城市学习考察26批次，梳理总结外地军民融合、城市群发展、地铁上盖物业、民间金融小镇、专用房团购房政策、"智慧城市"建设等先进经验做法，结合西安市实际提出学习借鉴的意见建议，形成《上海优化营商环境对我市的启示与建议对策》《学习浙江大学、上海交通大学关于创办"创新创业学院"的调研与思考》《改革下真功 服务动真情——西咸新区"3450"行政审批制度改革的实践探索》《关于借鉴深圳经验 完善西安共有产权和公租房住房制度改革的建议》等调研报告。

围绕热点、难点问题开展调研 按照中共西安市委主要领导批示要求，持续开展西安历史文化相关研究，形成《关于西安年的报告》《唐代名人在长安的居所与活动》等调研报告。就西安市实施"人才新政"、制定"民生新十条"、热点网络舆情事件等问题，形成《关于市场主体和人才落户情况专题报告》《关于我市实施"名校+"工程的调研报告》等多份调研报告，部分已直接转化为治市决策。

◆深化改革 2018年，中共西安市委全面深化改革领导小组办公室立足西安市情抓创新，自主改革求突破，全力推进改革攻坚克难，扎实推进年度各项目标任务落实。在统筹推进中央、陕西省部署改革任务的同时，加大自主创新力度，确定的256项改革任务中自主改革事项达197项，占全年任务的77%，全市在硬科技、军民融合、文化创意、金融创新、自贸区、产权制度等一系列重大改革方面取得明显成效，在多个领域创下"西安经验""西安模式"，全面创新改革试验14个优秀案例入选"全国百佳

中共西安市委政策研究室组织人员赴杭州调研地铁上盖物业

案例”；自贸区“铁路运输舱单归并新模式”在全国复制推广；西咸新区搭建“一带一路”语言服务标准体系及大数据平台在全国推广。组织中共西安市委全面深化改革领导小组召开会议8次，研究审议改革方案35项。采取每次听取1个先进典型、1个相对后进的单位进行改革汇报的方式，听取重大及专项改革情况汇报13项。坚持抓好领导领衔推进改革等制度机制落实，中共西安市委主要领导对“行政效能革命”、军民融合、“三变”改革、创新创业、“文化+”等进行实地检查和座谈调研39次。坚持把改革督察作为重要方式，按照“三督三察”（督任务、督进度、督成效，察认识、察责任、察作风）的要求，运用联合督察、实地督察、督察调研、专项督察等多种形式，推动改革决策落地见效。全年开展3轮全面督察、35次专项督察，督察事项141项，发放“整改通知书”13份、“督办单（通知）”17份。制定完善重点改革领导领衔、重大事项调研论证、改革任务动态管理、任务落实分级督察、改革成效考核问责等机制，改革落实全过程的制度体系初步建立。注重以信息化手段提高抓改革落实效率。6月，西安全面深化改革信息化管理平台正式上线，西安市成为全国首家省、市、区三级改革信息联动城市，实现改革任务线上调度、改革进度实时监测、改革信息同步共享。把庆祝改革开放40周年作为全年改革的重大活动，出台《关于庆祝改革开放40周年活动安排》，组织开展“改革开放40年”系列访谈，在“西安发布”、《西安日报》开设《改革开放40年》专栏，从全市遴选60个具有西安特色的改革亮点集中宣传，全面展示西安改革效率、改革经验、改革速度。组织收看中共中央庆祝改革开放40周年大会现场直播，学习讨论中共中央总书记习近平重要讲话精神。

◆内刊编辑 2018年，中共西安市委政策研究室对标《今日浙江》《宁波通讯》等党刊，更新《今日西安》办刊理念，理清办刊思路，不断改进刊物封面设计、栏目设置、内容编排和视觉效果，快速、准确传递中共中央和中共陕西省委、中共西安市委声音。坚持每期开展主题策划活动，先后围绕中共西安市委全会精神贯彻落实、坚决打赢秦岭保卫战、弘扬企业家精神、打造“硬科技之都”等热点专题，多方面组织稿件进行深入报道。积极与市级部门和区（县）、开发区联系约稿，在刊物中增设中共西安市委每月重要事记、干部任免等内容，丰富刊物信息，扩大影响力。全年编发《今日西安》12期。围绕招商引资引智、优化营商环境、实施“乡村振兴战略”、推动创业发展等重点工作，编发《调研参阅》55期，刊载有关研究报告供全市各级领导决策参考。（郑 凯）

机构编制

◆概况 2018年，西安市机构编制委员会办公室持续推进全面深化改革，开展机构改革、“放管服”改革、行政管理体制改革、事业单位分类改革和开发区管理体制规范创新，加强机构编制管理、事业单位登记管理，不断优化机构编制资源配置，为全市经济社会发展提供良好的体制、机制保障。

◆机构改革 2018年，西安市机构编制委员会办公室将抓好机构改革作为重要政治任务，多层次、多形式学习、领会中共中央总书记习近平关于深化党政机构改革的重要思想，积极了解中央、陕西省及外地市最新改革动态，加强改革资源的搜集、整理和交流、互通。以机构编制实名制管理系统数据为依托，对全市机构编制底数进行全面梳理，明晰市级有关部门职责调整事项，厘清机构现状和存在问题。赴市级38家重点设计改革部门分组调研，坚持全面融入“对标对表”和“因地制宜”两个关键要素，不折不扣抓好“规定工作”的落实，充分考虑西安城市发展特点和功能定位，聚焦重点领域，在军民融合发展、大数据资源管理、投资促进、行政审批、秦岭生态环境保护、硬科技产业发展等方面进行实践和探索，做到既充分体现中央战略意图，又符合西安需求和特点，走出一条具有西安特色的改革路径。突出抓好人员转隶、机构挂牌、制定“三定”规定等关键环节，进一步把握好改革发展稳定关系，有序开展机构改革组织实施阶段的各项工作。坚持全市机构改革“一盘棋”，同步推进区（县）机构改革，确保改革规范有序、如期如质完成。

◆秦岭生态环境保护部门机构调整 2018年，西安市机构编制委员会办公室坚决贯彻落实中共中央总书记习近平关于秦岭北麓西安境内违建别墅问题重要批示、指示精神，赴长安、鄠邑等沿山6个区（县）开展调研，与秦岭保护、规划、国土、环保、水务、农林等市级相关部门座谈，赴甘肃省机构编制委员会办公室调研学习祁连山自然保护区管理体制，形成调研报告，就具体机构设置问题向中央机构编制委员会办公室进行专题汇报，得到中央、陕西省支持。在新一轮机构改革中，将秦岭生态环境保护管理委员会由西安市人民政府议事协调机构调整为中共西安市委机构，突出加强党委对秦岭生态环境保护工作的统一领导；成立西安市秦岭生态环境保护管理局、区（县）秦岭生态环境保护和综合执法局，作为市、区（县）两级政府的重要工作部门；调整理顺和强化完善市、区（县）、镇（街）职责关系，界定机构职责，形成条块结合、职责分明、齐抓共管的秦岭保护体制机制，对秦岭保护工作从职能、机构、制度等方面进行一次全方位的调整和加强，真正实现长远规范。

◆“放管服”改革 2018年，西安市机构编制委员会办公室及时做好中央、陕西省下放行政审批事项的承接落实和衔接工作，取消35项行政许可事项；推进西安市行政审批制度改革试点工作，在莲湖区、灞桥区2个行政区和西安高新技术产业开发区、西安经济技术开发区、西安国际港务区、西安浐灞生态区4个开发区率先设立行政审批局，指导试点单位实行审批工作“全集中、全到位”，成为陕西省行政审批制度改革、创新工作的亮点；打造权责清单升级版，制订印发《西安市深化权责清单工作实施方案》，从6个方面进一步深化权责清单工作，及时做好权责清单的动态调整，全面提升公共服务水平；推进政务服务事项标准化建设。会同西安市人民政府政务服务中心、西安市人民政府法制办公室编制印发《区县、开发区政务服务事项通用目录》《街道（镇）政务服务事项通用目录》，在统一事项名称、设定依据及事项类别的基础上进一步提高西安市区（县）“一网通办项目”的标准化水平。

◆行政管理体制改革 2018年，西安市机构编制委员会办公室推进市及区（县）监察委员会机构设置、人员转隶、方案拟定、报审工作，全面完成西安市监察体制改革。在中共西安市委办公厅设立重大工作落实（推进）处，加强督查工作力量。将西安市地铁建设指挥部办公室更名为西安市轨道交通建设办公室，对其职能进行调整加强，进一步理顺地铁管理体制。在西安市科技局设立西安市硬科技创新产业局，成立西安市硬科技产业服务中心，为西安市打造“硬科技之都”奠定坚实基础。在文化创意、创业服务、大数据发展等领域，优化调整相关机构职责，加强中共西安市委宣传部、西安市科技局等机构及人员力量，在体制、机制上为新经济发展做好机构和人员保障。为西安市人民政府办公厅增设行政效能推进处、政务公开办公室等机构，设立西安市网络群众工作局，保障西安市3项新政的实施。

◆**开发区管理体制规范创新** 2018年，西安市机构编制委员会办公室成立西安高铁新城党工委、西安高铁新城管委会，进一步支持高铁新城建设。完成西安市高新技术产业开发区托管雁塔区、长安区、鄠邑区部分区域机构编制及托管部分区域公安、工商、国土机构的调整工作。成立富阎产业合作园区党工委、富阎产业合作园区管委会，加快富阎一体化发展。

◆**机构编制管理** 2018年，西安市机构编制委员会办公室不断完善工作机制，创新管理手段，下好“开源”“节流”棋，走好“瘦身”“健身”路，持续管住、用活编制资源。严控编制总量，严格按照“增一减一、增一减多”的原则设立机构。统筹使用编制资源，把有限的编制资源优先配置到经济、社会发展的重点领域和环节。做好月报更新、网上名称管理等日常工作，按期完成2017年度年报统计工作。立项研发符合西安市实际的机构编制实名制系统，实现全市机构、编制、职数和人员等信息的实时统计、分析和共享，“出、入编”和“职务、职称变更”等机构编制业务的“网上报送、网上审核”及与组织、财政、人力资源和社会保障机构的共享、共建、共用，机构、编制、职数等台账文件电子化和所有痕迹留存查询功能，提高全市机构编制实名制管理的精准性和时效性，确保西安市机构编制实名制管理工作走在陕西省前列。

◆**机构编制专项督查** 2018年，西安市机构编制委员会办公室组织开展区（县）治污减霾工作机构编制管理、“三集中三到位”改革落实情况专项督查，巡查问题线索的督办及对区（县）新设立事业单位机构编制管理情况的专项检查工作，确保各项政策措施有效推进，落到实处。进一步推进全市机构编制问题整改推进审批联动工作，持续加大机构编制监督检查调研、纪律宣传并做好机构编制的举报受理工作。

◆**事业单位分类改革** 2018年，西安市机构编制委员会办公室梳理全市承担行政类事业单位有关情况，完成生产经营事业单位年度改革任务；探索推进公益二类事业单位备案制管理试点。完成驻上海联络处增设苏州联络处、西安市决策咨询委员会、中国科学院西安光学精密机械研究所增设光子科技创新研究院、中国科学院大学西安学院、西安加速器质谱集群中心、西安市智慧环保综合指挥中心等机构的组建和调整。按照西安市人才新政、户籍新政实施后续服务供给“1+N”方案的有关要求，就教育、卫生系统机构编制保障工作形成具体方案，进一步发挥机构编制服务发展、服务民生的作用。

◆**事业单位登记管理** 2018年，西安市机构编制委员会办公室全面完成法人年度报告工作，归集915家党政群机关、2956家事业单位的法人年度报告（其中市本级党政群机关144家、事业单位575家）。开展“双随机、一公开”核查工作，核查事业单位265家，并将核查结果及时报送陕西省登记管理平台，对社会予以公示。开展法人登记“最多跑一次”改革，将3大类登记业务纳入“最多跑一次”改革事项，占全部登记业务的75%。

（贡　赛）

外　事

◆**概况** 2018年，西安市外事部门坚持全市外事工作服务于国家总体外交，服务于“一带一路”建设，服务于西安市经济、社会发展的原则，积极服务“三个经济”发展，举办或参与承办2018第六届丝绸之路经济带城市圆桌会、第三届中法文化论坛、首届“一带一路”规则标准国际研讨会，进一步提升了西安的国际影响力。加强总体谋划，协调推进各领域对外工作，创新工作机制和方式，进一步提升外事工作水平。

◆**重大外事活动** 2018年，西安市外事部门注重发挥西安作为古丝绸之路起点、“一带一路”重要节点城市的区位优势和古都历史文化优势，主动配合、全面融入中共西安市委、西安市人民政府重要工作，将西安市综合实力转化为国家对外工作资源，把地方外事工作做实、做细。

举办2018第六届丝绸之路经济带城市圆桌会 6月29日，2018第六届丝绸之路经济带城市圆桌会在西安召开。来自西安市国际友好城市、友好交流城市、驻西安总领事馆、侨商代表、西安市国际专家顾问等17个国家和地区的100余人参加会议。会议围绕“共建共享，合作惠民”主题开展讨论。西安市与克拉古耶瓦茨市、马里博尔市、大邱市及新加坡驻成都总领事馆进行了会谈交流。塞尔维亚克拉古耶瓦茨市市长助理斯坦恩一行3人赴吉利汽车产业园考察吉利项目。希腊代表团与西安市旅游发展委员会、西安市农业林业委员会及所属企业召开座谈会。科尼亚外事办主任塞勒姆·顾雷一行参观了西安文理学院外国语学院、学前师范学院、中文学院，并出席艺术学院毕业典礼。斯洛文尼亚马里博尔市代表团与西咸新区空港新城管理委员会、陕西华山国际工程集团有限公司、荣华控股企业集团进行了交流。安排参会嘉宾参观了西安国际港务区管理委员会、中欧班列集装箱货场、西安国际港务区保税区，并参观西安铁路职业技术学院，现场观看高铁、地铁的动力牵引教学和西安地铁三号线的实际线路模拟教学。

承办第三届中法文化论坛 9月17—20日，第三届中法文化论坛在西安举办。开幕式上，中法文化论坛中方主席、全国人民代表大会常务委员会副委员长、欧美同学会（中国留学人员联谊会）会长陈竺以及论坛法方主席、法国前总理拉法兰分别发表致辞。中法两国文化、艺术、教育、科技、经济等领域的知名人士参加开幕式。论坛以“‘一带一路’：文明互鉴与创新”为主题。中法两国政要以及各领域的知名人士，围绕博物馆、文化遗产、教育、旅游、设计与品牌、艺术生活等领域展开对话与交流。其间还举行了大唐不夜城法国城市主题日“尼斯日”、中法市长对话等活动。

举办首届“一带一路”规则标准国际研讨会 11月1—2日，“一带一路”规则标准国际研讨会在西安召开。会议以“一带一路”规则标准互联、互通为主题，来自中国共产党纪律检查委员会（国家监察委员会）、外交部、国家发展和改革委员会、财政部、商务部、生态环境部等部（委）的官员以及10余个共建“一带一路”国家和国际组织的50余名代表，围绕共建“一带一路”与反腐败、共建“一带一路”与可持续融资、共建“一带一路”与环境保护、共建“一带一路”与企业社会责任、共建“一带一路”与国际规则标准对接方式等议题展开深入讨论。

◆**涉外管理** 2018年，西安市外事部门严格落实外交部相关文件，坚持因事定人，执行限量管理规定。全年因公临时出国（境）239批967人次，市级领导干部因公出国（境）14批。进一步落实“容缺受理机制”，制定《容缺受理单》，在主要材料齐全、辅助材料后补承诺的条件下，时间紧、任务重的团组可先行进入审批程序，多项业务同步办理。进一步优化涉外环境，制定《西安市国际语言环境建设年工作方案》，在征求有关单位意见后报西安市人民政府办公厅，待研究通过。推动建立“爱上西安”应用程序平台，为在西安工作、学习、生活的外籍人士提供更精准、更便捷的服务。

◆**涉外服务** 2018年，西安市外事部门启动应用外交部因公出国网上申报（预审批）系统。该系统利用“互联网＋边界接入”技术，涵盖因公出国审批、护照申办、签证申办、邀请外国人来华、“亚洲太平洋经济合作组织商务旅行卡”申办、领事认证代办6项业务，在“不见面”的前提下，可实现资料上传、网上审批功能。同时，进一步简化手续，将教学科研与公务人员区别管理，将教学科研人员因公出国由原来递交申请的8项材料减到3项，只需提交《任务申请表》《邀请函》和《日程安排》3项材料就可以办理因公出国手续，而且开展国际学术交流不受出国批次数、团组人数和在外停留天数等方面的限制。

◆**友好城市交流与合作** 2018年，西安市外事部门加强友好城市交流与合作。4月7—11日，乌兹别克斯坦撒马尔罕州州长和乌兹别克斯坦驻华大使、政务参赞、商务参赞及驻上海总领事等一行75人来西安访问，就经贸、文化、艺术等方面与西安市进行交流与合作。西安市外事部门组织西安市相关企业家在西安国际港务区召开撒马尔罕引资推介会，并邀请乌兹别克斯坦友人参观西安国际港务区万国商城，就物流、进出口贸易进行深入交流。协助举办庆祝撒马尔罕市与西安市结好五周年联合文艺演出。截至年底，西安市友好城市已增至33个，友城地域分布涵盖世界五大洲，其中欧洲12对、亚洲13对、美洲6对、大洋洲1对、非洲1对，友城结构进一步优化。在西安国际港务区创建友城街区，开设国际友城产品展示台，为友城合作提供便利平台。西安友好交流城市分布于28个国家的57个城市，友城“朋友圈”不断扩大。授予普华和顺集团公司董事会主席张月娥、西安文理学院外国语学院老师毕大卫、陕西一日内瓦协会主席菲利普·马3位外籍人士“西安市荣誉市民”称号，“西安市荣誉市民”达到35人。（戴百飞）

台湾事务

◆**概况** 2018年，西安市对台工作以习近平新时代中国特色社会主义思想为指导，贯彻落实中共中央总书记习近平推进两岸和平发展、推进祖国统一进程的重要讲话精神，在促进两岸文化融合、经贸融合、社会融合以及争取台湾民心上下功夫，不断增强做台湾人民工作的责任感和使命感。4月27日，召开全市对台工作会议，传达学习中央和中共陕西省委、中共西安市委对台工作会议精神，安排西安市各项对台工作任务。通过座谈会、茶话会等形式，组织全市台胞、台商、台属学习中国共产党第十九次全国代表大会精神，发放《十九大报告单行本》140余册。对来西安市考察交流的台胞，用喜闻乐见的方式将十九大精神讲清楚、说明白，增强其反“台独”、促“统一”的意识。11月6日，召开西安市台胞台属联谊会第五次代表大会，选举出新一届会长、副会长和理事。

◆**对台经济合作** 2018年，西安市对台工作部门进一步深入贯彻中共中央深化两岸经济合作、促进两岸经济社会融合发展的工作要求，加大对台经济工作力度，服务西安市经济建设发展大局。6月26—28日，举办“新西安新商机2018台商西安行”暨第二届西台经贸合作交流会，邀请台商100余人参加活动，宣传推介西安市重点项目和优惠政策，并与各区（县）对接洽谈，吸引台商到西安市创业发展。活动期间，组织台商考察西安高新技术产业开发区、西咸新区，使台商近距离感受西安市的投资环境和服务举措。《西安日报》、《西安晚报》、《华商报》、新浪网、搜狐网等媒体对活动进行了全方位报道，并对4位台商进行专题采访。加大与台湾大企业、大财团以及工商团体的接触和联络。先后邀请150多位台商参加第三届丝绸之路国际博览会暨中国东西部合作与投资贸易洽谈会、2018世界西商大会、第二届西台经贸合作交流会等经贸活动。向新成立的西商总会推荐3名理事。全年新增台资企业17家，注册资金7160万元。加强走访调研，积极为台商排忧解难。1月，完成海峡两岸关系协会会长陈德铭在西安市经济技术开发区、西安高新技术产业开发区、西安国际港务区对台资企业的调研工作。协调西安市人民政府、中国人民政治协商会议西安市委员会有关领导到西安顶益食品有限公司、西安汉神百货有限公司、陕西振彰食品有限公司等台企调研，现场解决有关问题。严格落实每月“走访日”制度，全年走访台资企业20余家，了解台商困难和问题，积极为台资企业排忧解难。2月28日，国务院台湾事务办公室《关于促进两岸经济文化交流合作的若干措施》（“惠台31条措施”）颁布后，积极宣传，并组织台商学习讨论。10月，为进一步落实国台办“惠台31条措施”，结合实际情况，在征求全市41个市级部门和有关单位的基础上，制定《关于促进西安与台湾经济合作交流的实施办法》，为台胞在西安市投资、创业、就业、学习、生活等方面提供政策支持。8—10月，根据陕西省台湾事务办公室工作要求，对全市所有台资企业进行了一次全面、深入、细致的普查工作，建立西安市完整、准确的台资企业数据库。10月12日，在台湾电机电子工业同业公会在苏州举办的70周年庆典活动，西安市被评为“大陆地区极力推荐城市”。

◆**对台交流交往** 截至2018年11月底，西安市对台工作部门共接待各类台湾参访考察团20多批500余人，办理赴台审批130余个270余人。4月，分别接待中国国民党原主席洪秀柱一行20余人、新党主席郁慕明等38人来西安市参访交流。7月，接待以连胜文为团长的台湾青年发展基金会参访团一行35人。9月，接待台湾新竹县县长邱镜淳一行10人。11月，接待台湾忠义同志会副理事长蓝玉璋一行16人，并安排其前往长安区杨虎城烈士陵园举行祭奠活动。3月，组织台胞青年30余人前往汉中开展“三国文化之旅”活动。9月下旬，组织20余位台胞赴延安梁家河参观学习。接待2018台湾青年夏令营、“两岸家风寻根之旅参访团”、2018台湾学子西安古都探访研习营、台湾花莲县少数民族文化交流参访团等参访团和20多所台湾大学的130余青年学生来西安参观访问。指导西安市人民政府金融工作办公室、西安市归国华侨联合会、西安事变纪念馆、西安市农业林业局、西安市体育局等单位办好亚洲大洋洲地区投资基金业协会第二十三届年会、“亲情中华•欢聚台湾”巡演活动、海峡两岸张学良纪念馆合作联盟年会、第十二届海峡两岸蜜蜂与蜂产品研讨会暨首届中国西安秦岭中锋扶贫产业发展论坛、“一带一路”健美大赛等涉台交流活动。协助西安市科技局生产力中心、西安曲江新区办好2018第五期台湾大学生西安夏季见习营、“社区文化行”活动。6月，利用台资企业光阳摩托有限公司在西安主办“2018年光阳摩托第四届两岸摩旅一带一路丝路行暨重车大会师·西安站”活动的契机，协调主办方为蓝田县基层乡镇捐赠价值6万元的摩托车2辆。9月下旬，组织15名台商到长安区杨庄乡魏家岭村开展“扶贫助老慈善活动”，看望贫困老人，送去价值1万余元的米、面、油等慰问品。

◆**对台宣传和涉台教育** 2018年，西安市对台工作部门创新宣传形式和方式，展现西安市资源优势和发展成果。3月，协助中央人民广播电台广播连续剧《青山青史》采风团赴长安区清凉寺、未央区天禄阁进行采访拍摄。5月中旬，接待两岸新媒体记者一行12人，组织其对西安高新技术产业开发区、西安经济技术开发区、西咸新区、西安曲江新区、西安国际港务区、西安浐灞生态区等地进行参访拍摄。6月中旬，安排台资企业汉来海港自助餐厅接受中央人民广播电台“改革风来　两岸花开”节目组采访。8月下旬，协助台湾台湾衍绎影像公司完成纪录片《玄奘文化千年路：玄奘大师》在西安市的拍摄取景活动。接待台湾和内地媒体人一行30余人，安排其参访台资企业、名胜古迹，用“抖音”“梨视频”等宣传和介绍西安。强化信息工作，做好网络宣传工作。为《陕西对台工作》、公众号“秦系海峡”等刊物、媒体提供信息稿件30多篇。加强涉台教育工作。全年举办台海形势报告会8场，有900余名听众参加。对240余名赴台交流人员进行行前教育座谈，明确有关事项。

◆**台胞权益维护**　2018年，西安市对台工作部门秉持“两岸一家亲”的理念，积极为台胞学习、生活、创业提供服务。1月，经多方协调，在西安市第三医院设立“台胞就医绿色通道”，方便台胞就医。6月和8月，联系西安市红会医院、西安凤城医院救治危重台胞2人，并做好家属安抚工作。全年协助解决台胞子女就学问题12件。指导、协调市级有关部门和各区（县）、开发区解决好涉台投诉案件，切实维护台商合法权益，为台商在西安市投资兴业创造良好的营商环境。截至年底，接待台胞、台属来信、来访90余人次，协调解决各类投诉纠纷19起。积极推动台胞居住证发放工作。9月1日，国务院办公厅《港澳台居民居住证申领发放办法》正式实施后，按照国务院台湾事务办公室和陕西省台湾事务办公室工作部署，会同西安市公安局、西安市教育局开展宣传和动员工作，组织台胞学习，鼓励广大台胞、台商申领“台湾居民居住证”。截至11月30日，西安市有200位台胞申领了“台湾居民居住证”。

◆**台胞联谊**　2018年，西安市对台工作部门利用传统节日，举办形式多样的联谊活动。全年组织座谈、外出考察10余次，走访慰问定居台胞、困难台属10人。举办“台商迎新春联谊晚会”“台胞台属新春茶话”“端午节亲子游园会”等活动。加强与外地对台工作部门的工作联系，接待常州市台湾事务办公室、常州市台湾同胞投资企业协会、沈阳市台湾事务办公室、汉中市台湾事务办公室、厦门市台湾同胞投资企业协会等30余人来西安市考察和座谈交流。结合区（县）调研工作，走访慰问部分台属企业，宣传西安市改善营商环境、提升服务质量的各项举措，鼓励企业做大、做强。

◆**洪秀柱来西安参访**　2018年4月3日，中国国民党原主席、中华青雁和平教育基金会董事长洪秀柱率团一行20人来西安市西咸新区、西安高新技术产业开发区参访考察。西安市人民政府主要负责人会见洪秀柱一行，并介绍了西安发展情况。洪秀柱表示，两岸同胞情同手足，血浓于水，坚持“九二共识”，维护台海和平，增进两岸人民福祉，推动中华民族伟大复兴，一直是她的追求，将积极促进两岸各项交流与合作，促进台商来陕分享“一带一路”建设机遇，为两岸和平发展做出贡献。在西咸新区，洪秀柱一行考察了西咸台湾青年创业园、沣河桥、沣河金湾及台资企业投资项目——基泰城市广场建设情况，并参观西咸新区规划展厅。在西安高新技术产业开发区，洪秀柱一行听取了高新开发区园区整体规划和建设情况，考察了台资企业——力成半导体（西安）有限责任公司和西安隆德商业运营有限公司，并与台商进行交流座谈，鼓励台商奋力打拼。4月5日，洪秀柱一行还参观了西安市明城墙。　（市台联）

侨　务

◆**概况**　2018年，西安市侨务工作部门真情服务归侨侨眷和海外侨胞，加强对侨宣传，做好联谊工作，全市侨务工作呈现良好的发展势头。2月27—28日，组织召开西安市第十一次归侨侨眷代表大会，大会代表及特邀嘉宾近260人出席大会，顺利完成换届工作。在第十次全国归侨侨眷代表大会上，西安市归国华侨联合会被中华全国归国华侨联合会评为“全国侨联系统先进组织”。

◆**亲商助企**　2018年，西安市侨务工作部门组织50名侨商参加第三届丝绸之路国际博览会暨中国东西部合作与投资贸易洽谈会，并推荐5名客商参加西安市投资环境推介暨重点项目签约仪式。4月，设立境外企业招商分局，先后组织30多名侨商到各区（县）、开发区进行多场投资推介和项目考察活动。7月，邀请57名海内外侨商参加第二届世界西商大会，推荐的“十佳侨商”受到中共西安市委、西安市人民政府表彰。开展“常回家看看·侨界荟萃话发展”专场活动，宣传推介西安营商环境，组织70多名侨商到西安国家民用航天产业基地和各区（县）考察。组织10次以“创业中华·助力大西安发展”为主题的海外侨胞走进各区（县）、开发区的商贸文化考察活动。先后组织近20名会员分别参加中国侨商联合会和中国侨商投资企业协会在天津、四川成都、山东济南、河北衡水组织的经贸文化交流活动。在旅英华人高新科技商业协会、塞浦路斯中国国际投资者协会分别设立西安市侨联境外招商工作联络站。指导西安市侨商会与美国陕西总商会、哈萨克斯坦陕西商会、乌克兰丝绸之路联盟陕西代表处、新丝路企业发展促进会非洲分会、英国陕西商会、英国陕西经贸文化促进会、伦敦华埠商会、英国中华工商联合会8个海外侨团商会签订合作协议。建议并联合中国人民政治协商会议西安市委员会召开侨界民营企业家座谈会，传达中共中央总书记习近平主持召开的民营企业座谈会精神，视察侨资企业，鼓舞士气，增强信心。在“世界唐人街·相聚长安城”海内外文商旅大集系列活动中，邀请来自20个国家和地区的华人华侨嘉宾148人参加活动。活动中，举办“世界唐人街　相聚长安城”中国—马来西亚（西安）经贸合作推介会，组织部分嘉宾赴西咸新区、西安高新技术产业开发区、西安国际港务区等地进行6场商务考察活动。吸引西安市招商大使、澳大利亚西北商会会长王根印投资300万元在西安注册西安澳洲药树蜂蜜有限公司；美国陕西总商会会长胡焕涛投资1500万元在西安注册西安新纳华纳米科技有限公司。促成乌克兰丝绸之路联盟驻陕西代表处、陕西益万家农副产品有限公司与陆港电商有限公司、陆港物资贸易有限公司签订合约，已经执行完成3000万美元。联系陕西省教育厅、西安市教育局和西安高新技术产业开发区管委会，为法国华侨拟在西安投资语言培训机构牵线搭桥。

◆**对侨宣传**　2018年，西安市侨务工作部门立足博大精深的中华文化和西安深厚的历史文化，组织特色鲜明、形式新颖、内容丰富的文化活动，多渠道传播中华优秀文化，多角度讲述“西安故事”，推动中外文明交流互鉴，让世界了解中国、认识西安。3月，举办“2018海外华文媒体西安行”活动，邀请17个国家和地区的华文媒体采访西咸新区、西安高新技术产业开发区、西安国际港务区，参观秦始皇帝陵博物院、永兴坊、大唐芙蓉园、西安城墙等特色地标，与西安市人力资源和社会保障局、西安市科技局进行座谈交流，全方位多角度报道、推介、展示西安经济、社会发展全面提速的情况，在各类媒体发表报道100余篇。4月，参加“第二十三届

2018年9月28日，西安市侨联侨务代表团和文化交流代表团协办“2018第二届塞浦路斯中国文化节暨首届中国非物质文化遗产展”

澳门缅华泼水节”系列活动，与海内外缅华华侨华人团体座谈交流，通过现场发言介绍、发放《西安投资手册》、播放《大西安印象》宣传片等方式，大力宣传推介西安。承办西安市人民政府与中华全国归国华侨联合会共同主办的“亲情中华·欢聚台湾”文化交流活动，先后在花莲、桃园、苗栗、南投举办4场演出活动，场场爆满。9月，组织西安侨务代表团和文化交流团出访塞浦路斯。在塞浦路斯首都尼科西亚，参加中国驻塞浦路斯大使馆主办的“庆祝中华人民共和国成立69周年暨改革开放40周年招待会”并进行文艺演出；在利马索尔市，协办2018第二届塞浦路斯中国文化节暨首届中国非物质文化遗产展，并进行大型专场演出；在帕福斯市，作为协办单位参加“第六届帕福斯中国文化之夜”活动并进行大型专场演出。塞浦路斯通讯社、塞浦路斯国家广播公司、阿尔法电视台、塞浦路斯中文电台、新华社、中央电视台相继对活动进行现场报道。申报西安城墙为“中国华侨国际文化交流基地”，并获得中华全国归国华侨联合会批准。11月29日，中国华侨国际文化交流基地揭牌仪式在西安城墙上举行，陕西省归国华侨联合会有关领导和来自世界各地的18家海外华文媒体的社长、总编或记者参加仪式。选送10个区（县）68所学校的607篇作品参加第十九届世界华人学生作文大赛，135人获奖（获特等奖1人、一等奖8人、二等奖43人、三等奖83人），107名教师获得辅导奖，西安市归国华侨联合会获得组织奖。

◆为侨服务 2018年，西安市侨务工作部门加强对《中华人民共和国宪法》《中华人民共和国归侨侨眷权益保护法》《中华人民共和国归侨侨眷权益保护法实施办法》的学习宣传，对海内外侨胞涉及房产、土地、投资等方面的纠纷，聘请法律顾问全程介入，反复与相关部门沟通，召开联席会议，依法维护侨胞权益。其中，美籍华人张安菽投资纠纷达成初步协议；张璠投资赔偿事宜取得初步进展。利用元旦、春节等传统节日，走访慰问100余名老归侨侨眷，发放慰问金10万余元。接待并妥善处理海内外侨胞来电、来访200余起。开展“暖冬慰侨行动”，走访慰问困难归侨侨眷、侨界知名人士、高寿归侨30余人，发放慰问金2.5万元、日常用品和慰问礼品价值1万余元，并通过银行电子汇款方式向全市187名早期归侨发放早期归侨补助金66.64万元。组织开展“侨界讲堂”活动，邀请西安市发展和改革委员会、中国人民解放军陆军边海防学院有关人员分别就西安市经济社会发展有关情况、国际国内形势进行授课。10月，开展“亲情中华·归侨侨眷看西安”活动，组织55名归侨侨眷参观侨资企业完美中国陕西公司、游览大唐芙蓉园，并传达第十次全国归侨侨眷代表大会精神和中共西安市委常委会议精神。

（市侨联　戴百飞）

◆交流联谊 2018年，西安市侨务工作部门与阿根廷华侨中华商会常务副会长乞林一行座谈交流，并授予该商会为西安市海外侨务工作联络点。组织110名来自西北大学、西安文理学院、陕西师范大学的新华侨华人学生和东干族留学生代表举办以“弘扬丝路文化　感受西安魅力”为主题的联谊活动。举办“海外华裔青少年中国寻根之旅西安夏令营”活动，美国、加拿大、德国、爱尔兰4个国家的80名青少年参加，增强了海外华裔对祖籍国的“归属感”。组织西安市各国驻西安总领事、外国专家、荣誉市民代表出席2018新年团拜会；组织国外领馆代表、外国企业家代表、留学生代表出席在西安曲江新区举办的“西安年·最中国”活动。联系西安市文理学院，选派优秀日语教师赴日本奈良县参加东亚地方政府暑期研修班；联系西安市文化广电新闻出版局赴美国堪萨斯州进行艺术演出；组团赴韩国晋州市参加“论介节”活动，向“一带一路”沿线城市和友城留学生发放奖学金；组织陕西省小天鹅艺术团一行33人参加黑山科托尔国际儿童艺术节，并进行友好演出；组织西安市餐饮企业“醉长安”参加比利时布鲁塞尔美食节活动；组织西安市少年宫青少年民乐演出团18人赴日本京都市访问交流；协助西安建筑科技大学和西北设计院2名专家参加德国奥尔登堡市“智慧城市”规划研讨会。

◆“世界唐人街·相聚长安城”海内外文商旅大集系列活动 2018年12月10—11日在西安举办。部分国家驻中国大使、文化参赞，外国驻西安总领事，世界有关国家和地区唐人街华人区代表，全球华人华商华侨和社团组织代表以及境外城市代表等300多人参加开幕式。10日，“万商云集”活动在大唐西市金市广场召开，现场参观活动由西安商业发展成果展、西安商业非遗体验展、西安新商业体验展和参观大唐西市博物馆等内容组成。同日，“带着乡愁回家——长相思　在长安”大型图片展在西安广播电视台广电大剧院展出。图片展通过“异乡生活”“家乡记忆”“感受变化”和“血脉相连”4个部分，集中反映了华人华侨和医疗、工程援外人员的生活、工作情况，以及他们回到家乡后所看到的巨大变化，同时也展现了中华传统文化对于他们生活的影响。11日，“世界唐人街·相聚长安城”古城发展论坛开幕。本次论坛以“互联互通——世界古城的合作与发展”为主题，旨在加强西安与世界古城的交流与合作，搭建世界古城对话交流平台，共谋未来发展，在全球范围内彰显西安自信、开放、包容、大气的城市气质，展示西安现代化和国际化的城市形象，促进东西方文明交流与融合，展现多元文化交融并存的时代魅力。

（戴百飞）

老干部工作

◆概况 2018年，中共西安市委老干部工作局着力加强离退休干部政治建设、思想建设和党组织建设，用心、用情为老干部办实事、做好事、解难事，主动引导全市离退休干部为“追赶超越”发展大局做贡献，增添正能量。截至年底，西安市有离退休干部99877人，其中离休干部2214人。

◆**离退休干部党的建设**　2018年，中共西安市委老干部工作局加强离退休干部政治思想建设，强化政治引领作用。组织离退休干部参观“肃清魏民洲等流毒成效展”，通报中共中央对有关决定，传达中央和中共西安市委关于秦岭北麓违建别墅专项整治情况的通报，配合市委用好典型案例，引导全市离退休干部提高政治站位，增强“四个意识”，坚定“四个自信”，坚决做到“两个维护”，始终同以习近平同志为核心的党中央保持一致。加强思想引导，持续向全市离退休干部宣讲习近平新时代中国特色社会主义思想和中国共产党第十九次全国代表大会精神。举办“十九大精神”知识答题活动，开展“不忘初心、牢记使命”主题党日活动、“学悟新思想、喜看新成就，点赞新发展”主题学习活动等，引导离退休干部不忘初心、永葆本色。邀请全国人大代表崔荣华为离退休干部做全国“两会”精神辅导报告；邀请陕西省卫生和健康委员会副主任蔺全锁为离退休干部做题为《新时代人口老龄化形势与任务》报告，及时向离退休干部传达中共西安市委第十三届委员会第八次全体会议等重要会议精神，用最新的理论成果统一离退休干部思想认识。强化党建责任，着力提升离退休干部党组织组织力，先后召开全市离退休干部党工委委员会议、区（县）离退休干部党工委书记座谈会，进一步理顺工作体系。赴区（县）调研、督导，摸清底数，制定《离退休干部党工委工作职责》《健全离退休干部党组织的意见》及离退休干部党建工作督导检查等6个基础性制度。以提升组织力为着力点，按照“典型引路、分批跟进、整体过硬”的思路，在全市基层离退休干部党组织中开展争创“示范党支部”活动，树立样板、标杆。推进落实离退休党支部书记工作补贴制度，为519个离退休干部党支部书记发放工作补贴，有效提高了离退休党支部书记的工作积极性。举办离退休干部党支部书记示范培训班，提升离退党组织书记抓班子、带队伍的能力。

◆**离退休干部服务管理**　2018年，中共西安市委老干部工作局持续加强离退休干部的政治待遇。坚持重大节日慰问离退休干部制度。春节前夕，中共西安市委、西安市人民政府领导逐户登门慰问市级老领导67人、副省级单项待遇离休干部13人、军队退休干部7人；重阳节前，慰问老红军9人；先后赴上海、广州、武汉等地慰问易地安置离休干部8人，及时把中共西安市委、西安市人民政府的关怀送到老同志身边。落实好离退休干部参加重要会议活动制度。先后组织市级离退休干部参加中共西安市委、西安市人民政府举办的新春团拜会、中共西安市委常委班子秦岭北麓问题专题民主生活会、征求意见座谈会等重要会议。组织市级、局级离退休干部参观考察阎良区、西安国际港务区、第三届丝绸之路国际博览会西安展区，让老干部感受西安市主动融入“一带一路”建设的成果。落实好离退休干部的生活待遇。为市属企业离休人员审核拨付医保统筹经费、公用经费和特需经费等7803万余元；为市属企业离休干部申报、发放防暑降温费103万余元。结合西安市老干部工作实际，制定印发《〈精准服务离退休干部工作十条〉指导意见》，并抓好落实。申请困难帮扶救助金23.61万元，对787名困难离休干部及遗属帮扶救助。召开精准帮扶会议，为60名特殊困难离休干部及遗属拨付精准帮扶经费31万余元；为市属企业离休干部无工作遗属拨付生活困难补助费231万余元。做好离退休干部信访工作。全年离休干部接待来电、来访230余人次；处理来信、来函8件。

◆**发挥离退休干部作用**　2018年，中共西安市委老干部工作局紧贴中央、陕西省要求和西安市离退休干部实际，创新载体，丰富形式，不断引导全市离退休干部通过“写、画、讲、演、摄”等多种形式，为经济、社会发展发挥应有作用。召开离退休干部纪念改革开放40周年座谈会，以“回忆改革历程、讲述初心故事、点赞西安发展、助力追赶超越”为主题进行座谈交流，让离退休干部了解西安各个领域的新变化、新成就。开展“改革开放以来的西安”口述历史征集活动，把离退休干部在西安改革开放和经济、社会发展中的亲身经历、所见所闻口述整理成文20余篇。组织开展“记忆中的改革开放”征文活动，组织老干部撰写征文294篇，编印《西安市离退休干部“记忆中的改革开放”征文优秀作品集》。与西安市关心下一代工作委员会办公室举办“西迁精神”报告会、“听爷爷讲革命故事”、文学创作大赛、“文明小公民”评选表彰等活动，发挥离退休干部在党史国史教育、青少年思想道德建设等方面的作用。组织“五老”（老干部、老战士、老专家、老教师、老劳模）法治报告团进学校、进社区做法治主题讲座，举办“关注家庭教育、倾听成长声音”教育论坛，开展幼儿交通安全主题教育活动，发挥离退休干部在青少年文明行为习惯养成方面的作用。组织开展扶贫扶智、圆梦助学等活动，动员1117名“五老”与建档立卡困境儿童“一对一”结对帮扶。举办离退休干部广场舞大赛、书画摄影展、重阳节健步走、文艺汇演等系列文体活动，组织离退休干部参加陕西省离退休干部纪念改革开放40周年合唱大赛、摄影展。

◆**老年教育**　2018年，西安老年大学以“奋力追赶超越”为目标，打造品牌专业，建设“精品课堂”，推动开门办学，转变工作作风，提高办学质量，不断扩大老年大学的覆盖面和影响力。全年开设专业课40门、教学班495个，有在校学员14903人次，比上年增长11%；36所分校开设班次3179个，有在校学员101474人次。在全校推行处级以上领导干部随堂听课制度，校领导不定期前往手机摄影、智能手机、古典文学、英语、书法等各教学班听课，对教学内容、课程设置、课堂效果、教师仪表等提出改进意见。结合绩效奖励有关工作，研究制订《全校绩效奖励工作方案》。打造摄影、摄影后期制作、钢琴、葫芦丝、民族舞等品牌专业，古典文学、朗诵、色彩等“精品课堂”，带动各专业、各学科教学质量上台阶。坚持突出专业特色，推进素质教育进课堂，充分调动班主任、系学生委员会、班级委员会的工作积极性，开展以校情校史、安全健康、社会主义核心价值观、《学员守则》等为主要内容的德育课程，提升学员的综合素质。按照中共西安市委、西安市人民政府决议，积极协调西安市机关事务管理局、西安市规划局，实地考察西大街校址，研究改造工作；起草《西安老年大学新校址改造建设方案》，落实新校址土地出让金、改造资金，走访、学习、调研新校址建设、改造及后勤、物业管理工作，新校址建设改造工作顺利推进。坚持在城市公园、广场、绿地兴办校外教学辅导站，不断拓宽办学覆盖面。先后在大明宫遗址公园、西安城市运动公园开办16个教学辅导站（点），成立校外教学辅导站学委会，在西安城市运动公园辅导站增设葫芦丝专业；在大明宫遗址公园辅导站增设笛箫专业，进一步推动辅导站建设和发展。大力推动分校办学，整合资源，培植老年教育中坚力量。发展老年大学分校36所、区（县）分校13所、企事业单位分校23所。

◆**老干部活动**　2018年，中共西安市委老干部工作局加强老干部活动阵地建设，按照老干部工作“五星级”服务创建活动要求，以纪念改革开放40周年和宣传中国共产党第十九次全国代表大会精神为主题，组织离退休干部开展丰富多彩的文娱赛事活动。为宣传贯彻党的十九大精神工作，举办“畅想新时代、舞动新征程”离退休干部广场舞表演大赛，全市15支队伍、400余人参加比赛。结合纪念改革开放40周年庆祝活动，举办市直机关市管离退休干部书画摄影展，展出书画、摄影作品100余幅。围绕欢庆重阳节、丰富离退休干部文化生活，举办“运动健康 快乐无限”重阳节市级机关离退休干部健步走活动，市级部门500多名离退休干部参加活动。多次组织离退休干部代表参加全国、陕西省、西安市演出活动，赴厂矿、社区进行公益演出，宣传党的政策，丰富老干部文化生活。先后组织棋牌协会赴贵州参加全国竞技麻将邀请赛；组织舞蹈队参加全省教育系统春节文艺汇演、西安市首届广场舞比赛、陕西省纪念知青下乡50周年文艺汇演、陕西省学前教育学院年会演出、中老年才艺大赛、陕西电视台首届中老年文化艺术节演出、庆“三八”大型军旅仪仗队队列展示活动、西安市第三届老年体育健身示范区大联展活动、“退休不褪色、幸福舞起来”企业退休人员广场舞大赛、“大爱无价、情暖人间”慈善演出等活动；组织合唱团参加“奋斗新时代、共筑中国梦”陕西省离退休干部纪念改革开放40周年合唱大赛、西安市第三届老年人体育健身示范社区大联展等活动；组织时装队参加陕西电视台元宵喜乐会等演出活动。组织举办惠民演出10场。组织书画学会为农村、社区、企事业单位撰写春联1500余幅，捐赠书画作品近200幅。组织参加“弘扬国粹古城美、文化先行醉西安”西安书法大讲课活动，全市离退休干部纪念建党97周年书画展，全市老年书画会纪念改革开放40周年书画展，喜迎国庆、重阳节临帖展，陕西省慈善会书画联展，全国老年人书画大赛等大型活动。（张润东）

党史征编

◆概况 2018年，中共西安市委党史研究室深入学习习近平新时代中国特色社会主义思想，特别是关于党的历史和党史工作的重要论述，认真贯彻中央《关于加强地方党史工作的意见》和中共陕西省委《关于建设党史工作强省、服务追赶超越大局的意见》以及中共西安市委《关于加强党史工作的实施意见》，落实《西安市2016—2020年党史工作规划》，坚持“党史姓党”根本原则，坚持“一突出、两跟进”（突出开创和发展中国特色社会主义时间段历史研究；即时跟进十八大以来党中央的决策部署，即时跟进以习近平同志为核心的党中央的理论发展）基本要求，深化党史研究，加强党史宣传教育，切实发挥党史以史鉴今、资政育人作用。全年编辑出版党史图书13册，组织党史“七进”（进机关、进学校、进企业、进农村、进社区、进军营、进网络）宣讲55场次，举办“西安市纪念改革开放40周年书画摄影展”和“铁流纵横——中国工农红军长征过境西安大型图片巡回展”。

◆党史图书编辑出版 2018年，中共西安市委党史研究室加强党史图书编辑出版工作，编辑出版13册党史图书。

《西迁岁月》 该书记载了20世纪50年代高校西迁的历程和主要人物，对“西迁精神”进行深入研究，为全市开展“弘扬爱国奋斗精神、建功立业新时代”活动提供了学习资料。全书17万字。

《西迁精神宣讲文集》 该书收录由西迁老同志、西迁子女、青年教师、西安交通大学校史理论专家代表等组成的“西迁精神”宣讲团的13篇宣讲文稿。全书约20万字。

《西安改革开放实录》系列丛书 该系列丛书共8辑，收录西安市各区（县）、开发区，各部门专题125个，总结了改革开放时期西安市取得的成功经验、发生的重大事件、取得的重要成就。全系列丛书260万字。

《西安党委工作纪事（2017年卷）》 该书以党的工作为主线，以党的建设为重点，以党的决策、党的领导、党的活动为重要内容，如实记载2017年全市各级党组织在中共西安市委带领下的工作历程，总结了党的工作的成功经验。全书90多万字，有200多幅图片。

《执政纪实（2017年卷）》 该书以时间顺序为主线，主要记述2017年中共西安市委做出的重大决策、召开的重要会议、举办的重大活动以及特色、亮点等，体现了西安政治、经济、社会发展所取得的最新成就。全书24万余字。

《西安纪念改革开放四十周年书画摄影集》 该书收录书法作品62幅、绘画作品76幅、摄影作品105幅，作品主题鲜明、内容丰富、题材广泛，反映了在党的带领下，西安在改革开放取得的伟大成就。

◆党史研究 2018年，中共西安市委党史研究室坚持“一突出、两跟进”基本要求，不断深化中国特色社会主义时间段历史研究。继2013年完成《中共西安历史（第二卷）》编辑出版工作后，完成《中共西安历史（第三卷）》初稿编写工作。结合大调研活动，赴区（县）和开发区开展党史基本著作编写指导工作，组织力量审稿并提出修改意见。截至年底，临潼、长安、蓝田、周至、高陵、鄠邑6个区（县）编纂出版党史一卷，其中高陵、鄠邑、蓝田3个区（县）已编纂出版党史二卷，正在编写三卷。形成的《传承红色文化，助推西安发展》《西安八办精神的基本内涵及现实启示》2篇资政报告，被中共陕西省委党史研究室以《资政参考》形式印发全省领导干部参阅。完成中央党史文献研究院布置的3篇改革开放口述史采编工作；完成中共陕西省委办公厅下达给中共西安市委的8个党史三卷专题撰写任务。

◆党史宣传教育 2018年，中共西安市委党史研究室积极组织开展党史宣传教育活动，展示好红军长征过境西安遗址群、“西安事变”纪念场馆遗址群、八路军西安办事处纪念馆遗址群为主的革命遗址，树立西安“红色文化之城”的形象。继续深化“西安八办”精神研究，弘扬西安“八办精神”，发挥“八办”党史教育基地作用。开展“西安红色经典故事进网络”活动，组织大学生撰写“红色故事”15篇，并上传网络。与西安市文学艺术界联合会沟通协作，邀请年轻作家开展西安红色历史小说、报告文学、散文、随笔、诗歌等的创作。在全市设置校园党史辅导员553人，实现党史教育全覆盖。6月，为进一步提高校园党史辅导员工作能力，在未央区西安航空发动机集团子弟第四小学，设立“西安市中小学校党史辅导员实践基地”，搭建市级校园党史辅导员培训交流平台。联合西安市文学艺术界联合会，举办“西安市纪念改革开放40周年书画摄影展”，编辑出版《西安市纪念改革开放40周年书画集》。举办的“铁流纵横——中国工农红军长征过境西安大型图片巡回展”在各区（县）巡回展出。编辑出版《西安党史》期刊6期。加强中共西安历史展览馆的资料补充、完善，累计接待各界人士15万人次。继续在中、小学校开展“学党史、知党史、跟党走”主题活动。赴机关、街道、社区、学校宣讲党史55场次。

◆革命遗址保护及党史教育基地建设 2018年，中共西安市委党史研究室加强对革命遗址保护、纪念馆布展工作的现场跟进指导。截至年底，全市117处革命遗址确定为“党史教育基地”的有28处，立碑11处。参与西安历史文化街区规划建设工作，为助推西安革命遗址保护利用和红色旅游文化发展提出具体意见、建议。

◆**区（县）党史工作** 2018年，中共西安市委党史研究室落实室领导和处室联系区（县）工作制度。通过以会代训、实地参观学习、挂钩区（县）帮带等形式，具体指导和推动区（县）党史基本著作和《区（县）党委工作纪事》编纂、《改革开放实录》资料征集、中小学设立党史辅导员、革命遗址保护等党史工作任务，全市区（县）党史工作稳中有进。（李德军）

党校工作

◆**概况** 2018年，中共西安市委党校以精品课建设、科研咨政、机关党建、网络学院建设、信息化建设等为重点，按照"教学是中心、科研要先行、后勤作保障"的工作思路，各项工作取得新成绩。截至年底有教职工180人。全年举办主体班次41期，培训987人次；对外办班75期，培训10351人次。

◆**干部教育培训** 2018年，中共西安市委党校举办市管领导干部进修班、青年干部培训班、"打造西安铁军、提升八种本领"专题研究班、优秀科级干部培训班、2018年新招录定向选调生岗前培训班、全市女干部能力建设培训班、处级公务员任职培训班、新提拔市管干部"延安精神"专题培训班等各类班次23期，培训干部1137人。举办西安市行政效能培训班、全市招商引资培训班、提升营商环境推进"行政效能革命"专题培训班、"一带一路"建设专题研修班等各类班次75期，10351人次。举办市级民主党派领导班子自身建设研讨班、市级民主党派中青年干部培训班、各党派骨干党（会、盟）员培训班、宗教界人士培训班、少数民族干部培训班等各类班次18期，培训干部850余人。挂牌成立"西安市律师行业党校"。落实"领导干部上讲台制度"，领导干部上讲台讲课占总课时的20%。推进中国共产党第十九次全国代表大会精神及习近平新时代中国特色社会主义思想进课堂、进教材、进头脑。成立10个课题组，组织教师开发相关专题，把学习习近平新时代中国特色社会主义思想作为核心课程，覆盖全部主体班次。在1个月以上的主体班次中，设立"学习贯彻习近平新时代中国特色社会主义思想"教学单元，教学专题和课时占理论课总课时的50%以上。围绕中共西安市委、西安市人民政府中心工作，将优化营商环境、发展空港新城、"大西安"追赶超越、弘扬"西迁精神"等内容进入主体班课堂。在传统讲授式教学方法的基础上，推行现代教学方法，充分利用实训室、录播室和35个现场教学基地，探索开展案例式、体验式、情景模拟式等实践教学方式。开展异地培训，组织学员赴成都、浙江、延安等地学习，实现本地教学向异地体验学习的延伸。全年开发"习近平谈治国理政""党的十九届三中全会精神解读""乡村振兴战略下农村'三变'改革""传承'西迁精神'奋力追赶超越""打造西安铁军 提升八种本领""学习梁家河的大学问""践行'两山理论'保护大秦岭""深入学习贯彻《中国共产党纪律处分条例》""纪念改革开放40年"等10多个系列共43期微课。"推进生态文明 建设美丽中国""健全人民当家作主制度体系 发展社会主义民主政治""推进伟大事业的实践指南——再读毛泽东《实践论》"3门课程被中共陕西省委组织部评选为"全省干部教育培训第一批精品共享课程"。"习近平总书记关于全面依法治国的重要论述"课程在全省党校系统第二届精品课评选中获第一名。成立党校网络学院，开展网络助学和党校中国共产党第十八次全国代表大会后新进人员专题网络培训班等专题网络培训17期。

◆**科研工作** 2018年，中共西安市委党校组织申报各级课题11批次98项，其中立项61项；报送科研征文和科研成果评奖论文71篇，其中获奖21篇。公开发表理论文章101篇，其中核心期刊5篇；《学习时报》《陕西日报》《西安日报》29篇。出版专著及成果汇编4部，分别是《西安建设欧亚合作前沿城市路径与发展机制研究》《网络空间法治化治理研究》《创新突围：基于供应链的创新》《大学生自主学习与图书馆服务研究》。先后召开关中平原城市群党校系统区域经济发展研讨会、全市党校系统科研咨政会、改革开放40周年暨全市党校系统课题中期理论研讨会等各类研讨会和学术会12次，组织承办2018陕西省马克思主义研究会学术研讨会。编撰报送12期《咨政快讯》，其中《如何壮大西安对外合作共赢"国际朋友圈"》《"西安年·最中国"——西安城市节庆文化的可持续性发展》获得中共西安市委主要领导肯定；《充分发挥统战文化在国家治理民主化中的法宝作用》获陕西省人民代表大会常务委员会领导肯定。

◆**学员管理** 2018年，中共西安市委党校落实"中央八项规定"和中共中央组织部《关于在干部教育培训中进一步加强学员管理的规定》，加强学员管理。严格执行请销假制度、考勤制度和班主任跟班制度，采取分级考勤、电子打卡、二维码签到、实时在线查阅课表、手机评课打分、电子屏公布到课率等方式，督查学员认真参加学习。开展党性教育"六个一"活动，开设一个单元党性教育课程，让党性修养在理论学习中提升；到红色教育基地进行一次现场教学，让党性认知在生动的革命史教育中得到升华；接受一系列反腐倡廉警示教育，让灵魂在警钟鸣响中洗礼；撰写一篇党性分析报告，对自身存在问题进行深剖细挖；召开一次组织生活会，让批评与自我批评真正得以落实；举行一次党性分析班级交流讲评会，在相互学习借鉴中共同提高。组织第十八期青年干部培训班学员到周至县竹峪镇4个贫困村，开展为期一周的"五同"（同吃、同住、同劳动、同学习、同提高）教育。

◆**教师队伍建设** 2018年，中共西安市委党校分层、分批、分主题开展教职工差异化培训，先后举办校委（扩大）读书班、学习贯彻"十九大精神"读书班、中层干部及副高以上职称教研人员读书班等培训班。举办全市党校系统学习贯彻习近平新时代中国特色社会主义思想专题研修班。先后选派16人挂职锻炼，与陕西省内外近10家党校建立"互训互学"双向交流学习机制，全年组织选派30余名教师赴其他地市党校，开展为期1至2周的学习。制定并贯彻《2018年人才工作要点》，全年引进4名硕士研究生，接收4名军转干部。

◆**校园文化建设** 2018年，中共西安市委党校组织全体教职工参加《习近平谈治国理政（第二卷）》在线学习打卡活动。组织收看电影《厉害了我的国》和话剧《柳青》《共产党宣言》。赴习仲勋纪念馆和西安交通大学"西迁精神"纪念馆进行现场教学。组织开展雁鸣湖"健康跑"活动。在夜间开放图书馆阅览室，供教职工和学员学习使用。全面升级校园门户网站，全年发布信息1000余条。编辑《西安干部教育》10期、《西安社会科学》4期。

◆**信息化建设** 2018年，中共西安市委党校继续加强网络信息化工作，建设速度更快、覆盖更广、更加稳定、更加安全的校园无线网络，为学员和教职工在线学习、查阅信息、无线办公提供更加高效、便捷的网络信息化服务。不断扩展办公自动化系统和手机应用程序"学在西安"、微信公众号等办公学习平台，实现学员刷二维码考勤签到、实时在线查阅课表、手机评课打分，在行政管理、教学管理的数字化、智能化、便捷化上取得新进展。（宋 阳）

西安市人民代表大会

责任编辑　姚文东

综　述

◆概况　2018年，西安市人民代表大会及其常务委员会在中共西安市委的坚强领导下，深入学习贯彻习近平新时代中国特色社会主义思想和中国共产党第十九次全国代表大会精神，牢牢把握新时代人大工作新定位、新要求，始终坚持党的领导、人民当家做主、依法治国有机统一，围绕中心，服务大局，依法履职，强化责任担当，狠抓工作落实，为大西安“追赶超越”和民主法治建设发挥了地方国家权力机关应有的作用。

◆西安市人民代表大会会议　2018年，西安市人民代表大会召开会议1次。

市十六届人民代表大会第三次会议　2018年2月3—5日在陕西宾馆召开，会期两天半。会议听取和审议西安市人民政府工作报告；审查和批准西安市2017年国民经济和社会发展计划执行情况与2018年国民经济和社会发展计划草案的报告，批准西安市2018年国民经济和社会发展计划；审查和批准西安市2017年预算执行情况和2018年预算草案的报告，批准西安市2018年市级预算；听取和审议西安市人民代表大会常务委员会工作报告、西安市中级人民法院工作报告、西安市人民检察院工作报告。会议分别做出关于市政府工作报告、市2017年国民经济和社会发展计划执行情况与2018年国民经济和社会发展计划、市2017年预算执行情况和2018年预算、市人大常委会工作报告、市法院工作报告、市检察院工作报告的决议。会议表决通过李炎为西安市第十六届人民代表大会城乡建设环境资源保护委员会主任委员。

◆市人大常委会会议　2018年西安市人民代表大会常务委员会召开会议9次。

市十六届人大常委会第九次会议　2018年1月19日举行，会期半天。会议审议通过西安市第十六届人民代表大会第三次会议议程（草案）、西安市人民代表大会常务委员会主任会议关于提请审议市人大常委会关于召开市十六届人大三次会议决定（草案）的议案，做出市人大常委会关于召开市十六届人大三次会议的决定；会议审议并表决通过市十六届人大三次会议主席团和秘书长名单（草案）、列席人员名单、市人大常委会工作报告；会议表决通过人事免职事项。

市十六届人大常委会第十次会议　2018年2月27日举行，会期一天。会议审议西安市人民代表大会教育科技文化卫生委员会关于提请审议《西安市文明行为促进条例（草案）》的议案；西安市人民政府关于市人大常委会执法检查组检查西安市实施《中华人民共和国环境保护法》情况报告，市十六届人大常委会第六次会议对2016年环境状况和环境目标完成情况及中央、中共陕西省委环保督察组反馈意见、交办西安市信访案件整改情况报告审议意见及全市党政机关设立公职律师工作情况报告审议意见、特困供养人员保障情况报告审议意见、特色小镇规划建设工作情况报告审议意见、西安浐灞生态区旅游发展工作情况报告审议意见的研究处理情况报告；西安市中级人民法院关于市十六届人大常委会第六次会议对全面推进司法责任制改革工作情况报告审议意见、非法集资犯罪案件审判工作情况报告审议意见；西安市人民检察院关于市十六届人大常委会第六次会议对司法体制改革工作情况报告审议意见的研究处理情况报告并对上述9个报告进行满意度测评。会议表决通过市人大常委会关于许可西安市公安局对西安市第十六届人大代表胡凯采取强制措施的决定。

2018年2月3—5日，西安市第十六届人民代表大会第三次会议在陕西宾馆召开

市十六届人大常委会第十一次会议　2018年4月27日举行，会期一天半。会议审议《西安市文明行为促进条例（草案修改稿）》及西安市人民代表大会法制委员会关于该条例（草案）审议结果的报告，市政府关于提请审议《西安市城市公共汽车客运管理条例（草案）》的议案及西安市人民代表大会财政经济委员会关于该议案审议意见的报告；听取和审议市人大常委会执法检查组关于检查西安市实施《中华人民共和国环境保护法》情况的报告，市政府关于工业经济发展情况的报告、关于2016年度审计工作报告反映问题整改情况的报告以及西安市民政局局长王碧辉、西安市体育局局长冯艳阳的述职报告；审议市政府关于市人大常委会执法检查组检查西安市实施《中华人民共和国城乡规划法》情况报告的研究处理情况报告、市政府关于市十六届人大常委会第八次会议对推进供给侧结构性改革工作情况报告审议意见的研究处理情况报告并对上述2个报告进行满意度测评；表决通过《西安市文明行为促进条例》，提请陕西省人民代表大会常务委员会批准；会议表决通过有关人事事项。

市十六届人大常委会第十二次会议　2018年6月28日举行，会期一天半。会议审议《西安市公共汽车客运条例（草案修改稿）》及市人大法制委关于该条例（草案）审议结果的报告，市政府关于提请审议《西安市特种设备安全条例（草案）》的议案，关于提请审议西安市与俄罗斯叶卡捷琳堡市等城市结为友好城市的议案以及西安市人民代表大会民族宗教侨务外事委员会关于该议案审议结果的报告及相关决议（草案）；听取和审议市人大常委会执法检查组关于检查西安市实施《中华人民共和国食品安全法》情况的报告，市政府关于脱贫攻坚工作情况的报告、关于2017年环境状况和环境保护目标完成情况的报告、关于西安市宗教活动场所管理情况的报告以及西安市审计局局长李永奇、西安市安全生产监督管理局局长黄会强、西安市人民防空办公室主任唐宁的述职报告，会议对西安市脱贫攻坚工作进行专题询问。会议还听取和审议西安市第十六届人民代表大会常务委员会代表资格审查委员会关于个别代表的代表资格的报告，认为终止吴智民、王德安、董普选、李毅、李婧的代表资格符合有关法律规定，王德安的市十六届人大常委会秘书长职务相应终止；莲湖区第十八届人民代表大会常务委员会第十五次会议补选屈胜文为西安市第十六届人民代表大会代表，市人大常委会代表资格审查委员会依法进行审查，认为补选符合法律规定，屈胜文代表资格有效。会议分别做出西安市与俄罗斯叶卡捷琳堡市、摩洛哥非斯市、印度尼西亚梭罗市结为友好城市的决议；表决通过《西安市公共汽车客运条例》，提请省人大常委会批准；会议表决通过有关人事事项。

市十六届人大常委会第十三次会议　2018年8月30日举行，会期两天。会议审议《西安市特种设备安全条例（草案修改稿）》及市人大法制委关于该条例（草案）审议结果的报告，市政府关于提请审议《西安市城市轨道交通条例（修订草案）》《西安市社会急救医疗条例（修订草案）》2个议案，市人大法制委关于提请审议《西安市人民代表大会常务委员会关于修改〈西安市城市饮用水源污染防治管理条例〉等5部地方性法规的决定（草案）》议案，西安市质量技术监督局2017年部门决算的报告；会议听取和审议市政府关于2018年上半年国民经济和社会发展计划执行情况的报告、关于2017年决算草案和2018年上半年预算执行情况的报告、关于2017年度市级预算执行和其他财政收支的审计工作报告、关于秦岭生态环境保护工作情况的报告、关于交通拥堵治理工作情况的报告、关于社会面治安管控情况的报告、关于西安曲江新区文化旅游产业发展情况的报告和西安市公安局局长肖西亮、西安市人民政府法制办公室主任白正谊、西安市中级人民法院副院长常青的述职报告；会议还审议市政府关于市人大常委会执法检查组检查西安市实施《中华人民共和国环境保护法》情况报告的研究处理情况报告、关于市十六届人大常委会第十一次会议对工业经济发展情况报告审议意见的研究处理情况报告并对上述2个报告进行满意度测评；会议对西安市交通拥堵治理工作进行专题询问。会议分别做出西安市人大常委会关于修改《西安市城市饮用水源污染防治管理条例》等5部地方性法规的决定、关于批准2017年决算的决议、关于全面加强秦岭生态环境保护坚决打赢秦岭保卫战的决议；表决通过《西安市特种设备安全条例》，提请省人大常委会批准；会议表决通过有关人事事项。

市十六届人大常委会第十四次会议　2018年10月11日举行，会期半天。会议审议并表决通过市人大常委会关于许可西安市公安局鄠邑分局对西安市第十六届人大代表韩卷利采取强制措施的决定。

市十六届人大常委会第十五次会议　2018年10月29日举行，会期两天。会议审议《西安市城市轨道交通条例（修订草案修改稿）》及市人大法制委关于该条例（修订草案）审议结果的报告；《西安市急救医疗管理条例（修订草案修改稿）》及市人大法制委关于该条例（修订草案）审议结果的报告；市政府关于提请审议废止《西安市经纪人条例》的议案及西安市人民代表大会财政经济委员会关于该议案审议意见的报告、市人大法制委关于该议案的审议结果报告及相关决定（草案）；市政府关于提请审议《西安市旅游条例（修订草案）》的议案及市人大民宗侨外委关于该议案审议意见的报告；市人大常委会执法检查组检查西安市实施大气污染防治"一法两条例"（《中华人民共和国大气污染防治法》和《陕西省大气污染防治条例》《西安市大气污染防治条例》）情况的报告及检查西安市实施《陕西省秦岭生态环境保护条例》《西安市秦岭生态环境保护条例》情况的报告。会议听取和审议市人大常委会执法检查组关于检查西安市实施《中华人民共和国城乡规划法》《陕西省城乡规划条例》《西安市城乡规划条例》情况的报告；市政府关于西安市国民经济和社会发展"十三五"规划纲要实施情况中期评估报告、关于2018年新增地方政府债券收支安排及预算调整方案草案的报告及市人大财经委的审查结果报告和相关决议（草案）、关于西安市政府性债务管理情况的报告、关于军民融合工作情况的报告、关于第十次村民委员会换届选举工作情况的报告、关于城乡社区治理工作情况的报告、关于西安市硬科技产业发展情况的报告、关于西安市城乡环境综合整治工作情况的报告以及西安市水务局局长贾生林、西安市统计局局长张民伟、西安市人民检察院副检察长施文平的述职报告。会议还对西安市"烟头革命""厕所革命""行政效能革命"工作进行专题询问。会议还审议市政府关于市人大常委会执法检查组检查西安市实施《中华人民共和国食品安全法》情况报告的研究处理情况报告、关于市十六届人大常委会第十二次会议对2017年环境状况和环境保护目标完成情况报告审议意见的研究处理情况报告、关于市十六届人大常委会第十二次会议对西安市宗教场所管理情况报告审议意见的研究处理情况报告、关于市十六届人大常委会第十二次会议对脱贫攻坚工作情况报告审议意见的研究处理情况报告并对上述4个报告进行满意度测评。会议表决通过《西安市城市轨道交通条例》《西安市急救医疗管理条例》，做出西安市人大常委会关于废止《西安市经纪人条例》的决定，提请省人大常委会批准，会议还做出市人大常委会关于批准2018年新增地方政府债券收支安排及预算调整方案的决议。会议表决通过有关人事事项。

市十六届人大常委会第十六次会议　2018年11月5日举行，会期半天。会议传达中共中央纪律检查委员会和国家监察委员会有关文件，听取有关人事事项的说明，审议市十六届人大常委会主任会议关于提请审议《西安市人民代表大会常务委员会关于接受上官吉庆辞去西安市人民政府市长职务请求的决定（草案）》的议案、关于提请审议《西安市人民代表大会常务委员会关于接受上官吉庆辞去陕西省第十三届人民代表大会代表职务请求的决议（草案）》的议案，听取和审议市十六届人大常委会代表资格审查委员会关于个别代表的代表资格的报告。会议表决通过西安市人民代表大会常务委员会关于接受上官吉庆辞去西安市人民政府市长职务请求的决定、关于接受上官吉庆辞去陕西省第十三届人民代表大会代表职务请求的决议。

市十六届人大常委会第十七次会议　2018年12月20日举行，会期两天。会议审议《西安市旅游条例（修订草案修改稿）》及市人大法制委关于该条例（修订草案）审议结果的报告，市人大常委会主任会议关于提请审议西安市人民代表大会常务委员会关于召开西安市第十六届人民代表大会第四次会议的决定（草案）的议案，市政府关于2017年度国有资产管理情况的综合报告，市法院、市检察院、市人大常委会人事代表联络工作委员会分别关于西安市第十六届人民代表大会第三次会议以来代表建议、批评和意见办理情况的报告；会议听取和审议市人大教科文卫委关于西安市第十六届人民代表大会第三次会议主席团交付审议的第1号议案审议结果的报告，市政府关于2017年度企业国有资产的专项报告、关于西安市第十六届人民代表大会第三次会议以来代表建议、批评和意见办理情况的报告，市法院关于人民法院解决"执行难"工作情况的报告，市检察院关于加强对民事诉讼和执行活动法律监督工作情况的报告、关于开展公益诉讼工作情况的报告。市十六届人大常委会代表资格审查委员会关于个别代表的代表资格的报告；会议还分别审议市政府关于市十六届人大常委会第十三次会议对秦岭生态环境保护工作情况、交通拥堵治理工作情况、社会面治安管控情况、西安曲江新区文化旅游产业发展情况报告审议意见的研究处理情况报告，并对上述4个报告进行满意度测评；会议对市政府办理代表建议工作进行专题询问。会议分别做出西安市人民代表大会常务委员会关于加强和支持检察机关依法开展公益诉讼工作的决议、关于召开西安市第十六届人民代表大会第四次会议的决定；表决通过《西安市旅游条例》，提请省人大常委会批准。会议表决通过有关人事事项。

（赵　航）

人大主要工作和重大活动

◆**监督工作**　2018年，西安市人民代表大会常务委员会始终围绕发展大局，突出重点，创新方式，聚力推进，不断增强监督实效。

促进高质量发展　围绕经济运行和产业转型升级，听取审议西安市人民政府关于“十三五”规划纲要实施情况的中期评估报告，2018年上半年计划、预算执行以及工业经济、西安曲江新区文化旅游、军民融合、硬科技产业发展情况的专项报告，支持政府稳增长、促改革、调结构，持续增强经济发展内生动力。围绕预算审查监督，听取审议市政府关于预算调整方案、决算和审计工作报告，并做出相应决议。建成预算联网监督中心，初步实现对财政预算、部门预算的查询、预警、分析和服务功能。围绕防范化解风险和国有资产监管，听取审议市政府关于政府性债务管理、企业国有资产管理专项报告，审议市政府关于国有资产管理情况的报告，支持政府完善举债融资机制，严格债务规模控制，加强国有资产监管。

促进民生保障　紧盯食品安全，持续开展《中华人民共和国食品安全法》《中华人民共和国农产品质量安全法》执法检查，明察暗访200多个点位，要求完善监管制度、夯实监管责任、加大执法力度。紧盯城市交通保畅，开展《中华人民共和国道路交通安全法》执法检查，听取审议市政府关于交通拥堵治理工作情况的专项报告，并进行专题询问，督查打通“断头路”，对群众集中反映的393条交通方面问题，及时转交市政府有关部门研究处理。

促进城乡建设管理　推进规划实施，持续开展《中华人民共和国城乡规划法》执法检查，视察地铁上盖物业开发和出入口结建工作整改、“四改两拆”（“四改”：棚户区／城中村改造；旧住宅区改造；旧工厂改造；架空通信线缆改造。“两拆”：违法建设拆除及整治；违法户外广告牌匾标识拆除整治）及城中村、城乡接合部、通景公路两侧“种房子”情况，提出要高度重视专项规划的编制实施，推进多规合一，加大违法建设查处力度。推进城乡环境整治，视察铁路沿线两侧“三化”（洁化、绿化、美化）、城乡污水处理、黑臭水体治理工作情况，开展《西安市湿地保护条例》执法检查，听取审议市政府关于城乡环境综合整治情况的专项报告，对开展“三大革命”（“烟头革命”“厕所革命”“行政效能革命”）情况进行专题询问，要求增加投入、加大力度、建立长效机制，推进城乡环境整治取得成效。

促进社会治理　保障基层民主自治，组织260余名人大代表对894个村的村委会换届选举工作进行检查，听取审议市政府关于村委会换届选举和城乡社区治理情况的专项报告，提出强化组织领导、重视基层基础建设、提高基层治理能力等建议。推进社会建设，听取审议市政府关于社会面治安管控和宗教活动场所管理工作情况的专项报告，视察“平安社区”“平安校园”建设，要求加强组织领导、强化教育宣传、提高管控能力，为群众创造安全和谐的社会环境。维护公正司法，组织人大代表旁听评议市法院庭审工作，开展《中华人民共和国刑事诉讼法》执法检查，听取审议市法院关于解决“执行难”的专项报告，听取审议市检察院关于民事诉讼和执行活动法律监督、公益诉讼情况的专项报告，做出《关于加强和支持检察机关依法开展公益诉讼工作的决议》，努力维护法律权威和尊严，维护社会公共利益。高度重视信访工作，全年接待来访3635人次，转办督办信访件1024件。

创新监督方式　坚持问题导向，“直奔问题去、瞄准点位查、盯着清单改”，梳理环境保护、城乡规划、大气污染防治、秦岭生态环境保护法律、法规条文173条，形成检查对照清单，集中检查点位618个，发挥“法律巡视”的监督利剑作用；围绕铁路沿线两侧“三化”、开展“三大革命”、城市交通拥堵3个方面制作电视专题片，直击突出问题，在西安市“追赶超越”擂台赛、市人大常委会专题询问会上播放，不断增强监督的针对性。坚持跟踪监督，持续开展“三法一条例”（《中华人民共和国标准化法》《中华人民共和国计量法》《中华人民共和国质量法》和《中华人民共和国工业产品生产许可证管理条例》）执法检查，每季度对“铁腕治霾·保卫蓝天”等工作进行督查、视察，对市人大常委会审议意见、执法检查报告的研究处理情况报告进行满意度测评，不断增强监督的持续性。坚持打好监督“组合拳”，综合运用听取审议专项报告、执法检查、专题询问、专题视察等形式，采取明察暗访、问卷调查、法律测试、专家参与等方式开展监督，不断增强监督的实效性。

◆**审议决定重大事项**　2018年，西安市人民代表大会常务委员会始终围绕落实中央和中共陕西省委、中共西安市委决策部署，强化责任担当，积极主动作为。

助推打赢秦岭保卫战　深入学习习近平生态文明思想，认真贯彻中共中央总书记习近平关于秦岭北麓西安境内违建别墅问题的重要指示批示精神，全力参与秦岭北麓违建别墅专项整治。及时向中共西安市委提出建立保护秦岭长效机制9条建议，听取审议西安市人民政府关于秦岭保护工作报告，做出《关于全面加强秦岭生态环境保护坚决打赢秦岭保卫战的决议》《关于设立“西安生态日”的决定》，每季度开展《西安市秦岭生态环境保护条例》执法检查、重点视察，组织340余名市人大代表参加“保护秦岭·代表在行动”主题活动，着手修改《西安市秦岭生态环境保护条例》，做到依法保护秦岭生态环境。

助推打赢精准脱贫攻坚战　对全市脱贫攻坚工作进行重点视察，对灞桥区、临潼区、高陵区计划退出的贫困村和贫困户进行“拉网式”检查，对周至县2个镇的512户贫困户、10个贫困村脱贫成效进行“大回访”。听取审议市政府关于脱贫攻坚工作的报告并进行专题询问，提出发展集体经济、加大产业培育、巩固扶贫成果等建议。

助推打好“蓝天保卫战”　听取审议市政府关于2017年环境状况和环境保护目标完成情况报告，对中央环保督察反馈问题整改情况进行重点检查，开展《中华人民共和国环境保护法》《中华人民共和国大气污染防治法》执法检查和工作视察，集中检查视察点位236个，梳理出7个方面66个问题，并反馈市政府整改，要求切实加强污染源头治理、强化“网格化”管理、加大执法力度，推动大气质量不断改善。

助推优化营商环境　落实中共陕西省委、中共西安市委“营商环境提升年”要求，围绕政务服务“一网通办”，开展专项视察、专题调研，学习外地“智慧城市”建设经验，提出推进数据整合、强化信息共享、完善法规制度等建议。开展项目从签约到开工所需工作日情况、建立健全营商环境司法保障体系等专题调研，广泛征求人大代表意见、建议，为提升营商环境建言献策。

助推友城合作交流　积极融入国家“一带一路”建设，落实全国人民代表大会常务委员会委员长栗战书重要批示，组团出访乌兹别克斯坦撒马尔罕市，开展地方立法交流。决定西安市与摩洛哥非斯市、印度尼西亚梭罗市、俄罗斯叶卡捷琳堡市建立友好城市关系，促进合作交流，扩大对外宣传，增强西安国家中心城市的吸引力。

◆联系人大代表和人民群众 2018年，西安市人民代表大会常务委员会尊重代表主体地位，为代表履职提供主动服务，丰富代表活动，激发代表活力。

丰富代表履职活动 充分发挥代表工作室、代表小组、代表专业活动小组作用，听民声、察民情、解民忧，进一步密切代表与群众的联系。组织代表围绕义务教育、历史文化街区发展等开展专题调研，围绕提升营商环境、城乡建设管理、保障民生等进行集中视察，邀请代表800余人次参加执法检查、视察、督查等活动，充分发挥代表主体作用。

强化代表建议督办 选择特色小镇建设、富阎一体化等10件事关西安发展大局的代表建议进行重点督办。对8个单位办理的5件建议情况进行绩效评估，开展代表建议办理情况专题询问。在督办"加强城市道路信号灯管理"的建议中，通过执法检查、专题询问、绩效评估、代表约见国家机关负责人，推进建议有效办理。截至年底，769处设置不合理的道路信号灯改造760处。西安市第十六届人民代表大会第三次会议以来代表提出的386件建议，全部办理完毕并答复代表。

提升服务保障水平 市人大常委会领导班子成员定期接待代表，听取代表意见、建议。组织70余名市人大代表参加全国人民代表大会组织的培训，完善"代表学习在线"网络平台，不断增强学习的效果。组织280余名市人大代表列席市人大常委会会议、参加政情通报会和电视问政，及时向市人大代表寄送人大期刊，为代表知情、知政提供服务。对24个"优秀代表工作室"、34件"优秀代表建议"和22个"代表建议办理先进单位"进行表彰，进一步激发代表工作活力。

做好人事任免，加强代表履职监督 坚持党管干部原则与人大依法任免干部相统一，依法任免国家机关工作人员85人次，组织任命人员向《中华人民共和国宪法》宣誓。组织11名西安市人民政府工作部门主要负责人及西安市中级人民法院、西安市人民检察院领导干部向市人大常委会述职。强化选举单位对代表依法履职的监督，95名市人大代表向原选举单位述职。

◆人大自身建设 2018年，西安市人民代表大会常务委员会始终把政治建设摆在首位，毫不动摇坚持党的领导，时刻牢记"打铁必须自身硬"，强化能力建设，切实转变作风。

牢固树立"四个意识"，坚定"四个自信"，坚决做到"两个维护"，始终在思想上、政治上、行动上同以习近平同志为核心的党中央保持高度一致。坚持把中共中央总书记习近平重要讲话作为每次党组中心组学习的第一内容，深入学习习近平新时代中国特色社会主义思想，推进"两学一做"学习教育常态化、制度化，全年开展专题学习研讨23次，做到用新思想武装头脑、指导实践、推动工作。坚决贯彻落实中央和中共陕西省委、中共西安市委决策部署，全年向中共西安市委请示报告重大事项、主要工作125项。举办宪法培训会、报告会、研讨会，做到市人大常委会组成人员、市人大代表、人大系统干部培训学习全覆盖。检查《市人大常委会关于在全市开展第七个五年法治宣传教育的决议》落实情况，赴基层宣讲《中华人民共和国宪法》，举办演讲比赛，建设宪法大厅，开展第五个"国家宪法日"和首个"宪法宣传周"等系列活动，推进宪法精神深入人心。统筹推进市人大常委会党组和机关党的建设，完善党建制度，召开人大机关党建工作推进会，以党的建设引领人大工作。加强人大机关党员教育、管理和监督，加强党风廉政建设，构建一级抓一级、层层抓落实的党建工作格局，推动全面从严治党在人大落实落地。提高学习能力，坚持党组中心组学习、常委会法制讲座、机关专题报告会制度，坚持全面系统学、及时跟进学、联系实际学、带着问题学，做到真学、真信、真用。提高发现问题能力，通过深入实际"解剖麻雀"、随机抽查、明察暗访、开设"市民热线"等形式，发现问题，提出对策建议。提高跟踪监督能力，狠抓中共西安市委决策部署、人大决议决定、人大代表建议的落实督办，持续发力，推动重点任务落实。严格执行"中央八项规定"精神，坚决整治"四风"，党组召开秦岭北麓违规建别墅专项整治专题民主生活会，坚决肃清魏民洲等流毒和恶劣影响，推进"以案促改"工作，开展"讲政治、敢担当、改作风"专题教育常委会领导班子成员带队开展执法检查、视察督查，履行河长、湖长职责，定期到联系的企业、商会、重点项目、帮扶村开展调研，协调解决问题。

（赵　航）

西安市第十六届人民代表大会
常务委员会
（以2018年年底在职为准）

主　　任 胡润泽
副 主 任 刘春雁　韩宝生　秦鸿学　王凤萍（女）　薛振虎
副秘书长 贺简政　赵生龙　韩　强　张庆东
委　　员 于海夫　马文宝（回）　马　震　王延宏　王武平　王晓萍（女）　王浩公　牛　犁　孔令国　史鹤亭　白世峰　朱文斌　乔安涛　刘铁泉　严鉴铂　李　军（女）　李利民（女）　李英才　杨　军　杨宗科　李　炎　李顺德　张　宁　张建学　张春莹（女）　张钢胜　张爱萍（女）　陈光德　赵　卫　郝定均　胡　凯　姜长智　崔荣华（女）　惠敏莉（女）　惠敏莉（女）　雷英杰　解少波　蔡全发　鲜选玉　颜学柏　戴宏科　魏大宝珠（女，藏）

市人大内务司法委员会
主任委员 李顺德

市人大法制委员会
主任委员 牛　犁

市人大财政经济委员会
主任委员 李英才

市人大教育科学文化卫生委员会
主 任 委 员 张　宁
副主任委员 屈胜文

市人大城乡建设环境资源保护委员会
主任委员 李　炎

市人大民族宗教侨务外事委员会
主任委员 张钢胜

市人大常委会法制工作委员会
主　任 牛　犁（兼）
副主任 王海安

市人大常委会预算工作委员会
主　任 李英才（兼）
副主任 姚　远

市人大常委会农业农村工作委员会
主　任 史鹤亭
副主任 郭海顺

市人大常委会人事代表联络工作委员会
主　任 解少波
副主任 王雨涵　赵喜莲

市人大常委会研究室
主　任 王武平
副主任 王晓萍

西安市人民政府

责任编辑
姚文东

综 述

◆**市政府全体会议** 2018年，西安市人民政府召开全体会议2次。

市政府第一次全体会议 1月22日召开。讨论拟提请西安市第十六届人民代表大会第三次会议审议的《政府工作报告》《西安市2017年国民经济和社会发展计划执行情况与2018年国民经济和社会发展计划（草案）》《西安市2017年财政预算执行情况和2018年财政预算安排意见》。安排部署重点工作。

市政府第二次全体会议 3月24日召开。对《政府工作报告》《2018年重点为民办好的“十大实事”》任务分解情况进行安排部署。

◆**市政府常务会议** 2018年，西安市人民政府召开常务会议36次（第十六届第四十一次至第十六届第七十六次）。

第四十一次常务会议 1月8日召开。传达学习中共西安市第十三届委员会第四次全体会议精神。总结本轮大范围雨雪极端天气应对工作。审议并原则通过《关于贯彻落实<中共中央国务院关于营造企业家健康成长环境 弘扬优秀企业家精神 更好发挥企业家作用的意见>的实施意见》《西安市企业投资负面清单》《关于修改<西安市住宅专项维修资金管理办法>的决定（草案）》《西安市深化农村金融改革 加强“三农”金融服务的实施意见》《西安市农户信用等级评价办法》《西安市农户信用等级评价工作实施方案》《富阎产业合作园总体规划（2017—2035年）》。

第四十二次常务会议 1月18日召开。安排部署治污减霾工作。审议并原则通过《关于实施工业“百千万工程”培育壮大工业产业集群的实施方案》《关于促进规上企业群发展壮大的实施方案》《关于搭建服务平台促进企业家群体健康发展的实施方案》《西安市2017年国民经济和社会发展计划执行情况与2018年国民经济和社会发展计划草案的报告》《关于我市2017年财政预算执行情况和2018年财政预算安排意见的请示》《关于调整冬季供热采暖补贴标准的请示》《关于深化西安广播电视台体制机制改革的方案》。

第四十三次常务会议 1月29日召开。审议并原则通过《关于支持实体经济发展若干财税措施的意见》《“三中心”项目融资工作方案》。

第四十四次常务会议 2月12日召开。审议并原则通过《西安市首届农民节活动实施方案》《西安市产业扶贫（农业）投资基金设立方案》《关于2018年度立法计划建议项目的请示》《关于增加2018年度立法计划建议项目的请示》《西安市城市计划用水管理办法》《关于建立耕地保护奖补机制的实施意见》《西安市农村生活垃圾分类和资源化利用工作实施方案》《西安市农村无害化户厕提升改造三年行动计划方案》《进一步深化城镇“厕所革命”工作实施方案（2018—2020年）》《西安市建筑物外立面整治工作实施方案》《西安市农村公共厕所建设改造提升工作实施方案》。听取《关于西安市大气污染防治面临问题与对策建议的报告》，安排部署治污减霾工作。

第四十五次常务会议 2月26日召开。审议并原则通过《西安市2018年政府工作报告任务分解意见》《关于2018年主要经济指标保底目标和奋斗目标相关情况的报告》《西安市农村人居环境整治三年（2018—2020年）行动方案》《大西安现代物流业发展规划》《关于市属国有企业职工家属区“三供一业”分离移交费用筹集和财政补助比例的请示》《西安市2018年重点为民办好的“十大实事”》。

第四十六次常务会议 3月23日召开。传达学习中共中央总书记习近平重要讲话和全国“两会”精神。审议并原则通过《关于进一步加快发展服务业的若干意见》《西安市2018年重点建设项目计划》《区县、西咸新区、开发区、市级部门2018年度目标责任考核“五张报表”》《西安旅游产业倍增计划（2018—2021年）》《西安市旅游厕所革命新三年（2018—2020年）实施方案》《2018年西安市城市建设维护项目投资计划》《2018年民办初中学校招生入学工作方案》《关于加快发展对外文化贸易的实施意见》《弘扬企业家精神营造诚信市场环境行动方案》《西安市加强和改善营商环境系列方案》《深化市场秩序整治三年行动方案（2018—2020年）》《2017年度安全生产目标考核情况和表彰奖励意见》《关于撤销鄠邑区余下等7个镇建制设立相应街道的请示》。

第四十七次常务会议 4月3日召开。审议并原则通过《西安市招商项目落地年工作方案》《西安市重大招商引资签约项目开工注册率、资金到位率、竣工投产率考核管理暂行办法》《西安市城市公共汽车客运管理条例（草案）》《西安地铁第三轮建设规划资本金筹资方案》《西安市优秀近现代建筑第一批保护名录》。

第四十八次常务会议 4月10日召开。会议组织法制学习，西安科技大学安全科学与工程学院副院长、教授邓军以《加强城市公共安全与应急管理，助推大西安经济持续发展》为题进行辅导讲座。传达学习中共中央总书记习近平关于脱贫攻坚工作重要讲话精神，听取西安市扶贫开发办公室、周至县人民政府、西安国际港务区管委会所承担《政府工作报告》《为民办好的“十大实事”》分解任务和脱贫攻坚工作进展情况的汇报。审议并原则通过《关于加强建筑垃圾资源化利用工作的实施意见》《“2018西安国际创业节”工作方案》《西安市商品住房项目配建租赁型保障房实施细则》《重污染天气幼儿园中小学Ⅰ级响应措施》《西安市关于促进光伏产业持续健康发展的实施意见》。

第四十九次常务会 4月20日召开。会议传达学习陕西省人民政府常务会一季度经济形势分析有关精神；分析研判西安市第一季度经济形势，安排部署第二季度重点工作。审议并原则通过《西安市落实加快富阎一体化发展工作清单》。

第五十次常务会议 4月26日召开。审议并原则同意《关于太华路—北二环立交广场P+R地下停车场建设有关情况的请示》。听取西安市科技局所承担的《政府工作报告》分解任务和“创业西安行”活动工作进展情况汇报。审议并原则同意《西安“12345”市民服务热线疑难事项专题会议制度》《西安市政务云三期项目工作方案》《西安市城中村出租房屋安全管理办法》《西安市土地供应前进行考古勘探和费用承担管理办法》《关于开展田园综合体创建工作的实施意见》《关于调整我市车用天然气销售价格的请示》《关于<半坡遗址保护规划>及<西安半坡博物馆提升改造概念性规划>的报告》。

第五十一次常务会议 5月14日召开。听取西安市环境保护局、临潼区人民政府、西安浐灞生态区管委会所承担的《政府工作报告》《为民办好的“十大实事”》分解任务和治污减霾工作进展情况汇报。审议并原则通过《西安市“铁腕治霾•保卫蓝天”三年行动方案（2018—2020年）》《西安市2018年“铁腕治霾•保卫蓝天”“1+2+22”组合方案》《西安市质量提升三年行动计划（2018—2020年）》《西安市美丽城镇建设三年行动实施方案》《关于深化农村集体产权制度改革加快推进“三变”步伐的实施意见》《关于西安市首届农民节活动举办情况的报告》《2018年中国匠人大会执行方案》。

第五十二次常务会议 5月17日召开。审议并原则通过《关于落实省委主要领导讲话精神工作方案》《西安市出租汽车经营权管理办法（修订稿）》《西安市出租汽车经营权使用期满重新许可实施意见》《2018年市级水利建设基金项目投资计划》。

第五十三次常务会议 5月25日召开。审议并原则通过《西安高新区托管雁塔区、长安区、鄠邑区部分区域的管理方案》《西安高新区托管雁塔区、长安区、鄠邑区部分区域的移交工作方案》《西安市"三中心"项目审批改革试点方案（试行）》《关于西安市与印度尼西亚梭罗市建立友好城市关系的请示》《关于西安市与俄罗斯叶卡捷琳堡市建立友好城市关系的请示》《关于西安市与摩洛哥非斯市建立友好城市关系的请示》。

第五十四次常务会议　5月28日召开。会议组织法制学习，西安交通大学研究员、网络信息中心副主任、教授韩博以《政策引导法制保障　让大数据引领西安大发展》为题进行辅导讲座。听取西安市投资合作委员会、长安区人民政府、西安曲江新区管委会所承担的《政府工作报告》《为民办好的"十大实事"》分解任务和"招商项目落地年"工作进展情况汇报。审议并原则通过《西安市推进企业上市和并购重组"龙门行动"计划（2018—2021年）》《西安市2018年城市生活垃圾分类工作实施方案》《西安博物馆之城建设总体方案（2018—2021年）》。

第五十五次常务会议　6月12日召开。审议并原则通过《西安市特种设备安全条例（草案）》《西安市落实居住用地"两个20%原则"推进共有产权住房制度改革的实施方案》《关于落实国务院教育督导委员会办公室对西安市教育工作督导调研反馈意见的整改方案》。

第五十六次常务会议　6月22日召开。会议组织法制学习，陕西省人民代表大会常务委员会法制工作委员会委员姜敏以《〈陕西省优化营商环境条例〉解读》为题进行专题辅导。传达学习中共中央办公厅、国务院办公厅《地方党政领导干部安全生产责任制规定》。

第五十七次常务会议　6月28日召开。审议并原则通过《关于做好人才、户籍新政后续服务供给保障实施方案及分方案》《关于2017年度"美丽城区、美丽县城、美丽街镇、美丽村庄"评选结果的请示》《渭河西安城市段水生态修复规划》。

第五十八次常务会议　7月3日召开。审议并原则通过《西安市市政建设（集团）有限公司增资扩股混合所有制改革方案》《关于组建西安市政公用建设投资集团有限公司的请示》《关于我市新城区、雁塔区、临潼区、高新区、浐灞生态区、曲江新区道路命名的请示》《关于碑林区、未央区、长安区34条道路命名的请示》。

第五十九次常务会议　7月13日召开。审议并原则通过《西安市大力支持西咸新区加快发展的实施细则》《中共西安市委、西安市人民政府关于支持富阎一体化发展的实施方案》《2018年市预算内基本建设投资计划安排意见》《西安市处理棚户区（城中村）改造回迁安置房屋办证遗留问题的实施意见》《关于加快农产品加工业发展的实施意见》《陕西航天军民融合产业发展基金设立方案》《关于表彰创建"国家食品安全示范城市"工作先进单位和先进个人的请示》《关于拟表彰"十佳境外投资企业""十佳进出口先进企业"的请示》《关于2017年度计划生育工作考核情况的通报》。

第六十次常务会议　7月22日召开。会议传达学习7月16日陕西省人民政府常务会议精神和陕西省人民政府省长刘国中讲话精神。研究分析西安市上半年经济运行情况，安排部署下半年重点工作。审议并原则通过《西安市控制吸烟管理办法（草案）》《西安市城市标志标识完善整改方案》《西安市建筑物外立面整治资金保障方案》《西安市城市基础设施配套费征收管理实施细则（修订稿）》《关于调整城市基础设施配套费减免审批程序的请示》《西安市东西、南北中轴线建筑风貌提升改造设计方案》《关于2018西安国际马拉松赛相关事项的请示》《2018西安全球硬科技创新大会工作方案》。

第六十一次常务会议　8月1日召开。专题审议《关于落实习近平总书记重要批示精神对秦岭北麓西安境内违规建别墅问题专项整治工作实施方案》。

第六十二次常务会议　8月7日召开。组织《贯彻"两山理论"　依法加强秦岭生态保护》法制学习。传达学习中共中央总书记习近平7月23日对长春长生生物科技公司违法违规生产疫苗做出的重要指示精神和国务院总理李克强批示要求。传达学习陕西省、西安市秦岭北麓违建专项整治工作动员部署大会精神。传达学习中共陕西省第十三届委员会第三次全体会议精神和中共西安市第十三届委员会第五次全体会议精神。传达学习陕西省生态环境保护大会精神。审议并原则通过《西安市城市轨道交通条例（修订草案）》《西安市社会急救医疗条例（修订草案）》《西安市建设项目停车位配建标准》《西安市城市地下综合管廊规划修改草案》《关于提高我市城乡低保标准的请示》《关于体育中心、会展中心外围提升改善道路PPP项目实施方案》。

第六十三次常务会议　8月21日召开。传达学习国务院和陕西省人民政府安全生产电视电话会议精神；听取上半年全市安全生产工作情况汇报；分析全市安全生产形势；安排部署全市下半年安全生产重点工作。审议并原则通过《2018中国"500强"企业高峰论坛总体实施方案》《西安市生态文明建设目标评价考核办法》《大西安城市快速路体系规划》《西安市新材料产业创新发展规划（2018—2021年）等七个产业发展规划》《西安市人工智能产业发展规划》《西安市生物技术产业发展规划》《"品质西安"夜景亮化建设提升PPP项目》《西安市机器人产业发展规划（2018—2021年）》《西安市"机器人+"行动计划（2018—2021年）》。

第六十四次常务会议　9月3日召开。传达学习《李克强总理在分析当前经济形势部署相关工作有关会议上的讲话》。审议并原则通过《西安市"一带一路"建设2018年行动计划》《西安市疫苗使用和预防接种整改工作方案》《西安市秦岭生态环境保护约谈制度》《大西安北部地区（泾渭新城）交通提升规划》《2018年第二届全球程序员节活动总体工作方案》《第三届中法文化论坛总体方案市级实施方案和费用预算》《关于报送我市优秀招商团队、个人及十佳外商投资企业建议名单的请示》。

第六十五次常务会议　9月17日召开。传达学习《陕西省人民政府起草地方性法规草案制定政府规章程序规定》。审议并原则通过《关于推进"健康西安"建设的决定》《"健康西安2030"行动规划》。传达学习中共陕西省委书记胡和平在中共陕西省委第十三届军民融合发展委员会第二次全体会议上的讲话精神。审议并原则通过《西安市军民融合深度发展专项行动计划》《西安市贯彻落实〈陕西省优化营商环境条例〉实施方案》《西安市新建停车位三年行动方案（2018—2020年）》《西安市公共停车场建设优惠政策（2018修改版）》《关于全市"大棚房"问题专项清理整治工作进展情况汇报》《关于做好2018年度脱贫退出工作的实施意见》《关于报送高铁新城移交体制方案及工作方案的请示》《第二届世界饮品大会工作方案》《关于提请审定11宗用地规划条件的请示》。

第六十六次常务会议　9月23日召开。审议并原则通过《西安市贯彻落实〈地方党政领导干部安全生产责任制规定〉实施细则》《西安国家中心城市建设实施方案》《西安市城中村违法建设治理三年行动方案》《西安市清理规范投资项目报建审批事项实施方案》《灞河治理综合提升规划》《陆港幸福岸线（灞河）项目设计方案》《全运水系项目设计方案》《西安红会国际医院、西安国际儿童医院项目建设实施方案》《关于2018年"西安友谊奖""西安市优秀外国专家奖"评审结果的请示》。

第六十七次常务会议　9月29日召开。安排近期重要工作。审议并原则通过《西安市老旧小区综合改造工作升级方案》《西安市污水源热泵供热推广实施方案》《秦岭北麓违建专项整治收回土地补偿方案》。

第六十八次常务会议　9月30日召开。审议并原则通过《西安市特色小镇总体规划》《西安市独角兽企业培育方案（2018—2021年）》《西安市建筑垃圾治理试点城市实施方案》《西安市机动车车身广告设置管理办法》《西安市关于创新体制机制推进农业绿色发展的实施意见》《西安城市轨道交通与城市设计融合设计导则》。

第六十九次常务会议　10月18日召开。听取全市消防安全工作情况汇报，安排部署秋冬季消防安全工作。审议并原则通过《西安市消防安全责任制实施办法》《西安市“一带一路”建设行动计划（2018—2020年）》《西安市关于加快发展枢纽经济门户经济流动经济的实施意见》《西安市“最多跑一次”改革（数字化转型）项目建设方案》《关于提请审议“‘仪祉杯’管理办法”系列文件的请示》《西安市城市道路交叉口区域综合设计导则》《西安市各类房屋重置价格标准（2018）》《西安市汽车产业发展规划》《西安市汽车产业链发展推进方案》《西安市人民政府关于推进汽车产业发展的若干政策意见》《西安市创新政府配置资源方式的实施方案》《陆港幸福岸线（灞河）项目设计方案》《全运水系项目设计方案》《关于授予普华和顺集团公司董事会主席张月娥等三人“西安市荣誉市民”称号的请示》《关于废止<西安市经纪人条例>的请示》。

第七十次常务会议　10月26日召开。传达学习中共中央总书记习近平10月20日给“万企帮万村”行动中受表彰的民营企业家的回信。审议并原则通过《西安市国民经济和社会发展“十三五”规划纲要实施中期评估报告》《西安市政务数据资源共享管理办法》。听取西安市环境保护局《关于中央环保督察反馈问题整改情况及“回头看”配合保障工作汇报》，以及各区（县）人民政府、西咸新区管委会、各开发区管委会关于全市秋冬季大气污染防治攻坚行动动员会精神落实情况的汇报。审议并原则通过《西安市人民政府关于2018年新增地方政府债券收支安排及预算调整方案草案的报告》。听取西安市秦岭北麓西安境内违规建别墅问题专项整治工作领导小组办公室《关于秦岭北麓西安境内违规建别墅问题专项整治工作进展情况汇报》，以及沿山六区（县）关于各自整治工作进展情况汇报。听取西安市轨道交通建设办公室《关于落实“稳投资、保增长”工作情况的汇报》。审议并原则通过《关于开展落实市属国有企业董事会职权试点工作的意见（试行）》。

第七十一次常务会议　11月4日召开。传达中央第二生态环境保护督察组对陕西省开展“回头看”工作动员会和11月4日中共西安市委常务委员会会议精神，安排部署相关工作。传达学习全国人民代表大会常务委员会《关于依法全面加强生态环境保护，依法推动打好污染防治攻坚战的决议》。审议并原则通过《西安市落实十三届全国人大常委会第四次会议精神扎实推进打赢蓝天保卫战工作方案》《西安市完善产权保护制度依法保护产权的实施意见》《西安市断头路三年清零行动方案》《西安市两路两侧“三化”问题整治工作财政奖补实施方案》《西安市推进田园综合体建设扶持政策》《西安市田园综合体考核办法（暂行）》。

第七十二次常务会议　11月22日召开。传达学习中共中央总书记习近平和国务院总理李克强在第五个“国家扶贫日”到来之际对脱贫攻坚工作的重要指示和批示，李克强在浙江企业经济形势座谈会和在国家市场监督管理总局考察座谈时的讲话，全国、全省扫黑除恶专项斗争推进会议精神，以及汾渭平原大气污染防治协作小组第一次全体会议精神。传达学习陕西省、西安市主要领导关于黑臭水体整治的有关批示。审议并原则通过《西安市黑臭水体专项整治整改攻坚工作方案》《西安市通风廊道控制规划》《关于解决我市出租车、公交车加气难的建议》《西安市大十字轴线点亮示范路建设实施方案》《关于申报第五批市级文物保护单位的请示》《执法勤务警员职务序列改革实施方案》《警务技术职务序列改革实施方案》。传达学习中共中央总书记习近平关于禁毒工作的重要指示，以及全国易制毒化学品管制工作会议、中共陕西省委第二十一次常务会议研究禁毒工作和全省禁毒重点工作推进暨易制毒化学品管制工作部署会议主要精神；听取西安市禁毒工作情况汇报，研究贯彻落实意见。

第七十三次常务会议　11月26日召开。会议组织法制学习，中国法学会理事、中国法律思想研究会会长、西北大学法学院原院长兼博士生导师段秋关以《法治中国“三位一体”建设中的法治政府》为题进行专题辅导。传达学习国务院食品安全委员会第一次全体会议精神，研究贯彻落实意见。听取并原则同意《全市食品安全工作汇报》。审议并原则通过《西安市城市黑臭水体治理攻坚战实施方案》《西安市市以下财政事权与支出责任划分改革实施方案》《关于加强秦岭北麓西安段饮用水水源保护的实施办法》。

第七十四次常务会议　12月5日召开。传达学习中共中央总书记习近平在民营企业座谈会上的重要讲话。审议并原则通过《西安市关于进一步促进民营经济健康发展的意见》《西安市“铁腕治霾•保卫蓝天”三年行动方案（2018—2020年）（修订版）》《国务院第五次大督察反馈意见整改方案》。传达陕西省人民政府省长刘国中12月3日在陕西省人民政府常务会上关于非洲猪瘟疫情防控工作有关要求，听取西安市疫情防控工作情况汇报，研究做好疫情防控工作措施。审议并原则通过《西安市推进新建住宅全装修工作实施意见》《西安市科技金融产业发展规划（2018—2021年）》《关于西安市公共安全视频监控建设联网应用项目后期运行维护及建设资金分解落实问题的请示》《“品质西安”架空线落地三年清零行动方案》《西安市鼓励甲醇汽车产业发展若干政策》《西安航空航天投资股份有限公司组建方案》《西安市养老服务设施布局规划》《关于实施西安市天然气价格改革方案的请示》。传达学习全国、全省和西安市扫黑除恶专项斗争推进会精神，研究贯彻落实的具体意见。审议并原则通过《世界唐人街•相聚长安城——海内外文商旅大集系列活动总体方案》。

第七十五次常务会议　12月12日召开。会议组织法制学习，西北政法大学财税金融法教研室主任、证券法研究中心主任、信托法研究中心主任、教授傅瑜以《政府与社会资本合作的法律规制和风险防控》为题进行专题辅导。传达学习国务院办公厅《关于对真抓实干成效明显地方进一步加大激励支持力度的通知》和《关于聚焦企业关切进一步推动优化营商环境政策落实的通知》。审议并原则通过《西安市打造“三化五最”营商环境政策措施100条》《西安市人民政府规章制定程序规定（草案）》《“品质西安”建设桥梁涂装美化维修三年行动实施方案》《西安市屋顶亮化设计导则（试行）》《西安市地方标准管理办法》《小雁塔历史文化片区综合改造项目实施方案》《碑林历史文化街区项目实施方案》《七贤庄历史文化片区项目实施方案》《西安碑林博物馆改扩建项目实施方案》。

第七十六次常务会议　12月24日召开。审议并原则通过《西安市打赢脱贫攻坚战三年行动方案》《己亥年2019“西安年•最中国”活动方案》《推进“互联网+政务服务”深度融合打造一流营商环境的实施意见》《西安市2018—2020年基础设施和公共服务重大补短板项目投资计划》《西安市扩大有效投资考核奖惩办法》。听取西安市环境保护局、西安市水务局关于全市黑臭水体整治整改工作进展情况汇报。审议并原则通过《西安市采暖季高峰供气财政补贴方案》《西安市采暖季天然气加气站财政补贴资金发放实施细则》《关于调整建筑垃圾清运时间的请示》《西安市促进高排放老旧机动车淘汰更新补助暂行办法》。听取西安市轨道交通建设办公室《关于地铁四号线通车试运营筹备工作情况的汇报》。审议并原则通过《西安市规范自动驾驶车辆测试指导意见》《西安市自动驾驶车辆道路测试实施细则》。

◆重要决定及举措 2018年，西安市人民政府实施以下重要决定及举措。

实施“龙门行动”计划 持续开展“扶持企业上市登门行”活动，对60余家重点上市后备企业登门扶持。推动青创板落户西安，持续与青创板运营公司筹备组及相关出资方联系沟通，加快推进公司筹备进程。截至年底，储备上市后备企业280家；新增新三板挂牌企业13家；企业通过证券市场融资489.88亿元；全市35家企业发行各类债券468支，利用债券市场融资3924.6亿元，较上年增长41%。批复成立基金5支，总规模1397亿元，其中陕西鼓风机(集团)有限公司等市属国有企业出资14亿元。

实施“名校+”工程行动计划 全市新组建市级“名校+”教育联合体66个、区（县）级教育联合体193个，另组建跨区域“名校+”教育联合体13个，共覆盖学生32.4万人。7个郊区（县）（周至县、鄠邑区、蓝田县、临潼区、阎良区、高陵区、西咸新区）与中心城区组建跨行政区域（“7+1”）市级“名校+”教育联合体14个。全市“大学区优质教育资源信息化共享平台”专任教师注册人数79194人，注册使用率91.7%，上传优质资源4万余件，在线参与人数366万人次。

举办第二届世界西商大会 第二届世界西商大会于6月29日至7月1日举行。大会以“‘一带一路’：新时代 新西安 新西商”为主题，先后举办开幕式暨全体大会、签约+颁奖+午宴活动、“新经济领军人物对话西安”圆桌会议、丝绸之路经济带城市合作圆桌会、西商总会成立大会等14项活动，促成签约项目53个，总投资额3469.67亿元。大会吸引来自美国、英国、日本、俄罗斯等39个国家的1300余名嘉宾参加。

推进“扫黑除恶”斗争 制定线索摸排、一案三查、应急处置、挂牌督办等工作机制和《线索核查工作规范和流程》等10余份规范性文件。摸排、核查涉黑、涉恶线索735条，破案852起，侦办恶势力犯罪集团案件15起，打掉团伙73个，刑拘1652人。其中，打掉“村霸”16个、“地下出警队”12个。全年开展扫黑除恶专项督导30余次，发现整改问题50余个。

促进民营经济增活力 建立西安市中小企业网络平台，开展助保贷、园区贷、基地贷等业务。安排1050万元支持小微企业“双创基地”建设，争取陕西省奖补资金650万元，为3498户企业提供担保贷款161亿元，有效缓解了融资难问题。多方搭建民营企业孵化平台，建成众创载体812个，创建“国家小型微型企业创业创新示范基地”10个、“陕西省小型微型企业创业创新基地”16个。全市个体工商户总量突破100万户，市场主体活跃度在全国15个副省级城市中稳居第一位。其中，新登记民营市场主体49.56万户，是上年的1.78倍，占全市新增市场主体总量的98.89%，吸纳创业就业人员167万人。

筹备第十四届全国运动会 健全市执委会工作机构，坚持指挥部周专题会议和秘书长月例会制度，及时研究解决第十四届全国运动会筹备工作中的重大问题。加快十四运会场馆建设，西安奥体中心项目“一场两馆”主体结构封顶，内部初装及配套项目加快推进；完成奥体中心体育工艺方案修订、论证、评审工作；做好全运会马术比赛场馆项目落地及赛事申办工作，组织省、市专家对项目选址进行研究论证。加强全运会备战训练，成立备战工作领导小组，细化备战方案，强化训练督导，加大经费投入。

开展“梦回长安——百万校友回归”活动 自2017年底以来，持续举办“梦回长安——百万校友回归”活动。组织校友投资及高校成果转化等项目签约，加强项目深度对接，组织校友赴各区（县）、开发区参观考察、对接交流；组织本地企业与本行业领域知名校友和校友企业家进行项目推介、洽谈合作。累计举办11场活动（2017年1场、2018年10场），先后聘请23名行业领军人物作为西安市人民政府顾问。驻市高校和校友优质资源的辐射带动和溢出效应得到进一步挖掘，西北大学“罗伯特·莫顿工作室”（诺奖工作室）、西安理工大学“谢赫特曼诺奖新材料研究院”项目等一批重大科技项目落地西安。

聚力建设“全球硬科技之都” 举办2018西安全球硬科技创新暨“一带一路”创新合作大会，举办硬科技产业博览会和硬科技智库圆桌论坛等30余场活动，来自20个省（区、市）和5个国外城市代表团共5.32万名嘉宾参加活动。发布《硬科技投资白皮书》、“硬科技百强企业榜单”等，与英国标准协会、北大科技园等多家机构共同发起成立丝路硬科技创新联盟，组建全球硬科技创新发展（城市）联盟。“硬科技特色小镇”建设加速布局，重点支持建设西咸新区西部云谷硬科技小镇、航空小镇、空天小镇、3D打印小镇、丝路新材料小镇、生物医药小镇等11个硬科技小镇，其中西咸新区西部云谷硬科技小镇获瞭望智库、《财经国家周刊》及工业和信息化部工业文化中心组织评选的“2018年度特色小镇发展潜力奖”。

开展“2018营商环境提升年”活动 出台《西安市加强和改善营商环境“1+21+5+1”系列文件》，系统部署西安优化提升营商环境的主要任务和主攻方向。坚持“放管服”改革、优化营商环境、“互联网+政务服务”三位一体协同推进，建立营商环境联席会议制度，定期召集成员单位专题研究解决问题。重点围绕企业开办、工程项目审批、获得水电气暖等方面，持续减环节、减材料、减时限、减成本。建立完

2018年4月21日，“梦回长安——百万校友回归”西北工业大学专场活动举行

善四级政务服务体系，上线运行“西安政务服务网”与政务服务移动端平台。制定出台《西安市加强和改善营商环境专项督查工作方案》《西安市损害营商环境问责办法》《加强和改善营商环境专项考核工作方案》，充分运用《电视问政》《党风政风热线》《每日聚焦》等媒体监督手段，持续聚焦营商环境建设。营商环境评价指数位居陕西省第一，质量指数跃居全国第六位，综合排名进入全国前十位，西安市获“2018中国国际营商环境标杆城市”称号。

开展“招商项目落地年”活动 围绕招商项目开工注册率、资金到位率和竣工投产率3个关键环节，加强月度、季度、年度考核，实行“量速同考”。对全市2017年以来签约的280个10亿元以上招商项目进行每月督查。截至年底，全市实际开工注册项目916个，开工注册率98.71%；实际到位资金11758.9006亿元，资金到位率109.51%；实际竣工投产项目645个，竣工投产率69.50%。

加速“一带一路”建设 研究制定《西安市关于“引导企业家投身国家重大战略积极参与‘一带一路’建设”的政策措施》《西安市“一带一路”建设三年行动计划（2018—2020年）》等多份文件。西安咸阳国际机场开通航线348条，新开通西安—圣彼得堡、西安—伦敦2条国际航线，国际（地区）航线累计增至59条，国际（地区）通航点增至48个，通达国家达26个。国际货运班列“长安号”年度开行1235列，累计货运量120.2万吨。在西安交通大学成立全国首个“丝绸之路国际律师学院”。搭建外经贸综合服务平台，“一带一路”国际商务服务中心揭牌运营。依托“中医药国际合作交流中心”，与“一带一路”沿线国家开展中医药国际学术交流活动。加强与“一带一路”沿线国家在教育方面的合作，支持大学发展留学生教育。实施完成第三届“一带一路”沿线节点城市国际大学生夏令营项目、第三届西安丝绸之路历史文化国际学术研讨会项目、哈萨克斯坦江布尔州东干族（陕西村）教师考察西安市特殊职业教育交流项目；中亚留学生培养项目、泰国汉语培训基地建设项目完成招生工作，各项教学实训有序进行。举办“首届西安丝路教育装备发展高峰论坛”，参与活动总人数突破1.5万人次。

◆政务信息和督查 2018年，西安市人民政府办公厅编报《西安政务信息（专报）》284期，采用各区（县）人民政府、西安市人民政府各工作部门、各直属机构信息3821条，采用媒体信息1627条，市政府领导在《西安政务信息》上批示72条（次）。2017年11月至2018年10月，下发《政务信息采用情况通报》5期。编报《西安政务信息（上报）》870期，陕西省人民政府办公厅采用西安市及直报点信息164条（含西咸新区）。

先后完成国务院第五次大督查、中央环保督查、中共陕西省委环保督察等重要专项督查。全年持续督办43期中共西安市委常委会议、32期西安市人民政府常务会议、126期西安市人民政府专题会议决定事项的贯彻落实，并每月通过《督查情况》向全市进行通报。将《政府工作报告》量化、细化、梳理为252项目标任务431项具体工作，每季度跟踪督办进展情况。全年梳理汇总上报中共西安市委主要领导批示、指示和交办事项落实情况24期1022项具体事项；西安市人民政府主要领导批示、指示事项4000余件。对10期《电视问政》节目中121个视频曝光问题和74个热线电话、网络反映问题的整改情况进行回访核实。承办全国和陕西省、西安市人大代表建议、政协委员提案1235件，满意率100%。办理并回复人民网网民给中共陕西省委、陕西省人民政府主要领导留言374件；给西安市人民政府主要领导留言2913件。西安市人民政府办公厅连续8年被人民网评为“人民网留言办理先进单位”。

◆应急值守 2018年，西安市人民政府办公厅针对应急值守工作组织视频点名124次，召开视频专题会16次，下发视频通报24期。处置“11·13”重大交通事故等各类突发事件440余起。完成第十一批市级应急示范点建设评选工作，落实奖补资金25万元。建成“陕西省基层应急管理示范点”50个、“西安市基层应急管理示范点”168个和区（县）级应急管理示范点140个。有南门广场、城市运动公园等各类应急避难场所751个。利用“西安市应急管理网”优势资源，不断加大应急科普知识的宣传和教育，增强全社会应对突发事件的意识。在“西安市应急管理网”发稿2700条；向“陕西省应急管理网”报送信息2083条，发布1913条。利用微信平台、服务号推送信息43期181篇，订阅号推送信息170期589篇。

◆政府信息公开 2018年，西安市人民政府办公厅主动公开政府信息594647条。开展邀请公民代表走进市政府活动8次、公民代表走进区（县）政府活动88次，3277位公民代表走进区（县）政府。寒假、暑假期间，235名大学生到市级机关见习；1429名大学生到区县政府、开发区见习。在西安市人民政府门户网站开设《政务专题》专栏，主动回应社会热点。积极推进基层政务公开标准化、规范化试点工作。《西安市人民政府公报》出刊12期，出增刊2期，每期印制6000册，赠送有关部门、机关。西安市档案馆受理公众信息查阅7351人次，公开文件1401卷；西安图书馆受理公众政府信息查询48人次。全年全市各级行政机关受理政府信息公开申请7319件，较上年增长128.9%。（彭 磊）

◆“12345”市民热线工作 2017年12月30日，西安“12345”市民热线建成运行。热线实行7×24小时运行机制，全天候为市民群众提供非紧急类政务服务。建设热线市级中心平台和二级分平台，开发建设二级平台110个、三级平台1750个，形成横向到边、纵向到底的热线工作网络。全年受理、处理群众反映的各类诉求和建议123万余件，回复率99%；下发“督办通知书”49次，系统重点督办4090次，电话督办2700次，召开督办会88次，现场督办25次。（南国栋）

西安市人民政府
（以2018年年底在职为准）

市　长　上官吉庆
副市长　吕　健　高　杲　聂仲秋
　　　　王　勇　强晓安　杨广亭
　　　　徐明非　肖西亮
秘书长　陈长春
副秘书长　王西京　王　伟　杨国胜
　　　　张选民　黄晓华　樊军荣

市政府办公厅和政府组成部门

市政府办公厅
党组书记　陈长春
主　任　李德文
副主任　张选民　张伟明
纪检组长　白望绪（女）

市发展和改革委员会
（市西部开发办公室）
主　任　邢　欣（女）
副主任　任晓今（女）　赵寅科
　　　　冉红斌　施　萍（女，兼）
纪检组长　刘昌进
总工程师　郭晓辉

市教育局
局　长　姜建春
副局长　赵春平　闫秀斌　张　瑞
总督学　王小虎
市教育考试中心主任　张锋善
纪检组长　唐世广

市科学技术局(市知识产权局)
局　长　李志军
副局长　任　晖　楼文晓
　　　　蔡固顺（挂职）
纪检组长　张　可

市工业和信息化委员会
（市中小企业促进局）
主　　任（局长）　李初管
副主任（副局长）　赵　平　张兴华
纪　检　组　长　周兴鹏

市民族事务委员会（市宗教事务局）
主　任（局　长）　李永奇
副主任（副局长）　李海林　王　胜
平　丽（女，回）
纪　检　组　长　刘凯军

市公安局
局　　长　肖西亮
副　局　长　高　威　张　卫　阎　鸿
李剑博　赵亚平
政治部主任　连　智
纪检组长　杜育峰

市司法局
局　　长　张华俊
党组书记　陈松林
副局长　刘伯雅　史　伟　张兴平
纪检组长　焦　军
政治（警务）部主任　孙雅玮

市民政局
局　　长　王碧辉
副局长　李改草（女）　朱友明
纪检组长　党　浩

市财政局
局　　长　李西宁
副局长　王　琦　孔　宏
党组成员　王晓东
总会计师　罗红林
纪检组长　庄　军
西安投资控股公司董事长　巩宝生
西安投资控股公司总经理　赵　泉

市人力资源和社会保障局
局　　长　李宁君
副局长　杨　庆　冯　莉（女）
王晓杰
市外国专家局局长　邓谷斌
市人才服务中心主任　巩　军
纪检组长　贺学军

市国土资源局
局　　长　冯　涛
副局长　王　刚
党组成员　李　社　李朝晖
纪检组长　阎建荣

市环境保护局
局　　长　刘　军
副　局　长　张炳淳　王　韬　李　博
于学峰（挂职）

党委副书记　郑西胜
总工程师　梁　朝
纪检组长　刘　波

市规划局
党委书记　冯　涛
党委副书记　焦莉丽（女）
副　局　长　王学超　肖青利
总规划师　席保军
纪检组长　刘海林

市城乡建设委员会
主　任　苗宝明
副主任　高省安　贾　强　张彦庆

市市政公用局
局　　长　王建东
副局长　龚坚城　耿　涛　董埃孝
王　军
总工程师　王小明
纪检组长　武海潮

市住房保障和房屋管理局
副局长　杨根民　翟金海　陈晓军
党组成员　薛建华
纪检组长　洪　强
市保障性住房管理中心主任　薛建华

市交通运输局
局　　长　张　健
副局长　张永民　李斌科　尤　骁
王　伟（兼）
总工程师　杨党校
纪检组长　王刚利

市水务局
局　　长　贾生林
副局长　贺乐军　刘　博　王　俊
总工程师　党占奎

市农业林业委员会
副主任　苏新耀　张贵生　赵定安
任稳安
党组成员　杨稳胜
总农艺师　周新民
纪检组长　于兴学

市旅游发展委员会
副局长　康立峰　余亚军
李　伟（挂职）
李晓燕（女，挂职）
张　勇（挂职）
纪检组长　孙增贤

市商务局（市招商局）
局　　长　吕恒军
副局长　吴慧娟（女）　陈建锋

麻晓勤（女）
陈天如（挂职）
党组成员　李群刚
纪检组长　齐学森

市文化广电新闻出版局（市版权局）
局　　长　李　彬
副局长　马金山
周　立（女，挂职）
徐　杨（挂职）
党组成员　刘育社
纪检组长　郭乃科

市卫生和计划生育委员会
主　　任　刘顺智
副　主　任　薛林莉（女）
王红艳（女）　荣　亮
吕永鹏
纪检组长　黄启成
市中医药管理局局长　孟祥东

市审计局
局　　长　徐琳茹（女）
副局长　马少民　王建军　阎金平
总审计师　贺成志
纪检组长　白丽萍（女，裕固）

市政府外事侨务办公室
副主任　强　盛
纪检组长　孔　宏
市对外友协副会长　蔡兰芳（女）

市政府国有资产监督管理委员会
主　　任　刘三民
党委副书记　许一双
副　主　任　胡建新　王立安　李宏军
纪检组长　王　鹏

市体育局
局　　长　冯艳阳（女）
副局长　徐　岗　邵　芳（女）
刘自喜

市统计局
局　　长　张民伟
副局长　秦来生　李　红（女）
总统计师　赵群洁（女）

市城市管理局
（市城市管理综合行政执法局）
局　　长　李平伟
副局长　吴雪萍（女）　杨生华
张军刚　思奇甬（挂职）
杨卫华（回，挂职）
杨建军（女，挂职）
纪检组长　周教育

市工商行政管理局
局　　长　陈吉利
党委副书记　谢　莹（女）
副 局 长　任乃孝
政治部主任　李　宏
纪 检 组 长　许　浩

市质量技术监督局
局　　长　郑　瑛（女）
副 局 长　张毅宏　张立邦　吴　繁
总工程师　陈志良
纪检组长　王　琢

市安全生产监督管理局
局　　长　黄会强
副 局 长　张　钧　王利民　段胜利
纪检组长　王学军

市食品药品监督管理局
局　　长　吕　强
副 局 长　兰东明　冯　超　丁景玺
总工程师　张振兴
纪检组长　刘　胜

市文物局
局　　长　马　锐（回）
纪检组长　尉爱金

市投资合作委员会
主　　任　黄瑜晖（女）
副 主 任　景政彬　杜岩岫
　　　　　夏　清（挂职）
　　　　　任　伟（挂职）
　　　　　姚　暾（挂职）

市粮食局
副 局 长　陈铁新　李玉琦
　　　　　张海玲（女）

市政府法制办公室
党组书记　李元合
主　　任　白正谊
副 主 任　王安军

市政府研究室(市发展研究中心)
主　任　崔玉凤（女）
副主任　左　东　刘新社

市人民防空办公室
主　　任　唐　宁
副 主 任　邱卫华　连拥军
纪检组长　谢　巍

市机关事务管理局
局　　长　张鹏飞
副 局 长　吴鹏飞　张宝林　徐海民
纪检组长　骞智峰

市扶贫开发办公室
主　任　张友社
副主任　朱玉荣（女）　李英杰
　　　　刘　斌（挂职）
　　　　解　炜（挂职）
　　　　杨红刚（挂职）

直属事业机构

市地方志办公室
副主任　姚敏杰　张　帜

市社会科学院(市社科联)
院　长　王作权
副院长　高东新　张永强

市住房公积金管理中心
主　　任　刘晓民
党委副书记　武艾玲(女)
副　主　任　马　涛(回)　师胜友
总 会 计 师　张林军
纪 检 组 长　王佩生

市会展业发展办公室
(欧亚经济论坛执委会办公室)
主　任　王国根
党组书记、常务副主任　汪　涛
副主任　闫　勇　张云平

市城中村(棚户区)改造办公室
主　　任　高继平
副 主 任　李根成　袁海林
纪检组长　陈卫中

市地铁建设指挥部办公室
(市地下铁道有限责任公司)
党　委　书　记　高　杲（兼）
党委副书记(副主任)　雒继锋
副　　主　　任　祁国俊　王　超
　　　　　　　　马　钢
副主任(副总经理)　杨　军
纪　检　组　长　宁春林

市政务服务中心
主　任　段重利
副主任　年　奎　张新鳌
　　　　邓晓宇（挂职）
　　　　解丹蕊（女，挂职）
　　　　赵雪琴（女，挂职）

市地震局
局　长　谢振乾
副局长　赵玉涛　邢晴汉

派出机构

西咸新区开发建设管理委员会
党 工 委 书 记　岳华峰（兼）
主　　　任　康　军
党工委副书记　苏俊良
副　主　任　李肇娥（女）　刘优军
　　　　　　徐军前　亢振峰
　　　　　　陈　辉　姚海军
总 规 划 师　陈　默
纪 工 委 书 记　姜志华
西咸建设开发公司董事长　周　东
沣东新城管委会主任　柳　政
空港新城管委会主任　贺　键
秦汉新城管委会主任　杨占文
沣西新城管委会主任　刘宇斌
泾河新城管委会主任　张宏伟

西安高新技术产业开发区管理委员会
党 工 委 书 记　钟洪江（兼）
党工委副书记　王　斌
副　主　任　贾轶昊　牛　恺
　　　　　　韩红丽（女）
　　　　　　顾海文　杨　华
　　　　　　王海若（女）　祝鹏翘
　　　　　　王前进（挂职）
　　　　　　金春阳（挂职）
　　　　　　张　煜（挂职）
纪 工 委 书 记　王宽让
西安高新综合保税区管委会专职副主任
　　　　　　史康度
西安高科（集团）公司董事长　贾长舜
西安高科（集团）总经理　杜万坤

西安经济技术开发区管理委员会
党 工 委 书 记　王　琳（兼）
主　　　任　钱虎威
党工委副书记　苏俊良
副　主　任　邓选印　陈　迪
　　　　　　蔺建文　张　俊
　　　　　　刘明利　张水利
　　　　　　张小栋（挂职）
　　　　　　李　清（挂职）
纪 工 委 书 记　邹晓刚
西安经发集团董事长　彭晓晖

西安曲江新区管理委员会
主　　　任　姚立军
党工委副书记　孙　超
党 工 委 员　寇雅玲（女）
副　主　任　常文芝　陈共德（瑶）
　　　　　　王小育　顾育英（女）
　　　　　　但华喜　葛淑英（女）
　　　　　　李耀杰　吴　锋（挂职）
　　　　　　张邯玥（女，挂职）
纪 工 委 书 记　王胜彦
曲江文化产业投资（集团）有限公司
　董事长　李铁军

西安浐灞生态区管理委员会
党 工 委 书 记　杨六齐

主　　任　门　轩
副 主 任　王公理　黄秦政
　　丁学俊　刘崇利（兼）
　　刘军才（兼）
　　贺简政（兼）
　　邹晓鹏（女，挂职）
纪工委书记　贾振东
浐灞河发展有限公司董事长　樊彦平

西安阎良国家航空高技术产业基地管理委员会
党工委书记　王　琳（兼）
主　　任　姚　涌
副 主 任　仝秀丽（女）　杜崇壮
　　崔　庆
纪工委书记　张　炎

西安国家民用航天产业基地管理委员会
党工委书记　钟洪江
主　　任　张　驰
党工委副书记　逯雁春（女）
副 主 任　史晓峰　刘顺利　赵　舰
　　张　营　贺延光
　　李　岩（兼）　李希文
　　蒋　阳
　　李　雷（挂职）
　　闫　宏（挂职）
纪工委书记　李超来
西安航天城投资发展集团公司总经理
　　冯　霈

西安国际港务区管理委员会
主　　任　孙艺民
党工委副书记　陈　博
副 主 任　李　翔　苏国峰　苗　吉
　　杨　袆（女）
纪工委书记　王东伟
西安国际陆港投资发展集团有限公司总经理　屈锦薇（女）

市秦岭生态环境保护管理委员会办公室
党组书记　邢宏锋
主　任　张　军
副 主 任　郝生旺（兼）
　　张友社（兼）　刘明军（兼）
　　杨孝刚（兼）　王　健（兼）
　　张水利（兼）　李君亭（挂职）
　　张天琦（挂职）
　　杨　全（挂职）

其他单位

市供销合作联社
党组书记（副主任）　高　伟
主　　任　肖　琦（女）
副 主 任　肖　刚　成　斌

市物资总公司
副总经理　薛大明　刘军安　雷春龙
纪委书记　戴　之

市工业合作联社
副主任　段忠明　杨希军

西安工业资产经营有限公司
董 事 长　金　辉
党委副书记　吴　农
副总经理　陈　红（女）　任广斌
　　胡治刚
纪委书记　常以卓

市机电化工国有资产管理公司（市轻纺建材国资管理公司）
总 经 理　刘健伟
副总经理　郑惠杰　赵长利
　　郭　梅（女）
纪委书记　王少华

西安城市基础设施建设投资集团有限公司
总 经 理　马胜利
副总经理　高满石　徐　龙　孔建辉
工会主席　傅　丽（女）
纪委书记　桑中玲（女）

西安建工（集团）有限责任公司
董　　事　于　玮　张效智

西安水务（集团）有限责任公司
董 事 长　石卫平
副总经理　王禄仕　周文汉　陈大为
总工程师　张西前
工会主席　金战捷
纪委书记　张大为

西安旅游集团有限责任公司
董 事 长　毋文利
副总经理　张　龙

西安银行股份有限公司
董 事 长　郭　军
行　　长　陈国红
副 行 长　王　欣　李富国　张成喆
　　狄　浩
监 事 长　刘志顺
工会主席　李文琦（女）
纪委书记　扈广杰
董事会秘书　石小云（女）
董　　事　巩宝生（兼）

（市委组织部）

决策服务

◆**概况**　2018年，西安市人民政府研究室围绕中共西安市委、西安市人民政府重要决策、部署，开展课题研究，参与重要决策，发挥专家决策咨询作用，为推动西安经济、社会发展提供科学的决策依据。全年完成中共西安市委、西安市人民政府主要领导及市级分管负责领导批办事项70余件；完成研究报告72篇，其中承担中共西安市委、西安市人民政府领导署名课题研究6项。

◆**参与重要决策部署**　2018年，西安市人民政府研究室参与全市重要决策部署。贯彻落实中共中央总书记习近平民营企业座谈会重要讲话精神，完成西安市《关于进一步促进民营经济健康发展的意见》。积极应对网络舆情，开展人才户籍新政配套公共服务研究，形成系列研究报告，并制定出台《人才户籍新政后续服务供给保障实施方案》。贯彻落实国家发展和改革委员会、住房城乡建设部印发的《关中平原城市群发展规划》，提出《关于加快推进实施大西安区划调整的建议》，并报中共陕西省委。落实中共西安市委主要负责人批示要求，完成《我市改革开放40周年纪念活动建议》及市政府改革开放40年纪念活动方案的制定。开展《关于深度融入“一带一路”建设 构建全面开放新格局的若干措施》重要政策研究，在全市对外开放大会上推出100条开放举措。

向中共西安市委、西安市人民政府报送《关于2018我市经济工作的建议》《以五大发展理念引领西安经济高质量发展》《美国“硅谷”“硅巷”“硅滩”对我市创新发展的启示及建议》《关于壳牌中国拟在西安举办“壳动未来”活动的情况报告》等多项建议。向中共西安市委、西安市人民政府报送《我市近期房价上涨原因分析及对策建议》，得到中共西安市委主要负责人批示，并将建议内容写入中共西安市委全体会议报告中。研究提出促进“硬科技”发展的九条建议。落实打造民生实事升级版要求，牵头起草《打造“15分钟便民服务圈”1+10方案》。通过“西安发布”等网络平台，以中共西安市委、西安市人民政府名义向市民征集民生实事建议，形成《西安市年度民生实事建议》。

◆**秦岭北麓生态保护长效机制专班工作**　2018年，西安市人民政府研究室自觉服从全市统一部署，主动承担秦岭北麓西安违建别墅专项整治长效机制建立专班工作。落实《市委市政府关于落实习近平总书记重要批示精神，对秦岭北麓西安境内违规修建别墅问题专项整治工作实施方案》，制定西安市《建立秦岭北麓生态保护长效机制专项方案》及任务分解表，并按照“六定”原则细化任务，印发各相关单位，从制度上保障长效机制有序推进。

◆**课题研究报告**　2018年，西安市人民

西安市人民政府研究室工作人员赴江苏省太仓市德资企业进行调研

政府研究室围绕西安市经济、社会发展中的重大问题，积极开展研究工作。围绕城市管理、社会治理、新经济、农业供给侧改革等，主动开展自主调研，完成《探索建设内陆自由贸易港，推动“一带一路”建设》《西安加强社会治理创新研究》《西安人工智能产业发展现状及建议》《西安智慧城市建设目标指标体系研究》《促进我市投资项目落地的调研报告》《关于加强和改进政府执行力的调研报告》《西安农业供给侧结构改革研究——农产品供给体系调查报告》《关于西安市新建住宅小区供配电设施建设情况的调研报告》《关于渭河城市段生态治理的调研报告》《关于长安区公共交通情况的调研报告》《关于我市住房租赁市场的调研报告》《关于构建我市一流营商环境的调研报告》等多项报告。完成《关于应对当前经济形势变化的工作建议》等5份研究报告。开展“西安年·最中国”专项研究，其中《“西安年·最中国”活动策划建议》被纳入2019年全市总体活动方案。完成中共西安市委主要负责人批示的《西安生态产品价值实现可行性研究报告》《西安市经济社会各种要素集聚指标排序情况的报告》《促进我市投资项目落地的调研报告》《西咸新区“3450”改革经验做法及对我市政务服务体系建设的建议》以及《关于对太仓市德资企业集聚情况的调研报告》等多项报告。对标世界银行评价指标，开展营商环境调研，形成《对标世界银行城市营商环境评价指标体系 着力构建我市一流营商环境研究报告》，并报中共西安市委、西安市人民政府。坚持以人民为中心的发展思想，紧盯民生“九难”，充分调研后形成解“九难”系列专项报告。先后完成2017年、2018年《西安民生工作报告》，其中2018年的民生发展报告提交中共西安市委第十三届委员会第八次全体会议审议。学习贯彻中共中央政治局会议精神，起草完成《关于应对当前经济形势变化的工作建议》等5份研究报告。

◆**区域经济合作** 2018年，为搭建好沿线城市工作交流平台，西安市人民政府研究室做好陇海兰新促进会秘书处日常工作。召开陇海兰新促进会秘书处主任办公会，筹备召开2019年陇海兰新促进会第十六次年会。

◆**专家决策咨询** 2018年7月，西安市人民政府组织召开西安市决策咨询委员会换届大会，完成换届工作。成立西安市决策咨询委员会专家服务中心（处级建制，全额事业单位）。全年围绕中央经济工作会议、对外开放、民营经济、自贸区建设、“西安年·最中国”、国家文化公园等方面为政府重大决策提供咨询论证16次；提交决策咨询建议39份；完成中共西安市委主要负责人批办调研任务7项；完成课题研究18项，有效发挥咨政参谋作用。

◆**报告撰写及内刊编辑** 2018年，西安市人民政府研究室撰写在全市对外开放大会及中共西安市委工作务虚会讲话稿。撰写西安市人民政府主要领导署名文章《推动高质量发展 加快国际化进程 谱写新时代西安追赶超越新篇章》。撰写西安市人民政府主要领导在全国人民代表大会第十三届委员会第一次会议上的建议。完成2018年中国500强企业高峰论坛综合材料组工作。出刊《经济观察》6期、《西安发展研究》36期；编辑《决策咨询建议》30期。 （王坚强）

行政审批

◆**概况** 2018年，西安市人民政府政务服务中心围绕提升政务服务水平，加快实现“一网通办”和企业群众办事“只进一扇门”“最多跑一次”目标，按照“依法、便民、高效、公开”原则，积极推动政务服务各项改革，各项目标任务完成情况良好。全年各进驻部门窗口办结政务服务事项99596件，较上年增加43.4%。其中，行政许可事项174项，办结26676件；行政征收事项8项，办结98件；行政确认事项27项，办结26327件；其他类职权事项124项，办结16193件；审核转报事项43项，办结26190件；政府内部审批事项1项，办结31件；公共服务事项3项，办结4081件。

◆**政务服务体系建设** 2018年，西安市人民政府政务服务中心按照《“西安政务服务网”建设方案》要求，开发完成包含互联网政务服务门户、统一身份认证系统、政务服务事项管理系统等内容的“西安政务服务网”系统平台。组织市级51个部门、各区（县、开发区）根据实施清单要素及系统开发要求，梳理并在系统中录入政务服务事项7818项、办理项11094项。6月底，“西安政务服务网”部署到市、区两级涉及政务服务的所有单位，并上线运行。根据省、部统建系统由省级统一对接的要求，积极做好“西安政务服务网”与“陕西省政务服务网”的全面、无缝对接。重点打通与市级部门业务办理系统之间的壁垒，先后组织市级相关部门对接专题会议16次，分类完成与23个部门的18个业务系统的对接融合。建立“周研判”工作机制，先后组织15次“周研判”工作会议，收集涉及“西安政务服务网”功能改进的各类问题260余个，联合服务商积极研究解决完善。与市级相关部门协调梳理电子证照，共梳理160余个证照目录，并在系统逐一配置。将“西安政务服务网”向基层延伸，截至10月底，完成全市166个镇（街）6828项事项的录入，实现省、市、区（县、开发区）、镇（街）四级联通，年底前实现与部分村（社区）联通。

◆**政务服务改革** 2018年，西安市人民政府政务服务中心组织市级部门按照核定过的政务服务办理项清单，确定第三批“最多跑一次”事项，并规范调整前两批已公布的事项。截至年底，市本级849项行政权力事项中，“最多跑一次”事项占比87%；另有96项公共服务事项实现“最多跑一次”。全市市、区（县）、开发区、镇（街）“最多跑一次”占比达到91.17%。9月，按照数字化转型工作部署，建立常态化工作对接及“周例会”机制，每周召开应用数据组例会，与西安市“最多跑一次”改革工作专班领导小组办公室对接不少于3次，就应用数据组工作推进情况、事项精益化梳理、无差别全科受理等进行研究推进。10月30日，以先期试点的5个市级部门、6个区（县、开发区）梳理出的104个高频民生事项为突破口，在西安高新技术产业开发区率先推出9个高频事项从材料提交到审批、在线支付、电子证照发放等全程“一网通办”。12月，实现30个高频事项全城通办。截至年底，全力加快推进各单位高频事项精益化梳理工作，完成96项事项的标准化梳理、63项事项的精益化梳理。先后组织西安市城乡建设委员会、西安市规划局、西安市国土资源局召开专题会议、协调会议13次，要求3个部门对各自牵头的用地规划（立项）、规划许可、施工许可、竣工验收审批4个环节进行流程再造，在市政务中心设立建设工程并联审批综合服务窗口，探索推行综合窗口并联审批模式，同时进一步改进西安市建设工程并联审批系统。截至年底，市、区（县、开发区）、镇（街）累计在“西安政务服务网”发布事项17922项，网上可办事项13108项，网上可办率72.97%；全市实现“马上办”事项3154项，占“最多跑一次”事项的30.97%。根据中共西安市委《关于加快实现“一网通办”着力打造智慧城市全面提升营商环境调研工作方案》的要求，承担“互联网+政务服务深度融合问题研究”“政务服务‘一网通办’体制机制创新研究”等4个课题，组织人员赴上海市、杭州市、深圳市、南京市等城市实地调研，起草相关调研报告，提出“一网通办”相关工作建议，为科学决策提供重要依据。

◆**政务服务标准化建设**　2018年，西安市人民政府政务服务中心编制公布《市级部门政务服务事项办理项清单目录》《区县、开发区政务服务事项（办理项）通用实施清单》，梳理确定市级部门政务服务事项主项584项、办理项1021项；区（县）政务服务事项主项661项、办理项981项；开发区政务服务事项主项244项、办理项387项，并通过系统固化方式，实现全市同一事项统一名称、统一分解标准。制定《西安市政务服务事项〈实施清单〉编制规范》，对事项名称等36个方面进行规范，并确定《办事指南》的要素和版式，通过系统自动生成标准化《办事指南》。制定并向涉及的43个市级部门印发《关于开展各系统政务服务事项“八统一”梳理工作的函》，按照同一事项“无差别受理、同标准办理”原则，以条线为主，对各区（县）、开发区同一事项的8个方面要素进行标准化、统一化要求，梳理完成区（县）统一事项981项、开发区统一事项387项。持续做好减材料、减环节、减时限工作。截至年底，市级进驻事项申请材料平均减少10%，每个事项的办理环节总体上不超过6个，市级进驻事项（行政许可）承诺时限较法定时限平均压缩50.6%，提前完成压缩48%的年度任务。督促各区（县）、开发区加大政务中心扩容力度。截至年底，投入使用并达到二级标准（3000平方米）以上的政务中心有15个。5月底，市政务中心租用的3200平方米的办公场所投入使用。探索“一窗综合受理”模式，在莲湖区、灞桥区、西安国际港务区等地先行先试，通过分类设立综合窗口，实行“一窗受理、集成服务”。与市发展改革、投资、工信等部门建立项目联系机制，确定以工业项目、重点项目（前期项目）及招商引资项目为主要代办服务对象，更加注重审前服务和上门服务，通过现场协调、召开联席会议等方式，不断提高代办服务成效。全年确定代办项目40个，办理审批事项120个，办结审批事项66个，协调解决问题45个，完成项目跟踪回访128次。配合西安市机构编制委员会办公室对市级各部门“三集中三到位”改革落实情况进行督办。41个市级部门按规定开展改革。其中，25个需设立行政审批处的部门均完成；16个因审批事项少不需设立行政审批处的部门中有15个部门事项全部进驻市政务中心。截至年底，市政务中心进驻41个市级部门，进驻权力事项718项，占总数1021项的70.32%；进驻部门大厅办理的事项249项，占24.39%；在各部门机关处室办理的有54项，占5.29%。

◆**审批监督管理**　2018年，西安市人民政府政务服务中心建立规范涉审中介服务专项组定期召开工作协调推进会、月通报和涉审中介主管部门联系等工作机制，及时协调解决相关问题。配合西安市机构编制委员会办公室完成《市级部门涉审中介服务事项目录》清单，梳理出市级涉审中介服务事项90项，对应行政审批事项72项。依托“西安政务服务网”，全面建成“西安市中介服务超市”，116家中介服务机构进驻网上超市。明确所有审批事项的法定时限和承诺时限，严格实施办理时限承诺制和限时办结制，确保及时办理，无超期或拖拉现象。通过电话回访、全程跟办、问卷调查等形式，对涉及“最多跑一次”审批事项改革的部门落实情况进行调查，并对发现问题及时处理。对新进驻人员98人进行岗前培训，考试合格后方准予上岗。10月底，分2批对全体进驻人员300余人集中进行公务礼仪、大数据、媒体素养和舆情应对等专题培训，切实提高审批人员能力素养。根据日考核、月通报情况，评选“群众满意窗口”和“为民服务标兵”，21个窗口和76名工作人员获得表彰。各部门窗口收到感谢信13封、锦旗19面，群众满意率达到95%以上。　（曹雪鹏）

应急管理

◆**概况**　2018年，西安市安全生产监督管理局贯彻落实中共中央办公厅、国务院办公厅《地方党政领导干部安全生产责任制规定》，深入推进安全生产领域改革发展，协助中共西安市委召开以“紧绷责任之弦，全力建设安全发展型城市”为主题的第九期“追赶超越”擂台赛，大力开展安全生产执法检查和隐患排查治理，较好地完成全年安全生产监督管理目标任务。全年发生各类生产安全事故417起，死亡196人。其中，生产经营性道路交通事故380起，死亡153人；工矿商贸事故33起，死亡41人。

◆**安全生产责任体系建设**　2018年4月，中共中央办公厅、国务院办公厅《地方党政领导干部安全生产责任制规定》发布后，中共西安市委办公厅、西安市人民政府办公厅印发《西安市贯彻落实〈地方党政领导干部安全生产责任制规定〉实施细则》（市办字〔2019〕96号），配套出台14项安全生产领域改革制度性政策措施，把安全生产考核纳入西安市“平安鼎”创建工作，由中共西安市委常委、常务副市长分管安全生产工作。各区（县）、开发区也进行相应调整，从制度上和组织领导上保证安全生产工作向纵深开展。

◆**安全生产三项攻坚行动**　2018年，西安市人民政府及其有关部门多次召开专题会、警示教育大会、电视电话会和工作推进会，研究部署道路交通、危险化学品、建筑施工安全三项攻坚行动。西安市人民政府21个安全生产督导组、西安市安全生产委员会办公室4个督查组以及“安全生产三项攻坚行动”4个督查组，联合对21个区（县、开发区）攻坚行动进行重点督导。打击严重违法、违规行为18122起；关闭取缔企业11家；停产、停业企业149家；暂扣、吊销“生产经营许可证”企业14家；追究刑事责任1826人；问责曝光工作不力单位81家，问责工作不力个人96人次；行政处罚2270万元。

◆**安全生产督查检查** 2018年，西安市人民政府21个安全生产督导组，按照西安市安全生产委员会重点成员单位“一对一”包抓督导区（县）、开发区安全生产工作制度，形成每月不少于1次的常态化包抓督导安全生产工作新模式。全年开展督导检查318次，发现并督促整改隐患1004项，完成城中村消防安全隐患专项整治、“守规程保安全大检查大排查大执法大督查大宣传大教育”行动，有效防范了事故发生。

◆**安全生产双重预防机制建设** 2018年，西安市安全生产监督管理局依托西安科技大学和第三方服务机构的专业技术力量，在危险化学品、非煤矿山、工贸等11个行业选择50家重点监管企业作为试点，开展风险分级管控和隐患排查治理双重预防机制建设工作。建立“试点企业安全风险数据库”，形成企业风险管控机制，辨识出风险点37257个，完成已有风险的评估分级，较大以上已有风险数量占风险总数的0.875%，试点企业风险整体处于受控状态。

◆**安全隐患集中交办** 2018年6月，西安市安全生产委员会印发《西安市安全隐患集中交办整治工作实施方案》（市安委会发〔2018〕5号），在全市范围常态化开展安全隐患集中交办整治工作。西安市安全生产委员会配套出台《安全隐患集中交办整治工作暂行办法》《安全隐患集中交办整治督查办法》《安全隐患集中交办整治验收通报办法》（市安委办发〔2018〕106号）等制度办法，前3批向各区（县）、开发区和市级有关部门集中交办安全隐患1028项，完成整改991项，完成整改率96.4%。

◆**安全生产监管领域法治建设** 2018年，西安市安全生产监督管理局制定《重大决策社会稳定风险评估实施细则（试行）》（市安监发〔2018〕99号），对重大决策、规范性文件的制定、颁布进行合法性审查。在执法检查和行政处罚案件审理过程中常态化使用法律顾问，组织3次全市安监系统执法人员培训，不断推动安全生产监管领域法治建设。

◆**安全生产行政审批服务** 2018年，西安市安全生产监督管理局落实行政审批服务“最多跑一次”和“三集中三到位”（部门许可职能向一个科室集中，审批科室向政务大厅集中，审批事项网上办理集中；事项进驻大厅到位，审批授权窗口到位，电子监察到位）要求，成立行政审批处，制定完善《市安监局进一步优化投资环境规范市级安全生产行政审批工作办法（试行）》，以“合法、精简、高效”为标准，自主研发使用的在线行政审批系统和“西安政务服务网”实现对接，12个大项39个子项的行政审批事项全部实现网上办理。全年在网上受理“行政许可证”、出具审查意见、备案证明1614家（次），全部实现“零跑路”。

2018年8月21日，西安市安全生产委员会办公室第一督查组对鄠邑区、周至县消防安全隐患大排查工作开展情况进行督查

◆**行政执法和应急救援** 2018年，西安市安全生产监督管理局开展“安全生产监管执法规范年”活动和集中执法行动，组织全市安监系统执法人员进行视频专题培训和执法培训，建立“安全生产监管执法规范年”活动进展情况通报机制，督导各区（县）、开发区及西安市安全生产委员会各成员单位开展执法行动，对“零处罚”的区（县）、开发区安监局局长和相关业务处室负责人进行集体约谈。全年全市安监系统罚没2735.5万元，比上年增加132%。其中，事故罚款1448.64万元，增加198%；监察罚款1275.85万元，增加85%。组织安全生产专项应急预案培训会，开展安全生产应急救援技能“大比武”活动。举行各类应急演练活动689次，参演人数44479人次，演练投入266.34万元。通过“12345”市民热线综合服务平台转办投诉咨询事项120件，均对相关投诉咨询人员告知相关情况或处理结果。

◆**安全生产宣传教育** 2018年，西安市安全生产监督管理局围绕“生命至上、安全发展”主题，开展“安全生产月”和“安全宣传咨询日”活动，举办安全宣讲、主题晚会、公益广告大赛等系列活动，编写中小学安全读本。围绕创建“全国安全发展城市”，加强中央、陕西省、西安市媒体宣传报道工作，全年在各大新闻媒体刊登信息450余篇。开通西安安监官方“抖音”，发布宣传视频20个；“西安安监”微信公众号在全国所有安监系统公众号中排名前30位。组织安全教育进企业、进农村、进社区、进学校、进家庭宣传教育活动14次，发放宣传资料10500余份。被国家应急管理部评为“全国应急管理新闻宣传暨学报用报工作先进单位”。 （张笑瑜）

人力资源

◆**机关事业单位人事工资制度改革** 2018年，西安市人力资源和社会保障局加强事业单位绩效工资总量管理工作。3月，本着“多劳多得、优劳优酬、奖勤罚懒”原则，对市本级398家事业单位27197人的2018年绩效工资总量基准量进行审核。同时，推进公立医院薪酬制度改革试点工作。5月，西安市人力资源和社会保障局、西安市卫生和计划生育委员会印发《关于市第三医院开展公立医院薪酬制度改革试点工作的实施意见》，在西安市第三医院开展公立医院薪酬制度改革工作。

◆**公务员队伍管理** 2018年，西安市人力资源和社会保障局坚持凡进必考的原则，经过面试、体检、考察等程序，为西安市行政系统录用公务员和参照《中华人民共和国公务员法》管理单位工作人员1038人。同时，强化考核奖励，抓好平时考核重点任务。坚持从严控制，规范评比、达标、表彰管理。会同中共西安市委组织部印发《关于开展规范公务员政纪处分决定和解除处分决定备案工作的通知》，进一步明确公务员行政处分的内容、程序。开展聘任制公务员试点工作。经陕西省公务员局批准，首次面向全国公开招聘6名聘任制公务员，岗位涉及西安市人民政府金融办公室、西安市商务局和西安市审计局3个市级部门的6个职位。此次招聘职位聘期分别为3年和5年，聘任机关与应聘者签订聘任合同，确定聘任关系，明确聘任期内的岗位职责、工作目标、工作任务以及相应待遇等，年协议工资起薪分别为20万元和25万元。12月2日，经笔试、测评（面试）、体检和公示等环节，并报陕西省公务员局批复同意，向各聘任机关印发“聘任通知”。落实警员职务晋升工作，指导西安市公安局做好首次干警警员职务晋升工作，完成晋升三级警长（主任科员）及以下警员职务的资格审查和任职备案工作。探索公务员公开竞争转任方式，指导西安市发展和改革委员会从基层和市级部门公务员中公开选调8人补充到军民融合发展等工作岗位。突出抓好公务员队伍专业能力、专业精神的培训，把学习本领、政治领导本领、改革创新本领、科学发展本领、依法执政本领、群众工作本领、狠抓落实本领、驾驭风险本领“八种本领”的培训作为公务员专业能力培训的重点内容。首次组织新录用公务员集体向《中华人民共和国宪法》宣誓。举办“以‘两山’理论为指导推动秦岭绿色可持续发展”为主题的“公务员大讲堂”。选派78名科级、处级公务员赴杭州阿里云大学参加“科技创新与数字经济”高级研修班。

◆事业单位人事管理 2018年，西安市人力资源和社会保障局规范管理事业单位岗位运行。完成事业单位岗位变动2376人，新增708人，对64家单位岗位重新设置。实施精准招聘，分类招聘事业单位工作人员3552人，其中市级单位821人、区（县）2651人、开发区管委会及公办学校80人；面向社会统一组织公开招聘2030人；组织高层次及急需紧缺人才招聘317人；为西安市卫生和计划生育委员会等13家单位办理2017年度博士研究生聘用手续38人；通过进校园招聘648人。在全市范围内开展事业单位聘用制度大检查，重点围绕贯彻落实国务院《事业单位人事管理条例》及陕西省、西安市相关配套政策情况进行检查，并对13个区（县）和教育、卫生等行业的市级部分事业单位聘用制度落实情况进行督导检查。

◆军转干部安置 2018年，西安市人力资源和社会保障局按照功绩制分配、双向选择分配和包底分配“三步走”安置分配办法，完成865名军转干部接收安置任务，并接收自主择业军转干部1002人、随调家属40人。严格落实中央、陕西省企业军转干部解困政策，确保企业军转干部的总体稳定。

◆人才队伍建设 2018年，西安市实施人才新政、户籍新政、创新创业新政效应明显。经初步统计，全年引进培养人才38.6万人。在西安全市各类人才中，有党政人才4.3万、企业经营管理人才36万、专业技术人才101万、技能人才156万、社会管理人才2.8万、农村实用人才14万。相较于上年，净增长29万人，增幅为10.1%。2月10日，西安市举办首次“西安高层次人才迎新春联谊交流会”，相关行业专家、知名企业高管和国家“双一流”高校博士生等200余名海内外高层次人才参会。5月17日，西安市人力资源和社会保障局、西安市财政局联合发布并详细解读《西安市进一步加快人才汇聚若干措施》（简称《西安13条措施》），西安人才政策进一步放宽，受到人民日报、新华社等数十家媒体关注。西安市此次人才新政设立高校毕业生“就业奖”：应届高校毕业生在西安就业落户、签订劳动合同并缴纳社会保险的，给予1000元一次性奖励补助；设立西安高校“留才奖”：凡西安地区应届高校毕业生在西安就业落户，按照每人200元标准，给予学校一次性奖励。加大创业扶持力度，高校毕业生5年内首次在西安市创办企业或者从事个体经营，领取“工商营业执照”且正常经营6个月以上的，给予5000元一次性创业补贴；将大学生创业贷款最高额度由50万元提高到100万元。提升引才、用才安居保障，西安市属单位公开招聘博士研究生，安家补助费每人由5年10万元提高为5年15万元。春节过后，西安市围绕“高、精、尖、缺”开展精准招聘服务及赴外引才活动。3月22—24日，西安市人力资源和社会保障局组织45家单位赴北京开展2018年西安春季赴京高端人才引进推介活动，分别在清华大学、中国人民大学和北京大学开展招聘会，采取集中引才的形式，有针对性地引进一批急需紧缺的高端人才。此次招聘活动，西安地区企事业单位现场收取各类人才简历1057份，其中，博士简历313份、硕士简历692份。4月26—27日，再次组织中国科学院西安光学精密机械研究所等37家硬科技、金融等领域重点单位赴上海开展“靶向引才”，提供700余个中高端职位，其中博士需求348个、硕士需求197个，分别到复旦大学、上海交通大学、中国上海人才市场招聘。在春季招聘会上，西安市人力资源和社会保障局联合公安、房管部门现场为毕业生提供户籍落户、安居政策咨询等服务，用全方位服务吸引高端人才来西安工作。全年组织重点单位先后到国内25座城市的33所知名重点院校，组织开展71场高层次急需紧缺人才精准招聘和宣讲推介活动，参会单位累计引进各类人才9930余人。9月6日，举办“2018高端人才西安行”活动，通过组织“联谊沙龙”等活动，让用人单位现场与博士生面对面对接交流、接收人才简历，进一步达成选择意向。在赴外招聘活动期间，聘任首批“招才大使”及“校园引才特使”，并设立首批“引才工作站”。截至年底，聘请33名“招才大使”、18名“招才顾问”、96名“校园引才特使”，并在中国人民大学、复旦大学、武汉大学、科锐国际人力资源(北京)有限公司上海分公司、猎聘网广州分公司等设立21家“引才工作站”。在上海招聘期间，西安市人力资源和社会保障局相关负责人拜会了《Nature》（《自然》杂志）大中华区总部，主动上门沟通对接，借助《Nature》平台就西安引进海外高层次人才、宣介推广西安等事项达成初步意向。7月，西安市人力资源和社会保障局与施普林格自然集团签署人才开发合作备忘录。随后，英国《自然》杂志先后刊发《聚焦西安》《在丝绸之路的起点建起一座科技之城》《西安正在推广硬科技，以重塑自己作为全球技术创新中心的形象》《圆梦创新》《不可忽视的力量》《让制造业更智慧》等专题报道，关注西安打造“全球硬科技之都”工作和成果。（蔚国刚）

参事文史工作

◆概况 2018年，西安市人民政府参事室（西安市文史研究馆）充分发挥政府参事、文史馆员、文史研究员优势作用，积极开展参政议政、建言献策、文史研究和文化艺术创作等各项工作，圆满完成全年工作任务。截至年底，西安市有政府参事31人、文史馆员58人、机关工作人员31人。

◆参政议政 2018年，西安市人民政府参事室（西安市文史研究馆）根据目标考核任务和《政府工作报告》分解项目，确定“关于增强西安文化软实力的调研”“关于妥善处理生态保护和加快发展关系促进西安环保产业发展的调研”“关于推进西安建设‘一带一路’西部金融中心的调研”“关于西安工业促投资稳增长落实军民融合深度发展的调研”4个重点课题，实际完成调研报告8份，并上报西安市人民政府。年初，在接到中共西安市委主要负责人将“西安年·最中国”课题交由西安市人民政府参事室（西安市文史研究馆）调研的批示后，及时组织文史馆员、文史研究员迅速展开工作，深入考察调研，及时形成专门报告并上报中共西安市委。结合实际，探索西安市人民政府领导咨询参事的体制机制，建立《市政府领导联系参事工作制度》，加强市政府领导与参事的对接，更好地发挥建言献策职能作用。两次组织政府参事召开《政府工作报告（征求意见稿）》座谈讨论会议，提出修改意见20多条。应西安市人民政府法制办公室邀请，参加修改完善《关于西安市法治政府创建活动的实施方案》等多份征求意见稿的讨论审阅座谈会，并及时提出意见、建议，函复有关部门。

◆调研考察 2018年，西安市人民政府参事室（西安市文史研究馆）调研考察工作坚持抓重点、破难点、树精品原则，紧扣课题，先后开展8次调研考察活动。分别赴西安市卫生和计划生育委员会、鄠邑区、未央区、高陵区、周至县等区（县）和市级部门开展调研。按需要，带领参事赴重庆市、贵州省、广东省、深圳市、河南省、山西省等省、市开展省外调研。分别协助国务院参事室和陕西省、江苏省、天津市、成都市、重庆市、南京市、昆明市、广州市等地参事室完成来西安市进行的调研考察活动，并组织西安市行政效能革命协调领导小组办公室、西安市人民政府政务服务中心、西安市科技局、西安市工业和信息化委员会、西安市工商行政管理局、西安市文物局、西安市机构编制委员会办公室等市级部门和相关企业与来西安考察部门进行座谈。

◆调研报告和参事建议 2018年，西安市人民政府参事室（西安市文史研究馆）向西安市人民政府上报调研报告8份、参事建议15份。部分参事撰写的《关于加快军民融合发展工作的建议》《关于建设大西安东西方向主轴线的构想与建议》《关于发展西安“月光经济”的几点建议》《关于进一步发展西安对外开放型经济的思考和建议》《关于深度挖掘我市旅游资源提升旅游服务水平的建议》《关于扶持周至县猕猴桃产业发展的建议》上报西安市人民政府，得到市级领导的批示，有的被批转有关市级部门研究采纳。编辑出版季刊《西安参事》4期，整理参事调研报告、参事建议近50份。向市级部门、各区（县）及开发区征集论文近100篇，与年度调研报告、参事建议一起汇集成册，编辑出版《西安智库（2018卷）》。

◆文史馆员活动 2018年，西安市人民政府参事室（西安市文史研究馆）发挥文史馆员、文史研究员独特优势，主动投入讲好“中国故事”“西安故事”文史采风创作活动，组织文史馆员、文史研究员，分赴西藏自治区、榆林市、延安市、太白县等地写生采风，体验民俗风情和历史文化，积累创作素材，创作了一批高质量的作品。其中，2名馆员的作品入选中央文史研究馆“中华家园大型美术创作”项目。加强与各省（区、市）、市参事室（文史馆）之间的合作与交流，组织馆员参加国务院参事室、中央文史研究馆举办的“中华文化四海行——走进陕西”活动。举办“大美西安——纪念改革开放四十周年书画展”，组织120多件书画作品参展。重阳节前夕，组织参事、馆员、研究员赴蓝田县王顺山开展集体祝寿活动。

◆文史研究和整理 2018年，西安市人民政府参事室（西安市文史研究馆）结合文史馆员优势特长，确定以研究梳理古都西安周、秦、汉、唐历史文化为重点的文史研究课题。相继开展以“大秦岭——最中国”、周雍城遗址、汉长安城遗址等为主体的考察研究活动，组织文史馆员分赴宝鸡、咸阳等地进行实地考察，撰写《梳理西安周秦汉唐文化精髓 历史文化也要有最中国的表达》和《秦岭是“中国岭、中国山”西安在山水生态上也要最中国》2篇报告，并上报中共西安市委、西安市人民政府。编印完成5册《馆员丛书——书画卷》、4期《西安文史研究》。

◆参事、馆员学习交流 2018年，西安市人民政府参事室（西安市文史研究馆）为进一步拓展参政咨询知情渠道和信息量，有效提升参政议政、建言献策能力，先后组织6次集体学习讨论活动，学习讨论2018年西安市《政府工作报告》、国务院总理李克强考察通报、中央经济工作会议精神、中共西安市委主要负责人《在全市领导干部会议上的重要讲话》等文件。组织召开4次高层次的政情通报会，分别邀请西安国际港务区、新城区、西安市水务局、西安市卫生和计划生育委员会等部门的负责人通报工作开展情况。组织2名参事参加国务院参事室在北京举办的“国是论坛”。对新聘参事进行业务培训，重点学习《政府参事工作条例》和陕西省、西安市年度重点工作计划。组织9位参事列席西安市“两会”，提出建议10余条，均被采纳。

◆参事、馆员队伍建设 2018年，西安市人民政府参事室（西安市文史研究馆）进一步加强参事队伍建设，按照国务院《政府参事工作条例》和中共西安市委办公厅、西安市人民政府办公厅《关于进一步做好新时期政府参事工作的意见》，结合西安市参事队伍情况，按照“找人、做事、出成果”理念，先后走访10多家科研院所等单位，遴选相关领域的领军人才，为进一步优化参事队伍结构奠定人才基础。 （方伟国）

信　访

◆概况 2018年，西安市信访局(西安市信访接待中心)坚持在创新中推进信访工作制度改革，树立“群众利益无小事”的观念，按照“事不过夜马上办”的要求，提前完成中央信访矛盾化解攻坚战任务，化解信访问题数量创历史新高，完成中央秦岭北麓违建整治等18项大型活动信访保障等工作任务，推进信访法治化建设，获全国“法治信访进步奖”入围奖。全年受理群众来信来访41568件人次，比上年上升14%。其中，办理群众来信6409件，上升3%；接待群众13613人次，下降3%；接待群众到省、市集体访12608人次，上升36%（接待群众到省集体访2808人次，下降27%；接待群众到市集体访9800人次，上升79%）；接待到北京非接待场所有关人员211人次，下降41%；受理市民网上投诉8727件次，上升33%。全市网上信访事项及时受理率98%，按期答复率97%；群众满意率98%，群众满意度参评率52%，网上投诉占信访总量的57%。向中共西安市委、西安市人民政府上报信访信息450余件、信访专报179件。省、市领导各类批示件186件，其中，省级领导批示16件；市级领导批示170件。

◆领导干部接访约访下访 2018年，中共西安市委主要负责人把信访工作作为“一把手”工程，先后9次研究部署全市信访工作，批示信访工作84件次，阅批群众来信56件，落实省级领导干部接访下访4件次。市级分管领导专题安排信访工作，研判全市信访形势，指导协调化解重点信访问题。西安市信访工作联席会议及时召开新调整组成人员第一次全体会议，贯彻落实中共中央总书记习近平对信访工作的重要批示精神以及中共西安市委贯彻落实批示精神的决策部署。各区（县）、开发区和市级有关部门的主要负责人在基层一线推动信访工作落实落地，打通维护群众合法权益的“最后一公里”，在全市形成“党委统一领导、部门齐抓共管、一级抓一级、层层抓落实”的信访工作格局。年初，中共西安市委办公厅、西安市人民政府办公厅印发《关于深入开展信访矛盾化解攻坚战市区县级领导包抓化解疑难信访事项有关工作的通知》，中共西安市委主要负责人带头落实省级领导干部接访下访制度，推动化解疑难信访事项6

件次。20名市级领导主动下访、登门约访，市、区（县）级主要负责人挂牌接访、一线走访，对重点信访问题督促落实、包案化解。西安市信访局召开西安市领导干部接访下访工作现场会暨信访系统“追赶超越”推进会，全面动员安排，细化目标要求。严格落实“日截屏报告、周梳理统计、月提醒警示、季据实通报、年汇总考核”等制度，通过视频抽检、季度通报和抄报中共西安市委、西安市人民政府主要领导等方式，全面压实信访工作责任，领导干部接访下访质量和效果明显提升。全年各级领导干部接访下访群众1780批6740人次，解决问题427件，其中20名市级领导全部落实接访下访任务。全市各级排查矛盾纠纷2078件，化解1001件，化解率48%。

◆信访积案化解 2018年，西安市成立以中共西安市委、西安市人民政府领导为组长的西安市信访矛盾化解攻坚战领导小组，坚持“重新研判交办、重新核实调查、重新约见信访群众、重新规范办理”的工作原则，挂出任务图、列出时间表，难点问题由领导包案攻坚，重点问题限期化解交账，采取“日点评、周例会、月通报”的形式，逐级压实工作责任，在陕西省信访局规定时限前，提前高质量办结所有攻坚战信访事项。西安市信访局开展信访积案化解攻坚竞赛，交办397件信访积案，化解247件。开展“争创平安鼎、百件纠纷大化解”活动，推广用责任单位“承诺书”换信访群众“保证书”新机制，全市签订“承诺书”“保证书”186件。全年化解882件信访问题（信访案件468件）。其中，开展信访积案化解攻坚竞赛化解信访积案247件；开展信访矛盾化解攻坚战化解各类信访事项173件；创新推广用责任单位“承诺书”换信访群众“保证书”新机制化解33件；落实各级领导干部接访下访化解427件信访事项；组织听证评议化解信访积案2件。

◆稳控重点信访群体 2018年，西安市信访局紧盯降控进京访、到省访这一工作重心，以信访责任压实推动信访工作落实。制定《西安市信访工作督导问责工作实施方案》，通过发送“提醒函”、发通报、约谈等方式，倒逼责任落实。印发《关于进一步明确省市党政机关门前信访秩序维护工作的通知》，规范现场处置工作流程和方法。根据进京上访形势变化，调研驻京劝返工作新机制，召开14次控制进京非访工作专题会、研判会、现场会进行安排部署。对进京访问题突出的区（县）采取“专题分析研判、实地督导检查、信访问责追责”的办法，推动矛盾问题化解。组织开展进京非访问题“回头看”活动，要求各单位对进京上访人员，逐人约访下访、逐人法治宣传，把问题化解在属地，把人员稳定在辖区。详细制定《秦岭北麓违建整治期间信访工作方案》和《陕西宾馆周边信访分流劝返工作方案》，成立专项工作小组，对中央巡视组驻地，中共陕西省委、陕西省人民政府机关门前，西安市秦岭北麓违建整治小组驻地等重点部位的信访保障工作进行安排部署，要求工作人员24小时值班、值守。同时，畅通5种信访举报渠道，24小时保持工作不断线，及时汇总上报违建线索124件，助力全市打赢秦岭保卫战。

◆市民投诉 2018年，西安市信访局投诉受理处收到网上投诉信访事项8727件，办结8727件。具体为：①国家信访局国家投诉受理办公室网上转送信访投诉事项4707件，办结4707件，占投诉总量的53.9%。其中，申诉类171件，求决类3039件，意见建议类38件，揭发控告类233件，其他类1226件。②陕西省信访局网上投诉受理平台转送信访投诉事项2841件，办结2841件，占投诉总量的32.6%。其中，申诉类234件，求决类1177件，意见建议类233件，揭发控告类190件，其他类1007件。③西安市信访局网上投诉受理平台收到信访投诉事项1076件，办结1076件，占投诉总量的12.3%。其中，申诉类152件，求决类282件，意见建议类158件，揭发控告类33件，其他类451件。④中央、陕西省交办的网上信访投诉事项103件，办结103件，占投诉总量的1.2%。

◆信访机制体制创新 2018年，西安市信访局以体制机制为突破口，建立重点问题研判建议机制。针对农村换届选举、房地产开发、中小学学生入学等领域信访矛盾突出问题，深入调研，形成有价值的专题报告，并以《信访专报》的形式专报中共西安市委、西安市人民政府，既推进政策化解工作，又从源头上预防和减少信访问题的发生。深化“枫桥经验”，推进人民调解参与信访工作机制，形成“大信访”工作格局。在市、区（县、开发区）和所属镇（街）信访接待场所设立“网上投诉代办员”，帮助群众进行网上信访。创新推广用责任单位“承诺书”换信访群众“保证书”新机制。发挥基层党组织作用，做好“五上门”基础工作（送法律上门、送政策上门、送温暖上门、送感情上门、送责任上门）。每月根据重点信访工作设定会议主题，制定实施方案和工作计划，召开一次信访工作推进会，让先进单位上台交流经验，让后进单位表态发言，营造“比、学、赶、帮、超”的良好氛围。

◆信访法治化建设 2018年，西安市信访局聘请律师参与信访工作，为信访群众提供法律咨询851次、法律援助12次，对269件申请复查、复核的信访事项提出法律意见书。参加“全国法治进步奖”评选活动，西安市突出信访事项听证评议工作机制获第二届“全国法治信访进步奖”入围奖。加强“法治西安”“平安西安”建设，印发《开展“建设平安西安、开展争创平安鼎”活动信访系统宣传工作方案》，把信访重要考核指标纳入“建设平安西安、开展争创平安鼎”活动之中，推动工作落实。联合公检法等部门出台《涉访违法行为调查取证的八条措施》，厘清公安机关、信访部门和属地单位调查取证的责任，有效遏制涉访违法行为。

◆信访基础建设 2018年，西安市信访局通过建立辖区信访数据民情大地图、建立动态突出信访问题和重点信访人大数据库、开通“西安信访”微信公众号等方式，不断优化拓展网上信访途径，提升信访事项办理效能，形成17项创新特色试点方案，稳步推进信访业务创新发展。举办2018年信访工作培训班，邀请国家信访局、陕西省信访局有关负责人和专家、学者到场授课。指导区（县）、开发区信访部门开展网络业务专题培训，解决突出问题。先后组织全市信访工作人员1240人次参加中央、陕西省、西安市各类培训，全面提升信访干部的业务水平。整理编印《西安市信访文件汇编》等4本工具书，为基层提供业务指导。建立每月中旬梳理通报未及时受理和未按期答复信访事项制度，强化事前防范。坚持每月通报网上信访“五率”（录入率、受理率、办结率、参评率、满意率）突出问题，倒逼问题整改。严格落实网上信访事项分类督办和网上代办员制度，加强规范化水平。

◆重大活动、会议信访保障 2018年，西安市信访局把每一次重大活动期间的信访保障任务当作政治任务来完成。先后参与完成2018西安国际马拉松赛、第二届“全球程序员节”、2018全球硬科技创新大会等重大活动和全国、陕西省、西安市“两会”等重要会议以及国务院第二十七督查组、中央秦岭北麓违建专项整治工作组、中央脱贫攻坚专项巡视组、中央环保督察组巡察期间的信访保障任务。其中，国家级以上保障任务5项，连续时长120天，没有发生任何群众聚集、冲击驻地等极端事件。

（杨　华）

中国人民政治协商会议
西安市委员会

责任编辑
姚文东

西安年鉴
2019
XI'AN YEARBOOK

综 述

◆**概况** 2018年，中国人民政治协商会议西安市第十四届委员会及其常务委员会坚持以习近平新时代中国特色社会主义思想为指导，认真学习贯彻中共中央总书记习近平关于加强和改进人民政协工作的重要思想和对西安系列重要指示批示精神，紧扣“追赶超越”和“五个扎实”要求，认真落实中共西安市委各项决策部署，坚持团结和民主两大主题，立足政协性质定位，凝聚各界智慧力量，团结奋进，务实担当，全面履行政治协商、民主监督、参政议政职能，为西安建设国家中心城市和国际化大都市做出新贡献。截至年底，政协西安市委员会和所属区（县）委员会有政协组织机构14个，其中区（县）政协13个。市、区（县）政协委员有3546人，其中市政协委员569人、区（县）政协委员2977人。

◆**中国人民政治协商会议西安市第十四届委员会第二次会议** 2018年2月2—5日在陕西宾馆召开，会期3天半。会议应出席委员569人，实到525人。会议审议批准中国人民政治协商会议西安市第十四届委员会常务委员会的工作报告和政协西安市委员会常务委员会所做的提案工作情况报告；列席西安市第十六届人民代表大会第三次会议开幕式，听取并赞同西安市人民政府工作报告、西安市中级人民法院工作报告、西安市人民检察院工作报告及其他报告；补选吴键、汪文展为政协西安市第十四届委员会副主席。会议期间，委员们通过小组讨论、大会发言、提交提案、界别联组讨论等形式，紧扣一年来“追赶超越”和“五个扎实”工作主线及“五新”战略任务（培育新动能、构筑新高地、激发新活力、共建新生活、彰显新形象）的实践，围绕“聚焦三六九、振兴大西安”奋斗目标，以及人民群众最为关切的问题协商讨论。中共西安市委、西安市人民政府有关领导到会听取委员的意见和建议，与委员共商西安发展大计。在讨论《政府工作报告》时，委员们提出60多条建设性的意见和建议。大会编发《会议简报》21期，新闻媒体刊播各类宣传稿件800余篇；收到大会发言材料44篇，材料内容重点就加快大西安国际化进程、补齐“十大短板”“聚焦三六九、振兴大西安”的各项目标任务提出意见建议。其中，市级各民主党派、工商联26篇，市政协各专门委员会9篇，委员个人9篇。大会收到提案766件，经审查，立案704件（委员提案562件，各民主党派、工商联提案127件，人民团体提案3件，专门委员会提案12件），撤案1件，作为委员来信转送有关部门研究参考60件。在立案的提案中，围绕经济发展和生态文明建设提交提案153件，围绕社会事业发展和改善民生提交提案245件，围绕民主法治和品质西安建设提交提案306件。

2018年2月2—5日，中国人民政治协商会议西安市第十四届委员会第二次会议召开

◆**市政协常委会会议** 2018年，中国人民政治协商会议西安市第十四届委员会及其常务委员会紧扣全市“‘追赶超越’奋进年”“营商环境提升年”“招商项目落地年”，找准政协可以发力、有所作为的着力点，围绕优化提升营商环境、大气污染防治等问题进行专题协商，全年召开7次常委会议。

1月19日，召开政协西安市第十四届委员会常务委员会第六次会议，会期1天。会议听取中共西安市委有关人事问题的说明，同意安建利的辞职请求，决定免去其常委职务，撤销委员资格；听取西安市人民政府关于市政府系统提案办理情况的通报；审议通过政协西安市第十四届委员会常务委员会工作报告（草案）以及报告人；审议通过政协西安市第十四届委员会常务委员会关于十四届一次会议以来提案工作情况的报告（草案）以及报告人；审议通过政协西安市第十四届委员会各专门委员会2017年工作报告；审议通过政协西安市委员会2018年工作要点；审议通过政协西安市第十四届委员会第二次会议建议议程、日程、决定等；审议通过关于授权主席会议确定政协西安市第十四届委员会常务委员会第六次会议未尽事宜的决定。

3月28日，召开政协西安市第十四届委员会常务委员会第九次会议，会期半天。传达学习全国“两会”精神。

5月14日，召开政协西安市第十四届委员会常务委员会第十次会议，会期半天。会议听取市政协办公厅关于2018年协商工作计划执行情况的汇报，并协商决定有关人事问题。会议决定，任命任立新、蔺孝民为市政协副秘书长，苏学平为市政协研究室副主任，袁建安为市政协经济委员会副主任，褚祝利为市政协社会法制和民族宗教委员会副主任。

7月3日，召开政协西安市第十四届委员会常务委员会第十一次会议，会期1天。会议听取市政府关于提升西安营商环境工作的通报；听取市政府关于“三中心”（西安丝路国际会展中心、西安丝路国际会议中心、西安奥林匹克体育中心）场馆建设进展情况的通报；专题协商提升西安营商环境问题，审议通过《关于提升和优化营商环境，助力我市追赶超越发展调研报告》。

8月14日，召开政协西安市第十四届委员会常务委员会第十二次会议，会期半天。传达学习中共中央总书记习近平有关秦岭生态环境保护的系列重要批示指示精神，以及中央、陕西省、西安市领导有关讲话精神，并组织讨论；审议通过《政协西安市委员会关于认真贯彻落实习近平总书记重要批示指示精神，推动秦岭生态环境保护的意见》。

9月26日，召开政协西安市第十四届委员会常务委员会第十三次会议，会期1天。专题协商西安大气污染防治问题，举办专题讲座，听取习近平生态文明思想辅导报告和西安大气污染成因与控制辅导报告；审议通过《关于推进西安大气污染防治工作的调研报告》；协商决定有关人事问题，任命夏俊山为市政协委员工作委员会主任，张志文为市政协人口资源环境委员会副主任。

11月27日，召开政协西安市第十四届委员会常务委员会第十四次会议，会期半天。中共西安市委、西安市人民政府有关领导通报秦岭北麓违建整治工作有关情况；会议接受程群力辞去市政协十四届委员的请求，审议通过《政协西安市委员会常务委员会关于授权主席会议对违纪违法政协委员及时做出处理的决定》。

（王 涛）

政协主要工作和重大活动

2018年1月10日，西安市政协委员在曲江新区庙坡头路农贸市场调研冬季蔬菜供应情况，为撰写提案、开展协商调研积累第一手资料

◆委员视察 2018年，中国人民政治协商会议西安市第十四届委员会坚持把委员视察作为履职为民、咨政建言的重要形式，落实中共西安市委对政协工作的新要求，围绕全市工作重点，关注民生热点，组织策划专项视察工作，不断提高视察活动质量成效。组织委员聚焦秦岭生态环境保护、高速公路“三化”、户籍制度改革、“四改两拆”、互联网+政务中心、城市公共设施建设、通景公路两侧“种房子”问题、村委会换届等工作，以“委员+专家”“现场视察+委员走访”“专家讲座+案例分析”等形式开展专项视察活动。开展高速公路“三化”整治视察活动，制定专项视察总体方案，做到每季度开展一次，参与视察活动的政协委员有160余人次，提出“加强与高速主管部门的联络协调”“健全完善长效管理维护机制”“开展联合巡查推进联合防控”“搞好整治结合强化治建并重”等建议。围绕“互联网+政务中心”改革，推行“一网通办、最多跑一次”改革等工作，组织市政协委员赴西安市人民政府政务服务中心和莲湖区市民中心视察西安市落实“互联网+政务审批”改革进展情况。围绕西安市为申办“一带一路”国际合作高峰论坛建设的“三中心”项目建设道路交通保障情况，组织委员进行视察，就“三中心”与重大交通枢纽之间的联系、常规公交与轨道交通换乘衔接、停车场配套设施等问题进行讨论并提出意见建议。根据中共西安市委指示要求和市政协工作安排，组织委员对周至县、西安经济技术开发区“河湖长制”落实情况进行视察；对鄠邑区、长安区农村生活污水处理情况进行专项视察。组织撰写的《关于组织政协委员检查鄠邑区、长安区、西咸新区脱贫攻坚工作的报告》《关于征求政协委员对促进“西咸产业一体化”的意见建议》《关于西咸一体化产业发展专项基金建设情况的建议》《关于促进我市国际学校发展的视察报告》《关于组织委员视察江村沟垃圾填埋场环境治理工作的报告》《关于组织委员开展我市户籍新政成效视察工作情况的报告》《关于组织委员开展“四改两拆”视察工作的报告》《关于我市回民殡葬管理问题的视察报告》均受到中共西安市委主要领导的高度评价和重点批示。

◆提案办理 2018年，中国人民政治协商会议西安市第十四届委员会贯彻中共中央总书记习近平关于加强和改进人民政协工作的重要思想，坚持“围绕中心、服务大局、提高质量、讲求实效”工作方针，把提质增效贯穿提案工作全过程，推动提案工作取得新成效。全年提交提案867件，立案786件，与提案者协商后并案1件，撤案1件，转有关部门参考79件。其中，在经济发展方面，围绕构建现代产业体系、推动创新驱动发展、优化提升营商环境、培育壮大实体经济、促进开放型经济发展等，提交提案171件，占立案总数的21.76%；在城市治理方面，围绕“品质西安”建设、社会治理创新、深化“放管服”改革、加强地方立法等，提交提案275件，占立案总数的34.99%；在文化建设方面，围绕建设丝路文化高地、加强非物质文化遗产保护、大力发展文化产业等，提交提案92件，占立案总数的11.7%；在保障和改善民生方面，围绕教育、医疗、食品安全、就业、养老、脱贫攻坚等诸多民生问题，提交提案186件，占立案总数的23.66%；在生态文明建设方面，围绕“四治一增”（治气、治水、治脏、治山和增绿）、改善生态环境等，提交提案62件，占立案总数的7.89%。截至2018年12月31日，立案的提案全部办复。

围绕“提案工作创新”“重点提案督办成效”课题开展调研，研究新思路、新举措，促进提案工作发展。利用参加全国政协第七次提案工作座谈会和全国部分城市政协提案工作研讨会（成都）以及中国人民政治协商会议陕西省委员会有关提案工作会议契机，学习借鉴其他省（区、市）、市的经验和做法。组织召开各区（县）政协提案工作座谈会，学习贯彻全国政协第七次提案工作座谈会精神，总结全市各级政协提案工作的新进展、新做法，分析提案工作面临的新情况、新问题，对新形势下推动提案工作高质量发展做出部署，推动提案工作整体水平提高。研究出台《关于提高提案质量的意见》，首次向中共西安市委、西安市人民政府主要领导专报重点提案办理落实情况，得到中共西安市委主要领导重要批示。坚持以“质量求发展”的科学导向，采取有效措施促进提高提案质量，印发《政协提案目录》，加大委员培训，优化委员履职评价考核体系，通过组织委员参加政情通报会，举办专题讲座和学习报告会，举行电视问政、行风评议、视察调研、提案督办等形式，拓宽委员知情明政渠道。面向社会和党政部门公开征集提案线索，组织印发207条参考选题，开展针对性较强的调查研究。建立完善“三级”审查机制，严格执行立案标准，加大不予立案、并案、撤案的处理力度，进一步提高立案提案的质量，并评选出55件高质量提案予以表彰。坚持把协商作为提案办理工作的重要方式和环节，推动承办单位建立健全协商机制，规范提案办理工作中的协商环节，同时将重点提案办理协商与常委会会议协商、专委会专题协商相衔接，发挥提案工作为政协重大协商活动服务的作用。全年中共西安市委、市政府领导阅批重点提案44件，市政府领导领办重点提案9件；市政协主席、副主席、秘书长领衔督办书记、市长批示的重点提案10件。

◆民主监督 2018年，中国人民政治协商会议西安市第十四届委员会坚持把民主监督作为政协履行职能的重要内容，瞄准社会热点问题和群众最关心、最直接的现实问题，不断创新监督形式。全年就“河湖长制”落实、“网格长制”管理、农村“种房子”、垃圾分类处理、宜居环境改善等民生热点问题，组织市、区（县）两级政协800余人次参加63次监督视察活动。组织政协委员参加《电视问政》11期92人次，参加钟鼓楼景区票价调整、地铁建设大树迁移等听证会36人次，参加检察院、法院“公开日”21次。推荐150名委员参与市直机关民主评议、18名委员担任出租车行业“神秘人”、市公务员招录监督员等。担负秦岭生态环境保护集体民主监督职能，组织委员学习习近平关于西安工作的重要批示指示精神，学习陕西省、西安市关于秦岭北麓违建专项整治工作会议精神和中共西安市委创建“国家生态文明建设示范区”的决定，起草《关于落实习近平总书记重要批示指示精神加强秦岭生态环境保护集体民主监督实施方案》《政协委员对秦岭生态环境保护开展视察调研的实施办法》《关于贯彻落实〈中共西安市委关于深入学习实践习近平生态文明思想加快创建国家生态文明建设示范区的决定〉的意见》，组织委员围绕秦岭违建整治及覆土复耕情况进行专项视察。承担全市“河湖长制”落实情况民主监督任务，制定年度“河湖长制”落实情况民主监督方案，协调组织开展监督调研活动，将“五策治水”（工程治水、生态治水、技术治水、管理治水、社会治水）进展情况与“河湖长制”落实相结合，坚持履行职责与增进共识双向发力，组织百名市政协委员参与河湖巡查，与各级河湖长开展座谈交流，针对跨区域流域共治协调机制不够健全、黑臭河整治和污水处理工作力度需要加大、“五策治水”长效机制亟待建立、河湖岸上治理任务繁重、基层河湖长办编制需要关注解决5个方面问题提出意见建议，并列出问题清单。组织市、区（县）政协委员配合中国人民政治协商会议陕西省委员会开展优化营商环境三级联动专题民主监督活动，成立4个调研组，分赴西安高新技术产业开发区、西安浐灞生态区、西安曲江新区、西安市公安局、西安市教育局及部分工厂、学校等部门、单位实地调研，与60多家中小企业、民营企业负责人进行座谈，收集第一手情况和信息，并形成调研报告报省政协和中共西安市委。

◆**团结联谊** 2018年，中国人民政治协商会议西安市第十四届委员会坚持邀请西安市各民主党派列席会议、调研视察、座谈协商，深化市政协与西安市各民主党派、西安市工商业联合会秘书长联席会议制度，及时通报情况，共同推进工作。注重发挥政协机关桥梁纽带作用，营造民族团结、宗教和睦、社会和谐的良好氛围。开展保护宗教活动场所专题调研活动，学习其他城市在宗教工作方面的先进经验，向中共西安市委、西安市人民政府提交专题调研报告，推动有关问题得到逐一解决和落实。定期走访西安市少数民族、宗教界别委员，“开斋节”前夕赴清真寺慰问，“平安夜”赴西安市基督教三自爱国运动委员会和西安市基督教协会慰问，加强联系沟通。先后走访八仙宫、罔极寺、东新巷基督教堂、通远天主教堂、敦煌寺，倾听意见建议，通过撰写调研报告、报送政协信息、召开座谈会等形式，及时反映宗教界的意见建议。注重密切与港澳台侨人士的联络工作，通过发送微信、发送电子邮件、寄送材料、不定期走访等方式，及时向市政协港澳委员通报工作、介绍相关情况。组织港澳委员积极参加陕西省、西安市在粤港澳地区的招商推介活动，组团参加第二届世界西商大会；组织港澳工商企业代表团、教育代表团来西安市考察投资。同时，鼓励和号召港澳委员为港澳地区的繁荣稳定发挥作用，市政协港澳委员发起并成立澳门西安商会，并举办“澳门西安商会首届理监事就职典礼暨‘一带一路’倡议下澳门与西安合作新机遇论坛”。深化陕西省、西安市政协对口联系，加强对区（县）政协的联系指导，促进和落实三级联动联合调研视察工作，加强提案联动督办和工作经验交流，探讨工作方法，交流工作经验，推进实践创新。

◆**专题调研** 2018年，中国人民政治协商会议西安市第十四届委员会坚持把调查研究作为提升履职成效的切入点，不断强化调查研究基础性作用，围绕秦岭生态环境保护、西咸一体化建设、优化营商环境、推进大气污染防治、一网通办、地铁上盖物业、城市道路洒水降尘等专题，制定详细调研方案，采取“委员+专家+部门同志”“实地调研+座谈研讨”“专家讲座+案例分析”等方式，不断提高调研质量，完成62份调研报告，获陕西省、西安市“优秀调研成果奖”13项。经济委员会围绕“硅谷硅滩硅巷问题”“我市工业项目和房地产项目从签约到落地所需时间”“我市推进农村‘三变’工作存在的难点和问题”“赴武汉、长沙、郑州、济南、成都、杭州六城市学习考察”“秦岭北麓矿业权退出机制研究”“开展深化一窗受理促进集成服务对策研究”“借鉴合肥成都济南经验加快推进西咸一体化”“杭州市钱塘江和千岛湖周边环境治理项目情况”“我市军民融合创新发展”“全面提升城市环境品质”等12项为题开展专题调研。中共西安市委主要领导先后对《关于赴武汉长沙学习考察的报告》《关于赴郑州济南学习考察的报告》《关于赴成都杭州学习考察的报告》《关于硅谷硅滩硅巷问题的调研报告》《关于借鉴合肥成都济南经验加快推进“西咸一体化”的建议》做出批示；《关于赴武汉长沙学习考察的报告》和《关于缩短项目签约开工投产周期的调研报告》获“全省政协系统优秀调研成果奖”。人口资源环境委员会就“推进大气污染防治问题”开展专题调，会同西安市环境保护局、西安市发展和改革委员会、西安市交通运输局等14个相关部门举行工作汇报会，对加强大气污染防治工作提出意见。组织4次实地调研，召开4次由政协委员、专家学者、区（县）政协负责人、民主党派人士参加的座谈研讨会。建立与西安市环境保护局、西安市治污减霾工作领导小组办公室工作合作机制，走访中国科学院地球环境研究所专家，学习兰州、济宁、石家庄等

2018年2月4日，西安市政协全体港澳委员赴周至县二曲街道下孟家村开展扶贫捐赠活动

城市开展大气污染防治工作的先进经验和做法，并形成《关于推进西安大气污染防治工作的调研报告》。港澳台侨和外事委员会就“提升和优化营商环境，助力我市追赶超越发展”问题进行专题调研，赴全市42个单位和部门开展座谈交流。先后10次前往西安经济技术开发区、西安高新技术产业开发区、西安曲江新区、西安浐灞生态区、西安国际港务区和西咸新区实地调研，并赴上海、杭州、深圳、成都进行学习考察。邀请全市60多名企业代表参加6次专题座谈会，召开9次专题协商会议及专题研讨会议，走访企业16家。形成《关于提升和优化营商环境，助力我市追赶超越发展的调研报告》，得到中共西安市委主要领导重要批示，《人民政协报》为此先后2次以《为提升“西引力”列一份清单——西安市政协常委会议献策营商环境改善》和《如何当好城市的“店小二”——西安市政协为提升优化营商环境建言献策》为题做了专题报道。按照中共西安市委主要领导的批示要求，围绕“一网通办”相关问题，赴深圳、广州调研、学习先进经验和做法，并形成专题调研报告，得到中共西安市委主要领导的高度评价，并做重点批示。社会法制和民族宗教委员会围绕西安市共享单车管理，地铁上盖物业开发，城中村改造，城市道路洒水、除尘等保洁工作对空气污染治理的作用，生态修复问题，“智慧城管”建设，宗教活动场所文物保护，航空枢纽经济发展，市管公园拆除围墙免费开放，“三中心”场馆建设等10多个课题进行专题调研，并形成《关于我市共享单车和公共自行车规范发展的调研报告》《关于进一步破解我市城中村改造难题，加快城中村改造步伐的调研报告》《关于我市生态修复保护实施工程的对策建议》《关于加快我市智慧城管建设的调研报告》等专题调研报告，特别是《关于加快地铁上盖物业开发，推动地铁经济发展的调研报告》受到中共西安市委主要领导高度评价，并在中共西安市委政策研究室主编的《调研参阅》2018年第39期刊发。还针对西安市宗教活动场所文物保护单位数量多、分布广、文物级别高的实际，组织政协委员、专家及相关部门人员组成专题调研组，考察西安市部分宗教活动场所文物保护情况，并赴其他城市调研，形成《关于进一步加强我市宗教活动场所文物保护的调研报告》，受到中共西安市委主要领导好评。撰写的《关于我市城市道路洒水除尘及空气污染治理的几点建议》《关于我市航空枢纽经济发展的几点建议》《关于我市公园拆除围墙免费开放的几点建议》《关于博鳌论坛会址场馆建设及运营管理的考察报告》《关于组织委员视察江村沟垃圾填埋场环境治理工作的报告》5份调研报告，也得到中共西安市委主要领导批示。科教文卫体委员会就“西安市众创载体建设发展情况”课题，组织开展调研活动，通过制订调研实施方案、召开情况通报会、聘请专家为调研组做西安市众创载体建设发展专题授课等形式，了解西安市众创载体建设发展的现状、困难和瓶颈问题，分析西安市与一线城市众创载体建设的短板和差距。赴高新创业咖啡街区、莲湖区京东云创新空间以及全市颇具代表性的众创空间进行调研，形成《关于西安市众创载体建设发展情况调研报告》，并送西安市人民政府相关部门供决策参考，得到市政府高度重视。参与“不忘初心、牢记使命，加快追赶超越步伐，落实五个扎实要求”大调研活动，开展关于“新民风助力西安精准扶贫”研究课题调研，多次走访西安市扶贫开发办公室等相关部门，并赴贫困村调研，形成《新民风助力西安精准扶贫研究分析》调研报告。文史资料委员会组织开展加大“放管服”改革和加大市场秩序整顿工作调研，参加提升和优化西安市外资企业营商环境调研。参与“不忘初心、牢记使命，加快追赶超越步伐，落实五个扎实要求”大调研活动，完成“关于我市非物质文化遗产现状”和“关于我市非物质文化遗产发展情况”2个课题的调研任务。参加中国人民政治协商会议陕西省委员会组织的“我省工业遗产现状及保护利用情况”和“大力发展会展产业，打造全方位互利合作”专题调研。赴郑州、天津、哈尔滨调研政协文史馆建设和管理工作。开展“关于秦岭北麓生物多样性保护问题研究”和“关于优化营商环境要素供给配置对策研究”专题调研。

◆**文史和宣传工作**　2018年，中国人民政治协商会议西安市第十四届委员会按照“文史资料亲历、亲见、亲闻”要求，注重“发挥存史、资政、团结、育人作用”，征编出版《西安博物馆》图书，其中收录文稿113篇、图片661幅，共35.18万字。注重利用手机微信、钉钉软件等快捷媒体方式推送文史信息，及时增补市政协网站文史内容，方便社会各界人士了解政协文史资料。加强与陕西省内外政协单位的文史资料交流工作，全年赠送文史资料718册，接收文史资料199册，接待各界来访人士15批次。自觉承担 “举旗帜、聚民心、育新人、兴文化、展形象”的使命任务，把握正确舆论导向，在各大报刊发稿260余篇。其中，《人民政协报》11篇、《陕西日报》6篇、《各界导报》31篇、《华商报》17篇、《三秦都市报》14篇、《西安日报》和《西安晚报》190余篇。全年发行会刊《西安政协》12期。其中，为配合西安市纪念改革开放40周年，开设《纪念改革开放40周年》专栏；配合秦岭违建专项整治，开设《保护大秦岭》专栏；加大《委员风采》栏目的报道力度和频率。加强网络平台建设，推进“互联网+政协”形式，全年经“一网五系统”（“一网”：西安市政协门户网站；“五系统”：提案管理系统、委员履职管理系统、社情民意管理系统、手机App应用系统、短信系统）平台处理委员意见建议、提案和社情民意信息千余条。（王　涛）

中国人民政治协商会议
西安市第十四届委员会

主　　席　岳华峰
副 主 席　吴　键（2月任）
李佐成（九三）　张　宁
张建政　王欢畅（工商联）
李改草（女，无党派）
王国根（农工）
汪文展（2月任）
秘 书 长　问向荣
副秘书长　樊　华（至5月）　严　石
任立新（5月任）
任莉娟（至5月）
张雪琴（民盟）
蔺孝民（5月任）

市政协办公厅
主　　任　问向荣（兼）

市政协研究室
主　　任　任莉娟（女）

委员工作委员会
主　　任　夏俊山（9月任）

提案委员会
主　　任　樊　华

经济委员会
主　　任　杨明瑞

人口资源环境委员会
主　　任　张　轶

港澳台侨和外事委员会
主　　任　郭艳文（女）

社会法制和民族宗教委员会
主　　任　李健彪（回）

科教文卫体委员会
主　　任　纪　刚

文史资料委员会
主　　任　曹永辉（女）

纪检监察

责任编辑
姚文东

综　述

◆**概况**　2018年，西安市纪检监察机关强化监督执纪问责，统筹抓好正风反腐各项工作。落实党风廉政建设责任制，协助中共西安市委落实管党治党政治责任，推动全市各级党组织旗帜鲜明讲政治，坚决维护中共中央总书记习近平在党中央和全党的核心地位。对陕西省、西安市重大决策部署贯彻落实情况，加强监督检查和责任追究，全年落实中共西安市委主要领导批示413次。严格执行《中国共产党问责条例》，约谈党委、纪委负责人41人，全市99个党组织、1184名党员领导干部被问责。开展市、区党委巡察，共巡察40家单位的184个党组织，发现问题1823个，移交问题线索799件，立案152件，处分167人。

◆**中国共产党西安市第十三届纪律检查委员会第三次全体会议**　2018年1月23—24日召开。出席全会的中共西安市纪律检查委员会委员39人，列席119人。全会回顾总结2017年西安市纪检监察工作，安排部署2018年任务。审议通过中共西安市委常委、市纪委书记、市监察委主任卢力群代表市纪委常委会所做的《以习近平新时代中国特色社会主义思想为指导 坚定不移推动全面从严治党向纵深发展》工作报告。中共陕西省委常委、西安市委书记王永康出席全会并做讲话。

◆**加强党的政治建设**　2018年，中国共产党西安市纪律检查委员会推动西安市各级党组织建立主体责任清单，落实主体责任全程纪实制度，提高党风廉政建设考核权重，形成完备的明责、督责、考责、问责工作体系。坚持每月通报、季度考核，失责必问、问责必严成为常态。坚持把“两个维护”作为根本政治任务，坚决纠正和防范“七个有之”问题，严肃查处违反政治纪律问题60件，处分60人，移送司法机关5人。加强对市管正职干部外出请假报备制度落实情况的监督检查，通报批评8名领导干部。

◆**全力推进秦岭北麓违建别墅问题专项整治**　2018年，中国共产党西安市纪律检查委员会在全市集中组织开展学习习近平生态文明思想，进一步强化政治纪律和政治规矩意识。组织沿山6区（县）、19个市级部门深入开展政治纪律自查，全面摸排4187套别墅信息，深入开展公职人员持有秦岭北麓房屋申报工作，实现了彻底查清。坚持从严、从快查处违建项目背后的腐败问题，配合中国共产党陕西省纪律检查委员会、陕西省监察委员会严肃查处和红星、田党生、罗亚民、焦维发、张永潮等严重违纪违法问题；对王聪林等31人依法采取留置措施，实现了彻底查处，形成有力震慑。对秦岭违建整治工作中干部作风问题进行督促检查，发出督办函20余份，问责29人，严肃查处临潼区马额街道、长安区滦镇街道工作人员作风不实、排查不力等典型问题，并在全市进行通报。会同组织部门在全市开展干部作风问题大排查大整改，通报典型案例209起，问责196人。

◆**纪检监察体制改革**　2018年，西安市监察体制改革取得重要阶段性成果。13区（县）监察委员会全部按期组建，划转机构54个，划转编制237个，实际转隶152人，全市监察对象从9万人增加到19.7万人，实现了对行使公权力人员监察全覆盖。中国共产党西安市纪律检查委员会、西安市监察委员会实行监督检查和审查调查部门分设，出台监督检查责任清单，明晰6个方面27项监督内容。在陕西省率先开展监察职能向镇（街道）延伸试点，碑林、未央、周至、蓝田4个试点区（县）所有镇（街道）均挂牌成立监察组。制定市管企业纪委书记、副书记提名考察办法，进一步强化上级纪委对下级纪委的领导。严格落实派驻机构向市纪委监委报告工作制度和派驻机构主要负责人向市纪委监委述职述廉制度，对派驻纪检组履职情况进行量化考核，首次对派驻机构工作实绩进行检查，进一步加强对派驻机构的监督管理。市纪委出台《执纪监督监察工作办法》等纪法贯通3大类9项工作制度，初步形成“3+X”制度体系。制定32个工作文书模板，规范文书格式，细化线索处置、立案审查、留置措施等工作流程，制定《司法机关支持配合监委办案工作办法》，反腐败工作法治化、规范化水平不断提升。（王小红）

纪检监察主要工作和重大活动

◆**提升监督效能**　2018年，中国共产党西安市纪律检查委员会、西安市监察委员会突出政治监督，紧盯扫黑除恶、优化营商环境等重大决策部署，强化监督检查，确保政令畅通。出台《关于全市纪检监察机关加大监督执纪问责力度，进一步服务保障追赶超越的实施意见》探索向西安丝绸之路国际会展中心等重点工程派出监察专员。回复市管干部廉政意见339人次，组织2212名党员干部进行任前廉政法规考试，严把选人用人政治关、廉洁关。持续开展宣传教育，不断强化纪律规矩意识。组织全市党员干部签订“入学招生不说情不批条承诺书”，对村“两委”换届纪律执行情况进行检查。深化运用监督执纪“四种形态”，全市纪检监察机关处理11264人次。其中，第一种形态7390人次；第二种形态3414人次，分别占65.5%、30.3%，在聚焦“关键少数”的同时，监督执纪向“管住大多数”拓展。坚持把党内监督同群众监督、舆论监督结合起来，严肃查处“南长安街壹号”摇号、地铁安检门、西安市规划局半价购房、高新控股“80、90后”高管任命、皂河黑臭水体、汉城壹号长期烂尾等群众反映强烈的突出问题，有效回应社会关切。充分发挥《问政时刻》《每日聚焦》《党风政风热线》媒体监督作用，探索形成“群众反映问题、媒体曝光问题、责任单位整改问题、纪检机关跟进问责”的监督模式，《人民日报》等媒体进行了报道。

2018年1月23—24日，中国共产党西安市第十三届纪律检查委员会第三次全体会议召开

◆**群众身边腐败和作风问题专项整治** 2018年，中国共产党西安市纪律检查委员会、西安市监察委员会认真落实中央八项规定及其实施细则精神。制定《党员干部行为规范》《公务活动禁止饮酒规定》。开展“3+2”（违规发放津补贴、大办婚丧喜庆、公款吃喝和报销个人花费、私车公养、提供或接受超标准接待）专项治理和违规收送礼金问题专项整治，严肃查处领导干部利用名贵特产类特殊资源谋取私利问题。全年查处违反中央八项规定精神问题324件，处理480人，通报典型案例76起，严肃查处李社民违规收受礼金问题，坚决防止“四风”反弹。对2016年以来扶贫领域问题线索“大起底”，坚持每月向中共西安市委报告一次进展情况，每月明察暗访、每季度公开点评监督执纪问责情况。全年查处扶贫领域腐败和作风问题215件，处理357人，通报典型案例86起。严查党员干部涉黑涉恶腐败问题线索和充当“保护伞”案件。对中央、陕西省交办问题线索，坚持提级办理、异地管辖、组建专班、深挖彻查。严肃查处高陵区马安桥犯罪团伙和雁塔区曹永辉、曹利伟为首的恶势力等典型案件。全年立案查处152件，处分253人，组织处理74人，移送司法机关44人。加大对中央和中共陕西省委环保督察交办问题查处力度，制定问责办法，建立工作机制。全年查处问题1094件，处理1801人。严肃查处中央环保督察组通报的皂河黑臭水体、“大棚房”等一批突出问题。制定《损害营商环境问责办法》，每月检查全市PPP（政府投资个人承包）项目进展情况，联合西安市机构编制委员会办公室等部门清查22个市级部门96项行政许可中介服务事项。严肃查处汉城壹号项目长期停工、群众长期上访问题和地铁三号线安检设备招标采购中违纪违规问题。全年查处问题1081件，处理1306人，通报曝光16起。

◆**违纪违法案件查处** 2018年，中国共产党西安市纪律检查委员会、西安市监察委员会加大执纪审查力度，紧盯重要部门和重要岗位干部，精准有力惩治腐败。全市纪检监察机关处置问题线索8267件，立案4088件，处分3697人，移送司法机关112人。严肃查处新城区人民政府副区长王小辉、西安浐灞生态区管委会副主任樊伟、原西安市秦岭生态环境保护管理委员会办公室党组书记杨安定等一批干部违纪违法问题。认真开展纪律处分执行情况监督检查，集中清理整改公职人员“带薪羁押”“党员带薪服刑”问题，全市排查清理47人，切实维护纪律的严肃性、权威性。

◆**深化标本兼治** 2018年，中国共产党西安市纪律检查委员会、西安市监察委员会及时总结审查调查和巡察中发现的制度漏洞，提出监督监察建议。协助中共西安市委制定“以案促改”工作意见，凡是发生重大典型案件的地方和单位，都坚持开展“以案促改”工作。针对查处的典型案件，督促长安区人民政府、西安市轨道交通集团有限公司、西安高新技术产业开发区管委会等单位开展“以案促改”工作，产生良好的政治效应、纪法效应、社会效应。坚持把营造良好政治生态作为重要政治任务。深入肃清魏民洲等流毒影响，举办成效展览，516家单位11.1万人次参观展览；清理销毁魏民洲等人作序、作记图书；对中共西安市委办公厅等5个重点单位开展“机动式”巡察，梳理涉及魏民洲等人问题线索85件，处理99人。严肃查处万舟等7名市管领导干部。坚持把冯新柱案“以案促改”与肃清流毒工作结合起来，制定整改措施105条，督促各单位按时限按要求完成整改任务，政治生态进一步修复。坚持举一反三，把解决具体问题与建立长效机制结合起来，研究出台《补齐干部作风工作方案》等5个制度规定。代中共西安市委起草《关于深刻汲取秦岭北麓违建别墅问题教训 彻底肃清魏民洲等流毒和恶劣影响 全面净化修复政治生态的决定》，并在中国共产党西安市第十三届委员会第八次全体会议上审议通过。

◆**巡察工作** 2018年，中国共产党西安市纪律检查委员会、西安市监察委员会修订《西安市贯彻〈中国共产党巡视工作条例〉实施细则》和《十三届市委巡察工作规划》，聚焦政治纪律、意识形态、生态环境保护等方面，对40个单位开展常规巡察、专项巡察和机动巡察，对11个单位党组织选人、用人情况进行专项检查，发挥了巡察政治监督和政治导向作用。坚持巡察工作领导小组成员带队通报情况、反馈问题，面对面提出整改要求。制定班子成员领办整改任务、制定整改措施的工作机制，对整改不彻底的25个单位的154个问题，下发督办单，强化再整改。首次在全市教育领域开展上下联动、交叉巡察，形成巡察监督合力。（王小红）

重大违纪违法案件

◆**钱引安接受审查调查** 2018年11月2日17点30分，据中共中央纪律检查委员会、国家监察委员会网站消息，中共陕西省委常委、秘书长钱引安涉嫌严重违纪违法，接受中央纪委国家监委纪律审查和监察调查。 11月2日，中共陕西省委召开常委会会议，传达中央对钱引安涉嫌严重违纪违法进行纪律审查和监察调查的决定。钱引安曾长期在西安工作，历任中共西安市灞桥区委常委、灞桥区人民政府副区长，中共长安县委副书记、长安县人民政府县长，中共西安市长安区委副书记、长安区人民政府区长、中共长安区委书记，中共西安市雁塔区委书记，中共西安市人民政府副市长。

◆**上官吉庆因违纪违法辞职** 2018年11月5日，西安市第十六届人民代表大会常务委员会第十六次会议决定接受上官吉庆辞去西安市人民政府市长职务的请求。12月29日，第十三届全国人民代表大会常务委员会第七次会议通过关于个别代表的代表资格的报告。由陕西省选出的第十三届全国人民代表大会代表，中共陕西省西安市委原副书记、西安市人民政府原市长上官吉庆，因违纪违法，被责令辞去第十三届全国人民代表大会代表职务。

◆**魏民洲被判处无期徒刑** 2018年11月20日，湖南省郴州市中级人民法院公开宣判陕西省第十二届人大常委会原党组副书记、副主任魏民洲受贿案。认定被告人魏民洲犯受贿罪，判处无期徒刑，剥夺政治权利终身，并处没收个人全部财产。魏民洲当庭表示认罪悔罪，不上诉。

◆**赵红专被判刑** 2018年6月20日，渭南市中级人民法院对西安市政协原党组副书记、副主席赵红专受贿一案做出一审判决。以受贿罪判处被告人赵红专有期徒刑12年，并处罚金人民币200万元。宣判后，被告人赵红专表示认罪服法，当庭未提出上诉。（秦　声）

中国共产党西安市第十三届纪律检查委员会

书　　记　卢力群
副 书 记　赵晓林　李堪社　王　勇　李红雨（女）
常务委员　陈　武　万青平　孙宝锋　何　林（女）　王　雷　杨　帆

西安市监察委员会

主　　任　卢力群
副 主 任　赵晓林　李堪社　王　勇　李红雨（女）
委　　员　万青平　孙宝锋　何　林（女）　王　雷　杨　帆　王清宇

民主党派·工商联

责任编辑

姚文东

西安年鉴 2019 XI'AN YEARBOOK

中国国民党革命委员会西安市委员会

◆概况 2018年，中国国民党革命委员会西安市委员会有5个专门工作委员会、8个区级工作委员会、2个总支、5个直属支部，共100个支部。截至年底，党员总数1826人，平均年龄52岁。其中，大专及以上学历者1633人，占党员总数的89.43%；具有中高级专业技术职称的616人，占党员总数的33.73%。党员中有249人分别担任全国、省、市、区的人大代表或政协委员。其中，担任西安市人民代表大会常务委员会副主任的1人；担任区（县）级人大常委会副主任的3人；担任区（县）级政协副主席的5人。全年发展新党员146人，平均年龄38.95岁。

◆参政议政 2018年，中国国民党革命委员会西安市委员会组织省、市政协委员及党员骨干围绕振兴乡村、水资源保护利用、干部作风短板、营商环境、城市建设五个重点课题进行调研。一是聚焦“营商环境提升年”，就“推进重大招商引资项目快速落地”课题，到西安市幸福林带管理委员会开展专题调研。二是和西安市城乡建设委员会等部门联合，先后与中国国民党革命委员会贵州省委员会、中国国民党革命委员会岳阳市委员会、中国人民政治协商会议厦门市委员会分别就“营商环境”“城市建设”等课题开展调研。三是就“西安美丽乡村建设，关注农村养老问题”，赴鄠邑区秦渡镇裴家寨村开展调研，形成《关于西安市鄠邑区秦渡镇裴家寨村老年餐厅建设情况的调研报告》《关于加强西安农产品品牌发展调研报告》等7篇调研报告获中共西安市委统战部表彰。主要领导参加省、市召开的各类政情通报会、民主协商会，就农村养老工作、民营经济发展、富阎一体化建设、中心城市建设高质量发展、党外干部队伍建设等内容进行15次协商，为中共西安市委决策提供参考。

全市各级组织和党员中的人大代表、政协委员向全国、省、市、区（县）“两会”提交提案、建议322件。其中，在中国人民政治协商会议第十三届全国委员会第一次会议上提交《关于进一步加强汉长安城遗址管理的建议》等6件提案，在第十三届全国人民代表大会第一次会议上提交《关于在西安建立中国少儿美术教育博物馆》等建议。在中国人民政治协商会议陕西省第十二届委员会第一次会议上，提交《关于加强农村环境保护工作的建议》等4件提案。在中国人民政治协商会议西安市第十四届委员会第二次会议上，提交集体提案12件、委员个人提案97件、大会发言材料2份。其中，《关于科学施策、铁腕治霾、确保实现“大西安”建设目标的几点建议》得到中共西安市委书记批示；2件集体提案和2件个人提案得到西安市人民政府分管领导批示；3件集体提案和4件个人提案被评为市政协十四届一次会议优秀提案。

◆民主监督 2018年，中国国民党革命委员会西安市委员会履行参政党职责，开展民主监督工作。紧扣“干部作风补短板”课题，组织党员中的体制内干部多次召开民主监督专题研讨会，形成2篇调研报告。组织40名党员前往蓝田县开展“行政效能革命”及优化营商环境民主监督专题调研活动。与西安市人民政府30多家单位加强沟通和联系，完成中国人民政治协商会议西安市第十四届委员会第二次会议上12件集体提案的答复接待工作。

◆海外联谊 2018年，中国国民党革命委员会西安市委员会以元宵节、中秋节等传统节日为契机，召开台胞亲属座谈会，围绕两岸关系、对台交流及涉台参政议政等议题进行沟通，持续增进友谊。为纪念台湾著名爱国诗人和史学家连横140周年诞辰，配合中央人民广播电视总台广播连续剧《青山青史》剧组完成在西安的采风活动。接待台湾赵氏宗亲参访团，进一步深化台湾与大陆同根、同祖、同源的民族情谊。接待由台湾青年发展基金会董事长连胜文率领的“2018青发会两岸（西安、台湾）青年交流访问团”，开展为期5天的参访交流活动，对两岸青年增进彼此了解、加深同胞手足情、维护两岸和平稳定具有重要的现实意义。接待韩国孔子学院院长一行，就民办院校的发展和传统文化的传承进行座谈。

◆社会服务 2018年，中国国民党革命委员会西安市委员会利用春节、六一儿童节、八一建军节和重阳节等节日，开展扶贫帮困、普法义诊、节日慰问、敬老爱幼、公益文化活动等社会服务工作。全年各级组织和党员帮扶群众4800余人次，投入和引进资金48.4万元，各类物资折合人民币14万元。实施大型扶贫项目6个，资助贫困学生105人。开展“博爱·牵手”活动6次，捐款、捐物9万元，受益党员、群众126人次。在高陵区、长安区、鄠邑区等地开展关爱抗战老兵活动，慰问抗战老兵60余人次，赠送价值10余万元的慰问品，并为抗战老兵和当地群众赠送春联、书画作品并提供免费义诊等服务。春节期间，开展“暖冬活动”，组织党员中的法律、医务工作者为村民做法律咨询和义诊，看望慰问困难群众。三八妇女节期间，为女性保洁员送去礼物和节日问候。在六一儿童节期间，先后到蓝田县等贫困地区学校开展联谊慰问活动，送去慰问金及学习生活用品。全年各级组织开展关爱留守儿童和空巢老人活动16次，受

2018年7月23—27日，中国国民党革命委员会西安市委员会接待台湾青年发展基金会董事长连胜文率领的“2018青发会两岸（西安、台湾）青年交流访问团”一行35人到西安参访交流

益群众2000余人次。发挥党员的专业特长，为社会各界群众开展法律援助101次、法律咨询和普法活动10场次，受益群众数百人次。在贫困村、老年社区、大型企业、义务教育学校等地开展医疗义诊活动23场，受益群众3200余人次。举办公益文艺演出4场，为环卫、建筑、绿化工人和交警等一线执法人员提供休息场所及餐饮、防暑降温用品等。开展公益书画活动4次，观众人数3000余人次。

◆组织建设 2018年1月5—6日，中国国民党革命委员会西安市第七届委员会第三次全体会议召开。年初，中国国民党革命委员会西安市委员会与各区工委、直属支部签订《目标任务书》，明确、细化基层组织年度工作任务。规范“机关与基层组织工作联系制度”，制定《关于规范报请领导同志出席公务活动有关事项的规定》和《民革党员交纳党费及党费管理办法》等规章制度，设计制作“党费证”，统一党费收缴凭证。在党员发展上，落实以协商确定的重点分工为主、以大中城市为主、以有一定代表性的人士为主方针和“坚持条件、保证质量、改善结构、慎重发展”的原则，严把入口关，突出代表性，力求控制数量、提高质量。全年新发展党员146人，调整工委班子2个，新组建支部3个。为贯彻落实中国国民党革命委员会中央委员会关于创建“民革党员之家”和创建“示范支部”的工作要求，主委会议研究成立专门工作机构，制定《民革西安市委会推动全市“民革党员之家”建设实施方案》和《民革西安市委会开展示范支部创建活动实施方案》。举办“2018年民革党务骨干培训班”和“新党员培训班”，召开“基层组织建设工作会议”，共300余人次参训。接待中国国民党革命委员会中央委员会和贵阳、洛阳、长沙、青岛、南京、南宁、大连等各地民革组织15家，就机关建设、组织发展、参政议政等工作进行学习交流。

◆思想宣传 2018年，中国国民党革命委员会西安市委员会坚持把学习贯彻中国共产党第十九次全国代表大会和中国共产党第十九届中央委员会第二次全体会议、第三次全体会议，以及习近平新时代中国特色社会主义思想摆在首要位置，不断提高思想认识和政治理论水平，深入开展“不忘合作初心，继续携手前进”主题教育活动。组织市委会领导班子成员、党员骨干和机关干部200余人次，到革命圣地延安和梁家河、重庆红岩革命纪念馆、井冈山等红色革命教育基地及中国民主党派历史陈列馆、宋庆龄故居、冯玉祥故居、张治中故居等民革党史教育基地进行参观学习，切实加强共识教育。组织中山书画院选送30幅作品参加清明公祭轩辕黄帝（第十一届）海峡两岸名家书画展，选送70幅作品参加中共西安市委统战部举办的纪念“五一口号”发布70周年书画展。中山书画院还召开何香凝先生140周年诞辰研讨会，并组织书画院成员进行创作，油画《一代女杰》入选中国国民党革命委员会中央委员会和中国美术家协会主办的“纪念何香凝先生140周年诞辰暨首届‘香凝如故’全国美术作品展”。10—12月，与中国国民党革命委员会青岛市委员会共同在西安、青岛两地举办“携手新时代——庆祝改革开放四十周年书画展”，展出书画作品120余幅，并出版《书画作品集》。与团结报社联合开展“凝心聚力十三五·团结行”活动，先后对碑林、临潼、雁塔、未央4个区工委及曲江新区总支进行采访，并在《团结报》、团结网上刊登3篇专题报道。全年市委会网站刊发稿件262篇。向《团结报》、团结网、中国国民党革命委员会陕西省委员会网站以及“西安统一战线”微信公众号报送稿件142件次，向中国人民政治协商会议西安市委员会报送论文9篇。编印《西安民革》刊物3期；编辑月报12期、工作信息343条。（王　京）

中国国民党革命委员会西安市委员会

主 任 委 员 韩宝生

副主任委员 王　选（专职）　王效梅（女）　惠占学　尹　洁（女）　刘　朋

秘 书 长 赵　辉（女）

中国民主同盟西安市委员会

◆概况 2018年，中国民主同盟西安市委员会发展盟员138人，其中大学以上文化程度占98%。截至年底，全市有盟员2896人。其中，主体界别占比78%，整体中上层人士占比81%。盟员中担任民盟中央委员的1人；陕西省人大代表的1人，陕西省政协委员的3人；西安市人大常委的1人，西安市政协常委的4人、委员的23人；担任区（县）人大常委会副主任的1人，人民政府副区（县）长的2人，区（县）政协副主席的5人；担任副处级以上职务的51人；担任各级监督员的14人。民盟西安市委获得中国民主同盟中央委员会“思想宣传工作先进集体”和“社会服务工作先进集体”称号，文化联络专门委员会被民盟中央授予优秀“盟员之家”称号。

◆参政议政 2018年，中国民主同盟西安市委员会组织各级负责人，各级人大代表、政协委员，积极参加各级中共党委、人民政府、统战部门组织的民主协商会、座谈会、政情通报会，就中共西安市委有关人事和重大决策积极建言，就西安市民营经济发展和富阎一体化规划编制等工作提出意见建议。参加中共西安市委党风廉政建设情况通报会，参与西安市人民代表大会常务委员会《西安市文明行为促进条例（草案）》《西安市城市轨道交通条例(修订草案)》等法规的修订。在中国人民政治协商会议西安市第十四届委员会第二次会议上，提交大会发言1篇、书面发言3篇、界别联组发言10篇，集体提案29件、个人提案50余件。其中，界别联组发言《关于西安市金融业健康发展的建议》得到中共西安市委领导的肯定；大会发言《关于“一带一路”机遇下大西安文化旅游深度融合发展的建议》受到新闻媒体和与会政协委员的广泛关注，提交到中国人民政治协商会议陕西省委员会后被列为省政协重点提案；《关于构建民办幼儿园员工激励机制的建议》《关于汉长安城遗址文化保护开发的建议》《关于设立西安市院团文艺创作扶持基金的建议》被列为西安市人民政府分管领导批示重点督办提案。组建民盟西安市委员会专家智库队伍，进一步加强参政议政力量，壮大参政议政人才队伍。各专委会、专家组围绕重点调研课题开展形式多样的调研活动。完成《西安宗教非遗可持续发展的理念与对策》《关于加快智慧城市建设》《中小学教师信息素养现状调研报告》《关于加快我市文化创意产业的建议》《强化电视问政监督、落实行政效能革命》《推动新能源汽车发展与普及》等一批调研成果，为经济社会高质量发展发挥积极作用。向中国民主同盟陕西省委员会上报社情民意信息160余篇。其中，《应及时纠正我国北方部分城市绿化存在的重景观轻生态趋势》《解决仲裁案件财产保全难问题的建议》被中国民主同盟中央委员会采纳；《注意疫苗案暴露的生产销售假药

中国民主同盟西安市委员会在鄠邑区涝店镇资助贫困大学生

罪的立法缺陷》等11篇信息被盟省委采纳。承担中共西安市委“把西安打造成国家重要的创新创业中心研究”课题。按照中共西安市委补齐文化产业“短板”的有关文件精神，形成高质量的文化产业“补短板”调研报告。按照中共西安市委开展“乡村环境综合治理大调研”安排，形成针对西安市乡村环境综合治理的建议。在中共市委统战部2018年重点调研课题评比中，获得一等奖3项、二等奖2项、优秀奖5项。

◆社会服务　2018年，中国民主同盟西安市委员会组织爱心盟员赴长安区杨庄街办和鄠邑区涝店镇，对帮扶的8名贫困大学生进行回访，并再次资助每人3200元。高新工委长期资助蓝田洩湖镇马王村11名贫困学生和其家庭。未央工委向蓝田县灞源贫困地区捐赠爱心物资。经济法制专委会和灞桥工委联合开展“文化下乡、助力脱贫攻坚”活动，资助尘肺病患者子女参加西安夏令营。市一院支部、市四院支部组织医务界盟员参与中国民主同盟陕西省委员会在长武县和石泉县举办的医疗扶贫义诊活动。鄠邑工委组织医卫界盟员在草堂镇下草村开展健康扶贫“六进”活动暨庆“六一”关爱妇女儿童大型义诊活动。全年各级组织和广大盟员累计捐款捐物800余万元，开展各类脱贫攻坚活动近百次。春节前夕，长安、蓝田、新城、雁塔、未央等工委先后组织100余名盟员，开展春节“义写春联”活动，送出春联3000余幅。发挥盟内教育资源优势，组织盟员在蓝田县洩湖镇宋庙小学开展“烛光行动”支教活动，并参与中国民主同盟中央委员、中国民主同盟陕西省委员会在贵州、陕南和宝鸡开展的支教活动。莲湖工委开展向环卫工人、城管队员和城市物业工作人员送清凉慰问活动。长安工委联合文化专委会在长安八中开展传统文化主题展览活动。未央工委为未央湖街道办的25个社区提供免费法律顾问服务。全年各基层组织组织各类社会服务活动50余次。企业家联谊会、书画家联谊会前往延安黄龙开展助力脱贫攻坚活动，现场资助10名贫困大学生每人3200元；参加黄龙县组织的项目推介、书画笔会活动，同黄龙县签订现代农业开发合作意向。企业家联谊会召开营商环境座谈会、走访盟员企业等活动。书画家联谊会同西安易俗社开展交流，举办纪念改革开放40周年书画展等活动。

◆组织建设　2018年，中国民主同盟西安市委员会做好中国民主同盟西安市未央区工作委员会、中国民主同盟西安市莲湖区工作委员会等9个工委的换届工作，新成立中国民主同盟西安市高新区工作委员会、中国民主同盟西安市阎良区工作委员会、中国民主同盟西安市鄠邑区工作委员会，对民盟西安市第四医院支部、民盟西安市文化曲江支部、民盟西安职业技术学院支部等进行调整。10月，首批14家“盟员之家”揭授牌仪式在民盟西安市委机关三支部举行。

◆宣传教育　2018年，中国民主同盟西安市委员会以习近平新时代中国特色社会主义思想为指导，以开展“不忘合作初心，继续携手前进”专题教育为主线，开展丰富多彩的宣传教育活动，引导广大盟员树牢“四个意识”，坚定“四个自信”，坚决践行“两个维护”，多党合作共同思想政治基础更加牢固。在民盟西安市委网站、微信公众号、《西安盟讯》上开辟专栏，集中登载权威解读和学习心得，33篇文章在中国民主同盟中央委员会网站刊登，多篇文章被媒体转载刊登。参加中共西安市委统战部纪念“五一口号”发布70周年活动，并开展“五个一”活动（召开一次纪念座谈会、举办一次征文活动、开展一次植树活动、观看一部爱国片、参与一次书画展）。围绕开展改革开放40周年系列纪念活动，举办“纪念改革开放40周年书画摄影作品展”和“庆祝改革开放40周年座谈会”。组织盟员赴梁家河、重庆特园等地参观学习，参加西安烈士陵园祭奠和纪念杜斌丞130周年诞辰等活动。临潼、鄠邑、雁塔、莲湖等工委组织盟员到安吴青训班、革命圣地延安接受传统教育。

◆民盟全国副省级城市会议　2018年11月5日，中国民主同盟全国副省级城市第十四次盟务工作会议在陕西宾馆召开。来自长春、南京、武汉、厦门、杭州、成都等15个副省级城市和北京、上海、天津3个特邀城市及苏州、福州、太原、合肥等7个城市的200余位代表参加会议。与会代表围绕“‘一带一路’新时代 新机遇 新动能 聚焦创新创业城市发展”主题进行交流研讨。会议收到交流论文36篇，并结集出版。　（王耿平）

中国民主同盟西安市委员会

主任委员　戴宏科
副主任委员　俞向前　王晓如（女）
张雪琴（女）
李　煦（女，驻会）
程希文

中国民主建国会西安市委员会

◆概况　2018年，中国民主建国会西安市委员会有基层组织131个、区级工作委员会6个、专门委员会7个。新成立中国民主建国会灞河新区支部。会员2503人，平均年龄55.3岁。其中，经济界会员2006人，占会员总数的80.1%；新的社会阶层会员834人，占会员总数的33.3%；具有中高级职称者1339人，占会员总数的53.5%。新发展会员121人，平均年龄36.9岁，其中具有中高级职称的

28人，占新发展会员人数的23.1%。会员中，担任陕西省人大代表的3人、陕西省政协委员的7人（其中常委1人）；担任西安市人大代表的11人（其中常委1人）、西安市政协委员的34人（其中常委5人）；担任各区（县）人大代表的19人（其中担任区／县人大常委会副主任的1人），担任区政协委员的135人（其中担任区／县政协副主席的1人）；担任政府及其组成部门、司法机关县处级以上职务的38人。

◆参政议政 2018年，中国民主建国会西安市委员会履行参政党职能，做好政治协商工作，积极参政议政。主任委员先后参加中共西安市委、西安市人民政府召开的协商会、通报会、座谈会11次，就市政府工作报告、中共西安市委全会工作报告、优化营商环境、脱贫攻坚、经济形势等重大问题和重要人事安排，提出意见建议。在中国人民政治协商会议西安市十四届委员会第二次会议上，提交大会发言2篇，集体提案15件，委员个人提案41件，其中3件集体提案、3件委员个人提案获市政协十四届二次会议优秀提案。提案《关于整合我市工业产业园区的建议》被列为中共西安市委书记批示督办的重点提案；《关于提高我市医疗水平 缓解看病难的建议》被列为西安市人民政府市长批示督办的重点提案；《发挥资源优势 推动西安文化创意产业发展》《弘扬工匠精神 为大西安追赶超越建设做贡献》《将电影产业作为率先补短板加快发展西安文化产业的排头兵》《关于改进自贸试验区行政管理体质的建议》等9篇发言材料入选大会界别联组发言材料汇编。在区（县）政协会议期间，民建西安市委基层组织和担任各级政协委员的民建会员积极履行参政党职能，提交集体提案9件、委员个人提案110件。围绕中共西安市委、西安市人民政府提出的优化提升营商环境建设重大课题进行调研，与中国民主建国会陕西省委员会联合召开优化营商环境座谈会，发放调查问卷100份。组织调研组赴浙江杭州、东阳、义乌等地开展调研。赴长安区开展“乡村环境综合治理”专题调研。承办中共西安市委统战部“社会力量参与智慧城市”等调研课题，先后在成都、杭州开展视察调研活动。文化委员会组织成员赴西咸新区开展文化产业专题调研。全年开展视察调研活动13次，外出调研2次，完成专题调研报告12篇（其中向中共西安市委报送专题报告4篇），报送社情民意20篇，对西安市优化营商环境、文化产业发展、“智慧城市”建设等存在的突出问题开展调研。有效开展民主监督工作，在中共西安市委常委（扩大）会上，就打好精准脱贫攻坚战工作发言；赴丹凤县入村、入户开展脱贫攻坚民主调研；赴鄠邑区就“涝河”河长制落实情况开展民主监督活动；就秦岭北麓违建别墅情况进行实地调研。担任各级人大代表、政协委员和各类特邀职务的民建会员，积极参加调研、检查、视察等活动，提出建议意见。

◆社会服务 2018年，中国民主建国会西安市委员会引导基层组织和会员开展社会服务。组织民建会员参加2018第二十届中国风险投资论坛、2018中国（四川）非公有制经济发展论坛、2018年第三届丝绸博览会、富阎产业合作园区项目推进会等重要活动7次。成立中国民主建国会西安市委员会服务“双创”369实践基地和金融支持中心、法律援助中心和财会服务中心。选派80余名民建会员企业家在西安市社会主义学院、厦门大学等地参加“非公有制经济人士培训班”和“非公企业负责人专题研修班”。召开民建企业家迎新春联谊会，走访民建会员企业30余家，帮助民建会员所办企业解决实际困难。加大对杨庄对口帮扶村的工作力度，开展“迎新春、送温暖”春节慰问、助力追赶超越招商引资植树节活动、“文化、科技、卫生”三下乡活动，为帮扶村提供农技咨询、义诊等服务；坚持做好资助贫困大学生活动，帮助当地村民解决葡萄销售难问题。积极参与社会公益活动，先后在三原东周儿童村、鄠邑、山阳、镇安、安康、临潼等地开展助学助困、科普宣传、法律咨询等公益活动，捐款捐物130.6万元。加强对外联络，组织会员和机关干部赴云南、厦门、重庆、成都等地交流学习；先后接待哈尔滨、湘潭、郑州、兰州等7个民建市级组织67人次来访。

◆组织建设 2018年，中国民主建国会西安市委员会赴阎良、高陵、鄠邑、长安、临潼5个基层组织，就基层组织建设情况走访调研。12月，召开全市基层工作会议，专题研究基层组织建设和工作开展。贯彻落实会内监督条例，深入学习新会章，规范对委员履职的监督和履职量化考核，形成《同心同向不忘合作初心 肝胆相照继续携手同行》《民主党派监委会运行问题分析与运行模式规划》等理论研究成果。

◆学习宣传 2018年，中国民主建国会西安市委员会继续开展“不忘合作初心，继续携手前进”专题教育活动，组织领导班子成员参观“重塑政治生态，奋力推进国际化大都市建设”主题展览，组织130余人次参加中国民主建国会陕西省委员会、中共西安市委统战部学习全国“两会”精神报告会。制定《民建西安市委员会纪念中共中央发布“五一口号”70周年活动方案》，组织基层组织和会员参加民建省委会、中共西安市委统战部组织开展的活动。印发《关于开展纪念改革开放40周年征文活动的通知》，举办纪念改革开放40周年座谈会以及纪念活动。先后举办民建西安市骨干会员学习中国共产党第十九次全国代表大会精神培训班、民建西安市通讯员培训班、民建西安市2018年参政议政工作研讨班、新会员培训班。推荐处室负责人参加中国民主建国会中央委员会骨干会员培训班。选派21人次参市级民主党派中青年干部培训班、西安市党外人士专业技术人员培训班。首次大规模组织会员外出学习，组织35名骨干会员赴重庆瞻仰民建成立旧址陈列馆和纪念碑。全年参加各项学习培训人数达280余人次。积极参加市委统战部统战研究课题招投标工作，围绕民建中央和市委统战部理论研究重点课题开展调研，形成相关理论研究文章20余篇。对在统战理论研究、会务宣传、专题教育征文活动中表现突出、取得实绩的雁塔工委、莲湖工委等30个先进集体和56名先进个人给予表彰。（丁　鑫）

中国民主建国会西安市委员会

主任委员 姜长智

副主任委员 白秋分（女）　王　季　张阿利　霍炳男　乔　伟

中国民主促进会西安市委员会

◆概况 2018年，中国民主促进会西安市委员会有区工委9个、直属工委1个、总支2个、基层支部111个、专门委员会6个。会员总数2038人，平均年龄57.2岁。新发展会员70人，平均年龄37.4岁。会员中教育界1467人，科技、文艺界165人，其他界别406人；有大专及以上学历者1739人，占会员总数的85.3%；具有中高级职称者1467人，占会员总数的73.3%。会员中担任陕西省人大代表2人，陕西省政协常委1人，陕西省政协委员1人；市、区（县）人大代表35人（其中区／县人大常委会副主任2人），市、区（县）政协委员138人（其中区／县政协副主席6人）；在政府各部门担任处级以上职务者17人。

◆参政议政和民主监督 2018年，中国民主促进会西安市委员会聚焦民生“九难”和经济社会发展短板，积极参政议政，参与政治协商。在中国人民政治协商会议西安市第十四届委员会第二次会议上，提交集体提案14件、大会发言2篇。其中，大会发言《切实履行义务教育法定责任 破解义务教育上学难题》，受到西安市各主要媒体密切关注，推动中共西安市委、西安市人民政府加大对教育事业的投入；《关于进一步做好精准扶贫工作的建议》被西安市人民政府领导批办；《关于特色小镇建设应注重特色避免同质化发展的建议》被评为中国人民政治协商会议西安市委员会主席重点督办提案。为进一步提高参政议政成果质量，按照领导班子定选题，课题组领任务的思路，确定人员，保障经费，深入开展调查研究。向中共西安市委统战部报送参政议政重点调研报告5篇，各工委、总支和专委会完成调研报告20篇。围绕营商环境改善、农村环境治理、城市轨道交通建设等专题开展多次调研；组织部分西安市政协委员和相关课题组成员赴广州、深圳、珠海、东莞等地就职业教育、中小企业、旅游产业发展和创新创业等问题进行联合调研。以西安市政协、中共西安市委统战部开展的理论研究课题招投标为契机，组织骨干会员和机关干部申报理论研究课题，激励更多学有专长、勤于思考、关注社会、理性发声的会员“建睿智之言，献务实之策”。与中国民主促进会陕西省委员会就校企合作项目联合调研；与中国民主促进会南京市委员会就“挖掘红色革命资源开展统战传统教育专题”座谈交流。全年报送各类社情民意信息20余条，提交统战理论研究论文2篇。先后围绕西安市营商环境改善、富阎一体化发展，同西安市人民政府深入协商。以中共西安市委“乡村环境综合治理”大调研为专题，先后赴鄠邑区余下镇、草堂镇10个行政村开展专题民主监督，并形成调研报告报送中共西安市委。各区（县）组织按照统一安排参与部分重点工作督查。鄠邑等区（县）民进界别政协委员参与脱贫攻坚督查；中国民主促进会未央区工作委员会参与未央区“扫黑除恶”督查。

◆社会服务 2018年，中国民主促进会西安市委员会坚持把脱贫攻坚战工作作为社会服务工作的重中之重，定期赴扶贫工作联系点长安区杨庄街办井塬村解决实际困难。中国民主促进会碑林区工作委员会赴蓝田县华胥镇开展“企业家助力脱贫攻坚献爱心”活动；中国民主促进会雁塔区工作委员会向周至县武家庄村25名学生发放2万余元爱心捐款；中国民主促进会新城区工作委员会赴蓝田县普华镇慰问对口帮扶学校师生，并送医送教；中国民主促进会莲湖区西安实验职业中专支部为周至县厚畛子村生活困难学生举行捐款；中国民主促进会高陵区总支部到高陵区杨官寨村开展教育帮扶活动；中国民主促进会西安市第九十八中学支部赴蓝田县葛牌镇东沟村慰问看望当地贫困户；中国民主促进会未央区工作委员会综合二支部会员为未央区马旗寨小学贫困学生捐款；中国民主促进会长安区工作委员会会员向长安区杜曲街道新樊村爱心超市捐助一批御寒物资。积极开展教育交流、文化惠民活动。中国民主促进会莲湖区工作委员会举办“中高考学生家长心理辅导报告会”；中国民主促进会文理学院总支组织专家学者开展基础教育师资培训活动；中国民主促进会西安市委员会书画专门委员会在长安区杨庄街办井家湾村开展“春联进万家”活动，并在延安富县中小学开展书法进课堂活动；中国民主促进会西安委员会妇女委员会为高陵区乡村小学捐赠图书3000多册；中国民主促进会西安委员会企业界联谊会组织部分企业家前往咸阳市儿童福利院献爱心。继续动员广大会员参与“微公益活动”。年初，各区（县）民进组织开展除雪保畅通行动；企业界联谊会慰问西安市公交总公司第三分公司员工和一线执勤交警。3月，组织会员参加中共西安市委统战部共植“同心林”植树活动。三伏天，慰问环卫工人，举办“情系城市治理一线职工 平安度夏送清凉”关爱活动。冬季，开展 “冬季送温暖”活动。民进碑林区工委开展的援藏活动产生良好的社会反响。

2018年1月31日，中国民主促进会西安市委会组织书画家来到长安区杨庄街道开展“春联进万家”活动

◆宣传教育 2018年，中国民主促进会西安市委员会按照中国民主促进会中央委员会“加强思想政治教育”年度工作主题，面向全体会员开展思想教育学习活动，获“民进全国思想宣传工作先进集体”称号。将习近平新时代中国特色社会主义思想学习宣传贯穿始终，全面学习中国共产党第十九次全国代表大会精神，全国“两会”精神和中央、省、市统战工作会议精神，及时传达贯彻中共西安市委全会精神，深入学习中共中央总书记习近平关于秦岭北麓违规建别墅问题有关指示批示精神。主委班子成员参加民进中央、中共西安市委统战部等组织的学习交流活动。主任委员赴联系点中国民主促进会鄠邑区工作委员会开展“不忘合作初心、继续携手前进”主题教育活动。80余名会员参加中国民主促进会陕西省委员会主题教育理论宣讲报告会。围绕纪念“五一口号”发布70周年，组织书画界会员参加全市统战系统书画展；参加西安市统战系统“纪念五一口号，永远跟党走”歌咏会。中国民主促进会长安区工作委员会、中国民主促进会临潼区工作委员会等工委组织会员参加区（县）统战部的专题报告会、学习会。在纪念改

革开放40周年庆祝活动中，民进西安市委组织会员参观展览、召开座谈交流会、参加征文活动。为搞好宣传工作，重新聘任了一批信息员，继续做好刊物编辑工作。不断运用新技术、新手段打造好宣传新平台，加大宣传基层活动和会员风采，西安民进微信公众号更新频次达到每周3次，关注人数显著增加。被中国民主促进会中央委员会网站、中国民主促进会陕西省委员会《关注》杂志和网站、西安电视台、《西安日报》《西安统一战线》杂志和微信公众平台、《西安政协》等媒体选用稿件60余条次。

◆组织建设 2018年，中国民主促进会西安市委员会按照新时代参政党建设的使命和任务，切实推进人才队伍建设。全年新发展会员70人，完成中国民主促进会碑林区工作委员会、中国民主促进会灞桥区工作委员会、中国民主促进会长安区工作委员会、工作委员会西安市直属工作委员会和中国民主促进会蓝田县支部班子调整工作。调研26个支部活动开展情况，初步掌握了支部在履行职能、自身建设等方面的基本情况和主要问题，为有针对性地加强支部建设工作打下基础。在西安社会主义学院举办新会员和骨干会员培训班；在重庆大学举办民进会员综合履职能力专题培训班；组织会员参加中国民主促进会陕西省委员会骨干会员培训班、党派中青年干部培训班、《中国人民政治协商会议章程》培训班、党派中青年专业技术人员培训班、区（县）统战系统培训班，培训会员300余人次。举办8期“追赶超越”擂台赛，围绕专题系统学习，对标先进城市谈认识、找差距、提对策；开展干部作风问题排查整改工作。27名会员获国家、省、市、区各级表彰。

（任海峰）

中国民主促进会西安市委员会

主任委员 杨宗科

副主任委员 王　厚　孙润璋　陈　宏（女）　任佳琳（女）　梁　倩（女）

中国农工民主党西安市委员会

◆概况 2018年，中国农工民主党西安市委员会有区级工作委员会5个、基层组织64个、专门工作委员会9个。党员总数1449人，其中新党员76人。医药卫生等主界别占党员总数的67%；科技、教育、文化界占党员总数的17%；中高级以上职称占党员总数的86.60%。担任各级人大代表、政协委员的有136人。其中，中国人民政治协商会议西安市委员会副主席1人；区（县）政协副主席4人；区（县）人大常委会副主任1人。

◆参政议政 2018年，中国农工民主党西安市委员会积极履行参政党职能，各级人大代表、政协委员提交提案、议案和建议案100余件。在中国人民政治协商会议西安市第十四届委员会第二次会议上，提交大会发言3件、集体提案19件、委员个人提案35件。其中，《打造最佳营商环境　加速大西安国际化进程》界别联组发言和《设立西安文化特区，叫响“西安最中国”》的大会发言，得到与会领导和委员好评；《关于缩短我市项目签约、开工、投产周期的建议》等3件集体提案分别被列为中共西安市委书记及西安市人民政府分管副市长批示提案；《关于推进三医联动的建议》《关于我市垃圾处理工作的建议》等3件集体提案和3名委员个人提案获中国人民政治协商会议西安市第十四届委员会第一次会议以来“优秀提案奖”。 按照中共西安市委及主要领导要求，市农工党主要领导牵头，分别就优化营商环境、军民融合发展、设立西安文化特区、硅谷硅滩硅巷研究、曲江发展新模式、秦岭北麓生态保护等课题深入调研。

◆民主监督 2018年入夏，根据中国农工民主党陕西省委员会安排，中国农工民主党西安市委员会动员11名党员和机关干部，组成民主监督调研组，积极参与农工党陕西省委会对口镇安脱贫攻坚民主监督工作，赴月河镇、庙沟镇深度贫困村，以贫困户为重点，通过“听、看、查、问、访”，重点对扶贫干部驻村、责任制落实、产业和健康扶贫举措、群众满意度等情况，开展“拉网式”调查。走访17个驻村工作队、165名帮扶干部和村干部，入户填写“调查问卷表”878份，整理帮扶干部先进事例43份。同时，就补齐西安市生态环境短板、农村“厕所革命”开展调研督查，分别在中国人民政治协商会议陕西省委员会全会和中国人民政治协商会议西安市委员会常委会上做《联防联控治污减霾》的发言。

◆社会服务 2018年，中国农工民主党西安市委员会以“中国环境与健康宣传周”等为载体，组织部分专委会、工委和20多个基层组织先后开展义诊咨询、健康讲座、捐资助学、敬老扶困、环保宣传、农技指导、法律援助等社会公益活动近30次，受惠群众万余人，其中中国农工民主党西安市第五人民医院支部援藏义诊医疗队在西藏阿里地区的4个县5个工地开展7场义诊活动，服务近千人，受到藏区群众欢迎。中国农工民主党临潼区总支部联合中国农工民主党新城区工作委员会、中国农工民主党易俗社支部开展的“春享西安·桃醉临潼”文化下乡活动，中国农工民主党莲湖区工作委员会举办的“关爱保洁员义诊活动”及“送清凉行动”，中国农工民主党雁塔区工作委员会与长延堡街道办事处妇女联合会组织的“关爱母亲健康义诊咨询”活动，中国农工民主党未央区工作委员会组织的农工党员敬老院演出捐赠活动，中国农工民主党碑林区工作委员会与中国农工民主党西安市卫生学校支部连续5年在洛南四皓镇小学进行支教活动，中国农工民主党灞桥区总支部牵线的脑瘫儿童救助项目、志愿者植树绿化和农村孤儿助养活动，以及中国农工民主党西安市中医医院支部、中国农工民主党西安市红会医院总支部、中国农工民主党西安市第一人民医院支部、中国农工民主党西安市妇幼保健院支部等基层组织的义诊扶贫等活动成为社会服务活动的新亮点。

◆组织建设 2018年，中国农工民主党西安市委员会开展“星级支部”创建评选活动，通过量化考核评比，49个基层组织被评为“星级支部”，其中“五星级”9个，“四星级”16个，基层工作逐步规范，积极性逐步提高。完成中国农工民主党西安市委员会直属支部、中国农工民主党易俗社支部等8个支部的换届调整工作；召开中国农工民主党西安市第三人民医院支部、中国农工民主党阎良区支部、中国农工民主党西安曲江新区支部等7个支部的成立大会；在中国农工民主党莲湖区工作委员会试点筹建“党员之家”，基层组织活力进一步增强。积极探索有效途径，稳步推进党内监督。按照年初制定的《党内监督条例》和《工作规则》，逐步建立党内监督机制，探索党内监督的有效途径。建立监督委员会成员列席常委会和支部换届选举工作制度，强化日常监督。率先在莲湖区工委及部分支部班子开展谈心活动，“照镜子”“正衣冠”，强化党章、党规意识，抓实党内监督重点，畅通基层组织和党员意见建议反映渠道，确保党内监督落到实处、见到实效。

（孙龙飞）

中国农工民主党西安市委员会

主任委员 王国根
副主任委员 吕　鹏　齐　靖（女）　孔令国　周　媛（女）　李建平
秘书长 张国隆

中国致公党西安市委员会

◆概况 2018年，中国致公党西安市委员会有总支部7个、支部30个（含总支部所属支部）。党员总数403人。其中，具有“侨”“海”关系的党员占68%；中高级职称党员占70%；退休党员占27%；女党员占51%。党员中，担任省、市、区（县）各级人大代表、政协委员的35人；市级特邀监察人员、智库专家10人。全年发展党员20人。

◆参政议政 2018年，中国致公党西安市委员会向陕西省“两会”提交集体提案、议案9件，其中《关于进一步加强脱贫攻坚工作的建议》被列为中国人民政治协商会议陕西省主席重点督办提案。向西安市“两会”提交集体提案15件，个人提案、议案13件，其中2件分别被列为西安市人政府分管领导批示提案和中国人民政治协商会议西安市委员会领导牵头督办重点提案。向区（县）政协提交个人提案18件。开展13项重点调研课题，撰写《立足西安发展实际、探寻特色发展方式，稳步推进西安市新型城镇化建设》《西安开放型经济发展的现实和路径选择》《进一步挖掘西安市“一带一路”政策内涵，促进与丝路沿线国家青年交流》《加快对外贸易服务品质　不断促进西安开放型经济》《大西安打造“中国孟菲斯”建设路径探究》《关于进一步激发活力　推进县域经济发展的调研》《关于西安“脱贫攻坚”工作的调研》《西安国际化社区发展现状与提升措施》《加快对外贸易服务品质　不断促进西安开放型经济》等调研报告，其中《加快对外贸易服务品质　不断促进西安开放型经济》被中国致公党中央委员会评为“中国致公党参政议政优秀成果”。致公党西安市委会被评为“中国致公党参政议政工作先进集体”。

◆社会服务 2018年，中国致公党西安市委员会积极开展社会服务。文化和艺术工作委员会主办“翰墨飘香、秦韵悠扬”新春文化暖冬行活动；党员企业向贫困户发放蜂箱、蜂具，举办养蜂技术培训班22期，培训贫困户300余人；向贫困家庭捐赠爱心家具，开办“爱心超市”，提供就业岗位；在农村小学开展“奕起奔跑”助学、捐赠图书等公益活动。在中国致公党中央委员会开展的“致公党精准扶贫慈善捐款”活动中，市委会组织党员捐款23750元。

◆组织建设 2018年，中国致公党西安市委员会试点在3个支部设立“致公之家”。选派75人次到陕西省社会主义学院、西安市社会主义学院参加学习。向省、市相关部门推荐挂职干部1人。5月，成立中国致公党中国建筑西北设计研究院总支部。12月27—28日，召开中国致公党西安市第六届委员会第三次全体会议。

◆海外联络 2018年，中国致公党西安市委员会参加“表彰西安市2018年外商投资企业暨致敬改革开放40周年——外商投资企业履行社会责任推动可持续发展论坛”活动。组织致公党市、区两级政协委员参加中国人民政治协商会议陕西省港澳台侨和外事委员会致公界别联组活动。组织党员参加中共西安市委相关部门举办的“海归英雄”第二届西安海归创业大赛决赛活动。中国致公党中国建筑西北设计研究院总支部推荐5名(其中2名预备)党员分别担任陕西省欧美同学会、西安市欧美同学会常务理事。海外联络专门委员会举办外向型经济发展新春恳谈会。青年工作委员会（留委会）组织召开青年致公党员“双创”经验交流座谈会，对党内青年“双创”之星进行表彰。在微信公众号、网站、期刊上，开辟宣传青年“双创”党员专栏。

◆宣传教育 2018年，中国致公党西安市委员会按照中国致公党中央委员会、中国致公党陕西省委员会安排，以纪念中共中央发布“五一口号”70周年、纪念司徒美堂150周年诞辰、纪念改革开放40周年等活动为契机，开展“不忘合作初心　继续携手前进”主题教育活动。召开纪念“五一口号”发布70周年座谈会，组织党员参与中共西安市委统战部纪念“五一口号”发布70周年开展的活动。领导班子成员参加中共西安市委统战部“不忘合作初心　继续携手前进”暑期谈心及主题教育培训活动。组织机关干部、基层支部党员赴省内外爱国主义教育基地、致公党中央设立的党员学习教育基地等参观学习。围绕纪念改革开放40周年，结合中共中央总书记习近平在民营企业座谈会重要讲话精神，选派致公党员参与“谈体会　话改革”征文活动，并对党内老、中、青优秀非公经济先进个人进行表彰。组织部分青年企业家赴改革开放前沿地广州、深圳等地参观学习调研。在致公党市委会网站、期刊、公众号开设专栏，刊发系列主题教育活动相关信息，推动活动深入开展。

（朱　璟）

中国致公党西安市委员会

主任委员 张华俊
副主任委员 杨　军　来　克　崔安庆　崔孟娜（女）　张红林
秘书长 崔安庆（兼）

九三学社西安市委员会

◆概况 2018年，九三学社西安市委员会有4个区级工作委员会（雁塔、莲湖、新城、碑林）、8个专门委员会、44个基层组织。社员总数1018人，平均年龄56.27岁。社员中科技界别715人，占社员总数的70%；其他界别303人，占社员总数的30%。具有中、高级职称者900人，占社员总数的88.4%。离退休社员277人，占社员总数的27%。社员中担任全国政协委员的1人；陕西省人大代表的2人，陕西省政协委员的2人；西安市人大代表的2人，西安市政协委员的18人；西安市人民政府参事的1人，市政府特邀监察员、监督员的1人；市级职务的1人，局级职务的10人，处级职务的17人。

◆参政议政 2018年，九三学社西安市委员会围绕全国、陕西省、西安市“两会”主题，广泛开展提案征集工作。在中国人民政治协商会议西安市第十四届委员会第二次会议期间，有69件提案立案，其中集体提案15件，占集体提案数的22%。以《深入挖掘历史文化资源做优做强我市文化产业》和《打造“软环境”发展“硬科技”》为题做大会口头发言，有3篇调研报告收入《大会发言材料》专辑。《关于补齐西安市创新转化能力短板的对策建议》被列为中共西安市委领导重点督办提案；《关于我市“创新型工匠人才”战略培养与成长激励的建议》等7件提案获中国人民政治协商会议西安市委员会优秀提案；《关于规范土地流转的建议》被列为中国人民政治协商会议陕西省第十二届委员会第一次会议集体提案。积极与承办单位沟通，通过座谈交流、现场调研、重点督办等方式，了解提案办理情况，促进提案落实。《幼儿眼健康应早干预早关注》等5条信息被九三学社中央委员会采用；《关于恢复西安市莲湖公园内抗日英雄纪念碑和公墓的建议》等7条信息被九三学社陕西省委员会采用。

◆调查研究 2018年，九三学社西安市委员会选定13项重点课题开展调查研究。组织开题评审会、中期推进会，确保按调研方案推进。课题组分别赴上海市、郑州市、成都市和西安市相关单位开展专题调研活动，完成13份调研报告。为落实中共西安市委“大调研”方案，九三学社西安市委员会结合自身特点和优势，确定24项重点调研课题，形成研究成果。完成市级领导专项调研任务，就“加快构筑西安现代产业新体系研究”“效仿美国硅谷、硅滩、硅巷模式，激发我市创新创业活力”和“乡村环境综合治理”开展调研，形成《深入挖掘历史文化资源，做优做强我市文化产业》《提升创新能力　加快军民深度融合》等调研报告。

◆社会服务 2018年，九三学社西安市委员会选派3名社员参加九三学社陕西省委员会“脱贫攻坚民主监督”调研组，赴岚皋县进村入户实地走访农户和当地县、乡两级卫生机构。开展“暖冬行动”，组织5名农业专家为杨庄街办村民进行农业科技咨询，看望慰问5户困难群众。走访慰问蓝田县辋川镇板厂村贫困户，捐赠3000元。组织10余位医疗专家，在未央区徐家湾开展“进社区，送健康”义诊活动，100余名社区群众受惠。赴蓝田后沟窑村开展义诊活动，发放《健康保健知识宣传册》。举办“健康六一，快乐六一”儿童呼吸系统疾病的中医药防治义诊活动和“健康大讲堂”，近百名家长参加活动。筹集善款2.5万元前往西安儿童福利院，为福利院儿童送去学习、生活等用品。开展“大爱清尘，阳光助学”活动，为镇安县达仁镇中心小学捐赠教学物资和体育用品，为34名尘肺病患者子女和贫困生送去助学款2.56万元。开展“一对一”精准帮扶孤儿工作，捐助现金6000元。赴华阴市华阳小学开展捐资助学活动，捐赠价值1万余元的少儿图书、学生文体用品。为长安区杨庄街道中心学校送去笔墨纸砚字帖套盒。在西安高新第二学校举办“中医药”实践课。针对农村妇女心理、性别、生活情况，免费开展创业培训，培训80余人。在长安大学公路学院举办“大学生职场生涯规划”公益讲座，280余名大学生参加活动。为长乐西路街道保洁员送去防暑降温物品；向碑林区近千名一线环卫工人、保洁员和城管执法人员捐赠价值1.2万元的雾霾防护口罩；向桃园二坊社区阅览室捐赠价值千余元图书。

2018年5月25日，九三学社西安市委员会主委调研组赴阎良区围绕“乡村环境综合治理”开展专题调研

◆组织建设 2018年，九三学社西安市委员会成立九三学社阎良支社和九三学社西咸新区支社，发展社员70人。九三学社碑林区工作委员会、九三学社新城区工作委员会先后成立区工委专门委员会。组织编印《社员工作指南（试行）》手册。更新完善九三学社中央委员会“社员和组织信息”管理数据；建立“社内专家社员数据库”，向社中央组织部推荐7类代表人士36人，向九三学社陕西省委员会推荐脱贫攻坚民主监督专家25人。选派5名社员到延安、宝鸡、渭南等地挂职锻炼。

◆宣传教育 2018年，九三学社西安市委员会开展“不忘合作初心，继续携手前行”学习教育活动，参加九三学社中央委员会举办的“社员之家杯”社章社史知识竞赛活动，23人进入全国前300名。举行“纪念‘五一口号’发布70周年”系列活动，参加九三学社陕西省委员会、中共西安市委统战部组织的书画展和歌咏会等纪念活动，制定《市九三开展纪念“五一口号”发布70周年活动方案》。开展“改革开放40周年”纪念活动，编纂《纪念改革开放40周年九三学社西安市委员会多党合作成果汇编》，收录2年来九三学社西安市委员会在参政议政和理论研究方面成果66篇20余万字。成立统战理论和社史研究小组，41名社员获聘统战理论和社史研究员。2篇理论文章参加社中央“参政党理论和社史研究”课题招标，3篇理论文章参加中共西安市委2018年统战理论研究重点课题招标，5篇理论文章参加西安市统战理论研究成果评选，向社省委报送征文14篇，向中国人民政治协商会议西安市委员会报送征文2篇。在九三学社全国副省级城市第十二次工作联席会议上以《弘扬九三精神，激发青年活力，建设一支适应新时代要求的高素质青年骨干队伍》为题发言。社市委网站改版升级。（李瑞环）

九三学社西安市委员会

主任委员	李佐成	
副主任委员	王晓萍（女）	赵玉涛
	田增辉	赵生龙
	陈　慧（女）	
秘书长	封　蒨	

西安市工商业联合会

◆概况 2018年，西安市工商业联合会有会员28556个（其中企业会员20495个、团体会员809人、个人会员7252个）。其中，非公有制经济会员26987，占比95%；直属行业异地商会达到111家。西安市民间投资比上年增长20.3%，在副省级城市排名第三，其中非公有制经济增加值完成4459.64亿元，占地区生产总值比重达到53.4%。获全国工商业联合会“创新中国”优秀案例奖。

◆参政议政 2018年，西安市工商业联合会围绕非公有制经济健康发展和非公有制经济人士健康成长，赴企业、商会开展调研工作。集中开展“深入企业一线大走访大调研活动”，对西安10个重点行业领域走访调研，实地了解民营企业发展中的困难和问题。先后走访企业196家，收集意见建议400余条，形成10篇专题调研汇报材料，并联合中共西安市委督查室将前期调研了解到的9类27个重点问题，交办相关部门和有关区（县）进行落实，并将落实情况反馈给相关的企业。形成《关于我市民营企业高质量发展》《我市民营经济实体企业生产经营服务环境》等专题调研报告13篇、“追赶超越”大调研报告6篇和民营经济理论研究文章2篇。多次组织完成全国工商业联合会、陕西省工商业联合会调研问卷。印发《关于做好2018年调查研究和参政议政工作的通知》，指导各区（县）工商联、行业异地商会开展参政议政调研，组织撰写并提交中国人民政治协商会议西安市委员会大会发言材料3篇、界别联组发言材料4篇，提交团体提案15份。其中，《关于优化西安营商环境的建议》被中共西安市委书记批示列为市政协主席重点督办提案；《关于为民营企业做好法律服务的建议》被列为西安市人民政府分管副市长批办提案。

◆履行商会职能 2018年，西安市工商业联合会商会工作健康发展，完成49家商会年检和11家商会换届选举指导工作和高陵区等4家“五好区（县）工商联”的验收考核工作和13家区（县）工商联、所属百家商会创建“四好商会”的动员部署、工作推进、评选推荐等工作。成立西安高新技术产业开发区工商业联合会。成立世界西商总会和西商青年企业家联合会，并选举产生第一届领导班子。举办“9·8”首届西安企业家节。组织开展“1+17+21”模式系列活动。首次发布2018西安企业100强、西安民营企业100强榜单，首批享受便利直通车服务的50家企业名单，表彰“十佳民营企业”和“十佳商会”，营造全社会尊重企业家的良好氛围。

◆社会服务 2018年，西安市工商业联合会围绕中共西安市委、西安市人民政府“营商环境提升年”工作动员会部署要求，精准施策，营造最佳营商环境。每月组织开展企业家沙龙和走进商会、走进企业、走进军民融合企业、走进区（县）系列活动，形成特色工作品牌，发挥“连心桥”作用，当好“娘家人”。搭建法律服务平台，举办“案例分析”、“新时代律师助力民营经济创新发展论坛”、商标法律知识宣讲活动。编印《民营企业法律知识服务手册》和《民营企业有关法律法规知识问答》。为贯彻落实中共中央总书记习近平11月1日在民营企业座谈会上发表的重要讲话精神，中共西安市党员代表大会确立的“追赶超越”奋斗目标和中共西安市委书记批示要求，为100家民营企业各选派1名工会干部挂职锻炼。为保护民营企业利益，为86家行业、异地商会各选配1名律师，开展“百名律师进民营企业法治体检专项公益活动”。搭建金融服务平台，举办金融发展创新建设政策解读会、金融服务进小微企业对接会、“荣耀十年，再启新程”小微金融十年回顾暨民营企业服务中心揭牌仪式等，助力破解小微企业融资难题。开展“百企联百村，共建美丽新农村”精准扶贫行动。以蓝田县、周至县建档立卡的72个贫困村为帮扶对象，组织全市80家商会和40名企业家以产业和就业帮扶为主导，以项目扶贫、智力扶贫、助学扶贫和公益捐赠为重点，开展形式多样的帮扶活动近百场，投入各类帮扶资金3000万元。陕西荣民控股集团、西安荣华控股集团和西安宏府集团被全国工商业联合会表彰为“万企帮万村”精准扶贫行动先进企业。

◆工商联交流合作 2018年，西安市工商业联合会在现代时尚唐人街开街、新春“西安年•最中国”大拜年、第二届世界西商大会、西安市对外开放暨民营经济发展大会等活动中主动对接参与，邀请捷克华商联合会、美国意大利匈牙利的陕西商会等出席“世界唐人街•相聚长安城”活动。接待“2018年‘一带一路’沿线国家商会领袖研修班”考察交流团。组织召开澳门工商业联合会西安推介会。接待大连等20多个省、市工商联来访。

◆宣传教育 2018年，西安市工商业联合会结合纪念改革开放40周年，开展以“不忘创业初心，接力改革伟业”为主题的理想信念教育实践活动，对获得全国“改革开放40年百名杰出民营企业家”进行专访。举办“我为大西安追赶超越贡献力量”宣讲报告会、“追赶超越论坛•补齐民营经济短板理论研讨会”、“以案促改”警示教育培训会，强化思想引领。先后在上海复旦大学举办“企业管理与发展战略”培训班，在武汉中南财经政法大学举办“企业创新与转型发展”专题培训班，在西安文理学院举办“新时代下民营经济转型与升级”“当前我国社会经济形势与发展机遇分析”“新常态下金融在政府和企业中的应用”3期讲座，参训企业家600余人次。首次在香港举办“创业创新能力提升、转型升级路径探索”培训班，为推进企业高质量发展奠定人才基础。弘扬新时代“西商精神”，推动企业家健康成长，大力培养典型、宣传典型、塑造典型，利用各种会议活动鼓励表彰企业家200余人，全面展示西安市民营经济发展成果和企业家风采。改版《西安工商联》会刊，全年出版6期。创办《新西商》杂志，全年编辑3期。编发“西商总会”微信公众号118期，刊登文章400余篇。

（宋建怀）

西安市工商业联合会

主　　席 王欢畅

党组书记 孙杏娟（女）

副 主 席 张春莹（女）　王田华（女）　陈大为　许　亮　马　震　史历荣　刘　进　吕浩平　孙晓超　孙桂宇　曲家琪　闫　伟　何志方　吴联配　张建华　张勇敢　杜渭松　杨　忠　杨永明　陈　笑（女）　陈立强　周建玲（女）　屈庆国　范俊峰　贺增林　钟宝申　郭建雄　魏　博

秘 书 长 马　杰

群众团体

责任编辑
姚文东

西安市总工会

◆**概况**　2018年，西安市总工会辖区（县）总工会13个，机械冶金建材、建设交通工会等产业工会9个，高新技术开发区工会等开发区工会9个，工人文化宫8个和职工大学、工人疗养院（西安工会医院）、劳动者报社等5个直属单位和西安市总工会建强实业有限责任公司。截至年底，全市基层工会41424家，涵盖单位70503家，工会会员233万人，其中农民工会员92万人。

◆**西安市工会第十五次代表大会**　2018年9月24—26日召开。大会审议并通过西安市总工会第十四届委员会工作报告、财务工作报告和经审工作报告；选举产生89人组成的西安市总工会第十五届委员会、19人组成的西安市总工会第十五届经费审查委员会，通过47人组成的西安市总工会第七届女职工委员会。

◆**工会改革**　2018年，西安市总工会贯彻落实《西安市总工会改革方案》，制定《西安市工会兼职副主席管理办法》，建立专、兼、挂相结合的干部队伍。选拔百名工会干部到非公有制经济组织和社会组织挂职工会副主席（工会工作专员），整合成立西安市总工会网络中心、西安职工科技创新中心、西安职工帮扶服务中心。推进“互联网+”工会行动，创新升级西安工会网站，持续推行“工会服务卡”“电子职工书屋”等普惠服务，不断扩大西安工会微信公众号影响力。全年发放“工会服务卡”23183张，累计发放工会服务卡73415张。

◆**困难职工救助**　2018年，西安市总工会筹集发放困难职工救助款物2198.59万元，走访慰问企业2614家、职工34053人，慰问困难职工、劳模7244人。全市建立困难职工档案3494户，救助困难职工1987人。组织52名劳模参与脱贫攻坚工作，投入资金451.3万元，实施产业扶贫72项、项目扶贫51项，帮建基础及公共服务设施40件，转移就业人数1559人，结对帮扶贫困户352户，贫困户脱贫456人。联合西安市交通运输局、西安火车站开展农民工“平安返乡”活动，服务农民工3万余人次，帮助3192人购买车票，集中欢送3222人，为102人提供紧急返乡救助。联合福州市总工会为146名陕西籍返乡农民工提高接机、转车服务，并发放“爱心礼包”。西安市总工会被全国总工会等五部委表彰为2018年“情满旅途”活动先进集体。

◆**职工及进城务工人员维权**　2018年，

2018年4月25日，西安市召开庆祝“五一”国际劳动节暨表彰大会。图为获奖代表喜看奖牌

西安市总工会广泛开展“安康杯”竞赛活动，新增参赛单位591家，参赛班组5543个，参赛人数12.3万人。开展“安全生产月”和“送清凉”活动，筹集“送清凉”慰问金1232.16万元，走访慰问企业和工地2792家，慰问职工15402人次，其中农民工12712人次，发放防暑降温用品价值946.2万元，督促企业整改治理危害职工职业健康和生命安全隐患1721处。维护女职工特殊权益，建成“女职工关爱室”50家。市总工会窗口单位坚持7天工作制，“12351”职工维权热线24小时畅通，不间断接待、服务职工。加强职工信访、法律援助和职工纠纷调解工作，全年接访220件1717人次，来访办结率98%，上级交办案件办结率100%。

◆**劳动关系协调**　2018年，西安市总工会推进集体协商工作，深化劳动保障部门、工会和企业联合会（企业家协会）“三方驻会”联动调处机制，发挥法律专家顾问团、劳动争议调解员作用，推进劳动关系和谐创建活动。联合西安市人力资源和社会保障局召开西安市劳动争议调解工作和集体协商工作培训表彰暨经验交流会，培训工会干部480余人，表彰61个先进集体和61名先进个人。全年签订工资专项集体合同2.6万份，覆盖企业5.15万家，覆盖率92.37%；签订集体合同2.58万份，覆盖率93.12%；劳动关系和谐企业创建活动覆盖率达85%以上。

◆**职工技能培训**　2018年，西安市总工会会同市有关部门制定《西安市新时期产业工人队伍建设改革实施方案》，推动西安市产业工人队伍建设改革相关政策落实。大力实施技能帮带和技能提升行动，着力提升职工技术、技能。充分发挥西安市职工素质教育培训网作用，培训职工近3万人。发挥西安职教联合会功能，培训各类技能人才447人。

◆**就业创业服务**　2018年，西安市总工会承办全省工会“脱贫奔小康、创业享未来、建设大西安、共享新成果”西安主会场招聘会，组织开展全市“就业创业援助月”暨“春风行动”大型招聘会，参与企业846家，提供岗位2万余个，3万余名求职者应聘，6800余人达成用工和创业合作意向。配合西安市人力资源和社会保障局开展“创业大西安”创业大赛，推荐8名“西安创业英雄”，表彰10个“创业示范基地”、100名“创业带头人”。

◆**劳动技能竞赛**　2018年，西安市总工会开展“服务大西安，建功新时代”主题劳动和技能竞赛，与中共西安市委组织部、西安市人力资源和社会保障局等部门举办“西安市学技能、育工匠”高技能人才技能竞赛，推动竞赛向高科技、硬科技、新兴技术、先进装备制造、现代服务业等领域延伸。组织职工投身“三大攻坚战”，践行“绿色”生产、生活方式，促进传统产业转型升级和先进制造业加快发展。全年参加竞赛单位57389家，参赛职工206.6万人，职工参与率达85%以上，提出合理化建议67万条。4家单位被陕西省劳动竞赛委员会授予“陕西省劳动竞赛先进集体”称号，6个班组被授予“陕西省劳动竞赛先进班组”，11人被授予“陕西省劳动竞赛先进个人”；67家单位被西安市劳动竞赛委员会授予“西安市劳动竞赛先进集体”称号，69人被授予“西安市劳动竞赛先进个人”，78项成果被授予“西安市劳动竞赛优秀成果”。命名“陕西鼓风机(集团)有限公司唐正钢劳模创新工作室”等20家工作室为“西安市职工（劳模）创新工作室”。

◆劳模表彰及管理服务 2018年，西安市总工会举办西安市庆祝“五一”国际劳动节暨表彰大会，表彰西安市“五一劳动奖”和“工人先锋号”192个。开展第二届“西安十佳工匠之星”暨“西安工匠”评选活动，表彰“西安工匠”“西安十佳工匠之星”“西安十佳工人”110人。筹集困难劳模慰问金、生活补助金和帮扶金408.1万元，帮扶困难劳模1918人次，组织432名市级劳模进行健康体检和疗养、休养，为1295名劳模办理医疗住院补助。

◆基层工会建设 2018年，西安市总工会作为全国总工会开展的“货车司机入会集中行动”试点单位，推动建会、入会落到实处，实现货车司机、快递员、护工护理员、家政服务员、商场信息员、网约送餐员、房产中介员、保安员“八大群体”入会新突破。全年新建工会组织涵盖单位4551家，新增会员120046人，其中农民工会员53828人，“八大群体”新入会14144人。率先在陕西省工会系统推行“基层单位召开职工代表大会向上级工会报告备案制度”，开展国有企业与非公有制企业民主管理共建活动。评选“西安市模范职工之家”50个、“西安市模范职工小家”52个、“西安市优秀工会工作者”58名、“西安市优秀工会积极分子”59名、“西安市优秀工会之友”56名。坚持经费向基层倾斜，加大对基层服务的投入，对基层补助支出比上年增加37.4%。

◆职工文体活动 2018年，西安市总工会开展“西安年·最中国”职工文化活动，举办全市庆“五一”职工文化会演、“我为大西安追赶超越献力量”职工演讲、西安市第六届职工乒乓球比赛、2018“新丝路·新风貌”最美劳动者摄影大赛和纪念改革开放40周年全市职工主题征文活动等。西安市总工会获“全国工会电子职工书屋应用示范单位”，小寨工人文化宫微影视作品获第五届全国职工微影视“金奖”，边家村工人文化宫健身球操队获全国老人健身球操交流赛健身套路第一名。

◆“工会爱心驿站”建设 2018年，西安市总工会持续推进“工会爱心驿站”建设。制定《西安市总工会“工会爱心驿站”建设管理暂行办法》，实施两级奖励、三级管理、四星评定，加强“工会爱心驿站”建设精细化、制度化管理。全年新建133个“工会爱心驿站”，累计建成233个“工会爱心驿站”，服务广大群众15.8万人次。（龙红印　刘国云）

西安市总工会第十五届委员会

主　　席	薛振虎
常务副主席	王　军
副 主 席	冯增权 魏大宝珠（女，藏） 童　帅
兼职副主席	王晓杰　夏复山
经费审查委员会主任	陈　曦

共青团西安市委员会

◆概况 2018年，共青团西安市委员会辖区（县）团委13个、团工委10个、直属单位团组织26个。截至年底，西安市有团员162527人，其中发展新团员19000人；有基层团委683个、团总支194个、团支部8421个；有专职团干部96人、兼职团干部5835人。

◆中国共产主义青年团西安市第十八次代表大会 2018年9月27—29日召开。大会审议并通过《关于共青团西安市第十七届委员会工作报告的决议》《关于牢记青春使命　奋力追赶超越　团结带领广大青年谱写大西安建设青春篇章的决议（草案）》和《团费收缴、管理和使用情况报告的决议》。选举产生由30名委员和15名候补委员组成的新一届委员会、团市委常委会和领导班子。

◆西安市青年联合会第八届委员会第一次全体会议 2018年12月29日召开。大会听取并审议西安市青年联合会第七届常委会工作报告，选举产生西安市青年联合会第八届委员会常务委员会。大会向全市各族、各界青年发出倡议，号召全市广大青年不忘初心、勤学笃行、担当作为，在“大西安”决胜全面建成小康社会、建设国家中心城市和国际化大都市的新征程中，开创新局面、干出新业绩、建功新时代。

◆基层团组织建设 2018年3—5月，共青团西安市委员会开展西安市“五四红旗团委（团支部）”“优秀团员（团干部）”评选表彰工作。评选出西安市“五四红旗团委”30个、西安市“五四红旗团支部”100个，西安市“优秀团干部”75人、西安市“优秀团员”115人，西安市“优秀学生团员”45人。加强基层团干部选拔配备，提升县级团委干部配备率，对县级团委领导班子专、兼、挂相结合情况进行要求，并在换届中确保落实到位。分层级开展团干部培训工作，不断提升团干部履职能力和服务青年水平。推行“1+100”联系青年工作制度，全市631名专、兼职团干部直接联系青年8.38万人，开展线上、线下活动9807次。

◆青年就业创业行动 2018年，共青团西安市委员会开展青年电商培训，不断提升广大青年的电商从业和创业能力。在涉农区（县）开展10期农村青年“领头雁”暨电商培训活动；在城区开展5期青年电商培训活动；在陕西省团校（陕西青年职业学院）集中开展青年电商从业能力提升培训活动16期，培训青年电商1817人。开展“西安新青年下乡计划”，持续推进“共青团电商示范村”建设。联合“浙江赶街”等电商平台，动员招募爱心电商企业，组建成立10支“共青团电商示范村”建设“青春合力工作队”。召开“共青团电商示范村”建设工作对接推进会，研究推进建设的方法路径。“青春合力工作队”与10个“共青团电商示范村”对接，商议制定《帮扶工作方案》，共同建设“共青团电商示范村”。以“荣耀西商、共创共享”“股权投资助力企业转型升级”等为主题，举办“西安青年创业大讲坛”10余场。督导涉农区（县）建设“农业双创基地”，探索实践“农业+双创”模式。经过基层推荐、资格复核、实地考察、组织评审、社会公示等程序，8家单位被命名为首批“西安市青年创新创业孵化基地(农业领域)”，进一步鼓励、支持涉农区（县）开展农业双创工作。先后前往西北工业大学、西北大学和陕西科技大学等高校，重点对大学生创新创业工作进行专题调研。组织实施2018年大学生暑期到政府机关见习活动，与西安市辖区高校联系，通过笔试、面试等形式，从30多所高校中遴选大学生331人参加见习活动，其中市级141人、区（县、开发区）190人，为大学生提供1个月的多岗位锻炼机会。

◆青年志愿者活动 2018年1月31日，共青团西安市委员会在全市范围内开展“青春志愿行　温暖回家路”——西安市春运“暖冬行动”。各区（县）团组织结合实际，分别在西安火车站、西安火车南站、西安北客站广场以及东、南、西、北4个客运站以及人流量较大的地铁站等重要交通运输场所开展为期40天的春运志愿服务。设立志愿服务岗位270个，28支志愿服务队、16939人次参与春运志愿服务，累积服务时92769小时。2月26日，与西安志愿者协会共同印发《关于开展“青春志愿展风采 追赶超越齐奋进”主题志愿服务年活动的通知》（市团办发〔2018〕13号），确定全年在全市范围内持续开展“河（湖）小二”“路小二”“所小二”、治污减霾“小卫士”、大型会展“小蜜蜂”、网络文明“网小二”、脱贫攻坚“小葵花”以及“文明西安青年有礼”、“服务进社区 青春促和谐”、“阳光助残”、推进团员成为注册志愿者9项志愿服务活动。3月4日，与西安市精神文明建设指导委员会办公室、西安市城市管理局、西安市河湖长制领导小组办公室主办“青春志愿展风采 追赶超越齐奋进”——西安市城市环境提升志愿服务活动，全市“河（湖）小二”“路小二”“所小二”志愿服务活动正式启动。截至12月底，西安市各区（县）、开发区团组织共开展各类“河（湖）小二”宣传活动617次，开展“青年巡河行动”718次，参与志愿者达19085人次。12月5日，在西安电子科技大学附属小学举办“秦岭生态童话”趣味环境教育课堂，100余名小学生参与活动。12月24日，召开西安志愿者协会第三次会员代表大会，选举产生西安志愿者协会第三届理事会，表彰15名“第三届西安市杰出青年志愿者”、85名“第三届西安市优秀青年志愿者”，颁发50个“第三届西安市优秀青年志愿者组织奖”和10个“第三届西安市优秀青年志愿服务项目奖”。做好全市大型赛会志愿服务工作，从西安外国语大学、西安医学院、西安文理学院、西京学院等多所驻地高校中招募5300余名大学生志愿者，分别服务于第二届世界西商大会、2018西安国际马拉松、2018中国石墨烯创新大会、2018·回望长安——中日文化交流、第三届中法文化论坛、2018中国整合医学大会、第五届丝绸之路国际电影节等13场省、市大型赛会活动。

◆青少年文化建设 2018年，共青团西安市委员会有效推动全市青年网络文明志愿者队伍建设，全市有2.1万名青年注册成为青年网络文明志愿者。全年开展网络互动活动100余次，参与青年达到30万人次。12月9日，与西安市精神文明建设指导委员会、西安市文化广电新闻出版局、西安市教育局、西安市妇女联合会、西安市关心下一代工作委员会、西安市青少年工作委员会联合主办的2018年“小小故事家”西安家庭读书分享大赛决赛暨颁奖典礼在曲江南湖小学举行，来自西安市各区（县）的39名选手获奖。开通的“西安青年聚”微信公众平台累计关注人数近11万人，坚持每日发布信息，开展各类主题网络活动80余次，近50万人次直接参与，原创内容达到70%，年阅读量达到180余万人次。“西安青年聚”官方微博公众平台关注人数16.5万人，开展网络活动80余次，平均每月发布博文900余篇，每月阅读量2500余万人次。在《人民日报》发布的《2018年第三季度政务指数微博影响力报告》中，“西安青年聚”入围“全国十大团委微博榜单”，名列第八位；在“陕西省十大政务微博”排名中名列第三位。团市委官方网站主要发布陕西省、西安市团组织重要信息，定期搜集、审核、上传基层信息，及时优化网站栏目，更新信息，全年发布信息500余条。“西安青年聚”板块“青年之声·西安”关注度排名常年位列陕西省地市之首，通过互联网实现团组织与广大普通青年的直接联系、互动，形成线下、线上的有机融合。围绕“追赶超越奋进年”工作主线，策划《西安青年说》《每周一书》《西安青年大学习》等栏目，取得良好效果。

◆青少年权益保护 2018年5月和10月，共青团西安市委员会面向广大社会组织开展青少年公益项目征集活动，确定陕西指南针司法社工服务中心等多家社会组织申报的“未成年人司法援助公益项目”等9个“青少年权益保护社会工作项目”为年度政府购买公益服务项目，为广大未成年人提供成长指导、权益维护、预防犯罪、司法救助等专业社会服务。8月，联合专业组织，围绕“小微企业从业青年”主题，制定调研方案，通过召开座谈会、开展调查问卷等形式，了解小微企业从业青年基本生存状态及利益诉求表达的现状，并采取随机抽样、对相关典型及重点人物跟踪访谈等方式对小微企业从业青年进行全方位调研，并形成《维护新兴职业青年群体发展权益建功立业新时代调研报告》。12月，在陕西省青少年公益项目大赛上，与西安“12355”青年服务台申报的“陕西回归儿童救助中心心理关爱项目”获金奖；共青团西安市委权益部申报的“‘一带一路·中华文化小使者’成长公益项目”和西安市青少年公益服务中心申报的“共建美好和谐社区公益服务项目”获银奖。12月底，在第四届中国青年志愿服务项目大赛上，推荐、报送的“‘流动儿童看西安’城市社会融合志愿服务项目”和新城区“阳光蒲公英·关爱重点青少年”项目获大赛银奖。

◆“12355”青少年服务台建设 2018年，共青团西安市委员会继续推动“12355”青少年综合服务平台建设。将“12355”平台纳入西安市“12345”市民热线体系，并建立平台之间的接单、派单、回复工作流程制度。进一步加强“12355”平台工作人员的业务培训，并在全市设立“青少年维权岗”的单位中选取专业人才，将其吸纳为平台志愿服务工作者，进一步拓宽平台服务的广度和精准度，提高服务的专业性。组织服务台专业志愿者赴陕西回归儿童村开展为期一年、每周至少一次的社会服务活动，为儿童村80余名孩子提供心理咨询服务。

◆青少年法治宣传 2018年，共青团西安市委员会按照“七五”普法规划，以“两法两办法一专章”（《中华人民共和国未成年人保护法》《中华人民共和国预防未成年人犯罪法》，《陕西省实施<中华人民共和国未成年人保护法>办法》《陕西省实施<中华人民共和国预防未成年人犯罪法>办法》，《陕西省关于进一步深化预防青少年违法犯罪工作的实施意见》）为重点，把对青少年的法治教育经常化、具体化，安排部署并组织开展多种形式的普法宣传教育活动。5月，组织相关社会组织参加“西安市首届高校法治文化节”。6月，动员社会力量参与陕西省“汇聚青春力量 倾听禁毒声音”演讲比赛以及“全国禁毒公益歌曲大赛”等禁毒宣传教育活动。10月，联合西安市中级人民法院下发《关于在全市开展“红领巾法学院”创建活动的通知》，启动西安市“红领巾法学院”创建活动试点工作，并于12月4日在西北大学附属小学橡树湾分校和未央区西航三校召开“红领巾法学院”工作推进会，全市13区（县）团组织负责人和学校代表近100人参会。12月1日，联合西安市精神文明建设指导委员会办公室、西安市卫生和计划生育委员会等多家单位，开展“有爱无艾，为艾代言——零艾滋，更阳光”防艾宣教活动，2400名大学生志愿者参加活动。12月底，在第四届中国青年志愿服务项目大赛上，报送的“‘青春护航’青少年禁毒戒毒志愿服务项目”入选共青团中央委员会“第一批全国青年志愿服务优秀项目库”。

◆青少年事务社会工作专业人才队伍建设 2018年，共青团西安市委员会不断加强青少年社会事务工作，初步建立起“团干部+专业社工+志愿者”工作队伍，使社工和志愿者成为团的基层工作力量的有力补充。5月和11月，分别举办2018年西安市青少年事务社会工作专业人才队伍建设专题培训班和青少年心理健康教育专业社工培训班，全年培训250余人次。开展“西安市青少年维权岗”创建活动，命名“2017—2018年度西安市青少年维权岗”30家，并推荐其中7家维权岗申报“陕西省青少年维权岗”创建工作。发挥“青少年维权岗”中公、检、法、司和律师事务所等单位的维权专家团队作用，通过政府购买项目方式，进一步拓宽服务深度，建立定期联系沟通和互助合作机制，有效介入典型个案，为青少年提供专业、及时、有效的法律援助。

◆西安市青年信用体系建设试点工作 2018年11月，共青团西安市委员会与西安市工业和信息化委员会、中国人民银行西安分行营业管理部联合印发《关于成立西安市青年信用体系建设领导小组开展西安市青年体系建设试点工作的通知》（市团联发[2018]40号），成立西安市青年信用体系建设领导小组，制定《西安市青年信用体系建设试点工作实施方案》，共同推动全市青年信用体系建设工作。为落实共青团中央委员会、国家发展和改革委员会、中国人民银行联合印发的《青年信用体系建设规划（2016—2020年）》要求，推动西安市志愿服务工作信息管理技术的应用，加强志愿工作规范化和专业化建设，主办“青年有信用 信用有价值”——西安市青年信用体系与志愿中国信息系统专题培训班，全市各级、各系统团组织志愿服务工作负责人和相关社会组织代表等共计100余人参加了现场培训。

◆少先队建设 2018年，共青团西安市委员会学习、宣传、贯彻中共中央总书记习近平给陕西省照金北梁红军小学学生的回信精神，向全市各级团队组织发出《深入学习贯彻总书记回信精神的倡议书》，统一安排全市各级少先队组织利用周一升国旗仪式组织广大师生学习回信精神。在北梁小学的结对学校未央区三星小学举办“西安市少先队学习贯彻总书记回信精神市级示范活动”，并组织三星小学部分少先队员前往北梁小学实地探访，加强沟通交流。开展“争做新时代好队员”主题活动，联合西安市教育局举办“争做新时代好队员——梁家河的一课”西安市少先队庆“六一”示范活动。在10月13日建队日期间，开展“争做新时代好队员——集结在星星火炬旗帜下”西安市庆祝少先队建队69周年暨少先队鼓号队展演活动，来自全市17支鼓号队的1370名少先队员参加了展示。依托“西安市优秀少先队员”等评选表彰活动，挖掘和推荐一批少年儿童先进典型，通过榜样的言行、活动及成长历程促进少年儿童的成长。选拔、推荐优秀个人和集体参加“全国优秀少先队员”“全国优秀少先队辅导员”“全国优秀少先队集体”评选，2名少先队员、2名少先队辅导员和2所学校的少先队集体分别获得“全国优秀少先队员”“全国优秀少先队辅导员”“全国优秀少先队集体”称号。

◆“小葵花”爱心“暖冬包”发放活动 2018年，共青团西安市委员会与西安青年企业家协会联合发起“小葵花爱心暖冬包”众筹计划。年初，为西安市在册贫困家庭义务教育阶段子女募集发放“暖冬包”4000余份，总价值40余万元，其中包含书包、保温杯、帽子、围巾、手套各1份，厚棉袜5双。年末，再次募集发放“小葵花爱心暖冬包”5000份，总价值近100万元，并在周至县、蓝田县举办2场西安共青团助力脱贫攻坚“暖冬行动”暨“小葵花爱心暖冬包”发放仪式，集中安排发放“暖冬包”3000份，其余物资分派至鄠邑、临潼、长安、阎良、灞桥、高陵等区（县）以及西咸新区、西安国际港务区等开发区，覆盖西安市全部在册贫困户义务教育阶段子女。

◆西安青年公益交友（单身联谊）活动 2018年，共青团西安市委员会引导广大青年树立更加文明、健康、理性的婚恋观念，并帮助其拓展生活圈子、提高社交能力。分别开展“半夏初见 缘定三生”“心动青春 缘聚地铁”2场单身青年公益交友活动，并先后组织单身青年参加“丝路青缘 相约扶贫幸福专列”2018陕西青年助力脱贫交友活动以及“丝路青缘 相约沣东”为爱奔跑公益交友活动，累计服务青年400余人次。

◆陕港青年交流活动 2018年8月5—10日，共青团西安市委员会接待香港青年交流团赴西安、延安等地开展“四海一家·丝路长安”陕港同行青年交流活动的800名交流团成员。8月7日，与西安交通大学共同承办“梦回长安——乐业两地 创享未来” 陕港青年交流活动，邀请6位创业青年代表现场讲述创业故事，分享创业经验，陕港两地700余名青年参加活动。在活动现场，西安市青年联合会与香港新家园协会签订战略合作框架协议，将开展多领域、多渠道、多模式的交流合作。8月8日，共青团西安市委组织市青联委员、青年企业家代表、见习大学生等100余名西安各界青年参加“西安最中国”陕港青年城墙健步走活动，600余人参加活动。

◆青年经济工作 2018年，共青团西安市委员会坚持以活动为载体、以活动促招商的工作思路，围绕招商活动开展、交流平台搭建、营商环境提升等主题组织各类招商活动12次。开展“走出去、请进来”招商活动，组织60余位青年企业家走进新城区、走进西安比亚迪股份有限公司进行招商考察。联合西安宏府企业集团举办“北大商业领袖班西安游学活动”，对西安市投资环境进行招商推介。着力搭建招商项目对接、交流、落地平台，联合莲湖区与倍格创业生态科技（北京）股份有限公司签署战略合作备忘录。邀请组织青年企业家参加第三届丝绸之路国际博览会暨中国东西部合作与投资贸易洽谈会、2018世界西商大会，为企业家提供合作机会。参加2018全球创投峰会、2018中国500强企业高峰论坛，对接清科集团、江苏中利集团股份有限公司等参会企业，寻求合作机会。与和君商学院联合举办“和君·丝路”青年企业家班，并举行企业家导师见面会，70余名学员参加活动。组织青年企业家召开助力经济工作推进会、营商环境提升大讨论座谈会，营造亲商、安商、富商的社会氛围。

（朱云龙）

共青团西安市第十八届委员会

书　　记　汪国栋
副 书 记　徐　辉　王　飞
　　　　　尤　婷（女）
　　　　　刘晓麒（女，挂职）
　　　　　李显昱（兼职）
　　　　　叶雨桐（女，兼职）
　　　　　周　远（兼职）

西安市青年联合会第八届委员会

主　　席　汪国栋
常务副主席　徐　辉
副 主 席　杨　振　袁振涛　薛　蕾
　　　　　栗　凯　袁　媛（女）
　　　　　王嘉寅　王俊久　张凤奇
　　　　　刘　钊

西安市妇女联合会

◆概况 2018年，西安市妇女联合会实施巾帼创业创新、幸福和谐、绿色健康、携手合作、维权关爱、强基固本“六大行动”，推动西安市妇女儿童事业取得新成绩，获全国妇女新闻宣传阵地建设“突出贡献奖”。截至年底，辖区（县）妇联13个、镇（街道）妇联188个、社区妇联1011个、村妇联2074个，党政机关、科教文卫系统妇委会98个，民主党派妇委会7个，妇工委10个，非公企业妇女组织507个，团体会员3个；区（县）妇联有专职妇干75人，镇（街道）、村（社区）有妇联干部10001人。

◆**妇联改革**　2018年，西安市妇女联合会落实《西安市妇联改革方案》，完成年度改革任务。一是建立市妇联机关挂职交流干部制度。中共西安市委组织部将妇联机关干部挂职工作纳入全市区（县）、开发区、市级部门互派干部挂职三项交流机制中，选派5名干部进行双向挂职，初步建立了专职、兼职、挂职相结合的干部队伍。二是在未央区开展建立婚姻家庭纠纷人民调解委员会试点工作，接收案件978件，调解788件，其中成功调解308件。在全市推广未央区"妇联+街道、法院、司法、志愿者"的婚姻调解新模式，新城区、碑林区、雁塔区、长安区相继成立婚姻调解委员会，设立调解室15个，有专兼职调解员727人，着力将婚姻家庭矛盾纠纷化解在基层，促进家庭和睦、社会和谐。三是推动村党支部委员会、村民委员会换届中妇女参选、参政工作。与中共西安市委组织部、西安市民政局联合下发《关于在全市村级党组织和第十次村民委员会换届选举中做好妇女参选参政工作的意见》（市妇发〔2018〕8号），选举产生女书记76人、女副书记84人、支部女委员1283人；女村委会主任35人、女村委会副主任29人、村委会女委员1698人，妇女参政比例较上届有所提升。

◆**妇联助力秦岭北麓专项整治**　2018年，西安市妇女联合会先后召开党组会、中心组（扩大）会议、机关干部大会和专题会议10余次，学习中共中央总书记习近平系列重要指示批示精神和陕西省、西安市秦岭北麓专项整治动员部署会议精神。开展秦岭北麓违规建别墅问题专项整治宣传和舆论引导工作，印发《西安市妇联关于动员广大妇女和家庭积极参与秦岭专项整治工作的实施方案》，指导相关区（县）做好宣传引导工作。利用妇联系统宣传网络，开展"秦岭生态环境保护"宣传活动，在"西安女性"公众号上开辟《秦岭保卫战》专栏，对《西安市秦岭生态环境保护条例》《西安市秦岭生态环境保护管理办法》《西安市秦岭生态环境保护"十三五"规划》等法规进行解读。向全市妇女和家庭发出《倡议书》和宣传资料31800份，发挥"女性大讲堂"和巾帼志愿者服务队作用，赴基层宣讲27场次，走村入户5130人次。

◆**助力脱贫攻坚**　2018年，西安市妇女联合会实施"巾帼脱贫圆梦行动"。5月4日，召开西安市巾帼脱贫攻坚工作推进会，在实施"巾帼脱贫四个一批"（通过宣传教育，激发一批贫困妇女励志脱贫；通过技能培训，助推一批贫困妇女能力脱贫；通过做强"妇字号"品牌，

2018年3月1日，西安市妇女联合会举行"最美家庭"揭晓仪式。图为"十佳家庭"颁奖场景

带动一批贫困妇女产业脱贫；通过项目推动，帮扶一批贫困妇女健康和创业脱贫；通过整合资源，帮助一批贫困妇女脱贫致富）上持续发力。建立维权、家政、编织等各级、各类巾帼志愿服务队50余支，走村入户1200人次，发放帮扶物资187万元，开展各类宣传咨询100余次。举办提升"太太指数"、家政、电商网商、手工艺、职业女农民、农业技术等培训班138期，培训妇女7665人，提高贫困妇女就业创业能力。探索建立农村留守妇女关爱体系，争取各级财政资金327.34万元，开展贫困妇女乳腺癌、宫颈癌救助和"春风行动"关爱活动，组织专场招聘活动103场，职业技能培训1221人，为1185人提供劳动维权服务和法律援助。做好蓝田县薛家村对口帮扶工作，组织开展"暖冬行动"、扶贫慰问、政策宣传、技能培训、就业招聘、健康义诊等活动79次，建成占地0.67公顷的产业帮扶基地；争取项目资金217万元，完成片区化建设、硬化村道、安装路灯、用电改造、打井工程等，10户贫困家庭全部脱贫。

◆**妇女创业创新**　2018年，西安市妇女联合会以"巾帼创新业·建设大西安"为主题，制定《西安市妇联巾帼创业创新实施方案》，建立巾帼创业就业示范基地10个，完善女性创业创新服务机制。3月8日，举办西安市首届十大女性经济人物颁奖典礼暨巾帼经济发展论坛，崔荣华等10人获"西安市首届十大女性经济人物"荣誉称号。在陕西广播电视台推出"西安市首届十大女性经济人物"直播节目，在"西安女性"公众号上开设《奋斗的女性最美丽》专栏，宣传妇女创业英雄、创业明星。5月12日，举办2018灞桥白鹿原樱桃采摘旅游节暨樱桃推介大会，引导和鼓励农村妇女在发展现代都市农业、乡村旅游、庭院经济等产业中实现新发展，共享新生活。围绕西安市庆祝首届"中国农民丰收节"，组织开展关爱农村妇女系列活动。推荐13名女企业家候选人参加首届西安企业家节"十佳巾帼企业家"评选表彰活动。5月18日，与陕西省妇女联合会共同举办"丝绸之路"女性创新设计大赛，加强与"丝绸之路"沿线13个国家和地区的交流合作。10月17日，联合西安市卫生和计划生育委员会表彰西安市卫生计生系统2018年评选的31个"巾帼文明岗"和50个"巾帼建功标兵"。11月5—7日，邀请9个国家中心城市妇联及女企业家团队参加"中国·西安首场国家中心城市经济建设与女性贡献巾帼对话会"活动，加强区域间女企业家、妇联组织的合作交流。赴深圳、上海考察调研优化营商环境和提升"太太指数"的经验做法，组织开展"太太大讲堂"和沙龙活动，与西安电视台联合开展"西安最美旗袍夫人"电视大赛。坚持定期到亲商助企联系企业走访服务，帮助企业解决实际困难问题。

◆**家庭文明建设**　2018年，西安市妇女联合会落实注重家庭、注重家教、注重家风要求，推进家庭文明建设。3月1日，举行西安市纪念"三八"国际妇女节108周年大会暨2018西安最美女性最美家庭揭晓仪式，揭晓2018年西安十佳最美女性、103名最美女性和西安十佳最美家庭、50户最美家庭，姚多舜家庭、吴晓梅家庭、宋严家庭、刘建芳家庭4户家庭获"全国最美家庭"，石志光家庭、聂志宽家庭、杨彩霞家庭3户家庭获"全国五好家庭"，段君成家庭等35户家庭获"三秦最美家庭"。通过故事分享会、巡回报告会等形式，传播"最美"故事，让"最美"成为全市女性和家庭共同的精神追求。联合中国共产党西安市纪律检查委员会、西安市市直机关工作委员会开展"树清廉家风·创最美家庭"主题活动。与西安市体育局联合举办首届西安女子半程马拉松暨全国女子半程马拉松锦标赛。开展"展巾

帼风采·树文明形象——百万妇女学礼仪”活动，举办百场“女性大讲堂”，参与群众2万余人。在《西安日报》发出倡议，举办巾帼志愿者培训班，动员全市各级妇联组织携手巾帼志愿者，参与开展秦岭保护、植树护绿、铁腕治霾、捡拾烟头垃圾、“车让人”活动。推动实施《西安市家庭教育工作“十三五”规划》，组建专家、辅导讲师、志愿者服务“三支队伍”，提供专业化家庭教育指导服务。支持区（县）创建家风馆（广场）10个、家庭教育指导中心10个。打造“家庭教育阳光云课堂”品牌，组织全市各级妇联举办公益讲座500余场，受益10万人次；举办“世界读书日”和“书香故事润家庭”系列活动；在陕西广播电视台《长安夜话》节目开设专栏，传播家庭教育新理念新方法。推出“互联网+家庭教育”新模式，组织线上、线下活动138场，覆盖5万人次。

◆“美丽庭院”创建 2018年，西安市妇女联合会推进城乡美丽庭院创建工作，制定《美丽庭院创建活动实施方案》及《美丽庭院创建活动评分标准》，通过召开推进会、举办创意大赛和“女性大讲堂”培训讲座、发放各类宣传资料等方式推进创建工作。先后赴杭州、嘉兴、湖州、大荔调研学习美丽庭院创建经验，赴70个村调研指导。全市10个涉农区（县）、开发区的151个“农村人居环境整治示范村”创建6979个“美丽庭院”示范户的目标任务全面超额完成，评选表彰市级示范户100户，区（县）级示范户11115户。10月12日，陕西省“五美庭院”建设工作现场推进会在西安召开，西安市创建经验在全省推广。

◆维护妇女儿童合法权益 2018年，西安市妇女联合会发挥西安市法规政策性别平等及儿童优先评估咨询机制作用，推动实施《中国妇女发展纲要(2011—2020年)》《中国儿童发展纲要(2011—2020年)》和《西安市妇女发展规划(2011—2020年)》《西安市儿童发展规划(2011—2020年)》，为妇女儿童办好“十件实事”。争取项目资金710万元，用于留守妇女和儿童关爱、“妇女之家”等妇女儿童民生项目，受益妇女儿童数十万人。在陕西省率先推进妇女免费宫颈癌、乳腺癌筛查全覆盖。推动西安市人民政府办公厅印发《西安市适龄妇女免费“两癌”筛查工作方案》（市政办发〔2018〕80号），明确从9月1日起，年龄在30周岁至64周岁，户籍所在地、常住地或工作单位在西安市的妇女，可享受每三年一次的免费“两癌”筛查服务。截至年底，全市有36294名妇女参加宫颈癌筛查、25238名妇女参加乳腺癌筛查，做到早筛查、早诊断、早发现、早治疗。《中国妇女报》头版刊登报道了西安市做法。按照中共西安市委建设“平安西安”的工作部署，成立领导小组，制定印发《考核实施方案》，指导抓好工作落实。2月26日，邀请陕西广播电视台《帮忙有一套》栏目在市妇联挂牌成立工作站。3月16日，召开以“构筑法律屏障·维护妇女儿童权益”为主题的全市《反家暴法》实施两周年情况研讨会和志愿者律师座谈会，推动各级、各部门依法保障妇女儿童合法权益。以“调研确定思路、统一指导规划、明确资金管理、完善评估体系、严格督导检查、狠抓考核评估、依托专家评审”的改革思路，推进区（县）妇女儿童维权服务中心分站改革。确定“维权站+四社联动”的改革模式对区（县）和镇（街道）两级维权工作站进行整合，在13区（县）建立西安市妇女儿童维权服务中心分站，下发《维权站建设指导意见》和《维权站资金管理办法》，统一建设标准。开展维权干部能力培训班3期。制定《维权站考核评估体系》，组织第三方进行考评，并召开项目评审会，以考促干，提升效能。从6—11月的接访量来看，比上年同期增长50.48%。发挥全市维权服务网络作用，全年受理妇女群众来信、来访、来电2513件（次），法律援助案件48件，结案46件，挽回经济损失463万余元，并实现“零投诉”。与省、市、区（县）、镇（街道）、社区五级联动，开展“三八维权月”活动。以“送法宣政暖民心　维权服务巾帼行”为主题，开展普法讲座730场、进行现场咨询821场次、举办法治文化活动339场次、举办模拟法庭24场次，参与人数20余万人次。12月4—6日，召开2018年妇女儿童维权服务站点评审暨“平安家庭”创建活动推进会，表彰一批先进集体和先进个人。

◆妇女组织建设 2018年，西安市妇女联合会新建“陕西省妇女儿童之家示范点”2个、“西安市妇女儿童之家示范点”14个、“非公企业妇女之家”6个。创新组织建设，指导鄠邑区胡家庄村、荣华控股企业集团成立陕西省首家村企联建联合妇联，在“党建＋妇建”模式下，通过亮身份、建制度、举办扶贫助困活动等，借助企业优势提升妇女素质，进一步带动妇女就业增收。规范“妇女儿童之家”实体建设，指导各区（县）对新任村（社区）妇联主席、兼职副主席开展业务培训，建立健全妇女儿童工作及服务档案，对活动场所、设备、管理制度、活动、标牌进行统一规范。印发《基层妇联执委会议事工作制度》《镇（街道）妇联主席轮值制度》《执委联系妇女群众制度》《基层妇联组织工作公开制度》，指导区（县）妇联、开发区妇联、妇工委结合自身实际，探索建立简洁高效、操作性强的配套制度，并督促制度落实，着力促进基层妇联组织规范运转，确保形成长效机制。组织开展西安市妇联基层组织“会改联”及区域化建设改革专题调研，了解基层“会改联”和区域化建设改革的实际状况及矛盾困难，为妇联基层组织建设提供科学参考。加强干部能力建设，各级妇联举办各类培训班162期，培训专、兼职妇联干部16518人。

（李　健）

西安市妇女联合会第十五届执行委员会

主　　席　李　军(女)
副 主 席　阎红梅(女)　岳　岚(女)
兼职副主席　薛琳莉(女)　魏　军(女)　米　莹(女)

西安市科学技术协会

◆概况 2018年，西安市科学技术协会有市级学会和科普团体71个、区（县）科协13个、企事业单位科协26个，联系服务全市近20万名科技工作者。发挥科协牵头和综合协调作用，按照《西安市全民科学素质行动计划纲要实施方案(2016—2020年)》，印发《2018年西安市实施全民科学素质行动工作要点》，组织开展2017年度《全民科学素质行动计划纲要》实施工作评估工作。组织开展各类主题科普活动。

加强同科技工作者的联系，指导、扶持市级学会承担社会职能、参与公共服务。指导西安医学会承担医疗事故、预防医学接种异常反应、医疗损害的技术鉴定工作，全年接收鉴定案件32例。开展预防接种异常反应损害程度等级评定工作，受理预防接种异常反应损害程度等级评定案件2例。完成市级继续医学教育培训93场180个项目，听课人数5万余人次；完成有省级学分的继续教育培训22场，听课人数近4000人次。

◆科技司法鉴定及合同认证 2018年，西安市科学技术协会继续发挥科协人才、智力优势，积极开展科技司法鉴定工作及合同认证工作。全年接受西安、铜川、榆林、宝鸡等地中级人民法院委托鉴定任务80多项，完成司法鉴定报告25例，组织专家现场勘验调查26次，出庭质证听证10次，书面答复14次。开展技术合同认证活动，录入技术类合同160份，合同成交总额40.1亿元。

◆**技术创新培训** 2018年，西安市科学技术协会助推西安地区科技型企业的创新发展，努力提升企业科技人员科学素质。邀请西安交通大学教授蔡声等专家、学者走企业针对科学技术人员开展创新方法培训6场。组织邀请中国工程院院士蒋庄德、中国科学院院士闫楚良等专家举办2场“院士专家企业行系列活动”，把院士、专家等高端人才引入企业，帮助企业解决技术疑难问题。

◆**院士专家决策咨询** 2018年，西安市科学技术协会围绕经济社会发展中的重大问题，开展2018年度决策咨询课题征集及研究工作。经专家评审，确定对西安工程大学等12个单位承担的17个决策咨询课题分等级进行资助。发挥院士、专家在创新驱动发展中的高端引领作用，主动征求院士、专家对西安经济社会发展的意见建议，形成11期《院士专家建言》报送市领导参阅，其中《推进特色小镇建设，强化特色产业支撑》获中共西安市委主要领导批示。

◆**院士专家工作站建设** 2018年，西安市科学技术协会在全市建立院士专家工作站43家，对2017年认定的院士专家工作站进行表彰，并给予资金补助270万元。推荐的7家工作站获“2018年陕西省级院士专家工作站”称号。加大西安院士工作站建设宣传力度，在《西安日报》对8家示范性院士工作站进行宣传。制定《西安市院士专家工作站绩效考核办法》《西安市院士专家工作站专项资金管理办法》，加强院士专家工作站的建设管理。

◆**“基层科普惠农计划”** 2018年，中国科学技术协会和财政部下拨西安市“基层科普行动计划”预算资金250万元，陕西省科学技术协会下拨预算资金98万，西安市本级财政安排专项预算资金150万元，共计498万元。经专家评审公示，西安市科学技术协会最终确定14个农村专业技术协会、12个农村科普示范基地、7名农村科普带头人、17个社区和68项科普中国e站建设项目为奖补和实施对象。

◆**民间国际（地区）科技交流** 2018年，西安市科学技术协会邀请国外及中国香港、中国澳门、中国台湾等地的专家、学者来西安进行访问交流。接待美国、英国、法国、德国、日本及中国香港、中国澳门、中国台湾等地的科技代表团8批，进行学术交流22次。举办中美有机催化化学论坛、首届中英教育心理学高峰论坛等国际学术会议（技术讲座或培训）10次。牵线搭桥，促成中法葡萄酒庄合作项目落地以及中德职业培训交流合作等项目。实施“国际民间科技交流服务提升行动计划”，资助国际和对台民间科技交流项目8项。

◆**科技人才表彰宣传** 2018年，西安市科学技术协会进一步强化群团奖励对科技工作者的激励作用，开展第六届“西安青年科技人才奖”评选活动，评选“西安青年科技之星”10人、第六届“西安青年科技人才奖”20人、第六届“西安青年科技人才提名奖”12人。开展西安市第十七届自然科学优秀学术论文评选工作。在《西安日报》等媒体开设《西安优秀科技工作者》专栏，对优秀科技工作者进行宣传报道。配合中共西安市委组织部做好“弘扬新时代西迁精神，助力大西安追赶超越”主题宣传活动，联系推荐具有“西迁”经历的5名院士接受中共西安市委宣传部组织的市级媒体统一采访。在《西安日报》在开辟专栏宣传西安市科技扶贫工作先进个人的典型事迹，金朝阳果品推广协会、高级农艺师金平涛分别被评为“全国科技助力精准扶贫工作先进团队”和“全国科技助力精准扶贫工作先进个人”。

◆**青少年科技教育** 2018年，西安市科学技术协会联合西安市教育局举办西安市第三十三届青少年科技创新大赛，组织全市12个区（县）、西咸新区沣东新城和西安市培育儿童协会20万余名师生参加，有7个项目入围全国大赛。开展第十八届陕西省青少年机器人竞赛（西安赛区）活动，全市67所中、小学的164支队伍参赛。依托西安市青少年科普体验展厅开展科普宣传教育活动42次。承办第十八届陕西省青少年机器人竞赛（西安赛区）。组织西安电子科技大学附属中学等4所中学的66名师生代表西安市参加2018年青少年高校科学营活动。

◆**科普宣传教育** 2018年，西安市科学技术协会确定设立150座科普宣传栏，更换科普画廊版面74座。开展“科普大篷车”巡回宣传活动39次。联合中共西安市委组织部、中共西安市委党校、西安教育心理学会等单位，举办“科学大讲堂”4期。依托西安科普网和西安科普微信公众号2个平台举办各类网络在线科普活动。认定西安曲江海洋极地公园等11家单位为“2018—2022年西安市级科普教育基地”。制作完成10部总时长超过900秒的科普动漫视频公益短片并在全市社区、公共场所的100台液晶播放机循环播放。出版发行《西安科技》报15期7.5万份。

◆**社区科普大学管理** 2018年，西安市科学技术协会新创建社区科普大学教学点15个，下拨办学补助经费15万元。全市13个分校138个教学点开课1036课次，累计4200课时，听课人数达到3.2万人次，受益人群近5万人。举办以“普及科学知识，助推创新创业”为主题的2018年西安市社区科普大学第二课堂活动。针对教学管理中存在问题，举办“2018年科普志愿讲师招募暨培训会”，提升科普授课人员的综合素质。

◆**科协服务** 2018年，西安市科学技术协会以调整完善内部工作机制为重点，坚持服务大局、服务基层，加强与学会、科学家和科技工作者的联系。突出服务基层一线科技工作者职能，建立工作机制，制定《西安市科协系统领导干部联系服务科技工作者制度》，征求院士、专家对西安发展的意见建议。协助市级领导元旦、春节期间集中慰问院士专家工作。做好院士专家礼遇的落实。打通科技工作者线上、线下的互动沟通平台，建立“网上西安科技工作者之家”。实施“科技助力精准扶贫示范村”项目，确定周至县二曲街道下孟家村、竹峪镇民主村等5个行政村为项目实施对象，协调下拨项目资金100万元。在市级学会专家的积极参与下，开展多种形式的科技帮扶活动，组织农业专家进村入户到田间地头，在林果种植、病虫害防治等方面进行培训、咨询等技术指导与服务。

◆**基层科协组织和学会建设** 2018年，西安市科学技术协会按照中共西安市委、西安市人民政府关于群团工作的具体要求以及陕西省科学技术协会有关文件精神，加快企业科协组织建设，实地走访调研中国电子科技集团公司第二十研究所等10多家单位。新建西安四腾环境科技有限公司科学技术协会、西安世纪盛康药业有限公司科学技术协会2家企业科协。新成立西安市老年医养结合学会、西安市蜂业协会2家市级学会。提升学会综合能力，组织实施2018年西安市科协“学会服务能力提升计划”，分层次立项资助所属38个学会承担并完成63个2018年学会重点学术交流和科技服务项目，资助资金109万元。

◆**西安市第十五届学术金秋活动** 2018年9—11月，西安市举办第十五届学术金秋活动。本届学术金秋活动的主题是“创新引领 开放融合”。活动突出学术与智库、科技与经济社会发展等的有机融合，开展前瞻性、综合性、专业性学术交流研讨活动以及技术交流和成果转化。活动设立1个主会场科技报告会、68

个专题分会场，交流论文900多篇，200多家企事业单位、科研院所的约2万人次参会。

◆群众性主题科普活动 2018年，西安市科学技术协会开展以“科技引领未来·创造美好生活”为主题的第二十六届“科技之春”宣传月活动、以“创新引领时代·智慧点亮生活”为主题的2018年全国科普日、西安市2018年“创新引领时代，智慧点亮生活”网络科普知识有奖竞答活动等全市性大型科普活动，开展重点活动项目308项，发放科普资料、图书32万份（册），受益群众近180万人次。

◆“全国科技工作者日”系列庆祝活动 2018年，西安市科学技术协会在全市范围内围绕“弘扬西迁精神，争做追赶超越创新先锋，为建设全球硬科技之都再立新功”主题，开展“全国科技工作者日”系列庆祝活动。开展西安优秀科技工作者表彰会、科技创新的学术报告会、西安科技界代表座谈交流会和走访看望德高望重的老专家等科技工作者代表等系列活动。

◆西安科技馆立项建设 2018年，西安市科学技术协会按照中共西安市委专题会议研究通过的《大型公共服务设施项目选址规划》确定的西安科技馆选址，及时与西安市规划局沟通联系提出意见。考察调研部分科普产业龙头企业以及其他省（区、市）、市建成和在建科技馆，进一步为西安科技馆建设做好前期准备工作，并做好项目专项债券实施方案的编制及上报工作。与西安市规划局等单位沟通西安科技馆选址规划方案落实进展情况。（梁西安）

西安市科学技术协会第八届委员会

主　席　樊代明

副主席　卫军水　马远良　王晓红（女）　王润孝　朱恪孝　刘建华　陆晓延　李佩成　黄　翔　韩　权　舒德干

西安市红十字会

◆概况 2018年，西安市红十字会有所属区（县）红十字会13个，教育系统红十字会1个，镇（街道）、社区（村）、学校等基层红十字组织947个，团体会员单位65个，红十字志愿服务队伍42支；有会员34638人、志愿者9567人。

◆红十字人道救助 2018年，西安市红十字会拨付500余万元款物用于开展关爱救助，助力精准扶贫。争取香港嘉里集团郭氏基金会资助，对周至县0—14周岁8万余名儿童进行先天性心脏病免费筛查，对符合手术治疗条件的患儿全额免费救治。开展“红十字博爱送温暖”活动，拨付30万元款物慰问全市2000余户困难家庭。开展红十字“小天使”（救助14周岁以下白血病患儿）和“天使阳光”（救助14周岁以下先天性心脏病患儿）项目，拨付230万元救助85名患儿。与三秦都市报社联合开展“2018陕西阳光助学”活动，拨付近70万元资助陕西省169名品学兼优的贫困大学新生。争取中国红十字会总会养老项目，拨付38.85万元资助西安博瑞养老院、阎良德瑞养老院。捐赠价值38.9万元彩超设备，帮助鄠邑区蒋村镇改善医疗条件。拨付33.7万元帮助鄠邑区、蓝田县、周至县11所山区学校建成“六个核桃·读书慧”书屋。捐赠价值12万元的棉鞋发放鄠邑区山区困难群众。

◆红十字应急救护 2018年，西安市红十字会联合西安市精神文明建设指导委员会办公室、西安市应急管理办公室开展“奔跑的红十字‘救’在你身边，急救知识万人学”活动，在党政机关、学校、社区、企业、农村等普及应急避险和自救互救知识。开展应急救护培训436期，培训红十字初级救护员5000余名，现场为4.4万名群众普及急救知识，通过“陕西发布”网络教授4万余名网民学习急救技能。举办全市红十字系统救护队培训暨演练活动，为西安曲江新区、白鹿仓景区、汉城湖景区等地的10支红十字救护队配发应急救援装备。首次在西安市13处人流密集场所（秦兵马俑博物院、陕西历史博物馆、西安市政务服务中心等）安装自动体外除颤仪（AED），配备急救药箱，并进行专项培训，中央电视台《新闻直播间》栏目对此进行了宣传报道。

◆红十字基层组织建设 2018年，西安市红十字会举办全市红十字系统基层组织建设培训班和“红十字工作在社区”擂台赛。开展扶贫帮困、关老爱幼、救护培训、志愿服务等活动，传播“红十字精神”，践行人道主义理念。截至年底，成立乡镇（街道）红十字会99个、社区（村）红十字会184个、学校红十字会553个、医院红十字会94个、企事业单位红十字会17个。

◆红十字精神宣传 2018年，西安市红十字会以活动促进“红十字精神”宣传。在“‘5·8’世界红十字日”，联合西安工程大学、西安市中心血站举办“人道——为了你的微笑”暨无偿献血、造血干细胞及人体器官捐献宣传千人健步走活动。现场与上海金汇通用航空陕西分公司签订空中救援框架协议，发放《红十字知识手册》等宣传资料，组织169人捐献血液48000毫升，并有30余人留样报名成为造血干细胞捐献志愿者。在“‘6·14’世界献血日”，联合陕西省卫生和计划生育委员会、陕西省红十字会、西安市卫生和计划生育委员会在雁塔区翠华路长庆坊小区开展“为他人着想，捐献热血，分享生命”宣传纪念活动。在“世界急救日”，举办“交通安全‘救’在身边”主题宣传系列活动，在西安地铁滚动播出红十字现场应急救护知识短片；在胡家庙万和城广场为公安干警和群众普及现场急救知识。在“‘12·1’世界艾滋病日”，联合鄠邑区卫生和计划生育局在鄠邑区人民路广场开展“主动检测，知艾防艾，共享健康”宣传义诊活动。面向社会举办37期“红十字公益大讲堂”，讲授红十字运动起源和历史，普及急救知识，弘扬传播“红十字精神”和文化。全年围绕人道救助、应急救护、器官捐献、志愿服务等核心业务在各级、各类媒体宣传红十字感人故事，报道红十字人道工作430余次。2018年，西安市红十字会获得中国红十字会总会“报刊宣传先进集体特等奖”和陕西省红十字会“宣传工作先进集体特等奖”。

◆人体器官捐献 2018年，西安市红十字会参与推动遗体和人体器官捐献宣传动员、报名登记工作。全年接受书面申请、登记捐献志愿者462人，成功捐献遗体、角膜19例，遗体用于医学教学，捐献的角膜使近40名失明患者重见光明。清明节前夕，在西安交通大学医学部举行主题为“为生命礼赞·缅怀遗体器官捐献者”2018清明追思活动，宣传倡导“人道、博爱、奉献”的红十字精神。联合中国人民解放军空军军医大学成立“西安市红十字遗体捐献中心”，成立当天接受捐献遗体1例。组织高校红十字志愿者调研西安市民对遗体和人体器官捐献的意愿，调查显示，69.2%的市民认同并愿意成为捐献志愿者。定期走访慰问成功捐献者家属和贫困捐献登记者。与西安市卫生和计划生育委员会联合举办遗体和人体器官捐献推进会，建立全市二级以上医院遗体器官捐献信息员工作队伍。联合媒体讲述捐献志愿者典型感人故事，中国人民政治协商会议西安市委员会原副主席朱文蔚去世后捐献的眼角膜使2名患者重见光明的事迹得到中央、省、市19家媒体的广泛报道。

◆红十字志愿服务 2018年，西安市红十字会拨款4万元实施“博爱三秦”志愿服务项目4个，在社区开展扶贫义诊、关爱儿童等志愿服务活动。定期走进西安博瑞养老院开展“为了你的微笑——红十字情暖夕阳”志愿服务活动，为孤寡老人表演文艺节目，提供陪护关爱服务。参加中共西安市直属机关工作委员会组织开展的“感动西安·添彩党旗”志愿服务活动，向群众发放器官捐献宣传彩页，宣讲“小天使救助项目”（救助14周岁下白血病患儿）、“天使阳光救助项目”（救助14周岁下先心病患儿），教授群众心肺复苏技能。新城区西一路街道民乐社区红十字会志愿服务队开展“扶贫活动进社区，健康义诊暖人心”活动，定期为社区群众提供传统中医免费诊疗志愿服务。莲湖区红十字会依托区卫生健康网格化管理模式，实现网格化志愿服务，并制定印发《莲湖区红十字综合志愿服务队管理办法（试行）》，为更好服务辖区群众、开展红十字志愿服务活动提供保障。阎良区红十字会、长安区红十字会志愿服务队伍稳定，经常性地组织开展义务献血、心理辅导等专项志愿服务活动。西安市红十字会组织开展的“奔跑的红十字‘救’在你身边，急救知识万人学”项目被中共西安市委宣传部、西安市精神文明建设指导委员会办公室等13个部门推选为西安市2018年度“最佳志愿服务项目”。

◆红十字青少年工作 2018年，西安市红十字会联合西安市教育局印发《关于在全市教育系统建立健全红十字组织，积极开展红十字青少年活动的通知》，组织全市“红十字示范学校”进行经验交流和业务培训。组织全市青少年参加全国防灾避险知识竞赛，西安市碑林区铁五小学、西安交通大学附属中学、西安思源学院等33所学校分别获得最佳组织奖一等奖、二等奖和三等奖。雁塔区长安大学附属中学红十字会定期开展防灾疏散演练、心肺复苏训练、青少年志愿服务，在学校组织的运动会、研学旅行等活动中为师生提供安全保障。莲湖区郝家巷小学将生命健康安全体验教室作为教育阵地，定期组织家长、学生共同学习国际红十字运动知识，参加急救知识培训和演练。截至年底，西安市建成234所“红十字示范学校”。其中，有“全国红十字模范学校”2所、“陕西省红十字示范学校”54所。（薛　平）

西安市红十字会第七届理事会

会　　长　方光华
专职副会长　崔锦绣（女）
兼职副会长　吴智民　王　伟
王庆华（女）　关相林
张忠芳　张　卫
闫秀斌　朱友明
罗红林　王红艳（女）
刘晓民　朱玉荣（女）
张春莹（女）
秘书长（兼）　李晓东

西安市文学艺术界联合会

◆概况 2018年，西安市文学艺术界联合会下设办公室、协（学）会工作部、组织联络部3个部门，并有西安市文学艺术创作研究室、美文杂志社、西安书学院3个直属事业单位。有作家、戏剧家、美术家、书法家、音乐家、舞蹈家、曲艺家、摄影家、电视艺术家、评论家10个全市性文艺家协会，21个艺术学会、研究会、企业文艺协会和长安、碑林、雁塔、周至、鄠邑、临潼、未央、新城、蓝田9个区（县）级文联和西安市检察官文学艺术界联合会。

◆艺术采风活动 2018年，西安市文学艺术界联合会贯彻落实中共中央总书记习近平关于传承好“西迁精神”的重要指示，在中国共产党成立97周年之际，于6月26—29日，组织中青年党员文艺工作者开展“学习‘西迁精神’，传承红色基因；服务追赶超越，争做文艺铁军”参观学习及文艺采风活动，赴西安交通大学“西迁纪念馆”、焦裕禄事迹展览馆、红旗渠、西柏坡等地参观学习。10月10—15日，为深入学习领会习近平在全国文艺工作座谈会上的讲话精神，落实中共西安市委提出的“追赶超越”定位和“五个扎实”要求，组织开展“对标先进，助力大西安振兴”文艺采风活动，在杭州参观由中共杭州市委宣传部、浙江省美术家协会、杭州市文学艺术界联合会等单位主办的“盛世钱塘·美好家园”庆祝改革开放40周年杭州市美术作品展，在丽水市参观巴比松油画展以及丽水市文化馆举办的“童话云和视觉艺术展”，并与杭州和丽水两市艺术家组织笔会交流；在绍兴市考察鲁迅先生故里及著名书法圣地兰亭。

◆文化艺术传播交流 2018年4月10—11日，西安市文学艺术界联合会在临潼区召开“西安文艺界学习十九大精神培训班暨‘争做文艺铁军’现场会”，全市各区（县）文联，市文联所属各协会、学会、研究会负责人及机关各部室负责人约90人参加会议。5月8日，联合西安市文化广电新闻出版局在北院门高家大院组织举办西安文艺界“凝聚智慧话发展，共建国家中心城”座谈会，市属20多家协（学）会的负责人围绕如何为西安市建设国家中心城市、实现追赶超越奋斗目标营造良好的文化环境展开讨论。6月13日，西安市书法家协会在亮宝楼举办“弘扬国粹古城美·文化先行醉西安”西安书法大讲堂——著名书法家胡抗美书法公益讲座，邀请胡抗美主讲题为《解读书法之美》的讲座，从“书法的形和势”“书法作品的内容”“解读书法看什么”3个部分进行讲解。

◆社会主义核心价值观宣传教育 2018年，美文杂志社与孔子学院共同创办《孔子学院汉风专刊》，全年出刊38期。5月12日，美文杂志社与江苏高邮汪曾祺学校共同举办第二届“汪曾祺散文奖”颁奖典礼。9月，美文杂志社与西安市教育局、西安市河湖长制工作领导小组办公室（西安市水务局）、西安高科(集团)公司联合在全市中学生中开展“我爱家乡河”主题征文大赛。西安书学院组织书法专家、学者编写并出版中、小学书法教育系列丛书《历代经典碑帖临写与鉴赏（第一卷）》（共计10本）。《西安文艺界》全年出刊6期。西安市文联官网更新网站信息35条（次），“西安文联V”官方微博发布微博200余条。

◆协（学）会活动 2018年，西安市文学艺术界联合会完成2017年度协（学）会年审工作。1月6日，西安市中国画研究会第一次会员代表大会在川渝大酒店召开，选举产生西安市中国画研究会第一届主席团。1月23日，西安市情采油画学会第一次会员代表大会在半坡艺术区召开，选举产生西安市情采油画学会第一届主席团。9月4日，西安市中国画学会第一次会员代表大会在止园饭店召开，选举产生西安市中国画学会第一届主席团。12月8日，西安市尺八研究会在西安文理学院组织召开西安市尺八研究会第一次会员代表大会，选举产生西安市尺八研究会第一届主席团。西安市书法家协会、西安市美术家协会、西安市摄影家协会等文艺家协（学）会开展了丰富多彩的活动。

西安市书法家协会 元旦、春节期间，在全市开展“送万福进万家”义写春联公益活动。据不完全统计，开展活动150余场次，书写春联、“福”字12万余幅，书写书法作品4000余幅。2018年，西安市书法家协会被中国书法家协会评为2018年“送万福进万家”书法公益活动先进集体。1月6日，在崔振宽美术馆举办“传承经典 不忘初衷——十九大报告书法作品赠送活动暨书画作品展”，展出市书协副秘书长杨小琪书画作品160余幅。1月7日，在大唐西市艺术品中心举办

《古砖瑞相》新书发布会暨王江汉砖拓片题跋展，展出市书协副主席王江新书《古砖瑞相——王江题记经典汉砖》中的94幅题跋作品。1月11日，在蓝田县董岭村开展“美丽西安·书法乡村”帮扶创建活动暨“翰墨飘香·迎春送福”系列文艺活动，义务给村民书写书法作品100余幅。1月14日，西安市书法家协会在西安皇冠假日酒店举行“长安芳韵瑞意迎春——石瑞芳书法作品展”，展出市书协主席石瑞芳书法作品80余幅。4月12日，赴合阳县坊镇灵泉村开展扶贫帮困文化惠民活动，为群众送去慰问金，为村幼儿园的孩子们送去学习用具，并现场为群众书写书法作品100余幅。4月25日，在西安市大明宫中学举办的第十五届科技艺术节期间，联合新城区少年宫在该校举行“西安市书协书法进校园活动”暨书法教育基地挂牌仪式，义务为师生书写书法作品40余幅。4月28日，在西安市小雁塔小学举办2018年“我眼中的周秦汉唐”文化艺术节期间，在该校举行西安市书法家协会“小学书法教育基地”揭牌仪式，并为师生赠送书法作品。6月2日，在西安亮宝楼举办“西安市优秀书法少年”和“西安市书法少年”书法作品展，展出作品200余幅。6月30日， 举办“弘扬翰墨风采，讲好西安故事”暨“心心向党——西安市临潼区书法精品展”，展出临潼区书法家新作113幅。7月27日，到解放军临潼疗养院开展“庆八一，文化进军营”活动，为部队官兵书写书法作品100余幅。10月25日，举办“弘扬翰墨风采，讲好西安故事”鄠邑区纪念王九思550周年诞辰主题书画展，收到应征作品230余件，经省、市专家评审，评出获奖作品37件。11月16日，在新城区青少年宫召开主席团、秘书长会议，学习全国宣传思想工作会议精神，并对新发展会员作品进行评审。

西安市美术家协会　1月18日，与中共蓝田县委、蓝田县人民政府共同承办“文化下乡，精神扶贫”千幅书画作品进蓝田惠民活动。3月24日，在蓝田县北关小学为群众捐献由市美术家协会1300位会员历时4个月创作的书画作品千余幅。3月1日，在裕朗国际美原酒店召开“元宵佳节，福祉万家”联谊会，与相关企业开展文化交流活动。3月8日主办的“尚雅”画展在大唐西市举办。6月9日，组织 “一带一路考察采风团”赴泰国曼谷进行文化交流。6月20日，组织20余位画家前往榆林市清涧县进行为期3天的采风写生活动。10月16日，与陕西省地质调查院组织“地质与艺术对话”大型采风写生活动。7月27日，在中共西安市纪律检查委员会教育大楼举行为市纪委教育大楼创作的书画作品捐赠仪式，捐赠作品200余幅，并在现场举行笔会活动。10月2日，西安市美术家协会油画艺术委员会在蓝田县鲍旗寨村举行“欢度国庆和美一家亲”走红地毯活动，参与画家及家属150人，参与群众近千人。11月1日，与韩国庆州艺术协会在高家大院举行艺术交流活动。11月3日，与51易货网战略合作签约落地启动仪式在51易货网多功能会议厅举行，100余名企业代表及画家代表参加启动仪式。

西安市摄影家协会　1月26日，在大唐芙蓉园御宴宫召开新春联谊会。5月5—6日，组织会员赴洋县采风。5月18—22日，选送的多幅作品参加在河南省郑州市举办的2018中国国际摄影艺术节、中国第17届摄影艺术展览。9月30日，与西安市城墙管理委员会等单位联合举办2018城墙摄影展。10月初，与韩国晋州摄影机构在韩国第六十八届开天艺术节期间举办中韩摄影联展。11月18日，协会会员白辰获全国摄影领域个人成就最高奖——“中国摄影金像奖”。12月1—3日，在西安曲江国际会展中心举办陕西省第三届国际丝路影像文化与摄影器材博览会。

◆“送欢乐，下基层”及“文化下乡”文艺志愿者服务活动　2018年1月24日至2月9日，西安市文学艺术界联合会2018年“送欢乐 下基层”及“文化下乡”活动分别在未央区未央湖街办文家社区、周至县翠峰镇西肖村、周至县翠峰镇人民政府、临潼区骊山新家园等地举办。活动采取书写春联、拍摄“全家福”、拍摄“寿星照”等形式进行。截至农历除夕，市属区（县）文联给基层群众义务书写春联10万余幅、家风家训1000余幅，拍摄、打印“全家福”1000余幅。1月30日至2月2日，分别在未央区未央湖街办湖滨社区、临潼区何寨街道办庙底村和长安区五台街办留村举办3场文艺演出，每场演出时长120分钟左右。2月2日，在长安区黄良街道北仁村与中共西安市委宣传部、西安市精神文明建设指导委员会办公室、西安市文化广电新闻出版局等15个部门联合主办西安市暨长安区2018年文化科技卫生“三下乡”集中服务活动，组织西安市摄影家协会、西安市书法家协会的26名会员参与活动，书写春联近500幅、“福”字200余幅、书法作品100幅，拍摄并打印“全家福”“寿星照”200余张。5月23日，在周至县集贤镇殿镇村举行全国第五个“文艺志愿者服务日”活动，并在全市举办“到人民中去”文艺志愿服务主题活动。分别在临潼区任留街道任留村（9月12日）、周至县翠峰镇清河村(10月16日)、鄠邑区甘河镇跃进村(10月17日)、鄠邑区余下镇天合村(11月2日)、鄠邑区石井镇栗峪口村(11月7日)、长安区五台街办石砭峪新村(11月9日)、鄠邑区石井镇栗峪口村涝峪口(11月11日)、临潼区马额街道南庙村(11月26日)组织文艺志愿演出，其中在鄠邑区余下镇天合村、长安区五台街办石砭峪新村和临潼区马额街道南庙村同时组织义务书写家风家训活动。10月17日，组织书法家赴青门社区开展“我们的节日·重阳节”党员进社区主题活动，为社区居民书写家风家训。

◆庆祝改革开放40周年系列活动　2018年10月20日，西安市文学艺术界联合会与西安市13个区（县）委、政府共同主办的“庆祝改革开放40年——西安市区（县）文联中国书协会员书法作品巡展”启动仪式在长安区文化艺术中心举行，57位中国书法家协会会员创作的114幅作品参展。10月23日，西安市书法家协会在蓝田县山王村举行“西安书法乡村”授牌仪式暨“庆祝改革开放40周年书法展览”，展出西安市和蓝田籍书法家作品30余幅，并现场为山王村群众书写书法作品60余幅。10月27—31日，西安市文联、中共西安委党史研究室主办，西安市书法家协会、西安市美术家协会、西安市摄影家协会承办的“西安市庆祝改革开放40周年书画摄影展”在亮宝楼举行，展出书法作品62幅、绘画作品76幅、摄影作品105幅。10月29日，由西安市书法家协会、西安中国书法艺术博物馆主办的“诗意长安——庆祝改革开放40年莲湖区书法精品展”在西安中国书法艺术博物馆举办，展出书法作品94件。10月31日，合肥市文学艺术界联合会、西安市文联主办，合肥市书法家协会、西安市书法家协会承办的“庆祝改革开放四十周年——皖风秦韵　合肥·西安书法交流展”在安徽省合肥市举行，西安市书协赴合肥市参加开幕式，并与当地书法家开展艺术交流。

（胡江梅）

西安市文学艺术界联合会

主　席　贾平凹
副主席　王晓锋　李伯钧　张青艳（女）
张龙愿　于孝军　吴克敬
陈兆朋　叶广芩（女）
王西京　侯红琴（女）
方　明　石瑞芳（女）
杜爱民
秘书长　陈兆朋（兼）

西安市残疾人联合会

◆概况　2018年，西安市残疾人联合会推进残疾人小康进程，开展残疾人康复

2018年5月17日，西安市残疾人就业培训暨第二届校园招聘洽谈会在陕西省城市经济学校举行

服务、就业培训、社会保障、法律维权等工作，各项目标任务全面完成。截至年底，辖区残联11个、县残联2个、镇（街道）残联187个；有市级残疾人专门协会5个、区（县）级残疾人专门协会65个。

◆**残疾人就业** 2018年，西安市残疾人联合会扶助安置残疾人就业1517人。其中，按比例安置残疾人就业451人；集中就业和基地就业105人；个体就业和自主创业433人；灵活就业和居家就业261人；社区基层和公益性岗位就业267人。落实残疾人就业援助政策，对1512名残疾人就业创业、个体工商户、就业特别困难、公益性岗位进行扶持，扶持资金665.14万元；对超比例安置、集中安置、就业孵化基地、特色工艺品制作等残疾人就业项目给予扶持，扶持资金1296.34万元。强化视力残疾人就业，扶持视力残疾人按摩服务点22家、视力残疾人按摩规范化管理服务点57家、视力残疾人按摩示范店3家，补贴经费83万元。创建西安市残疾人创业孵化基地，培训残疾人电商、视力残疾人按摩、动漫制作等504人，扶持残疾人创业433人。开展残疾人职业技能培训，培训各类残疾人4381人。

◆**残疾人康复服务** 2018年，西安市残疾人联合会扩大康复救助，在社区康复服务残疾人46887人，康复服务率88.31%，康复服务率位列陕西省第一。开展精准康复服务行动，为1495名0—16岁残疾儿童、少年提供康复救助，为35名听障儿童进行人工耳蜗植入术，审批安置136名听障儿童进行听力语言康复训练；为1864名运动功能障碍的残疾人提供康复救助。推进残疾人家庭医生签约服务，签约51833人，签约率80%；对每名筛查对象按40元标准由签约团队提供上门服务，服务62855人，服务率89.56%。开展精神病防治康复工作，为11381名精神疾病患者提供全年服药救助；为3407人次重度精神病患者提供住院救助。开展残疾人辅助器具服务，免费为各类残疾人适配辅具22411件，为下肢缺失残疾人免费安装假肢300例，惠及残疾人17306人。创建并运行“互联网+”康复服务平台，把全市各类康复服务资源进行有效整合，把残疾人需求与残联服务相结合，形成全新的残疾人康复服务模式，初步实现儿童康复、精神病救助和运动功能障碍救助三大康复项目在线申请、在线评价、在线统计汇总结算。此项康复服务模式入围2018年度“西安市优秀改革创新案例”评选名单。推进残疾预防工作，建立新生儿残疾筛查随报制度，开展康复政策和残疾预防知识宣传。

◆**残疾人教育资助** 2018年，西安市残疾人联合会落实《中华人民共和国残疾人教育条例》和教育部等七部门印发的《第二期特殊教育提升计划(2017—2020年)》，依法保障残疾人受教育权利，为儿童、青少年实施包括学前一年免费教育、义务教育“两免一补”（免学杂费、免费提供教科书，对家庭经济困难寄宿生补贴生活费）、普通高中教育免学费在内的免费教育政策。助学资助范围由九年义务教育扩大到涵盖学前一年、九年义务、普通高中在内的13年教育阶段，标准由每生每年500元提高至每生每年不少于1000元，全年资助876名学生。开展“残疾人远程学历教育资助活动”，资助30名残疾学生。其中，本科13人，每人7000元；专科17人，每人5000元。

◆**扶贫助残** 2018年，西安市残疾人联合会做好西安市残疾人调查摸排工作。截至年底，全市有在册贫困残疾人11452人。开展贫困残疾人脱贫攻坚工作，将符合条件的贫困残疾人纳入农村低保和医疗救助范围，对16周岁以上贫困残疾人且符合特困条件的纳入特困人员救助供养；两次召开全市残疾人脱贫攻坚推进会，在特惠政策、项目实施和资金分配上向深度贫困群体倾斜。开展农村残疾人脱贫工作，创建残疾人扶贫基地19个，每个基地补贴5万元，辐射带动500余名残疾人通过产业脱贫。开展“自强绿色行动”，为3200户农村残疾人每人提供种、养殖业和手工业补贴2000元。开展元旦、春节慰问贫困残疾人活动，全市各级残联走访慰问13691户，发放慰问金（品）价值425万元。

◆**残疾人托养服务** 2018年，西安市残疾人联合会在西安市城六区开展政府购买居家安养服务，为2600名城乡重度残疾人提供居家安养服务或补贴。制定《西安市残联托养工作提升实施方案》，推进托养机构规范化管理，区（县）残疾人托养服务机构实现全覆盖。开展“助力脱贫攻坚重度残疾人集中托养行动”，投入240万元委托13家机构重点为200名贫困残疾人开展集中托养服务。

◆**残疾人社会保障** 2018年，西安市残疾人联合会配合民政部门为48340名重度残疾人发放护理补贴，为38481名困难残疾人发放生活补贴。落实农村困难残疾人危房改造补助政策，按照每户9000元的标准对902户被纳入危房改造的农村困难残疾人给予特惠补助。落实特困残疾人城乡最低生活保障制度，根据残疾程度对残疾人养老、医疗社会保险个人缴费部分给予减免。推进“无障碍设施进家庭”活动，投入360万元，对600户有改造需求且具备改造条件的贫困残疾人家庭实施无障碍改造。

◆**残疾人维权维稳** 2018年，西安市残疾人联合会推进“七五”普法工作，编印《法规政策汇编》，并利用残疾人重大节日进行宣传教育。做好残疾人法律援助和法律服务工作，提供法律咨询86人次，办理办结残疾人非诉案件（利害关系人在没有民事权益争议的情况下，请求人民法院确认某种事实和权利有无的案件）和申诉案件2起。开展残疾人信访接待工作，接待来电、来信、来访5563人次，妥善劝导26次残疾人集体上访。办理陕西省政协提案7件、西安市人大建议4件。

◆**残联基层组织建设** 2018年，西安市残疾人联合会召开市残联第七次代表大会，选举产生市残联第七届主席团及其领导机构。实施《西安市残疾人专职委员管理办法（暂行）》，指导区（县）选聘镇（街道）、社区、农村残疾人专职委员3421人，落实残疾人专职委员工作补贴、养老医疗保险补贴和意外伤害保险等待遇3514万元。规范“残疾人证”办理，开展建档立卡贫困户疑似残疾人筛查鉴定工作，组织上门办证服务，开展“残疾人证”动态核查。经核查，西安市有持证残疾人182620人。指导各专门协会在残疾人重大节日期间，组织开展丰富多彩的文体活动。开展志愿助残服务活动，推动志愿者助残服务制度化发展。完善联系督导机制，严格数据质量校验，动态更新、采集180492名残疾人信息、3619个社区（村）信息；运用移动服务终端App入户调查残疾人97678人，采集比例55.45%。

◆**残联宣传及文体活动** 2018年，西安市残疾人联合会在各类媒体刊发宣传报道183篇（条）。举行“全面建成小康社会 残疾人一个也不能少——陕西省暨西安市第二十八次‘全国助残日’系列活动”，举办残疾人书画展、诗歌散文诵读等活动，重点宣传报道来自周至县轮椅上的“夺金王”董飞霞在2018年世界残疾人奥运会夺冠的先进事迹。在第五个“全国扶贫日”和“重阳节”之际，开展主题为“扶贫同行、小康同步、幸福同享”的“秦腔戏曲歌舞表演进帮扶村活动”。协助相关部门在西安市举办2018年全国轮椅篮球锦标赛，西安市男子轮椅篮球队取得第五名的好成绩。组织开展残疾人群众性体育比赛活动，举办残疾人象棋、羽毛球、飞镖、盲人足球、跳绳比赛、轮椅健身操展示和特奥健步走等10项活动，参与残疾人1000余人次。（苟旭峰）

西安市残疾人联合会执行理事会

理 事 长 安文中
副理事长 何永国 尹绪庄

中国国际贸易促进委员会西安市分会

◆**概况** 2018年，中国国际贸易促进委员会西安市分会围绕“追赶超越奋进年、营商环境提升年、招商项目落地年”充分发挥贸促会职能，着力为西安市“一带一路”建设搭建好平台，广泛开展经贸交流与合作，促进贸易与投资，为企业提供优质高效的国际商事法律服务。截至年底，中国国际贸易促进委员会西安市分会有区（县）级支会17家；企业服务为2162家，涉及制造加工、商业贸易、房地产、旅游文化、服务业等多个领域。

◆**多双边商务合作平台建设** 2018年，中国国际贸易促进委员会西安市分会支持西安市企业“走出去”。结合实际，在上年制定下发《西安市境外经贸对接活动补助资金管理办法（试行）》的基础上，制定下发《西安市境外经贸对接活动补助专项资金2018—2019年度项目申报指南》，全年给予出访企业下发补助资金79.91万元，并拟自2019年起对统一组织的“一带一路”国家及新兴市场重点展会的展位费补贴标准提高80%以上。与德国、意大利、俄罗斯、哈萨克斯坦、韩国、阿联酋等“一带一路”国家商（协）会加强机制性合作平台建设，邀请境外商（协）会和企业等来西安市考察访问，进行贸易投资洽谈和项目对接等活动。配合协助中国国际贸易促进委员会在西安市设立“中国国际贸易促进委员会陕西自贸区服务中心”和“中国国际经济贸易仲裁委员会丝绸之路仲裁中心”。发挥市贸促会商事法律服务委员会和对外贸易商事法律服务窗口的职能作用，为企业提供便利的法律咨询、贸易投资信息和专业的涉外商事法律服务等。举办相关法律培训、研讨会等活动，为企业解读“一带一路”相关国家法律、政策等，增强企业法律风险防范。举办国际会议、论坛，举办或参加展览会、博览会等活动，全年举办国际会议8个，举办展览会5个，组织西安市企业参加境内、外国际会议和展览会12个，为各区县、开发区和企业提供更多的招商引资、经贸合作机会。充分发挥市贸促会摩擦预警中心的作用，建立预警信息发布平台和4个预警点，为陕西省、西安市300多家外贸企业提供及时的贸易摩擦预警信息。建立中国贸促会、市贸促会、区（县）开发区贸促支会三级互动共享信息网络。完善信息稿件报送制度，向中国贸促会及时报送西安市重大经贸交流活动信息。采编整理外贸、投资、金融等信息和国际、国内重要经贸动态，并及时向西安市企业发布。利用市贸促会已有网站和公众号，向企业及时发布贸易与投资信息，同时与西安市财政局、西安市工业和信息化委员会、西安市电子政务办公室沟通，拟搭建“西安对外贸易和投资合作促进网”，并拿出初步方案。与西安市各开发区加强联系，了解开发区产业园区发展规划和项目引进需求，联系对接境外商（协）会组织寻求合作机会。

◆**经贸交流合作** 2018年，中国国际贸易促进委员会西安市分会加强西安国际商会建设，强化与境外商（协）会的交流与合作。全年邀请境外11个经贸团组来西安市访问，积极协调各区（县）、开发区进行投资项目考察，组织企业进行洽谈交流等相关经贸活动。组织企业出访美国、德国、捷克、墨西哥等国家和中国香港等地区，参加在境外举办的展览、会议，与7个国家或地区的商（协）会组织签署8份合作协议。参加中共西安市委、西安市人民政府赴香港招商活动，完成中共西安市委主要领导与香港贸易发展局总裁方舜文座谈交流的前期对接及会务保障工作，并参加西安市在香港举办的“2018香港—西安投资环境推介会暨重点项目签约仪式”。组织14家企业赴美国出访，与马里兰州蒙哥马利郡政府、美国世界贸易中心协会、大西雅图发展联盟及企业代表进行座谈交流，推介西安市投资环境，就能源、法律、医疗和天然气等领域的合作意向进行探讨；考察星巴克烘焙工坊，就西安市引进星巴克全球第二家海外咖啡甄选烘焙工坊事宜进行商谈。组团出访德国和捷克，与两国有关方面和企业就促进经济贸易发展、共建“一带一路”中欧产业园、互设服务窗口和商品展示中心、丰富西安中欧班列货物品种、加强机制性平台合作等方面进行广泛的交流与沟通。组团出访阿拉伯联合酋长国和希腊，参加“2018年中东迪拜能源、环保、水处理产品展览会”，举办“西安—迪拜贸易与投资洽谈会”和“西安—雅典贸易与投资洽谈会”，并与有关商（协）会及企业进行座谈，推介西安投资环境、吸引境外投资。组织11家企业参加在巴拿马举办的中国综合商品展览会和中国—巴拿马经贸合作论坛，西安展区受到巴拿马总统的特别关注，代表团一行还参观考察了科隆自由贸易区，与当地著名的布鲁物流公司进行了交流座谈，并在展后赴美国和墨西哥进行经贸交流。还组团出访了泰国、马来西亚、新加坡等国家。在第三届丝绸之路国际博览会暨中国东西部合作与投资贸易洽谈会期间举办“第五届丝绸之路国际商协会投资与贸易洽谈会”，来自44个国家和地区的141名境外商（协）会主席和代表、驻华领事、商务参赞和企业代表参会。与柬埔寨国际商会联合举办“中国—柬埔寨（西安）经贸合作推介会”，与俄罗斯联邦总商会共同举办“2018中国（西安）—俄罗斯经贸合作洽谈会暨项目对接会”。举办“世界唐人街 相聚长安城——中国—马来西亚（西安）经贸合作推介会”，为西安市招商引资和企业开展贸易与投资提供便利条件。先后邀请上海市浙江商会轮值会长、分众传媒董事长江南春率上海市浙江商会企业家代表团一行22人来西安进行项目投资考察，并举办“西安市与上海市浙江商会代表团交流座谈会”。与西安市人民政府金融工作办公室、西安市人政府驻上海办事处、碑林区人民政府、上海西安商会在上海联合举办“西安—上海金融交流合作会暨上海西安商会成立揭牌仪式”，推介西安市金融发展环境和碑林区投资环境。与中国国际贸易促进委员会（中国国际商会）培训中心共同举办“跨境电子商务消费品安全与消费者数据保护专题论坛”，邀请美国驻华使馆消费品安全参赞和北京龙图新世纪培训官做专题培训，使跨境电子商务企业了解出口欧美的消费品安全监管政策和《欧盟数据保护通用条例》等政策内容。组织企业参加在珠海市举办的第十二届中国—拉美企业家高峰会及同期举办的中国—拉美贸易投资展览会，陕西怡豪投资控股集团与哥伦比亚卡波里约煤矿签署18亿美元的开采协议。还分别举办第二十六届中国西部国际装备制造业博览会暨中国欧亚国际博览会、第八届中国西部国际物流产业博览会、2018中国（西安）电子商务博览会、第九届中国西安国际汽车工业博览会等展览会。

◆**国际商事法律服务**　2018年，中国国际贸易促进委员会西安市分会与中国国际经济贸易仲裁委员会共同举办“丝绸之路”经济带建设下仲裁与法律风险防范研讨会，与中国贸促会中国国际贸易促进委员会共同举办“‘一带一路’倡议解读和法律风险防范（西安）培训班”，围绕“一带一路”倡议最新趋势解读、“一带一路”背景下企业“走出去”的法律风险及其控制、国际仲裁合作、企业“走出去”法律风险防范、应对经贸摩擦和法律纠纷等方面，增强企业在投资、贸易活动中的法律风险防范能力。与中国贸促会陕西自贸区服务中心举办“中国（西安）PPP项目对接和法律服务研讨会”，就PPP项目相关政策、项目实施规范和法律风险控制规避等问题进行探讨交流。举办“外贸企业调研座谈会”，围绕西安市外贸企业在当前经济形势下，经贸摩擦频发特别是中美贸易摩擦的态势下企业面临的困难及涉外法律服务需求进行调研，并向有关部门反映和协调，争取更多支持。举办“西安外贸企业进出口出证认证培训班”，为西安市100多家进出口企业的近150余名出证、认证业务人员进行原产地证明书、国际商事证明书、ATA（由法文 Admission Temporaire 与英文 Temporary Admission的首字母组成，表示暂准进口）单证册等商事认证业务以及国际商标、专利注册等业务的培训。全年办理“一般原产地证明书”3530份，完成目标任务的176%；办理“国际商事证明书”1163份，完成目标任务的232%；办理ATA单证册36份，完成目标任务的450%；代办领事认证339份，完成目标任务的169%。充分发挥中国贸促会经贸摩擦西安预警中心的作用，全面开展贸易摩擦和投资预警，形成完善的商事、仲裁、调解等多元化商事法律纠纷解决机制。持续开展“行政效能革命”和“最多跑一次”改革，为企业提供高效、便捷的优质服务，大力提升营商环境。

◆**贸促支会工作**　2018年，中国国际贸易促进委员会西安市新城区支会引进中建交通建设集团有限公司、盒马鲜生、京东7FRESH等3个世界500强企业，签订银泰中心、英蓝丝路金融中心、中建交通集团西北区域总部3个百亿元服务业项目，实际利用外资11947.4万美元。中国国际贸易促进委员会西安市碑林区支会开展各类招商推介、精准对接活动620次，对接企业769家，组织开展和参加各类经贸推介会议、展会、贸易促进活动87次，签约项目112个，总投资559.7亿元，引进外资10570万美元。中国国际贸易促进委员会西安市莲湖区支会开展招商活动20次，组织12家企业40余人次参加境内、外展会，依托第三届丝绸之路国际博览会暨中国东西部合作与投资贸易洽谈会、2018西安香港招商推介会、第二届世界西商大会以及“梦回长安——百万校友回归”等平台，成功签约丰禾智慧小镇、长安汇过百亿元项目，帮助华山国际工程公司开拓加纳、尼日利亚等17个国家的海外市场，全年实际利用外资10548万美元。中国国际贸易促进委员会西安市灞桥区支会在第三届丝绸之路国际博览会暨中国东西部合作与投资贸易洽谈会期间，重点策划包装项目42个，举办签约推介活动12场，组织企业参加中国青海结构调整暨投资贸易洽谈会、中国兰州投资贸易洽谈会、首届中国国际进口博览会等大中型投资促进活动19场，赴上海、深圳、杭州、香港等地开展招商引资活动32次，实际利用外资10570万美元。中国国际贸易促进委员会西安市雁塔区支会引进外资11871.8万美元，举办“招商大讲堂”、政策发布会、境外商协会座谈会、项目专题会等，开展招商活动474场，其中区级主要负责人带队参与活动142场次。中国国际贸易促进委员会未央区支会赴深圳、上海、北京等地外出招商考察9次，参加第三届丝绸之路国际博览会暨中国东西部合作与投资贸易洽谈会、第二届世界西商大会等招商活动超过20场，全区签约项目34个，总投资778亿元，全年实际利用外资10380万美元。中国国际贸易促进委员会临潼区支会有效解决招商项目进展中遇到的困难和问题，召开10次招商引资联席会，研究议题34个，对签约项目实行包抓，助推项目落地，全年引进外资4094.26万美元。中国国际贸易促进委员会长安区支会举办丝博会长安专场签约推介、第二届世界西商大会“重点客商长安行”等活动，签订招商项目15个，总投资 969.6亿元，打包推介硬科技产业园、常宁商业综合体等6个大片区开发和44个重点区域招商项目，出台招商引资优惠政策，全年引进外资5200万美元。中国国际贸易促进委员会高陵区支会派出外出招商团队20余批次，对接企业156家。组织“西商情·家乡行”高陵专场活动、清华大学EMBA（高级管理人员工商管理硕士）校友企业家走进高陵考察交流活动等重大招商活动21次，全年引进项目21个，总投资949.19亿元。中国国际贸易促进委员会西咸新区支会举办“2018YPO中国商业峰会——西咸新区交流会”等国际化招商推介会活动6场，参与“欧盟创新俱乐部暨欧中创新项目合作主题活动”、中国—挪威工商峰会、全球硬科技大会等大型经贸活动20余场，全年实际利用外资3.72亿美元。中国国际贸易促进委员会西安经济技术开发区支会以构建从招商、签约到落地建设、竣工投产的“全营商服务链”体系为目标，引进世界500强企业项目9个、中国500强企业项目4个，实际利用外资16.7亿美元。中国国际贸易促进委员会西安曲江新区支会招商引资工作围绕“文化+”战略，引进“互联网+”核心业态，加大引进总部经济落地发展，聚焦大型商业综合体和新型消费业态，打造“咖啡＋书店＋网红店”的时尚消费新模式，推进高品质酒店引进工作，加快引进重点文旅项目，引进了一批资金实力雄厚、运作模式成熟、品牌影响力大的专业企业和投资机构。中国国际贸易促进委员会西安浐灞生态区支会利用第三届丝博会、第二届世界西商大会等重大活动契机，策划实施浐灞生态区招商推介会、亚马逊AWS（亚马逊提供的专业云计算服务）国际创业峰会等招商推介活动25次，新引进印度丝绸之路贸易中心、尼日利亚克里斯河州商务中心等外国驻华机构和商（协）会机构10家，腾讯双创小镇、携程集团区域总部及世界文化旅游大会永久会址等重大投资项目40余个，新签约金额超过1000亿元，实际利用外资1.36亿美元。中国国际贸易促进委员会西安国际港务区支会开发并运行“招商项目信息管理系统”，实现各阶段、各类招商洽谈项目的统计管理、数据分析，充分兑现自贸试验区政策红利和先行先试优势，优化招商引资政策，相继出台电子商务、融资租赁、商业保理、跨境电商、国际招商、企业上市融资、科技创新、促投资稳增长、人才引进、招商引资中介奖励办法等一系列招商引资政策，全年引进外资1.06亿美元。中国国际贸易促进委员会西安阎良国家航空高技术产业基地支会全年实际利用外资6227.26万美元。中国国际贸易促进委员会西安国际民用航天产业基地支会依托太阳能光伏、电力服务、石油探勘等领域外向型企业，积极参与“一带一路”建设，推动产能走出去，扩大对外合作，组织5家企业参加第七届中国西部跨国采购洽谈会暨中国(西安)进出口商品交易会、9家企业参加首届中国国际进口博览会，签约额439万美元，全年实际利用外资6100万美元。（孙　涛）

中国国际贸易促进委员会
西安市分会

会　长　龙晓华
副会长　张庚元　夏　鹏

西安市法学会

◆**概况**　2018年，西安市法学会开展法学研究、法治宣传、法律服务和法学交流工作，加强组织体系建设，做好联络、协调、服务工作，推动学会工作和法学研究工作创新发展。

◆**法学研究**　2018年，西安市法学会围绕政法中心任务，积极参与“法治西安”和更高水平“平安西安”建设。围绕西安市司法体制改革，就法治实践中的重大问题进行理论探讨。结合纪念学习推广“枫桥经验”55周年，以“司法体制改革视角下‘枫桥经验’在基层法院的实践与运用”为主题，组织法学、法律界的20余名专家、学者围绕如何运用“枫桥经验”推动和改进司法审判工作进行理论研讨。举办“探讨司法改革执行工作的路径和方法”法学研究沙龙活动，围绕莲湖区人民法院执行改革工作的做法和经验进行学习探讨，就构建“基本解决执行难”新体系、激发法治服务新活力，加大惩戒失信力度、营造社会诚信氛围，加强执行规范化建设、有效发挥职能作用提出工作思路和举措。二是围绕争创新时代最优法治营商环境、开展法律助企活动、维护企业合法权益进行探讨。举办“培育企业家精神与创建良好法治环境”法学沙龙活动，组织20余名知名法学、法律专家和企业家代表围绕培育企业家精神、创建良好法治环境的路径进行理论研讨。代中共西安市委政法委员会起草《关于努力争创新时代西安最优法治营商环境的意见》，并专题召开起草工作座谈会。围绕西安市打造“丝路文化高地”行动计划，会同西北政法大学，拟共同举办第二届西安“一带一路”法治论坛。论坛提供“中华法系对‘一带一路’沿线国家法律制度的影响”“宋代《吕氏乡约》与社会治理”等16项参考选题，共征集论文61篇。同时汇聚法学、法律界人士，深度挖掘西安中华法治文明优势资源，向中共西安市委、西安市人民政府报送《关于建议把中华法治文明遗址地的开发利用纳入西安公共文化服务体系建设的情况报告》。组织西北政法大学土地研究方面的专家、教授，在高陵区开展农村土地制度改革3项试点工作调研，从法理学角度提出科学性的意见建议。与中共西安市委政法委员会共同召开“土地法工作实践及修改建议座谈会”，起草形成《高陵区农村宅基地制度改革实践与法理研究》《高陵区农村土地制度改革实践考察报告》《乡村规划的编制与实施在助力“农村土地制度改革三项试点”中的经验与启示》3份调研报告，为《中华人民共和国土地法》的修订提供理论指导和实践依据。

◆**法学交流**　2018年，西安市法学会围绕西安市加快建设“一带一路”亚欧合作交流的国际化大都市的新形势，积极开展国际法学法律交流工作。主动配合中央、陕西省有关涉外部门，组织举办“中国西安2018年‘一带一路’国际法律交流与合作活动周”活动，接待来自“一带一路”沿线17个国家的40名法律和经贸官员来西安交流访问，并组织西安市中青年法官、检察官代表就“中外审判制度”与参访来宾进行探讨，使其了解中国的立法司法制度、法学教育和法律服务的有关情况。举办“‘一带一路’沿线国经贸法律官员与西安工商法律界代表座谈会”，邀请全市30多位企业家代表参加，就实现“一带一路”沿线国法律政策对接、保护投资者合法权益、促进投资贸易便利化和开展长期合作等方面进行交流，为帮助西安本土企业“走出去”提供政策、法律支持。围绕繁荣法学研究目标，广泛开展法学理论交流，组织参加在全国有重大影响的法治论坛。全年组织会员参加第四届“中国法学优秀成果奖”、第六届“董必武成果奖”、第十三届中国青年法学论坛、第十三届中国法学家论坛、第十三届西部法治论坛、第三十届全国副省级城市法治论坛、第六届关天法治论坛及首届法治陕西论坛，征集论文353篇，其中69篇论文分获一、二、三等奖，10人次被推荐做论坛交流发言。

◆**法治宣传**　2018年，西安市法学会加强区（县）法学会基础建设，以“法治课堂”向基层纵深推进为契机，要求各区（县）法学会围绕西安市“营商环境”提升年、建设“法治西安”和更高水平“平安西安”、加强青少年法治教育等重点任务，进一步推动走进社区、乡村、企业和校园，开展法治宣传活动。碑林、雁塔、灞桥、新城、未央、莲湖、鄠邑、阎良等区（县）法学会以“依法处理信访活动中违法犯罪行为”“建设平安校园”“《中华人民共和国宪法修正案》解读”“识别、防范非法集资”“反邪教”“婚姻家庭与财产继承”等社会治理领域中的新情况、新问题开展法治宣讲和法律服务活动60余场，参与群众3000余人次。利用主办的西安法学网、《学会动态》、西安法学微信公众号、奔跑吧西安法学微信群等媒体平台，及时宣传、推广优秀的法学研究成果。全年在陕西省内外各类报刊、网站和电台发表稿件110余篇，刊发活动专版5期。

◆**法学会组织体系建设**　2018年，西安市法学会加强会员队伍建设和专业研究会建设，会员数量和研究会活跃度有新的提升。落实《中国法学会会员管理办法》和《陕西省法学会实施<中国法学会会员管理办法>细则》的要求，做好会员发展和登记工作，会员数量由上年的4500人增加到4750人。在全市13个区（县）法学会建立会员联络专员，指定区（县）法学会1名干部专门负责会员联络工作。各专业研究会结合各自专长在其研究领域积极开展研究活动。西安市法学会行政法学研究会与西北政法大学行政法学院共同组织举办“大数据与法治政府建设”高峰论坛和中国行政法学研究会2018年会。西安市法学会知识产权法学研究会举办“区块链应用及法律研究高峰论坛”，与西安交通大学知识产权研究中心共同承办2018知识产权·丝路论坛“‘一带一路’高新技术知识产权与文化多样性法律问题国际研讨会”暨中国科学技术法学会第二届“创新与法治”论坛。西安市法学会证据法学研究会举办“全国电子数据理论与实践问题研讨会”。（龚　辉）

西安市法学会

会　　长　丁　健
专职副会长　黄必方
副 会 长　赵　夏　张乾民　陈瑞龙　陈辛一　郝福京　杜豫苏　王利民　马中林　宦　洁　郭　捷　单文华　刘丹冰
秘 书 长　程晓平

法治

责任编辑
冯冠杰

社会治安综合治理

◆**维护社会稳定** 2018年，西安市各级维稳部门按照源头化解为先、预警防范为主、依法稳妥处置思路，坚持“预警、防范、处置、善后”四位一体工作机制。中共西安市委常委会、专题会18次研究维稳工作，中共西安市委维护稳定工作领导小组46次召开专题会，加压推进、齐抓共管，有效防控各类风险。设立情报信息专班，提前获取情报线索1万余条，下发《重大问题预警单》144份，编发《西安维稳信息》390期，其中7篇被中共陕西省委维护稳定工作领导小组办公室转发。开展重大社会稳定风险防范化解专项行动，化解稳控率100%。深入推动稳评工作落实，100%完成全年稳评考核指标任务，4个稳评项目被评为“全省社会稳定风险评估优秀案例”，2个稳评项目做法在《陕西维稳要情》刊发。制定各类预（方）案33份，开展应急演练49场次，《西安市群体性事件应急处置推演专题片》作为经验材料上报中央政法委员会。全年启动三级以上应急响应83次115天，进京非访、到省集访分别下降41%、27%。开展依法处理信访活动中的违法犯罪行为，刑事处理35案69人，全市封门堵路事件比上年下降62%。圆满完成重大敏感节点维稳安保任务，全国“两会”期间首次取得进京“零非访、零登记、零违纪”成绩，中央第五督导组给予充分肯定。成立由西安市委政法委书记任组长的秦岭北麓违建专项整治维稳安保领导小组，组建维稳保障专班，法院、检察、公安、司法行政系统全程参与线索摸排核查、舆论环境整治、网络环境净化、矛盾纠纷排查、打击违法犯罪等工作。成立3个督察组，开展2轮次的专项督导，发现整改问题30余个，办理刑事案件71起。

◆**“平安西安”建设** 2018年，中共西安市委政法委员会以“建设更高水平平安西安，打造全国最具安全感城市”为目标，以开展争创“平安鼎”活动为载体，不断创新工作机制，深化社会治安综合治理，平安西安建设实现新突破、取得新进步。成立以中共西安市委书记为组长，西安市人民政府市长和中共西安市委副书记任副组长，相关中共西安市委常委和分管安全生产、食药安全、环境保护、社会治安的副市长为成员的平安建设领导小组。7月23日，在陕西宾馆大会堂召开全市“建设平安西安、开展争创‘平安鼎’活动”动员部署大会。中共西安市委、市政府主要领导与各区（县）、开发区党政主要负责人签订目标责任书。印发《关于建设更高水平平安西安的决定》为统领的11个配套文件，对111项重点指标进行量化考核，每季度对各区（县）、开发区平安建设工作通报点评。7名市级领导带队对各区县争创“平安鼎”活动进行专项督导检查。开展“党委书记谈平安”“百名干部讲平安”等10项平安建设主题活动，平安校园、平安医院等新时代平安建设深入推进，莲湖区“萤火虫”平安志愿者巡防工作经验被中央、陕西省委政法委员会总结宣传。全市平安创建知晓率88.86%，全市公众安全感比上年提升0.19%，达到93.65%的历史新高。

◆**扫黑除恶专项斗争** 2018年，中共西安市委常委会将扫黑除恶专项斗争纳入市委常委会29项重点任务，成立领导小组及办公室。中共西安市委书记2次主持召开市委常委会听取专题汇报，2次赴中国共产党西安市纪律检查委员会听取重点案件汇报，28次对扫黑除恶专项斗争做出批示。12月4日，在曲江宾馆召开全市扫黑除恶专项斗争推进会议，安排部署全市扫黑除恶专项斗争工作。下发《涉黑恶案件线索管理处置工作办法》等规范性文件31个。在居民小区、建筑工地、城中村、城乡接合部等重点区域，张贴《扫黑除恶通告》36万张，悬挂宣传标语2.3万幅，发放宣传资料397万份，推送宣传短信437万条，在全社会营造浓厚的舆论环境。合力组织推进，落实扫黑专干411人、兼职干部1091人，专项经费3749.64万元。增强打击效能，全市收到举报线索6054条，办理涉嫌黑社会性质组织案16起，侦办恶势力集团案26起，打掉涉恶团伙102个，打击涉黑涉恶类案件1770起，刑拘2317人。扣押冻结查封涉案资产2164.37万元，查获涉案仿制枪支4把。全市纪检监察机关共收到涉黑涉恶腐败问题线索390件，立案查处126件，党纪政务处分253人，组织处理74人，打掉“村霸”17个116人。

◆**社会治安综合治理** 2018年，中共西安市委政法委员会开展平安地图建设，实现网下、网上信息“一图揽局”“一键便民”和实战应用的良好效果。开展“提人考情，提情考人”大比武活动，促使一线干部做到“底子明、一口清”。开展平安地图助力追赶超越大比武活动415场，1.9万名基层干部参与其中，《小地图构筑大平安》经验文章被《长安》杂志登载。推进“雪亮工程”，印发《西安市公共安全视频监控建设联网应用工作问责办法（试行）》等规范性文件10余份，在中央支持2800万元的基础上，全市再投入8亿元。开展“破小案”攻坚战和矛盾纠纷排查化解工作，共排查矛盾纠纷24871起，化解24327起，化解率97.8%。落实特殊人群服务管理措施，组建易肇事、肇祸严重精神障碍患者“五人管控小组”1423个，管控率86%，病情稳定率99%，西安市特殊人群收治收戒模式，先后被《新华社内参》《法制日报内参》报道，被中共陕西省委政法委员会推荐为全国社会治理创新十大典型案例，并通过国家验收。推进综治视联网建设，建成166个，建成率达92%。全年社会治安满意度指标再次位列全市七项民生指标中的第一位次。

◆**司法体制改革和“法治西安”建设** 2018年，西安市政法机关加强执法规范化建设，按照严格执法、公正司法的基本要求，稳步推进司法体制改革。制定《2018年司法体制改革专项小组改革任务分工及实施方案》，15项任务分解为可操作、可考量的具体指标。截至年底，除4项等待中央、省委顶层设计外，其余11项改革任务已经完成。法官检察官员额制、绩效评定、职务序列等改革落地见效。法院聘任制书记员管理改革完成考试招录、重新聘用和等级确定工作，公安辅警改革工作全面铺开（6728名辅警人员完成过渡考试），公职律师试点工作正式启动（30名公职律师已上岗履职）。总结出碑林“一站快审”、莲湖“3+2+3”等试点工作经验，创新实行轻微刑事案件认罪认罚快速办理试点，全市适用认罪认罚从宽制度办理案件8811件9832人，适用率58.24%。深化户籍制度改革，截至12月12日，全市引入“新西安人”75万人，2017年3月新政实施以来落户人数突破100万人。集中开展执法司法规范化大检查，对全市213个政法单位和3个报警电话开展大检查，发现问题6大类56个，并通报督促整改；对照中共陕西省委政法委员会明确的15项重点问题督导检查，查出问题4类31个，针对存在问题，制定6大类26项规章，有效提升规范执法水平。加强案件督办协调力度，全年督办复杂疑难案件87件，其中市委主要领导批示11件。督办协调重大敏感案件，组织执法监督员和专家咨询员参与重大敏感案件研判分析，聘请10余名执法监督员为西安市扫黑除恶专项斗争督查专员，加大执法监督力度。

◆**政法系统服务经济社会发展** 2018年，西安市政法系统围绕服务经济社会发展，以优化营商环境、提升法治保障为重点，深入开展“行政效能革命”。优化营商环境，出台《西安市政法机关服务保障营商环境25条措施》，领导带头包抓企业，在“西安政法网”开设举报专栏，接受企业投诉。开展“亲商助企”，“进企业、解难题”等活动，走访企业2225家，摸排问题490件，帮助企业解决问题458件，梳理涉企涉商积案329件，清理189件。助力脱贫攻坚，成立以政法委书记为组长的全市政法综治工作助力脱贫攻坚领导小组，深挖政法综治法治服务保障潜力，加强涉贫领域社会治安综合治理，开展法律扶贫。累计举办法律咨询活动600余场次，破获涉农、涉贫领域案件9460起，调解矛盾纠纷9388起，办理法律援助案件8259起，减免诉讼费用122万元。推进消防、交警、出入境等便民服务事项“一网办”，简化办事流程。全市检察机关推出“最多跑一次”等司法便民措施217条，西安市公安局出台148项“最多跑一次”清单，开展“车让人”和“争做五星级服务员”活动，推出13项出入境便民、利民措施。全市法院狠抓案件“执行难”问题，全年共受理群众、企业等申请执行案件121000余起，执结9万余件，执结金额346亿余元。

◆政法队伍建设 2018年，西安市政法系统按照正规化、专业化、职业化要求，不断提高政法队伍政治素质和履职能力。采取中心组学习、专题报告等形式，结合“两学一做”学习教育常态化制度化要求，深入学习《习近平谈治国理政》第二卷等，组织党员干部赴梁家河开展主题党日和机关“政法讲堂”活动。开展“肃清魏民洲等流毒”“冯新柱案‘以案促改’”专题教育活动，确保政法干警牢固树立“四个意识”，坚决做到“两个维护”。制定出台《政法机关党组织向党委、党委政法委请示报告重大事项制度》，强化各级政法机关组织意识、程序观念。认真贯彻落实陕西省委“三项机制”，1名同志记个人三等功一次。开展政法队伍“三个绝对”(绝对忠诚、绝对纯洁、绝对可靠)、全市公安系统警力下沉、政法系统青年干部队伍等专题调研活动，不断转变工作作风，改善队伍结构，提升队伍战斗力。开展专题警示教育和正风肃纪活动，集中通报3期政法干警违法违纪典型案例，涉及31案35人。

◆政法宣传 2018年，西安市政法系统聚焦“大平安”建设，加大平安宣传力度，呈现出“主题宣传声势大、先进典型影响广、阵地建设平台强、舆论生态更良好”的宣传氛围。着力推动全媒体报道，《小地图构筑大平安》《“认罪认罚”实现“快审速裁”》等报道，先后在《长安》《陕西日报》《西安日报》等中央、省、市报刊刊发。在《西安日报》开设《党委书记谈平安》专栏，《大案小案“零容忍”，夯实社会“平安鼎”》一文在《高管信息》刊发。在全市开展“百名平安好卫士”“‘十个没有’好案例”等十项主题宣传活动，积极参与改革开放40周年平安陕西法治陕西成就展。全市政法系统350余个新媒体平台持续发声，全年累计刊发宣传报道15000余篇（条），其中“西安政法”“平安西安”微信公众号推送600余篇，“西安政法”头条号荣获全国政务头条号特别贡献奖。建立政法系统舆情工作群，及时上报《舆情专报》13期，下发舆情提示50余次。组织开展舆论环境整治案件查办工作，查办案件63件，打击处理94人。加强典型培树，继汪勇、郝世玲等重大先进典型之后，又树立见义勇为的优秀检察官李瑞霖、因公殉职的基层派出所所长王辉、西安铁军队伍的典范叶飞等一批典型人物，形成典型频出、群星闪耀的良好局面，塑造全市政法铁军良好形象。

（陈　昭）

人大立法

◆概况 2018年，西安市人民代表大会及其常务委员会坚持党对立法工作的领导，不断提高立法质量，充分发挥立法的规范、引领和保障作用。制定《西安市文明行为促进条例》等3部法规，修订《西安市旅游条例》等3部法规，修改《西安市城市饮用水源污染防治管理条例》等5部地方性法规。

◆地方立法 2018年，西安市人民代表大会及其常务委员会贯彻习近平生态文明思想，促进社会文明进步，贯彻中共中央关于推进社会主义核心价值观融入法治建设的指导意见，制定《西安市文明行为促进条例》，倡导激励、严格规范文明行为，为提升西安社会文明水平提供法制保障。推进旅游产业发展，修订《西安市旅游条例》，明确规划引领，突出旅游资源挖掘，构建现代旅游服务体系，促进旅游产业做大、做优、做强。关注市民出行，制定《西安市公共汽车客运条例》，修订《西安市城市轨道交通条例》，明确相关责任，突出规划建设与管理，促进公共交通优先发展。关注急救保障，修订《西安市急救医疗管理条例》，规范急救医疗体系建设，明确主体责任，提升急救医疗服务能力。关注特种设备安全，制定《西安市特种设备安全条例》，强化特种设备安全责任，规范全程监管，保障公民人身财产安全。

◆地方法制改革 2018年，西安市人民代表大会常务委员会提前参与法规的立项、调研、起草工作，相关委员会分别提出制定《西安市文明行为促进条例》和打包修改5部法规的议案。坚持民主立法，充分发挥人大代表、立法专家库、基层立法联系点作用，扩大公民有序参与立法，广泛征集意见建议。如在制定《西安市特种设备安全条例》时，征集到意见561条，采纳286条。坚持科学立法，开展立法论证，落实法规二审制，严把立法质量，与西安交通大学和西北政法大学建立立法协作机制，加强立法研究，进一步增强立法的针对性、实效性。

（赵　航）

公　安

◆概况 2018年，西安市各级公安机关大力推进改革强警和大数据战略，全面提升维护国家安全和社会稳定的能力水平，推动实现社会治安最佳、工作作风最实、服务效能最优、公安铁军最硬，为西安国家中心城市建设创造了良好的社会环境。全市未发生有重大政治影响的敏感案事件，未发生暴力恐怖袭击案事件，未发生影响社会大局稳定的重大群体性事件，未发生规模性到省、进京集访，未发生群死、群伤的重大公共安全事故。“110”共接刑事报警52741起、治安报警246689起，比上年分别下降14.2%和6.83%。共立刑事案件72000起，比上年下降11.3%。共立杀人案40起、伤害案844起、绑架案22起、抢劫案514起、盗窃案50772起、抢夺案264起、电信诈骗案5332起、毒品案729起、经济案843起，比上年分别下降20%、10.2%、47.6%、19.3%、14.4%、57.1%、23.1%、40%、42.3%。交通事故死亡人数比上年下降6.24%。破获刑事案件34132起，破案率比上年上升0.88%。放火案、强奸案、抢劫案破案数比上年分别上升50%、32.5%和1.32%，放火、杀人、强奸、绑架、抢劫、盗窃、抢夺、经济案件破案率比上年分别上升1.22%、2.92%、4.46%、2.81%、12.2%、4.47%、7.95%、3.22%。刑事拘留14079人，比上年上升0.33%。圆满完成“西安年·最中国”主题系列活动、中国共产党第十九届三中全会、全国省市“两会”、“春满中国·醉长安”、清明、五一、“首届农民节”、第三届丝绸之路国际博览会暨中国东西部合作与投资贸易洽谈会、“2018西安国际马拉松赛”等大型节会安保和法国总统马克龙等领导人重要安保警卫任务。

◆公安维护社会治安稳定 2018年，西安市各级公安部门围绕“打造全国最具安全感城市”目标，以全市“平安鼎”创建活动为统领，强化严打整治力度，严密重点防范管控，有效维护城市安全，不断增强人民群众的安全感。

治安防控　按照公安部、陕西省公安厅“三打击一整治”和“雷霆1号”等专项行动要求，开展“破小案”攻坚战，实行每日视频调度。全市共立入室盗窃案8014起，破案2413起，比上年上升13%，破案率30.1%；盗窃车财共立案4075起，破案1547起，破案率37.96%，盗窃电动车立案9147起，破案3674起，比上年上升28.4%，破案率40.2%；“两抢”接报警379起，比上年下降55%，深挖破案397起，150天实现“零发案”。严打重大恶性犯罪，加大人像比对、大数据分析、DNA等科技手段运用，共立破命案82起，立案数比上年下降28.7%。破获历时近8年的“2011·2·28”持枪抢劫案。严打涉毒犯罪，深化“双清”行动（本地清缴、原籍清巢），加大收治、收戒力度，共破案689起，其中千克级毒品案件22起，缴获毒品103.13千克，抓获6230人、强戒5052人、收治1560人。成功侦破部督2017-8号案件，破案240起，抓获40人，受到陕西省公安厅通令嘉奖。严打涉“黄、赌”犯罪，破案2308起，抓获3284人、刑拘440人，依法取缔“黄、赌”场所338家。严打电信网络诈骗犯罪，建立接警止付、涉案资金快查快冻、赃款返还、可疑账户动态监控等工作机制，全面提升打击效能。破案2023起、刑事拘留1048名，止付、冻结、挽损涉案资金1.6亿元，比上年分别上升8.5%、18.7%和81.3%。1月，赴老挝捣毁电信诈骗窝点2个，抓获63人，破案100余起，受到公安部、陕西省公安厅充分肯定。严密巡逻防控，制订《预防“两抢”案件工作实施方案》，创建信息导巡、现案堵截等10项机制，加大火车站、北客站等重点、要害部位和广场、商场等人员密集场所的巡防力度，全力降控发案。启动一级紧急型巡逻防控等级和二级加强型巡逻防控等级勤务76天，盘查人员407.3万人次、车辆300.9万辆次、可疑物品76.2万件，抓获逃犯1654人。强化重点查控，在环西安省道及高速公路口设立37个公安检查站，严防危险人员、车辆、物品跨区域流动；全面加强719个治安卡口盘查检查力度，全面提升预警效能；采取交、巡、特警联勤联动方式，在全市重点区域设立163个治安盘查点，加强对可疑人员、车辆盘查检查，切实消除各类安全隐患。共检查车辆45.1万辆次、人员62.9万人次，查破案件627起，抓获逃犯132人、吸毒人员304人，收缴违禁物品1.1万余件。加大公交地铁监管，加强公交、地铁驾驶员、安全员等从业人员培训，全年共组织培训200余场次、参训3.2万余人，开展安全检查2132次，发现整改问题1156处，在全市140个重要公交站点安装摄像头650个，全面加强各大地铁站点人脸识别、人证合一和电子围栏等技防手段建设，督导企业单位加大安检力度，共安检物品3.4亿件次，查扣违禁品6.8万件，有效确保全市群众每日620余万人次出行安全。

扫黑除恶　西安市公安局成立由局长任组长，市局23个部门和22个分县局为成员的领导小组，制定线索摸排、一案双查、应急处置、挂牌督办等工作机制和《线索核查工作规范和流程》等10余份规范性文件，确保各项工作有序开展。共摸排核查涉黑恶线索735条，破案852起，侦办恶势力犯罪集团案件15起，打掉团伙73个，刑事拘留1652人。其中，打掉“村霸”16个；地下出警队12个。开展扫黑除恶专项督导30余次，发现整改问题50余个。

秦岭违建专项整治　出动警力9.3万人次，全力开展调查清查、案件办理、资金追缴等工作。围绕拆除安保工作出动警力1.32万人次，化解现场纠纷63起，妥善处置突发事件7起。清查发现违建别墅75宗462栋614套，农家乐等违建点位3056处；核查业主信息3.4万条；查清涉及公职人员违建问题756人796套，摸排问题线索112件，存在扩建、违建宗教场所26处。配合中央工作组和中共陕西省纪律检查委员会查案，共抓捕59人，查找、谈话2329人；办理涉秦岭北麓案件9类29起，涉案人员37名。积极追缴，累计冻结银行账户2391个、资金11.54亿元，追缴资金8.609亿元。自查处科级以上领导干部2657人，其中1人有违建情况，已拆除。

优化营商环境　制定《打击破坏营商环境违法犯罪行动实施方案》和相关规范执法、督导问责办法，对全市在建重点项目逐一明确包抓责任。协助企业单位解决问题19项。严打强迫交易、寻衅滋事等各类破坏投资环境违法犯罪活动，共破案24起，刑事拘留65人。严打传销等违法犯罪，共立破案38起，捣毁窝点554个、抓获2203人、刑事拘留276人、追赃1520万元。成功侦破采用“区块链”技术进行网络传销的“4·5”专案和部督“8·29”“云联惠”特大组织领导传销案，受到公安部、陕西省公安厅通报表扬和中央、省、市媒体宣传报道。全市共破经济类案件733起，抓获827人、刑事拘留706人、逮捕516人、追逃121人、追赃2.49亿元，先后4次受到部省嘉奖。

安全保卫　圆满完成“西安年·最中国”主题系列活动等406项1317场次大型活动安保任务，确保法国、中非等国家领导人访问西安等175批409场次重大警卫任务万无一失。

◆公安改革　2018年，西安市各级公安机关立足全国公安改革综合实验试点城市职责任务，抓住西安“智慧城市”建设的契机，以公安改革和“大数据”建设有效途径，坚持问题导向、实战导向、法治导向，注重科技引领，强化顶层设计，着力补齐短板，全面提升公安机关核心战斗力。

建立长效机制　制定《2018年重点改革任务及分工方案》，明确6个方面29项年度重点改革任务和牵头、配合单位，出台《推进落实重点改革任务责任追究办法（试行）》，明确必须问责的7类情形、5种追责方式，制作公安改革重点任务交办、提醒、督办、约谈等5类制式文书，倒逼各项改革任务落地见效。

推进政策落地　制定《人民警察值勤岗位津贴发放工作实施办法》和《人民警察法定工作日之外加班补贴实施办法》，对2项津补贴发放工作进行督导检查，确保全部发放到位。制定《执法勤务和警务技术职务改革工作实施方案》，推进“两个职务序列”（执法勤务警员、警务技术）套改等改革政策落地。

辅警管理创新　细化出台警务辅助人员招聘、培训、考核、奖励、惩处等5个暂行规定，根据“总量控制、倾斜基层、科学设岗、用精用强”的原则，对现有辅警队伍进行清理整顿，组织全局11600余名辅警完成过渡考试，7000名辅警完成层级套改工作，辅警队伍正规化管理水平进一步提升。

行政效能改革　按照中央“放管服”精神，狠抓办事流程和资料精简，落户证明资料从46项减少至14项，21类出入境和交管业务实现“一证通办”，取消3类消防行政审批及前置条件，简化7类证明材料，出台《西安市公安局关于办理无犯罪记录证明的工作规范》，全面推广“容缺受理”，梳理确定20项“容缺受理”事项清单，有效压缩企业开办时间、提升群众办事效率。加强“智慧服务窗口”建设，配发自助办证设备228台，建成17个区（县）出入境自助服务大厅、6个车驾管自助服务区，累计办理业务16.2万笔；利用自动读取、高清扫描、在线申请、联网核查等科技手段，在车驾管和出入境服务网点全面推行免费照相、免费邮寄和“免复印”“免填表”等便民惠民措施，累计服务群众320余万人次，减免相关费用2300余万元；试点建设“五星级政务服务大厅”，实现户籍、出入境、治安等业务“一窗通办”。搭建“互联网+公安政务服务”平台，成立工作专班，先后8次召开会议，加大研发力度，共整合出入境、交通、治安、户籍、经保、网安、禁毒、消防、监管、法制、刑侦等公安行政审批及服务事项229项，6月底正式上线，服务事项上线率达97%。“最多跑一次”事项88项，占总服务事项的38.8%，累计受理业务1235万笔。受理各类出国（境）申请133.77万证次，比上年增长24.5%。推出西安交警微信服务号和App，提供3类64项线上服务，在线处理交通事故8万余起，占全市快处、快赔事故量的65%，累计服务群众2300万人次，相当于新增50个警务窗口，用户总数全国第三，活跃度和应用普及度全国第一，被列为腾讯警务微信十大经典案例。

◆治安管理 2018年，西安市公安局治安管理系统强力推进社会治安防控体系建设，深入开展打击“黄赌”、涉农违法犯罪等系列专项整治行动，提升服务大西安经济社会发展、驾驭动态社会治安、保障民生、反恐维稳和从严治警的能力，维护全市治安安定。

治安管控 创新完善立体化社会治安防控体系建设。开展“平安地图”建设和“一标四实”（一标：标准地址；四实：实有人口、实有房屋、实有单位、实有信息）基础信息采集工作。联合综治部门制定下发“一标四实”“平安地图”工作方案、实施细则和考核细则。全局民警共走访群众300万余户，录入“一标四实”信息70285万条，采集综治类信息15000余条，清理可疑数据300余万条，为群众提供帮助595人次，解决无户人员39人，抓获逃犯307人。加强公安检查站查控工作。落实《全市公安检查站建设、管理及查控工作实施方案》各项要求，在重要活动及重大敏感节点提升检查站查控等级，确保全市治安稳定。全年核录车辆、人员信息1080132条，抓获各类网上逃犯132人、吸毒人员304人，收缴各类管制刀具2000余件、烟花爆竹8500余件、枪支4把；查获各类危化物品运输案件214起，移交食品药品案件324起，非法运输烟草案件89起。积极预防和处置群体性事件。成功处置“涉军群体”“民办教师”“联合学院”等群体性治安事件153起，制定各类维稳处突预（方）案35份，下发各类紧急通知21份，确保全市大局稳定。

社区治安防范 全力推进城乡社区警务建设。全市共建设社区警务室532个，专职社区民警724人，专职社区辅警780人。建设农村中心警务室289个，农村普通警务室2188个，共有驻村民警446人，农村警务室辅警1423人。全市共建立专职巡逻队697个，总人数8683人；义务巡逻队1967支，总人数10834人。

校园周边环境整治 出动警力24690人次，群防群治力量18600人次，检查中小学、幼儿园13840所次，排查整改安全隐患3080处，整改校园周边治安乱点630处，收缴校园违禁物品937件，稳控涉校重点人员1610人次，排查调处涉校、涉生矛盾纠纷2470起，查处涉校、涉生案件47起。其中，刑事案件6起，刑事拘留13人；行政案件41起，行政拘留49人。协助收治19名危害学生安全的精神病患者，取得了良好的社会效果。

预防未成年人犯罪 以积极预防为手段，强化预防未成年人犯罪工作。贯彻落实《西安市公安局关于对有严重不良行为未成年人保护救助办法》，严格落实保护救助工作要求，加强未成年人保护救助工作。全年保护救助有各类违法行为的未成年人26人，其中少数民族3人。

特种行业管理 全力做好特种行业信息化建设工作。典当业上传物品信息18278条，公章业上传信息407761条。全市279家足浴场所、580家机动车修理业安装治安管理信息系统，安装率达到了90%，上传从业人员信息620条，上传机动车维修信息6503条。狠抓旅馆业信息系统的覆盖率和应用上传工作。2034家旅馆业上传住宿信息1576万余条；利用旅馆业治安管理信息系统抓获在逃人员82人。

扫黄打非、禁赌工作 开展打击“黄赌”专项整治行动，全年检查各类娱乐场所114899家。其中，歌舞娱乐场所8395家次，电子游戏游艺场所1470家次，棋牌茶秀3089家次，洗（足）浴2074家次。查出问题场所357家，依法取缔涉黄场所32家，责令停业整顿295家，限期整改159家。查处涉黄、涉赌刑事案件2308起。其中，刑事案件169起，行政案件2139起。抓获各类违法犯罪嫌疑人3284人。其中，刑事拘留440人，行政拘留2844人，罚款2317人，收缴赌资319万余元，收缴赌博机1456台，依法取缔涉赌场所338家。

安全监督管理 积极做好危爆物品管理工作。在全市设立集中宣传点99个，组织宣传190批次，发放宣传资料187230份。查处非法储存、运输、销售、燃放烟花爆竹案件105起，打击处理110人。其中，行政拘留31人、罚款73人、警告6人，收缴各类烟花爆竹3990件。开展缉枪治爆等专项行动。清查收缴各类枪支151支、子弹10848发、仿真枪83支、管制刀具5268把、雷管211枚、黑火药1千克、战争遗留物14枚、弩7把、易制爆化学品800千克。发现安全隐患20起，整改安全隐患20起。立案查处涉枪涉爆违法案件160起，抓获违法犯罪人员153人。查处非法买卖燃油及剧毒化学品案件3起。开展集中销毁枪爆危险物品，销毁民用枪支1037支，管制器具6523把，各类子弹236996发；出警20余起，现场处置废旧炮弹30余枚。组织人员参加“2018年安全生产宣传活动”，并在《西安晚报》刊登安全生产宣传文章，宣传“烟花爆竹管理”“缉枪治爆”“危爆监管”等安全常识，发放宣传资料1万余份，宣传物品6000多个，解答市民疑问123人次。

实有人口管控 深入开展矛盾纠纷排查化解，有效防范涉稳风险。对全市10972名重点人口逐一核实，对其中刑释解教不满5年的6333人和吸毒3035人给予重点关注和管控，建立帮教对象7125名，帮教小组6374个，帮教力量20919人。对661名重性精神病人，成立由监护人、社区（村）干部、街道干部、社区（驻村）民警、街道卫生专干组成的“五人管控小组”，加强日常管控，防止发生重大危害。

保安监管 强化保安市场监管。对5038名保安员进行培训，发放保安员证4000个；对300余家保安从业单位进行检查，下发整改通知书80份，纠正不规范着装的保安员4536人；办理行政案件19起，行政处理29人，行政处罚23万元，对910家保安公司规范保安勤务，促进保安服务市场的健康有序发展。

犬类管理 组织设立限制养犬宣传点200余处，编印《限制养犬管理工作70问》，散发宣传单5万余张，新办理“养犬登记证”9200余张，年审“养犬登记证”1.2万张，收容犬只10100只。

专项活动 开展打击涉医违法犯罪、假冒伪劣商品违法犯罪、两路两侧“三化”问题整治等7大类22个专项行动。共破获非法行医刑事案件30起，刑事拘留17人，治安案件3起，行政拘留1人，治安处罚1人。查处假冒伪劣商品案件79起，刑事拘留87人，行政拘留17人，治安处罚3人。查处拖欠农民工工资案件30起，刑事拘留17人，移送起诉4起。协调相关分局处置自杀轻生类群众报警案件276起。查办扫黄打非案件共29起，刑事拘留22人，行政案件20起，收缴各类非法出版物、宣传品18667册。开展打击涉农违法犯罪，助力脱贫攻坚专项行动。制定下发关于打击涉农违法犯罪助力脱贫攻坚工作方案和五大系列专项行动，全面排查整治涉农违法犯罪活动情况。全年共破获各类涉农违法犯罪案件2183起。调解矛盾纠纷2640起。其中，调处干群关系纠纷325起，征地拆迁纠纷975起，宅基地纠纷475起，婚姻恋爱纠纷582起，赡养老

人纠纷283起。开展秦岭北麓西安境内社会治安专项整治行动。出动警力1500余人次，走访群众4000余人，现场化解矛盾纠纷63起。摸排秦岭北麓区域内流动人口1697人。其中，宗教人士150人，流动信教人员140人。登记备案的宗教场所185处。其中，佛教105处、道教38处、基督教5处、天主教5处，村民自建祠堂32处。摸排未登记备案的宗教场所36处。其中，佛教3处、道教2处、基督教3处、天主教1处，村民自建祠堂27处。

◆刑侦工作 2018年，西安市公安局刑侦部门共立破获刑事案件33616起，移送起诉10834人，破案打击效能显著提升。自4月开始组织开展破小案攻坚战。全市共立“七类小案”34552起，比上年下降16.4%，破案20124起，比上年上升32%，破案率58%，比上年上升21%。全年共立命案82起，破案82起，破案率100%，圆满实现全市命案“双百”目标。充分发挥刑事技术支撑作用，运用刑事技术手段，破获命案积案16起。开展拐卖案件侦破工作，全年共侦破积案15起，解救儿童81名，找回失踪、被拐多年的儿童15名。破电信网络诈骗案件2023起，比上年上升8.5%；抓获违法犯罪人员1048名，比上年上升18.7%；止付、冻结、挽损涉案资金共计1.6亿元，比上年上升81.3%。成功破获“3·30”特大盗窃虚拟货币案，抓获3名顶级“黑客”，此案虚拟数字货币市值高达6亿元，为全国之最。严厉打击灰色产业链，共打掉黑广播45个，查获伪基站12起，全市短信诈骗发案量大幅下降。反诈骗中心共预警劝阻群众47676人次，避免群众遭受损失3480余万元。组织开展代号“鹞鹰”的专项行动，共立各类文物案件15起，破案12起，打击处理45人，为国家挽回568件珍稀、珍贵文物。其中，二级文物2件、三级文物15件。发布各类研判报告512篇，审核发布流转各类警情信息3万余条，协助查询各类情报信息4万余条，下发类案研判指令315条，根据研判指令共破获案件1835起，打掉犯罪系列团伙107个，抓获逃犯219名。下发重点关注人员研判指令231条，列控刑嫌、涉恐、涉毒重点人员2433人，打击处理重点关注人员238人。建立完善“刑事技术破案中心”，依托“现勘、指纹、DNA”数据库，实施“24小时反馈机制”，坚持既勘查现场、检验分析、研判串并，又抓技术破案工作的做法，利用DNA、指纹技术直破案件4470起，比上年增长50%。运用DNA“Y系”技术，经过两个多月排查，成功破获 “2011·2·28”持枪抢劫案。研发手机App“机不可失”，收到违法犯罪线索举报755次，查获返还手机2800余部。

◆户政管理 2018年，西安市公安局户籍管理部门在转变作风、便民利民的基础上，进一步贯彻落实户籍新政，优化服务，使便民利民工作举措落到实处、取得实效。

基层基础建设 以派出所规范化建设和等级评定为载体，深入推进派出所警务机制改革。全市建成责任区刑警队87个。其中，一级3个、二级62个、三级22个。建成“一室一站三队”（派出所研判室；警务站；责任区刑警队、巡逻队、治安队）运行模式派出所71个、“一室四队”12个、“一室三队”48个、“一室二队”29个，“一警多能综合警务区”模式30个。150个派出所完成信息研判室建设。建设完成社区警务室532个，专职社区民警724人，专职社区辅警780人。建设农村中心警务室289个，农村普通警务室2188个，共有驻村民警446人，农村警务室辅警1423人。全市建立专职巡逻队697个，总人数8683人；义务巡逻队1967个，总人数10834人。抓好派出所重点人口管控指导工作。组织对全市10972名重点人口逐一核实。指导全局肇事、肇祸精神病人管控工作，排查录入全国重性精神病人信息管理系统数据库共计661人。

户籍管理 进一步落实户籍新政，成立“人才人口”争夺攻坚指挥部，建立“市局、分局、派出所”三级包抓工制。优化政策，按照“最大限度简政放权、最大限度方便群众、最大限度统一规范”原则，5次优化调整户籍政策，及时修订出台“户籍新政2.0”和《2018年户籍业务“一指南两规范”》，推出在校大学生“两证”落户政策。大幅压缩70%证明材料，缩短9类业务办理时间，为在校大学生、家属随迁和青年创业落户等不同群体开辟绿色办事通道，线上办结、零跑腿，开通“掌上户籍室”，整合21类办事功能，实现落户全流程在线办理，网上业务办理占比达到30%，推出上门服务、免费邮寄等一系列措施，方便群众办事。全市迁入落户66万人，是上年的3.1倍，其中学历落户和人才引进占迁入总人数的65.8%。设立107个户籍政策咨询接待室，受理来电咨询9215人次，来人94人次，回复网友留言927条。“12345”市民热线户籍新政专职咨询人员全年累计接听和回访市民户籍咨询电话7344人次。继续开展户口清理整顿、信息核查工作，清理应销未销户口3465个；清理纠正户口登记项目差错8395个。清理核查涉及死亡注销户口后人口信息仍有效的共589人，失踪恢复户口西安市共涉及3266人。简化华侨来西安定居落户的材料及办理流程，印发《华侨来西安定居落户规范》，进一步方便群众办事。

居民身份证办理 受理居民身份证638305张。其中，省内异地证件111537张、跨省异地证件46383张，审核签发10985张，挂失申报146786张，丢失招领192张，发还30张。创新推出居民身份证损坏换领网上办理和临时居民身份证网上办理两项业务；细化居民身份证受理流程和办理指南，对于不能网上受理需下线办理的业务，在网络上予以公示，进行政策咨询。实现群众在派出所申领临时居民身份证“立等可取”的目标，实施临时居民身份证当场受理、当场办结。9月1日，西安市全面开展港澳台居民居住证申领发放工作。受理港澳台居民居住证共计269人。其中，台湾同胞144人、香港同胞109人、澳门同胞16人。

外来流动人口管理 全市开展流动人口、出租房屋清查、核查行动5次，共出动警力13387人，清查火车站、汽车客运站、轨道交通站162处；清查广场、繁华街道、人行天桥、地下通道等417处；清查景点景区、公园游乐场、博物馆、体育场馆、宗教场232处；清查早市夜市、集贸市场、劳务市场、人才市场、临时或周期性集市等525处；清查舞厅、夜总会、咖啡馆、酒吧、茶座、洗浴、足浴2611家；清查宾馆、旅馆、招待所等5586家；清查商场、商店、超市、学校、医院、工地等2291个；清查家属区、小区、村组等4704个；清查核查流动人口73748人，警告、责令限时办理居住登记2194人；清查核查出租房屋9093处，警告、责令出租人限期补办登记手续或签订治安责任保证书569人；清查核查重点关注人员811人。排查安全隐患882处，查处行政案件4起，破获刑事案件3起，行政拘留5人，刑事拘留4人，抓逃1人。开展流动人口、出租房屋常态化清查、核查行动，要求各单位按照“块块清”的原则每周组织清查、核查一次，工作取得显著成效。出动警力49260人次，排查出租房屋78572次、企事业单位4666次、学校院校周边2864次、宾馆美发店网吧等场所45209次、市场工地2907次、公共交通站点336次、小区家属院村组368次、安全隐患53起；查处案件91起，抓获违法犯罪185人。出台《西安市公安局居住证办理规范》，简化居住证办理材料及流程。全年登记流动人口2654051人，制发“居住证”2600242个。实现流动人口出租房屋全业务互联网上线办理。居住登记、出租房屋登记、居住证、居住证地址变更、居住证签注、居住证信息变更、居住证补领、居住证换领等八大项流动人口出租房屋管理业务全部登录互联网，通过邮政速

递、网上支付、网上审批、实现“不见面、不跑腿”全流程办理。积极配合教育部门做好外来务工人员随迁子女高考资格复审工作，共复审外来务工人员随迁子女高考资格1272人。

◆出入境管理　2018年，西安市公安局出入境管理部门共受理出国（境）申请1337700证次（护照396841、港澳通行证及签注778439、赴台通行证及签注162420），比上年增长24.5%；为境外人员办理各类签证、居留许可14531证次，比上年增长21%；登记临住境外人员73.6966万人次，比上年增长6.4%；处置各类案事件691起，比上年上升16%。开通微信、支付宝支付功能，依托网上办事大厅拓展港澳台旅游签注办理、自助申报住宿登记等“零跑腿”事项，创造线上、线下深度融合的服务模式；完成全市17个分、县局“24小时自助服务大厅”建设任务；创新“全程导办”“一证通办”服务模式，推行“周六办公”“容缺受理”服务制度，拓展“只跑一次”的服务领域和范围；全方位落实外籍高层次人才“一对一”服务机制，努力使各项出入境支持政策发挥最大效益。

外国人管理　大力推进境外人员实有人口管理、临住信息社会化采集，推行失控漏管问责倒查制，安装互联网采集系统的单位达到794家，登记率、及时率、准确率达到100%、98%和98%。坚持日常管控和集中整治相结合，深入开展“三非”（非法就业、非法入境和非法居留）外国人清理整治工作。对恶意在华“三非”的外国人违法活动打早、打小、打苗头，严格依法查处。全年组织集中清查行动2次，查处“三非”案件361起，处罚外国人492人、遣送出境28人次，报列不准入境人员16人。

涉港澳台及涉外维稳　严格落实面见申请人、人像比对及询问调查制度，做到科学严谨，协调有序，有力阻止骗领证件行为。抓获网上在逃人员2人，查处骗办冒领出入境证件案件44起。全方位落实涉恐涉情人员核查机制，上报重点人员办证信息4695条、重点人员出入口岸信息117481条。与党政机关组织人事、公检法司等部门沟通协调，健全完善登记备案和通报备案工作机制。国家工作人员、法定不批准出境人员入库数据分别达到213576条、3544条，未发生漏控问题。执行重大涉外安保任务21起。

◆交通管理　2018年，西安市公安局交通管理部门聚焦“缓堵保畅”和“创新改革”两大主题，全方位、多层次推进交通管理和交警队伍转型升级，在全年新增机动车31万辆、新增驾驶员25万人、机动车总量突破300万辆，共有3条地铁线路和1400余处占道施工的巨大交通供需矛盾条件下，确保全市道路交通有序运转、交通安全总体平稳，为西安加快建设国际化大都市和国家中心城市创造了良好的道路交通环境。

缓堵保畅　出台《西安市城市道路交通文明畅通提升行动计划》，制定《西安市2018年科学治堵工作方案》《2018年堵点优化专项工作方案》，推动城市交通问题标本兼治。出台《西安市城市道路交通安全提升综合设计导则》，政府投入专项资金，对全市重点路口进行综合提升改造。出台《西安市新建停车位三年行动方案》《西安市机动车停车服务收费管理办法》《西安市公共停车场建设优惠政策》等一系列文件，加快构建与道路容量相协调，结构合理的停车供给体系。科学管理占道施工，制定《占道施工交通设施设置统一化标准》，建立综合协调机制，落实“占一还一”。聘请专业交通设计团队与业务民警组成工作专班，建立无人机航拍分析机制，“一点一策”设计交通标线渠化方案，先后对全市99处点段、路口交通组织进行优化提升，对194处沿街单位进出口进行科学渠化，试点推行彩色路面结合网状线和“地面标记+导向箭头”组合型非机动车地面标线，进一步明确公交车、非机动车路权。施划各类标线40余万平方米，增设各类交通标志510面。按照“一灯一策，一路口一方案”的思路，持续开展信号灯优化攻坚提升行动。全市现有1301处信号灯，完成智能化改造247处，列入亚洲开发银行贷款智能化改造226处，完成涉及设备、配时、管线问题整改748处，占97.2%。聘请同济大学杨晓光教授团队全面开展西安市信号灯智能化改造设计。南门盘道、曲江新唐人街等重要路口信号灯改造相继完成。

规范道路交通秩序　开展以“车让人、人守规”为重点的系列交通违法大整治行动，共纠处各类交通违法行为804万例，行政拘留5074人，刑事拘留2579人。纠处各类交通违法804万例。其中，违法停车321万例，拖移8.86万辆，比上年上升128%；涉酒驾驶9993例，比上年上升19%；不按规定车道行驶11.65万例；超速33.3万例；闯红灯1.96万例；鸣笛2万余例；走公交专用道47.17万例；走应急车道2.2万例；危险化学品交通违法行为4939例；“两客一危”（公路客运、旅游客运和危险化学品运输车辆）1.27万例，道路交通环境持续改善。共查处非法两三轮8.83万例，拘留3432例，两三轮、四轮电动车交通乱象得到有效遏制。在全市选取10个重点路口试点人脸识别系统，实时曝光行人闯红灯违法行为。全年共查处机动车不礼让行人43.13万例，“双微”平台曝光车不让人3000余例。设置8000处电子围栏和人行道非机动车保管站，规范共享单车停放。建立交警—城管—企业协同机制，对共享单车乱点问题、快递外卖即时配送行业乱象及时约谈整改。交通运输部发布的《2017年第三季度中国主要城市骑行报告》，西安被评为“文明骑行程度最高城市”。

道路交通安全防范　研究制定《全市道路交通安全攻坚行动方案》《任务分解表》及《督导检查方案》，推进交通安全主体责任落实。深入开展交通事故深度调查工作，先后对“1·9”“1·17”等7起道路交通事故进行详细调查，依法追究相关责任人3人，倒逼企业落实安全生产主体责任，涉及重型货车交通事故较去年比上年下降7.92%。持续开展道路交通安全隐患排查工作，年初排查的129处道路安全隐患点段已完成治理115处。累计深入重点运输企业3013家（次），开展宣传教育活动2393场（次），排查重点车辆3.65万辆，下发隐患整改通知书545份，签订《交通安全责任书》1513份，发放宣传资料13万份，推送安全提示短信15万条，约谈隐患企业250家。查处非法改装车700余例，拖移报废车243辆。治理绿植遮挡交通设施、影响行车视距点位734处。每日常态化启动60个交警检查站，检查登记“两客一危”（从事旅游的包车、三类以上班线客车和运输危险化学品、烟花爆竹、民用爆炸物品的道路专用车辆）车辆2.1万辆次，全市交通事故死亡人数比上年下降2.24%。开展文明交通宣传，累计在传统媒体发稿2986篇，其中，中央级媒体35篇。开展交警执法网络直播活动100余次，累计在线互动量达到900多万人次。推出《西安人的歌之交警版》《千万要想到》等原创文章、动漫、视频300余篇（部），曝光各类交通违法3098例。西安市公安局交警支队微博平台累计发布信息2.3万条，微信平台累计发布文章574篇，阅读量超2000万人次，西安交警微信订阅号稳居陕西省政务类微信前三名。

交通服务　全面落实放管服改革举措。按照“一窗通办”“通道式查验”要求，重新梳理优化内部业务流程。西安市公安局交警支队车辆管理处所有业务大厅均已实现普通业务“一窗通办”和全项目电子缴费。总所设置具有自助体检、自助车驾管业务受理、自助处理违章、自助照相等功能的自助服务区。全面落实通道式查验和新车挂牌预约制度，新车挂牌由过去的2小时缩短至30分钟，号牌领取由过去的3个工作日缩短至30分钟。推动全市25家汽车4S店、5家二手车交易市场、4家机动车检测站承担机动车挂牌，核发临时号牌等车驾管业务，每天约有1500名群众在购买新车的同时就在4S店内直接办理挂牌业务，占总业务量的60%以上。在交警碑林大队进行试点“警保联动”工作模式，逐步形成“警保编组、屯兵街面、联动查勘、综合服务”的新机制，大幅提升了交通事故处置效率。依托“交管12123”手机App和互联网交通安全综合服务平台，21项车驾管业务实现全流程网上办理。西安交警路况大数据平台已具备3D粒子地图，实时流量数据以及交通事件资源池，对内支持缓堵保畅，减少指挥层级，提升警务效能；对外24小时随时随为群众提供全流程、点对点实时路况服务和智慧避堵服务服务。

规范化执法　开展队伍纪律作风排查整改。开展各类考核173轮次，街面检查185批次，数字电台考核120轮次，在181考核微信群发布信息1万余条，编发考核通报107期。开展督察行动768轮次，网上巡查232轮次，编发各类督察通报52期，纠处各类违规问题139件次，党政纪处分7人，有力推动交通管理各项工作的顺利进行。全力支持民警依法履职。坚决打击处理暴力抗法人员70人，有力地维护了法律尊严和执法权威。

◆禁毒工作　2018年，西安市公安局禁毒支队先后组织开展“雷霆禁毒2018”、“禁毒2018两打两控”、“天目-18”禁种铲毒、核查清理吸毒人员数据、集中收戒吸毒人员、核查管控强制隔离戒毒提前解除人员、“网络扫毒百日行动”等一系列专项行动，破获毒品刑事案件774起，其中千克级毒品案件22起。缴获各类毒品103.13千克（其中海洛因85.87千克，冰毒15.6千克，其他毒品1.66千克），查获吸毒人员6230人次，强制隔离戒毒5052人。

打击毒品犯罪　侦破杨兴红特大运输毒品案、谭志远特大运输毒品案等千克级大案，阻断多条毒品贩运通道。1月13日，成功侦破部目标2017-8号案件，全案直接侦破或串并带破涉及西安市的运输毒品案共32起，抓获40人，缴获毒品10余千克，涉及陕西省的案件46起，抓获54人，缴获毒品15.87千克，涉及全国240起案件，毒品60余千克。与物流寄递犯罪侦查支队建立禁毒情报交流工作机制并开展有效协作，共破获通过物流寄递渠道进行毒品犯罪的案件共计23起，缴获各类毒品共计51.5千克，抓获嫌疑人员23名。

吸毒人员管控　开展集中收戒吸毒人员、强制隔离戒毒提前解除人员摸底核查、脱失吸毒人员核查等专项行动。对脱失吸毒人员和现状不明的吸毒人员进行全面核查，补充完善相关信息。对507名因各种原因提前解除强制隔离戒毒人员开展全面核查，对涉及人员逐一建档，并将48名符合收戒条件的吸毒人员再次予以收戒。与交通管理部门配合协作，研究制定《关于对吸毒人员机动车驾驶证核查注销工作的通知》和《告知笔录》，为吸毒人员驾照核查注销工作和解决吸毒人员毒驾问题提供有力保证。组织开展娱乐服务场所从业人员毛发样品采集工作，深入排查高危群体隐性吸毒人员。

易制毒化学品管理　将易制毒化学品企业管理工作全部实现网上办理，并将相关业务办理流程由过去3—5个工作日缩短至1个工作日办理完结，达到“最多跑一次”的工作目标。

禁毒宣传　西安市公安局承办国家禁毒委员会举办的全国青少年禁毒知识竞赛总决赛，并在陕西省举办的首届禁毒微视频摄影大赛中获得优秀奖。开展以“绿色无毒、健康人生”为主题的“禁毒杯”乒乓球比赛。参加全省开展的以“汇聚青春力量、倾听禁毒声音”为主题的禁毒演讲比赛。有效提升禁毒宣传效果，强化群众禁毒宣传参与度，营造积极宣传舆论氛围。

◆经济犯罪侦查　2018年，西安市公安局经济犯罪侦查部门以遏制犯罪、防范风险、服务发展、维护稳定为目标，深入开展打击非法集资、传销犯罪等专项行动，打击防范各类经济犯罪活动，圆满完成秦岭北麓违建别墅专项整治行动，优化提升营商环境。

经济犯罪案件侦破　共立案802起，破案733起，抓获各类犯罪嫌疑人827人，刑事拘留706人，逮捕516人，起诉540人，追逃121人，追赃2.49亿元，秦岭北麓专项行动追缴可用资金5.1亿元。破获“12·08”骗取贷款案、“1·22”特大虚开增值税专用发票案等重特大案件。

打击非法集资　全市共立非法集资案件30起，涉及集资参与人11010人，涉案资金4.91亿元。立案数下降26.8%，传统非法集资案件总体呈下降态势。2018年，全国多家互联网金融类公司“爆雷”（金融术语，网络流行词，一般指的是P2P平台因为逾期兑付或经营不善问题，未能偿付投资人本金利息，而出现的平台停业、清盘、法人跑路、平台失联、倒闭等问题），涉及西安市利益受损群体报警量激增。全市经济犯罪侦查部门对西安市51300余家企业进行风险排查，发现存在金融经营行为的5930家，亚健康和高风险139家，摸清风险底数，提前预警、先期处置。

打击传销犯罪　继续保持对传销犯罪的高压严打态势，先后破获西安汇升物联网有限公司组织领导传销活动案、“4·05”特大网络传销案、部督“8·29”特大组织领导传销案。两次开展全市打击传销犯罪集中清查行动，累计出动警力6182名，捣毁传销窝点554个，抓获传销人员2203人，立案38起，破案38起，刑拘276人，逮捕88人，起诉42人，追赃1520万元。

◆食品药品犯罪侦查　2018年，西安市公安局环境与食品药品犯罪侦查部门紧紧围绕“建设国家中心城市”奋斗目标，持续开展各项专项行动，破获一大批有影响的案件。

打击环境与食品药品犯罪　破获“‘6·12’假冒注册商标的商品案”“杜文豪非法经营案”“跨省制售假冒调味品团伙案”“‘6·13’生产销售有毒有害食品案”等一大批有影响的案件。全年办理环境犯罪刑事案件100起，刑事拘留119人，批准逮捕18人，移送起诉9人；办理行政案件252起，行政处罚329人，行政拘留291人，陕西省公安厅督办案件8起。全年共立食药类犯罪案件194起（其中治安案件7起），抓获涉案嫌疑人227人，刑事拘留193人，批准逮捕35人，移送起诉45人，涉案金额6000余万元。成功侦破10余起重特大案件，3起公安部督办案件、19起陕西省公安厅督办案件、2起食药类全国集群战役。

河湖警长制　按照西安市河湖长制领导小组下发的《关于市级湖长分工的通知》要求，将原250名河流警长统一变更为河湖警长，并且按照“三级设置、属地管理”的原则为20个主要湖泊水库配置三级河湖警长，共有各级河湖警长290人；全市公安机关共出动警力开展巡查24908次。办理涉河涉水案件87起，其中刑事案件13起，刑事拘留33人，取保候审12人，网上追逃2人，批准逮捕2人，移送起送1人，办理行政案件70起，行政拘留48人。

◆物流寄递犯罪侦查　2018年，西安市公安局物流寄递犯罪侦查支队立足寄递物流业治安管控和犯罪打击实际，构建行业治安管控和犯罪侦查工作新体系，出动警力25681次，检查物流寄递企业17222次，整改隐患1916处。4月，受公安部委托承担公安部物流寄递行业案件警种协作倒查机制课题研究。全年组织开展各类现场督察65项次；检查单位127个次；督察民警290余人次；刊发《监督快报》9期；提出工作意见建议22项，全部督促改进。采取自行检查、与行业主管部门联合检查、明察暗访等方式，对物流寄递企业进行不间断全覆盖检查。针对西安市优比速包裹运送有限公司西安分公司违规作业，开出“首例罚单”，处以人民币10万元罚款，对该公司负责人处以3万元罚款。破获寄递物流渠道刑事案件127起，打掉犯罪团伙11个，抓获犯罪嫌疑人200人。查处行政案件36起，行政处罚22人，企业3家。查获禁止寄递、寄运物品3036件。其中，各类枪支4支、子弹9发、管制器具150件、毒品海洛因34.2千克、冰毒6.3千克。破获“12·05”特大销售伪劣产品案，抓获犯罪嫌疑人22人，查获各类香烟847.5万元，核实涉案总价值3.2亿元。破获“12·30”特大网络运输毒品案，现场查获毒品6200克，抓获犯罪嫌疑人1名。破获“4·06”销售国家珍稀植物案，抓获犯罪嫌疑人1名，查扣1株国家珍贵植物苏铁。破获“4·08”特大销售伪劣产品案等多个案件。

◆网络安全 2018年，西安市公安局网络安全部门聚焦防控风险，突出大数据引领，强化制度机制建设，全面提升网安实战能力水平。以“2018净网专项”工作为主线，着重在打击黑客、网络传销诈骗、侵公类案领域开展工作。将关乎群众切身利益的侵财“小案”列为一项重点工作。参与侦办各类刑事案件1100余起，累计落地侦查涉案线索9000余条，主侦案件80余起，配侦案件700起，协侦案件580起，抓获嫌疑人160余人。在电子数据勘察鉴定工作中，分析电子数据总容量约75T，出具现场勘察笔录95份，远程勘察笔录20份，检查笔记13份；出具司法鉴定意见书25份，完成5000余部手机的数据采集。加强各类重点人网上管控，录入重点人7100余名，接收专案系统下发任务120余次，接受线索300余条，共核查虚拟身份线索1500余条。发现并上报网络政治谣言和有害信息样本2019条，发现境外翻墙线索1848条，核查涉网络政治谣言线索86条，组织摸排网上重点对象86人、重点群组128个，开展专案网上侦查工作7个，刑事拘留1人，行政拘留2人，教育训诫95人。已成立13家县级公安机关互联网信息监控中心建设任务。处置互联网有害信息4324条，发现并转发异地信息5685条。警示违法网民70余人次；行政处罚网民10人；发布宣传帖文2147条篇、微信公众号130余篇、今日头条110余篇、百度平台170余篇，辟谣45次；其中阅读量过10万的有21篇；回复网民咨询求助2900人次。与《华商报》联合开办《网闻鉴侦》栏目，并在头版进行重点推荐。完成36家单位定级备案工作，22家单位的测评工作，实地检查31家单位，向27家单位下发整改通知书。全市共注册互联网站开办主题用户4791位，申请备案网站886家，发放公安备案号794家，网站审核处置率97%。对全市正常营业的1000余家网吧实名登记管理系统进行升级、维护。处理22家单位系统的安全事件线索。成功处置“经开区‘120’救援系统被入侵”“浐灞区演唱会票务系统被入侵”等网络安全事件。

◆公安信息化 2018年，西安市公安局信息通讯部门制定《大数据战略规划实施方案》，构建“345”信息化建设格局三大着力点：“天网”“天算”“天智”；四大建设项目：“三秦警务云”、警综平台、“雪亮工程”和移动警务体系；五大应用体系：“大数据+指挥情报”体系、“大数据+打击犯罪”体系、“大数据+治安防控”体系、“大数据+政务服务”体系和“大数据+内部管理”体系，扩展民航、民政、铁路、长途客运订票、二手机动车交易等部分外部信息，丰富旅馆住宿、常住人口、执法办案、交通管理等资源接口内容。整合数据资源191类64.84亿条；累计完成图像回传154路，设备安装2768个，网络开通161个，供电开通201个，立杆3109个，浇筑6562处，开挖8159处。在全市重点区域安装288套人脸识别系统，抓获网上逃犯1345人；录入基础信息7亿余条，通过信息关联比对抓获逃犯307人，为群众提供帮助634人次；建设“12345”市民热线公安服务二级平台，共分流转办非警务事项3.6万件，办结率98.9%；研发“机不可失”App，共入库涉案物品信息1.2万余条，备份物品1.2万余件，收到线索举报755次。6月28日，涵盖治安、户籍、交管、出入境等四大行政服务种类的西安市公安局“互联网+政务服务平台”上线试运行。在第三代警务通上开发了巡逻盘查、业务分发、OA办公自动化、交警业务管理、警务人员一体化作战平台以及人脸识别等应用App，可查询、比对91个数据库信息，实现在逃、涉毒等重点信息主动报警、民警内部信息交流等功能。

◆巡警工作 2018年，西安市公安局巡警部门创新巡逻防控措施，努力提升巡逻防控工作效能，狠抓街面案件的降控，有力维护了全市社会面治安大局的稳定。针对案件高发地区的特点，制定相应巡防措施，强化工作措施，有的放矢地开展街面巡防工作。通过增加巡逻警力、强化街面巡防措施、“守点、巡线、控面”相结合等巡防方式，实现对街面24小时全天候的动态管控巡逻。将发案地区的研判信息、现发案件详细案情、街面人员密集场所热力图等情况信息及时推送全市巡警微信群，切实提高街面巡逻和盘查工作的针对性和有效性，有效提升街面的巡逻防控力度。划定辖区重点巡逻区域，将跨骑摩托车作为降控“两抢”案件的重点盘查对象。组织全市盘查工作，采取网格化巡逻盘查、武装设卡盘查等方式，严格落实巡逻盘查任务。先后启动一级紧急型巡逻防控等级2次3天；启动二级加强型巡逻防控等级10次144天，全市街面日均投入各类型巡逻警力3238人次，巡逻车辆1631台次，共开展武装设卡盘查56次，开展军警联勤886次，切实提高了街面的见警率和对街面犯罪的震慑力。在重要时期、敏感节点，组织特警、武警在全市39个反恐防暴应急点和重点要害部位设立屯兵点，在火车站、北客站等重点要害部位组织武警、特警开展常态化联勤武装巡逻。组织开展武警、特警联勤武装徒步巡逻17天。通过警用PDA、GPS警车定位管理、视频监控图像传输等无线数字通信设备对街面各项巡逻防控工作进行适时监控调度和督导检查。点对点对街面巡逻民警进行纠违共800余次，有效提升了街面巡逻勤务的规范度和有效性，确保街面各项巡逻措施和责任得到落实。

◆特警工作 2018年，西安市公安局特警支队参与执行大型活动安全保卫100余次，执行警卫任务30余次，参与处置突发事件60余次，执行屯警、巡逻等专项行动1000余次，组织动用警力40000余人次，车辆4000余台次。在大雁塔广场、钟鼓楼广场、新城广场等区域部署武装反恐车组，采用武装车巡与驻点守候相结合的方式，在敏感时期对重要部位、要害部门开展叠加式巡逻，切实提高特警街面见警率和武装震慑力，提升暴恐事件快速反应打击能力。全年多次启动三级以上戒备响应，积极响应市局指令，参与处置突发事件。在突发事件的应急处置过程中，所有勤务单位均能做到齐装满员，文明执勤，圆满完成了本年度的各项处突任务。强化空中管控，推动警用无人机实战应用，实现空中巡查与地面巡防相的结合，加强与地面巡逻警力以及周边分局的协同作战。围绕“城市低空领域治安安全管控体系”改革主题，通过推进立法工作、搭建管控平台、提升处置能力等措施，切实为无人机安全管控有法可依、全面规范化管理提供了保障。

◆监管工作 2018年，西安市公安局监所管理部门加强队伍管理，强化规范执法，推进基础建设，确保监所安全。积极应对超量羁押，对看守所启动分流的条件、人数、分工和保障等做出明确规定。对犯罪嫌疑人分流羁押相关责任划分和后续工作的处理进行明确规定，使超押分流工作井然有序。加强看守所AB门管理和投劳、开庭、出所指认现场等环节的安全管控。全市监所配备使用所外就医防脱逃系统，在押人员住院病房监控联网，图像上传至监管支队视频监控指挥中心，对病员动态和民警戒护履职情况进行远程监控，安全系数大大提升。全力预防在押人员所内死亡。认真落实民警面对面管理、值班巡视监控、安全风险等级评估等制度。加强安全大检查，及时清除违禁物品，消除自缢悬挂点等安全隐患。落实在押人员群进群出和夜间双人值班，严防在押人员落单独处失控。努力减少因病死亡。成功处置在押人员突发疾病80余起，及时变更强制措施90余人。全市看守所投入60余万元，共清除监室悬挂点1869个，为138个监室重新铺设照明线路，对监室门观察孔、门把手、盥洗设施、水管阀门、床板和放风场栅栏985处隐患设施进行改造加固。统一为全市看守所监室玻璃贴铺防爆膜。纠正各类问题隐患70余起。戒毒所特殊病区收戒收治病残吸毒人员4084人，出所看病632人次，动用警力1830人次，抢救危重病号45人。公安监管传染病治疗中心累计收戒收治肺结核、艾滋病等传染病员220人次，治愈出院137人次，目前在治91人。深挖案件线索1045条，协助破获各类刑事案件460起，其中命案1起，重大案件45起，查获网上逃犯59名。获取涉黑涉恶线索37条，协助破案14起。

◆公安规范执法　2018年，西安市公安局法制部门服务深入推进执法规范化建设，制定现场执法规范，对15类现场常见警情类型处置原则、程序、注意事项等予以细致规定。印发执法办案管理中心建设的指导意见，明确执法办案管理中心建设标准和要求。在临潼分局和阎良分局进行试点，不断提升智能化水平。通过每日视频巡查、每周实地检查、每月案件抽查等方式，对办案区管理使用进行监督。全年通过巡查办案区监控发现问题并要求整改178次；实地检查107次；抽查案件380起，发现问题185个，下发通报10期；对7名民警及6个单位进行责任追究。以执法音视频管理为侧重，规范民警执法行为。全年随机抽取警情380起，发现问题58个，发布通报10期。以临潼分局为试点，研发执法音视频管理系统，实现对执法办案全过程的可回溯式监督。实现案件信息化管理，每周对各单位执法办案平台录入情况进行统计通报。协调陕西省公安厅在执法办案平台增加指定管辖模块，民警可以通过网上办理刑事案件及行政案件指定管辖，进一步提升工作效率。6月，西安市公安局案管中心启用，从受立案环节开始，对全局执法办案进行监督管控。案管中心运行以来，下发受立案问题整改通知书111份，强化工作职责，推动监督体系形成。推进阳光警务工作，全年公开行政处罚决定书17417件。每月随机抽查行政处罚决定书公开情况，就公开率、文书当事人信息隐匿、法律条款适用、文书格式等问题逐项考评，发布《西安市公安局行政处罚决定书公开情况的通报》4期。严格依法办理行政复议及申诉案件，全年共办理案件指定管辖267起，办理刑事案件不予立案复核64起。办理行政诉讼案件44起。行政复议案件132起。与西安市检察院联合制定《公安机关刑事案件统一出口工作机制》，进一步明确了案件移送、非法证据排除等要求，并增加加强公检机关之间沟通配合的规定。与法院、检察院等有关部门联合制定下发《西安市认罪认罚刑事案件快速办理机制实施意见（试行）》《西安市刑事案件认罪认罚从宽制度试点工作常见犯罪量刑建议指引》等文件，在认罪认罚制度的基础上推进简案快审。（邱　春）

审　判

◆概况　2018年，西安市两级法院狠抓服务发展大局、执法办案、司法体制改革、司法公开、信息化建设和法院队伍建设等，各项工作均取得新成绩。共受理各类案件227637件，比上年上升21.7%，受案数占全省法院总受案数的35.7%，共办结案件208354件，比上年上升24%，结案率达91.5%，在全国15个副省级城市法院中排名第一名。其中西安市中级人民法院受理各类案件29408件，比上年上升10.1%，受案数占陕西省中级人民法院总受案数的40.2%，办结案件27582件，比上年上升11%，结案率93.8%，在全国副省级城市中级人民法院中排名第二位。

◆刑事审判　2018年，西安市两级法院积极参与社会治安综合治理和争创“平安鼎”活动，依法严惩其他刑事犯罪，推进“平安西安”建设，全年共审结各类刑事案件11687件，已生效7124件，判处刑罚8730人，其中判处5年以上有期徒刑570人。开展扫黑除恶专项斗争，共审理黑社会性质组织案4起，判处73人；审理恶势力犯罪案件9起，判处22人。黑社会性质组织头目朱群羊、骆小弟、张涛、张宏伟等依法受到严惩。严厉打击暴力犯罪，维护社会安全稳定，审结杀人、抢劫、强奸、绑架等犯罪案件465件，“曲江六号灭门案”“辛海平302路公交车故意杀人案”等重大恶性案件得到依法公正审理。依法惩治危害社会治安的多发性犯罪，审结涉毒、“两抢一盗”、危险驾驶等犯罪案件4761件，促进群众安全感提升。审理集资诈骗、非法吸收公众存款等涉众金融犯罪案件270件。受害群众1万余人、集资金额达23亿元的华西专修大学非法集资案等一批重大案件得到妥善审理。深化反腐败斗争，审结贪污、贿赂、渎职等职务犯罪案件137件。贯彻宽严相济刑事政策，坚持惩罚犯罪与保护人权相结合，依法判处缓刑2599人，免予刑事处罚109人，宣告无罪8人。

◆民商事审判　2018年，西安市两级法院充分发挥民商事审判规范市场行为、调节经济关系的职能作用，共审结各类民商事案件133258件。依法保障供给侧结构性改革，支持化解过剩产能，积极拯救困境企业，审结破产清算案件103件，化解企业债务8.6亿元。召开房地产案件审判专题会议，统一裁判标准，妥善审理工程欠款、房屋买卖等纠纷案件17149件，促进房地产市场有序发展。稳妥审结备受社会关注的“开发商告业主案”，依法驳回开发商闻天公司诉讼请求，维护交易秩序，彰显公平正义。依法维护金融秩序，审结股东权确认、债权股权转让及银行、证券、保险等领域的纠纷案件1672件。重视构建家庭、邻里和睦关系，审结婚姻家庭、赡养抚养、析产继承、相邻关系等案件16492件。依法维护军人、军属合法权益，审结涉军案件129件。加强知识产权司法保护，制裁不正当竞争和侵权行为，审结各类知识产权纠纷案件2158件，保障创新驱动战略实施。

◆执行工作　2018年，西安市两级法院开展“基本解决执行难决胜年”活动，与中共西安市委政法委员会、西安市社会治安综合治理委员会办公室联合下发《建立完善联合信用惩戒机制的意见》，为打击“老赖”提供制度保障。开展“雷霆行动”“飓风执行”等专项执行活动，对规避执行、抗拒执行行为重拳出击；针对涉金融、涉民生等重点领域案件，建立专门台账，开展专项整治，提升执行效果；多渠道向社会公布老赖名单、拒执罪典型案例，促使被执行人履行义务。全市法院全年共执结案件61527件，公布失信被执行人11256人次，限制高消费50979人次，以拒执罪判处11案11人。全市法院基本解决执行难4项核心指标均已达到预期目标，顺利完成“基本解决执行难第三方评估”工作。西安市中级人民法院连续3年被评为全省法院执行工作先进集体，并被最高人民法院确定为全国“基本解决执行难”示范法院。

◆司法体制改革 2018年，西安市两级法院坚持顶层设计与基层实践相结合，全面推进司法体制机制改革，重点领域和关键环节取得新进展。积极推进法官助理、书记员单独序列管理和职务转换改革，顺利完成临聘书记员考试招录、重新聘用与书记员等级确定工作。召开内设机构改革调研座谈会，指导区（县）法院加强向党委、人大、政府汇报工作，结合实际精简缩并内设机构，完善以服务审判为重心的法院内设机构设置模式。严格执行《独任法官、合议庭办案责任制规定》和《规范院庭长审判管理权、审判监督权实施办法》，实行“谁审理、谁签发、谁负责”，全面落实法官、合议庭办案质量终身负责制和错案倒查问责制。扎实开展刑事案件证据标准指引、人民法院办理刑事案件“三项规程”等试点工作，保障刑事审判公平公正；举办刑事案件认罪认罚从宽制度改革试点推进会，组织开展庭审观摩；深化刑事审判律师辩护全覆盖试点工作，在西安市中级人民法院设立刑事审判法律援助站，确保试点工作实效。深化家事审判工作机制改革，推行人性化家事审判模式，引入心理干预和个案辅导机制，提升家事审判效果。落实检察长列席审判委员会制度，强化法律监督。着力优化全市司法布局，西安市中级人民法院领导带队赴深圳市中级人民法院、福州市中级人民法院进行“解剖麻雀式”调研，学习知识产权审判经验，增设西安知识产权法庭，实行知识产权纠纷跨区域管辖，统一裁判标准，平等保护国内外市场主体合法权益。推动设立西安高新区法院和自贸区法庭，加快全市司法资源均衡配置。

◆司法为民 2018年，西安市两级法院坚持群众需求导向，创新便民利民举措，狠抓立案文明窗口建设，细化诉讼服务中心功能，严格落实市法院《“最多跑一次”六项措施》，打造“一站式”便民服务平台。在全市各基层法院设立诉讼服务热线，及时受理、转接群众查询。不断细化升级便民设施，在诉讼服务中心配备老花镜、便民雨伞、医药用品、手机充电站。广泛运用信息技术，如上线诉讼服务自助终端、导诉机器人、智能导航系统等，使群众诉讼更加便捷高效。全面推行诉讼档案电子化，扫描上传案卷27865案79630册，接待当事人查阅案卷16878人次。加强司法人文关怀，注重服务和保障民生，妥善审理社会保障、劳动就业、教育医疗等与群众生活息息相关的案件13252件。加强对弱势群体的关怀，制发“人身保护令”44份，依法维护妇女、儿童、老年人合法权益。开展追薪维权专项行动，处理农民工追索劳动报酬案件669件。春节前，西安市中级人民法院召开新闻发布会，一次性向4790名农民工发放追讨工资款2.1亿元。强化司法救助，依法对327名困难当事人减缓免诉讼费487.7万元，对35起案件符合条件的刑事被害人、申请执行人、信访当事人发放司法救助金138.6万元。

◆司法公开 2018年，西安市两级法院加大“审判流程公开、执行信息公开、裁判文书公开、庭审公开”四大平台建设力度，利用信息化手段披露各类审判信息，增强社会各界对法院工作的理解。综合运用法院门户网站、微博、微信等新媒体发布审判工作动态，开展案件庭审视频和图文微博直播，将审判全程置于社会监督之下。召开知识产权司法保护、打击“拒执罪”等新闻发布会，开展远离毒品犯罪宣传和集中宣判毒品犯罪案件活动；举办法院开放日，邀请党政机关、企事业单位和人大代表、政协委员等到法院参观、旁听案件庭审，让群众近距离了解审判程序，将群众知情权、监督权落到实处。披露各类案件信息65300件次。上网裁判文书143717份，发送司法公开告知书63677份，直播案件庭审1646次，发布微博、微信6565条，举办新闻发布会32场次，组织法院开放日50次，2万余名各界群众受邀走进两级法院，近距离了解审判工作，司法透明度持续提升。

◆审判信息化建设 2018年，西安市两级法院部署开展“智慧法院建设提速年”活动，加强信息化领导，建立网上办案信息化保障日常联系机制，通报网上办案软硬件运行使用情况，分析解决存在问题，确保网上办公办案平稳运行。安排法官到深圳、温州、上海等地法院就诉讼服务中心建设工作进行考察，借鉴经验，推进西安市诉讼服务中心建设工作发展。加强硬件设施建设，完善科技法庭、远程提讯、远程接访、执行指挥中心等工作系统；协调采购各类审判辅助服务软件，深化法律文书模板和裁判文书纠错系统使用，全面推进电子卷宗随案同步生成和深度应用，为法官办案提供智能服务；推进审判管理信息化，建立员额法官办案绩效网上评估和通报系统，深化案件质量网上评查、裁判文书网上巡查，严格执行网上审限审批、预警，实现审判绩效管理数据化。全面升级诉讼费缴费业务，西安市中级人民法院在保留原有现金、POS机、银行转账等传统缴费渠道的基础上，引入微信、支付宝等网络支付方式，使群众缴费更加便捷。

◆审判管理 2018年，西安市中级人民法院面对受理案件数快速增长态势，举办以“决胜基本解决执行难”“提高审判质效”等为主题的12期“追赶超越”擂台赛，激励干警多办案、办好案。加大案件繁简分流和简易程序、速裁程序适用力度，严格控制审限，推动审判效率提升。学习“枫桥经验”，推进“诉源治理”，发挥驻社区、村组法官工作站和人民法庭作用，努力将矛盾纠纷化解在萌芽状态。落实院庭长办案制度，两级法院院长均积极承办有重大影响的案件，发挥示范表率作用。广大法官干警自觉放弃节假日和休息时间，加班加点全力办案，跑出了西安法院结案“加速度”。在审判中，注重法律和社会效果统一，先后依法审结西安市地铁建设指挥办公室副主任王志强受贿案、乔惠忠故意杀人案、李兴等人贩卖毒品案。雁塔区人民法院办理的叶挺烈士名誉权侵权案入选全国“2018年推动法治进程年度十大案件”。

◆审判队伍建设 2018年，西安市两级法院围绕铁军队伍建设，狠抓《37项强化法院意识形态工作措施》等制度的落实，认真开展“不忘初心、牢记使命，加快追赶超越步伐”大调研活动，邀请专家教授举办十九大精神专题辅导讲座。精心谋划党建工作，将全面从严治党推向深入。加强思想教育，定期为干警进行党课讲授，邀请“西迁精神”宣讲团讲授“西迁精神”，从多个方面加强干警政治思想建设。深入开展“两学一做”学习教育，组织干警观看优秀党建影视片，及时晋升员额法官等级和非领导科级职务，配齐中层领导，调动干警工作积极性。选派120余名干警参加上级举办的业务培训学习，举办专项培训班培训干警800余人次。与陕西省知识产权局召开知识产权行政与司法保护研讨会，与西安市仲裁委员会举办仲裁案件交流会，与美国林肯大学法学团、克罗地亚法官研修团等进行法治与审判业务交流，提升干警司法水平。认真落实《行政效能问责办法》，开展工作纪律作风整顿，履行党组主体责任和纪检监察机构监督责任，坚持审务督察和“两个责任”约谈，举办新任职领导、法官宪法宣誓和任前廉政集体谈话，建立员额法官廉政档案，狠抓重点案件、重点岗位、重点环节执纪监督，筑牢廉洁司法防线。

2018年6月7—8日，西安市中级人民法院开庭审理张宏伟等黑社会性质组织犯罪案

◆案例

张宏伟等16人黑社会性质组织案　被告人张宏伟为攫取经济利益，扩大社会影响，确立强势地位，以西安市临潼区的天河玉浪水疗中心为依托，聚集、招募被告人龚红红等16人，形成骨干成员基本固定的犯罪组织，实施组织卖淫、非法拘禁、放高利贷等违法犯罪活动，严重破坏了临潼区煤炭疗养院中心区域的生产生活秩序，造成恶劣的社会影响。该案经检察机关起诉，西安市临潼区人民法院审理后，依法以张宏伟等被告人犯组织、领导黑社会性质组织罪，参加黑社会性质组织罪，组织、协助组织卖淫罪，非法拘禁罪，开设赌场罪，聚众斗殴罪，非法拘禁罪，分别判处有期徒刑18年及以下有期徒刑，并处没收财产、罚金等附加刑，依法没收犯罪工具，上缴国库。张宏伟等人上诉后，西安市中级人民法院裁定驳回上诉，维持原判。

王小辉受贿案　2015年至2017年，被告人王小辉利用其担任西安市新城区旧城改造办公室主任、西安市新城区人民政府副区长兼西安市幸福路地区综合改造管理委员会副主任的便利，在2015年国庆节期间，应陕西建工第八建设集团第八建筑工程公司总经理孔德荣的请求，答应帮忙向新城区旧城改造办公室所属的新城城市建设投资管理有限责任公司催要工程尾款，并多次向新城城市建设投资管理有限责任公司负责人文武、总工程师张映轩打招呼要求尽快结算。为表示感谢，孔德荣于2015年国庆节后在西安市唐府花园酒店停车场送给王小辉人民币150万元。2017年年初，西安建工建设工程招标有限公司总经理禹娇找到王小辉，希望能够得到幸福林带建设工程项目的招标代理业务，王小辉答应帮忙。在王小辉关照下，西安建工建设工程招标有限公司顺利中标幸福林带项目招标代理业务。为表示感谢，禹娇于2017年7月在王小辉办公室送给王小辉3万美元（折合人民币20.5425万元）。该案经检察机关起诉，西安市中级法院审理认为：被告人王小辉身为国家工作人员，利用职务上的便利，为相关单位谋取利益，非法收受他人给予的贿赂，数额巨大，其行为已构成受贿罪，依法判处被告人王小辉有期徒刑4年又9个月，并处罚金人民币50万元。

李琛茹与西安闻天科技集团公司确认合同无效案　2016年，西安市部分购房者通过签订内部认购合同方式，购买西安闻天科技集团公司（简称闻天公司）开发的“紫杉庄园”项目商品房。2018年2月前后，闻天公司以该项目没有商品房预售许可证为由，将李琛茹在内的多名购房者陆续起诉至法院，要求确认内部认购合同无效。2018年2月12日，西安市长安区法院做出一审判决：确认闻天公司与李琛茹之间签订的内部认购合同无效。李琛茹不服，向西安市中级人民法院提起上诉。西安市中级人民法院审理认为，李琛茹与闻天公司签订的合同虽然名为内部认购合同，但该合同内容已具备商品房预售合同的主要条款，且李琛茹已全额向闻天公司支付购房款，双方亦认可涉案合同为商品房预售合同，故双方形成商品房预售合同法律关系。闻天公司在收取购房款、其合同目的已经实现的情况下，主张合同无效，该做法有违诚实信用原则；闻天公司对自身不办理商品房预售许可证即预售商品房行为的违法性是明知的，虽然闻天公司于签约时虽未取得商品房预售许可证，违反“商品房预售应当取得预售许可证明”的规定，但是并不必然导致其签订认购合同的民事法律行为无效。故根据相关法律规定，西安市中级人民法院依法撤销长安区法院的一审判决，改判驳回闻天公司的诉讼请求。

叶正光等诉西安摩摩信息技术有限公司名誉权纠纷案　2018年5月8日，被告西安摩摩信息技术有限公司（简称西安摩摩公司）通过其自媒体账号“暴走漫画”，在“今日头条”上发布时长1分09秒的短视频，对中国人民解放军创始人及新四军重要领导人叶挺将军的诗歌《囚歌》进行改编恶搞。视频发布后在互联网上广泛传播，被多家媒体报道或者转载报道，引发舆论关注，文化行政管理部门对该网络舆情进行立案查处后，西安摩摩公司在网上发布《致叶挺将军家人的一封信》，承认该视频给社会和叶挺家属造成了影响和伤害，并诚恳道歉。后叶挺之孙原告叶正光等将被告西安摩摩信息技术有限公司诉至西安市雁塔区人民法院，请求恢复名誉、赔礼道歉、赔偿损失。西安市雁塔区人民法院审理后判决：被告西安摩摩信息技术有限公司在3家国家级媒体上公开发布赔礼道歉公告，向原告叶正光等赔礼道歉、消除影响，该公告须连续刊登5日；向原告叶正光等支付精神抚慰金10万元。一审判决生效后，被告西安摩摩公司履行了法律义务。

李长河等9137人诉大荔县人民政府履行法定职责案　2016年起，渭南市大荔县李长河等9137名苏村乡三里村等4个行政村的村民，以其在1959—1961年因三门峡水库水位上升陆续实施了搬迁为由，持续向苏村乡及大荔县人民政府主张享有三门峡水库移民身份。大荔县人民政府未核定登记李长河等9137名村民的水库移民身份，大荔县移民局向苏村乡党委、政府做出的答复意见也明确不能确定上述村民的水库移民身份。李长河等9137名村民遂向渭南市中级人民法院共同起诉大荔县人民政府，请求被告大荔县人民政府依法履行核定登记9137名村民的涉库移民身份的职责；重新核定大荔县三门峡水库涉库204043人的移民身份。之后，李长河等原告担心渭南市中级人民法院不能公正裁判，遂申请陕西省高级人民法院指定管辖，陕西省高级人民法院审查后，将该案依法指定由西安市中级人民法院审理。西安中院经过1年时间的审理后，以大荔县人民政府针对李长河等人的诉讼请求已经履行了行政职责等为由，依法判决驳回原告李长河等9137人的诉讼请求。原告上诉后，二审法院判决驳回上诉，维持原判。李长河等9137名村民最终接受判决结果，服判息诉。

榆林市远景房地产开发有限公司与榆林市国土资源局建设用地使用权出让合同纠纷执行案 2011年9月，榆林市远景房地产开发有限公司（简称远景公司）与榆林市国土资源局（简称榆林国土局）合同纠纷案，经榆林仲裁委裁决：一是依法确认双方签订的《国有建设用地使用权出让合同》解除；二是榆林市国土局收回土地并一次性支付远景公司土地开发补偿款6900.66万元。2017年1月11日，远景公司向榆林市中级人民法院申请强制执行，但案件办理一直没有进展。中央政法委员会下发《关于2017年党政机关不执行人民法院生效裁判有关情况的通报》中对有关涉党政机关案件执行进行了通报。中共陕西省委政法委员会、陕西省高级人民法院对该案进行挂牌督办。2018年5月29日，陕西高院指令该案由西安市中级人民法院执行。2018年6月27日，西安市中级人民法院立案执行，于2018年7月31日前往榆林，与榆林市国土局主要负责同志进行沟通，及时向中共西安市委政法委员会、陕西省高级人民法院汇报案件进展情况。在榆林市国土局，执行法官向该局负责人释明拒不履行法律确定义务的严重后果，通报了省委政法委、省法院督办的相关情况。经协调沟通，榆林市国土局同意配合履行义务，并指令其财务人员带领执行人员前往相关银行依次进行了3笔存款的扣划，共扣划8000万元，这些款项已发放给申请执行人。

陕西西凤酒股份有限公司、陕西西凤十五年、六年陈酿酒营销有限公司诉陕西金凤酒业有限责任公司不正当竞争案 陕西西凤酒股份有限公司（简称西凤酒公司）是西凤“六年陈酿酒”出品方、生产方。陕西西凤十五年六年陈酿酒营销有限公司（简称六年陈酿公司）是西凤酒公司的子公司陕西西凤酒营销有限公司的参股公司，负责全国范围内独家销售“六年陈酿酒”，并全面负责市场推广、促销、宣传等工作，是“六年陈酿酒”品牌的开发商和包销商。2002年，西凤酒公司生产的“十五年·六年西凤陈酿酒”被确定为陕西省指定接待用酒。2007年，陕西省糖酒副食流通协会将“十五年·六年西凤陈酿酒”评为2006年度陕西省糖酒食品类销售行业白酒类十大热销品牌。此后西凤酒公司生产的“十五年·六年西凤陈酿酒”多次获得其他荣誉，“十五年·六年西凤陈酿酒”系列产品在全国广泛销售。之后，西凤酒公司、六年陈酿公司发现被告陕西金凤酒业有限责任公司（简称金凤酒公司）生产的“六年特酿酒”与其“六年陈酿酒”包装、装潢几乎完全相同，极易使消费者混淆误认，构成不正当竞争，遂提起诉讼请求：一是判令被告金凤酒公司立即停止不正当竞争行为；二是判令被告金凤酒公司赔偿损失50万元；三是判令被告金凤酒公司赔偿原告调查取证费、律师费等合理支出33400元等。该案经西安市中级人民法院审理认为：被告金凤酒公司生产的“六年特酿酒”在外包装颜色、整体布局方面与西凤酒公司生产的“六年陈酿酒”包装、装潢非常近似，使消费者容易将金凤酒公司生产的“六年特酿酒”误认为与西凤酒公司存在特定联系，金凤酒公司的行为已经构成不正当竞争。根据相关法律规定，依法判决金凤酒公司立即停止不正当竞争行为；赔偿西凤酒公司、六年陈酿公司经济损失30万元。

（李袁维）

西安市中级人民法院

院　　长　李洪涛
副 院 长　杜豫苏　赵海峰　徐琳茹　常　青
纪检组长　张小齐
执行局长　张鲁南

检　察

◆概况 2018年，西安市检察机关服务中心工作，强化法律监督，深化司法改革，打造检察铁军，扎实推进“平安西安、法治西安”建设，各项检察工作取得新进展。

◆检察机关服务经济社会发展 2018年，西安市检察机关贯彻“追赶超越奋进年、营商环境提升年、招商项目落地年”部署，以务实举措提升服务水平、强化司法保障。制定保障营商环境23条措施、促进民营经济健康发展23条意见。批捕强迫交易等破坏市场经济秩序犯罪439件644人，起诉464件737人；批捕欺行霸市、强揽工程等破坏营商环境犯罪165件261人，起诉163件290人；批捕侵犯企业知识产权等犯罪11件20人，起诉15件28人。办理公安部督办的增值税专用发票案、贷款诈骗案、利用跨境电商走私普通货物案等重大案件。开展专项矛盾摸排6次，批捕破坏金融管理秩序犯罪150件206人、起诉168件269人。西安市人民检察院从产业扶持、基础设施、基层党建和智力扶贫等方面，对蓝田县洩湖镇唐付村实施精准扶贫。集中开展为期一年的大气污染防治和土地资源保护专项监督，批捕破坏环境资源类犯罪36件56人，起诉12件16人。西安市人民检察院和6家基层检察院成立工作专班，全程为秦岭北麓违建别墅整治提供法律服务，办理相关案件13件17人。紧盯地沟油、病猪肉、非法疫苗等群众反映强烈的突出问题，开展危害食品药品安全犯罪专项立案监督、“药品净网2018”专项行动，严厉打击利用互联网制售假药犯罪行为，督促行政机关移送案件23件27人，监督侦查机关立案16件17人，批捕制售有毒有害食品、假药劣药等犯罪32件38人，起诉24件29人。开展协助解决农民工讨薪问题专项活动，批捕拒不支付劳动报酬犯罪12件12人，起诉12件16人，帮助168名农民工追回拖欠工资280余万元。深入推进“效能革命”，牢固树立“以人民为中心”的思想，通过开展“体验式”调研，转变工作理念，细化便民措施，制定《贯彻落实“马上就办和办就办好”若干规定细则》，完成“12309”检察服务中心建设和使用，构建一站式

2018年8月28日，西安市人民检察院“12309”检察服务中心揭牌

检察服务平台，受理来信311件，接待群众来访2918件11693人，安排律师接待122次310人，安排检察长接待145次379人。

◆打击和防范刑事犯罪 2018年，西安市检察机关依法批捕各类刑事犯罪7162人，起诉10193人，其中批捕严重暴力犯罪及“两抢一盗”等多发性犯罪3239人，起诉3560人，分别占批捕、起诉总人数的45.2%和34.9%。集中力量从严从快办理“302公交车”杀人案、“4·14”抢劫案、“3·30”网络黑客盗窃虚拟货币案等一批重大案件，努力营造和谐稳定的社会环境。强力推进“扫黑除恶”。成立由两级检察院检察长任组长的14个领导小组，整合两级院办案力量，建立由5个指导组和19个办案组组成的捕诉一体办案团队，加强扫黑除恶专业化力量建设。联合西安市中级人民法院、西安市公安局制定《西安市侦办黑恶势力犯罪案件工作指南》等文件。建立“绿色通道”，涉黑涉恶案件提前介入、引导侦查、优先受理、及时分流、快捕快诉；落实“一挂五联动”机制，充分发挥驻公安派出所检察官办公室作用，及时召开案件协调研讨会，挂牌督办重大案件。加大宣传力度，充分运用“两微一端”等新媒体，深入开展“扫黑除恶创平安、守护公正助发展”主题宣传，召开扫黑除恶专项斗争新闻发布会，营造扫黑除恶浓厚氛围。全市检察机关批捕涉黑涉恶犯罪99件336人、起诉23件172人。积极参与社会治理。推行矛盾化解与经济救助、心理疏导、协调帮扶、善后延续的“1+4”多元化救助机制，受理申诉案件49件，提出司法救助意见69件，发放救助金74.4万元。制定《开展检察建议公开宣告工作规定》，建成规范化检察建议公开宣告室，全市两级院开展宣告66次，制发各类检察建议1452份，促进依法行政和社会治理。加强未成年人犯罪惩防工作，坚持少捕慎诉原则，受理审查逮捕324人，不批捕100人；受理审查起诉296人，不起诉22人。两级检察院检察长受聘为中小学法治副校长，集中开展“关爱祖国未来”检察开放日、“法治进校园”、讲授法治课等活动300余次。

◆诉讼监督 2018年，西安市检察机关紧紧围绕“法治西安”建设，履行监督职能，加大监督力度。创建对公安派出所执法活动监督品牌，加强刑事立案和侦查监督，设立36个驻派出所或分局检察官办公室，入所巡查1600余次，提前介入重大案件194件，监督立案15件、撤案20件，纠正漏捕35人，发出纠违通知书23份。践行“谦抑、审慎、善意”司法理念，对不构成犯罪和事实不清、证据不足的不批捕2651人，不起诉670人。加强刑事审判监督，坚持实体与程序并重，追加起诉345人，对确有错误的刑事裁判提请和提出抗诉27件，法院改判6件。西安市人民检察院办理的于某非国家工作人员受贿行贿案，周至县人民检察院办理的李某某抢劫案获评全省刑事抗诉精品案件。加强刑事执行监督，纠正减刑、假释、暂予监外执行不当434件；立案审查羁押必要性审查案件891件，提出变更强制措施或释放建议847件，采纳729件。2起羁押必要性审查案获评最高人民检察院精品案件，2个派驻监管场所检察室获评全国一级规范化检察室。全年受理民事监督案件1336件，比上年上升40.8%。提出再审检察建议18件，法院改判5件，对376件不支持监督申请的案件做好释法说理。西安市人民检察院提请抗诉的于某人身损害赔偿案，法院再审后由1万元改判123万元。深入开展民事执行专项监督，针对执行问题提出检察建议541件，法院采纳343件，西安市人民检察院办理的某地产公司申请执行监督一案，为该公司挽回经济损失200余万元。积极推动解决“执行难”，与西安市中级人民法院、西安市公安局会签《关于办理拒不执行判决、裁定刑事案件实施细则》，批捕拒不执行判决、裁定犯罪23件23人，起诉15件17人。坚持从裁判结果监督向诉讼过程监督延伸，针对民事行政审判活动中的不规范情形，提出监督检察建议211件，法院采纳105件，采纳率为49.8%。全市两级检察院提起公益诉讼24件，督促相关职能部门复垦占用耕地78.83公顷，关闭非法采矿采砂场和污染源20个，清除违法堆放垃圾3759.5吨，督促收回被欠缴的人防工程易地建设费、国有土地出让金、国家农机补贴等资金4600余万元。严格执行检察长列席同级人民法院审判委员会会议制度，强化对审判程序及案件实体的监督。全市两级院检察长列席法院审委会37次，检法两院沟通协调制度进一步完善，维护司法公正合力进一步增强。

◆检察体制改革 2018年，西安市检察机关落实中央、陕西省、西安市各项司法改革任务。完成向西安市监察委员会“两反”（反贪、反渎职）职能和人员转隶，完善提前介入、案件移送、补充调查等纪法衔接程序，批捕监察委移送职务犯罪45件57人，起诉64件84人。推进内设机构改革，西安市人民检察院内设机构整合为11部1室。积极探索捕诉一体改革，指导长安区人民检察院率先试点，并在全市推开。西安市人民检察院建立重大刑事犯罪、职务犯罪、经济犯罪、未成年人犯罪专业化捕诉一体办案组。深化司法责任制改革，建立新型办案机制和团队，西安市人民检察院建立独任检察官办案单元85个、检察官办案组24个。两级检察院入额领导带头办案3419件。开展认罪认罚从宽制度试点，适用从宽制度办案6523件，占全部受理案件的70.2%。推进“智慧检务”建设，智慧侦监平台、远程提审、智能语音录入系统应用逐步深入。

◆检察队伍建设 2018年，西安市检察机关围绕“西安铁军”标准，加强检察队伍思想政治、能力素质和党风廉政建设。强化思想政治建设。开展党的十九大精神和习近平新时代中国特色社会主义思想集中轮训，制定《加强市检察院党组班子团结奋斗规定》《加强意识形态工作意见》，树牢“四个意识”，坚定“四个自信”，坚决做到“两个维护”，提升检察业务素质。以办案能力和质量为核心，强化业务学练赛，13名干警在全省业务竞赛中获评“业务标兵”称号。加快追赶超越步伐。每月围绕一个主题举办“追赶超越”推进会，筑牢检察干警“见红旗就扛、有第一就争”的意识。加强党风廉政建设。深化肃清魏民洲等流毒影响，落实对冯新柱“以案促改”工作举措，引为镜鉴，警钟长鸣。完善《党风廉政建设主体责任清单》，逐级传导压力。对碑林、灞桥和沙坡3个基层检察院开展巡察，对未央和周至两个基层检察院开展巡察“回头看”。加大调研宣传力度。班子成员带队赴先进地区检察院开展调研学习20余次，全市检察机关在新媒体发表稿件7000余篇，西安市人民检察院获评“全国检察机关信息工作表现突出的集体”。自觉接受党的领导和人大监督，向中共西安市委专题报告党建工作、党组工作和推进公益诉讼情况，定期向市委汇报规范市场秩序、服务民营经济、扫黑除恶专项斗争等工作，确保正确的政治方向。专题向西安市人民代表大会常务委员会报告执行《刑事诉讼法》、推进公益诉讼、加强民事诉讼和执行监督等情况，两级检察院办结人大代表建议和交办案件15件，组织人民监督员评议案件22件49人。加强检务信息公开，两级检察院公开案件程序性信息12891条、法律文书7723份、重要案件信息3171条，“西安检察”微信公众号发布信息749篇，获评“全省检察机关最具传播力奖”。

◆案例

长安区林业局不履行法定职责案　陕西五台山生态文化旅游有限公司非

法占用长安区五台街道办事处南五台山景区林地，非法占地面积为0.93公顷。2017年3月10日，西安市长安区人民检察院向西安市长安区林业局发出检察建议书。2017年4月7日，西安市长安区林业局复函称：2013年曾对陕西五台山生态文化旅游有限公司的建设行为进行制止并加大监管力度，该公司未再进行建设，对胜宝泉山庄建设遗留问题将在西安市长安区人民政府的统一安排部署下有序进行。西安市长安区人民检察院对复函进行调查核实，至今仍未依法履行监管职责，未对陕西五台山生态文化旅游有限公司非法占地的行为进行查处，森林资源被破坏的现状仍未改变，国家和社会公共利益仍处于受侵害状态。2017年6月2日，雁塔区人民检察院就此案向西安铁路运输法院提起行政公益诉讼，西安铁路运输法院于2018年6月1日公开开庭审理本案并做出判决，确认西安市长安区林业局对西安市长安区南五台风景林场、陕西五台山生态文化旅游有限公司、樊亮三违法行为人在非法占用林地的行为不依法全面履行监管职责的行为违法。

陕西弘宇科工贸有限责任公司土壤污染责任纠纷公益诉讼案　陕西弘宇科工贸有限责任公司于2004年11月29日登记成立，经营范围为化工原料、化工溶剂的加工（危险品除外）、机械设备、电子元件、电器设备、工业用盐的销售。2013年3月至2014年4月，弘宇公司总经理郑刚、法定代表人刘娜为提高盐酸销量，在不具备化工危险废物处置资质的情况下，承诺帮助购买盐酸的企业处置生产后的废酸，郑刚遂指使员工将废酸倾倒在东祝村闲置土地上，造成长安区韦斗路壳牌加油站以西丁字路口南600米处道路西侧农田区域的土壤酸污染，生态环境总损失为271200—811200元。弘宇公司污染环境的行为，经西安市雁塔区人民法院审理，判决被告弘宇公司犯污染环境罪，判处罚金10万元。弘宇公司总经理郑刚犯污染环境罪，判处有期徒刑2年，并处罚金3万元。弘宇公司法定代表人刘娜犯污染环境罪，判处有期徒刑1年又6个月，宣告缓刑2年，并处罚金1.5万元。2017年8月23日，西安市人民检察院就此案向西安铁路运输法院提起公益诉讼，西安铁路运输法院于2017年12月26日主持调解，当事人自愿达成协议：陕西弘宇科工贸有限责任公司已停止环境污染行为，并愿意承担生态环境修复责任；陕西弘宇科工贸有限责任公司愿意承担35万元，用于本案生态环境修复。

刘凯强、随高攀土壤污染责任纠纷环境民事公益诉讼案　2015年3月起，刘凯强、随高攀共同出资在西安市未央区下水腰村租赁场地，私开电镀厂。2015年7月16日，西安市环境保护局、浐灞大队进行执法检查时，发现被告刘凯强、随高攀的违法排污行为，将二被告当场抓获。受污染土地系西安市未央区下水腰村集体土地，地类农用地。2017年12月12日，公益诉讼起诉人委托第三方对电镀厂土壤环境污染修复进行技术评估。估算出土壤污染体积在254.16至304.99立方米之间，土壤修复费用在20.33万元至24.4万元之间，污染修复总费用在25.33万元至34.4万元之间。2017年6月7日，西安市人民检察院就此案向西安铁路运输法院提起行政公益诉讼，西安铁路运输法院于2018年3月6日公开开庭审理本案，并于2018年6月5日做出判决，刘凯强、随高攀自本判决生效后10日内，共同赔偿生态环境修复费用人民币253300元，并承担连带责任。

阎长青受贿案　2014年5月，为加强对渭河户县段非法采砂行为的打击力度，经中共户县县委、户县人民政府研究，成立“打击渭河户县段非法采砂工作领导小组”，时任户县公安局局长的阎长青任副组长，户县公安局受“打击渭河户县段非法采砂工作领导小组”委托负责处置查扣的非法砂石。在阎长青的帮助下，户县御泉湾假日酒店负责人程某取得砂石的处置权。砂石处理结束后，程某为感谢阎长青在砂石处理上的帮助，同时也为得到阎长青日常的关照，于2015年至2016年期间，先后4次送给阎长青共计人民币17万元。阎长青将此款用于个人购买“黑瓷”等收藏品及个人日常花销。案发后，涉案赃款17万元已全部退缴。此案由西安市监察委员会调查终结，移送西安市人民检察院审查起诉，西安市人民检察院于2018年5月16日向西安市人民中级人民法院提起公诉，法院依法组成合议庭，于2018年5月16日适用认罪认罚从宽制度公开开庭审理本案。于2018年6月27日做出判决，以受贿罪判处阎长青有期徒刑2年，缓刑3年，并处罚金人民币20万元。扣押在案的赃款17万元依法没收，由扣押机关上缴国库。

于垒与西安市供电局、洩湖镇人民政府、五金建材厂人身损害赔偿申请监督案　1999年12月31日，于垒之父母带其到洩湖镇兀家岩村的亲戚家帮忙建房，于垒与该村几位孩子玩耍中相互追逐至兀家岩村村外的五金建材厂，见该厂大门上的小铁门未锁，沿高压电杆旁的小树上翻爬到高压电杆上，并坐在电杆高压丝具下方的横担上，右手在抓横担上的高压瓷瓶时，被10千伏的高压电击落倒地昏迷，后被赶到的父母及亲属送往西安唐都医院住院治疗33天，诊断为“双上肢电击伤”，双上肢进行截肢花医疗费11970.2元。经鉴定，属二级伤残。2000年，于垒父母将西安供电局、洩湖镇人民政府、洩湖镇五金建材厂诉至蓝田县人民法院。蓝田县人民法院一审判决五金建材厂赔偿于垒医疗费、伤残补助费等共计人民币10381.56元，洩湖镇人民政府负连带赔偿责任，驳回于垒对西安供电局的诉讼请求。于垒不服一审判决，上诉至西安市中级人民法院，西安市中级人民法院二审驳回上诉，维持原判。于垒先后又向西安市中级人民法院、陕西省高级人民法院两次申请再审，均被驳回。2014年7月，于垒向西安市人民检察院申请监督，经西安市人民检察院研究后，提请陕西省人民检察院抗诉。2015年2月，陕西省人民检察院向陕西省高级人民法院提出抗诉。陕西省高级人民法院做出再审裁定，提审本案，撤销了原一、二审判决等法律文书，发回蓝田县人民法院重审。蓝田县人民法院重审后根据各方应承担责任的比例，判决电力公司向于垒支付1078543.2元，五金建材厂支付154077.6元，洩湖镇人民政府对五金建材厂所承担的损失负连带责任。电力公司、洩湖镇人民政府不服该判决提出上诉。2018年2月23日，西安市中级人民法院二审驳回上诉，维持原判。　（张有进）

西安市人民检察院

检　察　长　张民生
副检察长　高选良　廖　平　同振魁　施文平
政治部主任　梁根科
纪检组长　赵仲军

司法行政

◆概况　2018年，西安市司法局围绕强化城市管理、保障改善民生、突出生态环境保护等重点领域，以“良法”促“善治”，审改完成《西安市城市公共汽车客运条例（草案）》《西安市特种设备安全条例（草案）》《西安市城市轨道交通条例（修订草案）》《西安市社会急救医疗条例（修订草案）》《西安市旅游条例（修订草案）》《关于废止〈西安市经纪人条例〉的议案（草案）》等地方性法规6件，起草《西安市行政调解办法（草案）》《西安市人民政府规章制定程序规定（修订草案）》等政府规章2件，审查修改《西安市网络预约出租汽车经营服务管理暂行办法（草案）》《西安市公共安全视频图像信息系统管理办法（草案）》《西安市生活垃圾分类管理办法（草案）》等政府规章3件，梳理《西安市秦岭生态环境保护条例》修改意见。参与国家、省立法过程，办理回复法律、法规、省政府规章和文件征求意见稿28件。审查范性文件17件，审查涉权、涉法文件8件，办理征求意见269件，同意区（县）政府和市级部门规范性文件备案5件，向陕西省人民政府和西安市人大常委会报备规范性文件6件。深化“放管服”改革，组织开展涉及民营经济发展、妨碍市场统一和公平竞争、不适应优化营商环境的政府规章、行政规范性文件清理工作，开展“减证便民”专项行动，积极营造西安市改革发展的良好法治环境。围绕“打赢秦岭保卫战”，扎实开展生态环境保护政策性文件清理工作，梳理涉及秦岭生态环境保护方面的市级政策性文件34部，印发《秦岭生态环境保护的法律法规资料汇编》30余本，协助西安市沿山6个区（县）和19个市级部门，就秦岭生态环境保护长效机制涉及相关政策性配套文件的出台进行合法性审核，提出建设性、合法性修改意见，为秦岭生态环境保护“依法治山”提供依据。

◆行政执法 2018年，西安市司法局严格落实行政执法责任制，依法确定执法主体资格和执法依据，强化和规范行政执法委托组织管理，全年办理行政执法委托3批，新办行政执法委托43家，变更行政执法委托14家，撤销行政执法委托36家。开展行政执法案件评查工作，制定印发《西安市依法行政领导小组办公室关于开展行政执法案卷评查工作的通知》，对4家单位40份行政执法案卷进行抽查。对西安市环境保护局、西安市公安局等单位拟调整的200项内容以及《西安市区（县）、开发区两级政务服务事项通用目录》624项进行合法性审查，完成对陕西省放管服“三级四同”（省、市、县三级，名称、类型、依据、编码四同）和第一批取消清单等征求意见。

◆行政复议和行政应诉 2018年，西安市司法局严格依照法定权限和程序办理行政复议案件739件、行政诉讼案件376件，处理涉法涉诉事件60余件，办理涉秦岭北麓违建行政复议案件31件。牵头制定《关于做好秦岭北麓生态环境保护行政复议和行政诉讼的实施意见》，从维护社会稳定出发，加强舆情研判，引导群众理性拆违，在法律框架内，多方协调处理秦岭北麓整治拆除工作中当事人提出的行政复议申请和诉求，依法办理涉及秦岭北麓生态环境保护行政复议申请31件，参加行政诉讼案件45件和受理行政非诉执行案件17件，实现一锤定音，案结事了。

◆律师工作 2018年，西安市司法局主动承担全国首次国家统一法律职业资格考试全国机考试点任务，连续17年实现国家统一法律职业资格考试（国家司法考试）考试无责任事故，1.2万人通过考试。西安市司法局被司法部评为“全国司法考试先进单位”。组织律师全面服务“一带一路”建设，在国际港务区成立自贸区公共法律服务中心，为自贸区企业提供“全流程、一站式”服务；在西安交通大学成立“丝绸之路国际律师学院”，搭建“一带一路”高素质涉外律师培育培养新平台。全面服务民营企业，举办“新时代律师助力民营经济创新发展论坛”和第七届中国信息网络法律实务研讨会，全市86个商会法律服务中心实现全覆盖，律师担任企业法律顾问超过2000家，全年律师代理案件31325件。注重抓好律师非公党建工作，组织西安市律师协会党委、纪委进行换届，在西安市委党校成立西安市律师党校，与西安市委组织部联合举办律师非公党建工作推进会，律师党建工作不断规范。

◆公证工作 2018年，西安市司法局以全面服务保障“住房”和“上学”两大民生工程为着力点，针对西安市南长安街壹号商品房引发的社会矛盾，认真贯彻落实西安市委主要领导批示精神和市政府关于商品房销售有关政策，制定《西安市商品房销售摇号公证指导意见》，指导西安市公证处全面介入，办理商品房摇号公证201场次，涉及房源5.1万套，意向购房人23万人。按照“五个统一”（统一设备设施、统一摇号软件、统一公证流程、统一收费标准、统一摇号时间）要求，为全市民办“小升初”保驾护航，成功组织西安市首次民办“小升初”摇号公证，受到各级党委政府和学校、家长的充分肯定。积极服务西安市“营商环境优化年”“招商项目落地年”活动，全年公证办证数量突破16万件，比上年增长20%，为重点项目办理各类公证100余件，为困难群众减免公证费用1200余万元。

◆司法鉴定 2018年，西安市司法局以严格准入、严格监管、提升质量为重点，积极引导、促进司法鉴定机构做大做强，深化“陕西阳光司法鉴定”新机制建设，推动西安市司法鉴定事业持续健康发展。监管的10家司法鉴定机构检案量1264件，鉴定收费96.2万元；办理司法鉴定援助案件69件，减免费用9.1万元；出庭质证3人次；司法鉴定采信率达99%。

◆人民调解 2018年，西安市司法局在审理方式上大力倡导调解结案、强调服裁息诉，努力从根本上化解矛盾和纠纷，着力处理好涉及经济发展全局的社会热点、难点案件。积极参与社会治理，加强与人民调解、道路交通、保险等行业性、行政性调解组织及商会的工作衔接，推动建立纠纷的多元联动化解机制。坚持和深化“枫桥经验”，建立健全司法所、人民调解委员会动态考核机制，深化“五星级人民调解委员会”“五星级司法所”创建和等级评定工作，灞桥区“358”（“3”是建立完善区、街办、村/社区三级人民调解组织；“5”是指充分发挥综治、公安、法院、信访、司法行政5个部门的协调联运作用；“8”是指建立劳动人事争议纠纷、消费纠纷、物业纠纷、教育系统纠纷、医患纠纷、职工维权纠纷、食品安全纠纷、交通事故纠纷8个行业性、专业性调解委员会）人民调解模式全面推广，“枫桥经验”西安模式基本形成，人民调解参与矛盾纠纷调处领域不断扩大，全年全市司法所和各人民调解组织调处各类矛盾纠纷24868件，调解成功率比上年上升1.3%。

◆法律援助 2018年，西安市司法局通过降低申请门槛、扩大受案范围、拓展服务内容等方式，进一步扩大法律援助服务领域，加强法律援助案件监管，开展优秀法律援助案例评选和“法律援助进工地、普法维权零距离”“法律援助周周行、普法解困到身边”“法律援助进校园普法帮忙有一套”“法律援助助力脱贫攻坚”宣传服务月等法律援助宣传活动，举办西安市法律援助系统学习贯彻党的十九大精神专题讲座暨法律援助业务培训班，组织西安市14个法律援助机构、328个法律援助工作站、2271个法律援助联系点开展大比武活动。全年指派和办理法律援助案件16853件，超额58%完成司法部下达的公益彩票任务。

◆公共法律服务 2018年，西安市司法局举办陕西·西安“智慧法务”发展大会，升级公共法律服务实体平台，改造“12348”公共法律服务电话热线，推动“12348”西安法网建设，为中共西安市委、西安市人民政府和西安市人民政府政务服务中心配置“无人律师事务所”，未央区、碑林区、临潼区等区（县）安装法律服务终端，打造群众身边的法律服务平台，让市民群众不出家门、动动手指就能获得优质高效的智慧法律服务。建立村（社区）法律顾问“三级微信群”，全面推广莲湖区“1133”（一名社区法律顾问、一个法治日活动、活动质量三级监督、活动开展三级保障）社区法治工作模式和未央区法律服务工作方法，村（社区）法律顾问进村（社区）服务1.2万次，受益群众达40余万人。

◆司法行政戒毒管理 2018年，西安市司法局强力推进西安市强制隔离戒毒所整治工作，配齐配强党委班子和基层大队领导干部，深入开展“严标准、强规范”大学习大整顿大练兵活动，推动完成38个基础设施改造项目，所容所貌和队伍建设较大提升，整治工作顺利通过司法部检查验收。西安市强制隔离戒毒所被陕西省戒毒管理局评为全省生活卫生管理达标工作示范所。

◆社区矫正和安置帮教 2018年，西安市司法局积极发挥社区矫正监管平台作用，对重点人员实施电子定位，实现精准有效监管，严格执行社区矫正人员社会调查评估，强化科学矫正、提高矫正质量，推进戒毒警察向社区矫正延伸、开展执法督查，促进社区矫正对象顺利回归社会、融入社会。全年社区服刑人员在册3314人，均管控到位。贯彻《关于做好刑满释放重点人员三级衔接工作的意见》，严格落实对重点帮教对象的必接必送措施，进一步推进刑满释放人员危险性评估工作，加强对刑满释放人员日常管理和动态管理，落实帮教措施，最大限度做好帮扶工作，开展技能培训，协助落实救助管理措施，帮助解决实际困难，使刑满释放人员更好地融入社会，全年刑满释放人员在库8275人，帮教率达到98%，重新违法率0.01%，低于全国0.2%的管控标准。

◆司法行政改革 2018年，西安市司法局不断深化律师制度和法律援助制度改革，进一步扩大公职律师和公司律师制度覆盖面，全年新增公职律师公司律师70余名，办理各类涉法事务1000余件；全面开展刑事辩护律师全覆盖试点，办理刑事辩护法律援助案件3168件；成立公证参与人民法院司法辅助事务工作室，开展莲湖区公证处“最多跑一次”公证试点，办理“最多跑一次”公证事项2700余件；深化人民监督员改革入选西安市全面深化改革“十大案例”，人民陪审员制度改革后首批选任工作积极推进，司法体制改革成效明显。

◆法治宣传教育 2018年，西安市司法局扎实推进“七五”普法规划落实，协调市级领导带队，对103个市级部门和13个区（县）、7个开发区“七五”普法规划落实情况进行督导检查。开展“谁执法谁普法”和以案释法活动600余场次，在《法治西安》栏目播放法治栏目剧52期208次，在《西安晚报》“以案释法”普法专栏刊载普法故事26期，“两微两博”普法平台发帖1400余条，各类新闻媒体刊播法治新闻3100余条。西安市司法局官方微博入选中央政法委员会首届“四个一百”优秀政法微博百强榜单。全市打造市级“民主法治示范村（社区）”57个，雁塔区205社区、未央区华远君城社区、鄠邑区滨河公园等5个市级法治文化阵地标准化建设稳步推进。

（贺　萌）

西安市中级人民法院

院　　长	李洪涛
副 院 长	杜豫苏　赵海峰　徐琳茹　常　青
纪检组长	张小齐
执行局长	张鲁南

仲　裁

◆概况 2018年，西安仲裁委员会以品质仲裁建设为中心，把案件质量作为推行之基、发展之本，加强案件评议、咨询工作，强化仲裁监督，确保案件办理质量。社会影响力与公信力不断提升，仲裁服务职能得到充分发挥，仲裁业务实现快速、持续、稳定发展。全年共接受当事人法律咨询1200人次，受理各类经济纠纷3100件，标的总额48.3亿元。仲裁协议明确约定西安仲裁委员会仲裁的案件占受理总数的98%。结案数占应结案数的85.2%，调解率43%，平均结案时间81天；受案覆盖面涉及江苏、浙江、内蒙古、北京、湖北、山西、重庆、福建、黑龙江及陕西省的咸阳、宝鸡、渭南、汉中、延安、商洛等地。办案数量、案件标的、办案质量继续保持全国仲裁机构综合实力排名的前列。

◆仲裁队伍管理 2018年，西安仲裁委员会进一步完善《仲裁员管理办法》《仲裁员办案规定》2个规范性文件，对仲裁员的聘任、培训、纪律及考核与奖惩做出明确规定，对仲裁员的办案行为提出具体要求。制定仲裁员个案目标量化考核标准，并组成考核小组，每月对已结案仲裁员的办案行为从接受选定或指定、庭审准备、庭审、裁决、结案及效果评价5个方面32项内容进行百分制考核，考核结果存入本人业务档案，作为年终评优、下届续聘的依据。严格规范仲裁员工作程序，要求仲裁员在庭审前做到有仲裁员声明、有阅卷记录、有庭审提纲、有合议笔录。案件审结后提交结案报告。积极倡导以调解结案为主的思想，充分发挥仲裁优势，通过调解方式结案来提高当事人的满意率与自觉履行率，增强仲裁的实际应用价值。调解结案件率、当事人自觉履行率比上年均有较大的增幅。

◆仲裁制度推行 2018年，西安仲裁委员会确立“密切企业、联系行业、辐射社会”的宣传思路。形成以企业为基点，以行业为纽带，以社会为依托，点、线、面相结合的宣传格局。通过公正办案，寓宣传于实践，使企业切身感受仲裁解决商事纠纷的特点和优势。在重点行业设立联络站，加强联系，达到规范经济合同，完善仲裁条款，推行制度的目的。通过媒体和社会宣传扩大影响，与省、市电视台合作拍摄仲裁专题片及公益广告片，让社会各界深入了解仲裁、认识仲裁、走进仲裁、接受仲裁。在重点行业推行仲裁制度，与中建西部建设北方有限公司签订《仲裁制度推广战略协议》，为企业提供全方位的仲裁法律服务。加强国际间仲裁合作，与新加坡国际仲裁中心经过交流与协商，在双方原有的合作协议的基础上商定新的合作备忘录。充分利用“一带一路”的发展契机形成聚力共同促进，使仲裁在“一带一路”建设中成为重要的法律支撑，为“一带一路”以及亚太地区商事争议解决搭建更好的平台、提供更顺畅的渠道。开展仲裁司法鉴定人员培训班，加强业务协作与沟通，确保公正仲裁。

◆仲裁服务 2018年，西安仲裁委员会发挥区域和行业优势，进一步拓宽仲裁服务领域，通过西安国际商事仲裁院、陕西自贸区仲裁院、西安电力能源仲裁院不断创新仲裁发展方式，在传统的仲裁服务方式基础上，根据市场需要研发更多的仲裁服务产品，根据发展路径，走分行业融合的发展道路，实现专业精准的仲裁服务。充分发挥西安仲裁委员会自贸区仲裁院、国际商事仲裁院的专业优势，制定专门仲裁规则，建立仲裁咨询、法律风险防范、商事纠纷调解、合同备案、纠纷解决等多元化的仲裁法律服务，为国际商事主体之间产生的争端提供综合性服务。强化仲裁专业服务功能，成立西安仲裁委员会金融仲裁院，设立专业仲裁员名册，制定专业仲裁规则，为当事人提供专业、精准、权威的仲裁法律服务。在金融领域推广网上仲裁和前置委托交易+仲裁业务，实施贷前备案，贷中促调，违约快速救济。各分支机构的工作运行稳定，案件办理、履行情况良好，作用发挥明显，有效解决了投资主体的各类纠纷，对促进招商引资、经济开放与发展起到积极作用。

（窦　鹏）

军 事

责任编辑
冯冠杰

西安警备区

◆概况 2018年，中国人民解放军陕西省西安警备区坚持以习近平新时代中国特色社会主义思想和强军思想为指导，按照“坚持根本铸军魂、聚力攻坚抓备战、强化法治促正规、整风整改求深入、全力以赴保稳定”的工作思路，科学筹划，积极作为，稳中求进，狠抓落实，圆满完成年度各项工作任务，警备区整体建设水平稳步提升。

◆思想政治建设 2018年，中国人民解放军陕西省西安警备区坚持用习近平新时代中国特色社会主义思想和强军思想凝神聚魂、锻造忠诚，突出抓好党员干部中国共产党第十九次全国代表大会精神的理论培训，抓好军委主席负责制的学习贯彻。开展“传承红色基因、担当强军重任”主题教育，组织参观红色场馆、观看红色影片，进一步打牢官兵传承红色基因、践行强军目标、献身强军伟业的思想根基。深刻检视警备区党建工作，研究贯彻落实措施，党的建设得到加强。分层次做好军事政策制度改革宣讲教育，提出纪律要求，强化官兵拥护改革、支持改革、投身改革的思想自觉。

◆战备训练 2018年，中国人民解放军陕西省西安警备区坚持落实日常战备制度，严密组织“纠治和平积弊、凝聚备战合力”教育，深入推进“和平积弊大起底大清扫”活动，按照新编制对民兵组织进行调整优化，严格落实党委议战、议训制度，抓好首长机关建设和民兵训练，提高履行使命的能力素质。在西安民兵训练基地开展集中轮训备勤，开展群众性练兵比武竞赛活动。

◆国防动员 2018年，中国人民解放军陕西省西安警备区贯彻中央军委国防动员部和陕西省关于征兵工作各项指示要求，采取现场讲解政策、墙报标语展示、电视广播宣传、手机短信群发、进村入户做工作、赴高校巡回宣讲等多种形式，不断宣传造势，严把体格检查、政治考核、役前训练、审批定兵等关键环节，全程贯穿廉洁征兵教育和监督执纪，圆满完成年度征集任务。开展国防动员潜力调查，完成数据统计调查和填报会审工作，并如期完成数据上报任务。抓好专职人民武装干部业务培训，为推进全市基层武装部建设和武装工作奠定人才基础。

◆部队建设管理 2018年，中国人民解放军陕西省西安警备区着力抓好各区（县）两级人民武装部正规化建设。结合民兵整组，及时更新基层武装部图、表、册等资料，并指导未央区人民武装部抓好基层武装工作规范试点及示范教学录像片拍摄工作。开展“学训令、守条例、用大纲”活动，严格规范办公生活秩序，着力抓好车辆派遣、营门出入登记、人员考勤管理等工作，强化官兵条令、法规意识，促进部队正规化建设。做好安全稳定工作，严格落实安全形势分析和安全风险评估制度，认真组织安全隐患排查，及时组织学习安全事故通报，强化官兵安全意识，确保安全稳定。

◆警备区综合保障能力建设 2018年，中国人民解放军陕西省西安警备区聚焦中心主业，抓好后勤保障能力建设。主动化解矛盾，按时完成停止有偿服务任务，并协助驻军完成停止有偿服务任务。强力推进清房工作，进一步规范公寓房管理秩序。完善和制定相关财务规章制度，财务管理秩序得到进一步规范。严格落实物资集中采购制度，完成警备区机关战备物资、办公用品集中采购活动X批次。协调驻军完成燃煤锅炉拆改任务，筹资对警备区机关营区营院部分基础设施进行修缮，官兵生活、训练环境得到较大改善。

◆双拥共建 2018年，中国人民解放军陕西省西安警备区持续抓好强军优属工作，常态化开展悬挂“光荣军属牌”、送“喜报”等工作。协调西安市教育局出台西安籍军人子女中考优惠政策，249名军人子女得到教育优待。“八一”前后，指导各人民武装部依托辖区驻军，组织市、区级4大班子领导过“军事日”，通过举办国防安全讲座、参观主战装备、体验军营生活等形式，破除和平麻痹思想，进一步强化地方党政领导干部国防意识。积极投身打赢脱贫攻坚战，帮建范围涉及全市8个区（县）14个行政村，结对帮扶4个村的53户贫困户，帮扶人数109人，累计协调投入资金290余万元，解决就业困难20余人，扶持特色农业7.33公顷，建成基础设施60余处。其中，警备区本级为挂钩帮建的周至县骆峪镇新村一次性投入36万元。

（惠　洁）

2018年7月29日，西安警备区召开西安市征兵工作电视电话会议

武警西安支队

◆概况 2018年，中国人民武装警察部队陕西省总队西安支队坚持用习近平强军思想指导武警建设，聚焦“两个维护”新时代使命，紧跟中国人民武装警察部队党委思路举措，准确判断支队建设方位，抓好基础建设、机制建设，积极练兵备战，部队建设稳步发展。

◆思想政治建设 2018年，中国人民武装警察部队陕西省总队西安支队着眼政治建军，强化铸魂育人。制定《学习贯彻党的十九大精神20条措施》，落实每月2天进行党委中心组理论学习制度，不断打牢官兵“三个维护”思想根基。邀请中共十九大代表吴飚、全国人大代表郝世玲来队宣讲中共十九大和全国“两会”精神，举行十九大知识竞赛，组织“卫士风采”文化活动。大力表彰军事训练、比武竞赛和完成任务突出的29名官兵，李博获中国人民武装警察部队陕西省总队优秀“四会”政治教员（会搞思想调查和计划安排教育、会运用现代化教学手段备课讲课、会做思想工作、会进行心理教育疏导）。在军内外主流媒体刊发170余篇反映支队建设稿件。

◆军事训练 2018年，中国人民武装警察部队陕西省总队西安支队瞄准实战需求，高效履职尽责。召开军地联席会议，健全兵力需求长效机制，有效构建协同联动指挥新格局。加强勤务管控，有效纠治安全隐患8类114处，固定目标连续19年无安全事故。推进“智慧磐石”建设，完善“卫星、自主、4G、动态网络平台”交互手段，参加中国人民武装警察部队陕西省总队方案讲解评比获得第一名。坚持靠前指挥，组织巡逻勤务，执勤四中队成功处置一起地方人员持刀伤人事件。推进“一室两库”和战备“三化”建设，为13个县（区）中队配齐应急班防暴巡逻车，购买装备器材×种×件（套）。参加总队“射击周”考核取得第二名；在总队“指挥员、教练员、参谋人员”大比武中获得团体第三名；在军体竞赛中获得团体第一名。张刚被中国人民武装警察部队表彰为“标兵导调员”。动用兵力×人（次），实兵、实装参加“卫士18•秦岭”演习。圆满完成第三届丝绸之路国际博览会暨中国东西部合作与投资贸易洽谈会、2018西安国际马拉松赛安保和武装押解等临时勤务200余起。

◆军事化正规管理 2018年，中国人民武装警察部队陕西省总队西安支队聚焦依法治军，狠抓从严管理。以新《中国人民解放军共同条令》颁布为契机，及时推进“条令年”活动开展，组织条令法规和安全规范知识竞赛，参加中国人民武装警察部队陕西省总队条令知识竞赛取得第一名。建立“月擂台、季点评、常态比”机制，录像曝光巡查情况，指名道姓通报问题，不断规范秩序建设。召开军人大会严肃处理危险驾驶、管理违规的×名人员，立起追责、问责鲜明导向。树牢“安全靠建”理念，狠抓规范落实，加强安全教育和安全技能训练，抓好手机防控、预防自杀等工作，逐人开展心理测查，组织重点部位人员政治考核，对×名重点关注对象教育管控措施有力，使安全基础更加牢靠。

◆武警基层建设 2018年，中国人民武装警察部队陕西省总队西安支队紧盯基层需求，推进武警基层建设。开展“《军队基层建设纲要》学习月”活动，组织党委（支部）书记、党小组长集中培训，抓好政工例会、岗位大练兵等活动，制订《按纲服务指导基层计划》《精准帮建计划》，逐单位审定《按纲建队计划》，落实“领导包片、科队挂钩、大队负责”帮建机制，党委常委带队，分5批工作组蹲点基层帮建，对连续5年未进入先进的中队实施“一队一策”精准帮建，2个后进中队“脱贫摘帽”；3个中队、3名官兵被中国人民武装警察部队陕西省总队表彰为“先进党组织”和“优秀党员”。组织15期巡查曝光台、4次“视频问责”、6次擂台赛，打造强化监督、治慵治懒平台，对12个单位和12名个人进行现场问责，“用心工作”成为官兵的行动自觉。培养输送考学、提干人员×人，培训、集训各类技术学兵×人，加强部队建设骨干力量。

◆武警后勤保障 2018年，中国人民武装警察部队陕西省总队西安支队推进两级应急保障力量建设，修订完善3类20种应急保障预案。开展炊事员、卫生员、驾驶员等岗位练兵活动，组织实兵、实装拉动。严抓后勤领域“清仓归零”整治，纠治2类88个问题，涉及金额1210757.5元；全部问题整改完毕，收回违规款项40774.3元，补充“情况说明”152份。开展“暖心惠兵”工程，协调西安市人民政府召开专项会议推进解决支队建设困难，推动所辖监狱和部分中队营房建设；协调西安市发展和改革委员会立项解决教导队维修改造经费900余万元，维修公寓房99套、基层营房9500平方米；向西安市住房保障和房屋管理局争取60套廉租公寓房。构建“全要素、多领域、高效益”军民融合保障格局，与西安市公安局、西安市卫生和计划生育委员会、西安市军供粮站、中国建设银行西安分行、中国石油西安分公司建立应急供应保障机制，形成协同保障与自我保障的融合保障模式。

◆外事活动 2018年4月19日，中国人民武装警察部队陕西省总队西安支队接受吉尔吉斯斯坦国民卫队代表团参观访问。11月30日，接受黎巴嫩内部治安军司令瓦立德•乔瓦尔准将率代表团一行3人参观访问。12月12日，接受吉尔吉斯斯坦国民卫队沙伊尔维克上校带领中国人民武装警察部队指挥学院“吉尔吉斯斯坦部队建设与管理研修班”外训队员一行10人来支队机关参观见学。

◆武装联勤巡逻勤务 2018年2月1—4日，中国人民武装警察部队陕西省总队西安支队每日动用×名兵力，担负春运期间西安火车站和西安北客站武装巡逻任务。4月29日至5月1日，每日动用×名兵力，担负五一期间城市重点区域武装巡逻任务。6月29—30日，每日动用×名兵力，完成第二届世界西商大会期间西安地区一级武装巡逻勤务。9月3、4日，每日动用×名兵力，确保2018中非合作论坛北京峰会期间西安社会安全稳定。10月20日，出动×名兵力，完成2018西安国际马拉松赛安全保障任务。11月5—10日，每日动用×名兵力，确保2018中国国际进口博览会期间西安社会安全稳定。

◆处置突发事件 2018年6月14日，中国人民武装警察部队陕西省总队西安支队执勤一中队西北大街巡逻组成功处置一起疑似化学物品泄露事件，并将制造事件的嫌疑人移交北院门派出所。6月27日，支队执勤四中队行政中心巡逻组成功处置1起持刀伤人事件，果断出击，迅猛夺刀将歹徒制服，并移交公安干警处理。11月11日，支队执勤四中队哨兵成功处置1起上访群众强行闯入事件，并将可疑男子移交至新府路派出所。

（武警西安支队）

人民防空

◆概况 2018年，西安市人民防空办公室落实中共中央、国务院、中央军事委员会《关于深入推进人民防空改革发展若干问题的决定》、第七次全国人民防空会议和陕西省第十次人民防空会议精神，坚持“服务国防战略、服务经济发展、服务城市建设、服务人民群众”的指导思想，不断提高履行战时防空、平时服务、急时支援的能力和水平，圆满完成各项目标任务。

◆人防重点项目建设 2018年，西安市人民防空办公室建设的土门街心花园单建人防工程主体封顶，面积×万平方米；投资8000万元的长乐西路单建人防工程建成；总投资3亿元的曲江文化运动公园单建人防工程于年底封顶。采取PPP模式推进单建人防工程建设。由上海城市建筑设计研究总院进行概念性设计规划的纺渭路单建人防工程总面积×万平方米，总投资约20亿元，前期规划论证已完成，并于11月通过市领导专题会研讨，年底前完成立项和可研性报告编制工作，正在全力推进。落实《国家“十三五”人民防空建设发展规划》相关要求，与陕西省人民防空办公室共同规划建设一个约4000平方米的西安人防科普教育馆，已完成初步规划，拟在曲江文化运动公园单建人防工程中建设，已报请西安市人民政府批准。对西安人防纳凉中心进行改造，升级更新音频、视频安全监控系统，对通风、除湿、应急、消防等各类设施设备进行全面巡查维修，提升服务保障能力，年内免费接待纳凉群众10余万人次。

◆人防审批验收 2018年，西安市人民防空办公室研究制定《简化人防审批实施细则》，修订完善《人防工程验收管理规定》，取消结建人防施工图审批程序，将原人防报建审批3个事项合并为1项，制作“一个事项、一套清单”，法定办结时限由20个工作日压缩至3个工作日，压缩时限率85%以上，并开通快递送件服务，让群众和企业少跑路。全年人防工程审批面积超额完成5%，人防验收面积超额完成117%。学习借鉴广州市等城市经验，编制综合管廊兼顾人防的技术标准，正在征求意见。

◆人防工程质监、执法 2018年，西安市人民防空办公室专业技术交底256次，下发“质量问题整改通知单”342份，受理质监申报项目289个；送达“行政处罚事先告知书”41份、“听证告知书”4份、“行政处罚决定书”26份，追缴易地建设费565万元，罚款45万元。

◆人防工程维护、防汛抢险 2018年3月初，西安市人民防空办公室按照西安市防汛抗旱指挥部办公室要求，提前着手，下发人防工程安全隐患排查通知，要求各区（县）全面排查工程隐患。加强防汛值班工作，落实24小时人员与防汛抢险分队值班制度、办领导带班制度。完善修订防汛抢险预案，补充防汛器材，落实防汛资金33万元，保证安全度汛。

◆人防跨区演练和人防机动指挥通信训练 2018年6月，西安市人民防空办公室组织同属中国人民解放军中部战区的西安、郑州、太原3地举行跨区协同演练，组织参演人员×人，调动各型车辆×台。12月，在全国人防工作会议上，国家人民防空办公室专门编发《人防通讯》，对包括西安市人防办在内的全国6家单位的先进经验在全国进行推广。5月，西安市人民防空办公室参加陕西省人防机动指挥通信系统跨区域支援演练，在机动指挥通信系统开设和撤收比武竞赛中夺得第一名。

◆人防通信警报建设 2018年，西安市人民防空办公室督促各区（县）加紧防空警报的规划和布局，新装警报器×台。高陵区、蓝田县完成改频任务，参加和组织固定训练45次，沟通通信联络298次。协调推进多媒体警报建设的保密申请，已通过财务评审，正加紧建设。首次运用国家突发事件预警信息发布系统和基于电子屏多媒体、多功能新型防空、防灾预警报知系统开展警报鸣放宣传，完成“9·18”鸣放任务，取得良好社会效果。

◆人防宣传教育 2018年，西安市人民防空办公室与陕西省自然博物馆联合举办人防宣传教育活动。在全市23个学校及社区建立人防宣传教育示范点，宣传受众学生2.5万人次、社区居民约3万户，发放人防应急器材教材近2万套（册）。西安市第四十五中学等13所学校被陕西省人民防空办公室列为“全省人防宣传教育示范学校”；西安市雁塔区西延路社区等10个社区被列为“全省人防宣传教育示范社区”。（翁　哲）

预备役高炮师

◆概况 2018年，陕西陆军预备役高射炮兵师坚持以习近平强军思想为指导，坚决贯彻中国人民解放军中部战区陆军党委决策部署，各项任务圆满完成，部队建设取得新的进步。

◆思想政治建设 2018年，陕西陆军预备役高射炮兵师思想政治建设得到进一步加强。坚持把学习贯彻中国共产党第十九次全国代表大会精神和习近平新时代中国特色社会主义思想作为首要政治任务。全面深入贯彻军委主席负责制，先后12次组织党委中心组理论学习，组织全师干部进行理论轮训。深入推进“传承红色基因、担当强军重任”主题教育。集中组织“四个正确对待”专题教育（正确对待组织、正确对待荣誉、正确对待同事、正确对待自己），开展“五个一”活动（组织一次警示教育活动；进行一次先进典型教育活动；主要领导上一次党课；举办一次专题报告会；开展一次廉政文化活动）。大力加强师团军营文化建设。

◆军事训练和应急演练 2018年，陕西陆军预备役高射炮兵师练兵备战质量有进一步提升。牢固确立“加强战斗力”这个唯一根本标准和军事训练中心地位，组织学习练兵活动，年度训练考核优良率达到83.2%。开展整组工作，探索创新编组模式和战斗力生成模式。组建“无人机+”、直升机应急分队、网络战法律战分队，探索创新编组模式和战斗力生成模式，做法被《解放军报》、《人民陆军》、“忠诚号”微信公众号和西安电视台等13家新闻媒体报道。结合任务转换期工作，组织预编官兵入队训练、指挥专业骨干集训、专业应急分队训练演练、值班业务能力培训。五团完成宁强地震紧急出动任务；师机关带二团、三团举行应急指挥室内筹划演练。（作训科）

◆部队正规化建设 2018年，陕西陆军预备役高射炮兵师持续开展军事正规化建设，深入开展“行法治、抓从严”和“贯彻落实新条令、塑造陆军好样子”活动。组织专题授课辅导9次，观看安全教育警示片12部。依托二团组织队列示范观摩活动，探索建立“法治军营”“智慧营区”和车辆安全监控体系。及时传达安全事故通报、安全预警提示和安全管理要求，并抓好问题整改。围绕防范重大安全问题，狠抓严防工作落实。以安全大检查、大整治活动为重点，组织本级督导检查。1月11—17日，组织作战部队新交流人员×人进行集训，使其对预备役部队有比较全面的了解。（军务科）

◆部队综合保障能力建设 2018年，陕西陆军预备役高射炮兵师推进综合保障体系化、标准化、规范化建设。对军需被装库、营房仓库、药品库和装备库室进行集中整治。修订完善财务、物资采购、伙食管理等相关制度，规范程序流程。迎接中央军事委员会审计署西安审计中心对生活费专项审计工作，开展重点行业系统清理整治。开展“爱装管装”教育月活动。（组织科）

◆“传承红色基因，担当强军重任”主题教育 2018年，陕西陆军预备役高射炮兵师开展“传承红色基因、担当强军重任”主题教育活动。结合上级下发的教育提纲要点和部队使命任务，开展“和平积弊大起底大扫除”活动并分6个专题进行教育。对照中央军事委员会明确的理论学习、查摆问题、检视剖析、清理整改4个环节，严格标准要求，分阶段组织、分步骤展开、分层次实施，做到有效衔接、有机贯通、有序推进。（宣保科）

2018年6月15日，陕西陆军预备役高炮师第二团直升机空中应急救援分队组建成立

城市建设与管理

责任编辑
冯冠杰

西安年鉴
2019
XI'AN YEARBOOK

综 述

◆**概况** 2018年，西安市城乡建设部门加大城市建设投资、融资和重点项目建设力度，制定《西安市美丽城镇建设三年行动实施方案》《支持和促进特色小镇和特色小城镇基础设施建设的意见》和《关中民居设计图集》加快推进城乡一体发展和建筑行业审批改革，城建工作实现协调可持续发展。全年完成市政公用设施没资773.60亿元。新建人行天桥及地下通道2座（处），新建、改造绿地广场62个。新建道路面积10291.72万平方米。年末，西安市建成区面积700.27平方千米，市区人均公园绿地面积11.92平方米，建成区绿化覆盖率41.6%。年末，城市污水处理厂日处理能力310.10万立方米，比上年末增长11.7%。

◆**城建计划审批及项目资金预决算** 2018年，西安市城乡建设部门计划安排投资总规模710亿元，涉及项目12类496项，完成投资773.6亿元。完成50个项目投资估算审核，送审费用195946.67万元，审定费用164142.37万元，审减率16.23%。预算审核项目150个，送审费用366129.05万元，审定费用287224.72万元，审减率21.55%；结算审核项目工程342个，送审费用253182.34万元，审定费用241792.29万元，审减率4.5%。

◆**城建综合协调** 2018年，西安市城乡建设委员会发挥城建项目联席会平台作用，加强与规划、市政、城管、交通等部门以及项目建设单位沟通联系，召开各类协调会40余次，现场协调督促城建项目30余次。审查各类城建项目105项。重点审查西安体育中心和西安丝路国际会展中心配套城市快速路改造项目等重点项目以及常宁片区、渭北工业区、西安高新技术产业开发区及部分区（县）的多项综合管廊项目；审查北二环至太华路立交、太华路至凤城八路立交、西二环金光门桥开远门桥白家口立交、西铜路元朔路尚稷路立交、朱雀大街城南客运站及东三环尚东城小区北2座人行天桥等一批涉及城市美化、亮化、民生项目的方案设计。通过审核审查，提升工程方案设计的合理性、可行性和经济性，有效提升设计质量，提高建设成效。

◆**城建战略研究及试点** 2018年，西安市城乡建设委员会编制完成《西安市断头路三年清零行动方案》《西安市推进新建住宅全装修工作实施意见》《西安市建筑物外立面装饰施工标准》《西安市建筑物外立面装饰工程验收管理办法》《西安市工程建设项目审批制度改革实施细则》《劳保费试点审批拨付管理制度》《西安市建筑节能事中事后监管实施方案》《西安市建设工程劳保费试点实施方案》，草拟《西安市老旧小区综合改造升级工作方案》。

◆**城建基础设施建设** 2018年，西安地铁四号线通车试运营；一号线二期4座车站主体结构全部封顶，全线实现“洞通”；五号线一期有10座车站主体结构封顶，区间工程量完成过半；六号线一期15座车站中11座车站封顶，六号线二期车站及区间全面开工建设；九号线15座车站中10座车站主体结构封顶，8个区间单线贯通。西安市城乡建设委员会组织设计公共停车场项目方案，并审查5批，下达建设计划3批，开工建设公共停车位21068个。完成“智慧停车”信息平台建设和西安“智慧停车”手机App微信公众号的开发使用，接入西安市三环内108万个停车位信息和部分停车场动态数据信息，实现停车场导航、车位查询、空余车位显示等功能。

◆**城建PPP项目** 2018年，西安市城乡建设委员会强力推进总投资276.4亿元的城市快速路、综合管廊和海绵城市等PPP项目。昆明路及西延路快速路PPP项目，总投资25.22亿元，累计完成投资16.93亿元；西延路项目通车放行；建工路及新兴南路快速路项目，总投资17.59亿元，累计完成投资11.51亿元；西安丝路国际会展中心外围提升改善道路PPP项目，总投资21.28亿元，累计完成投资0.25亿元；西安体育中心外围提升改善道路PPP项目（一标段），项目投资估算38.6亿元，累计完成投资3.16亿元；西安体育中心外围提升改善道路PPP项目（二标段），项目总投资23.18亿元，累计完成投资3789.83万元。停车场PPP项目，完成14个项目的“规划选址意见书”；完成5个项目规划条件审批及“建设用地规划许可证”办理；开元公园地下停车场项目正在清表出土；博文路广场停车场项目正在办理苗木迁移；其余项目正在分步骤加快办理。综合管廊新开工干支线管廊40.16千米、缆线管廊19.22千米，完成投资40.57亿元。3个市级重点项目中，科技二路综合管廊项目完成投资37753万元；科技八路综合管廊项目完成投资26489万元；朱宏路综合管廊项目完成投资32108万元。“海绵城市”建设项目，全面启动78个建设项目，年底完成46个项目，完成投资18.6亿元；小寨区域“海绵城市”建设完成“海绵化”改造270公顷，改造雨、污水管道20千米，建设调蓄池（库）19万立方米。西咸新区成为“全国海绵城市”建设试点城市，小寨区域“海绵城市”建设项目被财政部列为“全国PPP示范项目”。西安市举办全国首届城市综合管廊智慧运维国际论坛，昆明路综合管廊工程成为“全国综合管廊建设典范工程”。4月23日，中央中文国际频道《中国舆论场》栏目播放《中舆记者带您走近西安地下综合管廊》节目，对昆明路地下综

中国飞机强度研究所海绵化改造——雨水花园

打通后的研发路

合管廊项目进行报道。

◆"断头路"打通　2018年，西安市升级西安市断头路打通工程作战指挥部，对全市"断头路"进行航拍，制作视频和图册，挂出分布图、作战图、进度图，实施挂牌督办。西安市城乡建设委员会成立4个督查队，集中开展"断头路督查在行动"系列活动。邀请《西安日报》《西安晚报》《每日聚焦》等媒体集中采访、随时跟进，实现"天天盯、周周报、月月督"。全年打通"断头路"30条。

◆建设工地和两类企业扬尘治理　2018年，西安市城乡建设委员会印发《2018年建设领域"铁腕治霾·保卫蓝天"工作实施方案的通知》《西安市建设工程施工现场围挡及出入口图册》《关于加强建设工地防尘密目网使用管理的通知》《2018年"铁腕治霾保卫蓝天"挥发性有机物污染治理专项方案》《关于开展建设工地非道路移动机械污染专项整治工作的通知》《西安市建设工地及"两类企业"喷雾降尘系统建设实施方案》等文件，制定《西安市建设工地及两类企业扬尘污染防治技术导则》《西安市施工工地场界扬尘排放限值管理办法》《关于实施扬尘污染防治失信惩戒的通知》等标准措施，明确建设工地扬尘污染防治的标准。实行全市建设工地设置"领导包抓监管公示牌"和"红、黄、绿牌"挂牌管理制度，安装1651套在线监测设备，在2081个工地设置"领导包抓监管公示牌"。召开全市建设工地和能源企业、污染企业"两类企业"铁腕治治霾专项整治常态治理暨安全生产现场会5次；组成8个督导组，检查建设工地4735个次、预拌混凝土及预拌砂浆企业929家次；下发"移送单""督办单"714份，处罚问题项目331个，处罚1498万元。　（张　睿）

◆城建融资　2018年，西安城市基础设施建设投资集团有限公司新增银行贷款授信65.10亿元，提款到位24.28亿元。完成年度置换20亿元，共计304.49亿元的政府债务置换计划全部完成。作为全市棚户区统贷统还平台，累计获得国家开发银行授信额度1231亿元，累计提款723.83亿元，审核用款470.65亿元，偿还债务93.7亿元。全年提款177.31亿元，已全部转拨落实到具体项目。融资租赁合作客户22户，业务领域主要涉及基础设施、公共交通、能源设备等，累计实现业务规模85.06亿元。以股权和基金形式向西安富阎移动能源有限公司投资8亿元，并向其提供委托贷款1.5亿元。

◆基础设施重点项目建设　2018年，西安城市基础设施建设投资集团有限公司承担西安市高陵分输压气站至灞河西路输气管道工程（新气源）项目等市级重点项目4个，计划投资6.24亿元，实际完成投资6.96亿元。其中，西安市高陵分输压气站至灞河西路输气管道工程（新气源）项目，计划投资2.5亿元，实际完成投资25006万元；西安市西三环与锦业路立交工程，计划投资1.28亿元，完成投资13048万元；引镇液化天然气应急储备站项目，计划投资2000万元，完成投资7677万元；亚洲开发银行西安城市路网完善工程，计划投资2.25亿元，完成投资23921万元。　（新雷音）

◆工程建设项目审批改革　2018年，西安市城乡建设委员会简化"施工许可证"办理程序，印发《西安市工程建设项目审批制度改革实施细则》《西安市工程建设项目审批制度改革实施细则任务分解》，围绕实现工程建设项目行政审批"3050"西安模式（社会投资30天，政府投资50天），紧盯审批方式信息化和审批流程高效化，创新土地整理机制、联合会审机制和施工图多审合一3项制度，取消10个事项，合并9个事项，承诺6个事项，调整5个事项，明确工程分类、环节流程、牵头部门、审批方式和事权划分。进一步分解细化《西安市工程建设项目审批制度改革实施细则》，提出"一份办事指南、一张申请表单、一套申报材料、完成多项审批"工作机制，优化并联审批流程，并召开4次改革组工作联席会，确保《实施细则》贯彻落实。

◆老旧住宅小区综合提升改造　2018年，西安市城乡建设委员会完成老旧小区综合改造面积243.9万平方米。统筹协调街道办事处、社区和水、电、气等各单位，增补绿化13.3万平方米；修补道路15.9万平方米；维修屋面防水29.3万平方米；实施节能改造40.5万平方米；外立面粉刷29.5万平方米；新建停车位442个；改造社区用房1.2万平方米；安装摄像头830个、充电桩95个、单元门禁293个；新增路灯611个、垃圾箱446个、健身器材149套。对16个小区实施线缆落地工程，对4个小区接通天然气，对5个小区实施自来水户表改造，对8个小区进行电力户表改造。老旧小区加装电梯工作中，对22个小区178部电梯进行规划审批，其中7个小区55部电梯正式启用。

◆重点示范镇和文化旅游名镇建设　2018年，西安市7个"陕西省重点示范镇"和2个"陕西文化旅游名镇"建设完成投资31.8亿元，占年度建设目标任务的127.1%。其中，"陕西省重点示范镇"完成投资28.8亿元；"陕西文化旅游名镇"完成投资3.03亿元。开工项目20项，竣工项目74项。

重点示范镇　蓝田县汤峪镇不断提升完善功能，打造"国际温泉旅游名镇"粗具规模。阎良区关山镇城镇新区建设已经完成。长安区滦镇街道老镇区改造、新区基础设施建设同步实施。周至县哑柏镇依托自身苗木和土地优势，苗木花卉产业在全国享有一定知名度。户县草堂镇依托高新技术开发软件外包基地、比亚迪工业园等园区发展，不断增强人口聚集力。临潼区零口街道克服自身资源和环境劣势，新区建设已经完成。高陵区泾渭街道依托现代工业园区的发展和泾渭半岛的优良生态条件，综合承载能力不断提升。阎良区武屯镇、泾河新城泾干镇分别定位为“羊乳小镇”“茯茶小镇”，发展特色产业。泾河新城高庄镇被陕西省人民政府授予“十大民俗小镇”称号。蓝田县华胥镇凭借自然优势，大力发展家具产业，西北家具工业园被陕西省人民政府列入“陕西省百家重点县域工业园”。

文化旅游名镇　蓝田县玉山镇凭借红酒元素和自然风光，打造风情小镇，旅游人数持续飙升。户县祖庵镇凭借重阳宫道文化，大力发展养生休闲旅游，旅游产业快速起步。

◆“美丽宜居示范村”建设　2018年，西安市城乡建设委员会指导183个村庄创建“美丽宜居示范村”（年度新开展创建村庄111个，提升完善上年未达标村庄72个）。其中，141个村庄达到验收标准，分别由各区（县）命名为区（县）级“美丽宜居村庄”；评分前100名的村庄被命名为“西安市美丽宜居村庄”；15个村庄被命名为“陕西省美丽宜居示范村”。

◆农村危房改造和村道建设　2018年，西安市完成陕西省住房和城乡建设厅下达的4类3845户重点对象农村危房改造任务，累计完成各类5066户农村危房改造任务。分2批下拨2597.08万元村内道路补助资金，硬化面积32.5万平方米。

◆城建资料整理和档案接受管理　2018年，西安市城乡建设委员会修订《西安市城建档案馆建设工程归档业务指南》，将房屋建筑工程归档业务所需提交资料由188条简化为99条，并于8月6日开始执行。完成西安市城建档案馆新馆筹建“选址论证报告”“项目选址意见书”编写等工作。全年接待查档1563人次，接收档案56375卷。其中，房建工程项目239个，总建筑面积约1938万平方米；市政工程项目174个；天然气管道工程项目1540个；市政给水工程项目311个。声像档案方面收集245个项目，有照片13200张，视频100小时10分钟，光盘401张。开展城建档案执法工作，对2个项目施工资料缺失、遗失的企业进行处罚，处罚金额4万元。开展3期城建档案业务培训，136个建设项目派遣600余人参加培训。

◆建设行业培训　2018年，西安市城乡建设委员会举办以“成都市天府绿道系统建设探索与实践”“关中平原城市规划群、大西安建设与房地产发展”“建设企业财税规划与管理实操”等为内容的“建设大讲堂”6期，培训96235人次。其中，工地扬尘培训1736人次；一线农民工免费培训87336人次；干部培训7163人次。

◆建设行业“行政效能革命”　2018年，西安市城乡建设委员会对权力清单进行瘦身，取消、调整行政权力事项14项。其中，取消8项；调整3项；合并3项为1项。对列入政务服务事项的30个事项、51个办理项进行规范化梳理，对每个办理项的40余项基本信息及网上办理流程、受理环节等内容进行规范完善。完善监管事项清单目录，区分企业和项目2个检查类别，统筹相关检查事项，制定“双随机”检查计划。开展“双随机”执法检查，并将检查结果在网上公示。启动省、市、县三级，事项名称同一、类型同一、法定依据同一、编码同一的权责清单“三级四同”工作。

（张　睿）

自然资源和规划

◆概况　2018年，西安市自然资源和规划系统围绕“国家中心城市”建设，以土地供给侧结构性改革为主线，把引领发展、保障发展、服务发展、保护资源作为工作重心，全力打赢秦岭生态环境保卫战，稳步推进“大棚房”问题整治攻坚战，深化自然资源领域体制改革，强化规划战略引领和刚性管控作用。完成生态体系、公共服务设施、城市交通、历史文化名城保护等100余项重点规划的编制；完成高铁新城、幸福林带等17个重点片区的城市设计；完成400余个村庄“美丽乡村”规划的编制；制定15项城市导则、制度规范，初步划定城市红线、绿线、蓝线、紫线，建立城市控制线一张图平台。加大工业、民生用地保障力度，供应建设用地5933.3公顷，实现土地出让金收入782.96亿元。深化自然资源领域改革，土地供给侧结构性改革、高陵区农村土地制度改革等各项改革工作取得较好成效。打击土地违法行为，紧抓耕地资源保护，积极推进矿产资源管理和生态环境整治，自然资源保护全面加强。紧抓国土绿化，助推苗木花卉产业发展，加强森林管护质量，林业工作取得新进展。坚决打好脱贫攻坚战，狠抓移民（脱贫）搬迁和驻村联户扶贫工作。不断深化行政审批制度改革，打造不动产登记全国标杆，营商环境进一步优化。

◆秦岭生态环境保护　2018年7月24日起，西安市国土、规划系统抽调1400余名干部全程参与秦岭北麓西安境内违建别墅专项整治工作，历经100余天，完成秦岭西安段400平方千米即时影像实测，3426幢建筑物、285万平方米建筑面积实地测量；依法收回土地596.1公顷，退还土地361.4公顷。建立秦岭生态保护长效机制，组织编制《西安市秦岭生态环境保护规划》《秦岭绿道建设规划》，推进秦岭生态保护区村、镇（街）规划全覆盖。

◆“大棚房”问题整治　2018年8月27日起，西安市召开“大棚房”问题专项清理行动安排部署会、推进会、专题研究会35次。在市级新闻媒体和新媒体上发布《西安市开展“大棚房”问题专项清理整治行动领导小组关于彻底清理整治

2018年9月11日，秦岭北麓鄠邑段“山水草堂”项目违建别墅集中拆除现场

"大棚房"问题通告》，制定《西安市"大棚房"问题专项清理整治行动查处整治工作方案》，明确整改标准。西安市国土、规划系统先后组织开展5轮排查，抽调干部组成16个督导组，后期扩编成20个业务指导组，赴区（县）、开发区指导监督，推进"大棚房"问题整治深入开展。

◆"大西安"空间战略规划编制 2018年，西安市深化完善《大西安2050空间发展战略规划》，在以西安、咸阳、渭南、杨凌、西咸新区为主体的1.76万平方千米规划范围内，推进实施"北跨、南控、西进、东拓、中优"发展战略。西安市国土、规划系统组织编制三轴线规划、工业大走廊规划、科创大走廊规划、渭河生态控制线规划、富阎产业合作区规划等重点片区规划，着力构筑"三轴三带三廊一通道多中心多组团"发展格局，为"国家中心城市"和国际化大都市建设打下坚实基础。

◆重点专项规划编制 2018年，西安市国土、规划系统坚持以城市总体规划和土地利用总体规划"两规合一"为引领，着力推进规划全市统筹、全域覆盖、全面管控。

约束性体系规划　围绕建设"幸福和谐西安"，破解"民生九难"，将足球场和体育场、城乡社区文化活动场地等27个专项规划纳入约束性体系规划中，开展《大型公共服务设施项目选址规划》，对城市基础设施建设实施刚性控制。

市政专项规划　完成《西安市城市地下综合管廊规划修编》《西安市城市地下空间专项规划》《西安市防灾避难场所规划》。完成启源二路、欧亚六路、神北一路等7条道路综合管廊及缆线管廊方案审查，新批管廊13018米。完成西安市天然气"新气源"项目管线方案的审批和54个变电站的选址。

"大西安"交通体系　完成《大西安市快速路体系规划》《大西安北部区域（泾渭新城）交通提升规划》。开展《大西安综合交通体系规划》《大西安云轨线网规划》《大西安骨架路网体系研究》《大西安旅游交通发展规划》《西安市人行过街设施体系规划》《公共交通融合规划》《新西安南站规划》《西安市轨道交通控制线规划》《西安市地铁第三轮建设规划轨道交通沿线用地调整规划》《西安市地铁第三轮建设规划轨道交通沿线专项储备用地规划》。积极推进交通规划一张图、轨道交通一张图、道路网一张图、城市控制线一张图。

"乡村振兴战略"　制定《西安市美丽乡村规划编制导则》《西安市村镇规划编制（2018—2020年）工作实施方案》《西安市规划局关于加快推进特色小镇规划编制的指导意见》，推进涉农区（县）村、镇（街）规划全覆盖。

生态体系规划　编制《大西安生态绿色空间体系规划》《大西安外环生态旅游带总体规划》《西安城市通风廊道控制规划》《蓝线体系规划》《绿道体系规划》，推进"八水绿道""古城绿道""十廊绿道""秦岭绿道"规划编制。

◆国土规划服务保障 2018年，西安市国土资源局争取建设用地指标5746.7公顷，其中新增建设用地计划4293.3公顷。组织上报建设用地3033.3公顷，批回3680公顷，比上年增长14.5%。供应建设用地5933.3公顷，增长41%，供应总量达到历史最高，保障吉利汽车、宝能汽车、华为科技、海康威视、三星配套等重大产业项目落地。实现土地出让金收入782.96亿元，总额上升至全国15个副省级城市第八位。推进重大项目用地手续办理，逐个研究破解集中开工项目用地难题，完成97个项目供地手续。全年核发"规划条件书"254个，规划净用地面积1487公顷；核发"选址意见书"78件，总面积462.229公顷；核发"建设用地规划许可证"240件，总面积1962.83公顷；核发"建设工程规划许可证"437件，总建筑面积4361.45万平方米；核发"竣工验收合格证"328件，总建筑面积2786.38万平方米。

◆土地节约、集约利用 2018年，西安市国土资源局贯彻"增存挂钩"机制，消化批而未用土地3786.7公顷，盘活闲置土地320.9公顷，5年供地率提升17个百分点，超额完成自然资源部和陕西省自然资源厅考核指标。2017年，西安市单位地区生产总值消耗建设用地24.2公顷/亿元，下降5.3%，集约用地水平连续7年居陕西省第一。在自然资源部2018年《全国城市区域建设用地节约集约利用评价情况通报》中，西安市位居全国273个参评城市第二十二位，西部城市第二位。

◆历史文化名城保护 2018年，西安市人民政府办公厅颁布实施《西安市进一步加强重点历史文化区域管控疏解人口降低密度的规划管理意见》，积极推进中心城区城市修补和城市更新。西安市规划局制定《西安市历史文化名城保护规划》《七贤庄、北院门、三学街历史文化街区保护规划》《西安市中心城区紫线划定规划》《西安明清古城（老城区）保护与更新规划》《半坡遗址公园及周边地区详细规划》《大唐东市规划策划》《西安市优秀近现代建筑第二批保护名录》，提升城市环境品质，彰显城市文化特色，打造文化旅游品牌效应。

◆城市设计和风貌管控 2018年，西安市规划局推进"城市设计"和"城市双修"试点，开展山水生态片区、历史风貌片区、现代风貌片区、重要公共空间、城市交通廊道沿线等重要节点、重要地段城市设计，开展《大西安东部片区概念规划》《西安奥体中心、会展中心、会议中心核心区规划》《长安国际大学城综合提升规划》《西安幸福城概念规划及城市设计》《西安市莲湖区金光门桥周边更新改造城市设计》《西安市未央区文景山周边地块城市设计》。编制《西安城市色彩规划导则》《建筑第五立面引导》《朱宏路景观提升方案》《西安市街道设计导则》，对建筑外立面色彩开展专项普查，对东西、南北中轴线建筑立面进行整治提升。对沿街环境、建筑材料、立面划分、门窗洞口、墙面肌理、门头牌匾等进行提升改造，营造舒适、宜人的街道环境。编制《西安市中小学（幼儿园）规划设计若干指导意见》，从布局、强制管控、风貌引导、实施程序管控等方面对中小学及幼儿园建设进行引导。

◆耕地和基本农田保护 2018年，西安市国土资源局出台《耕地保护目标责任考核办法》《建立耕地保护奖补机制实施意见》，落实耕地保护主体责任。建立永久基本农田数据平台，实施高标准农田建设项目12个5346.7公顷，竣工2800公顷。自行补充耕地64公顷，易地补充1413.3公顷，耕地占补平衡率100%。全市耕地保有量27.33万公顷，其中永久基本农田保护面积18.76万公顷。开展"春雷行动"等违法用地专项执法工作，进行卫片执法监督检查、例行督察整改、国家级变更调查内外业核查、铁腕治霾、扫黑除恶5项重点工作，全市违法占用耕地面积占新增建设用地占用耕地面积比例为9.84%，顺利通过国土资源部（现自然资源部）、陕西省卫片执法检查验收。

◆矿产资源管理和地质环境保护 2018年，西安市国土资源局开展矿权清理，推进中央环保督察反馈问题整改，秦岭北麓矿权总数减至14个，提前完成

"2020年底减少至17个以内"的目标。编制发布《西安市矿山地质环境保护与治理规划（2018—2025年）》，市级财政设立500万元专项资金，并争取省级财政资金2286万元，开展矿山地质环境治理，恢复治理面积40.8公顷。开展地质灾害防治工作，实施治理项目7个，核销隐患点45个。在汛期集中开展5轮排查、检查和核查，发布三级预警6次，成功预报鄠邑区郭清沟口滑坡灾情。全年发生地质灾害险情12起，无人员伤亡。开展秦岭终南山世界地质公园大调研、大检查活动，加强与世界自然基金会的合作交流，提升公园地质遗迹管理水平。

◆林业管理 2018年，西安市栽植各类苗木1120.98万株，超额完成1100万株年度计划任务。完成造林面积2373.3公顷，为年度任务的118.7%。"'五路'两侧增绿美化工程"完成429.8公顷，完成目标任务的100%。全市铁路、高速公路两侧"洁化、绿化、美化"整治工作全面完成，绿化整治面积529.92公顷。其中，完成高速公路沿线两侧绿化整治面积277.15公顷；铁路沿线两侧绿化整治面积252.77公顷。全市苗木花卉面积累计54973.3公顷。举办"花舞春幡"新春十大花市、全国花卉产销形势分析会等活动，获第八届中国月季展"室外造园艺术奖"金奖。创建"陕西省苗木花卉产业省级示范县"1个、"陕西省苗木花卉产业省级示范园"，西安市西北苗木花卉行业龙头地位进一步得到巩固。西安市农业林业委员会制定《西安市建设项目使用重要湿地审核审批管理规定》《西安市湿地保护管理实施细则》，严控征占林地范围和规模。加大林业有害生物防治，全面完成陕西省下达指标。森林公安开展5次严打专项行动，办理各类涉林案件168起，打击处理违法犯罪人员145人次，及时处置"胜宝泉山庄非法侵占林地案件"，保护全市森林资源安全。全市发生森林火灾1起，过火面积0.57公顷，森林火灾受害率远远低于0.9‰的省控目标。

◆自然资源领域改革 2018年，西安市深化土地供给侧结构性改革。首次制定发布土地储备年度计划，推行净地出让；推出具有西安特色的"居住用地双20%原则"，构建公共租赁、共有产权2个住房保障体系；推进土地规划、城市规划"两规合一"，将城乡空间发展政策、项目和指标等落实在空间上；成立运行西安城市发展（集团）有限公司，西安市有了自己的土地一级开发国有企业。深化高陵区农村土地制度改革3项试点。累计按新办法实施征地173.8公顷，完成集体经营性建设用地入市15.23公顷，腾退闲置宅基地71.04公顷，为修订《中华人民共和国土地管理法》提供依据；创新性推出"共享村落"，为国家提供大城市郊区农村土地制度改革的"高陵样本"。完成土地二级市场试点任务。备案转让、出租、抵押等信息998宗，涉及金额269亿元，13宗交易案例入选"全国土地二级市场典型案例库"，并通过部级验收。西安市第三次全国土地调查领导小组办公室印发《西安市第三次全国土地调查实施方案》，完成前期筹备、人员培训、项目招投标工作。国家下发全市图斑362152个，完成解译图斑409159个，外业核查图斑316275个。国有林场改革稳步推进，完成5个区（县）13个国有林场主体改革任务，国有林场改革工作顺利通过省、市两级验收。

◆自然资源和规划系统行政审批制度改革 2018年，西安市自然资源和规划系统不断深化行政审批制度改革。组建西安市规划联审中心，精简优化工作流程，协调解决处室业务交叉等疑难问题，工程许可办理时限压缩60%以上；项目用地手续办理时限由155个工作日压缩至90个工作日；不动产交易登记要件减至5件内，时限压缩为1—5天。启用南、北2个不动产交易登记大厅，全面升级硬件设施；不动产交易、纳税、登记综合窗口实现"一窗办结"。开通抵押登记进银行业务，实现"零跑路"。上线"西安不动产登记"微信公众号，提供证书邮寄和上门办证等服务。完成处理房屋遗留问题登记12.53万户。

◆移民（脱贫）搬迁 2018年，西安市自然资源和规划系统开展"开春复工"等5场行动，举办全省易地扶贫搬迁关中地区现场会、2018年首批易地扶贫搬迁交钥匙活动，"十三五"期间易地扶贫搬迁的1926户安置房全部达到入住条件，实现竣工率、入住率、脱贫达标率3个100%目标。

◆自然资源和规划系统法治建设 2018年，西安市自然资源和规划系统全面落实"谁行为、谁负责"的复议应诉工作机制。全年向法院移送案件382件；办理行政诉讼、行政复议492件；办理人大、政协建议提案113件；完成政务公开事项831件；办理"人民网"留言事项270件、上级转办留言事项和来信2307件、"12345"热线转办事项9216件。

◆自然资源和规划系统信息化建设 2018年，西安市自然资源和规划系统加快推进《西安国土空间规划》编制和"数字城市"建设，推进"多规合一"空间规划信息平台建设。对全市基础地理信息进行入库，完成基础数据、现状数据、规划数据、大数据4大类数据的收集、整理、分析、入库，实现坐标转换、数据一张图可视化展示。基础数据类完成"大西安"电子地图、影像地图、各级行政区边界、数字高程模型等15项数据的规整入库；现状数据类完成消防设施、殡葬设施、公厕布点、地铁线路、公共自行车站点分布等23项现状数据的规整入库。统筹整合西安市总体规划、规划控制线、土地利用总体规划、国土建设用地管制区、土地用途区、生态控制红线、市政交通规划等40项空间性规划，实现一张图展示。

（张宇飞　王莹）

市政建设

◆概况 2018年，西安市市政公用局加快市政公用基础设施建设，优化路网结构，提升市政设施维护管理水平，强化燃气热力行业监管，为助推"国家中心城市"建设提供有力基础支撑。全年市政建设维护任务计划投资27.4亿元，实际完成投资35.6亿元，占计划投资129.9%。其中，市政工程建设计划投资22.6亿元，实际完成投资28.6亿元，占计划的126%；市政设施维护计划投资4.75亿元，实际完成投资6.9亿元，占计划的146.5%。

◆重点市政工程建设 2018年，西安市市政公用局承担快速路系统工程、道路交通及城棚改配套工程、城市雨污水管线分流改造工程、"断头路"打通工程4项重点工程建设项目。全年计划投资6.2亿元，实际完成投资14.62亿元，占年度任务235%。其中，通义巷、八佳路、解家村规划路、经十三路、经十四路、韩森东路、经九路（凤城八路至凤城九路）7条"断头路"打通工程全面完工，并放行通车；西部大道污水管道、华清路污水管道等4项工程完工；西站街、劳动路、桃园路、大兴西路4项工程正在建设；灞河、幸福河、护城河、漕运明渠、皂河、浐河雨污分流改造方案已上报西安市人民政府。陕西科技大学人行天桥、永松路人行天桥、堡子村盘道人行地下通道、广场北街人行天桥4座人行过街设施全部完工，并投入使用。

大唐不夜城夜景

◆**市政设施维护管理** 2018年，西安市市政公用局推进市政设施维护精细化作业，进一步提升市政设施维护管理水平。全年修补沥青路面24.3791万平方米，其中机械化补路14.1273万平方米。开展西新街等36处“缓堵工程”建设，其中长乐东路等34项全部完工。开展全市“问题盲道”集中整治工作，整治“问题盲道”7149平方米。持续开展占道施工工地日常检查，检查工地11787次、1350处，拆除、退让围挡371处、81.5万平方米。完成11处新修道路公交港湾建设任务。

◆**城市夜景亮化** 2018年，西安市市政公用局按照《品质西安建设补短板三年行动方案》要求，在城六区及市级部门亮化建设方面主要采取PPP建设模式，总投资20.5亿元，已经中共西安市委、西安市人民政府审议通过，正在按照程序进入陕西省财政厅PPP项目库及财政部综合信息平台，暂未启动实施。开发区夜景亮化项目采取自筹资金模式。全年完成曲江大道、南三环、雁塔南路、世博大道、未央路、科技路等46条道路夜景亮化，亮化楼宇1304栋；完成全市43条道路照明设施提升改造工程，重点完成玄武西路东段、华城国际南侧路、北新街南端、纺科路、西二路、五星街、中建群星汇西侧路、红华巷、兴庆幼儿园北侧巷、纺一路10条背街小巷的路灯维护改造民生工程，保障市民群众夜间安全出行。全市建成道路路灯装灯率100%，平均亮灯率99%。组织开展全市亮化“互看、互学、互比”现场观摩活动，对西安市行政中心周边、西安曲江新区、西安高新技术产业开发区等亮化效果好的区域进行4次现场观摩交流学习。组织开展全市道路灯杆、灯饰推广工作，悬挂、推广灯饰2.5万组。完成“2018西安年·最中国”等重大活动照明保障任务。

◆**城市排水管网维护管理** 2018年，西安市市政公用局着眼雨污分流全覆盖、沿河污水全纳管、居民小区生活污水“零直排”目标，开展浐灞河流域及周边区域污水治理工作，实施桃园路污水管网改造等6条河流域内32项雨污水管道网建设工程，城市主要建成区雨污管网逐步实现分流，劣水现象明显改善。主城区有排水管渠2338千米，其中雨水管道921千米、污水管道910千米、合流管道100千米、过街管道407千米；有排水提升泵站32座、各类泵机108台，总功率13677千瓦。

◆**城市防汛** 2018年，西安市市政公用局着眼城市“防大汛、抗大险”目标，科学编制全市防汛预案，针对性开展防汛演练55次。完成南三环曲江盘道、半坡博物馆、仁厚庄南路、红旗东路、北二环文景路立交、油库街、凤城八路下穿、西影路西延路十字（随西延路快速路项目一并改造）、文景路西安邮政中心门前、文景路与纬二十九街丁字路口10处区域性积水点改造，提升内涝防洪等级。全年启动四级防汛预案12次、三级预案8次、二级预案7次，出动防汛人员12951人次、防汛车辆2654辆次。

◆**城市家具整治提升** 2018年，西安市市政公用局印发《西安市城市家具整治提升方案》，全市城市家具包括移动公厕、环卫工人休息室、保洁员工具箱、城管执法亭、共享单车、道路座椅、报刊亭、“爱菊厨房”销售亭、公交调度亭、公交站牌、配电箱、通信电缆箱、路牌、交通标示标牌、治安亭、放心餐亭16大类，共计43992个。全市拆除各类通信、电力、公交及无主废弃线杆1382个，集中开展双语路牌、交通标志、旅游标志等各类标志、标示整改提升工作，完成碑林区南大街、曲江池遗址公园周边、西安经济技术开发区鱼藻路、西安高新技术产业开发区唐延路及高新二路等道路城市家具整治提升工作。

（王佳嘉）

城市管理

◆**概况** 2018年，西安市城市管理局围绕建设“清洁之城”“绿色之城”“生态之城”目标，推进“烟头革命”、“厕所革命”、“五路”（城市道路、高速公路、高铁线路、绕城公路、通景公路）两侧增绿美化、违建拆除、生活垃圾管理等重点工作，探索创新城市治理新机制、新做法，努力开创城市管理工作新局面。

◆**“烟头革命”** 2018年，西安市城市管理局在开展“烟头革命”常态化检查考核的基础上，研究制定《“烟头革命”执法工作提升季活动实施方案》，并于8月10日在西安曲江新区召开全市“烟头革命”互看、互学暨执法提升工作会，提出“市容+执法”的“烟头革命”新模式。组织开展为期5个月的“无烟家庭”教育实践活动，常态化开展“烟头不落地·西安更美丽”活动。12月24日，在全市范围内开展“烟头不落地·文明又美丽”集中宣传月暨“烟头革命”接力宣传活动，推动“烟头革命”向纵深发展。

◆**“厕所革命”** 2018年，西安市城市管理局持续加大公共厕所新建、改造提升力度，运用科技手段优化公共厕所管理服务水平，并将“厕所革命”范围扩展延伸至农村。3月30日，以“推进厕所革命·共创美好生活”为主题的“2018西安世界厕所工作大会”在西安市成功举办。4月18日，西安市人民政府办公厅印发《西安市农村无害化户厕提升改造三年行动计划方案（2018—2020年）》，推动“厕所革命”向纵深发展；4月24日，西安市人民政府办公厅印发《西安市城镇厕所革命三年行动计划方案（2018—2020年）》。全市新建城镇公共厕所441座，改造公共厕所668座；新建农村公共厕所588座，改造214座；开放社会单位厕所385座。推动人性化便民服务，动员社会力量在全市公共厕所安装免费厕纸机，市民可通

2018年3月30日，西安·世界厕所工作大会在西安国际会议中心（曲江宾馆）举行

过手机扫码免费领取纸巾。统一公共厕所“导厕牌”设计样式和标准，优化厕所互联网导航功能。11月19日，召开以“厕所有标准·城市有温度”为主题的西安“世界厕所日”纪念大会。

◆“五路”两侧增绿美化　2018年，西安市城区（不含西咸新区）新增城市绿地面积647万余平方米，提升改造增绿面积387万余平方米，栽植乔木37.8万株（其中常绿乔木17.2万株），种植草坪348万余平方米、竹类植物127万余株；西咸新区新增绿地面积1289万余平方米，栽植乔木32.3万株（其中常绿乔木12.5万株），种植草坪218万余平方米。全市重要节点布设大型主题花坛和绿色雕塑313处；主要道路、重要节点摆放鲜花85580万余盆；地铁出入口、主干道建设花墙93549平方米；建设“鲜花大道示范街”64条、“花田花海”130万余平方米；种植向日葵89.4万余平方米。全市城区累计建成绿道357.28千米，提升改造绿道46千米。建成皂河生态公园、天坛公园、广运潭公园、世子公园、汉溪湖公园、大西安中央公园、白马河公园、沣河金湾湿地公园、城市健康公园（北区）9个城市公园，建成绿地广场62个。评选表彰2017年“生态园林式单位（居住区）”37个，发放奖励资金386万元；通报表彰2017年西安市绿化美化10条“最美街道”、10座“最美建筑”、16个“最美店面”、10个“最美绿雕”。组织开展2018年度“西安最美绿化工”评选表彰活动。西安邮电大学、西安荣禾曲池坊小区、西安万科金域小区、西安曲江金地芙蓉世家小区、西安曲江六号小区、西安曲江龙湖紫都城小区、西安曲江中海紫御华府被陕西省住房和城乡建设厅命名为2017年“陕西省园林式单位（居住区）”。10月17—19日，陕西省住房和城乡建设厅组织省内外园林绿化专家对西安市进行“国家园林城市”第二次复审。

◆环卫保洁　2018年，西安市城市管理局将“以克论净·深度保洁”作业标准提高至一级道路“双五”（人工清扫每平方米不超过5克，垃圾路面滞留时间不超过5分钟）、二级和三级道路“双十”的量化管理标准。全市新增道路纯吸式保洁车辆52辆、高压冲洗车30辆、重度污染清扫车22辆、手推磨盘电动式清洗车272辆，夯实机械化清扫、精细化保洁、地毯式吸尘、定时段清洗、全方位洒水的“五位一体”作业模式基础。“两纵两横”道路（“两纵”：未央高速出入口—电视塔盘道、火车站—大雁塔北广场；“两横”：枣园路—堡子村转盘、药厂十字—东二环）沿线更换配备统一样式的道路果皮箱2896个。新建环卫工人休息室275座、保洁员工具箱2910个；新增道路果皮箱1.56万个，增设新型灭烟柱9300余个。

◆生活垃圾分类　2018年，西安市以住房和城乡建设部办公厅《关于46个重点城市2017年生活垃圾分类工作情况的通报》指出的问题为突破口，推进生活垃圾分类工作。2月1日，西安市城市管理委员会办公室印发《关于开展生活垃圾分类工作的通知》；2月6日，印发《关于开展生活垃圾分类示范校园示范小区示范单位创建活动的通知》，对创建标准和评分细则进行明确；3月27日，印发《关于进一步做好2018年生活垃圾分类工作的指导意见》，明确在前期确定的开展城市生活垃圾分类区域（新城区、碑林区、莲湖区、雁塔区、未央区、灞桥区、长安区、西安经济技术开发区、西安高新技术产业区、西安曲江新区、西安浐灞生态区、西安国际港务区、西安阎良国家航空高技术产业基地、西安国家民用航天产业基地、西咸新区机关企事业单位）的基础上，自2018年开始，阎良区、临潼区、高陵区、鄠邑区、周至县、蓝田县全面启动城市生活垃圾分类工作，并纳入考核范围。6月21日，中共西安市委办公厅、西安市人民政府办公厅联合印发《西安市农村生活垃圾分类和资源化利用工作实施方案》，对农村生活垃圾分类原则方法、收运体系建设及工作机制进行明确。9月4日，西安市人民政府办公厅印发《西安市2018年城市生活垃圾分类工作实施方案》，对2018年城市生活垃圾分类工作目标和工作任务进行明确。11月26日，西安市城市管理委员会办公室印发《西安市城市生活垃圾分类工作考评办法（试行）》，明确将生活垃圾分类考核结果纳入各单位年度目标任务考核。西安市城市管理局在全市组织开展“生活垃圾分类知识进校园”“生活垃圾分类知识进机关”系列宣传活动。西安市城市管理委员会办公室通报表彰2个批次107个生活垃圾分类示范点，其中第一批次42家，第二批次65家。

◆生活垃圾管理　2018年11月28日，西安市成立西安市生活垃圾末端处理系统建设工作领导小组，由西安市人民政府主要领导担任领导小组组长，副组长由常务副市长和分管城建、环保工作的副市长担任，主要负责全市生活垃圾处理工作的总体决策部署，协调解决生活垃圾处理中的重大问题。领导小组下设办公室，办公室设在西安市城市管理局，办公室主任由西安市城市管理局局长担任、副主任由西安市环境保护局局长担任。西安市生活垃圾处理均采用卫生填埋方式，有灞桥区江村沟、临潼区、阎良区、周至县、高陵区、鄠邑区、蓝田县7座生活垃圾填埋场，其中临潼区、阎良区、周至县、蓝田县4个填埋场的渗滤液可以做到日产日销，灞桥区江村沟、高陵区、鄠邑区渗滤液处理能力不足。正在建设5座生活垃圾无害化（焚烧）处理厂，全市生活垃圾无害化处理厂日处理总规模为12000吨。其中，高陵区、鄠邑区、蓝田县、西咸新区生活垃圾无

西安市2018年生活垃圾填埋场日处理规模

所在区域或地址	江村沟	高陵区	临潼区	阎良区	鄠邑区	蓝田县	周至县
日处理规模（吨/日）	10040	350	400	200	1200	280	260

西安市2018年生活垃圾填埋场渗滤液日产生量和处理能力

所在区域或地址	江村沟	高陵区	临潼区	阎良区	鄠邑区	蓝田县	周至县
渗滤液产生量（立方米/日）	3500	45	80	40	250	50	40
渗滤液实际处理能力（立方米/日）	1900	30	200	80	100	80	50

害化处理厂设计日处理规模均为2250吨（西咸新区生活垃圾无害化处理厂日处理总规模为3000吨，其中750吨用于处理咸阳市垃圾）；灞桥区生活垃圾无害化处理厂日处理总规模3000吨。截至年底，西安市主城区唯一生活垃圾处理厂灞桥区江村沟生活垃圾填埋场剩余有效库容约300万立方米，预计2019年9月底填满。全市日产餐饮垃圾约1000吨，推行垃圾分类后，每日还将产生约1000吨厨余垃圾，届时餐厨垃圾日产总量将达到约2000吨。12月，西安市首座餐厨垃圾处理厂建成，并进入试运营阶段。该项目位于西安市沣东新城建章路街道办事处八兴滩村，设计日处理餐饮垃圾220吨，同时预留日处理200吨的厨余垃圾生产线项目用地，可在项目稳定运行后随时启动，另外还有3座餐厨垃圾处理厂正在选址。全年全市城市生活垃圾产生量416.77万吨，与上年相比减少5.68万吨，处置总量416万吨，处置率99.8%；全市农村（含西咸新区）生活垃圾产生量149.56万吨，增加29.86万吨，处置总量149.56万吨，处置率100%。8月，西安市被住房和城乡建设部列为“中国城市生活垃圾领域国家适当减缓行动项目试点城市”。

◆建筑垃圾管理 2018年，西安市城市管理局开展建筑垃圾非正规垃圾堆放点排查整治工作，对排查出的68处非正规垃圾堆放点挂牌督导整改完毕，并按程序销号。全市建成年处置能力100万吨以上的资源化利用厂2座；新开工建设资源化利用厂3座；建成年处理能力100万吨以下的资源化利用厂10余座；建筑垃圾（拆迁垃圾）资源化利用率达到25.8%。在全市范围内组织开展建筑垃圾消纳场所（回填复耕点）勘察选址工作，报请西安市人民政府研究同意后，新增船张回填点、庞家沟地质灾害治理工程回填点、马斜消纳场、张村消纳场、田家湾消纳场、王沟消纳场、中韦地铁专用回填点、新庄回填点、中原寺回填点、杨槐园回填点10处建筑垃圾消纳场所，总容量约4930万立方米。全年全市建筑垃圾产生量8289万吨，比上年增加2351万吨；处置总量8289万吨，处置率100%，其中回填、消纳处置6146万吨，资源化利用2143万吨。西安市被住房和城乡建设部列入“全国35个建筑垃圾治理试点城市”。

2018年5月4日，西安市举行生活垃圾分类宣讲会走进曲江活动

◆建筑物外立面整治 2018年，西安市城市管理局本着“既要有文化传承，还要有地域特色”的设计理念，确定东西、南北2轴线和92条区（县）、开发区包抓道路的建筑物外立面整治任务。4月25日，印发《西安市建筑物外立面整治工作实施方案》，对整治目标、整治范围、整治内容、整治标准进行明确。截至年底，全市完成建筑物外立面整治点位714处，正在实施165处，其中东西、南北轴线完成整治点位253处，正在实施59处；92条包抓道路完成整治点位461处，正在实施106处。组织开展建筑物外立面专项工作“互看互学”观摩会3次，编发《建筑物外立面整治工作专刊》8期，编制《建筑物外立面整治让城市风景站起来》图册，供各区（县）、开发区借鉴学习。

◆公园围墙拆除和免费开放 2018年，西安市城市管理局完成革命公园、莲湖公园、长乐公园、文景山公园、红光公园、丰庆公园、纺织公园、儿童公园、清凉山（森林）公园、环城西苑、秦二世陵遗址公园、水景公园12个公园围墙拆除工作，拆除围墙6393.6米，向广大市民24小时免费开放。浐灞国家湿地公园、寒窑遗址公园2个公园对外免费开放。大唐芙蓉园拆墙透绿工作全部完成。

◆“路长制”管理 2018年，西安市城市管理局组织各级“路长”按照“五步工作法”（巡查、反馈、协调、处置、督查）和“四查”（一查环境卫生、二查环境秩序、三查“门前三包”落实、四查工作效能）工作内容，上路巡查245万余人次，发现道路问题185万余个，协调责任单位解决问题183万余个。西安市路长制管理工作办公室印发《全市“路长制”工作进展情况周通报》51期，通报暗访、抽查各单位“路长制”管理工作落实情况12期，评比、通报“最佳路长”243人，“最差路长”252人，并将评比结果每月通过《西安日报》公布。

◆**治污减霾**　2018年4月18日，西安市城市管理局在西安国际港务区西安奥林匹克体育中心项目工地现场召开出土工地扬尘防治标准化管理现场观摩会。5月22日，印发《西安市出土（拆迁）工地及建筑垃圾清运扬尘防治工作标准》，持续加强出土（拆迁）工地挂牌动态管理。截至年底，全市报备出土工地540个，其中挂绿牌522个、挂黄牌11个、挂红牌7个；报备拆迁工地33个，其中挂绿牌18个、挂红牌3个、挂黄牌12个。持续做好餐饮油烟治理和煤炭清零工作，取缔油烟直排行为2380起，摸排统计经营性餐饮单位21616家，均要求安装油烟净化设施；要求集中经营区内烧烤摊点全部使用清洁能源。严格落实禁烧管控措施，检查、整改焚烧行为66起，并持续开展“零焚烧示范社区（村镇）”创建活动，735个社区（村镇）达成创建目标。

◆**违法建设治理**　2018年，西安市各级建设管理部门以“秦岭北麓违建专项整治”为突破口，全面开展“违建整治专项行动”。全年治理违法建设2181万平方米，其中拆除违法建设1891万平方米，整治290万平方米。在全市范围内开展第一轮“零违建区”“零违建镇（街）”“零违建社区”创建活动，在西安阎良国家航空高技术产业基地建成“零违建区”，打造示范样板。

◆**广告牌匾整治**　2018年，西安市各级建设管理部门拆除各类广告牌匾42792处（面积121万余平方米），全部拆除全市绕城高速及高速公路控制范围内896处单立柱广告。西安市城市管理局起草《西安市户外广告设置管理条例实施细则》和《西安市机动车车身广告设置管理办法（草案）》，并配合完成“西安首届农民节”、2018第二届世界西商大会、第六届中国西部国际茶产业博览会暨2018首届丝路陕茶文化节等户外广告宣传活动。

◆**城管政务信息公开**　2018年，西安市城市管理局通过门户网站公开各类政务信息和文件3109条，承办陕西省、西安市人大代表建议和政协委员提案117件。“12342”城管特服热线电话受理群众投诉咨询88743件（占54.4%）；城管人员采集上报信息立案70580件（占43.2%）；“12345”市民热线转办受理问题2227件（占1.4%）；“西安城市管理”微信服务号受理群众投诉1274件（占0.8%）；其他渠道转办城市管理有关问题394件（占0.2%）。全年政务微信发布497条信息；政务微博发布500条信息，完成主题网络宣传20余次；“今日头条”发布信息497条；抖音发布信息252条。政务微信关注人数13206人；政务微博关注人数4905人；“今日头条”（抖音）关注人数10304人。全年收到并受理公民依申请公开事项16件，均按西安市人民政府信息公开工作领导小组办公室要求处理，没有发生因政府信息公开申请行政复议和提出行政诉讼案件的情况。　（王佳嘉）

公共事业

◆**自来水供应**　2018年，西安水务（集团）有限责任公司完成城市售水49512万立方米、污水处理40819万立方米，实现年收入17.03亿元，实现利润总额5300万元，净资产收益率0.9%，管网水质合格率99%。全年开工项目21项，累计完成投资11.93亿元。城市老化供水管网改造完成15千米，投资额7150万元；户表集中改造完成85个小区改造任务，投资额15040万元。完成白鹿原水厂北线输配水管道建设，增加城市日供水能力6万吨；打通草堂水厂与西太路管道连接，增加日供水能力7万吨；完成沣东水厂原老化水管改造和西部创新港通水工程，促进西咸新区与西安市融合发展；西南郊水厂完成取水口施工，具备通水条件；实施鱼化寨地区“自来水水源置换惠民工程”，完成鱼化污水处理厂建设并通水试运行。持续深化企业改革发展，推进李家河原水定价工作，配合西安市物价局完成非居民用水超定额累进加价制调研工作，以及国家发展和改革委员会污水处理费调研工作。落实中共西安市委、西安市人民政府“一网通办”要求，把“互联网+”思维融入城市水务服务。开展“三供一业”（家属区水、电、暖供应和物业管理）分离移交工作，接收供水资产及职能企业49万户。启动大集体企业混合所有制改革。对接西咸新区、富阎板块城市供水，拓展郊县供水，提升西安水务（集团）规划设计研究院有限公司资质等级和承揽业务能力，开拓外部水务工程市场。推进企业上市和并购重组“龙门行动”，培育西安城乡水务公司作为集团上市主体。集团整体利润比上年提升12.77%。不断优化提升服务效能，开通网上报装、手机App、“长安通”卡自助充值缴费、电子水费发票等服务，实现用户报装申请、查询、缴费、开票“零跑路”。将用水报装时限由42个工作日压缩至3个工作日，实施自来水报装服务“零收费”。全年受理报装用户近900户，比上年增长60%，累计为用户降低成本6000余万元。健全安全生产责任体系，全年投入安全资金2544万元，查处、整改各类问题和隐患近千个。

（丁国新）

◆**热力供应**　2018年，西安市城区有市政集中供热企业13家，比上年增加4家；集中供热面积20724万平方米，增加1904万平方米；有热交换站2535个、锅炉296台。郊区（县）有市政集中供热企业11家，比上年减少1家；供热面积2320万平方米，增加10万平方米；有热交换站470个、锅炉66台。

西安市热力总公司供热面积8517.36万平方米，供热能力6595蒸吨，供热管网600余千米，有大用户1000余家。西安市热力总公司总资产47亿元，位列“2018西安百强企业”第九十四位。与大唐陕西发电有限公司渭河热电厂合作，趸购其热源。自主投资新建朱宏路2号线管网，对城北区域供暖热源进行补充。新建主线管网总长度12千米，管网工程起点为草滩一路与尚林路十字，终点为朱宏路与北二环交会处，总投资2.5亿元。12月12日，朱宏路2号线管网与渭河1号线并网成功，提高了城北区域供热能力。　（王佳嘉　靳雷音）

◆**供热管理与服务**　2018年7月1日，西安市新修订的《西安市集中供热条例》正式施行。西安市市政集中供热企业继续推行供热管家式服务，在每个小区设置用户管理员，随时调查解决所负责小区供热问题。全年接到投诉电话76051个，赴各小区查看供热情况24876次，测温30718户。对违反《西安市集中供热条例》的3家供热企业处罚进行处罚，分别处1万元罚款。开展集中供热企业煤改洁工作，共涉及16个热源厂，拆改燃煤锅炉57台。2018—2019年采暖期，从11月9日预供热开始，供热情况总体平稳。

（王佳嘉）

◆**燃气供应**　2018年，西安市有12家天然气公司，天然气管网5960千米（不含庭院），天然气输配能力4000万立方米/日。年天然气年供应量28.3亿立方米，日最大用气量2250万立方米/日。有居民用户354.4万户，非居民用户14341户。

西安秦华天然总公司所辖天然气管线累计投运8000千米；有天然气居民用户260万户、工商用户1万余户；有加气站42家、分销商2家；天然气年总供气量19.27亿标准立方米。拥有西安市城六区特许经营权，主要经营城市管道天然气的供应和相关服务。进入采暖季后，采取有效措施全力保供，未实施任何停、减、限措施。将解决老旧小区煤改气作为重点工作，克服无建审、无气源、无人组织、施工条件不具备等实际困难，新增热源厂煤改气项目16个，使4.5万户老旧小区用户用上天然气。截至11月，雁东供热、阳光热力、南门热力、朱雀热力4个项目管道及撬装设备施工完成并通气点火。西安市液化天然气应急调峰站扩建工程于10月完成2.5万立方米储罐系统、工艺输配系统和自动控制系统等建设，并经过专家评审，完成所用产品设备“合格证书”、各项施工安装质量合格记录、有关资料和文件齐全性的自清、自查，完成投料试运行方案及所需水、电、液氮等相关辅助供应系统的准备工作。开启双气源供应，新气源项目起于西气东输二线高陵分输压气站，途经高陵区、西安经济技术开发区、灞桥区、西安国际港务区、西安浐灞生态区，止于灞河西路已运行次高压管道。项目总投资5.76亿元，线路全长约45千米，沿线设置1座接收站，2座高高压、高中压调压合建站，3座线路截断阀室。建成后，近期年供气能力预计达到20亿立方米，远期达到70亿立方米。

（新雷音）

◆燃气管理与服务 2018年，西安市市政公用局坚持市、区联动，加大燃气行业监管。制定《液化石油气管理二十条》等规章，利用互联网全面推行智能钢瓶及规范供应布点工作。截至年底，全市设置智能液化石油气钢瓶供应点136个，其中流动点7个，推广智能钢瓶34.3万只。冬季高峰供气期间，检查天然气公司6次、压缩天然气/液化天然气加气站27座、液化气储配站9座、液化气供应点26个、工商餐饮用户7户；检查燃气器具卖场8次、经销门点30家，发放“气源适配性检测合格标志”5万余个。8月1日，新修订完善的《西安市燃气事故应急处置预案》正式施行后，组织开展天然气泄漏应急救援演练1次。

（王佳嘉）

城中村（棚户区）改造

◆概况 2018年，西安市城中村（棚户区）改造办公室将陕西省、西安市考核目标任务和“品质西安”建设等纳入目标管理，围绕打造棚改铁军、安全生产、回迁安置、“房产证”办理和违法建设整治等内容，统一认识与行动，研究部署问题推进和破解工作。针对国务院督导雁塔区北寨子项目问题，成立督导专班，进驻雁塔区人民政府，集中督导发现问题整改工作。先后成立5个专项督导组，加快推进改造项目安置“房产证”办理、违建治理和“三年清零行动”、营商环境提升、项目超期回迁等工作。全年西安市城中村（棚户区）改造办公室新开工改造城中村（棚户区）住房48257套。启动集体土地上11个村拆迁工作；完成12个村涉及6800余户2.26万人的回迁安置工作，完成投资133.83亿元。启动国有土地上8个项目房屋征收工作。完成5个项目涉及5200余户1.65万人的回迁安置工作，完成投资30.65亿元。“品质西安”建设项目方面，启动实施48个项目。

◆棚改制度建设 2018年，西安市城中村（棚户区）改造办公室报批、下发《绕城高速以内集体土地上棚户区三年清零行动方案（2018—2020年）》《政府投资项目列入棚户区改造计划及改造实施方案备案的工作程序》《处理棚户区（城中村）改造回迁安置房屋办证遗留问题的实施意见》《棚户区改造按照老政策执行项目有关问题的请示》《棚户区改造以成本核算改造综合用地的补充意见》。与西安市税务局、西安市不动产登记局联合印发《西安市处理棚户区（城中村）改造回迁安置房屋办证遗留问题的实施意见》。出台《集体土地上棚户区改造项目实施方案审核工作程序（民间投资）的补充通知》。修改、上报西安市《强化政府主导棚户区改造工作的实施意见》《关于进一步加强棚户区改造工作的通知（送审稿）》等政策性文件。

◆棚改项目审批办理 2018年，西安市城中村（棚户区）改造办公室下发《关于简化和规范城棚改项目建设审批要件的通知》，于5月底前，行政审批事项整体进驻西安市人民政府政务服务中心大厅审批。协调各部门之间及部门内部审批流程，缩短项目手续办理周期。先后将各区（县）、开发区申报的3个集体土地项目、2个国有土地项目纳入棚户区改造计划，完成10个集体土地项目、4个国有土地《项目改造实施方案》批复（备案）工作。办理9个城棚改项目城建费用审核工作，为26个项目发放“建筑工程施工许可证”，完成5个项目房屋补偿方案备案审核、56份“商品房预售函”办理核发工作。完成34.35万平方米总额9.51亿元的工程自主发包备案工作，293.37万平方米的竣工结算备案工作。处理市管棚改项目遗留问题，向祥和居、乐居场项目拨付资金2170万元。加快推进安置“房产证”办理，报送项目中有38个项目进入“全市处遗绿色通道”办理首次登记手续，其中约4万户（套）办理完成。

◆棚改项目建设管理 2018年，西安市城中村（棚户区）改造办公室严格实施全市冬防期“禁土令”和重污染天气应急响应等措施要求，制定年度《“铁腕治霾保卫蓝天”实施方案》和《“铁腕治霾保卫蓝天”考核办法》。完善领导分片包抓制度，以涉土作业工地为重点，加大日常检查和夜查频次，并将每月考核情况向区人民政府、开发区管委会通报。细化、分解违法建设治理任务，加紧督导城五区城棚改项目违法建设治理工作，并向2个区人民政府发送“督办函”。先后召开全市扬尘污染防治部署会、培训会、推进会10次，约谈企业负责人35人次，封停项目18个，暂停对2家企业办理项目建审手续。城六区城棚改项目拆除1.96万平方米，整改违法建设74.03万平方米。推进改造项目“建筑施工安全生产攻坚治理行动”，开展“守规程保安全行动”，停产整顿企业11家，整治隐患487项。聘请安全专家对现场施工等方面进行安全专项检查210人次，整改隐患1505处；委托第三方机构跟踪评估项目施工现场安全状况，排查整治事故隐患1796处。强化“一对一”督导力度，对西安国家民用航天产业基地进行专项督查、随机抽查，发现、督促整改隐患问题144处。

◆棚改项目融资 2018年，西安市城中村（棚户区）改造办公室与西安市人民政府金融工作办公室、西安市财政局强化联系对接，推进棚改贷款用款、放款速度。4月初，邀请陕西省住房和城乡建设厅、国家开发银行、农业发展银行领导召开政策性银行贷款项目推进会。通过举行擂台赛讲评、检查督导放款用款进度、争取申报棚改专项债等措施，为棚改项目提供资金支持。督促各区（县）、开发区针对、跟踪审计问题抓紧整改落实。全年新发放棚改项目贷款149.6亿元，累计发放684亿元。

（杨前进）

开发区建设

责任编辑
冯冠杰

西咸新区

◆概况 2018年，西咸新区实现地区生产总值381.94亿元，比上年增长13.3%，其中农林牧渔业总产值77.41亿元，增长4.2%。规模以上工业增加值完成89.86亿元。社会消费品零售总额274.39亿元，增长10%。地方财政一般公共预算收入51.97亿元，增长48.4%。引进内资344.6亿元、民资282.2亿元、央资284.8亿元，实际利用外资3.72亿美元。全年实现旅游收入98.53亿元，接待游客1969.52万人次。

◆体制、机制改革 2018年，西咸新区落实中共陕西省委、陕西省人民政府《关于促进西咸新区进一步加快发展的意见》，中共西安市委、西安市人民政府《关于进一步支持西咸新区加快发展的若干意见》《大力支持西咸新区加快发展的实施意见》，开展体制机制调研，制定《西咸新区机构编制管理暂行办法》，调整优化新区新城镇街三级管理架构，新区层面撤销城乡管理局，重新组建农业农村局、城市管理与交通运输局、公共资源交易中心等机构；在招商局下设3个招商分局和综合服务办公室，京津冀、长三角及珠三角派驻招商处；按照国家税务总局、国家税务总局陕西省税务局统一部署，原西咸新区国家税务局和西咸新区地方税务局合并成立国家税务总局西咸新区税务局；理顺园办管理体制，整合丝路经济带能源金融贸易区、国际文教园职能，组建新的丝路经济带能源金融贸易区管理办公室。新城层面，各新城成立市政配套中心等下属管理服务机构；镇街层面组织进行机构改革试点，为镇街单独设立环保机构，构建新型行政管理模式。

◆产业发展 2018年，西咸新区编制产业发展规划，出台《西咸新区文化创意产业发展奖补政策》《西咸新区关于加快工业发展的奖补政策》《西咸新区关于加快金融服务业及多层次资本市场发展的奖补政策》《西咸新区关于加快科技研发产业发展的奖补政策》《西咸新区关于加快旅游产业发展的奖补政策》5项产业扶持政策，制定商业网点、全域旅游、临空经济、服贸试点等实施方案，构建先进制造、电子信息、临空经济、科技研发、文化旅游、总部经济六大千亿级主导产业集群。出台新区科技小巨人企业培育方案和备案管理办法，全年新增科技型中小企业160家、高新技术企业38家、小巨人企业55家，组织申报2个省级、3个市级院士专家工作站，获批4个市级科技企业孵化器。深化供给侧结构性改革，狠抓碳排放、煤炭削减、能耗“双控”等工作，煤炭削减累计完成29.69万吨；扎实推进4595家“散乱污”企业综合整治，精准识别1428家改造提升类企业，引导中小微企业入园发展。成立西咸新区融资担保有限公司、沣东融资担保有限公司，围绕科技金融、供应链金融等主题组织专题活动30场。全年新增挂牌企业1家，3家企业与券商签约，完成融资21.63亿元；新设基金10支，注册规模32.06亿元。争取各类专项资金4.076亿元，支持各类重点项目151个；获批11亿美元海外债、17.1亿元公司债；200亿元债券发行计划上报国家发展和改革委员会；为104家企业兑现奖励政策4119万元。出台《陕西省西咸新区实施政府和社会资本合作（PPP）项目奖补办法》，PPP入市库项目16个，签约额128.92亿元，完成投资27亿元，海绵城市核心区项目、渭河污水处理厂综合工程被财政部列为PPP示范项目。

◆招商引资 2018年，西咸新区领导带队到京津冀、长三角、珠三角及四川、重庆等地区，德国、法国、英国等欧洲国家开展招商活动50余次，走访对接宝能集团、华侨城集团等国内企业60余家，接待外地企业到新区考察项目200批次800余人。参加全球硬科技大会等大型经贸活动20余场，策划举办“西商情·家乡行”系列活动之“企业家进西咸”、首届“北欧五国可持续发展峰会”、法德英三国政务商务考察推介会等招商引资活动30余场。引进阿里巴巴盒马鲜生西北总部、陕西延长石油（集团）文创小镇二期等世界500强企业11个，中国·西安南美商品贸易中心、宝能汽车整车生产基地、清华紫光陕西气象大数据、中化建工程集团西北总部等中国500强企业12个，高品质酒店8个，百亿元以上项目8个，10亿元以上项目45个。洛克菲勒文化中心、三一西安产业园、坤同柔性半导体服务制造基地、全球最大连锁便利店7-Eleven（7-11）等重大项目落户新区。419个重点项目完成投资1035.4亿元。华侨城欢乐谷、梅里众诚动物疫苗、恒大童世界等项目先后开工，阿里巴巴菜鸟启动运营。周文化博物馆完成选址，秦文化博物院建筑主体完工，唐顺陵被陕西省文物局公布为首批文化遗址公园。

◆城市建设 2018年，西咸新区进一步完善规划体系，完成大西安新中心新轴线核心区城市设计，地下空间综合利用示范段工程启动建设，中央商务区起步区一期104万平方米全部封顶，绿地丝路国际中心、吾悦广场等项目加快建设，新增城市建成面积3.5平方千米。完善城市功能，实施499个城建项目，完成投资286.7亿元。新建市政道路89千米、互联互通道路项目15个，红光路、正阳大道等骨干道路通车；完成雕塑示范路7条、亮化示范路7条、迎宾示范路8条，19条架空通信线缆全部落地；地铁一号线二期实现“轨通”，五号线二期13座车站全部进入主体结构施工阶段。西咸第二水厂、第三水厂、交大创新港配套供水项目完成开工准备。开通公交线路11条，开设定制公交23条。分配公租房5381套，新开工棚改房8037套。创建特色小镇9个，西部科技创新港、硬科技小镇、西工大翱翔小镇、茯茶小镇纳入西安市第一批创建名单，总投资额77.7亿元。建设海绵城市道路26.2千米；综合管廊开工建设34个项目，累计开工25.98千米，建成18.44千米，完成投资8.4亿元；推广中深层无干扰地热供热技术，47个项目签订采用干热岩供热协议，推广面积705.7万平方米，开工实施面积293.7万平方米；做好新技术应用，推广装配式建筑68万平方米、绿色建筑428.2万平方米。完成423块单立柱广告牌拆除

西咸新区2018年主要经济指标

指　标	单位	总量	增长速率(%)	占全市比重(%)
地区生产总值	亿元	381.94	13.3	4.6
第一产业增加值	亿元	43.27	3.8	16.7
第二产业增加值	亿元	158.05	15.5	5.4
第三产业增加值	亿元	180.62	14.4	3.5
工业增加值	亿元	—	8.1	—
规模以上工业增加值	亿元	89.86	9.1	—
全社会固定资产投资（不含农户）	亿元	—	12.5	—
社会消费品零售总额	亿元	274.39	10.0	5.9
规模以上服务业营业收入	亿元	73.71	79.3	3.5
地方财政一般公共预算收入	亿元	51.97	48.4	—
地方财政一般公共财政支出	亿元	87.33	58.9	—

工作，拆除违建73.6万平方米、户外广告牌匾20.6万平方米。

◆生态治理 2018年，西咸新区扎实开展蓝天、碧水、净土保卫战。印发《西咸新区渭河流域水污染补偿实施方案》《西咸新区空气质量生态补偿实施办法》，建立新区内横向生态补偿机制。在汾渭平原率先组织编制大气污染源排放清单，开发新区大气污染防治调度指挥中心系统平台，开展颗粒物源解析、细颗粒物在线源解析和臭氧成因分析；按照“同体系、同措施、同响应”原则强化与西安联防联治，空气质量综合指数6.70，比上年改善4.1%；优良天数175天，PM2.5年均浓度为65微克/立方米，下降9.7%；PM10年均浓度为122微克/立方米，下降6.2%，颗粒物防控成效进一步巩固，臭氧污染初步得到抑制。投资18.3亿元，建设水系项目18个，新增生态水面133公顷、湿地267公顷；沣河综合治理Ⅱ期沣东段完成堤防填筑3.82千米、堤顶道路铺设2.27千米；昆明池项目Ⅰ期完成东西段清表、开挖、填筑、坡面修整等工作，完成投资8.2亿元；落实“河湖长”305名，实施“河湖长”制项目260个；建设12个河流断面水质自动监测系统，强化污处设施出水水质监测和超标督办，渭河、沣河水质达到地表水Ⅲ类标准，泾河水质达到省控Ⅲ类标准，太平河水质达标，城市集中式饮用水水源地水质达标率100%。编制西咸新区土壤环境监测方案，开展土壤污染监测，开展“2018清废行动”。整治完成237处两路两侧问题，实施增绿美化项目171个，完成投资15.5亿元。植树造林128.39公顷，苗木花卉870.67公顷，沣东汉溪湖公园等8个公园广场建成开放，大西安城市中央公园二期加快推进，全年增绿1693万平方米。

◆改革创新 2018年，西咸新区大力优化营商环境，出台新区《优化提升营商环境实施方案》《优化提升营商环境“21+5”行动方案》，建立“周例会、双周会、月例会”制度，定期举办企业座谈会，协调解决问题，构建营商环境问题“交办—督办—问责”三级联动机制，聘请100名营商环境特邀监督员常态化监督问效，266项任务全面完成。制定《西咸新区“证照分离”改革实施方案》，办理“证照分离”事项3625件。持续深化“放管服”改革，构建商事登记、经营许可一体审批模式，企业开办全流程平均用时2.5个工作日，4个工作日办结经营性许可，优化“3450”（3个工作日办结营业执照、4个工作日办结经营性许可、50个工作日办结工程建设项目审批）综合行政审批效能体系，全年办理经营许可审批事项22类4800件；全面实施全程电子化登记改革，微信办照13777户，占比50.59%，营业执照办理平均用时压缩至0.5个工作日；推进政务服务事项标准化，建成与省级平台互联互通的政务服务平台，水、电、气、暖等公共服务事项全部进驻政务服务大厅，新区、新城两级政务服务大厅办件960623件，“一次办”事项达到91.7%，“网上办”事项达到86.4%，“就近办”比例32.3%，“马上办”比例23.9%；公共资源交易受理交易项目269个，交易额48.11亿元；“店小二全覆盖全天候服务”典型案例在全省推广，“一网共享”政务服务改革荣获2018年全国“互联网+政务”优秀实践案例50强。新登记市场主体2.72万户，比上年增长56.5%，市场主体总量突破8.5万户。推进开放型经济新体制、自贸试验区、服务贸易等国家级改革试点联动，69项自贸试验区试点任务全部完成，微信办照等4项自贸案例、技术先进型服务企业优惠政策等5项服贸案例在全国推广，“云端自贸区”新模式等5项自贸试点经验在全省推广，非特殊用途化妆品审批改备案创新试点窗口、自贸试验区自助办税服务厅落地启用。自贸区西咸片区新增市场主体3820家、注册资本1318.9亿元。加快交大创新港、西工大翱翔小镇、沣东科统基地、硬科技小镇等协同创新平台建设，举办京东云西咸新区生态赋能峰会等“双创”主题活动40余场，建成众创空间载体44个，建筑面积455.8万平方米。

◆民生保障 2018年，西咸新区举办招聘会45场次，开展就业创业培训8491人，发放小额贷款3504万元，城镇新增就业6164人，农村劳动力转移就业52969人。出台《养老事业发展三年行动方案》《城乡居民基本养老保险制度实施办法》等文件，启动建设综合福利园区5处，建成社区日间照料中心2个，新增养老床位902张；办理“老年证”3.1万张，为2.2万名老年人购买意外伤害险，企业退休人员基本养老金实现“14连调”，城乡居民人均月养老金提高到168元。发放各类救助资金6000万元，保障1.3万名贫困户、困难群众基本生活；投入835万元，实施残疾人康复、托养等服务，2300名残疾人受益；选聘残疾人专委515名，发放残疾人补贴860万元；完成1375户3495人贫困户和1个贫困村退出。推行社会救助“一门受理+精准救助”，启动社会救助信息化建设，开发无纸化婚姻登记系统。制定《西咸新区教育事业发展提升三年行动计划》，出台“强优建校”、教职工聘任制改革等改革创新文件，积极推进“名校+”工作，通过合作办学、名校托管、集团办学等模式引入15所知名学校，组建大学区55个，实施学校建设项目41所，建成并交付使用18所，新增学位1.56万个，实现公办中小学全覆盖，与教育部合作共建“教育现代化创新发展试验区”。制定《西咸新区卫生与计划生育事业发展规划（2018—2030年）》《西咸新区卫生服务水平提升三年行动计划（2018—2020年）》以及基本药物制度改革、医联体建设等配套实施意见，建立家庭医生签约服务费分担机制，加快落实分级诊疗制度和医联体建设，引入15亿元社会资本用于医院建设；全面落实国家基本公共卫生服务项目，完成体检58539人，开展公众健康咨询活动2200多次，举办健康知识讲座2300余场。积极推进全国第十四届全运会BMX小轮车比赛场地建设；建成运动中心2个，新建基础体育设施34处。举办第二届国际名校赛艇大赛、西北高校电子竞技大赛等精品赛事。改造提升街镇文化站15个、村社区文化站147个，举办各类文化惠民活动140场。新建10个省级标准化示范社区、5个综合减灾示范社区。深入推进扫黑除恶专项斗争，侦办涉恶类案件42起，打击恶势力犯罪团伙5个，刑事拘留132人，公众安全感达到93%以上。安全生产事故和死亡人数实现“双下降”。严格落实重大决策社会稳定风险评估制度，重大项目风险评估率100%；涉稳信息预警防范率、矛盾问题化解稳控率100%；群体性事件较2017年下降45%，网上信访事项及时受理率97.9%，按期办结率97.8%，群众满意率96%。

◆对外开放 2018年，西咸新区全面推进陕西省“三个经济”（枢纽经济、门户经济、流动经济）先行区、示范区建设，成功获批国家级临空经济示范区，编制《西安临空经济示范区建设总体方案》《临空经济示范区发展路径及策略研究》，构建临空发展指标体系，获准行使“第五航权”。机场三期项目获得国家发展和改革委员会批复，西安北至机场城际轨道项目进入调试阶段。累计开通航线334条。其中，国际航线61条，客运航线318条，货运航线16条。全年机场旅客吞吐量4460万人次，排名全国第7位；开通（加密）货运航线7条，货邮吞吐量完成31.3万吨，增长20.3%，增速位居全国十大枢纽机场首位。联合海关推行“AEO认证免检，定制化通关服务”等举措，通关无纸化率达98%，降低小微企业费率近60%，进、出口通关时间比全国平均时间短23%、32%。成功加入世界自由区组织，全年进出口总值超过10亿元，国家进口博览会成交额680万欧元。积极推进门户经济，中俄丝路创新园中方园区、俄方园区先后开园，俄罗斯立德集团等16家俄方企业入驻中方园区，陕西汽车控股集团有限公司等6家企业入驻俄方园区。成功举办首届创新城市发展方式（西咸）国际论坛。加快提升流动经济，聚焦航空制造、临空服务，推动相关产业集聚，13家航空公司区域总部、66家国内外物流企业、27个航空维修项目落地。积极推进综合保税区申报工作。

◆**空港新城**　2018年，西咸新区空港新城地区生产总值45.66亿元，比上年增长13%；固定资产投资增长15%，财政一般预算收入完成5.1亿元，增长30%；引进民资55亿元、国资75亿元、央资47亿元，内资增长127%；实际利用外资7400万美元，增长48%；新登记市场主体1186户。获批国家级西安临空经济示范区，国务院支持西安机场行使第五航权；开通西安至伦敦等7条客运航线，新开、加密西安至哈利法克斯等7条全货运航线，旅客吞吐量达4465万人次，航空货运量完成31.26万吨；保税物流中心完成进出口货值8.2亿元，增长72.2%；航空邮件800万件，增长40%，其中国际快件395万单。新签约项目24个，东航一赛峰飞机起落架深度维修基地等项目加快推进，陕西省首家GLP实验室以及外资旅行社、信用评级机构、外资航企办事处落户。建成市政道路23.85千米，铺设市政管网65千米；开工建设河湖长制项目51个，建成北区污水处理厂；实施22类乡村振兴工程，新建、改建农村公厕25座，实施户厕改造1368户，安装村庄路灯2180盏，建成太平镇环镇干道9.31千米；举办首届杏花节，旅游接待11万人次。大石头村被评为AAA级景区、省级美丽宜居示范村，“空港浓香园”系列产品成为中国保利集团公司等企业食品专供商。

◆**沣东新城**　2018年，西咸新区沣东新城地方一般公共预算收入完成24.32亿元，增长60.5%；实际利用外资1.2亿美元，引进国资、民资、央资104.12亿元、104.17亿元、86.94亿元；新增市场主体12979个，增长58.8%。安排重点建设项目85个，完成投资244.27亿元，增长55.6%；50个新区级重点项目完成投资232亿元，增长32%。引进100亿元以上项目1个，10亿—100亿元项目10个。策划举办“春满中国•醉西安”、沣东新城旅游欢乐季等特色旅游节事活动260余场，接待游客1128.29万人次，景区收入1.02亿元，分别增长71.47%和15.66%。成功举办第二届西安昆明池世界名校赛艇对抗赛，录制中央电视台2018年七夕晚会。4月18日和8月16日，中俄丝路产业园中方、俄方园区相继开园，中俄“一园两地”经济合作迈入新阶段。开工建设道路135条，建设里程169千米，三桥新街综合管廊建成投用，建成110千伏变电站2座、天然气调压站1座。加快斗门水库前期工作，沣河二期完成沣东境内6千米堤防建设，太平河试验段水生态修复工程加快推进。实现削减燃煤2.39万吨，全年空气质量优良天数比上年增加32天，空气质量综合指数改善12.5%；开展五路两侧增绿550.17万平方米。开展就业、创业培训76场3200人次，提供就业岗位8100余个，实现新增就业1948人。沣东新城和平小学、三桥街小学投入使用，西安高新一中沣东中学成功创建省级标准化高中，西工大国润园幼儿园等4所幼儿园分别成功创建省、市级示范幼儿园。全面落实计生奖扶政策，发放奖扶资金373万元，计生合疗补助852万元。新增养老床位380张。完成三桥社区卫生服务中心、斗门中心卫生院国医馆建设，改造提升三桥街道北沙口等13家村卫生室。向困难群众发放救助资金7187万元。加快推动5大类32处生活垃圾分类示范点建设，实现生活垃圾分类覆盖率50%以上。

◆**秦汉新城**　2018年，西咸新区秦汉新城地区生产总值117.33亿元，比上年增长10.5%；完成固定资产投资517.65亿元，增长14.3%；规模以上工业产值116.56亿元，实现规模以上工业增加值41.37亿元，增长2.9%；实现社会消费品零售总额71.77亿元，增长10.7%；完成地方财政一般预算收入10.42亿元，增长40.53%，其中财政预算民生八项支出8.07亿元，增长11.8%；实现服务业营业收入7.19亿元，增长65.02%；新增市场主体4049户，新增注册资本金183.77亿元。签约项目28个，引进10亿至100亿元项目12个，100亿元以上项目2个，世界500强企业2个，中国500强企业3个；引进校友经济项目4个，高品质酒店4个。新增规模以上工业企业5家、限额以上贸易企业13家。宝能新能源汽车生产基地及宝能汽车创新研究院、绿地自贸总部基地开工建设，西安恒大文化旅游城项目全面启动，陕建金牛集团绿色智能制造基地投产。秦汉奥卡云总部基地、全家福实业总部等项目签约，中铁上海工程局集团西北区域总部运营，秦元热力在新三板成功挂牌交易。设立影视文化产业发展投资基金，规模10亿元，引进影视文化企业20余家，创意舞台剧《我的小伙伴》成功首演。机场专用高速公路秦汉立交及收费站正式建成通车；北客站至机场城际铁路基本建成；渭河湿地一期公园、湖泊公园等水生态项目开工建设。疏通排水管网1万余米，改造提升54个行政村饮水安全工程。建成群众回迁安置房6659套。新建4座生活垃圾压缩站，完成25个行政村生活污水治理，完成辖区527家“散乱污”企业关闭取缔和提升改造工作，集中整治纳污坑塘24处、涝池13处。拆除“大棚房”违法建筑12万平方米。新增绿化面积216万平方米。新建、改建各类学校12所，新开通公交路线5条，打通断头路1条，新增就业1409人。兰池学校正式建成开学。窑店镇获批2018年陕西省省级旅游特色名镇。

◆**沣西新城**　2018年，西咸新区沣西新城引进项目45个，合同引进资金729.2亿元，其中陕西坤同柔性半导体服务制造基地项目投资近400亿元；引进三一西安产业园、万科大都会、西咸新区资源卫星总部经济科技园、智能飞行器研发生产基地、博赛奥大细胞培养产学研基地、西派人居等投资10亿元以上项目10个，引进世界和中国500强企业各1个；建成光谷创业咖啡、乐创空间、陕西微软创新中心、西安蒜泥科技孵化器等众创载体19个，培育孵化企业602个；新增市场主体2926户。成功举办国际智能无人系统大会、全球信息技术主管大会等国际性会议，开展“创响中国”西咸站、2018陕西省“西源汇”等创新创业主题活动20余场。基础设施项目投资55.9亿元，新建道路18.2千米、综合管廊5.7千米、燃气管网28千米、给水管道23.9千米、雨水管网24.2千米、污水管网21.7千米；干热岩供热二期153万平方米实现供暖。实施生态环境类项目36个，完成投资3.9亿元，新增绿化面积431万平方米；白马河公园、新渭沙公园一期、中心绿廊二期建成投用，大西安中央公园、沣河滩面景观、环形公园等项目加快建设；成功举办海绵城市国际研讨会；实现70万吨建筑垃圾循环再利用，农村生活垃圾集中收集率达96%，无害化处理率达68%。丝路科创谷国家第三批增量配电试点顺利获批并启动。渭河污水处理厂综合工程建成投运。全年空气质量优良天数178天，综合指数6.79，提升9.2%。实施教育卫生提升改造项目147个，沣润和园幼儿园如期开园，沣西新城第二学校、第三小学、第四学校等7所新建学校及创新港医院、德尚医院等项目加快推进；完成4个棚户区2063户改造，新开工保障性住房4995套，回迁2462户，安置9980人；推进大泥河、凿齿南村等7个美丽乡村示范村建设；新增城镇就业人数946人，农村劳动力转移7480人。

◆**泾河新城**　2018年，西咸新区泾河新域地区生产总值36亿元，比上年增长9.1%；73个重点项目完成投资超过120亿元；实

泾河新城静安国际·万国荟公园

际利用内资182.82亿元、外资6900万美元；实现大口径财政收入7.79亿元，增长20.84%，地方一般公共预算收入4.42亿元，增长30.96%；争取中央、省专项资金2.29亿元；规模以上服务业营业收入1.97亿元，全年接待游客900万人次；完成及在建众创空间7个，新登记各类市场主体4181户，辖区市场主体总数18352户。新签约项目27个，其中16家中小企业及投资10亿元的金辉崇文府、6亿元的法士特核心配件生产基地开工。正阳大道、正阳大道泾河大桥顺利通车；完成五路两侧绿化77.09公顷，种植苗木花卉262.06公顷；空气优良天数187天，空气质量综合指数6.67；第二污水处理厂完成主体建设，建设垃圾分类示范点6个、农村垃圾分类示范村2个，完成3个美丽乡村、28个农村人居环境生态村及45个清洁村庄建设工作。西咸黄冈泾河学校、泾河第一小学建成投入使用，西安理工大学高科学院正式招生开学，泾干镇中学小学部、高庄幼儿园、崇文幼儿园、永安医院二期、高庄卫生院改造等项目进展顺利，完成8家标准化卫生室建设，投入2118万元提升改造学校医院。组织20次创业培训班和24次就业培训班，举办扶贫专场招聘会5场，新增就业1050人，农村转移劳动力8653人，发放创业担保贷款104万元。泾河新城获中国旅游总评榜陕西分榜全域旅游新锐奖，崇文塔景区被教育部命名为“全国中小学生研学实践教育基地”。

◆丝路能源金融贸易区建设 2018年12月4日，西咸新区丝路经济带能源金融贸易区管理办公室揭牌成立，统筹负责原西咸新区丝路经济带能源金贸中心园区和原西咸国际文化教育园区开发建设和相关管理服务工作。全年引进世界500强企业6家、国内500强2家、总部经济类企业3家，陕西建工集团第二总部、绿地丝路国际中心等重点项目入区，签约洛克菲勒文化中心项目；承办第三届“西三角”区域开放合作交流会。完成沣泾大道、科源东路等建设任务，沣新路、科技路、沣柳路（一期）、路网一期等建成通车，提升改造石化大道、乘风路、中心一路、桃李路等现状道路；沣河综合治理、渭河滩区治理、沣河生态湿地修复项目和沙河城市健康公园基本建成并达到开园条件，完成凤栖路、沣东路等15条道路绿化，新增绿化面积37.1万平方米。创新大厦建成并投入使用。完成棚户区改造（一期）安置，文教园第一小学、第一幼儿园建设加速推进；完成计家村、小章村等4个村整村拆迁，韩麻村468户村民回迁安置，安置面积11万平方米。（朱博涛　李宁）

西安高新技术产业开发区

◆概况 2018年，西安高新技术产业开发区签约引进项目218个，项目数量和质量均创历史新高。三星电子存储芯片二期、中兴通讯智能终端智造二期等在建重点项目全面超额完成投资计划。西安高新国际会议中心、西安创业咖啡街区2.0——嘉会坊建成投用。丝路国际金融中心核心区、沣惠绿道等大型城建配套项目加快建设。开展“挑战不可能，征收五万亩”擂台赛，完成66个村整村拆迁。坚决打赢秦岭保卫战，全面开展收割“种房子”行动，累计拆除违建超过249万平方米。成功举办第二届全球程序员节、2018全球创投峰会等国际高端活动。完成自贸区试点任务109项，形成100项创新案例，入围省级最佳实践案例数量第一、全省首批复制推广改革创新成果数量第一。实现生产总值1576.96亿元，比上年增长12.2%；完成全社会固定资产投资930.51亿元；实现工业投资331.44亿元，增长61%；完成财政一般预算收入105.37亿元，税收占比88.7%；服务业增加值实现873.11亿元，增长13.1%；完成规模以上工业增加值505.48亿元，增长11.8%；工业技改投资增长18.5%；民间投资增长12%；实现社会消费品零售总额674.67亿元，增长12.8%；进出口总值突破2800亿元。

◆体制、机制建设 2018年，西安高新技术产业开发区根据中共西安市委、西安市人民政府托管工作安排，研究制定西安高新技术产业开发区机构编制专项接管方案，明确机构编制接收工作程序。托管雁塔区、长安区、鄠邑区10个镇街，移交机构216个。其中，行政机构22个、事业机构194个、垂直管理机构16个（工商所3个、派出所6个、国土所7个）。

◆招商引资 2018年，西安高新技术产业开发区以“建链、补链、强链”为主要思路，积极实施产业链招商，全力打造千亿级半导体、智能终端、软件服务及互联网产业集群。签约引进项目218

西安高新技术产业开发区2018年主要经济指标

指　标	单位	总量	增长速率(%)	占全市比重(%)
地区生产总值	亿元	1576.96	12.2	18.9
第一产业增加值	亿元	15.03	4.1	5.8
第二产业增加值	亿元	688.82	11.2	23.5
第三产业增加值	亿元	873.11	13.1	16.9
工业增加值	亿元	—	11.2	—
规模以上工业增加值	亿元	505.48	11.8	—
全社会固定资产投资（不含农户）	亿元	—	11.4	—
社会消费品零售总额	亿元	674.67	12.8	14.5
规模以上服务业营业收入	亿元	825.95	21.2	39.7

个。其中，100亿元以上项目23个；50亿元以上项目26个；20亿元以上项目31个；10亿元以上项目41个，引进项目数量和质量均创历史新高。央资、内资、民资分别完成271.73亿元、471.48亿元、740.51亿元。实际利用外资28.7亿美元。奕斯伟硅产业基地、丝路柏庭国际康养小镇等一大批项目相继开工建设。72个重点项目完成投资637.48亿元，完成年度任务的170.9%。

◆金融服务 2018年，西安高新技术产业开发区不断创新金融制度、聚集金融要素，加快构建科技金融互乘放大模式。发布《西安国家自主创新示范区关于加快金融业发展的若干政策》和《西安国家自主创新示范区关于金融支持产业发展的若干政策》，并于2018全球创投峰会期间发布七项支持政策和三方面保障措施；建立上市企业"绿色通道"机制，设立西安高新区—安永IPO新大陆企业孵化平台，新增西安银行等5家上市挂牌企业；创新区内银行金融服务模式，推行专属信贷政策，缓解企业信贷难问题，助力中小企业健康发展。引进各类金融机构28家，新增金融科技企业22家，知名金融科技企业3家，新增投资机构247家，实现融资引资111.14亿元，完成年度任务的209.7%。

◆营商环境建设 2018年，西安高新技术产业开发区持续深化行政效能革命和"最多跑一次"改革，不断优化营商环境。全面推行"互联网+政务服务"，引进自助办照一体机，配合微信办照、支付宝办照等多平台注册服务，网上办件量98%以上；简化施工许可流程，拟定《西安高新技术产业开发区简化施工许可证办理程序行动方案》《西安高新技术产业开发区工程建设项目审批制度改革实施细则》；探索实践容缺审批、预审批等制度，推出"容缺受理"事项12个，受益企业3000余户，工商登记实行即办，用时0.13天，涉税事项压缩至2.17天完成，推行"联评联审"工作机制，完成8次40个项目联评联审；作为"工程建设项目审批制度改革试点"区域，完成工程建设项目在线审批平台"并联审批系统"框架搭建，可实现"一口接入，八个专业审批平台"并联作业；市场综合监管平台上线，新登记各类市场主体4.95户，全市占比9%左右，市场主体累计超过12万户，"一网通办"得到国务院办公厅督查室充分肯定。

◆城市建设与管理 2018年，西安高新技术产业开发区持续改善城市市容环境，提升城市品质。完成《西安高新技术产业开发区中央创新区发展规划》《西安科学城概念规划》《梁家滩·西安国际社区片区规划暨控制性详细规划》等规划编制，制定《西安高新技术产业开发区建设项目选址意向规划管理办法》，完成联合国教科文组织妇女儿童活动中心项目、兰桂坊等30余项选址意向服务工作；对以丈八宾馆为核心的6条迎宾道路进行亮化方案设计，275栋楼宇实现全面点亮，新增6条绿化美化示范路，建成3个主题公园、5个小广场，新建公厕36座，改造提升27座；全面开展生活垃圾分类工作，西安高新技术产业开发区管委会机关内部垃圾分类全覆盖，在街（镇）党政机关办公区域全面推行生活垃圾分类，打造天地源·兰亭坊等2万余户垃圾分类重点示范小区，选择10个试点村进行农村垃圾分类试点；开展城乡环境大整治，加强公共设施管护与占道经营日常监管力度，全年开展集中整治398次，累计清理占道（出店）经营28520处，拆除各类广告牌匾1388处45983.31平方米。

◆科技创新 2018年，西安高新技术产业开发区加快构建"政、产、学、研、用、金、介、才"八位一体创新创业体系建设，创新创业活力不断激发。新增科技小巨人企业118家，新认定高新技术企业700家，新增科技型中小企业1290家，自贸区功能区新增企业近1万家；完成自贸区试点任务109项，形成100项创新案例，入围省级最佳实践案例数量第一，陕西省首批复制推广改革创新成果数量第一，自贸区功能区在第九届全球秦商大会上向全球秦商做重点推介；国家技术转移西北中心竞价服务系统正式上线运行，为西安高新技术产业开发区内企业提供法律援助；降低企业创新创业成本，"三次创业"系列政策兑现金额超过10亿元，创新券使用额度超过1亿元，协助区内企业申请中央、省、市资金支持超过3亿元；设立西安高新技术产业开发区美国硅谷离岸创新中心、西安高新技术产业开发区孟加拉科技服务站，制定《西安高新技术产业开发区支持建设国际化平台管理办法》，加强与美国及孟加拉人才、技术、项目、资本等优质资源交流共享；硅谷离岸创新中心以丝路科技、资本、人才大市场为支撑，建立技术经理人特色服务体系，探索建立"技术转移概念验证中心"（POCC）；承办全球硬科技创新大会，有力推进硬科技产业十条措施；培育30家独角兽种子企业，易点天下顺利入围独角兽企业榜单；持续推进西安科学城、中国科学院地球环境研究所、钱卓教授脑科学研究院、甘中学团队智能机器人科学城、谢赫特曼诺奖新材料研究院、陕西半导体先导技术创新中心、陕西省安全产业研究院等项目。

◆军民融合发展 2018年，西安高新技术产业开发区军民融合工作向纵深发展。出台《支持军民融合产业发展的专项政策》实施细则，形成军民融合产业扶持政策体系，全年累计享受政策企业达143家，补贴金额4196万元；西安高新技术产业开发区军民融合产业展厅7月31日正式开馆，接待各类参观交流60次，人数600余人；国家知识产权运行军民融合特色试点平台建设不断加逗，累计注册会员21726家，展示可运营专利14382件，展示技术项目1862项，军民融合大数据中心收录全球102个国家和地区专利数据1.16亿条、军民融合企业普通专利8万余件；积极承办、参与陕西省军民融合协同创新论坛、中国西安2018军民融合发展合作交流大会、丝路商业航天论坛等活动，为企业提供交流对接平台；成立西安军民通用标准化研究院有限公司，培育民参军企业数10余个，建立3个军民融合产业联盟，军民融合科创中心正式运行，军民融合标准化服务新模式日趋完善。

◆城乡统筹发展 2018年，西安高新技术产业开发区农业平稳发展，粮食总产量12.14万吨，休闲农业接待游客225.6万人次，实现经营收入2.27亿元。制定《西安高新技术产业开发区加快城乡一体融合发展三年行动计划（2018—2020年）》，完成西安市统筹城乡发展工作领导小组办公室对西安高新技术产业开发区托管移交涉及新农村建设项目（新型农村社区项目、幸福新农村示范村项目、农村片区化中心社区项目）遗留问题处理。新增沃土绿园、西太农业2个无公害产地产品认证。扎实推动脱贫攻坚工作，实施产业帮扶项目23个，精准帮扶蓝田县和鄠邑区17个村，累计投入帮扶资金384.59万元，实施基础设施建设26个，投入资金196.22万元，吸引社会捐赠资金365.97万元，帮扶干部累计捐赠40.93万元，高科幕墙门窗公司西安（蓝田）第二生产基地新型节能环保幕墙门窗项目完成投资3391.2万元。完成66个村整村拆迁工作，13个村15522人顺利回迁，改造旧住宅小区6万平方米，新开工棚户区改造5500套，架空线缆落地3.3千米。开展城乡治理专项整治，对城乡接合部环境进行维护，处理堆放垃圾9360处，清除野广告66960余处，清掏擦洗果皮箱68544个，消杀路面7728处，累计更换安装果皮箱（桶）576个，清运垃圾72468吨。

◆人才引进 2018年，西安高新技术产业开发区引进国际顶尖人才、产业领军人才101人。其中，ABC类49人，占全市总数的51%，排名全市第一；引进20名国家“千万人计划”专家等领军人才；25个海内外高层次人才团队。获评9家院士工作站，4家博士后工作站（创新基地），52名专家入选国家、省、市各类人才计划，入选人数居全市第一。举办各类招聘会122场，服务企业3500余家，求职者12万余人次。联合入驻中介机构举办人力资源活动10余场，参与企业1000余家。组织区内企业赴深圳、成都、北京、上海等地举办专场引才活动12次，发布岗位1000余个，参与企业600余家，求职者8000余人次。世界500强、全球排名第一人力资源服务公司——德科集团等11家国际知名人力资源机构入驻丝路人才大市场。9月27日，举办“丝绸之路青年学者论坛暨第三届国家千人计划专家西安高新技术产业开发区创新创业峰会”。6月15日，“千人计划专家产业园”正式挂牌。丝路人才大市场获批“国家级人力资源园”；西安高新区人才中心被人力资源和社会保障部授予“先进集体”称号。（杨　森）

西安经济技术开发区

◆概况　2018年，西安经济技术开发区加快构建汽车、高端装备制造、军民融合、总部经济和现代金融业、消费品制造、战略性新兴产业、现代服务业、能源加工业等八大“千亿级”产业集群，成为拉动全市经济发展重要引擎。全区有各类企业38000余家，其中外资企业300余家，吸引ABB集团、德国博世、可口可乐公司、西门子股份公司等世界500强投资项目71个，中国兵器工业集团有限公司、中国北车股份有限公司、中国交通建设股份有限公司等大型中央企业投资建设项目80余个，浙江吉利控股集团、陕西重型汽车有限公司、台湾顶新国际集团、金风科技股份有限公司、西部超导材料科技股份有限公司等行业龙头企业投资项目近百个，是陕西省、西安市世界500强和中央企业投资最密集区域之一。地区生产总值完成746.66亿元，增长8%；固定资产投资完成573.95亿元，工业投资完成211.39亿元，规模以上工业增加值382.24亿元，增长9.6%；社会消费品零售总额完成511.21亿元，增长10.1%；服务业增加值完成249亿元，一般公共预算收入完成41.76亿元，主要经济指标稳中有升。在2018年商务部对国家级经开区综合排名中位列第17位，比2017年提升5个位次，首次超过成都经开区，位居西部第一。

◆招商引资　2018年，西安经济技术开发区对标“万亿产业、千亿集群、百亿企业”目标，出台《经开区引领万亿工业走廊“2+N+1”政策体系》，每年设立20亿元招商引资科技创新专项资金，设立总规模100亿元产业发展基金。引进德国博世、太平洋建设集团有限公司等5家世界500强企业，引进投资111亿元的华羿微电子股份有限公司和华天慧创科技（西安）有限公司、65亿元的隆基乐叶光伏科技有限公司、52亿元的众邦电缆集团有限公司丝路总部及电线电缆研发生产、80亿元的银泰西安总部集群基地及城市综合体、65亿元的杰盈集团香港国际城等优质项目。北汽集团新能源汽车、秦川机床工具集团股份公司等在谈重大项目取得积极进展。加快龙头企业发展，发挥好财政资金撬动作用，先后安排产业资金6000万元，扶持企业233家，带动企业扩产增效。强化企业培育，陕西汽车控股集团有限公司重型卡车产销16.5万辆，稳居全国市场前三位；隆基乐叶光伏科技有限公司实现产值127.55亿元；西部超导材料科技股份有限公司、中国重型机械研究院两家企业荣获第五届中国工业大奖表彰奖。全年实际引进内资496.9亿元，利用外资17.04亿美元，引进民资739.9亿元，引进央资275.06亿元。

西安经济技术开发区2018年主要经济指标

指　标	单位	总量	增长速率（%）	占全市比重（%）
地区生产总值	亿元	746.66	8.0	8.9
第一产业增加值	亿元	—	—	—
第二产业增加值	亿元	497.53	7.8	17.0
第三产业增加值	亿元	249.13	8.5	4.8
工业增加值	亿元	—	9.4	—
规模以上工业增加值	亿元	382.24	9.6	—
全社会固定资产投资（不含农户）	亿元	—	0.1	—
社会消费品零售总额	亿元	511.21	10.1	11.0
规模以上服务业营业收入	亿元	186.48	29.0	9.0

◆项目建设　2018年，西安经济技术开发区坚持项目带动，深化商事制度改革。开展项目清零行动，成立重大项目建设工作领导小组，建立招商项目联席会议、周例会等制度，对2004年以来已签约未落地的47个征地项目实施限时清零，第一批15个项目已开工14个。吉利汽车项目完成投资15亿元，一期总装、焊装、冲压、涂装四大车间进展顺利，配套零部件园区建设全面启动。邮政物流西北处理中心、西部超导材料科技股份有限公司80MN大型快锻机组等8个项目竣工投产。

◆改革创新　2018年，西安经济技术开发区以平台建设、制度创新为切入点，自贸区建设高效推进，聚集德国博世、德国宝马、达能集团等9个产业项目。阿里巴巴西北首个中小微外贸企业孵化交易平台，年跨境交易额预计达10亿美元。完成自贸工业总产值119.6亿元、自贸阶段性试点任务49项。自贸区新增企业352家。注重制度创新，推进投资便利化，形成创新成果20余项，其中《通过“联网监管＋库位管理＋实时核注”监管制度改革与信息化建设，实现企业24小时通过》《智慧海关建设助推海关特殊监管区外向型经济发展》等案例被评为陕西自贸试验区“最佳实践案例”，并上报商务部。设立兵器集团科技资源统筹军民融合中心，推进军民融合发展，经开区军民融合企业达118家，获得军工“四证”（国军标质量管理体系认证、武器装备科研生产单位保密资质认证、武器装备科研生产许可证认证、装备承制单位资格名录认证）企业42家，产值预计突破千亿元。陕西省科技资源统筹军民融合中心等4个军民融合创新机构在经开区正式挂牌。

◆营商环境建设　2018年，西安经济技术开发区开展“营商环境提升年”，推行“一站两口三全”（一站：项目审批一站式服务。两口：企业签订入区协议入口和竣工投产出口。三全：全方位、全过程、全天候服务理念）经开模式，130项事项实现集中审批。448项事项实现“最多跑一次”。推行365×24不打烊政务服务，建立无人值守24小时园区智能政务服务驿站，构建区政务大厅、园区（街区）智能服务驿站、社区便民服务站三位一体全方位全天候政务服务体系；成立行政审批局，在政务服务大厅新开设“集中审批一口受理”综合窗口，实现审批权集中和审批服务“一站式”办理及“一枚印章管审批”。建立容缺受理制，平均办结时限在法定基础上缩短三分之一。发出全市首张仅凭身份证办理的个体营业执照。全区新增各类市场主体超过1.5万户，比上年增长115%。

◆高铁新城建设 2018年，西安经济技术开发区正式接管高铁新城，统筹推进规划、建设和管理工作，实现北客站与草滩园区42平方千米一体化发展。系统推进高铁新城规划编制、招商引资、项目建设、整体形象提升、内外交通接驳、站区综合管理等各项工作，高标准实施高铁新城功能设计，构建1至3小时高铁功能覆盖圈，推进总部经济、金融商贸、物流、会展等现代服务业发展。对接新加坡盛裕集团，编制高铁新城42平方千米范围发展战略规划，以规划引领、项目为王、强化配套、提升环境等为重点，加快城市北跨步伐，拓展城市发展空间。

◆城市治理 2018年，西安经济技术开发区新增提升绿化50.1万平方米，拆除违建180万平方米，打通凤城二路（未央路—贞观路）等2条断头路。持续深化“烟头革命”“厕所革命”，新建公厕84座、改造56座，全市“深化厕所革命、拓展厕所功能”互看互比互学现场会在经开区召开。编制《经开区老旧小区提升专项方案》，改造老旧小区6万平方米。钟书阁等33个实体书店建成开业，蓝海风中心、大融城等高端商业综合体项目正式运营。全年引进各类人才6万余人，建成众创空间载体119家，总面积241.78万平方米。

◆社会事业 2018年，西安经济技术开发区大力改善民生，提升群众幸福指数。10所公办中小学、幼儿园建成投运。其中，续建4所公办中小学和1所幼儿园，扩建3所中小学，新建学校2所。启动红会国际医院、儿童国际医院、泾渭PPP医院建设工作。启动城中村改造项目31个。抓好蓝田县10个村扶贫攻坚工作，立项帮扶项目金额2600万元，为率先实现高质量脱贫提供支撑。完善市民投诉办理机制，市民热线办理市民投诉20769件，办结率100%。扎实推进治污减霾、黑臭水体整治工作，处理污水总量8912万吨，城市集中式饮用水水源地水质达标率100%。深入推进“平安经开”建设，集中开展扫黑除恶专项行动，保持严厉打击违法犯罪活动高压态势，辖区治安整体稳定。（管万保）

西安曲江新区

西安曲江新区2018年主要经济指标

指　标	单位	总量	增长速率(%)	占全市比重(%)
地区生产总值	亿元	264.34	8.6	3.2
第一产业增加值	亿元	—	—	—
第二产业增加值	亿元	27.99	24.2	1.0
第三产业增加值	亿元	236.35	7.0	4.6
工业增加值	亿元	—	—	—
规模以上工业增加值	亿元	—	—	—
全社会固定资产投资（不含农户）	亿元	—	10.8	—
社会消费品零售总额	亿元	55.09	13.0	1.2
规模以上服务业营业收入	亿元	114.47	12.0	5.5

◆概况 2018年，西安曲江新区固定资产投资完成440亿元。生产总值完成264.34亿元，比上年增长8.6%。一般公共预算收入41.9亿元，比上年增长6.2%。社会消费品零售总额完成55.09亿元，比上年增长13%。服务业增加值完成236.35亿元，比上年增长7.0%。利用外资2.65亿美元，比上年增长6%；引进央资227.88亿元、民资801.73亿元、内资400.3亿元，完成融资33.95亿元，分别完成全年任务的190%、251%、328%和170%。

◆招商引资 2018年，西安曲江新区坚持“精准招商、产业招商、品质招商”思路，着力优化营商环境。3月31日，“双安双塔战略合作签约仪式”启动，延安宝塔区、西安曲江新区和英雄互娱集团共同签订《全国量子晨双创产业园区发展合作协议》，启动占地3.33公顷、总投资5亿元、包括4个电竞比赛馆的量子晨双创产业园区建设。6月1日至10日，西安曲江新区管委会主要领导带队赴香港、深圳等地开展招商及旅游推介活动。6月8日，与深圳华侨城集团签约城市配套、文化旅游、康体养生等3个项目，总投资300亿元。6月29日，大明宫中储粮大明宫库“退城进郊”项目成功签约。6月，中国铁建投资集团西北总部落户曲江。临潼度假区成功签约世茂·博物馆小镇、温泉度假小镇、华联·奥莱休闲小镇等项目，全年实现招商签约600亿元。楼观道文化展示区签约西京学院产学研创新基地等3个项目，计划总投资14.2亿元。12月21日，西安曲江新区被陕西省授予“中国（西安）跨境电子商务综合试验区创新示范先行区”称号。

◆重点项目建设 2018年，西安曲江新区承担市级重点项目39个，总投资1053.2亿元，实际完成投资230.4亿元，完成全年任务的152.9%。推进PPP项目15个，总投资251.16亿元，其中12个项目入库，总投资175.44亿元，签约额88.69亿元，完成投资额9.14亿元。电影圈子电影产业聚集区于9月下旬建成，并作为第五届丝绸之路电影节主会场使用；创意谷文化聚集区一期建成开业；凤凰池公园、曲江文创中心、曲江青年森林公园等已开工建设。10月，启动大唐不夜城步行街改造提升，经过1万余人70天日夜奋战，12月25日顺利开街，成为“西

2018年春节期间大唐不夜城步行街夜景

安年·最中国”活动主要承载区。渼陂湖一期起步区完成基本建设；护城河及环城公园综合改造工程（朱雀门—西门段）西门停车场区域、环城西苑区域改造全面竣工，改造面积8.8万平方米。临潼旅游度假区通过临潼区小城镇建设用地指标置换方式，破解制约重大招商项目落地2.76平方千米城市建设用地问题，为度假区3至5年发展提供重要基础保障。

◆**文化产业** 2018年，西安曲江新区以“中国文创在曲江”为目标，创新“硅巷+产业园区”模式，累计建成双创空间载体54个，总面积超过90万平方米。新增企业和入孵项目269个，文化企业注册突破1.8万家。新增规模以上文化企业41家，完成全年任务的456%，规模以上文化企业达113家，文化产业增加值增速达20%。曲江文化产业集团连续7年上榜“陕西省企业100强”和“全国文化企业30强”，连续9年荣获“中国服务业500强”。8月，中共西安市委、西安市人民政府出台《关于支持曲江新区打造文化产业改革示范区的意见》。西安曲江新区出台《促进文化创意产业发展的若干政策》等20余项产业发展政策，组建曲江文化金融控股公司，注册资本30亿元。主导设立文创引导基金等文化金融产业基金5支，总规模191亿元。引进北京银行等4家文创银行，为曲江文创产业发展提供金融保障。11月22日，西安曲江文旅股份公司控股子公司西安曲江智造文化旅游产业股份有限公司获得股转系统同意在新三板挂牌。

文化产业园区建设 3月底，曲江文创中心启动建设。12月下旬，曲江创意谷文化产业园一期正式开业，占地8公顷，建筑面积52万平方米。曲江新区文化科技创业城获批国家级文化科技融合示范基地及“2018中国十佳创业园区”称号。

文化精品创作 《那年花开月正圆》《白鹿原》一举拿下4项飞天奖、3项白玉兰奖、2项金鹰奖、12项中国电视剧品质盛典大奖，实现国家级电视剧奖项大丰收。曲江丫丫影视公司电视剧《我是幸运儿》《一树桃花开》分别获得陕西省“五个一工程”奖和“年度最受欢迎电视剧”奖；农村励志片《初婚》在中央电视台八套电视剧频道黄金时间播出；《西京故事》入选2018至2022年西部重点电视剧名单和庆祝改革开放四十周年推荐剧目，并在安徽、天津等卫视播出；《大秦帝国》收官之作《天下》实现网络版权销售5.6亿元。曲江影视集团完成《音乐家》《共和国血脉》《密查》《鼠胆英雄》《赤手空拳》《命案23年》等6部影视作品拍摄。其中，《音乐家》为中国与哈萨克斯坦首部合拍故事片；《密查》在中央电视台八套电视剧频道黄金时间播出。西安演艺集团话剧《柳青》《共产党宣言》《麻醉师》、豫剧《秦豫情》等全国热演，其中《柳青》《秦豫情》和《二十四个奶奶》入选“全国优秀现实题材舞台艺术作品展演”剧目，并在展演中分别获“优秀剧目奖”；《二十四个奶奶》被评为“2018年度十大优秀儿童剧”，《柳青》《我们是秦俑》和《丝路传奇花木兰》入选2018年度陕西文化精品剧目，《秦豫情》以全国所有剧种排名第一入选国家艺术基金滚动资助项目，《柳青》代表陕西省角逐第十六届文华大奖，《共产党宣言》“七一”前后连续演出36场。秦腔剧院《秦腔荟萃》在春节中央电视台黄金时段播出。出版《中华标识》《史说长安》《追赶超越·西安2021》等各类图书1822种，《清唱》获第八届冰心散文奖，《旧光阴》等4部作品获第三届丝路散文奖。

文艺演出 10月，百年秦腔经典剧目《三滴血》走进国家大剧院，并在北京大学、南开大学等9所高校演出17场，《人民日报》《光明日报》等报刊报道40多篇，中央电视台、陕西新闻、陕西戏曲广播、中国文化传媒网等报道180余篇次。西安秦腔剧院完成惠民演出1100余场；西安说唱艺术团《榜样的力量》在区（县）巡演31场；大型红色实景剧《黄河大合唱》在壶口驻地演出402场。陕西大剧院和西安音乐厅全年演出560余场，复排演出《卡门》《悲惨世界》等一批世界名剧，创排《彩绸飞舞》等仿唐乐舞赴美国、塞浦路斯、中国台湾等地演出；西安交响乐团赴意大利进行商演。

文化活动 4月18日，举办第一届“中国华服日”活动；4月21日，举办西安城墙春季国际马拉松赛；4月29日和5月1日，分别举办“一城双场”大雁塔水舞光影秀和城墙1374架无人机表演活动；5月底，携手中央电视台《CCTV空中剧院》栏目举办《璀璨梨园演唱会》；6月上旬，承办2018“丝路欢歌”西北五省（区）群众文艺展演活动；7月7—8日，举办2018西安城墙国际音乐节；8月底，举办西安国际儿童戏剧展演活动，演出《螺旋桨》《爱的故事》等29部中外优秀剧目200余场次；9月7日，承办第九届中国西部文化产业博览会；10月8—13日，承办第五届丝绸之路国际电影节；9月17—20日，承办第三届中法文化论坛；9月中旬，举办“一带一路”世界健美健身精英排位赛；9月初至12月上旬，承办首届西安（国际）舞蹈节；10月，联合陕西戏曲广播和《华商报》举办“百年三滴血戏迷争霸赛”；10月1—7日，在西安城墙景区举办大型光影秀《长安颂》；10月20日，举办2018西安国际马拉松赛；11月16日，举办“食溯长安”西安首届凉皮美食节；11月20日，第十七届西安国际音乐节在曲江新区开幕，历时2个月；11月29日，中国华侨国际文化交流基地揭幕仪式在西安城墙南门举行；12月1日，承办2018陕西第三届国际丝路影像博览会；12月31日，在大雁塔北广场举行2019“西安年·最中国”活动开幕式，以《再回大雁塔》主题演出及千人祈福等活动拉开序幕，同时在西安城墙、曲江创意谷举办相关跨年活动。全年承接西商大会、中国匠人大会、唐都长安1400年国际学术研讨会等国际性会议及展会768场，曲江会展中心获“2018中国十佳会展名区”称号及13个奖项。西安曲江新区在“2018中国会展产业展洽会”上获得“改革开放40年突出贡献会展强区”称号。

电竞产业 3月中旬，与独角兽企业——英雄互娱科技有限公司签署合作协议，出资成立曲江英雄量子股权投资基地，规模20亿元；5月25日，全国首家职业电子竞技俱乐部WE主场落户曲江；6月16日，承办WE战队在曲江主场2018英雄联盟职业联赛（LPL）；8月10日，出台《西安曲江新区关于支持电竞游戏产业发展的若干政策》；8月中旬，承办2018年英雄联盟全球高校冠军杯大赛；8月下旬，承办电竞比赛项目——炉石黄金公开赛（西安站）比赛；10月中旬，承办2018年西安国际双创电竞嘉年华。

“书香之城”建设 以“国际化、时尚化、高品位”为发展理念，系统谋划“图书馆+咖啡+文创”模式，组建专业团队，做好品牌策划包装和视觉识别系统设计。新增各类实体书店56家，培豪出版传媒公司经营的少儿图书门店获国家新闻出版广电总局（现国家广播电视总局）改革发展项目库实体书店“优秀店”称号。在“2018时代出版·中国书店致敬盛典”上，“新华书店曲江书城”荣获“年度最美书店”称号，“樊登书店西安湖城大境社区店”荣获“年度社区书店”称号。4月7日，倡导“全民阅读”先行者——樊登读书会落户曲江新区；4月23日至5月1日，举办“曲江读书周”，在所辖书店、贾平凹文化艺术馆等开展12项读书主题活动；5月1日，盛美利亚酒店“共享书屋”开业，是西安唯一一家五星级酒店书屋，24小时营业，全年无休；6月下旬，全国性公益阅读品牌“晓书馆”在曲江创意谷产业园开工建设，建筑面积1000平方米，分为公益图书馆、文化报告厅、文创体验区和创意咖啡区等4个功能区；9月初，“阅己书屋”3家主题店在曲江新区开业；9月30日，喜马拉雅“有声图书馆”在大唐芙蓉园上线；10月底，新华书店北大街、鄠邑区、长安店完成综合改造，中共西安市委、西安市人民政府等处13家书店建成开业；11月份，樊登书店湖城大境社区店开始试营业；12月份，优谷数字阅读平台入驻曲江新区。

“咖啡之城”建设　以“咖啡+创业+文化”为思路，在大唐不夜城步行街打造集时尚感官、休闲体验与功能服务为一体的咖啡主体商业街区，举办全国乃至全球咖啡赛事，吸引咖啡门店落户曲江，在区内大中微型书店布局咖啡生态。12月28日，举办ICF独立咖啡节（西安站），开展咖啡大师赛、咖啡社交场、咖啡论坛等活动。新增星巴克实体店5家，瑞幸咖啡店3家，喜茶1家。截至年底，曲江新区有咖啡店159家。其中，核心区144家，大明宫遗址区4家，城墙景区9家，临潼度假区2家。

◆旅游产业　2018年，西安曲江新区以旅游转型升级为重点，加强“旅游+产业融合”，着力打造“西安年·最中国”名片。2月16日（农历大年初一），举办2018年“西安年·最中国”大唐不夜城步行街开街暨“春临长安·福喜盈门”大拜年活动，韩国、马来西亚等西安总领事及中外各方代表2000多人应邀参加，中央电视台国际频道进行直播，Facebook等国际知名社交网站发布“西安年·最中国”活动盛况；“西安年·最中国”及“来西安过大年”等主题新浪微博话题，阅读量超过1.6亿人次，位列全国旅游榜第三位。6月1—6日，组团赴香港参加“西安·最中国”（香港）文化旅游活动周；9月，西安旅游集团整体划归西安曲江新区；9月中旬，白鹿原·白鹿仓景区获批国家4A级景区；10月下旬，西安城墙·碑林历史文化景区获批国家5A级景区；11月1日，中国城墙（西安）研究院挂牌成立，旨在打造城墙“智库”，建设世界级旅游景区及遗产保护典范。4月30日，曲江智选假日酒店开业；7月1日，曲江芙蓉阁酒店开业；7月28日，西安万丽酒店开业；8月20日，西安W酒店开业。曲江核心区新建旅游厕所4座，改建旅游厕所17座，推出“曲江方便方便”微信找厕所小程序。开展五星级服务培训，将金钥匙服务引入酒店和景区；推进曲江旅游“双微”建设，开通曲江旅游“抖音”“五条”“今日头条”等账号；开展2018曲江文化旅游推广大使选拔大赛。大明宫国家遗址公园获“全域旅游品牌推进单位”和“西北优质人气旅游目的地”两项殊荣；大雁塔·大唐芙蓉园景区荣获中国景区旅游综合服务“中国十大景区”奖。曲江新区全年接待中外游客1.31亿人次，旅游综合收入142.12亿元，比上年分别增长85.41%和149.6%。

◆文化遗产保护　2018年，西安曲江新区持续提升遗产保护与合理利用水平，探索历史文化名城保护与城市融合发展模式。在西安城墙，首创城墙文保标准化管理体系，严格执行《文物本体保护管理办法》《合理利用管理办法》及《保护范围及建控地带项目管理办法》，与专业机构开展“一种基于HVS与引导滤波器的土遗址裂缝检测方法”获国家专利，提高裂缝检测准确性。创新监测预警机制，开展常态、动态、维修等病害监测工作，实现监测动态管理，对长期积累的监测数据进行分析，建立病害分级预警体系，制定不同应对措施。以城墙保护基金会及历史文化研究会为平台，开展各类课题研究。根据国家、省、市文物部门安排，持续夯实保护利用、研究交流、环境整治等前期基础工作，全力推动西安城墙“世界文化遗产”申报进程。修订完善《大明宫国家遗址公园暨世界遗产地运行管理规范》，完成大明宫丹凤门遗址本体保护工程及含元殿东过水涵洞保护工程；与陕西省气象局合作，设立气象观测站，进行环境六要素监测；组建课题专家库，向国家考古遗址公园联盟、丝路沿线单位及社会征集研究课题；配合组织12月3—4日召开国家考古遗址公园联盟第八届联席会；充分利用遗址区考古探索中心研学资源，从5月27日起，举办“小小考古家”活动，全面展示遗址文化内涵，提升青少年文化遗产保护意识。以博物馆为载体，开展“非遗”体验活动。依托贾平凹艺术博物馆、中国书法艺术博物馆、含光门博物馆等平台，积极打造“非遗”艺术活动体验区。11月17日，在含光门博物馆举办“艺满长安·传承经典”2018西安城墙非遗文化季，邀请100组家庭及社会团体现场体验非遗手工制作技艺。以景区为载体，实施“非遗”文化展示。重点在大唐不夜城步行街、大明宫国家遗址公园、渼陂湖等景区景点，展示剪纸、马勺脸谱、吹糖人、捏面人等陕西经典“非遗”表演类及手工技艺类项目，邀请“非遗”传承人开设现场制作课堂。6月9日，在大明宫国家遗址公园举办陕西省“非遗”传承人绝活才艺展示活动。以文艺院团为载体，推动“非遗”文艺创作。以秦腔剧院下属易俗社、三意社两大百年院团为主阵地，扎实开展剧目创排创演工作，创作上演《柳河湾的新娘》《秦腔》等10余部新剧目。以中华老字号为载体，进行“非遗”饮食文化传播。

◆社会事业　2018年，西安曲江新区启动曲江池遗址公园“绿道”建设，新增绿地48万平方米；完成大唐不夜城、曲江南湖、曲江大道、南三环等区域景观和710余栋楼房建筑亮化工程；完成天坛遗址公园、创客大街及金花路南段等11条道路景观绿化，新增绿地137万平方米；栽植乔木8860余株，绿化面积5.76万平方米。启动华润国际文化商业中心等20个大型商贸综合体建设，大明宫百寰国际贸易广场于5月26日开业，金辉环球广场等4个城市综合体均于10月底建成开业。11月23日，启动西安大华纱厂生活区棚改项目房屋征收工作，总占地面积11.2公顷，建筑面积17.3万平方米，涉及2800户1万余人；12月16日，总面积约15万平方米中粮大悦城开业；12月30日，总面积39万平方米文创综合体曲江创意谷开业；12月10日，总面积2700平方米成山农贸市场建成开业。新开门村、春临村和先锋村二期等8800多户2万余名群众完成回迁；建成并启用西安曲江第三中学等5所学校，新增学位6850余个；11月底，启动曲江国际中学、曲江国际小学建设，并将于2019年秋建成招生。新建厕所31座，提升改造30座；启动曲江新区卫生服务中心计划，建成雅乐御宾府和金辉世界城社区医院2所。为鼓励高校毕业生在西安就业、创业，提供乐居1000套公租房。5月12日，建成启用曲江新区政务服务中心，办事大厅面积为1.16万平方米，先后公布7批共502项“最多跑一次”清单，全年累计办理“最多跑一次”事项96.53万件，满意率100%。曲江新区政务服务中心加入“金钥匙”国际联盟。全年新登记各类市场主体2.7万家，比上年增长98.1%。

◆城市治理　2018年，西安曲江新区启动“无违建区”创建。拆除违法建设235处、141.96万平方米。整治各类违规户外广告及牌匾标识共计1046块，拆除7.95万平方米；按照“一草一木、一砖一瓦、一街一景皆精细、精致、精品”标准，对曲江池北路、曲江池南路等6条重点路段、16个小区、420家商户立面进行提升改造，对22栋楼宇、商业体进行品质提升，面积约7万平方米；大唐不夜城步行街和大雁塔北广场周边建筑立面提升工程面积达41万多平方米，位列西安市建筑立面改造综合排名第一。打通上元路、芙蓉西路、凤城二路、凤城三路等4条断头路；岳家寨二路提前一年建成通车，全长933米；开通192路公交车，运营里程10千米。开展各类市容环境整治活动1330余次，查处违法经营工具1900余件，占道经营车300余辆，查处未落实“门前三包”责任商户262家；受理城市管理各种案件共12443起，结案率为100%。1月25日、9月2日《西安晚报》分别以《曲江新区强力推进两拆攻坚行动》和《咬定总目标打出组合拳——由江新区亮剑打造无违建区》为题进行报道。坚持安全生产隐患排查和安全宣传教育常态化，成立“安全之声艺术团”和安全文化小分队到生产一线进行安全宣传；编制图解《安全生产法》一书，得到国务院安全生产巡视组及省市有关部门肯定和推广。曲江新区连续3年安全生产在西安市考核中名列前茅，荣获“全国‘安全生产月’和‘安全生产万里行’活动先进单位”“全国安全生产监管监察先进单位”两个国字号荣誉和“陕西省安全生产宣传教育先进单位”称号。（李　兵）

西安浐灞生态区

◆概况　2018年，西安浐灞生态区围绕“生态化、城市化、产业化、国际化”目标，在产业培育、城市建设、生态治理等多方面取得新成绩，经济社会各项工作迈上新台阶。全年地区生产总值141.74亿元，增长15.1%；一般预算支出29.23亿元，比上年增长30.4%，全市占比2.54%；基金支出100.14亿元，增长109.07%；固定资产投资完成489.18亿元，增长9.2%；民间投资265.72亿元，增长23.3%；社会消费品零售总额完成180.32亿元，增长13.2%；一般公共预算收入完成18.5亿元，增长17.2%；实际利用外资36亿美元；规模以上工业增加值1.21亿元；规模以上工业企业数量6个，与上年持平。

◆招商引资　2018年，西安浐灞生态区开展招商推介活动30次，引进世界500强、国内300强企业14个。引进宋城中华千古情、腾讯双创小镇等重点产业项目，引进中国能源建设集团西北总部等央企总部；第三届丝绸之路国际博览会暨中国东西部合作与投资贸易洽谈会引进项目38个，签约额928亿元。全年引进内资253亿元，实际利用外资6180.4万美元。

◆产业发展　2018年，西安浐灞生态区狠抓产业要素聚集，持续加快双创、文旅、金融、会议会展等产业发展。推进双创产业创新，引进西安—亚马逊AWS联合创新中心、腾讯双创小镇等优质“双创”资源，完成载体26个，浐灞颐高万创成为“省级众创空间孵化基地”。华夏文旅度假区人流量大幅增长。举办西安国际文化交流会等活动，打造河景灯光秀“梦幻浐灞”，砂之船奥莱商圈首年销售额突破11亿元。西安金融商务区建设有序推进，国家开发银行项目主体完工，引入及新注册金融机构65家，灞柳基金小镇入驻基金公司60家，实缴资本7.07亿元。会议会展产业蓬勃发展，注册会展事业发展中心，引进2018世界文化旅游大会峰会、国际创新创业峰会暨西安—亚马逊AWS联合创新中心启动峰会等规模以上会议会展活动，累计举办各类会议会展活动200余场次，会展产业聚集度进一步增强，会展标识地形象初步形成。

◆项目建设　2018年，西安浐灞生态区坚持项目带动战略，36个市级重点项目完成投资314.8亿元。加速欧亚创意设计产业园建设，推进腾讯双创小镇、中建西安建筑设计院等项目。大力建设高星级酒店群，规划建设高品质酒店23家，已正式运营2家，在建9家，完成供地6家。华夏文旅一、二期项目试运营，欧亚创意设计产业园发展大厦、丝路国际创意梦工场一期建成投入运营。PPP（政府和社会资本合作）项目完成签约3个，签约额88.9亿元。

◆生态文明建设　2018年，西安浐灞生态区实施城市绿化景观提升工程，新建绿地广场7个，新增提升绿地面积117万平方米，新建城市绿道10千米。加大新能源、再生水推广使用力度，新能源使用面积达到40余万平方米。集中攻坚桃花潭黑臭水体问题，桃花潭水质持续向好。摸排整治散乱污企业1446户，初验通过率达97%，全年考核全市第一。开展辖区浐、灞河地表水和雁鸣湖等4个景观水体水质监督性监测23次，地表水水质基本控制在地表Ⅳ类，达到国家水环境功能区考核要求。快速彻底排查整治雁鸣湖扬尘污染问题，整改面积11万平方米，区域施工环境有效改善。全面落实“河湖长制”工作，形成完整工作责任体系。参加新华网“第五届绿色发展峰会”，入围“绿动中国”“最美中国”城市榜单，获评年度生态文明建设典范开发区。区域生态环境改善，湿地公园吸引大量鸟类越冬等被中央电视台、省市新闻报道，获得社会各界一致好评。

西安浐灞生态区2018年主要经济指标

指　标	单位	总量	增长速率(%)	占全市比重(%)
地区生产总值	亿元	141.74	15.1	1.7
第一产业增加值	亿元	—	—	—
第二产业增加值	亿元	42.59	7.6	1.5
第三产业增加值	亿元	99.15	18.3	1.9
工业增加值	亿元	—	—	—
规模以上工业增加值	亿元	1.21	-0.3	—
全社会固定资产投资（不含农户）	亿元	489.18	9.2	—
社会消费品零售总额	亿元	180.32	13.2	3.9
规模以上服务业营业收入	亿元	19.97	53.0	1.0

◆区域建设与城市管理　2018年，西安浐灞生态区以提高城市品质为重点，强化城市硬环境建设，着力完善公共服务，提升居民宜居指数。大力解决“上学难”问题，浐灞第三小学等4所新建中小学加快施工，启动华远海蓝城小学、米家崖小学接收工作。完成5条“断头路”打通任务，开工建设停车位1300个，完成架空线缆落地5.26千米，完成基础设施投资71亿元，占全年计划103%。以梦幻浐灞为目标，启动“两河四岸”（浐河、灞河东西两岸）夜景亮化工作。棚户区（城中村）改造新开工5716套，拆除违建69.7万平方米，烟头革命、厕所革命、营商环境提升等任务有序推进。

◆对外开放　2018年，西安浐灞生态区领事馆区建成4座统领馆，柬埔寨总领馆入驻开馆，新增印度签证中心，引进尼日利亚克里斯河州陕西商务中心和柬埔寨西安商务中心。汉诺威国际学校奠基进入全面建设阶段。推进自贸功能区试点任务落实、省市事权下放承接工作，吸引500家企业入驻。“通丝路”跨境电子商务结算平台开通运行，“一带一路”贸易之家开馆。参加全国城市会展办公室主办的“第十五届中国会展行业高峰论坛•中国会展业创新发展大会”，荣获中国会展经济产业贡献奖，被评为年度全国会展工作先进单位。

◆会议会展中心建设　2018年，西安浐灞生态区丝路国际会议中心、展览中心一期工程建设累计完成投资26.74亿元。会议中心主体钢结构封顶，完成地上二层楼板混凝土浇筑工作，预计于2019年6月底前竣工。展览中心一期检录厅钢结构工程顺利封顶，完成展览中心一期2个多功能展厅混凝土浇筑工作。完成项目立项、可行性研究报告及相关手续上报，预计2019年8月底前一期竣工。加快基础配套建设，完成会展片区综合管廊及7条道路和场馆室内分布系统设计工作。

◆**腾讯双创小镇（西安）项目启动** 2018年1月30日，腾讯双创小镇(西安)项目落户西安浐灞生态区。项目占地约66.67公顷，总投资160亿元，建筑面积110万平方米，建设总部办公、创新创业中心等11个产业板块，着重打造互联网产业生态链，吸引外部企业落地，成为集研发、孵化、加速、产业化、培训、金融投资、生态社群等为一体的立体化、全要素国家级双创生态示范区。12月20日，腾讯众创空间（西安浐灞）正式启动开园，定位为西安首个“互联网+文创”产业生态社区，社区面积6200平方米，可容纳上百支创业团队。

◆**“中华千古情”项目启动** 2018年3月，西安“中华千古情”项目在西安浐灞生态区动工建设，占地面积约6公顷，包括文化演艺、旅游景区、旅游服务和综合设施等建设项目。主要建设内容包括2个剧院、1个入口大厅、1个文化娱乐综合体、1条特色商业风情街区及基础设施。将以“中国故事，西安文化，世界水平，宋城品质”为定位，打造一台具有感染力、震撼力、影响力的史诗级演出，成为西安新的文化地标和城市名片。

◆**华夏文旅（西安）度假区一、二期项目建成运营** 2018年4月1日，西安浐灞生态区华夏文旅（西安）度假区一、二期项目建成开业，华夏文旅项目是陕西省、西安市2016年重点建设项目，占地约11.53公顷，总投资约28亿元，总建筑面积14万平方米。一期为室内千人演艺剧场——华夏文旅大剧院及商业配套，占地5.73公顷，移动看台可容纳3000人同时观看；二期为华夏文旅海洋王国，占地5.8公顷，游玩面积约16个标准足球场。该项目年接待游客300万人次、旅游收入5亿元。

◆**西安—亚马逊AWS联合创新中心启动** 2018年5月23日，国际创新创业峰会暨西安—亚马逊AWS联合创新中心启动峰会在西安浐灞生态区举行。10月13日，西安—亚马逊AWS联合创新中心揭牌仪式在浐灞生态区举行。项目一期位于浐灞生态区丝路国际创意梦工场，内设加速器、国际化孵化器、云创人才基地，占地面积约2万平方米，设置工位2100多个。在未来五年内，计划孵化约750家海内外初创公司，转型升级100家传统企业、本土初创公司，对优化区域经济结构，加快新旧动能转化，提升区域经济竞争力具有重要意义。

（李书乐　郭霖）

西安国际港务区

◆**概况** 2018年，西安国际港务区以“做实开放通道，做优开放平台，做大开放经济，加快建设内陆型改革开放新高地”为目标，园区经济总体呈现出“逆势而上、稳中有进、快速增长”良好态势。全年实现一般公共预算收入8.29亿元，税收占比达到95.7%；生产总值增长18%，全社会固定资产投资229.81亿元，比上年增长17.7%；规模以上工业增加值增长6.7%；24个市级重点项目完成投资152亿元；进出口贸易总额9.3亿元；限额以上社会消费品零售总额241.40亿元，比上年增长28.2%。

◆**中欧班列“长安号”运营** 2018年，西安国际港务区施行“强强联合、一企一线、市场化运营”运营新模式，中欧班列“长安号”开行量取得大幅增长，全年开行1235列，是2017年的6.37倍，运送货物总重达120.2万吨，是2017年5.18倍，重载率达到99.9%，实现重载率、货运量、实载开行量3项指标全国第一。累计开行西安至白俄罗斯、俄罗斯、伊朗、阿富汗、比利时、意大利、拉脱维亚等11条干线，覆盖“丝路”沿线44个国家和地区。先后开行汽车、绿豆、粮食、木材等专列，与青岛、宁波、天津、深圳、上海等沿海港口城市合作开行铁路班列，通过整合公、铁、海、空多种运输方式，建成服务大西安国家中心城市全网物流体系，形成海陆空内外联动、东西双向互济对外开放格局。成功筹办中欧班列（西安）2018年开行首超1000列活动。

◆**港口口岸建设** 2018年，西安国际港务区加强西安铁路集装箱中心站、西安综合保税区及西安公路港等功能性平台建设，西安港铁路口岸监管区通过海关验收投入使用，整车进口口岸建成投用，创造7天取得口岸检测线资质全国最快、15天全面建成汽车整车进口口岸全国最快、80天实现项目从首次对接到专列抵达全国最快“三个记录”。在波兰华沙和匈牙利布达佩斯等8处设立海外仓。新筑铁路综合物流基地项目站前工程建设完成，占地160公顷；投资3900万元实施通关一体化建设，跨境贸易便利化大幅提升，9001监管现场整体通关时间压缩68.2%，无纸化率达到90%以上；创新实行舱单归并模式，降低通关费用约97%。

◆**招商引资** 2018年，西安国际港务区签约招商局集团等国际国内500强企业集团6家；第三届丝绸之路国际博览会暨中国东西部合作与投资贸易洽谈会签约项目24个，投资额951.6亿元。引入新金融企业67家，新增内资租赁试点项目18个，引进内资113.62亿元、民资177.24亿元、央资126.81亿元、利用外资10611.8万美元；完成融资27.85亿元，超过保底目标39.25%。

◆**重点项目建设** 2018年，西安国际港务区围绕第十四届全国运动会主场馆建设，突出西安奥林匹克体育中心及其周边重点项目建设与配套，西安传化丝路公路港项目、绿城全运村项目、华润丝路总部项目顺利推进，西安奥林匹克体育中心项目“一场两馆”主体结构封顶，全运湖、灞河幸福岸线等城市配套项目加快实施，体育特色小镇、陆港金融特色小镇完成投资53.05亿元，园区重点项目建设投资额达152亿元，完成年度任务的153%，138个在建项目全面提速。

◆**营商环境建设** 2018年，西安国际港务区大力推进自贸改革，新挖掘培育政策，兑现进大厅、“物联网+”24小时自助信包箱等创新案例6个。其中“铁路运输方式舱单归并新模式”作为全

西安国际港务区2018年主要经济指标

指　标	单位	总量	增长速率(%)	占全市比重(%)
地区生产总值	亿元	90.53	23.5	1.1
第一产业增加值	亿元	4.83	3.4	1.9
第二产业增加值	亿元	28.17	15.6	1.0
第三产业增加值	亿元	57.53	29.4	1.1
工业增加值	亿元	—	6.6	—
规模以上工业增加值	亿元	—	6.7	—
全社会固定资产投资（不含农户）	亿元	—	17.7	—
社会消费品零售总额	亿元	307.11	13.6	6.6
规模以上服务业营业收入	亿元	27.51	87.3	1.3

国创新案例复制推广，为陕西自贸区唯一。全面推进“放管服”供给侧结构性改革，实施7×24小时政务服务，实现“一枚印章管审批”；建立健全“12345”市民热线平台，全年处理群众投诉5019件，解决官网和人民网投诉868件，办结率达到100%；持续优化园区法律服务供给环境，建成自由贸易区公共法律服务中心，西安知识产权法庭落户园区；建设众创载体空间37家，众创咖啡10家，众创载体面积达到54.36万平方米。

◆**城市管理和社会事业** 2018年，西安国际港务区坚持用系统化、均等化理念推进城市管理和社会民生工作。全年实现民生支出31.90亿元，打通“断头路”8条，西安交通大学第一附属医院建设进展顺利，18个学校提升改造项目稳步推进，西航花园社区服务大厅升级改造完成。开展食品药品领域民生重点提升工作，打造“食品安全示范街”1条、“小餐饮示范单位”20家、“小作坊示范户”1家。开通便民服务免费接驳线路，开工建设公共停车泊位485个，实现交通微循环。西安奥林匹克体育中心周边高压迁改工程、天然气门站等城建项目有序推进，规划建设“大树+草坪+花草”城市绿化体系，全年新增及提升绿地面积95万平方米，栽植树木3.1万株，种植草坪49.6万平方米。深入推进综合行政执法体制改革，将平安建设、铁腕治霾、厕所革命、烟头革命等多项工作融入全区“一张网”下41个网格中，实现“多网合一”“多员合一”“一员多用”，城市精细化管理水平进一步提高；坚决打赢平安“夺鼎”攻坚战，完成园区“平安地图”绘制，矛盾纠纷化解率达到99.15%，始终保持严打高压态势，对涉黑涉恶犯罪形成强大震慑。全年累计安排扶贫资金1362万元，比上年增长25%。（马 锋）

西安阎良国家航空高技术产业基地

◆**概况** 2018年，西安阎良国家航空高技术产业基地树立以航空特色为基础，以高端制造为引领，以均衡发展为导向，以生产、生态、生活融合为目标的新型城市发展理念。生产总值完成27.36亿元，比上年增长18.2%。固定资产投资完成135.41亿元，增长10.2%。市级重点建设项目完成投资49.8亿元，完成全年任务的150%。工业技改投资、城建投资、规上工业增加值等13项指标增速超过10%。

西安阎良国家航空高技术产业基地2018年主要经济指标

指　标	单位	总量	增长速率(%)	占全市比重(%)
地区生产总值	亿元	27.36	18.2	0.3
第一产业增加值	亿元	—	—	—
第二产业增加值	亿元	22.26	19.6	0.8
第三产业增加值	亿元	5.10	10.6	0.1
工业增加值	亿元	—	19.1	—
规模以上工业增加值	亿元	—	20.5	—
全社会固定资产投资（不含农户）	亿元	—	10.2	—
社会消费品零售总额	亿元	2.74	13.3	0.1
规模以上服务业营业收入	亿元	1.70	29.4	0.1

◆**招商引资** 2018年，西安阎良国家航空高技术产业基地内资完成61.12亿元，民资完成174.91亿元，央资完成76.23亿元，融资完成34.43亿元，外资完成5500万美元。2016—2018年，丝绸之路国际博览会暨中国东西部合作与投资贸易洽谈会签约项目3年实际开工注册率100%，资金到位率110%。出台《招商引资优惠政策十二条》，举办“西洽会航空军民融合项目对接会”“第二届西商大会航空基地‘西商情·家乡情’活动”“西安航空产业合作发展暨航空综保区招商大会”“航空基地投资环境推介会（珠海航展专场）”等重点招商推介活动8场，签约项目52个，引进资金276.39亿元。

◆**军民融合** 2018年，西安阎良国家航空高技术产业基地建立“西安航空基地军民融合产业联盟”，辖区取得军工资质企业超过60家。首期出资总额2.875亿元支持幸福航空有限责任公司、中航西飞民用飞机有限责任公司增资扩股。获批西安市第3家军工资质联合咨询受理中心。出台《军民融合优惠政策十条》。组建1亿元“西安航空科技创新风险投资基金”。《“地方政府+军工”的股权合作模式推进民机新品研发》入选国家全面创新改革试验百佳案例。

◆**区域协作** 2018年，西安阎良国家航空高技术产业基地发挥辐射带动作用，空间破局、产业联动、发展共享，与临潼区、蓝田县、富平等区域合作共建。完成航空基地承担《西安市加快富阎一体化工作清单》相关任务，制定《航空基地先进制造业发展规划》等4项专项规划，建立航空基地与富阎园区协同招商机制，全力支持富阎一体化发展。与临潼区就共建清河新城达成共识，将于近期签约。在八里塬与蓝田县共建“蓝田航空产业园”，已实现签约。对接陕西省交通厅，明确新增西阎高速“航空基地”出口。

◆**营商环境建设** 2018年，西安阎良国家航空高技术产业基地全面抓好项目服务保障，营商环境实现新突破。“工程项目建设审批制度改革”经验在国务院深化“放管服”改革专项座谈会上交流推广。出台《降低企业开办成本实施细则》，企业开办享受注册、刻章“双免费”。召开民营企业家座谈会、民营企业发展座谈会4次。领导班子全年开展“亲商助企”活动近200次，解决问题上百件。出台《进一步加强对领导干部支持民营经济发展考核工作的实施细则》。“平安鼎”创建居全市第一。168个事项实现“不见面审批”。公众安全感高达95%，居全市第一，成为全市唯一信访“三无”开发区，全年安全生产总体形势平稳。

◆**科技创新** 2018年，西安阎良国家航空高技术产业基地争取各类扶持资金1.39亿元，其中获得科技部等3部委创新创业专项资金5000万元。建成众创载体29个，面积49.51万平方米。航空科技孵化器获得“国家级军民融合科技服务机构”“陕西省人才创业示范基地”“陕西省劳动关系和谐工业园区”称号。Founders Space、优客工场、南航科技成果转化中心等双创服务机构先后落地。“2018中国国际航空科技创新论坛”等系列双创活动成功举办。

◆**城市建设** 2018年，西安阎良国家航空高技术产业基地攻坚征地拆迁，拆除违建面积22.58万平方米，完成征地清表215.73公顷，拆迁509户，总量超过前十年总和三分之一，成功创建全市首个建成区“零违建”开发区。停滞4年的清河试验段工程一期1.858千米顺利完工。推进铁腕治霾工作，开展现场督查130余次；“散乱污”（“散”是指不符合城镇总体规划、土地利用规划、产业布局规划的工业企业；“乱”是指违法违规建设、违规生产经营，以及使用闲置设施农业用房、教育、农房等非工业用房进行非法生产的工业企业；“污”是指违法违规排放、超标排放废水、废气、废渣的工业企业）企业整治完成率100%，居全市第一；11月网格化管理月度考核居全市第一；全年绿化面积8.16万平方米，比上年翻番；在中央环保督察“回头看”、汾渭平原大气污染防治强化督查、省市各类检查中，环境问题均为全市最少，存在问题已按期完成整改。（唐　秋）

西安国家民用航天产业基地

西安国家民用航天产业基地2018年主要经济指标

指　标	单位	总量	增长速率（%）	占全市比重（%）
地区生产总值	亿元	191.31	9.1	2.3
第一产业增加值	亿元	—	—	—
第二产业增加值	亿元	114.58	12.2	3.9
第三产业增加值	亿元	76.73	4.4	1.5
工业增加值	亿元	—	14.4	—
规模以上工业增加值	亿元	—	14.5	—
全社会固定资产投资（不含农户）	亿元	179	17.3	—
社会消费品零售总额	亿元	82.80	13.2	1.8
规模以上服务业营业收入	亿元	17.82	178.2	0.9

◆概况　2018年，西安国家民用航天产业基地实现社会固定资产投资179亿元，增长17.3%；工业投资42.67亿元，增长60.6%；工业技改投资14.43亿元，增长96%；基础设施投资12.4亿元，增长23%；规模以上工业增加值增长14.5%；限额以上消费品零售额增长18.6%；重点项目建设投资95.48亿元，完成全年任务150.36%；一般公共预算收入6.33亿元，完成预定目标100.1%。

◆招商引资　2018年，西安国家民用航天产业基地签约项目34个，合同引进资金633.6亿元。签约入区世界500强企业项目3个。引进西安卫星测控中心、陕西华燕航空仪表有限公司项目，总投资额超过42亿元。陕西省铁路投资集团承载“关中通城际、市市通高铁、快速通全国”任务的陕西铁路建设基金项目首期300亿元落户。紧盯人工智能及大数据产业发展前沿，实施创新驱动，打造云上开发区。聚集阿里云、京东云、华为云等云计算平台，百度云项目签约落户，基地人工智能和大数据产业引擎基础和构架初步形成。大力推进通航产业创新发展，陕西直升机股份有限公司贝尔直升机项目完成12架直升机购买复装任务，实现固定资产投资1.8亿元。京东集团自主研发“京鸿”货运物流无人机首飞成功。空天小镇被西安市认定为全市首批硬科技小镇。落实“招商项目落地年”。依据《项目建设计划》《项目建设支撑计划》明确各部门责任，用联席会议制度解决影响项目建设重大问题。全年完成土地征收84.6公顷，供地40宗233.86公顷，供地率在全市开发区位列第一。移交13个重点项目及6条主干道及断头路建设用地，助力16个项目开工建设，推动83个续建项目加快进度，实现11个项目按期竣工投产。

◆西安北斗产业园区建设　2018年，西安国家民用航天产业基地代表西安成功申报获批为西安北斗产业园区，三大北斗示范项目获得国家发展和改革委员会9000万元支持，额度占全市的90%，全年新增民参军企业8家。军民融合类院士工作站达到4家，正在研发、转化项目10余项，列入国家发展和改革委员会北斗产业园项目1项、陕西省“三秦学者”计划和省级重大科研项目4项。

◆科技创新　2018年，西安国家民用航天产业基地在商务部公布的全国经济技术开发区科技创新指标排名当中位列第四，入选工业和信息化部第三批绿色制造名单。全年建设众创载体72个，完成率288%，建成载体面积193.4万平方米，完成率293%。组织60家企业申报国家、省、市项目18个，立项72个，争取省、市资金近1亿元。在“2018西安全球硬科技产业博览会”上，航天基地获“最佳设计、最佳组织、最佳展品、最佳人气”等4个奖项，为大西安科创大走廊和“硬科技之都”建设提供有力支撑。

◆营商环境提升　2018年，西安国家民用航天产业基地以深化行政效能革命为抓手，从体制机制改革入手，深入推进各类活动。利用国庆期间开展“大走访、大调研、大服务”活动，走访企业群众和服务对象500余人次，召开座谈会32场次，形成调研报告47篇，并认真梳理问题清单，定期对涉及营商环境事项进行督办清零，调研问题全面解决。将法治保障作为营商环境建设基础性工作，最高人民法院第二国际商事法庭在西安航天基地揭牌办公。努力激发民营经济活力，在西安市召开的对外开放暨民营经济发展大会上，航天基地4家企业和4名企业高管获得9项表彰。

◆服务保障　2018年，西安国家民用航天产业基地推动政务服务数据共享，大幅提高“网上办”“不见面审批”事项比例，公布“最多跑一次”清单386项，占本级政务服务事项90.27%。制定“容缺受理”事项清单 69项。推出预约延时服务97项，开展双语服务及针对残疾人等特殊人群预约上门服务，实现“365全日制”、差异化、多语种服务。

◆民生保障　2018年，西安国家民用航天产业基地完成断头路建设1.5千米。组织编制《航天基地中小学三年建设计划》，新增学位7020个，“上学难”问题得到有效缓解。东兆余村整村房屋征收工作进展顺利，枣园村安置小区完成回迁，凤鸣小区公租房完成分配。加大帮扶资金投入，发动基地下属企业及爱心企业参与扶贫捐款300万元，全年累计投入帮扶资金2190.74万元。贫困村基础设施建设、集体产业发展、基层党建工作取得显著成效。

◆生态建设　2018年，西安国家民用航天产业基地优良天数177天，PM2.5年均浓度比上年下降11.3%，PM10年均浓度比上年下降4.8%。制定“铁腕治霾，保卫蓝天”方案、散乱污企业整治方案、有奖举报奖励办法、铁腕治霾督办督查办法。完成河湖长制项目建设65个，累计投资4.3亿元。拆除各类广告牌匾575处，各类违法建设128万余平方米，城中村“种房子”问题整治拆除工作持续推进。

◆社会管理　2018年，西安国家民用航天产业基地扎实开展“平安鼎”活动，社会稳定矛盾问题化解稳控率达到95%，重大决策社会稳定风险评估完成率100%。全年未发生严重危害国家安全事件、严重影响社会稳定事件，未发生生产安全事故。法治政府建设有序推进，重大行政决策、规范性文件合法性审查率100%，“12345”市民热线受理各类舆情投诉7140件，办结率100%。加大垃圾、黑臭水体、烟头革命、厕所革命等工作力度，推动城乡环境治理由粗放式向精细化管理转变，678个环境违法问题全部整改到位，区域环境质量明显提升。

（魏　庆）

农业和农村经济

责任编辑

冯冠杰

综　述

◆概况　2018年，西安市贯彻落实乡村振兴战略，坚持质量兴农、绿色兴农、品牌强农，加快推进农业由增产导向转为提质导向，按照“服务城市、富裕农民、优化生态”的思路，以农业供给侧结构性改革为主线，以“农业两区+特色小镇”建设为途径，构建现代农业产业体系、生产体系、经营体系，着力提升产业化水平，推进农业现代化，深化农村改革，培育市场主体，推进田园综合体创建，促进一、二、三产业融合发展，西安市都市型现代农业保持持续、健康、较快发展的良好势头。全年农业增加值286.18亿元，比上年增长3.5%；农村常住居民人均可支配收入13286元，比上年增长9.0%。

◆农村集体产权制度改革　2018年，西安市被农业农村部列为“全国农村集体产权制度改革试点市”。西安市人民政府办公厅印发《深化农村集体产权制度改革，加快推进三变步伐的实施意见》《西安市农村集体产权制度改革整市试点推进方案》等文件，全面推进农村集体产权制度改革工作。截至年底，全市完成清产核资2256个村，占总村数的98%；完成身份界定2178个村，界定集体经济组织成员345.47万人；完成股权设置量化2094个村，量化股东298.50万人；成立股份经济合作社2002个，占全市总村数的87%。50个股份经济合作社取得收益，分红金额达到1.56亿元。西安市农村产权流转交易服务中心投入试运行，10个涉农区（县）和西咸新区（含空港新城）成立12个农村产权交易服务中心，168个镇（街）农村产权交易中心全部建成，市级财政投资800余万元，为10个涉农区（县）、141个镇（街）配备触摸屏152台、高清拍摄仪247台、计算机388台，1050个村依托便民服务中心设立产权交易服务站，市、区（县）、镇（街）、村四级产权流转交易服务体系初步建立运行。发布各类农村产权交易信息6234条，开展农村产权抵押贷款1.05亿元，完成农村土地流转交易1099宗，成交金额4.33亿元。培育新型农业经营主体，新增农民专业合作社591家，总数达到8267家。其中，“国家级农民合作社示范社”22家，“陕西省农民专业合作社百强示范社”39家；“陕西省农民合作社示范社”85家；“西安市农民专业合作社十佳示范社”70家；“西安市农民专业合作社优秀示范社”130家。入社会员19.6万人，带动群众40多万户，覆盖全市所有农业产业和90%以上的镇（街）、村，80%的农产品通过合作社进入市场销售。全年新认定“家庭农场”193家，全市家庭农场总数达到1005家，其中获得省、市两级“示范家庭农场”称号的252家。

◆农村人居环境整治　2018年，西安市全面推进农村人居环境整治工作。各级财政安排农村人居环境整治工作项目经费23.83亿元，全市92.6%的村庄完成规划编制工作，96%的行政村生活垃圾得到有效治理，农村污水有效治理覆盖率从上年年末的22.0%提高到2018年年末的43.6%。完成农村无害化户厕提升改造16.69万户，普及率达58.1%。村庄林木平均覆盖率27.78%。自来水普及率95%。自然村通动力电比例达到99.9%。全市村庄道路硬化率100%。创建“美丽宜居示范村”185个，整治工作走在陕西省前列。

◆农村产业融合发展　2018年，西安市促进一、二、三产业融合发展，临潼区入选“全国农村一、二、三产业融合发展先导区”。11月，全国农村一、二、三产业融合发展现场交流会在西安召开，周至县马召镇入选“全国农业产业强镇示范建设名单”；临潼区获得农业农村部农产品产地初加工项目扶持。

农产品加工产业　西安市人民政府办公厅印发《西安市关于加快农产品加工业发展实施意见》，西安市农业林业委员会与中国邮政储蓄银行股份有限公司西安市分行联合印发《关于推进全市农业产业化领域金融合作的实施方案》。先后组织100余家（次）企业参加首届中国国际进口博览会、第九届全球秦商大会、第二届世界西商大会、第三届丝绸之路国际博览会暨中国东西部合作与投资贸易洽谈会等经贸交流活动。开展西安市第七批农产品加工龙头企业认定工作，3家企业成为“陕西省林业产业龙头企业”。全年市级以上农业产业化龙头企业实现经营收入610亿元，比上年增长19.6%。

休闲农业　西安市农业林业委员会在全市开展“休闲农业提升年”活动，联合有关部门印发《关于加快推进旅游与农业林业融合发展的实施意见》，评选确定10条“休闲农业精品旅游线路”，开展休闲农业推广活动20余次。全年休闲农业接待游客2650万人次，实现经营收入26.70亿元。

田园综合体建设　西安市成立西安市田园综合体创建工作领导小组。中共西安市委办公厅、西安市人民政府办公厅印发《关于开展田园综合体创建工作的实施意见》《西安市田园综合体创建导则》《西安市田园综合体申报评审工作流程》《西安市田园综合体建设扶持政策》《西安市田园综合体建设考核办法》等政策性文件，开展市级田园综合体创建工作。12月，西安市田园综合体创建工作领导小组公布“西安市首批田园综合体创建名单”，长安花谷田园综合体、荣华田园综合体、骊鼎望星田园综合体、通远田园综合体、阎良田园综合体、沣西新城未来乡村田园综合体6家综合体入选，西安市级田园综合体创建工作全面启动。

农业特色小镇建设　西安市首批特色小镇创建工作进展顺利。高陵区创想小镇完成投资10.22亿元，阎良区羊乳小镇完成投资4.06亿元。高陵区创想小镇“农耕文化观光园提升项目”入选“陕西省农村特色产业小镇建设项目”。

◆农业节庆活动　2018年，西安市通过举办“庆祝中国农民丰收节系列活动”“西安市首届农民节活动”“第二届世界饮品大会”等重要节庆活动，努力在全市营造敬农、爱农、助农的良好社会氛围，加大优势特色农业产业宣传推介力度，西安农业知名度、美誉度不断提升。

2019年3月18日，首届“西安农民节在高陵区举行

“庆祝中国农民丰收节系列活动” 9月22日，以“庆祝丰收、弘扬文化、振兴乡村”为主题的西安市庆祝首届中国农民丰收节系列活动在蓝田县玉山镇玉山酒庄举办。活动充分发挥农民主体作用，突出民俗特色，弘扬大西安悠久厚重的农耕文化，展示了西安市农村发展的巨大成就，为乡村振兴战略的实施营造良好的社会氛围。

“西安市首届农民节活动” 2月5日至3月31日，以“传承农耕文化、发展现代农业，敬农爱农助农、推进乡村振兴”为主题的西安市首届农民节活动在高陵区举办。3月18日，在高陵区何村的活动开幕式及签约仪式上，对西安市农业农村领域10个系列“十佳”进行表彰，西安市与阿里巴巴集团签署合作协议；开展以乡村振兴、农村产权制度改革等为主题的5场对话交流合作活动，邀请中国科学院院士邵明安、中国工程院院士康振生等46名专家学者、知名人士和著名企业家为西安破解“三农”发展难题、推进乡村振兴提出建议。3月29—31日，举办2018年中国樱商大会，并举办包括农民歌手大赛、农民趣味运动会、剪纸、农民画、精品农产品、专家咨询、精品乡村旅游线路、特色民宿展览和农村改革发展40年摄影展等15场科技文化体育展览活动。

第二届世界饮品大会 10月22—25日，由国际园艺学会、中国园艺学会、陕西省农业厅、西北农林科技大学、西安市人民政府主办，以“健康饮品——满足人民美好生活”为主题的第二届世界饮品大会在西安举办。大会先后举行开幕式、高峰论坛、学术大会、果酒技术暨产品评价推介交流会、研讨会及产业论坛、展览展示、参观考察、闭幕式等活动10余场次。第二十三届国际园艺学会主席、国际园艺学会终身名誉主席罗德里克•德鲁出席会议，中国工程院院士、相关行业协会（学会）会长、国内外饮品领域科学家、知名企业家、高级技术人才、陕西省各市和相关区（县）政府部门代表500余人参加会议。大会充分展现了西安发展成就，促进了西安农业领域的对外经济技术合作交流，提升了西安国家中心城市的国际影响力。

◆农业科技创新与应用 2018年，西安市深化与西北农林科技大学的战略合作，加快推进西安都市农业综合试验站建设，形成“1个综合试验站+N个产业技术推广站+示范点+农户”“一站多点”的西安都市农业技术推广模式。组织申报省、市农业科技项目25个，发布推介农业主推品种和技术60项。组织全市80多家农业企业、200多种农产品、60余项农业新技术参加第二十五届杨凌农业高新科技成果博览会，集中签约项目29个，金额99.60亿元，26个农业科技产品（技术）获“后稷奖”（其中“后稷特别奖”6个）。西安展团获得“优秀组织奖”“优秀展示奖”“优秀成交奖”。5月31日，西安市农业林业委员会与西安交通大学软件学院签订“共建智慧农业与农业大数据研究中心合作框架协议”，决定以共建方式成立“智慧农业与农业大数据研究中心”，着重从农业认知计算技术与系统研究、复杂农业系统画像方法与技术研究、农业生产者画像、复杂农业系统及现象态势感知、农业区块链研究与应用等方面开展合作，共同推动西安市农业大数据核心关键技术的研发和单品类全产业链大数据应用试点示范建设。加快推进农业远程监测与智能物联网项目建设。

◆农业农村人才培育 2018年，西安市加快职业农民培育步伐，培育中初级职业农民2235名，认定初级职业农民2937人、中级职业农民119人。西安市农业林业委员会联合西安职业技术学院开展职业农民上大学试点工作，首批32名初级职业农民进入西安职业技术学院开始为期3年的学习，毕业后可获得大专学历和“中级职业农民证书”。在第三届陕西省职业农民技能大赛暨培育教师技能比武大赛上，西安市获全省团体第一名。

◆农业综合开发 2018年，西安市落实农业综合开发高标准农田建设示范工程项目，1533公顷建设任务全面完成。新打机电井76眼，修复机电井44眼，配套输变电线路34.93千米，衬砌渠道51千米，埋设暗管2.13公顷亩；改良土壤1400公顷，修筑机耕路68.4千米；农田防护林100公顷；技术培训3400人次，示范推广200公顷。新增和改善灌溉面积1467公顷；新增节水灌溉面积1293公顷，年节约水量约96万立方米。有效改善项目区农业生产基础设施条件，促进产业结构的调整，形成一批各具特色的高标准种植基地。新增粮食生产能力166.13万千克，项目区农民收入增加总额833.55万元。

◆产业扶贫 2018年，西安市全面推进产业脱贫工作。重点扶持中蜂、奶山羊、猕猴桃等10大扶贫主导产业，协同推进食用菌、草莓等小众特色产业，把贫困户嵌入产业发展链条，实现“大产业、大带动”目标。通过资金扶持、技术培训、产销服务等扶持措施，实现全市8492户产业扶贫户中长期产业全覆盖。市财政列支5000万元用于“十百千万”产业扶贫工程，扶持各类新型农业经营主体533家。通过入股分红、劳务打工、土地流转、产销服务等方式，与37074户建档立卡贫困户建立利益联结关系。成立现代农业园区产业联盟，引导更多新型农业经营主体参与产业扶贫工作。全市142个贫困村集体经济组织实现全覆盖，为每个贫困村落实集体经济发展启动资金50万元，印发《关于加强支持贫困村农村集体经济组织发展财政补助资金使用管理有关工作的通知》，确保资金规范高效使用，全市43个贫困村集体经济收入超万元。西安市产业扶贫基金公司成立运行，落实资金11.11亿元，到位资金1.66亿元，征集第一批项目22个。市、区（县）两级成立产业脱贫技术服务队76支，建立“专家+基地+农技人员+示范户+贫困户”的农技服务推广模式。整合职业农民、农村能人、产业园区、龙头企业等技术资源，建立完善产业脱贫技术服务“110”指挥体系，按照“服务到村、指导到户、精准到人”工作原则，培训贫困户6.4万人次，实现贫困村、贫困户产业扶贫技术服务全覆盖。

◆城乡统筹发展 2018年，西安市统筹城乡发展工作落实农民持续增收要求，坚持农村综合改革创新和幸福新农村建设，以探索农村集体经济有效实现形式为重点，抓典型，树示范，补短板，强基础，有力推进全市城乡发展一体化进程。

农村片区化中心社区建设 西安市人民政府连续4年将农村片区化中心社区建设列为民生提升重点工作范围，解决农村公共服务“最后一米”的问题。西安市统筹城乡发展工作领导小组办公室组织区（县）开展评审工作，确定109个农村片区化中心社区项目，涉及奖补资金1.05亿元。在项目建设过程中，严格按照农村社区建设标准，及时调研指导和协调，有效破解项目建设难题，采取每月总结，每季督导，纳入目标责任考核等办法，确保建设工作进展顺利。截至年底，全市106个片区化中心社区建设工作顺利启动。

“幸福新农村示范村”建设 通过项目征集、专家实地考察、会议评审等方式，启动26个“幸福新农村示范村”项目建设工作。拨付奖补资金4200万元，注入村集体股份经济合作社，激发内生动力。引导项目整合配套资金，26个示范村共整合资金6643万元。积极引导项目村领头人、村干部更新发展理念，先后3次组织区（县）统筹办主任、业务科长和项目村操盘手赴安徽、河南、广东等地区进行考察学习，开阔眼界，明晰发展思路；先后2次组织专题培训会，采取专家讲座、现场观摩、擂台赛、座谈交流等形式，全面提升统筹系统干部素质。每季度开展督导检查工作，制定《“幸福新农村示范村”建设9项工作内容评分表》和《“幸福新农村示范村”督查问题确认单》，有效推动示范村项目建设工作。打造出临潼区门岩村、周至县耿峪村等一批“幸福新农村示范村”亮点村，培育出“全国生态宜居乡村”——蓝田县黑沟村。

农村专项改革 坚持把农村改革作为实施乡村振兴战略、破解“三农”工作难题、推动农村经济高质量发展的重要途径，积极推进各项改革和试点任务，全市农村改革各项任务圆满完成。起草《农村改革试点示范项目和资金管理办法》，将农村产权流转交易市场体系项目、三产融合项目、民宿经济和乡村旅游等农村新产业、新业态项目，作为农村改革重点推进的工作。打造蓝田县董岭村、黑沟村等一批“三变”改革亮点。“周至中国猕猴桃网”项目注册用户超过50万人，猕猴桃销量达1万吨以上，实现年产值8000万元以上，带动了农民群众增收；临潼区“大田托管”项目，组建植保服务队、农机服务队，全年托管土地400公顷，打造试点示范项目典型和亮点。将长安唐村中国农业公园等5个项目列入新一轮省级农村改革试验区。制定《西安市省级农村改革试验区工作推进办法》，全面推进省级农村改革区各项工作落实。5个改革试验区项目总体进展顺利，改革任务稳步推进，确定了投资主体，成立区（县）分管领导担任区（县）创建办主任、投资商参与的领导机制；组建区（县）国有控股公司；编制街（镇）总体规划、村庄规划、产业发展规划，推进重点工程落地实施。推进农村金融改革工作，全市1259个行政村启动农户信用等级评级工作，采集农户信用信息46.23万户，完成评级38.73万户，推动“助农保”特惠扶贫保险业务开展，累计保额达到109.51亿元，赔款1111.47万元。

统筹城乡工作宣传 以全市推进乡村振兴战略的重大活动、重要政策、重点工作、先进典型为重点，综合运用传统媒体和网络新媒体，实施全媒体宣传。组织中央、省、市20多家媒体对全市农村工作会议、美丽村庄建设现场推进会、文明家园建设现场推进会等重大活动做及时宣传报道，在《陕西日报》《西安日报》刊发6个专版37篇稿件。在新浪网设立“西安市乡村振兴”专题网页，在西部网设立“乡村振兴西安先行”网页，发布稿件750余篇，累计浏览量超过2亿人次。开通运营“西安统筹城乡”微信公众号、新浪官方微博、今日头条号、澎湃政务号等移动互联网宣传平台，发布稿件920余篇。开展楼宇广告宣传，播发信息9篇2600余频次。

（胡力平）

种植业

◆概况 2018年，西安市实施乡村振兴战略，推进农业供给侧结构性改革，产业结构不断优化，农产品质量不断提升。全市农业产业持续稳定发展，全年粮食产量142.14万吨，比上年增长1.6%；蔬菜产量373.69万吨，比上年增长5.3%；水果产量89.15万吨，比上年下降0.7%。

◆粮食生产 2018年，西安市实施粮食“绿色、高质、高效”创建工作，大力推广绿色高质、高效技术，加大良种良法配套、农机农艺融合，巩固和提升粮食单产水平。全年粮食播种面积27.97万公顷，比上年下降1.1%；总产量142.14万吨，比上年增加1.6%，居陕西省第四位；平均单产5082千克/公顷，居陕西省第一位。其中，夏粮播种面积15.38万公顷，产量74.67万吨；秋粮播种面积12.59万公顷，产量 67.47万吨。

◆蔬菜生产 2018年，西安市持续加大蔬菜生产基地建设力度，建成蔬菜生产基地18个。全市蔬菜播种面积24.91万公顷，总产373.69万吨。在阎良、高陵、临潼等7个区（县）实施设施蔬菜高效生产模式示范与推广，建立“设施蔬菜高效示范点”7个、示范棚300栋，示范带动面积1000公顷。开展技术服务培训120场（次），培训农民10万人，优化调整蔬菜生产品种和种植茬口，蔬菜产业持续较快发展。

◆水果生产 2018年，西安市按照“产业兴、田园美、农民富、环境优”的要求，推进西安果业持续健康发展，建成园林水果面积49520公顷，总产量89.15万吨。促进果业提质增效，举办2018年中国樱商大会，中国果品流通协会与西安市人民政府签订《深化果业发展战略合作协议》，并决定在西安设立代表处。根据西安市人民政府办公厅印发的《关于推进葡萄酒庄产业发展的意见》，西安市农业林业委员会起草《酒庄酒生产许可证申报资料准备明细》，举办葡萄酒庄建设发展专题学习培训班，促进酒庄产业发展。举办第七届全国猕猴桃研讨会暨2018年西安•周至猕猴桃主题年会，组织区（县）开展西安果业宣传推介，西安特色果业知名度和美誉度不断提升。

◆现代农业园区建设 2018年，西安市加快实施现代农业园区提质增效工程，成功创建2个省级现代农业产业园，认定市级现代农业园区16个。截至年底，西安市现代农业园区总数达到435个，其中市级以上园区164个；现代农业园区累计建成面积达到34500公顷，产值57.18亿元，农产品质量检测实现全覆盖。

◆农业招商引资 2018年，西安市农业部门积极策划活动，跟进项目，为项目落地提供优质服务。全年策划推介宣传等活动20余次，服务项目20个，开展招商引资活动150余次，邀请、接待客商1300余人次，完成签约合同项目总投资

西安粮食绿色示范产地

西安果园机械化作业现场

额20亿元。

◆**农业实用技术推广** 2018年，西安市农业林业委员会利用“科学服务月”“三下乡”和“科技之春”宣传月等活动时机，开展农业科技大培训1984场（次），培训15.87万人次，培训能干、能讲、能写的“三能型”基层农技推广人员1061人。强化科技试验示范基地建设，加快新品种新技术的推广与应用，促进农业科技成果转化，全年新建农业科技试验示范基地36个。全面启动科技助推产业脱贫110技术服务体系，组建15支产业技术服务支队，对贫困人口38329人次开展技术服务，做到产业帮扶指导全覆盖。

◆**绿色农业** 2018年，西安市进一步强化农业生态环境保护工作督查考核，建立长效机制，全力推进农业面源污染防治工作。西安市农业林业委员会印发《西安市2018年铁腕治霾农林业污染治理工作方案》和18项专项工作方案，成立工作专班，积极推进农村清洁生产。全市主要农作物秸秆综合利用率达到95.3%；畜禽粪污综合利用率达到75%，规模养殖场粪污处理设施装备配套率达到80%；主要农作物测土配方施肥技术覆盖率达到85%，化肥减量3.48万吨；主要农作物病虫害统防、统治面积66100公顷，农作物病虫害统防统治覆盖率达到36.5%，绿色防控覆盖率达到32%，减少农药使用量56.66吨，农药利用率达到38.6%；农膜回收利用率达到55.3%。

◆**农业防灾减灾** 2018年，西安市先后遭受雪灾、风雹、低温冷冻等自然灾害，给农业生产造成较大影响，农作物受灾面积11560公顷，绝收5633公顷。1月3日的大雪降温伴随大风灾害造成临潼区、阎良区、高陵区等2387公顷设施农业受灾，直接经济损失3.80亿元；7月中旬的冰雹灾害造成阎良区、长安区、高陵区、临潼区等2200公顷玉米、66.7公顷设施、280公顷果树、1.86万平方米畜禽圈舍受损，直接经济损失2.73亿元。西安市农业林业委员会落实防灾减灾各项要求，根据气象预报，提前发布预警信息，落实防御措施。农作物受灾后，及时成立督导组，赴一线开展督导检查，第一时间指导各区（县）开展灾情调查和生产自救工作，积极协调保险公司，做好农业保险的勘察、定损和理赔等工作，努力将农业损失降到最低。

◆**主要农作物病虫害防治** 2018年，西安市农业林业委员会坚持“预防为主，综合防治”的工作原则，开展病虫害监测防治工作，及时有效控制重大病虫害的发生和危害，病虫危害总体损失率控制在3%以下。全年小麦病虫害发生面积40.82万公顷次，防治面积58.65万公顷次，穗期统防、统治面积6.7万公顷，共挽回损失5.76万吨，实际损失率为 1.6%；玉米病虫害发生面积9.52万公顷次，累计防治面积9.47万公顷次，挽回损失1.44万吨，实际损失率为0.8%。

◆**农资市场整顿** 2018年，西安市农业林业委员会落实农资市场监管工作有关要求，制定《2018年西安市农产品质量安全专项整治方案》《2018年西安市农资打假专项治理行动实施方案》，召开全市农资打假工作会，牵头开展春秋季农资打假专项治理行动和“2018年放心农资下乡进村宣传周”活动。全年出动农业执法人员12026人次，检查农业生产经营企业5071家，查处问题108起，责令整改107起，移交司法机关1起，印发资料52315份，开展技术指导培训344次，指导培训11072人次。（胡力平）

畜牧业

◆**概况** 2018年，西安市不断加快畜牧产业结构调整，逐步优化产业区域布局，推进标准化规模生产，打造品牌，推进畜牧业绿色、高质量发展，全市畜牧业保持健康平稳发展。截至年底，西安市猪存栏31.29万头，比上年减少6.8%；牛存栏5.06万头，比上年减少0.7%；羊存栏7.42万只，比上年减少1.3%；禽类存栏625.83万只，比上年减少2.6%。肉、蛋、奶总产分别为5.45万吨、5.26万吨、11.33万吨，比上年分别减少7.2%、0.3%、2.7%。全市实现畜牧业总产值67.98亿元，比上年减少6.77%。截至年底，西安市有饲料企业79家，饲料工业总产量77.33万吨，其中产量突破10万吨的有3家。

◆**标准化规模养殖** 2018年，西安市农业林业委员会以现代畜牧园区和畜牧业重点项目建设为抓手，积极推进畜牧业标准化规模养殖。借鉴现代工程化建设理念，对标城市形象和美丽乡村建设需要，培育了一批智能化程度高、环境优美的美丽生态牧场，带动全市老旧规模养殖场标准化、智能化、景观化、粪污资源化改造升级。截至年底，全市畜禽规模场达到409个，新创建省级标准化示范场7个、市级标准化示范场13个，全市市级以上标准化规模养殖示范场达到110家。新建市级畜牧现代园区4个，市级以上畜牧现代园区发展到26个。

◆**畜禽良种繁育体系建设** 截至2018年年底，西安市有各类种畜禽场24家。其中，种猪场12家、种鸡场7家、种牛场1家、种羊场3家、牛冷冻精液销售企业1家。西安市奶牛育种中心种公牛站完成44枚胚胎和400支优质冻精的引进任务，移植胚胎20枚，生产冻精22.25万支，新增培育公牛14头，种公牛站存栏达到67头（其中成年公牛51头），进一步提升了存栏公牛遗传品质。

◆**畜禽养殖污染治理** 2018年，西安市人民政府印发《西安市畜禽养殖废弃物资源化利用工作方案》，制定考核办法，积极构建畜禽养殖污染治理的制度体系。建立西安市畜禽粪污资源化利用监管直连直报信息系统，将全市409家规模养殖场信息全部录入直联直报系统，实现对畜禽粪污资源化利用项目实施情况、粪污处理设施配套情况、粪污综合利用情况等信息的在线跟踪监测。全年支持150家规模养殖场进行粪污处理设施配建和提升，开工建设4个区域性畜禽粪污集中处理中心，完成13个畜禽养殖场农业源减排项目建设。截至年底，西安市累计创建"畜禽养殖废弃物资源化利用示范工程"95个，畜禽粪污综合利用率达到86%，规模养殖场粪污处理设施装备配套率达到90%。

◆动物疫病防控 2018年，西安市应免疫畜禽免疫率达到100%，畜禽群体免疫率达到90%以上，免疫抗体合格率达到70%以上。继全国20个省（区、市）发生相继78起非洲猪瘟疫情后，12月2日和5日，西安市鄠邑区、长安区先后排查出2起非洲猪瘟疫情。市、区两级非洲猪瘟防控应急指挥部紧急动员，按照非洲猪瘟疫情应急预案和非洲猪瘟防治技术规范要求，采取封锁、扑杀、消毒、无害化处理等处置措施。经连续6周监测排查，疫区内环境监测呈阴性，符合非洲猪瘟疫区解除封锁的有关规定。

◆兽医兽药管理 2018年，西安市农业林业委员会持续加强兽药管理，认真开展兽药企业兽药产品经营质量管理规范认证工作，通过检查验收认证的兽药经营企业达到187家。全年抽检兽药产品132批次，对涉嫌制售假劣兽药的2家企业进行依法处理。兽药残留抽检畜产品样品565批次，检测合格率100%。严格组织实施2018年全国执业兽医资格考试，74人取得"执业兽医师资格证"，49人取得"执业助理兽医师资格证"。

（胡力平）

渔　业

◆概况 2018年，西安市以转方式、调结构为主线，以提质增效、稳量增收、绿色发展、富裕渔民为目标，以健康养殖、保护资源、强化监管、加快信息化建设、培育新型经营主体为主攻方向，积极推进渔业产业发展，推动渔业供给侧结构性改革，促进渔业转型升级。全年水产品产量1.35万吨，渔业总产值6.80亿元，产地农残抽检合格率100%，未发生重大水产品质量安全事故。

◆渔业产地监管 2018年，西安市水务局贯彻《农业部关于全面推进水产健康养殖加强水产品质量安全监管的意见》，坚持"养出来"与"管出来"相结合，实施以池塘标准化改造为重点的水产健康养殖推进行动，开展健康养殖示范场创建活动，推进现代渔业建设和水生动物防疫体系建设。继续推行水产健康养殖生产日志制度、科学用药制度、水产品加工企业原料监控制度、水域环境监控制度、产品标签制度5项制度"和水产养殖生产记录、水产养殖用药记录2项登记制度落实，建立水产品产地准出和产品质量安全可追溯制度，织密、织牢监管网络。坚持做好重大水生动物疫病监测和应急处置，加强水产养殖病害测报，开展渔用投入品隐患排查，开通水生动物疾病远程辅助诊断服务网，完善水生动物防疫和水产质量安全监督体系，不断提高水产品质量安全监管水平。

◆水产品质量安全 2018年，西安市水务局贯彻落实《中华人民共和国食品安全法》《中华人民共和国农产品质量安全法》和国务院《兽药管理条例》等法律、法规，建立完善生产经营者负责任制，明确水产品质量安全主体责任，推进质量安全责任可追溯机制建设。加大监督检查抽查力度，配合完成国家级抽检21批次、省级抽检19批次，完成市级抽检121批次，合格率100%。开展水产品抗生素、禁用化合物和兽药残留超标专项整治行动，检查重点水产养殖单位和休闲渔业场所120个次，抽检鱼样121批次，合格率100%；抽检饲料样品39批次，抽检水样33批次，送第三方资质检测机构进行有毒、有害物质定量检测分析，合格率100%。

◆渔政执法 2018年，西安市坚持依法治渔和生态优先的方针，强化渔政监督，严格渔业执法，修复水域生态，保护水生生物，推进渔业可持续发展。2018年是农业农村部开展黄河流域禁渔期工作的第一年。3月，西安市人民政府向社会发布《西安市关于禁渔制度的通告》，利用报纸、广播、网络等媒体，广泛宣传禁渔期和禁渔区等具体要求。在禁渔期期间，西安市水务局组建2个禁渔联合执法小组和2个禁渔工作督导检查组，赴禁渔区域，开展督导检查12次，开展联合执法行动10次。组织灞桥、未央、长安等渔政站，联合西安浐灞生态区生态局、浐灞公安局等有关单位，在灞河、浐河、沣河等主要天然水域开展打击非法捕捞渔业资源专项整治行动。全市出动执法人员2123人次，收缴电捕鱼工具16套，橡皮筏4个，手撒网51张，抄网、虾笼数十个，粘网上千米，放生渔获物300余千克。

（胡力平　寇石峰）

◆渔业基础设施建设 2018年，西安市落实省级渔业基础设施建设资金310万元，对西安市水产品质量安全监管、临潼区水产绿色生态循环养殖等9个项目进行了扶持。安排市级渔业基础设施建设资金300万元，推进西安市灞河执法室、西安市水产工作站试验渔场养殖基础设施提升改造等13个项目建设，全市渔业基础设施不断完善。（胡力平）

◆增殖放流 2018年2月，西安市水务局先后在紫薇湖、西安湖等18个重点湖泊水体，放流锦鲤、锦鲫62528千克，鲢鱼10766千克，促进湖池水质净化，提升市民观赏效果。6月6日，在灞河入渭口举办"渭河流域西安段全国放鱼日同步增殖放流"活动，投放鲢鱼、鳙鱼等鱼苗60余万尾。

◆渔业新品种引进 2018年，西安市水务局引进推广乌克兰鳞鲤、红螯螯虾、长丰鲢和丁桂鱼、黄颡鱼、中华倒刺鲃等7个新、特、优品种，增加渔民收益，提升水产品质量。

◆水产科研 2018年，西安市水务局加强水产养殖试验推广工作，开展新品种养殖试验，成功引进养殖加州鲈鱼达300千克，规格全部达到上市要求。开展锦鲤繁殖选育试验，先后2次对锦鲤进行催产孵化，成功繁育一批锦鲤苗种2万余尾，养成规格达250克以上，养成金鱼2000余尾。开展节水渔业试验研究，在2017年研究的基础上，再次对水循环处理与再利用系统进行复验研究，撰写技术报告1篇。强化技术服务，向渔民发放《养殖日志》2000余册，完成水产养殖病害测报工作10期。编写并发布《西安市水域滩涂养殖规划（2017—2030）》，科学划定禁养、限养和养殖区域，优化水产养殖布局。

◆水生动物保护 2018年，西安市水务局按照生态环境部开展的"绿盾2018"自然保护区专项行动和秦岭北麓西安段违规建别墅问题专项行动要求，加大对4个水产种质资源保护区、1个珍稀水生野生动物自然保护区监管力度，开展检查巡查，勘界立标，设立标识、标牌，确保流域水生生物资源的安全。全年救护大鲵6尾，并放归自然。走进校园，开展“水生野生动物宣传暨书包捐赠活动”，发放水生野生动物保护宣传单2000余份，宣传水生野生动物保护法律、法规。（胡力平　寇石峰）

农业水利

◆概况　2018年，西安市建成农村饮水安全巩固提升工程198个，新增高效节水灌溉面积4414公顷，占目标任务3333公顷的132.4%。其中，完成管灌4018公顷，喷灌面积78公顷，微灌318公顷，完成投资1.09亿元。全年完成新打灌溉机井280眼，发展节水灌溉面积6467公顷（含新增高效节水灌溉面积4414公顷），新增提引蓄水能力522万立方米，新修改造提高基本农田673公顷，修建农村水生态涝池41座，完成水土流失治理面积282平方千米，完成农田水利建设与水保生态环境建设投资2.07亿元，超额完成各项指标任务。

◆“农村饮水安全工程”建设　2018年，西安市开展农村饮水安全巩固提升项目258个，投资1.7亿元。截至年底，全市开工225个，完工198个（其中包含68个脱贫攻坚项目全部完工），累计完成总投资1.08亿元，为行业脱贫夯实了基础。预计全部工作于2019年6月底完成。

◆农业水价综合改革　2018年，西安市启动农业水价综合改革，全市安排改革资金1000万元，8个涉农区（县）改革工作全面展开。周至县、鄠邑区、高陵区、阎良区、灞桥区累计完成农业水价综合改革设施建设面积4.2万公顷，全市2万公顷农业水价综合改革试点任务超额完成。周至县完成量水设施建设任务，分配了水权，出台新的农业用水价格，颁布资金奖补办法，为全市农业水价综合改革工作创出一条成功的经验。

（寇石峰）

农业机械

◆概况　2018年，西安市农业机械总动力242.91万千瓦，有大型及以上拖拉机853台、中型拖拉机7727台、小型拖拉机8226台、配套农机具18163台（套）。有耕整机2241台（套）、微耕机23685台（套）、机引犁14601台（套）。有玉米免耕播种机7772台、精量播种机6425台。有小麦联合收割机3809台、玉米联合收割机3581台、秸秆粉碎还田机6590台、打（压）机153台。全年完成机耕面积31.01万公顷，机播面积33.41万公顷，机收面积30.41万公顷，农机服务总收入9.36亿元。

◆农机产业化发展　2018年，西安市鼓励农机化作业服务组织集约化发展，将各类农机化作业服务组织整合到204个，其中拥有农机原值50万元（含50万元）以上的服务组织64个。拥有农机专业合作社119个，农机户达11.08万人。其中，农机作业服务专业户达3.37万人；原值20万元（含20万元）以上的农机大户993人。拥有农机修理厂及修理点102个。全年农机购置补贴资金4500万元，补贴机具6284台，受益农户5800户。

◆农作物秸秆综合利用　2018年，西安市做好农作物秸秆综合利用工作，西安市人民政府制定印发《西安市2018年农作物秸秆综合利用和禁烧工作实施方案》。西安市农业林业委员会重点推广玉米硬茬播种、玉米灭茬旋耕覆盖播种、小麦秸秆捡拾打捆、小麦秸秆切碎还田、玉米秸秆机械粉碎还田、玉米秸秆挤丝揉搓、秸秆青贮、玉米机械化收获等机械化秸秆综合利用技术，以用促禁，实现资源进一步利用、环境进一步保护的目标。全市农作物秸秆综合利用率达到95.3%。

◆农机监理　2018年，西安市农业林业委员会以提升农机“三率”（挂牌率、年检率、骑驶员持证率）为目标，切实加强执法检查，全面落实农机免费管理惠农政策，加强安全宣传教育，开展隐患排查，确保农机安全生产形势稳定。全年新增注册登记拖拉机、联合收割机624台，注册登记总数20176台，登记率82.2%；检验拖拉机、联合收割机16254台，检验率80.5%；新增持证驾驶人509人，持证驾驶人总数13706人，持证率78.6%。周至县、高陵区、长安区、临潼区、鄠邑区、蓝田县分别成立农机、公安联合执法中队，开展常年化、常态化的执法工作。全年共开展农机联合执法检查664次，检查农业机械3180台，纠正违章行为486例。全市发生道路外一般农机事故6起，伤1人，直接经济损失4.09万元。全年未发生农机亡人事故。

◆农机科技培训　2018年，西安市农业林业委员会着力加强农机科技示范园建设，果业、设施蔬菜、畜牧业等优势特色产业机械化示范面积和实施范围不断扩大，保护性耕作和机械复式作业等节能降本增效技术推广速度明显加快。全年培训各类农机科技人员9093人次，在江苏省举办跨省农机管理干部培训班，以现场实训业务干部促业务技能提升，强化全市农机化教育培训项目事中督导，构建“分类实施、全员覆盖、整体提升”的农机科技培训工作新格局。

（胡力平）

农产品质量安全监管

◆概况　2018年，西安市围绕“农业质量年”主题，推进“质量兴农、绿色兴农、品牌强农”，加强农产品质量安全监管。按照“管生产必须管安全”的原则，落实行业的监管责任，开展农产品质量安全大检查活动。修订《农业投入品台账》《生产记录台账》，制定《农产品生产基地监管台账》《西安市农产品质量安全收储运环节管理（暂行）规定》，不断完善农产品质量安全监管措施，加大知识普及工作力度。全年未发生重大农产品质量安全事件，全市地产农产品质量安全水平持续向好。

◆农业标准化生产　2018年，西安市农业林业委员会坚持源头治理，推进农业标准化生产。全年制（修）订农业地方标准12个，农业生产技术规程26个，修订《2007—2015年农业生产技术规程》，建设“标准化示范基地”14个。

◆农产品质量提升　2018年，西安市农业林业委员会推进农业品牌建设，不断提升农产品质量。全年认证“三品一标”（无公害农产品、绿色食品、有机农产品和农产品地理标志）农产品（含复查换证）75个，认定无公害农产品基地（含复查换证）65个。截至年底，西安市累计注册农产品商标320个。其中，国家级名牌2个；省级名牌商标32个；市级名牌商标59个。

◆农产品质量安全检测　2018年，西安市积极推进农产品质量检测体系建设，建成西安市农产品质量安全检验监测中心和10个区（县）农产品质量安全检验监测中心，其中8个涉农区（县）农检中心全部获得“双认证”，建设镇（街）农产品质量安全监管站138个，市、区（县）、镇（街）“三道检测防线”已经初步形成，有效促进了地产农产品质量安全。完成快速抽检各类农产品16.8万批次，定量检测2400批次，总体合格率达到97.2%以上。（胡力平）

工业·建筑业

责任编辑
冯冠杰

西安年鉴
2019
XI'AN YEARBOOK

综　述

◆概况　2018年，西安市实施“工业强市战略”，围绕补齐工业经济、民营经济、军民融合短板，制定出台《工业经济、民营经济、军民融合补短板实施方案》《“五个三”行动计划》《关于加快工业优结构促发展的实施意见（工业35条）》等政策文件，编制航空、航天、集成电路、智能制造、信息技术、新材料、新能源7个硬科技“八路军”产业规划及汽车、大数据、工业机器人等专项产业。工业经济保持平稳运行良好态势。全市工业生产增加值1874.36亿元，比上年增长9%；规模以上工业总产值5734.50亿元，增长12.2%；规模以上工业增加值1501.34亿元，增长9.4%；规模以上工业企业主营业务收入5215.00亿元，增长9.9%；实现利润总额352.40亿元，增长6.7%。全市工业投资增长28.7%，全市工业技术改造投资增长25.5%。非公有制经济增加值4459.64亿元，占全市生产总值的比重53.4%；民间投资增长20.3%；汽车产业工业总产值1184亿元，增长14.5%。实现产值超100亿元目标达到10户企业，全市有规模以上工业企业1385户。

◆工业项目建设　2018年，西安市全力抓好145个重点工业投资项目建设，完成投资额656.6亿元，占当年计划投资的130.4%。宝能高端装备制造项目、绿色智能变压器数字化制造产业基地、西安奕斯伟硅产业基地项目一期、比亚迪新能源乘用车扩产项目等52个项目全部开工。在2017年陕西省技改考核中获得一等奖，获得奖励资金5000万元，安排到重大技改项目，支持项目15个。

◆惠企政策落实　2018年，西安市制定出台《关于加快工业优结构促发展的实施意见》《推动“三个群”（规模以上企业群、工业产业集群、企业家群）发展实施方案》等政策文件，帮助91户工业企业争取国家、陕西省财政资金3.34亿元；安排市级工业发展专项资金5.1亿元，对重点工业项目、企业技术中心及技术示范企业、区（县）工业园区标准化厂房和基础设施建设项目、创业基地建设项目重点扶持。为2157户企业兑现技术开发费抵扣所得税69.34亿元，比上年增长61.9%，用政策杠杆激励企业加快发展。　　（李　汶）

◆国有工业企业经济运行　2018年，西安工业投资集团公司实现经济总量87.2亿元，比上年增长8.9%；工业生产总值71.5亿元，增长10.4%；营业总收入61亿

西安市2018年10大行业增加值增长速度及占规模以上工业比重

行业名称	同比增长率（%）	占比（%）
规模以上工业增加值	9.4	100.0
10个行业合计	10.5	74.3
通用设备制造业	13.8	2.4
专用设备制造业	0.7	3.6
汽车制造业	7.1	15.3
铁路、船舶、航空航天和其他运输设备制造业	11.7	4.0
电气机械和器材制造业	10.5	9.8
计算机、通信和其他电子设备制造业	14.8	21.4
仪器仪表制造和金属制品业	18.7	3.8
食品制造业	12.0	3.1
医药制造业	4.9	5.1
电力、热力生产和供应业	8.2	5.9

西安市2018年主要工业产品产量及其增长速度

产品名称	单位	产量	同比增长率（%）
发电量	亿千瓦小时	172.76	-4.1
饮料	万吨	174.23	-8.8
小麦粉	万吨	55.57	8.2
饲料	万吨	77.33	-10.8
乳制品	万吨	74.86	13.1
中成药	万吨	1.06	56.5
交流电动机	万千瓦	260.10	31.4
变压器	万千伏安	13192.59	-7.1
汽车	万辆	43.37	-2.6
其中：载货汽车	万辆	18.32	-3.1
轿车	万辆	18.08	-0.3
运动型多用途乘用车（SUV）	万辆	6.94	-5.7
新能源汽车	万辆	13.85	70.0
单晶硅	万千克	2038.32	25.1
电力电缆	万千米	13.28	11.8
光纤	万千米	801.48	51.3
光缆	万芯千米	716.10	22.1
锂离子电池	万只	1504.00	202.0
光电子器件	万只	152.020	328.7
电子元件	亿只	4.37	1.8
集成电路圆片	万片	150.00	-1.1

元，增长17.6%；利润总额4.2亿元，增长10%；净资产收益率2.4%。全年未发生一般及以上安全事故。承担的3项基本指标、7项分类指标和18项“追赶超越”对标指标全面完成。下属各企业精准施策，取得较好成效。陕西鼓风机集团公司全年实现订货总额129亿元，增长50%以上。陕西重型机械制造有限公司营业收入增长70%以上。西安市西无二电子信息集团公司电容器产品、西安太阳食品有限责任公司锅巴和香辣酱呈现产销两旺形势。

◆国有企业改革创新 2018年，西安市西无二电子信息集团公司热敏、压敏、电容器等影响产能的瓶颈工序扩产、技改工作持续推进，生产效率总体提升10%以上。西安太阳食品有限公司锅炉煤改气全面完成，并投入运行。陕西重型机械制造有限公司年产3万吨钢桥技术改造项目实现年内立项实施、年内达产达效。陕西鼓风机集团公司服务板块和能源设施板块持续增长。西安标准工业股份有限公司德国高端缝制设备技术转化取得进展，产品批量进入国内外市场。西安市西无二电子信息集团公司抓住电力行业一、二次融合的机遇，通过产品创新转型，新型电容产品发展迅速。西安标准热处理有限责任公司依托国标、军标认证，从民品为主向军品拓展。西安市西无二电子信息集团公司脉冲式电源进入军工企业及核工业领域。西安正合再生能源有限责任公司再生能源垃圾热解技术中试取得进展。陕西鼓风机集团公司人均营业收入、人均利润等指标接近或超过国际先进水平。西安市西无二电子信息集团公司以对标先进、提升质量为核心，成为通用电气(GE)公司等国际一流企业的供应商。陕西重型机械制造有限公司对标中铁宝桥集团有限公司等同行企业，生产能力和工艺水平明显提升。陕西鼓风机集团公司推行员工持股试点和对赌机制，激发企业活力。西安市西无二电子信息集团公司与西安交通大学合作的“脉冲功率与智能电网”项目顺利落地，合资设立的西安交大青竹电子公司投入运行。陕西重型机械制造有限公司借助合资企业西桥重工有限公司的优势，合同承接能力显著增强。

◆国有工业企业重大项目投资 2018年，西安工业投资集团公司充分发挥投融资功能，参与西安市人民政府安排的7个重大项目调研、论证、投资，其中由集团牵头组织实施的投资项目3个，参与投资的项目4个，总投资额31亿元。签约实施的2个项目，投资额3.65亿元。3月，北京英雄互娱科技股份有限公司“西安量子晨数字娱乐双创产业园”项目开工建设。对西安风雷仪表厂南厂区、国营第一钟表机械厂、唐华科技公司等企业长期闲置的厂房、场地，对外签订出租协议，年可增加收入近2000万元。对骊山床单厂、骊山棉织厂闲置资产进行招商，拟利用区位特点，引入物流产业。

◆国有企业安全管理及治霾 2018年，西安工业投资集团公司落实安全生产主体责任，召开各类安全生产会议17次，排查、整改安全隐患500多项。指导所属企业全面落实环境保护要求，排查、整改环保漏洞14项，照明电器工业园提升改造项目得到国家环保督导组的认可。落实“铁腕治霾”要求，削减燃煤排放，拆除泾阳产业基地等多处燃煤锅炉，推进地热能开采和天然气供热。出资500万元参与设立“西安市秦岭生态保护基金”。（石　蕾）

◆工业园区建设 2018年，西安市按照“产业发展集群化，集群发展园区化”思路，强力推进工业园区发展。截至年底，西安市有10个“国家小型、微型企业创业、创新示范基地”、21个“陕西省小型、微型企业创业、创新基地”、17个“陕西省重点建设县域工业集中区”。对各工业园区和小型、微型企业创业、创新基地加大投入力度，完善基础设施、标准化厂房等建设，争取省级扶持资金1360万元，支持3个工业园区和14个小型、微型企业创业、创新基地建设。安排小型、微型企业创业、创新基地专项资金1050万元，支持西安高新技术产业开发区科技企业加速器等7个小型、微型企业创业、创新基地建设。全市重点建设县域工业集中区实现工业产值1669.75亿元，比上年增长10.14%；实现营业收入1591.49亿元，增长11.52%；实现工业增加值443.17亿元，增长11.45%；聚集企业2092户，增加212户；吸纳从业人员15.04万人，增加7088人。

◆工业企业创新能力建设 2018年，西安市工业和信息化委员会落实《关于加快工业优结构促发展的实施意见》（市办字〔2018〕21号），组织开展企业技术创新体系建设工作，鼓励和引导企业开展技术创新。认定挂牌“省级制造业创新中心”5家；新增“市级企业技术中心”9家、“市级技术创新示范企业”4家；新增“省级企业技术中心”8家、“省级技术创新示范企业”1家。组织完成“国家新一代人工智能产业创新重点任务揭榜单位”及“2018年省级工业转型升级项目”征集、审核、申报等工作，征集并向省级推荐“新一代人工智能产业创新发展重点任务揭榜单位”11家。组织开展2018年省、市级技术创新项目的征集和计划下达等工作，被认定为“省级重点新产品”的项目186项。其中，技术水平达到国际领先的20项；国际先进的29项；国内先进的134项；填补省内空白的3项。下达“市级技术创新项目”770项。

◆中、小微企业培育 2018年，西安市认定“陕西省创新研发中心”63户、“陕西省民营经济转型升级示范企业”38户、“第四批省级中小企业成长梯队企业”77户。其中，“行业之星”企业23户；“成长之星”企业41户；“创业之星”企业13户。为48户企业争取“陕西省新进规模以上工业中小企业培育项目”奖励资金480万元；为58户企业争取“2018年省级中小企业发展专项项目”资金1574万元。推进中、小企业融资工作，缓解中、小企业融资难题。搭建政、银、企合作平台，全年开展“送金融服务进园区”“中小企业成长之路沙龙”等活动20余次，参会企业近606户，参会人员约840人。创新融资模式，在西安市工业和信息化委员会备案的中小企业信用担保公司达到54家，全年通过担保方式获得贷款的新增企业4036户，担保贷款227.4亿元，兑现担保公司财政专项资金补贴3111万元；新增“新三板”挂牌企业8家、“双创板”挂牌企业90家，为9户“新三板”企业申请陕西省补助资金450万元。

◆工业招商引资 2018年，西安市开展汽车、芯片、装备制造产业招商。全年组团赴省内、外考察调研20余次；会见客商80余批次；参加各类招商交流活动30余次；筹备策划工业招商对接会10余次。全年协同引进100亿元以上工业项目1个、50亿元以上工业项目3个。比亚迪30万辆新能源乘用车扩产项目开工建设。深圳市宝能投资集团投资446亿元的汽车产业化项目在秦汉新城开工。开沃新能源汽车智造基地项目投产，首批“开沃”纯电动客车交付使用。深圳立讯精密工业股份有限公司、台湾玖锐电子的生产项目均落地西安。

◆工业企业服务 2018年，西安市助企服务活动在开展2年的基础上延期扩容，服务活动延期到2020年6月，服务范围从1500户企业扩容到全部五上企业（规模以上工业企业、有资质的建筑业企业、限额以上批发和零售、住宿餐饮业企业、房地产开发经营业企业、规模以上服务业企业）及市级重点项目。全年劝企干部下企业29451人次，收集上报各类问题1152个，已解决933个，其他219个问题正在积极解决，问题办结率81%。在2018年发布的《中国城市营商环境报告2018》中，西安市在“全国城市营商环境综合排名”中进入前十位，在政务环境评价中进入前五位。

◆军民融合 2018年，西安市依托西安科技大市场和西安兵器工业科技产业基地军民融合创新中心，加快军工科技资源共享、共用，建立军民仪器设备、数据信息、基础资源共享机制。截至年底，西安科技大市场仪器设备共享服务平台收集设备13800台，其中军工单位设备约占28.4%。全市军民融合总收入2500亿元，“民参军”企业总数突破430家。

◆新能源汽车推广 2018年，西安市工业和信息化委员会贯彻落实《西安市人民政府办公厅关于印发西安市新能源汽车生产销售企业及产品审核备案暂行规定的通知》等相关政策文件，规范新能源汽车企业及产品审核备案，持续推进新能源汽车推广应用。11月9日，西安市举办2018全球硬科技创新大会第三届国际丝路新能源汽车大会，邀请中国汽车工程学会常务副理事长兼秘书长张进华、中国工程院院士陈清泉、世界汽车工程师学会联合会（FISITA）主席赵福全等领导和专家学者，以及全国新能源汽车相关产业的500余名行业代表，以“丝路汽车新机遇”为主题，围绕“一带一路”新能源汽车产业的国际合作、产业配套、创新趋势等问题进行探讨交流。截至年底，西安市累计推广新能源汽车46334辆。

◆“西安工业云平台”建设 2018年，“西安工业云平台”开展一系列平台推广及应用培训等工作。截至年底，平台接洽133家厂家186款产品，通过47家97款产品；上线54款软件产品（下载类11款，解决方案类12款，云化类31款）。累计注册用户6702户，其中企业用户3648家。8月，在南京召开的第十五届中国信息港论坛上，“西安工业云平台”获得“2018年中国信息通信与大数据应用创新优秀成果金奖”。

◆世界500强企业高峰论坛 2018年9月2日在西安市举行。本届论坛由中国企业联合会、中国企业家协会主办，陕西省人民政府承办，西安市人民政府协办。论坛主题是“践行高质量发展 争创世界一流企业”。会议期间，发布“2018中国企业500强”“2018中国制造业企业500强”“2018中国服务业企业500强”等名单。举办14场平行论坛，其中西安市人民政府承办“‘一带一路’与大西安发展”及“军民融合发展论坛”2场论坛。其间，西安市对接中国500强企业，挖掘68个意向项目，其中29个项目取得实质性进展，39个项目处于初步接洽阶段。

◆甲醇汽车上线运营 2018年，西安市人民政府决定由西安市工业和信息化委员会牵头成立西安市甲醇汽车推广应用协调保障小组，并设6个工作小组（综合协调组、公安交通组、宣传舆论组、质监价格组、督查问责组、维修站加注站专项工作小组）。12月5日，市政府第十六届第七十四次常务会议审议通过《西安市鼓励甲醇汽车产业发展若干政策》。随后出台《西安市M100甲醇燃料品质监管方案（暂行）》《西安市安全生产监督管理局M100甲醇燃料加注站安全设施“三同时”审查暂行办法》《M100甲醇燃料加注站和仓储经营企业作业安全管理实施细则》等15个实施细则。12月20日，西安市甲醇出租汽车启动仪式在大明宫丹凤门广场举行，60辆全新甲醇出租车上路运营。截至年底，全市建成24座甲醇加注站，保障甲醇出租车顺利运营。 （李 汶）

汽车制造

◆概况 2018年，陕西省汽车产能突破200万辆，新能源汽车产销跃居全国首位。全年生产汽车62.18万辆，销售汽车62.03万辆，比上年分别增长1.13%和1.71%，占全国汽车总产量的2.24%，较上年同期略微增加。其中，西安比亚迪汽车有限公司生产汽车25.01万辆，销售汽车24.73万辆，分别下降1.9%和0.8%；宝鸡吉利汽车有限公司生产和销售汽车18.76万辆，增长10.6%；陕西汽车控股集团有限公司生产汽车18.36万辆，销售汽车18.5万辆，分别下降3.5%和3.1%；西安开沃汽车有限公司生产和销售汽车300辆。新能源汽车生产13.85万辆，销售13.62万辆，分别增长70.02%和58.75%，占全国新能源汽车总销量的10.84%。其中，比亚迪（西安）生产新能源车12.92万辆，销售12.66万辆，分别增长88.9%和79.75%；陕汽控股集团生产新能源车0.92万辆，销售0.96万辆，分别下降23.14%和37.39%。生产各类专用汽车3.25万辆，销售3.2万辆，分别增长18.66%和21.48%。陕西省汽车工业实现工业总产值1630.69亿元，增长11.94%；实现营业收入1596.36亿元，增长9.63%。陕西重型汽车有限公司、陕西法士特汽车传动集团公司、陕西汉德车桥有限公司联合潍柴动力股份有限公司、山东大学完成的“重型商用车动力总成关键技术及应用”获得“2018年度国家科学技术进步奖一等奖”。1月11日，西安高新技术产业开发区与比亚迪股份有限公司签订“新能源乘用车扩产项目协议”，比亚迪新能源乘用车在西安再投20亿元扩产，建成后可年增产30万辆。2月23日，西安市人民政府发布《关于支持西安经开区千亿级汽车产业集群发展的若干意见》，计划用5年时间，扶持西安经济技术开发区打造千亿级汽车产业集群。3月23日，西咸新区宝能新能源汽车生产基地开工暨宝能汽车创新研究院揭牌活动在西咸新区秦汉新城举行，项目总投资约400亿元，规划总产能100万辆，产值超过1000亿元，将带动全产业链3.5万人就业。雷丁秦星新能源汽车生产基地落户咸阳市，项目总投资200亿元，计划建设年产30万辆新能源汽车生产线。8月9日，陕西省汽车产业发展

2018年3月23日，宝能新能源汽车生产基地在西咸新区开工建设

推进会在西安召开。会议决定按照“做大整车、做强配套、突破关键、做优服务”的总体思路，打造全国汽车产业重要生产基地，到2021年，确保整车产销200万辆以上，实现汽车产值6000亿元以上，力争整车产能规模达到300万辆以上，省内零部件配套率达到60%。11月20日，西安市人民政府下发《西安市汽车产业发展规划(2018—2025年)》。11月30日，“陕汽集团商用车有限公司”揭牌，陕西汽车控股集团有限公司进入陕重汽和陕汽商用车并行生产的新时期。12月24日，西安开沃汽车有限公司20万产能新能源卡车项目与渭南经济技术开发区签约，总投资约80亿元。

◆陕西汽车控股集团有限公司 2018年，围绕“战略落地创新驱动挑战自我迈向高端”工作方针，经营效益大幅提升，产品结构持续优化，市场地位不断巩固，企业发展活力显著增强。针对长途高速标载物流、煤炭运输、城建渣土运输等31个细分市场提出差异化、最优动力匹配方案，实现陕汽重卡动力技术的创新突破。凭借动力强劲、节能高效、安全舒适等领先优势，陕汽X3000、H3000、M3000、L3000系列商用车在市场形成竞争优势；X6000、H6000、M6000、L6000系列产品达到国际先进水平。建立以自身为主体，高校、科研机构、产业技术联盟、海外研发机构、政府等多方协同的研发体系。拥有国家级突出贡献专家、博士、学科带头人等高级专业人才200余人。拥有技术专利1800余项，有国家认定的企业技术中心1个、省级企业技术中心8个、省级工程技术研究中心2个、陕西省院士专家工作站1个、博士后科研工作站1个、国家级试验中心3个。大力发展新能源和智能网联汽车，新能源重卡、L4级智能重卡在全国销售领先。加快产品升级，三代军车通过鉴定试验；完成国Ⅵ多平台开发，高端自卸车成为标杆，环保渣土车、天然气、港牵车等在全国的位置更加牢固。全年产销各类汽车18.4万辆；实现工业总产值756亿元，比上年增长8%；实现销售收入648亿元，增长12%。公司被授予“全国质量诚信标杆典型企业”“高端装备制造标准化试点企业”。其产品被授予“全国汽车行业质量领先品牌”“全国质量信得过产品”等荣誉称号，进入“中国500最具价值品牌”榜单。陕西汽车控股集团有限公司位居“中国企业500强”第267位，上升120位。

◆西安比亚迪汽车有限公司 2018年，生产汽车250130辆，销售247257辆。其中，新能源汽车生产129239辆，比上年增长88.9%；销售126608辆，增长79.75%，占西安比亚迪汽车总销量的51.2%。销售网络方面，宣布组建e网，规划多款纯电动车。e1和S2两款车型并入“e网产品矩阵”。全新e1搭载永磁同步电机，最大功率45千瓦，匹配镍钴锰酸锂电池，工况续航305千米；S2搭载永磁同步电机，最大功率70千瓦，匹配镍钴锰酸锂电池，最大续航里程360千米。

比亚迪e1纯电动车

◆陕西法士特汽车传动集团有限责任公司 2018年，实施创新驱动发展战略，坚持“生产一代、试制一代、研发一代、构思一代”的产品升级换代理念，持续加大科技创新力度。机械变速器高端平台化开发实现突破性提升，AT、AMT智能化传动产品初步形成自主核心能力；新能源传动技术初步实现产业化；传动系统集成化开发填补国内空白。部分产品核心技术达到国际领先水平，在汽车变速器自动化、节能化、轻量化、环保化方面取得突出成就，成为国内、外知名的汽车传动系统产品生产制造基地和出口基地。各项经营指标连续16年名列中国齿轮行业第一；重型汽车变速器年产销量连续13年位居世界第一。获第五届中国工业大奖表彰奖、2018年度国家科学技术进步一等奖；在第二届“卡车客户运营调查——中国卡车意见领袖颁奖盛典”上，液力缓速器产品获“中国卡车意见领袖之年度推荐零部件”奖；12月6日，在第二届“寻找车极限”活动颁奖典礼上，2款具有自主知识产权的S变速器和液力缓速器分别获“品质之王”和“高效之王”荣誉称号；承担的国家科技重大专项首个04专项——汽车齿轮高效精密磨削砂轮/工艺的应用示范项目通过验收。销售中型、重型汽车变速器突破90万台，比上年增长9.6%；出口创汇额增长45%。

（冯冠杰）

输变电及控制设备制造

◆概况 2018年，中国西电集团有限公司落实央企负责人会议决策部署，保持企业平稳运行，企业改革发展工作扎实推进，较好地完成全年目标任务。截至年底，拥有全资和控股子公司（单位）60余家，其中包括4个国家级企业技术中心和工程实验室，4个国家级质量检测中心，4家海外合资合作公司，40余个驻外营销服务机构。有职工1.8万人。

◆西电集团改革发展 2018年，中国西电集团有限公司贯彻落实国企改革系列文件精神，各项改革工作取得突破。按照“小总部、大产业”和责、权、利相统一的改革思路，遵循战略引领、绩效导向、简政放权、协同高效的工作原则，优化调整集团组织结构。参与国务院国有资产监督管理委员会“双百行动”综合改革，推荐西安西电开关电气有限公司和西安西电电力系统有限公司入选“双百行动”企业，帮助入选企业全面理解改革政策，厘清改革思路，把握改革要点，制定综合改革方案。完成“三供一业”移交年度工作任务；全面完成西电医院等集团范围内医疗机构的剥离改制和关闭撤销工作。

◆西电集团国际市场开拓 2018年，中国西电集团有限公司参与“一带一路”建设，不断提升国际市场开拓能力。先后与中国机械工业集团有限公司、中国东方电气集团有限公司、中国通用技术（集团）控股有限责任公司等签署战略合作协议。与中国南方电网

西安市2018年用电结构分析

行业名称	本期	用电结构比（%）	上年同期	用电结构比（%）	同比增长率（%）
全社会用电合计	3557908.716	100.0000	3214104.87	100.0000	10.70
第一产业	23603.2235	0.6634	21397.56	0.6657	10.31
第二产业	1219601.571	34.2786	1158133.27	36.0328	5.31
第三产业	1255448.069	35.2861	1088482.86	33.8658	15.34
城乡居民生活	1059255.853	29.7719	946091.18	29.4356	11.96
城镇居民	775943.302	21.8090	693604.69	21.5800	11.87
乡村居民	283312.5509	7.9629	252486.49	7.8556	12.21
全行业用电分类	2498652.863	70.2281	2268013.70	70.5644	10.17
一、农、林、牧、渔业	84569.7251	2.3770	82567.16	2.5689	2.43
排灌	45056.6331	1.2664	45259.09	1.4081	-0.45
二、工业	1133907.531	31.8701	1072158.57	33.3579	5.76
采矿业	33186.6468	0.9328	12217.46	0.3801	171.63
制造业	785284.6355	22.0715	747977.11	23.2717	4.99
电力、热力、燃气及水生产和供应业	315436.2484	8.8658	311964.00	9.7061	1.11
三、建筑业	91045.8765	2.5590	87738.41	2.7298	3.77
四、交通运输、仓储和邮政业	136188.7271	3.8278	119012.27	3.7028	14.43
五、信息传输、软件和信息技术服务业	81530.7109	2.2915	73407.14	2.2839	11.07
六、批发和零售业	278459.1416	7.8265	228067.70	7.0958	22.09
七、住宿和餐饮业	91164.0732	2.5623	83845.74	2.6087	8.73
八、金融业	13135.863	0.3692	11972.15	0.3725	9.72
九、房地产业	166266.2385	4.6731	129581.23	4.0316	28.31
十、租赁和商务服务业	23843.926	0.6702	22771.83	0.7085	4.71
十一、公共服务及管理组织	398541.0508	11.2016	356891.50	11.1039	11.67

西安市2018年工业制造行业用电增长情况统计

行业名称	同比增长率（%）	行业名称	同比增长率（%）
农副食品加工业	-5.53	橡胶和塑料制品业	22.00
食品制造业	7.43	非金属矿物制品业	5.87
酒、饮料及精制茶制造业	-2.64	黑色金属冶炼和压延加工业	5.61
烟草制品业	166.47	有色金属冶炼和压延加工业	-2.94
纺织业	-2.78	金属制品业	30.95
纺织服装、服饰业	-39.33	通用设备制造业	-18.82
皮革、毛皮、羽毛及其制品和制鞋业	96.01	专用设备制造业	-52.67
木材加工和木、竹、藤、棕、草制品业	-18.37	汽车制造业	338.60
家具制造业	37.33	铁路、船、航空航天和其他运输设备制造业	-26.64
造纸和纸制品业	-25.33	电气机械和器材制造业	6.75
印刷和记录媒介复制业	7.76	计算机、通信和其他电子设备制造业	0.91
文教、工美、体育和娱乐用品制造业	-29.28	仪器仪表制造业	9.17
石油、煤炭及其他燃料加工业	52.05	其他制造业	-8.94
化学原料和化学制品制造业	17.25	废弃资源综合利用业	78.39
医药制造业	11.64	金属制品、机械和设备修理业	203.44
化学纤维制造业	-17.28		

公司、中国电力建设集团联合中标菲律宾国家电网重大EPC项目（公司受业主委托，按照合同约定对工程建设项目的设计、采购、施工、试运行等实行全过程或若干阶段的承包），是集团公司自主研发的直流输电技术首次以总包方式走出国门。中标乌克兰国家电网330千伏变电站改造工程EPC项目，实现中国企业中标乌克兰国家电网项目“零突破”。以埃及制造基地为依托，支撑区域市场开拓，全年中标金额10亿元。在非洲乌干达、坦桑尼亚等市场EPC项目取得新突破。

◆西电集团科技创新 2018年，中国西电集团有限公司贯彻落实“创新驱动战略”，坚持创新发展，努力提升企业核心竞争力。推进科技创新平台建设和能力提升，在国家企业技术中心年度评价中获得优秀等级；西电电力系统成功晋级国家级企业技术中心；变压器事业部组建中国西电智能电气工程研究院。重大创新研发取得新突破，“输电等级单断口真空断路器关键技术及应用”项目获“2018年度国家技术发明二等奖”；“超、特高压变压器/电抗器出线装置关键技术及工程应用”项目获“2018年度国家科技进步二等奖”。新增专利申请297项，完成软件著作权登记26项，“一种电阻触头的制备方法”获国家发明专利优秀奖。完成西电双创服务中心建设，通过陕西省第六批众创空间基地认定。参加各类创新创意大赛，在科技部第三届创新挑战赛中获优胜奖；在2018年国务院国有资产监督管理委员会中央企业“熠星创意”大赛中6个项目入围；在2018“沣东杯”陕西省科技工作者创新创业大赛中8个项目分获金、银、铜奖。

◆西电集团品牌建设 2018年，中国西电集团有限公司开展品牌建设相关工作，加大创新研发投入，增强品牌竞争力。加强市场推广，促进品牌传播。分别参展第三届丝绸之路国际博览会暨中国东西部合作与投资贸易洽谈会、雄安新区城市建设博览会、内蒙古国际智能电网博览会、国际核电装备展览会等11个展会，全年外部新增订单显著增长。编制《品牌管理制度》，从14个方面对品牌管理工作进行明确规定，对品牌建设系统全面梳理。

◆西电集团节能减排 2018年，中国西电集团有限公司加强生态文明建设，做好污染防治。投资2000余万元，开展挥发性大气污染物排放治理，并通过国家强化大气污染防治督导检查。

（张　华）

电力工业

◆概况 2018年，西安地区发电装机总容量181.33万千瓦，全网发电量762109万千瓦时。其中，统调电厂发电量705466万千瓦时，比上年下降7.34%；非统调电厂发电量56643万千瓦时，增长62.3%。统调电厂发电量中，大唐灞桥热电有限公司发电量126226万千瓦时；大唐灞桥电厂新机组发电量274947万千瓦时；大唐户县第二热电厂发电量304293万千瓦时。截至年底，国家电网西安供电公司管辖35千伏及以上变电站162座，容量2480万千伏安，线路367条4487.14千米；10千伏线路1754条15883.48千米，配变16664台，用电客户261.29万户。完成售电量333.66亿千瓦时，迎峰度夏期间电网最大负荷808.6万千瓦，最大日用电量15665.8万千瓦时，电网保持安全平稳运行。

◆电网建设改造 2018年，国家电网西安供电公司完成《西安电网“十三五”规划》中73个项目的选址，完成330千伏玄武等5项工程属地化协调任务、110千伏南季村等21项工程可研和太乙等20项工程核准工作。新开工110千伏纪阳等8项输变电工程，续建110千伏兴隆等24项电网工程，建成投运110千伏辛家庙等7站，完成110千伏岗家寨等5站增容改造，新增变电容量82.9万千伏安。配合打通“断头路”、架空线落地等市政建设，实施配套电力迁改项目61项，改迁线路172条。提前完成“煤改电”工程配变改造工作，改造变电器150台。建成新一代配电自动化主站系统。

◆农村电网建设改造 2018年，国家电网西安供电公司完成“城农网工程”359项，新建和改造10千伏线路1066千米，新增容量55.2万千伏安。建成长安东大等3个“五星级”供电所。5个区（县）公司获得标准化、精益化命名。选派7名干部驻点扶贫，完成全部15个行业扶贫项目和贫困村动力电提升工程，接入村级光伏扶贫项目111个8.3兆瓦，助力周至县脱贫摘帽。

◆电网营销服务 2018年，国家电网西安供电公司开展现代服务体系试点建设，成立市、区（县）两级市场与客户服务委员会，建成实体化供电服务指挥中心。开展报装接电专项治理，制定《优化营商环境精简办电流程实施方案》。减少小、微企业接电投入，提高低压接入容量上限至100千伏安。深化“互联网+营销服务”，开通远程卡表微信、“支付宝”缴费，“掌上电力”注册62.2万户。推进“居民户表改造‘心连心’工程”，为3.4万户合表户更换电表。投运新建住宅小区200个，抄表到户18.6万户。跟进增量配电改革试点，编制《灞桥科技产业园试点项目实施方案》和《灞桥科技产业园试点项目电网规划》。全面清理转供电环节加价和临时接电费，清退临时接电费3.07亿元。降低一般工商业电价77.4元/千千瓦时。完成799户60亿千瓦时大用户直接交易，节约客户用电成本1.22亿元。完成全部431家49.2万户国企家属区“三供一业”一揽子移交协议签订和79家17万户供电设施和计量装置改造。完成“嫦娥四号”卫星发射等174项重要保电任务。

◆电力安全生产 2018年，国家电网西安供电公司创新全员安全管理诚信机制，优化领导干部安全履责记录，规范召开安全月度分析会，严格对安全规范考试全过程进行管控。开展电力建设工程施工等安全专项治理行动，完成1346项春、秋检查任务，排查并整改各类隐患1996项；加强迎峰度夏、度冬期间设备运行、维护和应急值守，电网最大负荷808.6万千瓦，创历史新高；完成63.8千米电缆通道综合治理工作，消除缺陷2989项；开展“护网2018”网络与信息安全攻防演习。整治105千米架空光缆；完成6家区（县）供电公司应急能力建设评估，开展各类应急演练33次；加强电、气火灾综合治理，与西安市消防支队建立变电站火灾应急处置协同机制。

（马　骥）

建筑业

◆概况 2018年，西安市完成建筑业总产值3898.37亿元，比上年增长15.8%；实现建筑业增加值1073.12亿元，增长15.6%。西安市城乡建设委员会受理、审批新申请和增项企业3598家，接待办事群众11000余人次。全年净增资质内建筑企业153家（其中新增179家，退出26家）。开展工程建设领域建筑工人实名制管理专项检查，抽查56个在建房屋建筑工程项目，细化7个方面17项检查标准，发现和整改4类27个问题。全市在线建筑工人8万余人，总承包项目387个，有分包商1409家。助企干部先后下企业160余次，为企业解决突出问题2个，问题办结率100%。验评“西安市文明工地”42个，上报“陕西省文明工地”28个。市本级和全市21个区（县）、开发区统筹代办站收取劳保统筹基金28.2363亿元。其中，市本级收取2.3557亿元；区（县）、开发区统筹站（代办站）收取25.775亿元。征收城建费用10.49亿元。其中，城市配套费8.2亿元；人防易地建设费635万元；工程劳保费2.28亿元。完成西安政务网开发工作，推进西安"智慧建设"管理服务综合平台与西安政务网对接、联调及应用；完成西安"智慧建"设大数据平台开发内容，细化基于大数据的信用评价体系建设方案；开展"西安智慧建设管理与服务综合平台"企业应用App开发，并进行测试；实现"西安市房地产开发资质系统"通过"西安智慧建设管理与服务综合平台"的"数据共享子平台"与陕西省住房和城乡建设厅"房地产开发资质平台"进行数据共享，并完成相关开发、联调工作。全年平台导入建设项目信息3810条、企业信息26532条、从业人员信息301686条。发放"建筑工程施工许可证"757个，总建筑规模3675.61万平方米，总投资额910.3亿元。申报西安市"国家北方地区冬季清洁取暖试点城市"，争取到中央财政连续3年、每年3亿元的资金支持。

◆建筑质量安全监管 2018年，西安市城乡建设委员会监管城六区房屋建筑工程项目97个、轨道交通工程45个标段、综合管廊项目56个标段、快速干道项目4个。全市房屋建筑工程领域未发生较大以上安全生产事故，事故起数和死亡人数分别下降42.6%和55.6%，安全生产形势总体稳定。推动落实"工程质量安全三年提升行动"，严格执行"两书一牌一档案"制（"两书"："质量终身负责制承诺书""法定代表人授权书"；"一牌"：工程永久性标示牌；"一档案"：质量责任信息档案），加强对主要建材构、配件的抽查，开展工程质量通病治理工作。全市5项工程获中国建设工程"鲁班奖"；21项工程获陕西省建设工程"长安杯奖"；42项工程获西安市建设工程"雁塔杯奖"。有133个工程项目获"西安市文明工地"称号；108个工程项目获"陕西省文明工地"称号。组织全市范围的大检查、交叉检查、专项督查4轮。其中，重点抽查房屋建筑工程项目170个，排查一般隐患510处；向区（县）、开发区建设主管部门发出"督办函"122份；对违法违规企业做出行政处罚18起，处罚金额128.5万元；对违法违规个人做出行政处罚11起，处罚金额10.3万元。

◆勘察设计行业管理 2018年，西安市城乡建设委员会制定《西安市房屋建筑减隔震技术应用示范工程评审管理办法》，编制《绿色建筑施工图审查纲要》《绿色建筑施工图审查技术指导》；备案项目269项，建筑面积3461万平方米，涉及99家外地勘察涉及企业；审查各类房屋建筑工程项目施工图350项、单项工程955项，总建筑面积1522万平方米；项目强制性标准执行率100%。为212家企业、15家审查机构以及从业人员建立行业信息档案。

◆建筑装饰市场管理 2018年，西安市城乡建设委员会制定《西安市推进新建住宅全装修工作实施意见》《西安市建筑物外立面装饰工程验收管理办法》，编制《西安市建筑物外立面装饰施工标准》。核实全市157家住宅装饰装修企业资质，汇编《2018年西安市住宅装饰装修企业名录》。完成装饰工地扬尘治理专项检查223次，发送"治污减霾移送单"49份，处理装饰各类投诉530起，对71个建筑装饰项目开展工程质量安全监督工作，所有监督项目均无安全生产责任事故发生。

◆建设工程招投标管理 2018年，西安市城乡建设委员会完成245个市本级工程项目（标段）招投标监管任务，中标金额93.2亿元。完成1063个项目的招标最高限价备案工作。发布6期远郊区（县）材料价格信息。根据国务院办公厅《关于进一步做好"放管服"改革涉及的规章、规范性文件清理工作的通知》《陕西省优化提升营商环境十大行动方案》等规定，废止《西安市工程建设项目招标投标管理办法（试行）》（市建发〔2011〕57号），自10月12日起，全市行政区域内的建设工程招投标工作全面执行国家和陕西省有关招投标法律、法规。

◆散装水泥管理 2018年，西安市城乡建设委员会对123家预拌混凝土企业和45家预拌砂浆企业进行信用评价，确定信用等级。接待咨询返还预售专项资金企业35家，办理符合申报返还散装水泥专项资金企业17家，划拨返还专项资金321万元。推广使用预拌砂浆265.8万吨，指导预拌混凝土企业生产商品混凝土3243.6万立方米。水泥生产企业完成水泥生产128.55万吨，其中散装水泥90.99万吨，散装率70.78%。组织召开全市预拌混凝土企业和预拌砂浆企业扬尘治理专项工作培训会，培训400余人。

◆工程建设执法监察 2018年，西安市城乡建设委员会坚持做到区域范围建设违法项目"发现率百分百，分类处理，处置到位"的原则，执法1876人次，处罚项目17个，处罚金额690.44万元；完成扬尘污染督导专项检查，检查工地1031个，对存在问题工地，下达"移送单"和"督办单"132张。（张　睿）

◆陕西建工集团有限公司 2018年，完成合同签约额2054.79亿元，比上年增长18.97%；营业收入1006.22亿元，增长20.03%；实现利税总额35.86亿元，增长18.78%，其中利润18.13亿元，增长44.06%。省外市场签约额327.05亿元，市场覆盖31个省（市、区）；海外市场签约额70.57亿元，市场拓展至27个国家和地区，市场结构持续优化。7月10日，注册30亿元的陕西发展集团落户西咸新区，成为陕建西安市区最大的属地化公司。7月13日，由陕建"开元号"盾构机掘进的西安地铁六号线一期区间隧道贯通。9月28日，参建的"华龙一号"巴基斯坦卡拉奇核电站完成穹顶吊装。非房建市场签约额700亿元，市场结构更趋合理。全面完成19户企业"三供一业"分离移交和教育、医疗机构深化改革工作，全年压减企业10户；处置僵尸企业3户；新增混合所有制企业7户。完成总投资1000亿元、面积7.15平方千米的"浐河硅谷"项目规划设计。9家单位入选"火箭军承包商企业库"。完成三星（二期）3.5万立方米预制构件的生产吊装。完成债转股81.03亿元，资产负债率降至70%以下。银行授信总额突破800亿元，可发债规模突破130亿元，企业主体信用由AA+提升为AAA最高级，担保、保理、投资、融资租赁公司等平台公司运营。企业投融资规模超过1600亿元，全年投资项目25个，以投资带动施工总承包合同签约额超过400亿元。企业上市全面启动，完成首次公开募股（IPO）上市尽职调查，选聘的6家中介机构全面进场，各项工作稳步推进。

◆西安建工（集团）有限责任公司 2018年，实现营业收入187亿元，比上年增长56%；实现利润总额4.74亿元，增长108%；签约合同额485亿元，增长83%。落地外埠项目占比41%，成为以中西部地区为主战场的全国性建设企业。全年在建项目199个，总建筑面积2004万平方，总造价510亿元。"清凉山居"项目获2017—2018年度"秦厦杯"奖。4月，打入新疆市场，承建阿富准铁路房建工程，全线418.719千米，设13座车站，房屋总面积6.7万平方米，总投资2.7亿元。9月6日，承建的西华大学宜宾研究院项目竣工，并交付使用。9月7日，中标西藏领峰智慧物流园项目。9月，建设238米南充市第一高楼。11月，将"旧桥无损顶升再利用技术"引入西南二环立交工程，为西北地区首例。12月18日，西南区域中心总部四川绿建西宜建设工程有限公司（绿建西宜公司）在宜宾市叙州区揭牌成立。（冯冠杰）

信息产业

责任编辑
冯冠杰

综　述

◆**“两化”融合**　2018年，西安市组织开展市级“两化”融合管理体系贯标试点工作。全年新增7户“国家级‘两化’融合管理体系贯标试点企业”。完成4户企业项目验收工作。组织开展2018年度市级制造业与互联网融合发展项目和制造业智能化改造项目申报工作。

◆**通讯基础设施建设**　2018年，西安市工业和信息化委员会研究制定《加快西安市通信基础设施建设2018年行动计划》，新增光缆总长2.18万千米，新增光纤入户端口54.5万个。城市住宅小区、行政村光纤覆盖率达到100%，互联网西安直联点网间带宽提升至450G，固定宽带平均可用下载速率达到20.07兆/秒。到蓝田县、临潼区、周至县山区农村开展贫困村光纤覆盖和4G基站建设进展专项调研，推进电信普遍服务，加快贫困村通信基础设施建设。组织通信运营商优化互联网接入办理流程，进一步加强和改善营商环境，更好地服务企业发展。积极申请并加快部署国际通信专用通道建设，为全市丝绸之路建设提供有力支撑。

◆**“智慧城市”建设**　2018年，西安市工业和信息化委员会制定《西安市智慧城市总体设计》，与阿里巴巴网络技术有限公司、华为技术有限公司、中兴通讯股份有限公司等国内知名信息技术企业展开合作，利用企业技术优势和成果，加强集中统筹，积极推进“智慧城市”建设主要任务和重点工程建设。中共西安市委办公厅、西安市人民政府办公厅制定《西安市智慧城市建设三年行动计划（2018—2020）》，深化“智慧城市”智慧应用体系建设，提升城市管理和服务水平，构建智慧产业生态体系。西安市工业和信息化委员会制定《西安市工业和信息化委员会“一带一路”建设工作三年行动计划》，完善在智慧交通、智慧物流、智慧旅游、电子商务以及大数据产业等项目建设方面的发展路径。

◆**大数据产业发展**　2018年，西安市工业和信息化委员会按照西安市人民政府《西安市大数据产业发展实施方案（2017—2021年）》的要求和工作部署，先后起草《西安市政务数据共享管理办法》《西安市大数据产业发展规划（2019—2021年）》《“互联网+”先进制造业行动计划》《西安市区块链产业发展规划》等文件。组织申报工业和信息化部2018年大数据产业示范项目、优秀产品，完成2018年省级大数据和“两化”融合项目申报及通过初审项目的“省财政专项管理系统”网络提交等工作。举办西安市健康医疗大数据建设高峰论坛，中国工程院院士柴洪峰、中国科学院院士管晓宏应邀出席论坛，天津大学、华中科技大学、西安交通大学和有关健康医疗大数据机构的16位专家、学者参加论坛。推进阿里巴巴网络技术有限公司和海升集团“农业智慧大脑”项目和“西安市城市交通大脑”项目。完成西安地铁、公交通过“支付宝”扫码乘车；西安市地方税务局在“支付宝”可以查询、申报个人所得税情况；西安市扶贫开发办公室通过“钉钉”系统进行移动办公等工作。

◆**信用体系建设**　2018年，西安市按照“巩固成果、狠抓落实、深化拓展”的思路，健全信用信息征集共享常态化工作机制，强化信用信息核查应用功能，深入推进政务诚信体系建设，持续推动专项法理工作，落实守信联合激励失信联合惩戒机制，加大诚信宣传教育，开展信用创新工作，不断推动诚信西安建设向纵深发展。西安市社会信用体系建设领导小组办公室印发《西安市2018年社会信用体系建设工作要点》，明确要求完善信用信息互联互通共享网络体系，实现公共信用信息全归集全覆盖。依据“横到边、纵到底”的目标要求，西安市工业和信息化委员会为全市办理接入陕西省信用平台的虚拟专用网络账号1000多个。其中，具备报送功能的虚拟专用网络账号，市级部门49个；区（县、开发区）所辖部门764个。实现各级、各部门与陕西省信用平台的互联互通，确保具备报送、接收、查询和使用信用信息的条件。按照“公开是常态、不公开是特例”的要求，推动信用信息归集源头向镇（街）延伸、信用信息归集种类向所有职权事项延伸、主体类信用信息归集向自然人主体延伸。全年各级部门向陕西省信用平台报送各类信用信息2951788条。其中，“红名单”信息30条、“黑名单”信息3584条。持续抓好“双公示”工作，全市累计上传行政许可、行政处罚信息226810条。其中，行政许可信息214383条、行政处罚信息12427条。

◆**电子信息和软件服务产业**　2018年，西安市电子信息与软件服务业主营业务收入3067.4亿元，比上年增长16.7%。其中，电子信息产品制造业主营业务收入995.5亿元，增长13.9%；软件与信息技术服务业主营业务收入2071.9亿元，增长18.06%。三星半导体二期项目、比亚迪智能制造、软件新城等重大项目进展顺利，阿里巴巴网络技术有限公司、深圳市腾讯计算机系统有限公司、京东集团等信息技术产业巨头相继投资落户，为西安市打造千亿级新一代信息技术产业和万亿级高新技术产业奠定了坚实基础。

（李　汶）

电　信

◆**概况**　2018年，中国电信西安分公司全力打造网络领先优势，推动三大变革，实现市场份额稳中有增，发展质量不断提升，运营能力稳步增强。业务总收入达56.08亿元，比上年增长3.03亿元。截至年底，拥有固定电话用户228.57万户，移动电话用户595.88万户，宽带接入用户250.83万户，iTV（用户227.94万户。向西安市上缴税金5085.99万元。全年为西安市提供社会就业岗位240多个。全部从业人员6300余人，平均年龄38岁。专科以上学历占全部从业人员的83%。

◆**电信业务发展**　2018年，中国电信西安分公司积极推进云网融合，网络能力提升明显。移动网络方面，全网4G基站达8455个；覆盖率提升至96.7%；NB-IoT（基于蜂窝的窄带物联网）网络覆盖率提升至91.07%；城区室内外VoLTE（语音业务）网络覆盖率、感知与其他运营商基本相当。高速、高铁新建基站384个，针对校园市场建设完成新型室分站点39处。光宽网络方面，城域网出口扩容1600G，达到3990G，可满足总数271万宽带用户业务需求；IPTV（交互式网络电视）出口能力达到290G，可承载187万高清用户接入。光网累计覆盖用户638万户，可受理的末级分光器端口总数507万个。云网融合方面，完成政企IPRAN承载专网建设，做到西安市及区郊县全覆盖。建成西安本地MS-OTN+MSTP传输承载网，实现与政企IPRAN承载网的能力互补。完成IPRAN、MS-OTN网与天翼云资源池的对接。强化流程统筹管理，梳理完成电子合同审批权限列表、纸质签字权限列表和公司事项类审批共计114项。全面进行移动网络品质优化。4G网络上行速率达30.7Mbps、下行速率达41.4Mbps。光宽网当日装通率达99.02%，当日修复率达95%，IPTV自动开通终端零配置成功率达83.6%。依托智慧运营平台，实现对18项关键服务指标的主动监控和预警。通过智能运维分析系统，定点整治光衰不达标小区857个。通过“易受理”甩单平台大幅缩短用户在厅等待时长，临柜等待时长从40分钟缩短至6—7分钟。

◆**网络提速和网络安全** 2018年，中国电信西安分公司积极落实国家提速降费要求。宽带用户平均速率提高到134M，较上年末提升70%；手机上网流量单兆资费累计下降49%，宽带用户户均资费下降15%。对“三供一业”分离移交涉及的41个职工家属区、177项改造项目、3977户住户按要求时限100%完成协议签署，100%完成维修改造资金无偿划转，100%完成管理职能和资产移交。网信安全防线不断加强。着力打造安全预防、常态化管理和应急处置三大能力。建立涉案号码、不良信息、灰度名单预警分析模型，不良违法信息拦截关键字库，累计关停23万风险用户。积极开展各类网络安全培训，联合政府部门进行防范通讯诈骗宣传，覆盖用户超过60万户。依法治企能力不断提升。开展系列普法宣传，让各级管理者和广大员工树立法治意识，提高依法办事能力。

◆**电信“智慧城市”建设** 2018年，中国电信西安分公司与西安城市一卡通公司签署战略合作协议，充分发挥互联网、云计算、大数据、物联网等信息技术优势，通过对城市基础设施和信息资源的共享，开展深度融合，共建智慧城市，推动地方经济产业结构持续转型升级。重点加强各郊县地市、公交公司、医疗商超、卫计委等政府机关的合作，打通各郊县地市公交一卡通的同时，整合各方社会资源，与政府强强联合，提升卡片使用功能，打造翼支付在各刚需高频消费场所的便捷服务，形成产业生态圈，实现真正意义上西安城市一卡通。5月15日，“云聚西安天翼护航”——天翼云中国行西安站峰会在西安索菲特大酒店举行，中国电信西安分公司与西北农林科技大学天翼云智慧农业联合实验室正式揭牌。本次峰会旨在发挥自身在网络、技术、人才等方面的优势，打造以精准扶贫、智慧党建、阳光村务、教育大数据、工业云等信息化云平台为代表的精品行业云产品，以网为神经、云为大脑，汇聚数据，形成智慧，助力西安地区政务及各行业信息化、数字化的建设进程。12月，西安电信成功中标西安市“最多跑一次”项目，将以“一网通办”高频事项上线为新起点，打造西安智慧政务服务“数小二”“i西安”“秦务员”等多个服务品牌及“15分钟便民服务圈”，从而有效提升西安市营商环境，让西安市民充分享受智慧城市带来的幸福感。

（李红娟）

中国电信西安分公司

副总经理（主持工作） 田　超

副总经理 门长明（兼纪委书记）
郭通信（兼工会主席）
陈　淼　罗春艳

移　动

◆**概况** 2018年，陕西移动西安分公司全力支撑城市、乡村通信的发展，为西安新型智慧城市的建设，提供更符合政府需求、更切合市场特点、更加贴近百姓生活的通信服务。推进“大连接”战略落地和融合发展，加快降本增效，深化企业变革力度，实现个人、家庭、政企三大市场经营转型。全年收入66.45亿元，服务客户852.6万户，市场占有率58.3%。

◆**移动网络建设** 2018年，陕西移动西安分公司不断加大网络基础设施投资，重点强化4G精品网络建设。无线网络基站建设突破万站，持续推动Volte高清视频通话技术，推动FDD试验网建设，全面做好高铁、机场、高速公路等重点场景网络覆盖，建成地铁4号线移动网络信号全频段完整覆盖工程，机场、北客站专项扩容工程，以及西宝、郑西高铁增补工程。落实城市传输网络治理专项行动，规范内部管理，统筹资源共享，全力推进西安区域通信线缆架空落地工作，完成西北一路、团结西路、尚勤路、互助路、公园北路等45条市政主干道路整改工作。创新疑难路由租赁方式，分纤点规模稳固提升，新建管道连续两年突破500千米，传输接入距离进一步缩短。

◆**移动业务发展** 2018年，陕西移动西安分公司以打造客户最满意4G通信服务为目标，精细运营，以大数据精准分析了解客户多维度信息化需求，提供“一站式”解决方案，实现产品可共享、权益可分享、资源可转增，提升套餐适配度和客户4G服务感知。积极落实国家“宽带中国”和“提速降费”要求，大力推广“50Mbps宽带免费送”的活动，资费下降20%。7月1日起，“取消流量漫游费”，不断让利，推进惠民政策，企业发展能力获得提升，流量单价降幅64%，语音单价降幅17%，互联网专线单价降幅16%，宽带惠民资费降幅超50%，“一带一路”沿线国家和地区的国际漫游语音资费降至0.99元/分。为城区近90%的家庭用户提供全光纤宽带服务，已经建成81个千兆精品小区，在乡镇几乎全部覆盖。加快农村宽带建设，投资3.6万元给蓝田贫困村42户群众免费安装移动宽带，赠送连心卡手机终端，保证贫困户基本通话需求，为周至连片贫困地区投入50余万元开展信息化项目。加强信息安全管控，治理电信网络新型违法犯罪，与公安部门联动，7×24小时主动监测发现不良信息，连续破获多起基站设备被盗案件，涉案嫌疑人被抓捕归案，追回数十套基站设备。

◆**移动“智慧城市”建设** 2018年，陕西移动西安分公司紧跟西安“智慧城市”建设，不断深化与政府机构、教育、医疗等行业的合作，为政府、企业、学校提供个性化的信息化服务。由移动承建、运营的西安市“‘12345’市民热线综合服务平台”获得市民好评。助力陕西历史博物馆打造“互联网+文物教育”平台，中标西安市雪亮工程项目，主导建设“沣京工业园智慧园区”，与14个国家级、省市级园区达成战略合作意向，打造千兆接入的基础网络。

（刘文辉）

联　通

◆**概况** 2018年，中国联合网络通信有限公司西安市分公司深化改革创新，各项工作快速有效推进。全年完成主营收入28.7亿元，比上年增长6.78%，增幅高于西安通信行业3.2个百分点；收入市场份额占比18.7%，增长0.6个百分点。实现利润6.9亿元，增长27.9%，利润率24.2%。自由现金流达到9.6亿元，增长23.7%。坚持绿色发展，全年节约能耗成本1006万元；投入扶贫资金近20万元；强化网络信息安全，打击电信诈骗，严格实名制管理，新老用户100%实名登记。落实提速降费要求，取消流量漫游费，提升宽带接入速率，百兆以上家庭宽带用户24万户。

◆**联通经营改革** 2018年，中国联合网络通信有限公司西安市分公司落实绿色发展理念，加快互联网化转型，转变发展方式。聚焦融合发展，宽带融合渗透率达到85.7%；推进渠道互联网化转型，新增轻触点1.3万个、能人0.9万人；与互联网企业和本地连锁企业开展新零售及权益合作试点。新场景触点建设体系化推进，组建行销中心，积极拓展实体和线上渠道未触及的高效场景。深化市场线体制机制改革，打破壁垒压缩层级，城区整合设立13个综合营服中心，按照新规则分场景划分221个网格。开展网格小CEO承包，以“增量收益分享”为核心，全员劳动生产率提升10%。落实提质增效工作。市场经营线成本占收比19.9%，下降2.8个百分点；投资网运线成本占收比16.4%，下降1.9

个百分点。

◆联通“智慧城市”建设 2018年，中国联合网络通信有限公司西安市分公司与西安市机动车停放服务中心合作“云服务器设备扩容及增值服务项目”，为用户打造“信息化、智能化”停车管理模式，提升西安停车设施现代化水平，实现西安联通产业互联网领域云计算应用业务突破发展。与陕西省军区合作建设“SJQ干休所信息系统”，搭建覆盖全省154处的视频会议系统。

◆联通网络建设 2018年，中国联合网络通信有限公司西安市分公司以“4G保障容量、完善深度覆盖，L900打底建设，2G加快退网”为主线，适度储备无线容量和频率资源，针对市区热点场景，加大微基站投放力度，提升高价值区深度覆盖和4G承载水平。重点加强容量增长势头迅猛场景的资源投放，通过新技术、新手段丰富解决方案，做厚做实高价值市场、高流量区域4G网络。优化生产作业流程，缩短项目实施周期，进行迭代建设，新开通3/4G宏站547处、微站2183处、室分楼宇覆盖547栋。推进落实4G网络“9日快速扩容”和口碑场景专项感知优化，完善机场、高铁、景区等重要场景网络覆盖，完成地铁线路多载波扩容，网络关键感知指标位于全国中上游水平。（黄　欣）

无线电管理

◆概况 2018年，西安市无线电管理委员会办公室贯彻执行新修订的《中华人民共和国无线电管理条例》及相关政策法规，确保西安市行政区域内无线电频率指配、台站审批、监督检查、干扰查处、频率资源费收缴等工作顺利开展。截至年底，西安市在册登记的各类无线电台站31113个。其中，广播电台13个；电视台17个；差转台2个；甚高频及特高频固定陆地电台163个；移动电台4884个；集群移动通信系统(基站)98个；蜂窝移动通信系统基站19256个；无线接入系统中心站1个；终端站17个；无线数据电台121个；卫星地球站12个；微波接力站314个；业余电台6024个；其他电台194个。主要分布在电信、广播电视、铁路民航、抢险救援、公安、厂矿企业和宾馆饭店、物业管理、旅游娱乐场所等行业和单位。无线电技术的广泛应用，成为推动社会发展的重要生产力。

◆无线电频率台站管理 2018年，西安市无线电管理委员会办公室全面推进频率台站管理工作，进一步规范台站设置使用。开展1.8G频率审批及管理工作调研，为西安市地铁九号线和国网西安供电公司进行1.8G频率预指配；协助陕西省无线电管理委员会办公室与陕西省应急管理办公室和西安市公安局协调，做好1.4G频率审批协调工作，讨论制定共网建设的建议方案。及时帮助解决西安地铁四号线无线电通信系统用频需求，为地铁四号线顺利开通提供服务保障。受理西安达博酒店、悦荟广场等17个新设台单位频率申请，指配频率40个。完成陕西省无线电管理委员会办公室安排的西成铁路西安段GSM-R（一项用于铁路通信及应用的国际无线通信标准）系统、西安咸阳国际机场三期电磁环境复测工作。联合西安市文化广电新闻出版局开展在用广播电视台监督检查。做好公众移动通信基站按季申报工作，完成年度无线电台执照核验和收费工作，150家设台单位办理执照核验，2家单位办理撤销，8家单位变更相关设台信息，审验执照1949个，换发执照273个，收缴频占费183.7万元。加强业余无线电台呼号指配和执照核验工作，全年完成陕西省业余电台呼号指配622个，为西安市新核发执照983个、执照核验485个。抓好业余电台操作技术能力考试验证工作。全年组织业余无线电台操作技术能力验证考试2次，有584人参加。其中，参加A类考试487人成绩合格；B类考试31人成绩合格。指导西安业余无线电通信学会完成“第三届CRAC无线电技术观摩交流大会暨业余无线电应急通信及无线电测向演练”和2018年度全国C类业余无线电台操作技术能力验证考试。

◆无线电监测检测 2018年，西安市无线电管理委员会办公室完成陕西省无线电管理委员会办公室下达的指令性监测任务，对民航、广电、电信运营等重要业务进行重点监测。全年上报《监测月报》12份，填写监测记录200余份。为组织好2018年频率使用率评价专项活动，高质量地完成监测数据采集和分析，累计出动工作人员30余人次，监测720小时。排查各种有害无线电干扰，充分发挥航空、铁路等专用频率保护长效机制作用，全年排查卫星、公众移动通信、地铁等重要业务受干扰事件13起，有效维护了正常无线电通信秩序。做好无线电设备检测工作，在配合公安机关打击“黑广播”“伪基站”行动中，检测鉴定各类无线电发射设备53台套。

◆无线电安全保障 2018年，西安市无线电管理委员会办公室做好2018西安国际马拉松赛无线电保障工作，围绕中央电视台直播、安全保卫、指挥调度、公众通信等无线电通信安全，积极协调，主动介入，确保赛事期间无线电业务安全。完成外事活动监测任务4次，做好频率保障，开展保护性监测，确保通信安全顺畅。参加全国硕士研究生统一招生考试、普通高等学校招生全国统一考试、公务员录用考试、大学英语四级、六级考试等重大考试无线电监测保障25次，发现并压制考试作弊信号8个，查获作弊设备5套。

◆无线电监督检查 2018年，西安市无线电管理委员会办公室开展提升行政执法能力专项行动，主动加强与公安、工商、广电等部门的协调配合，初步建立部门联合协同执法工作机制。严格按照法定权限和程序开展执法行为，做到流程规范、程序合法、文书健全。加大在用台站监督检查力度，对西安市地震局、西安市防汛指挥部办公室、西安市地下铁道有限责任公司等单位进行实地检查，按照核定项目，对相对参数进行全面核查，强化事后监管。发挥监测技术优势，配合公安部门严厉打击“黑广播”“伪基站”。监测、监听6350小时，出动技术人员226人次，测向定位“黑广播”60个。配合公安机关查处“黑广播”53台、“伪基站”11台，有效打击了利用“黑广播”“伪基站”进行电信诈骗违法犯罪活动。开展无线电发射设备销售市场专项检查，检查无线电发射设备销售商16家，对其中10家存在销售应当取得而未取得型号核准的无线电发射设备行为的销售商下达责令改正通知书，对其中3家销售商销售的无线电发射设备技术参数不符合核定技术指标的行为进行立案调查，做出没收违法销售的无线电发射设备的行政处罚。

◆无线电管理宣传 2018年，西安市无线电管理委员会办公室加强新修订的《中华人民共和国无线电管理条例》宣传贯彻工作，以法制宣传、科普宣传、监管动态宣传为重点，在“世界无线电日”“业余无线电日”“世界电信日”“科技之春”“学术金秋”和《中华人民共和国无线电管理条例》宣传月期间，突出《条例》宣传重点，开展《条例》进校园、进地铁、进市场宣传活动，多角度、全方位宣传《条例》内容，扩大《条例》宣传覆盖范围。注重结合行政审批、监督检查工作，及时开展宣传，适时报道无线电管理工作情况。在省级媒体发表宣传稿件86篇，国家无线电网站及《无线电》杂志转载43篇。

（刘　卫）

交通运输·邮政快递

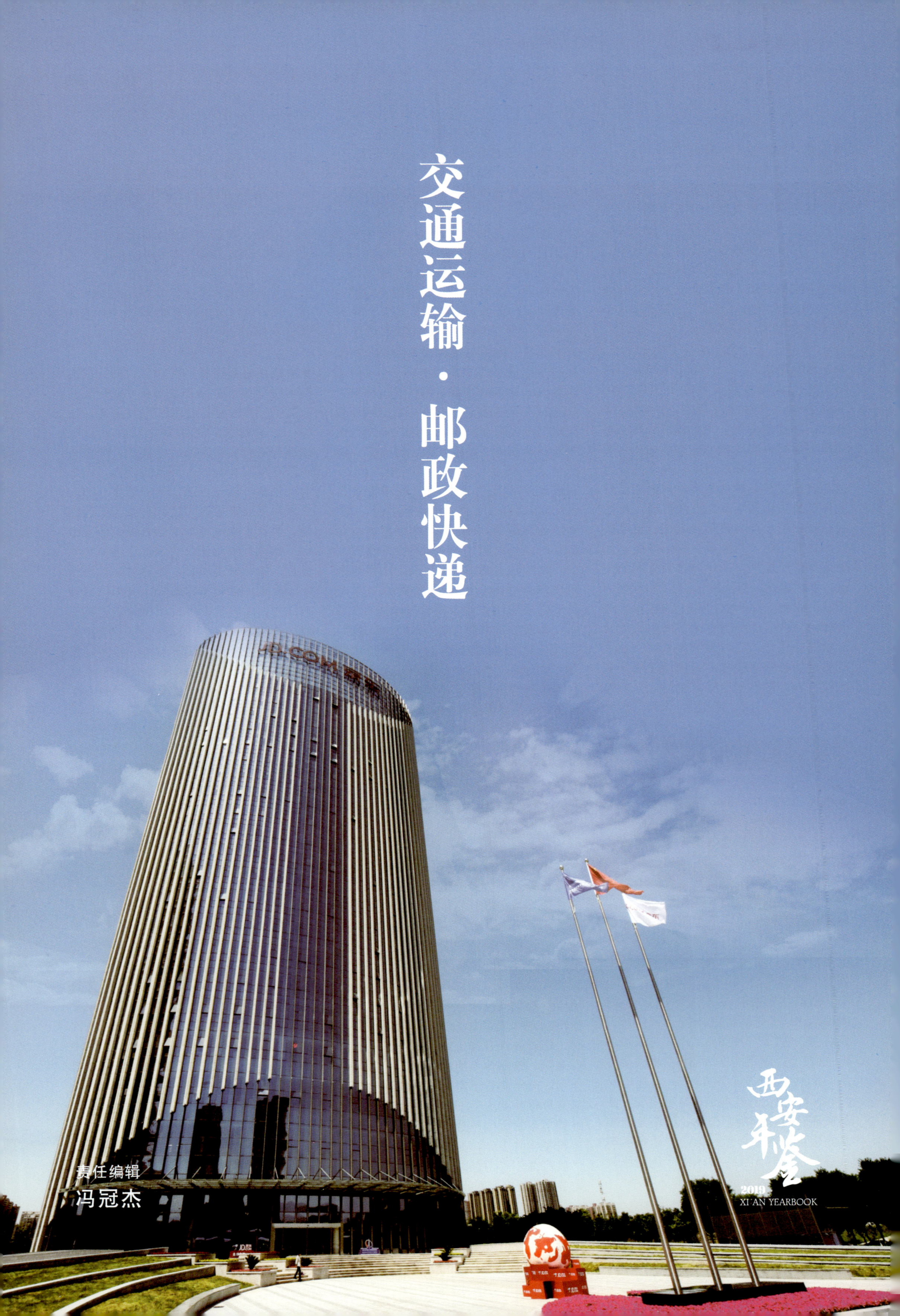

责任编辑
冯冠杰

铁路运输

◆概况 2018年，西安线路覆盖陕西全省，辐射甘肃、宁夏、内蒙古、山西、河南、湖北、四川、重庆等8个省（区、市），是进出西北、西南地区的咽喉要道，在全国路网中具有承东启西、连接南北的重要作用。有陇海、宁西、宝中、西平、宝成、西康、襄渝、阳安、包西、太中、神大、黄韩侯、西安枢纽北环线等23条普速线路和徐兰、大西、西成3条高速铁路，总营业里程5140.4千米，其中高速铁路844.4千米。总延展长度11107.74千米，其中正线8654.447千米。

◆铁路安全管理 2018年，中国铁路西安局集团有限公司深化强基达标，安全生产保持稳定。修订全员安全生产责任制，开展规章制度“体检式”检查，清理公布集团公司技术规章347项、管理制度1362项。以机车车辆系统为试点，推进标准化、规范化建设。建成安全大数据分析预警系统，实施信息报送制度，前移安全关口。紧盯西成高铁安全，系统完善41项保障措施，补强长大坡道区段应急救援能力，完成纸坊救援站示范工程建设，常态化开展培训演练、帮教指导。12月6日，西成高铁实现安全运营一周年。推进高铁综合维修生产一体化，优化月度综合检测列车开行模式，开展集中修、春秋检和百日安全平推检查，投入4.55亿元实施133个行车安全措施项目，及时消除隐患。坚持全员防洪、全年防灾，固化“六则四大胆”临机处置权，有效应对55轮降雨过程，成功经受宝成线K227山体崩塌、冒天山隧道病害、咸阳渭河桥河床下切等严峻考验。密切路地联动，深化检企共建，在西成高铁实施“双段长”制，利用遥感技术监测高铁沿线彩钢房，开展重大隐患排查治理，解决安全环境突出问题363件，完成安保区划定工作。全年消灭高铁、客车一般C类及以上责任事故，连续14年无安全重大事故。

◆客货运输 2018年，中国铁路西安局集团有限公司客货运量大幅增长。完成旅客发送量11047万人次，首次突破1亿大关，比上年增长22.8%；货物发送量16716万吨，比上年增长17.8%；换算周转量2264.4亿吨公里，比上年增长4.7%；运输总收入414.84亿元，比上年增长25.6%。高铁实行“分时图”运行，充分释放西成新增运力。创新营销方法，推出众筹、共享、研学、丝路等定制化客运产品，拓展客运市场份额，动车组累计发送旅客5628.7万人次，比上年增长73.4%，占比提高到51%，动车旅客发送量首次超过普速。畅通售取票渠道，网售比例达到76.2%。深化厕所革命，改善旅客出行体验。实施畅通工程，做好扫码支付、互联网订餐，开展“西铁长乐行”粉丝家园活动，推出智能导航、自助验票等新举措，不断提升服务质量。按照“慢火车•优生活”理念，打造7对西铁品牌“慢火车”，服务沿线群众200万人次以上，受到社会各界好评。制订货运增量三年行动方案，坚持“稳黑增白”，打好煤炭上量，全年发送煤炭1.27亿吨，增长24.1%，发送集装箱38.7万标箱、商品汽车11.7万台，比上年分别增长35.6%和48%。用好“铁e达”平台，完成接取送达3.45万批178.2万吨。每日常态化开行3—4列中欧班列，全年开行1189列，是上年的7倍。

◆铁路经营管理 2018年，中国铁路西安局集团有限公司适应总公司清算考核新变化，编制《货运承运清算指导手册》，修订工效挂钩、货运营销、经营业绩考核办法，加大收入与安全绩效联挂考核力度，用经济杠杆撬动积极性。搭建资产资源综合开发体系，建立6个开发平台，推动商贸物流、广告商业、工程建筑、工业制造等产业升级，加大土地综合开发，发展“高铁+共享汽车”业务，提高市场创效能力。全年完成资产经营开发收入372.9亿元，比上年增长11.8%；综合创效7.85亿元，比上年增长33.8%。细化94项增收节支措施，节支5.45亿元。清理风险债权15亿元，防范国有资产流失。健全法律纠纷案件管理和责任追究机制，办理诉讼案件235起，避免经济损失6639.3万元。用好国家降税减费政策，实现减费1.86亿元。主动对接地方政府，争取稳岗补贴3671万元，争取免缴残疾人就业保障金、工伤保险费、生育保险费等政策，节约支出2.38亿元。全年完成营业收入695.1亿元，实现盈亏考核29.16亿元，全面完成年度经营目标。

◆铁路建设 2018年，中国铁路西安局集团有限公司安全高效推进西安站改扩建工程、阳安二线、西银高铁、阳平物流基地等9个在建项目，完成建设投资132.9亿元。改扩建安康东站直通场，开通大岭铺至安康东直通线，安康枢纽瓶颈制约得到全面缓解。新建调度楼普速台顺利搬迁，应急救援指挥中心业务部门合署办公，调度指挥能力升级换代。新筑物流基地按期开通，中欧班列运输能力成倍增长。西延高铁可研性研究获批，西康、西十、延榆高铁前期工作有序推进，宝鸡、安康铁路枢纽总图完成批复，西安动车段高级修补强工程开工建设。加快实施“短平快”项目，褒河物流基地、行者至临潼北联络线、银西四线库、新丰镇至零口区间自闭设备改造顺利竣工，区域路网结构不断优化，点线能力进一步提高。

◆铁路企业改革 2018年，中国铁路西安局集团有限公司依据《中华人民共和国公司法》及相关法律法规，修订《中国铁路西安局集团有限公司章程》，细化重大事项决策程序和清单，规范法人治理运行机制。依法行使出资人权责，规范9家直属公司法人治理结构，优化重组陕西铁路陇海旅游集团有限公司、陕西西铁商旅集团有限公司2个专业公司，建立全资子公司董事会、监事会年度工作报告制度，提升企业治理水平。推进机关机构改革优化，精简职能机构4个，压减定员编制8%；精简附属机构16个，压减定员编制24.8%。整合职工培训基地，优化培训资源。深化劳动组织改革，通过兼职并岗、修程修制改革等措施节约岗位用工1226人，按价值量计算的运输业劳动生产率50.47万元/人，比上年增长25.8%。深化人事制度改革，全面推行岗位管理，326名全日制本科生、优秀工班长、工人技师走向管理和专业技术岗位。

◆铁路科技创新 2018年，中国铁路西安局集团有限公司制定《中国铁路西安局集团有限公司科技创新三年规划》，完善绩效考核、创新奖励、成果转化等激励机制，全年投入科技基金1344.3万元，立项133个，综合防洪防灾、智能防溜铁鞋等5个项目实现创新突破，HXD1型机车自动驾驶系统开创国内货运机车自动驾驶领域之先河；线路异物监测报警系统等24项成果通过集团公司技术评审，2人获“茅以升铁道工程师奖”，3人获“铁道科学技术奖”。出台《“智慧西铁”建设规划》，引领各专业信息化建设。与华为技术有限公司签订战略合作协议，建设联合创新中心，在大数据、物联网、云计算等8个领域开展交流合作。举办创客大赛，111个项目获奖。发挥91个“劳模创新工作室”和“工匠创新工作室”作用，先后完成技术革新、发明创造1645项，获得国家专利66项，4个创新工作室受到陕西省人民政府、中国铁路总公司命名，带动培养一大批创新人才。开展质量攻关，4项成果获得“国优”称号；5个班组被评为“全国质量信得过班组”。汇聚群众聪明才智，征集合理化建议2795条，创新、创造形成氛围。

◆铁路人才管理 2018年，中国铁路西安局集团有限公司优化队伍结构，向基层单位分配高职、本科及以上毕业生3422人，储备高铁人员1069人，35岁以下青年工人达到3.68万人，占职工总数的42.7%。清理整顿劳动用工，解除、终止劳动合同623人，清理机车乘务员284人。开展脱产轮训、岗位练兵、技能竞赛，完成主要行车工种培训1.3万人；组织“学练强反”活动，集中抽考7735人次，命名“岗位明星”508人。择优录用33名劳务派遣工为劳动合同制职工，拓展劳务工成长发展通道。加强高技能人才培养，建成2个“技能大师工作室”，累计取得技师、高级技师职业技能等级的人员有5110人，占技能人才总数的8.2%，培养“全路首席技师”4人、“铁路工匠”“三秦工匠”10人、“西铁工匠”30人、“陕西省技术能手”和“全路技术能手”224人。落实“百千万人才”工程，出台《干部人才培养“百人计划”》，选拔15名中国铁路总公司“专业带头人”、210名“专业拔尖人才”。推进干部人才队伍建设，选拔62名优秀年轻干部交流挂职锻炼，组织185名中、青年骨干分2期集中培训，选派138名高铁技术人员去外地培训。注重大学生培养，选拔241名优秀大学本科毕业生挂职车间副主任、党支部副书记和担任班组党支部书记。常态化开展职业信用评价管理，拓宽信用等级在评先、晋级、提干、招聘、分房等方面关联应用，激励作用持续释放。

◆“智慧西铁”建设 2018年4月，中国铁路西安局集团有限公司印发《“智慧西铁”建设规划》，确定2018—2019年为起步阶段，2020年为提升阶段。业务范围涵盖运输组织、客货服务、安全生产、经营管理、综合管理等业务领域；技术范围覆盖集团公司业务应用系统、技术平台、网络安全、信息化治理体系。5月，与华为技术有限公司在华为西安研究所签订“战略合作框架协议”，双方将在物联网、云计算、大数据、无线网络、应急通信等8个领域开展交流与合作。双方共同为“中国铁路西安局集团有限公司和华为技术有限公司联合创新中心”揭牌。

◆春节旅客运输 2018年，中国铁路西安局集团有限公司春运期间发送旅客1363.8万人次，比上年增运238.6万人次，增长21.2%，其中10天单日客发超过40万人次。动车组发送旅客625.3万人次，增运288.6万人次，增长85.7%，占比由29.9%提升到45.8%。客票进款完成15.6亿元，增收3.4亿元，增长28.3%。

◆暑期旅客运输 2018年，中国铁路西安局集团有限公司暑期发送旅客2196.3万人次，日均35.4万人次，比上年增运428.4万人次，增长24.2%；完成客票收入27.5亿元，比上年增收6.5亿元，增幅30.7%。暑运期间，加开始发客车21对1161列，安排加挂车1666辆，相当于增开临客104列。增开售票窗口69个，售票窗口总数达到502个。窗口、互联网、电话、手机和自动售（取）票机5种售票渠道并行，满足不同群体旅客的购票需求。

◆“十一”黄金周旅客运输 2018年，中国铁路西安局集团有限公司“十一”黄金周期间发送旅客437万人次，比上年增长17.2%，创历史新高。单日客发连续8天超过40万人次，其中10月1日客发59.21万人次。动车组发送旅客204.60万人次。加开始发客车362列，其中加开西宝、西汉、大荔、华山动车62列，安排加挂车603辆，相当于增开临客38列，增运48万人次，占全局总发送量的11%。售票总量415.1万张，网售比重首次突破80%。

◆西成高铁开通首月发送旅客93万人次 截至2018年1月5日，西成高铁自2017年12月6日开通运营以来，共发送旅客93万人次，成为川、陕、渝间旅客出行的首选。西成高铁日开行动车组列车53对，平均14.7分钟1趟。日均发送旅客3万余人次，新年首日发送旅客6.3万人次，创新线单日发送旅客最高纪录，其中西安至成都高铁列车平均客座率达到90%以上。集团公司高铁日旅客发送量突破12万人次，较上年同期增长35%。

◆宝成铁路入选“第一批中国工业遗产保护名录” 2018年2月1日，中国科学技术协会调研宣传部在北京发布“中国工业遗产保护名录（第一批）”，作为我国“一五”计划的重点建设项目，宝成铁路成功入选。宝成铁路于1952年7月1日、1954年1月分别在成都、宝鸡破土动工；1956年7月12日，在黄沙河接轨通车；1958年元旦，正式通车运营。其中宝鸡至凤州段电气化改造于1958年6月开工，1960年6月建成，1961年8月15日正式通车，是中国第一条电气化铁路。宝成铁路主要承担西南、西北两大地区的物资交流，是全国铁路网的骨架。宝成铁路是中华人民共和国第一条工程艰巨的铁路；是沟通西北与西南地区的第一条铁路，改变了“蜀道难”的局面；是我国第一条电气化铁路；秦岭展线是全国干线铁路中坡度最大的线路。宝成铁路主要遗存包括：线路、桥梁、隧洞、车站、秦岭展线、机车等。

◆西康线大岭铺站联锁换装完工 2018年2月15日，西康线大岭铺车站站改联锁换装Ⅱ级施工任务完成，标志着阳安二线直通线工程东引入口建成。此次施工插入道岔1组，联通道岔3处，拨接线路2处200米，捣固车捣固350米；新设七跨式电分相1处，接触网安装及调整1.2千米，调整线岔2组，拆除既有软横跨4组；开通股道区段16个、信号机17架、道岔7组，以及直放站设备1套。

◆西安北动车运用所动车检查库开工建设 2018年3月28日，银西铁路西安北动车运用所动车检查库开工建设。将利用西安北动车运用所存车场正北侧预留的部分条件，新建四线检查库和边跨1座，以及配套洗车线1条和相应存车线等工程。检查库前设待检线8条，库前待检线与既有存车线之间新建走行线及洗车线各1条，新建四线检查库及边跨南侧与既有股道之间新建尽头式存车线12条。

◆阳安二线褒河铁路物流基地运行 2018年3月30日，中国铁路西安局集团有限公司第三工程指挥部承建的阳安二线褒河铁路物流基地建成并投入运行。汉中市褒河物流园区是列入陕西省物流业发展规划的重要园区之一，位于汉中城区西北龙江镇和宗营镇，距中心城区10千米。褒河铁路物流基地主要对接褒河物流园区商贸流通市场，为汉中地区及周边的物流需求服务，具有仓储、分拨、配送、交易等功能，设计年物流总量初期为300万吨，远期为500万吨。包括新建综合性货场1座、贯通式货物线2条，预留办理散堆装货物作业线1条，货物线有效长度880米，均具备直接发车条件。新建房屋建筑面积22405平方米、货物雨棚2000平方米。货场设站台1座；仓库1座，面积10469平方米；堆场1处，面积14000平方米。货物仓库站台及雨棚南侧建有13个电动液压平台，用于提升或装载货物，实现货物装卸机械化。

◆安康东站Ⅲ场直通场开通 2018年4月3日13时20分，由安康开往西安方向的

42096次列车从安康东站Ⅲ场2道通过，标志着安康东站直通场改扩建施工任务完成。该直通场在既有安康东站Ⅲ场8条到发线北侧再增设8条到发线，新铺线路10.1千米，新铺道岔19组，新建涵洞6座，新立接触网支柱83根、软横跨安装调整25组，架设调整接触网10.32条千米。

◆陇海线第一阶段集中修完成 2018年3月15日至4月17日，中国铁路西安局集团有限公司相关单位和部门完成陇海线（含北环）第一阶段集中修各项施工任务。其中，工务系统完成线路清筛42001米，换枕15969根，铺设无缝线路81034米，更换道岔88组，道岔清筛21组1212米；线路捣固331.2千米，钢轨打磨199.88千米，道岔捣固219组，道岔打磨98组。

◆首列跨境电商专列开行 2018年5月21日，满载跨境电商“全球购”货物的中欧班列驶入西安新筑站，这是德国汉堡开往中国西安的首列跨境电商专列，开启“中欧班列+跨境电商”物流新模式。此次回程中欧班列满载汽车用品、家居用品等货物，于5月5日从德国汉堡始发，经波兰、白俄罗斯、俄罗斯、哈萨克斯坦，从新疆阿拉山口入境，经过16天运行，抵达新筑站。中欧班列横穿欧亚大陆，运输成本只有空运的1/5，时间比海运缩短一半以上，是一条安全、高效、便捷的跨境物流“直通车”。

◆西安铁路枢纽新筑物流基地到发场开通 2018年9月28日，中国铁路西安局集团有限公司承建的西安铁路枢纽新筑物流基地到发场开通。该项目是中国铁路总公司和陕西省、西安市推进“一带一路”建设和打造西安“丝绸之路经济带”物流集散中心的重点项目，也是陕西开行中欧班列的重要起点。该基地接轨于西安铁路枢纽货运北环线新筑车站，基地设置有整车—中转—小件货物作业区、整车成件包装货物作业区、长大笨重货物作业区、冷链鲜活货物作业区、公铁联运仓储配送区、公路物流集散区、综合办公及交易服务区等功能区。预计建成后，初期从2020年开始，年运量可达430万吨。

◆大岭铺至安康东直通线开通 2018年11月5日，中国铁路西安局集团有限公司承建的大岭铺至安康东直通线开通。大岭铺至安康东直通线全长35.5千米，为Ⅰ级双线电气化铁路，设计速度目标值每小时160千米，具有双向直通功能，输送能力有望达到1亿吨。线路开通后，西康铁路通过大岭铺至安康东直通线直接进入安康铁路枢纽，和阳安线、襄渝线衔接。西安至安康间运输里程比原路线缩短约27千米，运行时间节省约25分钟。

（张宏学）

航空运输

◆概况 2018年，陕西省有民用航空运输机场5个，分别是西安咸阳国际机场（双跑道）、榆林机场、延安机场、汉中机场、安康机场（已停航）。有A类通用机场2个，分别是蒲城内府通航机场、商洛丹凤通用机场。在陕西省内运营的国内外航空公司有64家，有通用航空公司19家，在册航空器118架；有适航维修企业35家。全年西安咸阳国际机场保障运输起降32.97万架次，旅客吞吐量4475.33万人次，货邮吞吐量31.26万吨，比上年分别增长3.63%、6.68%和20.3%。

◆航空执法检查 2018年，中国民用航空西北地区管理局开展行政执法检查5808次，下发“整改通知书”349份，实施行政约见1起、行政处罚4起。其中，中国民用航空陕西安全监督管理局开展各类检查1437次，行政检查计划执行率100%，下发“整改通知书”155份，提出整改意见161条，到期问题全部整改完成。

◆航空行业管理 2018年，中国民用航空陕西安全监督管理局研究制定《民航陕西监管局2018年行业监管模式优化调整改革方案》《民航陕西监管局2018年重点管控方案》《民航陕西监管局26条安全管控措施任务分解表》，推动企业、事业单位主体责任落实，落实企业安全自查，开展“安全生产月”“偏离空管指令治理”“民航服务质量体系建设专项行动”等主题活动，启动支线机场的安全管理体系审核，开展安全绩效管理集中培训，不断提高企业、事业单位安全管理水平。加强不停航施工现场巡查。针对榆林机场改扩建、西安咸阳国际机场东联络道、南三指廊站坪等工程全面启动，及时进行工作安排，提示风险隐患，实施临时抽查13次。加强净空、电磁环境保护督察。主动联系相关企业，先后与绿地集团、恒大地产集团有限公司、宝能集团等公司开展座谈会，宣传政策，提供咨询。加强榆林机场切换、延安机场转场前检查。加强鸟害防治工作管理。约谈西安咸阳国际机场相关部门，督促加大人员配置和资金投入，设立专职机构，新增设施设备，全年鸟击万架次率大幅下降。全年开展旅客携带锂电池乘机专项整治、航空运输危险化学品专项整治，确保航空客货运输安全。优化通航监管模式，明确运行合格审定、日常运行监察、人员资质管理3方面监管重点。推进西安咸阳国际机场“无纸化”便捷出行、军人依法优先、母婴服务保障等项目建设。督促保障单位完成设备升级、人员培训，落实港、澳、台居民“居住证”往返乘机规定。鼓励航空运输企业开展科技创新，提高行李货邮运输管控能力和服务保障质量。指导西安咸阳国际机场运输管理委员会发挥协调决策作用，不断提高航班正常管理水平，机场航班正常率连续位居“全国十大机场”首位。

◆机场建设 2018年2月，西安咸阳国际机场南三指廊航站楼工程开工建设。4月16日，西安咸阳机场南三指廊站坪工程开工建设。其中，南三指廊站坪工程（西区远机位）于9月13日通过竣工验收；9月21日，通过行业验收；10月22日，投入运行。该项目按照2030年旅客吞吐量7900万人次、货邮吞吐量100万吨、飞机起降59.5万架次需求设计，北飞行区指标4E，南飞行区指标4F。

◆净空管理 2018年，中国民用航空陕西安全监督管理局加强与地方政府联系，先后与空港新城、秦汉新城、沣东新城管理委员会，韩城黄河新区人民政府，高陵区人民政府等地方政府交流，建立与地方政府审批建设项目的协同机制，并尝试在保证审批质量的基础上简化审批流程，与空港新城规划局联合以该规划局出具报建公章的形式加快审批速度。针对恒大童世界、宝能新能源汽车等大型项目，做到主动服务，多次为项目方讲解净空审核政策，协调各方推进项目审核工作。持续加强辖区机场净空保护工作监管力度，督促机场管理机构履行主体责任，加强净空巡视力度。全年完成净空审核8项，辖区内净空保护工作成效显著。

◆通用航空管理 2018年，陕西省拥有通用航空公司19家，分别是中飞通用航空有限公司、榆林波罗通用航空有限公司（10月12日注销经营许可证）、西安中飞航空俱乐部有限公司、西安蓝德通用航空有限公司、西安惠翔通用航空有限公司、西安白鹿原通用航空科技有限公司、西安直升机有限公司、西安航空基地金胜通用航空有限公司、西部飞龙通用航空有限公司、陕西中俄飞行学院有限公司、陕西凤凰国际飞行学员有限公司、陕西天颖航空俱乐部有限公司、陕西天驹通用航空有限公司、陕西斯迈通用航空有限公司、陕西直升机股份有限公司、陕西精功通用航空有限公司、陕西蓝天上航空俱乐部有限公司、陕西金昊通用航空有限公司、陕西龙翼通用航空有限公司。全年通用航空作业及训练飞行33792小时49分钟，起降89689架次，分别比上年增长49.16%和50.91%。

◆通用航空改革 2018年9月21日，中国民用航空局确定3家单位为“通用航空低空空域监视与服务试点建设单位”。其中，授予中国民用航空西北地区空中交通管理局为“西北地区通用航空区域信息处理中心”建设管理单位；中国民用航空科学技术研究院航行新技术研究所为“西北地区通用机场综合信息服务平台”建设管理单位；西安凯亚科技公司为“西北地区通用航空信息化服务建设平台”建设管理单位。中国民用航空西北地区空中交通管理局完成西北地区通用航空区域信息处理中心和陕西、甘肃、青海、宁夏4个飞行服务站中心站的建设使用。区域信息处理中心包括飞行情报、航空气象、飞行动态监视、信息数据统计等功能，已经满足运行条件。陕西飞行服务站中心站设在西安咸阳国际机场飞行服务中心，甘肃、青海、宁夏3个飞行服务站中心站设在各空管分局，建立4省（区）一体的飞行服务站网络服务保障体系，能够实现飞行计划网上申报审批工作。实现便携式机载北斗终端上机验证监测工作。中国民用航空科学技术研究院航行新技术研究所完成北斗低空监视系统数据接口协议，实现与区域信息处理中心北斗数据引接，制定便携式北斗机载设备终端的参数性能规范，对陕西地区4家通航企业12架航空器实现北斗机载设备终端安装测试，第二批20架次的机载设备安装工作正在加紧推进，预计于2019年3月上旬完成。完成低空目视航图和通用机场综合信息的收集编制工作。中国民用航空科学技术研究院航行新技术研究所初步编制完成《西北地区低空目视航图》，同时按照“放、管、服”的工作要求，将负责编写的《通用机场使用细则》更改为《通用机场综合信息》，并纳入该所研发设计的“通用机场综合信息平台”，实现网络平台化服务。实现各系统间的融合。由西安凯亚科技有限公司负责牵头，初步完成通用航空管理系统与区域信息处理中心、飞行服务站、通用机场综合信息平台的基础数据的对接以及北斗低空监视数据的引接工作，实现各系统间的互融互通、共享共用。中国民用航空西北地区管理局审议通过《西北地区通用航空飞行服务系统管理办法（试行）》，并于7月20日印发实施。西北地区通用航空飞行服务系统作为试点的重要内容，主要包括飞行服务区域信息处理中心和飞行服务站，区域信息中心设在西北空管局，飞行服务站按分类分级的原则，分A、B、C类，根据功能定位、服务范围以及区域不同提供差异化服务。12月29日，西北地区通用航空区域信息处理中心与陕西、甘肃、宁夏、青海4省（区）飞行服务站中心站进行试运行。全年通过飞行服务站和区域信息中心受理通航飞行计划75条，均完成批复保障工作。通航区域信息处理中心、各飞行服务站设备终端运行正常，系统间的试运行顺畅。

◆无人机物流配送 2018年，中国民用航空西北地区管理局委托西安凯亚科技有限公司研发的无人机运营管理系统（试行版）已经投入试运行阶段，通过该系统对无人机物流常态化运输生产数据进行信息化统计管理。同时，加强通航试点任务的协同对接，对低空空域监视与服务试点和无人机物流配送试点开展协同衔接，将北京京东世纪贸易有限公司的无人机低空监视与服务信息技术与通用航空低空空域监视与服务试点的系统进行数据融合和互联互通。成立无人机物流配送运营资质审查小组，对试点企业的《末端物流无人机安全运行手册》执行情况进行评审。10月12日，向京东天鸿科技有限公司颁发具有“无人机物流配送（仅限试点）”经营项目的民用无人机经营许可证。起草《西北地区民用无人驾驶航空器物流配送经营性飞行活动管理办法（试行）》。北京京东世纪贸易有限公司在陕西、青海、甘肃等8省（区、市）开展无人机物流配送业务，完成常态化飞行13614架次、4190小时，飞行7.72万千米，配送9.4万单快件订单，运送货物78.7吨，实现安全运行“零差错”。（曹玺国）

道路运输

·公路客货运输·

◆概况 2018年，西安市有道路旅客运输经营业户81户。其中，有班线客运经营户45户，有旅游客运经营户36户。有营运客车4834辆。其中，有班线2442辆、旅游车辆2392辆。有客运等级站89个。其中，有一级站7个、二级站5个、三级站1个、四级站6个、农村客运五级站70个。开通客运班线723条，其中高速公路客运班线343条。客运班线平均日发班次7437次，其中高速公路客运班线平均日发班次935次。全市有通村线路219条，平均日发班次4691次，141个乡镇班车线路通达率100%，1816个行政村班车线路通达率99%。全年道路运输完成客运量1.56亿人次，客运周转量89.91亿人千米。全年调整班线客运，分流26辆班线车，储备2752辆旅游车。全年申领、发放省际包车牌6100个、省际临时班车牌500个、省内包车牌3000个、市际临时班车牌5000个。有道路货物运输经营业户152557户。其中，有普通货运经营户152355户、货物专用运输业务经营户107户、大件运输经营户95户、危险货物运输经营户85户。有载货汽车21.04万辆。其中，有普通货车20.1万辆、专用货车9053辆、危险货车2626辆。有货运站场16个。其中，有一级站4个、二级站4个、三级站8个。全年道路运输完成货运量2.57亿吨，货运周转量380.53亿

2018年9月，西营十字立交通车

吨千米。

◆**国家综合交通枢纽建设** 2018年5月，西安市人民政府发布《大西安“十三五”综合交通运输发展规划》，预计到2020年，初步形成以综合运输枢纽为核心，综合交通网络为支撑，平安、绿色、智慧交通为依托，“便捷通畅、高效安全”的现代立体综合交通运输体系。西安咸阳国际机场旅客吞吐量近4460万人次，居全国第七位；货邮吞吐量31万吨，增速居全国十大机场第一位。西安至延安高铁开工建设；西安至十堰、西安至安康高铁报国家相关部委审查；银川至西安高铁顺利推进，西安段施工有序开展。西安北至机场城际铁路北客站至空港新城段建成，西安至法门寺等4条城际铁路控制性工程有序推进，西安外环高速公路南段控制性工程开工建设。初步形成覆盖全域、畅接陕西省、辐射全国的高速公路网络格局。

◆**干线公路建设** 2018年，西安市争取各级资金14.9亿元，7个PPP项目入库，完成投资10.8亿元。107省道楼观台至马召一级公路改建工程、纺渭路拓宽改造工程（高陵界至秦汉大道段）和西营十字立交建成通车。310国道西安过境公路、107省道厚镇至草堂一级公路改建工程、101省道木岔至灞源公路路基贯通，其余节点正加快推进。东三环至临潼公路、西户路项目（西部大道延伸线至鄠邑区甘曹路与正小路交叉口）进展顺利。211国道东江渡至堰南村公路和210国道西安过境公路工程前期工作积极推进，西安公路网结构进一步完善。

◆**路网管理** 2018年，西安市投资962万元实施干线公路大修、中修6千米，创建“美丽干线公路”25千米，建成国道、省道干线公路服务设施4处。鄠邑区、阎良区获省级“四好农村路”称号；蓝田县通过市级“四好农村路”初审。西安市交通运输局加快推进108国道周至段崩塌灾害应急抢险工程，完成投资1.157亿元。试点建成治超电子抓拍系统，超限、超载率控制在2%以内。拆除国道、省道干线两侧广告牌268块；拆除违建99处7090平方米；整治完成铁路、高速公路两侧问题点位1569处；在西安绕城高速、机场专用高速安装中国传统灯饰1564组。

◆**通村公路建设** 2018年，西安市交通运输局建成行政村通畅工程44千米，全市所有建制村均通沥青、水泥路，具备条件的建制村通客车率99.6%。整治通村公路“油返砂”路段831千米；完成贫困村通组路路基310.23千米、路面263.62千米。 （王嘉辉）

·城市公交汽车运输·

◆**概况** 2018年，西安市将公共交通发展作为重大民生工程，优化公交服务品质，规范运营服务行为，城市公交向大学城、新建小区、旅游景区延伸，方便市民群众乘车。有效约束道路运输企业和驾驶员行为，全力打造西安交通运输服务品牌。纺织城客运站被交通运输部评为“全国交通运输行业文明示范窗口”。出租汽车行业开展免费接送高龄老人的“爱心车厢”活动，为高龄老人家庭服务超过1万余车次。截至年底，全市有公交企业16家。其中，国有及国有控股企业5家；民营公交企业11家。有公交车辆8743辆，全部为新能源及天然气清洁能源车辆。有公交线路307条，线路长度5884.35千米，日均客运量372万人次，万人拥有公交车23.5标台。落实“吉利”品牌车辆推广任务，驾驶培训行业订购“吉利”牌汽车639辆。12月20日，首批60辆甲醇出租汽车上线运营。

◆**缓堵保畅** 2018年，西安市制定印发《加快补齐缓堵保畅短板实施方案》，科学统筹全市缓堵保畅工作。12月26日，地铁四号线开通试运营。打通“断头路”30条，开工建设公交场站32座，建成投用14座。推进“公交都市”创建工作，优化调整公交线路66条，主城区公交出行分担率60.25%。据《2018年度中国主要城市交通分析报告》显示，西安公共出行比例全国最高，同时2018年也是西安2015—2018年拥堵程度最低的一年，位列降幅最大的10个城市的第七位，降幅4.97%。 （王嘉辉）

◆**城市公交** 2018年，西安市公共交通总公司营运车辆7000余辆，客运量13.02亿人次，营运里程4.19亿千米。投运2500辆纯电动空调公交车。全年新开、调整线路66条，抽密210.9千米，补疏300.9千米，填补空白89.4千米。对127条公交线路营运时间进行延长。对西安市核心城区进行责任区域划分，建立各营运分公司线网布局包干制度，成立线网优化机构，对99条线路的抽密、补疏方案进行专题研究、分析、论证。根据21世纪经济研究院的分析统计，西安市夜间公交线数和夜间交通便利化指数仅次于广州位居全国第二位。对281条线路、1852个站点、5080组站牌、16860块路牌进行全面排查，查出262个问题，涉及258条线路、15480块站牌。进行站牌信息规范化，对站牌版面重新设计，对公交站名进行翻译和更新。推出“西安公交出行”App、“西安公交”微信公众号，实现精准查询附近线路、站点，车辆到站信息展示，地图模式定位，多种换乘线路规划，公共自行车停放点在线查询，掌上公交资讯平台等功能。实现公交车手机扫码支付功能，单日扫码乘车人数超过100万人次。根据腾讯发布的《国人智慧出行报告》，西安公交手机支付出行使用量居全国第三位。落实安全生产主体责任，开展安全生产警示教育活动、各类突发事件应急预案演练活动、线路专项检查、安全隐患排查整治活动、“绿色斑马线·文明车让人”活动、预防行车中打瞌睡现象等系列活动，事故等级、起数、费用比上年同期呈下降趋势。

◆**“长安通”卡应用** 2018年，西安城市基础设施建设投资集团有限公司下属西安长安通支付有限责任公司售卡量211万张，实现公交扫码通行。继研发上线同步兼容微信和“支付宝”手机扫码乘车平台，聚合“长安通”“腾讯”和“支付宝”，共同推动“长安通虚拟卡扫码支付”应用推广，实现主城区刷手机乘公交全覆盖，7700辆公交车上线扫码应用。9月22日，与国内火车票销量最多的“同程艺龙网”携手，上线“长安通•票”小程序，创建多账户平台。提出多账户平台应用设计理念，在西安市自来水公司、西安市热力总公司支持下，先后上线水、热缴费管理平台，实现线上、线下“长安通”专用账户缴费。打破小额商户接入壁垒，以动态链接库部署连锁商店、超市便捷售、充服务，实现366家“每一天”连锁超市便利应用，构建可以适时上线“长安通”全业务的多元化商户综合服务平台。充分把握西安市建设“世界旅游时尚之都”的旅游发展定位，携手北京航空航天大学“古藤堡”创业团队，打造“长安通”涉外交通联卡——“China Hand”。继“长安通”城墙年卡、华景城年卡、陕西省图书馆借阅卡之后，继续在“长安通”记名卡上叠加应用，联合陕西温泉协会，作为唯一指定权益合作单位，实现“长安通”温泉一卡通应用。与多所高校达成合作意向，实现校园卡联网。

◆**公交新能源建设** 2018年，西安城投新能源有限责任公司建成充电桩2148

个。其中，建成公交充电站36座、充电桩785个；社会充电站80座、充电桩1363个。充电186万车次，充电量1.4亿度，碳减排量19903吨。截至年底，累计建成充电站403座、充电桩5290个。其中，公交充电站76座、充电桩1369个；社会充电站327座、充电桩3921个。充电量累计达1.9亿度，市场份额由上年的50%增长到70%以上。实现营业收入17.46亿元，比上年增长78.21%；利润总额3312.35万元，增长299.3%。签约692辆车辆销售合同，其中，新能源公交车600辆、小型商用车比亚迪M3 20辆、纯电动公务车宋EV 71辆、比亚迪T5A 1辆。自建12处公交场站，建设完成安邸立交公交场站，其余11处正进行招标及前期手续办理。西安丝绸之路国际会展中心公交场站拟进行场站综合开发，探索公交场站建设新模式。2月，“城投新能源”手机App（安卓和苹果版本）上线运行，用户可实时掌握充电场站分布及运行状况，并实现扫码充电。截至年底，注册人数4500人以上，充电约10万次。（靳雷音）

◆**出租汽车** 2018年，西安市有出租汽车14509辆、营运企业74户。其中，市区有出租汽车12735辆、经营企业45户；市郊5个区2个县有出租汽车2074辆、经营企业24户。阎良区有出租汽车223辆；临潼区有出租汽车600辆；长安区有出租汽车344辆；鄠邑区有出租汽车250辆；高陵区有出租汽车260辆；蓝田县有出租汽车180辆；周至县有出租汽车217辆。在市区出租汽车中，双燃料（天然气与汽油）车有12110辆，单燃料车有1辆，新能源纯电动车有324辆，甲醇车有300辆。市区出租汽车单车日均营运44个乘次，全市出租汽车日均客运量80万人次，年客运量2.92亿人次。市区出租汽车车型主要以比亚迪F3、比亚迪E6为主体。

◆**汽车维修** 2018年，西安市有各类汽车维修企业3958户。其中，有一类汽修企业189户、二类汽修企业911户、三类汽修企业2858户。有汽修行业从业人员3万余人，年维修能力约400万台次，年产值约25亿元。全市854户一、二类汽车维修企业实现与陕西省电子健康档案系统对接，并上传维修数据，累计上传维修档案数据190余万条。西安市20个检验检测机构全部按照要求合并道路货运车辆安全技术检验和综合性能检测中涉及安全的检验检测项目，同时完成公安部门和交通部门的检测，达到“两检合一”规定，并实现与省级检测联网平台对接。

◆**汽车驾驶员培训** 2018年，西安市有驾驶员培训机构106户。其中，有一级机构34户、二级机构34户、三级机构38户，形成较为合理的行业布局。全市驾培行业有训练场地400.20万平方米，注册登记营运教练车辆6338辆，行业备案教练员7380人，年培训能力约40万人。全部驾驶员培训机构均开展“创新服务模式”。完成“互联网+驾驶培训”系统建设。淘汰教练车202辆，新增车辆116辆，驾驶员培训机构购买“吉利”品牌车辆475辆。举办教练员培训班6期，培训教练员480人。

◆**交通系统改革创新** 2018年，西安市交通运输局稳步推进机构改革工作。深化投融资体制改革，组建西安交通投资集团有限公司。发展“智慧交通”，综合交通信息服务平台建设进展顺利。推广公共交通移动支付，主城区公交、地铁实现二维码支付全覆盖。发行收费公路专项债券6亿元，做好交通PPP项目推介服务工作。制定出台西安市《互联网租赁自行车企业运营服务规范(暂行)》和《互联网租赁自行车企业服务质量考核办法(暂行)》，许可网约车平台3家，不断规范互联网租赁自行车、网约车等新业态的发展。深化“行政效能革命”，制定落实优化营商环境“18条措施”。取消6项审批事项，暂停6项备案事项，全局95%的办理事项实现“最多跑一次”。推进“网上办”“零见面”，政务服务事项网上预审率96.6%，不见面审批率54.2%。

◆**交通行业监管** 2018年，西安市交通运输局加快行业法治化建设，出台实施《公共汽车客运管理条例》《网络预约出租汽车经营服务管理办法》。出动执法人员13万余人次，开展客运站（场）周边专项整治743次，查扣“黑车”1950辆。完成“96716”撤号、“12328”西安业务与“12345”热线整合工作，全年承办“12345”转办工单21142件，及时、妥善处理回复群众反映强烈的问题。推进交通行业“铁腕治霾”，全市1288家喷烤漆汽修企业中，完成有机废气深度治理的企业1238家，关停50家。严格落实公路工地建设“6个100%”（洒水、覆盖、硬化、冲洗、绿化、围挡100%执行）、“7个到位”（出土工地和拆迁工地应做到施工围挡到位、出入口道路混凝土路面硬化到位、基坑坡道硬化处理到位、全自动冲洗设备安装和使用到位、建筑垃圾运输车辆密闭到位、拆迁工地拆除过程中使用专业降尘设施湿法作业到位、拆迁工地暂不开挖的裸露地面和2日内不清运的拆迁垃圾覆盖到位）及“红黄牌”管理制度，干线公路平原段实现“湿法作业+吸尘式清扫”全覆盖。全面完成“国道穿越水源地环境保护工程”，树立水源地整治工作新标杆。

◆**交通安全生产** 2018年，西安市交通运输局做好公路隧道洞口安全隐患排查，开展“道路交通安全生产攻坚行动”“安全风险分级管控和隐患排查治理双重预防机制建设行动”等活动，做好重点时段安全生产工作。加强客运站易燃品、易爆品、危险品“三品”安全检查，推行旅客实名制售票，不断加大客运站场反恐、防暴力度。开展“危险化学品安全综合治理专项行动”，制定“21条”规定，强化从事旅游的包车、三类以上班线客车和运输危险化学品、烟花爆竹、民用爆炸物品的道路专用车辆安全监管，吊销2家不合格的危险品运输企业资质。开展道路隐患排查和督导工作，排查国道、省道干线公路713千米，桥梁272座。全系统连续11年未发生较大以上道路交通安全责任死亡事故。

◆**慢行交通系统建设** 2018年，西安市交通运输局全力打造安全、便捷、高效的城市慢行交通系统，解决地铁、公交站点与居民区之间的短途接驳问题。建成公共自行车服务站点1943个、无桩服务站点6186个、闸机式中心站18个；投入运营公共自行车69000辆（其中更新7000辆），日均使用量19万人次，单日最高使用量32万人次，服务区域约500平方千米。西安有摩拜、OFO、OXO3家互联网租赁自行车企业，投放自行车45万辆，日均骑行量93.44万人次。

（王嘉辉）

·城市轨道交通运输·

◆**概况** 2018年，西安市地铁建设指挥部办公室更名为西安市轨道交通建设办公室，与西安市地下铁道有限责任公司按“一套班子，两块牌子”模式合署办公。全年完成投资160.87亿元，实施地铁建设、运营管理、资源开发、地铁上盖物业等工作。一号线二期建设实现全线洞通，五号线、六号线、九号线实施土建施工；四号线通车试运营，线网运营里程达到126千米。全年运送乘客7.46亿乘次，线网客流强度2.28万乘次/日千米，居全国第一。资源综合开发及土地储备实现收入3.84亿元。5个上盖综合开发项目进入规划指标申请阶段。全年安全生产实现“零伤亡”。

◆**地铁工程建设管理** 2018年，西安市轨道交通建设办公室（西安市地下铁道有限责任公司）加强在建项目协调管理和督查考核，稳步推进建设进度。地铁四号线于12月26日实现通车试运营；一号线二期4座车站主体结构全部封顶，全线实现洞通；五号线一期有10座车站主体结构封顶，区间工程完成过半；六号线一期15座车站中有11座车站封顶，二期车站及区间全面开工建设；九号线15座车站中有10座车站主体结构封顶，8个区间单线贯通。在十四号线探索实施“市区共建”新模式，充分调动沿线各区积极性，地铁征地拆迁和管线改迁工作高效推进。落实“治污减霾保卫蓝天攻坚行动”各项要求，地铁建设工地规范化、标准化管理成效明显。地铁三号线“奥凯问题电缆”整改工作全面完成，更换电线、电缆3457千米，整改期间施工运营安全有序。

◆**地铁线网安全运营** 2018年，西安市轨道交通建设办公室（西安市地下铁道有限责任公司）优化运营服务，持续提升乘客出行便捷度和舒适度。先后12次调整运行图，最小行车间隔缩短至2分28秒，运营服务时间延长至17小时50分钟，运营时长在北方城市中位居第二位。优化调整北大街、小寨等车站大客流组织方案，通过“早发车、晚收车”实现常态化与高铁接驳。制定专项预案，全力保障“西安年·最中国”等全市大型活动。推进“智慧地铁”建设，推出手机扫码乘车功能，12月全线网各车站所有闸机全部实现手机扫码过闸及支付功能，手机扫码支付人数超过客流总量的50%。

◆**地铁上盖资源开发** 2018年，西安市轨道交通建设办公室（西安市地下铁道有限责任公司）学习借鉴香港、杭州、成都等城市先进经验，更新发展理念，凝聚上盖开发共识。修编完成《西安市城市轨道交通条例》，为加快上盖开发提供法律支撑。先后梳理出9个站场上盖开发项目，十四号线骏马村停车场等5个项目进入规划指标申请阶段，其中3个项目展示中心建成。全面开展地铁广通商工作，拓宽地铁资源开发渠道，全年地铁广通商等开发收入1.84亿元。

◆**地铁安全生产** 2018年，西安市轨道交通建设办公室（西安市地下铁道有限责任公司）推行“互联网+”信息化安全管理模式，构建完善安全生产风险分级管控和隐患排查治理双重预防机制，建成安全管控系统平台和应急指挥中心，实现对所有在建工地的实时监控。不断强化地铁建设、运营、开发领域安全专项监督检查，修编完成2项市级应急预案，并实施演练，有效防范小事故、杜绝大事故，实现“零伤亡”。配合全市“雪亮工程”建设，完成地铁范围内传输光缆敷设及设备安装工作，提前完成地铁视频资源整合接入任务，保障全市轨道交通领域公共安全，推进“平安西安”建设。

◆**地铁公共文化建设** 2018年，西安市轨道交通建设办公室（西安市地下铁道有限责任公司）把地铁公共文化建设同城市宣传、重大节点活动有机结合，互动互促，借力发力，先后组织开展“新西安、新地铁、新活力”公益宣传巡展，完成第八届中国西部国际物流产业博览会宣传布展，打造“丝绸之路文化专列”和“唐风诗韵文化专列”，成立地铁公共文化咨询顾问委员会。助推西安“创新、创业之都”建设，举办第二届“青春印迹·我的城市我的梦”西安地铁青年创新艺术季活动。将地铁二号线打造成为“声音之都、书香地铁”全民阅读示范线，助力全市“书香之城”建设，并于10月1日推出“有声图书馆”项目，打造3列文化专列和5座主题车站，乘客可扫码免费收听有声图书内容，该项目在全国地铁行业公共文化建设中尚属首例。

◆**地铁四号线通车试运营** 2018年12月26日，西安地铁四号线通车试运营。四号线全长35.2千米，设地下车站29座；线路南起航天新城，北至北客站（北广场），依次贯穿西安国家民用航天产业基地、西安曲江新区、雁塔区、碑林区、未央区、西安经济技术开发区，途经西安北站、大明宫国家遗址公园、火车站、五路口、大雁塔、大唐芙蓉园、曲江池遗址公园等人流密集区。

（李江超）

邮政·快递

·邮　政·

◆**概况** 2018年，西安市邮政业务收入61.68亿元，比上年增长13.27%；邮政业务总量77.35亿元，比上年增长15.48%，业务总量在全国副省级城市中排名第八位。

◆**邮政业“扫黄打非”专项检查** 2018年，西安市邮政管理局将邮政业“扫黄打非”工作列为年度工作重点之一，下发“扫黄打非”相关文件，与中国邮政集团公司西安市分公司和西安市各快递企业负责人签订“西安市邮政业‘扫黄打非’承诺书”。对辖区内各邮政企业网点和火车站、汽车站、医院及学校周边等重点地区邮政报刊亭进行抽查。加强邮政图书报刊的销售管理，严格执行收寄验视制度，对邮政快递企业的“扫黄打非”工作落实情况进行持续检查，出动执法检查人员110人次，开展执法检查活动51次，检查邮政快递收寄场所180余处、邮政报刊亭55个、接办目录5个，将“扫黄打非”查堵口径传达至1100余人次。

◆**特种邮票发行专项检查和集邮市场检查** 2018年，西安市邮政管理局依法履行邮票发行监管职责，加大检查频次，增强监管力度，切实维护广大集邮爱好者的合法权益。联合邮政特邀社会监督员在西安市钟楼邮政支局对《戊戌年》等34种特种邮票的11个邮票零售网点进行专项检查，出动工作人员102人次、社会监督员68人次。

（耿　君）

◆**邮政业务发展** 2018年，中国邮政集团公司西安市分公司落实中国邮政集团公司经营发展战略和中国邮政集团公司陕西省分公司“抓重点、促改革、保当前、谋长远”工作要求，持续深化改革，加快转型创新，推动企业健康和谐发展。全年实现业务收入9.29亿元，比上年增长2.21%，实现利润6484.06万元。西安市分公司被中国保护消费者基金会评为“维护消费者权益诚信服务满意单位”，获“2017年度全国邮政用户满意企业”称号，企业连续9年保持“国家级文明单位”称号。

◆**邮政机构改革** 2018年，中国邮政集团公司西安市分公司进行“以客户为中心”经营组织架构改革。截至年底，公司下辖钟楼、小寨、土门、纺织城、金花路、北关、高新7个市内分公司，长安区、临潼区、阎良区、杨凌区、高陵区、鄠邑区、周至县、蓝田县8个县（区）分公司。市分公司机关内设市场经营部门、经营支撑部门、综合职能部门和直属单位12个部门。9月28日，成立中国邮政集团公司西安市寄递事业部，同步成立14个区（县）寄递事业部，将原运营管理部、包裹快递部、投递局、县（区）分公司投递班从业人员461人及劳务承揽人员747人，整建制划转西安市寄递事业部。

◆**邮政经营管理** 2018年，中国邮政集团公司西安市分公司制定《经营对标管理推动奖励办法》，强化对增收贡献大、发展速度快、转型成效优的区（县）分公司的奖励激励，设定季度标杆进度，促进各单位互比互学、追赶超越。规范、优化积分管理和资费管理流程，加强对重点项目的管控、奖励，全年省、市统管项目直接创收1.58亿元。增强人工成本预算管控，投入产出效益提升。A、B类员工年人均工资性收入增长6.09%；劳务用工人员年人均工资性收入增长10.8%。严控成本预算编制，运输费、修理费、营销费、业务代办费、低值易耗品5项重点成本费用指标均在中国邮政集团公司陕西省分公司管控范围内。强化用户欠费管理，规范房屋土地租赁管理。试点宣传品网络采购，建立普遍服务资金使用台账，优化资金使用效率。开展对外投资清理，明确3家单位清理整合方案。完成“三供一业”移交阶段性工作，36个家属院（含郊县）签订协议。

◆**邮政服务管理** 2018年，中国邮政集团公司西安市分公司完善服务质量管控体系，持续深化“客户满意百分百”服务理念，对外服务形象和服务水平稳步提升。所有镇（街）均可做到党报、党刊当日送达。行政村全部通邮，中国邮政集团公司高陵区分公司实现村级党报、党刊当日见。全市邮政营业网点电子化运行率100%。开展普遍服务专项整治，对全部空白镇(街)网点、代办点进行现场检查，确保各项工作制度的落地实施。机要通信保密安全实现万无一失。建立普遍服务全程时限管控体系。解决长安区魏寨网点房屋场地问题；完成蓝田县蓝关镇代办所和周至县集贤新区代办所2个空白镇（街）网点过渡营业等普遍服务难点工作。窗口服务水平稳步提升，营业窗口实现“绿色”包装。开通第三方支付功能，实现用户扫码付款。47个农村手工网点通过手机App实现电子化收寄，信件和包裹实现在线预约自寄；优化汇兑业务流程，新增短信验证码兑付和收寄银行按地址汇款、兑付功能，普通邮件处理时限达到普通服务标准要求。全面完成个人平信条码化市内本埠互寄、省内其他城市以及全国范围推广工作，提高平信寄递质量。完善售后服务，优化邮件理赔流程，全年核实处理收寄环节丢损赔偿邮件993件，赔偿11.7万元，其中快递包裹快速理赔509件，合计5.32万元。全年开展检查312次，形成“检查记录单”“报告书”260余份，下发各类“通信服务质量通报”近30期，发现通信服务质量问题800余条，整改700余条，考核问题473条，处罚近4万元。客户投诉有理由工单下降37%。

◆**邮政基础建设** 2018年，中国邮政集团公司西安市分公司寄递网能力有效提升。改造扩建临潼、阎良等区（县）分公司等生产处理场地；完成小寨投递部生产工艺流程改造，增配车辆、电瓶、笼车等投递工具和生产设备。建设代投自提点8111处，有效提升投递能力。“双十一”期间，投递包裹快递211.96万件，峰值日投递量25.78万件，比上年增长34.69%，其中包裹快递自提量占比47%。初步形成西安同城组网模式，实现西安同城邮件半日到达。省际进（出）口时限达标率、干线邮车卸车及时率、投递进口邮路卸车率、进口邮件分拣准确率、收寄邮件规格合格率等主要质量指标均超过陕西省平均水平。完成土门简家村、临潼油槐等6个代理金融网点安防设施升级改造。

◆**邮政代理金融业务** 2018年，中国邮政集团公司西安市分公司继续把代理金融业务作为发展重点，持续推进业务转型。通过客户精细化管理和拓展新业务市场，代理金融业务实现健康发展，金融收入稳步提升。全市完成金融收入6.11亿元，比上年增长1.55%，金融板块收入占比达到65.75%，金融业务对整体业务的发展支撑作用较为明显。11月27日，全市储蓄余额规模突破400亿元，全年净增54.13亿元，创近十年来历史最好成绩。储蓄余额市场占有率5.04%，新增市场占有率6.44%。全市规模保费新增12.86亿元（折算标准保费56.29亿元），“中邮期缴”保费新增1.85亿元。代发工资新增账户3.45万户。全市新增并激活手机银行客户16.47万户，增长35%；电子渠道替代率提高3.2%，达90.4%。布放移动展业设备82台。开展“村社建档”工作，搜集客户数据12.5万条，推行网点“六本台账”（到期客户台账、村社建档台账、电联台账、5万元以上流失客户台账、网点行动计划台账、客户活动台账），按季开展转型档案会审；对全市15个分公司开展网点转型辅导；组建42人的督训师队伍，16名专职、45名兼职理财经理的“百雁领航”精英理财经理团队，全面提升网点专业化经营能力。风险控制能力持续提升，确保企业代理金融业务健康、合规发展。开展各类合规培训80余场，培训1.5万人次。开展检查3318次，对发现违规的问题严肃处罚。

◆**邮政渠道平台业务** 2018年，中国邮政集团公司西安市分公司推进简易险“双破零”（全市每个邮政营业网点和每个营业员的简易险销售额均破零）及团险营销，推进车险、财险等民生服务，紧抓春节、端午、中秋时点，立足地域农产品资源优势，打通农产品进城线上、线下渠道，助农能力不断提升。全年完成收入2761.16万元，比上年增长42.71%。实现批销额3073.43万元；实现分销收入1473.69万元，增长60.05%。自营批销额1653.44万元。车险、财险出单1.68万笔，实现保费3227.50万元，其中简易险保费303.45万元。投递人员营销车险、简易险创收99.03万元。开展“金融优惠购”活动，实现批销额350万元。金融网点均开通“邮掌柜”系统，开通率100%。全市实现农产品销售940.7万元。全市品牌统一达标单位1134家，品牌统一率70.88%。全年建设“邮乐小店”1661个。

◆**邮政文化传媒业务** 2018年，中国邮政集团公司西安市分公司文化传媒业务收入1.4亿元。实现集邮业务收入5999.54万元，利润2423.07万元。其中，2018年“戊戌年中国集邮生肖贺岁季”项目收入4402.02万元；新邮预订收入1515.48万元，开发定制版年册10580册。高新分公司开发《交通银行》邮册4200册。举办“盛世生肖·戊岁臻福品鉴会”暨《拜年》邮票首发活动，创收263.52万元。举办“2018龙腾长安·邮传百年”暨《大龙》邮票诞生140周年高端品鉴会，创收136.62万元。举办“首届汉服艺术节”收入30万元。创新举办《丝绸之路文物（一）》《诗经》《中国农民丰收节》邮票首发活动，其中《丝绸之路文物（一）》特种邮票首发活动创收162.06万元。土门分公司开发《诗经里》项目创收46.23万元，设立“诗经驿站”主题邮局，开发《创新蝶变——陕西省西咸新区开发建设委员会》邮册1500册、个票3094版，创收26.64万元。金花路分公司开发《西安交通大学西迁纪念专题册》，创收30.54万元；开发《西安至成都客运专线胜利通车》邮册500册、个票200版，创收13.35万元。长安分公司开发《西安邮电大学毕业纪念》邮折5000套、个票5000版，创收15.08万元。文化传媒部开发《中国铁建地产》两版个票6000版，创收10.80万元；开发《魅力陕西物华天宝》项目，创收24.03万元。融入各类社会热点及政府宣传活动，实现函件业务收入2601.38万元。打造“西安年·最中国”系列宣传活动，印制系列珍藏纪念信封

20.19万枚、明信片16万枚，举办首发系列活动近30场，覆盖全国20多个城市，实现全国10城联动，创收92万元。围绕“西安首届农民节”、“樱花节”、西安城墙马拉松赛、西安国际马拉松赛等活动开展各类展销宣传活动近20场，创收突破200万元。举办“智赢2018”邮政媒体峰会，现场宣传推荐新媒体业务，签约客户31家，签约金额107万元。全年报刊业务收入5352.88万元，比上年增收206万元；图书销售421.17万元。校园报刊实现流转额2602万元，报刊平时性收订净增流转额635.30万元，实现报刊收订流转额21363.09万元。

◆邮政营销渠道拓展 2018年，中国邮政集团公司西安市分公司推进营销创新转型，企业营销能力不断提升。“互联网+营销”成为推动业务发展的新生力量。全市专职营销团队实现营销业绩1.17亿元，比上年增长12.4%。大客户开发854个，比上年增长21.82%。开发总部项目16个。其中，集团级、省级总部项目5个；自主开发总部项目11个，收入895.15万元。集邮业务实现销售额574.8万元，微信营销公众平台关注人数8628人。报刊微信订阅平台绑定客户29269户，全市线上订阅新增报刊流转额555.89万元，进度列陕西省第一位。

（何丽蓉）

·快　递·

◆概况 2018年，西安市快递业坚持高质量发展，着力打造“一带一路”国际快递枢纽城市。快递业与电子商务、现代农业、制造业、交通运输业的融合发展取得明显成效，区域中心地位日益凸显，在西咸新区空港新城、西安国际港务区等西安周边地区，借助公路、铁路枢纽优势和西安咸阳国际机场的辐射能力，国内几大主要快递企业的西北转运中心都在此布局，先后有京东“三大总部”（京东集团全球物流总部、全域无人系统产业总部、京东云陕西大数据运营总部）、阿里巴巴丝路总部落户西安；西安咸阳国际机场国际快件监管中心、圆通西北分拨中心、申通快递西北转运中心、京东西北分拣中心（新建）和无人机西安飞行服务中心投入运营；韵达西北转运中心入驻西咸新区空港新城；顺丰西安电商产业园和陆运中心、西安国际港务区邮件处理中心、EMS集散中心等重点项目进展顺利；圆通科技公司项目、中通西北电商快递物流产业园、申通西北地区转运中心（新建）、圆通跨境商贸及服务产业园等项目落地西安。全年快递业务收入47亿元，业务总量39944.93万件。

◆“绿色快递”建设 2018年，西安市邮政管理局践行“绿色发展”理念，着力发展“绿色快递”。建立绿色生产消费制度导向，推广绿色包装、简约包装。鼓励快递企业参与再生资源回收利用网络建设，在小区和办公楼设置快递回收点，实现快递包装“零废弃”。增加快递绿色包装产品供给使用。鼓励有关企业、科研机构和高等院校建立产学研相结合新模式，加大对快递绿色包装产品研发、设计和生产的投入，鼓励生物基材料环保包装制品的研发、生产和使用。鼓励在电商产品和快递的仓储、运输、配送、分拣、加工全过程推进可循环包装、减量包装和可降解包装。支持快递企业开展绿色包装试点，淘汰重金属等特殊物质超标的包装物料，推广使用中转箱、笼车等设备和电子面单，减少编织袋、包装袋和胶带使用量。鼓励主要品牌快递企业和各类环卫企业、回收企业联合开展“快递业+回收业”定向合作试点。指导快递行业协会组织开展“绿色分拨中心”“绿色网点”创建活动，发放“绿色发展倡议书”，建立绿色发展企业联盟，建立快递回收体系。强化“绿色快递”宣传引导与教育培训。

◆“三不”专项治理 2018年，西安市邮政管理局进一步规范邮件快件存放、处理和操作方式，开展邮件快件“不着地、不抛件、不摆地摊”专项治理工作。要求各企业落实国家邮政局《快递营业场所设计指南》，科学规划生产场地和生产设施布局，加大设备投入和升级换代，结合实际推广使用笼车、中转箱、托盘等用具，实现运输、装卸和分拣等环节的无缝衔接。对承担邮件快件处理功能的场地按照防潮、防滑、阻燃等要求进行相应改造，确保邮件快件“不着地、不抛件”。落实国家邮政局《邮政业从业企业标准化工作指南》，按照快递营业场所标准化建设要求，建立标准门店、统一车辆标准，全面实行标准化、制度化管理。推进“快递入区”工程。要求企业探索利用已有的收发室、信包箱等资源，开展快递投递服务。鼓励综合利用已有便民服务设施、社会公共服务中心等开展投递合作，允许各快递企业联合设立快递公共服务站。争取将智能快件箱和快递公共服务站等设施列入城市基础设施规划，推动党政机关、社区、学校为末端设施安置和末端投递作业提供便利，全面杜绝邮件快件“摆地摊”现象。

◆快递监管 2018年，西安市邮政管理局全面开展快递行业台账信息系统录入工作，摸清全市法人企业、分支机构、末端网点数据。完成全市1174家末端网点网上备案工作。加强与公安、国安、烟草专卖等部门联系和协作，做好全市邮政快递市场监管。及时将执法检查信息录入行政执法信息系统，执法材料立卷归档，执法信息及时公开。严格按照交通运输部《快递业务经营许可管理办法》和国家邮政局《快递业务经营许可工作优化方案》等相关要求，认真受理、审核、办理快递业务经营许可申请、变更、延期等相关业务。严格执行《快递业务经营许可工作优化方案》，建立企业申请资料受理台账，开展实地核查及申请材料受理工作。严格按照国家邮政局《邮政业安全生产设备配置规范》要求进行实地核查，严把安全关。全年批准许可企业15家，办理许可变更151家。做好“双十一”等旺季服务保障，全力防范风险。加强实名收寄工作推进力度，散件实名率稳定在99%以上，总实名率在98%以上。要求企业全面落实安全主体责任，开展动态隐患排查治理。全面开展涉枪、涉爆隐患集中整治，危险化学品专项整治，消防安全集中整治等多项专项整治工作。

（耿　君）

◆邮政寄递业务 2018年，中国邮政集团公司西安市分公司坚持“做精标快业务，做优快包业务，做稳普包业务，做大国际业务，突破发展同城业务，深化营揽投体系建设”的业务发展思路，通过建仓引商、项目带动等措施，全力打造“寄递翼”业务，做大快递包裹规模，加快寄递业务转型发展。全年实现收入3.06亿元。国内标准快递业务收入1.14亿元；快递包裹业务收入9391万元，比上年增长18.49%；国际业务收入6390万元，增长18.98%；物流业务收入706.69万元。“互联网+政务”服务模式有效推进，标准快递业务增量发展。其中，樱桃项目收入90.64万元；法院项目收入523.07万元，增长84.45%；校园市场收入505.38万元；投递人员揽收快递包裹215.38万件，收入1155.58万元；农产品进城发寄852.73万件，收入3581.44万元；建仓引商项目发寄邮件817.01万件，收入3431.46万元。开展跨境电商直购模式，打造EMS中邮海外购“一单到底”全程可查、可视派送服务全新模式。

（何丽蓉）

商贸服务业·会展业

责任编辑
冯冠杰

综　述

2018年4月28日，盒马鲜生西安首家店太白印象城店开业

◆概况　2018年，西安市消费品市场保持旺盛，总量稳步提升，销售增速保持平稳增长。全年实现社会消费品零售总额4658.72亿元，比上年增长9.6%；限额以上单位消费品零售额2973.14亿元，增长9.3%，其中限额以上单位实现网上零售额341.57亿元，增长33.7%。限额以上企业(单位)商品零售额中，粮油、食品类零售额比上年增长20.0%，服装、鞋帽、针织、纺织品类增长13.5%，化妆品类增长20.9%，金银珠宝类下降14.4%，日用品类增长27.7%，体育、娱乐用品类增长9.2%，电子出版物及音像制品类下降47.3%，家用电器和音像器材类增长4.4%，通信器材类增长14.2%，家具类下降0.4%，石油及制品类增长19.6%，建筑及装潢材料类增长27.6%，汽车类增长3.1%。

◆支持现代服务业发展　2018年，西安市商务局联合西安市财政局印发《2018年西安市现代服务业发展专项资金项目申报指南》（市商发〔2018〕28号）。全年扶持现代服务业发展专项资金项目797个，扶持资金17605.78万元。其中，市场改造提升项目48个，金额6722万元；追溯体系建设项目55个，金额500万元；简政放权试点项目5个，金额1000万元；小微双创项目33个，金额2018万元；促销费奖励588个，金额4587万元；融资租赁项目8个，金额695万元；电子商务项目28个，金额959万元；“放心早餐”、家政项目7个，金额474万元；咖啡店商业街项目23个，金额318万。印发《2018年度西安市外向型经济发展专项资金项目申报指南》（市商发〔2018〕67号）。全年扶持外向型经济项目262个，扶持资金3111.62万元。

◆电子商务　2018年，西安市电子商务交易额突破3600亿元，限额以上企业网上零售额达341.57亿元，比上年增长33.7%，全市注册电子商务经营企业超过5万家。制定出台《西安市大力发展农村电子商务三年行动方案(2018—2020年)》等多项扶持鼓励政策。举办第七届APEC（亚洲太平洋经济合作组织）电子商务工商联盟论坛，来自美国、英国、加拿大、中国、俄罗斯、日本、印度、菲律宾、韩国、越南等APEC各经济体，联合国亚太经社会、国际港口社区协会、泛亚电子商务联盟等国际组织以及商界、专家智库等代表300余人出席论坛。提交的《APEC区域普惠贸易最佳实践报告——中国电商扶贫减贫西安经验》书面报告，为亚太地区贡献电子商务扶贫减贫的西安经验。同期举办第四届中国西部国际电子商务大会暨2018中国西安电子商务博览会、京东供应链大会、中国县域经济电子商务发展县长论坛、农产品转型升级论坛、欧盟CSDR个人数据保护论坛等活动。举办“2018西安特色农产品电商生态创新创业展览会”“互联网+现代农业”农村电商发展论坛、电商扶贫现场观摩会等电商专题展会，大力推动线上、线下交易，全市农村网络零售额实现168.9亿元，比上年增长11.3%。培育涉农区（县）电商企业1091家，其中新增635家。全市建立农村电商产业园区（创业基地）10个，516家企业进驻运营。组织农村电商培训213期，培训农村青年16515人。全市涉农区（县）建成区（县）级电子商务公共服务中心6个，镇级电子商务服务站87个，村级电子商务服务点708个，其中周至县和蓝田县实现县、镇、村电商服务站点100%全覆盖。涉农区（县）各级电子商务服务站点负责日常运营维护管理人员803人。打造25个“电子商务示范乡镇”、38个“电子商务示范村”，建设物流园区8个，入驻物流企业22家。阎良区、临潼区、鄠邑区促成企业与京东集团签订运营协议，“京东·西安馆”“京东·临潼馆”“京东·鄠邑馆”顺利上线并运营，周至县西安江龙果业发展公司依托京东大数据平台建设京东云仓，年销售额突破1.2亿元。协调引进新零售商“盒马鲜生”，已开店9家；阿里银泰百货顺利收购开元商业。借助西安市人民政府与阿里巴巴网络技术有限公司签订框架合作协议的契机，各区（县）积极对接，促进“天猫优品”项目落地，涉农区（县）建成89个“天猫优品”服务站。其中，鄠邑区36个、周至县34个、蓝田县19个。通过“专业合作社+电商+贫困户”模式，利用电子商务平台和手机终端应用，建立农产品产销衔接机制。全市建档立卡贫困村建立电商服务网点130个。其中，临潼区建设村级服务站34个，实现贫困山区电商服务站村村全覆盖；蓝田县建成运营村级服务站35个，与66户贫困户签订销售合同；周至县建成20个镇级服务中心，150个村级电商公共服务站。周至县联合西安秦周电子商务有限公司实施“蜂润万家”农商互联精准扶贫活动，用2年时间为500户贫困户购置6000余箱蜜蜂蜂群，并签订蜂蜜定向采购协议。

◆连锁经营　2018年，西安市连锁经营扶持健康发展，下拨连锁经营奖励经费279万元，新增连锁门店584个；9家企业开展商业特许备案，新增门店153个。全市“放心早餐”网点达1101个，46个固定门店正常运营。出台《西安市大力推进便利店创新发展行动计划》，支持便利店集中配送、技术赋能和多元化经营，全市品牌连锁便利店达到2200余家，其中主要品牌有“每一天”800家、“唐久”170家、“苏宁小店”160家。

◆商贸物流　2018年4月10—12日，西安市举办第八届中国西部国际物流产业博览会，天津、重庆、成都等68个城市代表团、56个全国示范物流园区和智慧物流示范企业参会，京东物流集团、海航现代物流集团等250多家物流企业参会参展，达成交易额突破30亿元。积极推进供应链体系建设，对征集项目进行实地考核，组织行业专家进行项目评审，对20个供应链体系建设项目拨付扶持资金7177万元，项目总投资额45586.83万元，组织供应链项目单位参加商务部国际贸易经济研究院组织的供应链体系建设培训。组织行业专家编制《西安市商贸物流万亿级产业发展规划》。

◆传统商贸业提质增效 2018年，西安市传统零售企业发力线上销售，线上线下加速融合，逐步形成以“用户的体验”为中心零售新生态。阿里集团盒马鲜生、京东7Fresh、苏宁苏鲜生等智慧零售代表不断落户西安，盒马鲜生开业运营7个门店，京东7Fresh开业2个门店，京东X无人超市在大雁塔景区开业运营。无人超市、无人面馆、无人零售柜等新业态不断落地，“缤果盒子”“顺丰无人小店”在市区布点近百家。在《2018中国新零售商都指数报告》中，西安位列全国“新零售之城”第八位。西安市商务局制作“‘大西安’茶馆”“茶吧地图”“‘大西安’春节美食地图”和“‘大西安’美食地图”，出台《西安市商务局关于促进老字号发展实施方案》，积极推进老字号企业“一店一策”发展规划。

◆品牌咖啡引进 2018年，星巴克等品牌咖啡随着西安国际化大都市、国家中心城市、“一带一路”重要节点城市和“品质西安”建设推进，加快西安市场拓展布局。星巴克新开门店20家，总数达到75家，开店速度位居全国前列；太平洋咖啡新开门店6家，总数达到25家；COAST新开门店10家；瑞幸咖啡新开门店33家。西安市商务局编制《西安市咖啡馆建设三年行动计划》，积极协调工商、食药监、城管、消防、税务等相关部门，按照特事特办原则，简化、优化办事程序，为品牌咖啡建设开辟绿色通道，利用现代服务业专项资金，对新开设咖啡门店进行资金奖励扶持。西安市商务局与市级相关部门、西安咖啡协会、星巴克等品牌咖啡企业沟通洽谈，形成《2018—2019年咖啡系列活动计划》，进一步宣传推广咖啡文化。“咖啡+”文化逐渐发挥作用，咖啡在西安正逐步成为一种“时尚潮流”。

◆商贸市场监测 2018年，西安市商务局市场监测样本企业139家，监测企业覆盖11区2县，涵盖批发、零售、餐饮等主要流通行业，监测商品包括59大类155个品种。组织培训市场监测人员200多人次；完成安装商务部智能信息泵企业9家76个门店。落实“黄金周”“小长假”市场监测任务，进一步加强生活必需品、应急商品等8个专项日常监测。全年上报商务部、陕西省商务厅和中共西安市委、西安市人民政府市场运行分析29篇，发布周蔬菜监测信息50期，商务预报信息240篇，被商务部采纳发布48篇，文章原创发布数120篇，被新闻媒体采用7篇。

◆消费类展会 2018年5月，西安市商务局在第三届丝绸之路国际博览会暨中国东西部合作与投资贸易洽谈会期间，以“中华美食之源、国际美食之都”为主题，举办首届丝绸之路陕菜国际美食节，大唐西市丝路美食、北院门风情街民族美食、永兴坊非遗美食三个展览会场，将西安名企名店名菜名小吃集中展示，吸引大量国内外游客前来购买和品鉴。9月28日至2019年1月31日，举办“2018西安购物美食节”，与深圳市腾讯计算机系统有限公司合作，全市1000多家商贸和餐饮企业参与，通过开展2018嗨购西安、美食快闪餐车、大学生美食体验季等具有城市IP的代表性活动，让消费者多角度、全方位体验大西安“时尚活力”的品质消费；12月12—31日，组织SKP、赛格、熙地港、王府井百货、砂之船等15家商业综合体开展嗨购西安、支付减免活动；12月10—23日，开展“大西安·过冬至2018西安购物美食节免费请您吃饺子”活动；10月26—27日，在曲江会展中心举办2018西安丝路餐饮业发展论坛暨改革开放40周年西安餐饮业表彰大会，回顾餐饮业发展历程，展示传统名菜和创新菜品，表彰奖励做出突出贡献的企业和个人。10月28日，与中央电视台七套军事农业频道在北京人民大会堂联合举办“陕西美食文化传承与发展论坛暨白鹿原品牌发布会”，积极推进西安美食走出去，全国50多家主流媒体进行宣传报道。12月28日，在曲江W酒店召开改革开放40周年西安商业创新发展大会，主题为“新零售、新体验、新未来”，回顾西安商业发展40年历程，发布2018西安商业发展报告及数据，展望西安商业发展未来。

◆维护商贸行业安全稳定 2018年，西安市商务系统继续深入开展“安全生产年”，在行业内组织开展创建“平安企业”。与区（县）商务主管部门、部分企事业单位签订“商贸行业安全生产、消防安全责任书”。指导区（县）商务主管部门，督促行业单位开展员工岗前安全教育和定期轮训。修订完善应急预案，并进行演练，提高处置能力。组织区（县）商务主管部门与辖区大型商场、超市进行消防安全演练70余场次，使企业自防自救能力得到有效提高。全年重大节假日组织开展安全生产、消防安全督查工作抽调400余人次，对检查发现的隐患逐条向被检单位提出整改要求意见，全年未发生重大安全事故。

◆商贸设施建设 2018年，西安市聚焦加快商圈功能再造，推动商圈业态升级，提升商圈时尚化度，繁荣商圈夜间经济，改善商圈基础环境，促进商圈与文旅互动融合，在全市重点推进48个商圈建设任务，城区商圈不断提档升级，城市新区和远郊区（县）商圈快速形成，商业综合体璀璨绽放，新业态、新零售不断涌现，商业街名片效应逐渐突出，商贸服务业呈现出蒸蒸日上的发展势头。全年有西安SKP、大悦城、大融城、静安万国荟、东方亿象城、悦荟广场、金辉环球广场、MOMOPARK、华清广场、百寰国际易达广场、西安·大都荟、华阳城、高科尚都·one尚城、兰岛广场、灞柳风情街、华夏文旅城、盛世华都商业广场、海福城等22个项目开业，新增商业面积208万平方米，对促进钟楼等商业中心建设、加快小寨等商圈提档升级、推进西安商业档次提升、拉动消费等起到积极作用。

◆拍卖业 2018年，西安市52家拍卖企业共举办拍卖会301场次，实现成交额53.37亿元，比上年上涨46.9%，佣金额4496.94万元，比上年上涨110.69%，艺术品拍卖成交额7872万元，增幅429.38%；其他类拍卖成交额43.32亿元，增幅333.19%；房地产、机动车、产权、无形资产和农副产品成交额有不同程度下滑。有7家拍卖企业在行业领跑，拍卖额均超亿元，分别是陕西国衡拍卖有限公司16亿元、陕西天龙国际拍卖有限公司7.3亿元、陕西瑞通拍卖有限公司2.9亿、陕西中财拍卖有限公司1.1亿元、陕西佳士德拍卖有限公司6.6亿元、陕西西部拍卖有限公司1.5亿元、陕西和盛拍卖有限责任公司1.4亿元。

◆典当业 截至2018年年底，西安市正常运营的典当企业有99家，分支机构11家，注册资本25亿元，从业人员582人，企业资产总计26.67亿元。行业全年累计实现典当总额28.47亿元，比上年增长28.3%。其中，动产典当总额11.85亿元，增长6.3%；房地产典当总额12.13亿元，增长64.5%；财产权利典当总额4.49亿元，增长22.5%。按典当总额计算，动产业务占比41.6%，房地产占42.6%，财产权利占15.8%。与上年比较，动产占比下降9.1%，房产占比增长9.7%，财产权利占比下降0.8%。截至12月底，典当余额15.2亿元，增长4.7%，典当余额占行业资产总额的57%，占比较上年增长16.3%，表明行业业务量、资金利用率有较好提升。全行业累计实现营业收入8876万元，增长27.6%，其中，利息和综合费用净收入6428万元，增长30%。全行业实现净利润649万元，上缴税金420万元。行业全年通过信息系统累计上传当票12177笔，平均单笔业务金额23.46万元，增长17.9%。其中，动产平均单笔10.8万元，下降0.7%；房地产平均单笔118.88万元，增长10.5%；财产权利平均单笔301.63万元，增长8.6%。

◆**融资租赁** 截至2018年年底，陕西融资租赁企业（不含单一项目公司、分公司、SPV公司和收购海外的公司）总数约152家。其中，内资租赁方面，累计审批27家，较2017年年底新增24家。外资租赁方面，累计注册112家。截至12月底，陕西融资租赁企业注册资本金累计约561.91亿元（美元兑人民币汇率统一以1∶6.9折算）。其中内资租赁试点企业注册资本金累计130.3亿元，比上年增加123.3亿元。外资租赁企业注册资本金累计412.21亿元，比上年增加76.69亿元，增长22.85%。

◆**打击侵权假冒** 2018年，西安市打击侵权假冒工作领导小组办公室全力做好打击侵犯知识产权和打击制售假冒伪劣商品工作，督促各成员单位在陕西省行政执法与刑事司法衔接信息共享平台录入案件185件（其中移送案件7个，无移送检察机关和公安机关的案件）。公安机关立侵犯知识产权制售假冒伪劣案件77起，破案57起，抓获73人，刑拘65人，逮捕31人，移送起诉28人，取保8人，捣毁销售、储存、加工生产窝点14个，涉案价值1236.08万元。审判机关受理涉及侵犯知识产权和制售假冒伪劣商品一、二审刑事案件88件，审结73件。检察机关办理生产销售伪劣商品案件41件51人，起诉32件46人，办理侵犯知识产权案件批捕11件20人，起诉15件28人。

◆**自贸试验区改革创新** 2018年，西安市坚持高标准高质量建设自贸试验区，全面落实试点任务，持续加强改革创新。截至年底，127项试点任务全部完成，形成136项创新案例，其中“铁路运输方式舱单归并新模式”“技术经理人全程参与的科技成果转化服务模式”2项案例被国务院在全国范围复制推广。“设立‘互联网+政务服务’驿站”等6项创新案例在全省范围内复制推广。深化“放管服”改革，着力优化营商环境。推进“证照分离”改革，将改革范围扩展到西安国家民用航天产业基地等6个开发区，全年试点办理“证照分离”改革事项3638件。西安高新技术产业开发区市场综合监管平台上线运行，建立事前诚信承诺、事中评估分类、事后联动奖惩的全链条信用监管体系，开启“互联网+监管”新模式。推广使用国际贸易“单一窗口”成为企业面对口岸管理的主要接入服务平台，报关覆盖率达100%；开展资本项目收入支付审核便利化试点，减少结汇支付审批环节，从7月开始试点到年底，累计支付金额超过14亿元人民币。抢抓自贸试验区内资融资租赁试点企业审批权限下放政策红利，全年推动自贸试验区内新增6批23家内资融资租赁试点企业，注册资本总额过百亿元，带动产业快速聚集发展。探索“一带一路”经济合作与人文交流新模式，与德国博世力士乐集团、海航现代物流集团分别签署《共建“一带一路”中欧合作产业园战略框架协议》，产业园已聚集德国博世、宝马、法国阿尔斯通等欧洲世界500强企业。开通西安至中亚五国、汉堡、布达佩斯等11条干线通道，常态化开行往返青岛港的“五定班列”（指在主要城市、港口、口岸间铁路干线上组织开行的定点、定线、定车次、定时、定价的快速货物列车），在德国法兰克福等地设立8处“海外仓”；创新国际货运班列运营模式，2018年中欧班列（长安号）开行1235列，开行总量、重载率、货运量全国第一。截至年底，自贸试验区西安区域新增企业23586家，其中外商投资企业298家，新增注册资本亿元以上企业556家。 （王　睿）

招商引资

◆**概况** 2018年，西安市全力推动招商项目快落地、快建设、快投产，紧盯高新技术产业、先进制造业、商贸物流业、文化旅游大产业等万亿级大产业，聚焦高端产业与产业高端，着力打造产业能级高、集聚辐射能力强、资源配置效率优的大西安特色现代产业体系。全年签约招商项目760个，签约金额2.45万亿元，其中单体签约100亿元以上的项目75个。引进世界500强22家、中国500强45家，成为国内外500强企业新的聚集地。

◆**产业结构升级** 2018年，西安市借助招商引资加速产业结构升级。高新技术产业引进方面，与全国互联网百强榜单中的23家、独角兽百强榜单中的19家、云计算百强榜单中的9家企业开展了对接合作。先进制造产业引进方面，吉利汽车30万辆新能源汽车整车制造基地、比亚迪30万辆新能源乘用车扩产项目二期、南京金龙开沃30万辆乘用车生产基地和宝能100万辆新能源汽车项目已落地投产。三一重工机器人、上海沃迪智能装备制造、亿航无人机等项目相继落户。商贸物流产业引进方面，瑞幸咖啡、盒马鲜生连开多店，SKP、大悦城等商业综合体建成开业，高端商业引进实现提档升级。引进中德产业园、猕猴桃国际合作园、西安环普科技产业园及中俄丝路创新园4个中外产业园项目，开启国际化合作新征程。与传化集团有限公司、招商局集团有限公司、北京京东世纪贸易有限公司签订战略合作协议，物流产业实现快速发展，物流招商助力中欧班列“长安号”开行全年突破1200班次。文化旅游产业引进方面，与世茂集团、复星集团、中青旅控股股份有限公司、雪松控股集团、星空传媒集团等行业龙头签署总额超过2000亿元的战略合作框架协议。引进建成高品质酒店项目14个，引进“言几又”等8个知名书店品牌。

◆**招商引资平台建设** 2018年，西安市以第三届丝绸之路国际博览会暨中国东西部合作与投资贸易洽谈会、2018中国500强企业高峰论坛、第二届全球程序员节、2018全球创投峰会、港深穗招商推介活动、第二届世界西商大会、陕粤港澳经济合作活动周等大型活动为平台，形成月月有主题招商活动、周周有项目签约的良好局面。丝博会期间签约项目537个，总投资额13976.11亿元，签约额比上届增长20%。第二届世界西商大会签约项目53个，总投资额3469.67亿元，是继丝博会之后又一大招商平台品牌。中共西安市委、西安市人民政府党政代表团赴北京、上海、广州、南京、杭州等地，与发达地区全面对接，与阿里巴巴网络技术有限公司、恒大地产集团有限公司、华侨城集团、复星集团、银泰百货集团、百度集团签约多个合作项目，总投资额2610亿元。在港、深、穗活动中，组织各类招商推介活动31场次，签约项目57个，总投资额2790亿元。与西安市高中五大名校、驻地重点高校及“九校联盟”高校校友会建立校友联合招商机制，先后组织西安交通大学、西安理工大学等11所高校校友专场签约活动。全力打造“投资西安”品牌概念，不断创新特色宣传活动。在西安市投资局网站和“两微一端”客户端推送发布“投资西安”信息3330条，策划“企业家说”“专家学者说”“招商铁军纪实录”等一系列专题宣传，“西安最中国”“投资在西安”成为广泛共识。

◆**招商引资服务保障** 2018年，西安市大力推进“招商项目落地年”，围绕招商项目开工注册率、资金到位率和竣工投产率3个关键环节，加强月度、季度、年度考核，实行“量速同考”，打出招商项目从洽谈签约到竣工投产的全链条、全周期、全责任闭环的“组合拳”。印发《西安市“招商项目落地年”工作方案》《西安市招商引资年度考核办法》等配套文件，建立“招商项目落地年1+6+1”

2018年12月20日，西安市投资合作委员会负责人赴西安经济技术开发区鹏瑞利集团商业及健康项目现场湿地调研项目推进中存在的问题

工作体系。督促各区（县）、开发区编制《协议项目转化合同项目清单》和《合同项目加快落地任务清单》，倒排工期、挂图作战。直接跟踪重点招商项目130个，对全市2017年以来签约的280个10亿元以上招商项目进行每月督查，征集并协调解决项目问题42个。

形成市级领导带头挂帅招商机制 全面统筹“一把手”招商工作，组织市级领导带队登门拜访客商、带头抓关键项目、带头抓协调服务。全年市委、市政府领导参加宣传推介、招商活动350余次，会见企业1108次，会见客商5000余人次。

出台产业扶持政策机制 西安市投资合作局协调各区（县）、市级各部门推行“一企一策”，发布《西安市招商引资优惠政策“黄金十条”》，出台《西安市支持总部企业发展若干政策申报指南》；研究起草《进一步优化营商环境的具体措施》和《促进外资增长的具体措施》等一系列政策措施。编制《西安投资手册（中、英文版）》《西安2018重点招商项目册》《西安市招商引资优惠政策汇编》《西安投资地图》等招商资料，有效提升大西安的吸引力和竞争力。

制定对接跟踪机制 西安市投资合作局推行实施重大招商引资项目“首次接待归口对接、项目洽谈跟进服务、全程协办服务、建设全程跟踪服务、相关事项限时办结、首问责任、联系包抓、协调保障、日研究周推进月研判、领导定期会见重要投资商”等十项机制，做到“一个项目、一名领导、一个班子、一抓到底”。

构建招商体系机制 西安市投资合作局先后成立医疗招商分局、教育招商分局、科技招商分局等27个专业招商分局。从区（县）、开发区及市属高校选调130名综合素质优秀的年轻干部充实到各专业招商分局（办公室），全市招商力量进一步加强、体系进一步完善，形成“全市上下齐招商、人人都是招商员”的浓厚氛围。

完善礼遇服务机制 为进一步关怀在西安投资兴业的各地客商，成立西商总会，举办第二届世界西商大会、西安企业家节，倡导像尊重科学家一样尊重企业家。先后上门为董明珠、沈仁康等32名经济顾问赠送城市钥匙；为32名经济顾问、82名招商大使及马云等知名企业家寄送个性化生日礼物及祝福；组织开展招商大使走进区（县）、开发区活动，为40名获得“改革开放40年百名杰出民营企业家”称号的优秀民营企业家、17名获得改革开放40周年“改革先锋”称号的知名企业家寄送贺信，营造重商、亲商、安商、富商的良好环境。

（市投资合作局）

对外及对港澳台经济贸易

◆概况 2018年，西安市进出口总值3303.87亿元，占全省的94.03%，比上年增长29.58%。其中，进口1346.39亿元，增长34.99%；出口1957.49亿元，增长26.10%。进出口、进口、出口增速分别位列15个副省级城市2个第一，1个第二。加工贸易和一般贸易占比分别达到66.6%、18.3%。加工贸易进出口2201.4亿元，增长28.5%。其中，出口1245.3亿元，增长19.0%；进口956.1亿元，增长43.5%。一般贸易进出口603.9亿元，增长13.3%。其中，出口348.9亿元，增长16.9%；进口255.0亿元，增长8.7%。外资企业进出口占主导地位（71.7%），民营企业进出口增速最快（42.8%）。外商投资企业进出口2367.1亿元，增长29.4%。其中，出

西安市2018年贸易进出口情况

	进出口（万元）	出口（万元）	进口（万元）	进出口增长率（%）	出口增长率（%）	进口增长率（%）
总值	33038745	19574885	13463860	29.58	26.1	34.99
集体企业	8717	4577	4140	-17.53	7.63	-34.46
私营企业	6916855	5784594	1132261	42.89	56.64	-1.36
外资企业	23671232	12629449	11041783	29.41	18.90	43.96
国有企业	2436968	1156125	1280843	3.75	-3.96	11.86
一般贸易	6039040	3489508	2549532	13.27	16.85	8.71
来料加工装配贸易	15913402	9621968	6291434	—	—	—
进料加工贸易	6100271	2831320	3268951	-64.25	-72.86	-50.70
外商投资企业作为投资进口的设备、物品	14572		14572	-31.00	—	-31.00
其他	30422	8620	21803	89.14	74.10	95.82

口1263.0亿元，增长18.9%；进口1104.1亿元，增长44%。民营企业进出口692.6亿元，增长42.8%。其中，出口578.9亿元，增长56.6%；进口113.7亿元，下降1.5%。国有企业进出口243.7亿元，增长3.8%。其中，出口115.6亿元，下降4.0%；进口1218.1亿元，增长11.9%。主要商品进口、出口分别呈现四增两降和三增三降。机电产品进口1098.0亿元，增长37.2%，出口1810亿元，增长29.1%；矿产品进口71.4亿元，下降12.3%，出口13.9亿元，下降28.1%；医药产品进口24.7亿元，增长23.9%，出口1.7亿元，下降17.9%；有机化学品进口14.8亿元，增长19.9%，出口17.7亿元，增长19.1%；农产品进口4.2亿元，下降49.1%，出口24.8亿元，下降6.1%；纺织服装进口0.6亿元，增长52.8%，出口15.2亿元，增长1.7%。对中国台湾、韩国、中国香港、美国进出口分别增长33.99%、33.94%、45.07%、17.51%，对日本进出口略有下降（-2.28%），五者合计占全市进出口总值的74.91%。对新加坡、马来西亚、印度、越南、俄罗斯等“一带一路”国家进出口分别增长24.88%、97.70%、49.98%、86.30%、25.15%。

◆服务外包 2018年，西安市完成服务外包合同金额23.6亿美元，比上年增长5.77%，完成执行金额19.7亿美元，比上年增长13.3%。承接离岸外包业务的国别市场达到72个国家和地区。印发《西安市加快发展对外文化贸易的实施意见》，明确全市对外文化贸易工作目标和重点任务。市级财政安排服务外包专项资金1524.86万元，支持项目80个。积极开展服务外包经贸活动，组织软件园、西咸新区等服务外包示范园区以及部分企业参加第五届中国(北京)国际服务贸易交易会、第十六届中国大连国际软件和信息服务交易会、2018全球服务外包大会、合肥服务外包示范城市座谈会及金融峰会等活动，宣传推介西安服务贸易优势和特色。以西安软件服务外包学院为依托，通过大学生实习实训、高校合作、企业定制培养和岗前培训等形式自主培养软件与服务外包人才6万余人，学员就业率达90%以上。在国家服务外包示范城市（2016年）综合评价排名中，西安位列全国31个城市第十四名，比上年前移8名；西安软件服务外包学院获得全国2018年度优秀服务外包培训机构称号；西安高新技术产业开发区获得国家文化出口基地称号。

◆口岸建设 2018年，西安市新开通圣彼得堡、伦敦、仰光、马德里等5条国际客运航线，河内、哈利法克斯2条国际货运航线。初步实现航线网络覆盖五大洲26个国家。西安咸阳国际机场国际客货运航线累计通航27个国家50个通航点，运营航线64条，全货运航线17条，货邮吞吐量30.47万吨，比上年增长20.1%，增速位列全国十大枢纽机场第一位。中欧班列长安号全年共开行1235列。其中，欧洲方向开行640列、中亚方向595列。运送货物120.2万吨，货值17.2亿美元，是上年的8.7倍。常态化运行干线11条，基本覆盖中亚、中东及欧洲主要货源地。进口指定口岸建成并投入运营。集装箱中心站办理量达到239964标箱，比上年增加106041标箱，增长79.2%。发送112213标箱，比上年增加60525标箱，增长117.1%。到达117483标箱，比上年增加49803标箱，增长73.6%。

◆跨境电子商务 2018年，西安市跨境电子商务累计单量超过206.7万票，进口8.6万单，出口198.1万单，累计货值7750多万美元。7月24日，国务院正式批复西安市为第三批跨境电子商务综合试验区。截至10月30日，全市“单一窗口”全国标准版系统应用报关覆盖率达100%。12月21日，中国（西安）跨境电子商务综合试验区启动仪式暨新闻发布会在西安国际港务区举行，授予西安国际港务区、西咸新区空港新城、曲江新区跨境电商“创新示范先行区” 牌匾。12月20日，西安国际港务区开行中欧班列长安号日通专列。

◆国际经济合作 2018年，西安市对外实际投资额2.24亿美元；对外承包工程完成营业额40.5亿美元，新签合同额34.64亿美元。其中，“一带一路”沿线国家完成营业额26.55亿美元，占比65.57%；新签合同额16.82亿美元，占比48.55%（含已完成）。引导企业从传统的建筑业向拥有核心技术的服务贸易转变，西安陕鼓动力股份有限公司、中核西北建设集团有限公司等一批企业获得对外承包工程资质。中铁十二局集团有限公司、西安西电国际工程有限责任公司、华山国际工程公司等重点企业在非洲、南亚和东南亚市场品牌效应显现；发挥专项扶持资金最大效应，支持15家企业、32个项目，总金额284.98万元。截至年底，有境外投资企业276家，对外劳务合作企业10家。 （王　睿）

日用工业品商业

◆概况 2018年，西安日用工业品市场供应充足，销售保持增长态势。限额以上单位消费品零售额2973.14亿元，比上年增长9.3%，其中实现网上零售额341.57亿元，增长33.7%。限额以上企业(单位)商品零售额中，服装、鞋帽、针、纺织品类增长13.5%，化妆品类增长20.9%，金银珠宝类下降14.4%，日用品类增长27.7%，体育、娱乐用品类增长9.2%，电子出版物及音像制品类下降47.3%，家用电器和音像器材类增长4.4%，通信器材类增长14.2%，家具类下降0.4%，石油及制品类增长19.6%，建筑及装潢材料类增长27.6%，汽车类增长3.1%。

◆成品油零售体系建设 2018年，西安市有在营加油站494座。其中，中国石油天然气集团公司加油站148个、中国石油化工集团公司加油站73个、延长壳牌石油有限公司加油站112个，三大公司有加油站333个，占全市在营加油站总数的67%；其他社会加油站161家，占全市在营加油站总量的33%。全力做好西安三环外340座加油站油、气三次回收治理工作。9月底，340座需进行油、气三次回收治理的加油站中，4座加油站停业；336座加油站完成油、气三次回收治理，提前3个月完成目标任务。

◆二手车流通行业 2018年，西安市商务局进一步加强二手车流通行业监管，规范行业秩序，活跃二手车交易，促进二手车行业健康有序发展。新增备案二手车流通企业12家（二手车交易市场1家）。截至年底，全市共有二手车流通企业67家，其中二手车交易市场24家、经销企业23家（含新车4S店9家）、拍卖企业10家、二手车鉴定评估机构10家。全年交易二手车15万辆，比上年增长45.6%，实现交易额105亿元，增长68.5%。

◆再生资源回收行业 2018年，西安市商务局制定《关于加强再生资源回收行业管理的指导意见》等制度文件，持续加强行业管理。市、区两级再生资源回收行业主管部门检查再生资源回收网点887家次，开展多部门联合执法检查26次，取缔350家。生活垃圾分类网络和再生资源回收网络“两网融合”不断深入，“互联网+”等新型回收模式开始试点。西安高新技术产业开发区在“天地源·兰亭坊”等6个试点小区、西安浐灞生态区在浐灞半岛等5个试点小区布设再生资源自助交投箱，居民可以自助交投获得积分并兑换生活用品，新模式强化了居民分类再生资源的参与感，居民交售再生资源也更加方便。回收企业建成6000余平方米的西安大风尚再生艺术馆，举办主题为“再生与艺术”的首届“西安•大风尚再生艺术节”，通过对“破烂”的艺术加工，学生、市民的浸入式体验，向社会宣传循环再生的绿色生活理念。

截至年底，全市有再生资源回收单位683家，基本保障了群众交售再生资源需要。

◆**报废汽车** 2018年，西安市回收报废车8516辆，拆解8546辆。12月22日，全市启动高排放老旧机动车淘汰更新工作，2018—2020年计划完成陕西省、西安市人民政府下达的47100辆高排放老旧车辆淘汰报废目标任务。

◆**煤炭市场** 2018年，西安市要求涉煤区县、开发区在年底前完成平原地区民用散煤“清零”和压减定点煤炭经营场所不少于60%的目标任务，全市共压减定点煤炭经营场所150个。全市剩余定点煤炭经营场所12个，其中煤炭交易市场3个、山区及遗址保护区网点9个。全市定点煤炭经营场所销售煤炭100.91万吨。其中，煤炭交易市场销售99.54万吨、煤炭配送中心0.29万吨；蜂窝煤生产加工场0.37万吨、煤炭经营网点销售0.71万吨。（王　睿）

饮食服务业

◆**餐饮促销活动** 2018年，西安饭店与餐饮行业协会以会造市，以市促销，举办形式多样的促销扩销活动，促进餐饮业健康发展。12月28日，配合西安市商务局在曲江南湖W酒店举办“改革开放40年西安商业创新发展大会暨2018西安购物美食节颁奖盛典”。进一步推动饭店餐饮业转型升级，促进饭店餐饮业可持续性发展，倡导餐饮消费新风尚，增强西安城市经济、文化的竞争力和影响力。全市近30家知名餐饮企业40余名代表参加会议。10月26—27日，联合海名会展公司在西安曲江国际会长中心成功举办第五届中国西安餐饮供应链展览会，来自国内300余家食材、酒店厨房设备、烘焙设备企业参展，西安市20余家企业参展。联手全市众多名牌火锅店举办“金色美食火锅节”。活动以买送促销为方式，推崇反季节促销，以丰富多彩的方式拉动消费、扩大销售。

◆**餐饮行业交流** 2018年，西安饭店与餐饮行业协会举办2018丝路餐饮业发展论坛。中国烹饪协会常务副会长冯恩援做了“一带一路”引领中国餐饮业走向世界”的主旨演讲；著名文化学者、西安市文联副主席商子雍讲述“丝路美食文化的传承与发展”，与会嘉宾用翔实的数据分析丝路餐饮的美好前景和陕西美食的发展方向。各家企业代表纷纷参与话题，论坛上大家集思广益，共同探讨西安餐饮业的未来发展。组织改革开放40周年表彰大会，促进丝绸之路经济带沿线城市餐饮业的合作，加快推进西安国际美食之都建设，不断扩大丝路美食和品牌餐饮企业的影响力。对全市知名品牌的29家饭店餐饮企业50余人进行表彰，发挥品牌带动效应，提升西安市饭店餐饮企业的知名度。联合广元市人民政府举办剑门关等优质特色农产品推介会，西安市50余家知名饭店餐饮企业参加此次推介会，部分企业与广元农产品生产企业签订合作协议，帮助餐饮企业和农产品企业实现优质农产品产销对接。协会清真专业委员会举办六届“中国清真美食沙龙”；组织清真企业赴山东和利泽众食品有限公司、浙江宁波 “东伊顺饭庄”、西宁“第十届青海国际食品展”、银川“第三届中国清真美食产业峰会”、浙江金华“金华味海食品有限公司”、上海“耶里夏丽”等地考察交流。

◆**餐饮行业管理与服务** 2018年，西安饭店与餐饮行业协会编印西安饭店与餐饮行业协会会员服务指南，包括融资贷款服务、培训及人力资源服务、网络营销服务、餐饮产品进社区服务、食材采购服务、保险服务、交流活动服务等7个板块。加强与餐饮业产业链各有关单位的沟通联系，从食材设备供应、人才培训、资金保障、网络营销、社会保险等多方面为会员提供服务。会同西安市质量技术监督局、西安市商务局研究西安小吃标准制定范围，帮助部分企业完成标准制定，抽调业内专家参加标准审定工作。正式颁布羊肉泡馍、葫芦头、肉夹馍、蓝田饸饹、biangbiang面等5个西安小吃地方标准。对扩大西安小吃影响力，促进西安小吃标准化、规模化发展产生重要影响。

◆**餐饮宣传** 2018年，西安饭店与餐饮行业协会办在做好自媒体的同时，加强与《陕西日报》《西安晚报》《华商报》《西部网》等主流媒体联系，及时宣传报道行业动态和有关活动，扩大西安餐饮业的社会影响力。建立为会员服务的《西安饭店与餐饮行业协会》公众号，与市场对接的“饕餮西安”公众号，及时发布协会动态、行业新闻和相关的优秀管理经验，发布相关信息40余期百余条。（周永丽）

蔬菜副食业

◆**概况** 2018年，西安市采取有力措施，加强市场监测调控，应对蔬菜等副食品市场价格波动，加强分析预警，积极应对市场波动，元旦至春节期间，为应对寒冷天气及大雪导致菜价上扬的影响，西安市商务局按照中共西安市委、西安市人民政府要求，分两批次投放大白菜、莲花白、白萝卜、胡萝卜、大葱、冬瓜、南瓜、土豆、洋葱等9个品种的政府储备菜5100吨、8500吨。全市蔬菜交易量稳中有升，全年达到850余万吨，充分保障了市场供应。

◆**重要商品储备** 2018年，西安市商务局积极做好重要商品和应急商品储备。对猪肉、白糖等重要储备商品严格管理，坚持每季度对承储企业进行实地检查，督促企业定期轮换更新，保证储备商品落实到位。有效应对异常天气等不利因素对蔬菜供应影响，采取静、动态储备等方式，储备不少于9个品种2.1万吨冬春季大路蔬菜，确保主城区3—5天消费。完成西安市防汛抗旱指挥部下达的10余种应急救灾物资，切实做到储得足、调得动、运得出。

◆**集贸市场改造提升** 2018年，西安市商务局根据《西安市人民政府办公厅关于印发西安市集贸市场改造提升工作方案的通知》要求，联合区（县）、开发区确定37家集贸市场进行改造提升，拨付启动资金共计4871万元。市商务局每半月收集整理各集贸市场改造提升工作报告，严密监控各市场进度，多次赴市场进行现场督导，协调解决困难问题。经过与各区县政府通力协作，圆满完成37家集贸市场的改造提升任务。改造后的集贸市场，整洁美观、布局合理，充分满足了市民对购物环境品质的需求。

◆**肉菜追溯规范化运行** 2018年，西安市肉菜流通追溯体系运行工作稳步推进，按照《西安市肉类蔬菜流通追溯体系运行考核标准及奖励办法》，紧扣各项指标，紧盯目标单位，通报检查结合，实现常态化考核，不断探索可持续发展的追溯新模式。在2017年基础上重新调整追溯考核单位，剔除13家，新增8家。截至年底，西安市肉菜流通追溯体系试点单位共148家。其中，屠宰场12家、批发市场2家、农贸市场17家、外埠肉备案中心4家、大型超市60家、配送中心4家、团体采购单位49家。市区县等有关部门派出36人开展320余次网点巡查（其中14次夜查），查出问题120多个，提出整改措施130多条，发出通报文件和整改通知15份（其中取消单月考核资格的有11家单位和31个超市门店，通报批评14家单位，行政约谈7家单位），召开总结整改会议5次，开展团体培训16次，组织10家单位进行交流座谈。积极主动应对国家商务部对西安市肉菜追溯明察暗访，对查出的7个问题进行整改，对涉及的4个单位进行处理，及时上报整改情况。全年各试点单位报送追溯数据1085.45万条，比上年增长76.33%，全市追溯工作推进呈稳步上升的态势。（王　睿）

粮油业

◆**概况** 2018年，西安市粮食局以确保全市粮食安全为重点，统筹抓好“一带一路”放心粮食工程建设、粮食收购、储备管理、市场监管、项目建设、提效增盈和安全生产等重点工作任务，各项工作均取得较好成效。全年收购粮食76.15万吨，从外省市多渠道调入优质粮油产品123.05万吨，调入油脂5.3万吨，确保全市粮食总量平衡和价格基本稳定，满足广大市民群众对优质粮油产品日益增长的需求。集中开展2次储备粮大检查，进一步规范全市储备粮管理。全年轮换市级储备小麦14.7万吨、食用油2050吨，确保储备粮油质量安全。全市粮食行业共有职工7801人；国有企业固定资产原值99694万元，其中局直属企业63041万元；固定资产净值60778万元，其中局直属企业32191万元。

◆**粮油重点项目建设** 2018年，西安市粮食局承担的“一带一路”放心粮食工程取得优异成绩，累计完成投资近5亿元，其中2018年完成投资9158万元。在哈萨克斯坦建成年产15万吨的油脂加工厂，在新疆阿拉山口保税区建成年产10万吨的面粉加工厂，在西安市建成2.4万吨食用油罐及输油管道等配套设施。项目全面建成后，每年可为西安市进口优质粮油8万至10万吨。

◆**“放心主食品工程”** 2018年，西安市粮食局进一步巩固提升放心主食品工程创建成果，开展“质量效益提升年”活动，对放心主食品进行全面抽检，持续推进“放心主食品工程”加工销售网点排查整治和提档升级，促进放心工程持续健康发展。不断完善“放心馒头工程”加工销售网络体系，在全市创建“放心主食品”加工销售网点57个，提升改造销售网点61个，修订完善管理办法，强化监管，有效提升放心主食品工程形象，满足市民群众生活需求。

◆**粮食监管** 2018年，西安市粮食局组织市级有关部门做好粮食安全省长责任制考核工作，建立完善市、区（县）分级负责的粮食安全责任体系。增强粮食市场宏观调控能力，抓好购销，管好储备，确保全市粮食市场供需平衡和储备粮数量真实、质量良好、储存安全。规范粮食流通市场秩序，制定市粮食局市场监管责任清单，明晰职责，规范执法流程，确保依法管权用权。建立市级部门联动机制和周边地市区域协调机制，为食品安全示范城市创建打牢基础。开展2018年元旦、春节、中秋、国庆期间粮油商品质量安全专项检查，有效维护节日期间全市粮油市场秩序。开展夏、秋两季粮食收购市场专项检查，重点对粮食收购政策执行情况、政策宣传情况和收购秩序进行全面检查，对违法违规行为进行严肃查处，维护全市粮食收购市场秩序。全面加强地方政策性粮食监管，组织开展地方政策性粮食监督检查。按照陕西省政策性粮食库存数量和质量大清查试点工作要求，对全市存储的地方政策性粮食库存进行全面自查，进一步规范储备粮管理，保障全市储备粮始终处于安全状态。

◆**粮食基础设施建设** 2018年，西安市粮食局多方争取中省粮食基础设施建设资金。获得中央、省专项资金支持1622万元，全市国有粮食企业深入开展挖潜增效，克服种种困难保持稳步发展态势，盈亏统算实现盈利479万元。

（刘　杰）

烟草专卖

◆**概况** 2018年，西安市烟草系统实现税利35.63亿元，设立新城、碑林、莲湖、雁塔、未央、灞桥6个城区烟草专卖局（分公司）及高新区分局（营销部）。鄠邑区烟草专卖局（分公司）更名挂牌。

◆**烟草专卖管理** 2018年，西安市烟草专卖局（公司）加强市场检查和管理，紧盯线索破大案，始终保持高压严打态势。全年查处涉烟违法案件8127起，查获万元以上案件989起，比上年增加9%，其中5万元以上案件160起；查获非法卷烟4634万支，案值3463万元；移交司法机关刑事处理113人，追刑人数增加7%。完成4起国标网络案件，其中2起案件案值超过千万元。与公安、邮政等协作单位开展5次联合执法行动，对“微信售假、快递送烟”实施重点打击。全面推行“双随机、一公开”监管工作，建立“一单、两库、一细则”（随机抽查事项清单、检查对象名录库和执法检查人员名录库、随机抽查工作细则）工作机制。全市平均市场净化率达到99.03%，比上年提高0.35个百分点。落实“511”办证工作要求（5个工作日完成办证流程、1个工作日维护信息、1个访销周期送货），建立依托专卖移动工作平台的办证新模式。认真贯彻《西安市控制吸烟管理办法》，在全市张贴“禁止中小学生吸烟，不向未成年人售烟”警示标识3万张。开展“互联网+”普法宣传，西安市烟草专卖局（公司）先后获得陕西省烟草专卖局（公司）专卖技能竞赛团体第一名、案卷及合同评查第一名、宪法法律知识竞赛一等奖。

◆**卷烟营销** 2018年，西安市烟草专卖局（公司）深化卷烟营销市场化取向改革，精心实施市场调控，供需失衡矛盾有效缓解，经济运行质量明显提升。卷烟零售客户综合毛利率达到10.46%，比上年提高1.4个百分点，卷烟零售客户经营信心达到近几年来最好水平。制定并下发信息采集、需求预测、货源组织等管理办法，统一卷烟营销业务流程。与6家烟草工业企业开展工商网配。推行卷烟货源供应“PCMC”和“PGMC”（两种货源分配新算法）试点，建立起市场导向、需求拉动的业务模式。制定卷烟品牌发展规划，开展品牌营销和品牌评价。制定卷烟零售终端建设三年规划和年度建设方案。探索“一终端、两平台+智慧门店”（“一终端”：“现代卷烟零售终端”；“两平台”：面向零售客户的“西安市烟草公司”微信公众号和面向消费者的“丝路情服务”微

2018年12月12日，西安市烟草专卖局（公司）灞桥区局开展“双随机、一公开”联合执法检查

信公众号，“智慧门店”：体验式直营卷烟零售终端）新卷烟零售建设模式。推广“曲江模式”“未央模式”，建成卷烟零售新现代终端284户、标杆示范终端76户。制定卷烟零售客户自律互助小组工作规范、小组章程、诚信经营公约等，建立“组长+组员+客户经理”的“1+1+1”跟进服务机制，全市75.9%的卷烟零售客户纳入自律小组。制定文明吸烟环境建设试点方案，积极推动文明吸烟环境建设。制定卷烟宣传促销活动管理办法，开展违规卖烟大户治理，牢固树立规范经营意识。推进卷烟营销队伍转型，调整岗位职责，优化业务流程，初步实现人岗相适、岗责匹配。

◆卷烟物流建设　2018年，西安市烟草专卖局（公司）全面推进精益烟草物流建设，完成物流信息管控平台升级。异型卷烟分拣技改项目投入试运行。开展卷烟送货服务全过程评价考核，落实绩效挂钩政策，激发提质增效动力。全年单箱卷烟物流费用197.56元，物流费用率0.7%。积极应对机动车常态化限行，合理调度科学安排送货车辆。着力建设绿色烟草物流，卷烟零售客户无纸化签收率达到100%，建成新能源车辆充电桩25个，全年回收卷烟包装箱119万个。市烟草专卖局（公司）荣获陕西省烟草专卖局（公司）物流技能竞赛团体二等奖，1名同志被授予全国烟草行业“最美物流人”称号。（付海婧）

供销合作商业

◆概况　2018年，西安市供销合作联社围绕“追赶超越”目标，狠抓行政效能革命，不断提升为农服务水平。指导西安金谷农资连锁有限公司完成化肥5万吨、农药50吨的储备任务。指导系统企业做好春耕、三夏、秋播等重要农业时段的农资供应工作。认真落实防汛抢险救灾物资储备任务，抓好物资仓库安全管理，为全市农业生产和防汛抢险提供有力保障。建成农产品展示展销中心1个。组织参加农产品展销活动7次。开展大田托管工作，面积达到1735公顷。组织开展新农村现代流通培训工程，培训各类农村专业人才1980人。系统直属企业效益增幅显著，全年全系统企业利润1739万元，增长55.82%，其中市级企业利润1299万元，比上年增加605万元，增长87.18%。全系统有17笔原在农业银行的贷款已由长城资产管理公司陕西省分公司接收，本息合计21555万元，通过多次沟通协调，达成一次性解决协议，并已处理完毕。全市8个有供销社的区（县）党委政府全部出台深化供销社综合改革文件，明确区（县）供销社改革发展的方向和任务。西安市供销合作联社被中华全国供销合作总社评为“推进供销社系统干部教育暨乡村振兴实用人才培训工程特殊贡献单位”。

◆大田托管　2018年，西安市供销合作联社托管各类农作物1735公顷，超额完成667公顷的目标任务。其中，西安金谷农资连锁有限公司托管秋播小麦669公顷、青储玉米333公顷；临潼区供销联社托管秋播小麦533公顷；阎良区供销社还探索托管经济作物——脆枣200公顷。金谷公司实施的玉米托管为779户农民节省开支23万多元，为86户贫困户节省5.7万元。

◆电子商务　2018年，西安市供销合作联社大力推进县域电子商务工作。临潼惠农商城通过线上线下融合发展，设立线下服务站200多个，覆盖全区80%的行政村，初步具备“农产品进城”和“网货下乡”双向流通功能。陕西户户通科技公司在鄠邑区已发展农村电商服务站180个，与我的菜、盒马鲜生等企业合作，建立鲜活农产品快捷高效配送渠道。西安盛果佳电子商务有限公司运营的中国猕猴桃网集行业信息、网上销售、技术指导和扶贫攻坚等多功能于一体，已发展成为全国猕猴桃行业网站第一品牌。

◆农产品销售　2018年，西安市供销合作联社不断拓宽农产品销售市场。高陵区中王合作社建设的农产品展销中心顺利建成并正式运营。截至年底，全系统建成农产品展销中心5个。组织涉农企业和合作社先后参加在青岛、长春、福州等地举办的食品博览会，全年共组织各类推介活动7次，组织78人参加陕西省供销合作社举办的农产品贸易培训班。

◆“三社”融合试点　2018年，西安市供销合作联社积极落实供销社、合作社与信用社“三社”融合发展试点工作。组织召开“三社融合发展试点工作”培训班，外出学习浙江、贵州等地主要做法和典型经验。制定下发《关于推进生产、供销、信用“三位一体”融合发展的试点意见》。

◆供销社改革　2018年，西安市区县供销联社改革工作稳步推进。长安区供销社通过提升改造基层经营设施、增强网点服务功能、开展蔬菜进城直销、建设扶贫爱心超市和参加西安市政府举办的农民节、桃花节等活动，极大提升了供销社影响力。阎良区供销社克服网点少、实力弱的劣势，围绕当地主导产业——甜瓜的销售，发挥供销社遍布全国的组织优势，积极出外开展推介活动，取得良好成效。

◆基层供销社建设　2018年，西安市供销合作联社持续加强基层供销社建设，不断夯实为农服务基础。组织召开区（县）供销社综合改革推进会，明确工作思路和目标任务。组织基层社、合作社负责人赴外省市参加中华全国供销合作总社举办的“三位一体”农村新型合作、农村合作金融创新实践等培训；邀请北京商业干部管理学院来西安市举办合作社电商创新与农产品营销策略、社有企业资产管理运营培训班。全年共举办各类培训班22期，开展社会实践530人次，培训学员1980名。长安区子午供销社被中华全国供销合作总社评为全国供销系统基层社标杆社。蓝田县前卫三农综合服务中心等7个综合服务社被中华全国供销合作总社确定为五星级综合服务社。

◆供销社经营管理　2018年，西安市供销合作联社强化经营管理，增强社有企业综合实力。系统汇总盈利2583万元，比上年增加452万元。其中，市级社有企业盈利460万元，增加117万元；参控股公司盈利1585万元，增加560万元。全市供销社系统17笔本息共计2.1亿元的中国农业银行贷款，通过与中国长城资产管理股份有限多次沟通协调，达成一次性解决协议。市供销社参股企业—摩尔公司批发市场肉菜可追溯系统不断完善，确保市民餐桌上的安全。陕西新合作西果公司优化管理模式，零售终端建设初见成效。西安好蔬商贸公司完善经营机制，巩固鲜活农产品销售渠道。西安市干鲜果副食公司完成冷库设备改造项目，增强企业可持续发展能力。西安市棉花公司通过与陕西美农网络科技有限公司、网红大V袋鼠爸爸工作室等开展合作，线上、线下结合，开拓钟楼奶糕销售市场。西安市日杂公司争取西安市公安局收缴危爆物品代储存业务，确保公司在烟花爆竹禁放后的平稳过渡。市级社有企业在抓好经营的同时，高度重视安全生产，全年未发生一起安全生产事故。（邹战博）

物流业

◆概况　2018年，西安市现代物流业发展取得显著成绩，物流产业规模持续增长，物流基础设施体系不断完善，龙头企业规模快速壮大，物流服务能力不断提升，为全市国民经济及社会发展提供了重要支撑。全市交通运输、仓储和邮政业实现生产总值357.49亿元，比上年增长6.3%。交通货运量2.62亿吨，增长5.2%（公路货运量2.57亿吨、铁路货运量496.57万吨、航空货物吞吐量31.26万吨，分别增长5.0%、16.2%和20.3%）；全市邮政业务收入61.68亿元，增长13.27%；邮政业务总量为77.35亿元，增长15.48%；快递业务收入47亿元，业务总量39944.93万件，在全国副省级城市中排名第8。10月，西安市人民政府办公厅印发《西安市工业、仓储物流及重点项目专项补助资金管理办法》，重点支持市、区两级重点项目的工业企业用地、3A级以上或者总投资2亿元以上仓储物流企业的项目用地及市委、市政府确定的其他重点建设项目及重大招商引资项目。

公路网络　全市境内公路里程已达13383千米，其中高速公路571千米，形成以绕城高速、西安外环高速（北段）为核心，以连霍、京昆、包茂、福银、沪陕等高速为放射的高速公路网，以G108、G210、G211、G310、G312等为骨架的“一环十二辐射”普通公路网。

铁路网络　大西安区域铁路营业里程610千米，其中高速铁路96千米、普通铁路514千米，形成以西安为中心的陇海、包西、侯西、西康、宁西、咸铜、西平、西安枢纽货运北环线等8条干线、一条西户支线，郑西、西兰、西成、大西4条高铁线组成的13条铁路干支线大型环形铁路枢纽，米字形高铁网加速推进。

“长安号”班列开行　积极拓展运行线路，新开行西安至白俄罗斯明斯克、伊朗（阿富汗）、比利时根特、意大利米兰、拉脱维亚里加5条线路。中亚、中欧班列运行线路已达11条，覆盖中亚、中东及欧洲主要货源地，通过空铁联运和海铁联运实现与澳大利亚、新西兰、美国等国家无缝对接，构建起“海陆空网”立体丝绸之路开放通道。全年中欧班列“长安号”共开行1235列，是2017年的6.37倍。其中，中亚方向去程开行518列、回程开行77列；中欧方向去程开行227列、回程开行413列；共运送货物120.2万吨，是2017年的5.18倍；西安海关监管货值17.2亿美元，是2017年的8.7倍；重载率、货运量、实际开行量3项指标均居全国第一。

航空网络　西安咸阳国际机场全年净增19个通航点，通航点达到207个，其中国际通航点53个，航线64条，通达国家达29个。新开西宁、河内、成都、哈利法克斯、兰州5条货运航线，并加密银川、芝加哥2条货运航线，累计开通全货运航线18条，实现西北省会城市货运航线全覆盖，年货邮吞吐量增速居全国十大机场首位，并已获批国家“第五航权”。

邮政网络　全市有邮政营业网点302个，快递服务网点2346个，建制村直接通邮比率和农村快递网点乡镇覆盖率均达100%。

◆物流市场主体建设　2018年，西安物流市场发展迅猛，京东全球物流总部、京东无人系统产业中心、京东云运营中心、阿里巴巴丝路总部落户西安，西安咸阳国际机场国际快件监管中心、圆通西北分拨中心、申通快递西北转运中心、京东西北分拣中心（新建）和无人机西安飞行服务中心投入运营，韵达西北转运中心入驻普洛斯，顺丰西安电商产业园和陆运中心、西安港务区邮件处理中心、EMS集散中心等重点项目进展顺利，圆通科技、中通西北电商快递物流产业园、申通西北地区转运中心（新建）、圆通跨境商贸及服务产业园等一大批物流项目成功落地西安，物流业集聚加速发展的态势已经显现。

◆口岸服务　2018年，西安市已建有西安综合保税区、西安出口加工区A区和B区、西安高新综合保税区、西咸空港保税物流中心等5个海关特殊监管区和国际邮件互换局，西安阎良国家航空高技术产业基地综合保税区正式获批建设。西安港成为中国首个获得“双代码”的内陆港，拥有国家一类铁路口岸、进境粮食指定口岸、进境肉类指定口岸和汽车整车进口口岸，先后与天津港、上海港、宁波港、阿拉山口、霍尔果斯、二连浩特、广西凭祥等14个沿海、沿边港口、口岸签署合作协议。西安咸阳国际机场现已具备进口冰鲜水产品、进境食用水生动物、进口药品、进境水果共4个指定口岸资质，进口肉类指定口岸获国家质量监督检验检疫总局（现国家市场监督管理总局）批准建设。

◆物流规划　2018年8月，西安市人民政府印发《大西安现代物流业发展规划（2018—2021）》，规划布局骨干物流节点体系，对西安市实现陆空联运、园区对接、产业融合发展，国家现代物流创新发展示范城市创建和国家中心城市建设，起到重要的作用。其中，两港为西安国际港务区、西咸新区空港新城；五园为临潼现代物流园、沣东综合物流园、长安引镇物流园、鄠邑秦渡物流园、泾河新城物流园；十一中心为新丰大宗物资物流中心、阎良航空产业物流中心、高陵装备制造物流中心、经开仓储配送物流中心、秦汉商贸物流中心、三桥汽车商贸物流中心、高新新兴产业物流中心、周至农特产冷链物流中心、航天电商配送物流中心、灞桥分拨配送物流中心、蓝田综合物流中心。《大西安现代物流业发展规划（2018—2021）》已纳入启动编制的《西安国土空间规划》。10月，西安市人民政府办公厅印发《西安市人民政府办公厅关于我市加快中欧班列（西安）健康发展联席会议制度的通知》，决定建立西安市加快中欧班列（西安）健康发展联席会议制度，领导西安推进中欧班列（西安）健康发展相关工作。联席会议办公室设在西安国际港务区管委会，办公室主任由国际港务区管委会副主任苏国峰担任。12月，国家发展和改革委员会、交通运输部关于印发《国家物流枢纽布局和建设规划》，规划提出：“国家物流枢纽分为陆港型、港口型、空港型、生产服务型、商贸服务型、陆上边境口岸型等6种类型”。其中西安市承载国家物流枢纽布局中的陆港型、空港型、生产服务型、商贸服务型4个功能任务，将就承担的国家物流枢纽功能任务，开展陆港型、空港型、生产服务型、商贸服务型布局选址和实施进行规划编制。

（张义辉）

会展业

◆概况　2018年，西安市会展业发展办公室（欧亚经济论坛秘书处）统筹推进会展业服务管理、重大国际会议申办、会展场馆规划建设、高端国际会议承载能力提升，实现会展业数量规模的持续稳步增长，推进西安会展业从高速增长向高质量发展，确立建设“一带一路”国际会展名城发展目标。西安市举办第三届中法文化论坛、第三届丝绸之路国际博览会、2018世界西商大会、全球硬科技创新大会、中国500强企业高峰论坛、中国西部文化产业博览会、中国西部国际物流产业博览会等高端展会；举办“西安年·最中国”西安中国年新春盛典暨新时代民俗文化年展活动、第五届丝绸之路国际电影节、全球程序员节、西安市首届农民节、2018西安国际马拉松赛和“发现新西安”世界城市定向挑战赛等大型节庆赛事活动。举办世界国际品牌大会2018中国峰会、2018丝绸之路西安国际骨科学术大会、第五十三届全国工艺品交易会、2018世界文化旅游大会峰会、2018丝路电视国际合作共同体高峰论坛、2018年连锁加盟展、2018年中国（西安）西部城乡环卫新设备新技术博览会、2018中国新材料发展趋势论坛等国际及全国性展会。全年举办各类会展活动477个，其中规模以上会展活动230个，参展单位2万余个，专业观众320万人次，参展观众1650万人次，创造社会综合经济效益264亿元。西安市被全国城市会展办公室、《第一会展》杂志、中国会展产业联盟评为“2018年中国最佳会展目的地城市”；欧亚经济论坛获“改革开放40年中国品牌展会金奖”；西安曲江国际会展中心获“2017—2018年度最具竞争力会展中心”奖项。

◆“会展+”战略 2018年，西安市会展业全面实施“会展+”战略，围绕大西安经济社会发展全局谋划和推进会展业，在全面加强行业发展的基础上，着力把会展业作为发展其他产业，特别是招商引资“一号工程”的平台和工具，促进助推各领域的发展，积极配合科技、文化、物流、体育等产业“倍增计划”，促进会展业与科技、商贸、物流、文化、旅游等产业深度融合，取得突出成效。

◆“西安年·最中国”西安中国年新春盛典暨新时代民俗文化年展活动 2018年2月8日至3月25日在西安举办。本次活动围绕“西安年·最中国”为核心，深入挖掘周、秦、汉、唐年节庆文化、礼乐文化，并结合国际化元素，重点开展以大唐不夜城、大唐芙蓉园、唐天坛为代表的系列文化主题活动，开展包括城墙景区、大明宫国家遗址公园、临潼大唐华清城、楼观道文化景区系列新春庙会在内的文化主题活动。通过一系列展示活动和文化盛会，发挥西安历史文化优势，集中展示新时代下西安全新形象，为大西安建设注入新活力。

◆第五十三届全国工艺品交易会 2018年3月23—26日在西安曲江国际会展中心举办。大会主题为“新时代、新征程——工艺美术新机遇”，来自全国28个省（区、市）的1300家企业参展，展场面积达5万平方米，国际标准展位2300多个，招展率100%。“全国工艺品交易会”自1974年经国务院批准举办以来，已在全国29座城市连续举办52届，是工艺美术行业历史最长和影响最大的展览之一。

◆第八届中国西部国际物流产业博览会 2018年4月10—12日在西安曲江国际会展中心举办，主题为“新时代 大物流 大交通 新作为”。本届物博会设2个专馆，展位1200个，展览面积2.5万平方米，其中A馆以物流产业为主，B馆以交通产业为主。天津、重庆、南京、乌鲁木齐、呼和浩特、兰州、开封、九江、哈密、遂宁、泰安、临沂、唐山、扬州、襄阳、德州、威海等20多个重要的物流节点城市代表团，以及全国物流、交通领域的知名企业和专家学者与会，共同围绕物流和交通产业发展进行深入探讨与交流。博览会同期还举办了2018“一带一路”大物流发展高峰论坛、丝绸之路海陆港合作发展论坛、大西安交通枢纽建设与城市轨道交通发展论坛、中国（西安）新能源汽车发展论坛等论坛活动。

◆第三届丝绸之路国际博览会暨中国东西部合作与投资贸易洽谈会 2018年5月11—15日在西安召开，主题为“新时代·新格局·新发展”。本届丝博会共举办丝绸之路经济带国际合作论坛、丝绸之路教育合作交流会、丝绸之路商务合作（西安）圆桌会、2018丝路国际文化产业创新与发展峰会、“一带一路”优化市场准入环境国际合作交流论坛等40余场活动，涉及经济、文化、金融、法律、教育等20多个领域和主题，来自全球73个国家和地区的230个团组参加博览会。英国、马来西亚担任主宾国，陕西省延安市担任主题市。展览展示方面，第三届丝博会采取跨国界、跨区域、跨产业交叉混合布展，突出航空航天、电子信息、智能制造等高新技术产业，设置1个合作交流馆、4个产业馆、1个特色产品馆。本届丝博会陕西省代表团签订利用外资项目合同总投资额51.22亿美元，其中外资额47.08亿美元，比上届增长16.5%；高新技术成果交易合同额5.19亿元。

◆第二届世界西商大会 2018年6月29日至7月1日在陕西大剧院、曲江W酒店举办。大会主题为“一带一路：新时代 新西安 新西商”，设开幕式暨全体大会、签约+颁奖活动、“新经济领军人物对话西安”圆桌会议、“新时代 新探索——第二届世界西商大会北大光华论坛”、西商总会选举大会、丝绸之路经济带城市合作圆桌会等14项会议活动。大会邀请国内外西安籍政、商、学、文界代表，西安高校校友会知名企业家代表，国内外在西安出生、求学、工作、生活和投资兴业的各界精英，“新西安人”民营企业家代表，新经济企业代表、世界500强企业及央企、民企高管，海内外各地商协会代表，“一带一路”沿线相关国家驻华使领馆代表，国内外友好城市代表，知名专家学者等1300人参加。大会签约项目53个，签约额3469.67亿元。6月29日，西商总会成立大会在西安市举行，表决通过《西商总会章程》，选举产生第一届理事会会长王传福及执行会长、常务副会长、副会长、监事长。

◆2018中国500强企业高峰论坛 2018年9月1—2日在西安举行，主题是“争创世界一流：新时代的大企业发展”。9月2日，中国企业联合会、中国企业家协会在西安发布2018中国企业500强、中国制造业企业500强、中国服务业企业500强、中国跨国公司100大名单及其分析报告，并发布2017年度中国企业效益200佳及其分析报告。来自全国各地的企业家和大企业代表、跨国公司代表、专家学者、政府部门和新闻单位的代表共1000余人参加会议。

◆第九届中国西部文化产业博览会 2018年9月7—10日在西安举办。本届西部文博会首次设立主宾国和主宾省（市），伊朗和重庆成为本届文博会的主宾国和主宾省（市）。文博会设国家馆、城市主题馆、陕西馆、产业创新馆、创意生活馆和藏羌彝特色文化产业区，吸引来自全国28个省区市，以及伊朗、泰国、柬埔寨、英国、意大利、尼泊尔、沙特、印度等12个国家和地区的300余家展商参展。9月9日，举行文化产业项目投融资推介会暨签约仪式，签约项目45个，总签约金额达310多亿元，项目规模和项目质量较往届均有大幅提升。

◆第三届中法文化论坛 2018年9月17—20日在西安举办，大会主题为“‘一带一路’：文明互鉴与创新”，旨在实现丝路东方起点与西方终点跨时空牵手合作，传承丝路精神，携手“一带一路”建设，促进东西方文明交流与互鉴，构建人类命运共同体。全国人大常委会副委员长、欧美同学会（中国留学人员联谊会）会长陈竺，法国前总理让·皮埃尔·拉法兰，以及中法两国各界代表500多人出席开幕式。本届论坛设置入

2018年9月17—20日，第三届中法文化论坛在西安举行

城式系列活动、开幕式暨主旨演讲、尼斯日、国际智库合作论坛、中法市长对话、闭幕式6项主体活动，8项平行文化论坛和9项文化展览交流活动。论坛期间，中法两国政要以及文化、建筑、教育、艺术等领域知名人士，围绕博物馆、文化遗产、教育、旅游、设计与品牌、艺术生活等领域展开对话与交流，共同拓展合作共赢新版图。

◆2018丝绸之路西安国际骨科学术大会 2018年9月14—16日在西安召开，43位顶尖国外骨科专家和300余位国内知名专家与会，近2000名骨科医生参会。大会设主论坛及14个专业分论坛，内容涵盖骨科各专业前沿知识及最新进展，组委会特别邀请到国内外著名骨科专家教授到会进行专题演讲，并对相关疑难病症进行辩论与争鸣。在学术交流环节，来自美国约翰霍普金斯大学、法国图卢兹大学医院、澳大利亚西澳大学、美国纽约西奈山医院、西安市红会医院、北京积水潭医院等多所国内外大学和医院的专家教授进行相关专业的学术报告，内容涵盖骨科各专业前沿知识及最新进展。

◆第十三届西安国际汽车展览会 2018年10月1—7日在西安举办。本届车展同时启动西安曲江国际会展中心及西安绿地笔克国际会展中心9大展馆，展览面积超过15万平方米，参展覆盖德系、美系、法系、日系、韩系以及合资、自主等全球百余个品牌。在7天展期内，52万余人次进馆观展，25073辆车成交，成交额超42亿元；展出整车1196辆，其中新能源车近百辆，50余款新车进行西北首发。

◆第五届丝绸之路国际电影节 2018年10月8—13日在西安举行，主题为“新时代·新丝路·新视界”，设置开幕式、主宾国活动、电影展映、电影论坛、电影评审、全民电影嘉年华、闭幕式暨颁奖典礼共7个主题单元，吸引来自世界6个大洲、68个国家的565部中外优秀影片参展。本届电影节首次设立哈萨克斯坦、罗马尼亚、法国3个丝路沿线国家为主宾国，举办多个电影展等活动，最终18部影片入围。电影节期间，147部电影陆续走进西安30所高校、10个广场和100个社区，展映观影人数近万人次。

◆2018世界文化旅游大会峰会 2018年10月9—10日在西安浐灞生态区举办。大会旨在融会中外思想、东西文化，以开放包容的胸怀、国际化的视野，积极寻求旅游产业发展新机遇，探索旅游业升级转型之路，共谋新时代旅游业发展未来。来宾围绕文化旅游产品开发、民宿及特色小镇商业化之路、目的地景区新营销和新科技手段应用、西安旅游国际化发展等热点话题展开讨论，为西安文化旅游产业发展建言献策。在10月9日开幕式上，“世界文化旅游大会”揭牌，标志着世界文化旅游大会永久会址正式落户西安浐灞生态区。

◆西安国际柔性电子产业大会 2018年10月11—14日在西安锦江国际酒店举办，邀请该领域20位国际顶级大师，15位新锐学者展示35场高端学术盛宴，9位Nature旗下编辑应邀出席，500余名相关领域学者出席会议。大会深入讨论包括先进材料制备、微纳加工技术、器件制备工艺及其生物医药和能源与环境领域的应用，旨在强化与柔性电子密切相关的科技工作者（包括物理、化学、生物、力学、材料、电子、信息、能源、医药、航空、航天、航海等领域）之间的合作交流，解决该新兴交叉领域存在的关键共性科学技术问题。

◆国际智能无人系统大会（2018） 2018年10月14—15日在西安召开。大会汇集国内外智能无人系统领域最具影响力的科学家和企业精英，旨在探讨交流国际智能无人系统领域的最新成果，推动无人系统领域的创新发展。与会专家充分交流，共享最新成果，共话产业发展前景，取得丰硕成果，开幕式上，西安市人民政府与中国电子学会签署战略合作协议，并举行中国电子学会智能无人系统分会揭牌仪式。

◆第二届世界饮品大会 2018年10月23—25日在西安召开。大会主题为“健康饮品满足人民美好生活”，来自德国、美国、澳大利亚、法国、日本、韩国、印度、土耳其等30多个国家和地区的知名科学家、行业500强企业代表共有500余人出席此次大会。会议内容涉及果汁、酒水、茶、咖啡等多个领域最新学术研究报告；举办高峰论坛及果汁暨饮品学术研讨会、果酒产业发展论坛、葡萄酒暨饮品装备产业论坛、陕西拓展果蔬饮品国际会展研讨会3个分论坛，精心打造世界级专业论坛和特色果酒专题展览会议。

◆第二届全球程序员节 2018年10月24—25日在西安高新国际会议中心举办。本届全球程序员节延续“Coding the Future（数字世界 码动未来）”的主题。开幕式上，美国硅谷、印度班加罗尔、北京和南京4个分会场与西安主会场同步进行互动，世界各地程序员共同祝贺第二届全球程序员节的开幕。大会发布《中国软件产业之路》《“一带一路”国家工业和信息化发展指数》，揭晓“全国十佳新锐领军程序员”评选结果，并为“全国十佳新锐领军程序员”“西安十佳程序员”“西安高新区十佳程序员”“西安高校十佳优秀程序员”颁奖。第二届全球程序员节在永久会址设立“大咖程序员” “星光大道”，采集并展示中国软件产业开路人和领路人的手印。

◆2018全球硬科技创新大会 2018年11月8—11日在西安举行。大会主题为“硬科技发展西安，硬科技改变世界，硬科技决胜未来”，旨在彰显硬科技品牌、展示硬科技成果、促进硬科技产业良性发展，继续助推西安市全力打造“全球硬科技之都”。举行包括2018全球硬科技创新暨“一带一路”创新合作大会开幕式暨高峰论坛、2018西安全球硬科技产业博览会、2018硬科技智库圆桌论坛等22场系列活动。本次大会展览面积达2万平方米，设置中国科学院、国防科工、军民融合、硬科技“八路军”(光电芯片、信息技术、生物技术、人工智能、智能制造、航空航天、新能源、新材料)等15个主题展区，涉及硬科技领域相关的国际国内相关单位以及20个国内城市和5个国外友好城市代表团，参展人数超过8000人。

◆世界国际品牌大会2018中国峰会 2018年11月14日在西安召开，主题为“品牌科学、筑路中国”，为企业提供品牌评价与认证、品牌发布与确认、品牌合作与交流、品牌宣传与推广及品质品牌商品进入国际贸易的平台和渠道，促进中国品牌更好更快地发展。举办WIBEIS 国际品牌评价评审和中国品牌推介活动；确认和发布中国品质品牌100 强品牌排行榜；为部分获奖单位及个人颁发世界国际品牌认证书和奖牌；举办多方战略合作签约仪式；世界国际品牌大会中国委员会向联合国NGO组织和世界品牌发展委员会递交西安作为世品会永久会址申请。

◆第五届中国国际煤炭清洁高效利用展 2018年11月21—23日在西安举办，主题为“高碳资源低碳利用，黑色煤炭绿色发展”，以推进矿区生态文明建设和转型升级高质量发展、重点耗煤行业节能减排和超低排放为宗旨，向国内、外展示我国煤炭清洁高效利用发展的最新成果。集中展示煤炭清洁生产、现代煤化工等领域的新技术、新装备、新产品。来自美国、俄罗斯、澳大利亚等国内外的企业及相关科研院所、国际机构235家单位参展。展会专门设立改革开放40年我国煤炭加工利用成就展、“一带一路”涉煤成果展和高校在校学生创新创意优秀成果展。（孙　卓）

旅游业

责任编辑

冯冠杰

综 述

◆概况 2018年，西安市围绕打造世界旅游时尚之都、国际一流旅游目的地，着力构建全域旅游大格局，全面提升西安旅游发展品质和国际竞争力。截至年底，西安市有93家国家A级旅游景区，其中AAAAA级4家、AAAA级26家、AAA级50家、AA级13家。全市有星级饭店108家，其中五星级15家、四星级29家、三星级64家、二星级2家。全市有旅行社502家，其中出境社67家。旅行社接待海外旅游者1715795人次，外联人数1236316人次；国内旅游组织人次5421857人次，国内旅游接待人次91377247人次，出国及港澳台旅游组织人次1862335人次。全年接待海内外游客24738.75万人次，比上年增长36.73%；旅游业总收入2554.81亿元，比上年增长56.42%，接待人次和旅游收入两项指标增速均位居全国副省级城市第一位，西安被网友票选评为“2018年春节最火爆旅游目的地”；名列“全国十佳旅游目的地城市”第三名；“十大国内热门旅游目的地城市”第一名。

◆海外客源市场 2018年，西安市海外游客中，外国游客客源市场仍占主导地位，外国人客源市场占海外客源市场的85.43%。接待亚洲游客358658人次，占接待外国人总数的30.43%，比上年下降0.63个百分点，主要受美国在韩国部署“萨德”，韩国入境人数下降较多所致。接待欧洲游客525695人次，占接待外国人总数的35.17%，仍是第一客源市场，英、德、法、西班牙等客源国仍居客源国前十位。

◆国内客源市场 2018年，西安市交通运力增加，游客出行更加便利。地铁四号线建成通车；全市有国际航线64条；公路客运量15601万人次，比上年下降1.1%；铁路旅客发送4499.79万人次，增长11.1%；民航旅客吞吐量4460万人次，增长13.1%；地铁客运量60534.01万人次，增长48.3%。“一日游”人数增加是国内旅游人数增长的主要因素之一。春节、十一和五一、清明节、端午节、中秋节期间拉动作用明显。全年西安市组织各类展会230个，其中国际性展会62个，参展参会322万人次。

◆全域旅游 2018年，西安市研究编制《西安市文化旅游万亿级产业发展规划》，结合创建“国家级旅游业改革创新先行区”，制定《西安市全域旅游示范市建设实施方案》，协调在市级层面组建旅游警察支队、工商旅游分局和旅游巡回法庭，区（县）成立旅游发展委员会、旅游警察大队。推广蓝田“全域旅游”模式和经验，实施“旅游+”战略，制定出台旅游与文化、农林、交通、水务、体育、金融以及会展业等10余项融合发展实施意见。以西安市人民政府办公厅名义印发《西安旅游产业倍增计划（2018—2021年）》，计划到2021年，西安旅游产业总收入力争突破4200亿元，2018—2021年旅游接待人次年均保持13%以上的增长速度，旅游总收入年均保持26%以上的增长速度，力争旅游产业增加值占地区生产总值比重达到10%左右。

◆旅游重点项目建设 2018年，西安市大力实施文化旅游精品带动战略，加强与华侨城集团、万达集团、宋城集团、华夏文旅集团的战略合作，加快推进临潼旅游度假区、秦文化旅游特区、楼观旅游度假区、浐灞旅游度假区等精品景区建设，抓好小雁塔历史文化街区、秦岭国家植物园和西安奥林匹克体育中心、西安丝绸之路国际会展中心等重大项目建设，加大对大明宫国家遗址公园、楼观道文化展示区、汉长安城遗址等旅游产品的开发建设力度，打造文化旅游融合新亮点。推进华侨城项目、华夏旅游文化综合体二期、宋城中华千古情、白鹿原·白鹿仓二期等重点项目。金滩国际生态休闲旅游度假产业区等4个项目签约，合同协议总额285亿元。争取中央、陕西省2020万元旅游发展资金，补助支持旅游项目和基础设施建设。

西安市2018年重点景区接待人数前十位排序

序 号	名 称	接待人数（万人次）
1	秦始皇帝陵博物院	847.31
2	西安城墙景区	478.86
3	华清宫景区	453.40
4	大唐芙蓉园	253.76
5	西安博物院	242.73
6	陕西历史博物馆	226
7	钟鼓楼	220.48
8	西安野生动物园	172.40
9	西安曲江海洋极地公园	113.70
10	周至水街沙沙河景区	108.98

◆住宿业品质建设 2018年，西安市旅游发展委员会制定《西安市高品质特色酒店建设资格认定及奖励政策申报指南》，遴选高品质酒店给予政策奖励扶持。编制《西安民宿发展规划》，制定加快民宿发展的若干政策措施，起草《民宿基本标准》和《“乡村民宿示范村”标准》。城市民宿注册商户2450家，比上年增长34.7%；全年交易额1.2亿元，增长70%。乡村民宿从上年的169家增长到558家。

◆“旅游特色小镇”建设 2018年，西安市坚持将“旅游+文化”理念融入“旅游特色小镇”建设发展全过程，大唐西市丝路文旅小镇突出盛唐文化、丝路文化主题；渼陂湖生态文化度假小镇依托渼陂湖自然生态资源，打造高品质文化旅游休闲业态。采取资金扶持、政策激励等形式持续推进14个文创和旅游特色小镇发展，全市第一批7个重点“旅游特色小镇”创建期计划总投资284.3亿元，年度完成投资47.92亿元，完成投资计划的102.98%。制定《推进夜游西安实施方案》，推动西安夜游经济发展。

◆旅游集散中心建设 2018年，西安市旅游发展委员会制定《西安市加快旅游集散中心体系建设实施方案》，为旅游集散中心争取省级专项资金450万元。利用传统长途客运站改造升级建设旅游集散中心，以城南、城东、城西、城北旅游集散中心为核心，打造新型城市旅游集散中心体系。建成白鹿仓·白鹿之隐自驾车房车露营地。

◆“智慧旅游”建设 2018年，西安市旅游发展委员会推动“一部手机游西安”项目，并将该项目纳入西安市与阿里巴巴网络技术有限公司合作框架协议之中。增加景区入口智能闸机功能，有33家景区完成对接，实现智能验票、扫码入园。推动全市A级以上景区与陕西省旅游发展委员会“一机游三秦”公共服务平台对接工作。组织召开西安“智慧旅游”工作推进会，进一步提高景区认识，理顺工作关系，搭建对接渠道。

◆秦岭北麓违建专项整治 2018年，西安市人民政府针对国家自然资源督察西

2018年10月24日，西安市临潼区旅游发展委员会相关人员赴周至县学习考察民宿经济发展

安局反馈秦岭有关问题的整改要求，印发《关于秦岭生态保护区农家乐整治的行动方案》，分阶段对秦岭北麓生态保护区"农家乐"、景区开展专项整治，坚持分类处置，实现规范化管理。西安市旅游发展委员会联合西安市秦岭生态保护局出台《西安市秦岭生态保护区农家乐管理办法》（〔2018〕13号）和《关于规范秦岭北麓农家乐（民宿）发展的指导意见》（〔2018〕114号），以A级旅游景区和"农家乐"为重点，赴沿山区（县）进行专项督导检查，核查A级旅游景区旅游项目和"农家乐"规范经营情况，检查21次，检查A级旅游景区23家、"农家乐"22家，联合陕西省旅游发展委员会复核取消汤峪旅游度假区AAAA旅游景区资质。对长安区"大棚房"问题开展专项督导，重点督查91宗"大棚房"，排查面积9714平方米，督导拆除面积92940平方米。制定《西安市关于规范秦岭北麓农家乐（民宿）发展的指导意见》《西安市秦岭生态保护区农家乐管理办法》，出台《西安市关于加强秦岭北麓旅游景区管理的实施办法》等，强化秦岭生态环境保护导向，确保景区、民宿、"农家乐"健康发展、"绿色"发展。

◆旅游服务配套设施建设 2018年，西安市旅游发展委员会推进"书香之城""音乐之城""博物馆之城"建设。全市实体书店从2017年年底的827家增加到2018年年底的1927家，书店总量跻身全国十强，西安市获年度"中国书店之都"称号。举办各类音乐活动600余场次，接待游客超过50万人次。建成各类博物馆133座，接待游客2100万人次，西安市获年度"中国最具文化软实力城市""中国最佳文化旅游目的地"等称号。加强城市基础设施配套建设，持续深化"厕所革命"，建成旅游厕所267座、第三卫生间111座。加强与"百度地图"合作，988个旅游厕所上线"百度地图"；鼓励400余家社会宾馆酒店免费开放厕所，为游客提供便捷如厕服务，西安市获全国"厕所革命优秀城市奖"。

◆市民游客服务体系建设 2018年，西安市人民政府要求在全市建设市民游客服务中心。市民游客服务中心体系包括1个综合性、1个中心性及4个区域性的市民游客服务中心。其中，综合性市民游客中心和火车站游客中心由市财政出资建设，其他4个中心由区（县）、开发区负责建设。西安市旅游发展委员会制定《西安市鼓励旅游公共服务体系建设奖励办法》。截至年底，浐灞市民游客中心建成；莲湖区、临潼区市民游客服务中心均建成并对外开放；西咸新区市民游客中心完成前期规划。

◆民宿发展 2018年，西安市旅游发展委员会委托长安大学编制《西安市民宿发展规划》，明确空间布局、建设重点和主要任务。会同西安市质量技术监督局立项，邀请西安市标准化研究院、蓝田县文化旅游局、长安大学等单位共同参与，形成《西安民宿基本要求与分级》《西安民宿示范村服务与管理规范》等标准，并于12月28日发布。形成《西安市人民政府关于促进民宿发展三年行动方案（2019—2021年）》《西安市人民政府关于促进民宿发展若干奖励政策》。决定从2019年起，连续3年，市财政每年从旅游发展专项资金中安排资金用于支持民宿发展。创新土地配套政策，鼓励探索农村集体经济组织以出租、合作等方式盘活利用空闲农房及宅基地发展民宿。鼓励各金融机构创新金融产品与服务，扩大对民宿经营的信贷支持；通过招才引智，提高民宿专业化管理水平。优化服务流程，明确民宿开办流程，开辟民宿申办"绿色"通道，调动各方参与民宿发展的积极性。10月24日，西安市召开环城墙区域民宿经济发展落实会，以新城区、碑林区、莲湖区为重点，对城市民宿发展进行部署安排。10月26日，西安市旅游发展委员会对蓝田县民宿发展情况进行现场调研，并召开乡村民宿发展工作专题落实会。邀请"途家网""爱必迎"负责人对西安市民宿项目进行考察；先后赴高陵、蓝田、长安、周至、鄠邑、灞桥、莲湖、碑林、新城等区（县）进行民宿发展调研督导。

◆全球旅游目的地营销峰会 2018年4月19、20日，在西安曲江国际会议中心举行。活动由西安市人民政府主办，其间举办"智慧旅游"与创新营销、文化与旅游、"美丽中国"、未来民宿4场主题论坛，组织2017中国旅行口碑榜颁奖典礼，发布"中国旅行口碑榜2017中国十佳旅游目的地"榜单（西安位列榜单第三），举办2018CTF中国旅行者大会、"全球达人看陕西"启动仪式等。签订《西安市人民政府与携程集团战略合作协议》，明确双方在每年定期举办世界文化旅游大会、共建"携程未来小镇"、推广"AI旅游+智慧出行"、搭建文化丝路全球文旅产业营销平台、创办全国首个未来科技+民宿产业协会、开展体育+旅游合作、开展文旅产业领域基金投资、定期举办住宿行业专业论坛8个方面开展合作。

◆中央电视台《跟着唐诗去旅行》拍摄 2018年7月21日，中央电视台纪录频道纪录片《跟着唐诗去旅行》举行开机仪式。西安市参加该纪录片的拍摄，带领节目摄制组在西安咖啡创业街区等地取景拍摄。《跟着唐诗去旅行》分为5集，于2017年9月正式启动，邀请著名诗人西川、作家六神磊磊、学者杨雨等人出任"旅行者"，沿着唐代诗人的行走路线，寻访曾经的唐诗现场，回望唐诗的山河，感受中国大地上正在发生的变化，追寻中国人的诗意生活。

◆首届世界文化旅游大会峰会 2018年10月9、10日，在西安锦江国际酒后举

2018年10月9日，2018世界文化旅游大会峰会在西安浐灞生态区开幕

办。活动由西安市人民政府主办，其间举办“世界文化旅游大会峰会开幕式”“西安创建世界旅游时尚之都高峰论坛”“文旅产业大趋势论坛”“旅游目的地营销战略论坛”“西安旅游国际化发展论坛”等活动。国内外旅游部门官员、营销企业和旅行达人约1000人参会交流。大会发布《高铁游热度榜单》（西安名列第一）、《2018全球旅行口碑榜票选启动与旅游大数据革新》、《用户视角的旅行指南体系搭建及陕西文化韵味酒店榜单发布》、《基于国际数据分析的西安Citypass（城市通票）发布》等榜单。（王宏伟）

旅游市场开发

◆概况 2018年，西安市旅游发展委员会组织开展2018“西安年·最中国”主题宣传营销。聚焦春游文化，紧抓春季旅游契机，整合山、水、林、乡、城等旅游资源，打造推出“春满中国·醉西安”2018大西安春游季活动。按照“月月出亮点，季季有节庆”的原则，围绕打造“美食之都”“音乐之城”“避暑天堂”系列旅游目标，策划推出“夏爽中国·嗨西安”2018大西安夏季旅游活动。挖掘旅游市场潜力，围绕登高、休闲、采摘、健身康养等内容，策划推出“秋染中国·赏西安”2018年大西安秋季旅游系列主题活动暨“西安国际旅游节”活动。

◆国内旅游宣传 2018年春节期间，西安市策划推出“西安年·最中国”系列活动，《人民日报》、新华社、中央电视台、东方卫视等中央及地方媒体报道“西安年·最中国”活动120余次。联合微博举办“西安年·最中国——百名大V我在西安过大年”活动，邀请网络达人参加“西安年·最中国”线下体验、线上宣传活动，微博话题阅读量超过1.2亿次。与“抖音”签署合作协议，组织“跟着抖音玩西安”主题挑战赛和抖音达人深度体验、西安城市纪录片拍摄等活动，扩大网上影响，涉及西安的短视频播放量超过89.1亿次。与喜马拉雅公司共同建设有声故事库、景点有声导游，与腾讯、头条、百度等国内平台合作，进一步扩大西安的知名度和影响力。组织5批次旅游促销团队，分别赴厦门、广州、北京、天津、上海、苏州、贵阳和西成高铁沿线的成都、广元、绵阳、乐山、重庆等12个主要客源城市，面向公众和旅游业界开展“西安年·最中国”宣传推介活动。抓住2018全国旅游工作会议在厦门举办的契机，在厦门投放“西安年·最中国”主题广告，并向出席会议的各省（区、市）会议代表派发宣传资料。在广州、北京、天津、石家庄、武汉、郑州、济南等12个城市的主流媒体投放“西安年·最中国”的活动产品信息。编印近10万册西安旅游活动项目手册，派发到西安市三星级以上宾馆（饭店）、全市各级旅游咨询中心和民宿及商业综合体等。在《西安日报》《西安晚报》《华商报》《三秦都市报》《中国旅游报》等平面媒体刊登“春满中国·醉西安”2018大西安春游季活动线路产品、优惠政策、2018西安赏花季、2018第二届雁塔国际樱花节等信息；在新华网、央广网、《三秦都市报》、《西安日报》、《西安晚报》、搜狐网、凤凰网、腾讯网等60余家中央、省、市媒体和自媒体对“春满中国·醉西安”2018大西安春游季启动仪式进行宣传。在成都高铁站、北京四惠城市交通换乘枢纽、西安主要社区、西安北客站等利用液晶显示屏或灯箱资源平台，发布“西安年·最中国”主题活动信息。

◆国际旅游宣传 2018年，西安市旅游发展委员会围绕建设“最具东方神韵国际一流旅游目的地”目标，编制《西安旅游国际化行动计划（2018—2021年）》。根据境外重点客源市场分布和旅游企业优势资源情况，利用美国洛杉矶、英国伦敦、意大利罗马、俄罗斯莫斯科、加拿大多伦多、日本大阪和东京、吉尔吉斯斯坦比什凯克、德国柏林、澳大利亚堪培拉、韩国首尔、泰国曼谷等27个西安境外推广中心，加强对西安旅游资源的推广宣传，提升西安的国际知名度。西安旅游境外推广中心推出鄠邑区农家包饺子、学画“农民画”等线路，在英国每日电讯报、欧洲主流旅游媒体TTG和facebook等媒体上刊登宣传西安旅游的广告；在驻日中国大使馆和大阪、名古屋华侨、华人团体举行的“中国节　春节祭”、“中秋明月祭”、德国柏林旅游展、奥地利维也纳旅游展、意大利“欢乐春节”、意大利国际旅游展等活动中，摆放宣传西安的日文宣传资料，对日本客人和当地华侨、华人介绍直航航班，宣传西安旅游。9月18日，在西安举办中法旅游论坛，通过分享中、法两国在发展文化创意和文化旅游方面的成功经验，推动双方文化旅游产业发展。参加山东（济南）国际旅游交易会、中国（北京）国际旅游交易会、海南国际休闲旅游博览会、宁波国际旅游交易会等，主动和境外旅游机构和相关人员接洽，发放宣传资料6000余份，详细介绍西安的旅游产品和城市发展，增强西安旅游的知名度和影响力。组织旅游企业赴捷克、匈牙利、日本、韩国、俄罗斯、哈萨克斯坦等国家进行宣传推广。先后与哈萨克斯坦阿拉木图、希腊卡拉玛塔、乌兹别克斯坦撒马尔罕州、日本静冈县、意大利文化旅游部等10余个代表团交流座谈，推介西安旅游，加强旅游合作。与喜马拉雅、携程、抖音等知名企业合作，向世界宣传推介西安文化旅游资源。举办首届世界匠人大会、唐都长安1400年国际学术研讨会等系列活动，组织“西安市文化代表团”赴美国堪萨斯参加国际龙舟节、西安交响乐团赴意大利商演、西安演艺集团赴塞浦路斯交流演出、西安美术馆赴新西兰举办画展等对外交流活动。“西安国际音乐节”“西安戏剧节”等自主品牌活动影响日益扩大。

◆“西安市十佳民宿”评选 2018年，西安市旅游发展委员会利用“西安农民节”契机，评选推出“西安市十佳

民宿”。在《西安日报》《西安晚报》《中国旅游报》等传统媒体和新浪网、凤凰网等新媒体，以及西安市旅游发展委员会官方网站、微信、微博，加大对西安民宿的宣传。联合西安电视台拍摄《西安市十佳民宿》宣传片，印制《西安市十佳民宿》画册1万份。5家“精品民宿”被陕西省文化和旅游厅评选为“陕西省优秀精品民宿”。（王宏伟）

旅游产品

◆概况 2018年，西安市挖掘传统文化和地域特色内涵，突出“标志性、国际范、科技风、地方味”元素，围绕最特色、最文化、最科技、最时尚等6个方面，筹划具有西安历史文化特色的旅游产品。以“西安·最中国”为主题，策划推出一系列充满西安特色的四季系列文化旅游活动，吸引国内外大量游客，呈现出“人气旺收入高、品牌强影响大、产品靓口碑好”的特点。春节推出“西安年·最中国”文化旅游产品，举办各种活动120余场次；3—5月，推出以“春满中国•醉西安”为主题，围绕览春、访春、采春、戏春等，推出31条春游精品线路、100余项活动；5—9月，以“夏爽中国•嗨西安”为主题，推出“‘丝绸之路’万国啤酒节”“汉城湖龙舟节”等200余项主题活动；9—11月，以“秋染中国·赏西安”为主题，打造“秋味、秋影、秋音”等6大精品主题活动。全市旅游市场实现“月月有亮点，季季有节庆”。

◆旅游新产品 2018年，西安城墙南门、曲江灯光秀、大明宫国家遗址公园、回民坊步行街、永兴坊美食街、白鹿仓民俗文化旅游景区、华夏文旅西安度假区、沣东新城诗经里小镇等文化旅游景点亮点纷呈，受到游客欢迎。《城墙永宁门迎宾入城仪式》《梦回大唐》《仿唐乐舞》《驼铃传奇》《长恨歌》等大型演艺项目成为西安文化、旅游融合发展的代表和典范。针对秦腔、华阴老腔、皮影表演、西安古乐等优秀传统文化进行创意性开发和产品设计，设立常态文化旅游演出场所，使其成为具有地域特色的高品质文化旅游产品。

◆“全球达人看西安”活动 2018年5—9月，西安市旅游发展委员会联合携程集团举办“夏爽中国·嗨西安”夏季游、“秋染中国·赏西安”秋季游等旅游活动。邀请演员黄渤及多位知名人士参与拍摄西安旅游宣传视频，并在携程平台播放，点击量32亿次。携程还陆续策划整合“夏爽中国·嗨西安”“秋染中国·赏西安”，以及西安国际旅游节等活动，并配合西安旅游宣传，以发放“旅游大礼包”等方式向游客发放金额2.25亿元的优惠券。

◆“西安年·最中国”旅游产品 2018年春节，西安市旅游发展委员会推出“西安年·最中国”文化旅游产品，举办各种活动120余场次，取得较好的社会效益和经济效益。春节假日期间，接待游客1652.39万人次，旅游收入144.78亿元，被网友评为全国“春节最火爆旅游目的地”。

◆“春满中国·醉西安”旅游产品 2018年3月21日，西安市旅游发展委员会在西安城墙启动“春满中国·醉西安”文化旅游活动启动仪式。围绕“览春——万紫千红赏花季”“访春——春光明媚踏青季”“采春——农事体验采摘季”“戏春——健身康养休闲季”“望春——青峰秀水登山季”“品春——春光乐游美食季”“探春——历史文化游学季”“念春——思乡寻梦祭祖游”8大主题，策划推出28项重点活动、31条春游西安精品线路、100余项主题活动、200余个春游目的地。

◆“夏爽中国·嗨西安”旅游产品 2018年5月19日，“夏爽中国·嗨西安”2018“大西安”夏季旅游活动在大明宫国家遗址公园启动。该活动为期3个月，围绕“品夏——饕餮盛宴美食季”“乐夏——酷炫长安音乐季”“凉夏——纳凉休闲避暑季”“读夏——博物养志研学季”“戏夏——八水流饮亲水季”“康夏——健体运动养生季”6大主题，推出“‘丝绸之路’万国啤酒节”、欧美大型真人挑战互动游戏IP“奇趣狂欢节”、2018第六届“西安汉城湖龙舟节”、“爱上西安·丝路之约”首届丝路国际文化交流活动、“中华七夕情人节”、第三届中国农民画艺术节等200余项主题活动。

◆“秋染中国·赏西安”旅游产品 2018年9月1日至11月30日，西安市旅游发展委员会策划推出“秋染中国·赏西安”2018年大西安秋季旅游活动暨“西安国际旅游节”。围绕“秋味、秋影、秋音、秋行、秋山、秋慧”6大主题，策划推出13项重点活动、119项主题活动，活动突出“国际范”“文化范”“流行范”元素，增强参与性、知识性、趣味性，让广大游客感受秋天色彩的同时，品味西安历史文化、传统文化带来的独特魅力。

唐乐宫的《仿唐乐舞》演出场景

◆假日旅游产品 2018年，西安市旅游发展委员会针对假日旅游市场，分别围绕“春节”“清明”“五一”“端午”“仲秋”“国庆节”，推出内容多样、特色突出、文化内涵丰富的旅游产品。春节期间，西安曲江新区和各区（县）政府分别在大唐芙蓉园、大唐西市、大雁塔北广场、西安城墙、汉城湖景区等地举办“中国年·最西安”旅游系列活动，并向市民发放《春节旅游活动指南》。清明和五一小长假期间，分别举办西安创业咖啡街区“嘉会坊”、“春满西安·游购新城”2018新城春季旅游季暨“解放路狂享节”、城墙《长安颂》光影盛典、大唐不夜城“2018全民达人秀”及“‘唐韵长安’购物狂欢节”、第七届“汉文化艺术节”、陕西历史博物馆国宝系列展、2018西安首届国际气球嘉年华活动、白鹿原·白鹿仓飞行运动嘉年华、“点亮金秋·田园狂欢节”、第二届文化旅游推广暨“通远采摘节”等活动。

◆**文化演艺旅游产品** 2018年，西安旅游文化演出丰富多彩。临潼华清宫《长恨歌》《12·12》，西安城墙《长安颂》光影盛典，华夏文旅《驼铃传奇》秀，白鹿原影视城《二虎守长安》《黑娃演义》等旅游演艺产品受到游客喜爱。

◆**文旅融合产品** 2018年，西安市办好欧亚经济论坛、丝绸之路博览会等品牌活动和西安国际马拉松等精品赛事，争取承办国家重大主场外交和国际大型会议，以打造会展、赛事、文创名城为契机，推动会展、会议、赛事与旅游融合发展，促进更多资源转化为旅游产品，培育一批集文化创意、度假休闲、康体养生等主题为一体的文化旅游新业态、新模式。加快白鹿原文化产业基地、西影电影产业集聚区、西安老字号餐饮文化旅游项目等重点项目建设，打造创意街区、创客空间、文创园区，扶持建设国际文化企业和文创品牌。

（王宏伟）

旅游行业管理

◆**概况** 2018年，西安市旅游发展委员会贯彻“全域旅游”方针，不断加强对旅游行业的管理力度，重点突出对法定节假日、全国“两会”、首届“农民节”期间旅游市场的检查管理。制定下发“2018西安年·最中国”“春满中国·醉西安”“夏爽中国·嗨西安”“秋染中国·赏西安”等活动安全保障工作相关文件，督促区（县）旅游部门每日上报开展安全保障工作情况。

◆**旅游市场监督管理** 2018年，西安市人民政府发布《西安市旅游市场监督管理办法》，全面规范旅游市场秩序，加强旅游市场监督管理，维护旅游者和旅游经营者的合法权益。西安市旅游发展委员会推进旅游市场联合执法机制常态运行，联合公安、工商、城管等部门，重点围绕秦始皇帝陵博物院周边、火车站广场、大雁塔南北广场、北院门周边等游客密集区域，加大执法力度，打击零团费、负团费和强迫消费、违规“一日游”等问题。组织“利剑行动”旅游市场秩序专项整治活动，赴旅游服务接待单位，以电视问政曝光问题和舆情反馈问题为重点，实施执法检查，进一步优化市场秩序。全市重大节假日市场秩序良好，全年无重大旅游投诉。抓好旅游用车安全工作，对做周边游和大巴游产品的主要旅行社车辆情况进行检查，督促旅行社及时缴纳旅行社责任险并签订“旅游用车合同”，保证旅行社使用车辆手续齐全、合法，保证游客人身安全。推广使用陕西公共信用平台和全国旅游监管服务平台，对不诚信经营行为进行联合惩治，向“信用中国（陕西）”网站报送行政许可类信息99条、严重失信责任主体信息34条；通过全国旅游监管服务平台“12301”发送旅游领域失信当事人信息，上传“诉转案”处理结果信息61条，提高企业对诚信经营的重视。

2018年9月15日，西安市临潼区旅游服务中心秦俑导游服务部召开迎双节第三批次导游人员纪律作风整顿会议

◆**旅行社监督管理** 2018年，西安市旅游发展委员会开展不合理低价游专项整治工作。以抓合同、价格、购物为重点，通过案件查处、通报约谈、“双随机”检查等手段，加大检查力度，形成抵制“不合理低价游”的社会氛围。加强旅行社信用体系建设，要求公开旅行社信息，树立诚信意识，提升旅游服务能力水平。督促旅行社签订“‘品质西安’诚信旅行社承诺书”430余份，签订率95%。根据各个重点时节，加大对旅行社检查力度。把工作重心从事前审批向事中、事后监管转变，探索旅游行业行政管理制度改革，提升管理工作效能。加强旅行社文明旅游宣传和引导工作，针对旅游过程中不文明事件发生增多态势，建立文明旅游宣传引导工作相关管理制度和长效机制，切实将“行前说明、行中引导、重要环节及时提示”等要求落到团队旅游组织工作中，引导游客追求旅游品质，做国内旅游、出境旅游的“文明使者”。推进旅行社责任险统保项目实施，全市参加旅行社责任险统保的旅行社460余家，旅责险赔付19.3万元；旅意险赔付150.2万元。建立旅游质量失信“黑名单”，并定期向社会公示，实施守信激励和失信惩戒，营造旅游市场的诚信经营氛围。

◆**旅游饭店评定及复核** 2018年，西安市旅游发展委员会采取饭店自查与西安市旅游饭店星级评定委员会办公室派员检查、明察与暗访相结合的方式，从饭店的必备项目、设施设备、服务项目、维修保养、清洁卫生、服务与管理制度6个方面，对西安市108家星级旅游饭店进行年度复核。制定《西安市高品质特色酒店建设资格认定及奖励政策申报指南》，对高品质酒店给予政策奖励扶持。各星级饭店响应西安创建“国家文明城市”要求，通过显示屏、张贴宣传画和服务员点菜提醒等方式宣传“文明餐桌”活动。

◆**旅游景区评定与管理** 2018年，西安市有93家国家A级旅游景区，较上年增加6家。西安市旅游发展委员会推动朱雀·太平、翠华山·南五台、大明宫AAAAA级景区创建工作；城墙·碑林晋级国家AAAAA旅游景区；白鹿原·白鹿仓景区晋级国家AAAA旅游景区；西安御品轩魔法城堡、蓝田玉山丝路慢城景区通过AAA景区评审。对创建A级景区的旅游景区及区（县）旅游部门景区管理人员开展业务培训。组织社会志愿者和电视台记者对所有AAAAA、AAAA级景区进行暗访，通报发现的问题。以明察、暗访、听取游客意见等各种方式，对AAAA级以下旅游景区开展复核。（王宏伟）

经济管理与监督

责任编辑
冯冠杰

宏观调控

◆**概况** 2018年，西安市发展和改革委员会抢抓获批建设国家中心城市历史机遇，扎实开展“追赶超越奋进年、招商项目落地年、营商环境提升年”活动，高质量发展统筹高端产业和中高速增长，推动经济社会发展保持“稳中向好、结构趋优、动能增强”的良好态势，综合实力迈向新台阶。全市生产总值8349.86亿元，比上年增长8.2%，增速居副省级城市第一，占陕西省比重升至34.2%，创14年来新高。一般公共预算收入完成684.71亿元，增长10.8%，其中税收占比81.3%，增长12.7%。规模以上工业增加值增长9.4%，提高3.6个百分点，战略性新兴产业增加值增长13.5%。全社会固定资产投资增长8.4%。社会消费品零售总额4658.72亿元，增长9.6%。新增市场主体55万户，总数达148万户，增速和市场主体活跃度均居副省级城市榜首。进出口总值达到3303.87亿元，增长29.6%，增速居副省级城市第一。城镇和农村常住居民人均可支配收入分别为38729元、13286元，分别增长8.1%、9.0%。居民消费价格指数上涨1.9%。

◆**经济宏观管理** 2018年，西安市发展和改革委员会面对极为复杂严峻的经济形势和不断下行的经济压力，制定实施《2018年经济工作“季季红”八条措施》《生产总值月研判月核算月报告制度》，牵头推进全市生产总值和“发展报表”指标运行。坚持对标成都、武汉、宁波、杭州等副省级和先进城市，强力推进月监测研判、季分析点评等经济形势分析联席会议制度，实行运行监测、分析研判、提醒督促、领导包抓等系列措施。围绕供给侧结构性改革、大西安建设、乡村振兴、特色小镇、县域经济等全市重点工作，创新谋划顶层设计，积极做好政策储备。编制出台《西安国家中心城市建设实施方案》《西安市贯彻落实追赶超越定位的实施方案》《大西安（西安市—西咸新区）国民经济和社会发展规划（2017—2021）》《西安市乡村振兴战略实施规划（2018—2022年）》《西安市“一带一路”建设三年行动计划（2018—2020年）》《大西安现代物流业发展规划（2018年—2021年）》《西安市农村人居环境整治三年行动方案（2018—2020年）》《西安市绿色循环发展三年行动方案（2018—2020年）》《西安市补齐区县域经济发展短板实施方案》《西安市支持富阎一体化实施方案》等指导全市的重要文件，为西安经济高质量发展打下坚实基础。加强煤电油气运等要素保障，协调推进84个规划变电站建设，成功入选国家北方清洁供暖试点城市。积极争取上游供气单位支持，全市采暖季用气总量达21.93亿立方米，实现储气调控能力8857.95万立方米。

◆**产业结构调整** 2018年，西安市发展和改革委员会紧扣产业转型升级和高质量发展要求，统筹协调全市产业布局，加快构建现代产业体系，三次产业分别增长3.3%、8.5%和8.3%，三次产业结构为3.1：35.0：61.9。加快推进战略性新兴产业发展，制定《西安市“521”创新型企业培育计划》，编制《西安市战略性新兴企业名录》，加快推进奕斯伟硅产业基地、北斗产业园等重大战略性新兴产业项目。新能源汽车、光电子器件、锂离子电池等产品产量分别增长70%、3.3倍、2.0倍，规模以上高技术制造业产值增长8.5%，战略性新兴产业增加值增长13.5%。做优做强现代服务业，出台实施《关于进一步加快发展服务业的若干意见》《西安市人民政府关于进一步扩大旅游文化体育健康养老教育培训等领域消费的实施意见》等政策文件，引导现代服务业快速发展。加快48个服务业聚集区建设，加强与喜马拉雅、携程集团、星空传媒对接合作，SKP、大融城、大悦城等22个大型商业综合体建成开业，新增新唐人街等6条示范特色商业街区。全市服务业增加值完成5165.43亿元，增长8.3%。年末，金融机构人民币存款余额2.09万亿元，增长4.5%；金融机构人民币贷款余额1.97万亿元，增长16.4%。全市新增规模以上文化企业130家，总量达到486家，完成营收500亿元，增长23%以上。接待海内外游客2.47亿人次，增长36.7%；旅游业总收入2554.8亿元，增长56.4%，西安成为“十大国内热门旅游目的地城市”第一位。

◆**重点项目建设** 2018年，西安市发展和改革委员会狠抓项目落地、项目实施，持续推进项目建设。组织3批852个重大项目集中开工，总投资额1.07万亿元，年度完成投资2439亿元。677个市级重点在建项目共完成投资4068.24亿元，达到年计划的140%，比上年增加投资754亿元。167个新开工项目全部开工建设，130个项目竣工或部分竣工投用。110个民生工程完成投资762.65亿元，占年计划172.43%。287个服务业项目完成投资1759.45亿元，占年计划141.82%。38个农林水和生态工程建设项目完成投资144.55亿元，占年计划120.31%。145个工业项目完成投资656.59亿元，占年计划130.41%。9个区域改造项目完成投资153.67亿元，占年计划112.41%。88个基础设施建设项目完成投资591.32亿元，占年计划127.77%。推进政府和社会资本合作，制定PPP工作“八条措施”等一系列政策措施，新增入库PPP项目203个，签约额2048.2亿元，年度完成投资304.18亿元。持续深化招商引资，大力推进“一号工程”，完成央企招商1719.05亿元，完成年度目标任务130.23%，6个百亿元以上央企项目落地。争取中央、陕西省专项资金10.52亿元，获批发行企业债券75亿元，西安市被中国投资协会创业投资专业委员会评为“中国创投20年最具潜力城市”。精心打造“特色小镇”，全市第一批35个“特色小镇”实现10大产业领域全覆盖，完成投资418.85亿元。完成第二批34个“特色小镇”申报创建工作，大唐西市丝路文旅小镇入选“全国第一批10个特色小镇推荐案例”。

◆**创新改革** 2018年，西安市发展和改革委员会稳步推进全面创新改革。狠抓军民融合、统筹科技资源两大改革事项，编制《西安市军民融合深度发展专项行动计划（2018—2020年）》。通过国家全面创新改革试验3年系统评估。积极创建“国家军民融合创新示范区”，民参军企业达430家，军民融合产业总收入突破2500亿元。开展“军工+地方”模式创新探索，积极推动中国兵器工业集团有限公司与陕西省人民政府、西安市人民政府共同建立军民融合产业园区，引入产业化项目33个，项目总投资151亿元，聚集约302亿元/年的综合产出能力。17项全面创新改革任务接受国家系统评估，14个优秀案例入选“国家全面创新改革试验百佳案例”，入选数量列全国8个试验区第三名，全国3个市级试验区第一名。国务院印发“向全国复制推广的第二批23条创新改革举措”中，西安市入选6条。西安市获批“国家知识产权强市建设城市”，全市技术成果交易额1028.33亿元；研发投入410亿元，占地区生产总值比重4.91%；专利申请总量7.12万件。

◆**区域发展** 2018年，西安市发展和改革委员会深入推进“一带一路”建设。出台《西安市“一带一路”建设三年行动计划（2018—2020年）》，获批“陕西省‘一带一路’综合改革开放试验区”，获“‘一带一路’建设案例奖”。大力发展枢纽经济、门户经济、流动经济，制定《西安市加快“三个经济”发展规划和实施意见》，西安咸阳国际机场新增到圣彼得堡、伦敦、洛杉矶等7条国际客运航线和河内、哈利法克斯2条国际货运航线，累计通航29个国家、53个通航点、64条国际航线，全货运航线达到18条；旅客吞吐量实现4465万人次，跃居全国第七位；货邮吞吐量突破31万吨，增速位居全国十大机场第一位，获国家支持开放第五航权。亚洲最大的新筑铁路物流中心项目站前工程建成投用，中欧班列“长安号”创3个全国第一。进一步加快国家中心城市建设，编制出台《西安国家中心城市建设实施方案》，提出构建“三中心两高地一枢纽”的“六维”支撑体系和十大重点专项行动。积极开展关中平原城市群之间的合作交流，先后与延安市、三门峡市签订战略合作框架协议，区域合作优势进一步凸显，以西安为核心的城市群协调发展格局正逐步形成。深入推进“大西安”建设，制定出台《西安市加快推进西咸一体化发展实施意见》《西安市关于支持富阎一体化发展实施方案》等支持西咸新区、富阎一体化建设系列文件，积极推进西咸一体化、富阎一体化相关工作落实。

◆节能减排 2018年，西安市发展和改革委员会紧抓措施落实，持续推动绿色发展。围绕“节能、降碳、减煤”目标，抓好重点领域绿色提升，推进试点示范带动作用，加快循环低碳发展。制定《西安市绿色发展三年行动方案》《西安市关于健全生态保护补偿机制的实施意见》等政策文件，积极举办“2018年度节能宣传周”活动，西安市低碳考核连续3年获得全省优秀等级。全市万元生产总值能耗下降5.99%。全年削减煤炭153.18万吨，达到年度总任务的109%。完成城乡居民煤改洁59.88万户。其中，煤改气3.82万户；煤改电55.50万户，超额完成陕西省下达的目标任务。全年达到188个蓝天，优良天数增加8天，重度及重度以上污染天数减少10天，PM10、PM2.5分别下降6.2%、13.7%，综合指数改善位居全国第19位。

◆脱贫攻坚 2018年，西安市发展和改革委员会全力以赴打赢脱贫攻坚战。积极发挥牵头推进基础设施和公共服务设施建设协调组重要职责，瞄准突出问题和重点任务精准发力。组织召开各类工作会议10余次，完成通村公路“油返砂”整治工程829.47千米，争取省级资金25874万元；完成贫困村饮水安全工程项目68个，总投资3153万元；完成农村电网升级改造项目16项，总投资1871.1万元。全市142个贫困村安全饮水、电力入户、通（沥青）水泥路全面达到脱贫退出标准，在陕西省考核中位列第一梯队。争取苏陕扶贫协作项目扶持资金1780万元，支持15个产业项目，直接带动261户贫困户受益，已领取分红52.2万元。

◆社会事业建设 2018年，西安市发展和改革委员会扎实做好保障和改善民生工作，突出抓好民生“十大实事”78项115件具体任务的落实，与承担任务部门建立工作联系机制，加强监测督导，确保全年工作任务顺利完成。组建66个市级、193个区级“名校+”教育联合体，惠及学生32.5万人，全市普通高中全部达到省级标准化。推进西安市人民医院、西安国际医学中心等重大项目建设，新建紧密型医联体13个，65岁以上老年人免费健康体检惠及60.5万人。开工建设各类保障性住房50045套，近60万名职工利用公积金改善住房条件。

（赵　盈）

经济体制改革

◆概况 2018年，中共西安市委、西安市人民政府围绕推动任务落实见效，进一步完善重大事项领导领衔、协调推进、督查考核、典型宣传等工作机制，切实加强组织领导，着力提升改革能力和成效。全市生产总值8349.86亿元，比上年增长8.2%，增速居副省级城市第一。新增市场主体55万户，占全省的90%，总量超过148万户，增量和存量增速均居副省级城市第一；全市进出口总额3200亿元，增长25.7%，增幅位居副省级城市第一；“长安号”开行超过1200列，开行总量、重载率、货运量居全国第一；咸阳机场货邮吞吐量突破30万吨，增速居全国第一；建立完善新型社会救助体系，获国务院通报表扬；人才新政落户人口超过100万人，西安呈现出经济旺、商气旺、人气旺的良好态势。西安市成功入选改革开放40年经济发展最成功40个城市，获批国家中心城市、国家级临空经济示范区、跨境电商综合试验区、航空基地综合保税区。全面创新改革试验14个优秀案例入选全国百佳案例，自贸区“铁路运输舱单归并新模式”在全国复制推广，西咸新区搭建“一带一路”语言服务标准体系及大数据平台在全国推广。在西安日报开设“全面深化改革·西安经验”“西安力量·改革开放40周年·大西安年终献礼”等专栏，对46个典型案例进行宣传推广，营造将改革进行到底的浓厚氛围。

◆重点领域改革 2018年，西安市坚持以高质量发展统筹高端产业和高速度增长，围绕发挥市场在资源配置中的决定性作用，加快实施创新驱动战略，深入推进“放管服”、国资国企、军民融合、创新创业等重点领域改革，充分激发释放发展内生动力。

发展格局不断优化　编制完成《“大西安”2050空间战略规划》，出台《关于西安国家中心城市建设实施方案》《支持西咸新区加快发展的若干意见》《支持富阎一体化发展的实施方案》《支持曲江新区打造文化产业改革示范区的意见》《支持临潼区追赶超越加快改革发展的意见》《支持碑林环大学创新产业带发展的若干意见》，着力构建城市群协同发展格局。

创新驱动效果凸显　坚持把科技创新摆在全市发展全局的核心位置，研发投入总量达到410亿元，全市发明专利拥有量达到38万件/万人，成为国家首批知识产权运营试点城市。深入推进全创改17项任务落实，形成24条创改经验。成功举办西安全球硬科技创新暨“一带一路”创新合作大会，成立丝路硬科技创新联盟，制定《硬科技产业发展规划》，硬科技作为西安原创概念进入国家话语体系。出台户籍、人口、创新创业“三大新政”的升级版，新建35家“院士工作站”、8个“博士后创新基地”和16个“海外人才工作站”，引进院士31人。积极搭建创新创业载体和平台，全国首创大学生毕业盛典、开学盛典，开展“创业西安行”活动280场，累计建设众创载体1151个，入孵企业和团队3.4万个，技术交易额达1018亿元。西安位居全国城市创新创业活动第6位。

军民融合深入推进　围绕创建军民融合创新示范区，出台《军民融合深度发展专项行动规划》，组建军民融合发展委员会。大力实施“军工+”战略，成立军民融合创新研究院、空天动力研究院、科技装备业商会、三航军民融合科创联盟，完成2家军工企业混改、1家军工由事转企改制。建立军工资质中介服务生态体系和《西安市军民融合报表制度》，总结上报军民融合创新改革经验4条。全年新增军民融合企业116家，民参军企业达到430家，军民融合产业营收突破2500亿元。

“三个经济”稳步发展　围绕建设“一带一路”综合改革开放试验区，出台《“一带一路”建设三年行动计划》。积极抢抓自贸区、第五航权、跨境电商试验区等政策机遇，加快发展枢纽经济、门户经济、流动经济。全面完成自贸区116项试点任务，“容缺受理”等6项制度在陕西省复制推广，编制《自由贸易试验区西安区域产业发展规划》。深化“三港联运”，深入推进国家现代物流创新发展和供应链体系建设“双试点”任务落实，成功举办“全国物流创新发展大会”。加快完善“西安港”口岸功能，西安国际航线增至61条，全货运航线达到14条，汽车整车进口指定口岸建设速度刷新全国同类口岸速度之最。

营商环境不断优化 紧盯“三化五最”（“三化”指便利化、法治化、国际化；“五最”指审批最少、流程最短、成本最低、诚信最优、服务最好）目标，对标世界银行指标体系，出台加强和改善营商环境“1+21+5+1”系列文件，着力打造最佳营商环境城市。持续深化“最多跑一次”改革，积极推动“互联网+政务服务”，初步实现“一网通办”“一证通办”“一窗通办”和“掌上办”，全市91.17%的政务服务事项实现“最多跑一次”，打造“365天工商服务不打烊”等服务品牌。成功举办丝绸之路国际博览会、世界西商大会等重大招商活动，签约项目716个，总投资2.14万亿元。成功举办欧亚经济论坛、丝绸之路城市圆桌会、中法文化论坛等20余项国际国内重大活动，荣获“城市形象海外推广奖”。有215家世界500强企业、293家中国500强企业、220家民营500强企业在西安市设立法人公司及分公司。普华永道公布的《2018年中国城市营商环境质量报告》显示，西安市排名全国第6位，入选全国首批“十大不跑腿城市”。

金融改革实现突破 守牢不发生重大风险底线，下大力气开展互联网金融风险专项治理，网贷机构数量和交易规模均达到“双降”要求。编制完成《西安市建设丝绸之路国际金融中心发展规划》，加快建设高新、曲江、经开“三个金融示范区”和西咸新区、港务区、浐灞“三个金融功能区”，建设“一带一路”离岸金融中心。“通丝路”跨境电商人民币结算服务平台上线运行，汇集出口企业81家，覆盖陕西60%的地区。成立全球丝路创投联盟，举办“2018全球创投峰会”，出台“创投十条”，直接融资100.74亿元。大力实施“龙门行动”计划，新增上市企业3家、新三板挂牌企业26家、区域股权市场挂牌企业413家、持牌金融机构10家（含1家外资银行）。

民营经济活力增强 围绕建设民营经济示范城市，制定支持民营经济发展的30条政策措施，成立中小企业信用服务中心及中国中小企业信用研究院，组建中小企业工业技术研究院、创客学院、西商总会，举办首届“企业家节”活动，全市非公经济增加值占比达到53.3%。探索城市开发“XOD”模式，吸引社会资本参与基础设施及公共服务建设，出台推进PPP项目建设八条措施，PPP项目入库总数260个，总投资额4731.52亿元，84个执行项目总投资1484.98亿元，PPP工作获国务院表彰。

脱贫攻坚持续推进 严格对照“577”脱贫退出标准，推进“八个一批”政策措施精准落地，“周至摘帽、142个贫困村退出、12864户40570人在册贫困户脱贫”指标全部达标。积极开展特困供养、城乡低保入户购买服务试点，率先在全省推行社会救助购买服务。大力实施电商扶贫，建成乡镇级电子商务服务站55个，村级服务点658个。9月，在西安市召开的第七届亚太经合组织（APEC）电子商务工商联盟论坛上，西安市电商扶贫减贫经验作为中国经验，在大会上进行交流。统筹推进乡村振兴和脱贫攻坚，推广周至县丹阳村联村党委模式、蓝田县董岭村“三变”改革经验，成功举办大西安农民节、农民丰收节活动，“三农”工作大幅提升。

破解民生“九难” 调整优化学校布局，新建、改扩建学校152所，改善薄弱学校办学条件154所，新增学位10.11万个。实施“名校+”工程，促进优质教育资源均衡，新组建市级“名校+”教育联合体66个，区（县）级193个，共覆盖学生32.4万人。深化医疗卫生体制改革，建立“互联网+医疗”健康服务体系，建成医联体45个，公立医院综合改革受到国务院表彰。加快住房制度改革，制定深化住房供给侧结构性改革《实施方案》，出台“两个20%”（公租房、共有产权房各占20%）供地政策，建立多主体供给、多渠道保障、租购并举的住房制度。

实施“文化+”战略 新增规上文化企业113家，完成营收319.51亿元，比上年增长20.7%。推进“一带一路”文化合作交流，制定建设丝路文化高地行动计划，建立丝路自媒体中心，举办丝路国际文化艺术节、丝路国际电影节、中国西部文博会、“长安与罗马对话”论坛等文化交流活动。大力塑造城市文化特色品牌，加快建设“书香之城”“音乐之城”“博物馆之城”，在全市推广“图书+文创+咖啡（茶）+活动”实体书店新业态，举办“西安年•最中国”、唐都长安1400年等系列品牌活动，推动文化与旅游融合发展。大力实施中华优秀传统文化传承工程，由西安市创作出品的纪录片《礼乐中国》入选中宣部“中华优秀传统文化传承工程”，弘扬“西商精神”的《那年花开月正圆》获中国电视剧“飞天奖”。

提升城市管理 深入实施“治霾十法”，出台《“铁腕治霾•保卫蓝天”三年行动方案》和《2018年“铁腕治霾•保卫蓝天”“1+2+22”组合方案》，全年优良天数188天，空气质量综合指数、PM10、PM2.5污染改善幅度位列全省第一。深入推进“厕所革命”“烟头革命”，成功举办“2018西安世界厕所工作大会”和“世界厕所日”纪念活动，荣获全国“厕所革命”综合推进先进单位、“厕所革命优秀城市奖”，探索建立“市容+执法”的“烟头革命”新模式。实行拆墙透绿工作，全市12座公园拆除围墙全面开放。全面实施“五策治水”，在陕西省率先实施湖长制，实现全市140个湖泊、水库、陂塘“湖长”全覆盖，完成建成区黑臭水体整治整改任务，新增水生态面积172.67公顷、湿地391.33公顷。

改善生态环境 结合秦岭北麓违建别墅专项整治工作，加快建立生态环境保护长效机制。出台《关于深入学习实践习近平生态文明思想，加快创建生态文明建设示范区的决定》，将每年2月15日作为生态日，市委每两个月研究生态保护工作，每年召开一次生态保护大会，建立保护生态环境的45项制度措施。制定《农村人居环境整治三年行动方案》，在全市农村开展“垃圾革命、污水革命、厕所革命”等“新三大革命”，全市2063个村庄生活垃圾得到有效治理，126个试点村污水处理覆盖率达到40%以上，蓝田、阎良、高陵3个区（县）被确定为省级农村生活污水治理示范区（县）。

“平安西安”建设 在全市推广“平安地图”，搭建平安建设和便民服务两大应用平台。健全完善安全生产监管执法体制，制定贯彻落实《地方党政领导干部安全生产责任制》实施细则，出台强化企业安全生产主体责任指导意见。积极创建“平安鼎”，狠抓扫黑除恶专项斗争，着力打造全国最具安全感城市。“110”接报警比上年下降12.5%，“两抢”接报警数下降55%，实现150天“零发案”，群众安全感显著提升。

◆改革创新典型案例 2018年，西安市新城区在陕西省首创“平安地图”综治系统，探索“互联网+社会治理”模式。碑林区围绕校地融合发展，探索出西安“大学+”新经济发展模式。莲湖区实行“一门受理、一次办结、一网通办”改革，实现窗口集成跑腿少，数据共享材料少，效率提升等待少，群众满意评价高效果，在全省优化提升营商环境现场推进会上推广。雁塔区搭建军民融合、文化创意特色金融服务平台破解融资难。灞桥区打造自由职业者新家园“半坡艺术联盟”，开创自由职业者统战工作新局面，在全国新的社会阶层人士统战工作经验交流会上交流。未央区探索形成新型政务公开模式。阎良区着眼绿色生态，推进殡葬改革，为全国殡葬法规修订提供借鉴。临潼区打造“网上信访”新模式已在全国推广。长安区引入社会资本建设长安唐村中国农业公园，被列入西北首家获批中国农业公园共建单位。高陵区打造注重风险防控、丰富交易类型、提高互联网化程度的农村产权交易市场“2.0版”，被农业部（现农村农业部）纳入《党的十八大以来农村改革试验区改革试验成果转化清单》。鄠邑区探索乡村振兴乡土人才培养途径，建立西北首家乡村振兴教育学院。蓝田县顺应媒体融合发展的新形势，大胆探索，在全市组建首家县级融媒体中心，得到省委主要领导充分肯定。周至县在全市率先建立县、镇（街）、村（社区）三级代办服务机制，将政务服务的触角延伸至企业和群众家门口。西安市发展和改革委员会坚持对基层改革探索及时进行跟踪指导、总结提炼，建立改革典型案例项目库，形成《西安市2018年改革创新优秀案例汇编》，并建立定期交流机制，在全市形成“改革创新追赶超越”抓发展的态势，不断把新时代改革开放继续推向前进。

（王建华　申振强）

国有资产监督管理

◆概况　2018年，西安市在国资国企改革发展重要领域和关键环节取得新进展。制定《推进国资国企高质量发展行动方案》，提出2018年—2020年高质量发展目标。实施“四个清单”（问题、措施、解决、制度清单）管理，解决问题96个，推动国企高质量发展。举办“追赶超越”擂台赛3期、追赶超越工作推进会10期。组织江苏、上海陕西商会与西安市国有重点企业恳谈会，9户重点企业推介20个总投资约200亿元的意愿合作项目。组织与省属企业投资合作座谈会，促成合作签约项目16个，总投资额1296亿元。完成年度《国有企业基本情况表》制作、收集、审核工作，指出存在问题113个。加强监管企业、市级部门所属企业年度国有资本收益审核，收缴国有资本收益1.22亿元。全市国有企业资产总额14753亿元，比上年增长15%；营业收入突破千亿大关，实现1084亿元，增长16.7%；实现利税总额131亿元，增长8.6%。

◆国企改革　2018年，西安市把混合所有制改革作为全年国企改革的重点和突破口。西安市市政建设（集团）有限公司员工持股、增资扩股混合所有制改革全面完成。与陕西建工集团合资组建的西安市政公用建设投资集团正式运营。制定下发《关于加快推进监管企业上市挂牌工作的通知》，建立拟上市挂牌后备企业资源库。西安银行10月30日通过发行审核，成为西北地区首家上市银行。批复成立基金5支，总规模1397亿元，其中陕西鼓风机（集团）有限公司等市属国有企业出资14亿元。支持西安城市基础设施建设投资集团有限公司、西安水务(集团)有限责任公司等企业发行各类债券79亿元。对闲置和未开发利用的国有资产进行梳理，建立招商引资清册，通过招商引资盘活“闲置”国有资产。已有7户企业38处共221.69公顷土地资产列入盘活招商计划。初步确定88户国有“僵尸企业”，制定《关于处置市属国有“僵尸企业”工作方案》，并拟定处置意见。按照中省明确要求，2020年底前主要通过依法破产方式完成出清工作。五环集团搬迁改造工作正式启动，集研发、生产、高定等为一体的纺织产业园区加快建设，预计到2023年可实现营业收入50亿元。西安市“三供一业”分离移交任务占全省任务总量60%，中省企业与西安市移交接收工作无缝对接，取得积极进展。完成老旧小区综合改造32万平方米。

◆国资监管　2018年，西安市国有资产监督管理委员会成立“国企之家”，帮助驻地中省企业协调解决驻地切实困难，加强企业与党委、政府和企业之间的交流合作及信息共享。“国企之家”由59户中央企业、31户省属企业、20户市属企业成员单位组成。西安市国有资产监督管理委员会积极改善外部环境，努力寻求上级国资委支持。开展营商环境大讨论，推荐11名西商总会理事人选。积极联系对接，加快促成中央企业国际合作引智创新基地园区落户西安。在全市范围内集中开展国有企业法人治理结构专项整治工作，以落实党组织在公司法人治理结构中的法定地位，完善企业党委会、董事会、监事会、经理层为重点，完善932户国有企业的法人治理结构，促进企业健康可持续发展。改革完善国有资本授权经营体制。成立西安市工业投资集团和华衡集团2个国有资本投资运营公司，开展2类公司试点，促进国有资本合理流动，优化国有资本布局，加快产业集聚和国有企业转型升级。稳步推进国有资产集中统一监管。制定《西安市推进市属经营性国有资产集中统一监管实施方案》，已经西安市国企改革领导小组会议、市政府常务会议研究，并多次修改完善后，上报市委研究审议。制定文件，明确规范市属企业负责人履职待遇和业务支出。以企业“三重一大”工作为重点，加强专项检查，推进企业内控管理规范化。建立监管企业总法律顾问制度，汇编《国有企业改革文件资料选编》，强化法治企业建设，防范企业运行中的法律风险。

◆企业安全生产与信访稳定　2018年，西安市国有资产监督管理委员会与4户直管企业签订安全消防责任书，加强检查督导。召开专题会议研究分析，明确重点任务，到重点工程、区域实地安全检查每月保持在2次以上。落实包抓督导区（县）责任，督导检查阎良区安全生产工作18次。落实维稳要求，启动应急机制，稳控重点人员，确保企业内部稳定。全国和省市“两会”及重大节日期间，实现“零上访”工作目标。

（胡国强）

2018年7月，苏沪陕西商会与西安市国有重点企业召开恳谈会

工商行政管理

◆概况 2018年，西安市工商行政管理局深化商事制度改革，开展行政效能革命，推行最佳工商登记服务，打造最佳营商环境，促进市场主体快速增长，为大西安国家中心城市建设贡献力量。全年新登记市场主体542961户，比上年增长91.7%。其中，内资企业5328户，增长30.75%；私营企业120392户，增长36.69%；外资企业752户，增长49.21%；农民专业合作社1137户，下降16.58%；个体工商户415352户，增长119.54%。截至年底，全市（含西咸新区和省工商局登记住所在西安辖区，下同）累计登记各类市场主体1481469户。其中，内资企业34815户；私营企业432893户；外资企业4557户；农民专业合作社9123户；个体工商户1000081户。全市市场主体增量增速和存量、增速双双高居副省级城市第一位，市场主体活跃度稳居第一位。

◆工商法治建设 2018年，西安市工商行政管理局积极参与国家市场监督管理总局开展的行政执法责任制调研、市场监管综合执法改革调研。建立法律顾问制度，发挥法律顾问作用，加强案件评查检查，提高案件办理质量。对《市场监督管理部门行政处罚程序规定》和《市场监督管理部门行政处罚听证办法》部分修改意见被市场监管总局采纳。完成立法调研17件，完成市局2016版、2017版权责清单和权力运行流程图的修订，修订后市局行政执法权责事项由254项降为244项。制定印发《关于进一步加强和改进行政应诉工作的实施意见》，规范系统行政应诉和复议工作。《西安市保护消费者合法权益条例》修订立项取得进展。举办党委中心组法治学习讲座暨全员视频培训3期。邀请中共西安市委讲师团成员、专家，开展新修订《中华人民共和国宪法》《中华人民共和国行政诉讼法》司法解释和《中华人民共和国电子商务法》培训，参训干部近6000人次。组织行政复议知识更新培训，先后组织安排3批次300多人次参加中国工商出版社2018年第二期、第三期工商和市场监管系统执法办案实务培训、法治机构负责人和骨干法制工作知识更新培训。编辑印发《行政诉讼法司法解释学习参考资料》。为5个分局开展专题培训讲座，组织系统干部参加国家工商管理总局《电子商务法宪法》知识网上竞赛、法律法规知识竞赛、电子商务法知识竞赛等。各分(县)局组织干部法规培训284次、参加培训1716人次。组织全市工商和市场监管部门开展元旦、春节前后“送法宣政暖民心”、“3•15”法规宣传月、“12•4”国家宪法日3次大型普法社会宣传活动。组织各基层局持续深化“法律六进”（进机关、进乡村、进企业、进社区、进学校、进单位）普法宣传活动。促进各单位重视利用微信公众号、QQ群、微博、头条等新媒体融媒体宣传方式，面向经营者做好普法及省市营商优惠政策宣传。全系统开展法规社会宣传373次、宣传对象10.07万人次。开展处罚信息公示监督检查，并以20%的比例抽查处罚信息807件，督促各单位落实问题整改。对2018年度22个工商分局（市场监管局）187件工商行政管理一般程序行政处罚案件进行交叉互评。全年召开法律顾问会20多次，电话咨询40多次。全年就重大行政决策、立法调研、规范性文件制定、复杂疑难案件和复议应诉等提供法律意见建议350多件次。全年接到行政复议申请49件。其中，受理前撤回复议申请2件；决定不予受理复议申请3件。受理37件，审结31件中，终止审理7件、驳回复议申请12件，维持4件，确认行政违法5件，撤销行政行为3件。纠错率为16%。

◆市场专项治理 2018年，西安市工商行政管理局加强案件和执法情况统计工作，上报点评案例26个，筛选17个典型案例在金信网推广学习交流。查处各类违法违章案件1464件，罚没1420.88万元。其中，1万元以上案件数369件；反不正当竞争案件41件；产品质量违法案件209件；违法登记管理类案件26件；无照经营类案件271件；其他案件115件。

◆市场秩序整治 2018年，西安市工商行政管理局配合相关部门对全市印刷品批发、零售单位、集贸市场、宗教场所进行集中检查和清查清理整顿，加大对微商销售书刊加大检查。查处销售书刊经营户42家、印刷企业6家。安排部署《开展扫黄打非清源2018、固边2018、护苗2018、秋风2018专项行动》《扫黄打非2018年工作方案》，要求各分（县）局结合工商职能和工商法律法规，配合有关部门贯彻落实。以不正当竞争执法行动及经济检查为重点，开展市场秩序整治，维护竞争秩序。开展反混淆、反虚假宣传等不正当竞争专项执法行动，查处案件31件。开展公用企业限制竞争、垄断行为及殡葬领域突出问题专项执法行动，对电信、燃气、交通运输、殡葬、医疗卫生等公共服务行业存在的限制竞争、不正当竞争、垄断等行为开展集中整治。以查处医药购销、工程建设、教育教学服务、旅游、中介服务等领域损害广大人民群众切身利益的商业贿赂案件为重点，开展治理商业贿赂专项执法行动。组织深入学习国家工商行政管理总局领导重要讲话和新《中华人民共和国反不正当竞争法》专业解读文章，制定下发学习宣传培训工作方案，组织执法干部全员培训学习，采取执法会诊会、执法研讨会形式，对修订后的《中华人民共和国反不正当竞争法》在执行中的遇到的问题进行梳理和研讨。针对电视问政回头望要求，对一年来非法会销专项执法所做的工作、存在的问题和取得的成效等进行总结，与有关部门配合，形成合力齐抓共管，充分保障消费者合法权益。对消费者投诉较多的汽车4S店进行检查，约谈其中2家4S店。开展客运站搭售保险的专项执法行动，对全市范围内长途汽车站采取明察暗访方式进行全面排查，约谈城西、城北等客运站相关负责人，督促客运站在售票窗口等重点部位张贴涉及购买保险要注意的醒目提示语，并通过市场监管部门网站、微信、短信等手段发布消费警示。牵头组织销毁假冒伪劣商品活动，销毁酒类1380箱5306瓶，洗涤用品421箱419件、169袋、36桶、356瓶，食品饮料275箱、281袋、28瓶、239盒，汽车配件1765个，手机配件86件等16类18车商品。

◆打击传销与规范直销 2018年，西安市工商行政管理局开展打击传销“2018—秦风行动”、打击传销专项执法行动等一系列活动。全年工商系统共出动打传人员16405人次、车辆2714台次；开展现场咨询活动608次，印发宣传材料34.32万份，发布警示提示1132条、公益广告13430次；捣毁取缔传销窝点389个，教育遣散传销人员4759人；移送公安部门152人。重点打击加盟消费、投资返利、资本运作、“1040工程”、“爱心互助”、“慈善”、“养老”、“改革创新”等幌子从事传销活动以及诱骗老年人、大学生、农民工参加传销的行为，积极实施预警防范，营造强大舆论攻势。

◆市场监督管理 2018年，西安市工商行政管理局按照《西安市2018年铁腕治霾·保卫蓝天“1+2+22”组合方案（办法）》的要求，检查各类(可能)煤炭经营场点410多个次，先后发现并处理非法运煤、存煤、售煤和流动商贩走村串乡卖煤等问题20起。共抽检煤炭销售经营单位171户234批次，合格203批次，合格率86.8%。累计对流通领域车用燃油质量抽样检测244户次、563个批次，其中合格率分别为97.2%、97.1%。组织开展臭氧污染防治工作，稳步推进治污减霾各项工作顺利开展。

网络市场监管 依托腾讯公司领先的大数据、云计算、人工智能和物联网等技术与平台优势，深化政企合作，通过腾讯公司旗下微信、QQ、浏览器、腾讯电脑管家等产品，对查获的非法主体网站、列入异常名录和黑名单的网店等，在PC和移动端同步进行拦截和提示，降低网络商品交易风险。举办以“网络诚信经营共创品质生活”为主题的网络诚信经营承诺书签订仪式”，有效强化企业构建诚信守法网络交易环境“第一责任人”意识，引导企业加强自我管理。进入网店宣传《电子商务法》并引导服务网店办照。前往杭州阿里巴巴集团总部进行工作对接，在淘宝平台向经营者推送提示经营者办理营业执照。开展2018网络市场监管专项行动（网剑行动），重点开展平台专项检查、非法主体网站专项整治和大数据违法线索核查处理。统一制定方案，各单位自行组织开展“3·15”“6·18”定向监测。全年网上检查网站、网店20194个次，实地检查网站、网店3204个次，删除违法商品信息531条，责令整改网站248个次，提请关闭网站40个次，查办网络违法案件214件，罚没款223.49万元，行政指导536次。

“旅游市场”监管 围绕2018“西安年•最中国”“春满中国•醉西安”等系列活动，开展元旦、春节、清明、五一、中秋、国庆等节日旅游市场专项检查整治，共出动执法人员3800余人次，检查走访旅游景区经营户7600余户次，取缔非法经营摊点135户，扣留违法商品1000余件。对全市旅行社及各门市部进行摸底检查和法律法规上门宣传，共检查旅行社488户，旅行社门市部183户，其中针对无照、未亮照经营、不规范广告宣传等违法问题责令整改85户，列入经营异常名录27户。推进旅游市场放心消费创建，对钟鼓楼、碑林、大雁塔、世博园、兵马俑、华清池等各景点周边商户开展的放心消费创建活动进行宣传指导和打假治劣专项整治活动，张贴发放“放心笑脸花”、“创建宣传海报”、宣传折页等宣传资料共计1000余份，检查涉旅企业1577户，个体4483户。

集贸市场整治提升 印发《西安市工商行政管理局关于印发集（农）贸市场整治月度考核工作实施方案》，明确各区县及相关部门的主体责任，细化十项考核标准。对各区县政府、开发区管委会集贸市场整治工作进行考核打分并排名。联合消防、安监、城管等部门对全市114个农贸市场进行全面排查，排查出安全隐患问题138个，下发督办函17份。组成5个督导组，对全市农贸市场日常管理工作进行为期1个月的督导检查，督促各部门进一步提升农贸市场监管服务水平工作。

其他市场规范管理 在全市开展汽车销售市场专项整治工作，召开汽车销售市场专项整治和执法办案、规范经营行为有关问题专题会议，对2家曝光企业依法立案调查，开展汽车销售领域“体验式购车”活动。检查汽车销售企业123户次，立案调查6件，结案3件，下发整改通知书18份，下发行政指导建议书271份。开展利用合同格式条款侵害消费者合法权益专项整治，以美容、美发、健身、洗衣、洗车等涉及“预付式消费”行业为重点，依法严厉查处涉及“预付式消费”行业中违反《合同违法行为监督处理办法》规定的违法、违规行为。开展节日农贸市场安全隐患排查、成品油市场安全整治、燃气市场安全专项检查、节日市场安全检查等，开展红盾护农、房地产市场整治、“地条钢”专项检查、二手车市场监管、电动自行车消防安全专项整治以及扫黑除恶专项斗争等。

◆工商行政改革 2018年，西安市工商行政管理局梳理“最多跑一次”事项清单10项，除“公布对流通领域商品定期或不定期抽查检验结果”“受理消费者投诉咨询和举报”外，其他事项均实现“最多跑一次”，达到《市级部门政务服务事项目录清单》80%要求。完善系统软件及数据后台建设工作，顺利开展“多证合一”改革，办理“多证合一”营业执照905563户。与招商银行、农业银行、中国银行等15家银行合作，开通“政银一网通·融资直通车”平台，使新注册企业通过平台一次性完成登记注册、申领营业执照和开立银行账户等业务，有效解决中小微企业融资难题。在网上登记基础上，逐步开发其他企业类型和业务类别全程电子化登记系统，实现“网上申报、网上受理、网上审核、身份认证、电子签章、电子归档”全程电子化登记服务。开发完成个人独资企业、分公司、个体工商户的全程电子化变更以及注销、清算组备案等业务，实现全程电子化登记要求，为群众提供全方位、多渠道的注册登记服务。制定印发《西安市简化企业开办和注销程序行动方案》，依托行政事项审批（备案）平台，将新设立企业办理营业执照、刻制公章、开立银行账户、办理涉税事项压缩至3个工作日内完成，实行企业简易注销登记改革，在企业开办和注销各环节上压缩办理时限。制定印发《关于进一步深化行政效能革命推进注册登记工作便利化的若干意见》及《个体工商户登记制度改革方案》，推行企业集群登记、实行企业跨区域经营免于登记制度、实行“审核合一”等登记制度措施。对主要申报材料齐全、符合法定登记条件，但次要材料欠缺时，推行容缺登记制度。推出西安市工商全天候智能政务服务平台，打造“7×24小时不打烊”“365天办照服务不间断”的工商登记新模式，实行“周周局处长坐窗口、天天科所长做帮办”工作制度，进一步加强基层登记窗口建设工作。推出服务民营经济高质量发展30条措施，更好服务民营企业发展。

◆工商信息公示和信用监管 2018年，西安市工商行政管理局努力推进“放管服”改革，推行“双随机、一公开”制度，加强事中、事后监管。全年落实企业年报265783户，年报率为90.56%；个体工商户年报261604户，年报率46.90%；农民专业合作社年报6030户，年报率82.61%。全市30个市级部门累计开展“双随机”检查385批次，检查企业2998户；13个区（县）、7个开发区和西咸新区共开展“双随机”检查1950批次，检查企业14683户。检查全市个体工商户27635户，检查农民专业合作社360户。下发《关于加强企业年报宣传督导工作的通知》，在各级工商机关门厅、注册大厅和各大型市场醒目位置悬挂年报宣传横幅。通过电视台、短信平台、“两微一网”（微信、微博、政府网站）、商业中心显示屏、地铁广告、出租车车载广告等媒介，广泛宣传年报政策。对全市21个区（县）、开发区工商分局、市场监管局开展“双随机、一公开”督导调研。开展企业信用监管，全市内资（含私营）列入经营异常名录企业信息38245户42672条，移出经营异常名录企业信息13388条9389户，公示行政处罚信息1190条，公示率达到100%。配合陕西省市场监管局做好动产抵押登记业务系统升级工作，全年办理动产抵押登记221件，主债权金额达50.50亿元。开展为期70天的查处无照经营行为专项整治，检查各类经营户32795户，发放相关宣传资料19833份，发放整改通知书2814份，引导办理营业执照21468户。制发《西安市工商行政管理局关于开展2018年企业“双随机、一公开”抽查检查工作的通知》，省局随机抽取派发西安市管辖区域内企业20485户，国家市场监督管理总局抽查企业674户，检查公示率达100%。限制“老赖”担任法定代表人2784人次，将41批次3617户企业列入严重违法失信企业名单。

◆商标监督管理 2018年，西安市工商行政管理局加大对知名商标品牌的培育保护力度，引导企业通过诚实守信和公平竞争做大做强。全年实际申请商标70013件，实际注册商标34500件，分别增长37.5%和17.5%。申请注册国际商标372件，创历年新高。全市共计拥有注册商标总量170111件。陕西华清宫文化旅游有限公司“华清池”商标和西安亚澳农机股份有限公司“亚澳”商标被认定为中国驰名商标。截至年底，全市共有中国驰名商标56件，地理标志证明商标和集体商标4件。实现商标质押贷款3000万元，总计商标质押贷款5亿5千8百万元。以“帮建品牌、助推发展”为主题，以农业企业、小微企业、涉外企业为帮建重点，利用商标品牌实现精准扶贫目标，指导帮助企业加强商标注册，全系统共完成包抓企业注册商标980件。在《西安晚报》开设专栏，宣传展示西安市驰著名商标企业，鼓励申报全国驰名商标和地理标志商标。组织开展“4·26商标执法月”检查活动，积极宣传知识产权保护和打击商标侵权违法行为。全年查处商标侵权案件444件，办结案件391件，案值147.7万元，罚没款314.95万元。其中，查处利用互联网销售侵权和假冒伪劣商品案件5件；查处侵犯商标权案件381件；查处侵犯驰名商标案件70件；查处侵犯涉外商标专用权案件54件；查处违法印制商标标识案件4件；查处仿冒知名商品特有的名称、包装、装潢案件5件；查处假冒伪劣商品案件50件。

2018年12月，西安市工商行政管理局在西安经济技术开发区、西安高新技术产业开发区注册大厅率先使用智能办照机器人

◆广告监督管理　2018年，西安市工商行政管理局组织开展不良影响广告和含有党和国家工作人员名义进行广告宣传专项整治。加强传统媒体广告监管，全年共处理涉及媒体投诉举报572件，处置率100%，为消费者挽回经济损失26万元。查办传统媒体广告案件24件，罚没款126.90万元。媒体违法广告条数违法率下降到1%以下。排查金融类广告1486条次。组织开展户外虚假违法广告专项整治行动，立案查处户外广告案件8件，即时处罚1件。开展互联网广告专项整治工作，查处互联网虚假违法案件130件。开展房地产广告专项整治，检查户外房地产广告牌200多块，检查房地产印刷品广告1000余份，查处房地产违法广告案件20件。开展全市广告业发展调研工作。完成指导广告业发展统计和经验总结工作，先后向国家、陕西省市场监管局上报近3年来指导广告产业发展工作情况专题报告。做好房地产行业广告的指导服务工作，做好行业监管与广告监管无缝隙对接，不断规范房地产广告宣传。完成全国广告业发展工作座谈会服务保障工作。组织全市工商及市场监管系统广告监管人员、主流媒体、广告经营单位负责人共计210余人参加全省广告法律法规培训，提升西安市广告产业发展水平。

◆消费者权益保护　2018年，西安市工商行政管理局结合放心消费创建、“天天3·15”活动等工作，通过报纸、电视等传统媒体，开展放心消费宣传，利用西安网“V观西安”等网络媒体节目，对流通领域商品质量抽检和专项执法检查进行实时网络直播，提升消费者辨假识假能力与维权意识，营造打假治劣社会共治浓厚氛围。全年以放心消费创建活动为主要载体，积极营造“消费安全放心、消费质量放心、消费价格放心、消费服务放心、消费维权放心”的“五个放心”消费环境，全市创建放心消费单位236户。下发《关于开展放心消费创建工作实施方案的通知》，召开全市放心消费创建工作动员大会，建立由市工商局牵头，全市30个政府部门共同参与的消费者权益保护工作联席会议制度，积极构建消费维权工作网络。按照西安市关于加强和改善营商环境市场秩序整治组要求，制定下发《2018年深化市场秩序整治行动细化方案》《2018年持续深化市场秩序整治严厉打击假冒伪劣商品专项行动实施方案》等文件，积极开展市场整治专项行动，严厉打击违法经营行为，促进商品质量源头治理。全年检查各类市场14065个次，经营户192217户次，查办违法案件1152件，查扣问题商品13207件，打假治劣罚没款1061余万元。抓住元旦、春节、五一和十一等节假日和“3·15”国际消费者权益保护日等重要时间节点，及时向消费者发布消费警示信息，积极宣传消费维权法律法规，提升人民群众消费维权意识。开展校园周边区域秩序整治，开展销售“水晶泥”等存在安全隐患的商品市场清查行动，净化校园周边的市场环境。

◆“智慧工商”建设　2018年，西安市工商行政管理局分别和阿里巴巴网络技术有限公司及深圳市腾讯计算机系统有限公司签订框架协议，实现工商登记服务入驻微信端和支付宝端，全面构建涵盖工商线下窗口服务和线上登记系统、银行和政务大厅自助办照机、全程电子化等注册登记平台在内的“互联网+政务服务”体系。不断提升“一库三平台六系统”建设水平，开发使用“24小时全智能办照系统”，西安工商服务从“365天不打烊”迈向“365天×24小时全天候全智能服务”，进入“人工智能审核时代”。5月，西安市工商行政管理局荣获“2018年中国政府信息化建设改革创新奖”，并被国家市场监管总局评为“信息化建设先进单位”。与招商银行、农业银行、民生银行、中国银行、西安银行5家银行全作推出“政银一网通·融资直通车”服务，让企业及时享受银行提供的融资服务。（符　杰）

质量技术监督

◆概况　2018年，西安市质量技术监督局持续抓好作风转变，努力打造“西安质监铁军”，着力补齐短板弱项，以质量提升服务供给侧结构性改革，以质量强市战略服务西安国际化建设，以“标准化+”行动服务品质西安建设，以创新质量监管模式服务民生保障，以检验检测能力提升服务产业发展，开展质量提升行动，严守产品质量安全、特种设备安全底线，城市质量发展环境不断优化。截至年底，全市质监系统立案查办各类违法案件104件，罚没977729元。

◆质量强市 2018年，西安市质量技术监督局成立“标准立市、质量强市”工作推进领导小组办公室，修订《西安市质量奖管理办法》，制定《西安名牌产品监督管理若干规定》，深入创建质量强市示范区。11月20日，通过听取汇报、答辩交流、查阅资料、实地考察等方式，考核验收新城区“质量强市示范区”创建工作。

◆“质量月”活动 2018年9月，西安市开展“质量月”活动，西安市质量强市工作推进委员会办公室联合11个相关部门，围绕“推动质量提升，建设质量强市”活动主题，策划组织各类活动96次，县处级以上领导参与活动127人次，传统媒体报道32次，新媒体报道291次，制作、播放各类公益广告556次，制作、张贴、发放宣传资料47054份，处理消费者投诉407个，开放实验室数量16个，参观人数506人次，出动执法人员1470人次，查处违法案件19起。全市近384家企业参与并组织开展质量月活动，参与职工近万人次，查找质量隐患137个，解决质量问题144个，群众参加活动3.5万余人次。

◆质量提升行动 2018年，西安市质量技术监督局提请中共西安市委、西安市人民政府办公厅联合印发《西安市质量提升三年行动计划（2018—2020年）》，市政府办公厅印发《重点任务分解表》。制定《西安市质监系统质量提升年工作方案》，全面开展质量提升工作。与西安市工业和信息化委员会联合开展“服务产业园区提质量促转型”活动，积极探索行业主导、部门联动、政企互动的质量提升路径。扎实开展质量工匠评选，修订《西安十佳质量工匠评选办法》，通过部门、社团和企业筛选推荐，全市有99个企业121人申报参加，经过资格审查、材料审核、现场审查、网络评选和综合评定、公示等环节，产生袁林天等10名“西安十佳质量工匠”。网络评选环节吸引277万人次关注，投票总量超过90万票。

◆电梯安全管理 2018年，西安市质量技术监督局进一步完善“96333”平台功能，在电梯张贴二维码，乘客扫描二维码即可查询电梯基本信息、进行投诉或救援。实行24小时值守制度，平均每天处置电梯应急事件14宗，解救被困乘客31名。开展电梯监督抽查。2017年全市在用电梯监督抽查工作任务6800部，实际完成6827部。建立政府救济机制，对全市存在严重安全隐患的80部“三无”电梯进行改造更新。建立社会救济机制，采取政府推动、市场运作的方式，在全市推动电梯商业保险。截至11月底，全市投保安全责任保险的电梯数量已超过53000部，投保率超过70%。积极推进电梯监管信息化建设，建设全市电梯安全综合信息平台，并于12月底试运行。创新运用物联网+PPP模式，推进“西安市电梯运行智能管理平台”建设，实现电梯实时动态监管，解决电梯监管滞后等诸多实际问题。

◆标准化管理 2018年，西安市发布《西安市“标准化+”行动计划》，提出“品质建设标准化、标准助推国际化”的发展理念，明确标准化+创新驱动、先进制造、军民融合等10个方面的重点任务，覆盖经济建设、社会治理、生态文明、文化建设等重点领域。完成国际标准提案、国家标准、行业标准、地方标准（地方技术规范）立项150余项，制修订农业地方标准17个。指导2个国家级、3个省级和5个市级农业标准化示范区建设。出台《西安市军民融合产业标准化项目扶持管理办法》，重点试点单位中，军口单位正在参与制修订民用标准22项；民口单位正在参与制定、修订军用标准31项，10项先进企业标准列入军品采用认定标准。积极申报创建“全国首家军民融合标准化试点城市”和“标准化综合改革试点城市”。12月7—8日，国家标准化管理委员会会同中共中央军事委员会装备发展部对西安市军民融合标准化工作进行实地调研并给予充分肯定，认为西安有很好的军民融合标准化示范条件。

◆计量管理 2018年，西安市质量技术监督局加强集贸市场整治。检查集贸市场384家次、计量器具2.4万台件，查处违法行为18起、不合格计量器具1332台件。9月底开始，在莲湖区方欣炭市街海鲜市场，试点“五统一”（统一购置、统一检定、统一使用、统一管理、统一修理）计量监管模式。截至11月底，该市场计量合格率由60%提高到100%，计量问题投诉由每月10余件下降为“零投诉”。12月5日，西安市质量技术监督局举办“西安市集贸市场计量管理现场观摩会”，进一步总结经验，推广“五统一”监管模式。完善量值溯源体系，自2015年开始，在全国首创基于物联网的强检计量器具统一赋码管理系统，通过为强检计量器具制定“身份证”。全年完成安全防护、环境监测、贸易结算、医疗卫生等强检计量器具赋码5.7万台件，是上年的2.3倍，占全市需赋码器具80%，计量监管基础进一步夯实。

◆质量科技认证 2018年5月，西安纤维纺织品监督检验所负责的陕西省功能性纺织品质量监督检验中心获批筹建，有设备150台套，检验场地约4000平方米，建成后将开展纺织品、纤维及纤维制品、服装及服饰、功能性纺织品及专业防护服装、防坠落护具等140种产品108个参数的检验能力。在《材料导报》《保鲜与加工》等核心和行业重点期刊发表学术论文40篇，科研项目立项3项，申请专利5项。

◆检验检测能力建设 2018年，西安市质量技术监督局配合国家认证认可监督管理委员会、陕西省质量技术监督局的飞行检查，进一步规范仪器设备管理、检验检测流程、检验检测项目和相关制度。西安市质检院、特检院、计量院、纤纺所新增检测项目44个产品、415个参数，出具检验检测报告近14万份（上年21.35万份）。结合全市产业发展，申请并获批筹建阀门产品等省级质检中心2个（共有省级质检中心5个）。

◆产品质量监督抽查 2018年4月16日，西安市质量技术监督局印发《2018年“质检利剑”行动工作方案》，围绕市场和企业反映突出、与人民群众关系密切的“重点消费品、重点农资农机、重点建材产品、重点汽配产品及汽柴油、重点领域及行业”等内容，深入持久开展“质检利剑”打假专项行动，共出动6291人次，车辆1854台次，检查各类生产企业和检测机构4697家。

◆质监行政执法 2018年，西安市质量技术监督局会同西安市人民政府法制办公室和西安市人大常委会多次就《西安市特种设备安全条例》立法工作进行调研论证、修改完善。8月31日，通过市人大常委会审议；9月26日，通过陕西省人大常委会审议并备案。12月1日，西安市第一部涉质监事务的地方性法规《西安市特种设备安全条例》正式公布施行，为全市特种设备的依法管理提供了法制保障。积极推进“双随机一公开”监管工作，每月向西安市工商行政管理局报送双随机工作推进情况。修订完善《西安市质量技术监督局推广企业“双随机、一公开”抽查工作实施方案》，印发全系统，对双随机抽查工作进行规范和指导。利用陕西省质量技术监督局双随机摇号系统对特种设备单位、生产许可证企业、强制性产品认证企业、计量、纤维制品、机动车检测机构等领域的66家企业开展双随机抽查工作，公示检查结果企业35家。

◆**质监服务** 2018年，西安市质量技术监督局政务服务窗口推行标准化管理，提供五星级服务，推出11个事项“最多跑一次”清单。其中，1项实现“零跑路”；3项现场办结；其余7项办结后快递给群众。1—10月，受理事项2121件，按时办结率100%。解答群众柜台咨询5215人次，电话咨询4783人次。（闫咨同）

食品药品监督管理

◆**概况** 2018年，西安市食品药品监督管理局全面落实食品安全战略要求，牢固树立“对公众饮食用药安全负责，为群众身体健康服务”的监管理念，进一步加强监管能力建设，不断完善监管体制，积极探索创新监管模式，全力提升监管工作效能，守住不发生重大食品药品安全事件的底线，确保全市食品药品安全形势持续稳定向好。全市有食品生产企业974家，药品生产企业89家，医疗器械生产企业215家；“食品经营许可证”持证单位87557家（其中，食品销售经营单位55973家、餐饮服务单位27189家、食堂4395家），“药品经营许可证”持证企业5093家（其中药品零售连锁企业16家、零售连锁企业门店1546家、单体零售药店3531家），“医疗器械经营许可证”持证企业3914家；麻醉药品及第一类精神药品经营企业5家，第二类精神药品经营企业67家，药品类易制毒化学品原料定点经营企业2家。全市建立食品、保健食品、药品、化妆品和医疗器械生产经营企业安全管理档案96043个，监管信用档案96093个，获证时间3个月以上企业“两档”（食品生产经营企业食品安全管理档案和食品药监部门监管信用档案）建档率均达到100%，部门监管责任和企业主体责任得到有效落实。开展双随机检查3053户次、飞行检查1408家次，有效规范企业行为，净化市场环境。

◆**食品药品追溯体系建设** 2018年，西安市食品药品监督管理局全面推进食用油、食品添加剂等重点品种追溯体系建设。全市34家食用植物油生产企业和25家食品添加剂生产企业均建立食品安全追溯体系。配合商务部门做好肉菜追溯体系建设工作。全市25个食用农产品市场、5个批发市场和30个猪肉专卖店全面开展追溯体系建设试点工作，追溯体系数据信息录入、上传正常运转；4个外埠肉备案中心正常运行，1个正在启动建设。制定《西安市生猪屠宰企业考察要点》，全面完成对外埠生猪屠宰企业考察工作。批准14家外埠生猪屠宰企业进入西安市场销售。结合非洲猪瘟疫情防控工作组织对农业部门禁止准入的外埠猪肉企业实行市场禁入，配合做好全市疫情应急处置工作。

◆**食品药品诚信体系建设** 2018年，西安市食品药品监督管理局持续推进监管企业信用管理，实现信用信息全归集、全覆盖，建立信用信息核查使用制度，推进监管主体信用承诺机制，全面实施信用分类监管，推行企业综合信用等级评价报告，不断完善守信联合激励和失信联合惩戒工作机制。制定下发《西安市食品药品监督管理局关于加快推进失信被执行人信用监督警示和惩戒机制建设的实施方案》，进一步加大对失信被执行人的监管和惩戒力度，促进失信被执行人自觉履行生效法律文书确定的义务。对49195家企业进行信用等级评定（食品类信用等级评定35750家，药械类信用等级评定13445家）。其中，A级单位10191家；B级单位28472家；C级单位10490家；D级单位42家。

◆**食品药品检验检测体系建设** 2018年，西安市食品药品监督管理局持续加强食品药品检验检测能力建设。西安市食品药品检验所申请的9类537项检测参数全部通过检验检测机构资质认定扩项现场评审。参加中国国家认证认可监督管理委员会等机构组织的23项能力验证计划和6项陕西省食品安全抽检监测承检机构盲样考核，全部获得满意结果。开展食品安全监督抽检47863批次，合格率97.27%，其中市级食品（含保健食品）实验室检验检测共完成8574批次（国家食品安全监督抽验327批次，合格率98.17%；省级食品安全监督抽验757批次，合格率84.54%；市级食品安全监督抽验7228批次，合格率96.82%；委托检验175批次；扩项实验87批次）。药品实验室检验检测完成1775批次（国家药品评价性抽检268批次，合格率91.42%；市级药品监督抽验1349批次，合格率97.70%；药品委托检验117批次；药品注册（再注册）检验39批次）。化妆品实验室检验、检测共完成76批次（监督抽检30批次，经检验均合格；委托检验1批次；扩项检验45批次）。市级派驻食用农产品批发市场9个快检室抽检135860批次，合格率99.3%（蔬菜类100111批次；水果类20993批次；畜禽类5719批次；菌类1689批次；水产品及水发产品7348批次）。

◆**食品安全综合监管** 2018年，西安市食品药品监督管理局持续开展省级食品安全示范区（县）创建工作，新城区被陕西省人民政府正式命名为省级食品安全示范区，未央区和阎良区顺利通过省级复审，全市有6个区（县）获得命名。持续开展基层监管所标准化建设，新增省级基层监管示范所9个，全市基层监管示范所数量已达99个。持续推进食品安全责任保险工作，完成食品生产经营单位投保13629家，提供社会风险保障金150多亿元，出险理赔10起，有效降低食品安全风险。9个批发市场被命名为省级食用农产品示范批发市场；42家超市通过创建“放心肉菜示范超市”市级验收；19个食用农产品市场被评为示范市场，23家肉菜销售门店被评为示范店。全市114家食用农产品市场实现快检全覆

西安市食品药品监督管理人员对食品经营户进行检查

盖，全年开展快检167630批次，合格率为99.27%。强化食品小作坊、小餐饮管理，创建小作坊示范户247户、小餐饮服务食品安全示范街区23条、餐饮服务食品安全示范单位532户。承担“2018第22届中国丝绸之路国际博览会暨东西部投资贸易洽谈会”“第三届中法文化论坛”和国家领导人视察等165次食品安全保障任务，实现无差错、零事故。

◆药械安全综合监管　2018年，西安市食品药品监督管理局持续推进药品零售企业慢性病人处方药建档备案和药品信息化监管工作。在全市药品零售连锁企业和有条件的零售单体药店开展慢性病随诊电子处方共享工作，鼓励符合条件的企业与第三方医疗服务机构合作建立电子处方共享平台，为慢性病患者提供病情诊断、处方获取和在线医嘱等系列医疗服务。截至年底，全市有3100余家零售药店加入电子处方共享服务平台，开具电子处方296万余张，提供安全用药指导服务390余万次，有效解决患者购买处方药难和处方药销售管理难等问题。开展药品GMP认证跟踪检查，加强对麻醉药品、精神药品、医疗用毒性药品、放射性药品等特殊药品和药品类易制毒化学品的监管，实时监控特殊药品数量和流向，有效防止特殊药品流弊现象发生。加强药械不良反应监测工作，上报药品不良反应报告7763份，上报医疗器械不良事件2049份，上报化妆品不良反应报告564份。

◆食品药品许可审批备案　2018年，西安市食品药品监督管理局制定出台食品药监系统优化营商环境“双十条”措施，推行许可窗口全年无假日、实行容缺承诺审批机制、全面取消非法定许可前置条件等便民举措，进一步优化审批办理程序。18大类58小项市级行政审批事项中有50项实现“最多跑一次”，占办理总数86.2%，办理时限较法定时限平均压缩70%；27个事项可当场办结。全年受理各类市级行政审批事项11078件，办结11077件，其中“最多跑一次”事项办件量8105件。全年核发“食品生产许可证”318份、“食品经营许可证”199份、“药品经营许可证”1056份、“医疗器械经营许可证”1550份、“执业药师注册证”3877份，第一类医疗器械产品备案653件、生产备案108件，第二类医疗器械经营备案1271件。完成进口药品备案工作332批次，通关单无差错率达100%。完成药品零售企业药品经营质量管理规范（GSP）认证现场检查1082家。

◆食品药品专项整治和稽查办案　2018年，西安市食品药品监督管理局针对群众关心的食品药品安全热点、难点问题，开展59次专项整治行动，取得明显成效，食品药品市场更加规范有序。采取拓宽案源、梳理线索、协同查处和曝光典型案件等手段，严厉查处食品药品违法违规问题。全年立行政处罚案件3491起，其中食品案件立案2291件，结案2385件（含2017年底结转案件），法定时间内办结率达到100%。联合公安机关加大对违法犯罪行为打击力度，全年刑事立案194起，抓获违法嫌疑人员227人，刑事拘留193人，批准逮捕35人，移送起诉45人。与检察机关建立食品药品领域公益诉讼工作协作配合机制，形成打击侵害众多消费者合法权益违法行为工作合力。

◆食品药品投诉举报　2018年，西安市食品药品监督管理局受理食品药品投诉举报9273件，各类食品药品投诉举报按期办结率、回复率均达到100%。其中，食品类（含餐饮类）8037件，占总量86.7%；药品类492件，占总量5.3%；保健品类293件，占总量3.2%；医疗器械类114件，占总量1.2%；化妆品类337件，占总量的3.6%。投诉位列前3位的分别为：食品流通类4237件，占总量45.7%；餐饮服务类3605件，占总量38.9%；药品经营类417件，占总量4.5%。

◆食品药品安全宣传　2018年，西安市食品药品监督管理局开展“投诉举报宣传日”“科技之春宣传周”“食品安全宣传周”“药品安全宣传月”等系列宣传活动，加强食品安全知识普及和政府监管成效的宣传，培养全社会共同参与、携手共建饮食用药安全环境的意识。在各级传统媒体刊发新闻报道513条次（其中中央媒体53条次），在政务网站、西安食药微信公众号、政务微博和“今日头条”等发布各类信息7698条。其中，西安食药微信公众号关注人数1.5万人，发送信息1693条，阅读量1171万余人次；“西安食药”今日头条号发送信息653条，阅读量946万余人次。组织各类宣传活动530余场次，发放宣传资料9万余份，接待群众咨询3.8万人次。

（黄志祥）

审　计

◆概况　2018年，西安市审计部门加大审计力度，突出审计重点，创新审计方法，强化审计管理，审计工作质量水平进一步提高，年度审计任务全面完成。市、区（县）两级审计机关对545个单位和项目进行审计和审计调查，查出违规金额62.65亿元、管理不规范金额679.68亿元，促进财政增收节支63.33亿元，审减工程造价9.29亿元，提交审计报告554篇。提出审计建议1416条，被审计单位采纳1042条，制定完善制度措施58项。提交审计信息385篇，被批示采用466篇。向司法机关和纪检监察等部门移送违纪违法问题线索344件，其中西安市审计局移送134件，移送的问题线索有73件收到反馈，最终14人受到党纪政纪处分，22人被提醒谈话或训诫谈话。蓝田县审计局移送110件；碑林区审计局移送35件；临潼区审计局移送29件。

◆重大政策措施落实情况暨“追赶超越”目标完成情况跟踪审计　2018年，西安市审计部门按照陕西省审计厅工作部署，采取“上审下”、交叉审的方式，4次对全市13个区（县）重大政策措施落实情况和追赶超越目标完成情况开展审计，涉及14个市级部门、219个区（县）单位、259个项目、225.04亿元财政资金，查出10类109个问题，涉及问题金额105.14亿元，提出审计建议82条。坚持边审边改，已督促整改46个问题，正在整改63个问题，促进5项重点事项、重大工程进展。组织开展全市农业供给侧结构性改革审计调查，深入4个区（县）抽查42个项目，发现6类14个方面的问题。对全市2017年至2018年一季度房地产调控政策措施落实情况开展审计调查，揭示房价上涨过快、市场供需差异过大等5个方面的问题，提出4条针对性建议。对市级国有企业“去杠杆”情况实施审计调查，针对发现的7个方面问题，提出积极构建市级国有企业统一监管体系、加快设立西安市企业兼并重组基金、建立有效的调杠杆管理考核体系等5条建议。

◆财政审计　2018年，西安市审计机关对142个部门单位预算执行、财政决算情况开展审计，延伸审计169个单位，查处主要问题金额146亿元，发现问题112个，提出审计建议65条。西安市审计局积极探索一级预算部门电子数据审计全覆盖，对109个单位开展审计调查，延伸调查93个相关单位，审计资金总额148.72亿元，发现违规违纪资金16.98亿元，提出审计建议42条，促进相关部门单位建立健全制度11项、规范管理资金3.09亿元。全市两级审计机关对443个行政事业单位2017年度贯彻落实中央八项规定精神及其实施细则情况开展专项审计调查，涉及经费支出总额112.05亿元，查出一些单位在公务接待、公车运行维护、津补贴发放等方面存在的问题，督促认真整改落实。

◆“三大攻坚战”审计　2018年，西安市审计局全力以赴抓好“三大攻坚战”审计。

精准脱贫　组织对5个区（县）2015—2017年度精准扶贫专项资金开展跟踪审计，对周至县2018年扶贫开发项目资金进行专项审计，走访25个街办（乡镇）、61个村、242个贫困户，检查104个项目，查出87个问题，涉及违规资金3.22亿元，督促整改问题73个，收回资金6271.43万元，兑现贫困户分红250万元。

防范化解重大风险　积极开展政府性债务审计。根据审计署和陕西省审计厅工作安排，组织对全市13个区（县）及榆林市人民政府性债务情况进行交叉审计，及时向陕西省审计厅报送审计报告和有关资料，针对审计发现的问题，提出加强政府性债务管理、有效防范和化解潜在风险等意见建议。

防治污染　对全市治污减霾政策措施落实情况开展审计调查，调查11个部门、4个区（县）、16个项目，延伸调查9家企业，揭示13个问题，涉及资金1252.17万元，提出5条意见、建议。不断推进领导干部自然资源资产审计，两级审计部门共开展领导干部自然资源资产离任审计25项，通过审阅资料与现场核实相结合、地理信息技术与传统审计手段相结合，认真查找贯彻落实中央生态文明方针政策、重大决策、法律法规等方面的突出问题，督促领导干部增强履行自然资源资产管理、加强生态文明建设责任意识。

◆民生项目审计　2018年，西安市审计部门对全市2017年保障性安居工程投资、建设、分配、运营等情况进行跟踪审计，发现部分区（县）安居工程目标任务未完成、资金闲置、管理不规范、手续不完备等问题，向纪检机关和主管部门移送问题线索56件，涉及673户虚报家庭收入、住房等资料，骗取住房保障待遇；565户家庭收入、住房条件发生变化已不符合住房保障待遇享受条件，但未按规定及时退出；4户虚报冒领或重复领取农村危房改造资金等情况，及时向市政府报送审计报告，提出加大棚户区改造力度、严格执行廉租补贴政策等5条审计建议。审计报告受到市政府高度重视，被批转至有关区（县）、开发区和部门单位认真整改落实。持续关注群众“看病难、看病贵”问题，全市审计部门对115个公立医院2016—2017年度财务收支情况进行审计，揭示医院在业务管理、财务管理、财产管理等方面存在的问题。碑林区审计局对5所公立医院医疗改革政策落实及财务收支情况进行审计，向区主管部门移送问题线索37件；阎良区审计局对8所公立医院实施审计，查出管理不规范资金3438.74万元；长安区审计局在对10所公立医院的审计中，发现3大类39个问题，涉及违规违纪资金1615.53万元，长安区人民政府专题召开常务会议进行研究；灞桥区审计局邀请医疗专家协助进行合理用药、合理检查、合理治疗、合理收费“四合理”检查，通过审计推动取消药品加价政策落实。西安市审计局开展全市城乡社会救助体系建设运营情况审计调查，揭示6个方面的问题，提出针对性意见建议，审计调查报告被市政府领导批示有关部门整改落实。

◆政府投资审计　2018年，西安市审计机关开展投资审计项目84个，审计资金159.15亿元，核减工程投资额9.29亿元。西安市审计局积极关注政府投资项目、政府与社会资本合作等方式建设的公共工程项目，不断加大对重大公共设施和基础设施项目审计力度。组织对李家河大坝工程、西安殡仪馆迁建工程、水务集团污水厂改扩建工程等项目实施工程结算审计，对文昌门至和平门、含光门至朱雀门下穿立交实施竣工决算审计，对曲江廉租房、三桥公租房等项目开展审计，审减工程投资1.61亿元。安排审计人员对幸福林带、“三中心”（西安丝路国际会展中心、西安丝路国际会议中心、西安奥林匹克体育中心）、综合管廊、站改项目进行实时跟踪监督，切实确保工程建设规范运行。蓝田县审计局突出扶贫领域建设项目以及政府投资的重点建设项目审计，对全县20万元以上建设项目预决算进行全面审计；未央区审计局围绕优化营商环境，开展政府投资项目招投标专项审计调查，提出依法规范招投标、完善工作机制等针对性审计建议。

◆经济责任审计　2018年，西安市审计机关紧扣经济责任，聚焦权力运行和责任落实，审计197项、198名领导干部，查出领导干部负有直接责任问题金额3.95亿元、主管责任问题金额7291万元、领导责任问题金额1239万元。西安市审计局组织开展领导干部经济责任审计项目6项，涉及7名领导干部，其中区（县）领导2人、市级部门领导3人、市属企业领导2人。查出9大类116个问题，查出违纪违规问题金额1.09亿元、管理不规范金额11.09亿元，移送问题线索7件。针对审计查出的问题，深入分析原因，积极提出建议，帮助单位完善制度、加强管理，规范权力运行、提高行政效能。各区（县）审计局探索开展村（社区）主要负责人经济责任审计试点，将经济责任审计监督向基层延伸，积极促进基层干部依法用权。

◆农业审计　2018年，西安市审计局对全市农业供给侧结构性改革情况开展审计调查，赴4个区（县）抽查42个项目，发现6类14个方面问题。

◆企业审计　2018年，西安市审计局对陕西鼓风机（集团）有限公司和西安标准工业股份有限公司原领导人任职期间经济责任履行情况进行审计，查出6大类22个问题，移送中国共产党西安市纪律检查委员会和西安市国有资产监督管理委员会问题线索11件。对市级国有企业“去杠杆”情况实施审计调查，针对发现的7个方面的问题，提出积极构建市级国有企业统一监管体系、加快设立西安市企业兼并重组基金、建立有效的调杠杆管理考核体系等5条建议。

◆专项资金审计　2018年，西安市审计局组织对全市13个区（县）及榆林市政府性债务情况进行交叉审计，及时向陕西省审计厅报送审计报告和有关资料，针对审计发现的问题，提出加强政府性债务管理、有效防范和化解潜在风险等意见、建议。对全市2016—2017年现代服务业专项资金开展审计调查，涉及项目104个、资金量11588万元，占项目总数的64.2%、资金总量的72.13%，发现个别企业提供虚假申报资料、有关部门审核把关不严、部分区（县）配套资金不到位等14类22个问题，提出4条针对性审计建议。

◆秦岭北麓违规建别墅问题专项审计
2018年8—10月，西安市审计局抽调8批82人次参与秦岭北麓违规建别墅问题专项整治工作。对3个街办28个行政村、55个自然村、8个峪口进行全面细致的排查督查，上报各类违建卷宗302宗，处理违建举报线索55起。全面开展入户调查，实地查看768户，采集登记3970套别墅的全部付款信息。对3个街办、8个单位合计92个年度的1691本账册进行查证，出具查证结果报告12份，配合查证项目13个，提供线索92条。起草《西安市加强秦岭生态环境保护审计监督和跟踪问效实施意见》，为中共西安市委、西安市人民政府决策提供大量真实准确的数据和信息。

◆审计管理　2018年，西安市两级审计机关努力提高审计质量，防范审计风险。紧紧围绕全市中心工作，认真编制年度审计项目计划，在审计内容上点、线、面相结合，审计和专项审计、审计调查相结合，年度项目计划与长期发展规划之间协调衔接，积极推进有深度、有重点、有步骤、有成效的审计全覆盖，增强了审计项目计划的科学性、实效性。全面加强审计质量管理，印发

《关于进一步加强审计项目质量控制和管理的通知》《进一步补充完善审理程序及审理内容的通知》，完善《政府投资项目选聘中介机构管理办法》，对72个审计项目进行审理，提出书面审理意见598条、初步处理意见1380条，组织7次重大项目审计撤点验收会议，对19个重大项目进行撤点验收，有效提升审计项目的实施效果和质量，防范审计风险。

◆**审计整改** 2018年，西安市审计局落实各级审计整改工作有关要求，加大审计整改督办力度，对79个审计项目整改情况进行跟踪检查，发现问题865个，已整改问题780个。审计整改后，为财政增收节支35.20亿元，促进拨付资金到位21.55亿元，被审计单位采纳审计建议202条，制定和完善规章制度58项。对2017年实施的9个党政领导干部经济责任审计项目的整改落实情况进行督促检查并每周一报，涉及的161个问题，已整改落实145个问题，整改率90%。新城区审计局审计整改率达88%，审计建议采纳率达100%。未央区审计局建立审计工作报告问题清单整改通报制度，开展审计整改督促检查月活动，积极督促被审计单位认真整改，提升审计工作成效。

◆**审计信息化建设** 2018年，西安市审计局对网站技术框架和内容进行检查和整改，完成市审计局机关日常信息化保障任务。开展信息化建设调研活动，征询各区（县）审计局对市局信息化建设和大数据审计的意见和建议。按照审计署要求，上报2017年全年和2018年上半年西安市本级、13个区（县）和7个开发区的财政总会计、国库集中支付、部门预算、非税收入电子数据386套和财政各类报表数据192套，并按照要求完成指标、支付和总会计3张标准表的整理，上报财政指标记录164万条，财政支付记录38万条，总会计记录636万条。推进数字化审计全面应用，准确高效地完成财政、地税、保障房等审计项目的数据采集、转换及分析工作，有效提升审计工作质量和效率。（张良忠）

统计工作

◆**概况** 2018年，西安市统计局全面推进依法治统，推进统计改革创新，优化统计服务，夯实统计基础，较好地完成全年各项目标任务。被中国物流与采购联合会评为“2018年物流统计工作先进单位”。

◆**统计改革** 2018年，西安市统计局紧盯统计制度方法薄弱环节，创造性开展调查研究，填补多项地方统计制度空白。军民融合统计改革经验被评为国家全面创新改革试验百佳案例并在全国推广。开展营商环境监测调查8次，调查企业4000余家，有效发挥营商评价促优化导向作用。制定西安绿色发展评价实施方案和循环经济指标体系。开展开发区和重点产业（区域）季度统计监测、人口季度动态监测、民营经济统计及增加值测算、全域旅游统计试点、物流业景气调查和经营情况调查、自贸区“五上”单位和重点企业调查、西安临港经济数据收集与分析研究等，健全地方统计调查制度，及时反映全市“三个经济”发展成效，精准服务大西安追赶超越。积极推进投资及研发支出统计制度改革，全面承接7项“四下企业”（规模以下工业企业、资质等级以下建筑业企业、限额以下批零住餐企业、限额以下服务业企业）抽样调查工作等，统计制度方法改革成效明显。

◆**大型普查及常规统计调查** 2018年，西安市统计局紧盯重点环节，强化组织协调，细化工作举措，全面做好大型普查和常规调查。第四次全国经济普查取得阶段性成果。完成陕西省经济普查综合试点任务。扎实完成普查指导员和普查员选聘及培训，开展多种多样的普查宣传动员，顺利完成单位清查工作。推进第三次全国农业普查后续工作开展。在《西安日报》和政府网站同步发布《西安市第三次全国农业普查主要数据公报》。公开招标研究课题，深度开发应用农业普查资料。有序推进常规统计调查。扎实开展农业、工业、投资、贸易、服务业、人口、就业、能源、基本单位名录等常规统计调查。高质量完成投入产出调查和23项社情民意调查。

◆**统计服务** 2018年，西安市统计局优化监测分析，做精统计产品，拓宽服务范畴。细化监测预警，扎实做好36项常规统计监测和月度重点企业监测，创新开展统计系统“追赶超越”月度指标推进，部门联席月度经济运行监测，首席分析师、首席数据师双月经济研判，及时开展经济运行苗头性问题预警预判，统计晴雨表作用有效发挥。优化领导服务，升级季度点评工作，建立“1592+N”城市对比和关中平原城市群交流机制，实施PPP项目月度报告，开展“十大指标”数据收集，创建高质量发展指标体系、国际化大都市指标体系等，为反映西安追赶超越进程提供有效信息支撑。健全统计产品体系，编印《数览西安》《非凡——西安改革开放40年经济社会发展回顾》《调研与思考》等。全年编发《西安统计信息》《统计专报》《本周经济信息参考》《目标考核信息专报》等近400期。强化公众服务，健全统计信息发布与解读，全年发布统计信息1140余条，接待群众咨询访问500余次，“西安统计”公众号关注用户突破8000人。

◆**统计基础建设** 2018年，西安市各部门认真执行《部门统计报表制度》，为季度点评、营商环境监测评价等全市重点工作及时提供部门资料。工商、税务、民政、编办、建委、房管、教育、人社、公安等17个部门积极参与，开展全国第四次经济普查单位清查。西安市统计局开展全市所有镇（街）统计工作情况调查和78个镇（街）基础建设情况督查，完成西安高新技术产业开发区托管雁塔区、长安区、鄠邑区部分镇（街）统计工作，实施督查式基层调研200余次。统计信息化建设实现突破，统计业务管理平台建设方案通过立项审批，建成应急支撑平台和统计视频云会议系统。首次实施西安市统计局网报平台定制化服务外包，完成统计外网移动端网页适配，开发“国民经济行业分类代码查询”“普查调查员信息验证”微信小程序，信息化保障有力。

◆**统计法治化建设** 2018年，西安市统计局紧盯统计数据质量，加强依法治统，健全责任机制，严防虚报、漏报、瞒报。坚决贯彻中央防范和惩治统计造假弄虚作假部署，制定7类24项措施，建立领导干部违规干预统计工作记录台账填报制度，完善《数据质量责任清单》《主要指标数据质量评估办法》，开展“数据造假、以数谋私”专项治理，数据质量责任得到夯实。加快推进依法治统，在全省率先成立专职执法队伍，成立依法治统领导小组，统计法律法规首次纳入党员领导干部教育培训必修课。着力推进统计诚信体系建设，建立《统计失信“黑名单”管理公示工作管理制度》，修订《统计违法案件集体审议制度》等，“双随机”检查企业46家，办结首例信用修复，完成首例统计信用“黑名单”公示，有效震慑了统计违法行为。

◆**统计队伍建设** 2018年，西安市统计局通过党校学习、系统培训、网络教育、实地参观、赴发达城市交流、专题报告辅导等方式组织培训30余次；组织全市328人参加全国统计专业资格考试；开展副处长创新促发展擂台赛，增强干事创新本领。（白　敏）

海关监管

◆概况　2018年，西安海关监管进出口货运量260万吨，比上年增长57.2%；货物总值3513.8亿元，增长29.3%。监管进出境航班及包机1.86万架次，增长21.6%；监管进出境旅客256万人次，增长28.2%。监管进出口贸易结关报关单28.7万份，增长21.6%。征收关税和进口环节税入库41.2亿元，增长5.6%，其中征收关税8.1亿元、代征税33.1亿元。

◆海关机构改革　2018年，西安海关把机构改革作为重大政治任务和全年重点工作，不折不扣抓好落实。在改革过渡期间关检密切配合、无缝衔接，4月20日起，统一以西安海关名义对外开展工作，阶段性目标全面完成。隶属海关机构布局不断优化，新设关中、车站、邮局、汉中、商洛等5个隶属海关和1个风险防控分局，隶属海关机构由原来的5个增加到11个，基本实现陕西辖区海关机构全覆盖。

◆关检业务融合　2018年，西安海关深入推进关检业务全面融合。6月1日，全面取消通关单；8月1日，正式启用新报关单；11月19日，实现“海关专用缴款书”企业自行打印，“查检合一”全面实现，旅检监管“一次过机”，货物联合查验比例100%。实施“多查合一”，将首批59项监管业务纳入改革，实现风险要素统一研判，风险指令统一加载，业务风险统一防控。

◆海关服务“一带一路”建设　2018年，西安海关主动服务“一带一路”建设，提升跨境贸易便利化水平，支持陕西发展“三个经济”，打造内陆改革开放新高地。全年陕西省外贸进出口总值3513.8亿元人民币，比上年增长29.3%，列全国第二位。其中，出口2078.7亿元，增长25.3%；进口1435.1亿元，增长35.4%。进出口增速分别列全国第三和第四位。

◆陕西自贸试验区建设　2018年，西安海关特殊监管区域进出口值增长34.4%，占同期陕西省进出口总值7成以上，率先试点各类监管改革，承载半导体产业链延伸升级，不断集聚高质量发展动能。完成《中国（陕西）自贸试验区总体方案》试点任务，西安海关自贸工作在陕西省督查中排名第二位。首创“铁路运输舱单归并新模式”在全国复制推广，创新“以集成电路设计企业为龙头的检测研发全程保税监管模式”获评省级最佳创新实践案例。创新原产地备案签证“容缺办理”“限时办结”模式，办理时限压缩至半个工作日。支持入境维修/再制造新业态发展，资质企业增至7家。

◆海关支持中欧班列（长安号）发展　2018年，中铁联合国际集装箱有限公司西安海关监管区挂牌运营，监管作业场所信息化系统健全完善，班列监管作业流程简化优化，集装箱翻倒次数减少40%以上，班列货物平均查验时间缩短至1小时以内。对规范“长安号”中欧班列进出境监管场所，优化整体通关效率和营商环境起到积极促进作用。中欧班列（长安号）开行量、进出口货值和货运量分别增长5.4倍、7.7倍和9.2倍，实际开行量1235列，由全国第十七位跃至第一位。铁路整车进口及进境粮食、进口肉类指定口岸建成运营，进口商品从单一棉纱扩展到板材、汽车、小麦、绿豆等。线路扩容接近1倍，新增至白俄罗斯、伊朗、意大利等5条线路，联通中亚、中东及欧洲主要货源地，进出口货源地、目的地基本覆盖全国。

◆海关服务航空经济　2018年，西安空港进出境旅客256万人次，比上年增长28.2%；进出境航班及包机1.86万架次，增长21.6%。榆林航空口岸获批临时对外开放，陕西形成多点开放新格局。航空运力持续增强，西安空港口岸全货运航线达到18条，监管进出口货值增长近50%，通程航班验放旅客2.5万人次，“第五航权”获批落地。西安空港进境肉类指定口岸通过预验收，进境种苗指定口岸上报待批，200余吨优质生鲜产品通过进境水果、冰鲜水产品、食用水生动物指定口岸走向百姓餐桌。

◆海关支持外贸发展　2018年，西安航空基地综合保税区获批建设，海关特殊监管区域加速整合优化。深化“保税+”制度创新，支持陕西首次开展保税展示拍卖。西安获批跨境电商综合试验区，监管跨境电商进出口增长1倍。开展海关特殊监管区域保税监管“参数判别、分类审核、自主核报”改革，在有效防控执法风险情况下，人工作业量压减50%。实施“以企业为单元”加工贸易监管制度改革，企业申报手续减少2/3，报关成本下降1/3。建立进口租赁飞机跨关区联动监管模式，监管租赁飞机3架。助推特色美食“宝鸡擀面皮”进军国际市场，苹果、猕猴桃等特色鲜果及果汁出口26.2亿元。

◆海关税收征管　2018年，西安海关税收入库41.2亿元，比上年增收2.2亿元，增长5.6%，全面完成税收计划任务。税收征管质量稳中有进，企业无欠税、入库及时率、担保处理及时性等指标均保持100%，减免税审批保持零差错。全国海关首票关税保证保险业务顺利通关，“自报自缴”征税占比83%，税收电子支付率接近100%，税收征管更加便利高效。严格执行国家结构性减税政策，全年减免税款5.3亿元。3名海关警员获评陕西省“打击涉税违法犯罪活动工作先进个人”。

◆口岸检疫　2018年，西安海关口岸公共卫生保障能力持续提升，检疫查验出入境人员270万人次、传染病监测体检2.3万人次，确诊各种类传染病552例，成功处置泰国旅客群体性腹泻事件，发现陕西口岸首例副溶血弧菌感染病例。强化外来有害生物监测和安全风险监控，全年截获有害生物3种85种次，截获禁止进境动植物产品7000余批次。以最严格措施加强非洲猪瘟全链条防控，全年截获非洲猪瘟疫区猪肉制品267千克，口岸未发现非洲猪瘟病例。

◆商品、食品安全管控　2018年，西安海关强化进出口危险化学品及其包装监管，加强进口旧机电、医疗器械、压力容器等重点敏感商品检验监管。完善进口强制性认证产品管理，所有申请实行网上办理。持续加强进出口食品安全管理，检验监管出口食品1.2万批，比上年增长18%，经检出口食品未发生境外通报不合格情况；专项检查进口食品企业30家，问题企业整改全部完成。

◆打击走私　2018年，西安海关各项缉私业务指标均大幅增长，行政立案263起，刑事立案22起，分别增长1倍和1.8倍。全力开展“国门利剑2018”“蓝天2018”“国门勇士”等专项行动，自主开展打击旅检渠道走私专项行动，采取刑事强制措施50人次，缴获疑似枪支9支，缴获各类毒品、易制毒化学品42公斤，破获海关总署缉私局一级督办案件、西安海关建关以来最大一起走私进口毒品案，缴获海洛因净重17.2千克，国家禁毒委员会专门致电祝贺。“智慧缉私”大力推进，指挥中心功能日趋完善，案管中心建成运行，情报中心实现“三网”数据对碰，办案中心加快建设。反走私综合治理不断强化，联合市场监管、环保、濒管办等部门协作办案，1名民警被海关总署授予“缉私先锋”称号。　（李强妮）

财政·税务

责任编辑
冯冠杰

财 政

◆概况 2018年，西安市财政系统围绕“大西安”发展战略，实施更加积极有效的财政政策，多措并举保障重点，优化环境培植财源，支持稳增长、促改革、调结构、惠民生、防风险各项工作，推动全市经济高质量发展，各项工作取得新成绩。全年财政总收入1460.39亿元，比上年增长13.6%；一般公共预算收入684.7亿元，占财政总收入的46.9%，增长10.8%，完成预算的103.3%。全市税收收入556.58亿元，增长24%，税收占一般公共预算收入比重81.3%。一般公共预算支出1151.61亿元，增长10.2%，其中节能环保、教育、公共安全、科学技术等支出分别增长23.8%、17.4%、8.4%和6.5%。政府性基金预算收入768.34亿元，增长39.6%。政府性基金预算支出736.03亿元，增长54.3%。全市国有资本经营预算收入9.73亿元。全市国有资本经营预算支出8.77亿元。市本级社会保险基金预算收入181.32亿元，增长1.7%，完成预算的110.2%。市本级社会保险基金预算支出153.54亿元，增长3.8%。

收入规模再上台阶 全市财政总收入2017年、2018年连续跨过1300亿元、1400亿元台阶，2018年达到1460.39亿元，增长13.6%，其中一般公共预算收入684.71亿元，增长10.8%，高于成都1.4个百分点。

税收连续快速增长 全市税收增速2017年、2018年分别达到20.4%、24%。在全国15个副省级城市中，西安市税收增速连续两年排名第一，也是唯一连续两年增速超过20%的城市。

收入质量显著提升 全市税收占比达到81.3%，比上年提高12.7个百分点，高于成都6.3个百分点。在全国15个副省级城市中，西安市税收占比由第15位提高到第8位，前进7位，进入中游水平。

促进税收和筹融资加快增长 继续推进国税、地税深度融合，支持国税、地税联合办公。5月，西安税务办税服务厅（东）对外办公，是西安市办公面积最大的办税厅，实现24小时自助办理，实行“保姆式服务”“延时服务”等特色业务。加大综合治税力度，联合税务部门上门服务重点税源企业，宣传招商引资、引税政策。创新财政投入方式，政府投资基金、PPP融资等形式被广泛使用，财政撬动社会资本的作用得到较好发挥。

减税降费减轻企业负担 进一步清理规范涉企行政事业性收费，减免部分政府性基金，落实降低企业社保优惠政策。落实“营改增”试点扩围政策，落实高新技术、小微企业发展、节能环保等各项涉企税收优惠。全年降低企业成本169.8亿元，其中落实涉企税收优惠政策105.33亿元。

◆财政保障“三大攻坚战” 2018年，西安市财政系统全力打好“三大攻坚战”（防范化解重大风险、精准脱贫、污染防治），强化政策支持和资金保障，确保“三大攻坚战”扎实推进。

支持脱贫攻坚 全年市本级财政安排财政专项扶贫资金3.14亿元，比上年增长22.3%。设立西安市产业扶贫（农业）投资基金，首期出资额11.11亿元。按照市级每村30万元、区（县）每村配套20万元的贫困村集体经济组织资金补助标准，全市142个贫困村市级资金4260万元及区（县）配套均筹措拨付到位，引导贫困村开展特色种养、农产品加工、乡村旅游、光伏、电子商务等村域产业，带动贫困户增收脱贫。指导周至县开展贫困县涉农资金整合试点工作，下达周至县涉农整合资金3.7亿元，整合项目资金3.05亿元，《周至县2018年统筹整合使用财政涉农资金实施方案》被陕西省扶贫开发办公室、陕西省财政厅一次性联审通过。设立扶贫小额信贷风险补偿金1.15亿元，撬动金融机构给14664户贫困户发放贷款3.38亿元，兑付贴息资金1191万元。配合西安市人民政府金融工作办公室推动“再贷款＋财政资金＋担保＋农业保险”模式，有效扶持各类新型经营主体扶贫产业。

推进移民（脱贫）搬迁 截至11月底，“十三五”期间易地扶贫搬迁任务经陕西省、西安市移民部门调整为2008户7213人，陕西移民（脱贫）搬迁开发集团有限公司调整下达周至、蓝田、鄠邑、临潼4个区（县）移民搬迁资金65976.89万元，支出59365.84万元（含退回资金），资金支付率达到89.98%。加快农村危房改造，西安市财政局会同西安市城乡建设委员会向西安市人民政府提出建议，除建档立卡贫困户外，其余重点对象与建档立卡贫困户实行同等的市级户均补助标准；会同西安市建委下达中央、陕西省、西安市农村危房改造补助资金8316.35万元，并对2016年下达的中央、省、市农村危房改造补助资金和任务进行调整。

支持健康脱贫医疗保障 全额资助建档立卡贫困人口参加新型农村合作医疗，建立农村贫困人口补充医疗保障，下达建档立卡贫困人口参合补助451.81万元，农村贫困人口补充医疗保障省级补助38.27万元、市级补助105.95万元。

支持污染防治 安排治污减霾治理资金34.9亿元，比上年预算增长64.4%。大力推进“煤改洁”，保障煤改洁补贴、火电企业超低排放、新能源汽车推广等工作顺利开展，出台《西安市鼓励甲醇汽车产业发展若干政策》。编制《西安市冬季清洁取暖城市试点方案》，经财政部等4部委组织的2018年北方清洁取暖试点城市竞争性评审会议评定，西安市获得汾渭平原组第一名。会同西安市公安局等部门联合制定《西安市促进高排放老旧车辆淘汰更新补助暂行办法》。安排3313.59万元，用于西安市高排放老旧机动车淘汰工作。

支持“河湖长制” 全年下达各类水利项目市级补助资金10.3亿元，其中市级水利建设基金8.05亿元（含河湖长制资助资金）。加强污水处理费征收管理，完成5.39亿元。审核拨付城市污水处理费、污泥处置费资金8.4亿元。加快推进农村污水治理工作，出台《西安市市级农村生活污水治理专项资金管理暂行办法》，支持全市农村污水处理设施建设试点，对各区（县）采取PPP建设模式给予指导。做好皂河黑臭水体事件应对工作，配合水务部门赴外地调研，并提出《西安市城市黑臭水体治理攻坚战实施方案》，追加拨付4565万元专项经费。

加强债务风险防控 成立政府债务管理领导小组，开展全口径债务清查统计，全面摸清政府隐性债务情况。组织对全市4237家相关单位进行梳理，甄别认定形成政府隐性债务的单位402家，涉及项目1124个。坚持开“前门”、堵“后门”，全市新增地方政府债券77.19亿元、置换债券176.13亿元，政府债务全面纳入预算管理。制定分年度化解方案和《西安市化解政府隐性债务实施方案可行性评估报告》《西安市政府隐性债务风险应急处置预案》，督促各区（县）、开发区制定本地区应急处置预案，对化解方案进行可行性评估，守住不发生系统性风险的底线。组织开展对全市生态建设项目过度举债和举债建景观项目的排查、核查工作，结合政府隐性债务监测情况，向西安市人民政府报送排查报告。配合审计署驻西安特派员办事处开展2018年全市国家重大政策措施跟踪审计、隐性债务审计、PPP项目形成隐性债务审计3次专项审计工作；配合陕西省审计厅开展以隐性债务为主要审计内容的专项审计工作，督促各单位认

真进行整改。完成《关于地方政府性债务投资项目资产情况的报告》，并送陕西省财政厅。

◆**保障秦岭北麓违建问题整治** 2018年，西安市财政局强化财政资金保障，投入1.13亿元，用于秦岭北麓生态保护区域农村生活污水治理、供水工程和森林生态效益补偿。追加西安市国土资源管理局土地储备中心43亿元，用于秦岭北麓相关区（县）土地收储。会同西安市秦岭生态环境保护管理委员会办公室印发《秦岭生态环境保护专项资金管理暂行办法》，会同西安市国土局制定《西安市矿山地质环境治理专项资金管理办法》，设立专项资金500万元，推进环境恢复治理工作落实，构建和完善秦岭生态保护长效机制。会同西安市国土局、西安市环境保护局制定《西安市矿山地质环境治理恢复与土地复垦基金实施办法》，明确矿山企业不再缴存保证金，每月按照原矿销售收入、开采矿种、开采方式等综合系数提取基金，用于矿山地质环境恢复治理、土地复垦及管护工程等。支持西安市水务局开展秦岭生态保护区“农家乐”污水治理工作，制定出台《西安市秦岭生态保护区农家乐污水治理奖补办法》。全年安排下达森林生态效益补偿资金3080.19万元（中央1829.67万元、省级190万元、市级1060.52万元）。

◆**服务“三个经济”发展** 2018年，西安市财政系统支持发展枢纽经济、门户经济、流动经济发展，保障“大西安”综合交通枢纽建设。为西安—延安等高速铁路及西（安）—法（门寺）南线等城际铁路项目筹措资本金，预计未来3年投入资本金超过80亿元。筹措资本金逾40亿元支持西安咸阳机场三期扩建，投入38.6亿元用于火车站改扩建。加大对航空客运和物流投入力度，支持西咸新区空港新城打造航空货运枢纽；投入3.68亿元支持开通直达境外国际客运航线；安排陕西省、西安市补贴资金4.6亿元支持中欧班列长安号11条干线的开通运行，覆盖中亚、中东及欧洲主要货源地，“长安号”累计开行491列，运输货物65.9万吨。安排资金4.72亿元，统筹推进服务业综合改革和国家现代物流创新发展试点，推进建设服务业试点聚集区和西部商贸物流中心。安排65万元保障中西部国际物流产业博览会举办，安排1004万元支持物流配送中心建设项目5家和兑付仓储设施租金补贴。奖励获得西安市质量管理奖和提名奖3家企业110万元，奖励获得“陕西省名牌企业”“西安市名牌企业”的19家企业190万元。安排会展业发展专项资金664万元，奖励展览性展会15家次，吸引国内外会议15次在西安召开。促进“开放经济倍增计划”实施，安排资金3174万元，支持外贸企业技术进步和创新，优化出口产品结构，构建支持开放型经济发展的新型产业体系，支持服务外包重点企业发展，提高承接国际外包业务能力。加强对外经贸交流，对参加西安经贸交流团的39家企业补助79.9万元。

◆**支持招商引资** 2018年，西安市财政系统围绕招商引资拓宽投融资渠道，全年统筹安排资金超过40亿元。保障吉利、奕斯伟等18项重大产业及创新领域“一事一议”项目，带动投资1413.7亿元。出台《西安市支持总部企业发展若干政策》，争取总部企业引得来、留得住、能发展、能壮大。争取省级重大招商项目专项补助6亿元和资本金投入18亿元，安排重大汽车项目落地阶段性建设资金15亿元。安排资金1.73亿元，支持2018中国“500强”企业高峰论坛、第二届世界西商大会、2018全球硬科技创新大会等重大招商活动。推进全市国地税征管体制改革，继续保障税务经费投入，确保改革后财政保障力度不减。进一步加强控税引税工作，采用政策组合模式，支持加快资金引进，推进控税、引税工作向纵深发展，培植、厚植税源。加强对纳税大户联系服务，主动到企业“面对面”控税、引税，做好招商引税企业上门服务工作，答复企业诉求。建立控税、引税工作考核机制，发挥招商引资、引税奖励政策作用。全年引进企业3.31万户，引进地方口径税收20.92亿元。

◆**支持产业提质增效和转型发展** 2018年，西安市财政系统创新财政资金支持产业方式，出台《关于进一步创新完善财政支持产业发展方式的意见》，将资金支持重点更多向优化区域生产和生活环境、完善公共服务和环保体系、搭建创新平台和吸纳高层次人才聚集等领域倾斜。印发《关于支持实体经济发展若干财税措施的意见》，包含支持工业稳增长、军民融合、中小企业载体建设、科技创新转化等13个方面的45条具体措施，通过奖励补助、贷款贴息、融资引导、股权投入、产业基金等财政支持方式的综合运用，凸显对实体经济发展的政策引导作用。出台重点产业细分领域扶持政策，发布《西安市财政支持产业发展政策一本通》《大西安产业基金申报一本通》，实现“投入方式创新+支持实体经济措施+X领域定向政策”的组合体系搭建，全年投入产业资金90.23亿元，实现政策高效协同和“最后一公里”的有效落地。设立1000亿元规模大西安产业基金，投资子基金28支、企业248家，累计撬动社会投资2141亿元。统筹安排科技发展资金11.7亿元，打造硬科技之都。安排8.12亿元用于创新创业孵化载体建设、创投基金组建、技术转移转化、企业投融资引导服务体系等。安排各类支持工业发展资金14.76亿元，重点支持工业经济提质增效和转型发展。落实国务院《中国制造2025》和推动工业稳增长各项政策，鼓励企业加大工业投资力度。支持军民融合创新发展，统筹安排航天军民基金市级出资5.5亿元，支持“国家军民深度融合示范城市”建设。安排13795户“散、乱、污”企业治理经费858万元。安排1.39亿元落实重点工业企业支持政策。落实新能源汽车推广政策，安排4098辆纯电动公交车、3105辆新能源汽车地方补贴资金5.71亿元。安排科技发展资金11.7亿元支持提升企业自主创新能力、加快成果转化、优化创新环境。支持硬科技产业发展，安排第二届全球硬科技大会推介资金3196万元，推进科技发展基金组建，扩大科技创业种子基金规模至5亿元。兑现254家技术转移机构奖补资金3332万元，全市2018年技术合同交易额达到848.42亿元。安排科技人才服务转化项目补助900万元。安排18家区（县、开发区）、高校院所众创空间和孵化器建设补助资金9000万元，安排169家众创空间、企业奖补资金1552万元，撬动全市双创载体建设总投资超过40亿元。提升知识产权运营能力，兑现270家单位专利政策资助752.5万元。安排2.25亿元支持国家增材制造创新中心、光启黑科技研究院与陕西空天动力研究院项目落地工作。安排资金1.62亿元，推进现代服务业转型升级。安排资金1156万元，建设电子商务示范村镇和电子商务平台19家，带动网上销售额6.74亿元。健全和完善生活性服务业，安排568.4万元支持老字号提升改造，新增270个（辆）餐亭餐车，带动家政公司服务4799名老人，培训人员2589人。支持服务业聚集区、公共服务平台新建21家，投资补助2345万元，撬动投资超过11.3亿元。做好全市应急保障，购买900吨融雪盐价值133.2万元。安排科技资源和军民融合发展专题资金2.1亿元。安排各类产业发展、人才引进、环境建设等领域扶持资金30亿元以上，支持西安高新技术产业开发区自创区建设。安排市级工业、科技、服务业和人才创业等产业配套资金超过35亿元，支持小微企业创新、创业资金支持项目超过5000多项，惠及小微企业超过8万户。推进国企改革五项试点，安排中央、省“三供一业”（供水、供电、供暖和物业管理）补助资金4.62亿元。参与国有企业办教育、医疗机构分离实施方案、市政建设集团混改、文化交易中心改制等改革文件制定。开展全市范围内国有企业财政财务管理，报送企业经济效益快报和年度国有企业财务决算。开展全市范围内金融国有企业财政财务管理，按要求报送季度快报和年度国有企业财务决算。加强国有资本经营预算管理，做好国资预算执行，完成投融资担保基金出资等支出1.926亿元。

◆支持城市建设 2018年，西安市财政系统多渠道筹集资金，加大城市基础设施建设投入，破解“治堵难”“减霾难”“治脏难”，提升城市品质，改善农村人居环境，决胜脱贫攻坚，推进土地改革，各项城建工作有序全面开展。市本级财政城建资金安排100亿元，比上年增长7.41%。安排地铁专项资金52.6亿元，增长15.86%，拨付西安地铁一、二、三号线地铁运营亏损财政补贴资金6亿元；支持打通“断头路”，通过城建计划安排道路交通相关资金19.9亿元；完善公共交通补贴政策，印发《关于调整西安市城市公交财政补贴方案的通知》，安排公交补贴、公交车购置等公共交通体系建设资金18.5亿元。安排11.41亿元，用于城市环境整治、城乡公厕建设、生活垃圾无害化处理、植树增绿、公园建设维护等；配合西安市城市管理局统一采购、统一布局全市城市生活垃圾分类专业运输车辆和分类垃圾桶等硬件设施，所需经费由市、区两级财政按比例负担，其他经费按市、区现行财政体制予以保障。支持深化土地供给侧改革。经中共西安市委、西安市人民政府审议通过成立西安城市发展（集团）有限公司，第一期注册资本金20亿元；制定《西安市工业、仓储物流及重点项目专项补助资金管理办法》，经西安市土地领导小组审议通过正式印发执行，推动重大项目落地，降低工业、仓储物流及重点项目用地成本，提升重点项目周边基础设施配套承载力，优化企业投资环境。

◆支持农村农业发展 2018年，西安市财政系统支持城乡统筹发展，推进新型城镇化建设，支持农业和农村发展，支持推进都市型现代农业建设。西安市成立农村人居环境整治领导小组及其办公室，明确27个市级部门工作任务和各涉农区（县）的建设主体责任，制定《西安市农村人居环境整治三年（2018—2020）行动方案》，全年安排拨付农村人居环境整治资金238300万元，用于实施农村人居环境整治项目规划、农村污水治理、垃圾处理、厕所改建、村容村貌、基础设施建设等项目。制定《西安市关于探索建立涉农资金统筹整合长效机制的实施方案》，推进资金切块下达到区（县），给予区（县）充分自主权。开展“大棚房”问题专项清理整治行动，负责改变农业设施用途涉嫌骗取的财政资金追缴工作，排查涉及财政资金及需追缴资金工作正在进行中。对西安浐灞生态区和西安曲江新区“大棚房”问题清理整治行动开展6轮督导检查，分别认定15个和3个涉嫌违建项目，全部拆除并整改到位。西安市财政局下达省、市“重点示范镇”及“文化旅游名镇”补助资金12215万元，用于支持“重点示范镇”及“文化旅游名镇”基础设施建设；安排远郊区（县）基础设施建设补助13700万元，支持副中心城市、工业组团和远郊区（县）市政道路、污水管网等基础设施建设；通过城建计划拨付“美丽宜居村庄”奖补资金14600万元。安排举办两个“农民”主题节日活动经费2057万元。其中，拨付首届西安农民节活动经费1657万元；预拨首届西安市庆祝“中国农民丰收节”活动经费400万元。支持农村无害化户厕提升改造工程，追加下达专项资金15630万元。支持“三农”建设，全年安排用于耕地地力保护、农业生产救灾、农机具购置、耕地深松整理、省市农机化等补助资金26473.76万元；安排下达统筹城乡专项资金14054.9万元用于农村片区社区项目建设、“幸福新农村示范村”创建。拨付下达农村产权交易平台信息化建设资金1000万元、农村产权抵押担保和抵押风险防范基金1000万元、全市1417个村农村产权制度改革工作经费及村集体经济扶持资金14170万元；在统筹城乡发展专项资金中，安排750万元扶持农村改革试点示范项目。

◆支持教育、文化事业 2018年，西安市财政系统支持教育综合改革和文化体制改革，努力为社会提供均衡的教育、文化公共资源。引入PPP模式支持文化基础设施建设。拨付西安奥林匹克体育中心、西安丝路国际会议中心、西安丝路国际会展中心建设市级资金10亿元。拨付专项资金1000万元，保障西安国际马拉松比赛。拨付专项补助经费2000万元，支持举办“第五届丝绸之路国际电影节”。拨付补助经费2000万元，支持举办中法国际文化论坛。配合教育部门继续推进深化大学区管理制改革工作，下达专项活动经费6000万元、大学区校长教师交流交通生活补助资金882.6万元，安排专项资金2.7亿元实施西安市“大学区”学区长学校品质提升工程。安排专项资金821万元，开展民办初中招生制度改革评价、中小学教育质量综合改革评价、义务教育质量监测及教育现代化发展水平评价工作。修订完善《西安市文化产业发展专项资金管理实施意见》。落实《关于补短板加快西安文化产业发展的若干政策》，拨付资本金1亿元，支持设立文化产业投资发展基金。加大教育精准扶贫，拨付中央、陕西省、西安市专项资金2.35亿元，用于从学前教育到高等教育全覆盖的贫困学生资助项目支出。继续全面推进实施“营养改善计划”，下达中央、陕西省、西安市营养改善计划专项补助资金2.06亿元、市级营养改善计划食堂运行奖补资金0.3亿元，不断提高营养改善计划实施水平。执行学前、高中及中职教育免学费及公用经费补助政策，下达幼儿园、中小学公用经费10.88亿元，下达市级奖补资金1701万元。拨付学前教育建设补助资金2.18亿元。下达省市中小学建设发展类专项经费12.68亿元，促进教育均衡发展。拨付普惠性民办幼儿园保教费补助资金1086万元、等级园创建市级奖补资金470万元、扶持普惠性民办幼儿园发展奖补资金1322万元。拨付现代职业教育质量提升计划、高职院校职业教育及生均奖补专项经费1.09亿元。安排特教经费3000万元，支持特殊教育事业发展。拨付校车工程资金710万元，确保全市校车试点区（县）校车的正常运行。落实“关于补短板加快西安文化产业发展的若干政策”，拨付2018年文化产业专项资金项目8551.5万元；拨付第七届“中国西安国际原创动漫大赛”专项补助经费300万元；拨付非国有和行业博物馆发展专项资金1000万元；拨付实体书店发展专项资金998.93万元，推进和完善竞争性分配工作。支持基层公共文化服务体系建设，拨付公共文化服务体系建设资金4889万元。安排专项资金2300万元，支持115个“农村文化礼堂建设”。拨付农村公益电影专项补助经费848.32万元。安排专项资金1750万元，继续支持开展“千场戏剧下乡”惠民演出活动。安排专项经费748.92万元，推进全民健身基础环境建设。拨付专项资金1955万元，推进全市公共图书馆、美术馆、文化馆（站）、体育场馆免费或低收费开放。安排专项资金1000万元，支持实体书店发展和“书香之城”建设，拨付“24小时社区自助图书馆”建设经费471.96万元。安排欢乐百姓系列文化活动经费100万元、“一带一路”对外文化交流活动经费800万元。安排文物保护项目资金33228万元，支持文物、大遗址保护工作和博物馆提档升级。配合文物部门申请汉长安城大遗址保护特区建设等重点项目中央、陕西省文物保护专项资金；支持完成西安博物院中央空调系统应急改造、周秦遗址保护管理中心移交西咸新区管理等工作。

2018年3月19日，西安市财政局开展PPP业务培训会

◆支持人才强市战略和完善社会保障体系建设 2018年，西安市财政系统推进社会保障体系建设和人才强市战略，建立健全社会保险待遇水平联动增长机制。

支持各项人才新政扶持政策　全年拨付81.1万元，用于2017年技师高级技师奖励资金支出。拨付40万元，用于2018年外国专家奖励支出。拨付312万元，用于公开招聘博士研究生2018年安家补助费支出。推进“百万大学生留西安就业创业5年行动计划”，拨付“就业奖”45万元、高校毕业生留西安就业创业巡回招聘活动经费75.8万元、2017年创业大赛落地奖20.44万元、第三届求职大赛活动经费39.8万元。做好创业担保贷款工作，拨付劳密企业贷款贴息资金715.06万元。加大技能培训力度，拨付培训补贴资金177.108万元。拨付企业军转干部补助166.19万元。

支持深化医药卫生体制综合改革　支持在全市城市公立医院、县级公立医院和基层医疗机构推行基本药物制度，实行“零差率”销售，下达市、县公立医院专项补助资金340万元，下达财政医疗服务能力提升（人才培养）补助资金2064万元。提高城乡基本公共卫生服务经费标准，拨付城乡基本公共卫生服务补助资金3000万元，重大公共卫生专项资金4200余万元。拨付下达社区卫生机构补助资金497万元，减轻患者负担974万元；下达专项补助资金843万元，全市超过44万65岁以上老年人享受免费体检政策。下达计划生育财政补助专项资金2600余万元。城乡居民大病保险筹资标准提高到每人每年55元，向商业承保机构及时拨付大病保险基金5000万元。

做好兜底保障和高龄老年人保健工作　拨付区（县）市级灾后重建修缮补助资金2.1万元。加强社区经费管理。下达社区工作和人员经费市级补助资金7578.3万元。完成高龄老人保健补贴资金清算工作，高龄老人保健补贴资金发放约763万人次，拨付高龄老人保健补贴资金7851万元。其中，省级补助2080万元，市级补助5771万元。

◆推进“最多跑一次”及“放管服”改革 2018年，西安市财政系统在改善全市营商环境“优化企业申报政府专项资金（基金）”工作中，创新实施对部门“一对一”保姆式服务，落实“最多跑一次”局长体验和“百名局长驻窗口”活动。印发《关于优化非营利组织免税资格认定工作的通知》，规范全市非营利组织免税资格确认工作，全年受理申请13户，办理13笔，在西安市财政局官网公开相关信息12项。严格落实中央、陕西省各项收费清理政策，重点整治各种涉企乱收费并组织专项监督检查，切实降低企业制度性交易成本。加强行政事业性收费、政府性基金目录清单和动态管理，为促进实体经济发展、改善营商环境提供政策保障。

◆推进PPP融资工作和项目实施 2018年，西安市通过财政部PPP项目库入库审核项目68个，总投资1207亿元，其中西安市公共停车场等8个PPP项目列入财政部PPP示范项目。大西安医学检验中心等10个项目通过“财政承受能力评价”和“物有所值评价”；西（安）铜（川）路等29个项目通过市级入库审核。在西安合作发展基金项下设立PPP专项子基金，首期规模100亿元，该基金投资首个项目——碑林历史文化街区PPP项目投资方案获得通过。探索在建3条地铁线由政府购买服务转为PPP模式，实现金融机构融资延续，保证项目继续推进。西安市因推广政府和社会资本合作模式工作有力、社会资本参与度较高，受到国务院办公厅通报表彰。全年（不含西咸新区）获得中央、陕西省各类PPP奖补资金4780万元。制定《西安市鼓励民间资本参与政府和社会资本合作项目的若干意见》《西安市政府和社会资本合作（PPP）项目联评联审暂行办法》等，印发各部门、各区（县、开发区）执行。完成10家咨询服务机构、3家研究服务机构的采购工作。成立PPP入库项目清查工作组，指导全市各级、各部门开展PPP项目清查工作。实施西安市体育中心外围提升改善道路PPP项目（一标段、二标段）、西安市会展中心外围提升改善道路PPP项目、“品质西安”夜景亮化建设提升PPP项目、“品质西安”架空线缆落地提升工程PPP项目等5个PPP项目，涉及项目总投资225.6亿元。在全市农村生活污水处理设施建设中引入PPP模式（拨付市级补助资金10450万元用于资本金），加大对污水处理厂污泥集中处置项目财政支持，安排前期费用1266万元。

◆推进财政各项重点改革 2018年，西安市财政局牵头7项、参加28项全市改革任务，推动改革举措落地见效。开展“提升预算管理水平暨支出效益提升年”活动，加大财政存量资金清理盘活力度；推进零基预算改革，完善预算管理机制，优化预算编审程序，加快预算执行。深入推进预算公开改革，在全市推行平台、时间、内容、格式“四统一”，各级各部门政府预算、部门预算按时按要求全面公开。公开全市债务管理情况、市对区（县）转移支付情况。完善财政体制，制定《西安市市以下财政事权与支出责任划分改革实施方案》，支持区（县）加快补齐经济发展短板；制定西安市代管西咸新区的财政体制，落实西咸新区“同城同待遇”、民生托底等支持政策共计拨付资金1.7亿元。完成区（县）法院、检察院财物统管上划工作，争取中央、陕西省支持，全年争取中央、陕西省资金260.98亿元，比上年增长6.5%。推进绩效管理，市级部门项目支出绩效目标编审继续全覆盖，516个预算单位编报4059个项目420.76亿元绩效目标，完成重点评价项目20个，涉及资金17.73亿元。评审财政投资项目191个，审减率11.79%。政府采购资金79.23亿元，节约5.3亿元，节约率6.63%。加强市级专项资金清单制管理，核定、公布《2019年专项资金目录》，2019年市级财政专项资金数量较2018年压缩30%以上，一级专项由2017年的50项压减到37项。

◆推进财政监管和规范理财 2018年，西安市财政系统不断加强财政监督，对9个专项和30家单位预算执行情况进行检查，涉及财政资金40.75亿元，查出违规违纪资金8434.54万元。下达《检查决定书》20份、《检查结论书》9份，撰写调研报告2份。对全市残疾人康复专项资金进行检查调研，检查行政事业单位31户，走访各类医疗康复机构20户，访谈残疾人家庭48户，发放问卷68份，与各康复机构召开座谈20次，完成《关于我市残疾人康复救助专项资金管理使用情况的调研报告》。开展财政法治宣传教育，加大宣传工作力度，开展《中华人民共和国宪法修正案》学习，组织局系统参加“我与宪法”优秀微视频征集展播活动，西安市财政局拍摄的《数字里面有宪法》微视频被全国普法办公室授予优秀奖。开展“送法宣政暖民心”、法制宣传活动、“宪法•七五”普法有奖知识问答、第十二届全国百家网站微信公众号法律知识竞赛、2018年公务员无纸化学法用法考试等系列活动。

（严嘉恒　付晓红）

税　务

◆概况 2018年，西安市税务系统组织各项收入1651.03亿元，比上年增长17.63%。其中，税收收入1257.59亿元，社会保险费收入342.45亿元，非税收入50.99亿元。组织中央级收入583.37亿元，增长13%；市级以下收入486.78亿元，增长22%。税收规模在全国15个副省级城市中排名第九位，增速排名第一位。

◆税务机构改革 2018年7月5日，西安市按照中共中央、国务院关于深化国税、地税征管体制改革的决策部署，将原西安市国家税务局、西安市地方税务局合并成立市级新税务机构“国家税务总局西安市税务局”，并正式对外行使职能，承担西安市各项税收、非税收入征管等职责。

◆减税降费 2018年，国家税务总局西安市税务局落实减税降费政策措施，助力企业发展。各行业增值税一般纳税人享受减税10.6亿元；转登记减税7686万元；增值税留抵退税，实际退还9.9亿元；出口货物退（免）税 45亿元；非居民企业享受税收协定待遇减免税4375万元；减免企业所得税162亿元。降低社保费11亿元，减免各项非税收入7亿元。

◆税收征管 2018年，国家税务总局西安市税务局整合人员机构，按照“一厅受理，集中办结”思路，将纳税人依申请的涉税事项从税源管理部门和相关业务部门，全部前移到办税服务厅，前移涉税审核，审核时长缩短30%以上。推行税源差异化管理和分级分类管理，建立市、区两级税收风险管理控制中心，有效遏制涉票违法犯罪活动。实施分类分级管理，推动管理向税源基础管理和风险应对转变。探索车购税多元化申报方式，推广“开票即完税一体化管理”新系统。延伸进出口退税服务，强化分类管理，精简退税程序，进一步扩大无纸化申报范围。推进房地产税收一体化管理，房地产行业全周期、全税种管理效果逐步显现。推动城北不动产登记中心全程无纸化办理，每年减少纳税人资料报送40余万份。

◆纳税服务 2018年，国家税务总局西安市税务局全力实施“便民办税春风行动”，围绕“三化五最”（便利化、法治化、国际化，审批最少、流程最短、成本最低、诚信最优、服务最好）目标，制定48条优化税收营商环境硬措施，建立税收服务员制度。深化“放管服”（简政放权、放管结合、优化服务）改革，“最多跑一次”事项清单由207项增加至267项，实现148项涉税业务“零跑路”。以东、西、南、北4个市级办税服务厅和西安高新技术产业开发区、新城区、碑林区、雁塔区、未央区办税服务厅为主阵地，初步打造形成核心城区半小时办税服务圈。提供窗口办税、自助机办税、“网上办税”辅导区3种服务模式，实现400余项税费业务“一厅通办”，办理业务时长平均缩短到5分钟以内。持续开展“服务入户、政策到家”大走访活动，上门走访服务纳税人37万余户。为新办纳税人送上“套餐式”服务，一次性办结11个涉税事项。制定《支持和服务民营经济发展36条措施》，服务民营经济发展。开通清税注销业务专门受理窗口，实行“容缺”受理（办事主要材料齐全、符合法定受理条件，但次要材料欠缺的，由窗口先行受理，申请人在规定时限内补齐材料后，即可完成办理流程），改进注销流程和操作规范，企业注销、迁移更加便捷。“一对一”订制高校税收服务措施，全力助推大学生创业、院所经济发展。

◆依法治税 2018年，国家税务总局西安市税务局严格规范执法，深化行政执法公示制度、执法全过程记录制度以及重大执法决定法制审核制度，公示行政许可、行政处罚、行政强制、行政征收、行政确认、行政检查、其他7大类税收执法信息清单，配齐执法过程记录设备，确保执法过程阳光透明。推进行政审批事项改革，加强规范性文件清理，开展执法案卷评查，依法办理税务行政复议、应诉案件，组织重大税务案件审理，保护纳税人合法权益。进一步完善公安派驻税务联络机制，开展“双随机一公开”（在监管过程中随机抽取检查对象、随机选派执法检查人员，抽查情况以及查处结果及时向社会公开）重点税源专项检查等工作，集中打击虚开骗税行为，破获“1•22”新型诈骗虚开团伙案等重大案件。全年查处违法企业1333户，查处非法发票4.9万份，查补税款4000余万元。强化“黑名单”惩戒制度，协力规范市场秩序。（李锦陶）

国家税务总局西安市税务局

局　　长	李毅刚
副 局 长	齐志宏　刘新民　兰西成 孙彦方　郭照安
纪检组长	苗亚莉（女）
党委委员	郝　炜　徐　华
总经济师	黄必婵（女）　杨成刚
总会计师	朱跃斌　刘广生
总审计师	刘志华（女） 刘　俊（女）

金融业

2018中国500强企业高峰论坛
2018 CHINA TOP 500 ENTERPRISES SUMMIT
践行高质量发展 争创世界一流企业
2018 CHINA TOP 500 ENTERPRISES SUMMIT

责任编辑
姬娟妮

综 述

◆概况 2018年，西安市实现金融业增加值874.91亿元，比上年增长5.3%，占地区生产总值的10.5%。金融机构人民币贷款余额1.97万亿元，比上年增长16.37%；人民币存款余额2.09万亿元，比上年增长4.49%。银行业金融机构不良率1.01%，优于陕西省0.9个百分点，优于全国0.88个百分点。保费收入478.56亿元，比上年增长13.64%。截至年底，有金融机构169家。其中，有银行业机构56家；有保险机构62家；有证券期货业机构51家。有境内外上市挂牌公司204家、融资性担保公司66家、小额贷款公司38家、网络借贷平台公司19家、网络小贷公司6家。全年金融业发展稳健，运行平稳。

◆金融中心建设 2018年6月14日，西安市召开西安市加快建设丝路国际金融中心座谈会，广泛听取社会各界意见建议，共同推动丝路国际金融中心建设。会同中国（深圳）综合开发研究院开展系列调研，推进《西安丝路国际金融中心建设中长期规划（2018—2050）》编制工作。大力支持西安高新技术产业开发区启动2平方千米的丝路国际金融中心核心区建设，支持西安浐灞生态区打造“通丝路”跨境电商人民币结算服务平台。在“2018年中国金融中心指数”排名中，西安金融综合竞争位居“全国十大区域性金融中心”之列。

◆“龙门行动”计划 2018年，西安市人民政府金融工作办公室承办2018全球创投峰会，发布鼓励创投机构落户的“创投十条”，成立全球丝路创投联盟，广泛吸引全球创投机构和创投人才聚集。西安市人民政府制定出台《西安市推进企业上市和并购重组“龙门行动”计划(2018—2021年)》，加快培育上市后备企业资源，健全资本市场服务体系，加快企业上市和并购重组步伐。西安市人民政府金融工作办公室持续开展“扶持企业上市登门行”活动，对60余家重点上市后备企业登门扶持，快速解决10余家企业上市过程中的困难和问题。截至年底，西安市新增境内外上市企业3家，新增“新三板”挂牌企业13家；储备上市后备企业280家，组织推动企业上市挂牌服务活动60余次，服务企业1600多家。企业通过证券市场融资489.88亿元，西安市35家企业发行各类债券468只，利用债券市场融资3924.6亿元，比上年增长41%。

◆金融招商 2018年，西安市人民政府金融工作办公室牵头组织2018东方财富风云榜颁奖典礼、2018中国母基金百人论坛、第二十三届亚洲大洋洲地区投资基金业协会年会等大型金融招商活动。截至年底，西安市新增12家持牌金融机构，其中西北首家台资银行——富邦华一银行西安分行于10月31日运营。“朱雀基金”在西安注册成立，实现陕西省地方公募基金“零的突破”。中国工商银行制卡中心、中国工商银行信用卡外呼营销中心2个总部级功能中心落户西安。西安市人民政府与中国工商银行、深圳市腾讯计算机系统有限公司等机构签署战略协议，获得中国工商银行超过5000亿元的项目融资储备。

◆优化金融营商环境 2018年，西安市人民政府金融工作办公室制定印发《西安市降低企业获得信贷难度和成本行动方案》，建立和完善工作协调、联系机制和营商环境信贷检测指标周报制度。通过召开座谈会、媒体宣传、发放调查问卷等方式，加大政策宣传服务力度，在各类媒体刊发宣传稿件27篇。开展融资（银企）对接活动，组织召开2018年重点项目、军民融合小微企业融资对接会暨签约仪式等13次融资（银企）对接活动，现场签约11个项目，协议总金额161.95亿元。指导区（县）、开发区开展354次融资对接会和1301次上门融资服务。西安市上半年获得的信贷指标因环节少、时间短、材料少、审贷利率低等优势，排名陕西省第一。缓解民营企业债券违约及股票质押风险，开展“一对一”登门服务，协调相关机构为金花企业（集团）股份有限公司贷款2亿元，有针对性地解决企业融资难题。

◆农村金融服务 2018年，西安市人民政府金融工作办公室制定出台《西安市深化农村金融改革加强“三农”金融服务实施意见》《西安市农户信用等级评价办法》，深化农户信用等级评价各项工作，建立四级联动工作机制。截至年底，启动1259个行政村的农户信用等级评价工作，占西安市行政村总数的83%；采集农户信用信息46.23万户，占西安市农户总数的58%；完成等级评定38.73万户，占西安市农户总数的49%。根据评级情况及家庭情况，为农户发放首批信用贷款65万元。加快金融扶贫步伐，截至年底，西安市5个重点涉贫区（县）扶贫小额信贷贷款发放户数14501户，贷款金额31795.80万元；推动扩大“助农保”特惠扶贫保险试点范围，在8个涉农区（县）开展，保额98.88亿元，赔款1275.73万元。

◆地方金融发展 2018年，西安市人民政府金融工作办公室推动陕西投融资担保有限责任公司设立及增资扩股，实缴资本30亿元。截至年底，西安市有小额贷款公司38家，注册资本71.32亿元，贷款余额56.23亿元，平均贷款利率

2018年12月29日，西安市首批农户信用评级贷款发放大会暨西安市与秦农银行战略合作协议签约仪式在周至县举办，首批8名农户获得65万元贷款

14%。有融资性担保公司66家，注册资本229.22亿元，在保余额925.02亿元，累计代偿23.39亿元。西安民间金融小镇聚集金融服务机构82家，集聚民间资本近100亿元，累计为西安市9500家小、微企业和个人提供175亿元的融资贷款，累计贡献税收2.2亿元。陆港金融小镇聚集企业787家，交易额854.68亿元，累计1992.11亿元，管理资产规模1000亿元。灞柳基金小镇吸引270家基金企业申请入驻，其中261家完成工商注册手续，累计完成投资1.465亿元。

◆防范和打击非法集资 2018年，西安市人民政府金融工作办公室按照“三贴近”（贴近基层、贴近群众、贴近生活）与“八进、三重点”原则（“八进”：进机关、进单位、进企业、进学校、进家庭、进社区、进街道、进镇村；“三重点”：重点地区、重点人群和重点行业领域）开展宣传教育工作，各区（县）、开发区落实“八进”工作6766次，宣传覆盖群众60余万人。截至年底，西安市新增非法集资案件30起，整体形势平稳可控。按照中央、陕西省互联网金融风险专项整治相关工作要求，下大力气整治整改，机构数量和交易规模均达到“双降”（降准、降息）要求。（高　丹）

货币金融服务

◆概况 2018年，西安市金融业稳健运行，金融组织体系不断健全，金融规模不断扩大，金融结构日益优化，金融服务水平进一步提高，金融风险防范扎实有效，金融业对经济发展的贡献度大幅提升。在2018年9月发布的中国金融中心指数排名中，西安金融综合竞争力在全国28个区域金融中心中位居第十三位；在全国副省级城市中位居第七位。截至年末，中国人民银行西安分行营业管理部辖区有46家银行业金融机构、60家证券公司、54家保险公司、32家小额贷款公司、7家财务公司、3家信托公司、1家汽车金融公司和1家消费金融公司，初步形成多元化、开放型金融组织体系。另有各类会计师、律师事务所120余家，征信和评级机构4家，第三方支付机构40多家，保险中介机构100余家，西安金融控股有限公司、陕西金融资产管理股份有限公司正式运营，共同构成实力较强、体系完整的金融产业配套体系。截至年底，西安市金融机构（含外资）本外币存款余额21266.72亿元，比上年末增长4.4%。人民币存款余额20948.18亿元，比上年末增长4.5%，其中住户存款余额8360.33亿元，增长11.5%。金融机构本外币贷款余额19891.60亿元，增长16.0%。人民币贷款余额19729.82亿元，增长16.4%。

◆贯彻执行货币政策 2018年，中国人民银行西安分行营业管理部落实稳健中性货币政策，结合辖区实际制定《货币信贷工作指导意见》，适时召开经济金融形势分析例会、信贷政策专题研讨会，合理引导预期，畅通政策传导。探索基层央行货币政策与宏观审慎政策“双支柱”政策框架，保持辖区流动性稳定，促进货币信贷规模合理增长。创新货币政策工具运用，加速推动新型债务融资工具在辖区的推广应用，引导金融机构做好供给侧结构性改革和军民融合发展、乡村振兴等重大战略的金融服务。发放各类再贷款、再贴现143.8亿元，比上年增长5.2倍，引导企业融资利率下行 0.2—3个百分点。实体经济通过非金融企业债务融资工具实现融资1190亿元，增加558亿元。

◆辖区金融改革 2018年，中国人民银行西安分行营业管理部推动建立西安市市场利率定价自律机制，引导辖区地方法人机构理性定价。指导高陵区农村承包土地的经营权和农民住房财产权“两权”抵押贷款试点取得积极突破，通过自愿协商方式，完成陕西省内首笔以土地承包经营权为抵押物的不良贷款收储处置，为陕西省“两权”抵押贷款试点工作开展积累经验。以金融创新助力经济发展转型升级，围绕“硬科技”产业、文化产业发展战略，探索运用新型非金融企业债务融资工具，为实体经济发展注入“金融活水”，灵活运用多种政策工具，推动“金融+科技”、文化、军民融合、旅游等产融结合发展。开展“双促双优 助推融资”活动，举办“双促双优、助推融资，阳光征信、普惠小微”合作签约仪式暨深化小微企业融资服务推进会，达成授信意向100亿元。推进“应收账款融资专项行动”，设立政策性票据融资产品“票链通”，支持小微企业融资7.8亿元，金融业对西安市经济发展的贡献度进一步提升。

◆金融助推脱贫攻坚 2018年，中国人民银行西安分行营业管理部推动普惠金融发展，推进脱贫攻坚金融服务，召开“西安市金融支持扶贫产业发展推进会”，在全市范围推动落实《西安市金融支持扶贫产业发展实施方案》，推广“54321”金融+产业扶贫模式（形成人民银行、政府职能部门5部门扶贫工作合力，发挥再贷款、财政奖补、担保、农业保险政策联动效能，构建贫困户、帮扶企业、银行3方利益联结长效机制，紧盯贫困户增收脱贫、农业产业做强做优的双重任务目标，实现一企一策的精准帮扶效果），发挥好“金融+产业”扶贫带动作用。截至年底，全市发放“54321”扶贫产业支持贷款1.75亿元，帮扶建档立卡户9000余户。推动建立政府主导、相关部门配合，依托金融机构联合实施的农户信用等级评价工作机制，参与农户信用信息平台建设以及农户信用等级评价基础标准制定，引导和鼓励金融机构运用信用等级评价结果实施授信和贷款，实现“政、银、农”共赢。

◆维护金融稳定 2018年，中国人民银行西安分行营业管理部加强影子银行、房地产金融等重点领域风险监测，选取非系统重要性金融机构开展偿付能力敏感性压力测试和流动性风险测试，摸清辖区风险底数。发挥存款保险早期纠正功能，加强对问题机构的风险监测与现场核查，实施“一行一策”差异化风险应对和处置。全面推进央行评级，对辖区20家金融机构的经营管理和风险情况进行综合评价，为存款保险差别费率、MPA(宏观审慎评估)等政策工具运用提供基础依据。加强重点领域风险整治，做好无证经营支付业务专项整治，强化反洗钱执法检查及洗钱风险监测调查，牵头开展陕西省内房地产、社会组织等特定非行业反洗钱调研，围绕国家反腐、“扫黑除恶”、反恐、反逃税、禁毒和打击各类涉众型犯罪等重点领域，做好洗钱防控和专项行动，加大电信网络新型违法犯罪打击防范力度，有效净化市场环境。组织实施对辖内部分金融机构的稳健性现场评估，对24家金融机构开展金融统计、人民币收付、国库、银行卡、征信、存款准备金、反洗钱、金融消费权益保护等业务的专项执法检查。完成对辖区4家市属银行类金融机构、7家地方法人类金融机构2017年度综合评价，规范金融机构经营行为。

◆**优化金融营商环境** 2018年，中国人民银行西安分行营业管理部持续深化“放、管、服”改革，优化账户管理流程，组织辖内村镇银行上线非居民涉税账户系统和全国集中账户管理系统。自主开发上线核准类银行结算账户电子化审批系统，实现商业银行随到随办、人民银行在线核准、账户资料传递“零在途”，完成18家商业银行、20家银行网点企业开户服务督导和调查暗访，督导各驻自贸区政务服务大厅银行继续做好自贸区账户核准“绿色”通道服务，为辖区企业提供更加优质、便捷的账户服务。持续提升国库业务电子化水平，提高地税征缴税款纳入横向联网系统业务占比，全辖代理支库纸质税票较上年同期平均减少70%以上。优化退库业务流程，先后与原西安市地税大企业征收管理局、原西安市地税局、西安市财政局联合发布《关于二手房交易退库有关事项的通知》《关于规范自然人退税业务的通知》，减少相关纳税人办理退库业务的时间成本和经济成本。做好国债发行宣传和兑付工作，支持地方经济发展。加强组织协调沟通，配合中共西安市委、西安市人民政府做好秦岭北麓西安境内违建别墅专项整治工作，为专项整治提供相关信息支持。

◆**改善支付结算服务** 2018年，中国人民银行西安分行营业管理部持续推进中央银行会计核算数据集中系统（ACS）标准化建设，确保系统稳定运行。加快推进“支付便民工程”，指导支持陕西银联与西安地铁、公交签署框架合作协议，“西安市移动示范工程”在公共交通、交通罚款、医疗健康、校企园区、公共缴费等便民场所实现突破，8000余辆公交车全面实现“云闪付”移动支付扫码乘车；在7所高校、15家企事业食堂、9家连锁药店的649家门店、2092台自助机具、1600个市政道路停车点等公共服务场所实现“云闪付”应用。推动“支付美丽乡村”建设，组织召开西安市农村支付服务环境建设专题会议，上线农村支付环境数据分析系统，引导辖区人民银行各支行结合地方特色和行业优势创建精品项目。11月2日，高陵区何村“社区金融服务超市”揭牌，农村地区支付服务环境进一步改善。

◆**货币发行管理** 2018年，中国人民银行西安分行营业管理部加强对市场流通人民币的监测分析，科学调配货币供应，强化流通中人民币整洁度整治，组织完成“贺岁纪念币”等发行兑换工作。强化金融机构现金收付业务监管，根据群众举报，对违规使用人民币图案、拒收人民币行为开展调查处理，辖区人民银行蓝田县支行开出全国第一例“拒收现金处罚告知书”。开展“现金服务示范区创建活动”，完善农村地区现金服务渠道，着力改善农村地区人民币流通环境。加强现金清分行业管理体系建设，建立《现金清分企业名录》，促进现金清分业务市场化规范发展。构建小面额人民币流通中介平台，完善商业银行营业网点小面额人民币和残损人民币兑换管理措施，建立硬币回笼大户和需求大户之间的有效对接机制，扩大硬币自助兑换设施覆盖面，辖区人民币流通秩序进一步规范。

◆**信用体系建设** 2018年，中国人民银行西安分行营业管理部加快征信体系建设与推广应用。持续完善信用报告查询渠道建设，全市自助查询机增配至47台，进一步扩大自助查询点辐射范围。调整延长机关征信服务大厅营业时间，实现工作日不间断征信自助查询服务。开发上线征信业务综合管理系统，实现自助查询机数据在服务器的集中存储管理，避免查询数据分散保存风险，提高征信统计分析、预警监测、异议投诉及数据质量管理水平和效率。查询个人信用报告89.8万人次、企业信用报告1.6万份，办理机构信用代码证8.3万份。

◆**金融消费权益保护** 2018年，中国人民银行西安分行营业管理部依托金融消费权益保护信息管理系统及“12363”电话，做好辖区金融消费者权益保护工作。探索建立西安市金融消费纠纷诉讼、调解对接工作机制，推动金融纠纷专业调解组织和法院系统的合作。配合人民银行西安分行做好陕西省“12363”呼叫中心平台建设，进一步畅通纠纷调解渠道。通过金融消费权益保护信息管理系统转办投诉333起，办结率100%，满意率100%；接受咨询1500余次，均给予满意答复。抓住“3·15”“6·14”“12·4”等重要时间节点，以“普及金融知识、‘守住钱袋子’”“金融知识普及月”等为主题，组织金融机构开展金融消费权益保护、反洗钱、条码支付、防范电信诈骗、征信、人民币反假、国债、网络安全等金融知识集中宣传。在西安财经学院设立征信宣传教育与金融研究培训基地，在西安市范围确定22家中小学、174个班级作为试点，推动金融知识纳入国民教育体系。

◆**金融调查分析研究** 2018年，中国人民银行西安分行营业管理部做好金融数据统计和分析研究工作。落实“绿色”贷款统计制度，召开西安市“绿色”贷款专项统计工作座谈会，完善制度、机制建设，西安市法人金融机构全部被纳入“绿色”贷款专项统计范围，数据采集覆盖面100%。推进陕西自贸试验区特色统计，加强与政府部门、所在地人民银行沟通联系，确定陕西自贸试验区西安统计区域范围，建立《陕西自贸试验区西安区域金融机构目录库》，编制陕西自贸试验区西安区域信贷数据。广泛开展监测分析，做好工业景气、银行家、储户问卷等制度性调查工作及城镇居民储户资产负债调查，并作为全国首批试点城市，布局开展生产性服务业调查。加强西安市经济金融运行状况实地调研，按季度组织召开金融形势分析例会，进一步发挥信息共享与合作机制作用，分析研判地区经济金融发展态势，为各级领导决策提供信息支撑。（王静波）

◆**中国工商银行陕西省分行** 截至2018年年底，下辖各类机构490个。其中，一级分行本部1个，二级分行10个，县级支行49个，城区支行66个。有员工11986人。全部存款余额4427亿元，较年初增加416亿元。各项贷款余额2599亿元，较年初增加233亿元。实现中间业务收入18.3亿元。拨备覆盖率153.4%，提升40.6个百分点。坚持以服务实体经济为本源，深度融入陕西“追赶超越”大局，推动中国工商银行总行与陕西省人民政府、西安市人民政府签署战略合作协议，投放各类贷款1007亿元。开展“工银普惠行”活动，发布支持民营企业发展“八项措施”，与32家民营企业签署“主理行合作协议”。全年向民营企业和个体工商户投放贷款277亿元，有融资余额的民营企业占全部融资企业客户的80%。推荐总行认购陕西省地方债254亿元，累计认购地方债802亿元。

◆**中国农业银行陕西省分行** 2018年，抓好服务实体经济、防控金融风险、推进经营转型、持续深化改革、全面从严治党治行五项重点工作，稳经营、调结构，严管理、防风险，促转型、提质效，主体经营指标稳中向好，重点改革任务有序推进，实现规模、质量、效益协同发展。截至年底，人民币各项存款比上年增加242亿元，日均核心存款增加195亿元，人民币各项贷款增加152亿元。县域、涉农、精准扶贫、普惠贷款等重点监管指标全面达标。落实与陕西省人民政府签署的“‘十三五’战略合作协议”，全力支持重点项目建设，完成5年3500亿元融资计划的91.6%。作为簿记管理人，协助陕西省财政厅发行定向债143亿元。加快调整优化信贷投向和业务结构，新投放战略新兴产业贷款48亿元，“绿色”信贷规模净增39亿元，服务3222户陕西自贸区客户。聚焦实体经济薄弱领域，出台“支持民营企业健康发展32条措施”，推进普惠金融专营机构建设，推广特色产品，投放“微捷贷”1.6亿元，成功落地首笔数据网贷业务。个人贷款增加58亿元，县域贷款增加11亿元。涉农重点领域贷款均超额完成年度计划，“惠农e贷”提前超额完成年度计划，余额23亿元。在“e贷”产品的带动下，农户贷款实现翻番。出台《金融支持脱贫攻坚3年行动实施方案》，持续加大扶贫信贷投放，精准扶贫贷款净增35亿元，为7900户贫困户发放扶贫小额信贷2.9亿元。

◆**中国邮政储蓄银行陕西省分行**　2018年，推出“十项举措”，支持民营企业发展。截至年底，小微企业贷款余额178.25亿元，比上年增加13.72亿元。主动融入和支持“一带一路”建设，结合陕西自贸区相关政策，加强金融服务创新合作，探索为中资企业“走出去”和“一带一路”建设提供全方位、综合化的金融服务。支持基础设施建设，通过自营和银团方式投放的高速公路贷款余额69.82亿元。加强各类新区合作，设立西咸土储基金，与西咸新区合作成立邮储西咸“一带一路”（陕西）自贸区建设基金100亿元。打造金融通道，运用“财贷惠”产品，通过境内人民币理财产品质押，在境外放款2465万欧元，全力支持陕西提升经济外向度。开拓融资渠道，和西安市人民政府通过PPP模式建设地下综合管廊项目，建设期5年，运营期25年，投资规模83.3亿元。实现“陕西煤业集团债转股项目”80亿元投放，有效帮助地方国有企业实现降杠杆，促进陕西经济发展。参与和支持陕西自贸区建设，结合各片区特色和定位，立足已有产品，重点发展跨境人民币支付业务、信用证及项下融资业务、融资租赁保理业务、国际结算业务和跨境专项贷款。将西安市高新支行更名为“中国邮政储蓄银行股份有限公司陕西自贸试验区支行”，并跟进网点布局和落地，支持陕西省分行自贸区业务发展。依托陕西自贸区优势，为区内企业与区外企业办理跨境人民币业务，包括企业之间的人民币结算和在自贸区内设立企业工作的个人之间的结算业务，同时研究跨境人民币双向资金池业务。投放实体经济贷款比上年增加123.30亿元，增长14.37%，占比85.62%；小微企业、小额贷款增加19.32亿元，增长11.50%；涉农贷款增加46.52亿元。

◆**中国进出口银行陕西省分行**　2018年，主动融入地方外向型经济发展，不断加大对实体经济支持力度，服务民营经济发展和中小微企业发展，支持一批“一带一路”、国际产能和装备制造合作、“中国制造2025”等领域重大项目落地实施。政策性金融弥补、引导和带动作用明显显现。截至年底，本外币贷款余额722.19亿元，较年初新增206.79亿元。其中，人民币贷款余额659.65亿元，新增180.30亿元；外汇贷款余额9.11亿美元，新增3.6亿美元。正常类贷款余额697.70亿元，占比96.61%；关注类贷款余额7.59亿元，占比1.05%；不良贷款余额16.90亿元，占比2.34%。建立重点项目库，对入库项目进行重点关注和持续跟进；建立定期汇报机制，及时研究解决入库项目在融资条件、项目推动等方面遇到的实际问题；协助项目进入国家项目库或陕西省重点计划，提升项目“含金量”，为项目建设争取更为全面的支持。支持企业国际产能和装备制造合作，助力国内优势企业向“一带一路”沿线国家转移产能。与中国工商银行(亚洲)有限公司组成银团向隆基绿能科技股份有限公司提供5000万美元境外投资贷款，用于其马来西亚太阳能光伏设备生产线项目；为中国西部科技创新港项目核准贷款15.1亿元，其中放款9.3亿元。支持西安建设“丝绸之路”新起点，对“长安号”国际货运班列运营提供金融支持，承贷4.5亿元；支持中铁一局集团有限公司、中铁二十局集团有限公司等央企在陕子公司在新加坡、马来西亚、巴基斯坦等“一带一路”沿线国家重大工程的施工，发放对外承包工程贷款10亿元；与中国进出口银行主权客户部联动，为铁道第一勘察设计院开立8笔保函，以劳务输出带动设备、技术“走出去”。

◆**中国农业发展银行陕西省分行**　2018年，结合陕西实际，聚焦农业、农村重点领域，深耕“三农”（农业、农村、农民）主业，投放贷款202.87亿元，年底各项贷款余额865.96亿元。全力保障粮食安全，投放粮、油收储贷款22.70亿元，支持企业收储粮油20.48亿千克。投放粮油加工龙头企业贷款2.34亿元，支持粮食全产业链发展。组织开展粮油库存检查，推行领导干部贷后监管责任制，全面加强储备粮油贷款管理。投放精准扶贫贷款83.15亿元，年底精准扶贫贷款余额254.48亿元。投放贷款2.8亿元，支持林业资源开发与保护。投放棚改贷款114.74亿元，支持项目57个。投放高标准农田、流通体系建设和流动资金贷款3.95亿元，支持农业产加销、多功能拓展。

◆**长安银行**　截至2018年年底，资产规模2365亿元，各项贷款余额1136亿元，各项存款余额1672亿元，净资产145亿元。开业以来，累计实现利税150亿元，其中缴纳税金58亿元。创新和优化银政、银企合作机制，支持移民搬迁、西咸新区和陕西省保障性住房等陕西省重点项目，重视能源、资源产业的转型升级和地方特色产业扶持，重点营销支持新能源、电子信息、航天航空、新材料等产业链及城市基础设施建设项目。持续加大对教育、卫生、医疗等民生工程建设的金融服务力度。发展小、微企业金融服务业务，设立西北首家科技支行，推出“长安贷”系列小、微金融产品，联合陕西省科技厅成立陕西省科技金融产品研究开发中心。形成以“长长卡”“长盈、长盛”理财产品和“长安e贷”、“安鑫宝”、长安云闪付、e长安电子银行、“微道+”小微金融移动服务平台等互联网金融产品为代表的特色业务体系。创新普惠金融，在陕西省农村开设1400余家惠农支付服务点，形成城乡金融服务的“快车道”。

◆**浙商银行西安分行**　2018年，贯彻国家相关金融政策，支持陕西省、西安市及“一带一路”重点项目建设，投放表内外信贷1041亿元。公司信贷投放中，实体类公司客户占比51%；中型企业占比42%；民营企业占比20%。涉农贷款余额24.09亿元，较年初增加13.71亿元，增幅132%。利用网络金融的服务思维和服务功能，创新开发池化融资、易企银、应收款链“三大平台”特色产品，助力实体企业降杠杆、降成本、增效能，支持实体经济发展，服务区域内企业1100余户，帮助企业盘活各类流动资产、应收账款660亿元，提供融资支持1117亿元，为企业解决临时资金需求超过600亿元，节省融资成本8700多万元。发展非金融企业债务融资工具，通过投行和传统业务的组合产品营销，主承销短期融资券和中期票据业务、高端撮合类业务等业务方式，加大重点企业支持力度，有效降低融资成本。全年非金融企业债务融资工具承销金额90亿元，为重点优质企业开拓银行间市场的直接融资渠道。

◆昆仑银行西安分行 2018年，持续加大支持“一带一路”建设产品投入，结合中国人民银行“一带一路，绿色产业”政策，办理系统内第一笔集团票据池再贴现业务，7.25亿元票据池票据获得中国人民银行再贴现政策扶持。在服务过程中充分发挥票据池业务融资高效、灵活的特点，从核心企业角度出发，丰富产品配置，提升客户体验，在充分了解集团票据池特点的情况下，根据客户需求，第一时间做好服务工作，实施专人维护，帮助客户收集整理贴现资料，提高业务效率，节约财务成本。在昆仑银行总行金融市场部安排和指导下，票据业务部联动企业管户支行和相关业务部门，历时22天顺利通过司库2.0系统完成票据池出库、贴现、再贴现全流程业务对接。8月30日，完成首笔司库2.0系统票据池再贴现业务2.34亿元。

◆中国民生银行西安分行 2018年8月，挂牌成立民生银行西安分行民营企业服务中心，配置专人，实施“信贷工厂”模式（对中小企业贷款的设计、申报、审批、发放、风控等业务按照“流水线”作业方式进行批量操作），为广大民营企业提供融资贷款、财富管理、私人银行、投资银行等金融服务，以及银政企政策对接、法律/税务/管理咨询、民企客户沙龙等非金融服务。截至年底，累计为陕西区域内小、微企业发放贷款超过900亿元。小微企业贷款余额超过127.17亿元，占全部贷款的近20%。有小微客户49.5万户，其中有贷款客户近8200户，被《西安晚报》《华商报》评为“2018年支持民营企业发展最佳银行”。优先保障“一带一路”、陕西自贸区、西咸新区等重点区域融资需求，为西安国际港务区授信22亿元，向西安高新技术产业开发区、西咸新区自贸区授信超过60亿元。支持西安市重点项目，尤其是文化旅游项目，为渼陂湖项目投放3亿元，为小雁塔片区改造授信10亿元，对接支持曲江创意谷、西安火车站改造、皇城坊等年度重点项目。成立中国民生银行股份有限公司西安曲江文创支行，服务曲江文化企业超500余户。

◆平安银行西安分行 2018年，与中国进出口银行陕西省分行合作，通过银团贷款向“长安号”中欧班列项目提供5亿元人民币信贷支持；与西安市人民政府签署“丝绸之路西安·平安发展基金合作框架协议”；与丝绸之路金服科技有限公司签订战略合作协议，支持参与“一带一路”企业的发展。研发“橙e税金贷”产品，利用大数据模型和金融科技解决小微企业融资问题，向百余户中、小企业累计投放贷款超过7亿元。根据科技型小微企业的特殊情况，分别与陕西省科技厅、西安市科技局签署“平安科创贷”业务合作协议，破解陕西省科技型企业流动资金贷款难题。

◆齐商银行西安分行 贯彻落实国家关于“金融机构回归本源，支持实体经济发展”号召，发挥自身优势，创新服务产品，持续为中、小、微企业提供“特色化、专业化、差异化”的一揽子金融服务。截至年底，各项存款余额59.32亿元，其中储蓄存款余额12.53亿元；各项贷款余额32.33亿元；上缴各项税金2168.74万元。小微贷款（1000万元以下）增速较各项贷款增速高出12.37个百分点，个贷产品余额比上年增长38.33%。

◆秦农银行 2018年，围绕陕西省、西安市区域经济发展战略及规划，深度融入“一带一路”大格局，抓住西安“国家中心城市”建设新发展机遇，深入推进“一带一路”金融服务工作。截至年底，累计向“一带一路”基础设施建设、政府重点项目授信金额146亿元，跟进项目23个，发放贷款104亿元；向沣西新城、西安世园投资(集团)有限公司、空港新城等市内重点企业投放超过90亿元贷款。先后向“丝绸之路经济带·西安港国际采购中心一期项目”“丝路国际贸易中心项目”等项目发放贷款22亿元。向西咸新区空港新城开发建设集团有限公司发放贷款11亿元，用于空港新城辖区范围内“道路绿化景观工程”。向“一带一路”沿线公路等基础设施领域投放贷款12亿元，推动空港、陆港、信息港“三港”协同联动。向陕西省交通建设集团公司授信11亿元，发放贷款6亿元，用于陕西省内公路的日常养护，加速区域物流体系建设的需要。向西咸新区信息产业园项目融资5亿元，推动产业园区基础设施建设。先后向西安交通大学科技创新港等重点科创项目授信21亿元，投放贷款近10亿元，推动自贸区内科技创新发展。向“生活基地学镇西区”住宅项目授信11亿元。截至年底，向绿色“一带一路”项目发放贷款21亿元；向西咸能源金贸中心段沣河治理项目提供信贷资金10亿元，致力改善沣河两岸生态环境。以“科技贷”为重点，引入政府担保基金机制，入围西安市科技局“集合信贷计划试点银行”。布局战略性新兴产业方向的制造业和高新技术产业，聚焦科技信息、先进制造等重点领域，向西部超导科技股份有限公司、巨子生物基因技术股份有限公司等中、小企业授信13.5亿元。设立高新支行专营支行，为科技型企业提供专业金融服务，发挥金融支撑作用。向西安联捷文化产业发展有限公司授信3.64亿元贷款，用于市民中心文化广场项目建设。向西安大唐西市置业有限公司发放项目贷款3亿元，用于“丝路文旅小镇”一期核心区域提升项目。

◆渤海银行西安分行 2018年，调整优化资产结构，发展投资银行、交易银行、消费金融、金融科技等业务，在业务转型发展方面取得阶段性成效。截至年底，生息资产455.74 亿元。其中，表内资产占83.04%；表外资产占16.96%。预算考核口径营业收入52107.88 万元，考核利润29533.69万元。人均资产3.59亿元，人均利润200万元，人均收入400万元。截至年底，表内批发贷款余额98.29亿元，较年初增加31.86亿元。小微贷款投放2758万元。金融科技业务发展较快，微信平台新增客户数6500户，直销银行资产日均1.58亿元，“平安普惠”网贷项目余额225.45亿元。托管业务规模174.32亿元。国际结算量1772万美元。同业存放及同业存单发生额50.33亿元。销售同业理财40亿元；新增他行授信额度90亿元。依托西安金融商务区、西咸新区、西安高新技术产业开发区、西安曲江新区等，不断优化金融资源布局，促进离岸金融、能源金融、科技金融、文化金融聚集发展。向西咸新区秦汉新城开发建设集团有限责任公司、西安高科国际社区建设开发有限公司等8家企业授信111.5亿元，发放贷款62.5 亿元，不断加大对“一带一路”重点项目的支持力度。

◆兴业银行西安分行 截至2018年年底，本外币全口径总资产1564.39亿元；本外币全口径存款余额912.73亿元，其中一般性存款余额721.54亿元；本外币各项贷款余额434.01亿元，比上年新增11.47亿元；实现账面利润12.72亿元，比上年增加0.83亿元。在抓好负债提升、客户建设2个重点工作的同时，持续优化资产结构，提高非息收入，提升收益水平。全年实现营业净收入26.56亿元，增长0.5%。持续深化与财政的合作，全年投资地方政府债券31.3亿元，取得西安市级国库集中支付电子化平台、省级非税业务代理资格。全年完成21只债券发行，承销规模385亿元，计划完成率199.5%。发行美元债2笔，金额4.2亿美元。

◆宁夏银行股份有限公司西安分行 2018年，试点上线“如意税E贷”产品，可通过税控盘自动读取企业基本信息及纳税开票等信息，并引入工商、法院等相关大数据信息，建立风控模型对客户进行分析，通过设置授信规则，实现小微信贷业务线上申请及自动审批。完成中国进出口银行陕西省分行3.2亿转贷款业务，支持小微业务发展。10月，完成1笔金额1.52亿美元的对外直接投资资本金汇出业务。结合实际情况，主动调整客户结构，积极参与“一带一路”建设和陕西自贸区建设。通过在西咸新区设立的沣东支行向“一带一路”建设相关重点企业提供信贷支持。截至年底，贷款余额7.14亿元，较年初减少1.61亿元。在做好跨境金融服务工作的同时，为多家本地企业与香港企业办理资本业务，业务类型涉及直接投资、全口径跨境融资境外借款及还款等。为出口型贸易客户提供结算及融资服务，行业涉及机械设备制造、植物化工及农产品等诸多领域，境外合作企业68家，遍布日本、马来西亚、新加坡、俄罗斯、澳大利亚、韩国、印度尼西亚、印度、巴基斯坦、孟加拉国、波兰和中国香港等10多个国家和地区。

2018年11月22日，西安银行举行以“智启数字金融，创享移动未来”为主题的西安银行新版手机银行发布会暨与蚂蚁金服全面合作签约仪式

◆东亚银行（中国）有限公司西安分行 截至2018年年底，总资产规模73.6亿元，其中各项贷款70.73亿元；总负债规模61.94亿元，其中各项存款59.08亿元；净利润9907万元。根据国家相关产业结构调整政策及东亚银行西安分行《2018年信贷投向指引》，立足于信贷资产结构调整和盈利模式转变，从市场营销源头抓起，严格客户准入，规范授信制度，加快系统升级，提高专业化水平，提升扁平化管理，狠抓审批效率和质量，把风险防控作为经济周期商业银行稳健经营的重要目标。贷款投向侧重于民生相关度高的行业以及符合信贷政策的信贷客户，主要包括：国有企业、优势民营企业、医疗卫生教育行业、真实贸易背景衍生品客户等，调整信贷结构，不良贷款控制在较为合理的范围，客户集中度降低，盈利模式有所改善，无新增产能过剩行业贷款，无新增担保圈贷款。为更好服务民生领域，在风险可控的前提下，加大小微企业贷款投放力度，不断开发新的产品，推动陕西省小微企业的发展。

◆浦发银行西安分行 2018年，助力小微企业发展腾飞，坚持回归实体经济，同时维护良好金融环境，分析研判政策，加快市场推进，为分行转型及高质量可持续发展积蓄新动能。截至年底，一般性存款716亿元，市场份额较年初新增1.46个百分点，存款余额在西安市场提升1位至第二位。做大负债的同时，优化结构，人民币一般性、基础性、结算性存款日均分别新增31.3亿元、17亿元、22.6亿元，其中结算性存款日均在总存款中占比提升0.46个百分点。各项贷款余额603亿，市场占比12.57%。效益指标方面，营业收入28.4亿元，中间业务收入6.8亿元。在收入结构方面，注重可持续性发展，零售应收占比30%，较上年新增3.8个百分点；非息收入占比24.1%，较上年增加1.5个百分点。与西安市人民政府签订千亿元战略合作协议，以“融智+融资”支持陕西省、西安市重点项目、重点企业。 （丁　喜）

◆西安银行 2018年，高度契合国家战略，密切衔接地方经济发展方向，充分发挥区位优势、股东优势、业务优势及技术优势，突出数字化、特色化和经营转型、风险管理、基础保障等关键领域的创新发展，圆满完成年度经营目标。10月30日，获A股IPO（首发）通过，成为西北首家A股上市获准通过的城市商业银行。截至年底，总资产规模2417.23亿元，经营规模稳健增长；支持地方经济发展融资总量超过1000亿元，再创新高；实现利润总额29亿元，实现净利润24亿元，上缴税金12亿元；资本充足率4%，拨备覆盖率217%，不良贷款率1.2%，继续保持区域内监管评级“最优法人银行”位次。同时，获“2018中国普惠金融典型案例”奖；在“资产规模2000亿—3000亿元城商行竞争力排名”中晋升至第四名。

支持地方经济建设　坚持以服务实体经济为本职，以服务国家区域战略、陕西“追赶超越”和西安建设为使命，综合运用传统信贷手段和创新的结构化融资方式，优化信贷资源配置，拓展投融资渠道，持续加大投融资力度，精准支持重点领域、重点区域、重大项目和骨干企业的资金需求，全力支持地方经济发展。截至年底，支持地方经济发展投融资总量1169亿元；支持陕西省、西安市重点项目及企业62亿元。

小微企业贷款　发布“支持民营经济发展12条措施”，通过灵活、多元化的举措，构建服务民营企业的可持续发展模式。加快推进科技、文创、军民融合等特色金融，支持优势产业发展和升级。利用大数据实现小微金融的批量化营销和服务，连续4年完成中国银行保险监督管理委员会小微企业贷款增速不低于各项贷款平均增速、贷款户数不低于上年同期户数、申贷获得率不低于上年同期水平的要求。截至年底，小微企业贷款余额、客户数分别比上年增长21%和180%。

科技与金融融合　引入声纹识别、智能语音、蚂蚁金服移动开发平台等业界领先技术，持续升级手机、微信银行，在开放化、智能化、场景化等方面实现产品升级。发布新版手机银行并与蚂蚁金融服务集团合作，打造“生活+金融”生态。与一线互联网公司跨界合作开展基于支付、融资、征信等领域的资源共享，与本地政务、民生类企业、事业单位构建互联网金融资源池。互联网交易资金存管2.0系统上线，成为30家“存管银行白名单”中的一员。

（石　莹）

资本期货市场

◆概况　2018年，西安市证券公司资本实力不断增强，抗风险能力稳步提升，业务范围不断拓宽，业务结构优化调整，客户数量稳步增长，网点规模逐步扩大，服务实体经济能力显著增强。受市场影响，证券公司收入、利润下滑。全年证券市场各类证券交易总额32892.35亿元，比上年下降29.7%。年末，全市拥有上市股份公司34家，上市总股本550.02亿股，总市值3838.09亿元。辖区西部证券、开源证券、中邮证券3家法人机构，总资产750.32亿元，增长13.47%；净资产282.44亿元，增长10.04%；净资本251.96亿元，增长9.03%；实现营业收入35.83亿元，减少13.29%；实现净利润4.73亿元，减少38.63%。辖区有证券分公司46家，新增8家；有证券营业部256家，减少2家。全年辖区证券经营机构代理证券交易额4.16万亿元，下降11.19%；年末，客户交易结算资金余额196.93亿元，减少4.10%；投资者开户数509.25万户，增长10.47%。

期货代理交易额稳步提高，期货营业部数量、客户数量持续增加，资本实力进一步增强，期货公司收入略有增长，但利润下滑明显。截至年底，辖区迈科期货股份有限公司、西部期货有限公司、长安期货有限公司3家法人机构总资产57.42亿元，增长1.02%；净资产15.95亿元，增长30.06%；净资本12.64亿元，增长36.51%；实现营业收入3.23亿元，增长2.32%；实现净利润0.39亿元，下降46.22%。有期货营业部37家（含分公司），新增4家。全年辖区期货经营机构代理期货交易额9.06万亿元，增长30.74%；期货投资者6.22万户，增长25.66%。

◆企业上市及融资　2018年，中国证券监督管理委员会陕西监管局在股票市场持续下跌，债券市场兑付风险凸现，直接融资规模比上年有所下降的背景下，适应新形势、新变化，围绕服务实体经济发展，引导陕西省内企业把握金融供给侧结构性改革的有利时机，拓宽融资渠道，降低融资成本，直接融资346.18亿元。6家上市公司通过定向增发、配股、发行可转债、发行股份购买资产等多种方式，融资89.25亿元。此外，西安银行IPO申请于10月底过会，成为西北地区首家A股上市商业银行，募集资金20.80亿元；隆基股份配股获得中国证券监督管理委员会审核通过，募集资金38.75亿元。全年新增“新三板”挂牌公司11家，总数达到159家，27家公司融资27.61亿元，位居全国第九位、西部地区第二位；13家非上市企业通过交易所发行23只公司债，募集资金229.32亿元。

◆上市公司发展　2018年，陕西省上市公司整体经营情况保持稳中向好的发展态势。截至年底，辖区有49家上市公司，其中沪市主板22家，深市主板11家，中小板7家，创业板9家。上市公司总股本689.52亿股，比上年增长8.78%；总市值4869.17亿元，下降22.68%；总资产、净资产分别为6916.40亿元和3390.87亿元，增加13.58%和10.28%；资产负债率50.97%，上升1.47个百分点，低于全国非银行上市公司66.91%的平均水平。全年实现营业收入2773.76亿元，增加7.60%；实现净利润192.11亿元，增加4.12%，略高于全国1.18%的增幅水平；每股收益0.28元，为全国平均水平的53.85%；净资产收益率6.24%，为全国平均水平的66.74%。受益于产业结构调整，煤炭市场价格保持中、高位运行的有利环境，陕西煤业营业收入和净利润在分别突破500亿元和100亿元大关后，继续保持良好态势。隆基股份凭借技术进步、产品结构调整升级等举措，在面临行业政策出现较大调整的不利情况下，销量比上年大幅增长，市场占有率进一步提升。中国航发动力控制股份有限公司、中航飞机股份有限公司等大型制造业公司，作为实体经济中坚力量，收益实现稳步增长。

◆投资者保护与教育　2018年，中国证券监督管理委员会陕西监管局坚持把保护投资者合法权益作为衡量一线监管工作成效的重要标准，推动辖区投资者宣传教育工作，切实保护投资者合法权益。利用“‘3·15’国际消费者权益日”“‘5·17’世界电信日”等重要节点，开展“理性投资　从我做起”等投资者教育专项活动。联合中证中小投资者服务中心有限责任公司组织开展“股东来了”投资者权益知识竞赛陕西赛区活动，系列活动持续4个月，经历网络初赛、6大赛区复赛、3场半决赛，最终在中央电视台财经频道决出总冠军。全年组织讲座培训、现场宣传、走进上市公司、走进学校等活动1700余次，提升辖区投资者的专业知识水平和风险防范意识。持续推动证券、期货纠纷调解机制建设，畅通投资者维权渠道，实现陕西辖区证券期货纠纷调解实践“零的突破”。以“零投诉”为工作目标，强化市场经营主体投诉处理主体责任，不断提升辖区投诉处理水平。高标准做好信访答复工作，妥善处置信访风险。全年分类处理信访举报投诉事项914件次。

◆西部证券股份有限公司　截至2018年年底，总资产494.20亿元，比上年增长5.60%；净资产174.28亿元，下降0.62%；实现营业收入19.35亿元，减少32.30%；实现净利润3.35亿元，减少55.03%。持续深化业务结构调整及战略转型，着力提升发展质量，不断提升核心竞争力。在业务结构方面，经纪业务收入4.98亿元，减少40.93%；自营业务收入12.78亿元，增长46.90%；投行业务收入2.17亿元，减少42.59%；利息净收入-1.16亿元，减少151.79%；资产管理业务收入0.66亿元，减少45.45%。新取得上海期货交易所铜期权做市商资格和上海期货交易所黄金期货做市商资格。

◆**开源证券股份有限公司** 截至2018年年底，总资产164.34亿元，比上年增长34.56%；净资产51.63亿元，增长54.12%；实现营业收入11.97亿元，增长30.53%；实现净利润0.68亿元，增长41.67%。公司业务结构方面，经纪业务收入0.92亿元，减少7.07%；自营业务收入2.54亿元，增长198.82%；投行业务收入6.59亿元，增长9.83%；资产管理业务收入1.91亿元，增长52.80%；利息净收入-0.17亿元，减少158.62%。

◆**中邮证券有限责任公司** 截至2018年年底，总资产91.78亿元，比上年增长25.93%；净资产56.52亿元，增长24.14%；实现营业收入4.51亿元，增长24.93%；实现净利润1.46亿元，增长92.11%。业务主要围绕经纪业务、资管业务、信用交易业务和自营业务开展。经纪业务收入0.56亿元，减少75.68%；资管业务收入0.72亿元，减少45.45%；利息净收入0.96亿元，下降71.59%；自营业务收入2.21亿元，增长281.03%。

◆**迈科期货股份有限公司** 2018年，新设厦门营业部，分支机构增至10家。截至年底，总资产23.40亿元，比上年下降13.08%；净资产6.97亿元，增加3.78%；实现营业收入1.81亿元，增长6.47%；实现净利润4617.68万元，下降24.44%。

◆**西部期货有限公司** 2018年，获得股东增资2亿元，增资后注册资本5亿元。新设河南分公司和北京分公司，分支机构增至10家；在上海新设立期货风险管理子公司。截至年底，总资产24.61亿元，比上年增长5.60%；净资产5.04亿元，增长57.50%；实现营业收入0.82亿元，减少26.16%；实现净利润-1831.71万元，减少265.27%。

◆**长安期货有限公司** 2018年，获得股东增资1.7亿元，增资后注册资本3.5亿元。新设山东分公司和江苏分公司，分支机构增至11家。截至年底，总资产9.52亿元，比上年增长41.67%；净资产3.95亿元，增长82.87%；实现营业收入0.69亿元，增长56.79%；实现净利润1155.13万元，增长971.35%。

（丁　喜）

保险业

◆**概况** 2018年，西安保险业开展深化整治市场乱象监管检查，市场秩序明显好转，销售误导和理赔难问题得到有效遏制。截至年底，西安市有保险公司62家。其中，有财产险公司30家；有人寿险公司32家。有保险专业中介机构123家。全年保费收入478.56亿元，比上年增长13.7%。其中，财产险保费收入112.56亿元，增长8.5%。人身险保费收入365.99亿元，增长15.3%。全年支付各类赔款给付130.82亿元，增长10.2%。其中，财产险业务55.36亿元，增长13.1%。人身险业务75.46亿元，增长8.2%。

◆**保险市场监管** 2018年，中国保险监督管理委员会陕西监管局通过组织机构签订“合规建设履职承诺书”，开展督导、约谈高管等方式，压实机构乱象整治工作主体责任。将整治乱象检查与其他检查项目有机结合，开展深化整治市场乱象监管检查。各保险机构对43名责任人依法、依规从严问责，其中移送司法机关12人。通过深入整治，辖内市场乱象得到有效遏制，保险业市场秩序明显好转，车险经营数据逐步回归真实，中间环节费用显著下降。开展财险行业风险集中排查与化解工作，持续开展寿险行业满期给付及退保风险防范工作，对中介领域潜在风险进行全面摸排，通过早发现、早处置、早整改，有效实现抓早、打小。制定《保险业重大风险排查与化解工作实施方案》，集中排查可能引发重大违法违规经营、重大案件、重大涉众型事件的风险。组织开展保证保险专项业务风险自查，进行多轮专项督导，督促各保险公司审慎开展业务。对保险机构依托互联网跨界开展业务和非法经营互联网保险业务等问题进行专项整治，依法打击非法开展互联网保险业务行为。完善保险销售行为相关制度，进一步规范保险销售过程，严肃查处违规销售、虚列费用等行为，定期开展营销管理风险排查，切实防范保险业务操作风险。针对“三系”（安邦、富德、明天）公司偿付能力和经营管理存在的重大风险隐患，及时成立风险处置小组，建立兑付情况监测台账，指导相关公司做好应急预案，确保兑付高峰期平稳度过。与政府多部门联合建立安邦保险集团股份有限公司接管工作应急处置机制，确保平稳过渡，防范群访、群诉风险和舆情炒作风险。督促中、小法人机构组织开展流动性风险排查，推动建立流动性风险防范长效机制，防范信用风险演变为流动性风险。与陕西省工商行政管理局联合下发《关于做好保险专业中介机构登记注册与行政审批衔接工作的通知》，防范“有照无证”机构非法经营保险的风险。

◆**保险服务** 2018年，中国保险监督管理委员会陕西监管局加强监管引领，推动陕西省保险业机构围绕陕西经济发展战略和经济特点，不断提升服务实体经济质量、效益，促进实体经济向高质量发展转变。及时跟踪保险资金在陕西省内投资运用情况，向保险投资机构推介陕西重大建设项目。截至年底，保险资金为陕西省重点项目新增投放260亿元建设资金。组织开展辖内2018年首台（套）保险保费补贴资金申报审核工作，有效发挥保险助力陕西制造业转型升级作用。指导出口信用保险公司主动与省内走出去企业进行互动和交流，为陕西“一带一路”建设做好支持和服务。开展政策性农业保险试点工作，推进农业保险扩面、增品，省级财政补贴预算资金比上年增长91.3%，猕猴桃、奶山羊等地方特色品种被纳入省级财政补贴，“三农”金融服务合力进一步增强。全省保险业为涉农企业提供种养业风险保障2.7亿元。印发《支持民营经济发展专项通知》，多措施推动保险业支持民营经济和民营企业发展。推动《陕西省人民政府办公厅关于加快发展商业养老保险的实施意见》出台，为保险机构参与职业年金、长期护理等政策性业务创造良好环境。明确保险政策倾斜措施，扩大扶贫专用保险产品覆盖面，不断推进“政府支持+融资支农+保险保障”金融扶贫模式。要求各级监管机构将保险业机构改革转型作为促进机构完善风险管理、实现高质量发展的有效手段，持续加以推进。作为首批3个试点省（区、市）之一，在全国率先开展商业车险自主定价改革试点，出台车险客户信息真实性、车险投保提示、销售渠道明示3项制度，于10月底完成商业车险新产品上线。

（丁　喜）

房地产业

责任编辑
姬娟妮

综 述

◆**概况** 2018年，西安市房屋管理局落实中央、陕西省房地产调控政策，主动适应经济发展新常态，不断深化住房制度改革，着力实现人民群众最关心、最直接、最现实的“宜居梦”，西安房地产业发展势头强劲。全年房地产开发投资2518.01亿元，比上年增长7.9%。房屋施工面积16044.57万平方米，增长1.3%；房屋竣工面积977.28万平方米，下降40.2%。新批准商品房预售面积2438.4万平方米，比上年增长10.9%；商品房销售面积2713.46万平方米，增长8.1%，其中住宅销售面积2221.27万平方米，增长3.4%；商品房待售面积240.04万平方米，下降36.8%。二手房交易管理有序推进，交易面积679.4万平方米，下降5.7%。办理二手房网签业务50946笔、资金监管业务51528笔。净增资质内房地产开发企业101家，超额152%。房地产业从业人员和劳动报酬增速为9.7%和17.7%。

2018年4月30日，西安市房屋管理局对保利心语花园、碧桂园天颂等摇号销售项目进行明察暗访

◆**住房制度改革** 2018年，西安市房屋管理局突出政府住房保障的主导作用，以调整土地和住房供应结构为抓手，将人才安居、共有产权与房地产精准调控相结合，把握好房地产市场调控的主动权。拟定《西安市住房供给侧结构性改革实施方案》，提出“6大供给主体、4类保障渠道、3类住房、2类补贴、租购并举”的住房供给和保障体系的总体设计，确立严格落实居住用地“两个20%原则”（全市20%的居住用地，用于公共租赁住房建设，重点解决城市中低收入住房困难家庭、各类人才、院校毕业生、农民工住房问题和相应的子女入学、就医等配套问题；20%的居住用地，用于限地价、限售价的“双限房”建设，以共有产权的形式，解决中等以下收入住房困难家庭和无自有住房各类人才的居住问题）。至2021年西安市新增公租房20万套、共有产权住房15万套的目标，为有效缓解“住房难”问题提供可行性规划。全年新开工单位建房5005套，66.3万平方米，完成投资8.9亿元；新核准及追加核准609个行政事业单位住房补贴，涉及补贴人员14935人、补贴资金2.8亿元；批复60个单位出售公有住房6670套、84.1万平方米。

◆**房地产市场调控** 2018年，西安市房屋管理局借鉴成都、杭州等地经验，实行商品住房意向登记和公开摇号销售，暂停向企事业单位及其他机构销售住房，优先支持居民家庭住房需求。开展意向登记项目263个，登记17.43万人次，商品房购房资格审核通过15.4万件，二手房购房资格审核通过5.8万件，有效缓解市场过热态势，房价总体趋于稳定，市民购房趋于理性，多次被中央电视台等媒体报道推广。全面实行商品房销售违法违规行为记分管理制度，探索建立房地产市场联合监管机制，对45个项目进行记分处理，对14个项目实施暂停网签，对13家企业实施暂停预售许可，对西安宝枫实业开发有限责任公司等5家企业实行联合惩戒，并在报纸、官网、微信公众号全面公开曝光房地产开发企业、经纪机构记分及处罚情况，起到警示作用。

西安市2018年房地产开发和销售主要指标

指标	绝对数（万平方米）	同比增长率（%）
房屋施工面积	16044.57	1.3
其中：住宅	11208.59	0.7
房屋竣工面积	977.25	-40.2
其中：住宅	623.40	-51.4
商品房销售面积	2713.46	8.1
其中：住宅	2221.27	3.4
商品房待售面积	240.04	-36.8
其中：住宅	59.98	-66.1

◆**房产系统安全生产管理** 2018年，西安市房屋管理局全面推进房产系统安全生产标准化建设。召开安全生产专题会议9次，开展在建工地安全攻坚专项督导检查13批次，对西安阎良航空高技术产业基地安全生产督导检查18次，及时消除一批安全隐患，有效预防生产安全事故发生。

◆**房产系统网络信息建设** 2018年，西安市房屋管理局对房产系统进行优化升级，以信息化建设推动管理和服务的创新。开展住房租赁、住房保障管理平台研发，及市场管理配套平台升级；顺利完成与不动产登记平台、“一网通办”阿里专班对接，为提升行政效能、实现房产精细化管理打下坚实基础。

◆**秦岭北麓违建整治** 2018年7月以来，西安市房屋管理局先后5次集中研究秦岭北麓违建专项整治工作。抽调领导、骨干17人到各个工作组，全力以赴做好专项清查整治工作，并全力配合陕西省、西安市调查组涉房业务的各项查询工作。安排协调长安区、鄠邑区、周至县对22个项目已售别墅信息进行梳理统计，并整理上报。承担西安市秦岭北麓违建“拉网式”排查工作组第五排查组工作任务，对临潼区秦岭北麓生态保护区临潼段8个街办、317个村组及301个图斑进行排查，并全部按时完成核查工作。承担“大棚房”排查整治第七组工作任务，清查整治工作有序推进。（市房管局）

房地产市场管理

◆**概况**　2018年，西安市房屋管理局坚持“房子是用来住的，不是用来炒的”定位，毫不动摇地坚持房地产市场调控目标，坚持调控政策的连续性和稳定性，科学实施房地产市场调控、不断创新工作方法，在全国较为复杂的房地产经济形势下，总体保持西安市房地产市场平稳健康发展，保持房屋租售价格“稳中微涨”。

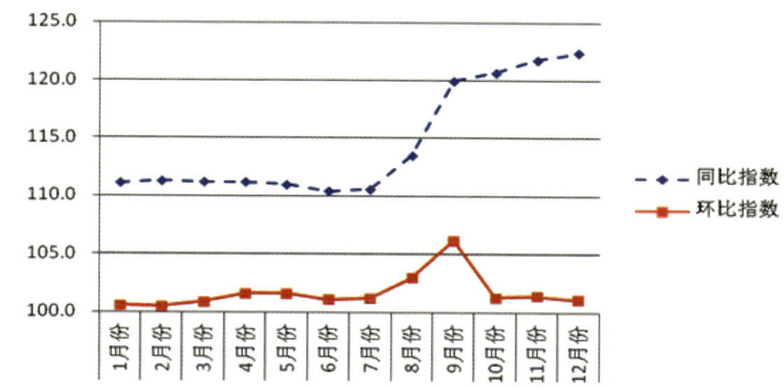

西安市2018年新建商品房住宅价格环比、同比指数走势图

◆**房屋管理依法行政**　2018年，西安市房屋管理局拟定《西安市国有土地上房屋征收与补偿办法（修订稿）》及配套法规政策，配合市级部门对80余部文件出具合法性审核意见，答复、公开信息20余条（次）。建立以律师为主导的应诉案件协调团队，收到行政诉讼案件39件、行政复议8件，结案27件，胜诉24件。推进“互联网+房产交易”建设和“行政效能革命”，办理房产测绘成果备案3597件、楼盘表入库3480件、房产测绘编号及虚拟楼盘表建立110件600幢，办理经纪机构网上业务3064件，摸排检查房地产经纪机构2053家，审核挂牌房源17848件。

◆**房地产市场监督**　2018年，西安市房屋管理局全力整治房地产市场秩序，严厉打击无证销售等违法、违规行为，坚持检查与宣传相结合，重点监察无“预售许可证”项目103个、对30个项目进行行政处罚，上缴财政罚没款1268万元，并通过现场教育、张贴公告、及时劝返、流动宣传等方式，大范围普及购房政策和法律、法规。

◆**商品房房源信息公开**　2018年，西安市房屋管理局在商品房项目公示平台新增楼盘销售状态等信息，进一步增加市场透明度。建立统一的住房意向登记平台，将所有房源面向社会公开销售，严禁企业内部预留房源或设置不利于购房群众的限制性条件，让群众查询到更加完善、可靠的房屋信息，进一步保障群众利益。

◆**物业市场管理**　2018年，西安市房屋管理局有计划按步骤对西安市物业服务企业的服务意识、服务水平、服务态度以及乱收物业费，随意占用绿化、维修推诿扯皮不及时，与“沙霸”相互勾结牟取非法利益等一系列违规行为加大检查、处罚力度，建立台账，切实促进西安市物业管理市场规范有序、持续健康发展。制定并下发《关于物业服务企业及项目经理违法违规行为记分管理通知》，建立物业企业信用信息平台，通过违法违规行为累计记分的形式，对物业企业进行日常监督管理，向社会公布60家“优秀企业”、8家“不良企业”。建立纠纷调解制度，由街道办事处工作人员走访物业小区，发现纠纷苗头，及时现场调处，将事后的被动调处变为主动及时介入处理，把纠纷矛盾化解在基层，处理投诉、舆情778件，调解纠纷112件。深化物业管理改革，完善西安市物业行业信用信息体系建设，不断加大对区（县）、开发区物业管理督导检查，以及相关法律、法规宣传力度，不断提升市民对物业管理的认知度、认同感。西安市物业管理覆盖率68%，评选出105个“美丽小区”，检查物业管理小区1410个，检查覆盖率37%。

（市房管局）

2018年5月11日，西安市房屋管理局在白桦林居小区举办“科技引领未来、创造美好生活”主题宣传活动

◆**商品住宅价格**　2018年，西安新建商品住宅销售价格比上年上涨14.6%。按涨幅从高到低排列，在全国70个大中城市、35个大中城市、15个副省级城市中均位居第一位。在70个大中城市中位次比上年前移9位，在15个副省级城市中位次比上年前移3位。截至年底，已连续34个月上涨。一季度各月涨幅相对较小，分别上涨0.6%、0.5%和0.9%；二季度各月房价逐步走高，涨幅均超过1%；三季度各月环比涨幅强势上升，9月上涨6.2%；四季度各月新建商品住宅销售价格环比涨幅有所回落，10月、11月和12月分别上涨1.3%、1.4%和1.1%。从同比走势来看，同比指数一路上扬，涨幅逐渐扩大。截至年底，已连续22个月涨幅超过10%。全年新建商品住宅价格指数累计上涨14.6%，创2013年以来新高，涨幅比上年扩大2.1个百分点。从各月看，1—7月各月同比指数涨幅均在11%左右，8月同比指数上涨13.5%，9月上涨至20%，12月同比指数上涨达22.4%，为年度最高点。

◆**二手住宅价格**　2018年，西安二手住宅销售价格比上年上涨11.3%。在全国70个大中城市、35个大中城市中均居第二位，在15个副省级城市中居第一位。从环比走势来看，一季度二手住宅价格相对平稳，各月有涨有跌，在新房市场价格上升走强的带动下，二手住宅受购房者青睐，二手住宅市场价格随之升温，4—9月各月价格环比涨幅分别为2.3%、1.5%、1.6%、1.0%、2.4%和2.5%；四季度新房供应充足，市场需求有所回落，价格环比涨幅逐月收窄，10月、11月二手住宅价格环比涨幅分别为1.5%、0.7%，12月，西安二手住宅销售价格环比指数为负，下降0.3%，涨幅比上月缩小1个百分点。从同

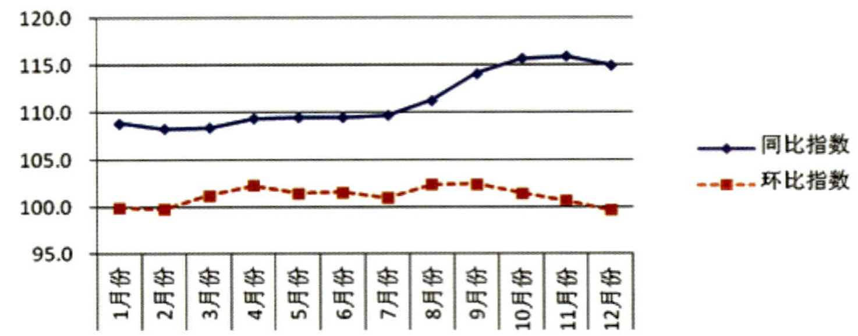

西安市2018年二手住宅销售价格环比、同比指数走势图

比走势来看，全年二手住宅价格指数上涨11.3%，涨幅比上年扩大6.5个百分点。前三季度各月份二手住宅同比指数前低后高，涨幅呈逐步扩大态势，其中2月同比涨幅为8.3%，为2018年以来最低点，8月、9月分别上涨11.3%和14.1%，涨幅超过10%，11月上涨15.9%，为2018年以来最高点，12月上涨15.0%，涨幅比上月回落0.9个百分点。（赵明正）

◆商品房价格调控 2018年，西安市物价局坚定实行商品房价格申报公示制度，定期组织召开商品房价格调控工作联席会议，研究完善房价调控幅度及相关规则；及时向媒体通报西安市房地产价格调控不会放松的积极信号，引导房地产企业合理确定商品房价格。建成并启用商品房价格申报信息系统，实现业务申报网上办理，不断提升工作效能。按照兼顾经济发展和民生需求的原则，科学审慎开展商品房价格调控工作，全年共审核企业新建商品房价格申报1092件次，分64批在西安市物价局网站公布587件次、126069套、1517.77万平方米新建商品房价格；审核企业调整商品房价格申报1062件次，分15批对612件次、8640套、87.85万平方米商品房调整价格进行公示。（王国栋）

◆"南长安街壹号"内定关系房事件查处 2018年5月24日，一份疑似西安市长安区"南长安街壹号"房产项目"部分摇号购房者信息登记表"的信息在网上传播。这份疑似登记表显示多套楼房被多名公职人员内定。长安区人民政府连夜成立调查组对此事展开调查，对表中涉及的人员特别是公职人员逐一排查，调取收集项目资料、公正资料、购房资料等，与项目单位、房管部门、公证处、软件公司等相关单位调查核实有关情况。6月2日，调查组发布《调查处理情况的通报》，确认西安天磊置业有限公司和武汉矩阵科技有限公司相关工作人员涉嫌破坏计算机信息系统犯罪，西安市公安局长安分局于5月31日立案侦查，并对企业销售经理、摇号系统操作员等7名犯罪嫌疑人采取刑事强制措施；有35名公职人员"打招呼"，其中8人被免职，5人受到党内严重警告处分，8人受到记大过处分，14人受到记过处分；对116人请托违规销售的106套房屋（10人放弃购房资格），重新进行公开摇号销售，前述所涉违规销售的购房者不得参加重新摇号。6月3日，西安市住房保障和房屋管理局发布《关于暂停融创中国西安公司业务办理等事项的通告》，暂停受理融创中国西安公司所属项目公司商品房预售许可申请，责令该公司对照相关法律、法规进行自查整顿。（姬娟妮）

房屋管理

◆概况 2018年，西安市房屋管理局不断强化住房保障职能，完善住房保障政策，创造性地将人才安居、共有产权与房地产精准调控相结合，深入推进住房供给侧结构性改革，建立多层次住房保障体系，改善中低收入家庭住房条件，缓解新毕业大学生阶段性住房困难，对老旧小区进行改造升级，住房保障制度日趋完善，保障管理水平不断提升。全年筹集人才安居房50045套，完成目标任务的100%；新增公租房分配37348套，完成目标任务的106%；新增发放租赁补贴家庭2978户，完成目标任务的148.9%，发放租金补贴918万元；完成公租房资格审核30678户，完成年度任务的188%。开展"和谐社区·幸福家园"创建活动，19个项目申报省级示范项目。

◆直管公房管理 2018年，西安市房屋管理局分2批上报局属老旧公房小区提升改造项目38个，涉及10727户，建筑总面积65.7万平方米，其中第一批项目进入实施阶段。开展公房租金收缴和遗留问题处理工作，收缴租金1960万元，完成目标任务的114%；遗留问题公房租金收缴569万元，完成考核租金目标的156%。

◆房屋租赁管理 2018年，西安市房屋管理局努力构建租购并举的住房供应体系，大力培育和发展房屋租赁市场，利用互联网、大数据技术，与陕西省建设银行、阿里巴巴网络技术有限公司开展深层次合作，共同搭建主体多元、功能完备、高效便捷的住房租赁和监管平台。

◆房屋征收管理 2018年，西安市房屋管理局拓宽培训宣传渠道，大力推进"阳光征收"，进一步提高房屋征收工作规范化水平。组织各类房屋征收培训14次，参加人员1000余人次。备案房屋征收项目10个，涉及19450户，征收面积156.2万平方米。针对征收过程中出现的新问题、新情况，及时研究处置，征收工作总体平稳。

◆房屋安全鉴定 2018年，西安市房屋管理局出台《西安市房屋安全鉴定检测技术标准》，已通过标准化开题验收。全年完成房屋安全鉴定项目262个，鉴定面积80余万平方米，完成各类房屋安全应急舆情20余项。

◆房屋维修资金管理 2018年，西安市房屋管理局修订出台《西安市住宅专项维修资金管理办法》，将资金使用、续筹、补建工作下放到城6区和开发区。"维修资金使用微信投票表决系统平台"进入试运行阶段。全年归集维修资金21.42亿元、物业保修金2.55亿元，拨付使用维修资金9062万元，惠及388个小区。

◆人才安居保障 2018年，西安市房屋管理局提供多样化人才安居保障服务，加快政府人才公寓房源筹措，建设和筹集人才公寓3213套。开展人才安居货币化补贴工作，搭建人才安居货币化补贴受理平台，受理各类人才安居补贴申请1700余件。推行新毕业大学生租住公租房优惠政策，推出大学生公租房2.1万套。（市房管局）

◆老旧小区和农村危房改造 2018年，西安市城乡建设委员会研究制定《老旧小区改造升级方案》，实施改造老旧小区243.9万平方米，完成年度目标任务的121.95%。统筹协调街办、社区和水、电、气等各单位，增补绿化13.3万平方米，修补道路15.9万平方米，维修屋面防水29.3万平方米，实施节能改造40.5万平方米，外立面粉刷29.5万平方米，新建停车位442个，改造社区用房1.2万平方米，安装摄像头830个、充电桩96个、单元门禁293个，新增路灯611个、垃圾箱446个、健身器材149套。对16个小区实施线缆落地，4个小区接通天然气，5个小区实施自来水户表改造，8个小区进行电力户表改造。老旧小区加装电梯工作中，全市有22个小区178部电梯通过规划审批，其中7个小区、55部电梯正式启用。陕西省住房和城乡建设厅下达的4类重点对象农村危房改造任务中涉及的3845户改造任务全面竣工，累计完成5066户各类对象的农村危房改造任务，超额完成农村危房改造任务。（张 睿）

教育

责任编辑
姬娟妮

西安年鉴
2019
XI'AN YEARBOOK

综　述

◆**概况**　2018年，西安市有各级、各类学历教育学校和办学机构3613所，教育人口312.15万人，约占户籍人口的三分之一，在校学生290.05万人，教职工22.1万人。有基础教育和职业高中学校3436所。其中，幼儿园1780所；小学1130所；普通中学456所；职业高中60所；特殊教育学校9所；工读学校1所。有在校（园、班）学生155.85万人，教职工14.03万人，专任教师10.33万人，占地面积3282.76万平方米，建筑面积1681.59万平方米。西安市教育局严格执行教育部规定要求，采取“电脑随机派位+面谈”方式实施民办学校初中招生制度改革。制定印发《西安市实施学前儿童看护点工作指导意见（试行）》，解决规范办园问题。推进教育人事制度改革，推进教师“区管校聘”改革试点、“校长职级制”改革试点。实施素质教育，制定印发《关于加强义务教育学校作业管理的通知》《西安市综合防控儿童青少年近视十条措施》，通过推行“无作业日”（各学校结合实际自行确定每周一天为“无作业日”）、强化体育艺术教育、开展教室光环境改造等措施，抓素质，保健康。西安市被教育部列为“全国青少年校园足球改革试验区”。实施教育人才培养“百千万工程”，培训校长、教师5.09万人。严格学籍管理，整治乱招生、乱收费问题。持续开展校外培训机构专项治理。严查、严管师德、师风问题，先后制定印发《西安市中小学教师职业行为规范》《中小学幼儿园校园长行为规范“十不准”》，通过正面、负面清单规范教师从教行为。聚焦新西安人就学刚需，全力保障学位供给，保障每一名新西安人的入学需求。支持市属高校加快向应用型高校转型发展，推动阿里云、慧科集团与西安文理学院等3所市属高校签约共建阿里云大数据应用学院。加快推进特殊教育学校及随班就读、送教上门保障体系发展建设步伐，西安市启智学校高分通过“陕西省特殊教育示范学校”复验；西安八一民族中学创建为“陕西省标准化高中”；西安市浐灞第一中学被国家民族事务委员会评为“第五批全国民族团结进步创建示范单位”。

◆**学前教育**　2018年，西安市投入资金1.16亿元，对公办幼儿园全面实施质量提升，通过修订《普惠性民办幼儿园认定办法》、科学测定收费标准、加强学前教育师资队伍建设、下达奖补资金3311万元等方式，全力扩大普惠性幼儿园资源总量。西安市登记注册幼儿园1780所，其中普惠性幼儿园1335所，占比75%，超出省考目标任务10个百分点，总数及年度增幅居陕西省第一位。实施质量提升“345”工程，开展“家园携手共育年”、保育专业技能大赛、精品课例评选及名师送教等业务活动。构建幼儿园规范办园行为四级督查机制，确保西安市幼儿园办园行为规范有序。出台《西安市学前教育骨干体系建设方案》，通过实施质量提升项目、优化硬件支撑、创建帮扶梯队库、提升软件水平、创建奖补鼓励激励等措施，构建“三位一体”（学校、家庭、社会一体化）的闭环体系。8月，西安市教育局印发《关于开展幼儿园“小学化”专项治理工作的通知》，并启动治理工作。全年创建“西安市一级幼儿园”30所、“西安市二级幼儿园”61所、“西安市三级幼儿园”39所，学前教育坚持普惠、公益的发展方向。

◆**义务教育**　2018年，西安市义务教育学校秋季起始年级入学人数23.9万人。西安市教育局印发《关于做好2018年义务教育招生入学工作的通知》《西安市2018年民办学校初中招生入学工作方案》，通过落实义务教育免试就近入学政策，实施民办学校小升初“电脑随机派位+面谈”、“名校+”工程等，解决“择校热”“大班额”等问题，实现最大限度教育公平。实施13年免费教育，拨付义务教育免学杂费资金11.44亿元，西安市26728户建档立卡户的35364名学生实现义务教育“零辍学”，19.65万名在校学生及时足额享受各类学生资助，确保应享尽享、全面覆盖。在西安市就读小学的外来务工人员随迁子女约22.14万人，占总在校生数33.20%；就读初中7.5万人，占总在校生数25.9%，义务教育均衡发展。

◆**高中教育**　2018年，西安市实施《西安市普通高中优质特色发展五年行动计划（2017—2021年）》，建设重点学科80个、精品课程110个，建立创新教育实验室、STEAM实验中心等32个，创建普通高中发展特色学校18所。印发《西安市高中阶段教育普及攻坚计划（2018—2020年）》，西安市标准化高中占比100%，提前2年在陕西省率先完成标准化高中创建目标；西安市省级示范性高中占比19.9%，占陕西省示范性高中总数的37.5%，高中教育优质特色发展。

◆**职业教育**　2018年，西安市教育局实施《西安市职业教育发展规划》编制工作。明确西安现代职业技术学院筹建方案，将筹建工作纳入《陕西省“十三五”高等学校设置规划》中期调整统筹安排。创建市级示范专业7个，开展市级现代学徒制试点工作，西安市中等职业学校“双师型”教师（“双证”教师或“双职称”教师）占比25.8%。推进中职学校校企合作，西安市首所中职学校“吉利定向班”开班，由施耐德公司捐赠设备的电气实验室建成并投入使用，职业教育产教融合发展。5月6 日，西安市教育局联合中共西安市委宣传部等8部委开展“职教改革40年　产教融合育工匠——职业教育活动月”活动。

◆**成人教育**　2018年，西安市教育局完成灞桥区“省级社区教育示范区”和临潼区、鄠邑区“省级社区教育实验区”创建工作。西安市83名教师被纳入“西安市社区教育培训师资库”，认定“2018年西安市民终身学习体验基地”10个，25个优秀课程资源被纳入“西安市社区教育优秀课程资源库”，10个项目入选“2018年西安市民终身学习体验基地”。

◆**民办教育**　2018年，西安市有民办学校1322所，比上年增加156所，增幅13.38%。其中，民办小学84所，增加11所，另有学校数统计在中学的一贯制学校24所（九年一贯制13所、十二年一贯制11所）；民办普通中学60所，增加4所，其中初中29所，增加2所，高中31所，减少2所；民办幼儿园1141所，增加142所；民办特教学校1所，与上年持平；民办职业高中36所，减少1所。西安市教育局、西安市人力资源和社会保障局、西安市工商管理局3部门印发《营利性民办学校监督管理实施办法的通知》《民办学校分类登记实施办法的通知》以及《关于现有民办学校分类登记办法》，强化民办学校管理，西安市无义务教育营利性民办学校。对西安市“公参民”学校（利用公办学校的知名度和教学资源开办民办教育的学校）“四独立，一分离”情况开展专项督查，印发《关于进一步规范“公参民”学校办学行为的意见》，全面规范办学行为。西安市公办学校参与举办的民办学校均与公办学校实现法人资格独立、财务会计独立、独立招生，并与公办学校实现校园和教育、教学设施分离。

◆**特殊教育和民族教育**　2018年，西安市落实《西安市第二期特殊教育提升计划（2018—2020年）实施方案》，加快推进西安市特殊教育学校及随班就读、送教上门保障体系发展建设步伐。高陵区特殊教育学校综合楼、食堂、部室楼完成主体施工。对特殊教育学校100名教师进行转岗培训、对80名普通学校资源教室教师实施综合能力提升培训。西安市启智学校通过“省级特殊教育示范学校”复验。向市直属学校残疾学生发放交通补助10.8万元；向特殊教育学校学生发放慰问金65.85万元。做好143名藏族学生扩招入学工作。完成西安八一民族中学创建“省级标准化高中”工作。推进民族团结教育健康快速发展，深度促进西藏、新疆学生与汉族学生交流、交往、交融，西安市浐灞第一中学被国家民族事务委员会评为“第五批全国民族团结进步创建示范单位”。

西安市2018年各级各类学校数量和教职工、专职教师人数

	学校数（所）	教职工数（人）	专任教师数（人）
总　计	3598	226064	159452
一、高等教育	75	77946	50188
(一)研究生	（44）	—	—
1.高等学校	（23）	—	—
2.科研机构	（21）	—	—
(二)普通高等学校	63	75609	49018
1.本科院校	42	65268	41934
其中：独立学院	11	5848	3824
2.专科院校	21	10341	7084
其中：高等职业院校	19	8928	6310
(三)成人高等学校	12	2337	1170
二、中等职业教育	147	11581	8721
(一)普通中等专业学校	15	1529	958
(二)成人中等专业学校	2	153	72
(三)职业高中学校	60	3499	2584
其中：市属	60	3499	2584
(四)技工学校	70	6400	5107
其中：市属	30	2244	1881
三、基础教育	3376	136537	100543
(一)普通中等教育	456	45390	37539
1.高中	166	—	20487
完全中学	102	14146	11791
高级中学	50	7688	6309
十二年一贯制学校	14	2954	2387
2.初中	290	—	17052
初级中学	237	15677	12956

续表

	学校数（所）	教职工数（人）	专任教师数（人）
九年一贯制学校	53	4925	4096
完全中学	（102）	—	—
十二年一贯制学校	（14）	—	—
附设普通初中班的学校	（1）	—	—
（二）普通初等教育	1130	41122	36878
独立小学	1130	—	35307
教学点	（286）	—	1571
九年一贯制学校	（53）	—	—
十二年一贯制学校	（14）	—	—
附设小学班的学校	（4）	—	—
（三）特殊教育	9	379	271
特殊教育学校	9	379	271
附设特教班的学校	（1）	—	—
（四）工读学校	1	42	32
（五）学前教育	1780	49604	25823
幼儿园	1780	49604	25758
附设幼儿班的学校	（67）	—	65
另有：职业技术培训机构	2072	21259	15145

注：1.本表为西安市行政区划内各级、各类学校全口径数据（不含军事院校、党校）。
2.技工学校数据由西安市人力资源和社会保障局提供。
3.按照事业统计主体校原则，完全中学、12年一贯制学校的数量计入普通高中，9年一贯制学校的数量计入普通初中。

西安市2018年各级各类教育学生情况

	毕业生数(人)	招生数(人)	在校生数(人)	在校生数中女（人）
总　计	762238	985407	2995684	1405406
一、高等教育	379696	498176	1302383	619514
（一）研究生	27276	38582	112250	52773
1. 高等学校	27088	38399	111626	52596
2. 科研机构	188	183	624	177
（二）普通高等教育	205014	198260	712810	348797

续表1

	毕业生数(人)	招生数(人)	在校生数(人)	在校生数中女（人）
本科	126163	130682	502486	253686
专科	78851	67578	210324	95111
（三）成人高等教育	46765	66220	131468	64692
其中：成人高等学校	4232	12628	25716	10751
（四）网络本专科生	100641	195114	345855	153252
1. 本科	39203	67173	129396	58141
2. 专科	61438	127941	216459	95111
二、中等职业教育	39965	61256	181220	69819
（一）普通中等专业学校	8392	8291	24842	10367
（二）成人中等专业学校	89	128	313	135
（三）职业高中学校	14064	17295	46380	20875
其中：市属	14064	17295	46380	20875
（四）技工学校	17420	35542	109685	38442
其中：市属	6190	12968	34762	14561
三、基础教育	342577	425975	1512081	716073
（一）普通中等教育	134956	143650	424615	200707
1. 高中	53783	50666	154399	75427
完全中学	25535	25359	76219	37452
高级中学	25990	23138	71551	34802
十二年一贯制学校	2258	2169	6629	3173
2. 初中	81173	92984	270216	125280
初级中学	43051	47197	137916	63311
九年一贯制学校	6023	7717	21522	10034
十二年一贯制学校	3379	5751	14534	6580
完全中学	28720	32319	96244	45355
（二）普通初等教育	93154	151606	730898	344617
小学	85873	138245	669067	315815
九年一贯制学校	5141	10584	47549	22305
十二年一贯制学校	2140	2777	14282	6497

续表2

	毕业生数(人)	招生数(人)	在校生数(人)	在校生数中女（人）
（三）特殊教育	352	461	2615	991
1. 特殊教育学校	124	133	1058	392
2. 小学附设特教班	—	3	5	—
3. 小学随班就读	122	162	972	390
4. 初中随班就读	102	127	365	130
5. 小学送教上门	4	29	174	63
6. 初中送教上门	—	7	41	16
（四）工读学校	21	12	18	—
（五）学前教育	114094	130246	353935	169758
1. 独立幼儿园	112889	129362	352533	169072
2. 附设幼儿班	1205	884	1402	686
另有：职业技术培训机构	492750	—	637563	337381

注：特殊教育随班就读学生已计入相应小学、初中在校生中。

◆教育领域“革命+改革” 2018年，西安市教育局制定印发《西安市加快补齐教育民生服务短板实施方案》《西安市教育保障落实人才、户籍新政攻坚行动方案》，全力做好教育保障、补齐教育民生服务短板工作。西安市启动新建30所中、小学及幼儿园项目，西咸新区启动9所新建中、小学及幼儿园项目。39所项目全部开工，其中9所竣工。启动154所学校“全面改薄”建设项目，项目计划已经下达，并下达市级补助资金4.35亿元，竣工130所，在建24所。西安市创新港中学建设工程完成前期准备工作，完成投资3000万元。西安铁路职业技术学院新校区轨道交通专业综合实训中心建设工程主体工程全面完工，完成投资3882.33万元。

治理义务教育“大班额” 制定印发《西安市2018年进一步治理义务教育“大班额”实施方案》，通过构建机制、统筹布局、供给学位等方式，全面消除超大班额。西安市66人以上超大班额全面“清零”；56人以上大班额控制在8%以下，超额完成省考目标任务，并列陕西省第一位。

减轻学生过重课业负担 4月23日，印发关于《西安市切实减轻中小学生过重课业负担实施办法》（市教发〔2018〕53号），着力减轻学生过重课业负担。

保障学位供给 秋季开学前，152所新建、改扩建学校项目竣工，并投入使用。其中，新建中小学22所、幼儿园64所；扩建中小学61所、幼儿园5所，新建中小学增加学位近7万个。此外，通过挖潜扩容、租借租用等多种方式，增加中小学、幼儿园学位供给10.11万个，其中幼儿园3.16万个、小学4.12万个、初中1.57万个、高中1.26万个。秋季开学时，西安市中小学、幼儿园在校生总数153.59万人，其中，义务教育学校在校生99.93万人，和上年相比增量超过7.32万人，“新西安人”就学问题得到保障，西安市入学矛盾得到妥善化解。

民办初中招生制度改革 出台《西安市2018年民办学校初中招生入学工作方案》《2018年民办学校初中招生面谈工作指导细则》，指导区（县）做好民办初中学校招生工作。以“电脑随机派位（40%）+面谈（60%）”方式，西安市44所民办初中计划招生25430人，实际招生24597人。

实施“名校+”工程行动计划 制定印发《西安市“名校+”工程行动计划(2018—2021年)》，全年新组建市级“名校+”教育联合体66个、区（县）级193个，另组建跨区域“名校+”13个，覆盖学生32.5万人。完善《西安市“7＋1”工作实施方案》，7个区（县）（周至县、鄠邑区、蓝田县、临潼区、阎良区、高陵区、西咸新区）与中心城区组建跨行政区域（“7+1”）市级“名校+”教育联合体14个。西安市“名校+”工程引起中央媒体高度关注，由中国教育电视台“书写实现中国梦的教育答卷”——中国教育电视台“走基层”采访团走进西安多所高校、中小学幼儿园，报道展示西安“名校+”教育成果。

办学体制改革 完成对西安市高校附属学校参与举办义务教育学校和“公参民”学校情况摸底调研工作。与市级相关部门联合印发《西安市企办教育机构深化改革工作实施意见》，57所企办教育机构（47所幼儿园、1所小学、9所中职学校）移交工作启动。理顺西安高新技术产业开发区与雁塔区、长安区和鄠邑区，西安曲江新区与雁塔区，西咸新区与咸阳市和西安市教育体制。

教育人事制度改革 推进高陵区教师“区管校聘”改革试点，在阎良区、周至县探索实施“校长职级制”改革。支持新建学校、具备条件的公办学校施行“总量控制、人编分离、教师聘任”改革试点，全面激发公办学校办学活力。在西安市范围内调剂1350个教师编制指标向中心城区倾斜，缓解教师编制不足问题。通过教师招聘、高层次及紧缺人才引进等途径，补充配备教师1671人；招聘研究生186人；接收免费师范生

208人。印发《西安市校长教师交流轮岗三年规划（2018—2021学年）和2018—2019学年度校长、教师交流轮岗实施方案》，全年交流校长教师6350人，交流比例12%。

建校模式改革　有效对接项目26个，其中“十大名校”引进项目16个，国际学校引进项目10个。印发《关于成立PPP项目工作领导小组的通知》和《全力推进PPP项目的指导意见》，推进PPP建设项目。西安市第三十中学地下停车场、西安市创新港中学、西安广播电视大学新校区3个项目入库；钱学森系列学校、西安铁一中湖滨中学、西安高级中学体育馆3个项目正在推进。西安推广PPP模式获国务院表彰，《陕西日报》《西安日报》均对西安市教育局PPP工作进行深度报道。

◆教师队伍建设　2018年，西安市教育局制定印发《关于进一步加强师德师风建设的意见》《关于进一步加强西安市教育系统师德、师风建设助推教育“追赶超越”专题教育实践活动实施方案》，开展为期1年的师德师风专题教育活动。查处违反师德典型问题线索74起，依纪、依规对93名涉事教师和校长做出处理，选取较为典型的5起案例向社会做出公开通报，起到明显的警示教育作用。全年录取中小学、幼儿园教师1671人。与西安市人力资源和社会保障局、西安市财政局共同下发《西安市公办中小学幼儿园班主任津贴发放办法》，印发《西安市中小学教师培训学分认定和管理办法（试行）》，进一步规范教师队伍管理。实施教育人才培养“百千万工程”，完成各级、各类教师和校（园）长培训50968人次（海外培训23人）。其中，校（园）长700人次；任职资格培训1002人次；培养认定“西安市教学能手”935人次；培训骨干教师500人次。选拔西安市第三批“名师工作室”成员195人，完成教师资格认定23334人。30名第二届“西安最美教师”和25名“西安之星”（教育领域）于教师节前夕接受中共西安市委、西安市人民政府表彰。11月3日，与西安市人力资源和社会保障局、西安财政局联合印发《西安市公办中小学幼儿园班主任津贴发放办法的通知》。统一公办中小学幼儿园班主任津贴标准，为班主任开展工作创造有利条件，保障其享有的待遇与权利；鼓励和激发班主任更好地发挥学校班级工作的组织者、指导者、中小学生健康成长的引领者重要职责。11月26日，印发《向优秀教师学习，争做“四有”好老师倡议书》，引导西安市广大教师做好学生的“四个引路人”，争做党和人民满意的“四有”好老师。

◆教育信息化建设　2018年，西安市教育局出台《关于推进中小学智慧校园建设与应用促进教育现代化的实施意见》《西安市中小学智慧校园建设标准与评估细则》等文件，创新开展“西安市智慧校园”建设。举办“一师一优课、一课一名师”、西安市第十八届中小学电脑制作、首届中小学生机器人大赛、中小学信息化教学大赛等多项活动。建设“西安市智慧校园”50所，创建“西安市智慧校园示范学校”13所，完成146所学校“创客教育实践室”建设，4所学校被陕西省教育科学院确定为首批“陕西省STEM教育协同创新中心合作学校”，创建“西安市教育信息化创新应用示范学校”32所。366万人次在线参与西安市大学区优质教育资源信息化共享平台应用，加速推动数字教育均衡发展。

◆体育、卫生、艺术教育　2018年，西安市教育局完成中考体育1052人免试、1074名体育特长生和820名艺术特长生资格审查及专业测试工作。举办2018年中学生田径运动会、西安市青少年校园足球联赛，创建“校园足球高水平学生运动员训练基地”15个、“国家级足球特色学校”10所，举办篮球、排球等11项市级比赛。西安市被教育部列为“全国青少年校园足球改革试验区”。举办中小学生艺术大赛、西安市“长江钢琴杯”青少年钢琴大赛等赛事，开展以“戏曲”为主题的“高雅艺术进校园”活动。与西安警备区协调磋商首次在西安市全面试行教官入校军训模式，并对军训工作开展抽查。配合西安市科学技术协会举办第三十三届青少年科技创新大赛、第十八届陕西省青少年机器人大赛、第十六届青少年科普知识竞赛，开展以“创新驱动发展，科学破除愚昧”为主题的“全国科普日”主场活动。为进一步做好西安教育系统重污染天气应急工作，切实保护广大师生健康，制定《西安市教育系统重污染天气应急方案》，依据预警级别和具体污染指数，采取3个等级应急响应，分年级、分区域停课。

◆防控青少年近视“十条措施”　2018年11月，根据全国教育大会精神和教育部等8部门《关于印发综合防控儿童青少年近视实施方案的通知》要求，结合西安市实际，西安市教育局、西安市卫生和计划生育委员会共同出台《综合防控儿童青少年近视十项措施》，切实减轻西安市中小学生课内外过重负担，提高学生身体素质，着力改善学习环境，减少手机、电脑等带电子屏幕产品（电子产品）带来的视力危害，共同呵护孩子的眼睛。

◆“教育惠民实事工程”　2018年，西安市教育局贯彻《西安市实行小学“弹性离校”工作方案》，下拨经费3531.83万元，对离校存在困难的小学一、二、三年级学生（含民办小学）实施延时服务，参与学生12.4万人，参与率36.7%。开展“西安市学校光源检测及改造工程”。建立“西安市基础教育学校学生体质健康大数据库”，实施动态监测、动态管理。拨付义务教育免学杂费资金11.44亿元，确保建档立卡贫困户在校学生实现义务教育阶段“零辍学”。实施“营养改善计划”，覆盖学生39.96万人、学校1347所，覆盖学生占西安市义务教育阶段学生的50%。

◆教育投入　2018年，西安市以推动教育事业高质量发展为导向，强化中央、陕西省资金支持力度。稳步推进13年免费教育，拨付免学费补助资金11.44亿元。其中，中央、陕西省资金9.39亿元，市级资金2.05亿元，享受政策学生110.4万人。争取普通高中公用经费补助等10项中央、陕西省资金19.9366亿元，为西安市教育发展改革提供坚实资金保障。下达西安市教育局及直属单位预算资金28.52亿元，项目预算执行支出进度95.8%。受理市教育局及直属单位各类政府采购项目483个，项目预算总额24906.02万元。

◆教育督导　2018年7月2日，西安市人民政府办公厅印发《对区（县）人民政府和市级有关部门履行教育职责评价实施办法》。评价实施工作在西安市人民政府统一领导下，由西安市人民政府教育督导委员会办公室根据上级教育督导部门年度考评指标体系、实施细则等要求，制定印发自评通知并负责组织实施（每年开展一次）。蓝田县创建“国家义务教育发展基本均衡县”通过省级评估，其他各区（县）义务教育均衡发展通过市级复验。完成2017年度教育经费投入、2015—2017年义务教育经费政策落实情况专项督导检查，实现各区（县）、开发区义务教育经费“欠拨清零”、全口径“三个增长”欠拨清零。完善责任督学挂牌督导工作机制。西安市教育局印发《西安市市级责任督学考核办法》，开展春、秋两季开学，秦岭北麓生态环境整治，幼儿园规范办园行为，全面改薄等专项督导检查。新城区、高陵区通过国家中小学责任督学挂牌督导创新区（县）评估验收，鄠邑区通过省级复验。开展陕西省第三轮“316工程”（每3年为1轮，每年督导评估6000所学校）教育督导评估，完成729所学校（幼儿园）督导评估工作。完成2018年国家抽样区（县）义务教育质量监测组织实施工作，并委托教育部评估监测中心对其他区（县）开展义务教育质量评估监测。西安市人民政府教育督导室和碑林区、新城区等9个区（县）教育督导室被教育部质量监测中心授予“义务教育质量监测优秀组织单位”。委托陕西省教育学会完成西安市2018年小升初民办初中招生制度改革的第三方评价工作。

◆“双高双普”评估验收 2018年1月10—20日，陕西省人民政府教育督导团对西安市灞桥区、临潼区、周至县“高水平、高质量普及九年义务教育和普及学前教育、普及高中阶段教育”（简称“双高双普”）工作进行评估验收。1月20日，陕西省评估考核组在周至县召开反馈会，宣布灞桥区、临潼区、周至县达到“双高双普”标准，并对3个区（县）颁发奖牌。西安市13个行政区（县）有12个通过“双高双普”评估验收。

◆教育科研工作 2018年，西安市教育局完成《西安市中小学教育质量综合评价指标体系（2018版）》《西安市2018年教科研助推“名校+”工程暨“431”工作实施方案》，开展学前教育联片教研、小学课程建设展示、聚焦核心素养课堂教学变革论坛等多项教研活动。有序实施市级“三级三类”课题，面向社会征集课题165项。

◆教育交流合作 2018年，《西安市“一带一路”外国留学生奖学金管理及发放（暂行）办法》经西安市人民政府审定并印发，计划每年设立5000万元用于“一带一路”外国留学生奖学金。西安市教育局指导西安铁路职业技术学院与泰国曼谷职业教育中心、廊曼技术学院举行“中泰轨道交通学院”揭牌仪式，实现考察互访。举办“一带一路”沿线城市大学生夏令营。召开第三届西安“丝绸之路”历史文化国际学术研讨会，涉及教育“一带一路”项目共8个。第三届“一带一路”沿线节点城市国际大学生夏令营项目、第三届西安丝绸之路历史文化国际学术研讨会项目、哈萨克斯坦江布尔州东干族（陕西村）教师考察西安市特殊职业教育交流项目实施完成。举办首届西安丝路教育装备发展高峰论坛，丝路沿线省（区、市）市及其他地市代表60余人参加，参与活动总人数突破1.5万人次。

校友回归工作 建立西安市校友回归分局与高校校友会联系制度，建立“双月”定期走访机制，加强常态化沟通联系。召开中学校友座谈会，全年联系走访C9院校校友会及驻市24所高校校友会350余次，指导15家单位办理校友会登记注册手续。配合市级部门授予知名校友“杰出西商”“新锐西商”“招商大使”“经济顾问”等荣誉称号，对接10所高校，推进“这里是大西安”系列宣传等工作。完成中国人民大学等6所高校校友会2018年年会暨校友发展论坛活动。

教育国际化 西安高新梁家滩国际学校建成并投入使用，西安汉诺威国际学校浐灞新校区开工建设。25名教师校（园）长赴德国进行为期14天的培训学习。

研学旅行 联合多部门印发《关于加快推进旅游与教育融合发展的实施意见》等文件，下达资金269.68万元，组织54万名学生参加研学旅行评选先进集体22个。武汉、成都、北京等10余城市先后到西安市学习观摩。

2018年7月13日，2018“走丝绸路 做西安人”国际大学生夏令营在大唐西市博物馆开幕

◆教育安全稳定工作 2018年，西安市教育局开展守规程、保安全“六大”行动和“校车安全攻坚行动”，严格落实“党政同责、一岗双责”主体责任，签订“安全稳定工作责任书”，持续强化校园安全防范。下拨专项资金2800万元，为232所中小学、幼儿园更新和新建视频监控系统，省、市、区（县）三级联网，配合推进“雪亮工程”建设。开展校园及周边治安综合治理、校车整治、“扫黑除恶”、欺凌综合治理等专项行动。创建“西安市‘平安校园’”34所。西安市人民政府办公厅印发《西安市教育系统突发事件应急预案》。市教育局等11个部门联合印发《关于<西安市加强中小学生欺凌综合治理实施方案>的通知》，建立相对完备的防治学生欺凌工作机制。4月9日，教育部一行6人代表国务院教育督导委员会督导组，对2018年春季开学暨学校安全风险防控工作专项督导检查，向西安市反馈建设西安市校园“一键报警”系统平台的意见。

◆教育领域脱贫攻坚 2018年，西安市教育局联合多部门印发《西安市教育系统开展“一校帮一村”“一班帮一户”扶志扶智专项行动实施方案》，按照“1344”模式遴选城5区142所中小学结对帮扶142个贫困村3471户贫困户。西安市26728户建档立卡户35364名学生实现义务教育“零辍学”，19.65万名在校学生足额享受各类学生资助。

◆净化教育生态 2018年，西安市教育局与西安市公安局印发《关于打击整治教育掮客活动的通知》，严肃查处22起典型案例，坚决维护招生秩序。查处教育乱收费案件29起，清退违规收费225万元；通报乱收费典型案例8起，给予党政纪处分5人。3月12日，开通“为民服务热线”（029-86525726）电话以来，全年接听群众来电7000余件，严查督办403件，清退801054.83元，责令29所学校整改，对1所学校班子进行约谈、通报。

◆校外培训机构整治 2018年，西安市教育局制定《西安市民办非学历文化教育培训机构管理暂行办法》《西安市民办非学历文化教育培训机构设置指导标准》等文件，着力规范民办培训机构办学行为。整改机构2301所，整改问题2309个，整改率100%。西安市16个区（县）均启用全国校外培训机构管理服务平台并定期发布相关信息。治理工作被教育部等3部门肯定，并在全国推进会上介绍经验，中央电视台新闻频道《新闻直播间》栏目以《疏堵并举 探索长效监督机制》为题，对西安市整治校外培训机构情况进行深度报道。

◆**教育宣传** 2018年，西安市开展以“我们的节日”“文明交通车让人”“我为大西安追赶超越献力量”“西迁精神”微宣讲等为主题的28场宣讲会。西安市教育局主动加强政民沟通，正确引导社会舆论，召开新闻通气会5次，组织新闻直播访谈节目4次，处置回复各类舆情100余次，回应诉求80余件，“零差错”运行“西安教育”官方微博、微信，发布信息1100余条。协调新华社、中央电视台新闻频道、《中国教育报》等中央、陕西省、西安市报纸、广播、电视等传统媒体，为西安教育发声630余次（全年任务500篇），网络等新媒体（专题）报道及转载500余篇，其中中央媒体报道15篇（次）。

◆**秦岭生态保护宣传** 2018年，西安市教育系统开展秦岭生态环境保护教育宣传工作，环保教育被纳入各级、各类学校重要教育内容，“保护秦岭北麓生态动植物科普进校园”宣讲活动走进30余所学校，参与学生超过1.2万人次。市情教育文化读本《爱我大秦岭》编印工作启动。西安市教育局组织100余名志愿者开展“西安山河调查”公益环保活动。

◆**教育法治建设** 2018年，结合“‘12·4’国家宪法日”，西安市1000多所学校的中、小学生参加教育部组织的《中华人民共和国宪法》晨读活动，30多万中、小学生参加“全国青少年禁毒知识竞赛”，1600多所中小学聘任“法治副校长”。西安市教育局被陕西省教育厅表彰为“2018年‘学宪法、讲宪法’活动优秀组织单位”。

◆**语言文字工作** 2018年5月22—25日，国务院教育督导委员会办公室和教育部语言文字应用管理司组织督导评估组来西安市开展语言文字工作督导评估。碑林区、临潼区代表陕西省、西安市迎接国家语言文字工作督导评估，并通过评估验收。西安市教育局组织240名中、小学骨干教师开展语言文字应用能力提升培训，联合中共西安市委宣传部等7部门开展全国第二十一届“推普周”活动；联合西安市扶贫开发办公室印发《西安市推广国家通用语言文字助力脱贫攻坚行动计划（2018—2020年）实施方案》。全年完成3500名社会考生普通话水平等级测试工作。

◆**教育电视问政** 2018年4月8日，第三期大型电视问政直播节目《问政时刻》“问政”西安市教育局。针对节目中曝光的24项问题和14项网络热线电话反映线索，西安市教育局积极整改，制定印发《西安市教育局电视问政反馈问题整改任务清单》。4月28日，完成教育电视问政阶段性整改，向社会公开阶段性整改成效：西安市教育系统追责处理284人，清退违规收费资金66.3万元，关停课外培训机构615个。

◆**教育公益活动** 2018年9月7日，西安市教育局组织8个区（县）200名乡村教师参观高新区科技展览馆，同时开启“百名乡村教师看我大西安发展”活动，庆祝2018年“教师节”。组织教师参观西安交通大学西迁历史纪念馆、西安交通大学博物馆、西安世博园，赴西安浐灞第一中学交流，并观看《驼铃传奇》大型实景剧。9月8—11日，开展“教师节”“为教师亮灯”公益活动。组织1万台出租车弹屏、7000块地铁宣传屏以及北大街新闻出版大厦等9处地标建筑上的大屏幕滚动播放“老师，你好”问候语或宣传短片，营造尊师重教良好氛围。《中国教育报》、中央电视台新闻频道《晚间新闻》栏目分别对此进行报道。

◆**首届西安丝路教育装备发展高峰论坛** 2018年10月11日召开。论坛由西安市教育局、西安市会展业发展办公室、西咸新区教育卫生体育局主办，西安市学校后勤服务管理中心、西安教育电视台承办。论坛以“新时代、新技术、新装备、新教育——创新教育技术装备，建设丝路教育高地”为主题，搭建学校与教育装备企业的交流合作平台，就教育领域的新装备、新技术、新产品进行交流。来自国内、外的53家知名教育装备制造企业参加展会，达成教育装备合作意向总金额近4000万元。现场参加人数1.5万人；组织网络视频直播13场，收看人数12.8万人次。

◆**第三届全国基础教育信息化应用展示交流** 2018年5月5—7日，由教育部基础教育司主办的“第三届全国基础教育信息化应用展示交流活动”在北京全国农业展览馆举行。西安市未央区大明宫小学、西安高新第一小学的教育信息化案例入围“2017年度基础教育信息化应用典型示范学校案例”名单；西安市高新第一小学的“一场由信息技术掀起的作文大变革”被推选为“首批全国基础教育信息化应用典型示范学校案例”。西安市4位教师代表陕西省参加现场说课展示。西安市资源平台宣传片、秦汉新城2017秦汉宣传片、西安育英小学陶艺教材，碑林新知小学、阎良区西飞第四小学的“智慧课堂”，西安交通大学附属小学的3D打印笔创意美术等诸多案例于陕西展区展示。

◆**庆祝第三十四个教师节暨优秀教师表彰大会** 2018年9月9日，中共西安市委员会、西安市人民政府在西安文理学院召开西安市庆祝第三十四个教师节暨优秀教师表彰大会。陕西省教育厅、中共西安市委、西安市人民政府主要负责人，10所驻西安高校负责人，西安市各区（县）、西咸新区、各开发区党政主要负责人，相关市级部门主要负责人出席会议，教师代表、学生代表等700余人参加会议。会议表彰25名首届“西安之星”（教育领域）、30名第二届西安市“最美教师”、西安市20个师德建设先进集体以及10名“师德标兵”。

◆**“中国梦·爱国情·成才志”中华经典诵读活动** 2018年6月12—14日，在西安经开第一学校举办。西安市小学组、初中组、高中组和中职组60支代表队参加市级展示评比活动。本次中华经典诵

2018年6月12—14日，“中国梦·爱国情·成才志”中华经典诵读活动在西安经开第一学校举办

读以“中国梦”和纪念“中国改革开放40周年”为主题，主要培养学生“亲近经典、爱我中华”的真实情感。

2018年12月13日，“绿地杯”西安市青少年足球联赛2017—2018市级决赛在高新一中沣东中学闭幕

◆**国家中小学教育质量综合评价改革西安实验区工作推进大会** 2018年6月13日，国家中小学教育质量综合评价改革西安实验区工作推进大会在西安市文景中学召开。会议表彰中小学教育质量综合评价先进区（县）（单位）、先进学校和先进个人。莲湖区教育局、鄠邑区教育局代表区（县）作区（县）教育质量综合评价经验分享；西安中学、昆仑中学、惠安中学、大学南路小学、青年路小学代表高中、初中、完全中学及小学，进行提升教育质量校本化典型做法经验交流；西安市教育科学研究所评价中心、西安交通大学第二附属中学代表先进个人进行评价工作经验分享。

◆**新时代大西安教育质量评价创新论坛** 2018年5月7—10日，由西安市教育局、全国创新型教育研修机构发展联盟主办，西安市教育科学研究所、陕西日报传媒集团·三秦都市报社承办的新时代大西安教育质量评价创新论坛暨第二届全国创新型教育研修机构发展联盟年会在西安召开。大会以“立德树人”为核心，以“创新·新时代大西安战略下的未来教育融合发展”为主题，以专家报告、学术交流、沙龙研讨、课堂展示、教学成果会演等丰富多样的形式，分别在陕西师范大学实验小学等6个会场举行。

◆**2018丝路国际才艺展演“新少年、新西安”儿童盛典晚会** 2018年6月10日，在陕西广电大剧院举办。西安市教育局、共青团西安市委员会、西安市精神文明建设指导委员会办公室、西安市妇女联合会、西安市关心下一代工作委员会为晚会指导单位。由西安市各小学、幼儿园选拔出的600多名学生代表参与晚会录制。本次晚会以“丝路文化”为指导思想，以“新少年 新西安”为主题，旨在欢迎新西安人落户西安，为新、老西安人之间搭建友谊交流的桥梁，相互融合发展。晚会以“曲、乐、语、舞”四大艺术类别为展演内容，展示少年儿童艺术教育的成果。

◆**西安市2018年全民终身学习活动周** 2018年11月1日，以“推动全民终身学习，助力大西安腾飞”为主题的西安市2018年全民终身学习活动周在长安区启动。22人被评为2018年西安市“百姓学习之星”；13个单位被评为2018年西安市“终身学习品牌项目”。本次活动旨在西安市范围内开展全民终身学习活动，创新教育供给形式，丰富学习内容，鼓励引导广大居民参与学习，提高全民素质，提升人民群众的幸福指数，着力推进西安市学习型社会建设。

◆**西安市2017—2018年度青少年校园足球联赛** 2018年12月13日，由西安市青少年校园足球工作领导小组办公室主办，西安教育电视台、西安市足球运动管理中心联合承办，各区（县）教育局、文体局共同协办的“绿地杯”西安市青少年校园足球联赛2017—2018年度市级决赛在高新一中沣东中学闭幕。决赛历时2个月，全市16个区（县）和开发区80支队伍参与，参赛男女运动员1400余人，比赛场次近200场。经过比赛，角逐出冠军5个，分别是小学组冠军高新区代表队，初中男子组冠军雁塔区代表队、初中女子组冠军莲湖区代表队，高中女子组冠军碑林区代表队、高中男子组冠军雁塔区代表队。同时还评选出“金靴奖”最佳射手11人，“金手套奖”最佳门将10人，“最佳教练奖”10人，“金哨奖”最佳裁判员12人，“体育道德风尚奖”6个，“优秀组织奖”18个。

◆**西安市第二届学生智力运动会** 2018年12月22—23日，由西安市教育学会举办、西安市教育学会学生智力运动专业委员会承办的西安市第二届学生智力运动会举行。来自西安高新第一中学、西安中学、西安高新第一小学、浐灞丝路学校等100多所学校和机构的2300多名学生参赛，在西安高级中学、陕西师范大学绿地浐灞小学和西安市教育学会校外教育中心3个不同赛场，参加围棋、象棋、国际象棋等项目不同年级组的比赛。经过紧张角逐，西安中学、西安高新第一中学、西安高新第一小学、周至县第六中学、西安理工大学附属小学等学校获得不同项目不同年级的团体冠军；莲湖区少年宫、大唐棋院、飞马象棋俱乐部等获得不同项目校外教学机构团体冠军；王棋瑞、付天睿、申嘉伟、李姗泽等获得不同项目不同年级组的男、女个人冠军。（张心茁）

学前教育

◆**概况** 2018年，西安市有幼儿园1780所，比上年增加175所。有学前教育在园幼儿353935人，增加5825人。其中，独立设置幼儿园在园儿童352533人；附设幼儿班幼儿1402人。有幼儿园教职工49604人，增加4709人；有专任教师25823人，增加2034人。专任教师学历合格率99.27%，提高0.64个百分点。全年创建“西安市一级幼儿园”30所、“西安市二级幼儿园”61所、“西安市三级幼儿园”39所。

◆**《西安市实施学前儿童看护点工作指导意见(试行)》印发** 2018年，西安市整改提升幼儿园73所，取缔无证幼儿园57所。6月27日，西安市人民政府出台《西安市实施学前儿童看护点工作指导意见（试行）》，明确各区（县）政府、开发区管委会作为学前儿童看护点认定及管理工作的责任主体，并将无证幼儿园纳入各部门正规管理序列之中。计划到2020年底前，消除无证幼儿园。中央广播电视台《中国之声》和《西安日报》《华商网》等多家媒体对西安市看护点实施工作进行专题报道。

◆西安市幼儿园联合大教研 2018年4月27日，西安市教育科学研究所在高陵区第二幼儿园举办“基于核心经验的艺术领域教学策略”联合大教研活动。活动旨在深化游戏背景下的幼儿园教学活动，推进幼儿园课程游戏化。西安市各区（县）幼教教研员、大学区长幼儿园园长及骨干教师120余人参加活动。活动中，观摩高陵二幼2节艺术领域集体教学活动；组织参会教师围绕“幼儿发展需要”，开展评课活动；高陵区幼儿教育教研员结合《3—6岁儿童学习与发展指南》，梳理艺术领域核心经验，用案例对比做题为《基于核心经验的艺术领域教学策略》的讲座。

◆西安市首届幼儿园保育专业技能大赛表彰暨保育技能培训会 2018年10月30日，在陕西师范大学实验幼儿园举行。会议对首届西安市幼儿园保育专业技能大赛一、二、三等奖获奖选手，“优秀组织奖”获奖单位，“道德风尚奖”获奖单位进行表彰。对全市学区长幼儿园及参加陕西省技能大赛选手进行保育工作专项培训。培训工作分为3个方面：由西安市远东保育院院长进行寝室整理及答辩环节的培训；西安市秦川幼儿园院长进行进餐环节及保育工作培训；西安市白桦林居幼儿园保健医生进行卫生消毒有关知识培训。此次培训，不仅仅针对77名省级参赛选手，而是涵盖全市315个大学区的学区长幼儿园。西安市教育局相关处室人员、莲湖区教育局负责人、陕西师范大学校办负责人及各区（县）教育局分管局长、市级获奖选手以及全市315个大学区学区长幼儿园保育工作负责人参加此次活动。

西安市2018年认定的一级幼儿园

序号	所在区（县）	幼儿园名称
1	碑林区	西安市碑林区新旅程幼儿园
2	莲湖区	西安莲湖兰鹰幼儿园 西安莲湖真美幼儿园
3	灞桥区	灞桥区洪庆街道中心幼儿园 灞桥区席王街道英才幼儿园 西安市灞桥区东城一幼一印分园
4	未央区	未央区阳光欣居幼儿园 西安经开第一幼儿园
5	雁塔区	西安市雁塔区中海碧林湾幼儿园 西安市雁塔区北大学园幼儿园 西安市雁塔区雁翔阳光幼儿园
6	阎良区	西安市阎良区北屯幼儿园 西安市阎良区武屯幼儿园 西安市阎良区关山镇新马幼儿园 阎良区武屯镇小博士幼儿园
7	长安区	长安区茅坡新城幼儿园 长安区悦美幼儿园 航天城第一幼儿园 西安航天城第二幼儿园 西安市长安区郭杜街道品格万科城幼儿园
8	临潼区	临潼区新市中心幼儿园 西安市临潼区零口中心幼儿园
9	高陵区	西安市高陵区湾子中心幼儿园 西安市高陵区泾渭中心幼儿园 西安市高陵区长庆泾欣瑞吉欧幼儿园 西安市高陵区逸景佲居幼儿园
10	周至县	周至县马召镇中心幼儿园 周至县新区幼儿园
11	蓝田县	蓝田县安村镇中心幼儿园
12	高新区	卡布优尚幼儿园

◆“西安市学前教育‘名校+’授牌暨弘扬一保红色摇篮文化”主题活动 2018年10月26日，在西安市第一保育院健院举行。西安市教育局主要负责人宣读西安市学前教育“名校+”教育联合体市级第二批名单，希望“名校”与“+校”共同携手，进一步发挥辐射引领作用，推动全市优质教育资源均衡覆盖，形成学前教育快速发展的新格局。西安市学前教育“名校+”教育联合体市级第二批名校共5所学校，分别为：西安市第一保育院、西安市第二保育院、西安市第五保育院、西安市第八保育院、西安高新第一幼儿园。与5所“名校”结对的“+校”共9所，分别为：西安市第六保育院、西安市碑林区新旅程幼儿园、西安市碑林区振兴幼儿园、西咸新区沣西新城沣润和园幼儿园、西安市未央区第三幼儿园、西安市未央区长乐第三幼儿园、西安市高陵区船张社区幼儿园、西安高新第五幼儿园、西安高新第六幼儿园。西安市、陕西省教育厅相关领导为西安市“名校+”幼儿园授牌。

◆2018年西安市幼儿园精品课例评选展示活动表彰会 2018年9月28日，在西安市长安区召开。来自西安市13个区（县）及西咸新区、西安国际港务区的近300名幼儿教师参加。本次会议由西安市教育局主办，长安区教育局承办，长安区第二中学和长安区第三幼儿园协办。通过幼儿园园级评选、大学区级评比、区（县）推优和市级评选，从全市1605所幼儿园的2万余名教师执教的453节优秀课例中评选出市级优秀课例180节。表彰会后，选取2节本次评选活动特等奖作品并邀请长安区第三幼儿园的小朋友们配合进行现场分享展示。

◆西安市第八保育院、第二十六大学区“名师面对面”送教送培活动 2018年11月27日，西安市第八保育院大学区携手长乐西苑幼儿园大学区、浐灞第二幼儿园大学区开展学区“名师面对面”送教送培活动。第二十六大学区的3位青年教师现场展示3节观摩活动，并与在场的60余位幼教教师研讨，分享交流活动的设计意图与不足之处。课例展示结束后，西安市第八保育院教师郑竞翔以《幼儿园教育指导纲要》和《3—6岁儿童学习与发展指南》文件精神为指导，从目标设定、环节设计、教学方法、师幼互动及活动亮点等多个方面进行全面细致的点评，并围绕幼儿年龄特点、发展需要及兴趣等方面展开热烈研讨，为教师们答疑解惑、传道授经。第二十六大学区依托“名师面对面”活动平台，为未央区2个看护点的20余位教师进行保育员专业技能培训与演示活动。

（张心茁）

2018年11月11日，陕西省首家“AI+梦想空间”（人工智能实验室）落户西安市曲江第一小学

义务教育

◆概况 2018年，西安市有小学1130所，比上年增加5所；有教学点286个，减少22个。小学招生151606人，增加20293人，增幅15.45%；在校学生730898人，增加64074人，增幅9.61%；学龄人口入学率99.99%，与上年持平。有小学教职工41122人，增加2628人，增幅6.83%，其中专任教师39985人，增加3033人，增幅8.21%；专任教师学历合格率100%；教师专科以上学历达到率99.09%，提高0.61个百分点；生师比18.28：1，增加0.23。西安市有普通初中290所，增加2所。初中招生92984人，增加3928人，增幅4.41%；有在校学生270216人，增加10953人，增幅4.22%；有专任教师21576人，增加341人，增幅1.61%；初中学龄人口入学率99.98%，下降0.01个百分点；生师比12.52：1，增加0.31；专任教师学历合格率99.99%，与上年持平；本科以上学历达到93.59%，提高1.20个百分点。西安市教育系统全面排查义务教育“大班额”问题，66人以上“超大班额”实现“清零”；56人以上“大班额”控制在8%以内。

◆国家义务教育质量监测 2018年5月24日，西安市与全国同步进行2018年国家义务教育质量监测工作。国家样本区碑林区和其余12个国家协议区（县），共288所学校(小学184所，初中104所)的8864名四、八年级学生参加测试，2698名中、小学校长及科学、德育及班主任教师接受网络问卷调查，288名责任督学全程参与监督。2018年监测的内容为义务教育阶段学生数学学科、体育与健康以及课程开设、条件保障、教师配备、学科教学和学校管理等。

◆民办初中“电脑随机派位+面谈”招生 2018年，西安市首次采取“电脑随机派位+面谈”方式进行民办初中招生。西安市10个区（县）、3个开发区同时在各自指定地点组织实施辖区2018年民办学校初中招生电脑随机派位工作，社会各界代表全程监督，录取结果经现场公证后第一时间告知家长。西安市有52263人报名参加，通过电脑随机派位录取学生10575人。7月11日10时，面谈招生工作结束，29所民办初中参与，面谈申请人数31904人，录取10977人。

◆规范民办义务教育学校办学 2018年11月30日，教育部通报包括西安市在内的3个地（市）民办义务教育发展问题，要求各地切实规范民办义务教育发展。12月1日，西安市人民政府、西安市教育局分别召开专题会议，传达学习教育部通报精神，全面认领、深刻反思存在问题，并提出6项整改措施规范民办义务教育学校办学行为。12月3日，西安市教育局召开西安市民办义务教育学校校长大会，传达学习教育部通报，就全面加强整改，进一步规范西安市民办教育招生入学工作，不断净化教育生态做出安排部署。参会校长在“西安市民办学校校长严守招生纪律承诺书”上签字。

◆西安市小学课程建设展示暨陕西师范大学实验小学第二届“蒲公英”课程体系论坛活动 2018年4月18—19日，在陕西师范大学实验小学举行。在为期2天的论坛中，陕西师范大学实验小学9名语文、数学、英语及美育课程的青年教师与“何军华名师工作室”成员、“陕西省教学能手”、陕西师范大学附属小学老师王永涛同台展示，给专家、教研员20余人，以及西安市各区（县）1200余名教师代表，带来从形式到内容都新颖的课例。

◆陕西省首家“AI+梦想空间”（人工智能实验室）落户曲江一小 2018年11月11日，由中国互联网新闻中心、中国人生科学学会中小学教育专业委员会、西安市教育科学研究所主办的新一代人工智能在中小学阶段的推广与应用研讨会暨陕西省首家“AI+梦想空间”（人工智能实验室）落户西安市曲江第一小学启动仪式举行。来自全国各地的教育科研工作者代表以及西安市13个区（县）的中小学校长、教师代表等共计200余人参加获得。与会领导、专家分别就陕西省首家“AI+梦想空间”（人工智能实验室）落户曲江一小的重大意义以及人工智能教育对学生的影响等内容进行阐释。会议期间，与会领导、专家参观曲江一小展室、“AI+梦想空间”人工智能实验室等地，了解学校文化建设以及人工智能课程的开展情况。“AI＋梦想空间”投放有机器人、无人机、3D打印设备及智能游乐园等10余类人工智能产品，学校只需准备一个约150平方米的空间，便可供15名孩子进行学习、编程、创作。

◆西安交大附小民族打击乐团获“金奖” 2018年8月6日，由PAS·中国国际打击乐艺术协会主办的PAS·中国第二届国际打击乐艺术节在北京市第三十五中学金帆音乐厅闭幕。西安交通大学附属小学民族打击乐团表演的《老虎磨牙》，以饱满的精神、默契的配合、娴熟的演奏，夺得本次艺术节小学组“金奖”。

◆2018年第三届西安市中小学信息化教学大赛暨教师微课大赛 2018年11月1日至12月27日举行。本次大赛由西安市教育局主办，西安市现代教育信息技术中心、西安教育电视台承办，西安市教育科学研究所协办。大赛征集中小学信息化教学大赛作品220件，经过区（县）推优、片区现场说课、市级复评，评出中小学信息化大赛“优秀课例”130件，其中“创新课堂教学”课例65件、“优质课教学”课例65件。征集教师微课作品5334件。经过评选，选出个人单件作品特等奖10件、一等奖238件、二等奖476件、三等奖990件、优秀奖888件；系列作品团体赛一等奖10 件、二等奖11件、三等奖10件、优秀奖3件。

◆凤景小学举办“首届校园科技节” 2018年4月24日，西安市凤景小学举办首届校园科技节。此次活动持续2周，通过开展“玩转科技 乐享创客”的系列活动，使学生进一步了解科学，激发学生创意，培养学生研究精神、创新精神，提高学生的实践能力。此次活动由西安市凤景小学、宁波西电立人信息技术有限公司和西安市未央区青少年校外活动中心3方举办。获得由科技节启动仪式、科技创客节目展演、九大展区参观体验3个板块构成。（张心茁）

中等教育

◆概况 2018年，西安市普通高中166所，比上年增加6所；职业高中60所，减少2所；普通高中招生50666人，减少1102人，减幅2.13%；职业高中招生17295人，增加215人，增幅1.26%；普通高中在校学生154399人，减少3774人，减幅2.39%；职业高中在校学生46380人，增加1235人，增幅2.74%；普通高中专任教师12856人，增加315人，增幅2.51%；职业高中专任教师2754人，增加349人，增幅14.51%；高中生师比12.01∶1，减少0.60；普通高中专任教师学历合格率99.00%，提高0.17个百分点；职业高中专任教师学历合格率89.07%，提高1.92个百分点。

◆普通高中招生 2018年6月22日，西安市教育局向社会公布2018年西安中考普通高中招生计划，西安市150所公办、民办普通高中计划招生51092人，普通高中录取率65.9%。2018年，西安中考报考总人数77545人，上年为81351人，减少3806人。西安市教育局公布的招生计划显示，新城、碑林、莲湖、雁塔、未央、灞桥区及西咸新区，82所公办普通高中计划招生22942人，其中包括定向生9559人，特长生742人，统招生11136人，宏志班250人，藏族学生50人；23所民办普通高中（含西安市和平中学）计划招生6570人，其中城六区招生5496人，包括定向生2073人，特长生121人，统招生2672人，城六区外招生1074人，含统招生959人。阎良区、临潼区、长安区、高陵区、鄠邑区、周至县、蓝田县，五区二县的42所公办普通高中（含西安市临潼区化工院中学）计划招生20630人；3所民办普通高中计划招生950人，其中区（县）内招生700人，区（县）外招生250人。7月20日，公布学生成绩及分数线。西安市城六区：碑林区、新城区、莲湖区、雁塔区、未央区（含已划归西咸新区沣东新城地区）、灞桥区，普通高中学校招生录取最低控制线为538分。五区二县：阎良区、临潼区、长安区（含已划归西咸新区沣东新城地区）、高陵区、鄠邑区、蓝田县、周至县，普通高中学校招生录取最低控制线依据西安市中招领导小组最低控制建议线，按照招生计划划定。

2018年5月22日，“第二届中国创客教育论坛暨STEAM教育应用提升培训会”在西安高级中学举行

◆2018西安市中招咨询会 2018年7月21—22日，经西安市教育局批准，由西安教育电视台主办的2018西安市中招咨询会举办。此次咨询会设有近300个展位，西安市150余所普通高中、职业高中、五年制高职和中专学校的招办负责人“面对面”与考生及家长就招生政策、志愿填报、入学就读等情况进行交流沟通。咨询会上，西安教育电视台专门设置嘉宾访谈环节，并邀请志愿填报专家以及50余所学校招生办公室负责人进行现场问答，“一对一”解答考生及家长的各种疑惑。西安教育电视台进行全程手机直播，让没有到场的考生及家长能够第一时间了解各所学校的招生政策。此外，主办方西安教育电视台还印刷《2018年中考招生咨询会资源册》，详细介绍西安市各普通高中、职业高中、五年制高职、中专学校的相关信息及报考代码，以方便考生及家长查询、了解、报考。

◆首届全国中小学名师西部论坛暨语文学科核心素养与名师成长活动 2018年4月22—25日在西安举行。此次活动由东联教育研究院主办，西安高级中学承办。来自全国各地的300余名教师参加活动。其间，邀请国家著名教育改革家、全国特级劳动模范魏书生，上海建平中学副校长、上海市语文特级教师郑朝晖，陕西省教育能手李娜，天津特级教师李卫东，西安市教学能手涂蕊元，西安市教育科学研究所副所长、陕西省特级教师、西安市人民政府首届特聘督学贾玲分别做了报告或示范讲课。

◆第二届中国创客教育论坛暨STEAM教育应用提升培训 2018年5月22日，由教育部教育管理信息中心指导、中国教育信息化杂志社主办的“第二届中国创客教育论坛暨STEAM教育应用提升培训会”在西安高级中学举行。来自全国各地的300多位创客教育工作者参加本次培训。西安高级中学校长以《搭建创客教育平台，培养双高双强人才》为主题，介绍学校在机器人教育、创客教育方面的实践活动和优秀成果。与会的多位专家、学者、创客教育实践学校校长从多层次、多角度阐释创客教育和STEAM教育的内容、策略与技术以及在学校教育中的实践。

◆西安高级中学学生在青少年机器人全球赛事上获奖 2018年7月26—29日，2018RoboCum世界机器人大赛总决赛暨2018青少年机器人全球锦标赛在中国武汉体育中心举行。来自中国、韩国、印度、俄罗斯、新西兰、以色列等10余个国家的数百支机器人队伍的5000多名选手参赛。西安高级中学4名学生在赛事中分别获DOBOT制造大挑战个人单项赛2枚金牌、2枚银牌；与外校联合组队在决赛中闯进前8强，获高中组一等奖，并获最佳团队奖。

◆西安市中等职业学校技能大赛 2018年11月15—30日，由西安市教育局主办，西安教育电视台和西安市卫生学校承办，西安市教育科学研究所及各赛点学校协办的2018年西安市中等职业学校技能大赛举办。本届大赛在全市所有中等职业学校学生广泛参与的基础上，经过学校层层选拔，有676名参赛选手参加在10个赛点进行的幼儿园教育活动技能、艺术专业技能、计算机应用技术、数控技术、电工电子、汽车运用与维修、烹饪、服装设计与模特表演、饭店服务与管理、旅游服务与管理、护理、财会、职业英语技能等29个项目的市级技能比赛。经过比赛，评出一等奖70个、二等奖112个、三等奖109个及优秀奖100个。

◆西安市第八十三中学男女排球队在陕西省青少年排球锦标赛上创佳绩 2018年7月24—27日，由陕西省体育局主办，陕西省篮球排球管理中心、陕西省排球协会等单位承办的2018年陕西省青少年排球夏令营暨陕西省青少年排球锦标赛在西安举行。本届赛事设男、女子两个组别进行角逐，采用国家体育总局最新审定的《排球竞赛规则》。来自陕西省各市（区）代表队参与比赛。西安市第八十三中学男排与女排代表队再创佳绩，分别获得男子组第一与女子组第三的成绩。这是西安市第八十三中学男排第五次夺得此项赛事冠军。

◆西安市第一中学召开航模知识科普报告会 2018年4月18日，西安市第一中学在体育馆召开“育桢杯”文化艺术节系列活动之航模知识科普报告会。报告会邀请西安理工大学教师侯浩录从开展航空、航天模型活动的意义，模型飞行原理、组成、常用术语以及模型飞机分类、航天模型项目等方面对航模知识和无人机进行介绍，高一、高二年级全体同学参加此次活动。（张心茁）

高等教育

◆概况 2018年，西安市有普通高等学校63所，在校学生127.13万人，毕业生27.26万人。市属高校加快向应用型高校转型发展，西安市教育局与阿里云计算有限公司签订《业务合作框架协议》，推动阿里云计算有限公司、慧科教育科技集团有限公司与西安文理学院等3所市属高校签约共建阿里云大数据应用学院，招收学生500余名。西安铁路职业技术学院当选为“中国—中东欧职教联盟”常务理事单位，并参加在俄罗斯圣彼得堡举行的“中俄交通大学校长联盟”第五次会议暨金砖国家教育联盟成立大会。西安文理学院建设国家级创客空间。西安职业技术学院创新创业课程体系建设。西安高等教育逐步向“双一流”发展。（张心茁）

◆西安文理学院 2018年，西安文理学院围绕“人才创新年”主题，加快“一流学院”“一流专业”建设，各项事业稳步发展。获批陕西省“一流学院”建设单位。全年立项建设93门重点课程、94门课程综合改革项目、18门精品（SPOC）课程，其中“经典影片分析”等7门课程为省级在线开放课程培育项目；推荐“民间美术”课程参评国家级在线开放课程。统筹加强“学前教育”等7个省级一流建设和培育专业建设力度，累计投入460万元专项经费。新获批省级虚拟仿真实验教学项目1项、省级教学名师1人、省级优秀教材二等奖1部。截至年底，7项一流专业显性指标达标率超过50%。与西安理工大学签约，拓展研究生联合培养高校；全年进站联合培养硕士研究生43人，32名导师参与指导硕士研究生70人，联合培养覆盖10个重点建设学科。全年学生获高层次科技创新成果、学科竞赛成果比上年增长14%，“大学生创新创业训练计划项目”获得省级立项56项、国家级立项23项；在省级以上学科竞赛上获奖96项；学生发表论文51篇（其中SCI、EI检索各1篇），获得专利14项，增长63.3%。举办就业指导活动、大型行业招聘会，2018届毕业生初次就业率90.58%，年终就业率93.96%。与西安市教育局沟通对接，“学前教育学”“应用数学”“旅游管理”等9个学科获批“市级重点扶持学科”。获批市级重点实验室2个，与阿里巴巴网络技术有限公司、慧科教育科技集团有限公司、西安市教育局共建“阿里云大数据应用学院”；与西安市教育局联合成立“西安市教师发展研究中心”；与西安市文物局合作成立“西安优秀近现代建筑保护研究中心”；学校获批为教育部“智慧教学试点项目”单位、“VR世界实验室项目”试点学校；成为陕西省航天农业工程技术科普教育基地、陕西省猕猴桃工程技术研究中心共建单位。“西安市网络空间安全技术重点实验室”和“西安市智能增材制造重点实验室”获批西安市重点实验室项目，分别获取资助资金100万元；6项成果在省级获奖，其中2项研究成果分别获得陕西省科技进步二等奖、三等奖；获批省级项目59项、国家级项目5项，签订横向课题171项，科研经费到账2079万元。全年培育引进50名高层次人才，柔性引进高层次人才29人（B类专家6人、C类专家3人、D类专家20人）；在马克思主义学院建立陕西省高校首个师德工作坊，在历史文化旅游学院、化学工程学院分别建立名师工作室；聘请12名首席专家，实现12个二级学院全覆盖。出台《高层次人才柔性引进管理办法》《人才引进与离职管理办法》《教职工转岗管理暂行办法》等管理制度，为人才引进和教职工流通建立通道。聘请校外企事业专家作为学校兼职教师，实施“海外教师集中授课计划”。制定《关于提升教师能力提升实施意见》，全年派出200余名教师参加岗位进修、国内外访学等，加大教师培训力度。推进国际交流，与英国、泰国、马来西亚、哥伦比亚等国家高校新签或续签合作协议、备忘录11个；全年接待外事访问团组23个，近百人次；办理出访团组10个，派出40人次，派送2批次20名教师赴境外进行课程培训，派出人数、批次创新高；引进英国、马来西亚、韩国、菲律宾等海外高校博士项目，为教师提供学历提升新途径；首次派送学生(1人)赴英国牛津大学访学。截至年底，累计招收包括中亚（乌兹别克斯坦、吉尔吉斯斯坦、哈萨克斯坦）、南亚（泰国、巴基斯坦、尼泊尔）以及俄罗斯等国家留学生300余人。协助西安市政府成功举办“唐都长安1400年国际学术研讨会”；举办第三届“一带一路”西安历史文化国际学术研讨会，120余名专家学者参加会议。承办“一带一路”国际大学生夏令营，来自25个国家的67名大学生体验了中国的历史、文化。完成国家、陕西省、西安市中小学幼儿园教师及校（园）长培训项目48项，培训学员3200人次。书院校区被纳入碑林区环大学创新产业带，通过产教融合创意概念店，实现师生创新、创意作品与市场无缝对接。“干部教育培训文理学院基地”举办专题培训班91期，培训学员6982人次；学校“廉政教育培训基地”承办各级纪检、监察干部培训14期，培训664人次。与15家企业以及政府部门签订“政产学研合作协议”，建立9个产学研基地和科研机构，推动校企、校地技术开发、转移、服务、咨询等对接。完善教学条件，制定《实验室综合效益评估办法》，补充、扩建实验室8个，更新实验室3个，新建实验室3个；将生均纸质图书稳定在100册以上；建成信息化教室142间，建成数据共享平台架构。（娄珀瑜）

◆**西安铁路职业技术学院** 2018年，西安铁路职业技术学院有3个校区，总占地46.67公顷。有教职工664人，其中专任教师360余人（教授、副教授180余人、“双师型”教师270余人）。有全日制在校生12608人，开设有37个专业，其中以铁道交通和城市轨道交通专业为主，涵盖铁道交通和城市轨道交通领域的所有工种。同时，还开设有装备制造、土木建设、电力技术和电子信息等领域相关专业。4月24日，被陕西省教育厅确立为“陕西省一流高职院校建设单位”。与西安地铁运营分公司签订“现代学徒制人才培养协议”，共同开发具有现代学徒制特色的教学资源。创新创业学院构建创新、创业教育体系框架，获得中华全国青年联合会等组织颁发的“KAB创业教育基地”称号。在“互联网+”大学生创新创业大赛上获陕西赛区2项银奖、5项铜奖。与阿里云计算有限公司、慧科教育科技集团有限公司签订协议，共建西安铁路职业技术学院—阿里大数据学院，并制定相关培养方案，开设的大数据、云计算2个专业首次招生76人。推进2个“一流专业”建设项目、6个“一流专业”培育项目的建设任务，完成2015年立项的“铁道通信信息”“电气化铁道专业综合改革”项目验收，均以“优秀”等次通过。建成6门“校级精品资源课”；上线应用2门“精品在线开放课”；立项50门“校级在线开放课程”项目；组织3门课程申报“省级创新创业教育课程”项目；开设100门“在线学习通识课程”。通过单独招生和高考招生，学院录取新生4198人，报到4096人，其中高考招生文、理科录取分数在陕西省独立设置的高职院校中均名列第一位。2018届毕业生就业率97.2%，其中国有企业签约比例84.18%，就业率、专业对口率、职业稳定性和薪酬水平均位居陕西省同类院校前列。公开招录教职工10人，高端人才引进博士研究生1人，校园招聘硕士研究生3人。开展各类师资培训，培训300余人次。建成2个“名师工作室”，组织34名教师到西安铁路局、西安市轨道交通集团有限公司等企业进行实践锻炼。1名教师获得“陕西省第十一届教学名师”称号；1名教师获得西安市“最美教师”称号；2名教师分别被评为陕西省高校思政课“教学标兵”和“教学能手”。举办以“青春拥抱新时代，追赶超越展风采”为主题的第二十三届“校园科技文化艺术节”“互联网+”大学生创新创业大赛等教育活动。组织形式多样的志愿服务、社会实践活动，学生参与率86.9%。不断加强学风建设，对优秀班集体、优秀班干部、三好学生等进行表彰奖励，对47名学生实施学业预警。落实国家资助政策，对7000余名学生实施资助，资助资金1200余万元。立项横向课题4项，立项省级科研课题15项、省级教改课题4项，“基于通信的地铁列车运行自动控制过程国产化研究”课题获科学技术成果奖三等奖。立项院级课题33项，在全国刊物发表论文300余篇，主编、参编教材30余本，获国家实用新型专利授权26项。学生参加各类技能大赛获得省级以上奖项102个，其中国家级奖项9个；教师参加各类业务大赛获得省级奖项12项。在2018年全国职业院校技能大赛高职组“科力达杯”工程测量赛中，学院代表队获得一等奖，实现在该赛项的四连冠。3位教师的作品《DSA200型单臂受电弓教学设计》获得2018年全国职业院校技能大赛职业院校教学能力大赛教学设计赛项一等奖，是陕西省2018年在此项赛事获得的唯一一等奖。国际交通学院招收学生597人，2016级学生中有50人通过俄方语言测试，赴俄开始本科阶段学习，双方交流成为常态。持续提升国际办学服务能力，与巴基斯坦、泰国达成留学生培养、境外合作办学协议；与北京交通大学签署合作协议，联合培养来华留学生。发挥国际教育合作联盟在拓展合作空间中的作用，成为“中英职教联盟”“中国—中东欧职业教育国际联盟”常务理事单位。选派10名教师分2批赴肯尼亚开展蒙内铁路员工岗位培训，完成铁道车辆运用、检修，机车运用、检修4个班185人的培训教学工作。增强为区域社会、经济和行业、企业发展的服务能力，举办各类培训班29期2826人次，完成铁路客运员等10个工种职业技能鉴定3413人次；组织计算机等级考试、公共英语等级考试等社会考试，参试人数6500人次。与西南交通大学合作举办西南交大网络学院西安学习中心，在册人数5100余人。通过教育部第一批教育信息化试点验收，并被评定为“全国教育信息化试点优秀单位”。

（马长坤）

◆**西安职业技术学院** 2018年，西安职业技术学院设有机电工程学院、动漫软件学院（大数据应用学院）、电子工程学院、经济管理学院、会计与金融学院、学前师范学院、生物工程学院（乡村振兴学院）、建筑与轨道交通学院、思想政治理论教学部、基础课教学部（体育部）等二级教学单位；有教职工521人；有在校生9000余人。开设三年制高职专业42个，其中“建筑工程技术”专业为中央财政支持建设专业；有“机电一体化技术”等5个省级重点专业；有3个“省级专业综合改革试点项目”。建立一流专业分层递进式培育模式，做好“动漫制作技术”一流专业及专业群建设，动漫制作技术专业综合改革试点项目经陕西省教育厅验收评为优秀等次。推动“电气自动化技术”等5个培育专业向建设专业提升，壮大一流专业建设队伍；其他专业对标一流专业建设标准，找差距，补短板，夯实建设基础，不断提升学院专业建设水平。专业研究成果“融入‘鲁班精神’的建筑工程技术专业育人模式的研究与实践”获得陕西省高等教育教学成果二等奖。获批全国“科学工作能力提升计划（百千万工程）”第二批项目院校。将校企合作作为“一把手”工程来抓，明确“产教融合、校企合作”是职业教育的核心，不断探索建立政、行、企、校“四方联动”的办学机制，形成全院重视校、企合作的良好氛围。与阿里云计算有限公司、慧科教育科技集团有限公司共建阿里云大数据应用学院。先后与西安高新技术产业开发区、西安国家民用航天产业基地、西安曲江新区等管委会、大中型企业开展合作交流，签订合作协议36份。开展动漫软件与教育学院现代学徒制试点建设。创建“航天504所”等订单班，实现校企联合培养、协同育人。将技能竞赛作为提升学生职业能力的着力点，坚持“以赛促学、以赛促教、赛学相长、以赛促建”，组织学生参加各级、各类职业技能大赛、行业大赛。在学生技能大赛中，获国赛二等奖2项、三等奖4项，全国排名第二十三位，在陕西省国赛获奖院校中排名第五位；获省赛一等奖5项、二等奖19项、三等奖25项，获奖排名位居陕西省第七位；参加美国大学生数学建模竞赛，获二等奖1项、三等奖1项，填补国际大赛获奖空白。在各级、各类行业大赛中，国赛获奖5项，省赛获奖19项。承办陕西省高职院校技能大赛“虚拟现实（VR）设计与制作”“智能电梯装调与维护”2个赛项。通过公开招聘优秀紧缺人才，充实教师队伍。加快教学团队建设，认定专业带头人30名、骨干教师33名，在专业发展、校企合作、新进教师“传、帮、带”中发挥引领、示范作用。开展教师培训和赴企业实践锻炼活动，提高教师素质。做好创先评优工作，开展首届十佳优秀教师、十佳教育工作者评选活动，表彰学院从教30年及以上的教职工。推进师德师风建设，获“西安市教育系统师德先进集体”称号。在陕西省信息化教学大赛中连续2年成绩名列第一。推进招生工作改革，创新招生宣传模式，利用传统媒体和新兴媒体，加强招生宣传力度，建立稳定的生源基地。组织“校园开放日”活动，做好综合评价招生考试工作，展示办学特色和成效，吸引考生及家长关注职业教育。完善“院系两级”就业工作体系、毕业生跟踪调查机制，做实、做细就业工作，组织就业指导专题讲座、校园招聘会、专场招聘等活动，连续3年毕业生就业率达到95%以上，“建档立卡家庭”毕业生实现100%就业。知识产权授权数量大幅增加，取得14项实用新型专利、2项外观设计专利、2项计算机软件著作权登记，实现首例专利成果转移、转化。强化社会服务功能，实施“新型职业农民培育工程”，组建“新型职业农民学历班”，培训西安市第二批中级职业农民93人。成立乡村振兴工作领导小组，组建乡村振兴学院，助推“西安市乡村振兴战略”。开展企、事业员工继续教育和培训服务，完成各类培训和技能鉴定5386人；组织各类社会化考试，参加人数1万人次。坚持每月2次赴企业开展亲商助企服务。（高　帆）

◆高等教育自学考试　2018年10月20—21日，全国高等教育自学考试（秋季）举行。西安市设考区12个、考点25个、考场792个，20053人参加考试。

◆国家开放大学华侨学院西安分院揭牌暨第二期汉唐特色文化体验线下活动开班仪式举行　2018年11月24日，国家开放大学华侨学院西安分院揭牌暨第二期汉唐特色文化体验线下活动开班仪式在西安广播电视大学举行。来自意大利、阿塞拜疆、土耳其、哈萨克斯坦、韩国等国家的第二批西安汉唐文化网络学院的学生们参加揭牌仪式。揭牌仪式上，陕西自贸试验区西安国际港务区片区管理办公室、西北大学国际文化交流学院代表分别与西安汉唐文化网络学院负责人签订实践基地合作协议。西安汉唐文化网络学院网上平台——汉唐华语网自平台开通以来，线上学习的人数取得大幅度增长。在线人数从最初的1000人，增长到近3000人。学生遍及亚洲、欧洲、非洲、北美洲、大洋洲5大洲，辐射37个国家或地区。

◆“一带一路”西安历史文化国际学术研讨会　2018年11月8—10日，2018年“一带一路”西安历史文化国际学术研讨会在西安宾馆召开。此次国际学术会议由西安市教育局、西安文理学院主办，西安市丝绸之路经济带教育文化交流研究中心、西安文理学院历史文化旅游学院、西安文理学院长安历史文化研究中心、陕西历史博物馆、西安古都学会、《唐都学刊》编辑部承办，来自巴基斯坦、乌兹别克斯坦、伊拉克、泰国、韩国、日本等国及国内多个省（区、市）的120余位专家、学者参加。中国古都学会会长、陕西师范大学博士生导师萧正洪，国秦汉史研究会顾问、中国人民大学博士生导师王子今，西北大学博士生导师王维坤，陕西师范大学教授李令福，韩国学者琴载，陕西省文化遗产研究院研究员赵静，敦煌研究院研究员杨富学，内蒙古大学教授高建新分别做专题报告，学部委员、西北大学长江学者李浩做精彩评议。来自国内外的13位专家大会发言，涉及丝绸之路历史、考古、教育、文化交流、文化资源保护与开发等多方面内容，对一些“丝绸之路”研究的热点问题达成共识。会议还围绕丝路历史与考古、丝绸之路文学艺术与宗教文化、丝绸之路文化交流与文化产业研究等议题，分组进行研讨。（张心茁）

◆西安交大在中国智能车未来挑战赛中总分第一　2018年11月17—18日，第十届中国智能车未来挑战赛在江苏省常熟市举行。来自全国高校、科研机构和企业的27支车队报名，最终21支车队参赛。西安交通大学“Pioneer先锋号”无人驾驶智能车获高架快速道路测试和城乡道路环境测试总分第一名，并获高速道路施工路段自主通行技术奖第一名、城区道路自主泊车技术奖第一名和乡村道路行驶技术奖第三名，总分排名第一。

◆西安交大3人获“首届中国内燃机工业杰出科技创新奖”　2018年11月14日，首届中国内燃机工业科技创新大会在北京召开。来自内燃机行业相关的大学、科研院所、企业等代表近200人参加会议。大会举行“首届中国内燃机工业杰出科技创新奖”颁奖仪式，表彰对中国内燃机行业发展、内燃机技术提升做出突出贡献的45位专家学者和企业代表。西安交通大学动力工程多相流国家重点实验室教授黄佐华，西安交通大学毕业生、北京交通大学教授张欣，西安交通大学毕业生、江苏常发研究院副院长缪雪龙获该奖项。

◆西安交大在2018中国（国际）传感器创新创业大赛获佳绩　2018年11月11日，2018中国（国际）传感器创新创业大赛决赛在郑州市举行。西安交通大学入围决赛的3个团队均取得优异成绩，位居全国高校前列。“饮水思源”队伍获创新设想类全国一等奖；“探索未来”队伍获创新设想类全国二等奖；“传感器小队”获创新设计类全国二等奖。

◆西电获2018年国家级教学成果5项奖
2018年12月，教育部下发《关于批准2018年国家级教学成果奖获奖项目的决定》（教师〔2018〕21号），公布国家级教学成果奖(2014—2018年)获奖成果名单，西安电子科技大学推荐申报的5项成果全部获奖，其中一等奖1项、二等奖4项，获奖率100%。获奖总数和一等奖项目数是学校继1993年之后取得的最好成绩。国家级教学成果奖是国务院确定的国家级奖励，每4年评选一次，代表着国家高等教育教学工作的最高水平，是与国家自然科学奖、国家技术发明奖、国家科技进步奖并列的国家级奖项。全国有946个项目申报国家高等教育教学成果奖，最终有452项成果获奖，其中特等奖2项、一等奖50项、二等奖400项。

◆西电与腾讯共建智慧安全创新研究院
2018年4月4日，西安电子科技大学与腾讯科技（深圳）有限公司共建智慧安全创新研究院签字仪式在北校区举行。代表双方签署“西安电子科技大学—腾讯科技（深圳）有限公司智慧安全创新研究院合作协议”并揭牌。签约仪式后，与会人员围绕智慧安全创新研究院未来建设展开讨论交流，双方希望能够创新校企合作模式、大胆尝试、突出特色，将研究院做实做好。智慧安全创新研究院由西安电子科技大学与腾讯科技（深圳）有限公司联合共建，双方均希望依托“国家一流网络安全学院”和“大智慧西安战略合作”，将西安电子科技大学—腾讯科技（深圳）有限公司智慧安全创新研究院作为重要产学研用平台。研究院的主要建设目标是：依托网络空间安全相关学科，培养和吸收一流高素质网络安全人才，成为双方开展高层次国内外学术交流与科研合作的重要基地，并将科研成果应用到产品中创造更大的社会价值与经济效益。

◆西北大学生命科学与医学部成立
2018年5月22日，西北大学生命科学与医学部成立大会在长安校区举行。中国科学院院士杨焕明、顾东风，中国工程院院士李佩成、陈志南、张生勇等出席，陕西省、西安市有关部门、部分三甲医院负责人，部分高等学校、科研院所、生物医药企业和教师、学生代表600余人参会。生命科学与医学部的成立，是学校落实健康中国战略、推进科教深度融合、实现创新驱动发展的重要举措，同时也是西北大学学部制改革的首例试点。生命科学与医学部将下设生命科学学院和医学院，在生命科学学院框架下，推进生态学院、药学院、华大学院建设。

◆陕西师范大学承办第十四届全国古代汉语学术研讨会 2018年8月14—16日，第十四届全国古代汉语学术研讨会在陕西师范大学召开。本次会议由中国社会科学院语言研究所、陕西师范大学文学院和人文社会科学高等研究院共同主办。来自中国社会科学院语言研究所、北京大学、清华大学、复旦大学、山东大学、四川大学、中国人民大学、暨南大学、吉林大学、北京语言大学等全国各高校和科研机构的近百名专家、学者参加此次会议。会议期间，10位专家先后进行了大会报告。本次研讨会还设置6场分组讨论，宣读论文70余篇。与会专家、学者从文字音韵、训诂词汇和语法等不同角度对古代汉语展开探讨，展示不同研究领域最新的研究成果、研究动态、研究方向和存在的问题。

◆西安外国语大学增设6个“一带一路”沿线国家非通用语种专业 2018年3月，教育部官网发布《关于公布2017年度普通高等学校本科专业备案和审批结果的通知》（教高函〔2018〕4号）。西安外国语大学申报的白俄罗斯语等6个非通用语种专业通过教育部备案，可于2018年正式招生。至此，西安外国语大学本科专业涵盖文学、经济学、管理学、法学、理学和艺术学6个学科门类、56个专业。其中，外语类专业28个，非通用语种增至21个。（姬娟妮）

◆阿里云大数据应用学院揭牌 2018年5月28日，西安文理学院、西安铁路职业技术学院、西安职业技术学院3所市属高校和阿里云计算有限公司、慧科教育科技集团有限公司签约，共建阿里云大数据应用学院。10月15日，阿里云大数据应用学院第一届第一次理事会召开，阿里云大数据应用学院运营协议签署，阿里云大数据应用学院2018年新生开班仪式暨揭牌仪式举行，标志着校企合作进入新的实施阶段。

◆西安文理学院举行西安市教师发展研究中心成立大会暨揭牌仪式 2018年9月20日，“西安市教师发展研究中心”成立大会暨揭牌仪式在西安文理学院太白校区举行。西安市教师发展研究中心由西安市教育局和西安文理学院联合成立，主要负责西安市基础教育教师队伍建设的整体规划、政策咨询、项目调研、学术探讨、专项课题研究、课题评审、项目实施以及跟踪督查评估等工作。

◆西安文理学院承办“走丝绸路 做西安人”第三届国际大学生夏令营 2018年7月13—22日，“走丝绸路 做西安人”第三届国际大学生夏令营在西安举行。此次夏令营由陕西省教育厅主办，西安市教育局和西安文理学院承办。67名营员分别来自巴基斯坦、博茨瓦纳、波兰、赤道几内亚、俄罗斯、法国、哈萨克斯坦、韩国、吉尔吉斯斯坦、捷克、喀麦隆、马来西亚、美国、缅甸、摩洛哥、尼泊尔、泰国、坦桑尼亚、乌干达、乌兹别克斯坦、委内瑞拉、西班牙、印度、印尼、英国等25个国家。在夏令营活动中，大学生营员参加8个主题的活动：唐西市迎嘉宾、易俗社演秦腔、“诗经里”吟古韵、秦岭园观龙脉、永兴坊咥美食、不夜城赏美景、古书院悟国学、博物院观民俗。参观了秦始皇帝陵博物院、西安城墙、大雁塔、诗经里、西安易俗社、碑林博物馆、关中书院、西安博物院、中国荷苑、高新创业街区等景区。还与志愿者一起参与太极、古琴、茶艺、户县农民画、书法、皮影等特色活动，感悟西安的文化底蕴。（张心苗）

特殊教育

◆概况 2018年，西安市有特殊教育学校9所，与上年持平；招生461人，减少313人，减幅40.44%；有在校学生2615人，增加117人，增幅4.68%；有教职工379人，减少7人，减幅1.81%，其中有专任教师271人，减少1人，减幅0.37%。西安市有工读学校1所，与上年持平；招生12人，减少3人，减幅20%；有在校学生18人，减少9人，减幅33.33%；有教职工42人，减少1人，减幅2.33%，其中专任教师32人，减少1人，减幅3%。

◆西安市启智学校在全国特奥足球比赛中获佳绩 2018年5月10—17日，西安市启智学校足球队代表陕西省参加在福州市举行的2018年全国特奥足球比赛暨全国第十届残运会暨第七届特奥会特奥足球比赛。来自全国各省、自治区、直辖市及香港、澳门等27支代表队的400余名特奥足球运动员参加比赛。最终，西安市启智学校足球队取得个人技术赛金牌1枚、铜牌1枚；队制比赛铜牌1枚的成绩。同时，获“集体体育道德风尚奖”；4名同学获“运动员体育道德风尚奖”。

◆西安市启智学校承办2018特殊奥林匹克家庭论坛 2018年7月10—12日，2018特殊奥林匹克家庭论坛在西安市启智学校举行。来自中国北京、上海、杭州、成都、西安、香港、澳门、台湾，还有一系列国际代表如韩国、蒙古国70余人参会。论坛以“家庭领袖赋能和建设融合社区”为主题，通过专家、学者及来自国际特殊奥林匹克运动会的领导分享在促进智力障碍人士融入社会中取得的成果及经验，就融合教育与学校发展、心智障碍人士融入职场等问题进行研讨，激励更多家庭成员成为融合社会的建设者和引领者。

◆西安市启智学校接待美国密苏里州立大学教授罗伯特·布朗一行 2018年5月22日，美国密苏里州立大学教育学院副院长、教授罗伯特·布朗一行3人赴西安市启智学校访问交流。在学校参观部分功能教室、楼顶种植园，观摩启智学校低年级蒙氏课、高年级音乐课及职业年级陶艺课、国画课。观摩课后，双方就智障学生个别化教育、发展评估、职业教育评估及方向、社会接纳等问题开展座谈交流。

◆西安市第二聋哑学校启动“青蓝工程” 2018年9月12日，为进一步促进青年教师快速、健康成长，加强学校优秀教师队伍建设，西安市第二聋哑学校启动2018年“青蓝工程”师徒结对活动。为新教师指定老教师、骨干教师、优秀教师带教，使新教师尽快成长，提高青年教师的教育教学水平、科研能力。

◆西安市第二聋哑学校举行课堂教学大赛 2018年4月24—25日，为进一步加强信息技术与教学过程的深度融合，创新教育、教学模式，促使教师提高现代化教学手段的应用水平，西安市第二聋哑学校举行主题为“借力智慧教室 创新教学模式”课堂教学大赛活动。本次参赛的8名教师均来自职业中学组，赛教科目涉及语文、数学、英语、物理、化学、美术和体育7个学科。各科教师结合学科特点、教材内容和学生认知情况，将移动终端与电子白板有机结合，充分利用数字资源呈现精彩的教学内容。课堂上教师们通过随机点名、页面推送、定时作答、抢答、拍照上传等教学环节，清晰地展示学生的学习过程，轻松实现问题的反馈和实时点评，也让孩子们充分体验了学习的乐趣，提升了课堂教学的效率。（张心苗 姬娟妮）

科学研究和技术服务

自然科学研究与应用

◆**概况**　2018年，西安市科技工作围绕落实“聚焦‘三六九’，振兴大西安”战略部署，实现“追赶超越”，打造“创业西安”城市品牌，硬科技的原创概念上升到国家高度，进入国家话语体系。全面开启“梦回长安校友行”系列活动，在全市营造创新、创业、引资引智的氛围，科技对经济的支撑引领作用明显提升。围绕打造“硬科技之都”，实现从会议向平台、从概念向行动、从思路向措施的跨越，硬科技政策优势已经显现，硬科技产业发展迅速，硬科技新成果不断涌现。坚持以3个国家双创示范基地为引领，依托创新创业优势资源，出台系列政策措施，推动创业与资本对接，加速科技成果转移转化，全市创新创业环境不断优化，创新创业群体不断壮大，有力支撑全市经济、社会发展实现“追赶超越”。全年，投入政府财政科研经费9.34亿元，支持科技创新计划、科技创业计划、硬科技产业化计划、“科技+”行动计划等4大类基本计划。全年新增高新技术企业超过100家、科技型中小企业3032家、科技小巨人企业270家，培育的科技小巨人企业——西安易点天下网络科技有限公司成为陕西首家独角兽企业。全年实施市级科技计划项目1709项。技术市场合同交易额1028.33亿元。全市有众创空间1156个，众创空间面积3281万平方米。

◆**科技金融创新合作**　2018年，西安市科学技术局围绕服务科技企业和科技产业融资需求，推动实现科技创新与金融创新良性互动、产业更新升级与金融要素高效对接。全年科技金融信贷服务企业超过1500家。获得科技金融贷款企业数达到531家次，实际贷款金额24.36亿元，实现知识产权质押融资19.84亿元，知识产权质押融资全国排第五位。截至年底，科技金融累计服务企业超过4500家次，与金融机构、投资机构等进行合作的融资企业达到2856家次，融资总金额累计超过460亿元，其中涉及知识产权质押贷款企业2307家，贷款金额139.52亿元。出台《西安科技保险补贴资金管理办法》，创新财政资金与保险资金合作方式，开拓财政资金引导保险公司服务中小微科技企业新渠道。不断完善科技企业投融资数据库，为企业提供免费辅导、培育和融资服务。持续推进科技金融进校区、科技园区、孵化基地、区（县）等系列活动，提高科技金融政策渗透力。每月安排2—3场科技金融对接活动，全面开展科技企业信贷融资和股权投融资服务。结合全面创新改革，推动西安交通大学、西安微电机研究所等重点高校院所与创投机构、天使投资机构等社会资本合作对接，助推高校院所资源、各类创新平台、双创中心、孵化器等科研项目成果转化，储备一批合作子基金和投资项目。推进科技金融服务平台创新，以西安科技金融服务中心为核心，形成与银行、投资公司、保险公司、证券公司、担保公司及信托公司合作的业务服务体系；与专业评估机构、咨询服务机构、法律事务所等参与的评估咨询服务体系；与财政、金融、银监、工商、版权、中小企业管理部门共同参与的协同工作体系；与区（县）、开发区科技金融联动的工作服务体系。围绕科技保险业务，新增8家保险公司和2家保险经纪公司为合作企业。推出“政保银”（政府、保险公司、银行进行风险分担的贷款模式），筛选企业20家，通过政府分担贷款风险和补助的形式，发挥保险公司在科技企业融资中的作用。扩大合作银行至28家，集结力量为中小微科技企业提供服务。按照科技金融政策要求，西安科技金融服务中心与招商银行西安分行签订合作协议，开发招商银行知识产权质押贷款业务，降低贷款成本、缩短获得贷款时间。开展创业创新担保基金扶持小微企业融资服务模式，合作的担保公司达25家。通过与市级政策性担保机构、合作银行和合作区（县）开展合作，建立合理、有效的融资引导机制，缓解小微企业融资难题。种子基金对接校友回归、硬科技大赛、创业大赛、创业英雄汇等活动，实行投资引导和投贷联动服务，支持科技成果转移转化和创新、创业活动。联合西安交通大学、西安电子科技大学、中国科学院西安光学精密机械研究所、中兴通讯股份有限公司等投资机构设立子基金12只，总规模40亿元。截至年底，种子基金安排投资额3.3亿元，直投项目及带动其他股权基金投资企业125家，带动股权投资额6.4亿元，获得商业银行贷款包括科技金融贷款3.2亿元，基金放大效应为13.3倍。

◆**西安科技大市场**　2018年，西安科技大市场持续整合集聚科技创新资源，不断构建完善科技创新服务体系，加快推进网络平台体系建设。全年技术交易额1028.33亿元，入库共享大型仪器设备13629台（套），培养政策联络员6362人；加盟科技服务机构684家、驻场机构46家。全年举办各类产学研交流活动126场次，参会人数5796人次；举办各类活动2973场次，超过26万人次参与。技术转移工作围绕“1+3”服务体系的构建，着力“1”环境配套政策支撑建设和“3”级管理体系的构建。在“1”环境建设方面，有效规范科技成果挂牌线上、线下技术交易流程，征集入库项目7138项，12家技术经理人机构参与成功对接76个项目，实现对接额1.02亿元；在“3”级管理体系构建方面，从会员管理、教育培训、业务指导3个基础模块入手。全年举办技术经理人基础培训班和专题宣讲活动3期，参与跨区域技术转移研讨活动3期。截至年底，发展单位会员72家、个人会员253人，认定初级技术经理人175人、中级技术经理人17人，认证技术经理人机构53家，初步引领行业形成。加快模式创新和资源积累，围绕设备共享服务体系完善，对外开展多层次创新服务。自2017年起，与西安文理学院共同策划并搭建“国产仪器应用示范平台”。截至10月，平台汇聚10多家国产仪器厂家的检测仪器设备32台（套），金额660余万元，累计对外提供检验检测服务500余次。检验检测培训工作完成“线上、线下相结合”的工作思路框架构建，线下依托“国产仪器应用示范平台”和“检验检测实训基地”开展具体的培训工作；线上与本地的“科学伴侣”平台合作，开展设备使用、检验检测等内容的在线培训工作。截至10月，线下完成150余人次的检测培训工作，上机实训人员50余次；线上完成2个课件的录制上传工作。做好国家级科技服务综合标准化试点迎检工作。围绕试点验收工作，梳理完成《西安科技大市场国家级科技服务综合标准化工作报告》和《西安科技大市场国家级科技服务综合标准化试点建设自评估报告》；结合已发布实施的科技服务综合标准体系及79项科技服务标准，组织试点各参建部门举办3场次的标准宣贯实施培训会；根据梳理的24份岗位标准清单，发放并回收24份标准化考核问卷；开展重点标准实施监督检查工作，检查重点标准5项，完成《科技服务标准实施监督检查记录表》。整体修订完善79项科技服务标准及标准汇总处理表，其中基础通用标准9项、科技资源平台标准14项、科技服务专项标准40项及科技服务保障标准16项。

◆**高校、科研院所创新改革**　2018年，西安市科学技术局遴选西安交通大学、西安电子科技大学、西北工业大学、西北大学和西安文理学院等12家单位作为高校改革试点单位，重点在“三权”（使用权、处置权和收益权）改革政策落地、科研人员分类评价、技术转移机构建设等方面进行探索实践。西安交通大学以基金运作和创新研究院为重点，加速推动科技成果市场化。西安电子科技大学、西北工业大学以深化科技军民融合成果转化新机制为主要任务。西北大学以深化与陕西延长石油(集团)有限责任公司的合作为重点，建立以企业需求为导向的成果转化、产学研合作新模式。西安理工大学以建设技术转移机构和网络、组建技术经纪人队伍为重点，提高成果转化工作的专业化。陕西科技大学、西安工程大学以完善职称评审制度为突破，重塑鼓励成果转化的人才评价导向。其中，西北大学的“四主体一联合”（“四主体”：投资主体、管理主体、需求主体、市场主体；“一联合”：企业与高校联合）新型校企合作研发平台推进成果转化模式经验入选国家发展和改革委员会发布的“全面创新改革试验百佳案例，是西安市14个入选案例之一。通过近两年的产学研融合实践，实现“高校自由探索的科研”与“企业目标导向的研发”、高校科技人员“不离开校园”与“赴企业创新”“企业进校园”与“成果出校园”、培养“学者”与“工匠”、“横向研发课题”与“纵向科研项目”5个有机统一，形成以产业带动科研、以科研反哺产业的良性发展合作模式。建立推动成果转化的政策和工作体系：新成立专业技术转移机构10家，技术转移队伍达到400人，加强全市技术转移机构的力量；新建西安交通大学智能机器人研究院、西大—延长先进技术研究院、西北工业大学空天动力研究院、西安建筑科技大学膜技术研究院等各类创新平台30多个；创新科技金融多元支撑模式，与西安交通大学、西安光学精密机械研究所、西安微电机研究所共同设立科技成果转化基金，支持科技人员创新创业，建立推动成果转化的政策和工作体系，形成西安交通大学“水煮煤”“空天动力智能制造”，西北大学“类人胶原蛋白”，西北工业大学激光成形技术，西安理工大学水轮机关键技术等一批成果转化产业化项目。在科研院所改革方面，确定西安光学精密机械研究所、西北有色金属研究院、陕西省石油化工设计研究院、西安微电机研究所5家单位承担院所改革先行先试任务，注重突出特色，大力推广“一院一所”模式，转制院所通过增量成果转化实现股权激励机制、人才分类评价评聘直通车制度、市场化专业化技术经理人服务体系等方式，突出各自特色。在人才评价机制方面，西北有色金属研究院在工程类高级职称自主评审权、集团公司管理人员向下持股、转制科研院所自主考核等方面获得陕西省授权，扩大有色院创新发展自主权，提升有色院人才竞争力，调动管理人员推动成果转化工作的积极性。西安光学精密机械研究所破除的人才体制束缚，推动科研人才与高端创业人才的双向流动。在10月9日全面创新改革试验推进会上，西北有色院的《基于“技术股”+“现金股”股权激励模式提升转化效率》入选《全面创新改革试验百佳案例》。全年，新华社、中央电视台、《陕西日报》、陕西电视台、西安电视台、《西安晚报》等媒体对该院的创新改革和成果转化进行多次报道。

◆高新技术产业 2018年，西安市高新技术产业开发区以“大干123 建好首善区”为奋斗目标，着力推进重点产业和硬科技产业发展，围绕“扎实推进金融改革”重点工作，搭建资本与科技沟通桥梁，构建首善经济强区。全年实现生产总值1576.96亿元，比上年增长12.2%；规模以上工业增加值505.48亿元，比上年增长11.8%；固定资产投资930.51亿元，比上年增长14.1%。注册企业数8万余家，其中80%以上都是科技型企业，新增认定国家级高新技术企业680家。截至年底，培育独角兽企业1家、独角兽种子企业31家（不包含独角兽企业）、雏鹰企业865家、瞪羚企业104家。专利申请总量超过3万件，发明专利申请量超过1.2万件；实现技术交易额415亿元。围绕国家重大战略需求和西部地区经济社会发展需要，着力培育发展电子信息、先进制造、生物医药和现代服务业4大主导产业。2014—2018年，4大主导产业年均增长30%，占高新区产业总收入的比重超过61%。在信息技术产业领域，拥有三星半导体(西安)有限公司、华为技术有限公司、中兴通讯股份有限公司、GE（通用电气公司）等一批国内外行业领先企业。信息技术产业聚集研发及测试、设备与终端制造、工程服务、运营服务、系统集成和增值服务等机构超过300家，从业人员近10万人。在生物技术产业领域，依托生物资源和研发优势，形成以现代中药、化学药、生物制药、医疗器械为重点的产业集群，生物医药产业实现营业收入近800亿元，占高新区4大主导产业营业收入超过10%。先进制造业领域，形成以汽车制造、高档数控机床、机器人制造、新材料和能源装备制造与服务为重点领域的先进制造业产业体系，占据国家高端装备制造业产业转型升级的制高点。现代服务业快速发展，吸引30多个国家和地区在高新区创办外商投资企业1000多家，其中世界“500强”及全球著名跨国公司超过100家。坚持盯“硬”重“实”，推动硬科技产业成为经济发展引擎。光电芯片、信息技术、生物技术3大重点产业产值超过5500亿元，主办2018“一带一路”硬科技产业投资高峰论坛、2018首届丝路商业航天大会，发布实施《西安高新区硬科技产业规划》。全年签约引进项目218个，其中100亿元以上的项目23个；50亿元以上的项目26个。持续推进科技金融创新发展。全年实现融资额111.14亿元，投贷联动业务量8.77亿元，中、小企业贷款总额553.63亿元。召开首届全球创投峰会，发布《西安市政府关于支持西安国家自主创新示范区聚集创投机构和创投人才的若干意见（代拟稿）》《西安国家自主创新示范区关于支持企业上市发展的若干政策》《西安高新区金融产业发展规划》等金融政策。发挥天使基金、创投、产业及基金的资本引导作用，成立规模150亿元的首善高新产业发展及并购基金，且设立5支产业基金。构建全要素、全链条创业孵化体系。累计拥有创新、创业载体平台110个，孵化面积近500万平方米。拥有各类人才近50万人，科技型企业从业人员达到40余万人，拥有中高级职称的专业技术人才数量和拥有本科及以上学历人员数量均居全国高新区第一位；累计引进和培养国家“千人计划”入选人员79人；企业留学归国人员和外籍常驻人员10106人，其中5400余名留学人员直接创办科技型企业近1000家。9月，西安创业咖啡街区2.0版本“嘉会坊”开街，实现从“孵化链条建设”到“生态体系建设”的突破，构建“360度全维创新创业生态系统”，助力西安创业者长远发展。打造创新资源深度融合平台，在成功运营西安科技大市场的基础上，打造丝路资本、人才、科技大市场，推动各类创新资源从广泛聚集到深度融合、从深度融合到资源共享。全年资本大市场举办各类投融资对接、政策解读、政策培训等活动49场次，服务超过1000家企业，服务人数超过3000人次。科技大市场线上平台建设大数据检索分析系统，收录专利文献1.22亿件，累计注册用户332400人，累计访问量847.56万人次。人才大市场举办各类招聘活动70余场，服务企业近2000家，参会人数超过4万人。

◆29个项目获“国家科学技术奖” 2018年，西安有29个项目获国家科学技术奖励，其中通用项目23项，专用项目6项。通用项目中，自然科学奖1项、技术发明奖5项、科技进步奖17项。由西安交通大学主持完成的“汽轮机系列化减振阻尼叶片设计关键技术及应用”项目获得国家科技进步二等奖。该项目提出减振阻尼叶片强度振动设计新方法及系列减振新结构，建立具有完全自主知识产权的“频率精准预测—安全性准确评判—强度振动自动寻优设计”的叶片设计关键技术体系，完成20—1700兆瓦等级火电、核电和工业汽轮机调节级到末级共87种阻尼叶片的自主研发，包括3种世界最长叶片，及国家科技重大专项CAP1400、“华龙一号”汽轮机末级叶片，打破发达国家技术垄断，性能指标优于国外同类产品。叶片已应用于835台

西安市获2018年度国家科学技术奖励项目（通用项目）

奖项	项目名称	主要完成单位
国家自然科学二等奖（共1项）	网络化系统安全优化理论与方法及在能源电力等系统的应用	西安交通大学主持完成
国家技术发明二等奖（共5项）	风电装备变转速稀疏诊断技术	西安交通大学主持完成
	输电等级单断口真空断路器关键技术及应用	西安交通大学主持完成
	油气管道系统完整性关键技术与工业化应用	中国石油天然气集团公司管材研究所参与完成
	光电成像系统参数测试与校准关键技术及应用	西安应用光学研究所参与完成
	地下工程穿越高速铁路的精细化控制技术及应用	中铁第一勘察设计院集团有限公司参与完成
国家科学技术进步一等奖（共3项）	凹陷区砾岩油藏勘探理论技术与玛湖特大型油田发现	中国石油集团测井有限公司参与完成
	重型商用车动力总成关键技术及应用	陕西法士特齿轮有限责任公司、陕西重型汽车有限公司参与完成
	复合地基理论、关键技术及工程应用	长安大学参与完成
国家科学技术进步二等奖（共10项）	高产优质小麦新品种“郑麦7698”的选育与应用	陕西省种子管理站参与完成
	高分辨率遥感林业应用技术与服务平台	西安科技大学参与完成
	电力系统接地基础理论、关键技术及工程应用	国网陕西省电力公司参与完成
	交直流电力系统连锁故障主动防御关键技术与应用	西安交通大学参与完成
	超、特高压变压器/电抗器出线装置关键技术及工程应用	西安西电变压器有限责任公司，西安交通大学参与完成
	海气界面环境弱目标特性高灵敏度微波探测关键技术及装备	西安空间无线电技术研究所参与完成
	严寒季冻区高速铁路毫米级变形标准下路基平稳性控制技术及应用	中铁第一勘察设计院集团有限公司参与完成
	葡萄膜炎病证结合诊疗体系构建研究与临床应用	西安大唐制药集团有限公司参与完成
	InSAR毫米级地表形变监测的关键技术及应用	长安大学参与完成
	复杂零件整体铸造的型（芯）激光烧结材料制备与控形控性技术	宋西安航天发动机有限公司参与完成

汽轮机，并远销海外。经济社会效益显著，对推动行业技术进步有重大作用。

◆262个项目获“陕西省科学技术奖” 2018年，陕西省科学技术奖奖励项目262项，其中一等奖39项、二等奖107项、三等奖114项、科学技术最高成就奖2项。西安有关单位主持完成的获奖项目202项，占陕西省获奖总数的77.1%。其中中国科学院院士、西安交通大学教授陶文铨，西安西电变压器有限责任公司研究员级高级工程师宓传龙获“2018年度陕西省科学技术最高成就奖”。西安理工大学“黄土高原淤地坝系沟蚀阻控机理与安全运行关键技术”等36个项目获一等奖；陕西省植物保护工作总站“设施蔬菜病虫害发生规律和绿色防控技术研究与应用”等90个项目获二等奖；中国石油集团川庆钻探工程有限公司长庆井下技术作业公司“压裂返排液处理与再利用技术研究与应用”等74个项目获三等奖。

◆技术市场工作 2018年，西安市科学技术局继续推动技术转移和成果转化工作。出台《西安市加快促进成果转移转化20条措施》，保障奖补政策实施兑现。全年实现技术市场合同成交36036项，合同成交额1028.33亿元，占陕西省技术交易额（1125.26亿元）的91.38%。

◆农业新品种的选育与推广 2018年，西安市科学技术局实施农业主导产业发展项目44项（示范类8项、研发类6项），投入研发资金1275万元。其中，示范类项目主要支持蓝田奶山羊、周至猕猴桃、阎良甜瓜、鄠邑蛋鸡、高陵蔬菜、阎良鲜枣、临潼石榴、阎良中蜂8个区（县）主导产业的技术创新集成与示范；研发类项目主要支持小麦、花卉及蔬菜新品种选育、引进、栽培及加工技术研究，果树新品种引进、栽培、储藏及质量管控技术研究与推广，畜牧养殖及关联技术研究，农作物病虫害防控、水肥技术研究与应用，“智慧农业”技术研究。西安市果业技术推广中心调研发现，全市葡萄产业主栽品种单一，同质化竞争明显。大粒、耐贮运、玫瑰香型品种具有较强的市场潜力，通过品种引进、试验、更新，先后引进阳光玫瑰、甜蜜蓝宝石、蜜光、晨香、瑞都红玉、瑞都香玉、醉金香、光辉等品种，进行品种对比试验和推广。引进的阳光玫瑰品种配套稀植棚架栽培和果穗标准化管理技术，该品种商品果穗重600克左右，平均单粒重8—12克，可溶性固形物21%，果肉鲜脆多汁，玫瑰香味浓郁，鲜食品质极优，无核处理的果实深受市场欢迎。与西安市主栽品种“户太八号”相比，成熟后不掉粒，具有优良的贮运特性。2018年该品种在西安市推广近5000亩，大部分果品以订单销售的形式走向南方高端市场。

◆农村科技服务体系建设 2018年，西安市科学技术局投入215万元补助经费，对农村科技服务体系建设后补助项目进行补助。按照先服务后补助的财政资金投入方式，支持农业科技服务机构根据区域主导产业发展情况，对从事农业新品种、新技术等科技转化与示范、咨询与培训、科技宣传与管理等各种社会化公益性科技服务的10家农业科技服务机构通过财政资金后补助的方式，补助经费105万元。通过打造“星创天地”农业科技创新创业服务平台，激发农业农村创新创业活力，优化农村创新创业环境，对8家国家及省级农业“星创天地”补助资金110万元。

◆“农业科技创新服务月”活动　2018年4月3日，西安市“农业科技创新服务月”活动启动仪式在未央区汉城街办感业寺花卉科技示范园举行。西安市科学技术局、西安市统筹城乡发展工作领导小组办公室、西安市发展和改革委员会、西安市农业林业委员会工作人员及2018年度市级农业科技特派员、市级农村科技示范户参加。在为期1个月的活动中，西安市科技局邀请西北农林科技大学、陕西师范大学、陕西科技大学等高校院校知名专家进行专题培训，114位市级农业科技特派员赴生产一线进行指导培训，各区（县）组织20个科技特派员服务团、近200名农村科技示范户结合当地产业开展形式多样的技术指导、现场培训、示范活动及各类活动300余场次，服务1万人次以上。

◆2018西安国际创业大会　2018年5月22—27日，2018西安国际创业大会在西安举办。其间，创业峰会论坛、创展活动、创业赛事、创业讲座及培训4大类近30场活动先后举行。活动以“激发创新活力，打造创业之都”主题，表彰100位“西安创业英雄”，向10位“西安创业英雄”代表颁奖，并向全球发出“西安创业英雄帖”，邀请国内外创新创业知名人士进行现场路演，招揽全世界“创业英雄”在西安共同创业。开幕式当天，“全球INS（创新、连接、共享）大会2018·西安”跨界创新盛典同步举行，聚焦人工智能、量子计算、新技术及新思想，邀请国际、国内各行业的精英领袖、创业者共同参与研讨。大会发布的《2018中国城市创新创业活力排行榜》，西安凭借打造的良好创业氛围，位列榜单第六位，跻身全国“双创”城市第一行列。

◆2018西安国际创业大赛　2018年8月16日至12月7日，主题为“汇聚全球资源，打造创业之都”的2018西安国际创业大赛举行。大赛设置信息技术、生物医药、先进制造业与新材料3大领域，包含人工智能、航空航天、光电芯片、新材料、新能源、智能制造、信息技术、生物医药等硬科技“八路军”细分专业领域，在全球设置11大赛区，包括美国硅谷、德国柏林、英国伦敦、澳大利亚布里斯班、以色列特拉维夫5个国外赛区和北京、深圳、杭州、武汉、成都、西安6个国内赛区。1460个项目参赛，经过激烈比拼，最终80个项目进入西安总决赛。12月6—7日，总决赛的晋级赛举行，大赛按照3个领域，采用7分钟路演和5分钟答辩的形式进行，最终25个项目晋级总决赛。来自西安赛区的“车载固态激光雷达”项目获得特等奖，赢得100万元奖金；西安高新技术产业风险投资有限公司等10家单位获得“最佳投资机构”称号。6家投资机构与17个参赛项目签订了投资意向书。

◆2018硬科技智库圆桌论坛　2018年11月7日，2018硬科技智库圆桌论坛在西安举行。诺贝尔奖获得者、科学界、企业界及投资界代表参加，西安市主要领导出席并向达尼埃尔·谢赫特曼、汤姆·布伦德尔和中国科学院控股有限公司总经理、国务院特殊津贴专家索继栓颁发“科技顾问证书”。会上介绍西安硬科技产业发展现状，发布《2018中国硬科技产业投资发展白皮书》，并与硬科技金融合作机构签约。

2018年5月23日，“创之星·跃未央”2018西安国际创业大会未央分会场系列活动之中国创新设计大赛开幕仪式在西安市未央路盛龙广场红星美凯龙举行

◆2018西安全球硬科技产业博览会　2018年11月8—10日，2018全球硬科技产业博览会在西安举行。博览会突出硬科技产业特色，围绕西安硬科技“八路军”产业设置中国科学院系统、国家国防科技工业系统、高校院所硬科技成果、航空、航天、光电芯片、信息技术、生物技术新材料等15个主题展区，集中展示以西安硬科技“八路军”产业发展代表性企业及成就为重点的国内外硬科技领域的前沿新技术、新产品。来自美国、俄罗斯、英国等国家，成都、哈尔滨、北京等城市的300余家企业、高校、科研院所参展。展会上，人工皮肤、概念刀、水下无人自主航行器、被动式钛赫兹人体安检仪、国内首款商业化远距离虹膜识别产品及解决方案、投影式红外血管成像仪、液态金属电子增材制造技术、Wearable Devices可穿戴设备、人体3D打印互动设备、云天光电吊舱、184无人机、3D全息投影餐桌等众多国内领先的硬科技产品亮相西安。西安展厅突出硬科技产业特色，围绕西安硬科技“八路军”产业，100多家硬科技企业及10余所高校、科研院所盛装亮相。在中科院主题展区，西安赛富乐斯半导体科技有限公司作为全球唯一一家成功量产工业级半极性氮化镓的材料企业，消费级Micro-LED制备方案充分展示西安企业在显示技术革命方面的成果。在高校院所展区，西安交通大学的3D打印及智能机器人、长安大学的粉煤灰资源化高校利用技术等，体现硬科技属性。在人工智能展区，陕西快舟数字科技有限公司展示的钢琴大道、3D全息投影餐桌、纳米音响等产品，展示硬科技核心内涵。

◆硬科技特色小镇建设　2018年，西安市重点支持建设西部云谷硬科技小镇、西工大翱翔小镇、3D打印小镇、丝路新材料小镇、生物医药小镇等11个硬科技小镇，发展小镇多种功能叠加、提升持续运营能力。在北京举办的2018年特色小镇发展高峰论坛暨第二届特色小镇产业链资源合作开放大会上，西咸新区沣西新城西部云谷硬科技小镇被《财经国家周刊》瞭望智库评为“2018年度特色小镇发展潜力奖”。作为全国首个硬科技小镇，西部云谷硬科技小镇总建筑面积100万平方米，分三期建设，一期已建成以科技企业孵化加速、行政办公、IDC数据中心、硬件研发中心、IT工业生产及酒店公寓等生活配套服务功能于一体的“5分钟产业生态圈”和“都市核心产业社区”。

◆2018全球硬科技创新暨“一带一路”创新合作大会　2018年11月8—11日，

2018年11月8—11日，2018全球硬科技创新暨"一带一路"创新合作大会在西安举办

由国家发展和改革委员会、科学技术部、工业和信息化部、中国科学院、陕西省人民政府指导，中国工程院、中共西安市委、西安市人民政府联合主办的2018全球硬科技创新暨"一带一路"创新合作大会在西安举办。大会以"硬科技发展西安，硬科技改变世界，硬科技决胜未来"为主题，会上表彰2017年国家、陕西省科技进步奖获奖者，表彰寇晓康等10位2018年度"西安市十佳科技企业家"、王晓等10位2018年度"西安市十大创业杰出人物"。举行谢赫特曼诺贝尔奖新材料研究院签约仪式，这是陕西省第一家在自然科学领域（物理、化学、生理或医学）成立的诺贝尔奖研究院。召开全球硬科技创新高峰论坛，中国科学院院士、空军工程大学教授李应红，港珠澳大桥管理局总工程师苏权科等发表主题演讲。启动丝路硬科技创新联盟，组建全球硬科技创新发展（城市）联盟，打造全球最具影响力的硬科技创新创业生态圈。发布"一带一路"硬科技创新合作·西安宣言，倡议"一带一路"沿线城市做硬科技理念的倡导者、硬科技创新的践行者、硬科技产业化发展的引领者，助力"绿色"丝绸之路、创新丝绸之路建设，为"一带一路"提供科技支撑。

◆"梦回长安——百万校友回归"活动

2018年，"梦回长安——百万校友回归"活动在西安全面开展。全年先后在西安理工大学、西北工业大学、西安电子科技大学、西安建筑科技大学、长安大学、西安科技大学、陕西科技大学、西北大学、西安工业大学和陕西师范大学10所高校举办专场活动，先后有近万名校友回归母校，回归西安投资兴业。活动以召开专题座谈会、组织项目签约仪式、组织校友参观考察、组织企业对接交流等形式开展。西安交通大学的产业协作创新、西安理工大学的水环境综合治理、西北工业大学的军民融合、西安电子科技大学的芯片产业、西安建筑科技大学的城市基础建设、长安大学的现代交通、西安科技大学的能源产业、陕西科技大学的新材料产业、西北大学的生物医药等领域的一大批项目签约。

◆知识产权保护 2018年6月，西安市科学技术局、西安市财政局联合出台《西安市知识产权运营服务体系建设实施细则》，为开展密集型产业培育、高价值专利培育、专利运营等提供保障，在全国知识产权运营试点城市中形成良好的示范作用。为开展"平安西安"建设和加强营商环境建设，西安市科学技术局先后出台《2018年西安市专利执法维权工作计划》《西安市知识产权市场秩序整治和规范三年行动计划(2018—2020年)》《西安市推进知识产权维权援助工作专项行动方案》《西安市"平安西安"建设打击专利侵权假冒工作绩效考核方案》《西安市知识产权维权援助专项工作绩效考核方案》《优化提升营商环境10条措施》等系列政策措施。按照国家和省、市专利行政执法任务的要求，采取市、区（县）联动、委托执法的形式，加大执法队伍建设和执法力度，在新城、碑林、灞桥、长安、雁塔、阎良、鄠邑、临潼等区（县）和开发区，开展商品流通领域知识产权综合执法检查，重点对大型超市、连锁药店开展集中检查。全年查处假冒案件和处理专利侵权纠纷案件390件。制定《西安市知识产权维权援助管理办法》《西安市知识产权维权援助中心工作标准与流程》，完善侵权判定工作规程，优化服务流程。优化"12330"电话平台服务，全年接听热线673通，涉及专利、商标类有效接听358通，接待来人、来访维权咨询60余人次，接收陕西省维权中心移交展会假冒专利案件45件，接收省外移交假冒专利案件4件，受理实名举报投诉案件12件。为扩大知识产权维权援助范围，探索知识产权特派员机制，依托行业协会建立知识产权特派员服务企业平台，完善《西安市知识产权特派员服务公约》等制度，建立拥有184人的特派员队伍，其中高级特派员65人，签约23家知识产权服务机构，服务企业800余家，为企业依法维权提供快速通道。

◆知识产权政策法规宣传培训 2018年，西安市科学技术局联合区（县）知识产权局宣传知识产权法规政策。结合"3·15""'4·26'世界知识产权宣传周""'5·15'防诈骗宣传活动""感动西安·添彩党旗"志愿服务一条街活动，分别在新城区、雁塔区等人流量较为集中的广场开展大型宣传。发放图书、手册、宣传页、报纸等知识产权材料近5000册，受众1000余人次，提高西安市民对《中华人民共和国专利法》等法规政策和知识产权基本知识的了解，营造尊重创新、公平竞争的社会氛围。支持区（县）、开发区和服务机构面向企业和高校开展知识产权专题培训活动，以西安高新技术产业开发区、西安经济技术开发区、西安市发明协会为主体，面向科技小巨人企业、技术经理人、知识产权服务机构开展系列培训；以西安通大专利代理事务所、西安弘理专利代理事务所等机构主为体，到高校、企业开展培训。全年培训各类人员超过1.2万人次，促进高校的企业创新和成果产权化。

◆知识产权运用 2018年，西安市科学技术局按照国家知识产权局加强知识产权服务运营体系建设的总体要求，围绕知识产权区域创新能力提升、创新主体知识产权运营能力提升、知识产权服务机构能力提升等主要工作任务，分2批全面开展3个方向15项具体工作。第一批计划投入财政经费2750万元，重点支持5个高校高价值专利的培育和运营试点、13个区（县）开发区知识产权密集型产业培育、2个知识产权服务聚集区建设。第二批计划项目完成征集、专家评审，进入实地考察和研究审定阶段，重点开展知识产权强企培育、企业高价值专利培育中心、产业和企业专利导航、产业知识产权联盟培育试点和中小微企业知识产权集中托管等工作。 （梁莉　王春）

社会科学研究

◆概况　2018年，西安市社会科学院（西安市社会科学界联合会）、西安市丝绸之路经济带研究院积极开展社科研究工作，取得一系列科研成果。“西安年·最中国”“西商精神与浙商精神比较研究”“家西安·最自豪”等重点课题取得突破性进展。主持编纂的《西安经济发展报告（2018）》《西安社会发展报告（2018）》《西安文化产业发展报告（2018）》3个蓝皮书由西安出版社出版。课题“‘一带一路’中的大西安建设研究”“新时代的西商精神与浙商精神比较研究”“西安市二胎家庭支持性政策研究”“西安旅游产业扶贫战略研究”“西安传统节日创造性转化与创新性发展研究”紧扣西安发展脉搏，具有较强的参谋与借鉴作用。“实施人才强市战略，强化西安国际化人才支撑研究”“创新高端科技人才引进机制研究——以西安市为例”“提升和优化我市营商环境，助力追赶超越发展”以及意识形态和廉政方面课题“西安市意识形态工作调研”“把党的政治建设放在首位的重要意义与实现路径”等研究课题，为西安市人才工作与党风廉政建设研究提供理论支持。大型文化丛书《咏西安诗词曲赋集成》公开出版。《习近平总书记从严治党新思想研究》被全国党建研究会评选为年度“调研优秀成果”。西安市社会科学院（西安市社会科学界联合会）、西安市丝绸之路经济带研究院被全国社会科学院院长联席会授予“全国城市社科院（社科联）先进单位”荣誉称号。

◆社会科学新著　2018年，西安市社会科学院（西安市社会科学界联合会）、西安市丝绸之路经济带研究院围绕“大西安”建设的相关重点、难点、热点问题开展研究，形成一系列有重大参考价值和理论价值的研究成果，出版一批社会科学专著。

《咏西安诗词曲赋集成》（5卷6册）　由陕西师范大学出版总社出版发行。该书将从先秦、两汉时期到近代、现代咏西安比较有名的诗、词、曲、赋编辑成册，并对每部作品的背景、作者进行准确介绍，对一些词句和文字难点进行清晰注释，对整部作品进行点评，还插入一些相关图片，力求全面、准确、图文并茂。

《“一带一路”中的大西安建设研究》　由西安出版社出版发行。全书以“一带一路”倡议与大西安建设为研究主体，吸收西安市社会科学院、陕西师范大学哲学与政府管理学院研究团队相关研究成果，同时邀请国务院发展研究中心、中国经济体制改革研究会、浙江大学、西北大学、西安电子科技大学、陕西省社会科学院、陕西省行政学院等相关机构知名专家学者，分5个部分进行理论探讨，分别是“大西安之发展愿景”“大西安之使命担当”“大西安之文化建设”“大西安之行动策略以及大西安之社会评价”，就大西安建设中的热点、难点和焦点问题予以深入研究和调查分析，并就相关问题给出专业的建议和意见。

《论西商》　由西安出版社出版。年初，西安市社科院成立“新时代的西商与浙商比较研究”课题组，联合西北大学、西安通济区域规划研究院、西安报业传媒集团、西安旅游设计研究院和西安科技大学等单位共同开展此项研究。课题组历时3个多月，形成系列研究成果，并在此基础上，汇集、编辑成该书。该书从总论、西商的兴起、新西商的崛起、新时代西商与浙商的比较、新西商的创业实践等全面论述西商产生、发展和壮大的历史过程，为新西商在新时代的崛起提供建议和参考。

《2018西安经济发展报告》蓝皮书　西安市社科院经济学所编著，西安出版社出版发行。该书将西安经济发展中具有战略性、全局性，以及社会关注的热点、难点问题作为重点开展研究。该书分总报告篇、新时代城市篇、新时代产业篇、新时代西商篇以及改革创新篇5篇，汇集17篇专题研究报告。

《西安社会发展报告（2018）》蓝皮书　由西安市社科院社会学所编著，西安出版社出版发行。全书26万字，包括教育事业、医药卫生、创业就业、社会保障、收入分配、社区建设、人口发展、社会治理等内容。

《西安文化产业发展报告2018》蓝皮书　由西安市社科院、西安电子科技大学、西安文理学院和陕西学前师范学院等相关专家组织撰写，西安出版社公开出版发行。全书近20万字，分为总报告、宏观视野、专家论坛、政策法规、大事记等部分。

◆重点科研课题　2018年，西安市社会科学院（西安市社会科学界联合会）、西安市丝绸之路经济带研究院坚持问题导向，结合西安经济、社会发展实际设置课题，集中优势力量确保高质量完成各项重点任务，主要科研课题包括社科基金类科研课题、横向课题类科研课题和院内科研课题。

“西迁精神”研究成果　由西安市社科院和西安交通大学组成的“西迁精神”研究课题组联合完成。该研究成果认为“西迁精神”不仅是西安交大赖以生存、发展的重要精神支柱，也是大西安“求实务实，开明开放，包容宽容，创业创优”城市精神的重要组成部分，为这座千年古都的大发展注入时代的气息和新鲜的血液。更为重要的是“西迁精神”与革命时期的“红船精神”“井冈山精神”“长征精神”“延安精神”“张思德精神”“西柏坡精神”，以及社会主义建设时期的“大庆精神”“红旗渠精神”“焦裕禄精神”“：‘两弹一星’精神”“救灾抢险精神”等，共同形成中国共产党的精神谱系。首先，“西迁精神”是西安城市精神的时代表达；其次，“西迁精神”是西安城市发展的精神源泉；再次，“西迁精神”是西安城市复兴的不竭动力。要自觉把“西迁精神”融入具体工作当中，从“西迁精神”中不断汲取前进的力量，奋发向上，积极作为，树立“不达最优，决不罢休”的坚定信念，切实转变思想观念，提升研究能力与水平，将个人奋斗的步伐与城市复兴的节奏紧密联系，在西安城市复兴的伟大事业中贡献聪明智慧。

习近平新时代中国特色社会主义经济思想研究与西安经济发展的问题研究　由西安市社科院经济学所主持完成。该课题研究从分析习近平新时代经济思想核心的“六大论述”和“三大要点”入手，结合西安发展的阶段性特征，以新时代经济思想为引领，指出新时代西安经济发展问题的“五个重点”经济问题，即投资总量高，但投资效益低；科技优势强，但创新动力弱；装备制造业是主导，但装备服务业成瓶颈；城镇化进程加快，但城乡融合不充分；民企规模不断扩大，但民营经济活力不足。为破解这些问题，报告提出必须抓住“五个抓手”，即转换经济动能，提升有效投资；推动经济创新，转化科技优势；夯实产业基础，助力新兴产业；加快农业供给侧改革，实现城乡协调发展；激发民企活力，提振民营经济，以此推动新时代西安经济发展。

新时代“西商精神”与“浙商精神”比较研究　由西安市社科院经济学所主持完成，联合西北大学、西安报业集团、通济规划研究院、西安旅游设计院、西安科技大学等多部门组成联合课题组，对新时代西商与浙商比较以及新“西商精神”的培育进行深入探讨。该课题通过分析西商的历史渊源、发展特征，指出新西商的历史和西商的本质内涵，全方位梳理比较西商与浙商的商业文化，以期从浙商发展中获取宝贵经验，从而不断挖掘传统“西商精神”、重构当代西商品格，对于构建与培育新时代“西商精神”体系，弘扬“西商精神”价值，增强新西商历史使命感和社会责任感具有积极意义。

西安市农村留守儿童教育路径研究 由西安市社科院社会学所主持完成。该课题在研究西安留守儿童数量分布及特征的基础上，以留守儿童居多的蓝田县为调研点，从留守儿童家庭教育、学校教育、自我教育、社会教育为突破口进行留守儿童教育问题的研究。通过研究发现留守儿童父母缺乏家庭教育知识，对孩子教育的重要性认识不足；留守儿童成长环境还存在一些不安全因素；学校教育无法保证留守儿童教育管理工作的针对性和有效性；亲情缺失导致留守儿童心理孤独，无安全感；留守儿童社会支持资源相对不足。认为要以立法的形式提高家庭教育的地位与责任，提高父母对家庭教育重要性的认识，做好宣传工作，让全社会要正确认识留守儿童教育问题。通过加强留守儿童的日常管理工作，丰富教育活动的内容和形式等活动发挥学校优势，构建学校教育主阵地。强化政府责任，确保留守儿童的受教育权利。

全面二孩政策对妇女就业的影响研究 由西安市社科院社会学所主持完成。该课题从2016年全面实施二胎政策后，以西安市为例，围绕女性就业的就业意愿、就业门槛、就业的层次以及职业上升的影响等方面，分析全面二胎政策实施对女性就业的影响，并在调研的基础上，提出相关对策建议。

“西安年·最中国”的文化意义及传播对策研究 由西安市社科院历史文化所主持完成。该课题研究认为“西安年·最中国”活动是发掘整理历史文化与民俗节庆资源，以地域文化、传统艺术和陕派非物质文化遗产为载体，让游客一饱眼福、耳福，全面展现西安美景、民风、民俗，充分彰显西安传统文化“根”与“魂”，展示西安城市实力的重要活动。该课题采用内外结合的方式，从西安在世界文明发展中的历史贡献与地位、如何进一步打造“最中国”的文化年、关于西安非物质文化遗产生产性保护的建议等方面出发，组成16篇文章专题进行研究。

◆**社科规划基金课题** 2018年，西安市社会科学院（西安市社会科学界联合会）、西安市丝绸之路经济带研究院社科基金规划办公室对《西安市哲学社会科学发展规划基金管理办法》进行进一步修订完善，课题立项、结项更加科学规范。面向市级相关部门和全市各高校等社科研究机构广泛征求意见，发布“课题指南”116项，收到“课题申请书”1000余份，有338项课题获准立项。11月，组织专家进行结项评审，有321项课题成果参与评审，评出“优秀课题”成果29项、“良好课题”52项、“合格课题”222项、“不合格课题”18项。

大西安在“一带一路”建设中的新地位和新作用研究 西北大学黄孟芳主持。研究提出：一是西安历史上就是国际化大都市，“一带一路”背景下具有建设国际化大都市的文化基因；二是大西安深度参与“一带一路”要从国家政策文件中找依据，以中共中央总书记习近平对陕西的指示为精神指导；三是确定大西安在“一带一路”中定位和新地位、新作用，要以习近平新时代中国特色社会主义思想“一带一路”思想为统领，采用“一带一路”理念、概念和语言表述，体现“一带一路”思想特色。大西安在“一带一路”建设中要成为：丝绸之路精神弘扬区、5通5路示范区、3大合作融创区、3个经济引领区、3个中心建设区、3个共同体实践区、4大开放举措先行区、“一带一路”龙头功能区 。西安在“一带一路”中的新地位：承载“一带一路”国家战略的新地位，“一带一路”建设中重要支点和枢纽城市的新地位，“一带一路”国际瞩目西安的新地位，贯彻“五大发展理念”成效显著的新地位，“一带一路”亚欧交往交流中心的新地位，“一带一路”创建合作新模式的新地位，“一带一路”国际话语中心的新地位，“一带一路”国际物流和客流首选目的地的新地位。西安在“一带一路”中的新作用：承担更多国家战略职能；做好“一带一路”建设排头兵，探索对外经贸和人文交流新模式。

“一带一路”背景下的西安明城历史街区环境文化提升与创新研究 西安建筑科技大学张蔚萍主持。课题的基本内容包括：西安明城区的街道环境文化提升，如生活性街道、商业性街道；其次是西安明城区的特色区域环境文化提升与创新，如明城区内的历史文化建筑及其环境，明城区的居住小区和老旧社区的开放空间，明城区的公共空间如市场等；另外是明城区街区景观设施文化提升与创新。街道文化提升以西安明城区南城区段历史街区环境的文化提升与创新为例。根据街道交通、居住、商业以及多元的使用功能，分类重点分析部分街道，通过研究西安明城区街道空间的历史演变过程，采用文献综述、实地调研、案例研究、分类研究和归纳总结5种方法，本着以人为本的精神，分析人与空间、空间与人的关系，发现街道空间景观与历史文化间的内在关系，以及人们多样的社会生活对于街道空间景观的各种需求关。总结西安城市街道空间的传统模式，提出一些对于西安明城区进行街道空间景观更新改造时更宜人的高品质街道打造方案。

构建西安国际营商环境研究 西安财经学院姚波主持。该课题提出西安要积极参与国际经济合作与竞争，必须用国际视野和国际理念来指导发展，努力打造国际一流营商环境，提升城区国际化水平，增强利用国际、国内2个市场，配置国际、国内2种资源的能力与水平，增创改革发展新优势。建议以经济学人智库给出的指标为基础，结合世界银行营商环境的10项指标，建立西安国际营商环境指标体系。

环境规制政策对西安城市“绿色”创新效率的影响及评价研究 长安大学张静晓主持。该课题运用基于松弛变量的方向性距离函数（SBM-DDF）测度2004—2016年西安市的绿色创新效率值，并分析效率值变化规律，最后运用Tobit回归模型，结合环境规制政策的分类，探讨3种类型环境规制政策（命令控制型、经济激励型和自愿意识型）影响“绿色”创新效率的机理。研究结果表明西安市的纯技术效率低于规模效率，造成投入的资源利用率比较低，导致资源浪费，管理水平较低是造成西安市创新效率偏低、创新能力不强的重要因素，因此西安市应通过提高经营管理水平来提高绿色创新能力。在实证检验中相比命令控制型环境规制政策，经济激励型环境规制和自愿意识型环境规制更能促进西安市的绿色创新效率的提高。研究结果为创新型西安建设的改进提出相应对策：通过企业重组、进行绿色创新和管理制度变革和创新、加快创新资源及创新成果市场化等方式使资源配置达到最优化，满足绿色创新需求的有效供给；在制定环境规制政策时应注重协同效应，积极创造条件鼓励经济激励型和自主意识型环境规制政策的实施，进一步完善环境规制政策体系，最大限度地激发城市的绿色创新。

西安对标“世界旅游时尚之都”短板研究 陕西省社会科学院张燕主持。该课题成果认为国外关于“世界旅游时尚之都”的评价指标选取普遍比较简单，只选择少数几个重要指标进行衡量，国内的评价方法普遍采用综合指标体系进行，但是有些指标过于庞杂，造成评价的模糊性。越来越多的城市发展旅游不仅仅是将旅游作为其中的一个产业来发展，而是将整个城市本身作为一个旅游目的地和吸引物推向市场，“世界旅游时尚之都”因而成为我国许多城市的发展目标。西安建设“世界旅游时尚之都”，是依据在国内外的比较优势设定城市的能级定位，是一个更加务实的选择。在“追赶超越”的新时代，西安旅游业必须对标“世界旅游时尚之都”，找准短板，率先走向国际化水平。

城市文明理念的传播与接受效果研究——基于西安市“车让人”活动的调研分析 课题组通过一系列的调查研究，对“车让人”活动宣传的总体情况进行汇总，通过了解公众对“车让人”

活动的知晓度、支持度与关注度、满意度以及行为态度改变程度来了解“车让人”文明理念的推行和宣传的实际效果。同时，对西安市“车让人”活动外界影响力及评价进行调查，随着“车让人”政策的推行，从推行的不同时间段对比来看，外界对于西安市交通文明的各项感受都有着明显的提升。经过本次调查，发现在活动宣传、政策法规以及交通道路设施建设3个层面均存在问题，并从宣传渠道、宣传形式、政策解读、实施细则细化、实施智能交通管理等方面有针对性地提出可行性建议。

从西安出发：丝路文化与丝路文学　陕西师范大学李继凯主持。课题内容包括2个部分：一是分类对现代以来丝路文学作品和史料进行梳理与研究；二是根据文学史料对西安丝路文学与丝路文化之间内部关系进行深入分析。首先对丝路文学进行学理上的论证和概念的界定，确定研究的基本对象和理论依据；梳理现代以来丝路文学发展的历史脉络；概括西安丝路文学的精神特质和审美风格；结合研究成果分析西安丝路文学的多元形态。对西安建设、发展的建议：新世纪“一带一路”构想的提出为西安的发展带来新的历史机遇，西安的文化定位和形象的建构要立足于作为丝绸之路起点这一历史地位，提升和凸显西安在国家经济文化发展中的作用和意义。从文学研究上，通过课题申报引导高校和科研机构的研究人员关注西安文学与丝绸之路的话题，充分发掘西安文学中的丝路书写，为西安丝路文化建构提供有力的科研支撑；引导作家对西安丝路文化的认知和书写，组织作家、学者进行丝路采风活动，制定相关政策鼓励作家以文学书写西安的丝路历史；加大对丝路旅游品牌文化内涵的展现和宣传，利用影视、互联网、移动网络等多种媒介讲好西安的丝路故事，让西安的丝路旅游真正深入人心。

总体国家安全观与“平安大西安”建设研究　西北政法大学李政敏主持。课题研究成果认为践行总体国家安全观，平安大西安建设要把建设工作放到党和国家事业发展的大局、西安经济社会发展全局的高度加以认识和把握，坚持党对平安建设的绝对领导的原则，坚持国家利益至上的原则，坚持以人民安全为宗旨的原则，坚持全面法治原则，坚持“统筹兼顾”的原则。平安大西安建设要着力于解决政治、经济、文化、社会以及生态文明建设方面的突出安全问题，需要从以下5个方面采取有效措施：一是通过完善组织领导机制、建立和完善工作协调机制、建立和完善工作推进机制等途径，健全平安建设领导协调工作机制，形成平安建设整体合力，促进各项工作协同共进；二是通过广泛开展国家安全法治教育、先进文化宣传教育、平安建设宣传等途径深化宣传教育，引导广大干部群众树立国家安全法治意识，自觉进行维护”的文化安全意识，形成平安建设人人有责、维护社会安定光荣神圣的舆论氛围；三是通过引导干部树立科学的思想认识观念，强化思想理论和党性修养、加强专业人员补充、加强业务培训等途径，深化工作队伍建设，以推进平安建设重点岗位专业化、提升干部队伍整体业务能力；四是通过完善平安建设相关法律规章制度、依法严厉打击各类违法犯罪行为、公正执法，确保人民群众合法权益等途径，完善平安大西安法治体系建设，进一步提高平安建设法治化水平；五是通过加大经费投入、强化物质保障、彰显科技力量、凸显科技保障等途径，完善平安大西安建设后勤保障机制，为平安大西安建设提供必需的人力、物力、财力、科技等后勤保障。

习近平新时代思想政治教育思想研究　陕西科技大学鲁杰主持。课题研究成果认为习近平从时代发展要求出发，从思想政治教育实际出发，先后在全国宣传思想工作会议、文艺工作座谈会、党的新闻舆论工作座谈会、哲学社会科学工作座谈会、全国思想政治工作会议等会议中就思想政治教育做重要讲话和系统论述，从对思想政治教育重要性的科学论断到思想政治教育的具体内容，再到做好思想政治教育的原则和手段，全面阐述了新时代思想政治教育的方方面面，形成习近平新时代思想政治教育思想。习近平新时代思想政治教育思想是在不断开创中国特色社会主义新时代的伟大实践中，逐步形成的习近平新时代中国特色社会主义思想的重要组成部分。习近平新时代思想政治教育思想一方面继承马克思主义意识形态基本理论，另一方面吸收历代党中央领导集体在意识形态工作上的宝贵经验，是在中国特色社会主义新时代对思想政治教育的理论创新。因此，研究习近平新时代思想政治教育思想，在理论上有助于我们深化对思想政治教育理论的研究，同时在实践上有助于我们加深对意识形态安全问题的认识，积极应对意识形态领域风险，做好新时代思想政治教育。

面向“五新”战略的西安市跨境电商调查与发展研究　西安邮电大学张利主持。课题研究成果首先分析西安市跨境电商发展与落实“五新”战略的关系。其次，从构建西安市跨境电商生态系统模型、基于生态系统现状对西安市跨境电商协同发展进行分析，并发现其中存在的问题：一是行业与政策的依存度过高；二是缺少严格的行业规范；三是本土平台运营缺少竞争力；四是物流和产业链亟待进一步完善；五是跨境电商专业人才缺乏。最后，面向“五新”战略为陕西自贸区建设和西安市跨境电商新产业、新模式的高度融合、共生发展提供几点建议：一是持续创新政府监管与通关体系；二是扶持培育跨境电商相关企业；三是推动跨境电商相关园区的建设；四是加快培养跨境电商所需的综合性人才；五是完善跨境电子商务生态系统，促进传统外贸升级转型；六是支持跨境电商模式企业创新。

◆**社科活动**　2018年，西安市社会科学院（西安市社会科学界联合会）、西安市丝绸之路经济带研究院完成西安市第十次社会科学优秀成果评奖活动，评出一等奖16名、二等奖43名、三等奖114名。开展主题为“家西安·最自豪”2018社科普及周活动，6只科普小分队开展“进校园、进农村、进企业、进社区、进军营”社科普及基层行活动，举办市民大讲堂28场。邀请社科名家分别到西安石油大学、西安文理学院、西安职业技术学院、西安交通工程学院、西安铁路职业技术学院、鄠邑区涝店中学等大、中院校开展社会主义核心价值观讲座进校园系列活动。开展科普进军营活动，为国防科技大学校领导以及400多名军校学员进行授课。新增八路军西安办事处纪念馆、陕西中科大西科普文化发展有限公司、西安市多元创新研究院3家单位为“西安市社会科学普及示范基地”，科普基地总数达到18家。以“大家”系列和“博雅”系列为载体组织举办学术沙龙活动5次。召开“补短板研讨会”、“复兴中的世界城市研讨会”、与中国社会科学院座谈研讨会、“加速大西安建设发展研讨会”、与西安交通大学合办的“西迁精神”座谈会、与西安市教育局合办的“西迁精神”研讨会、“西迁精神”系列研讨会、西咸融合发展研讨会、“一带一路”与西安国家中心城市建设9次研讨会。牵头完成“唐都长安1400年系列文化旅游活动”多个策划方案的撰写、论证工作，并组织参与召开“唐都长安1400年国际学术研讨会”。组织开展西安城市精神系列研究与多次交流研讨活动。

◆**社科宣传**　2018年，西安市社会科学院（西安市社会科学界联合会）、西安市丝绸之路经济带研究院编辑刊发《社科动态》4期、《领导参阅》7期。完成对“西安社科网”网站的栏目及信息整合和清理工作，全年点击率和日平均点击率均创院（联）历史新高。西安智库发布信息75次、各类文章200余篇。

（肖宏立）

专业技术服务

·气　象·

◆**概况**　2018年，西安市气象局围绕"追赶超越"定位和更高质量的气象现代化战略目标，为西安经济、社会发展提供气象服务保障。截至年底，西安市所辖区（县）气象局有8个（长安、临潼、阎良、灞桥、高陵、鄠邑、蓝田、周至），有国家气象站7个、国家一级农业气象站1个、省级农业气象站1个，此外还有探空站1个、自动土壤水分观测站7个、大气成分观测站1个、酸雨观测站1个、沙尘暴观测站1个、闪电定位观测站1个、大气电场仪站5个、电离层监测站1个。新一代天气雷达站1个，风廓线雷达1个，区域自动气象监测站209个。

◆**气象防灾减灾应急联动**　2018年，西安市气象局密切关注天气变化，积极发挥气象灾害应急指挥部作用，加强与应急办、水务、交通、国土等部门合作联动，特别是遇有重要天气过程时，与西安市防汛抗旱指挥部办公室保持24小时视频连线，确保全市安全度汛。充分应用大数据、云计算、互联网等技术，完善以广播、电视、喇叭、显示屏、微信、微博等多种手段为主体，并与市、县（区）相互衔接、规范统一的突发事件预警信息发布体系，消除城、乡预警信息盲区。加强国家突发公共事件预警信息发布平台建设，建立重大突发性气象灾害预警信息手机短信"绿色通道"及全媒体全网发布机制。50余家单位联合实施"气象++"战略，为公众提供"气象+水务防汛、气象+国土防滑、气象+市政防涝、气象+为农服务"等服务。

◆**公众气象服务**　2018年，西安市气象局完成"春满中国醉西安"、2018世界西商大会、首届"中国农民丰收节"、中法文化论坛、第五届丝绸之路国际电影节、2018西安国际马拉松赛等11项重大活动和春节、国庆等节假日气象服务。编制上报《西安市冰雪灾害天气应急预案》，启动应急响应19次，发布预警信号94次，编发《气象信息快报》《天气快报》《送阅件》等气象服务产品235期。发布气象服务短信580万余条，在电子显示屏播发气象信息17余万屏次，刊播天气预报节目5810期，其中"一带一路"天气预报700期。"西安气象"微博关注人数达84万人，新注册"西安气象"官方抖音号。做好沪陕高速甲缩醛罐车泄漏事故气象应急保障服务工作。协助周至县人民政府开展周至县"中国天然氧吧"创建活动，促进周至旅游经济发展。

◆**人工影响天气作业**　2018年，西安市气象局组织实施常态化的人工增雨雪作业，有效增加降水资源，保障生态需水，助力水库蓄水、空气质量改善和生态植被保护。全年组织实施人工增雨作业15次，发射增雨火箭357枚，燃烧增雨碘化银烟条2800根。按照西安市铁腕治霾工作领导小组办公室的要求，在秋、冬、春等空气污染重点时段依据气象条件组织开展人工增雨作业，增强雨水对于空气污染物的冲刷作用，抑制地面扬尘，改善空气质量。

◆**气象现代化建设**　2018年，西安市气象局坚持"政府主导，开放式合作，融入式发展"的原则，全面加快推进气象现代化建设。西安气象现代化综合评分96.59分，在陕西省率先实现气象现代化，气象监测预报预警和公共气象服务体系能力显著提升。发挥气象业务现代化智能网格系统以及"西安智慧气象"App的应用，升级大城市"智慧气象"预报、预警服务一体化平台（Xi'an—WFIS·新丝路），建成暴雨预报预警系统，完善精细化格点预报系统、短时临近预报预警系统（Xi'an—NEWS）。优化西安市、区（县）空气质量数值预报预警系统（Xi'an WRF-CMAQ2.0），发布72小时空气污染气象条件预报673期。加强对"风云3号"气象卫星资料应用，推进"风云4号"气象卫星地面接收站建设。"西安市暴雨内涝风险预报预警系统"获"西安市科学技术奖"二等奖。

西安市人工影响天气办公室工作人员开展人工增雨作业

◆**气象服务"放管服"改革**　2018年，西安市气象局发布实施《气象灾害预警信号发布规范》等3项气象服务地方标准，"气象服务满意度评价方法研究"项目被列入地方标准计划项目。所有政务服务事项均做到"最多跑一次"，行政许可审批事项"防雷装置设计审核"于7月起实行"承诺制"，防雷装置竣工验收审批时间缩短至3天。动态修订权责清单，受理行政审批申请104件，办结率100%。持续开展"双随机、一公开"市场监管行政执法，全年开展专项执法114次。　（白慧玲）

·地　震·

◆**概况**　2018年，西安市地震局持续推动防震减灾工作改革发展，以创建"国家防震减灾示范城市"为载体，不断拓展防震减灾公共服务领域，全面提升防震减灾工作综合能力。地震群测群防规范化、网络化、网格化管理模式在陕西省得到推广。西安市获"全国地市级防震减灾工作综合考核先进单位"（第三名）。截至年底，西安市有防震减灾助理员160人，群测群防联络员3591人；西安市地震灾害专业救援队和志愿者队伍人数分别为1136人、4368人。

◆**地震监测预报**　2018年，西安市地震局不断加强震情跟踪和趋势研判工作。落实《西安市2018年度震情跟踪工作方案》，召开西安市2018年度震情监视跟踪工作部署会，严格执行异常落实及"零报告"制度。全年处理地震事件2154起，其中辖区19起，最大地震为6月13日在阎良区发生的3.0级地震。开展宏观、微观异常调查8起，编写《异常落实报告》8篇。组织召开震情会商会94次，其中震情周会商42次，月会商11次，加密会商40次，紧急会商1次，编写《震情简报》12期。不断加强地震预测新方法的探索和地震前兆大数据研究工作，继续开展卫星远红外、大气电离用于地震监测预报研究，探索尝试MDCB电磁波法和引进新型气氡仪用于监测地震的新手段。与陕西省地震局、西安市国土资源局、西安市气象局、西安市水务局等单位共享相关监测资料，就大数据应用于地震监测预报工作与相关单位进行合作交流。进一步强化地震监测系统运行管理和地震监测设施与观测环境保护，对西安市辖区内监测台（站）进行全面检查，及时排查和整治问题隐患。制作《台（站）分布图》，完成监测台站防雷检测工作。梳理完善《地震监测设施和地震观测环境增建抗干扰设施的确定》办事指南、办事流程和行政确认表，并向社会公布。建立“横向到边、纵向到底”的群测群防网络体系，举办“2018年‘三网一员’业务培训会”。不断强化宏观观测点建设管理工作，完善“三网一员”（“三网”：地震宏观测报网、地震灾情速报网、地震知识宣传网；“一员”：防震减灾助理员）管理制度、宏观观测点工作制度、宏观异常上报制度、宏观异常现象保密制度等。绘制《西安市地震宏观观测点分布图》，统一规范《西安市地震宏观观测点观测日志》。全力做好重要时段地震安全服务保障工作，对重大活动和重要时段地震安全服务工作及时进行安排部署。

2018年5月12日，30余名新华小记者们走进西安市地震监测中心进行参观采访实践活动

◆震害防御 2018年，西安市地震局进一步加强抗震设防要求管理，全面落实《第五代地震区划图》，新建、改建、扩建建设工程全面达到抗震设防要求。将建设工程抗震设防要求管理纳入西安市人民政府政务服务中心建设类项目前置审批程序，常态化开展“最多跑一次”局长驻窗口体验活动和“行政效能革命”工作，窗口审核、备案业务全部实现“最多跑一次”办理。西安市一般建设工程抗震设防要求备案404件（其中市本级155件，区／县112件，开发区137件）。联合市级有关部门，持续推进地震风险隐患排查、抗震性能检查和鉴定加固工作。持续推进减震隔震技术应用工作，命名“中大国际九号项目住宅楼”为“西安市减隔震技术推广应用示范点”，支持“航天华中大减隔震工程技术研究中心”以军民融合拉动减隔震产业发展。截至年底，西安市采用减隔震技术的建设工程共35个（加上局部应用隔震产品的工程共60余个）。持续推进地震小区划和活断层探测成果的运用，西安市国土管理局、西安规划局、西安市环境保护局在土地利用、城乡建设、环境保护等相关规划中，运用研究成果，合理避让潜在地震风险。

◆地震应急救援 2018年，西安市地震局制订《西安市2018年毗邻地区地震灾害应对工作方案》，印发《关于加强地震应急预案备案工作的通知》，把危险化学品企业及次生灾害源的地震应急预案纳入备案范围，西安市应急预案备案4497份，比上年增加9.5%。大力推进应急避难场所建设。新建Ⅲ类以上应急避难场所24处（累计105处），其中Ⅰ类应急避难场所实现“零的突破”，建成曲江文化运动公园、秦文明中轴景观广场、沣河湿地公园及昆明池4处Ⅰ类应急避难场所。加强（地震）应急培训工作。要求各区（县）均建立现场工作队，完善装备并及时开展野外工作业务培训。举行2018年度西安市地震现场工作合训及演练，开展市地震灾害紧急救援专业队应急救援综合技能培训，应邀对未央、周至等区（县）的乡镇、街办分管负责人及业务干部进行地震应急培训。组织西安警备区、中共西安市委宣传部等15个部门（单位）开展西安市地震应急预案桌面演练，依托西安理工大学曲江校区组织陕西省82所高校3000余人开展“2018年陕西省普通高校反恐、地震、火灾应急处置示范演练”。西安市3305所中、小学校地震应急演练工作常态化，年度演练活动达7000余场次。有效应对6月13日阎良区3.0级地震和9月12日宁强发生的5.3级地震。地震发生后，立即启动地震应急预案，派出地震现场工作队前往现场开展工作，召开紧急会商会，研判震情发展趋势，全面了解震感范围和灾害情况，并及时利用门户网站和微博等向社会发布震情信息和地震趋势会商意见，加强新闻宣传与舆情引导，有效维护社会稳定。

◆防震减灾宣传 2018年，西安市地震局印发《2018年防震减灾宣传工作要点》和《创建国家防震减灾示范城市宣传工作计划》，将防震减灾知识纳入全市领导干部教育培训计划和学生安全教育内容。分别成立西安市、未央区防震减灾科普知识宣讲团。拓展新兴宣传媒介功能作用，制作创建“国家防震减灾示范城市”动画宣传片、防震减灾公益宣传短视频，开发创建“国家防震减灾示范城市”宣传系列产品。在西安地铁播放防震减灾知识视频。制作系列防震减灾公益微视频，通过“西安发布”、“西安应急管理”公众号、“西安防震减灾”微博、西安市地震局网站等推送宣传。市、区（县）地震局在“科技之春”“平安中国”“防震减灾宣传活动周”“‘7·28’唐山大地震纪念日”等特殊时段开展“六进活动”（进机关、进学校、进企业、进社区、进农村、进家庭）。在汉城湖公园建成未央区防震减灾科普馆。邀请小记者们走进西安市地震监测中心实践采访。组织参加陕西省防震减灾科普知识大赛，新城区代表队、莲湖区代表队分别获初中组二等奖和高中组三等奖。在“防震减灾宣传活动周”期间，西安市开展活动项目393个，开放科普基地10个，举办科普讲座160场次、报告会9次，展出科普展板1742板次，下发各类宣传资料27万余份，组织演练951场，参演群众44万余人次。

◆“国家防震减灾示范城市”创建 2018年，西安市创建“国家防震减灾示范城市”各项重点项目进展顺利。西安市地铁线网应急指挥中心主体建成；西安市防灾减灾科普宣传教育基地布展经费得到落实；西安应急粮油食品加工物流基地建成投入运营；建成西安市地震灾害现场实时监控系统，创建“国家防震减灾示范城市”档案管理系统、西安市防震减灾公共服务平台；完成19所“防震减灾科普示范学校”提升项目；建成未央区防震减灾文化体系平台。新城区韩森寨街道华清学府城社区和灞桥区洪庆街道火箭军社区以各自特色创建工作入选“全国地震安全示范社区典型案例”。（刘　琦）

出版传媒

责任编辑
姬娟妮

综　述

◆**概况**　2018年，西安市文化广电新闻出版局持续加强对文化娱乐、新闻出版、版权市场的排查力度，开展打击侵犯知识产权、制售假冒伪劣商品以及打击网络侵权盗版“剑网2018”专项行动，持续推进软件正版化，努力打造“书香之城”。高质量举办中央电视台七夕晚会、春节戏曲晚会、第五届“丝绸之路”国际电影节、西安国际音乐节、西安国际戏剧节、西安国际舞蹈节等大型文化活动。举办“播响中华”“醉梨园·最中国”戏曲电视节目，展示中华戏曲魅力，打造“梨园之都”。持续推进“音乐之城”“书香之城”“博物馆之城”建设。截至年底，西安市实体书店数量由上年的827家增加到1927家，总量跃居全国第五位。西安市获“2018中国书店之都”大奖；2个书店获“年度最美书店”荣誉称号；4个书店分别获“年度社区书店”“年度少儿书店”“年度品牌书店”“年度大学书店”。

◆**“书香之城”建设**　2018年，中共西安市委宣传部、西安市文化广电新闻出版局落实“书香之城”建设座谈会精神，加快实体书店建设步伐，开展“最具规模书店”“最美书店”“最具人气书店”评比活动。全年发放926.98万元财政资金，扶持77家实体书店。新建实体书店842家，完成全年任务的135%，西安市获“2018中国书店之都”称号。提前1年实现进入全国城市排行榜前5名的目标。在全国2018年评出的4个“最美书店”中，西安市有2个书店入选。开展全民阅读活动，举办第十二届“西安读书月”，组织开展“万人万卷，阅动西安”“乐享共读”“手工创意大赛”等活动300余项，推荐优秀读物100多种。为首批100家“书香西安阅读吧”配送电脑和电视机。举办“第二届小红鸟绘本剧表演大赛”，为5个贫困村建设图书阅览室，推广数字阅读、“朗读亭”和“智慧无人售书机”建设。

◆**“农家书屋”建设**　2018年，西安市文化广电新闻出版局针对电视问政曝光的“农家书屋”存在问题，制定《“农家书屋”整改方案》，对曝光的“农家书屋”进行督导检查，提出以打造“示范书屋”带动“农家书屋”整改提升的工作思路，要求各区（县）、开发区对“农家书屋”进行全面检查。参加2期《党风政风热线》节目，对“农家书屋”工作进行回应。安排“农家书屋”出版物补充更新工作。助力脱贫攻坚，为5个贫困村扩建图书阅览室。

◆**知识产权宣传**　2018年，西安市文化广电新闻出版局采用传统形式和新型媒体形式相结合的方式进行知识产权宣传。各大型卖场在“知识产权宣传周”期间采用各种形式进行广泛宣传，营造良好的版权保护氛围。根据中央和陕西省要求，在西安市内广播电视台、视听节目网站、电影院、互联网出版机构、网站等媒体发布版权公益宣传片和版权公益宣传画，并将宣传片和版权公益宣传画挂在门户网站、微信平台上进行广泛宣传。借助“万人万卷 阅动西安”启动仪式活动进行版权宣传。组织西安市文化市场行政执法总队执法人员对西安书刊批发市场进行执法检查，向经营商户进行保护版权宣讲教育。

◆**知识产权保护**　2018年，西安市文化广电新闻出版局持续加强对文化娱乐、新闻出版、版权市场排查力度。组织开展“打击侵权盗版，保护知识产权”百日行动大整治活动。销毁盗版音像制品、非法出版物、盗版图书11.8万盘（册）。开展打击侵犯知识产权和制售假冒伪劣商品专项行动50余次。开展整治校园周边环境、中小学教辅资料专项检查、印刷管理及版权管理等专项整治行动70余次。检查经营单位300余家次，出动执法人员900余人次，查缴非法图书1000余册（本）。其中，行政处罚5家文化经营单位（个人），取缔1家擅自从事出版、发行业务的非法编辑部。开展打击网络侵权盗版“剑网2018”专项行动，加强网上巡查，通过摸底、调查、取证等一系列环节，查处一批较为典型的网络文化产品侵犯著作权案件。其中，查处“西安千彩网络科技游戏公司侵犯著作权案”；办理“某网站侵犯权利人摄影作品著作权案”和“华创图书有限公司（淘宝店铺）销售侵权盗版图书案”。

◆**印刷企业监管**　2018年，西安市文化广电新闻出版局协调管理、服务、发展关系，掌握出版物印刷企业分布情况，建立包装装潢企业档案，指导各区（县）、相关开发区做好其他印刷企业的管理。完善省、市、区（县）3级管理体系，指导查处出版物印刷案件和违法、违规出版物经营案件。以文化安全为主线，以打造统一开放、竞争有序的出版物市场秩序为目标，以各种专项治理为手段，加强事中、事后监管。抓好印刷发行行业生产安全，部署行业安全生产大检查。协调省、市有关部门，解决出版物印刷企业在环境整治中面临的困境，及时为印刷企业解禁，确保学生在开学前到书。指导陕西省印刷发行行业协会、西安市印刷发行行业协会发挥桥梁纽带作用，支持印刷发行行业规范、有序发展。

◆**舆论环境整治**　2018年，西安市文化广电新闻出版局编发《宣传工作提示》11期、《收听收看通报》12期。监听、监看广播电视节目600余条（次）、医疗保健食品广告300余条（次），约谈3家单位，注销“记者证”30个。以治理“以人代站”“无证采访”“采编与经营分离”为重点，开展舆论环境整治专项督查。加大影响舆论环境的案件查处力度，查办“涉嫌冒充《人民周刊》陕西专栏进行非法采编活动案”“《西安商报》节能减排专刊案”等，净化舆论环境。

◆**秦岭生态环境保护宣传**　2018年，西安市文化广电新闻出版局围绕秦岭生态环境保护宣传工作，制定《“大秦岭保护”宣传实施方案》，协调西安广播电视台做好新闻报道，开办专题、专栏，制作公益广告，建立长效机制。利用“文化惠民”演出和公益电影放映平台，安排反映生态环保内容的惠民演出40场，公益电影放映前制作悬挂宣传横幅100余条，播放秦岭生态保护公益短片1.2万场、生态环境保护科教片1200余场，为秦岭生态环境保护工作营造良好的社会舆论氛围。

◆**医疗药品违规广告治理**　2018年，西安市文化广电新闻出版局针对全国范围开展的广告播出秩序集中整治活动，把医疗药品违规广告作为治理重点，会同西安市工商行政管理局，监听、监看相关广播电视节目600余条（次），医疗保健食品广告300余条（次）。对西安广播电视台、临潼区广播电视台、鄠邑区广播电视台多档广播养生类广告进行停播审查，规范申办程序，督促整改备案，并约谈3家单位。

◆**“广电扶贫·宽带乡村”建设**　2018年，西安市文化广电新闻出版局全面完成历时2年的“广电扶贫·宽带乡村”工作。落实扶贫资金1520万元，为244个贫困村建设无线网络；为35362户贫困户安装数字电视，超额22%完成总建设任务。

◆**第十二届“西安读书月”**　2018年4月22日，西安市文化广电新闻出版局在西安国际港务区陆港大厦西部出版物交易中心举办以“万人万卷 阅动西安”为主题的第十二届“西安读书月”全民阅读活动启动仪式。组织知名作家向参加此次活动的“‘阅动西安港’亲子阅读活动家庭”代表赠送图书、授旗，并举行现场签售活动；为西安国际港务区“红色书屋”现场授牌并捐赠数字播放设备“直播星”；西安西部出版物交易中心现场发布“万人万卷·阅动西安”App。“读书月”活动期间，为首批“书香西安阅读吧”和“书香西安小书屋”配备电视机、电脑等设施。从财政专项资金列支60万元，支持“全民阅读”活动开展。动员社会力量捐赠，发放150万元的“购书卡”。开展“书香社区”“书香村镇”“书香家庭”“书香校园”“书香企业”5大创建活动。活动期间，西安市开展各类读书活动300多项。

（市文广新局）

◆第二届“小红鸟”绘本剧表演大赛 2018年4月24日至5月24日，由西安市文化广电新闻出版局、西安市精神文明建设指导委员会办公室、西安市教育局等8部门联合主办的第二届“小红鸟”绘本剧表演大赛举行。本届大赛是西安市“促进全民阅读、打造书香之城”活动的重要内容，也是西安市教育局“家园携手共育年”主题活动的有机组成部分。西安市各区（县）300家幼儿园及阅读组织参赛，5000多组家庭参与绘本剧表演，800多个绘本剧视频参与初赛选拔，100个绘本剧节目入围复赛，辐射阅读人群60万人次。最终决出10组“专项奖”、20组“优秀奖”、20组“优秀人气奖”、20组“优秀视频奖”、30个“优秀辅导奖”、50个“入围奖”。大赛还增设“公益阅读推广奖”，以表彰在此次绘本剧表演大赛中做出特别贡献的耕林童书馆、长江少年儿童出版社（集团）有限公司、青岛出版社、荣信教育乐乐趣童书馆。

◆大批“图书+生活”新模式实体书店出现 2018年，随着西安市建设“书香之城”的全面展开，大批体现“图书+生活”新模式的实体书店在西安出现。这些书店均在人性化的贴心空间设计和甜品、饮料等配套设施上有很大提升和改变，拥有众多的读者群，让读者更有阅读的舒适感。被称为“最美书店”的“钟书阁”、设计时尚温馨的“京广·尚悦”、高端大气的“RDV”、成为西安新地标的“曲江书城”、24小时提供服务的“阅西安”等“图书+生活”新模式书店受到读者欢迎。这些实体书店的覆盖范围从城市中心逐步扩散到西安市各个区域。 （姬娟妮）

广播·电视·电影

◆概况 2018年，西安广播电影电视系统围绕2018第二届世界西商大会、第五届丝绸之路国际电影节、“西安年·最中国”等一系列重大活动进行报道宣传，营造积极、健康的社会氛围。首届丝路城市春晚——《丝路春晚》录制播出，在成都、武汉、杭州等15个电视台先后播出，澳门广播电视台、阿联酋CATV转播，俄罗斯、英国、南非、塞尔维亚等国家媒体机构译制播出。依托“西安广播电视奖”和“西安新闻奖”评选，推动广播、电视主题宣传创新、创优。通过组织召开“优秀公益广告”和“优秀传播机构”推荐评选活动，扶持相关工作的公益广告宣传。全年制作播出《问政时刻》11期、《每日聚焦》247期，《党风政风热线》播出247期。3档舆论监督节目得到《中国纪检监察报》《经济日报》《中国青年报》等多家媒体持续、密集报道关注，国内近200家省（区、市）、市、县级广播电视台和纪委、宣传部先后来西安电视台学习。将社区电影首次纳入公益电影放映任务，放映公益数字电影38766场次，观众262万人次。长安区农村电影服务站获“第七届全国‘服务农民、服务基层’文化建设先进集体”荣誉称号。

◆公益电影放映 2018年，西安市文化广电新闻出版局对西安市152套放映设备进行检测，做好技术保障；要求城市院线上映不超过2年的国产新片比例不少于放映场次数的1/3，全年放映国产新片13938场次。协调国家电影局（现国家新闻出版广电总局）中影新农村电影放映服务监管平台管理中心，在陕西省率先设立区（县）公益电影监管平台终端，将GPS/GPRS监测功能延伸到区（县）文广局和服务站。通过监管平台监测放映机的放映时间、地点和时长，确保放映场次真实有效。举办监管平台培训班，夯实区（县）文广局主体管理责任。通过为期1个月的公益电影放映大检查，各级电影主管部门赴放映现场，重点检查放映场次、质量、人数。为每个放映队配备便携式音箱进行映前宣传，统一制作公益电影放映工作服和宣传横幅，发放2.5万个“公益电影宣传环保购物袋”，实行“菜单式”选片，提高观众参与度。建成11个室内固定放映点、132个固定银幕墙、115个固定银幕架、21个广场固定放映点，并在每个固定放映场所设立“电影放映公示栏”。配合秦岭北麓违建别墅整治工作，制作“秦岭生态保护”公益宣传片，播放1.2万次；放映生态保护科教影片1200余场次；开展“红色影片展映”等主题放映活动，放映1600余场次。

◆城市影院建设 2018年，西安市增加影院24家、银幕202块、座位24858个，有影院114家、银幕864块、座位12万个。截至11月30日，全市放映电影146万场，比上年增长32.9%；观众2877万人次，增长9.2%；票房收入9.3亿元，增长15.3%，超过2017年的9亿元票房。

◆酒店接入西安广播电视台节目 2018年，西安市文化广电新闻出版局制订工作方案，联合西安市旅游局，借助境外电视节目专项整治工作，推进西安市三星级以上酒店接入西安广播电视台节目。截至12月10日，100家酒店中除7家停业外，其余93家全部接入西安广播电视台节目。 （市文广新局）

◆第五届丝绸之路国际电影节 2018年10月8—13日，在西安举行。吸引来自世界6个大洲、68个国家或地区的565部中、外优秀影片参展，来自伊朗、土耳其、俄罗斯等60余个“一带一路”沿线国家和地区的知名影人、专家学者参与活动。电影节期间，开展三大活动、六大论坛。147部电影陆续在30所高校、10个广场和100个社区放映，展映观影人数达近万人次。最终，18部影片入围，“最佳故事片”“最佳动画片”“最佳纪录片”“最佳男演员”“最佳女演员”5项大奖在闭幕式颁奖典礼上揭晓。

◆3部电视剧获“飞天奖” 2018年4月3

“钟书阁”西安店

日，第三十一届中国电视剧“飞天奖”颁奖典礼在浙江宁波举行。由中共西安市委宣传部扶持指导，西安市文艺创作单位制作的3部优秀电视剧获4项大奖和1项提名奖。其中，由西安曲江光中影视制作有限公司、西安曲江影视投资集团、中共西安市委宣传部等单位联合出品的电视剧《白鹿原》获“优秀电视剧奖”；由西安曲江影视投资集团、中共西安市委宣传部等单位联合出品的电视剧《那年花开月正圆》获“优秀电视剧奖”；由西安广播电视台、中央电视台、中共西安市委宣传部等单位联合出品的电视剧《千里雷声万里闪》获“优秀电视剧奖”提名；《那年花开月正圆》主演孙俪获“优秀女演员奖”；《白鹿原》编剧申捷获“优秀编剧奖”。

◆电视剧《白鹿原》获“白玉兰奖” 2018年6月15日，第二十四届上海电视节揭晓“白玉兰奖”全部奖项。由西安曲江影视投资集团立项并出品的电视剧《白鹿原》获“最佳中国电视剧”“最佳导演”“最佳摄影”3项大奖。

◆电视剧《白鹿原》《那年花开月正圆》获“金鹰奖” 2018年10月14日，在第十二届中国金鹰电视艺术节、第二十九届中国电视“金鹰奖”颁奖晚会上，由西安曲江光中影视制作有限公司、西安曲江影视投资集团、中共西安市委宣传部等单位联合出品的电视剧《白鹿原》获“优秀电视剧奖”；由西安曲江影视投资集团、中共西安市委宣传部等单位联合出品的电视剧《那年花开月正圆》获“最佳摄像奖”。

◆电视剧《初婚》在央视黄金档播出 2018年6月5日，根据西安作家吴克敬同名小说改编，西安曲江丫丫影视出品的电视剧《初婚》，在中央电视台电视剧频道开播。该剧由杨馨然任总制片人，杨虹任制片人，张晓春、王明军导演，朱锐、林继东领衔主演。讲述渭河滩一个女人历经艰难险阻，凭借善良的天性和勤劳智慧的品质克服重重困难、破茧成蝶的女性励志传奇故事，具有强烈的时代性与现实意义。

◆《西京故事》在陕西二套播出 2018年11月26日，由西安曲江新区管委会和西安曲江文化产业投资（集团）有限公司出品，西安曲江丫丫影视文化股份有限公司拍摄的电视剧《西京故事》在陕西二套都市青春频道开播。该剧根据陕籍作家陈彦同名小说改编，讲述陕南罗天福一家人进西安城务工、创业的故事。由陕籍导演姚远执导，演员张国强、陈小艺、刘智扬、石安妮领衔主演，高明、郝平、姜宏波、李万年、储智博、谭阳、郝洋、王君平等演员参演。

◆电视剧《寻找北极星》开机 2018年9月15日，由西安曲江影视投资（集团）有限公司 、盛视影业有限公司出品的电视剧《寻找北极星》开机仪式在陕西汉中留坝县举行。该剧由谷凯及北京电影学院导演郑杰创作，杨铮、李光复、王靖云、张喜前等主演。该电视剧讲述一个在外事业有成的现代年轻人，回到家乡带领全村人改善乡村风貌、保护生态环境、致力于建设美丽乡村的故事，是一部反映“美丽乡村建设”“扶贫攻坚”等内容的现实主义作品。

◆电影《柳青》开机 2018年10月11日，电影《柳青》开机仪式暨新闻发布会在西安举行。该片由陕西省文化厅、陕西省国际信托股份有限公司、西安多吉影视文化传媒有限公司出品，中央电视台电影频道、北京青年电影制片厂等联合摄制。编剧芦苇任剧本指导，艺术总监霍廷霄，导演田波，柳青扮演者为演员成泰燊。影片全长约2个小时，拍摄周期预计3个月。电影《柳青》将再现柳青在长安皇甫村“深入生活，扎根人民”14年创作经典作品《创业史》的心路历程，以及“胸中有大义，笔下有乾坤”的文人风骨。

◆电影《长安盗》开机 2018年6月2日，由海润影业等公司出品，公安部全国公安文学艺术联合会、陕西省公安厅联合出品的电影《长安盗》在西安开机。该剧由著名作家海岩创作，导演李骏执导，范伟、宋洋、陈数、焦俊艳等领衔主演。该片讲述卧底刑警深入虎穴，与文物犯罪分子斗智斗勇、殊死搏斗，最后历经艰辛追回国宝、擒获疑犯的故事，充分展示公安民警珍爱祖国文明、保卫历史文化、守护三秦大地的时代担当精神。

◆《辉煌绚烂的丝绸之路·玄奘的取经之路》开机 2018年8月，由中华广播影视交流协会和西安市人民政府新闻办公室组织实施，日本新明文化传播股份有限公司拍摄的大型纪录片《辉煌绚烂的丝绸之路·玄奘的取经之路》在西安开机。该片再现古代长安繁华，展示西安新姿，在对世界文化遗产点大雁塔、大兴教寺、小雁塔、唐大明宫遗址进行重点拍摄的同时，还对西安城墙、钟鼓楼、大唐芙蓉园、大雁塔广场等历史文化景区、美丽怡人的自然风光、古今辉映的城市风貌，进行多角度、多维度的拍摄。

◆动画片《未来机器城》全球上映 2018年9月，由西安摩摩信息技术有限公司制作的动画影片《未来机器城》在全球190多个国家（地区）上映。该片讲述拯救人类的新型机器人7723和叛逆少女苏小麦之间的友谊和劫难。

◆电影《再见汪先森》开机 2018年9月22日，奇幻喜剧电影《再见汪先森》在西安开机。该片由西安电影制片厂出品，王大治导演，张国强、吕晓霖、柴碧云、高峰、李成儒等主演。该片紧扣当下社会的情感关系，讲述一只名叫“江米条”的宠物狗去世后，由于对主人念念不忘而重返人间陪伴在主人身边，并为她排除生活危机的故事。

◆散文电影《风吹吧麦浪》开机 2018年5月8日，根据散文作家红孩作品改编、被誉为中国首部散文电影的《风吹吧麦浪》在西安开机。该片总制片人李岁全，出品人王洁，导演惠栋，主演张燕妮、杨宗儒。影片根据红孩的2篇小说《风吹麦浪》及《望长安》改编而成。

（姬娟妮）

西安广播电视台

◆概况 2018年，西安广播电视台围绕2018第二届世界西商大会、第三届丝绸之路国际电影节、“西安年·最中国”等一系列重大活动，立体报道，全力宣传，完成直（录）播179场次。开设主题宣传专栏180多项，制作播出各类新闻3万多条次。

◆新闻宣传 2018年，西安广播电视台通过《西安新闻》《西广早新闻》等主要新闻栏目以及西安网、无限西安App、“长安号”等新媒体平台，重点报道秦岭违建整治工作，刊发相关新闻2049次。开设《曝光栏》，公布曝光电话，收集破坏秦岭生态违建举报线索121条。在中央级媒体发稿1.8万条。其中，中央电视台发稿123条；中央人民广播电台发稿13条；中央电视台新闻移动网和新华社现场云等网络平台发稿18023条。对《意识形态工作责任制实施方案》进行修订，清查上报相关举报线索79条，其中假冒西安网刊发稿件2条、“黑广播”频率18个。

◆媒体融合 2018年，西安广播电视台以内容聚合、流程再造、管理创新和渠道开拓为重点，构建新型主流媒体，融媒体实力不断增强。6月，推出融媒方言脱口秀节目《大西安嫽咋咧》。节目开播后在抖音等网络平台点击量突破10万人次。在国庆节期间，打造3场快闪活动。发挥直播和短视频优势，视频观看量350多万人次，人民网对西安高新技术产业开发区的活动视频进行首页推荐。融媒体在全国影响力排行榜上位居十强之列。在中央电视台新闻移动网367家矩阵号中，西安台位列第一方阵，并获“优秀突发报道”“优秀直播”“十佳贡献个人”和“最有活力账号”等奖项。西安网、榴花直播在头条号用户量均超40万人次，居陕西省互联网信息办公室批准的新媒体及西安市市属各类媒体第一位，关注人数、活跃度均处陕西省领跑地位。

◆舆论监督 2018年，西安广播电视台《每日聚焦》栏目播出247期，《问政时刻》播出11期，《党风政风热线》播出247期。3档节目曝光问题1000多个，有720多个问题得到解决，每期问政节目视频的微博点击量均超100万人次。4月24日、30日，《人民日报》分别以《电视问政：用锐度换温度》《西安：剑指沉疴开新局》为题，在头版头条位置介绍西安破题求变、开局攻坚、锻造铁军、转变工作机制的理念。4月29日，中央电视台综合频道、新闻频道和国际频道在《新闻联播》《东方时空》《新闻直播间》《中国新闻》等栏目大篇幅、全方位、多角度报道电视问政节目。新华社编发内参，《中国纪检监察报》《经济日报》《中国青年报》等多家媒体持续、密集报道西安广播电视台舆论监督3档节目。国内近200家省（区、市）、市、县级广播电视台和纪委、宣传部等部门先后前来学习。

◆丝路频道 2018年，西安广播电视台创办《丝路新闻联播》《丝路家训》《丝路阅读》《行走丝路》等丝路系列文化精品节目，在各大新媒体平台点击收看量突破3000万次人次。获中国电视艺术家协会颁发的“中国最具有艺术影响力的电视剧播出平台”荣誉称号。《丝路家训》节目在主要视频网站联动播放，每期都有超40万人次的浏览量。春节期间，与成都、杭州等7家广播电视台携手承办的首届丝路城市春晚——《丝路春晚》在成都、武汉、杭州等15个电视台先后播出，澳门广播电视台、阿联酋CATV转播，俄罗斯、英国、南非、塞尔维亚等国家媒体机构译制播出。9月11—13日，由中央广播电视总台主办，西安广播电视台联合承办的2018“丝路电视国际合作共同体”高峰论坛在西安举行。其间，以丝路频道为平台和纽带，与来自国内外约300名嘉宾共商合作，进一步整合国际媒体资源，构建西安市国际对外宣传新平台。

◆文艺创作 2018年，西安广播电视台深挖西安市历史文化、红色文化、丝路文化资源，坚持文化自信，打造文艺精品。4集电视纪录片《柳青在皇甫》获第二十三届中国纪录片系列片好作品奖、第十二届“记录中国”创优评析人文类三等奖、陕西新闻一等奖。5集电视纪录片《李鼎铭先生》获第二十四届中国纪录片系列好作品奖。筹拍纪录片《丝路驿站》《八零后》《回坊》《解放西安》，完成前期采访和拍摄工作。广播剧《根据地》《再读白鹿原追忆陈忠实》分别获得中广联中国广播电影电视社会组织联合会创优节目二等奖。100集广播剧《白鹿原》完成剧本创作。电视栏目《丝路朗读》获“2018年优秀栏目作品文化类30强”荣誉称号。电视连续剧《千里雷声万里闪》获第三十一届电视剧“飞天奖”优秀电视剧提名奖和第十四届陕西电视金鹰奖优秀电视剧二等奖。电视剧《枪口之火线孤城》在全国电视台播出。电影《醉爱之城》正在筹拍。

◆合作发展 2018年，西安广播电视台密切与国内外知名人士、大媒体开展合作。与澎湃新闻、今日头条、人民网、中央广播电视总台等大媒体达成战略合作协议，在策划、生产、传播等方面进行全方位合作。特别是与星空华文国际传媒有限公司合作，打造“苗阜笑谭”项目，全力发展演艺项目，延伸产业链。与赵普合作，将世界匠人大会会址常设西安，搭建世界优秀传统文化资源展示和服务平台，共同打造西安文化新名片。与李蕾合作，深度挖掘盛唐历史文化资源，推出首届“唐诗艺术节”，用唐诗展示盛唐文化精髓。与西安外国语大学合作推出具有国际化视野的英语新闻节目《西安之声》。与西安交通大学、西北大学、欧亚学院等知名高校就人才培养、课题研究、实习实践、节目策划、剧本研发等方面开展合作，共同打造产、学、研基地，助力西安市“一带一路”文化传播与经济发展。与喜马拉雅网络科技有限公司成立合资公司，共建“西安故事”频道，在“西安有声故事”库建设和“世界声音文化节”传播等多方面展开合作。在西安市重要景区、公交、地铁、机场、火车站等，“有声图书馆”全面落地；《丝路家训》《丝路朗读》等节目入驻“西安有声故事库”。与电视戏曲制作人白燕升合作，打造《擂响中华》《醉梨园·最中国》2档电视节目。在西安台新闻综合频道、丝路频道及西安网、长安号等新媒体平台，河南、成都、武汉等近20家丝路城市广播电视协作体成员台，央视网、凤凰网、优酷、触电新闻等视频网站联动播出。2档节目点击阅读量均超过1000万人次。

◆《每日聚焦》 2018年，重点围绕“三大革命”、“四改两拆”、“治污减霾”、“四治一增”（治气、治水、治脏、治山、增绿）、秦岭北麓违建拆除等中心工作开展监督报道，播出247期节目，涉及13个区（县）、5个开发区、1港2基地以及20多个部门，始终贯彻栏目宗旨，关注城市发展，聚焦民生热点，用事实揭露问题，让百姓看见变化，推动问题立行、立改。围绕“三大革命”持续聚焦，扩大曝光范围，深入景区、公园、南门里等重点路段查看“烟头革命”开展情况，推进城市环境治理。报道突出问题，瞄准公共厕所数量不足、质量不高、市民如厕难和管理不精细四大难点精准发力，积极推进“2.0版厕所革命”。以问题为导向，开展暗访工作，曝光工商、国税、规划、公安（户籍新政）等部门工作效率不高、解决问题不主动、不积极、推诿塞责等问题，对照“五星级服务员”要求，深入查找问题症结所在，推进“行政效能革命”，持续优化营商环境，用新闻监督力量助力西安“追赶超越”。持续对2018年计划打通的“断头路”进行跟踪走访，报道凤城二路征地拆迁难、经十四路土方清运难、大白杨东路高压电杆迁移难等12条“断头路”施工进展，并对部分路段进行二次跟踪报道。重点关注铁路、公路“洁化 绿化 美化”工作，城市建筑物外立面整治、农村污水治理、治污减霾、江村沟垃圾填埋场污染、公交出行难、小区环境脏乱差等与老百姓息息相关的热点、难点问题，通过问题曝光倒逼整改落实，不断提升城市形象，改善居民生活环境。围绕打响“秦岭保卫战”重大政治任务，积极做好新闻宣传和舆论引导，先后报道长安区、灞桥区、蓝田县、临潼区、鄠邑区违建拆除进展，起底“陈路超大违建别墅”修建过程，为专项整治工作营造良好氛围。围绕“村两委”换届选举、“四改两拆”攻坚行动等工作开展报道，凝聚人心，汇聚力量，自觉维护党中央权威，做到舆论监督和正面宣传相统一。始终将真实、客观放在第一位，带着问题层层深入，查清事情原委，找准问题症结，让新闻报道有理、有据，经得起质疑、检验。

◆《问政时刻》 2018年，开播11场，先后聚焦城投公用服务、市场质量监督、义务阶段教育、文化市场秩序、市政公用设施维护监管、消费市场价格秩序以及营商环境方面存在的“突出问题”等，推进“行政效能革命”、转变工作作风，治理庸、懒、散、浮、拖和不作为、慢作为、乱作为问题。其中，为进一步确保整改工作落地，集中开展4次“问政回头望”活动，进一步打掉被问政单位“过关思想”，检验长效治理机制的落地实施效果，确保问题有整改，改后不反弹。在纠正乱象的同时，一批“不作为”“乱作为”的领导干部被纪检部门调查处理。前10场曝光具体问题123个，向中共西安市委督查室、西安市人民政府督查室移交问题线索200条；问责干部522人次，涉及人员435

人，形成舆论监督和党内监督合力。通过“融媒体矩阵”的连续网络推送，在长安号、《每日聚焦》App、榴花直播平台等网络媒体吸引大量网民关注以及专家、学者的评论，每期电视问政的新浪政务微博点击量均超100万人次。4月24日出版的《人民日报》党建周刊以《电视问政：用锐度换温度》为题，用近半个版面深度解析、点评西安电视问政；新华社为此专门编发内参；4月29日，中央电视台综合频道和新闻频道多个栏目也集中报道《问政时刻》；中央电视台《新闻联播》以《西安：电视问政促进作风改变 民生改善》为题进行时长3分19秒的报道；《东方时空》和《新闻直播间》栏目均用11分钟的时间，全方位、多角度介绍西安电视问政；《中国纪检监察报》《经济日报》《中国青年报》等中央媒体以不同方式进行宣传报道；《陕西日报》、《三秦都市报》、陕西广播电视台、《华商报》、《西安日报》、《西安晚报》等本地媒体也用大版面或长时段对每期《问政时刻》进行充分报道。截至10月，包括天津卫视、河北卫视在内的国内各大广播电视机构和纪检监察部门前来学习交流的单位有近200家。（齐杨萍）

西安报业传媒集团（西安日报社）

◆**概况** 2018年，西安报业传媒集团（西安日报社）着力推动新、旧媒体从“相合”到“相融”，创建具备全媒体运营能力和新媒体盈利拓展能力的现代传媒集团。坚持内容为本，先后获得行业内系列奖项。其中，《西安晚报》记者王晓英、张雷、张志杰采写的文字系列作品《寻找“最美女孩”》获“中国新闻奖”二等奖；6件作品获中国晚报工作者协会“赵超构新闻奖”；17件作品获“全国副省级城市党报新闻奖”；3件作品获“全国副省级城市党报理论评论奖”；1件作品获全国副刊二等奖。

◆**重大主题工作报道** 2018年，西安报业传媒集团（西安日报社）将西安市“两会”、2018第二届世界西商大会、2018全球硬科技大会、“三大新政”、脱贫攻坚、“三项革命”等作为重点进行专题报道，解读“临空经济”“第五航权”等重大经济动态背后的深意，推出一批有深度、有新意、有特色、有影响的报道。立足城市发展的巨大变迁，聚焦农业、医疗卫生、教育、交通、旅游等多方面，展现改革开放40年以来西安的发展成就。和新媒体联手，发挥融媒体传播优势，点面结合，全方位、立体化、多角度地宣传习近平新时代中国特色社会主义思想，解读《中国共产党第十九次全国代表大会报告》的新思想、新论断、新提法、新举措。《西安日报》《西安晚报》分别投入252个版面、155个版面，全面反映西安市各行各业学习贯彻落实中国共产党第十九次全国代表大会精神，积极进行社会实践的场景。《西安日报》《西安晚报》相继推出《奔跑吧·大西安》主题宣传，刊发《破除“城墙思维”勇创新 奏响新时代改革最强音》等10组报道，以“综述+短评+配稿”的形式，宣传西安市全面深化改革的举措成效和亮点典型。推出“给世界一个新西安——‘一带一路’倡议五周年”大型全媒体主题宣传活动，以88个版面的体量，全景展现5年来，特别是中国共产党西安市第十三次代表大会以来，西安加快建设国际化大都市，呈现出与“丝绸之路”沿线国家的大开放、大合作、大交流、大融合的良好局面。“给世界一个新西安”全媒体宣传主题获评“2018年度中国报业融合发展优秀案例”。春节期间，配合“西安年·最中国”城市品牌营销活动，《西安日报》《西安晚报》刊发消息、通讯、特写等各形式报道近1000篇，“西安发布”微博、微信和客户端刊发宣传报道400余篇。“西安发布”主持“西安年·最中国”微博话题，总阅读量2.8亿人次，参与讨论人数13.8万人次；“遇见美好西安”总阅读量1.3亿人次，参与讨论人数5.6万人次。为深入贯彻中共中央总书记习近平关于“西迁精神”的重要指示，下属各媒体从回首“西迁”历程、讲述“西迁”故事入手，倡导传承“西迁精神”，激励新时代年轻人担当民族复兴大任，为实现中华民族伟大复兴“中国梦”发挥更大作用。《西安日报》《西安晚报》刊发弘扬“西迁精神”稿件近130篇，西安新闻网和新媒体发稿100余篇。根据秦岭北麓违建专项整治工作需要，各平台以全媒体形式刊发新闻报道1000余篇次，《西安日报》《西安晚报》投入版面逾400余个进行宣传。积极开展“扫黑除恶”专项行动专题报道，从政策解读到以案释法，营造“扫黑除恶”专项斗争社会氛围。

◆**聚焦民生热点系列报道** 2018年，西安报业传媒集团（西安日报社）坚持民生视角，持续聚焦社会热点，围绕中共西安市委、西安市人民政府提出的“着力解决民生九难”的工作部署，连续刊发整版报道，入情、入理宣讲政策，展现新时代城市精神。在新闻采编工作中，下属各媒体进一步强化“以人民为中心”的新闻观，践行“走、转、改”（走基层、转作风、改文风），沉下身子，融入群众中，推出一系列有思想、有温度、有品质的专栏、专题报道。《西安日报》《西安晚报》的监督栏目《终南瞭望》和《明察暗访看民生》，持续围绕脱贫攻坚、打通“断头路”、城市精细化管理、农村治水等突出问题，深入调查研究，推出一系列客观、扎实、理性的监督报道。

◆**弘扬本土文化系列报道** 2018年，西安报业传媒集团（西安日报社）立足西安本土，挖掘并讲好“关中故事”，有效传播西安文化开放包容的一面；围绕国内、国际文化热点事件，如第二届“丝路散文奖”评选、陕西皮影艺术在巴塞罗那掀起观赏热潮、秦腔经典《三滴血》“百岁之年”亮相国家大剧院等推出一批有国际关注度的文化新闻。针对西安国际马拉松赛、“一带一路”国际击剑邀请赛等在陕西省举办的国际热点体育赛事，进行一系列精彩的独家报道。

◆**媒体融合系列报道** 2018年，西安报业传媒集团（西安日报社）主动适应“微时代”传播规律，策划实施众多互动性强、参与度广的新媒体活动，推进媒体融合发展。开展“我为大西安代言”一周年活动，以微信图文及H5网页制作的形式回顾2个年度、刊发365位人物的“我为大西安代言”发展历程，被大量网友转发，其中H5页面点击量突破10万人次；策划实施的“爱上大西安 毕业不别离”2018西安大学生毕业盛典开创全国城市大学生毕业盛典先河，引发较高社会关注，对西安招才引智及百万大学生留西安工作的推进提供支持；先后策划录制的《区县“一把手”谈规划》系列访谈节目，“天下新闻早餐速递”语音版，彰显新媒体内容在网络生态环境下的特点优势。“西安发布”有声电台“小布电台”在“喜马拉雅”有关频道和专栏推荐，并通过“有声图书馆”的形式进入西安地铁及中共西安市委、西安市人民政府，总收听次数逾700万人次。截至年底，“西安发布”微博关注人数127万人次，人民号关注人数超过14.2万人次，头条号关注人数突破10万人次；《西安日报》微博关注人数64.8万人次，人民号关注人数15.8万人次；《西安晚报》微博关注人数650万人次，头条号关注人数9.9万人次。由新媒体中心策划的“全民读书 经典律动 方言传秦 陕西话读陕西名著”获中国报业协会“2018年度中国报业重大主题宣传年度双十佳融合传播奖”。“西安发布”先后获得由清博大数据主办的“2018地方发布传播力奖”、由新浪网主办的“2018十大政务微博奖”、由新华社颁发的“2018年现场云优秀报道奖”、澎湃新闻主办的“2018最佳政务新闻——城市形象传播奖”和“2018最佳政务传播中心城市奖”。（雷 洁）

文化艺术

责任编辑
姬娟妮

西安年鉴
2019
XI'AN YEARBOOK

专业文艺

◆**概况** 2018年，西安市鼓励、支持并引导各类文艺院（团）开展艺术创作，全市新创作以及移植、精加工、复排剧目、节目26台，包括秦腔《关中晓月》《焚香记》《喜迁莺》，话剧《共产党宣言》《柳青》，儿童剧《24个奶奶》等一批优秀剧目。结合宣传“十九大精神”、弘扬“西迁精神”和“脱贫攻坚”“环境保护和生态文明建设”等主题，组织文艺院（团）创作出一系列具有深刻思想内涵的舞蹈、诗歌、群口快板、相声、小品等节目，配合各类主题宣传，用文艺作品宣传中国共产党的政策。在剧本创作方面，6部新剧本被陕西省文化和旅游厅列为陕西省重点剧目参加陕西重点剧本研讨会；2部作品入围文化和旅游部“剧本孵化工程”。话剧《柳青》、秦腔历史剧《李白在长安》、秦腔现代戏《喜迁莺》入选“陕西省2018年度舞台艺术创作项目”，并获得资助；秦腔《关中晓月》入选“陕西省2018年度交流推广项目”，并获资助；豫剧《秦豫情》获“国家艺术基金”滚动资助。3台剧目《柳青》《秦豫情》《二十四个奶奶》参加全国优秀现实题材剧目展演，均获“优秀剧目奖”。话剧《柳青》被推荐代表陕西省参加第十二届中国艺术节，角逐“文华奖”。2部小说入选“陕西文学艺术创作人才百人计划第二年度创作资助项目”。组织西安市文艺院（团）参加第四届陕西省喜剧表演大赛，多部作品获奖。西安曲江文化产业投资（集团）有限公司连续7年进入“全国文化企业30强”。

（市文广新局）

◆**“中国首个二十四节气非遗音乐”创作启幕** 2018年3月18日，由共青团西安市委员会、陕西省音乐家协会、西安市新文艺青年协会主办的“中国首个二十四节气非遗音乐”创作活动启动仪式暨《天人长安》古琴作品专辑发布会在大唐芙蓉园举行。活动以传统节气内涵为基础，以音律代替诵读，融合文化、古乐和诗词，重现长安古乐和丝路古乐。该活动计划推出一张音乐专辑，举办一个新媒体音乐作品会，创建一个城市会客厅新媒体空间，让非物质文化遗产可视、可听、可感，并成为西安文化的一张国际名片和一阕全新迎宾曲。

◆**西安本土特色歌曲《这就是西安》首发** 2018年6月16日，西安本土特色歌曲《这就是西安》在唐城墙遗址公园首发。该曲由中国共产党西安高新技术产业开发区工作委员会宣传部指导，陕西壹禾文化传播有限公司出品，闫杰晨、李泉辰作词，闫杰晨作曲并演唱。该歌曲加入陕西本土戏曲唱腔元素，融入古琴、板胡以及传统戏曲唱词，在歌词中融合西安美食、美景、历史人物，凸显西安历史文化和国际化交融的时代特征。

◆**多媒体秀《秦》首演** 2018年3月23日，由陕西秦皇大剧院演艺有限公司出品的多媒体史诗大秀《秦》首演。《秦》包含序幕在内共5个部分，以一个秦国小兵的视角，引领观众近距离感受2000多年前的历史。在这部多媒体秀中，运用先进的冰屏和全息影像技术等，呈现出完全不同于普通屏幕的视觉效果。该媒体秀由赵明担任总导演，沙晓岚担任总制作，国际著名音乐人克劳斯·巴代特担任音乐设计，演出人员101人。

◆**3部剧目入选“陕西省重大文化精品项目”** 2018年10月，“陕西省重大文化精品项目入选名单”公布。西安演艺集团出品的话剧《柳青》、儿童剧《我们是秦俑》、音乐剧《丝路传奇·花木兰》3部剧目入选。

◆**秦腔历史剧《关中晓月》首演** 2018年5月1日，由齐爱云、侯红琴两位“梅花奖”获得者主演的秦腔历史剧《关中晓月》在易俗大剧院首演。《关中晓月》以周至县剧团演职人员为班底，邀请国内知名编剧、导演、音乐、舞美等主创团队共同完成。全剧以陕西泾阳女商人安吴寡妇周莹为原型，塑造了深受关学思想影响、有血有肉的“商英”这一人物形象。

◆**西安儿艺在甘肃巡演** 2018年，西安演艺集团儿童艺术剧院“优秀儿童剧陕甘宁百场巡演”走进甘肃，演出儿童剧《陕北娃》。儿童剧《陕北娃》是国家艺术基金传播交流推广资助项目，该剧把大西北舞蹈的豪迈、陕甘声曲的豪放、西部地域文化的精髓巧妙浓缩，展现少年儿童的单纯与美好。4月1—20日，《陕北娃》剧组先后走进平凉市、静宁县、会宁县、白银市、庆阳市、庆城县、环县7个市（县）的28所学校，惠及4.6万名师生。

◆**儿童剧《二十四个奶奶》获“全国优秀剧目奖”** 2018年12月，由文化和旅游部主办，文化和旅游部艺术司、陕西省文化和旅游厅承办的全国优秀现实题材舞台艺术作品展演活动（陕西片区）在西安举行。参加展演的优秀儿童剧《二十四个奶奶》继入选国家艺术基金2018年度舞台艺术创作资助项目，获陕西省第八届艺术节文华剧目奖、2018年度十大优秀儿童剧等荣誉后，又获全国优秀现实题材舞台艺术作品展演（陕西片区）优秀剧目奖。西安演艺集团儿童艺术剧院创作的《二十四个奶奶》通过拟人化的手法和极简的艺术表现形式，巧妙地向观众展示二十四节气这一中华优秀传统文化。

◆**第二届“丝路散文奖”评选** 2018年10月21日，第二届“丝路散文奖”在西

秦腔历史剧《关中晓月》剧照

北大学现代学院举行颁奖典礼。中国散文学会常务副会长红孩、甘肃省作家协会主席马步升、文化学者肖云儒以及陕西省散文作家、西北大学现代学院师生400余人参加颁奖典礼。本届“丝路散文奖”从2018年3月开始征稿，到2018年5月截稿，收到散文类作品500余部，最终评选出5部最佳作品和20部优秀作品。朱鸿的《长安，丝绸之路的起点》、马步升的《故乡的反方向是故乡》、杨海蒂的《我去地坛，只为能与他相遇》、高亚平的《长安物语》以及王洁《六月初五》获最佳作品奖；王族的《遗落西域的钥匙》，史鹏钊的《出村庄记》等20部作品获优秀作品奖。

◆现代散文书院在西安成立　2018年10月21日，由中国散文学会、陕西省散文学会、西北大学现代学院联合共建的现代散文书院在西安挂牌成立。现代散文书院由西北大学现代学院董事长刘家全担任理事长，中国散文学会常务副会长红孩担任院长，陕西省散文学会会长陈长吟担任执行院长，聘请刘宁、王洁为副院长。“现代散文书院”是中国第一个散文专业类书院，成立后将建立“中国散文资料馆”，编印散文研究性书刊，举办“青年散文家创作研修班”，开展学术研讨、创作培训、采风交流等一系列与散文相关的活动。

◆7位散文家获第八届“冰心散文奖”　2018年6月23日，第八届“冰心散文奖”在四川眉山举办颁奖礼。西安7位散文家获本届“冰心散文奖”3大奖项。其中，肖云儒的《丝路云谭》、高亚平的《草木之间》、王小洲的《另一个长安》获本届“冰心散文奖”散文集奖；王洁的《永远挺拔的白杨树》、钟法权的《心中老磨房》、穆蕾蕾的《冰川下的涌动》获“冰心散文奖”散文单篇奖；章学锋的论文《副刊散文的百年演进与创新可能》获“冰心散文奖”散文理论奖。

◆贾平凹长篇小说《山本》出版　2018年3月30日，贾平凹第16部长篇小说《山本》精装版由人民文学出版社出版。《山本》讲述20世纪二三十年代，秦岭大山里一个叫涡镇的地方，在军阀混战、“城头变幻大王旗”的乱世里，其顽强自保却最终毁灭的命运。

◆贾平凹小说《山本》入选第三届“长篇小说年度金榜”　2018年12月2日，由《长篇小说选刊》杂志社举办的第三届“长篇小说年度金榜”评选活动在中国作家出版集团召开终评会议。在历时20天的读者网络投票之后，专家评委团对初评入围的15部长篇小说进行现场表决，最终遴选出2018年度5部金榜作品。贾平凹的《山本》入选，并排名第一位。

◆王芳闻入选“首届中国十佳当代诗人”　2018年3月31日，“2017·首届中国十佳当代诗人”颁奖活动在江苏周庄举行。李瑛、傅天琳、李钢、海男、林雪、徐国源、黄惠波、赵晓梦、聂权、王芳闻10位诗人获“首届中国十佳当代诗人”称号。王芳闻，笔名芳闻、芳华，为中国作家协会会员、中国报告文学学会会员、中国散文学会会员，现任陕西省作家协会秘书长、创联部主任，陕西网络文学委员会主任。著有报告文学集《黄土壮歌》，散文集《天堂有只水鸟》《千年雪》，诗集《太阳雨》，论文集《思想树》，中篇小说《归去来兮》等。

◆弋舟《出警》获“鲁迅文学奖”短篇小说奖　2018年8月11日，第七届“鲁迅文学奖”获奖作品名单公布。西安作家弋舟作品《出警》获“鲁迅文学奖”短篇小说奖。弋舟生于西安，是活跃在国内文坛的“70后”代表性作家之一，任《延河》杂志副主编，出版有长篇小说《我们的踟蹰》，小说集《刘晓东》《丙申故事集》，随笔集《犹在缸中》等，曾获“郁达夫小说奖”等奖项。

◆李永安获“华夏散文奖”　2018年6月29日，第三届华夏散文奖在贵阳揭晓。西安作家李永安的散文《悠悠水车声》获得“华夏散文奖”。作品回忆作者童年时期田野中清脆的水车声，记叙农村水车演变过程，表达对昔日田园生活的深深怀念。李永安在各大报刊发表散文300多篇，出版有《老槐树》《彭山梦》等多部散文集。

◆史鹏钊《出村庄记》获“孙犁散文奖”一等奖　2018年9月14日，第二十七届“东丽杯”全国“孙犁散文奖”在天津揭晓。西安作家史鹏钊凭借非虚构散文集《出村庄记》获散文集一等奖。《出村庄记》以平实的语调，朴素、简约的语言，描绘史家河村地理位置、历史记忆和现实状况，为读者展现了一幅古朴、多姿的当代农村画卷。

（姬娟妮）

地方志

◆概况　2018年，西安市地方志办公室以贯彻落实国务院《全国地方志事业发展规划纲要(2015—2020年)》为主线，以实现地方志书、年鉴全覆盖目标为契机，创新地方志工作模式，加强西安方志铁军队伍建设，全市地方志工作水平得到提升。《西安年鉴》在第六届全国年鉴编纂出版质量评比中获得“特等奖”；选送的节目在陕西省“坚定文化自信，讲好陕西故事”演讲比赛中分别获得一、二等奖。

◆市级部门二轮修志　2018年，西安市地方志办公室采取“倒排工期”方式，细化工作职责，通过“周例会、月汇报、季讲评”等方式推动任务落实。采取问卷调查、电话沟通、实地走访等方式，对20个市级部门进行专题调研。与承编单位就志稿总纂修改事宜沟通300余人次，审读修改志稿5000余万字。坚持采用集体审稿和交叉审稿相结合的方法，对7个分卷逐个进行审读和修改，稿件质量显著提升。截至年底，7卷本、34个分志、1000余万字的《西安市志（1991—2010）》通过市级初审。指导《西安财政（1990—2010）》《西安市农林业志》《西安市无线电管理志》等3个部门志、行业志编纂工作。

◆年鉴编纂与出版　2018年，西安市地方志办公室完善年鉴供稿网络、人员培训、三级审稿制度等年鉴质量保障机制，确保《西安年鉴》编纂质量始终处于全国领先水平。《西安年鉴（2018）》在全国年鉴评比中获得特等奖。推进区（县）综合年鉴编纂工作，截至年底，全市13个区（县）综合年鉴编纂工作全部启动，为下一步实现国务院和陕西省人民政府的年鉴全覆盖、一年一鉴、公开出版的要求奠定了基础。

◆区（县）二轮修志　2018年，西安市地方志办公室加强对区（县）修志工作的分类指导和督促检查。先后赴临潼、高陵、阎良、长安4个区，对修志人员进行专题辅导培训；采取“一对一”审稿、“面对面”交流的方式，对修志进度缓慢的区（县）进行现场指导。提前介入审阅志稿，召开志稿研讨会，帮助制定修改方案，加快志稿编纂进度。截至年底，全市13个区（县）中，有6个区（县）完成出版印刷；6个区通过省级终审；1个县通过市级复审。

◆地情资料开发利用 2018年12月，由西安市地方志办公室主持编纂的《西安馆藏地方志联合目录》由陕西新华出版传媒集团、陕西人民出版社出版发行。全书60万字，收录馆藏历代方志文献3295种、74573卷、45753册，既有木刻本、石印本、铅印本等各类印刷本，也有手稿本、传抄本，其中不乏历代著名志书和各种孤本、善本。围绕挖掘“西安历史、讲述西安故事、服务修志工作”宗旨，精选、精编刊物，对《西安地方志》杂志的封面设计进行调整，将历代旧志中有代表性的地图作为封面图，体现刊物的地方志特性。全年刊发《西安地方志》6期，共45万字。

◆地情信息化建设 2018年，西安市地方志办公室持续加强地方志网站建设和管理。实施网站安全维护管理项目和信息安全检测项目，对网站运行、全天候检测、紧急修复、故障排除等进行专业维护，保证网站及数据库安全运行。完成《西安年鉴（2017）》《西安史话》等书籍约120万字符的数字化入库工作；完成地情资料数据库中178本旧志PDF版加工入库；门户网站、移动地情网站和微信公众号更新信息3000余条，点击量达68.5万人次。

◆“坚定文化自信 讲好西安故事”活动 2018年9月18日，由中共西安市委宣传部、西安市地方志办公室联合举办的“坚定文化自信 讲好西安故事”活动决赛在西安市人民政府举行。西安市人民政府、陕西省地方志办公室领导以及中共西安市委宣传部、西安市地方志办公室相关负责人出席，市级机关有关部门和全市地方志系统代表近150人现场观看决赛。“坚定文化自信 讲好西安故事”活动历时4个月，区（县）、开发区和市级部门20个单位选送近40个节目参赛。经过2场初赛，《天禄阁风云》《古城人·平凡事》《中国梦·丝路情》《让世界铭记西安的味道》等16个节目晋级决赛。参赛选手所讲述的故事，全部取材于地方史志、档案等资料，内容真实、感人，形式活泼、新颖。

◆《西安市志（1991—2010）》市级初审会 2018年11月16日，在西安市人民政府召开。西安市人民政府领导及中共西安市委办公厅、西安市人民代表大会常务委员会办公厅、中国人民政治协商会议西安市委员会办公厅有关负责人出席会议。西安市地方志编纂委员会成员单位负责人、专家委员、特约审稿人及总编室成员60余人参加会议。全志分为《总类》《城市基础设施》《经济（上）》《经济（下）》《政治·军事》《科教文卫》《社会·人物》7个分卷，包含34个分志，共1047万字，有插图、表3000余幅。会议决定《西安市志（1991—2010）》通过市级初审。

◆《西安市未央区志（1994—2010）》终审会 2018年3月6日召开。陕西省地方志办公室以及西安市地方志办公室、未央区相关领导以及省、市、区相关人员参加会议。终审组充分肯定《西安市未央区志（1994—2010）》，并对志稿提出修改意见、建议。该志设31编、165章、603节，约100万字，全面记述未央区17年间政治、经济、社会事业各个方面的变革和发展历程。会议决定《西安市未央区志（1994—2010）》通过终审。

2018年9月18日，由中共西安市委宣传部、西安市地方志办公室联合举办的“坚定文化自信 讲好西安故事”决赛活动在西安市人民政府举行

◆《周至县志（1990—2010）》复审会 2018年10月30日召开。《周至县志（1990—2010）》分34编，160万字，全面记述1990—2010年21年间周至县行政区域内自然、政治、经济、文化、社会各方面的发展变化。该志注重对地方特色和时代特点的记载，升格设置“猕猴桃”“仙游寺”“佛坪厅故城”等编，凸显本地特色；收编快递、邮政储蓄、互联网等内容，厘清发展轨迹，彰显时代特征。志稿较好地处理与前志的衔接，根据记载事物的连续性和完整性原则，适度追述，适时补遗。会议决定《周至县志（1990—2010）》通过复审。

◆《西安市莲湖区志（1994—2010）》终审会 2018年12月20日召开。陕西省地方志办公室、西安市地方志办公室和莲湖区相关领导，以及陕西省、西安市、莲湖区相关人员等30余人参加会议。终审组充分肯定《西安市莲湖区志（1994—2010）》，并对志稿修改工作提出意见、建议。该志设26篇，志前设彩页、序、凡例、前志简介、总述、大事记，志末设附录、后记和索引35个部分，共100万余字，全面系统地记述了莲湖区17年间自然、政治、经济、文化和社会等方面的发展脉络和变化历程。会议决定《西安市莲湖区志（1994—2010）》通过终审。

◆《西安年鉴（2017英文版）》创刊出版 2018年12月，由西安市人民政府主办、西安市地方志办公室编纂的《西安年鉴（2017英文版）》创刊出版。该卷年鉴32开本，中文字符约15万字，有彩页8面，由世界图书出版西安有限公司出版发行。作为首卷英文版年鉴，该年鉴充分考虑外国读者需求，在浓缩选取《西安年鉴（2017）》中西安经济、社会发展的重点和亮点内容基础上，增加“西安档案”“西安名片”“特色西安”“印象西安”等特色栏目，提高年鉴的可读性和实用性。

◆《西安市长安区志（1990—2010）》出版发行 2018年8月，长安区地方志编纂委员会编纂的《西安市长安区志（1990—2010）》由陕西新华出版传媒集团、陕西人民出版社出版发行。该志是《长安县志（1999年版）》的续志，记述上限1990年，下限至2010年末，部分记述适当追溯下延。该志沿用章、节体，设编、章、节3个层次，节下设目。设32编、165章、693节，约150万字。由王百忍、王建都任主编，张振琪任副主编。该志全面反映了长安区21年经济、政治、文化和社会各方面的发展情况。

◆《西安市雁塔区志（1994—2010）》出版发行 2018年10月，雁塔区地方志编纂委员会编纂的《西安市雁塔区志（1994—2010）》由陕西新华出版传媒集团、陕西旅游出版社正式出版发行。该志是《西安市雁塔区志（2003版）》的续志，由总述、大事记、32个分篇和附录等组成，共140万字。记述上限1994年，下限至2010年，个别事物记述适当上溯，以保持其连续性和完整性。该志全面系统地记述了雁塔区17年间社会发展的轨迹和变革。 （黄立峰）

档　案

◆概况 2018年，西安市各级档案部门和档案工作者不断提高政治站位，紧扣“服务中心、服务大局、服务民生”主线，坚持质量第一、效益优先，持续加强档案资源体系、档案利用体系、档案安全体系建设，提高档案行政治理能力，推进档案信息化成果运用，档案事业取得新成绩。截至12月，接收整理并数字化档案材料近6万件、照片19702万张、视频358段。截至年底，接待档案利用者3968家部门（单位）、4992人次，电话咨询、来函代查732人次。

◆档案服务利用 2018年，西安市各级档案部门按照主动指导各开发区做好档案规范化管理工作，为万亿级产业、军民融合、硬科技、新能源、西安智造等重点项目、企业服务。与西安市扶贫开发办公室合作，建立完善精准扶贫档案；与西安市工商行政管理局、西安食品药品监督管理局等部门沟通协调，探索开展社会信用体系、食品安全监管等领域建档工作，推进社会信用体系、诚信体系建设。优化档案政务事项服务内容、流程，扩大信息化、网络化、馆际互通互联的应用范围，与成都市档案馆、上海浦东新区档案馆等综合档案馆签订协议，开展跨馆查询业务；建立档案自助查询平台，实现档案利用者对馆藏开放档案目录及部分全文信息的自主查阅。

2018年6月8日，西安市档案馆（局）在雁塔文化新天地广场开展档案宣传咨询活动。图为群众观看《档案见证改革开放40年》展览

◆档案服务重点工作 2018年，西安市各级档案部门围绕坚持全面、全程、全部收集有关“大西安大发展”的档案资料，确保体现西安经济发展、城市建设、社会进步的档案资料收集、收全，全方位记录大西安建设成就和历程。接收市级机关及其下属25家单位文书档案80443件、90658卷，照片99612张，电子档案9279件，工商、公积金等专业档案5万余件。将秦岭北麓违建专项整治资料建档工作作为一项政治任务，全员参与。成立档案整理工作领导小组，起草《关于做好秦岭北麓违建专项整治工作文件材料收集归档工作的意见》和《秦岭北麓违建专项整治工作文件材料收集归档整理办法》，推进秦岭北麓违建专项整治建档工作。

◆档案法治建设 2018年，西安市各级档案部门多层次、多渠道开展档案法治宣传活动。6月8日，为纪念第十一个“国际档案日”，西安市档案馆（局）联合城6区档案馆和西安市城建档案馆在雁塔文化新天地广场开展档案宣传咨询活动，现场摆放《档案见证改革开放40周年》《西安交通发展》等展板，并向群众发放档案宣传资料和档案文创小礼品。9月6日和12月4日，为纪念《中华人民共和国档案法》颁布31周年和“宪法日”，西安市档案馆（局）联合未央区档案局和张家堡街道办事处、大明宫街道办事处等20多个单位在盛龙广场开展档案法治宣传咨询活动，进一步增强社会档案意识。6月，组成3个工作组对13个区（县）档案馆（局）进行档案综合执法检查；10月，按照要求，对30个市级部门开展档案执法检查。

◆档案基础业务建设 2018年，西安市档案馆（局）以国家档案局综合档案馆业务建设评价工作为契机，全面提升业务和管理水平，推动整体工作规范化和科学化。以“抓重点、强弱项、补短板，奋力追赶超越”为主题，明确工作任务、具体标准、完成时限、责任处室和责任人，每月组织“追赶超越”推进会，开展“查进度、比质量、看效果”活动，确保各项工作高质量、高标准、按时限推进。对库房、机房进行改造，调整扩大展厅、功能用房面积，进行监控系统升级、技术设备更新维护和安全、消防设施设备检查、维护、更新等工作，馆库基础设施、设备和功能进一步完善。对馆藏档案全面清点、整理、抢救，更新调整排架设置、档案存放位置，进一步规范档案全宗卷、资料和实物档案管理。完成“西安事变”史料陈列展、“抗战背景下的西京陪都建设”等项目。与西北大学有关单位合作完成《西安事变图文集》编辑工作。经国家档案局集中评价，西安市档案馆（局）在47家副省级以上综合档案馆中排名第19位（副省级城市档案馆中排名第4位）。

◆档案信息化建设 2018年，西安市档案馆（局）贯彻落实国家档案局档案信息化建设要求，持续推进馆藏档案数字化工作，按标准设置数字化工作场所，配备完善设备设施，建立、健全数字化工作管理制度和工作流程，馆藏档案基础目录数据库和全文数据库不断丰富、完善。截至年底，数字化档案50.87万卷、3633.5万页，馆藏数字化率75.9%，数字档案馆项目建设完成。依托信息化、网络化平台，档案开发利用水平得到提升，档案服务更加便捷、高效。

◆档案培训和交流　2018年，西安市档案馆（局）组织举办各类档案人员业务培训。4月初，举办“全市档案人员基础业务培训班”，123人参加培训；10月22日至11月2日，举办2期档案人员业务培训班，279人参加培训。为进一步扩大“丝绸之路”经济带重要城市间的交往与合作，推进“丝绸之路”和东干族等方面档案资料的收集与研究，邀请哈萨克斯坦阿斯塔纳市国家档案馆馆长别克吉姆巴耶夫于10月26日来馆交流访问。双方签订“合作备忘录”，在档案科学管理、资源整合、学术研究等方面开展合作。与广东、河北和上海浦东、深圳、邯郸等地档案同行开展学习交流，开阔思路和眼界。　（马西明）

文　物

◆概况　2018年，西安市境内有各类不可移动文物点3246处、各级别文物保护单位424处（全国重点文物保护单位52处，省级文物保护单位108处，市、县级文物保护单位264处），其中包含2处世界文化遗产（包含6个点）、4处国家考古遗址公园。有各级各类博物馆134座，其中有国有博物馆34座、行业博物馆48座、非国有博物馆52座。全年投入文物保护专项资金25664万元，其中中央、陕西省专项资金9673万元。文物安全保卫工作连续28年实现“馆库藏文物安全年”。

◆文物保护　2018年，西安市文物局不断夯实文物保护基础工作，推进大遗址考古和考古公园建设，加强和改进文物考古勘探管理，组织开展“西安市文物保护维修工程”，不断加强文物行业管理力度，进一步规范、配合城市基础建设文物勘探工作。

文物保护和管理　配合实施小雁塔、七贤庄、碑林历史文化街（片）区改造提升。7月3日，陕西省人民政府公布“陕西省第七批文物保护单位名单”，高陵区西北人民革命大学旧址、蓝田县汪峰故居及墓园、文公岭战斗旧址（归入陕西省第五批文物保护单位葛牌镇革命旧址）及莲湖区广仁寺古建筑群4处遗址（遗迹）被列入“第七批陕西省文物保护单位”。完成西安市乡土建筑调查，筛选29处拟申报“西安市第五批文物保护单位”。组织开展西安市世界文化遗产地监测预警平台建设及日常监测管理工作，开展中国明清城墙联合申遗、秦蜀古道文化遗产保护与申遗前期相关工作。举办西安市2018年度文物保护项目管理培训。组织开展重要文物保护单位日常监测工作。继续开展西安文物考古地理信息系统工作，对2018年勘探项目、发掘项目进行入库。

重要文物保护工程　组织实施“明德门遗址保护展示工程”，“中法合作公输堂保护项目”，西安城墙19号、21号马面段海墁及城墙南门城楼区域抢险工程，“穆家堰戏楼保护维修工程”，“水陆庵壁塑抢险工程”等20多项维修保护、抢险、日常保养维护工程。推进“汉长安城渭河古桥遗址回填保护工程”。组织开展“西安地区全国重点文物保护单位文物保护工程”专项检查，确保文物保护工程质量和效果。

革命遗址保护　按照《西安地区革命旧址三年（2017—2019年）维修保护计划》，开展革命旧址保护工作。配合七贤庄红色文化示范街区建设工作，编制完成《“八路军西安办事处旧址四号院工字房抢险维修工程”计划书》，实施完成“八路军西安办事处旧址保养性维修工程”“蓝田县葛牌镇红二十五军军部旧址保护维修工程”。

秦岭文物保护　制定《西安市文物局秦岭北麓违建专项整治工作方案》，编制印发《西安市区域内秦岭北麓级别文物保护单位管理手册》。制定《西安市秦岭生态环境保护长效机制方案》，印发《西安市关于加强秦岭北麓文物保护工作的实施意见》。组织开展秦岭北麓重点文物古迹、宗教遗址等历史遗迹的调查、建档工作，核定文物保护范围，加强秦岭沿线区域文物保护单位“四有”（有保护范围、有保护标志、有记录档案和有保管机构或专人管理）档案管理工作，有针对性地对涉及秦岭北麓沿线区域30处省级以上文物保护单位增补文物保护标识、标志及界桩。多次组织有关区（县）文物部门对秦岭北麓沿线区域文物保护单位及不可移动文物点现场检查，督导违建查处。加强秦岭文物古迹管理，针对秦岭沿线区（县）文物保护中存在问题，下发整改意见，确保秦岭文物安全。赴秦岭沿山区（县）检查并督促处理秦岭文物违法案件治理工作。

大遗址保护规划和文物管理规划　完成省级以上文物保护单位保护规划编制工作；完成西安市市级文物保护单位管理规划全覆盖。组织编制《杨官寨遗址保护规划》《丰镐遗址保护规划》《半坡遗址保护规划》《汉长安城遗址保护总体规划（修编稿）》《华清宫遗址保护规划》等，其中《杨官寨遗址保护规划》《华清宫遗址保护规划》《半坡遗址保护规划》上报陕西省文物局。协调推进《汉长安城遗址保护总体规划》修编工作。

西安市文物保护考古院迁建　完成2轮迁建方案修改工作。将西安市文物保护考古院迁建项目上报西安市重点建设项目。协调临时搬迁文物场地，成立搬迁小组，购买搬迁准备物资，组织人员在库房清点、整理、装箱，清点约400座墓葬的5000余件文物。

◆考古和勘探　2018年，西安市文物部门签勘探协议181项，面积770万平方米，发现古遗迹项目占比70%左右，比上年（60%）增加10%。签订考古发掘项目108项，其中古墓葬3126座，比上年（1136座）增加175%；古遗址15815余平方米，比上年（5300平方米）增加198%。发掘墓葬1636座，出土各类文物6600余件。组织开展小雁塔、栎阳城遗址、东市遗址、江村大墓等重要考古发掘工作，启动明德门考古工作。配合小雁塔历史文化街区项目建设单位完成拆迁清表区域3.33公顷区域的考古勘探，完成发掘面积约6000平方米。发现安仁坊南墙遗址、安仁坊宅邸遗址、光福坊北墙遗址，外郭城第八横街遗址及两侧水沟，朱雀大街遗址等，取得重要阶段性成果。组织栎阳城遗址联合考古队进行约3500平方米的考古发掘工作，发掘早期城墙西北角、晚期城墙东部拐角处，进一步明确秦栎阳城城墙遗址位置和格局。组织中国社会科学院考古研究所唐城考古队开展大唐东市遗址考古，发掘面积1840平方米，发现92处隋、唐时期东市遗址重要遗存，累计出土遗物数量2000余件。陕西高陵杨官寨遗址庙底沟文化墓地、西安市秦汉栎阳城遗址入围“2017年中国考古新发现”，为研究西安古遗址乃至文明起源研究提供非常重要的资料。

小雁塔历史文化片区综合改造项目　自2017年4月14日至2018年12月底，西安文物保护考古研究院配合小雁塔历史文化片区综合改造项目一期工程进行考古发掘。小雁塔历史文化片区综合改造一期项目位于西安市碑林区内，西临朱雀大街，东临夏家庄，北临荐福寺路，南临体育场北路。项目总占地面积3.5万平

方米。该项目原为小雁塔苗圃等用地。参考《唐长安城勘测复原图》，项目用地大致位于隋、唐长安城朱雀大街与第八横街交会处，为隋、唐长安城遗址潜在埋藏区，涉及朱雀大街、第八横街、安仁坊西南隅、光福坊西北隅等遗址。发掘6000多平方米，揭露出安仁坊南墙、西墙遗址和宅邸遗址，光福坊北墙遗址，外郭城第八横街遗址及两侧水沟，朱雀大街遗址及东侧水沟等，出土一批建筑构件及文物残片等，取得重要阶段性成果，对了解隋、唐长安城形制、布局具有重要意义。工地中部发现一组唐代宅邸建筑基址。发现10余个房址，大致位于东、西相连的几个院落内，排列有序，有的以长廊连接。该宅邸院落位于安仁坊西南隅，规模较大，应是唐代达官贵人的一处宅邸。根据文献记载，安仁坊西南有汝州刺史王昕宅，与坊东南的赠尚书左仆射刘延景宅“甲第并列，京城美之”。这是隋、唐长安城宅邸遗址的首次发现，对了解宅邸布局、结构及功能都有重要意义。该工地除砖瓦等建筑构件外，还出土陶瓷残片、三彩人面埙、玉开元通宝残片等。在第八横街南侧水沟内出土唐代苏州进贡鱼鲊的封泥遗存，在安仁坊宅邸遗址附近还出土有鎏金小铜佛等。这些发现对研究唐代地方进献的口味贡、唐人的社会生活及佛教信仰等具有重要意义。

白鹿原净水厂汉墓考古发掘项目 该项目位于西安市灞桥区狄寨街道办事处新华村西侧，水安路南侧，白鹿原西麓。为配合白鹿原净水厂项目建设，受陕西省文物局指派和灞桥区白鹿原管委会委托，西安市文物保护考古研究院承担该项目的考古发掘工作。发掘工作自3月起，截至年底，完成23座小型汉墓发掘工作。发现18座古墓葬，出土铜鼎、铜壶、玉佩饰、陶俑等100余件。按照墓葬形制，发掘的23座小型墓葬可分为竖穴土坑墓、竖穴墓道土洞墓、斜坡墓道土洞墓3类。竖穴土坑墓3座，墓坑表面均为长方形，葬具为木棺，葬式为仰身直肢葬，人骨腐朽较为严重，出土鼎、盒等礼陶器组合和陶缶、陶罐等。竖穴墓道土洞墓13座，竖穴墓道略与墓室等宽，长方形土洞墓室有木板封门痕迹，葬具为一棺一椁或单棺，葬式为仰身直肢，随葬器物有陶鼎、盒、钫礼器组合和陶灶、陶囷等模型明器和陶罐、陶缶等，出土钱币均为半两钱。斜坡墓道土洞墓7座，这类墓葬墓道一般较长，墓道坡度较小，部分墓葬墓室与墓道之间有横长方形天井，长方形墓室口有木板封门痕迹，葬具为一棺一椁、两棺一椁或单棺，葬式为仰身直肢，随葬器物有铜盆、铜銗、铜镜等铜器，漆器铜构件，鼎、盒、钫等陶礼器、陶方缸、陶壶、陶灶等，除1座墓葬见五铢钱外，其余墓葬所出均为半两钱，其中M21出土铜銗上有铭文曰“襄城家铜銗容三升重九斤”，为该墓墓主判断提供一定的依据。综合上述，这批小型汉墓时代为西汉早中期，其形制特征、随葬品组合情况与白鹿原地区同时期其他墓葬相似，具有一定的特色，为西安东郊区域汉代墓葬研究提供新的资料。正在发掘的4座大、中型墓葬位于项目用地西部，排列较为规律，4座墓葬中M1规模最大，位于这组墓葬的最北端，墓圹开口东西20米，南北18米，墓道和墓室壁带多层“之”字形台阶；底部东西长8.5米，南北宽6.5米，墓圹以内木椁上下和四周填满积碳，木椁内空间可分为头箱、两侧箱和棺箱4个部分，椁室内被盗扰严重，玉衣片、漆器残片、陶俑残片杂乱分布于椁室内部填土中。头箱内出土1组伎乐俑形象，可分为东、西向4排，最北侧一排为舞女俑，北数第二排为伎乐俑，北数第三排为套编钟和敲击俑，第四排为陶编磬和敲击俑。墓道中部填土中有1座外藏坑，外藏坑分布于墓道填土中部，东西长4米，南北宽2米，木箱结构，中部有一挡板将椁箱分为南、北两侧箱，每侧箱内有车马器2组。从出土器物和墓葬形制来看，这座墓葬具有典型的西汉早中期高等级墓葬特征。本次发掘的23座小型汉墓分布零散，墓葬方向不统一，但出土器物、墓葬形制特征明晰，具有典型时代和区域特征，为西安东郊汉代墓葬研究提供新资料。4座大、中型墓葬规模大、等级高，从清理情况看，虽然被盗扰严重，但仍出土数量众多、内涵丰富的文物，反映墓主人较高的政治地位和经济实力，是研究西汉早中期高等级墓葬葬制、葬俗的重要材料，具有非常高的历史、科学和艺术价值。

千林郡小区汉代积沙墓项目 该项目位于西安市长安区韦曲街道办事处北里王村北侧，千林郡小区二期用地范围内，雁塔南路西300米。发掘工作开始前，墓葬上方大部分区域被下挖至4米深度，墓道东部部分亦被破坏，地表堆积情况和墓室上半部分、墓道东部形制已不可知。6月7日至11月16日，西安文物保护考古研究院对这2座积沙墓进行抢救性考古发掘工作。发掘“甲”字形墓葬2座，坐西朝东，并列分布。出土釉陶器、铜器、铁器、玉石器等各类文物100余件。2座墓葬为西汉晚期大墓，砖墨书“宜春侯”。M1位于北侧，由斜坡墓道、甬道、墓室和椁室4部分组成，墓道位于墓葬东部，大部被破坏，墓道壁中部有1个二层台。甬道砖拱结构，长22.1米，西部有4层砖封门。墓室竖穴土坑结构，平面呈长方形，口大底小，四壁有2个二层台，开口东西长13.4米，南北宽11.6米，墓室正中为长方形砖拱椁室，砖椁由6层长方形条砖镶砌而成，西侧3排砖封底，砖六面磨光，券顶部分磨成楔形，砖椁下有砖砌基础，基础之下至墓底之间有2.5米积沙，砖椁东西长5.3米，南北宽3.6米，高2.7米。砖椁内部随葬物品被盗掘一空，仅存长铁钉数十枚和大、小铜钱100余枚。砖椁东部与甬道之间有木构件搭建的椁箱，由西立柱，南、北两侧板和上横板构成的“门”字形结构，东、西两端与砖椁和甬道相连，椁箱内出土有釉陶壶、樽、罐、鼎和铜熏炉、铜盆、原始瓷壶、铜车马器、陶砖雕灯等30余件。砖椁封门东侧椁箱底部出土有墨书砖1件，铭曰“此五十二宜春侯椁馀□”，为该墓墓

千林郡小区汉代积沙墓

主人身份的判定提供重要参考。M2位于M1南侧，由斜坡墓道、长方形墓室和墓道两侧4个耳室组成。发掘时墓室南部被现代管沟所破坏，东西长12.9米，南北宽12.1米。砖椁位于墓室中部，长方形砖券结构，东、西两侧有3层砖封门，券顶外层为楔形砖，内层为长方形条砖模制而成的楔形砖，内层砖椁遍涂朱砂。椁室内经多次盗掘，盗洞口出土有铁剑、铜镜等，砖椁内出土有玉鼻塞、肛塞、铜钱、剑格、铁棺钉等文物。4个耳室位于墓道东部的南、北两侧，开口于墓道壁上，均为长方形土洞结构，砖封门，砖铺地。其中，北侧东耳室内为车马器，铺地砖下有祭祀坑1个，内有牛、羊、猪骨。北侧西耳室形制较小，仅见少量黑色漆器残片。南侧东耳室南部被管沟所破坏，出土有釉陶壶、釉陶罐、釉陶鼎等陪葬器物30余件。南侧西耳室出土有小型铜戈、小型铁剑、车軎、车辖、骨签、铁环等。本次发掘的2座墓葬规模大、等级高，制造精良，代表当时较高的建筑工艺与水平，反映墓主人较高的政治地位和经济实力，以及西汉晚期长安城内政治、经济、丧葬文化等多方面信息，是研究西汉晚期高等级墓葬葬制、葬俗的重要材料，具有非常高的历史、科学和艺术价值。

陕西西安南郊焦村墓地 2018年1月开始，西安市文物保护考古研究院在西安国家民用航天产业基地西安鑫苑世家项目（原名鼎润新城）范围内，发掘2座十六国时期墓葬（发掘编号为M25、M26）。这两座墓葬规模巨大，尤其是M25墓道60米，深度18米，前、中、后3个墓室，且有壁画，随葬器物较丰富，是关中地区发现的十六国时期最大的墓葬。为长斜坡墓道前、中、后3室土洞墓。坐北朝南，自南向北依次由墓道、第一过洞、第一天井、第二过洞、第二天井、第一甬道、前室、第二甬道、中室、第三甬道、后室组成。3个墓室均为长方形土洞结构，墓室角均有生土雕成的柱础和方形角柱，可能为穹窿顶或四角攒尖顶。3个墓室的四壁均有壁画装饰，保存状况较差，可见仪仗图、翼兽图及部分题记。出土武士俑、釉陶马、方形釉陶扁壶、银饰、铜钱等68件。其中出土的合欢帽俑、十字髻女俑是关中十六国墓葬中的典型器物。M26在距M25以西32米处，为长斜坡墓道前后室土洞墓。坐北朝南，自南向北依次由墓道、第一甬道、前室、侧室、第二甬道、后室组成。出土骑马俑、九盘连枝灯、陶罐、帐座、铁镜等12件。该项目发现的十六国大墓，是发现的十六国时期规模最大、等级最高、结构相对完整、随葬品较为丰富的陵墓，具有重要的学术研究价值。

江村古墓发掘项目 该考古项目位于西汉霸陵区，自2018年起，西安文物保护考古研究院与陕西省考古研究院联合进行考古发掘。1号发掘点分布有20座外藏坑，出土裸体陶俑等文物。仍在考古发掘中。

幸福林带项目 为配合西安城市基础建设改造，西安文物保护考古研究院自2017年9月开始发掘，发掘东汉至明、清墓葬1600余座，出土器物有陶俑、瓷罐、铜镜、墓志等。

北沈家桥城中村改造项目 考古发掘自2018年7月13日开始，发掘墓葬526座、窑址1座，出土各类文物1000余件（组）。

西安高陵金辉·鹿苑一期项目 发现古墓葬97座，发掘90座，其中包括带土雕的十六国大墓。时代从汉代延至明、清时期，出土160余件文物。

◆博物馆工作 2018年，西安市新增西安市曲江第二小学儿童博物馆、唐华清宫梨园遗址博物馆等7座博物馆，西安市博物馆总量达133座。将丝绸之路主题博物馆建设项目纳入《西安市“博物馆之城”建设总体方案》，配合有关部门开展项目选址工作，召开专家论证会，初步完成该项目前期概念策划。加强与深圳市腾讯计算机系统有限公司、上海证大喜马拉雅网络科技有限公司等企业合作，以西安博物院、西安市钟鼓楼博物馆、八路军西安办事处纪念馆为试点，推动“智慧博物馆”建设工作。

博物馆管理 完成《西安博物馆之城建设总体方案（2018—2021）》报审及修改工作，待中共西安市委全面深化改革领导小组审议通过并印发。编制《2018年西安博物馆之城建设新建项目任务书》《2018—2021年西安博物馆之城新建项目任务书》，完成《西安市非国有博物馆事业发展规划》《支持西安市非国有博物馆事业发展若干政策规定》和《西安市非国有和行业博物馆突出贡献表彰、奖励办法》。赴宁波鄞州区、丽水市等全国16个省（区、市）、市，开展支持非国有博物馆政策调研，并形成调研报告。完成西安市非国有和行业博物馆2017年度考核工作，兑付扶持鼓励资金1000万元。

博物馆社会公共服务 组织西安市各级、各类博物馆举办各类展览200余个，开展面向公众的文化服务活动1000余次。开展2018年博物馆“双进”活动（进100所学校，进100个社区）262次，走进学校147所，走进社区115个。以改革开放40周年庆祝活动为着力点，举办“走向世界的中国名片——纪念改革开放40周年人民币回顾展”“不忘初心 砥砺前进——纪念改革开放40周年大型图片、实物展”等150余个展览。举办《纪念大唐立都长安1400周年“巧工大美最长安”》等展览、“璀璨大唐——纪念唐朝诞生1400周年学术讲座”等公益讲座及学术研讨会等活动。以博物馆公众教育、临时展览等为重点，开展传承中华优秀传统文化宣传工作。

唐华清宫梨园遗址博物馆 该博物馆2018年5月备案成立。位于陕西省西安市临潼区华清路38号华清宫景区内主入口西侧，是为保护唐华清宫梨园遗址而设立的专题性博物馆。该馆占地面积1513平方米，由主楼和周边辅助建筑组成，其中主体建筑分为3层，西侧有廊，北侧为6间单体辅建筑。展室总面积1750平方米，一层面积约1000平方米，二层面积约570平方米，三层面积约180平方米。该馆隶属于西安市临潼区华清宫景区管理处。该馆以展览为主要功能，通过唐华清宫梨园遗址出土的文物、历史文献和多媒体技术，展现唐代皇家梨园丰富多彩的乐舞文化，着重突出作为国内唯一被发掘确认的梨园遗址所特有地位。整个展览以“梨园寻梦”为主题，通过3个部分铺开展陈，第一部分位于一层，主题为“梨园序曲”；第二部分位于负一层，主题为“梨园寻梦”；第三部分位于地上二层，主题为“梨园祖庭”。整体内容突出体现唐代乐舞发展的历程以及各国文化高度往来交融的艺术多样化特质。

西安市德江陶瓷模范标本博物馆 该博物馆2018年5月备案成立。该馆位于灞桥区纺织西街半坡国际艺术区新建A区A-06号，由喻德江创办，以陶瓷模范标本为主题。建筑面积1000余平方米。主题展涉及一、二两层，其他辅助展为两部分，分别为陶瓷与佛教艺术、陶瓷与生活。馆中有布茶室2处，供接待交流、学术研讨之用，并设窑口标本体验区（真赝对比）及多功能讲座厅。馆内展出陶瓷模范标本800余件，分为3类：651件陶范类标本、118件陶瓷类标本、80件窑具标本，类型丰富，题材多样，保存

2018年12月，交大西迁博物馆备案成立

较为完整。

西安市曲江第二小学儿童博物馆　该博物馆2018年5月备案成立。位于雁塔区雁翔路曲江第二小学内，是西安市唯一设立于小学校园中、与博物馆校本课程相融合的儿童主题博物馆。博物馆由7大校园主题博物馆及各班班级主题博物馆组成，其中主题博物馆包括城市历史博物馆、地球科学博物馆、非物质文化遗产博物馆、儿童税法博物馆等特色展厅。

西安市新梦想影业博物馆　该博物馆于2018年5月备案成立。位于雁塔区朱雀大街南段城市立方5楼，由西安新梦想影业有限公司创办。博物馆以结合东、西历史文化为主题，从世界各地，国内各省（区、市）、市（地）、区（县）征集1914—1986年的334件藏品，分别为：机器类（电影放映机、摄像机、老式照相机等）173台、胶片134盘及其他类（调音机、扩音器、幕布等附属品）27件，展现各个年代的文化历史，代表百年来各国、各时期的电影发展。该馆陈列面积1200平方米，按照世界电影发展史、中国电影发展史、西安电影发展史及电影设备发展史4个单元，全面呈现百年电影的发展历程。

西安市新源民俗艺术博物馆　该博物馆2018年5月备案成立。位于高陵区通远镇史喻村六组，由邓红军创办。该馆是以“教育、研究和欣赏”为主题的非国有博物馆。馆藏多为创办者几十年来收集的中华陶器、瓷器、木器及字画等305（件/套）藏品。博物馆建筑面积1000平方米，包括1个序厅、1个“陶”醉生活厅、1个如“瓷”之家厅和1个临展厅。

西安市团结民俗博物馆　该博物馆2018年11月备案成立。位于西安市未央区团结村三组甲字1号，由贺炫武创办。是以“民俗文化”为主题的非国有博物馆。馆藏多为创办者二十几年来收集的关中刺绣、银饰、字画等300多件藏品。博物馆建筑面积1000平方米，其中包括序厅、刺绣陈列厅、银饰陈列厅、字画陈列厅、文创商店、多功能活动区。

西安市惟德玉文化博物馆　该博物馆2018年11月备案成立。位于陕西省西安市沣东新城三桥街道办事处西安车辆厂花园生活区二期东二号，属西咸新区核心部位，由谭文峻创办。是以玉文化为主题的非国有博物馆。馆藏多为创办者几十年来收集的玉、陶、石刻石雕等300件藏品。博物馆建筑面积468平方米，包括2个展厅。

交大西迁博物馆　该博物馆2018年12月备案成立。位于西安交通大学兴庆校区，邻近西安交通大学艺术博物馆。占地面积为940平方米，建筑面积为3760平方米，共4层，采用全钢结构建设。馆内布展面积2400平方米，由序厅、放映厅、展厅和多功能厅组成。内容分为溯源、西迁和致远3个部分，从溯源南洋到交通大学西迁，“从南洋走来”到“与国家民族同向同行”，从“永远飘扬的旗帜”到中共中央总书记习近平对“西迁精神”的重要指示。展出照片、图表和实物等2077件，其中有西迁人及广大师生、校友捐赠的实物390件。展馆以图文实物和多媒体等展陈形式集中体现西迁人创业历程和辉煌成就。该馆由西安交通大学与中共陕西省委、西安市人民政府共建，于12月11日对外开放。

◆文物利用　2018年，西安市文物局以西安博物院“2018小雁塔荐福文化大庙会”、窗口单位夜间亮化为重点，开展“西安年·最中国”活动，包括临时展览、博物馆公众教育、行为艺术展、非物质遗产文化展演、文化创意展示、博物馆阅读、传统文化手工体验活动、传统文化体验、中国年文艺展演、免费派送红色书籍、播放红色电影、猜灯谜、文化体育大拜年等活动。组织西安市有关博物馆以游学、赏花、踏青、祭祖等为主题，开展2018“春满中国·醉西安”活动，其中青龙寺樱花节、尺八演奏会等活动受到群众欢迎。组织西安市重点博物馆开展“夏爽中国·嗨西安”活动，半坡博物馆研学之旅夏令营、关中民俗艺术博物馆“关博院里·文化大观”等主题活动以及“读历史、读红色博物精品线路”的读夏活动受到广泛关注。开展文物博物创意产业发展相关工作。召开“春节民俗文化的起源与发展”主题专家咨询会，形成《西安文博系统“2019西安年·最中国”活动方案》。挖掘文物资源内涵，与北京微播视界科技有限公司（抖音公司）、上海证大喜马拉雅网络科技有限公司、深圳市腾讯计算机系统有限公司等企业合作，形成文物研究、创意策划、采编制作、全域宣传的宣传矩阵；与陕西动漫产业平台开展文物、遗址利用3D动画制作工作，推动“智慧博物馆”和“数字博物馆”建设，进一步开拓文物和遗址利用领域。推进西安市文博行业文化补短板工作，完善《西安市文博行业补短板　加快文博创意产业发展的实施方案（讨论稿）》，初步形成《西安市文创产业运营平台组建方案（讨论稿）》，并上报西安市人民政府。

◆文物合作与交流　2018年，西安文博行业助推国际人文交流成果丰硕。西安市文物局举办第三届中法文化论坛——博物馆论坛西安分场、“文化遗产保护与增值论坛”、“大明宫与凡尔赛宫的对话图片展”等活动。承办第二届中德历史文化名城对话会，举办《莱茵兰—普法尔茨州文化遗产珍宝展》及《视角——特里尔世界遗产图片展》。赴日本新潟市举办“玉与镜的世界——西安　新潟友好交流特别展”。举办“南亚廊道学术研讨会”与“丝绸之路文化遗产管理培训班”。筹划中瑞文化交流展、英国艺术家德莱顿·古德温在西安举办“出·土”展览。开展英国私立博物馆协会赴西安非国有博物馆文化交流活动。支持大唐西市举办“丝绸之路”国际博物馆友好联盟第三届大会，来自“丝绸之路”沿线17个国家和地区的50余家博物馆参加大会。

◆**文物执法与安全**　2018年，西安市文物局做好“文物保护”目标考核工作，推动文物安全责任落实。年初，落实西安市人民政府与各区（县）政府、开发区管委会签订“文物安全责任书”21份。推动西安市人民政府召开“2018年西安市文物安全暨法人违法案件专项整治”工作会议，进一步落实文物安全主体责任。9月，汲取巴西博物馆火灾的教训，推动西安市人民政府组成6个组，对西安市博物馆和文物建筑消防安全工作进行大检查。加强文物安全督察、检查工作，针对文物安全隐患进行排查治理，对违法案件进行督察检查。深化与公安合作，强化预防为主理念，强化末端管理，健全文物安全打击犯罪长效工作机制，制止多起文物犯罪活动。部署“西安市打击文物犯罪专项行动”，配合公安机关立文物案件15起，其中结案12起；处理犯罪嫌疑人49人，其中逮捕35人、刑拘14人；追缴涉案文物568件（组），其中二级文物2件（组）、三级文物15件（组）、一般文物551件（组）；录入打击文物犯罪信息208条，打掉团伙4个。推动文物安全防控体系建设，全方位加强西安市文物安全工作，完成包括西安钟鼓楼保管所、西安博物院在内的近30多家文博单位的微型消防站建设。加强消防技能培训和演练，提升文博单位消防安全能力。

（马利利）

公共文化

◆**概况**　西安市文化广电新闻出版局根据中共中央办公厅、国务院办公厅《关于加快构建现代公共文化服务体系的实施意见》确定的重点任务，加强统筹谋划和组织领导。按照《西安市农村文化礼堂建设实施方案》要求，协调市级部门下达奖补资金2300万元，支持各区（县）、开发区建成“农村文化礼堂”115个。利用“图书馆集群信息化管理平台”和“市域公共图书馆服务联盟”机制，建成以西安图书馆为中心馆，区（县）图书馆为成员馆，连接镇（街道）、村（社区）的四级公共图书馆服务体系；将西安市10个区（县）图书馆和20余个直属分馆纳入管理平台，在全市形成“一馆一品”阅读推广系列品牌。按照《24小时社区自助图书馆建设试点工作实施方案》，组织开展西安市24小时街区自助图书馆建设技术标准制定、设备系统对接测试等工作，推进12个试点社区自助图书馆建设。组织举办“2018西安‘红五月’音乐会”群众歌咏活动、文化部（现文化和旅游部）“春雨工程”——西安市文化志愿活动、“庆七一”文艺演出暨2018西安市夏日广场文化活动、纪念改革开放40周年西安市群众美术书法展览、2018·西安大学生开学盛典“进了永宁门　都是西安人”主题晚会、“丝绸起点庆华诞　龙马精神谱新篇”2018西安市国庆展演、“丰收锣鼓　擂响幸福”西安市庆祝首届中国农民丰收节、“我们的节日——温暖冬至”等各类文艺演出和文化活动20多个，并牵头完成“2018西安年·最中国——西安中国年新春盛典暨新时代民俗文化年展活动”和西安市首届农民节系列主题文化活动。在“民间文化艺术之乡”评选工作中，西安市推荐的鄠邑区、周至县集贤镇被陕西省文化厅命名为2018—2020年度“陕西省民间文化艺术之乡”，其中周至县集贤镇被陕西省文化厅推荐为“中国民间文化艺术之乡”。完成“戏剧惠民”演出1569场，观众人数215万人次。开展公益电影放映，在农村及社区放映公益电影38766场，观众约262万人次。持续开展“广电扶贫·宽带乡村”工作，为农村贫困户安装电视35362个；为贫困村安装无线网络接收器244个，落实扶贫资金1519.688万元。引导各文艺院（团）把握以人民为中心的创作导向，创作和移植、加工、复排话剧《共产党宣言》《柳青》，秦腔《喜迁莺》，儿童剧《24个奶奶》等优秀剧目26台。创作“反映西迁精神”的舞蹈《西去列车》、群口快板《西迁精神永传承》、诗歌《西行路漫漫》、相声《说一不二赞西迁》和宣传“十九大精神”“脱贫攻坚”“绿色环保”方面的快板《举世瞩目十九大》、曲艺表演《喜说十九大》、小品《懒汉脱贫》等主题节目10余部。推荐6部剧本参加陕西省重点剧本研讨会；2个项目申请西安市宣传文化发展专项资金；2部作品被陕西省文化厅选为“陕西省剧本孵化工程剧目”。

截至年底，西安市有博物馆134座，各级别文物保护单位424处。有公共图书馆13个，群众艺术馆2个，文化馆14个，文化站186个。有市级广播电视台2座、区（县）级广播电视台6座。电视及广播人口覆盖率均达100%。

◆**文化市场监管**　2018年，西安市文化广电新闻出版局围绕“清源”“净网”“护苗”“固边”“秋风”5大专项行动，在全市网吧等经营场所全面推进新时代“十个没有”（没有无证经营；没有欺诈消费；没有不实名登记；没有涉黑涉恶组织活动；没有传播违法犯罪信息；没有“两抢一盗”；没有上网人员猝死；没有黄赌毒、寻衅滋事等违法犯罪活动；没有未成年人上网；没有安全隐患和监控盲区）平安文化市场建设；在全市重点旅游演出区域开展严厉打击演出市场低俗、媚俗、庸俗“三俗”文化现象专项行动等。全年开展各类市场检查行动及联合行动213次，出动检查人员3.78万人次，检查网吧2190余家（次），处罚违规网吧205家，联合工商、公安部门取缔城中村和城乡接合部的“黑网吧”52家；检查歌舞娱乐场所、电子游艺场所1290余家（次），关停违规场所60家（次）；检查印刷企业、书城书店、书报摊660多家，取缔非法游商地摊19个，查获收缴各类非法出版物、音像制品1180多册（盘）；完成全国“扫黄打非”工作小组办公室、陕西省“扫黄打非”工作领导小组办公室核查通报线索29起，完成率100%。全年净化文化市场和网络环境合格率达91%以上。

◆**非遗保护**　2018年，西安市文化广电新闻出版局完成第6批陕西省非物质文化遗产项目代表性传承人和第4批非物质文化遗产传承单位推荐评审工作，向陕西省文化厅推荐27名非遗代表性传承人和1个非遗传承单位。西安市有20个项目入选“陕西省非物质文化遗产项目名录”，数量居陕西省第一位；有4位代表性传承人入选“国家级非物质文化遗产名录”。收集整理市级项目的相关材料，组织编辑出版《西安市非物质文化遗产名录图典》，对市级项目和代表性传承人进行推介。开辟非物质文化遗产展示场所20多家，指导区（县）文化行政部门和项目保护单位开展非物质文化遗产宣传展演、展示活动150多场。

◆**西安市首届农民节系列主题文化活动**　2018年，西安市文化广电新闻出版局印发《关于组织开展西安市首届农民节系列主题文化活动的通知》，在2月10日至3月18日，组织开展“西安市

2018年9月3日，西安市文化广电新闻出版局在西安曲江大明宫国家遗址公园举办“欢乐百姓　舞动幸福”庆祝改革开放40周年2018西安市广场舞大赛

首届农民歌手大赛”“西安市优秀非物质文化遗产综合展演”“西安市民间锣鼓展演”“西安户县农民画优秀作品展”“西安市剪纸优秀作品展”“西安市首届农民节主题文化下乡演出”6大项活动。组织21家演出院（团）开展“西安市首届农民节主题文化下乡演出”，赴镇（街）、村组演出360余场，观众80余万人次。

◆首届中国农民丰收节系列文化活动 2018年，西安市文化广电新闻出版局组织开展“丰收锣鼓 擂响幸福”西安市庆祝首届中国农民丰收节系列文化活动。9月18—20日，在高陵区场畔举办特色农耕文化展示、舞台剧展演活动。9月21日，在蓝田分会场举办农村传统文化项目展演、千面锣鼓上街巡游；在蓝田县天鹅湖广场举办庆丰收文艺演出，烘托农民丰收节的喜悦氛围。9月30日，在鄠邑区人民路广场举办农民文化艺术活动专场演出。

◆2018西安“红五月”音乐会群众歌咏活动 2018年，西安市文化广电新闻出版局举办“激情红五月，风雨六十年”2018西安红五月音乐会群众歌咏活动。从4月开始，各区（县）、开发区在辖的镇（街）、社区、企业、机关、学校、部队等开展188场群众性歌咏活动和比赛。经过各区（县）、开发区筛选，有16支代表队参加市级决赛。最终，评选出市级决赛一等奖5名、二等奖5名、三等奖6名和活动优秀组织奖17名、先进工作者奖55名。

◆千场戏剧惠民演出 2018年，西安市文化广电新闻出版局在元旦、春节期间开展“西安年·最中国”“我们的节日——春节（元宵节）”“我们的中国梦——文化进万家”“西安市首届农民节主题文化下乡”等主题活动，安排演出300余场。在惠民演出中，演出团赴革命老区、军营、敬老院、儿童福利院、建设工地、校园、贫困村演出，进行西安市科技、文化、卫生“三下乡”启动仪式文艺演出，将传统节日和省、市、区（县）重要活动结合起来，宣传党的政策，温暖民心，传递真情，受到群众热烈欢迎。全年演出1569场，观众237万人次。组织25家演出院（团）参与陕西省人民政府购买公共演出服务。

◆“庆七一”文艺展演 2018年7月1日，西安市文化广电新闻出版局在大明宫国家遗址公园丹凤门广场举办“庆七一”纪念改革开放40周年文艺演出暨2018西安市夏日广场文化活动启动仪式。演出形式有合唱、舞蹈、秦腔、独唱、豫剧、现代京剧、太极表演等多个门类，吸引近万名市民观看。同日，在西安市群众艺术馆一楼展厅举办“庆七一”纪念改革开放40周年西安市群众美术书法展览，展出70多幅书画作品。

◆广场舞大赛 2018年9月3日，西安市文化广电新闻出版局在西安曲江大明宫国家遗址公园举办“欢乐百姓 舞动幸福”庆祝改革开放40周年2018西安市广场舞大赛。经过社区（村）、镇（街）层层选拔，西安市13个区（县）和部分开发区的17支代表队参加比赛。最终，灞桥区代表队、周至县代表队、鄠邑区代表队获大赛一等奖。

◆2018·西安大学生开学盛典“进了永宁门 都是西安人”主题晚会 2018年9月13日，西安市文化广电新闻出版局在南门瓮城举办2018·西安大学生开学盛典“进了永宁门 都是西安人”主题晚会。晚会邀请西安本土歌手和高校团队参演。观众现场感受网红歌曲《西安人的歌》、秦腔摇滚《西安有面》、西安市群众艺术馆的诗朗诵《做一个最好的你》、体育舞蹈《青春飞扬》及校园歌曲联唱等7个富有西安元素的精彩节目。

◆西安市群众诗歌朗诵会 2018年9月25日，由西安市文化广电新闻出版局主办，西安市群众艺术馆承办的第六届陕西省阅读文化节西安分会场“诗意西安，抒怀百姓”西安市群众诗歌朗诵会在陕西歌舞大剧院举办。朗诵会选调新城区文化馆《丝路畅想》等15个节目参加。

◆2018西安市国庆展演 2018年10月1—7日，由西安市文化广电新闻出版局、西安曲江新区管理委员会主办的“丝绸起点庆华诞 龙马精神谱新篇”2018西安市国庆展演系列文化活动在大明宫举办。每天举办2场群众大舞台演出活动，并在丹凤门南广场举行“龙马精神”大型巡游。

◆“我们的节日——温暖冬至”活动 2018年12月18—21日，西安市文化广电新闻出版局举办以“我们的节日——温暖冬至”为主题的慰问演出活动5场，让广大环卫工、地铁建设者等一线工作人员在传统冬至到来之时感受节日的快乐和温暖，共享文化建设成果。《西安零距离》《西安日报》《西安晚报》及《西安发布》《文旅陕西》《西安网》等媒体进行宣传报道。

◆快闪活动 2018年国庆节期间，西安市文化广电新闻出版局在西安高新技术产业开发区佳慧坊、曲江新唐人街、大明宫丹凤门南广场组织市民、游客、文化工作者用演唱、舞蹈、情景表演等艺术形式庆祝中华人民共和国成立69周年，并组织协调西安市群众艺术馆、西安市合唱协会及各区（县）文体局、文化馆500余名文艺爱好者参与拍摄快闪演出活动。

（市文广新局）

体育

责任编辑

姬娟妮

西安年鉴

2019

XI'AN YEARBOOK

综　述

◆概况　2018年，西安市体育局以“办人民满意的体育”为根本宗旨，巩固和发展群众体育作为全民健康保障的基石作用，打造竞技体育的“提速极”和体育产业的“增长极”，加快实施品牌赛事工程、全运备战工程、体育惠民工程、人才兴体工程、产业提升工程和强基固本工程，“体育强市、健康西安、品质西安”建设取得显著成效，西安市体育工作迈上新台阶。坚持以市场为导向，优化体育产业结构，拓展发展渠道。落实国家“体育+”和“+体育”战略，研究编制体育产业发展规划，完善配套扶持政策，加快培育多元市场主体，鼓励支持企业和社会组织参与品牌赛事、特色体育项目开发。进一步拓宽体育彩票销售渠道，保持体育彩票销售的稳步增长。加大对体育市场的指导和监管，及时发现和纠正违规行为，市场环境保持良好。全年西安市运动员参加国际比赛，获得7金2银；参加全国比赛，获得23金23银39铜；参加陕西省第十六届运动会，获得金牌521.5枚，总分27245.5分。截至年底，全市体育产业单位注册550家，限额以上批发和零售业中，体育产业营业收入822.19亿元，比上年增长26.2%；规模以上服务业中，体育营业收入4.2亿元，增长185.3%。

◆第十四届全国运动会筹备　2018年，西安市健全第十四届全国运动会执行委员会工作机构，坚持“五项会议”制度（西安市执委会全体会议、西安市执委秘书长办公会议、西安市执委会专家业务指导会议、西安市执委会部室联席会议、西安市执委会各部门联络员会议），及时研究解决十四运筹备工作中的重大问题。加快十四运会场馆建设，西安奥体中心项目“一场两馆”（6万座主体育场、1.8万座体育馆和4000座游泳跳水馆）主体结构全部封顶，西安城市运动公园体育馆、秦岭国际高尔夫球俱乐部场地改造体育工艺方案制定工作初步完成。加强十四运备战训练，细化备战方案，先后选拔引进优秀运动员115人、优秀教练员13人，强化训练督导，运动员成绩稳步提高。广泛开展“全民全运、全运惠民，我要上全运”主题系列活动，开展各类活动200余项次，营造“全民健身、喜迎全运”的浓厚氛围。制定《十四运三年宣传工作方案》。举办十四运新闻报道（西安）培训会，邀请中国体育新闻工作者协会主席涂晓东、世界冠军李妮娜和郭爽等担任主讲嘉宾，围绕学习中共中央总书记习近平在全国宣传思想工作会议上的讲话精神、全民健身新闻报道、全运会新闻报道的特点和新闻规律、运动员与体育记者的美好故事等进行专题讲座，50多名体育记者参加培训学习和探讨交流。

◆体育产业发展　2018年，西安市体育局优化体育产业布局，结合西安旅游和冰雪地域优势特点，组织对西安市13个区（县）、西咸新区体育产业情况进行实地调研。在摸清西安市产业现状的基础上，研究编制《西安市体育旅游产业专项规划》和《西安市冰雪产业专项规划》，8月底，经过评审后印发各区（县）执行。大力支持体育产业基础好、地域优势明显的区（县）创建冰雪、航空、水上等体育休闲区。建立西安市体育产业数据库和监测体系，简化行政审批程序，完善体育市场监管清单，持续深化“放管服”和“最多跑一次”改革；制定《西安市秦岭户外运动指导意见》，对西安市高危险性体育项目、健身场馆设施进行全面检查，改善体育营商环境。截至年底，西安市体育服务业比上年增长185%，体育批发零售业增长26%。申请中央、陕西省公共文化服务体系建设奖补资金4000万元，扶持体育事业建设和体育产业发展。加强体育彩票网点建设，全年体彩销售34.8亿元，比上年增长23%。

◆体育市场管理　2018年，西安市体育局规范体育市场管理，加强体育市场执法培训和检查，举办西安市高危险性体育项目安全工作培训会，加强对西安市体育健身场馆设施、服务事项等执法检查，全年组织执法检查20次，检查体育经营单位90多家，体育市场规范有序。公开政务信息850余条、办结人大代表建议和政协委员提案14件、受理网民咨询和投诉130余件次，体育营商环境得到有效改善。

◆2018西安国际骑行大会　2018年10月21日，由中国体育报业总社、中国体育新闻工作者协会、西安市体育局共同主办的西安国际骑行大会在渭河西安段沿岸全民健身长廊举行。来自“一带一路”国际友好城市及全国各地的1200余名选手参加男子公路精英组、男子山地青年组、男子山地大师组、女子山地组、健身骑行组5个组别的比赛。比赛路线设在渭河沿岸河堤路，全程45千米。中国著名相声艺术家张大礼、世界冠军李妮娜和郭爽等嘉宾为运动员领骑助威。

◆2018年全国百城千村健身气功交流展示系列活动陕西省启动仪式暨西安市健身气功交流展示大会　2018年6月13日，为深入贯彻落实“全民健身”和“健康中国”国家战略，引导社会各界群众科学健身，大力推广健身气功，教育广大群众远离邪教，西安市在灞桥区白鹿仓热气球飞行营地隆重举行“2018年全国百城千村健身气功交流展示系列活动陕西省启动仪式暨西安市健身气功交流展示大会”。本次活动由国家体育总局健身气功管理中心、陕西省体育局主办，陕西省健身气功管理办公室、西安市体育局、西安市人民政府防范和处理邪教问题办公室承办，灞桥区文体旅游局、灞桥区人民政府防范和处理邪教问题办公室、白鹿原现代农业示范区管理委员会、灞桥区狄寨街道办事处协办。来自西安市60多个健身气功站点的1000余名健身气功爱好者参加大会，展示“易筋经”“八段锦”两套功法和“导引养生功十二法”，活动吸引众多群众现场观看。截至年底，西安市有注册健身气功站点310个，在册练功人员超过1万人。

◆2018“一带一路”雁塔杯国际击剑邀请赛　2018年4月22—23日，由雁塔区政府和西安市体育局联合主办的“一带一路”雁塔杯国际击剑邀请赛在城市立方新丝路生活中心举行。比赛共设男子花剑、男子佩剑和女子重剑3个项目，吸引来自英国、匈牙利等12个国家的120余名击剑高手参赛。比赛期间，赛事组委会还邀请部分中小学校长和数百名中小学生观摩，借机推动击剑运动的普及和发展。

◆2018世界篮球峰会　2018年10月3—4日，“2018世界篮球峰会”在西安曲江威斯汀酒店举办。本次峰会是国际篮联自1932年成立以来，首次齐聚全球篮球行业领袖召开的篮球盛会。篮球峰会以“共建世界篮球未来”为主题，国际篮联、各大洲和各国篮协30余位篮球界领袖人物和世界知名企业总裁，围绕协会、品牌、联赛、俱乐部、媒体、社会、未来7个板块进行研究探讨，国际篮联秘书长帕特里克·鲍曼、副主席哈马内·尼昂，中国篮协主席姚明，NBA总裁亚当·萧华，耐克全球篮球副总裁克雷格·扎农等国内外近300名嘉宾参加峰会。

（丁宏涛）

群众体育

◆概况　2018年，西安市体育局坚持以群众健身需求为导向，广泛开展全民健身活动，加快全民健身服务体系建设，积极推进市、区（县）、体育社会组织、企业协作化办赛模式，举办“丝绸之路”系列赛、“舞动长安”全民健身技能大赛、第三届老年人体育健身大会等全民健身活动350余项次，引领和带动全民健身活动的广泛开展。不断加强全民健身服务，完善全民健身基础设施，健全市、区（县）、街道（镇）、社区四级健身服务网络，群众健身更加便利。

◆**全民健身服务体系建设** 2018年，西安市继续扶持“一区（县）一体育品牌”活动创建工作，带动乡镇、街办体育品牌活动发展。在西安市各区（县）组织开展体育进社区、进农村体育指导示范活动12次。为当地群众赠送健身器材，开展群众喜闻乐见的健身项目展示，安排优秀社会体育指导员和国民体质监测车为当地群众进行健身指导和体质监测服务。开具运动处方，全年培训社会体育指导员1738名，监测国民体质27000余人次，受到群众普遍欢迎。指导各区（县）依靠自身优势，创新思路，在街道、社区广泛开展篮球、乒乓球、足球、健身排舞等面向基层、形式多样的全民健身活动，巩固和发展市、区（县）、街道（乡镇）、社区四级健身服务网络。

◆**全民健身场地设施建设** 2018年，西安市不断完善全民健身基础设施，启动《西安市公益性体育设施专项规划》编制工作，推进西安市人民体育场改造项目、西安市伞塔路全民健身改造收尾项目、西安市体育训练基地建设项目PPP模式策划包装，统筹安排区（县）标准化公共体育场地建设。建成3个全民健身园区，规划实施渭河沿岸全民健身长廊4期工程建设；完成社区全民健身路径工程74个、农民体育健身工程90个、多功能运动场10个、健身气功站点30个。截至年底，西安市共建成村级农民体育健身工程3970个、乡镇农民体育健身工程211个、社区全民健身路径工程1854个、全民健身园区24个、笼式足球场29个、笼式篮球场12个、室内健身房10个、国民体质监测点12个，群众健身更加便利。

◆**“舞动长安”2018西安市全民健身技能大赛** 2018年8月4—7日，由西安市体育局主办，各区（县）文体局、西安市社会体育指导员协会协办的“舞动长安”2018西安市全民健身技能大赛总决赛举行。赛事紧扣“全民全运、全运惠民”主题，从街镇评选、各区（县）分区赛选拔，到西安市总决赛，前后历时4个多月，参与人数超过30万人次。来自西安市各区（县）50支高水平健身队伍约2000名运动员，参加健身操舞、太极、武术、综合4大类项目的决赛，吸引了1.5万名群众驻足现场，近100万名市民通过网络视频直播观看比赛。“舞动长安”微博话题被200余万人次群众关注，中央、陕西省、西安市20余家新闻媒体对赛事进行为期4个月的跟踪报道。

2018年8月4—7日，西安市举办“舞动长安”2018西安市全面健身技能大赛总决赛。图为健身操舞类总决赛现场

◆**2018李宁用心趣跑生活节（西安站）** 2018年9月16日，李宁用心趣跑生活节在大明宫国家遗址公园举行。2018年该赛事在北京、上海、广州、西安等8个城市举行，西安市为第5站，活动整体由竞技比赛和体验互动活动两部分组成，竞技比赛设置10千米竞技跑、家庭主题跑2个项目，体验互动活动设置障碍跑和用心市集2项活动，共有4000余名运动员报名参加比赛。

◆**自行车联赛** 2018年9月9日，中国•渭河健身长廊自行车联赛（西安站）于9月9日在渭河生态景观区西安湖全民健身户外营地举行。比赛共设体验组、男子公路精英组、山地精英组、山地大师组、女子山地公开组5个组别，来自西安市各区（县）的700余名骑行爱好者参加比赛。2018年11月11日，中国•环秦岭自行车联赛（西安站）于11月11日在西安秦岭野生动物园举行，比赛设男子公路精英、男子山地精英，男子山地大师、女子山地公开4个组别的比赛，总参赛人数约600人。

◆**西安市第三届老年人体育健身大会** 2018年，西安市第三届老年人体育健身大会。西安市第三届老年人体育健身大会由西安市体育局、西安市老干局、西安市老龄委主办，历时近2个月，共有来自西安市13个区（县）、12个部门和行业单位组团参赛，92个单位255支代表队2544名老年体育运动员参与其中。大会设钓鱼、中国象棋、门球、乒乓球、健身腰鼓、羽毛球、健身气功、太极拳、气排球、花绳操、健身秧歌、健身球操、柔力球等共13个大项，分别在13个承办单位、区（县）进行交流展示，产生了积极的社会影响。

◆**农民趣味运动会** 2018年3月10日，西安市首届农民节暨西安市农民趣味运动会在未央区西安鹿鸣大球场举行。本次赛事作为农民节首场活动，以“传承农耕文化、敬农爱农助农”“推动乡村振兴、增强农民体质”为主题，由全民健身展示表演和比赛两部分组成，来自11个涉农区（县）的代表队（含西咸新区）近400名运动员，参加10个趣味项目的角逐，2000余名农民群众观看比赛，运动会隆重、精彩、热烈，充分展示当代农民积极向上的精神风貌，受到社会各界的广泛关注和一致好评。9月，举行西安市庆祝中国农民丰收节金秋农民趣味运动会，运动会以“庆祝丰收、弘扬文化、振兴乡村”为主题，采取主会场、分会场相结合的形式举行。其中，主会场活动于9月27日在高陵区耿镇周家村全民健身园区举行，来自西安市11个涉农区（县）200余名运动员参加颗粒归仓、取水抗旱、引水入田、百米龙舟、神行太保、摸石过河、两人三足、赶猪入圈8个团体趣味项目的比赛；分会场活动于9月29日在蓝田县玉山镇杨寨村举行，蓝田县三里镇、玉山镇、灞源镇、蓝桥镇等10支街镇代表队200余名运动员参加比赛所设的5个趣味项目的比赛。

◆**游泳场馆暑期免费开放活动** 2018年，西安市体育局为有效减少暑假中小学生到江河湖泊游泳溺水事故的发生，丰富中小学生暑假生活，引导中小学生积极参与体育锻炼、增强体质，根据西安市人口和游泳场馆分布情况，按照“合理布局、择优取用、保证品质、确保安全”的原则，市体育局向全市13个区（县）的23家游泳场馆购买中小学生暑期免费游泳服务，从7月20日开始至8月19日期间，全市接受义务教育阶段的中小学生均可在上述23个游泳场馆进行免费游泳。本次免费游泳活动受到全市广大中小学生和家长的普遍欢迎。

（丁宏涛）

竞技体育

◆概况 2018年，西安市着眼提升竞技体育实力，抓赛事组织、抓交流培养、抓素质重塑，竞技体育水平不断提高。先后承办全国中学生举重锦标赛、全国测功仪巡回赛、“我爱足球”中国足球民间争霸赛、陕西省青少年拳击锦标赛、陕西省青少年排球锦标赛等国家和省级赛事10余项，举办西安市篮球、排球、足球等市级比赛30余项次，赛事组织水平和规模质量进一步提高。坚持以赛促训，选派运动员参加国际国内各项比赛，获第一名29个、第二名25个、第三名18个；组团参加陕西省第十六届运动会，取得金牌数、奖牌数和团体总分“三个第一”，创造西安市参赛省运会以来的最好成绩。深入推进“教体融合”，广泛开展校园体育赛事，组织1万余名青少年和儿童参加市级各项比赛，培育一批优秀体育后备人才。加强教练员培训管理，完善《西安市体育教练员管理办法》，选派教练员参加培训交流150余人次，提升教练员队伍的业务水平。

◆国际篮联3X3 U23篮球世界杯赛 2018年10月3—7日，“3X3 U23篮球世界杯”在陕西省体育场东广场举行，本次赛事是东京奥运会重要积分赛事。来自世界各国的40支参赛队（男、女各20支），经过80场小组循环赛、14场淘汰赛的激烈角逐，俄罗斯、拉脱维亚、匈牙利分获男子组冠军、亚军、季军，俄罗斯、日本、乌克兰分获女子组冠军、亚军、季军。92个国家和地区对赛事进行直播。

◆首届西安女子半程马拉松赛暨全国女子半程马拉松锦标赛 2018年5月20日，西安女子半程马拉松暨全国女子半程马拉松锦标赛在长安区举行。本次赛事以“青春梦想，活力长安”为主题，由中国田径协会、陕西省田径协会、西安市长安区人民政府、西安市体育局、西安市妇女联合会联合举办，来自全国各地共5000余名选手参赛。赛事起点、终点均设在长安广场，赛道穿长安而过，途经西长安街、学府大街、子午大道等长安区主干道。

◆2018“一带一路”中国跆拳道公开赛 2018年6月8日，2018“一带一路”中国跆拳道公开赛在西安城市运动公园开幕。开幕式上进行舞动三秦、丝路风情、舞动青春3个板块的文体表演，吸引数千名观众到场观看。陕西省、西安市相关部门的领导嘉宾以及40余家新闻媒体的记者出席开幕式。本届赛事是国际B级赛事，同时是2020年东京奥运会积分赛，也是西安市举办的又一项国际性重大体育赛事。由世界跆拳道联合会、国家体育总局拳击跆拳道运动管理中心、中国跆拳道协会、陕西省体育局、西安市人民政府、西安体育学院主办，陕西省拳击跆拳道运动管理中心、陕西省跆拳道协会和西安市体育局承办，西安城市运动公园和凌烟（上海）体育文化发展有限公司协办，来自国内外20多个代表队的460余名跆拳道运动员及爱好者参赛，赛事为期4天。中国选手在本届比赛中包揽13个竞技项目的所有金牌，其中陕西省运动员获得1金2铜的好成绩。

◆2018西安（阳光城）国际马拉松赛

2018年10月20日，2018西安（阳光城）国际马拉松赛在永宁门广场鸣枪开跑，来自30多个国家和地区的3万名选手参赛。西安市人民政府有关领导、嘉宾出席本次西马起跑仪式，并共同在起跑仪式上鸣枪发令。本次赛事由中国田径协会、陕西省体育局、西安市人民政府共同主办，陕西省田径协会、西安市体育局、西安曲江新区管理委员会、西安市旅游发展委员会联合承办，央视体育赛事频道对比赛进行全程直播。

◆2018“丝绸之路”国际拳击对抗赛

2018年10月14日，2018“丝绸之路”国际拳击对抗赛在大唐西市金色大厅举行。本次赛事由中国拳击协会指导，西安市体育局、西安市体总办、西安市拳击协会承办，来自中国、韩国、日本、俄罗斯、哈萨克斯坦、菲律宾6个国家的16名选手进行8场激烈比赛，上千名观众到现场观看助威。

◆第四届丝绸之路西安国际乒乓球公开赛 2018年8月4—5日，第四届丝绸之路西安国际乒乓球公开赛在西安城市运动公园体育馆举行。本次赛事由中国乒乓球协会、西安市人民政府主办，西安市体育局、陕西省乒乓球协会、西安市乒乓球协会承办，赛事设精英组与城市组，俄罗斯、奥地利、埃及、加拿大、夏威夷、瑞典、泰国、新西兰、印度尼西亚等10多个国家组队参赛，国内城市代表队几乎覆盖全国所有地区。王皓、王励勤、丁宁等奥运冠军莅临现场为赛事助威。

◆“一带一路”2018西安国际男篮冠军赛 2018年7月24—26日，“一带一路”2018西安国际男篮冠军赛在西安城市运动公园篮球馆举行。本次赛事由中国篮球协会、西安市人民政府主办，西安市体育局、匹克体育产业集团承办，由开赛仪式、篮球赛、颁奖仪式3部分组成。比赛赛期3天，共6场比赛，中国国奥队和尼日利亚、伊朗、德国国家男子篮球队三大洲4支顶尖男篮齐聚西安，NBA骑士队球星乔治·希尔也来到比赛现场加油助阵。中央电视台体育赛事频道和中国体育、新浪体育、搜狐视频等10个网络平台同步进行赛事直播。

◆“一带一路”世界健美、健身精英排位赛暨IFBB精英职业卡资格赛 2018年9月18—20日，“一带一路”世界健美、健身精英排位赛暨IFBB精英职业卡资格赛在大唐芙蓉园举行。本次赛事由国际健美联合会（IFBB）授权，中国健美协会、西安市人民政府主办，西安市体育局、西安曲江新区管理委员会承办，来自“一带一路”沿线41个国家和地区的400多名参赛选手参加。有男子古典健美、男子传统健美、男子健体、健身先生4个男子项目和女子形体健身、女子健体、女子比基尼健身、健康小姐、健身小姐5个女子项目的比赛。其中男子古典健美、男子传统健美、男子健体、女子形体健身、女子健体、比基尼健身6个比赛项目的全场冠军获得国际健美、健身联合会颁发的精英职业卡。

◆2018西安城墙国际马拉松赛 2018年4月21日，2018西安城墙国际马拉松赛在西安明城墙举行。本届赛事由西安市人民政府主办，西安市体育局、曲江新区管委会承办，市级相关部门和区（县）政府协办，华润置地冠名。比赛设半程马拉松、13.7公里、5公里3个项目，各项目分设男、女2个组别，来自31个国家和地区的5000名运动员参赛，同时邀请“一带一路”沿线友好城市和市民群众4000人免费观摩赛事和游览城墙。本届赛事突出“赛事+文化+旅游+科技”特色和“文化马拉松、群众马拉松”定位，采取城上、城下相结合的形式组织，整个赛事由入城仪式、马拉松赛、马拉松嘉年华3部分组成。4月20日晚，在南门广场举行入城仪式；4月21日上午，在南门城墙举行赛事活动仪式。马拉松嘉年华活动设置西安传统民俗表演、美食推介、科技展示、旅游展示等项目，向广大参赛运动员和游客展示西安近几年的建设发展成果。西安城墙国际马拉松赛作为全国体育旅游金牌赛事和陕西省体育品牌赛事，自1993年创办以来，已成功举办23届。央视、新华社等众多媒体对赛事进行宣传报道，西安电视台、人民网、优酷网等媒体对赛事进行全程直播。

（丁宏涛）

西安市2018年承办的全国、陕西省竞技体育项目竞赛

序号	竞赛名称	时间	地点	参加单位	运动员人数（人）	主办单位	承办单位	责任部门
1	2018“一带一路”雁塔杯击剑邀请赛	4月22—23日	城市立方新丝路生活中心	公开报名	450	西安市体育局 雁塔区人民政府	西安市射击射箭管理中心 雁塔区人民政府	竞技体育处
2	西安女子半程马拉松	5月20日	长安区	公开报名	5000	中国田径协会 西安市体育局 长安区人民政府	长安区文体局 西安市田径协会	
3	“一带一路”西安跆拳道公开赛	6月8—11日	城市运动公园体育馆	公开报名	386	国家体育局 陕西省体育局 西安市人民政府	陕西省拳跆中心 西安市体育局 未央区人民政府	
4	西安国际马拉松赛	10月20日	西安	公开报名	30000	中国田径协会 西安市人民政府 陕西省体育局	西安市体育局 西安曲江新区管理委员会	
5	全国青少年u-12举重冠军赛	10月23—26日	西安市太乙路中学	公开报名	489	中国举重协会 陕西省体育局	西安市体育局 碑林区文体局	
6	陕西省测功仪（陆上划船器）巡回赛总决赛	10月15—18日	市体育场	公开报名	218	陕西省体育局	省水上管理中心 西安市体育局	

西安市2018年市级竞技体育项目竞赛（青少年组）

序号	竞赛活动名称	时间	地点	参加单位	运动员人数（人）	主办单位	承办单位
1	2017—2018西安市足球联赛（青少年组）比赛	2017年9—2018年6月	各区（县）、俱乐部	各学校、俱乐部	2860	市体育局	各区（县）足协、俱乐部 西安市足球运动管理中心
2	西安市青少年乒乓球锦标赛	3月	市青少年体校	各区（县）	264	市体育局 市教育局	西安市青少年体校 西安市乒乓球协会 西安市青少年体育俱乐部
3	西安市青少年篮球锦标赛	3月	市青少年体校	各区（县）	401	市体育局 市教育局	西安市青少年体校 西安市篮球协会 西安市青少年体育俱乐部
4	西安市青少年排球锦标赛	3月	市青少年体校	各区（县）	294	市体育局 市教育局	西安市青少年体校 西安市排球协会 西安市青少年体育俱乐部
5	西安市青少年羽毛球锦标赛	3月	市青少年体校	各区（县）	174	市体育局 市教育局	西安市青少年体校 西安市羽毛球协会 西安市青少年体育俱乐部
6	西安市青少年武术套路锦标赛	5月	市青少年体校	各区（县）	329	市体育局 市教育局	西安市青少年体校 西安市青少年体育俱乐部
7	西安市青少年网球锦标赛	5月	市青少年体校	各区（县）	97	市体育局 市教育局	西安市青少年体校 西安市网球协会 西安市青少年体育俱乐部
8	西安市青少年软式棒球锦标赛	5月	陕西学前师范学院	各中、小学、体育传统学校	150	市体育局 市教育局	西安市青少年体校 西安市棒球协会 西安市青少年体育俱乐部
9	西安市青少年国际式摔跤锦标赛	5月	市体育运动学校	各区（县）	78	市体育局	西安市体育运动学校

西安市2018年群众体育赛事活动

序号	竞赛名称	时 间	地 点
1	西安市冬泳比赛	1月1日	鲸鱼沟
2	喜迎十四运西安滑雪比赛	2月26日	翠华山、白鹿原滑雪场
3	西安市春节体育大拜年	2月27日	长安区樱花广场
4	西安市中小学生航模比赛	4月、10月	交大附小
5	“生态西安，文明出行”西安市自行车邀请赛	10月13日	渭河沿岸
6	西安城墙国际马拉松赛	4月21日	西安城墙
7	中国·渭河健身长廊第三届自行车联赛（西安站）	11月11日	渭河沿岸
8	全国百城千村健身气功系列展示活动西安大会	6月13日	白鹿原
9	西安市公开水域游泳比赛	7月16日	市游泳中心
10	庆祝全民健身日西安市全民健身月启动仪式暨“舞动长安”总决赛	8月4—7日	大明宫丹凤门广场
11	2018中国环秦岭自行车联赛（西安站）	9月9日	秦岭环山路
12	西安市第三届老年人健身大会	9、10月	各区（县）
13	西安市老年人乒乓球比赛	10月	市老体协
14	西安市中小学生轮滑比赛	10月	城市运动公园
15	西安市中小学生“三跳”比赛	10月	各区（县）
16	体育三下乡、进社区指导活动	11月	相关各区（县）
17	2018世界篮球峰会及国际篮联3X3 U23篮球世界杯	10月3、4日	西安曲江威斯汀酒店
18	3X3 U23篮球世界杯	10月3—7日	省体育场东广场
19	2018“丝绸之路”国际拳击对抗赛	10月14日	大唐西市金色大厅
20	第四届丝绸之路西安国际乒乓球公开赛	8月4、5日	城市运动公园体育馆
21	“一带一路”2018西安国际男篮冠军赛	7月24—26日	城市运动公园篮球馆
22	“一带一路”世界健美、健身精英排位赛暨IFBB精英职业卡资格赛	9月19—22日	西安曲江新区
23	西安市首届农民节暨西安市农民趣味运动会	3月10日	未央区西安鹿鸣大球场
24	中国农民丰收节金秋农民趣味运动会	9月27日	高陵区耿镇周家村
25	2018李宁用心趣跑生活节	9月16日	大明宫公园

西安市2018年体育社团承办国际、全国比赛

编号	项 目	比赛名称	比赛时间	地 点	主办、承办单位	参加人数（人）
1	乒乓球	第四届“丝绸之路”中国·西安“禧福祥6年西凤杯”国际乒乓球公开赛	8月4、5日	城市运动公园体育馆	中国乒乓球协会、西安市乒乓球协会	200
2	围棋	西安雁塔“大都荟杯”第五届丝绸之路城市围棋公开赛	8月17—20日	西安大都荟	中国围棋协会、西安市围棋协会	150
3	拳击	辛巴杯“丝绸之路”国际拳击对抗赛	10月12—14日	大唐西市酒店	西安市体育总会、西安市拳击协会	30
4	举重健美	2018“一带一路”世界健美精英排位赛暨IFBB精英职业卡资格赛	9月17—20日	西安市文化广电出版局	中国健美协会、西安市体育局	200
5	网球	中国少儿联盟地区赛（西安站）	8月9、10日	曲江文化公园	中国网球协会、西安市网球协会	160
6	中国象棋	“江阴周庄”2018中国体育彩票全国象棋业余棋王赛暨第33届“汉唐杯”西安市象棋公开赛	10月3—6日	西安市城市立方体育综合体	西安市体育总会、西安市象棋协会	200
7	棒球	2018全国青少年棒球公开赛西北赛区暨西安市国际港务区“陆港杯”U12、U15棒球赛	8月9—14日	西安市港务区	中国棒球协会、西安市体育局、西安市围棋协会	230
8	围棋	第二届全国东西南北四城市联谊赛	10月13--16日	北门城墙	西安市围棋协会	60
9	击剑	“庆祝全民健身日”2018丝路·长安击剑大奖赛（第三站）	8月9、10日	陕西明泽击剑俱乐部	西安市击剑协会	280

医疗卫生

责任编辑
姬娟妮

医疗服务

2018年4月17日，西安市举办“严厉打击非法行医、净化医疗美容环境”主体宣传活动。图为全市卫生监督员宣誓仪式

◆概况 2018年，西安市卫生和计划生育委员会以深化医改、促进人口长期均衡发展为主线，着力破解“看病难”，努力补齐医疗短板，加快“健康西安”建设，全力推动健康扶贫。截至年底，西安市有各级各类卫生机构6645个，其中医院350所、基层医疗卫生机构6212个、专业公共卫生机构54个、其他卫生机构29个。基层医疗卫生机构中，有社区卫生服务机构222个、卫生院119个，村卫生室3337个、门诊部292个、诊所（医务室）2242个。专业公共卫生机构中，有疾病控制机构16个、妇幼保健机构15个、卫生监督机构14个。西安市实有床位77774张，其中医院床位72158张。有卫生人员140732人，其中卫生技术人员111778人。每千人口执业(助理)医师3.78人、注册护士5.27人、医疗卫生机构床位数7.77张，专业公共卫生机构人员4.56人。全年总诊疗数7001.86万人次，其中医院4377.92万人次。

◆医药卫生体制改革 2018年，按照中央和陕西省医改工作安排部署，西安市人民政府办公厅印发《西安市深化医药卫生体制改革2018年重点工作任务》，持续深化医药卫生体制改革，推进企业医院改制工作。参与改制剥离的企业医院39所、在编人员4889人、净资产10.33亿元（不含土地、房屋）。5月，西安市被陕西省深化医药卫生体制改革工作领导小组办公室授予“陕西省2017年度深化医药卫生体制改革示范市”称号；被国务院办公厅表彰为“2017年度公立医院综合改革成效较为明显城市”。西安市卫生和计划生育委员会巩固破除以药补医成果，全面落实财政六项投入政策。将阎良、长安、高陵、临潼、鄠邑等5个区的15家政府办公立医院纳入城市公立医院综合改革之中，执行城市公立医院价格改革相关政策，从行政区划上理顺城市与县级公立医院改革范畴。在济仁医院、大兴医院等民办非营利性医疗机构探索开展城市公立医院综合改革试点工作。西安市人民政府办公厅印发《西安市建立现代医院管理制度实施方案》，市属综合医院，20%的市管、区管二级以上公立医院，10%的市管、区管社会办非营利性医院开展章程制定，西安市儿童医院成为国家级建立健全现代医院管理制度试点医院。市属5所公立医院探索设立总药师试点，西安市第三医院开展薪酬制度改革试点，继续加强公立医院医疗费用不合理增长治理，收入结构进一步优化，加快实现医院治理体系和管理能力现代化。完成市、县两级行政执法机构和职能整合，明确各级综合监督执法职责。开展打击非法行医、学校卫生、放射卫生、职业卫生、公共场所卫生、传染病防治、计划生育等卫生计生监督执法工作。开展“双随机一公开”（在监管过程中随机抽取检查对象，随机选派执法检查人员，抽查情况及查处结果及时向社会公开）监管工作，将双随机抽查事项调整为27项，建立市场主体名录库、执法人员名录库和工作规则。强力打击非法行医，建立非法行医“黑名单”公示制度，全年查处非法行医“黑诊所”及医疗机构违法行为656户次，罚款122.84万元，向公安部门移交案件21起。

◆分级诊疗 2018年，西安市卫生和计划生育委员会巩固优化“医疗联合体+全科医师团队”“县镇村卫生服务一体化管理”两种模式，推动医疗卫生工作重心下移、资源下沉。印发《关于推进紧密型医疗联合体建设的实施意见》，对西安市医联体建设进行统一规划，建成医联体45个，累计下派专家1.73万人次，双向转诊服务19万余人次。推广家庭医生签约服务“一二四联”模式（“一”：服务关口前移一步至社区居委会，全市推广“家庭医生工作室”，让老百姓在家门口享受服务；“二”：2种签约服务包，探索基础服务包和增值服务包相结合的方式，让老百姓享受个性化服务；“四”：4人组成服务团队，即1名专家作为技术指导，1名家庭医生、1名公卫专干和1名社区护士提供服务，让老百姓得到安全放心的服务；“联”：医联体提供技术支持，发挥医联体的作用，逐步向签约居民提供二级、三级医院转诊绿色通道、预约专家号、预留病床等服务内容，丰富签约服务内涵），促进分级诊疗制度在城乡协同推进，建立1161个全科医生团队、2652个“家庭医生工作室”，重点人群签约154万人、签约率65.35%。

◆药品供应保障制度 2018年，西安市卫生和计划生育委员会狠抓药品耗材网上集中采购，375家公立医疗机构全部实现网采全覆盖。将西咸新区镇村两级纳入药品“三统一”（统一诊所标牌、统一信息公示、统一监管档案）监管范围。强化药品耗材网采监管工作，规范高值耗材网上阳光采购。各级公立医疗机构药品网上集中采购金额39.03亿元，高值医用耗材网上阳光采购金额12.71亿元，网上集中采购率稳定在95%以上。加强西安市二级以上公立医疗机构药品耗材“两票制”（药品从药厂卖到一级经销商开一次发票，经销商卖到医院再开一次发票，并且每个品种的一级经销商不得超过2个）监管工作，全面推进基层医疗机构“两票制”，建立部门监管联动协作机制。进一步规范“两票制”票据审核、资格认定和财务管理办法，市属医疗机构药品、耗材“两票制”完成率分别达95.43%和95.13%。市级采购联合体开展药品带量议价，成功完成1291个直接挂网药品的带量议价工作，其中妇儿专科、急抢救、大输液736个品规平均降幅为8.35%。组建眼科、儿科、结核、精神等4个专科医院药品采购联合体。完善重点药品监控管理机制，确定销售金额在500元万以上的15个品规药品作为第一批重点监控药品目录。完善短缺药品供应保障机制，联合市级10部门印发《西安市改革完善短缺药品供应保障机制实施方案》，通过组建专家库、增加监测点、扩大监测范围、开展信息直报，构建西安市短缺药品监测预警机制。组织召开10部门“短缺药品会商联动机制工作会议”，建立“西安市短缺药品储备基地”。

◆基本和重大公共卫生服务 2018年，

西安市全面落实国家基本公共卫生服务项目，为57万名65岁以上老人开展含胸透、B超的免费健康体检项目。建立城乡居民规范化电子健康档案776.4万份，建档率84.7%。做好高血压和Ⅱ型糖尿病患者随访和健康指导，累计管理高血压病人50.9万人，糖尿病病人16.8万人。发放《西安市母子健康手册》15万册，早孕建册率98.41%，孕产妇健康管理率92.74%，高危孕产妇系统管理率99.9%。提供计划生育基本技术服务项目免费“三查”（查环、查孕、查病，生殖保健服务）4.2万人次。印发《西安市2018年基层卫生人员培训工作实施方案》，安排培训经费100万元，为乡镇卫生院、社区卫生服务中心培训儿科医生213人次、乡村医生6000人次。各区（县）新建和新设置社区卫生服务中心2所、社区卫生服务站13所，新建成镇村一体化村卫生室24所。西安市财政安排资金285万元，对周至、蓝田、长安、高陵、临潼、莲湖、阎良、西安国际港务区等11所乡镇卫生院、社区卫生服务中心业务用房进行改扩建、标准化建设、设备更新。莲湖区和鄠邑区代表西安市参加陕西省2017年度基本公共卫生服务项目考核，考核结果名列陕西省第1名。西安市代表陕西省迎接国家基本公共卫生服务项目考核，受到国家考核组的充分肯定，获得国家排名第11名、西部省份第1名的成绩。全年基层卫生机构总诊疗数2510.04万人次，比上年增加50.05万人次。

◆妇幼保健服务 2018年，西安市设置危重孕产妇救治中心17个、危重新生儿救治中心16个，产科高危重症处置能力得到提升。实施母婴保健和计划生育专业技术人员远程教育培训，全年培训2900名专业技术人员，培训学时15.7万学时。临潼区妇幼保健计划生育服务中心、鄠邑区妇幼保健计划生育服务中心、陕西省森工医院创建为“陕西省儿童早期示范基地”。西安市全年活产数14.048万人，每千分娩量产科床位数为22.3张，孕产妇死亡率、新生儿死亡率分别下降至6.73/10万、0.96‰，为141名苯丙酮尿症患儿开具特食处方1681张，为患儿家庭减轻负担161.52万元，缺陷发生率下降至8.52‰。实施出生缺陷预防项目，免费为3.5万对夫妇进行婚前医学健康检查，婚检率21.25%；开展孕前优生健康检查10.34万人，筛查率96.5%；向8.56万人发放叶酸47.22万瓶；进行产前筛查孕妇11.96万人，筛查率86.08%。开展新生儿疾病筛查项目，听力障碍筛查率94.24%，代谢性疾病筛查率95.25%。在长安、临潼、高陵、鄠邑、周至、蓝田6个试点区（县），免费为3.11万名孕产妇提供系统保健项目。从9月起，全面实施西安市妇女免费“两癌”（乳腺癌、宫颈癌）筛查，筛查6.75万名适龄妇女。向周至县、蓝田县发放儿童营养包32011份，为在园儿童免费健康体检47.29万名。

◆疾病预防控制 2018年，西安市卫生和计划生育委员会贯彻落实“政府主导、部门协作、全社会参与”防治策略，不断加强疾病预防科学知识宣传，组织开展慢性病综合防控示范区创建活动和以“三减三健”（减盐、减油、减糖；健康口腔、健康体重、健康骨骼）为主要内容的全民健康生活方式行动，不断提升西安市传染病防控能力和健康水平。落实重点传染病专病专防策略，艾滋病筛查153.4万人次，“新涂阳肺结核”病人治愈率93.78%，处置犬伤病例8.8万例，手足口病、出血热、H7N9疫情得到有效防控。加强免疫规划信息化系统建设，开展数字化示范化门诊建设，完成疫苗追溯与冷链监测信息管理系统硬件铺设和系统试用。西安市一类疫苗累计接种近320万针次，接种率以乡为单位均在95%以上。开展地方病防治工作和地方病患者摸底排查，制订《西安市大骨节病等地方病行动计划》，碘缺乏病、大骨节病达到消除标准，饮水型氟中毒得到有效控制，全年累计救治大骨节病等地方病患者5020例。精神病人管理工作不断加强，西安市严重精神障碍患者报告患病率4.14‰。开展慢性病示范区创建活动，创建省级以上慢性病综合防控示范区6个。

◆医疗服务质量与管理 2018年，西安市卫生和计划生育委员会制定出台《西安市医疗机构设置规划（2018—2022）》，调整修订医疗机构规划布局，以适应国家中心城市和国际化大都市的发展需要。起草《西安市社会急救医疗条例》，构建起快速、高效、覆盖西安市的急救网络体系。制定《西安市补齐涉外医疗服务短板提升国家化医疗服务能力工作方案》，共19所医院设立涉外国际医疗门诊。加强医疗质量管理体系建设，新增医疗美容、健康体检等6个质控中心。以等级评审推动医院内涵建设，11家医院评定为二级甲等综合医院。组织开展限制类医疗技术备案工作，新备案6家医院的7项限制类医疗技术。大力推动血费直报工作，第一批15家医院全部完成软硬件安装、调试工作，正式上线运行。加大医疗废物规范化管理工作指导和监管力度，摸排检查337所医院、5948所基层医疗卫生机构。开展为期3个月的民办医院、门诊部和美容诊所专项整治行动，严厉查处过度医疗、虚假宣传、违法执业等问题，检查民营医疗机构1244户次，立案调查69起，移交案件3起。完成“西安年·最中国”、2018西安国际马拉松赛等大型活动医疗卫生保障任务。

◆人才队伍和科研建设 2018年，西安市出台引进国内知名三甲医院医学团队和人才优惠政策，引进空军军医大学附属医院、复旦大学儿童医院人才34人，招聘签约应届医学博硕士308人，选送培养同等学力硕博士74人，选送151人参加住院医师规范化培养，表彰卫生领域“西安之星”25人，首届“医师节”表彰100名“最美医生”、30个“最美医师团队”。评定2018—2021年市级医学重点学科35个，优势专科46个，培育专科9个。西安市第一医院、西安市第三医院成为西北大学附属医院，西安市疾病预防控制中心与西安交通大学共建预防医学研究院，西安市精卫中心与西安医学院共建精神卫生系，西安市第四医院、西安市胸科医院分别成为西安医学院教学医院和西安交通大学附属医院。西安市红会医院郝定均团队获国家科技进步二等奖。获西安市科技局重大研究项目3项，一般研究项目55项，资助金额575万元。获国家自然科学基金12项，资助金额675万元。执行出国（境）任务70批145人次，前往中国台湾地区6批40人次。举办“2018年长安国际儿童医学发展论坛”和“2018西安国际骨科学术大会”。完成非洲国家“光明行”医疗援助。协助空军军医大学筹备召开2018中国整合医学大会。

◆中医管理 2018年，西安市卫生和计划生育委员会确定市级中医药科研项目20项，成立西安市中药饮片质量控制中心和中医护理质量控制中心，建立西安市基层中医药培训基地、西安市中医护理培训基地和西安市中药特色技术培训基地。实施中医馆健康信息系统，西安市接入省中医管云平台85个基层医疗机构。确定6个省级、7个市级中医学术流派传承工作室项目并立项建设。10人被评为陕西省第三届名中医（中药师）。建立确有专长考核专家库，率先在西安市未央区试点开展中医“确有专长”人员医师资格考核工作，通过率72.55%。在城6区开展中医药文化进学校、进社区活动，组织西安名老中医走进4所大学、12所中小学向广大师生传授科学、准确、通俗易懂的中医药健康知识和易学易练的中医健身操，走进社区为120名居民制定个性化的中医药调理方案。建立石学敏院士工作站。西安市和所辖9个区（县）顺利通过国家基层中医药先进单位复审，并再获全国基层中医药先进单位荣誉称号。西安市65岁及以上老年人接受中医体质辨识服务的目标人群管理率44.85%；0—36个月儿童接受中医调养服务的目标人群管理率67.95%。

◆**重点医疗设施建设项目** 2018年，西安市人民医院完成投资1.36亿元，占年度投资计划的136%。西安市精神卫生中心老院区公产移交曲江新区管委会。西安市第四医院门诊医技综合楼项目、西安市第九医院改扩建项目、西安红会国际医院项目、西安国际儿童医院项目、西安市中医医院长安院区项目开展前期准备工作。西安市中心血站新业务和综合培训楼项目开工建设，西安市中心医院糖坊街院区开始改造。鄠邑区医院门诊综合楼项目完工，中医院项目完成基础施工；高陵区中医医院迁建项目开工建设。

◆**医疗卫生信息化建设** 2018年，西安市卫生和计划生育委员会完成12个区（县）级平台与市级平台的对接工作。完成统一预约挂号平台的上线工作，预约挂号平台于7月上线运行，该平台通过标准化接口的方式与医院信息系统进行对接，建立医疗统一资源池，打通委直属13所医院，实现多家医院在统一的平台上预约挂号。西安市13个区（县）211家社区卫生服务中心与乡镇卫生院实现支付宝移动支付。西安市居民健康卡项目，已在西安市13家直属医院和部分区（县）人民医院完成一期实施，市民通过智慧医疗服务App，即可体验挂号、诊间支付等智慧医疗服务功能。在市委、市政府的领导与支持下，与阿里巴巴网络技术有限公司、深圳市腾讯计算机系统有限公司、中兴通讯股份有限公司、科大讯飞股份有限公司等业内领先的互联网公司开展合作，在西安市启动一大批互联网医疗服务项目。

◆**医疗卫生行政审批改革** 2018年，西安市卫生和计划生育委员会取消养老机构内设医疗机构（诊所、卫生所室、医务室、护理站）、中医诊所的行政审批，实行备案管理；将公共场所卫生许可改为“告知承诺制”；将二级及以下医疗机构设置审批与执业登记“两证合一”；将妇产科医师执业证书与母婴保健技术考核合格证书“两证合一”。制定《西安市诊所基本标准（试行）》，实现西安市诊所审批一个标准。完成西安市医疗机构、医师、护士电子化注册改革工作，6月起，医师、护士注册实行网上申报、受理、审查，窗口制证发放。全力开展“最多跑一次”改革（数字化转型）工作，完成市、区（县）卫计部门87个政务服务事项、12个“一网通办”上线高频事项的梳理任务。6月，西安市政务服务网上线运行。全年开展 “局长驻窗口”与“最多跑一次”办事体验活动48次。进驻政务大厅办理的49个事项中实现“一次办”的有45个，“马上办”的有28个，“最多跑一次”90%以上，平均办理时限至少压缩45%。市卫计委窗口被表彰为2018年西安市窗口单位“营商环境提升青年示范岗”。全年设置审批医疗机构27家，执业登记医疗机构14家，办理医师执业许可、护士执业注册、医疗广告审查、麻醉药品和精神药品购用印鉴卡许可等政务服务事项1.5万余件。

◆**健康促进工作** 2018年，西安市卫生和计划生育委员会持续推动“健康细胞”示范创建工作，大力开展健康机关、健康军营、健康社区、健康村庄、健康学校、健康医院、健康企业、健康家庭等8类“健康细胞”示范建设活动，让人人参与建设、行行参与建设，西安市居民健康素养水平提高至13.98%。广泛开展宣传教育、培训及咨询活动，发放健康教育印刷资料300万份；播放健康教育音像资料18.2万次，播放136万小时；更换健康教育宣传栏2.1万期；开展公众健康咨询活动1.2万次，受众57万人次；举办健康知识讲座2万次、受众5.6万人次；开展个体化健康教育210万人次。颁布实施《西安市控制吸烟管理办法》，并举办《西安市控制吸烟管理办法》实施启动仪式，世界卫生组织西太平洋区域主任申英秀博士出席活动并致辞，西安市控烟工作受到世界卫生组织和国家爱卫办的高度赞誉。大力推进农村改厕工作，召开西安市农村“厕所革命”建设管理高峰论坛，承办全国农村改厕工作专题研讨会，全年完成农村无害化卫生厕所改造16.6万座，占全年任务的111%。无害化厕所普及率59.2%，比上年年底增长17.3%。

◆**人口监测和家庭发展** 2018年，西安市全面贯彻落实《中共西安市委、西安市人民政府关于实施全面两孩政策改革完善计划生育服务管理的实施意见》，着力推进母婴设施建设、完善生育津贴制度、人口统计监测等3项工作，鼓励和引导群众按政策生育。年度出生人口11.7万人，生育二孩为4.9万人，出生率为12.3‰，人口自然增长率为6.6‰。政策外多孩率控制在1%以内。

计生服务管理改革 落实“让群众最多跑一次”，推广使用《西安市母子健康手册》，全年发放13.6万本。完善目标管理考核工作，制定完善计生目标考核制管理实施细则，按季度就重点工作进行督查考核。推进出生人口信息互通共享，坚持出生人口信息比对，推动系统数据共享。西安市在2017年度全国生育状况抽样调查工作中获优秀单位。

计划生育基层转型融合 深化基层卫生计生行政机构改革，创建省级计划生育精细化管理镇街51个，西安市已达标的示范镇街占总数的81.9%。印发《在社区推行卫生计生网格化管理的指导意见》，初步形成人口信息全收集、计生管理全覆盖、优质服务全周期的工作网底。推进卫生计生转型融合发展，编印《西安市基层卫生计生转型融合知识汇编》，举办市级基层卫生计生转型融合竞赛。

计生家庭服务 全面落实计生奖励扶助政策，审核确认农村部分计划生育家庭奖励扶助对象、特别扶助对象等55.9万余人，发放奖扶金1.02亿元。市级机关事业单位城市独生子女父母补金助审核备案1911人，发放2017年度资金433万余元。督导区（县）做好出生实名登记管理工作，2018年全年度出生人口信息登记13.13万人次。深入开展“关爱女孩活动”，中考降分投档4776人，计生家庭贫困女大学生教育资助774人，资助金额211.08万元。加大计生特殊家庭关爱帮扶力度。审批市级单位失独家庭43户，发放补助金120万元。为23对失独夫妇提供免费再生育技术服务。

流动人口计生服务管理 2018年，西安市流动人口建档率94.7%、流动儿童预防接种率99.9%、儿童保健手册建档率99.8%、孕产妇保健手册建档率96.8%、免费计划生育服务率95.4%。全面深化流动人口健康教育暨健康促进行动，在西安市形成一批有特色、有成效的流动人口健康促进示范企业、示范学校和健康家庭，新城区韩森寨小学及周元凯等12户家庭分别获国家级第二批流动人口健康促进示范学校和示范家庭。截至年底，西安市有3个社区、2个企业、4所学校、24户家庭获国家级命名。全年以大型宣传活动为牵引，着力营造关怀关爱流动人口健康的社会氛围。完成2018年国家流动人口动态监测调查工作任务。全年慰问特别困难家庭100户，发放慰问金10万元。信息化平台的应用能力得到不断加强，西安市流动人口信息化区（县）、乡镇一级平台使用率均100%，重点对象协查信息户籍地反馈率98%，网络化信息接收率97.6%。

◆**医养结合** 2018年，西安市卫生和计划生育委员会坚持夯实责任、评估验收、表彰先进，分别授予5个“西安市医养结合示范单位”和15个“西安市医养结合试点单位”荣誉称号，并给予20万至50万元扶持资金。进一步扩大试点覆盖面，启动安宁疗护试点工作，确定市级医养结合试点单位25家、安宁疗护试点单位13家。西安市累计培养试点105个，其中省级5个、市级20个、区（县）级80个。成立“西安市医养结合质量控制中心”，通报2017年度20个市级医养结合试点评估情况，评选出5家优秀示范单位。指导成立西安市老年医养结合学会，搭建学术交流平台。加强数据监测，组织开展医养结合监测数据在线填报工作，利用130多项动态监测数据了解西安市工作进展情况。

◆健康扶贫 2018年，西安市各项健康扶贫政策落地落实，健康扶贫脱贫退出指标全部完成，实现贫困人口基本医疗有保障，形成“43210”西安健康扶贫模式（“四重保障”：新农合、大病保险、民政医疗救助和政府保障；“三个一批”：大病集中救治一批、慢病签约服务管理一批、重病兜底保障一批；“两个下沉”：城市优质医疗资源下沉和医务人员下基层；“一张大网”：铸牢一张贫困群众的健康保障网；“零距离服务”：紧扣“脱贫攻坚作风建设年”主题，开展“健康扶贫大调研”“健康扶贫春季攻势”“健康扶贫夏季会战”“健康扶贫秋季攻坚”等活动，推动工作作风建设，实施健康扶贫“零距离服务”，解决贫困群众看病就医实际困难）。按照脱贫退出标准和程序，经区（县）核查、市级初审和省级认定，西安市在册贫困人口和周至县建档立卡贫困人口100%参加新农合和大病保险，142个贫困村标准化卫生室达标率100%，2841个贫困人口饮用水水质检测点全部检测达标，符合“户退出、村出列、县摘帽”健康扶贫脱贫退出指标要求。各项健康扶贫政策落地落实。不断完善“四重保障”制度，资助贫困人口参加新农合、大病保险和补充医疗保险，落实报销倾斜政策，实行免缴住院押金和“一站式”即时结算便民服务。2018年，西安市贫困人口出院40798人次，总额补偿2.28亿元，实际报销比例94.28%，西安市一站式结算率98.29%。“三个一批”分类救治进展顺利，西安市338名大病患者专项救治率100%，贫困人口家庭医生签约服务实现应签尽签并落实重病兜底保障制度。“两个下沉”取得实效，西安市帮扶县级医院13所、乡镇卫生院112所，对142个贫困村进行“一院帮一村”，有效提升基层医疗机构服务能力与水平。疾病预防控制“八大行动”深入开展。广泛开展健康知识普及和“健康细胞”创建活动，开展公众健康咨询活动3600余次，受众人数35.78万人次，创建慢性病综合防治示范区6个，高血压、糖尿病等慢性病规范管理率国家标准。大骨节病等地方病救治工作稳步推进，基本公共卫生服务、孕产妇和儿童保健项目覆盖全部区（县）。有序推进健康扶贫专项工作。全年开展健康扶贫春季攻势、夏季会战、秋季攻坚、冬季决战、两对两补、政策培训和健康扶贫领域腐败和作风问题专项治理等活动，向贫困人口广泛宣传健康扶贫政策和健康知识，开展义诊、健康体检、送医上门、健康教育、政策宣传等活动，惠及群众100余万人次。

◆西京医院完成世界首例生物激光技术治疗脊神经损伤 2018年7月，患者因为长期久坐办公出现腰椎间盘突出症而入院治疗。入院时，卧床不能自理，双下肢剧烈疼痛无法入睡。查体显示双侧髂腰肌肌力Ⅱ级，双侧股四头肌力Ⅲ级，远端肌力轻度减低。鞍区感觉减退，肛门括约肌轻度松弛，小便费力。空军军医大学西京医院脊柱外科团队术中在患者体内植入医学光纤，术后每天通过留置在皮肤外的光纤接口与生物激光脊神经治疗仪相连接，通过光纤将治疗激光直接导入脊神经损伤部位，为脊神经损伤患者修复损伤神经。术后，患者剧痛很快消失，在植入式生物激光脊神经治疗仪的治疗下神经功能较快恢复。术后7天出院时，患者双下肢髂腰肌肌力由术前Ⅱ级恢复到Ⅳ+级，双侧股四头肌力由Ⅲ级恢复到Ⅴ级，可以正常行走，大小便恢复正常。

◆西京医院完成世界首例3D打印肱骨近端假体治疗肱骨近端粉碎骨折手术 2018年2月，64岁的男性患者不慎跌倒摔伤右上肢，造成肱骨近端粉碎性骨折，骨折范围累及肱骨头和肱骨干近端约1/4长度。由于累及范围广泛，且多为体积较小的碎骨块，复位极其困难，采用传统内固定手术效果不佳。空军军医大学西京医院依次为该患者进行活性骨折块复位、3D打印假体植入、自体骨植骨和人工肱骨头置换等系列操作，历时3小时顺利完成世界首例3D打印肱骨近端假体治疗肱骨近端粉碎骨折手术。患者术后全身状况良好，并顺利出院。

◆西京医院完成全国第二例人子宫移植手术 2018年2月，29岁的患者被确诊为先天性无子宫。患者的母亲为能让女儿拥有自己的孩子，决定到空军军医大学西京医院为其女儿进行子宫移植手术。为确保手术成功，西京医院成立由多学科知名专家组成的专家组，在总结第一例子宫移植经验的基础上，制定出严密的手术方案和应急预案。西京医院妇产科等10个学科、20位专家协作，同时为这对母女开展手术，整个手术历时15个小时，获得成功。这是西京医院继2015年成功实施全国首例人子宫移植术后，又顺利完成全国第二例人子宫移植术。

◆唐都医院完成西北首例植入3D打印椎体手术 2018年1月，患者来到空军军医大学唐都医院检查，确诊为腰椎骨肿瘤，第二腰椎椎体明显骨质破坏。唐都医院骨科医生和3D打印技术研究中心工程师们进行了7次沟通和商讨，最终确定治疗方案。3D打印技术研究中心为患者开通绿色通道，仅用3天时间，就将椎体打印出来。手术进行4个小时，术后15天后，患者可以下床走动。

◆唐都医院实施世界首例机器人辅助单切口经脐三角腹腔镜膀胱全切加淋巴清扫手术 2018年4月，66岁的患者进行膀胱检查，发现膀胱三角处及左侧壁有一包块，左肾积水，输尿管扩张，肿瘤侵犯膀胱肌层。入住空军军医唐都医院后，医院决定拟行机器人辅助单切口经脐三角腹腔镜膀胱全切加淋巴清扫手术。经过7个小时的手术，唐都医院泌尿外科成功为病人实施此项手术。术后12小时病人即可以下床活动。

◆唐都医院完成世界首例机器人辅助腹腔镜膀胱全切加回肠膀胱术加淋巴清扫手术 2018年7月，57岁的患者突然出现血尿症状，当地医院检查显示膀胱占位性病变。入住空军军医唐都医院后，医院决定进行机器人辅助腹腔镜膀胱全切加回肠膀胱术加淋巴清扫手术，最后经单切口经脐三角腹腔镜手术切口取出标本。经过9个小时，唐都医院泌尿外科顺利完成手术。

◆唐都医院完成世界首例胫骨近端恶性骨肿瘤合并HIV感染患者保肢手术 2017年，身患HIV的张先生左小腿中上段肿胀疼痛，被当地医院确诊为“左胫骨近端的恶性肿瘤”，辗转多家医院无法治疗后，来到空军军医唐都医院就诊。唐都医院骨科发现既要做到保全肢体又要实现肿瘤根治，手术难度极大，风险很高。最终决定采用微波原位消融技术为患者进行恶性骨肿瘤合并HIV感染保肢手术治疗。整个手术过程持续3个多小时。术后1年时间对患者进行严格的随访和复查。截至12月，肿瘤局部无复发迹象，全身其他器官也没有新生或转移瘤出现，患者膝踝关节功能接近正常，初步实现恶性肿瘤的临床治愈。

◆交大一附院完成国内首例新型颈椎前路融合固定系统4间隙手术 2018年，77岁的患者近两年开始出现双下肢行走不稳，伴有头晕症状，尽管尝试很多治疗方法，效果不明显，且症状逐渐加重。入住西安交通大学第一附属医院后，经检查显示颈椎多节段不稳伴狭窄，C5/6左侧钩椎关节增生导致左侧椎动脉变细。医院为患者制定颈椎前路颈3—7（4间隙）椎间盘切除减压，C5/6左侧钩椎关节骨赘切除植骨融合内固定术，并使用新型颈椎前路融合固定系统。手术过程顺利，患者术后症状明显缓解，术后第二天佩戴颈围即可下地活动，术后第七天康复出院。

◆交大一附院完成世界首例“磁悬吊牵拉”辅助单人乳腺切除术 2018年9月，西安交通大学第一附属医院为一患者实施单侧乳腺切除术。术中，医师团队利用“磁悬吊”装置进行深部组织暴露，利用“磁牵拉”装置进行切缘牵拉，首次实现主刀单人完成皮瓣游离操作。此举不但节省术中人力、提高操作区域的牵拉暴露效果，同时实现磁技术在乳腺外科领域的首次应用。

◆交大一附院实施西北首例陆空转运心脏病重症患者使用体外心肺辅助装置（ECMO） 2018年7月，甘肃省庆阳市中心医院一位58岁的患者，诊断为心源性休克，冠状动脉粥样硬化性心脏病。PCI术后，形成室壁瘤。患者呼吸心脏功能衰竭，血流动力学不稳定，肾上腺素持续泵入辅助，血压难以维持。后家属尝试救护车转院到西安交通大学第一附属医院，但是由于风险极大无法实施。后与家属沟通后，交大一附院决定在（ECMO）体外心肺支持辅助保护下使用直升机转运。经过近一个小时的飞行，救援直升机顺利降落在西安交通大学医学部操场上。医院开辟绿色通道，10分钟患者就被送往ICU接受治疗。此次陆空转运心脏病重症患者使用体外心肺支持（ECMO）是西北首例，全国第三例，开辟陕西省紧急医疗救援新模式。

◆交大一附院完成西北地区首例经口达·芬奇机器人甲状腺手术 2018年4月，西安交通大学第一附属医院耳鼻咽喉头颈外科医师团队一日内完成两例达·芬奇机器人甲状腺手术，一例为经口腔前庭入路，一例为经双侧腋窝和乳晕入路，两例患者术后均恢复良好，发音正常，这是西北地区首次完成经口达·芬奇机器人甲状腺手术，在原有腔镜甲状腺手术基础上，将耳鼻咽喉头颈外科手术推向新的台阶。

◆交大一附院完成西北地区首例微创复杂先心病矫治手术 来自陕西农村40余岁的患者，从小患有先天性心脏病，肺动脉高压达近100毫米汞柱，为正常人的5倍，经常出现头晕、胸闷、心慌、气短等不适症状。2018年3月，入住西安交通大学第一附属医院结构性心脏病科，行心超检查后诊断为“先天性心脏病、房间隔缺损、房水平双向分流、三尖瓣返流、肺动脉高压（重度）”。在心外科、结构性心脏病科、麻醉手术部、外科ICU等多个科室合作下，成功完成“微创无顶冠状静脉窦综合征矫治+三尖瓣成形”手术。术后患者恢复良好。

（蒲　水）

医疗保障

◆概况 2018年，西安市大力推进医保支付方式改革，不断完善城乡居民大病保险政策，提高职工医保门诊慢性病待遇，完善离休人员医疗保障政策，废止医疗备用金制度，调整2018年城镇居民医保政府补助标准，将生育津贴纳入生育保险支付范围，医疗保障水平不断提升。9月25日，西安市民政局、西安市财政局、西安市卫生和计划生育委员会、西安市人力资源和社会保障局印发《西安市医疗救助办法》（市民发〔2018〕329号）。全年医疗救助10.57万人次，发放救助金8727万元。

◆医保支付方式改革 2018年1月，西安市人力资源和社会保障局、西安市物价局、西安市卫生和计划生育委员会联合印发《关于开展按病种收费工作的通知》，制定《西安市公立医院100个按病种收费标准》，并将按病种付费纳入西安市城镇职工（居民）基本医疗保险单病种住院医疗费用限额结算范围。9月，市人社局印发《关于进一步推进按病种付费有关问题的通知》，制定西安市按病种付费病种及限额结算标准。不断完善城乡居民大病保险政策，自1月1日起，西安市将城乡居民基本医保Ⅰ类8种门诊慢性病纳入大病保险保障范围，并将贫困人口大病保险报销比例提高5个百分点，将2018年城乡居民大病保险筹资标准提到至55元/（人·年），较上年35元/（人·年）的标准提高20元/（人·年）。进一步提高职工医保门诊慢性病待遇，将大骨节病、氟骨症中重度和慢型克山病3种常见慢性病纳入城镇职工基本医疗保险和城镇居民基本医疗保险门诊治疗慢性病补助政策范围。完善离休人员医疗保障政策，将离休人员医疗保障费用筹集标准由4.5万元调整提高至8万元。废止医疗备用金制度，自1月1日起不再计提医疗备用金。落实中央和陕西省关于国家谈判药品及相关仿制药纳入支付范围工作，参加西安市城镇职工（或居民）基本医疗保险的人员使用17种抗癌药所发生的费用，由参保个人按10%的比例自付相应的费用后，城镇职工再按70%比例进行报销，城镇居民再按60%比例进行报销。9月，西安市人力资源和社会保障局、西安市财政局联合转发陕西省人力资源和社会保障厅、陕西省财政厅《关于切实做好2018年城乡居民基本医疗保险工作的通知》，将西安市城镇居民医保政府补助标准由上年的每人每年470元提高到每人每年500元，居民2019年个人缴费统一暂按220元缴纳。

◆生育津贴纳入生育保险支付范围 2018年1月31日，西安市人力资源和社会保障局印发《关于将生育津贴纳入生育保险支付范围有关问题的通知》，从1月1日起，将生育津贴纳入西安市生育保险支付范围。凡是参加西安市生育保险的女职工休产假时，按国家规定的产假天数享受生育津贴。女职工享受生育津贴标准，以女职工生育或流产时所在用人单位上年度职工月平均工资乘以12（月份）除以365（天数），再乘以下列产假具体天数一次性计发：（1）女职工生育享受98天产假，其中难产的，增加产假15天；生育多胞胎的，每多生育1个婴儿，增加产假15天。（2）女职工怀孕未满4个月流产的，享受15天产假；怀孕满4个月流产的，享受42天产假。为保障政策落实到位，6月1日，生育津贴信息系统上线，生育津贴可通过定点医疗机构“一站式”申报。同月，市人社局印发《关于恢复生育保险费率的通知》，自7月1日起，将生育保险费率由阶段性下调期间的0.25%恢复至0.5%。10月，西安市人力资源和社会保障局、西安市财政局联合印发《关于西安市公务员生育保险有关问题的通知》，明确公务员生育保险缴费及生育津贴待遇问题。（蔚国刚）

◆新型农村合作医疗 2018年，西安市新农合筹资标准每人690元，其中政府补助500元，个人缴纳190元。西安市参合438.06万人，参合率99.44%。全年补偿参合患者1317.87万人次，补偿总额31.82亿元。统筹区域内政策范围内补偿比77.14%。年度大病保险筹资标准按每人55元提取，实施扩大门诊慢性病报销范围、提高贫困人口报销5个百分点，报销起付线实行年内累计计算等政策，全年为10.62万人次补偿资金3.81亿元。西安市人民政府办公厅印发《西安市进一步深化基本医疗保险支付方式改革实施方案》，西安市卫生和计划生育委员会制订《西安市推进新农合支付方式改革工作实施方案》，65家新农合定点医疗机构开展住院总额预付制试点，住院单病种定额付费管理病种109种。开展新农合“四合理”（合理检查、合理用药、合理治疗、合理收费）检查，严厉打击欺诈骗取医疗保障基金行为，进一步保障基金安全，规范医疗服务行为。

（蒲　水）

◆医疗服务价格改革 2018年，西安市物价局对全市二级以上（含二级）公立医院100个单病种项目制定收费标准，5月1日起与医保政策同步实施。对西安市20家公立医院医疗收费改革政策及按病种收费政策落实情况每月进行监测。联合西安市卫生和计划生育委员会、西安市人力资源和社会保障局印发《西安市非公立医疗机构医疗服务价格行为规则》，填补西安市在非公立医疗机构医疗服务价格行为管理空白。联合市卫计委举办全市医疗服务价格政策培训会，不断规范医疗服务价格行为。

（王国栋）

社会民生

责任编辑

姬娟妮

西安年鉴

2019

XI'AN YEARBOOK

婚姻·家庭

◆婚姻登记管理 2018年，西安市办理结婚登记84112对，比上年增长10.17%；离婚登记33650对，比上年增长24.20%。成立西安高新区民政局婚姻登记处。5月开始，西安市民政局社会组织管理局（行政审批处）全部进驻政务大厅，并对进驻西安市人民政府政务服务中心的民政审批事项，一律启用“西安市民政局行政审批专用章”，进一步简化行政审批流程。11月，西安高新区民政局婚姻登记处正式对外受理业务。西安市民政局下发《关于开展365天无假日婚姻登记工作的通知》，推进全年无休办理婚姻登记业务，让群众办事更方便、更顺畅。（鲍　珊）

◆《西安市家庭教育“十三五”规划》中期评估 2018年7月26日，西安市妇女联合会召开区（县）《西安市家庭教育“十三五”规划》中期评估骨干专题培训会，部署评估检查、自查工作，并邀请专家讲授《西安市家庭教育“十三五”规划》。10月19日，西安市妇女联合会牵头组织西安市教育局、西安市民政局、西安市卫生和计划生育委员会等单位组成西安市家庭教育工作“十三五”规划中期抽查评估组，对西安市各区（县）《西安市家庭教育“十三五”规划》开展抽查评估工作。11月初，在各区（县）自查的基础上，整理撰写《〈西安市家庭教育“十三五”规划〉自查报告》及《统计数据采集表》，完成《西安市家庭教育“十三五”规划》中期评估工作。

◆家庭教育 2018年3月9日，西安市妇女联合会启动年度“家庭教育阳光云课堂”公益巡回讲座活动。全年巡讲100场，为广大家长提供及时有效的指导与服务，不断增强家庭教育的科学性和规律性，逐步形成家长学校教育内容系统化、形式多样化、功能最大化，形成学校和家庭教育互为补充、相互贯通的良好局面。邀请家庭教育专家开展家庭教育专题研讨会，围绕如何深入开展家庭教育公益巡回讲座活动，交流研究成果及存在问题；提出拟拓展的讲座专题、意见和建议；讨论关于开展陕西省未成年人思想道德建设和家庭教育工作专题调研课题。携手陕西广播电台896汽车调频，在《长安夜话》节目推出8期“家庭教育阳光云课堂”节目，讲授科学的家庭教育理念和先进实用的家庭教育方法。5月30日，联合西安市教育局、西安市精神文明建设指导委员会办公室等8家单位举办庆“六一”暨“书香故事润家庭”系列展演活动。活动历时2个月，从近1000个作品及视频中筛选出120个作品，最终评出一等奖9个、二等奖15个、三等奖18个、优秀组织奖33个。

◆注重家庭、家风、家教系列活动 2018年，西安市妇女联合会家庭工作部围绕中共中央总书记习近平“注重家庭、注重家教、注重家风”要求，开展注重家庭、家风、家教系列活动。宣传推广“社区家庭共同成长计划：做有格局的小家”教育品牌，为社区家庭提供实用又前沿的教育理念和知识。利用市妇联“家校云课堂”“西安市区（县）儿童工作群”“地市家儿部工作群”等微信公众号，宣传转发“领心教育”《交互空间》节目致力于家庭教育方面的小视频。组织举办2018年“家庭教育阳光云课堂”系列讲座，邀请《交互空间》创办人郭鑫悦在社区围绕情绪管理、子女教育、好习惯如何形成等内容做了近10场家庭教育讲座，并让其做客《长安夜话》节目，围绕家长关心的家庭教育问题进行答疑，进一步提升和扩大西安市妇联“家庭教育阳光云课堂”的影响力，取得良好的社会效益。（何喜萍）

◆维护妇女儿童合法权益 2018年，西安市妇女联合会发挥法规政策性别平等及儿童优先评估咨询机制作用，推动实施《中国妇女发展纲要》《中国儿童发展纲要》和《西安市妇女发展规划(2011—2020年)》《西安市儿童发展规划(2011—2020年)》和为妇女、儿童办的“十件实事”全面落实。争取项目资金710万元，用于留守妇女和儿童关爱、“妇女之家”等妇女、儿童民生项目，受益妇女、儿童数十余万人。3月16日，联合西安市法学会举办以“构筑法律屏障，维护妇女儿童权益”为主题的西安市《中华人民共和国反家庭暴力法》实施情况研讨会，来自西安市公安、检察、法院、司法、民政、卫计、教育、妇联等系统的代表100余人，共同交流分享加强法制建设和遏制家庭暴力的经验，推动各级、各部门依法保障妇女、儿童合法权益。探索建立农村留守妇女关爱体系，争取各级财政资金327.34万元，开展贫困妇女“两癌”救助和“春风行动”关爱活动。邀请陕西广播电视台《帮忙有一套》栏目在市妇联挂牌成立工作站。举办全市维权站人员专业能力培训班，妇联干部依法行政、依法维权能力提升培训班。推进区（县）维权服务中心分站改革，充分发挥全市维权服务网络作用，受理妇女群众来信、来访、来电2513件，实施法律援助案件48件，结案46件，挽回经济损失463万余元，实现“零投诉”。（李　健）

青少年

◆青少年权益保护 2018年5月和10月，共青团西安市委员会面向广大社会组织进行青少年公益项目征集活动，确定“陕西指南针司法社工服务中心”等多家社会组织申报的“未成年人司法援助公益项目”等9个青少年权益保护社会工作项目为年度政府购买公益服务项目，为广大未成年人提供成长指导、权益维护、预防犯罪、司法救助等领域的专业社会服务。12月，在陕西省青少年公益项目大赛上，共青团西安市委、西安“12355”青年服务台申报的“陕西回归儿童救助中心心理关爱项目”获金奖；共青团西安市委权益部申报“‘一带一路·中华文化小使者’成长公益项目”和西安市青少年公益服务中心申报的“共建美好和谐社区公益服务项目”获银奖。12月底，在第四届中国青年志愿服务项目大赛上，由共青团西安市委推荐、报送的“‘流动儿童看西安’城市社会融合志愿服务项目”和新城区推荐、报送的“‘阳光蒲公英·关爱重点青少年’项目”获大赛银奖。（朱云龙）

◆红色基因教育 2018年，西安市各级关心下一代工作委员会充分发挥本地红色资源优势，深化社会主义核心价值观教育。在长作工委纪念馆举行“红色基因我传承，理想信念伴我行”主题教育活动启动仪式，举行“西迁精神”报告会、“传承红色基因·争做时代新人”西安成都青少年手拉手夏令营、“全市百名文明小公民”评选表彰、西安市青少年文学创作大赛等系列红色基因主题教育活动。西安市380多个各级“五老”（老干部、老战士、老专家、老教师、老模范）报告团走进校园、社区、红色遗址，为青少年讲红色故事、身边故事、改革开放故事。“红色足迹莲湖行”“红色基因我传承，红旗飘飘伴我行主题”演讲暨朗诵比赛等活动受到青少年欢迎。全年开展红色基因主题教育活动1841次，做相关报告1500余场，受教育青少年100万人次。

◆青少年关爱帮扶 2018年，西安市关心下一代工作委员会围绕脱贫攻坚工作，出台《关于进一步加强全市困境儿童帮扶工作的意见》，提出结对帮扶、阵地帮扶、活动帮扶等措施，从精神和物质两个方面加强对困境儿童的关爱帮扶。年初，开展“新时代·新关爱”大手拉小手千人帮扶活动，组织干部与长安区困境儿童结成帮扶对子，给临潼华乐学校首届“圆梦班”考入高中的14名学生每人发

2018年7月24日，共青团西安市委2018年第一批政府购买项目启动仪式暨青少年权益保护之“向校园欺凌 Say No”项目专题讲座在新城区青春驿站举行

放2000元“关爱金”和一些励志书籍。全年各级关工委结成1117个帮扶对子，开展帮扶活动800多次，投入资金3000多万元。根据“扶贫先扶智”的号召，市关工委开展“青少年心理教育流动课堂”“乡村青年公益培养项目”等活动，为农村留守儿童、农村青年提供精准帮扶。

◆青少年法治教育 2018年，西安市各级关心下一代工作委员会响应《中国共产党第十九次全国代表大会报告》中“打造共建、共治、共享的社会治理格局”要求，充分发挥“五老”作用，动员广大“五老”走进“青少年关护站”，走上法庭，为失足青少年担任社区矫正志愿者。在“老园丁之家”、“四点半”学校、“暑假好去处”免费辅导班等校外平台为青少年进行学习和心理辅导，走进校园开展《中华人民共和国宪法》宣传和法治宣讲活动。西安市关心下一代工作委员会联合西安市公安局组织开展“透视‘校园欺凌’”“开学第一课”法治教育等系列讲座，受到学校和青少年欢迎。在家长学校指导中心、“家风家训教育”示范点等开展家庭教育工作，起到良好带动作用。

◆青少年关爱宣传 2018年，西安市各级关心下一代工作委员会不断加强主流媒体宣传青少年关爱工作。《开启全市关心下一代工作追赶超越新征程》等6篇稿件刊登在《中国火炬》杂志；14篇文章在省级报刊刊发；在西安广播电视台、西安教育电视台、《西安日报》、《三秦都市报》、《陕西老年报》等媒体对青少年关爱大型活动进行宣传报道。其中，《西安日报》对市关工委系统开展的“六一”活动进行大幅报道；在重阳节当天，组织专版刊登“西安市百名最美‘五老’”照片和事迹简介。同时加强新媒体宣传，西安市关心下一代工作委员会新建网站、微信公众号等宣传平台，和中国关心下一代工作委员会、陕西省关心下一代工作委员会的新媒体平台进行互动交流，第一时间推送重要信息和工作动态。（姬娟妮）

◆关爱儿童 2018年2月6日，西安市妇女联合会赴西安光彩明天儿童眼科医院，看望慰问在这里免费接受眼疾治疗的20名贫困儿童，并为他们送去书包、文具等慰问品。联合共青团西安市委员会开展“点亮你的小火柴 有才你就来”——第四届少儿版童话剧《卖火柴的小女孩》小演员选拔大赛，为儿童创建艺术实践的舞台。下发《西安市妇联关于庆祝2018年“六一”国际儿童节的通知》，要求各区（县）要重点关注贫困地区儿童、特殊困境儿童、农村留守儿童等群体，帮助其解决学习生活中的实际困难，切实把党和政府的关怀厚爱送到少年儿童的身边。要求区（县）妇联发挥组织优势，动员社会力量组织开展多种形式的关爱慰问活动；依托社区（村）“妇女之家”“儿童成长家园”等活动阵地，组织开展富有特色、符合儿童特点和需求的关爱帮扶活动。12月1日，延安市枣园小学40名留守儿童等一行50人来到西安市华赋漫品World儿童教育娱乐体验中心进行公益研学，市妇联为孩子们赠送棉被、御寒衣物、书包文具等爱心礼物。

◆未成年人思想道德建设 2018年，西安市妇女联合会举办《高质量的陪伴——女性亲子主题演讲》。4月2日，市妇联与西安新东方教育集团联合举办“高质量的陪伴——女性亲子主题分享会”，来自社会各界的家庭教育工作者、年轻父母等300余人参加分享会。4月22日，与领心教育“交互空间”网站举办以“悦读书，乐分享”为主题的活动；与新城区妇女联合会、共青团西安市新城区委员会举办“从家开始阅读悦美”亲子阅读分享会活动。落实陕西省妇女联合会要求，开展“书香三秦德润万家 亲子阅读 相伴成长”系列活动，通过阅读经典、书写家书活动传播科学家教、传递良好家风、促进儿童健康成长。与西安市文化广电新闻出版局、西安市精神文明建设指导委员会办公室、西安市教育局等8个部门联合举办“第二届小红鸟绘本剧表演大赛”活动，营造“爱阅读、会阅读、懂阅读”的社会环境。

（何喜萍）

老年人

◆概况 2018年，西安市不断提升社会养老保障水平，完善老年人福利制度，西安市养老产业蓬勃发展，敬老、养老、助老社会风尚日益浓厚，“十三五”老龄事业发展和养老体系建设中期任务全部完成，全市老龄事业健康协调发展。截至年底，西安市有60岁以上老年人176.6万人，占总人口的17.6%。

◆养老服务业综合改革试点 2018年，西安市不断健全养老服务体系，补齐养老短板。新建35个城市社区居家养老服务站，其中30个站点投入运营；拨付社区居家养老服务站建设和运营补贴资金1259.14万元。制定《西安市居家和社区养老服务改革试点工作方案》，推进居家社区养老服务市场化。引入专业化养老服务团队，开展服务内容多样化的特色运营，全市居家养老服务站社会化运营比例达20%以上。加快推进“农村幸福院”建设进度，建成“农村幸福院”230个，超出总任务的28%。“农村幸福院”建设力度向142个“陕西省定贫困村”倾斜，主动增加建设任务，贫困村建成“农村幸福院”比例达83%。民政、公安、司法等9部门制定下发《关于加强农村留守老年人关爱服务工作实施意见》，保障西安市农村留守老年人基本生活。发挥村基层自治组织、老年协会作用，依托已有设施，为农村留守、孤寡、独居、贫困、残疾等老年人提供形式多样的关爱服务。截至年底，全市有养老机构153家，社会养老床位5.6万张，其中新增各类养老床位7601张，完成6400张年度任务总数的118.8%，每千名老人拥有养老床位36.1张。委托第三方组织完成养老机构建设补助和运营奖励查验评估工作，全年下拨养老机构运营奖励和建设补助资金1845.73万元。公安、质监、食药监、卫计、老龄等部门联合开展“养老院服务质量建设专项行动”，对排查发现的问题全部整改到位，所有养老机构基础性指标全部合格。完成《西安市养老服务促进条例》草案编制工作，并将其列入2019年立法计划。通过政府购买服务的方式，培训300名养老护理员和管理人员，进一步提升养老服务的管理和服务水平。

◆老年人权益保障 2018年，西安市老龄工作委员会办公室进一步完善老年人优待办法，拓展优待内容，将就医优待年龄下延至65周岁，就医优待取消户籍限制，扩大门诊免挂号费或诊疗费范围。启动为期半年的“西安市老年人优待证”上门办理工作，全年办理“西安市老年人优待证”10.7万张。稳步推进“社会保障卡”与“居民健康卡”两卡合一和网上办理工作。全市建立老年人法律援助服务站点51个，办理老年人维权案件710件，解答法律咨询4023件次。两级法院受理赡养等涉老案件2000余件，减免诉讼费10余万元。全市各公证机构开展为70岁以上老年人免费提供遗嘱公证公益服务，“敬老月”期间办理公证76份。

◆老龄工作调研 2018年，西安市老龄工作委员会办公室配合全国老龄工作委员会办公室开展全国城乡老年人生活状况监测调查，调查涉及新城、未央、西咸新区11个街（办）、44个社区（村），样本总量为264人，并于8月底完成调查工作。为全面掌握西安市老龄工作状况，组织开展专题政策调研活动，全市44个老龄部门、涉老组织参与，形成调研报告56篇，向中央、陕西省推荐上报调研报告17篇，其中11篇获中国老年学和老年医学高峰论坛“优秀论文奖”。同时，对西安市养老服务需求情况进行摸底统计，开展西安市城乡老年人养老服务需求与服务供给、西安市社区“智慧养老”2项调研活动，涉及3个区（县）9个社区（村）1000余名老年人，完成《西安市城乡养老服务资源供给与需求状况调研报告》。组织编印《西安市2017—2018年老龄问题理论研究成果选编》，收录36篇调研报告，为各级党委、政府决策老龄工作，完善老龄政策提供重要依据。

◆惠老实事 2018年，西安市老龄工作委员会办公室进一步优化高龄老年人生活保障补贴制度，全市62万名70周岁以上老年人领取高龄保健补贴4.99亿元。

2018年10月12日，“西安最美老人、西安市最美孝亲敬老之星”颁奖仪式暨老年大舞台——2018诗·歌交响节目会演活动举行

全年为1102名困难、失能老人发放护理补贴386.87万元；为3517名65—69周岁丧失劳动能力、生活困难的农村老人发放生活补贴213.67万元。持续推行老年人意外伤害保险制度，投入510.52万元，为25.53万名老年人购买“意外伤害保险”，赔付483起，理赔金额128.14万元。开展老年人家庭无障碍设施适老化改造工作，完成2243户改造任务，超出总任务的12.15%，贫困、病残、高龄、独居、空巢、失能等特殊困难老年人的生活环境和生活质量得到有效改善。持续开展“银龄行动”，组织36家医疗机构为老年人提供免费义诊活动75场，出诊医护人员7124人次，受益群众2万余人。

◆老龄工作宣传 2018年，西安市老龄工作委员会办公室将人口老龄化国情教育、政策解读、工作动态及成效等内容在各类媒介宣传报道296次，投入宣传经费41万元。在门户网站和微信公众号宣传推送信息200余条，网络点击率超过25万次以上。主办的《老年周刊》全年发行50期，印制4.8万余份。通过陕西新闻广播《枫叶正红》节目《三秦老年之声》栏目，对西安老龄工作情况、成功经验、存在短板，以及普及人口老龄化国情的意义、举措等做全面、详细解读。表彰20名“西安最美老人”和“西安最美孝亲敬老之星”，弘扬尊老、敬老、助老、孝老的良好社会氛围。通过召开“敬老文明号”创建活动推进会，宣传“敬老文明号”创建亮点，推动“敬老文明号”创建活动向纵深开展，提升各行各业为老服务水平。开展符合老年人特点的文化活动，着力打造西安市老年文化品牌。推动“老年人体育健身大会”“老年书画展”“老年大舞台”等具有地方特色的老年文化活动蓬勃发展，152个单位315支代表队2051名老年人参与。全年组织体育活动和比赛近300项（次），参与人数超过250万人次，其中老年人占75%。春节和“敬老月”期间，西安市投入资金161.8万元，对4家养老机构及2890名贫困、高龄、失能等困难老年人家庭进行走访慰问。

（何利萍）

农民工

◆概况 2018年，随着西安市新农村建设工作不断推进，农民工本地从业人员数量、从业时间均增加，从业收入增长，新生代农民工数量持续增加。同时，农民工群体多数文化水平不高，高学历人员数量偏少，合同签订人员比例不高，参保人员比例偏低等问题依然存在。

◆农民工收入与支出 2018年，西安农民工本地、外出务工人员人均从业收入均增加，本地与外出从业收入增加额差距不明显。本地非农务工人员人均从业收入21206.7元，比上年增加1779.2元；本地非农自营人员人均从业收入47856.0元，比上年增加2577.2元。外出务工人员人均从业收入33298.4元，比上年增加2799.2元；外出自营人员人均从业收入51641.4元，比上年增加2850.9元。

新生代农民工数量持续增加　1980年后出生的新生代农民工多数毕业后就进城参加工作，绝大部分没有从事过农业生产工作，新生代农民工已经成为农民工大军的主流。西安市新生代农民工人数占农民工总量的49.5%，占比较上年扩大0.5个百分点。

1.8%的上年外出人员返乡　随着《西安市新农村建设项目管理办法（试行）》和《西安市统筹办新农村建

设项目月报制度》等新政策的出台和落实，西安新农村建设工作不断推进，西安农村周边用工需求也在不断增加，吸引部分外出人员返回本地从业。调查显示，上年外出从业农民工中1.8%的人员选择返乡。在返乡原因中，外出务工找不到合适工作的占48.6%；想回本地务工的占32.2%；想照顾家庭的占19.2%。

外出人员人均寄带回收入减少

外出务工的年轻人，由于收入较低，在外居住消费支出多等原因，通常只能做到收入自给自足，无法给家中寄带回收入。中壮年务工人员，多数负有赡养抚养家庭的责任，有一定储蓄寄带回家。调查显示，外出务工人员人均寄带回17356.18元，较上年减少224.12元；外出自营人员人均寄带回29717.63元，较上年减少4275.17元。

外出务工人员生活消费总支出增加

外出务工人员的生活消费多为饮食、居住、出行、通话等基础性消费，随着城市生活消费价格水平的不断上涨，外出务工人员生活消费支出占收入比重偏大。外出务工人员人均生活消费支出9924.39元，较上年增加2484.38元，占外出务工收入的29.8%；外出自营人员人均生活消费支出13809.73元，较上年增加7593.25元，占外出自营收入的26.7%。

◆农民工就业 2018年，西安农民工在户籍所在地乡镇（街道办）内从业即本地从业的占47.9%，比上年占比扩大6.6个百分点。其中，本地非农务工人员占39.4%，占比扩大4.6个百分点；本地非农自营人员占8.5%，占比扩大1.9个百分点。西安农民工在户籍所在地乡镇（街道）外从业即外出从业的占52.1%，占比缩小6.6个百分点。其中，外出务工人员占50.4%，占比缩小7.1个百分点；外出自营人员占1.7%，占比扩大0.5个百分点。从农民工在三个产业间务工人数分布比重看，第一产业即农、林、牧、渔业从业人数占19.6%，占比缩小1个百分点；第二产业即采矿、制造、电力热力燃气水生产和供应业、建筑业人数占20.7%，占比缩小9.1个百分点；第三产业即批发和零售、住宿和餐饮业、交通运输、仓储和邮政、居民服务、修理和其他服务业等行业占59.7%，占比扩大10.1个百分点。从农民工在不同行业间务工人数分布比重看，农、林、牧、渔业从业人数最多，占19.6%，占比缩小1个百分点；非农行业中，居民服务、修理及其他服务业人数最多，占18.4%，占比扩大1.6个百分点；住宿餐饮业占12.0%，占比扩大4.9个百分点；建筑业占11.3%，占比缩小5.6个百分点（见下图）。

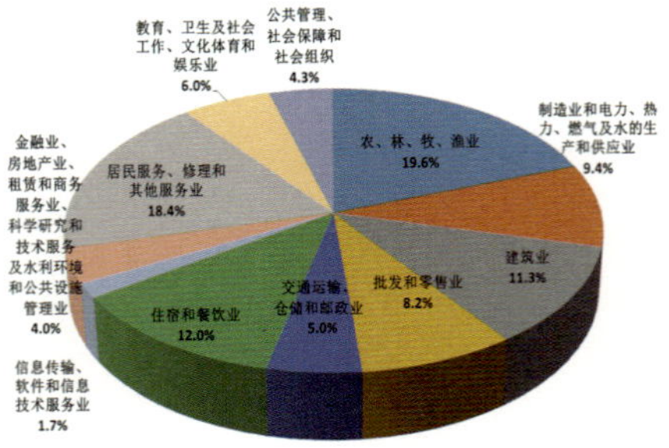

西安市2018年农民工从事主要行业人员数量分布图

在第三产业的14个行业中，农民工从业人数增长的有11个行业。较上年相比，人数增长最快的是住宿和餐饮业，增长4.9个百分点；其次是公共管理、社会保障和社会组织，增长2.4个百分点；居民服务、修理和其他服务业，增长1.6个百分点。本地农业自营人员全年从业时间5.2个月，较上年增加1.9个月；本地非农务工人员从业时间7.2个月，增加0.2个月；本地非农自营人员从业时间8.2个月，增加0.2个月。外出务工人员从业时间9.0个月，减少0.3个月；外出自营人员从业时间8.3个月，减少2.9个月（见下图）。

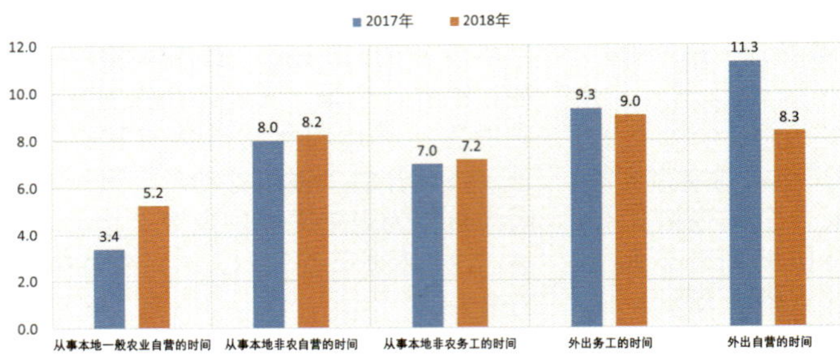

西安市2017—2018年农民工各类人员从业时间对比图

（1）农民工群体多数文化水平不高，高等学历人员数量偏少。调查显示，大专以上文化水平人员占全部农村居民的12.3%；初高中文化水平人员居多，占66.1%。应聘工作竞争力不强，加之职业技能人才缺乏，多数农民工只能从事建筑业杂工、餐饮业服务员、零售业销售人员等临时性工作。拥有技能等级证书的人员数量仅占农民工总人数的8.5%。其中，初级技能证书占3.4%；中级技能证书占4.7%；高级技能证书占0.4%。（2）合同签订人员比例不高。虽然农民工签订劳动合同意识不断提高，但是由于多数农民工从事的建筑零工、农业务工等非固定工作，劳动合同签订比例不高。调查显示，签订劳动合同的占28.6%。其中，无固定期限劳动合同工占5.7%；一年及以上劳动合同工占21.4%；一年以下劳动合同工占1.5%。没有签订劳动合同的占67.3%。其中，自营人员占3.7%，其他情况占0.4%。（3）外出从业人员由单位或雇主给缴纳的各项社会保障较少。外出从业人员中，单位或雇主给缴纳养老保险的占7.5%。缴纳工伤保险的占11.4%；缴纳医疗保险的占8.7%；缴纳失业保险的占8.1%；缴纳生育保险的占3.7%；缴纳住房公积金的占4.5%。（4）外出从业人员由单位或雇主提供免费或低价工作餐和住宿较少。外出从业人员接受单位或雇主提供免费或补贴伙食费的占36.5%。其中，每天提供三餐的占6.4%；每天提供两餐的占17.0%；每天提供一餐的占10.3%；补贴部分伙食费的占2.8%。单位或雇主提供住宿或补贴住房费的占21.2%。其中，提供住宿的占18.4%；提供有住房补贴的占2.8%。（郭菁媛）

◆“西安最美农民工”评选 2018年，西安市人力资源和社会保障局以“改革开放40年，致敬大西安城市建设者”为主题，组织开展2018年“西安最美农民工”的评选表彰活动。经专家评审、实地考察、网络投票、公示等环节，最终评选出50名展示时代特征、代表西安形象、事迹真实感人、精神催人奋进的“西安最美农民工”代表，其中前10名获得“特别提名奖”。以西安市农民工工作领导小组办公室名义印发《关于表彰2018年“西安最美农民工”的通报》。通过西安市人社局官方微信及腾讯微信公众号设置网络投票通道，网站总访问量为56.万人次，社会各界人士共向20名入围选手投票25.3万张。10月26日，举行“致敬大西安城市建设者——西安最美农民工表彰暨先进事迹报告会”，以西安市农民工工作领导小组办公室名义对50名获奖代表进行表彰。会上，保洁员孔宪梅等5名代表结合干事创业真实故事进行了事迹报告。

◆农民工服务 2018年，西安市人力资源和社会保障局发挥西安市农民工工作领导小组办公室综合协调职能，开展促进农民工融入社会的宣传服务活动。围绕“管理服务、权益维护、文化教育、党团活动”四项基本职责，统筹协调和指导市本级及各区（县）建立、完善农民工综合服务平台，切实提高为农民工服务、促进享受公共服务均等化的能力和水平。截至年底，全市建成248个农民工综合服务平台，其中挂牌农民工综合服

务中心20个、农民工综合服务所（站）26个。（蔚国刚）

扶贫开发

◆概况 2018年，西安市脱贫攻坚工作以乡村振兴战略为引领，以“春季攻势”“夏季会战”“秋季攻坚”“冬季决战”49个方面90项具体任务为重点，按照“12345”（“1”：“一标准”，家庭年人均纯收入要超过扶贫标准3015元；“2”：“两不愁”，不愁吃（包括安全饮水）、不愁穿；“3”：“三保障”，义务教育、基本医疗和住房安全有保障；“4”：“四率一度”，精准识别率、精准退出率、精准帮扶率、易地扶贫搬迁入住率和群众满意度；“5”：“五个美丽”样板）目标要求，聚焦脱贫摘帽底线和“五个美丽”（美丽乡村、美丽经济、美丽党建、美丽人家、美丽乡风）建设，凝聚全市力量推进精准扶贫、精准脱贫。截至11月23日，142个贫困村、14534户41211人顺利实现脱贫。12月22日，周至县脱贫“摘帽”工作完成市级核查。

◆产业扶贫 2018年，西安市持续推进“十百千万”产业扶贫工程（建设10个重点产业园区；扶持100个合作社；培育1000名农村乡土专家；带动10000户贫困户脱贫），重点扶持农村旅游、苗木花卉、电子商务等10大扶贫主导产业，参与扶贫的新型农业经营主体和现代农业园区有523家。发展增收示范户1071户，带动贫困户13490户，实现全市产业扶贫户中、长期产业全覆盖。建立产业扶贫对象信息库、项目库和技术专家信息库，设立总规模25亿元的“西安市产业扶贫（农业）投资基金”，全市享受1万元资金扶持的在册贫困户有1.7万户。

◆健康扶贫 2018年，西安市建档立卡在册贫困人口50998人参加新农合和大病保险，参保率100%；贫困人口出院40798人次，补偿2.28亿元，报销比例94.28%；“一站式”结算率98.29%，大病专项救治率99.2%。开展进村义诊900余次，入户服务贫困户5871户，义诊群众20余万人次，发放药品、健康用品21567件。建成贫困村村级标准化卫生室258个，其中有2个以上的有75个村，占总数的52.8%。探索出“43210”西安健康扶贫模式（“4”：“四重保障”制度，由新农合、大病保险、民政医疗救助和政府保障构成；“3”：“三个一批”分类救治措施，按照“大病集中救治一批、慢病签约服务管理一批、重病兜底保障一批”的原则，实施分类分批救治，彻底解决因病致贫的存量问题；“2”：“两个下沉”，开展城市优质医疗资源下沉和医务人员下基层的“双下沉”活动；“1”：“一张大网”，一张贫困群众的健康保障网；“0”：“零距离服务”，开展“健康扶贫大调研”“健康扶贫春季攻势”“健康扶贫夏季会战”“健康扶贫秋季攻坚”等活动，实施健康扶贫“零距离服务”，解决贫困群众看病就医实际困难）。

◆就业扶贫 2018年，西安市登记贫困劳动力转移就业1.8万人，贫困劳动力创业433人，贫困劳动力技能培训（不含创业培训）3510人次，创业培训217人次，分别完成计划的105.86%、106.65%、181.21%和158.39%。全市新开发公益专岗岗位734个，上岗328人；特设公益性援助岗位，上岗1793人。新增创业孵化基地13家、扶贫基地15家。在册贫困户至少有1名劳动力实现就业的有11012户，就业率100%。

◆教育扶贫 2018年，西安市建档立卡贫困户义务教育阶段无辍学学生，其中残障学生318人（随班就读147人，入特教学校93人，送教上门78人）。涉贫区（县）实施“全面改薄”（全面改善贫困地区义务教育薄弱学校基本办学条件）项目的学校有121所。截至年底，竣工99所，其余学校全部启动建设。西安市教育局遴选城5区142所中、小学，结对帮扶142个贫困村3471户贫困户，开展帮扶活动1138次。

◆金融扶贫 2018年，西安市142个贫困村全部建立村集体经济组织。西安市扶贫开发办公室为每个村落实集体经济发展启动资金50万元，全市43个贫困村集体经济收入超1万元。累计为15034户贫困户发放扶贫小额信贷资金，占在册贫困户总量的74.57%，放贷总金额3.5亿元。为4.77万户办理“助农保”特惠扶贫专项保险，总保额98.78亿元，累计核赔1275余万元，“助农保”特惠扶贫保险产品实现涉贫区（县）全覆盖。

◆光伏扶贫 2018年，西安市完成光伏扶贫项目国务院扶贫开发领导小组办公室系统录入工作，建成扶贫电站102个，总规模7190千伏，关联贫困户1926户。其中，有村级电站62个；联村电站12个；集中电站15个；户用电站13个。

◆电商扶贫 2018年，西安市打造13个“电子商务示范乡镇”、16个“电子商务示范村”，评选40家各具特色的“农村电子商务示范企业”。开展农村电商培训近6万人次，培育农村电商企业1000余家。开设推广“西安扶贫超市”4家，带动贫困人口7000余人，年销售额130余万元。西安电商扶贫减贫经验作为中国成功经验向APEC（亚洲太平洋经济合作组织）经济体进行了介绍。

◆兜底脱贫 2018年，西安市建成“1+N”救助体系（“1”：以城乡最低生活保障制度为主；“N”：包括特困人员供养制度、医疗救助制度、临时救助制度、教育资助制度、残疾人两项补贴制度、高龄老人生活保健补贴制度、困难失能老人护理补贴制度、渐退帮扶制度、分类施保制度等），实现贫困人口“应保尽保”，率先在陕西省推行社会救助购买服务工作。将全市农村低保标准提高至每人每年5400元，农村特困人员中失能、半失能集中供养率达到50.8%。全市医疗救助14.23万人次，发放救助金11739万元；临时救助3.67万人次，发放救助金3735.3万元；教育资助困难大学生1677人，发放资助金743.8万元；资助农村困难家庭普通高中生1675人，发放资助金335万元；为8.68万名残疾人发放困难残疾人生活补贴和重度残疾人护理补贴资金8009万元。

周至县移民搬迁安置点

◆**农村基础设施建设** 2018年，西安市完成贫困村“油返砂工程”288.9千米、通组路257.32千米、通村道路44千米，全市所有行政村均通水泥（沥青）路。完成“安全饮水巩固提升项目”68处、“电网升级改造项目”16个，完工率100%。累计完成农村危房改造6581户（其中中央、陕西省补助3845户），并实现全部入住。“十三五”期间异地扶贫搬迁任务计划搬迁的1926户，全部为其建成住房，并实现入住。3月16—17日，全省易地扶贫搬迁关中地区现场会在西安召开，与会代表赴鄠邑区、周至县的移民搬迁集中安置点和配套脱贫产业园区进行了观摩。

◆**社会扶贫** 2018年，西安市制定《驻村联户工作管理细则（试行）》，在全市组建驻村工作队497支，实现省定贫困村、市级重点帮扶村驻村帮扶全覆盖。市、区（县）两级选派联户干部24020人，对在册贫困户实行“一对一”帮扶。进一步规范人员选派、强化日常管理，集中培训567场次，培训12648人次。为有发展能力的贫困户提供1万元，鼓励发展产业。将“两区扶一县”扩展为“多区扶一县”，重点对周至县和蓝田县加大政策资金倾斜力度，安排多个经济发达的开发区、城区全面帮扶贫困县。由7个区（县）、开发区分别包抓142个贫困村，帮扶到户、到人，各区（县）、开发区累计投入帮扶资金2.4亿元。周至县人民政府制定《周至县苏陕扶贫协作2018年工作方案》，从组织领导、人才交流、产业合作、资金支持、劳务协作、社会参与6个方面明确工作任务。两地政府部门互访25批次232人次，签订9份对口帮扶框架协议。太仓市为周至县累计提供除苏陕帮扶资金外的扶持资金605万元。深化产业合作，使用苏陕扶贫协作资金1100万元支持19个项目，其中产业项目14个，总金额870万元。太仓市等地重点民营企业家代表及商会组织10批次91人次来周至西安实地考察，苏州贯石发展股份有限公司、中国安全国际集团有限公司、苏州久越金属科技有限公司等公司的7个项目落户周至，竹峪镇联村党委制衣社区工厂等一批项目达成投资意向。拓展劳务协作，太仓市130多家企业为周至提供就业岗位近5000个，实现就业1454人。太仓市社会各界捐款、捐物折合人民币46万元。9月26日，“太仓·周至周”活动在江苏省太仓市举办，双方决定进一步开展交流合作，并现场展示周至扶贫成果。西安市扶贫开发办公室多渠道、多层次、多类别开展政策培训。收集汇总教育、健康、危改、易地搬迁等8个方面的45项政策，编印《扶贫政策漫画宣传册》，以在“钉钉软件”开辟专栏、创建微信群和QQ群等方式，提供在线交流平台。开展集中培训253场次，培训38986人次。制定脱贫攻坚责任、管理、考核、问责等办法，逐级签订“军令状”，构建“党政齐抓、分级负责、区（县）主战、部门指导、四级协同”推进机制。安排9所市属医院、4所高校赴陕西省其他地区开展帮扶，对接陕西省5所高校来西安市帮扶，建立产学研一体化示范基地4个、定点扶贫实训基地1个，签订6项合作协议。继续开展“百企联百村”“一校结对一村”和“一院帮一村”活动，动员城区284所学校和医院参与脱贫攻坚工作，115家民营企业及商会、30家市属国有企业、9家招商引资企业进村开展帮扶，推动脱贫攻坚、美丽乡村、文化阵地建设。推进“工会精准扶贫行动”“脱贫攻坚青春建功行动”“三秦巾帼脱贫行动”等活动，动员112家社会组织、102家个体企业和3865名青年及各级工会、妇联广泛参与到精准扶贫，投入资金2000万元以上，实施帮扶项目368个，2万余人直接受益。开办“爱心超市”496个，贫困村覆盖比例达到100%。持续开展“十送”“大调研、大走访”“访穷亲看变化——联户联心一家亲”活动。组织帮扶干部慰问37289人次，慰问贫困户23699户，排查化解矛盾926项。开展写、送春联活动693场次，书写春联12万余幅，实现在册贫困户全覆盖。

◆**扶贫宣传** 2018年，西安市扶贫开发办公室在《西安日报》《西安晚报》等新闻媒体开设《脱贫攻坚西安在行动》专栏，开通官方微信公众号、今日头条号“西安扶贫开发”，利用“抖音”等新媒体平台，挖掘、报道、宣传西安市脱贫攻坚工作中涌现出的先进人物和典型事迹。组织陕西省、西安市主流媒体和有影响力的自媒体平台，对“扶贫日”系列活动、“一季一会战”活动、驻村干部、“十佳励志脱贫户”和“十佳帮扶干部”进行采访报道，举办“媒体看西安脱贫攻坚”主题系列采访活动。在第二十五届中国杨凌农业高新科技成果博览会上组织“西安脱贫攻坚展览”，获得优秀组织奖、优秀展示奖。组织第四届丝绸之路国际博览会暨中国东西部合作与投资贸易洽谈会“一带一路”扶贫国际合作论坛西安展，5万余名群众参观展区。强化典型示范引领作用，举办陕西省脱贫攻坚先进事迹巡回报告会，在全市推荐表彰“十佳励志脱贫户”和“十佳脱贫攻坚帮扶干部”，并组织“双十佳”事迹巡回宣讲和文艺会演等活动。 （李景霖）

劳动就业

◆**概况** 2018年，西安市陆续出台更加全面的就业扶持政策，不断营造浓厚的就业创业氛围，就业平台建设更加完善，就业服务效能明显提升。全年城镇新增就业14.39万人，城镇登记失业率3.26%，农村劳动力转移就业78.89万人，西安市城镇新增就业总量和排名继续位列陕西省第一。

◆**就业创业** 2018年，西安市人力资源和社会保障局发布《百万大学生留西安就业创业5年行动计划》。围绕高校毕业生就业创业中的痛点和难点，在出台的《西安市进一步加快人才汇聚若干措施》中提出“就业奖”“留才奖”等4条新政，升级扶持创业优惠政策，吸引更多高校毕业生来西安就业创业。印发《关于进一步加强就业创业工作的实施意见》《西安市创业孵化基地（返乡创业园区）认定管理暂行办法》，全面落实中央和陕西省新一轮就业创业政策，进一步加快创业孵化基地（返乡创业园区）建设，提振创业带动就业工作。全力推进《百万大学生留西安就业创业5年行动计划》。结合大学生就业创业需求及就业创业工作实际，充实创新、细化落实《百万大学生留西安就业创业5年行动计划》内容。截至年底，西安市吸引22万名以上大学生落户。先后在西安电子科技大学、长安大学、西安工程大学、陕西师范大学等学校组织11场百万大学生留西安就业创业政策宣讲会及‘西’纳英才、‘安’心乐业巡回招聘活动，组织2442家各类用人单位参会，提供就业岗位73347个。邀请市级相关部门和区（县）、开发区主要负责人，以及企业家、创业明星、创业大咖等进行宣讲，使更多大学生关注西安、了解西安，并最终留在西安、扎根西安，推动实现5年留下100万名高校毕业生的目标；在全市公共就业服务机构落实“3＋N”就业创业促进计划（注释）。5月，“‘西’纳英才‘安’心乐业‘万名学子看西安’”活动正式启动，此次活动共组织27场，1.86万名学子参加。“创业大西安”创业大赛暨“一带一路”阿里巴巴诸神之战全球创客大赛（西安）举行颁奖盛典，对24个获奖项目、16家优秀组织单位表彰。评选20名“2018西安创业明星”，并以西安市人民政府名义发文表彰，宣传创业典型，推广先进经验做法。组织开展为期1个月的2018西安大学生开学季系列活动，9月13日举办的2018西安大学生开学盛典活动，在全市掀起关注就业创业的热潮。制作“西安就业创业大学生大礼包”1万份。在西安理工大学曲江校区举行西安市高校毕业生就业奖与落户信息系统上线仪式暨“百万大学生留西安就业创业”政策宣讲会。截至年底，全市审核通过5211人次，拨付技能提升补贴674.95万元。“留才奖”共为46所高校发放110.74

万元。加大公共就业服务平台建设力度，全力推进大学生创业孵化基地建设“321”工程。加大公共就业服务信息化建设力度，在全市范围内启动并统一使用“陕西省人社就业管理与服务信息系统——农村劳动力转移就业创业和就业扶贫信息管理模块”。同时，进一步加强就业和社会保障基层平台管理，建立大学生创业孵化基地。全年新创建各类型创业孵化基地29家。全面落实就业援助制度，通过开发就业岗位、提供用工信息、公益性岗位安置等措施，为就业困难人员提供有针对性服务。城镇失业人员再就业人数6.25万人，其中就业困难人员就业人数2.27万人。在全市范围开展以“就业帮扶，真情相助，不让一个困难群众掉队”为主题的“就业援助月”专项活动，集中帮扶就业困难人员、残疾登记失业人员就业创业。走访就业困难人员和“零就业”家庭3462户，帮助1296名就业困难人员实现就业。开展以“促进转移就业，支持返乡创业，助力增收脱贫”为主题的“春风行动”，集中推进农村劳动力转移就业和返乡创业工作。活动期间，举行专场招聘会152场，发放各类宣传资料24.2万余份，为8.24万人提供免费服务，其中建档立卡贫困户1054人，跨地区有组织劳务输出成功1.8万人，组织参加职业技能培训0.24万人。在全市范围内组织开展以“精准服务促就业，汇聚人才助发展”为主题的“民营企业招聘周”活动，其间参加单位1054家，提供各类就业岗位17274个，提供免费维权及法律援助140人次。开展以“实名服务，精准到人，助力高校毕业生就业创业”为主题的西安市高校毕业生就业服务月活动，活动期间共举办招聘会46场，提供15347个招聘岗位。持续加强公益性岗位开发工作，全年开发公益性岗位2069个。累计出现“零就业”家庭42户，消除42户，实现“零就业”家庭动态清零。

◆就业扶贫　2018年，西安市建档立卡贫困户中至少有一名劳动力的户数为50956户，实现就业的有50414户，就业率为99%；在册贫困户至少有一名劳动力的户数为11012户，实现就业的有11012户，就业率为100%，实现每一户有劳动能力的贫困家庭有一人稳定就业；建档立卡贫困大学生就业1191人，就业率100%；新开发公益专岗岗位734个，累计上岗328人；特设公益性援助岗位累计上岗1793人；贫困人口参加城乡居民养老保险参保率100%；新增创业孵化基地13家。新增就业扶贫基地15家；新建社区工厂8家，吸纳贫困劳动力在家门口就业；创建信用乡村39个，发放创业贷款1510笔1.04亿元，为贫困劳动力取消反担保。加强苏州市用工信息发布，苏州市、太仓市就业信息在西安市2个人力资源市场发布56家用人单位、1583个空岗信息；举办苏陕劳务交流专场招聘会12场，送岗位到贫困劳动力身边，提供就业岗位10534个，达成用工意向1240人。西安市人力资源和社会保障局与苏州市人力资源和社会保障局签订《开展订单式就业培训合作协议》。截至年底，西安市登记贫困劳动力转移就业18000人，贫困劳动力创业433人，贫困劳动力技能培训（不包含创业培训）3510人，创业培训217人。

◆留百万大学生在西安就业创业　2018年，西安市在推出人才新政、户籍新政、就业创业新政、安居新政等系列引人留人政策后，中共西安市委、西安市人民政府提出，利用5年时间留百万大学生在西安就业创业。印发《百万大学生留西安就业创业5年行动计划》，提出7条措施，即组织就业创业宣讲团进高校活动；开展系列校园行活动；开展校园精准招聘活动；进校园举办创客节；开展“万名大学生看西安”活动；开展“千名大学生进政府、进管委会”和“最西安”大学生文化节；开展系列主题宣传活动。为确保措施落到实处、取得实效，实施3大保障举措：建立西安市“四大班子”市级领导对口联系高校工作制度，主动对接西安驻地各高校书记、校长，上门征求意见、通报经济发展情况；落实《西安市人民政府关于进一步鼓励吸引高校毕业生就业创业的意见》《“创业西安”行动计划（2017—2021）》《西安市推进“5552”众创载体建设实施方案》等政策措施，不断增强政策吸引力，为大学生留西安就业创业创造良好的政策环境；中共西安市委组织部、中共西安市委人才工作领导小组办公室、西安市年度目标责任考核领导小组办公室、西安市人力资源和社会保障局等组成联合督导检查组，不定期对各区（县）、开发区专项行动推进情况进行督导检查。对推进有力、效果好的，予以通报表扬；对推进不力、效果欠佳的，予以约谈通报；对完不成任务的，启动问责机制，严肃追责、问责。

◆工资收入分配制度改革　2018年，西安市坚持按劳分配原则，深入推进工资收入分配制度改革，合理调整收入分配关系，薪酬分配激励导向作用得到有效发挥。西安市人力资源和社会保障局会同中共西安市委组织部、西安市发展和改革委员会、西安市财政局、西安市国有资产监督管理委员会，对西安市财政局所属企业负责人薪改方案进行审核和批复，并对市级部门所属企业负责人薪改情况备案工作进行指导和汇总。同时，对市属企业在岗职工工资进行统计，并测算确定2017年基薪确定基数。组织对1537户企业薪酬进行调查，出台工资指导价位和人工成本数据分析。在全市范围内开展最低工资标准执行情况及地区类别相关情况调查，根据调查情况提出西安市最低工资标准地区类别调整意见，有关区（县）政府确认后经西安市人民政府同意，报请陕西省人力资源和社会保障厅确认。

◆劳动者权益保护　2018年，西安市劳动保障监察机构在保障农民工工资支付、劳动用工检查、违法案件查处以及维护劳动者权益等方面主动作为，进一步加强执法力度，提升执法效能，扎实开展各项工作。全年受理投诉举报案件402起，涉及劳动者1202人，涉及劳动者劳动报酬数额674.53万元，受理案件总数、涉及人数及涉及金额分别较2017年同期下降45.3%、44%和35.4%。劳动监察网上投诉平台成效初显，全年受理541件，办理网上回复357件，其中办理“12345”市民热线工单230件；“双随机一公开”抽查用人单位253个，对37户存在问题的责令改正，对179个用人单位实施行政处罚，对75个用人单位实施行政处理，178个案件申请法院强制执行；检查在建施工项目174个，涉及施工单位562户，累计为41个在建项目预存农民工工资保证金1126.6万元，返还99个项目保证金7149.7万元；对603户用人单位劳动用工情况进行书面审查。全年未发生因拖欠、克扣农民工工资引发50人以上群体性事件或引发造成严重后果的极端事件。印发《关于做好高温天气防暑降温工作的通知》，应对高温天气，保障劳动者健康权益。并对建筑工地、市政工程、公共交通和劳动密集型生产制造业部分企业高温天气防护措施情况进行抽查。

◆劳动管理　2018年，西安市紧紧抓住人民最关心、最直接、最现实的利益问题，攻坚克难、坚守底线，和谐稳定劳动关系的基础更加牢固。健全完善政府、工会、企业共同参与的劳动关系协商机制，开展和谐劳动关系创建活动。10月，西安市人民政府印发文件，成立由市政府分管领导任主任，人社、总工会、企业及企业家联合会、工商联等部门主要领导任副主任的西安市协调劳动关系三方委员会，主要负责贯彻落实党中央、国务院、中共陕西省委、陕西省人民政府和中共西安市委、西安市人民政府关于构建和谐劳动关系的决策部署，统筹解决工作中的重点和难点问题；研究制定适应西安市经济社会发展的协调劳动关系重大政策并组织实施；分析研判全市劳动关系运行状况及发展趋势，协调解决西安市劳动关系工作重大情况和问题，建立劳动关系重大问题的信息沟通、形势研判和协调处置机制；指导和推动全市和谐劳动关系创建活动，组织开展西安市劳动关系和谐企业（工业园区）的评选和表彰；督促指导各区（县）、各有关部门建立健全劳动合同、集体协商与集体合同、企业民主管理、劳动争议调处等制度；加强劳动关系工作体系建设，指导各区（县）建立健全协调劳动关系三方机制组织体系和劳动关系协调队伍，提升各区（县）协调劳动关系工作水平；健全劳动关系预警和应急处置机制，加强对劳动关系形势的分析研判，建立劳动关系群体性纠纷监测预警制度及群体性事件应急联动处置机制。对在全市具有重大影响的集体劳动争议或群体性事件等劳动关系问题，三方共同组织调查，研究应对措施，协调一致行动，及时妥善化解矛盾，维护社会稳定；加强与陕西省协调劳动关系三方机制、相关职能部门和社会各界的交流与联系，组织、参加有关活动，提升三方机制在全社会的影响力。该委员会办公室设在西安市人社局，承担日常工作，办公室主任由西安市人社局分管领导兼任。同时，积极推进集体协商制度，截至年底，全市已建工会企业工资集体协商签约率92.37%。开展劳动关系和谐企业及园区创建活动。12家企业和1个工业园区分别获得陕西省“劳动关系和谐企业”与“劳动关系和谐工业园区”称号。

◆劳动人事争议调解仲裁 2018年，西安市各级劳动人事争议仲裁委员会立案受理劳动人事争议案件8653件，当期结案8370件，涉及人数9356人。以各种形式受理劳动争议调解案件4184件，涉及5137人，调解结案3014件。推进开发区派出庭改革。截至年底，全市所有开发区派出庭均已对外办公，受理辖区范围劳动争议案件。促进调裁审衔接工作，加强调解仲裁管理工作。加快调解仲裁信息化建设，开发完善西安市劳动人事争议仲裁办案系统，启动办案系统上线运行工作。（蔚国刚）

社会保障

◆概况 2018年，西安市按照“兜底线、织密网、建机制”的要求和“量力而行、尽力而为”的原则，不断深化全民参保试点工作成果，稳步提高社会保障水平。截至年底，参加各类社会保险人数达1798.25万人次，其中基本养老保险661.7万人、城镇基本医疗保险527万人、失业保险167.54万人、工伤保险229万人、生育保险213.01万人。城镇职工基本养老金、城乡居民基础养老金、被征地农民养老金、失业保险金标准及工伤职工待遇水平分别提高5%、15.86%、76.92%、20%、8%。

◆养老保险制度改革 2018年，西安市人力资源和社会保障局不断完善机关事业养老保险制度，有序开展基金征缴、待遇计发等基础业务，逐步解决历史遗留问题。全市28.29万名机关事业单位工作人员全部纳入参保范围，基金征缴实现常态化，退休“中人”基本养老金计发业务有序开展，退休人员实现待遇系统发放，历史遗留问题基本得到解决，机关事业养老保险制度总体保持平稳运行。完成第14次退休人员基本养老金调整工作。按照中央和陕西省部署，西安市连续14次调整提高退休人员基本养老金。截至7月底，西安市78.27万名退休人员待遇调整到位，月人均基本养老金增幅达5%左右，养老保障水平进一步改善。这是西安市第三次同步安排适当提高企业和机关事业单位退休人员养老金水平。以企业年金工作为重点，推动建立多层次养老保障体系。全年新增7家单位建立企业年金计划，西安市累计26家单位建立企业年金计划，参加企业年金的职工1.13万人，企业年金基金累计达8.3亿元。

◆失业保险 2018年，中共西安市委员会、西安市人民政府将失业保险援企稳岗“护航行动”列入优化提升营商环境的21项具体行动方案。为确保政策落实，西安市人力资源和社会保障局进一步精简申报材料和流程，实现失业保险稳岗补贴网上审批，先后累计审批2014—2018年度稳岗企业补贴3051家次31971.08万元。开展失业保险支持技能提升“展翅行动”，将技能提升补贴范围扩大到依法在西安市参加失业保险的企业、民办非企业单位在职职工，并将贫困县事业单位参加失业保险的职工纳入范围之内。西安市失业保险技能提升补贴审批打破传统经办模式，在全国率先提出“同城通办、网上经办”模式，经办服务由“让职工少跑路”一步跨到“让职工不跑路”。截至年底，全市审核通过4486人次，拨付技能提升补贴547.6万元。为解决好企业富余人员分流安置难题，采取购买第三方服务的方式，先后认定“企业富余人员分流安置精准对接服务平台”和“企业培训监管平台”。提高失业保险待遇，从5月1日起，按照“同城同待遇”原则，西安市失业保险金标准统一调整为1512元/月，与失业保险金标准相关的其他失业保险待遇随之相应调整。

◆工伤保险 2018年3月，西安市人力资源和社会保障局、西安市财政局联合印发《关于西安市工伤保险基金省级统筹工作有关问题的通知》，西安市工伤保险实行省级统筹、市级管理的模式，对西安市在落实陕西省工伤保险基金省级统筹工作方面涉及的统筹原则、缴费费率确定和浮动费率调整、待遇标准计发、调剂金上解、经办规程等问题进行明确，确保西安市工伤保险基金省级统筹工作顺利平稳、规范、有序实施，同时提高工伤保险待遇水平。5月，西安市人力资源和社会保障局印发《关于调整西安市工伤职工2018年度一次性工亡补助金待遇标准的通知》，将2018年度工亡补助金标准从672320元提高到727920元。7月，印发《关于调整工伤保险待遇标准的通知》，对伤残津贴、护理费、供养亲属抚恤金等长期待遇调整提高。

◆城乡居民基本养老保险 2018年，西安市城乡居民基本养老保险参保人数为244.13万人，其中71.93万名符合待遇领取条件的60周岁以上老人按月享受养老保险待遇，待遇发放率为100%。先后2次调整城乡居民基本养老保险基础养老金标准。1月起，从每人每月145元提高到每人每月150元；7月，再次提高到每人每月168元。

◆社保经办管理服务 2018年，西安市人力资源和社会保障局不断加强医疗保险医药定点机构管理。出台《西安市医疗保险定点医药机构协议管理操作规范》，加大日常随机抽查和专项检查力度。针对医保定点医药机构执行医保政策和服务协议情况，对3074家机构进行检查，对其中160家药店进行约谈、整改、停网、扣除质保金处理。实行城镇基本医疗保险部分定点零售药店分级管理，将660家医药机构下放区（县）管理。持续推进跨省异地就医。截至年底，实现全国32个省（市、区）的14761家定点医疗机构医疗费用的直接结算，备案人数39443人，直接结算3731人次，医疗总费用7557万元，医保基金支付5724万元，基本医疗统筹支付5300万元。陕西省内异地就医备案人数12579人，直接结算5120人次，医疗总费用1838万元，医保基金支付1567万元，基本医疗统筹支付1517万元。全面实现医保智能监管，不断提升监管水平。完成双倍定额网上审核，做到细化病种目录。完善单病种审核规则，全面覆盖单病种结算数据。截至年底，智能审核单据211.2万张，其中审核违规单据3.4万张，涉及金额为87.25万元，拒付金额300.62万元。推进社保业务由线下向线上转移，为7000多户参保单位配发CA数字证书，网上经办覆盖人数189万人，占企业参保职工总数的80%。工伤保险申告业务网上经办业务系统投入使用。

◆协调解决部分企业在西安参加社保问题 2018年，西安市人力资源和社会保障局协调解决国家电网陕西省电力公司、陕西西延铁路有限公司等企业职工基本医疗保险、工伤保险等险种整体移交西安市统筹管理问题。从10月起，全面接手国家电网陕西省电力公司职工工伤认定和劳动能力鉴定工作；从2020年1月1日起，上述2家企业将按照西安市各项社会保险政策规定，参保缴费并享受相应待遇。

◆阶段性降低社会保险费率 2018年7月9日，西安市人力资源和社会保障局、西安市财政局、西安市税务局联合印发《关于继续阶段性降低社会保险费率有关问题的通知》，自7月1日起，继续实施阶段性降低社会保险费率政策，将实行的工伤保险基准率降低30%政策延续到2019年6月30日。延长期间，工伤保险基金累计结余达到合理支付月数的，停止下调，及时恢复费率。

◆高新区社保数据整体接入西安市数据中心 从2018年8月15日开始，西安高新技术产业开发区劳动和社会保障业务系统全面迁入西安市人力资源和社会保障信息化系统。迁移工作于8月20日完成。至此，高新区劳动和社会保障各项业务将全面执行西安市的政策规定和办事流程，并通过西安市人力资源和社会信息化系统办理各项业务。在高新区参加职工医保的人员，与西安市参保人员一样，执行同样的缴费标准，享受同等的社保待遇、同样的医保服务，使用全市统一的社保卡（或医保卡）在西安市所有的医保定点医疗机构和零售药店就医或购药。（蔚国刚）

住房保障

◆概况 2018年，西安市强化住房保障职能，完善住房保障政策，创造性地将人才安居、共有产权与房地产精准调控相结合，深入推进住房供给侧结构性改革，建立多层次住房保障体系，改善中低收入家庭住房条件，缓解新毕业大学生阶段性住房困难，住房保障制度日趋完善，保障管理水平不断提升。截至年底，西安市归集住房公积金249.89亿元，比上年增长17.17%；累计归集总额1762.43亿元，增长16.47%；发放住房公积金个人贷款170.93亿元，个贷总额864.70亿元，个贷率由年初的80.96%提高至86.40%，市本级的资金使用率达到96.30%；提取住房公积金147.47亿元，提取总额达到1038.26亿元。西安住房公积金管理中心在陕西省公积金系统中主要业务指标综合排名第一，业务量占到全省公积金业务总量6成以上，其中贷款发放户数、发放金额、个贷率等指标超过成都和武汉。

◆住房保障 2018年，西安市筹集“人才安居房”50045套，完成目标任务的100%；新增公租房分配37348套，完成目标任务的106%；新增发放租赁补贴家庭2978户，完成目标任务的148.9%，发放租金补贴918万元；完成公租房资格审核30678户，完成年度任务的188%。开展“和谐社区·幸福家园”创建活动，19个项目申报省级示范项目。（潘 宏）

◆住房公积金缴存扩面 2018年，西安市住房公积金管理中心坚持宣传执法并举，紧抓“多证合一”“一网通办”“数据共享”改革有利时机，加强与市级有关部门联动，加强数据信息比对，深挖增长点，积极推进归集扩面攻坚工作，实现归集扩面新突破。截至年底，新开户单位4819家，实缴单位20466家，净增单位3342家；新开户职工30.60万人，实缴职工201.52万人，净增职工17.32万人；新增缴存单位3150个，新增缴存职工24.49万人，实缴人数达到184.2万人。截至年底，西安市建立住房公积金制度的单位有2.74万个，303.18万名职工被纳入住房公积金制度保障体系，近60万户家庭利用住房公积金改善住房条件。

◆住房公积金个贷发放 2018年，西安市住房公积金管理中心坚持以支持“刚需”为重点，全面推动住房公积金个人贷款和组合贷款，在确保公积金流动性、安全性的前提下，不断完善管理机制体制，逐步扩大业务受理范围，最大限度地满足职工住房贷款需求。截至年底，发放个人住房贷款4.26万笔170.93亿元，分别比上年增长17.03%、27.27%。其中，市中心（含西铁分中心、西咸新区分中心）发放个人住房贷款3.29万笔144.14亿元；省直分中心发放个人住房贷款0.36万笔14.55亿元；长庆油田分中心发放个人住房贷款0.61万笔12.24亿元。发放异地贷款8295笔37.3亿元，异地贷款总额120.6亿元。通过申请住房公积金个人住房贷款，支持职工购建房387.43万平方米，可节约职工购房利息支出约33.7亿元。

◆住房公积金规范管理 2018年，西安住房公积金管理中心认真落实住房和城乡建设部等4部委《关于维护住房公积金缴存职工购房贷款权益的通知》精神，压缩公积个贷审批时限至10个工作日内，实现审批时效“大提速”。推进“最多跑一次”改革，下放审批权限40项，累计对外公布43项“最多跑一次”事项清单，占中心全部事项80%以上。推进服务网点建设，西咸新区分中心陆续入驻5个新城，实现新区业务全覆盖，全市140个服务网点实现“全城一网通办”，公积金服务已经融入市民“15分钟生活圈”。围绕“群众反映强烈迫切需要解决的民生问题”，组织开展新市民住房公积金制度保障专题大调研活动，制定出台《西安地区自主缴交人员住房公积金缴存、使用管理（暂行）办法》及具体措施，将新市民纳入住房公积金政策保障范围，为西安市人才、户籍、创新创业“三大政策”提供有力支持。贯彻落实全市加强和改善营商环境建设会议精神，继续延长阶段性适当降低企业住房公积金缴存比例政策，将困难企业申请缓缴公积金的门槛由连续亏损3年降低到1年，审批时限由15个工作日压缩为10个工作日以内。进一步降低房地产开发企业楼盘备案标准，全面取

2018年1月17日，西安住房公积金管理中心与中国建设银行陕西省分行举行《全面深化战略合作框架协议》签约仪式

消楼盘备案建设进度要求，大大缩短企业的资金回流周期，为房企资金链“松绑”。为126家企业办理降低缴存比例手续，为企业减负419万余元。全力打造“12329”优质客服互动平台，完善“12345”投诉受理机制，全年接听人工咨询18万余件，网站受理咨询并回复9460条，处理“12329”投诉235件、“12345”投诉1826件，投诉办结率达到100%，满意度95%以上。

◆住房公积金信息系统建设 2018年，西安住房公积金管理中心大力推进信息系统升级建设，全面推行个贷电子化审批，进一步提升服务效率。按照市政府“一网通办”要求，成立工作专班，明确目标任务，选派骨干集中攻关，确保34项高频事项上线工作严格按照时间节点完成。深入贯彻落实党的十九大和中央经济工作会议精神，积极支持西安市住房租赁市场发展，与中国建设银行陕西省分行就住房租赁金融、公积金支持住房租赁消费等业务达成战略合作框架协议，综合运用“互联网+公积金”模式，共同打造“自主缴存公积金业务平台”。继续深化与蚂蚁金融服务集团、深圳市腾讯计算机系统有限公司合作，完善登录方式，丰富服务渠道，优化改进网上办事大厅、微信公众号、支付宝、自助终端等多方位的服务渠道。“刷脸”查询、冲还贷功能、“非主贷人还款”、提前还款、结清、退休提取、银行卡关联功能均已上线，部分业务实现“一次都不跑”。支付宝公积金业务日均访问人数超过3万余人，日点击量12万余次。持续加强门户网站建设，上线运行手机版官方网站，改版升级门户网站，新增业务网点查询、业务办理等多项功能，网站服务功能更加完善。

（潘 宏）

物 价

◆概况 2018年，西安市物价系统严格执行国家成品油价格调整政策，全面落实中央和陕西省一般工商业电价降价政策，持续贯彻落实居民阶梯水价政策，主动解决政策执行中的问题，确保各项价格政策落地落实。推动价格改革向纵深发展，扎实做好稳物价、优环境、提效能、惠民生各项工作，为大西安国家中心城市建设营造良好的价格环境。

◆居民消费价格指数 2018年，西安居民消费价格指数（CPI）上涨1.9%，涨幅较上年缩小0.1个百分点。其中，食品类上涨1.8%，非食品上涨2.0%；消费品价格上涨1.8%，服务类价格上涨2.2%。西安居民消费八大类商品与服务价格同比全部上涨。其中，医疗保健价格上涨4.3%，涨幅较上年回落4.4个百分点，居八大类之首，拉动总指数上涨0.2个百分点；食品烟酒价格上涨2.2%，拉动总指数上涨0.63个百分点，为全年推动居民消费价格上涨的最主要因素。西安食品价格上涨1.8%，涨幅较上年扩大2.0个百分点，带动总指数上涨约0.32个百分点，占到总指数上涨的16.7%；西安居民消费的工业品价格上涨1.5%，拉动总指数上涨0.51个百分点，占总指数涨幅的26.6%。不同种类的工业品价格涨跌互现；服务类价格涨势明显，全年上涨2.2%，涨幅分别高于总指数和消费品价格涨幅0.3和0.4个百分点，拉动总指数上涨0.78个百分点，占到总指数涨幅的40.7%。所调查的65个服务类规格品价格中，32个上涨、28个持平、5个下降。从总体来看，西安居民消费价格总指数比陕西省和全国平均水平分别均低0.2个百分点，比36个大中城市平均水平低0.3个百分点。按全国36个大中城市居民消费价格同比涨幅从高到低排序，西安居第26位，位次比上年后移15位。居民消费八大类指数结构与陕西省、36个大中城市及全国水平基本一致，其中总指数、衣着、医疗保健指数高于全省、36个大中城市，和全国水平接近；教育文化和娱乐、交通通信、居住、其他用品和服务指数均低于陕西省、36个大中城市及全国水平；生活用品及服务指数高于全省、36个大中城市和全国水平。西安CPI走势与全国、陕西省基本一致，但震荡幅度小于全省和全国，走势相对平稳；由于公立医院医疗服务价格改革影响，1—3月，西安CPI高于全国、陕西省平均水平。4月以后，在医疗保健指数走低带动下，西安CPI明显低于全国和陕西省平均水平。

◆食品价格涨幅扩大 2018年，西安食品价格上涨1.8%，涨幅较上年扩大2.0个百分点，带动总指数上涨约0.32个百分点，占到总指数上涨的16.7%。14种食品中价格涨价面由上年的“十升四降”转为“十一升三降”（见下图），其中鲜活食品价格上涨2.1%，拉动总指数上涨0.17个百分点，占食品价格上涨因素的53.1%。

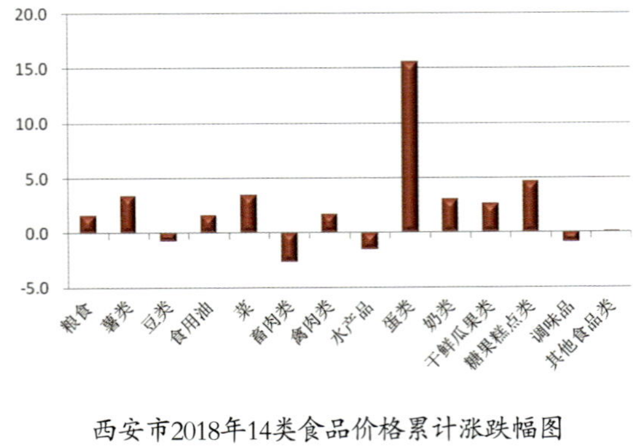

西安市2018年14类食品价格累计涨跌幅图

◆工业品价格有所上涨 2018年，西安居民消费的工业品价格上涨1.5%，拉动总指数上涨0.51个百分点，占总指数涨幅的26.6%。不同种类的工业品价格涨跌互现。由于市场饱和、成本下降等因素影响，小家电、交通工具和文娱耐用消费品等价格分别下降3.6%、1.5%和0.7%。其中，厨房小家电价格下降6.2%，电视机价格下降1.8%，家用汽车价格下降1.6%。由于中西药原材料价格上涨，药品及医疗器具价格上涨4.3%，涨幅较上年扩大3.1个百分点。其中中药价格上涨10.4%，西药价格上涨2.7%。随着消费升级换代步伐加快，家庭日用杂品价格上涨2.8%，通信工具和个人护理用品价格均上涨1.1%。随着国际原油价格频繁波动，国内成品油价格历经24次调整，价格“15升9降”，全年汽油、柴油价格分别上涨13.1%和14.5%。

◆服务类价格涨幅扩大 2018年，西安市服务类价格涨势明显，全年上涨2.2%，涨幅分别高于总指数和消费品价格涨幅0.3和0.4个百分点，拉动总指数上涨0.78个百分点，占到总指数涨幅的40.7%。2017年4月，西安市二级（含二级）以上的城市公立医院实行医疗服务价格改革，医疗服务项目价格执行新的医疗服务项目价格。在此影响下，2018年医疗服务价格上涨4.3%，影响总指数上涨0.23个百分点。随着各种丰富多彩的旅游主题活动的开展，西安旅游人气爆棚，宾馆住宿价格结束连续3年的下降态势，星级宾馆住宿价格上涨3.0%，其他住宿价格上涨4.8%；西安人外出旅游热情高涨，带动旅行社收费价格上涨1.4%；年初，部分航线调高机票价格，加之6月以后燃油附加费的恢复收取，全年飞机票价格上涨5.1%，涨幅为2013年以来最高。随着消费需求的加大以及人工费用成本的逐年攀升，家庭服务、住房装潢维修、衣着加工服务费和美容美发洗浴价格分别上涨13.4%、12.7%、6.9%和5.7%。西安房屋租赁需求进一步加大，推动房租价格的不断上涨。私房房租价格上涨3.0%，自有住房房租折算价格上涨1.6%。教育服务价格上涨2.2%。一是随着人们对子女教育的重视程度不断加大，中小学生课外教育费用价格上涨明显，课外教育价格全年上涨6.1%；二是随着就业竞争加剧以及各类专业培训成本的上升，专业技能培训价格上涨2.1%；三是部分民办高校提高学费收费标准，带动高等教育收费价格上涨1.8%。

◆**价格监测调控** 2018年，西安市物价系统认真落实国家、陕西省25项价格监测报告制度，监测品种950种，采集汇总上报监测数据12万余条。每周向中共西安市委、西安市人民政府报送全市主要农副产品价格信息周报，编发《西安物价简报》68期。每周公布全市6家大型超市、批发市场8大类40种农副产品的价格，发布民生价格信息1400余条。全年新增西部欣桥和胡家庙2家农业批发市场为西安市价格监测信息发布定点单位，监测品种由原来26个品种新增至47个品种。每天通过西安市物价局官方网站、微信公众号进行发布，引导消费和市场预期。价格监测工作受到国家发展和改革委员会通报表彰。全年CPI指数涨幅控制在1.9%，实现年初确定的预期调控目标。

◆**优化营商价格环境** 2018年，西安市物价系统聚焦降成本大力清费减负，积极助力优化营商价格环境。

推动电价“四连降” 落实国家发展和改革委员会和陕西省物价局电价政策，全年4次降低一般工商业电价共7.74分/千瓦时，达到总体降低10%的总目标；先后5次组织清理规范转供电安排部署会和推进会，开展专项检查，建立市区（县）转供电微信工作群，督促降价政策落实到位。完善电价政策，增加一般工商业用户用电选择权，企业可根据自身用电实际选择更为优惠的电价政策。就SKP企业反映电费偏高问题和百度云计算中心落户西安申请优惠电价政策等事项，积极向陕西省物价局请示沟通，及时明确企业执行的电价政策，促进实体经济发展。

清理规范涉企收费 发布《西安市2018年行政事业性收费目录清单》，重新编制《行政审批中介服务收费目录清单》，实行政府定价或政府指导价的经营服务性收费目录清单由7项减少到4项。持续开展涉企收费、中介服务收费专项检查，确保国家清费减负及相关惠民政策落到实处。停征药品注册费和医疗器械产品注册费，减少企业负担595.76万元。组织全市2017年度行政事业性收费统计分析工作，督促各执收单位完善收费公示制度、收费统计报告制度和收费台账制度，汇总全市收费并进行分析评估。

建立甲醇燃料价格调控机制 响应西安市人民政府鼓励甲醇汽车产业发展指示要求，制定《关于加强甲醇汽车燃料价格调控的工作方案》，明确甲醇汽车燃料价格调控、监测、成本测算、市场监管等工作职责，落实工作责任。按照甲醇汽车每公里燃料成本与天然气出租车燃气成本基本持平的原则，测算甲醇汽车燃料销售价格，建立与甲醇汽车市场发展相适应的甲醇燃料价格调控机制。实行在市机动车停放服务中心管辖的公共停车场，甲醇汽车停放2小时以内免费的优惠政策。

维护公平竞争市场环境 建立西安市公平竞争审查工作联席会议制度，出台西安市《关于在市场体系建设中建立公平竞争审查制度的通知》，建立健全公平竞争审查组织协调机构和自我审查工作机制，对全市2017年以来涉及市场主体经济活动的594份文件进行公平竞争审查，清理排除限制竞争的相关政策措施，营造审慎包容、公平竞争的市场秩序，为企业发展提供良性市场环境。

◆**价格改革** 2018年西安市价格改革纵深推进，持续推动现代化价格体系构建。

价格市场化改革 根据新修订的《陕西省定价目录》，放开未列入定价目录的电动汽车充电服务费、天然气用户设施维护费、天然气用户安装工料费及房产测绘费4项收费，实行市场调节价管理；落实陕西省政策要求，放开部分与高铁并行线路客运价格。

医疗服务价格改革 对全市二级以上（含二级）公立医院100个单病种项目制定收费标准，5月1日起与医保政策同步实施；对西安市20家公立医院医疗收费改革政策及按病种收费政策落实情况每月进行监测。联合西安市卫生和计划生育委员会、西安市人力资源和社会保障局印发《西安市非公立医疗机构医疗服务价格行为规则》，填补西安市在非公立医疗机构医疗服务价格行为管理空白。联合西安市卫计委举办全市医疗服务价格政策培训会，不断规范医疗服务价格行为。

水价改革 继续完善城市供水价格政策，加强与西安市水务集团和自来水公司的联系沟通，推进陕西省物价局居民用水超定额累进加价制度政策落实。针对水资源费改水资源税中企业执行具体问题，及时向陕西省物价局反馈，积极研究解决方案。会同西安市水务局协调推进农业水价综合改革，指导周至县物价局开展农业水价综合改革工作，及时答复相关政策问题，确保试点任务按时完成。

天然气价格改革 调整西安市车用天然气销售价格，制定西安市调整天然气价格，建立上、下游气价联动机制及季节性差价制度的改革方案，组织召开价格听证会，就改革方案积极向陕西省物价局和国家发展和改革委员会汇报沟通，做好西安市冬季天然气应急保供及价格补贴测算等相关工作。西安市天然气价格改革方案已经中共西安市委第一次常委会议审议通过，于供暖季结束后实施。

生活垃圾收费改革 组织召开市级城管、财政、建设、水务等部门参加的城市生活垃圾收费改革工作推进会议，开展生活垃圾处理收费调研工作，研究制定《西安市城市生活垃圾处理收费标准调整工作方案》，征求相关部门意见后向西安市人民政府进行专题汇报。

◆**民生价费调整** 2018年，西安市聚焦惠民生不断完善价费政策，持续补齐民生价格短板。

完善教育收费政策 落实西安市人民政府教育专题会议要求，组织开展全市民办幼儿园成本调查，会同西安市教育局、西安市财政局核定普惠性民办幼儿园最高保教费限价标准，对非营利性民办幼儿园收费实行约定标准，积极调控学前教育收费。制定西安高新一中东校区初中部收费标准，对38家民办中等职业技术学校收费标准进行备案。

核定交通行业价格 认真落实中共西安市委、西安市人民政府缓堵保畅工作要求，制定《西安市城区道路和停车场机动车差别化停车收费实施方案》，经第十六届第七十八次市政府常务会议审议通过，于2019年4月1日起执行。考察核定38条公交线路票价及1条县际客运班线上限票价，对西宝线等5条省、市际高速客运票价进行备案。执行国家成品油价格政策，年内油价“十三升十一降”；根据成品油价格变动情况及陕西省油运价格联动机制规定，2次调整西安市燃油附加费标准，推动公共交通行业良性发展。

完善差别化停车收费政策 积极响应中共西安市委员会、西安市人民政府缓堵保畅有关要求，认真组织考察学习调研和成本监审，制定《西安市城区道路和停车场机动车差别化停车服务收费实施方案》，广泛征求社会各界意见，待市政府常务会研究通过后执行。

落实旅游景点降价政策 贯彻落实中央和陕西省旅游景区门票降价政策，市、区（县）分别降低12个国有景区门票价格，降价幅度在7%—20%之间，按上年收入情况统计，每年将为游客节省门票支出4875万元。重申景区明码标价制度和对特殊群体门票价格优惠政策，强化价格监督检查，助力西安市国际旅游名城建设。

保障性住房和物业收费管理 会同西安市房屋管理局研究制定《西安市房屋重置价格标准调整方案》，严格核定经济适用住房销售价格及配建廉租住房成本价格。重申西安市保障性住房、房改房、老旧住宅物业费，普通住宅小区前期物业费和交通工具停放服务费实行政府指导价管理，并明确管理办法、收费标准及调整收费标准的程序要求。组织修订《西安市物业服务收费管理办法》，确定30家物业服务企业作为成本调查对象，做好物业小区公摊电费及电梯费成本监审前期资料收集工作，为进一步完善物业服务收费政策提供依据。

商品房价格调控（内容见“房地产业”类目“房地产市场”分目同一标题条目）

◆**市场价格监督** 2018年，西安市物价系统强化市场价格监管，坚决保护经营者和消费者合法权益。抓住重大节日、极端天气、重要活动等关键节点，以商场超市、旅游购物、餐饮住宿、客运场站、停车场等热点行业为重点，采取政策宣传、提醒告诫、诚信倡议、巡查检查等形式，加强市场价格检查，及时查处价格违法行为。定期对价格投诉举报热点问题进行梳理分析，抓住群众反映集中的停车收费、物业收费、商品房销售、供热管网“碰口费”等问题集中开展分析研判和政策宣传。先后对21家市属一级资质物业企业、9家集中供热企业进行政策约谈，对全市398家房地产经纪机构660余名经纪人员进行政策培训，市、区（县）上下联动加强检查、巡查，规范热点行业价格行为。以资源类价费政策改革和减轻企业负担为重点，组织开展电力价格、涉企收费、电信领域价格、转供电价格等专项检查；以“西安年·最中国”等重大活动为节点，持续开展旅游市场整治；以梳理解决群众关注的民生领域热点问题为抓手，组织开展教育和殡葬服务收费专项检查，停车收费、物业服务和商品房销售价格行为专项整治。全年查处价格违法案件82件，实施经济制裁2168.1009万元。其中，没收违法所得1489.3404万元；罚款582.1499万元；退还消费者96.6106万元。推进“12358”价格监管平台二期建设和信访网络系统信息化建设，规范价格举报及信访事项办理流程，落实价格举报电话值守及应急处置机制，全年解答群众价格政策咨询34072件，办理并回复价格举报投诉1692件，处置各类舆情124件，办理“12345”热线工单3343件。

◆**市民电视问政物价问题整改** 2018年10月8日，西安市物价系统接受市民电视问政。西安市物价局党组坚持知耻后勇、知错就改的根本态度，全市物价系统上下一心抓好问题整改。设立价格政策宣传日，10月14日全市物价系统异地同步开展价格政策宣传日活动，参与活动群众达2万余人，西安电视台、《三秦都市报》、华商网、《今日头条》等主流媒体进行了报道。分层、分级密集组织规范明码标价和禁止价格欺诈行为宣传培训，全市物价系统组织培训18场次，培训商户3500余人。推动价格诚信建设，建立健全价格诚信单位档案数据库和“红黑榜”，倡导诚信守法经营。举一反三加大价格违规行为执法检查力度和频次，以问政曝光问题为重点，组织为期1个月的拉网式专项巡查检查，检查8300多个商贸综合体、店铺和经营户，处罚金额20.49万元。

◆**价格基础服务** 2018年，西安市物价局对12个行业32个项目74个单位进行定价成本监审和成本调查，合计成本总量285525.29万元，核减成本总量132191.88万元，核减率46.30%。组织农产品3个专项调查和12个品种常规调查，以及小麦、玉米市场供求、播种面积变化和价格成本变化等情况应急调查，并形成专题报告上报陕西省物价局。履行价格认定公共服务职能，扎实开展“转作风、善作为、提效能、树形象”大走访活动，全年办理涉纪检监察价格认定事项3件，认定金额409.81万元；涉刑事案件价格认定2097件，认定金额3054.01万元；调节处理价格争议纠纷25件，调解成功率85%，为维护公共利益、保障纪检监察和司法工作的顺利进行发挥积极作用。深入开展“不忘初心、牢记使命、加快追赶超越步伐、落实‘五个扎实’要求”和“五进五问五提升”大调研活动，深入基层、企业、农村、社区、市场开展调研，累计开展调研活动150多场次，形成实践意义较大的调研报告11篇。主动加强价格宣传，利用节假日、党员进社区等时机开展《价格法》颁布20周年政策法规宣传活动。邀请和接待各类媒体记者采访26次，开展互动宣传241次；物价局官方网站公开信息1437条，微信公众号、政务微博发布信息2275条，在53个市级部门政府网站考核评估中位居第二位。（王国栋）

居民生活

◆**概况** 2018年，西安经济运行保持稳中有进，民生福祉持续提升，城乡居民收入实现平稳较快增长，居民人均可支配收入31407元，比上年名义增长8.7%，增速加快0.2个百分点。其中，城镇居民人均可支配收入38729元，名义增长8.1%，增速回落0.1个百分点；农村居民人均可支配收入13286元，名义增长9.0%，增速比加快0.2个百分点，城乡居民人均可支配收入均完成全年预定目标。

◆**城乡居民工资性收入增长** 2018年，西安陆续出台多项惠民政策，带动城乡居民工资性收入快速增长。一是上调退休人员基本养老金。1月1日起，企业和机关事业单位退休人员的基本养老金进行调整，平均每人每月增加48元。二是提高机关事业单位年度目标责任考核和绩效奖，目标考核奖标准比上年增长9.0%左右，义务教育阶段教师年度绩效考核工资每人每月补发2000元。三是提高城乡居民基本养老金标准，1月起，每人每月由145元提高到150元，增长3.5%。四是继续提高城乡居民最低生活保障标准，7月1日起，城市居民最低生活保障标准每月提高20元，由每月640元/人提高到660元/人，比原来增长3.1%；农村居民最低生活保障标准每月提高50元，由每月400元/人提高到450元/人，增长12.5%。五是提高公益性岗位工资。10月起，公益性岗位工资每人每月由1800元提高到2000元，增长11.1%。

◆**农村居民收入增长** 2018年，西安市加大脱贫攻坚力度，大力发展农村旅游业，带动农民收入增长。粮食产量、价格也较上年有所增长，外出务工收入有所增加。

加大脱贫攻坚力度，推进产业脱贫 一是因户、因人采取针对性强的产业帮扶措施，通过资金扶持、技术培训、产销服务等扶持措施，产业扶贫对象扶持措施实现全覆盖。二是新型经营主体积极参与产业扶贫，西安市523家新型农业经营主体与13490户贫困户建立紧密的利益联结关系。三是加大产业扶贫资金扶持力度。市财政切块下达给区（县）5000万元产业扶贫专项资金，给14030户贫困户发放小额信贷款32795万元。四是设立产业扶贫投资基金。成立产业扶贫（农业）投资基金公司，市财政投入1.5亿元设立产业扶贫投资基金。五是中央、陕西省加大扶贫投资力度，下达西安市财政专项扶贫资金36956万元。

农村集体产权制度改革，带动农民增收 大力推进农村集体产权制度改革。截至11月28日，西安市完成清产核资的村2114个，占全市总村数的92%；成立股份经济合作社的村1597个，占全市总村数的70%。通过农村集体产权制度改革，赋予农民更多财产权，带动农民增收。

农村旅游业，增加农民收入 发展农村旅游业，全力做好农业特色小镇建设工作，高陵通远创想小镇完成投资7.65亿元；阎良武屯羊乳小镇完成投资3.68亿元。计划打造10条具有季节特色的“休闲农业精品旅游线路”。截至11月底，全市休闲农业接待游客2597万人次，实现经营收入26.625亿元。

粮食产量增长、价格有所上涨，带动农民增收 全市小麦、玉米生产质量较好，粮食生产总体情况优于上年，粮食产量较上年增长1%左右，粮食收购价格高于上年，截至12月中旬，小麦、玉米平均销售价格分别为2.44元/千克和1.88元/千克，价格均高于上年，促进农民增收。

农民工务工收入明显增长 农民工从事本地非农务工人员全年从业收入21206.74元，比上年增加1779.15元，增长9.2%；本地非农自营人员全年从业收入47856.01元，比上年增加2577.18元，增长5.7%。农民工外出务工人员全年从业收入33298.39元，比上年增加2799.23元，增长9.2%；外出自营人员全年从业收入51641.44元，比上年增加2850.93元，增长5.8%。（高小琴）

◆居民消费八大类指数全部上涨 2018年，西安居民消费八大类商品与服务价格比上年全部上涨。其中，医疗保健价格上涨4.3%，涨幅回落4.4个百分点，居八大类之首，拉动总指数上涨0.2个百分点；食品烟酒价格上涨2.2%，拉动总指数上涨0.63个百分点，为全年推动居民消费价格上涨的最主要因素（见下图）。（雷麦鸽）

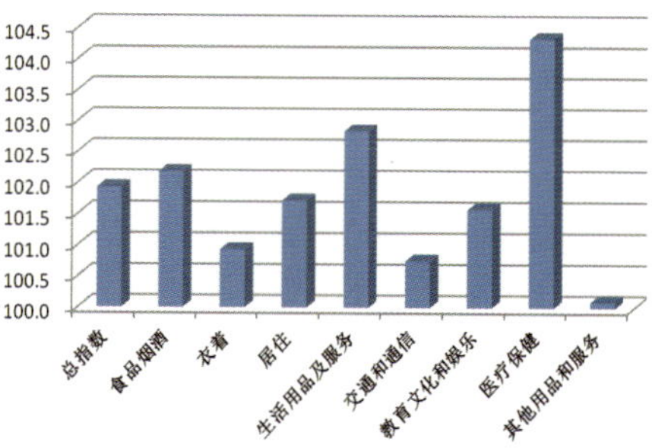

西安市2018年居民消费价格8大类指数情况图

民　族

◆民族团结宣传教育活动 2018年，西安市民族事务委员会举办以“中华民族一家亲，同心共筑中国梦”为主题的座谈会、联欢会。联合西安市教育局开展全市中小学民族团结教育工作检查。开展春节少数民族代表人士和困难群众看望慰问活动，向全市少数民族困难群众200人发放慰问金6万元。举办“迎新春、促团结，2018民族书画交流创作展示周”活动，组织50位各族书画作者在民族文化馆进行书画创作交流。举办“西安民族文化大讲堂”20场，服务群众1000余人次。指导区（县）开展各具特色的宣传活动，推进民族团结进步教育“进学校”活动，通过展示墙、宣传栏等多种方式加强民族知识、民族政策、民族法律法规的宣传教育，广泛宣传民族理论、民族政策、民族法律法规。

◆民族团结进步创建活动 2018年，西安市民族事务委员会制定下发《2018年度“第10个民族团结进步宣传月”暨民族团结进步创建工作实施方案》《关于推动民族团结进步创建进宗教活动场所的通知》。莲湖区北院门街办被国家民族事务委员会评为第六批县级及以下全国民族团结进步创建示范单位。指导区（县）开展民族团结进步创建活动，通过在宗教活动场所悬挂民族团结标语、在宗教场所和人流量多处设立“民族团结进步宣传站”开展民族团结进步创建活动。

◆民族经济社会事业 2018年，西安市民族事务委员会完成“十三五”期间全国少数民族特需商品定点生产企业的申报、资质核查，国家民族事务委员会最终确定西安德富祥清真食品有限公司和西安永信清真肉类食品有限公司2家企业为定点企业。召开民族企业家座谈会，协调解决西安德富祥清真食品有限公司高陵工厂规划手续问题。赴定点企业宣传普及优惠政策。申报周至县少数民族发展资金项目。完成西藏阿里地区普兰县民族宗教事务局对口支援工作。

◆少数民族流动人员服务与管理 2018年，西安市民族事务委员会举办首期为期3个月的少数民族流动人口语言文化政策培训班。推进少数民族流动人口服务工作站建设，新增5个社区少数民族流动人口服务工作站，每季度采集少数民族流动人口数据。召开陕西省少数民族流动人口服务管理示范城市建设现场观摩推进会。迎接国家民族事务委员会少数民族流动人口服务管理体系建设试点“互观互学”观摩学习，西安市被国家民族事务委员会确定为“全国少数民族流动人口服务管理体系建设试点城市”。在全市少数民族流动人口中开展“感知西安新变化，汇聚力量促发展”主题培训活动、“忆成长、感党恩”主题征文活动。依法、稳妥、协调处置少数民族流动人员矛盾纠纷。春节前夕，看望慰问少数民族务工经商代表和困难群众；“六一”儿童节，到民族学校进行慰问。坚持常态化做好少数民族流动人口子女入学、房屋租赁、意外突发事件处置等方面协调维权工作。

◆依法管理民族事务 2018年，西安市民族事务委员会对西安市民族关系情况进行分析，向陕西省民族事务委员会专题报告。配合中共西安市委统一战线工作部举办西安市少数民族干部培训班。办理人大、政协提案建议3件，审核更改民族成分20人次。迎接陕西省人民政府领导对西安顶益食品有限公司和西安德富祥清真食品有限公司生产经营情况调研考察，中国人民政治协商会议陕西省委员会民族宗教侨务外事工作委员会对西安市民族团结进步工作和贯彻落实国家民族事务委员会《城市民族工作条例》情况进行调研。完成西安市少数民族养老情况调研。

◆清真食品监督管理 2018年，西安市民族事务委员会以贯彻落实《陕西省清真食品生产经营管理条例》、防止“清真”概念泛化为主要内容开展食品安全宣传系列活动，邀请人大代表就清真餐饮和肉食管理等问题进行调研，妥善处理13起群众投诉举报。联合多个职能部门开展为期15天的全市清真食品生产经营行业大检查，对西安市13个区（县）以及西安国际港务区、西咸新区的清真食品行业进行检查，共检查清真食品生产经营企业、清真肉食品经营户、清真餐饮饭店、定点屠宰场等105家。安排春节、西安市“两会”“五一”“十一”期间，全市清真食品市场监管工作，确保重要时间节点清真食品安全。举办“西安市清真食品生产经营企业负责人培训班”“西安市清真食品生产经营管理工作人员培训班”“西安市清真食品社会监督员培训班”，不断提升清真食品生产经营管理水平。（延　续）

宗　教

◆宗教与社会主义社会相适应 2018年，西安市宗教事务局坚持宗教中国化方向，指导西安市佛教协会开展“祖庭住持讲祖庭”活动；指导西安市道教协会在中央社会主义学院举办“道教思想与社会主义核心价值观相融合”培训班；指导西安市伊斯兰教协会举办2018年“卧尔兹”演讲交流活动；指导天主教界开展天主教中国化神学研讨；指导基督教界深入推进神学思想建设，坚持用中华优秀传统文化浸润宗教，大力挖掘西安市宗教优秀文化。引导宗教界发挥优势，开展秦岭生态环境保护宣传活动、“西安年·最中国”活动、生活垃圾分类活动、脱贫攻坚献爱心活动。以“学习”为主题开展和谐寺观教堂创建活动，指导市级宗教团体举办全市宗教界学习中国共产党第十九次全国代表大会精神及国务院《宗教事务条例》培训班，指导宗教活动场所开展“国旗、宪法和法律法规、社会主义核心价值观、中华优秀传统文化”进宗教活动场所，宗教活动场所普遍做到《宗教事务条例》上墙，通过宣传栏、悬挂横幅、发放相关法律法规书籍等方式，帮助宗教界人士和信教群众切实树立起国家意识、法律意识、公民意识。举办西安市民族宗教界人士“关心西安、热爱西安、宣传西安、服务西安”主题培训班，就西安经济、社会发展有关情况、西安民族发展史、新修订的《宗教事务条例》及宗教事务行政许可项目、建筑与美学做专题讲座和辅导报告，组织参观西安京东物流总部、高陵场畔农耕文化博物院、沣西新城海绵城市和西部云谷。

◆**宗教工作法制化建设** 2018年，西安市宗教事务局推进新修订国务院《宗教事务条例》及其配套法规的贯彻实施，梳理宗教事务方面的行政审批事项，优化行政审批流程，压缩审批时限，推行规范化、标准化服务。开展“宗教政策法规学习月”和“12·4国家宪法日”宣传活动，学习《陕西省秦岭生态环境保护条例》《西安市秦岭生态环境保护条例》等内容，引导宗教界人士和信教群众增强法制观念和生态环保意识。编写《宗教政策法规应知应会问答》，印刷200余册，发放到各区（县）统战和民族宗教工作部门、宗教工作3级网络、宗教团体、宗教活动场所。制定下发《宗教事务行政许可文书格式范本》《民族宗教事务行政处罚流程和文书格式文本》。全年下发普法宣传资料、书籍13500余册，挂图1000余张。推进行政执法全过程记录制度，制定下发《执法记录设备使用管理规定》，并为机关业务处室等执法单位配备执法记录仪。严格宗教活动场所设立审批，全年受理申请筹备设立宗教活动场所事项13项，批准5项；要求补正资料7项；不予许可1项。依法查处并取缔非法宗教活动12起。完成西安高新技术产业开发区托管雁塔区、长安区、鄠邑区部分区域民族宗教事务移交工作。

◆**宗教领域重点、难点问题解决** 2018年，西安市宗教事务局为直管宗教活动场所争取厕所补助经费42万元，向部分宗教活动场所下拨宗教文物维修专项经费150万元，补助部分宗教活动场所文化建设经费15万元。按照“雪亮工程”要求，推进宗教活动场所监控安装工作，强化宗教活动场所消防安全演练，促进宗教活动场所整体环境提档升级。联合12个部门制定下发《进一步治理佛道教商业化问题的实施方案》，指导区（县）对违法修建的12处大型露天宗教造像予以拆除。完成伊斯兰教朝觐工作，确保伊斯兰教领域安全稳定。开展宗教工作自查、自纠活动，推进宗教工作区（县）、街道（镇）、村三级网络和街道、村两级责任制落实，集中整治宗教活动场所骨灰存放设施。

◆**秦岭北麓涉宗教违建问题专项整治** 2018年，在中共陕西省委统一战线工作部和陕西省宗教局的具体指导下，西安市宗教事务局按照中共西安市委员会、西安市人民政府统一部署，对秦岭北麓沿山六区（县）48个街办（镇）、400个村的990个宗教点位进行拉网式排查核查，对27个存在违建问题宗教点位（其中宗教活动场所25个，民间信仰场所1个，擅自设立宗教活动场所1个）进行专项整治，拆除违建面积15801.26平方米，复绿10103.75平方米。制定《秦岭北麓宗教活动场所管理的十条措施》，促进秦岭北麓宗教活动场所管理规范化、法治化。（延　续）

福利救济与殡葬管理

◆**社会福利救济** 2018年，西安市民政局加大政策扶持和落地力度，先后印发《西安市养老机构星级评定及运营奖励实施细则》《西安市养老机构建设补贴实施细则》等相关文件，进一步调动社会资本兴办养老机构的积极性。发展休闲养老、康养小镇、智慧养老等新型高端养老模式，其中建成和在建蓝田汤峪镇等5个健康养生特色小镇。依托碑林区、莲湖区探索出“嵌入式家庭以床养老”“虚拟养老院”等服务模式，有效提升城市居家养老服务水平。与中国民生投资股份有限公司沟通对接，拟订健康养老合作框架协议，打造一批标准化、规模化社区康养服务站点，形成西安市康养管理服务体系，提升康养水平。持续加大养老设施建设力度，推进居家养老服务站和“农村幸福院”建设，完成老年人家庭无障碍设施改造2222户，超额完成222户；35个居家养老服务站全部完成，完成率100%；新建230个“农村幸福院”，超额完成46个；新增社会力量兴办养老机构9家、日间照料中心29个，新增各类养老床位6998张，完成年度6400张任务总数的109.3%。下拨养老机构运营奖励资金784万元、建设补助资金1061万元。安排市本级福彩公益金95.5万元，委托第三方对200名养老护理员和100名管理人员进行培训。救助生活无着落流浪乞讨人员9146人次。其中，成年人8810人次，未成年人336人次；自主返乡4328人次，护送返乡1519人次；救治危重病人2035人次。前三季度市级财政支出救治经费705万元。对彩票公益金使用管理情况进行调研和检查，拨付资金18903.17万元。其中，市本级拨付6518.25万元；省级拨付12384.92万元。下发残疾人两项补贴的补充政策，并开展专项督导检查。印制《残疾人两项补贴办理指南》宣传册8万份。

◆**救灾救济** 2018年，西安市民政局开展各类防灾减灾宣传活动，设立宣传点200余处；摆放宣传展板2000余块；悬挂防灾、减灾挂图5000套；发放宣传资料42.2万份，其中发放宣传单7万份；推送短信息2.2万条。举办各类演练培训活动951场，现场接待咨询群众10万人次，直接参与群众达48万余人。落实采购经费400万元，采购储备救灾防寒服5500套、棉被1万床、救灾毛巾被16705条；配发“北斗”减灾信息终端设备811部。对区（县）、镇（街）200余名灾情管理人员进行集中培训。安排应急救助资金20.5万元，发放衣被、食品等救灾物资折合款项5.8万元。开展农村住房保险工作，参保农户3.07万户，其中低保户2.44万户、五保户0.4万户、一般农户0.23万户，参保率2.4%。向9户参保农户理赔因灾倒损房屋资金6.05万元。下拨救助棉被500床、救灾防寒服500件，下拨冬春救助资金50万元，救助受灾困难群众约1400人。下拨市级灾后重建补助资金22.3万元，并督促有关区（县）落实配套资金68.75万元。超额完成综合减灾示范社区的创建工作，20个基层社区被陕西省减灾委员会评为“全省综合减灾示范社区”，其中10个基层社区被国家减灾委员会评为“全国综合减灾示范社区”。出台《西安市医疗救助办法》和《西安市临时救助办法》，其中，《西安市临时救助办法》把给镇（街）下放的救急权限提高到3000元；把全年封顶线2万元提高到3万元。将城市低保标准提高到660元/（人·月）；农村低保标准提高到450元/（人·月）。为全市城乡低保对象发放保障金4.45亿元。全市医疗救助10.57万人次，发放救助金8727万元；临时救助2.79万人次，发放救助金2667.5万元；资助困难家庭中学生1675人，发放资助金167.5万元。为8.96万名残疾人发放两项补贴资金5920.27万元。不断提升特困人员供养质量，投入960万元对各五保供养中心的取暖、降温和消防等基础设施进行改造。截至年底，全市6187名农村特困供养人员中集中供养1283人，其中失能、半失能老人1307人。投入资金1240余万元，建成“爱心超市”496个，其中5个重点涉农区（县）485个，覆盖所有贫困村。

◆**殡葬管理** 2018年，西安市遗体火化29171具，火葬区遗体火化率87%，与上年同期相比总体呈上升趋势；开展公祭活动的社区有519个。3月24日至4月5日，接待祭扫群众211万人次、私家车辆40余万辆，发送免费公交车596班次，运送群众21900人次。推动惠民殡葬，全市救助困难群众718人，发放救助资金109万余元。推进重点项目建设，梳理包装西安市殡仪馆三兆骨灰公墓改扩建PPP项目；实施临潼区殡仪馆迁建项目、鄠邑区殡仪馆建设项目、鄠邑区殡仪馆公墓项目3个PPP项目，其中临潼区殡仪馆项目于6月投入使用。（鲍　珊）

区（县）概况

责任编辑
姬娟妮

西安年鉴
2019
XI'AN YEARBOOK

新城区

◆**概况**　2018年，新城区辖街道办事处9个、98个社区居民委员会。总面积30.13平方千米，户籍人口52.46万人，常住人口约80万人。有少数民族28个，共14485人。

◆**重点项目建设**　2018年，新城区深入开展“招商项目落地年”活动，建立“区级领导包抓，项目专班一抓到底”的工作模式，强力推进项目建设。在建重点项目完成投资205亿元，其中华清学府城三期等19个市级重点项目完成投资106亿元，占年计划的115%。悦荟广场等10个项目建成开业，圣远广场等项目加快推进，普天厂改造项目完成征迁。三府湾村、韩南村、杨家村改造项目安置楼建设有序推进，自强村和西安市第三十八中学周边改造项目征迁群众顺利回迁。环境提升综合治理等6个项目纳入西安市PPP（公私合营模式）项目库。7月7日，承办西安市第二批重点项目集中开工仪式。

◆**招商引资**　2018年，新城区以“营商环境提升年”为载体，创新推出100项“倒上门”20条标准。推行亲商指数考核，制定“金牌店小二”20条标准。简化办事程序，营造“人人都是营商环境”氛围。全区政务服务事项“最多跑一次”占比93%。全年新登记市场主体36062户。在西安市率先推出“96100”热线服务平台，24小时全天候在线，接听市民投诉。推行“土地+项目”“楼宇+总部”“小镇+产业”招商模式，签约银泰国际购物中心、传化智联西北运营中心等投资50亿元以上重大项目13个，引进中建交通建设集团有限公司西北区域总部等500强企业3家。全年签约项目51个，总投资2741亿元。优化产业带动发展，传统商圈迸发新活力，盒马鲜生、京东7FRESH、苏宁极物等零售企业入区发展。金融产业集聚效应不断放大，民间金融小镇引进金融企业30家。惠普金融超市、互联网金融产业园建成运营。

◆**创业创新**　2018年，新城区激发区域活力，创新驱动势头更足、优势更强。坚持需求导向和产业导向，强化政策举措，优化创新环境，创新亮点纷呈。“创新在新城”15项创新工作覆盖方方面面。西安市首家人才人口服务工作站实现户籍引才2.24万人，颁发陕西省首张“咖啡烘焙食品工作坊生产许可证”，韩森寨、长乐中路等街道“微创新”“微服务”引领基层治理更加高效、更加优质。众创载体实现量质齐升，姚穆、侯立2个院士专家工作站引领创新发展，西北科技军民融合创新中心深度融合，科技创新成果加速转化。新城区被陕西省科技厅评为“陕西省创新型城区”。引智步伐加快，“三大新政”落实见效，引力增强。开展“双一流”高校硕士、博士暑期挂职活动；组织“看新城”活动，引进“双一流”大学人才299人，自主培育b类高层次人才1名、乙类人才1名。发放创业担保贷款8亿元（其中，小微企业贷款30.95亿元；高校毕业生贷款1.38亿元）。举办“创业西安行——新城区在行动”活动20余次。组织“万名学子看新城”2场。设立新城区招才引智工作站3个。安排20名“双一流”高校优秀毕业生暑期挂职锻炼。隆重表彰10名“新城工匠”和10名“创业明星”。力促创业带动就业，建成众创载体75个，入孵企、团队3000余家，孵化企业160家，参与人数1.5万人。举办各类“双创”活动300场次，参与人数4000余人次。组建就业见习基地16个，精选“创业导师”30余人。

◆**教育、文化**　2018年，新城区持续推动教育供给侧改革，创新实施“名校+”民生工程。通过“名校+弱校”“名校+新校”将名校优秀师资团队、先进的办学理念、成熟的教学模式、丰富的校园文化成建制地移植到薄弱学校。组建65个“名校+共同体”。其中，“一长多校共同体”16个；“学校联盟共同体”35个；“教育集团共同体”10个；“中学、小学、幼儿园区域共同体”4个。《光明日报》、新华社等国家级主流媒体对新城区“名校+”工程进行报道。新城区被陕西省教育厅命名为“陕西省义务教育学区制管理改革示范区”。

筹措资金79万元用于改善街道、社区文化服务网络建设设备，对达标的5个街道文化站，36个社区文化活动中心进行挂牌。为社区安装健身路径工程6套。9个街道办事处建成街道文体中心，建成社区综合性文化服务中心77个。新城区图书馆、新城区文化馆选址幸福林带南段、建工路以北，总投资2.5亿元，总建筑面积19273平方米。截至年底，局部地块已经开始主体结构施工，预计2019年年底完成主体结构建设。举行“红五月音乐会”活动40场，组织策划以民俗文化为主题的“西安年·最中国”2018新春群众文化活动。承接陕西省千场戏剧惠民演出和公益电影放映活动，开展各类文化惠民演出群众文化活动146场，放映公益电影1236场。举办各种文艺课堂27次，培训7800余人次；培训三级社会体育指导员130余人。推进以永兴坊和“大华·1935”为重点的“音乐之城”建设，在永兴坊举办民乐和地方曲种为主要内容的小型演出近2000场；在“大华·1935”举办以时尚潮流为主题元素的现场演出58场，吸引观众8.4万人次。

◆**医疗卫生**　2018年，新城区围绕群众医疗健康需求，全面深化医改，推进“健康新城”建设，群众就医获得感不断增强。全年搭建各类医联体5个，引导优质医疗资源和人才“双下沉”。10月19日，西安市第四人民医院—西一路紧密型医联体挂牌运行。12月25日，西安市中医院—城区中医院医联体签约授牌。全年各医联体下派专家2750人次，基层首诊21.58万次。组建“家庭医生”团队57个、“直通车工作室”20个，规范管理慢性病重点人群8.9万人。落实14类47项基本公共卫生服务，计划免疫实现全覆盖，重点传染病联防联控。实施儿童健康管理、免费婚检、孕检、“两癌”（乳腺癌、宫颈癌）筛查、老人体检等重点项目，服务全人口、全周期。空军军医大学西京医院、西安交通大学第二附属医院等全科规培教学基地落地新城。“家庭医生直通车”“彩虹慢病管理”社区延时工作提供便利服务。在全区9个社区卫生服务中心进行“互联网+社区医院移动支付”改造，优化就医流程，实现便民、惠民。所有社区医院实

新城区2018年经济与社会发展主要指标

指　标	单　位	数　量	同比增长率(%)
地区生产总值	亿元	650.64	7.7
地方财政一般预算收入	亿元	21.89	8.8
地方财政一般预算支出	亿元	22.03	7
全社会固定资产投资额	亿元	100.47	-49.1
社会消费品零售额	亿元	739.79	10.9
规模以上工业增加值	亿元	117.02	9.5
实际利用外资	万美元	11947.4	6
城镇居民可支配收入	元	44637	8.1

现微信、“支付宝”快捷支付，为群众提供“无卡”就医保健服务。

◆**劳动就业和社会保障** 2018年，新城区落实《西安市关于进一步加强就业工作的实施意见》《西安市进一步加快人才汇聚若干措施》，出台《新城区加强营商环境10条措施》，着力解决就业难问题。截至11月底，全区城镇新增就业1.55万人，失业人员再就业0.68万人，就业困难人员就业0.23万人，城镇登记失业率3.18%。全年投入就业专项资金4139万元，享受就业补助资金扶持人数3838人。组织“就业援助月”，帮助177名就业困难人员实现就业。举办招聘会163场，提供空岗26219个。开展“民营企业招聘周”“高校毕业生就业服务月”活动，为高校毕业生等群体提供岗位1710个。累计开发1829个公益性岗位，用于政策性兜底安置。组织就业技能培训，6人获“西安工匠”称号；1人获“西安市首席技师”称号。全力推进住房保障工程，为837户发放廉租房租金补贴，审核7350户实物配租资格。人才安居货币化补贴全面展开，全区1262户中低收入住房困难户入住管理规范、宽敞明亮的公租房和廉租房，居住条件得到改善。加快棚改项目安置，火车站北广场项目征收工作结束，一期安置工作全面收尾，1730户群众告别低矮破旧棚户区，入住现代化小区。投资4.21亿元，完成三府湾贝斯特、自强村、西安市第三十八中学周边改造以及安仁坊3个项目。棚户区改造投资4.6亿元，完成402套住房回迁安置不动产权登记，2756套保障房开工建设。探索“嵌入式”养老服务模式，采取政府购买服务的形式，为900名年满60周岁以上的“三无”老人，生活困难失能老人，低保、低收入家庭老人，重点优抚对象，80周岁及以上独居、空巢老人，95岁以上老人免费提供以“助餐、助洁、助医，助急”等为主要内容的养老服务。增加养老床位设置，新增养老床位985张，提前超额完成市考任务（全年新增870张）。鼓励辖区社会力量运营社区居家养老服务站，引进陕西心为养老服务有限公司、陕西圣西朗德实业有限公司、陕西大洋养老服务有限公司、新城区爱心护理院、西安博瑞养老院、新城区康惠养老服务中心6家社会力量，参与社区居家养老服务站的运营。2个街道级日间照料中心和5个社区居家养老服务站与社会力量进行社会化运营签约，对社会资本新建床位每张给予1万元补贴，运营奖励由每月30—90元/（人次）提高至40—150元/（人次），对居家养老服务站按8个等次给予3万至10万元以下的一次性建设补贴；对已运营的居家养老服务站，每年分别给予不超过7万元的运营补助。全年争取居家养老服务站建设补助奖金104万元、社区运营补助奖金118.07万元、日间照料中心补助资金235万元，兑现养老机构建设补助资金102.28万元。

（杨向曦）

中共新城区委、人大、政府、政协、纪委

区委书记　件　江
副书记　王　征　张　炜
区人大常委会
主任　陈立民
副主任　王　厚　高艾峰　邓逢春　谭琳娜（女）
区长　王　征（代）
副区长　齐海兵　刘照河　郝东文　苏继文　孙　伟　邓晓东　朱　璐（挂职）　郑　莹（女，挂职）
区政协主席　王军民
副主席　惠占学　詹晓东　蒋　进
区纪委书记　贺瑞林

碑林区

◆**概况** 2018年，碑林区辖8个街道办事处、98个社区居民委员会。总面积23.37平方千米。年末，户籍总人口71.75万人，常住人口67.97万人。全年新出生7812人，人口出生率10.85‰，人口自然增长率7.09‰。户籍人口落户60800人，完成全年任务的135.29%。有民族42个，汉族占98.36%，少数民族占1.64%。

◆**商贸服务业** 2018年，碑林区为促进消费拉动内需，提升购物消费环境，开展“长安龙脉魅力南门”2018碑林美食购物节系列活动，开展全球时尚美妆论坛、德福巷音乐节、书院门非物质文化遗产展、大南门农夫集市、大南门商圈发展论坛等主题活动。推进大南门商圈、钟楼商圈建设，大南门商圈实现社会消费品零售总额105.5亿元，钟楼商圈实现社会消费品零售总额94.2亿元。高端城市商贸综合体北京华联西安SKP、新零售先锋盒马鲜生西北首店开业。改造提升农贸市场5家。修订《碑林区亲商助企政策摘编》，开展亲商助企活动929次，力促驻区企业最大限度享受政策红利。组织召开驻区银行与企业对接会、商贸综合体专题调研座谈会、商贸企业“新营销DOU起来”抖音产品培训会、青年企业家圆桌会议等系列专题活动，帮助对接企业解决问题16件。

◆**工业** 2018年，碑林区规模以上工业增加值实现11.29亿元，比上年增长2.1%；非公有制经济占比完成54.1%；民间投资完成增长2.1%。净增限额以上企业完成36户。为驻区企业经济发展争取资金支持与扶持，为11户企业上报审批西安市创新创业发展专项资金，为2户企业上报西安市现代服务业发展专项资金项目，改造旧厂区1户。协助西安铁路信号有限公司搬迁。向西安市文物局申请办理西安第一印刷厂工业遗产前期认定准备工作。

◆**招商引资** 2018年，碑林区制定《补齐经济外向度不高的短板的实施方案》《“第三类空间”建设工作方案》《提升企业跨境贸易和投资便利化行动方案》《数字经济和流动经济产业发展规划基础研究报告》等系列文件，围绕“追赶超越奋进年”“招商项目落地年”“营商环境提升年”主题年活动，提升区域商业魅力指数，营造区域经济健康发展，确定招商引资“一号工程”，落实《招商项目落地年工作方案》，实现招商引资各项工作新突破。开展各类招商对接推介活动620次，签约

碑林区2018年经济与社会发展主要指标

指　标	单　位	数　量	同比增长率（%）
地区生产总值	亿元	965.26	8
地方财政一般预算收入	万元	438308	7.09
地方财政一般预算支出	万元	320013	-10.23
全社会固定资产投资额	亿元	—	0.3
社会消费品零售总额	亿元	670.4	7.1
规模以上工业增加值	亿元	11.29	2.1
实际利用外资	亿美元	1.057	100
实际利用内资	亿元	25.32	274
城镇居民人均可支配收入	元	44382	8

项目112个，总投资559.7亿元，其中赴外开展招商推介活动34次，签订合同项目66个、协议项目36个、意向项目3个。新引进百亿级服务业香港佳兆业集团等企业项目3个；引进世界500强企业星巴克公司、中国建筑股份有限公司合作项目2个；引进国内500强企业银泰商业(集团)有限公司、中铁湘建建设工程有限公司合作项目3个；引进独角兽百强企业北京光环智业管理咨询有限公司、影和医学影像诊断中心、小黄狗环保科技有限公司合作项目3个；引进总部企业星巴克西北总部、北大方正人寿陕西总部、wework西安总部、佳兆业丝路总部、美团西北总部、富士施乐西北总部、陕西永宁时代企业管理有限公司陕西总部、NCC教育西北中心、英特思教育“一带一路”环球总部西北基地、泰山体育陕西区域总部、埃克森美孚西北区域公司、华泰人寿保险陕西分公司12家。培育长安国际、金鼎大厦、中铁第壹国际、中贸广场税收过亿元的楼宇4栋。签约第三届丝绸之路国际博览会暨中国东西部合作与投资贸易洽谈会的项目，开工注册率、资金到位率、竣工投产率“三率”综合排名位于西安市县（区）第二位，超额完成外资、民资、央资、内资、融资“五资”市考任务。建立“三张清单、一项机制、一张卡”制度，上年签订的36个协议项目，转化为合同项目落地正常运营，转化率100%。举办“碑林区楼宇（总部）政策发布会暨重点项目集中签约仪式”，签约项目17个，签约金额116.85亿元。

◆重点项目建设 2018年，碑林区组织重大项目集中开工仪式3次，集中开工项目52个，总投资220.09亿元。固定资产投资完成146亿元。全区重点建设项目108个，完成投资155.84亿元，占全年计划的129.21%，其中26个项目已竣工。进入西安市PPP（公私合营模式）项目库项目7个，完成投资1.09亿元。成立三学街片区综合改造指挥部、小雁塔片区综合改造指挥部和东关地区综合改造指挥部。落实碑林博物馆改扩建项目安置房源用地。启动小雁塔历史文化片区房屋征收。东关地区综合改造征收安置1660套，腾迁土地7.07公顷。启动中国铁建中铁十五局集团第一工程有限公司生活区棚改项目、中交一公局公路勘察设计院有限公司棚改项目，完成西安市红会医院西侧棚改项目货币化安置工作。完成城改项目4个，安置房不动产证初始登记5100套。完成西安地铁五号线、地铁六号线碑林段10个站（点）房屋征收。完成经九路碑林段道路打通拓宽改造项目征地拆迁安置任务，打通碑林区通义巷规划路。建成“碑林区城市规划展览馆”。

◆科技 2018年，碑林区按照“区（县）科技企业小巨人培育计划”“应用技术研发项目”“区域科技创新计划”“科技创业计划”“科技金融结合项目和知识产权能力建设”6大类（只有5类），征集区级科技计划项目70个，重点培育县（区）科技企业小巨人企业19家，支持资金345万元。发布《碑林区区级众创载体认定管理暂行办法》，认定众创载体71个，面积161.603万平方米。投入科学研究与发展资金2020万元，认定“陕西省科技型中小企业”95家；2人获“西安市‘硬科技’代表人物”称号，39人获“西安市创业英雄”称号。组织企业参加“锦创未来”成都·西安·深圳青年创客电视大赛，获三等奖项目1个、优秀项目2个。建设知识产权运营试验区，搭建环大学技术转移服务平台，形成“专利超市数据库系统、专利成果托管系统、线上展示系统、定点推送系统、知识产权处置权解决方案”等系统平台，收集成果300余件，专利申请量达到9917件，专利授权量4397件。

◆文化 2018年，碑林区落实中共西安市委办公厅、西安市人民政府办公厅《关于加快构建现代公共文化服务体系的实施方案》，验收达标街道文化站3个、社区文化服务中心25个；安装新建全民健身路径10条。推动“书香之城”建设，新建实体书店42家。设立文化产业发展专项资金5000万元，命名首批“文化创意产业园区（基地）”8家。“西安城墙·碑林历史文化景区”获AAAAA级景区授牌，建成古街名巷中英文双语解读系统旅游标识牌23条。举办“西安年·最中国”新春盛典暨新时代民俗文化年展系列活动151场。开展“金狗迎春闹元宵·春日古城动漫秀”“碑林区德福巷音乐节”“唐诗回家碑林诗词大会第二季”等主题活动。开展“写春联送祝福”活动66次，义务写春联1.5万幅。举办“碑林区红五月音乐会群众歌咏大赛”，参加西安市“红五月”音乐会比赛并获一等奖。电影《茜茜与安泰》原创主题歌曲《恋恋德福巷》获2018年华语新歌榜第六名，德福巷咖啡街区成为西安“热搜地”“网红街”。开展“非物质文化遗产”进社区、进校园、进机关活动，将中国传统插花技艺等16个项目列入碑林区第五批非物质文化遗产代表性项目名录；申报非遗传承人马绪斌入选第五批国家级非遗项目代表性传承人。

◆体育 2018年，碑林区提升竞技体育水平，参加陕西省、西安市级各类运动会。承办U11、U12全国举重冠军赛，组队参加西安市中小学生击剑比赛、游泳比赛、乒乓球锦标赛、青少年篮球锦标赛、跆拳道锦标赛、举重锦标赛、国际式摔跤锦标赛、排球锦标赛、武术套路锦标赛，均取得优异成绩。输送举重运动员高丹、攀岩运动员李婧入选国家集训队；4人获“西安市最佳教练员和群众喜爱的社会体育指导员”称号；碑林区少体校获陕西省“县（区）级示范体校”称号。完成“2018西安市城墙国际马拉松”“2018西安马拉松”碑林赛段服务保障工作。举办“碑林区第十一届社区运动会”“武术文化论坛暨武术交流赛”“三八妇女节门球赛”“‘金海杯’户外乒乓球赛”“2018健身气功比赛”系列活动。碑林区获“西安市第三届老年人体育健身示范社区体育健身大联展”特等奖。

◆卫生 2018年，碑林区推进医药卫生体制改革，健全社区卫生服务体系，建设全科医生队伍。建成紧密型医联体1个、医养结合机构4家。“家庭医生”签约重点人群9.69万人，签约率62%，发放计生家庭扶助关爱资金1669.32万元。食品药品安全监管1.87万户次，创建“小餐饮食品安全示范街”5条，实施“明厨亮灶”工程533户，大型餐饮企业、学校、托幼机构食堂量化分级“良好”以上等级占94.3%。

◆教育 2018年，碑林区坚持教育优先发展战略，启动各类校园建设项目62个，投资总额3.11亿元。组建“名校+”教育联合体26个，新增西安铁路局第一幼儿园、碑林区南院门幼儿园为“陕西省示范幼儿园”，“陕西省示范幼儿园”累计达到16所，普惠性幼儿园占比83%；新增义务教育阶段学位1380个。西安市太乙路中学、西安市含光中学通过“陕西省标准化高中”省级验收，“陕西省标准化高中”实现全覆盖。在“一师一优课，一课一名师”活动中，获部级优课65节、省级优课125节、市级优课213节。免除学前一年幼儿保教费532.4万元、义务教育学生学杂费4691.1万元、普通高中学费2365.1万元。

◆劳动就业和社会保障 2018年，碑林区实施“就业质量提升工程”和“创业引领工程”，开展“春风行动”“百万大学生留西安”就业活动。发放创业担保贷款5572万元，直接扶持创业者269人，带动就业1700余人；发放高校毕业生创业基金贷款30万元。辖区有人力资源服务机构200家，城镇新增就业2.06万人，城镇登记失业率3.2%。劳动监察执法和调解仲裁为劳动者追讨工资4222.5万元。发放低保金4275.1万元、社会救助金453.53万元，城乡居民基本养老参保率、待遇发放率100%。推行“嵌入式”家庭以床养老模式，新增养老床位1118张，发放高龄老人生活保健补贴6021.05万元。组建碑林区退役军人事务管理局，对优抚对象发放抚恤金1490万元、义务兵家属优待金1413万元。新增廉租房租赁补贴家庭620户，审核租赁型保障房实物配租资格6110户。

（碑林区方志办）

中共碑林区委、人大、政府、政协、纪委

区委书记　董劲威（至4月）
　　　　　刘其智（4月任）
副书记　卢光文
区人大常委会
主任　阮　波
副主任　吴　耀　林　娣（女）
　　　　袁新中　张立华
区长　卢光文
副区长　王宏联　侯学东
　　　　程　默（女）　聂文斌
　　　　张学东　杨　珩（挂职）
　　　　邹一博（挂职）
区政协主席　柴根科
副主席　张　瑜（女）　顾建军
　　　　周格杏（女）　孔维岳
　　　　惠　鸣
区纪委书记　吕新海

莲湖区

◆**概况**　2018年，莲湖区辖9个街道办事处、131个社区。土地面积38.5平方千米。常住人口76.86万人，户籍人口73.18万人，城镇化率100%，人口出生率12.17‰，死亡率3.02‰，自然增长率9.14‰。有少数民族35个，共3.68万人。

2018年5月12日，莲湖区投资环境推介暨重点项目签约仪式在大唐西市博物馆举行

◆**重点项目建设**　2018年，莲湖区重点项目建设跃上新台阶。30个项目参加西安市第三批次集中开工，总投资290亿元；17个市级重点在建项目提前超额完成全年任务，完成投资87.46亿元；94个区级重点在建项目完成年度计划。优化结构提质量，突出产业引领，策划实施金融、医疗健康、科技创新等30个产业项目，投资占比提高7.7个百分点，实现数量、质量双提升。着力推进PPP（公私合营模式）创建示范，高标准制定示范区创建方案，策划包装PPP项目34个，6个项目被列入市级基础库，4个执行库项目完成投资5.44亿元。大兴新区固定资产投资完成38.21亿元，新开工项目18个，面积77.8万平方米。鑫苑大都汇一期高端商务楼宇投入使用，新增商业面积6.6万平方米。土门地区28个建设项目完成投资60亿元，土门国际购物中心建成开业，新增商业面积13.3万平方米。

◆**招商引资**　2018年，莲湖区完善招商机制，新增医疗健康产业等4个招商分局，聘请普华永道会计师事务所等6家知名企业负责人担任“招商大使”。策划包装6大类85个精品项目，推出“莲湖招商地图”。瞄准世界500强、中国100强企业，依托第三届丝绸之路国际博览会暨中国东西部合作与投资贸易洽谈会、2018世界西商大会等招商平台，赴国内、外招商20次，对接华润(集团)有限公司、招商局蛇口工业区控股股份有限公司、阿里巴巴网络技术有限公司、万科企业股份有限公司、法国国际水秀公司等知名企业110批次。鼓励辖区企业拓展国际市场，全年进出口总值5.1亿元，比上年增长154.5%。吸引外贸型企业落户，有进出口企业32家。展开对外交流，外事接待、组团出访10次。签约丰禾智慧小镇、“长安汇”2个百亿级项目和9个10亿级项目，与中粮集团有限公司、招商局蛇口工业区控股股份有限公司等企业达成合作，“鼎泰丰”“乔丹ONE”等开业运营，凯悦酒店、洲际酒店等高品质酒店落户莲湖。全年实际引进内资40亿元、民资117亿元、央资15.5亿元，实际利用外资9392万美元。

◆**商贸、旅游**　2018年，莲湖区产业升级快速发展。商贸服务业加快转型，鼓励西安市巨鹰食品有限公司等企业开展线上交易，借力跨境电商平台发布首款“莲湖咖啡地图”。净增限额以上商贸企业14家，社会消费品零售总额完成544.95亿元。名企、名家、名牌“三名”工程成效凸显，新增市场主体3万余户，有“五上”民营企业（规模以上工业、有资质的建筑业、全部房地产开发经营业、限额以上批发零售业和住宿餐饮业、规模以上服务业法人单位）386家，其中8家企业进入“西安民营企业100强”。实施亲商助企政策，举办首届“莲花奖”优秀企业家表彰大会，8名企业家登上“改革开放40周年西安市优秀企业家”榜单。持续深化“全国质量强

莲湖区2018年经济与社会发展主要指标

指　标	单位	数量	同比增长率（%）
地区生产总值	亿元	820.73	7.1
地方财政一般预算收入	亿元	48.81	6.8
地方财政一般预算支出	亿元	40.13	
全社会固定资产投资额	亿元	290	3.8
社会消费品零售总额	亿元	544.95	8.2
规模以上工业增加值	亿元	119.14	5.0
实际利用外资	亿美元	0.9392	
实际利用内资	亿元	172.5	
城镇居民人均可支配收入	元	44440	7.8

2018年3月16日，莲湖区在天朗大礼堂举办首届“莲湖工匠”表彰大会

市示范区”建设，陕西省、西安市名牌总数居区（县）第一。多层次资本市场稳步发展，实施“龙门行动”计划，西安怡康医药连锁有限公司、普惠体检健康产业集团进入市级后备库，陕西昱鑫科技发展有限责任公司启动“新三板”挂牌筹备，西安绿岭生态环境股份有限公司在陕西股权交易中心挂牌。与长安银行股份有限公司签订金融支持战略框架协议。

举办“夏爽西安·寻味莲湖”招商蛇口2018西安·莲湖国际吃货节、中国·西安2018“一带一路”国际灯光节等文旅活动。游客接待量和旅游综合收入超额完成目标任务，接待旅游人数7698万人次，旅游综合收入实现384.9亿元。特色小镇助推发展转型，引入“名誉镇长”、名品潮牌助力小镇加快建设，2个创建类小镇完成投资15.8亿元，大唐西市丝路文旅小镇入围“全国十佳特色小镇”参评之列；老城根文尚小镇进驻知名品牌141个；长安漫古小镇全球招商中心启动建设；丰禾智慧小镇项目推进顺利。新兴业态助力消费升级，推动以分享、创意、文旅等为特点的新兴经济业态成长，探索民宿发展“莲湖模式”，“不舍·长安里”等一批精品民宿脱颖而出；劳动南路等4个“月光经济圈”加速布局；10条创业咖啡特色街区加快提升改造；老城根Gpark、北院门风情街成为“西安市示范特色商业街”，新业态、新商业模式逐渐培育壮大。

◆科技 2018年，莲湖区“双创”平台快速高质量发展，引进“京东云”等品牌众创机构，全国单体最大的联合办公众创空间“倍格硅巷”建成运营。新增市级众创空间5个，全区51个众创空间孵化企业1820家，运营面积70.79万平方米。认定D、E类人才823人，授予10人“莲湖工匠”称号，培育国家级领军人才1人，引进地方级领军人才4人。安排1600万元科学研究与发展资金，支持创新型企业发展。新认定科技中、小企业65家，高新技术企业35家，培育科技小巨人15家，申请专利797件，技术成果交易额38亿元。实施“科学素质行动”，开展创客进校园等品牌科普活动170场次，建成科普E站14个。

◆教育 2018年，莲湖区提升教育水平，“陕西省省级普通高中示范学校”“西安市一级幼儿园”达到29所，新招录教师139人，培养认定省、市学科带头人，教学能手93人。成立“名校+”教育联合体20个，完成41个校园维修改造项目，远东实验小学、洒金桥小学、红光路小学、莲湖区第八幼儿园建成开学，新增学位4185个。实施“智慧校园”、录播教室、“智慧图书馆”、创客教室、校园网络改造等教育信息化建设项目，创建“‘智慧校园’示范学校”4所。

◆文化、体育、卫生 2018年，莲湖区推进“书香之城”建设，建成实体书店旗舰店1家、示范店2家、标准店56家，向公众开放街道、社区综合文化站和服务中心42个，被教育部评为“全国义务教育质量监测优秀单位”。获全国性武术赛事金牌30枚。试点建立紧密型、融合式医疗联合体，推行卫生健康网格化管理模式。青年路社区卫生服务中心被国家卫生和计划生育委员会（国家卫生健康委员会）授予“全国优质服务示范社区卫生服务中心”称号。

◆劳动就业和社会保障 2018年，莲湖区把就业摆在突出位置，开展“助力创业莲湖行”活动22场。莲湖区残疾人创业孵化服务中心投入使用，新增就业18979人，城镇登记失业率控制在4%以内。城镇居民人均可支配收入增长7.6%以上。社会救助工作进一步加强，为10.4万人次发放各类保障救助金8287.9万元。持续促进全民参保，新增参保人员1.2万人，城镇医疗保险参保率99.6%。妥善解决11277户居民“房产证”办理遗留问题，10090户中、低收入家庭实现“住有所居”。完成莲湖区养老服务中心改造，在陕西省首家启用“虚拟养老院”，新增养老床位1132张。

（张文生）

中共莲湖区委、人大、政府、政协、纪委

区委书记　和文全
副书记　吴保军
区人大常委会
主任　吴俊毅
副主任　白秋分（女，回）
　徐志刚　屈静珍（女）
　孙立明
副区长　刘一平（回）　王　岩
　肖红亮　董　旭
　缪宝辉
　陈　瑛（女，挂职）
　高新花（女，挂职）
区政协主席　陈宝玉（回）
副主席　高贵林　孔令国
　刘庆明
区纪委书记　刘永毅

灞桥区

◆概况 2018年，灞桥区辖6个街道办事处、50个社区居民委员会。土地面积3.24万公顷，耕地面积0.94万公顷，占西安市耕地面积的3.7%。常住人口60万人，户籍人口45.3万人，城镇化率94.66%。人口出生率11.5‰，死亡率4.4‰，自然增长率7.05‰。有少数民族32个，人口3957人。

◆农业与农村经济 2018年，灞桥区实施乡村振兴战略，深化农村制度改革，打造城乡融合发展新格局。按照“产业兴旺、生态宜居、乡风文明、治理有效、生活富裕”总要求，加大政策倾斜，强化扶持措施，不断激发农村发展活力。探索“农业园区+龙头企业”发展模式，拓展“智慧农业”、休闲农业、“创意农业”和乡村旅游，培育“农业+”新业态，确保蒙草生态科研示范园、颐居田园综合体等项目开工建设。培育

灞桥区2018年经济与社会发展主要指标

指标	单位	数量	同比增长率（%）
地区生产总值	亿元	480.78	12.1
地方财政预算收入	亿元	19.65	2.5
地方财政预算支出	亿元	33.1	12.6
全社会固定资产投资额	亿元	106.45	20.4
社会消费品零售总额	亿元	260.53	12.1
规模以上工业增加值	亿元	43.96	3.4
实际利用外资	万美元	10570	100.01
城镇居民人均可支配收入	元	37306	8.3
农村居民人均可支配收入	元	16395	9.0

壮大农村电子商务主体，农村电商企业突破14家、微商突破1000家。推动电子商务进农村、进田间，葡萄、樱桃线上销售额4500万元，农产品线上交易额突破8000万元。全面开展农村集体产权制度改革，深化农业供给侧结构性改革，乡村旅游起步稳、发展快，四季塬迈精品民宿示范项目签约农户35户。改良樱桃66.67公顷，新增“陕西省特色休闲农业园”1个。投资2500万元，实施西张坡、西蒋村等8个“美丽村庄”建设。新建农村饮水工程5处，完成20个村“农村污水处理工程”，改造户厕8000户，西安市“美丽乡村·文明家园”现场会在灞桥区召开。打造生态、宜居“美丽乡村”，完成水安路中段、狄寨街西段、双塘路等5条道路改造。落实“百村示范、千村整治”任务，打造环境美、人文美、风尚美、秩序美、创业美“五美”乡村，改善人居环境，完成30个村容貌整治。开展农村生活垃圾分类管理，创建6个“美丽宜居村庄”。全面推进农村改革，加快农村承包地、宅基地“三权分置”（农村土地所有权、农村土地承包权、农村土地经营权分置）和农村金融、农村“三变”改革（农村资源变资产、资金变股金、农民变股东），大力拓展扶贫渠道，全区63个涉贫行政村基础设施全面达标，53户产业扶贫户实现中、长期收益，255户就业扶贫户每户至少1人稳定就业。贫困劳动力转移就业658人，发放精准扶贫担保贷款分红102万元。健康扶贫“四重保障”（基本医保、大病保险、医疗救助、政府兜底）教育资助政策全覆盖，贫困群众医疗救助报销比例在80%以上，贫困家庭义务教育阶段学生无人辍学。完成危房改造81户，民政、医疗救助494人次，兜底保障366户。对标“两不愁三保障”（不愁吃、不愁穿；义务教育、基本医疗、住房安全有保障），全区360户890名贫困群众实现脱贫。对35户未脱贫户落实好各项帮扶措施，因户施策，到户到人。鼓励农村大学生、返乡农民工等重点人群多渠道创业致富，农村劳动力转移就业4万人。按照“严守红线、突出重点、分类处置、集中打击”要求，排查整治“大棚房”124处，遏制农地非农化乱象。成立7个专项督导组，排查黑、臭水体238处，纺织公园景观池、西康铁路防洪渠等4处重点问题水体整治到位。

◆工业 2018年，灞桥区完成规模以上工业总产值109.35亿元，比上年增长7.3%，其中工业增加值43.96亿元，增长3.4%。轻工业总产值34.23亿元，下降6.3%；重工业总产值75.12亿元，增长14.8%。规模以上工业企业工业产品产销率96.6%。新增规模以上工业企业6家。完成《洪庆新城控制性详细规划编制》，为军民融合小镇建设提供发展遵循。启动第三次国土资源调查，全年储备土地148.13公顷，供应土地136.67公顷。争取地方政府债务置换债券10.12亿元、土地储备债券8.06亿元，缓解政府债务压力。与中国建设银行合作，成立“灞桥区产业引导基金”，为民营企业发放贷款2592万元。与宁波蓝源投资集团资本合作，创立陕西省首家股权投资型产业引导基金，首批资金向洪庆军民融合产业园投放。引入社会资本参与基础设施建设，纺织产业（创客）基地等6个PPP（公私合营模式）项目择优入库。

◆招商引资 2018年，灞桥区聚焦军民融合、文体康养、乡村旅游、高端商贸、电商、云商等重点产业和城市基础设施，策划包装项目100个。通过强链、补链、延链提升招商效率，实现数量招商向质量招商转变。全年赴上海、深圳、海南等地招商33次，接洽客商102家，引进项目44个，合同引资258亿元，洛桑酒店、微医集团互联网医院等一批项目签约，中铁西安轨道交通公司总部落户。全年实际利用内资66亿元、民资197.63亿元、外资1.06亿美元。与西安浐灞生态区、西安国际港务区携手发展，国际金融中心项目签约落户，中欧班列（“长安号”）开行1235列，西安丝路国际会议中心项目主体封顶，西安奥体中心体育馆建成，华夏文旅海洋公园、砂之船奥特莱斯等一批文化旅游商贸综合体建成运营。开展常态化“亲商助企”活动，主动送政策、送温暖、送信心，打造“三化五最”（法治化、国际化、便利化，审批最少、流程最短、成本最低、服务最好、诚信最优）营商环境。全年新登记市场主体13552户，比上年增长58%。灞桥区在陕西省二季度营商环境监测考核中排名第一位；在西安市下半年群众营商环境满意度调查考核中排名第二位。

◆重点项目建设 2018年，灞桥区依托“大西安”“东拓”机遇，落实中共西安市委、西安市人民政府《支持灞桥区实施追赶超越加快发展的意见》，“三带六板块”（东三环经济带、长乐东路经济带、沿灞河经济带；老纺织城板块、洪庆新城板块、灞河左岸板块、浐河谷地板块、白鹿原板块、洪庆山板块）成为区域发展新引擎。“东三环、长乐东路、灞河沿岸”经济带商业优势更加明显，堡子村、新市商圈加速成型，华阳城商业综合体建成运营，永辉超市、星巴克等知名品牌进驻，全区经济版图中3条黄金线路聚商效应日益显现。纺织城与招商局集团有限公司、远洋集团控股有限公司合作，推进“大健康”产业，纺织城老工业区搬迁改造被国家发展和改革委员会列入“全国搬迁改造重点工程”。洪庆新城强基础、挖潜力、扩优势，占地3.18平方千米的“军工小镇”通过专家会审，被列入“西安市第二批特色小镇建设计划”，军民融合产业示范基地启动建设。浐河谷地、科技园板块实施大企业引领，陕西建工集团总公司、中粮集团有限公司相继入区，迎来整体大开发的良好机遇期。白鹿仓二期、四季蓝城健康小镇加紧建设。《洪庆山森林公园总体规划》修编完成，森林花海小镇建设全面推进，生态环境持续改善。出台《抓项目、扩大投资、补短板、争先进位、冲刺攻坚七条措施》，组建12个项目推进指挥部，协调解决疑难问题。市级重点项目开（复）工率100%，完成投资100亿元；区级重点项目开（复）工138个，完成投资170亿元。蒙草生态科研示范园、颐居田园综合体顺利落地，陕西博鸿生物科技集团有限公司、西安回天血液制品有限责任公司等高科技企业不断发展，铁路主题公园、纺三路苏式街区加紧建设。下大力气解决城乡路网“堵点”“断点”问题，柳新一路、风光北路、洪海一路等6条道路全线贯通，韩森东路、电厂南路、纺三路、纺新街南段4条“断头路”提前打通，柳新二路、灞丰一路、浐河东路、洪河路加紧建设，全年新建、改扩建城市道路45.4千米。堡子村立体交通综合改造工程竣工通车，实现“人车零交叉，连通商业体，直达地铁站”。建成地下综合管廊1200米，投资2.42亿元迁改落地高压线65千米。改善公共出行条件，开通白鹿原大学城、白鹿仓景区直通车，新增公共停车位1200个，地铁五号线、六号线、九号线建设快速推进，区域交通系统不断优化，群众出行更加便捷“速”畅。争取棚户区改造政策性银行贷款58亿元，依托洪庆新城军民融合产业园建设，启动赵东、赵西等4个村棚户区改造，小寨村完成整村拆除。深化“烟头革命”“厕所革命”，投入6000万元，购置环卫车辆、设备130台（套），新建、改造公厕64座、城市驿站6座。拆除各类违法建设85.4万平方米、违法广告牌3470块。实施纺一路、长乐东路等5条道路两侧建筑物外立面提升整治，开展纺正街、纺渭路街景亮化。完成纺星二区、机瓦厂等8个老旧小区改造，总面积10.6万平方米。整治“两路三化”（公路、铁路沿线两侧洁化、绿化、美化）点位170处，绕城高速香王收费站北侧景观提升全面完成。

◆科技　2018年，灞桥区大力推进“大众创业、万众创新”，建成众创载体28个，培育科技型中小企业53家、高新技术企业13家、小巨人企业9家，认定“陕西省众创孵化基地”2家。蜜芽宝贝、驼铃网等35家成长型、科创型企业入驻颐高新经济产业园，西安葡萄产业星创天地被科技部评为国家级“星创天地”。与航天动力技术研究院、华中科技大学签订战略合作协议，推进军民融合发展，加速“硬科技”转化。

◆劳动就业和社会保障　2018年，灞桥区民生保障和公共服务支出占全年一般公共预算支出的82.2%。全年城镇新增就业10370人，农村劳动力转移就业4.55万人次，发放创业担保贷款5732万元，城镇登记失业率控制在3.2%以内。从新征地农民养老保险金中划拨7.14亿元，将劳动年龄段8784人转入城镇职工养老保险。全年发放救助保障金2568万元，受益3712人。落实廉租房租金补贴280户，实物配租2830户，102套人才公寓投入使用。开展公立医院综合改革，健全分级诊疗体系，建成紧密型医联体1个，21家社区卫生机构全科医生签约服务17.88万人次，建成“一体化”管理农村卫生室9个，新农合补偿1.46亿元，受益65.33万人次。全力破解养老难题，新建“农村幸福院”11所，新增养老床位358张。解决2.1万户供气、供暖问题，确保群众温暖过冬。

◆教育、文化　2018年，灞桥区配合人才新政，编制《灞河新区中小学布局规划》，投入3.2亿元实施教育建设项目53个，完成岳家沟小学等13所学校改扩建工程，6252名新增生源全部入学。组建“名校+”教育联合体6个、紧凑型大学区3个，灞桥区被授予陕西省“双高双普区”。

不断丰富群众文化生活，建成街、村（社区）文化服务中心4个，送戏、送电影3200余场，举办艺术展、音乐会、舞台剧90余场次。推进“书香之城”建设，全年新增实体书店40家，建成城市书屋、书吧14家。（灞桥区志办）

中共灞桥区委、人大、政府、政协、纪委

区委书记　贠笑冬
副书记　苗志忠　黄　可
区人大常委会
主任　姜　旭
副主任　孙润璋　辛　华
　　韩锁成　朱　列（女）
区长　苗志忠
副区长　曹忠奎　李军考
　　王红武　孟　超
区政协主席　韩孝民
副主席　李剑君　肖晓宁（女）
　　周　媛（女）　王毅刚
　　高向凡
区纪委书记　（缺）

未央区

◆概况　2018年，未央区辖街道办事处12个（其中，三桥、建章路街办托管给西咸新区沣东新城）。常住人口70.17万人，户籍人口685819人（均为城镇人口），城镇化率97.2%。

◆农业与农村经济　2018年，未央区实现农业总产值8814万元，比上年下降53.3%。其中，农业产值2680万元；林业产值1600万元；畜牧业产值1758万元；渔业产值1080万元；农林牧渔服务业产值1696万元。粮食种植面积27.33公顷，总产150吨；蔬菜种植面积48公顷，总产1500吨。免疫接种各种畜禽疫苗4.54万头（羽、份），免疫率、挂标率、建档率均为100%，疫苗利用率95%以上。动物产品质量安全抽样合格率100%。全区未发生林木火情。夏、秋两季秸秆综合利用率100%。举办西安市农民趣味运动会和庆祝农民丰收节活动，组织开展未央区庆丰收农民乒乓球赛、宣平里农民丰收节村民“七天乐”“健康下乡”等活动。（葛　楠）

◆工业　2018年，未央区以“稳增长、补短板、优结构、促发展”为中心，按照“一企一策”“一事一议”的原则，开展区领导“一对一”包抓活动和百名处级领导干部“亲商助企”活动。全年帮助企业解决在土地、资金等方面突出问题，问题办结率100%。做好重点工业投资项目跟踪服务，中国航空发动机集团西安航空发动机公司完成技改项目投资1.1亿元。召开未央区民营经济补短板推进会和工业补短板稳增长等工作会议，研究出台《西安市未央区工业补短板优结构促转型实施办法》《西安市未央区民营经济补短板促发展实施方案》等措施。为12家规模以上工业企业兑现扶持奖励资金480万元，为8家获得“军民生产资格证”的企业申报西安市奖励资金。高标准建设的西安新材料创新中心、西北有色金属研究院生物材料、钛合金研究团队等26家创新团队陆续入驻，举办2018全球硬科技创新暨“一带一路”创新合作新材料大会、“创之星·中美创新创业大赛”——新材料领域决赛活动。开展“创业西安行·未央在行动”活动24次，建成运营众创载体24个，总面积51.3万平方米，入孵企业团队712家，吸引创业就业人数3826人。

未央区2018年经济与社会发展主要指标

指标	单位	数量	同比增长率（%）
地区生产总值	亿元	964.83	7.3
地方财政预算收入	亿元	35.41	10.3
地方财政预算支出	亿元	34.09	3.0
全社会固定资产投资额	亿元	—	-11.8
社会消费品零售总额	亿元	615.17	10.2
规模以上工业增加值	亿元	255.50	9.7
实际利用外资	万美元	1.10	—
实际利用内资	亿元	260.11	—
城镇居民人均可支配收入	元	41056	7.9

培育“科技小巨人”企业6家、科技型中小企业65家，技术市场交易额75亿元。

（张　格）

◆**招商引资**　2018年，未央区实际引进国资59.11亿元、民资201亿元，实际利用外资1.10亿美元，总量位居全市第三位。在2016—2018年丝绸之路国际博览会暨中国东西部合作与投资贸易洽谈会，未央区签约项目开工注册率96.15%，资金到位率75%，竣工投产率46.1%，综合排名西安市各区（县）第六位。引进世界500强企业项目3家4个项目，引进中国500强企业项目3个，引进“校友经济”2亿元以上合同项目3个，引进“ 中国产业互联网百强企业”项目1个。组织各级领导参与招商活动，赴深圳、浙江、上海、北京等地外出招商考察9次。全年组织、筹备、参与未央区重大项目招商推介签约仪式、第二届世界西商大会未央招商考察活动等各类招商活动21场，全区签约项目39个，总投资900亿元，签约额与上年持平。落实人才、户籍新政，全年新增落户人口67711人，是上年的3.34倍，其中学历落户29119人、人才引进落户3998人。

（黎思航）

◆**重点项目建设**　2018年，未央区67个重点在建项目完成投资164.99亿元，完成年计划的119.21%，其中23个市级重点项目完成投资97.21亿元，完成年计划的127.57%。参加西安市第一、二、三批集中开工仪式项目20个，完成投资82.6亿元，完成年计划的103.39%。《未央湖片区产业规划》编制完成，项目策划包装步伐加快；《徐家湾片区产业发展规划》编制启动，车家堡村及徐家湾南、北村3个村拆迁全面完成，创智广场正在修建；举办汉长安城汉文化创意产业发展论坛，与联合国教育科技文化组织联合拍摄“丝绸之路文化互动地图”，汉长安城遗址知名度不断提升；大兴未央片区建设加快推进，保亿·公园印、阳光城·翡丽公园等项目开工建设。完成高铁新城移交工作，支持西安经济技术开发区、西安浐灞生态区、曲江大明宫等开发区重点项目落地，配合启动郭家庙等3个村整村拆除工作。

（赵长青　黎思航）

◆**教育、卫生**　2018年，未央区实施“名校+”集团化办学，组建“西安中学+经开一中”等9个教育联合体。加快推进学校标准化建设，东元中学主体封顶，百花小学等9所学校教学楼建成使用，新增学位2925个。审核认定普惠性民办幼儿园64所，普惠性幼儿园比例达到63%。追加教师编制800个。

打造“健康未央”，提升“健康细胞工程”14处，建成“健康场所”10处。新建托管型紧密型医联体1个，新增各类医疗机构156家。建成医养结合养老机构2个，增加养老床位545张。

（陈　良）

◆**劳动就业和社会保障**　2018年，未央区践行“以人民为中心”的发展思想，财政用于民生支出28.09亿元，占一般公共预算支出的82.38%。全区城镇新增就业12665人，农村劳动力转移就业12810人，发放小额担保贷款5453万元，新增大学生就业见习基地10个。城乡居民基本养老保险实现第三方机构集中收缴及拨付，跨省异地就医、稳岗补贴申请实现在线办理。低保对象保障金标准连续提高，将城乡低保标准提高至660元/（人·月），发放保障金和各类补助942.94万元，救助困难群众1109人次。为9413名特殊困难老人购买意外伤害险，补贴18.8万元。新建保障性住房700套，为1.4万户群众首次登记“房产证”，稳步解决房屋办证遗留问题。

（赵长青）

中共未央区委、人大、政府、政协、纪委

区委书记　汪文展
副书记　梁晚晴（女）　陈选良
区人大常委会
主任　陈伟华
副主任　李亚军　袁晓莉（女）
　　　张永亮　杨双梨
区长　梁晚晴（女）
副区长　杨　军　徐　斌
　　　王小璞　王社信
　　　王惠增　程希文
　　　聂文斌　张永辉
区政协主席　任太龙
副主席　张广琦　李淑萍（女）
　　　王红运　窦　芳（女）
区纪委书记　崔诗越

雁塔区

◆**概况**　2018年，雁塔区辖8个街道办事处，134个社区居民委员会、45个村民委员会。土地面积151.44平方千米，城镇化率100%。户籍人口84.5万人（不含西安高新技术产业开发区人口数），常住人口100.37万人；新出生人口13181人，其中常住人口11989人，非常住人口1192人；落实“两孩政策”出生2636人。有少数民族48个，共1.66万人。

◆**农业与农村经济**　2018年，雁塔区完成117个村（社区）清产核资和91个村（社区）的集体产权制度改革任务。雁塔区人民政府先后出台《雁塔区2018年农村集体产权制度改革工作安排意见》《雁塔区农村集体产权制度改革清产核资工作方案》等一系列指导性文件。雁塔区产权制度改革办公室成立专门机构落实《雁塔区农村集体产权制度改革部门包抓机制》，举办清产核资培训班，分批次轮训区、街、村相关人员；召开工作推进会，落实工作例会制度，推进产权改革制度实施。截至9月底，完成清产核资37个村（社区），界定成员身份33个，股份量化27个，成立股份经济合作社22个。

◆**工业**　2018年，雁塔区组织人员3次赴北京、杭州等地学习考察，邀请杭州市下城区领导来雁塔区传授经验，并结合区情初步拟定“集团化运营，市场化运作”改革发展思路。成立雁塔区国有资产管理创新领导小组，开展国有资产调查摸底，破解区属国企支撑经济社会发展能力不足的困境。工业投资增速8.1%，工业技改投资增长4.5%，民间投资增速17%，非公经济增加值占地区生产总值比重56.1%，新增规模以上工业企业6户。瞄准先进制造业，引进、建设斯瑞铜合金全球产业创新中心，促进工业企业转型升级。10月30日，召开雁塔区促进工业经济发展座

雁塔区2018年经济与社会发展主要指标

指　标	单　位	数　量	同比增长率（%）
地区生产总值	亿元	1757.98	8.3
地方财政一般预算收入	亿元	48.4	7.8
地方财政一般预算支出	亿元	34.72	-3.8
全社会固定资产投资额	亿元	1015.57	4.0
社会消费品零售	亿元	847.5	8.3
规模以上工业增加值	亿元	138.3	14.0
实际利用外资	亿美元	10771.8	9.4
城镇居民人均可支配收入	元	44995	8.0

谈会暨奖励资金发放仪式，67家企业参会，34家企业获奖，发放奖励资金1373.57万元。

◆**商贸、旅游业** 2018年，雁塔区以“追赶超越”为主题，优化营商环境，围绕便利化、法治化、国际化和审批最少、流程最短、成本最低、诚信最优、服务最好的目标，完善商贸领导机构，出台工作方案，并纳入考核体系，强化督导监测。简化企业审批和外资项目管理程序，颁发陕西省首张餐饮连锁门店“食品经营许可证”，外资项目审批实现即时办理，“最多跑一次”事项90.8%，材料精简率23.1%，时限压缩率55.9%。围绕商贸业发展布局，发展地铁上盖新业态，建成MOMOPARK等商业综合体。

加强旅游市场整治力度，组织交通、城管、交警等职能部门整合执法力量，组成专业班子，定员定岗，巡查值守，打击和查处不法行为，整治旅游市场乱象，维护旅游市场秩序，促进旅游产业健康发展。全年接待国内、外游客7800万人次；旅游业总收入279亿元。

◆**招商引资** 2018年，雁塔区实际引进内资56.23亿元。引进民间资金174.19亿元，实际利用外资11871.8万美元。第三届丝绸之路国际旅游博览会暨中国东西部合作与投资贸易洽谈会签约合同项目开工注册率100%，资金到位率91.29%，竣工投产率60%，综合排名位于西安市前三位。引进保利房地产(集团)股份有限公司西姜村城改项目、陕西金泰恒业房地产有限公司房地产项目2个亿元服务业项目；引进碧桂园集团、阿里巴巴网络技术有限公司、中国国际金融有限公司3个世界500强企业投资项目；引进龙湖地产有限公司、新兴际华集团有限公司、永辉超市股份有限公司、北京小米科技有限责任公司等6个中国500强企业投资项目；引进“滴滴出行”和“喜茶”区域总部企业2家。西安大都荟、MOMOPARK、长庆坊玺岸广场3个商业综合体项目开业。策划、包装30个招商项目，印制《雁塔区招商项目册》，面向商业地产、文化创意、电子商务、企业总部、餐饮百货、娱乐休闲、PPP（公私合营模式）项目以及综合地产开发等行业领军企业和投资运营商发放。抓重大项目落地协调工作机制，中共雁塔区委、雁塔区人民政府领导先后赴杭州、上海、北京、深圳等地开展异地招商引资活动8次，走访30余家国内知名企业。组织参加第三届丝绸之路国际博览会暨中国东西部合作与投资贸易洽谈会、2018世界西商大会、首届中国国际进口博览会等系列活动，自主开展招商活动448次。宣传推介雁塔区投资环境和重点签约项目，促进重大项目签约落地，成交签约31个招商引资项目，总投资756.78亿元，实际招引外资、内资、民资、央资、融资总额突破260亿元。

◆**重点项目建设** 2018年3月26日，西安市第一批扩大有效投资重大项目集中开工仪式雁塔分会场在华侨城西安国际文化中心项目举行。雁塔区参加西安市第一批有效投资重大项目集中开工仪式项目共7个，总投资88.82亿元，年计划投资17.85亿元。其中，总投资40亿元的华侨国际城西安国际文化中心项目于3月开工；总投资10.8亿元的美凯龙生活广场项目于4月开工。雁塔区树立“项目为王，项目为先”的理念，围绕“追赶超越”奋进年、“营商环境”提升年、“招商项目”落地年在雁塔区举办系列活动，开展“千人亲商助企”活动，发扬“店小二”精神，以“五星级服务员”标准持续做好项目服务工作。

◆**教育、科技** 2018年，雁塔区以大学区为单位，开展教师培训、交流和优质课、示范课观摩展示活动，促进学校办学水平提升。组建西安航天中学等5个西安市教育联合体和吉祥路小学等3个雁塔区教育联合体。“九年一贯制”学校建设试点工作顺利实施，西安市第九十八中学和西安市第九十九中、小学部于9月开学。民办初中招生改革稳步实施，完成民办学校初中招生电脑随机派位和面谈工作。小学弹性离校工作全面落实，各小学为近12000名一至三年级学生提供延时照顾服务。加快学前教育普惠发展，评估认定57所民办普惠性幼儿园，新注册登记2所公办普惠性幼儿园，普惠性幼儿园达86所，占比57.3%。完成雁塔区户籍、外地户籍政策规定准入类及进城务工人员随迁子女入学登记和学位分配工作，义务段入学工作平稳有序。打造“塔形”骨干教师队伍，涌现陕西省、西安市、雁塔区级“教学能手（学科带头人）”265人，22名教师被评为“最美教师”“西安之星”或“师德标兵”。开展教师转任交流工作，选派493名教师参加教师年度交流。做好教师补充配备，通过事业单位人员公开招聘教师34人，按政策接收免费师范生11人，进校园招聘高层次、紧缺人才16人。

在“2018中国西安国际科学技术产业博览会暨第十三届中国西安国际高新技术成果交易会”开设“雁塔展区”，展现雁塔区科技新成果，重点宣传、推介12家众创空间和12家优秀入孵企业科研成果、产品及公司概况，获得西安市科博会组委会颁发的“最佳组织奖”。组织开展雁塔区第三十三届青少年科技创新大赛，获陕西省奖项23项、西安市奖项193项，6个选送优秀作品代表陕西省参加全国评选。

◆**卫生** 2018年，雁塔区提升基层卫生保障能力，新建5所社区卫生服务机构，建成紧密型医联体2个。二、三级医院专家下沉社区坐诊近2000人次，接诊病人7600余人次。重点人群“家庭医生”签约率61.5%，城乡居民医保统筹区域政策性报销比例达到77%。社区卫生服务中心接诊患者432134人次，门诊量比上年增长35.8%。加快紧密型医联体建设，稳步推进慢性病分级诊疗，调整、完善基层医疗机构慢性病用药配备，加强用药衔接，满足患者需要。公立医院改革稳步推进，雁塔区财政列支400余万元用于雁

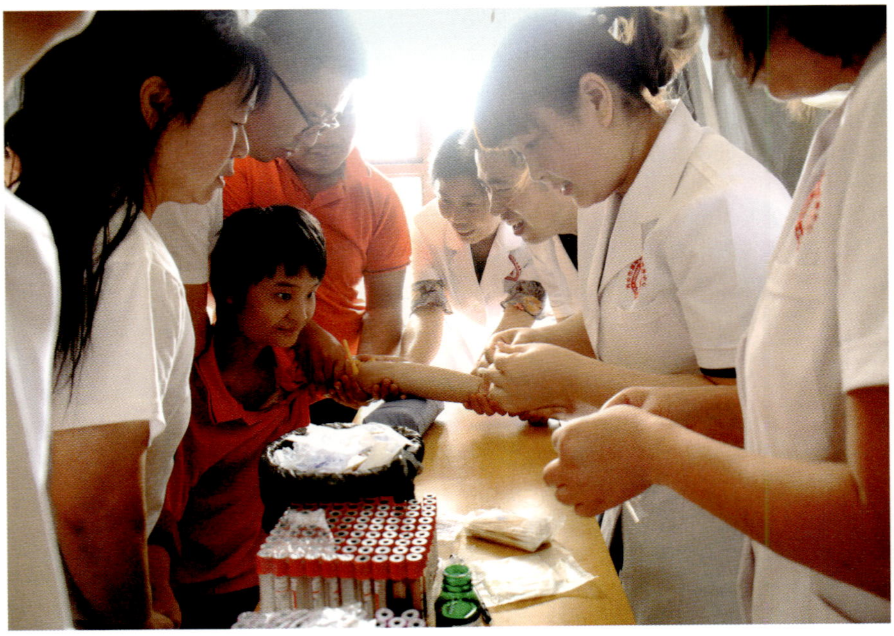

2018年5月30日，雁塔区妇幼保健计划生育服务中心工作人员为儿童进行健康体检

塔区中医医院更新设备。控制医疗费用不合理增长，推进城市公立医院编制备案管理，草拟《雁塔区中医医院编制备案制管理实施方案》。城乡居民医保统筹区域内政策性报销比例75%。完成2018年新农合筹资工作，参合人数43487人，参合率100%。

◆文化、体育 2018年，雁塔区组织“西安年·最中国”雁塔区新春书画暨非遗作品展，完成“雁塔—春晓”雁塔区美术家协会美术作品邀请赛前期宣传工作。组织承办雁塔区农民歌手大赛，并推荐选手参加西安市首届农民节系列主题文化活动，获得三等奖和优秀组织奖。组织2018雁塔区第二十六届“科技之春”宣传文艺演出和“红五月”音乐会，并推荐优秀节目参加西安市“红五月”音乐会歌咏决赛，获二等奖和优秀组织奖。开展雁塔区“文化和自然遗产日”非物质文化遗产宣传、展示活动。

开展全民健身活动，先后组织群众体育健身武术展演、春季门球赛、庆“三八”门球赛、全国健身球操之乡交流活动和全民健身运动系列赛围棋比赛、全民健身运动会5人制足球赛等群众体育赛事，参加西安市第三届老年健康大会、西安市农民节趣味运动会等系列活动。按照2018西安国际马拉松赛组委会要求，在相关部门、街道配合下，完成赛事沿线雁塔段环境整治、净化、美化任务。参加西安市2018年篮球、排球等9项单项年度锦标赛，获8个团体第一名、6个第二名、7个第三名。中、小学体育活动得到重视，在2018年西安市体育传统项目学校评估中，雁塔区有10所学校获奖。

◆劳动就业和社会保障 2018年，雁塔区以创业带动就业，以培训提升技能，培训各类学员3000余人。加快人才队伍建设，深化人事制度和工资收入分配制度改革，构建和谐劳动关系，实现城镇新增就业15558人，完成年度目标任务（13600人）的114%；城镇登记失业率3.35%。办理创业担保贷款6000余万元，发放城乡低保金和老龄补贴超过6400万元，审批保障性住房6200余户。注重农民工工资及时、足额发放，及时解决因拖欠、克扣农民工工资引发的群体性事件。社会保障和劳动就业支出9558.45万元，卫生健康支出12542万元。按照《西安市人民政府办公厅关于提高被征地农民养老金标准的通知》精神对雁塔区被征地农民养老金标准每人由260元／月提高至460元／月，雁塔区财政对被征地农民养老保险基金补助增加719.04万元。新建10个社区居家养老服务站，新增养老床位455张。 （张娟妮）

中共雁塔区委、人大、政府、政协、纪委

区委书记　赵小林
副书记　赵　雷　曹　宇
区人大常委会
主任　刘崇利
副主任　王新利
　王效梅（女，回）
　翟蒲娣（女）　王　璞
区长　赵　雷（代）
副区长　赵　雷　张　秦（女）
　负孝民　岳智宏
区政协主席　史　青（女）
副主席　王宝成　王春荣（女）
　李小红　任睿娥（女）
　朱红斌
区纪委书记　贾砚平（女）

阎良区

◆概况 2018年，阎良区辖7个街道办事处、27个居民委员会、73个行政村，总面积244.5平方千米，耕地总面积1.53万公顷，城市建成区面积30.92平方千米，建成区绿化覆盖率38.8%。年末常住人口30.12万人，城镇化率57.4%。

◆农业和农村经济 2018年，阎良区农林牧渔及服务业总产值44.63亿元，比上年增长5.2%。其中，多种经营产值37.73亿元，增长4.1%；农业增加值28.12亿元，增长4.3%。全年粮食种植面积1.85万公顷；蔬菜种植面积1.01万公顷，增长1.8%；园林水果种植面积0.12万公顷，增长0.9%；甜瓜种植面积0.45万公顷，与上年持平。全年粮食产量12.03万吨。其中，夏粮6.13万吨；秋粮5.9万吨。蔬菜产量69.21万吨，增长8.8%；甜瓜产量25.19万吨，增长6.8%；园林水果产量3.13万吨，增长2.0%。与阿里巴巴网络技术有限公司合作建设“智慧园区”1个，阎良甜瓜销售到中国台湾；关山镇、新兴镇创建成为“西安市电子商务示范镇”，农产品线上销售额9000万元。新发展设施农业400公顷，早春瓜、菜种植面积0.85万公顷。创建“西安市现代农业园区”2个、“西安市提质增效园区”1个、“西安市标准化基地”2个，认定“西安市无公害基地”4个，果蔬定量检测合格率达到100%。全区有“陕西省农业示范园区”5个、“西安市农业示范园区”22个，家庭农场54个，农民专业合作社508个。陕西金谷配方肥科技推广有限公司的“金谷配方肥”等3个农业加工项目建成投产，在川河田园综合体项目被纳入西安市省级田园综合体创建范围。新增高效节水灌溉面积0.1万公顷，新增农民专业合作社44个，创建“西安市农民专业合作社示范社”3个、“西安市示范家庭农场”2个。农村集体产权制度改革持续深化，流转交易服务体系已经形成，打造“三变”改革典型村7个，11个村集体经济实现创收。

◆工业 2018年，阎良区规模以上工业增加值（不含军工）43.15亿元，比上年增长9.1%。其中，区属规模以上工业增加值26.75亿元，增长1.9%；航空基地规上工业增加值14.06亿元，增长20.5%。全区规模以上工业总产值（不含军工）156.86亿元，增长12.8%。其中，区属规模以上工业总产值103亿元，增长4.8%；航空基地规上工业产值53.89亿元，增长32%。区属规模以上工业中，食品制造业总产值20.61亿元，增长0.7%；农副产品加工业总产值18.06亿元，下降0.1%；铁路、船舶、航空航天和其他运输设备制造业总产值15.09亿元，下降5.3%；非金属矿物制品业总产值9.87亿元，增长8.7%；有色金属冶炼和压延加工业总产值9.74亿元，增长12.7%；专用设备制造业总产值9.21亿元，增长38.9%；其他行业总产值20.42亿元，增长4.6%。区属规模以上工业企业主营业务收入79.86亿元，增长2.2%。实现利润总额5.24亿元，增长54.5%。全区有规模以上工业企

阎良区2018年经济与社会发展主要指标

指　标	单位	数量	同比增长率（%）
生产总值	亿元	250.1	7.7
地方财政一般预算收入	亿元	11.42	-11.3
地方财政一般预算支出	亿元	27.94	10
固定资产投资	亿元	—	13.8
社会消费品零售总额	亿元	49.94	9.5
规模以上工业增加值	亿元	43.15	9.1
城镇居民人均可支配收入	元	37448	8.2
农村居民人均可支配收入	元	14423	8.8

业106家，其中区属68家。全年新增科技小巨人企业4家、科技型中小企业35家、规模以上工业企业12家，净增规模以上工业企业5家。举办首届军民融合大会，与陕西格局环保科技有限公司、陕西鹏玉机械制造有限公司等6个“民参军”（民营企业利用民用先进技术参与国防建设）项目签订合作协议，省级军民融合示范区创建全面开启。停机坪扩建、大飞机关联厂房顺利推进。全年为航空基地征地134.6公顷；拆迁478户，保障清河治理、西安市航空基地综合保税区等17个项目加快建设。区属工业园区基础设施不断提升，盘活闲置厂房3.2万平方米、低效用地5.33公顷，钢结构加工、汽车弹簧等4个项目完成建设；西安移动能源产业园1号厂房即将竣工；深圳市博泰印刷设备有限公司、西安荣达航空科技有限公司等公司的3个项目投产达效；陕西亿利华弹簧有限公司挂牌“新四板”。

◆重点项目建设 2018年，阎良区发挥重大项目的支撑引领和辐射带动作用，14项市级重点项目完成投资90亿元，82项区级重点项目完成投资102亿元，13项惠民实事项目完成投资1.46亿元，总投资23亿元的6个PPP项目顺利推进。“一环五片区”（“一环”：环城生态景观带；“五片区”：航空产业聚集区、都市商务生活区、航空智慧新区、古文化传承展示区、统筹城乡重点发展区）发展布局加快实施，环城生态产业廊道逐步成型；石川河综合整治工程顺利实施；都市商务生活区基础设施持续优化；航空产业聚集区西安移动能源产业园项目落地开工；航空智慧新区市政配套不断完善，概念性规划编制完成；古文化传承展示区建设秦汉栎阳城遗址保护利用规划启动编制；统筹城乡重点发展区市级现代农业园区创建完成。《富（平）阎（良）城市协同发展总体规划》加快编制，富阎连接线南延段开工建设；产业合作园区供水工程试通水；滨河路示范段建成通车；石川河上游段综合整治工程主体完工，与富平段连接贯通。西阎快速干道（阎良段）全面竣工；西飞一中东路建成通车；栎阳湖路、延凤路西延、振兴路立交加快建设；人民西路雨水管网改造即将完成；城东污水处理厂（二期）主体竣工；航空城大道、振兴路、迎宾路地下综合管廊加快推进；城市供热管网完成改线延伸；供水安全提升项目顺利实施。高标准推进人民路“五化”改造，建成绿化示范街6条、鲜花大道2条、楼宇挂花示范街1条，新建绿地广场3个，新增绿地12万平方米。强力推进“四改两拆”，拆除违法建筑、广告牌匾50万平方米。三四七区棚户区改造启动预征收，中国工商银行阎良支行国庆储蓄所完成拆除。新建、改造公厕40座，创建垃圾分类示范单位8家，新建停车场5个，新增停车位450个。全年城建投资完成8.7亿元，比上年增长116%。

◆招商引资 2018年，阎良区成立阎良区投资合作局，出台“淘金行动”“注册经济”等专项政策，借力第三届丝绸之路国际博览会暨中国东西部合作与投资贸易洽谈会、2018世界西商大会、“百万校友回归”等平台，接洽客商229批次，其中包括绿地集团、华为技术有限公司等世界500强、中国500强企业，签约西安移动能源产业园（二期）等招商项目45个，总投资523亿元。阎良区企业孵化服务中心建成运营，海尔陕西销售公司等28家企业相继入驻，尧柏集团新意达销售总公司落户；建成众创空间聚集区、特色区30个，入孵创业团队2199个，吸纳创业人员11260人。总投资23亿元的6个PPP项目顺利推进。推进“行政效能革命”，新政务服务大厅建设加快，“最多跑一次”事项比例达到93%；在陕西省首推食品经营许可“申请人承诺制”，创造“20分钟完成注册登记”的“汉能效率”“阎良速度”。严格落实“三大新政”，户籍人口机械增长4639人，学历落户1100人，建成人才公寓191套，吸引高层次人才146人，新增市场主体15666户。围绕项目建设和企业发展，组织联合执法行动15次，常态化开展“亲商助企”活动，全力支持民营经济发展。

◆商贸 2018年，阎良区新增限额以上商贸企业14家、规模以上服务企业6家、“个转企”企业130家。全区服务业增加值完成108亿元，比上年增长7.5%。星巴克设立阎良体验店，居然之家、好利来、德克士等品牌名店相继在阎良区开业，旺角好运街等新兴产业街区逐步形成，安芦市场完成改造提升。实施“互联网+特产农产品”战略，与京东集团、阿里巴巴网络技术有限公司签订合作协议。建成镇级电子商务服务中心3个，电子商务线上交易额1.3亿元。全年批发和零售业增加值10.1亿元，增长3.1%；交通运输、仓储和邮政业增加值4.92亿元，增长7.7%；住宿和餐饮业增加值6.9亿元，增长3.6%；金融业增加值12.02亿元，增长6%；房地产业增加值9亿元，增长6.4%；营利性服务业增加值15.34亿元，增长21.7%；非营利性服务业增加值48.28亿元，增长4%。全年规模以上服务业企业营业收入5.75亿元，增长4.9%。年末，汽车拥有量72932辆，增长9.6%，其中轿车58534辆，增长11.9%。出租车拥有量222辆，客运车辆67辆，公交车辆56辆，全年客运2366万人次，完成旅客周转量107056万人千米。货运车辆拥有量1040辆，全年货运量6644万吨，完成货物周转量93010万吨千米。全区公路里程573千米。

◆文化、旅游 2018年，阎良区成立阎良区旅游发展委员会，《全域旅游发展规划》《富阎旅游发展规划》加快编制，秦汉栎阳城遗址获评“全国十大考古新发现”。举办西安首届农民节高端论坛和首届11省、市、区门球邀请赛，组织开展“甜瓜节”“梨花节”等旅游节会18场次，航空研学游日趋火爆，“甜妞”“胖妞”“豹仔”等特色文创产品活跃“线上”，“航空文化+山东民俗+石川河生态”一日游成为西安市乡村旅游精品线路。全年接待游客600万人次，旅游综合收入突破8亿元。“书香之城”扎实推进，打造旗舰店、示范店、标准店15个，阎良区博物馆、阎良非物质文化遗产展览馆建成开放，累计开展系列文体活动200余场。

◆科技、教育、卫生 2018年，阎良区组织开展“创业西安行——阎良在行动”系列活动25次，新增科技小巨人企业4家、科技型中小企业35家。在西安市率先实现职高校就业、创业服务站全覆盖，发放创业担保贷款5576万元。3所公办幼儿园顺利建设，20所学校完成“全面改薄”工程，普惠性幼儿园占比达到86.1%，北京师范大学合作办学项目紧密跟进。第二批省级“管办评”分离改革全面启动，省、市级骨干教师占比达到13.8%。公立医院综合改革不断深化，阎良区人民医院医疗服务大楼完成功能提升；阎良区中医医院迁建项目顺利推进；141医院在新址上投入使用，并整体并入西安交通大学第一附属医院；阎良铁路医院与西安市红会医院组建紧密型医疗联合体。

◆劳动就业和社会保障 2018年，阎良区民生投入17.6亿元，13项“惠民实事”顺利推进。城镇新增就业8744人，农村劳动力转移就业16515人，城镇登记失业率控制在3.1%以内。在陕西省率先实现辖区高校“就业创业服务站”全覆盖，发放创业担保贷款5576万元。全面完成养老升级“十百千万”工程，新建社区居家养老服务站1个、“农村幸福院”5个，新增床位244张。残疾人辅助器具实现“应需尽配”，全国残疾人精准康复服务工作现场会在阎良召开。建设保障性住房800套。全区参加新型合作医疗的农民为166529人，参合率99.75%，全年为40.84万人次参合患者支付补助金12188.72万元。（刘　敏）

中共阎良区委、人大、
政府、政协、纪委

区委书记　王育选
副书记　苟继东　于海夫
区人大常委会
主任　刘宗峰
副主任　于莉（女）
孙晓雷　车振江
黄晓民
区长　苟继东
副区长　权利军　樊增文
舒元华　张红花（女）
满杰　董海峰
陈永安　贺莉莉（女）
区政协主席　张军
副主席　何彧　李小刚
沈沛兰（女）
区纪委书记　卫志强

临潼区

◆概况　2018年，临潼区辖23个街道办事处、42个居民委员会、226个村民委员会。面积915平方千米，耕地面积47349公顷，粮食产量32.9万吨，城镇化率35%。常住人口69.69万人，户籍人口72.52万人，人口出生率9.84‰，人口自然增长率5.91‰。有少数民族22个，共1647人。

◆农业与农村经济　2018年，临潼区实施“乡村振兴”战略，推进农业供给侧结构性改革，加大产业结构调整，推进产业扶贫和林业生态建设，推进一、二、三产业融合发展。粮食播种面积6.69万公顷，总产量32.91万吨；蔬菜播种面积1万公顷，总产量35.2万吨；奶牛存栏2.3万头，生猪存栏5.35万头，家禽存栏130万只，羊存栏8.7万只；肉类总产量3.2万吨，蛋类总产2.6万吨，奶类总产24万吨。临潼农业产业化经营和标准化建设蓬勃发展，市级以上农业产业化重点龙头企业有16家，销售收入64.94亿，上缴税金近亿元，实现就业6400人，其中农民工就业5918人，带动农户37.93万户从事农业产业化生产。组织西安银桥乳业集团、伊利西安泰普克饮品有限公司、西安邦淇制油科技有限公司、西安丹若尔石榴酒业有限责任公司等有关企业参加第二十五届中国杨凌农业高新科技成果博览会。入围国家农村一、二、三产业融合发展先导区，全国现场交流会在临潼召开。创建“西安市种植业标准化示范基地”2个，创建市级以上标准化养殖场5个；审批通过“绿色食品”认证1个、“无公害基地”认证10个、“无公害产品”认证11个。完成粮食功能区划定，发展苗木、花卉产业666.67公顷，创建示范园、观光果园17个，现代农业园区49个；培育职业农民390人、家庭农场12家；认定、提升“西安市现代农业园区”7家。完成清产核资和成员身份界定216个村，完成率96%；成立村级股份经济合作社195个，完成率86%。建成、运行临潼区农村产权交易中心，出台土地流转优惠政策，土地流转率25%。加强农副产品质量安全监管和重大病虫害防治，全年开展定性检测16563批次，定量检测130批次；完成病虫草害防治11万公顷次。推广、发布农业主导品种和主推技术56项，农作物良种覆盖率95%；完成测土配方施肥推广面积6.25万公顷。落实各项政策性农业保险补贴，小麦、玉米保险面积6万公顷，保费365.5万元，实现小麦、玉米保险全覆盖；大棚保险249.6公顷，奶牛保险1.81万头，生猪保险1.1万头，育肥猪保险3万头。生态产业扶贫完成产业项目12个，奖补整村发展产业贫困村集体经济组织9个，补助相关项目2个。投资1.6亿元创建“美丽乡村”，新建、提升农村道路126千米、生产路481条；建成农村公厕75座，改造户厕2.5万套，完成53个行政村污水治理任务。建成秦陵杨家、斜口高沟、代王宋家等7个“美丽乡村示范村”。

◆工业　2018年，临潼区实施“工业强区”发展战略，着眼补齐工业短板，优化营商环境。完成工业总产值208.25亿元，比上年增长16.62%；规模以上工业增加值43.93亿元，增长8.6%。机械行业规模以上企业数达到13户，实现产值74亿元，占全区规模以上工业产值的36%；食品制造企业实现产值74.6亿元，占全区规模以上工业产值的35.8%。全年完成工业总投资21.48亿元，其中工业技改项目21个，总投资5000万元以上的重点项目18个；总投资1亿元以上特大项目12个。新增规模以上企业9户，净增规模以上企业数8户。组织重点企业工业科技创新，申报国家、陕西省、西安市技术认证，全年申报工业奖励类项目76个、新产品开发项目5个，拨付奖励资金1805万元。年底，全部规模以上工业企业完成煤改气、煤改生物燃料工作。引进青岛啤酒、海尔日日顺等工业项目25个，培育“民参军”（民营企业利用民用先进技术参与国防建设）工业企业3户，德国依必安派特、交大思源节能环保等一批项目开工建设，雪丰制冷等22个工业项目建成投产。

◆旅游　2018年，临潼区以全域旅游为引领，开展旅游市场环境综合整治，高标准开展服务配套建设。以秦始皇帝陵博物院建设为引领，设立旅游发展专项资金5000万元，实施重点旅游项目工程。开通旅游公交巴士线路和景区直通车，投入运营第二停车场，旅游旺季停车难全面缓解。秦唐大道全段实施景观绿化、美化、亮化工程，“盛唐长安”高品质特色酒店开工建设。推进华清宫景区建设，建成梨园博物馆、晚照亭文化体验项目，临潼纪念品研发中心对外运营。新建旅游厕所32座，改建厕所11座，建成第三卫生间21座，正在建设第三卫生间6座。大型史诗舞台剧《秦俑情》公演，《长恨歌》全年上演356场。举办“西安年·最中国”新春文化主题活动、“夏爽中国·嗨西安”等系列旅游节事268场，“骊山最美环山路”被西安市旅游发展委员会评为“西安市十大精品旅游线路”，2家民宿被评为“西安市十佳民宿”。大力规范和整治旅游市场环境，打击违法、违规行为。从严、从重打击“黑车”“野导”“欺诈消费”等旅游顽疾，对侵犯游客行为“零容忍”，发现一起，严查一起。临潼区旅游部门联合公安、交通、工商、物价、城管、食药等相关部门和街办、片区开展联合执法行动100次，出动车辆600台次，参加检查的人数2000余人次，办理案件286起；检查导游1000人次，

临潼区2018年经济和社会发展主要指标

指标	单位	数量	同比增长率（%）
地区生产总值	亿元	237.52	8.2
地方财政一般预算收入	亿元	13.42	4.9
地方财政一般预算支出	亿元	43.63	7.3
全社会固定资产投资额（包括农户）	亿元	194.16	34.9
社会消费品零售总额	亿元	107.75	11.7
规模以上工业增加值	亿元	43.93	8.6
实际利用内资	亿元	30.25	3.1
实际利用外资	万（美元）	4094.26	21.7
城镇居民人均可支配收入	元	28449	8.1
农民居民人均可支配收入	元	13363	9.0

查处违规导游100人次，批评教育36人次；抓获“野导”46人次，拘留92人，警告22人次，行政处罚30人，查扣非法营运车辆85台，检查餐厅、土特产店和旅游购物店1100余家，查处问题30起，下发“整改通知书”8份。强化旅游安全，重点对华清池周边、大唐华清城、牡丹门周边至陕鼓大道沿线进行盯防、巡查，确保旅游沿线游客安全有序。重要节假期，加强防爆、防火、防盗、防食物中毒、防电路隐患以及旅游车场安全防护。全年检查景区（点）30余次，无旅游安全事故发生。构建旅游诚信体系，塑造诚信旅游环境，接听旅游咨询电话1100个，接待700人次；受理退货146起；受理投诉景区（点）案件64件，均按规定处罚。推进高素质导游队伍建设，择优录取导游380余人。全年接待中外游客8543万人次，旅游综合收入256亿元，分别占年计划的109.53%、108.94%。临潼区获国家旅游发展委员会评选的“中国十佳特色文化旅游名区”“中国最美休闲度假胜地”称号。

◆招商引资 2018年，临潼区组织外出招商考察活动14次，参加西安市投资合作委员会组织的各类座谈15次。建立招商引资联席会议制度，严把项目入区关。召开联席会议10期，研究项目34批61个，推动项目快速落地。接待客商352批2464人次，其中外资企业10多家。签约项目2380亿元，其中合同项目254亿元。与恒大地产集团有限公司、绿地集团、海尔集团等6家“世界500强企业”牵手合作。在第三届丝绸之路国际博览会暨中国东西部合作与投资贸易洽谈会上签约项目52个，总投资902亿元，其中合同项目33个，占项目总数的63%。签订西安兴业绿色科技产业园、依必安派特风机（西安）生产基地2个外资项目。参加首届中国国际进口博览会，西安邦淇制油科技有限公司与南非一家公司签订5000万美元的订货合同。恒大地产集团有限公司投资200亿元兴建的恒大丝路温泉小镇项目和投资230亿元的恒大高科农业项目、中南控股集团投资500亿元建设的临潼·中国国际城项目、绿地集团投资130亿元建设的绿地创智城项目及投资95亿元的绿地新里公馆项目举行签约仪式。全年引进内资30.25亿元、民资81.55亿元，利用外资4094.26万美元。民间投资增速12.3%。

◆重点项目建设 2018年，临潼区安排区级重点在建项目100个，总投资900亿元，年内计划投资200亿元。其中，基础设施类项目25个，投资56.9亿元；旅游类项目5个，投资13.2亿元；工业类项目19个，投资34.8亿元；商贸类项目25个，投资55亿元；生态类项目8个，投资6.2亿元；其他类项目18个，投资33.9亿元。100个区级重点在建项目全部开工，完成投资200亿元。安排区级重点前期项目20个，拟投资720亿元。其中，基础设施类项目2个，拟投资4.6亿元；旅游类项目2个，拟投资81.6亿元；商贸类项目9个，拟投资569.8亿元；生态类项目2个，拟投资38.3亿元；其他类项目5个，拟投资25.7亿元。安排西安市重点在建项目13个，完成投资54.5亿元。央资项目完成投资45亿元。

◆商贸 2018年，临潼区社会消费品零售总额完成18.50亿元，比上年增长15%；进出口贸易总额完成5.9亿元。全年新增限额以上商贸企业9户，同时下限2户商贸企业。完成开发区农贸市场改造提升工程。兵马俑商圈社会消费品零售总额完成14亿元，重点项目完成秦文化旅游区商业综合体项目，建成兵马俑第二停车场；大唐华清城商圈社会消费品零售总额完成7亿元，重点项目完成“大唐华清城二期” 等30个项目，正泰渭北物流基地等10个项目建成投产；特色街项目完成建筑面积5万平方米。引进哈根达斯、星巴克，麦当劳、肯德基、德克士、米家大雨、马迭尔、黄记煌、太平洋影城等品牌。进入限额以上的电商企业有5家，分别是临潼区惠农电子商务有限公司、西安云掌合电子商务有限公司、临潼区如意电子商务有限公司、西安星亚电子商务有限公司、百富瑞电子商务公司。

◆科技 2018年，临潼区科技工作推进大众创业，培育科技企业小巨人，优化创新环境。申报各级、各类科技计划项目17项，其中省级项目6项、市级项目11项。争取市级立项6项，获上级科技扶持资金659万元；安排区级科技3项费用100万元，调研考察并安排区级科学技术计划项目16项。完成申报科技企业小巨人项目5个。培育市级科技示范户15户，区级农村科技示范户50户、示范园6个。选聘专业技术人员为群众服务，全年技术培训2.1万人次，接待咨询群众5000余人次，转化技术成果13项，推广先进实用技术39项。群众采用新技术19项，转化“模拟现场工况察封性能测试技术”等科研成果4项。建成“5552”创业载体（以西安高新技术产业开发区、西安曲江新区、碑林区、长安区、雁塔区5区为主阵地；以校区、院区、园区、街区、社区5区联动为主要途径；到2021年全市建成500个以上众创空间聚集区和特色区；众创空间面积达到2000万平方米以上）36个，投入运营面积107万平方米，入驻小微企业776家，在孵企业总人数3948人。技术合同成交总金额7亿元。

◆教育 2018年，临潼区不断深化教育改革，提升教育品质，推进教育现代化，补齐教育民生服务短板。教育支出76455万元。“全面改薄”工程投资6369万元，8所学校全部开工，面积20117平方米，上年开工的15所学校全面建成并投入使用；投资5512万元、建筑面积1.6万平方米的4所公办幼儿园建设项目全部开工，上年开工建设的4所公办幼儿园建设项目全部建成。“营养餐”实现义务段学生全覆盖，惠及学生57025人。全年注册幼儿园185所，其中普惠性幼儿园占比72.43%，创建“西安市一级幼儿园”2所。完成华清中学与雨金中学、临潼中学与马额中学、华清小学与胡三小学、铁路小学与康复路小学4个市级“名校+”教育联合体，组建代王中心小学、任留中心小学2个区级“名校+”联合体。持续推进区域内校长、教师交流工作，在大学区范围内交流校长50人、教师517人，安排支教21人，跨区域跟岗学习25人，选派15名教师赴西咸新区开展援教工作。招聘优秀研究生13人，接收免费师范生18人，共录用新教师112人。建成“临潼区名师工作室”1个，有6人获得“陕西省教学能手”称号，59人获得“西安市教学能手”称号。教育部门与公安、工商、物价、消防部门和相关街办开展联合执法，关停48所无证教育培训机构。

◆卫生 2018年，临潼区深化医药卫生体制改革，加强医疗卫生资源宏观调控，优化资源配置，提高医疗质量和技术水平。全年为4.46万名65岁及以上老年人免费健康体检，“家庭医生”签约服务22.6万人。常住人口居民电子健康档案建档率95%，居民健康知识普及率、健康知识知晓率均在90%以上。建成新丰、雨金等12家卫生院的数字化集中预防接种门诊，全年接种疫苗16.92万针次。免费发放“服务卡”2.1万张；实施“母亲健康工程”，免费检查2.9万人；免费孕检7590人；高血压患者累计建档4.87万人；糖尿病患者累计建档1.6万人。处理传染病聚集疫情49起，在8所中、小学开展学生传染病相关症状监测。新农合参合56.31万人，各项支出合理，基金运行平稳。为42人次办理异地医疗费用直报，15家医疗机构实行住院总额预付。政府出资将贫困人口全部纳入新农合和大病保险，参合率100%。贫困户看病就医报销比例提高10%。为4482户16010人按照每人每年125元购买商业保险。43家定点机构全部实现 “一站式”结算，报销4809人次，总额2615.9万元。落实慢性病签约医生制度，与3687名贫困慢性病患者签订“慢病管理服务协议”，签约服务率100%。完成7个街道卫生院中医馆装修改造，中医药技术培训420余人次。强化18项医疗核心制度落实和医疗技术临床应用事中、事后监管政策，临床路径管理病种率达到30%以上。启动临潼区中医院整体搬迁工作，临潼区人民医院改扩建项目完成勘察设计工作。投资90万元对铁炉卫生院进行提升改造，新建面积450平方米；投资248.9万元对20余家卫生院屋面、围墙、厕所等进行维修改造。为基层卫生院更新配置DR机（在计算机控制下直接进行数字化X线摄影的一种新技术）、全自动生化分析仪等医疗设备。全年审批设置一级医院4家、门诊部6家、诊所9家，注销医疗机构18家。检查医疗机构、体验店、药店500余家，取缔无证行医45户，行政处罚14户，关、转、停13户，罚款3.6万元，没收药品8箱、器械9件，拆除违规医疗广告12块，向公安机关移送案件3件，查处群众举报件案件21件。创建“计划生育精细化管理街道”7个、“计划生育网格化示范社区”6个、“健康促进示范企业”1个、“健康促进示范学校”1所、“健康家庭”2户。新增计生奖励扶助对象964人。为744名农村计生家庭独女、双女户中考生申报降分投档。急救保障受理电话呼叫2.61万次，出车9146次，处置大型事件12次，救援130人。为省、市、区大型活动保障8次。

◆劳动就业和社会保障　2018年，临潼区继续拓宽就业渠道，城镇新增就业8712人，农村劳动力转移就业114623人次，其中贫困劳动力转移就业1622人，自主创业29人，3802户有劳动力贫困家庭实现“一户一人”就业，2016—2018年毕业的126名贫困大学生全部实现就业，城镇登记失业率控制在3.3%以内。开展“春风行动”“网络招聘月”“百万大学生留西安 就业创业最临潼”等大型招聘活动8场，组织各类企业400多家，提供就业岗位1万多个，达成用工意向2700多人。以下岗失业人员、农村富余劳动力和贫困劳动力为重点，组织开展各类技能培训60余期，培训各类人员5000余人，其中培训贫困劳动力364人。认定创业孵化基地4家，创建“创业担保贷款信用乡村”1个。开发公益性岗位147个，开发贫困劳动力特岗、专岗安置144个，全区“零就业家庭”实现动态清零。成立临潼区退役军人事务管理局，落实政策补贴1224万元，为160人讨回工资249万元。建成26个“农村幸福院”，救助困难群众17.94万人次，发放救助金7766万元。劳动保障实施监察、仲裁一体化办案，接受监察、仲裁政策咨询1900多人次，受理立案175件。其中，劳动监察受理、办结38件，为劳动者追回工资90余万元；仲裁受理立案137件，结案137件，涉案金额2100多万元。排查用工单位475家，督促签订“劳动合同”400余人，合同备案5800余份，下达“责令改正书”“违反通知书”等各类文书86份，申请法院强制执行8起。落实农民工工资保障金和工资银行代发制度，缴存农民工工资支付保障金889万元。新增各类保险参保人员1.71万人，其中城乡居民养老新增参保人员7000人、城镇企业职工养老保险人员2538人、医疗保险人员3349人、工伤保险人员525人、生育保险人员3611人、失业保险人员90人。全区各类保险累计参保人数达60.82万人。为企业军转干部审批生活补贴16.68万元，落实对越反击参战人员社保保险补贴资金28.5万元。城乡居民基础养老金标准提高至168元/月；失业保险金标准提高至1512元/月；在职和退休人员全暖费标准提高至2360元/年。发放各类人员养老金12.9亿元，统筹支付医保费用1.61亿元，其中生育津贴补贴245万元，发放援企稳岗补贴730万元。

（王　力）

中共临潼区委、人大、政府、政协、纪委

区委书记	庞阿平
副书记	王　浩　张发俭
	孙　超（挂职）
区人大常委会	
主任	李晓明
副主任	张亚林　房安宏
	叶苦战　宁掌珠（女）
区长	王　浩
副区长	王海成　杨　兵
	邹　林（女）　刘春来
	徐　毅　王来利（挂职）
	杜　磊（挂职）
区政协主席	吴昌育
副主席	丁永光　李建强
	刘　朋　杨小妮（女）
	熊　捷（女）
区纪委书记	胡广乐

长安区

◆概况　2018年，长安区辖16个街道、232个行政村、84个社区。总面积1179.64平方千米（不含移交西咸新区托管的面积136.86平方千米，移交高新区托管的面积266.5平方千米），常住人口113.02万人。截至年底，移交沣东新城托管土地面积77.42平方千米（其中王寺街道辖区面积26.73平方千米、斗门街道辖区面积50.69平方千米）；移交沣西新城托管土地面积59.44平方千米（其中高桥街道辖区面积30.89平方千米、马王街道辖区面积28.55平方千米）；移交西安高新技术产业开发区托管的有细柳、灵沼、五星、东大4个街道及郭杜、兴隆街道西沣路以西区域，托管总面积266.5平方千米。

◆招商引资　2018年，长安区实施招商“一号工程”，出台《西安市长安区招商引资优惠政策“黄金十二条”》。聘请14名国内外知名企业家作为“长安招商大使”。推介长安智慧电商物流园、黄良花卉小镇等项目44个，与中海地产集团有限公司、中国金茂(集团)有限公司等知名企业签约项目15个，总投资969.6亿元。引进“世界500强企业”1家、“中国500强企业”2家、新经济企业1家。全年引进外资5200万美元、民资195亿元、央资54亿元、内资73亿元、融资40亿元，“开工注册率”100%。其中，内资和央资分别完成全年任务的207.40%、138.77%，民资完成全年任务的166.17%。

◆重点项目建设　2018年，长安区举行重点项目集中开工仪式3批次，总投资371.2亿元。“绿地城”等19个市级重点项目和长安现代农业物流园等288个区属重点项目，投资分别为82亿元、207亿元，完成全年任务的124%、100%。总投资200亿元的长安唐村·中国农业公园项目，完成展示区主体建筑及景观绿化等建设，并被列入“陕西省农村综合改革

长安区2018年经济与社会发展主要指标

指标	单位	数量	同比增长率（%）
地区生产总值	亿元	909.11	8.2
地方财政一般预算收入	亿元	24.4	1.75
地方财政一般预算支出	亿元	54.89	3.4
全社会固定资产投资额	亿元	689.49	38.1
社会消费品零售总额	亿元	258.6	11.8
规模以上工业增加值	亿元	381.67	11.2
城镇常住居民人均可支配收入	元	38900	8.4
农村常住居民人均可支配收入	元	14520	9.1

试验区”，成为西北首个获批的“中国农业公园共建单位”。

◆**农业** 2018年，长安区加快“国家现代农业示范区”建设，“国家农产品质量安全区建设”取得显著成效。“优果提升”“粮菜增效”等五大工程建设和花卉、草莓等五大产业加快推进，新增花卉面积31万平方米，粮食、蔬菜总产量分别达到26.3万吨、35.7万吨。规范整治“大棚房”问题，农地非农化现象得到遏制。

◆**工业** 2018年，长安区设立2200万元工业发展专项基金，重点培育“互联网+”、创新创业等5大类产业，扶持北方天穹信息技术（西安）有限公司、陕西卫峰核电子有限公司等重点工业企业发展壮大。总投资116.9亿元、规划面积32.1平方千米的长安硬科技产业新城进入“陕西省PPP（公私合营模式）项目库”。全区新增规模以上工业企业7家，区属工业投资完成8.3亿元，工业增加值比上年增长8.5%，非公经济占比达到62.9%。

◆**商贸、旅游、文化、体育** 2018年，长安区净增限额以上商贸企业7家，实现社会消费品零售总额259亿元。新建成3个文化产业聚集区，规模以上文化企业达到11家。“盒马鲜生”等知名品牌落户长安。完成《长安区全域旅游规划》的编制，全年接待游客6824万人次，实现旅游总收入269.9亿元，分别完成年度目标任务的142%和129%。举办2018西安女子半程马拉松暨全国女子半程马拉松锦标赛、秦岭国际越野跑挑战赛、西安春浪音乐节等文体活动。电影《柳青》拍摄完成。

◆**社会事业** 2018年，长安区民生支出49.2亿元，占财政支出的84%，落实“民生实事”10项。建成长安区第五小学、长安区第一小学城南分校、郭杜街道杜回幼儿园、香积寺幼儿园等7所学校、幼儿园，完成70所中、小学改扩建及10所学校“全面改薄”工作，新增学位6100个。新增保障性住房2098套，新增城镇就业1.1万人，转移劳动力10.3万人，其中转移贫困劳动力919人。徐家寨村、岔道口村、温国堡村、郭南村的6835名群众迁入新居。投资11亿元建成西安交通大学第一附属医院长安区医院（西安市第十二医院），并投入使用。全区新增各类医疗机构58个、床位860张。长安区图书馆获评国家一级馆。神禾二路东段、徐家寨南北规划路等4条道路改造建设完成，新敷设热力管网15千米、天然气管道15千米，新增公共停车位809个。常宁核心区13千米综合管廊实现贯通。潏河湿地公园子午台景观效果初显，樱花广场提升改造完成。“凤栖苑”、乡企局小区等5个老旧小区完成改造5.3万平方米。线缆落地13千米，依法拆除违法建筑320处61.5万平方米，城市公共空间得到净化。引入大公交线路5条，投入1393万元，投放84辆新能源电动公交车，开通高校公交专线3条。开展“烟头革命”“厕所革命”，提升城乡品质。全域推进“清洁乡村”行动，投入6800万元，整治农村人居环境乱象。新建垃圾堆肥房10座、移动式垃圾压缩站4座，沿山街道实现垃圾分类和无害化处理。完成农户改厕30917座。推进子午、黄良等6个街道截污纳管及雨污分流工程，76个村生活污水实现全处理。建成“陕西省美丽宜居村庄”2个、“西安市美丽宜居村庄”16个。投入3964万元，完成安全饮水、通村路、电网改造等40个基础设施项目建设。2699户贫困群众获得稳定分红，贫困人口报销医疗费用1719万元，发放各类教育资助资金1011万元，331户贫困群众迁入新居。1296户3720名贫困群众达标退出。（王水娥）

中共长安区委、人大、政府、政协、纪委

区委书记　杨建强
副书记　杨建强（至1月）
　　王　强（至8月）
　　王青峰（8月任）
区人大常委会
主任　王福林
副主任　李　红（女）　张利学
　　师新宁　姚小强
区长　李　娴（代）
副区长　刘国荣　陈　明
　　刘文涛　严广运
　　李朝喜　梁文辉
　　牛　恺　吴小灵
　　李君轶　汤晓军
　　马永红　王立文
　　刘秋峰　王蓬勃
　　李　方
区政协主席　徐树安
副主席　刘明军　李会贤
　　左刚利　宋　萍
　　王栓民
区纪委书记　（缺）

高陵区

◆**概况** 2018年，高陵区辖7个街道办事处，17个社区居民委员会，86个村民委员会，土地面积294平方千米，耕地面积17600公顷。常住人口36.26万人，人口密度1234人/千米，人口出生率12.71‰，死亡率6.4‰，人口自然增长率6.31‰。有21个少数民族，共1896人。

◆**农业与农村经济** 2018年，高陵区农林牧渔服务业总产值完成48.3亿元，比上年增长6.9%。农业增加值29.7亿元，增长5.1%。其中，农业、林业、牧业、渔业、农林牧渔服务业产值分别为3[illegible].68亿元、0.61亿元、8.24亿元、0.07亿元、7.7亿元，分别增长9.7%、25.3%、-4.5%、88.7%、8.1%。农村常住居民人均可支配收入14936元，增长9.3%。全年粮食总产量17.9万吨，实现粮食生产“十五连丰”。新培育无公害生产基地6个，无公害农产品8个，农产品质量追溯示范社5个，农产品合格率达到97.2%。新发展农业专业合作社22个、家庭农场10户、职业农民150人。“稞青”“泰和诚”等农产品品牌入驻“盒马鲜生”，电商销售额突破9000万元。“农业+旅游”蓬勃发展，年接待游客189.5万人次，实现经营收入1.97亿元。农村综合改革中，以源田梦工场为核心的区域被确定为“陕西省农村改革实验区”。农村集体产权制度改革被纳入《党的十八大以来农村改革试验成果转化清单》；农村产权交易市场建设的做法被国家发展和改革委员作为第一批国家新型城镇化综合试点经

高陵区2018年经济与社会发展主要指标

指　标	单　位	数　量	同比增长率（%）
地区生产总值	亿元	378.45	8.1
地方财政一般预算收入	亿元	12.4	5.72
地方财政一般预算支出	亿元	34.03	34.42
全社会固定资产投资	亿元	380.62	7.9
社会消费品零售总额	亿元	59.15	14.2
规模以上工业增加值	亿元	214.78	8.0
实际利用外资	万美元	1862	7.01
城镇居民人均可支配收入	亿元	35788	8.2
农村常住居民人均可支配收入	亿元	14936	9.3

验在全国推广；《张卜街道南郭村、张家村土地利用规划》入选第一届全国乡村规划优秀案例。发挥试点优势，盘活农村土地、房屋等资源，引入中建方程投资发展有限公司、西安海荣房地产集团有限公司等社会资本，开工建设通远创想小镇、弋阳文旅小镇等特色小镇，完成投资12亿元。在陕西省首家开展“共享村落”建设，被自然资源部称为“宅基地‘三权分置’改革中的创新之举”。发布首批“共享村落”房源信息50户，签约6户。

◆工业 2018年，高陵区全年工业生产实现增加值208亿元，比上年增长7.8%。实现规模以上工业总产值967亿元，增长8%。全年新增规模以上工业企业12家，累计达到159家；新增高新技术企业9家；认定各类科技企业46家。陕西重型汽车有限公司发布“国六技术”，实现工业总产值484亿元，增长6.1%，带动全区工业企业规模和效益提升。全面摸排泾河工业园企业产值、税收等负面清单，分类施策、制定处置办法，加快“僵尸企业”退出、传统产业升级和新兴产业培育步伐，提高工业用地使用效益。

◆重点项目建设 2018年，高陵区实施重点建设项目70个，完成投资92.5亿元。举行3次重点项目集中开工，开工项目26个。70个区级重点项目和20个市级重点项目完成69.9亿元，超出年度计划的19%。山东鲁花集团有限公司10万吨食用油全自动灌装项目、高陵区规划展览馆等10个项目建成投用。创想小镇完成投资10.3亿元，弋阳小镇汉文化展示体验区开工建设，通远幸福“5+2”田园综合体入围西安首批田园综合体创建名单，源田梦田园综合体获批陕西省农村改革试验区。生活垃圾无害化处理项目进入主体施工阶段，建设进度位于全市前列。“红星美凯龙”项目征地拆迁完成；“吉利汽车”项目快速推进。

◆招商引资 2018年，高陵区深入开展“招商项目”落地年活动，创新招商模式，拓宽招商渠道，推动招商由数量型向质量型转变、资源招商向环境招商转变。招商签约项目21个，投资额950亿元，过百亿元项目3个。连续2年入围全国投资潜力百强区。组织“一对一”招商、小分队招商系列活动，利用“以商招商”“产业链招商”等方式，提高“对接率”“成功率”。不断巩固千人亲商助企、企业家座谈会成效，完善问题交办机制。开展“营商环境”提升年活动，深化“四张清单一张网”改革。公布首批882项“四办”事项清单，推行“一网通办”“一窗通办”，“网上办”达到56.5%。融豪工业城被确定为“国家中小企业公共服务示范平台”。推进行政审批改革，“最多跑一次”事项增加到538项，公布“一次不用跑”事项清单71项，“一次办”事项339项、“网上办”事项413项、“马上办”事项97项、“就近办”事项33项。281项区级行政许可事项，252项入驻高陵区政务服务中心，100%入驻“西安政务服务网”。

◆商贸、旅游 2018年，高陵区实现服务业增加值107亿元，增长11%，第三产业占比提高到28.4%。新增限额以上商贸企业6家、规模以上文化企业2家、“个转企”32家、“四上”企业（规模以上工业企业、资质等级建筑业企业、限额以上批零住餐企业、限额以上服务业企业）13家。全面落实减税降费政策，新发展各类市场经营主体9571家，比上年增长120%；新增注册资本16.4亿元，比上年增长205%。创建“众创空间”16个，面积52万平方米，入孵企业50家，聚集创业人群1500人。开工建设高陵区文体中心、西北人民革命大学旧址博物馆等一批重点文体设施，文化创意产业发展加快。京通易购二期、华南城乾龙电商物流园等一批现代物流项目加快推进，物流业聚集效应初显。举办第二届文化旅游推广季暨通远采摘节等系列活动，实现旅游收入35.3亿元。

◆教育、卫生、文化 2018年，高陵区各项社会事业加快发展。推进教育基础设施建设，投入使用幼儿园8所，改扩建小学3所，新增学位2890个。实施“十九年无忧教育”，投入7229万元；营养改善计划实现全覆盖，受益学生30117人。设立“昭慧好教育”专家教授工作站5个，与西安高新第一中学、西安市第五保育院组建区域外“名校+”教育联合体，不断扩大优质教育资源覆盖面。国家级责任督学挂牌督导创新区通过验收。继续推进教育综合改革，“一长多校”制改革学校总数达到9组18家，“区管校聘”改革动态调整112人到农村学校。

完善公共卫生设施，完成高陵区妇幼保健院提升改造项目，并投入使用；高陵区中医医院迁建项目开工建设。高陵区医院医学检验中心、胸痛中心挂牌；高陵区中医医院与西安市第三医院建立技术紧密型医联体。全区引进诊疗新技术60项，区内首诊率提高至90.04%。发展“互联网＋医疗”，开发医疗服务App，搭建 “互联网＋家庭医生签约”服务平台。

西北人民革命大学旧址博物馆布展；建成投用“农村大礼堂”6个。建设“书香之城”，创建“书香社区”10个，“标准书店”26个，文化馆、图书馆街道分馆7个。举办“爱尚高陵”抖音大赛、“生态西安·文明出行”自行车邀请赛等文体活动200余场。“高陵猪蹄”“高陵石子馍”登上中共电视台七套乡村旅游节目。

◆劳动就业和社会保障 2018年，高陵区民生保障得到加强。全区民生支出28.1亿元，占一般公共预算支出的82.6%。脱贫攻坚工作取得阶段性成果，233户437人实现脱贫。开展就业培训、创业贷款和失业救助服务，助推创业、创新发展，全年发放小额担保贷款3160万元。动态消除“零就业”家庭，新增城镇就业6366人，城镇失业率控制在3.4%以内，农村劳动力转移就业3.03万人。发展小果园、小花卉园、小瓜菜园、小水产园、小养殖园“‘五小’庭院经济示范户”100户，建成运营“爱心超市”10个，“互联网+”社会扶贫做法在全市推广。保障水平进一步提升，基础养老金每月提高23元，城乡居民基础养老金分别提高至每人每月298元和228元，惠及38777人，发放养老金10023.56万元。新增廉租住房补贴家庭39户，发放租金补贴19.3万元。新建7个“农村幸福院”、4个居家养老服务站，新增693张养老床位，发放高龄生活保健补贴1779万元。（尚　耕）

中共高陵区委、人大、政府、政协、纪委

区委书记　杨仁华
副书记　解宁元　张韶辉
区人大常委会
主任　胡建超
副主任　张保才　吴兴利（女）
　　阎红伟　韩亚仙（女）
区长　范九利
副区长　张水利　胡民升
　　王小玲（女）
　　李　斌　韦　红
　　李全生　仲伟周
区政协主席　刘海燕（女）
副主席　曹秀芳（女）　张护安
　　谭胜利
区纪委书记　邓　鹏

鄠邑区

◆概况 2018年，鄠邑区辖9个镇、1个森林旅游景区、4个街道办事处、245个行政村、20个社区居民委员会。土地面积1247.82平方千米。常住人口55.86万

鄠邑区2018年经济与社会发展主要指标

指　标	单　位	数　量	同比增长率（%）
地区生产总值	亿元	217.26	8.0
一般公共预算收入	亿元	11.78	38.9
一般公共预算支出	亿元	43.02	5.7
全社会固定资产投资额	亿元	173.99	0.8
社会消费品零售总额	亿元	86.61	11.4
规模以上工业增加值	亿元	59.87	9.0
实际利用外资	万美元	1666	-2.0
实际引进内资	亿元	58.90	118.1
城镇居民人均可支配收入	元	22909	9.1
农村居民人均可支配收入	元	12415	9.0

人，人口出生率13.35‰，人口自然增长率7.07‰。有少数民族27个，共868人。

◆农业和农村经济　2018年，鄠邑区完成农林牧渔业增加值27.75亿元，比上年增长4.4%。其中，农业、林业、牧业、渔业、农林牧渔服务业增加值分别为19.19亿元、1.91亿元、5.12亿元、0.15亿元和2.10亿元，分别增长2.2%、33.5%、7.2%、-14.2%和5.8%。加强农田水利设施建设，铺设地埋管线452千米，新增节水灌溉720公顷，粮食总产23.5万吨。新发展合作社18个，培育家庭农场38家、职业农民150人。“国家农产品质量安全区”通过省级验收。深化全区农村集体产权制度改革试点，完成土地确权登记，颁证422个村 9.6万户（含托管4镇），确权面积29300公顷。完成产权制度改革175个村，农村发展活力不断释放。实施“基地+品牌”战略模式，认证“‘三品一标’企业（基地）”（指生产的农产品获得无公害农产品、绿色食品、有机农产品和农产品地理标志任意一项认证的企业或基地）30个、市级以上农业园区15个。葡萄种植面积4400公顷，实现产值6亿元。“户县葡萄”入选“第一批国家农产品地理标志”认证，品牌价值评估7.48亿元。

◆工业　2018年，鄠邑区区属规模以上工业增加值23亿元，比上年增长6.5%。沣京工业园加速升级，完成总产值100亿元，上缴税金4.5亿元，西安利君制药有限责任公司、中通快递股份有限公司项目建成试运行，产业集聚效应凸显。西户高新技术产业开发区展现活力，孵化器一期全部建成，西安增材制造国家研究院有限公司、中国赛宝·西安工业技术研究院等企业辐射力增强，3D打印小镇、西户双创实践基地等30余个项目落户，新增科技型中小企业30家，“众创空间+孵化器+加速器+园区”全链条创新服务体系初步形成。汽配产业园蓬勃发展，依托比亚迪股份有限公司等企业，引进产业链项目56个，实现产值12亿元，成为工业新的增长极。

◆重点项目建设　2018年，鄠邑区围绕高质量发展，组织赴浙江、北京、深圳考察洽谈项目，引进PPP（公私合营模式）项目、文旅农旅、高品质酒店等项目。接待客商70批次，举办“鄠通共赢·邑彩纷呈”投资合作交流会，签约33个项目，总金额939.5亿元。31个市级重点项目完成投资78.9 亿元，占年度计划的117%；52个区级重点项目完成投资34.1亿元。项目开工注册率95.65%，资金到位率75%，竣工投产率40%。

◆招商引资　2018年，鄠邑区利用外资1616万美元，引进内资29.98亿元、民资81.76亿元。加强PPP（公私合营模式）项目策划实施，进入“西安市PPP项目库”项目4个，完成投资5亿元。深化国有企业改革，陕西省户县造纸厂、陕西秦宝集团有限公司改制有序推进，10户央属、4户省属、14户市属企业“三供一业”分离移交工作完成阶段性任务。

◆商贸、旅游　2018年，鄠邑区实现社会消费品零售总额86.61亿元，比上年增长11.4%。“西安系列旅游季”活动中鄠邑元素特色鲜明，太平紫荆花节持续火爆，渼陂湖、重阳菊海成为旅游新热点，发展“精品民宿”20个。现代服务业态粗具规模，三大商圈建设稳步推进，完成投资1.064亿元，全区第一家高品质酒店天悦凯莱酒店和第一家咖啡众创新概念新华书店开业。农村淘宝鄠邑区服务中心投入运营，建成涝峪口村等电子商务扶贫重点村35个、“天猫优品”服务站50个，完成电子商务交易额8.2亿元。

◆社会事业　2018年，鄠邑区教育事业稳步推进，东关中学、新区小学等9个项目有序推进，组建“教育联合体”6个，完成24所学校供暖设施建设，对鄠邑区第一中学、鄠邑区第二中学、惠安中学3所学校领导班子实行竞聘，教育活力不断增强。医疗卫生服务升级，鄠邑区人民医院门诊综合楼项目工程接近尾声，鄠邑区中医医院整体迁建项目进展顺利，鄠邑区妇幼保健院与西北妇女儿童医院达成初步托管协议。文化体育持续繁荣，举办农民画“一节一会一赛事”活动，鄠邑城市运动公园、西安体育学院鄠邑校区全面开工。“书香之城”建设成效显著，建成“实体书店示范店”2个、“实体书店标准店”22个、“实体书店标准旗舰店”1个。25个农村文化礼堂、74个农村综合文化中心投入使用。祖庵文化旅游名镇累计完成投资1.2亿元，文化中心、重阳东市建成投运。

◆劳动就业和社会保障　2018年，鄠邑区强化就业保障，组织劳动力转移就业11.29万人，城镇新增就业4817人，“零

2018年8月15日，“丝路鄠邑·葡萄新韵”2018年葡萄文化节在鄠邑区人民广场举行

就业家庭”就业援助率100%。强化住房保障，建成购买型保障房3262套、租赁型保障房1476套，发放租金补贴2744户1283万元，沣京棚改项目有序实施。强化救助保障，建立健全新型社会救助服务体系，发放医疗救助1122万元、临时救助470万元、教育资助138.9万元，新增养老床位640张。（赵小军　郑侃　张衡）

中共鄠邑区委、人大、政府、政协、纪委

区委书记　范九利
副书记　裴靖瑜　李　化
区人大常委会
主　任　张阅农
副主任　王明武　杨建敏
　李养森　王玉婷（女）
区　长　裴靖瑜
副区长　张成群　王　值
　毛　安　王　凯
　谢永平　杨战海
　陈　凯（挂职）
　王　芳（挂职）
　楚　昊（挂职）
区政协主席　张　萍（女）
副主席　王领选　张永阳
　管永华
区纪委书记　惠军民

蓝田县

◆概况　2018年，蓝田县辖18个镇、1个街道办事处、337个村民委员会。全县总面积2006平方千米，耕地面积5.23万公顷。总人口655284人，其中城镇人口182325人。人口出生率为10.64‰，死亡率4.55‰，人口自然增长率6.09‰。

◆农业与农村经济　2018年，蓝田县粮食种植面积40300公顷，比上年下降0.1%；蔬菜种植面积3900公顷，比上年增长2.4%；瓜果种植面积727公顷，比上年增长2.6%；油料种植面积1706公顷，比上年增长3.6%；棉花种植面积41.7公顷。粮食产量17.04万吨，比上年增长1.5%。其中，夏粮9.71万吨；秋粮7.33万吨。蔬菜产量10.40万吨，比上年增长2.3%；水果产量65075吨，比上年增长4.2%。全国农村一、二、三产培训班推广蓝田经验，蓝田县被确定为“陕西省农村改革示范县”。新增“陕西省示范家庭农场”“西安市示范家庭农场”15家，认定职业农民248人。成立乡村振兴等3个联盟、17个讲习所，建设“‘三变’改革示范村”100个。建成“农村文化礼堂”31个、“美丽乡村示范村”80个。培育“十星级文明户”1万户、“道德模范”135人。完成第三次农业经济普查。率先在全市启动城乡“大花园、大果园、大公园”建设、“五路”两侧绿化（城市道路、高速公路、铁路线路、绕城公路、通景公路两侧绿化）和两路两侧“三化”（公路、铁路沿线两侧洁化、绿化、美化）成效显著，绿化荒山434.67公顷，新增造林773.33公顷。获2018年度“陕西省苗木花卉产业示范县”称号。实施“农村人居环境整治三年行动”，开展变净、变绿、变美、变富“四大工程”，污水治理79个村，新（改）建镇村公厕100座、农户改厕3.2万户，建成“农村社区示范点”4个。

◆工业　2018年，蓝田县完成工业投资43.5亿元，比上年增长12%。上汽大通汽车等重点项目进展顺利，蓝田县工业园实现产值27.7亿元，上缴税收7800万元。西北家具工业园投产企业140家，在建企业30家。新增“五上企业”（规模以上工业、有资质的建筑业、全部房地产开发经营业、限额以上批发零售业和住宿餐饮业、规模以上服务业法人单位）20户。推进“电子商务示范县”建设，实现电商交易额10.8亿元。三次产业比例由21∶28∶51调整到20∶27∶53。

◆重点项目建设　2018年，蓝田县19个市级重点项目超额完成，146个县级重点项目实现投资81.12亿元。集中开工项目3批次33个，新增投资16.8亿元。全年固定资产投资增速11%。“南控、北突、西融、东连”（南控:加强秦岭生态保护，严控生态控制线内开发建设，守好绿水青山，让蓝田成为大西安的水源涵养区、生态屏障地和生态大花园；北突:实施“突破横岭”战略，加快岭区“变绿”“变富”三年行动，建设农业生态公园，变“横岭”为“秀岭”“富岭”；西融:依托西川两园两镇产城融合板块，积极承接产业转移，打造最具活力产业高地；东连：主动担当西渭一体化先行者，让蓝田成为西安东拓和渭南西进的连接器）战略稳步推进。灞河生态产业带年度完成投资7.9亿元。打通青灞路、农械路、新城路、蓝金路、向阳路中段，并建成通车。实施蓝田县解放厂小区等3个老厂区改造，拆除违法建设22.52万平方米、广告牌匾1541块，线缆落地6.4千米。新增城区车位420个。汤峪温泉小镇、华胥家居小镇受到陕西省人民政府表彰。启动辋川·王维诗画小镇建设，玉山农业小镇、九间房慢游廊道、小寨董岭田园综合体项目进展迅速。环山路大寨至厚镇段全部点亮，杨斜、库峪桥、公王猿人特色节点建成投用。集中开展秦岭北麓违建专项整治。按照“四个彻底”要求，坚持政治、业务“双查”，拆除各类违建173处10.12万平方米，整治复绿点位35处17万平方米，实现从拆到绿、从乱到治。建立秦岭保护驿站，成立秦岭执法大队，强力整治秦岭“五乱”。分类处置，清理整治“大棚房”55处，复垦15.07公顷。

◆招商引资　2018年，蓝田县积极应对经济下行压力，全力以赴扩投资、稳增长、促赶超。全年实际引进内资12.23亿元、民资56.08亿元、央资9.51亿元，分别占年度任务的247%、191%、128%；利用外资1861.62万美元，占年度任务的125%。签约项目开工注册率、资金到位率、竣工投产率分别达到100%、69.15%、46.67%。被录入“西安市PPP项目库”项目3个8.84亿元。外出招商31次，签约项目33个，总投资883.6亿元。西安（蓝田）南美国际商贸新城、宝供物流企业集团有限公司项目、通航小镇等一批“大块头”项目落户。金融机构存款余额193.56亿元、贷款余额115.76亿元，存贷比首次突破50%。优化项目用地储备流程，新增建设用地指标79.87公顷。制定深化营商环境系列政策，核定“最多跑一次”事项798项，承接政务服务864项，容缺办理205项。出台《蓝田县支持民营经济发展实施意见》，发展

蓝田县2018年经济与社会发展主要指标

指　标	单　位	数　量	同比增长率（%）
地区生产总值	亿元	151.67	8.0
地方财政一般预算收入	亿元	3.05	6.9
地方财政一般预算支出	亿元	38.7	10.7
全社会固定资产投资额	亿元	—	21.5
社会消费品零售总额	亿元	81.1	15.2
规模以上工业增加值	亿元	14.95	6.1
实际利用外资	万美元	1861.6	24.9
城镇常驻居民人均可支配收入	元	22082	8.0
农村常驻居民人均可支配收入	元	13404	8.9

民营企业851户、市场主体8541户、个转企55户。建成众创载体27个，入驻企业459家，带动就业5302人。成立蓝田县招才引智委员会，引进高层次人才287人。新增科技小巨人企业5家、科技型中小企业16家。表彰“优秀企业家”“蓝田之星”“蓝田工匠”53人。成立蓝田玉研究中心周金甫蓝田玉雕研究院。举办首届“白鹿杯”玉雕创意大赛、青田石对话蓝田玉高峰论坛。

◆旅游 2018年，蓝田县相继举办第二届“诗意慢城”新春灯会、春游蓝田国际旅游文化节、西安首届中国农民丰收节、蓝田终南丰收稻宴暨民宿经济发展论坛、2018首届中国白皮松产业发展高峰论坛等系列主题活动。白鹿原旅游专线和环山路拓宽改造项目建成通车，新（改）建旅游公厕32座，提升改造停车场5个。玉山景区创建成为国家AAA景区。出台陕西省首个《民宿（洋家乐）发展实施意见》，累计发展民宿480户，拥有床位2555张。“城墙·王府”获“西安市十佳民宿”称号，蓝田特色民宿、蓝田乡村振兴被中央电视台宣传报道，蓝田县获“全国首批国民休闲旅游胜地”和“2018年最受欢迎旅游县”称号。全年累计接待游客4208.26万人次，实现旅游综合收入96.79亿元。

◆社会事业 2018年，蓝田县财政用于民生支出33.6亿元，占一般预算支出的86%。完成“全面改薄”学校149所，五里头小学建成投用，蓝田县西区九年制学校加快推进。设立“蓝田名师工作室”15个。高质量通过“双高双普”（高质量、高水平普及九年义务教育，普及学前教育、普通高中阶段教育）省级过程性督导，蓝田县教育资助中心被列入 “全国资助工作推荐学习单位”名单，蓝田县被教育部评为“国家中小学教育质量综合评价先进单位”。改造提升镇（街）卫生院14个、标准化卫生室69个。蓝田县创建成为“陕西省妇幼健康服务县”，通过“全国中医工作先进县”复审验收。发放各类兜底保障金2.24亿元。建成“咖啡+书吧”“摩诘书屋”16个、实体书店21家，“书香之城”建设在全市处领先地位。《蓝田县志（1990—2010）》付梓发行。中央和省、市、县及各级帮扶单位累计投入资金2.14亿元，脱贫退出48个村、4305户12014人。1230户易地扶贫搬迁安置群众全面入住新房，危房改造3403户。发展中蜂养殖10000箱、食用菌大棚500栋、草莓大棚33.33公顷。开发公益岗位639人，落实贫困户“天保工程”护林员95人，贫困劳动力转移就业5889人，自主创业149人。发放扶贫小额信贷4627户9489.4万元。表彰“励志脱贫户”10户、“最美扶贫干部”117人。贫困村集体经济、贫困户参加大病保险、享受慢病签约服务、贫困学生资助帮扶政策实现全覆盖。陕西省“深化健康扶贫、服务百姓健康”扶贫日活动启动仪式在蓝田县举行，蓝田县被评为“全国中蜂养殖扶贫示范基地”。

◆劳动就业和社会保障 2018年，蓝田县城镇职工基本医疗保险参保人数24701人，城镇居民基本医疗保险参保人数29199人。城镇企业职工养老保险参保人数35946人，失业保险参保人数14647人。年末，农村新型合作医疗参保人数56.23万人，实际参合率99.43%。

（王耀辉　吕子君）

中共蓝田县委、人大、政府、政协、纪委

县委书记　陈顺利
副书记　任　涛　朱　彤
县人大常委会
主任　魏桂叶（女）
副主任　金　辉　宋选庆
　　　　胡新志　陈小马
县长　任　涛
副县长　樊　博　韩格峰
　　　　张均锋　孙崇博（女）
　　　　高建周　穆西峰
　　　　朱荣欢（挂职）
　　　　黄崇亚（挂职）
　　　　任　航（挂职）
　　　　申卫博（挂职）
县政协主席　刘双虎
副主席　魏随康　冯亚利（女）
　　　　陈群亚
县纪委书记　王保静

周至县

◆概况 2018年，周至县辖19个镇、1个街道办事处，264个村民委员会。总面积2974平方千米，县城建成区面积10.0平方千米，耕地面积4.64万公顷。总人口69.17万人，常住人口59.41万人，城镇化率33.95%。

◆农业和农村经济 2018年，周至县以加快城乡统筹、促进农民增收为目标，全面推进农业农村工作再上新台阶。推广周至县丹阳联村党委“三变”改革成功模式，农村集体产权制度改革加快推进，被授予“全省农村土地承包经营权确权登记颁证工作先进集体”和“陕西省新一轮改革试验区（点）”。建成规模化蔬菜园区8个，创建“西安市现代化农业园区”3个、“西安市畜禽标准化养殖示范场”3个。马召镇被列入“国家农业产业强镇示范建设名单”。“互联网+农业”发展模式日趋成熟，周至县电商体验中心·猕猴桃主题馆投入运营，县、镇、村三级电商公共服务中心（站）顺利建成，周至县电商服务网络不断完善。举办“中国西部（周至）精品苗木花卉推介交易会”“第七届全国猕猴桃研讨会暨2018西安周至猕猴桃主题年会”。“全国猕猴桃产业知名品牌示范区”创建工作进展顺利。“周至猕猴桃”省级地理标志产品保护示范点成功创建，周至猕猴桃获得农业农村部“农产品地理标志”认证，以市值42.3亿元再次蝉联“中国农业区域品牌价值排行榜”第一位。周至县获“中国猕猴桃之都”“中国绿色生态农业先进县”称号。改造猕猴桃园区333.33公顷，新增苗木花卉666.67公顷。积极应对春季冻害天气，累计为农户赔付199万元。建设“美丽乡村”70个，投资5750万元。首个垃圾热解气化试点项目正式投入运行，30个村生活垃圾分类试点工作加快推进。3万座农村户改厕任务全面完成。农村绿化美化、村容村貌整治、美丽庭院建设专项行动效果明显，农村人居环境大幅改善。周至县农村“两委”换届圆满完成，264个行政村村规民约实现全覆盖。厚畛子老县城村被授予“国家级传统村落”荣誉，哑柏昌东、二曲渭

周至县2018年经济与社会发展主要指标

指　标	单　位	数　量	同比增长率（%）
地区生产总值	亿元	146.27	6.0
地方财政一般预算收入	亿元	2.68	7.0
地方财政一般预算支出	亿元	45.83	14.9
全社会固定资产投资	亿元	80.73	4.6
社会消费品零售总额	亿元	62.84	10.1
规模以上工业增加值	亿元	17.09	10.5
实际利用外资	万美元	920	—
城镇居民人均可支配收入	元	20633	7.9
农村常住居民人均可支配收入	元	11954	9.4

2018年9月17—19日，第七届全国猕猴桃研讨会暨2018年西安·周至猕猴桃主题年会在周至楼观召开

旗、富仁三高、竹峪丹阳4个村被评为“陕西省美丽宜居示范村”，竹峪张龙、四屯联三村分别进入“陕西省美丽乡村建设试点村”和“陕西省村集体经济发展试点20强”名单。

◆工业 2018年，周至县聚焦西部智能装备产业园和集贤产业园两大平台，积极探索“自主+代管”的开发发展模式，推进生态工业发展。与高新区签订集贤产业园合作共建协议，通过“总部经济+产业基地”模式，打造“有主有辅、分工互补、联动发展”的特色产业园区。签约西安立威电力电气有限公司、陕西凯瑟鼓风机有限公司等企业的12个项目，入园企业总数达到124家，总投资489亿元。西安贝迪斯可生物科技有限公司、陕西石宇药业有限公司等60家企业建成投产，清华德人西安幸福制药有限公司、陕西鑫田生物科技有限公司等12家企业正在建设，园区规模以上工业企业达到23户。园中园建设快速推进，恒怡创业园、天龙健康产业基地建成厂房17万平方米，先后引进陕西向东医疗器械有限公司、西安锦鸿商贸有限公司等39户企业；太周创新产业园建设全面启动，标准化厂房设计和项目备案等工作加快推进；西部智能装备产业园管委会挂牌成立；尚龙大道管道沟槽工程加快推进。截至年底，已与25家企业达成入园意向，富士康科技集团医疗影像总部项目正在办理注册手续。

◆招商引资 2018年，周至县不断强化赶超意识，始终把抓项目、扩投资放在首位，聚焦重点板块，推动县域经济高质量发展。88个重点项目完成投资86.5亿元，占全年任务的101.8%。抢抓政策机遇，大力推行PPP模式，策划包装项目87个，计划总投资540亿元。沙河水街、关中古镇等项目进展顺利，二三期连接段工程进入扫尾阶段。道文化展示区大熊猫保护中心、西部茶产业现代物流仓储交易园区项目加快实施。黑河森林公园康养步道、大树沟景区以及玉兰花谷景区改造提升工程稳步推进。

◆商贸、旅游 2018年，周至县商贸经济持续向好。电商销售交易额突破32亿元，阿里巴巴“天猫优品”32个镇村服务站建成投运。全年培育限下企业20户，成功晋升12户，超额完成晋升任务。全社会消费零售总额62.84亿元，比上年增长10.1%。

举办“2018西安赏花季暨周至第二届十里花海旅游文化节”“秦岭植物园2018国际郁金香花海节”等活动。旅游形象宣传片三上央视专题栏目，周至旅游知名度进一步提高。陕西省首个“乡村旅游（民宿）协会”在周至县成立，“崖八里”荣获“2018年西安市十佳特色民宿”称号；水街“爱的一生”被评为“陕西省旅游民宿标杆示范单位”；周至“两日游”线路荣获2018年“西安市十大乡村旅游精品线路”称号。创建“陕西省旅游特色名镇”1个、“陕西省乡村旅游示范村”2个、“西安市乡村旅游示范村”7个。周至旅游经济持续升温，全年接待人数4612.8万人次，实现旅游综合收入41.22亿元，分别比上年增长32.23%和58.97%。

◆社会事业 2018年，周至县各项社会事业全面推进。创建“陕西省科技农业园区”“西安市科技农业园区”3个，认定“科技型农业龙头企业”“专业合作社”8家，培育“西安市科技示范户”19户。“双高双普”顺利通过陕西省评估验收，周至县智慧教育中心和28所学校“全面改薄”项目完工，义务教育段学生营养餐在陕西省率先实行大型团餐企业委托运营。198个村级综合性文化服务中心和22个“陕西省农民体育健身工程”“西安市农民体育健身工程”全面完工。周至县剧团获得“第七届全国服务农民、服务基层文化建设先进集体”称号，《关中晓月》剧目入选2018年“全国十佳戏曲作品”。周至县人民医院与陕西省人民医院紧密型医疗联合体全面建立，10个镇卫生院主体建设已全面完工，周至县顺利通过“国家中医先进县”复审。

◆劳动就业和社会保障 2018年，周至县的社会保障力度不断加大，10件惠民实事全部办结。发放各类民政救助金3.03亿元，新农合报销4.45亿元。建成37个“农村幸福院”、1个城市居家养老服务站。周至县儿童福利院、周至县养老服务中心、周至县残疾人康复中心主体封顶，新改、扩建农村片区化中心社区34个。退伍军人安置工作扎实开展，公开招录选聘185名优秀退役士兵到基层单位工作。全年累计举办就业招聘会12场，农村劳动力转移就业12.24万人，贫困户实现就业3.28万人。开展就业创业培训43期培训2048人。全县城镇新增就业4454人，城镇登记失业率控制在3.31%以内。参保企业214户，参保人数11746人，失业保险支出26.5万元，发放稳岗补贴36.03万元。全县参加养老保险40.8万人，收缴养老保险费32012万元。

（高莎莎）

中共周至县委、人大、政府、政协、纪委

县委书记　杨向喜
副书记　陈旭辉　张学东（挂职）　邵军锋（挂职）
县人大常委会
主任　何凡盟
副主任　王秋芳（女）　李玲玲（女）　李民周　尹纯会
县长　陈旭辉
副县长　刘凯　李宇轩　朱永明（挂职）　高少军　朱璇　周训良　张增产　郑睿臻（挂职）
县政协主席　蒋选亮
副主席　苗炜　任兴之
县纪委书记　杨辉

人物

责任编辑
姚文东

新任市级领导

◆**钟洪江** 1969年4月出生，浙江诸暨人。1987年8月，参加工作。1995年12月，加入中国共产党。中央党校经济管理专业本科毕业。历任浙江省总工会副主席，浙江省绍兴市副市长，中共浙江省绍兴市委常委、秘书长。2018年3月，任中共陕西省西安市委常委。4月，兼任中共西安高新技术产业开发区工作委员会书记、中共西安国家民用航天产业基地(陕西航天经济技术开发区)工作委员会书记。

◆**王琳** 1970年2月出生，山东临朐人。1992年8月，参加工作。1996年12月，加入中国共产党。全日制大学学历、理学学士，在职公共管理硕士。历任宝鸡市渭滨区人民政府副区长，宝鸡高新区管委会副主任，扶风县人民政府县长，宝鸡市人民政府副市长，中共宝鸡市委常委、市人民政府副市长等职。2018年4月，任中共西安市委常委，兼中共西安经济技术开发区工作委员会书记、中共西安阎良国家航空高技术产业基地工作委员会书记。

◆**杨晓东** 1963年8月生，山西万荣人。1984年12月，加入中国共产党。1985年7月，参加工作。全日制大学学历、历史学学士。历任西安政治学院教务部干部，中共西安市委办公厅综合一处干部、综合一处副处长、信息处处长、秘书二处处长，中共西安市委副秘书长，西安市信访局局长，中共高陵县委书记，中共高陵区委书记。2018年8月，任中共西安市委常委、中共西安市委秘书长。

◆**王勇** 1969年3月生，陕西城固人。研究生学历，工学硕士，高级经济师，注册金融分析师。1995年4月，参加工作。1991年12月，加入中国共产党。历任中国建设银行资金部交易风险管理处高级经理、资金交易部总经理助理、金融市场部副总经理、商品与期货交易部总经理、投资银行部总经理，中国建设银行浙江省分行党委副书记、副行长。2018年9月，任西安市人民政府党组成员。10月，在西安市第十六届人大常委会第十五次会议上当选为西安市人民政府副市长。

◆**徐明非** 1967年11月生，黑龙江哈尔滨人。大学学历，工学学士，公共管理硕士，高级工程师，国家一级注册建筑师。1989年8月，参加工作。无党派。历任陕西省西安市城市规划管理局法规监察处副处长、村镇处负责人，西安市规划局勘察测绘院副院长，西安市临潼区副区长，西安市莲湖区副区长，商洛市人民政府副市长，陕西省交通运输厅副厅长，陕西省工商业联合会主席、陕西省总商会会长。2018年10月，在西安市第十六届人大常委会第十五次会议上当选为西安市人民政府副市长。为全国政协第十三届委员。

◆**肖西亮** 1963年3月生，河南郑州人。中央党校大学学历，法律硕士。1982年2月，参加工作。1985年10月，加入中国共产党。历任西安市公安局站前分局局长，西安市公安局临潼分局局长，西安市公安局副局长，西安市人民政府党组成员、市公安局局长、党委书记兼督察长。2018年10月，在西安市第十六届人大常委会第十五次会议上当选为西安市人民政府副市长。为西安市第十三次党代会代表。（连 捷）

逝世人物

◆**张鹤龄**（1926.07—2018.02.11） 生于上海，浙江宁波人。中国人民政治协商会议陕西省第六、七届委员会副主席，中国民主建国会陕西省委会第三、四届主委。1956年2月，加入中国民主建国会。1938—1943年，就读于上海中华职业学校高级商科，曾任上海志伟制药厂练习生、贸胜缝纫机号资方代理人。中华人民共和国成立后，历任上海惠工缝纫机厂副厂长，上海市工商业联合会副秘书长，陕西省缝纫机厂副厂长，陕西省第一轻工业局副局长，陕西省轻工业厅副厅长，中国人民政治协商会议陕西省第六、七届委员会副主席，中国民主建国会陕西省委副主任委员，中国民主建国会陕西省委会第三、四届主委，陕西省工商业联合会第四、五届执行委员会副主任委员。2018年2月11日凌晨1时50分，在上海逝世，享年92岁。

◆**红柯**（1962.06—2018.02.24） 原名杨宏科。生于陕西宝鸡岐山凤鸣镇。

中国作家协会会员、陕西省作家协会副主席。1985年，毕业于宝鸡师范学院（今宝鸡文理学院）。历任陕西宝鸡师范学院宣传部院刊编辑、新疆伊犁州技工学校讲师、陕西宝鸡文理学院中文系教授、陕西师范大学教授。1983年，开始发表作品。1986年，远赴新疆，生活10年。1999年，加入中国作家协会。2003年12月，被中共陕西省委、陕西省人民政府授予“陕西省突出贡献专家”称号。先后获得首届冯牧文学奖、第二届鲁迅文学奖、第九届庄重文文学奖、首届中国小说学会长篇小说奖等多项大奖。代表作品有长篇小说《西去的骑手》《老虎！老虎！》《乌尔禾》等。2018年2月24日上午，因心脏病突发，在西安逝世，享年56岁。

◆**叶尚辉**（1927.05—2018.03.20） 浙江宁波人。

西安电子科技大学教授。1946年至1950年7月，在清华大学学习。1950年8月至1952年6月，在中国人民革命军事委员会工程学校任教员。1952年6月至1960年11月，在中国人民解放军通信兵学院任教员。1960年11月至1998年1月，分别在中国人民解放军军事电信工程学院、西北电讯工程学院、西安电子科技大学历任机工教研室副主任、讲师，雷达技术系室副主任、副教授，西安电子科技大学四系副主任、主任、教授，国务院学位委员会第二届、第三届学科评议组成员，中国电子学会电子机械工程分会第一、二届副主任委员、名誉主任委员，我国高等学校电子机械专业教材编审委员会主任等职。创建了我国第一个“7分机、3分电”、机电结合的专业——无线电设备结构设计与工艺专业，主持设计我国第一部瞄准世界先进水平的15米口径毫米波射电望远镜，并参与创建了电子学会电子机械工程分会，创办《电子机械工程分会会刊》，为我国电子机械学科的发展奠定了坚实基础。提出了机电一体化思想，并作为主要倡导者与组织者，领衔举办了由国内13个一级学会联合召开的中国首届机电一体化国际学术会议。主编的《天线结构设计》，是国内最早开展天线结构有限元分析研究的专著。2018年3月20日，在西安逝世，享年91岁。

◆**胡炜**（1920—2018.06.20） 河南新蔡人。中国人民解放军原副总参谋长兼中央军委办

公厅主任。1937年，参加豫南人民抗日军独立团。解放战争期间，曾任华东野战军二纵四旅政治部主任。1949年，年仅29岁的胡炜出任21军61师师长。1953年，率部参加抗美援朝，任中国人民志愿军21军参谋长。从朝鲜战场回国后，历任21军副军长、军政委、军长。1961年，晋升少将军衔。1969年，升任兰州军区副司令员兼21军军长，同时兼任陕西省革命委员会副主任及中共陕西省委书记。1974年12月，调任解放军副总参谋长兼军委办公厅主任。1984年，离休。曾任第九、第十届中央候补委员。2018年6月20日上午，在北京逝世，享年98岁。

◆**徐德龙**（1952.08—2018.09.21）

甘肃兰州人。无机非金属材料专家，中国工程院院士，中国工程院党组成员、副院长。1976年，毕业于西安冶金建筑学院。1983年，获得南京化工学院无机非金属材料专业硕士学位。1996年，获得东北大学钢铁冶金系钢铁冶金专业工学博士学位。历任西安建筑科技大学校长、党委副书记，中国工程院党组成员、副院长，是我国在硅酸盐工程领域的学术和技术带头人。在水泥悬浮预热预分解技术、粉体工程等方面取得多项重大成果。对以悬浮预热预分解技术为核心的新型水泥干法生产工艺进行了系统理论研究，提出了许多重要而新颖的观点、概念、见解和建设性意见。开发了三个系列的新型技术，使国外引进的3种立筒预热器窑产量翻番，节能30%以上，水泥熟料质量显著提高。利用该系列技术改造了120多条生产线，创造了巨大的经济效益。创造性地提出了高固气比悬浮换热和反应理论，利用原创性的高固气比预热预分解技术建成10余条生产线。主持设计了全世界最大的冶金工业渣水泥生产线，在20多家钢铁企业推广应用，各项指标居国际先进水平，实现了工业废渣的资源化。在悬浮态煤干馏制油、超细粉体制备、非磁性铁矿悬浮态磁化焙烧和循环经济等方面有突破性进展。曾多次获得国家、省部级科技成果奖，获多项国家级荣誉称号。2003年，当选为中国工程院院士。2018年9月21日，因病医治无效，在北京逝世，享年66岁。

◆**刘恩焕**（1924.10—2018.11.21）　陕西绥德人。离休干部、中共西安市委原常委、西安市纪律检查委员会原书记、原中共西安市顾问委员会常委。1944年7月，参加革命。1945年4月，加入中国共产党。历任绥德县人民政府干事，中共绥德县委宣传部干事，中共长安县区委书记，中共长安县委组织部副部长、部长，中共长安县委副书记、书记，西安市草滩农场党委常委、书记，中共阎良区委书记，西安市粮食局党组书记、局长，中共莲湖区委书记，中共西安市委常委、市纪委书记，中共西安市顾问委员会常委。2018年11月21日在西安逝世，享年94岁。

◆**吴三大**（1933.10—2018.12.18）

原名吴培基。生于陕西西安。中国书法家协会第二届理事会理事，第二届评审委员会委员，“国家一级美术师”，“国家级有突出贡献的专家”，陕西省书法家协会第二届副主席，陕西省书法家协会第三、四届名誉主席。1950年9月，参军入伍，进入中国人民解放军西北军区政治部文工团成为一名文艺战士。1952年10月，调到中国人民志愿军一军文工团工作。12月，参加赴朝慰问团，慰问守卫在朝鲜战场前沿阵地上的志愿军战士。1956年随团回国，转业到陕西人民艺术剧院话剧团，从事演员、舞美、宣传等工作。1983年，任中国书法家协会陕西分会秘书长。1991年，任陕西省书法家协会副主席。2006年，任陕西省书法家协会名誉主席。2018年12月18日3时在西安逝世，享年86岁。（连　捷）

先进人物

2018年“西安市十佳最美少年”

姓　名	学　校
穆禹璋	碑林区雁塔路小学五年级
耿浩愉	新城区西安市实验小学六年级
寇俏俏（女）	周至县九峰中学七年级
湾海宁（女）	碑林区西安市第十二中学七年级
李美烨（女）	莲湖区西安市大兴中学九年级
宋　盼（女）	莲湖区西安市大兴中学九年级
魏甜甜（女）	莲湖区西安市大兴中学九年级
邹　婷（女）	莲湖区西安市大兴中学九年级
尤子涵（女）	阎良区西飞第一小学五年级
王朗琨（女）	未央区西航三校六年级
穆子若（女）	蓝田县厚镇初级中学九年级
张　骄（女）	高陵区张卜中心小学五年级
屈傲然（女）	长安区引镇中心小学六年级

西安市第十二届“十佳中学生”

姓　名	学　校
马佳轩	鄠邑区实验初级中学
田林可（女）	西安高新逸翠园学校
仲若兮（女）	陕西省西安中学
肖张弛（女）	西安市航天中学
张祺煜（女）	西安市第二聋哑学校
张鹏亮	蓝田县城关中学
南毓萌（女）	西安市黄河中学
黄可欣	铁一中滨河学校
韩宇航	长安区第一中学
樊川玉（女）	阎良区西飞二中

2018年“西安市教育之星”

姓　名	学　校
马　骏	西安市黄河中学
罗　琦	西安市铁一中学
安　艳（女）	西安市第七十中学
李建华	西安市经开第一学校
唐晓芳（女）	西安市灞桥区纺织城小学
杨俊锋	西安市雁塔区翠华路小学
杨　勇	西安市高新第一小学
张红红	西安市临潼区土桥初级中学
赵荣香（女）	西安市高陵区城关小学
曹　红（女）	西安市阎良区西飞一中
程雪慧（女）	西安市鄠邑区电厂中学
汪　丽（女）	西安市蓝田县北关小学
李军民	西安市长安区第一中学
王世民	西安市周至县楼观新镇小学
杨建科	西安市第二聋哑学校
徐　峰	西安交通大学
邓　滢（女）	西安外国语大学
周佳社	西安电子科技大学
郭立宏	西北大学
申爱琴（女）	长安大学
刘晓君（女）	西安建筑科技大学

陈晓瑞　陕西师范大学
杨菊香(女)　西安文理学院
李　颖(女)　西安音乐学院
周　军　西北工业大学

（张心苗）

2018年“西安十佳工匠之星”

姓　名	单　位
王乃良	鄠邑区王乃良农民画精品工作室
白　莲	西安中核核仪器有限公司
朱　涛	西安昱诚酒店管理有限公司
李永军	中车西安车辆有限公司
杨　岗	西安泾渭钻探机具制造有限公司
杨　峰	西安航天六院7103厂
杨　萍(女)	中国电子科技集团公司第二十研究所
张凤奇	西安飞机工业(集团)有限责任公司
高喜喜	西安西电开关电气有限公司
郭缠俊	西安盛源葡萄科技有限公司

2018年“西安十佳最美工人”

姓　名	单位及职务
李新春	陕西鼓风机(集团)有限公司系统服务事业部　风机安装钳工
蒋　英(女)	西安市公共交通总公司第五公司　35路驾驶员
王梦晨(女)	中国石油集团东方地球物理勘探有限责任公司　西安物探装备分公司检波器装配车间　机芯装配组组长
马顺莉(女)	西安饮食股份有限公司德发长酒店饺子馆中心厨房副　厨师长
李　锋	陕西法士特汽车传动集团有限责任公司壳三车间数控加工中心　操作工
侯增淼	西安华澳丽康生物工程有限公司研发中心　基因工程组组长
贾　涛	陕西电通机械制造有限公司铣工组　铣工组组长
王黎娜(女)	中国航发西安航空发动机有限公司运行保障中心维修电工
佘俊锋	西安庆安航空机械制造有限公司19厂四工段数控车班　班长
李　浩	陕西瑞海工程智慧数据科技有限公司　软件开发技术员

（刘国云）

2018年“西安市最美女性”

姓　名	称号及单位
马红艳	最美脱贫致富带头人　西咸新区右任故里茯砖茶有限公司　董事长
谢雯雯	最美创业者　西安蒜泥互动网络技术有限公司　总经理
周　泽	最美敬业奉献者　未央区徐家湾街道办事处　主任
聂小华	最美文化科技工作者　中国飞机强度研究所计算结构技术与仿真中心　主任
夏　菲	最美政法干警　西安市公安局高新分局刑警大队图侦中队　中队长
孔宪梅	最美环卫工　碑林区文艺路街道　保洁员
赵　芳	最美巾帼志愿者　西安市爱在路上公益服务中心负责人
高璐璐	最美军嫂　高陵区鹿苑草市中心小学　教师
张淑芳	最美婆婆　唐华一印　退休工人
王　宁	最美媳妇　阎良区　文明交通劝导员

（连　捷）

第七届“西安青年五四奖章”获得者

姓　名	单位及职务
王　慧	航空工业第一飞机设计研究院飞控系统研究所　工程师
冯　江	西安国际港务区国土资源局　局长助理
孙宏滨	西安交通大学视觉信息处理与应用国家工程实验室教授　副主任
孙　毅	西安恒盛建设工程有限公司　执行董事兼总经理
张　弛	西安乐时尚投资管理有限公司　董事长
张　肸	西安市公安局交警支队秩序处规划科　副科长
张　露(女)	西安高新区管委会投资促进二局　员工
李宝玲(女)	西安市人民检察院公诉部副部长
杨少毅	蒜泥科技集团董事长　西安创业大街管理有限公司董事长
杨国鹰	西安地铁运营分公司机电部机电二车间　技术助理
杨　颖(女)	西安市儿童医院儿童疾病研究所　副研究员
柳红刚	陕西大唐盛业信息科技有限公司　董事长
钟简娥(女)	西安市周至县集贤镇兴隆村　村民
郭　鹏	陕西省西咸新区空港新城城市管理局　副局长
曹　伟	西安市公安局高新分局刑警大队三中队　中队长

（朱云龙）

西安市首届“十佳科技人物”

姓　名	单　位
杨　柳	西安建筑科技大学
王乾平	航空工业第一飞机设计研究院
刘志让	中国航天科技集团公司第六研究院
张　博	西安邮电大学
黄汝锦	中国科学院地球环境研究所
赵永庆	西北有色金属研究院
马晓华	西安电子科技大学
林忠灿	陕西航天泵阀科技集团有限公司
曾凡宏	西安蒜泥科技孵化器有限公司
宋虎杰	西安中医脑病医院

（梁西安）

附 录

责任编辑
姬娟妮

法规文件

《西安市集中供热条例》修订

2007年12月26日西安市第十四届人民代表大会常务委员会第七次会议通过，2008年4月2日陕西省第十一届人民代表大会常务委员会第一次会议批准。根据2010年7月15日西安市第十四届人民代表大会常务委员会第二十三次会议通过，2010年9月29日陕西省第十一届人民代表大会常务委员会第十八次会议批准的《西安市人民代表大会常务委员会关于修改部分地方性法规的决定》修订。2017年12月17日西安市第十六届人民代表大会常务委员会第八次会议修订通过，2018年3月31日陕西省第十三届人民代表大会常务委员会第二次会议批准。共8章80条。2018年7月1日起施行。

《西安市文明行为促进条例》颁布

2018年4月28日西安市第十六届人民代表大会常务委员会第十一次会议通过，2018年5月31日陕西省第十三届人民代表大会常务委员会第三次会议批准。共7章56条。2018年9月1日起施行。

《西安市公共汽车客运条例》颁布

2018年6月29日西安市第十六届人民代表大会常务委员会第十二次会议通过，2018年7月26日陕西省第十三届人民代表大会常务委员会第四次会议批准。共8章73条。2018年12月1日起施行。

《西安市特种设备安全条例》颁布

2018年8月31日西安市第十六届人民代表大会常务委员会第十三次会议通过，2018年9月28日陕西省第十三届人民代表大会常务委员会第五次会议批准。共7章63条。2018年12月1日起施行。

《西安市城市饮用水源污染防治管理条例》修　订

1996年6月27日西安市第十一届人民代表大会常务委员会第二十八次会议通过，1996年9月3日陕西省第八届人民代表大会常务委员会第二十一次会议批准。根据2010年7月15日西安市第十四届人民代表大会常务委员会第二十三次会议通过，2010年9月29日陕西省第十一届人民代表大会常务委员会第十八次会议批准的《西安市人民代表大会常务委员会关于修改部分地方性法规的决定》第一次修订。根据2016年12月22日西安市第十五届人民代表大会常务委员会第三十六次会议通过，2017年3月30日陕西省第十二届人民代表大会常务委员会第三十三次会议批准的《西安市人民代表大会常务委员会关于修改〈西安市保护消费者合法权益条例〉等49部地方性法规的决定》第二次修订。根据2018年8月31日西安市第十六届人民代表大会常务委员会第十三次会议通过，2018年9月28日陕西省第十三届人民代表大会常务委员会第五次会议批准的《西安市人民代表大会常务委员会关于修改〈西安市城市饮用水源污染防治管理条例〉等五部地方性法规的决定》第三次修订。2018年11月2日起施行。

《西安市城市轨道交通条例》修订

2011年5月25日西安市第十四届人民代表大会常务委员会第三十次会议通过，2011年7月22日陕西省第十一届人民代表大会常务委员会第二十四次会议批准。根据2016年12月22日西安市第十五届人民代表大会常务委员会第三十六次会议通过，2017年3月30日陕西省第十二届人民代表大会常务委员会第三十三次会议批准的《西安市人民代表大会常务委员会关于修改〈西安市保护消费者合法权益条例〉等49部地方性法规的决定》修订。2018年10月30日西安市第十六届人民代表大会常务委员会第十五次会议修订通过，2018年11月30日陕西省第十三届人民代表大会常务委员会第八次会议批准。共8章81条。2019年3月1日起施行。

《西安市经纪人条例》废止

1994年8月26日西安市第十一届人民代表大会常务委员会第十四次会议通过，1994年11月5日陕西省第八届人民代表大会常务委员会第九次会议批准。根据1997年9月20日西安市第十二届人民代表大会常务委员会第二次会议通过，1997年11月21日陕西省第八届人民代表大会常务委员会第三十次会议批准的《关于修改〈西安市经纪人条例〉的决定》第一次修订。根据2004年6月30日西安市第十三届人民代表大会常务委员会第十五次会议通过，2004年8月3日陕西省第十届人民代表大会常务委员会第十二次会议批准的《关于修改〈西安市经纪人条例〉的决定》第二次修订。根据2016年12月22日西安市第十五届人民代表大会常务委员会第三十六次会议通过，2017年3月30日陕西省第十二届人民代表大会常务委员会第三十三次会议批准的《西安市人民代表大会常务委员会关于修改〈西安市保护消费者合法权益条例〉等49部地方性法规的决定》第三次修订。2018年10月30日西安市第十六届人民代表大会常务委员会第十五次会议通过，2018年11月30日陕西省第十三届人民代表大会常务委员会第八次会议批准废止。

《西安市急救医疗管理条例》修订

2003年6月19日西安市第十三届人民代表大会常务委员会第八次会议通过，2003年9月28日陕西省第十届人民代表大会常务委员会第六次会议批准。根据2010年7月15日西安市第十四届人民代表大会常务委员会第二十三次会议通过，2010年9月29日陕西省第十一届人民代表大会常务委员会第十八次会议批准的《西安市人民代表大会常务委员会关于修改部分地方性法规的决定》第一次修订。根据2016年12月22日西安市第十五届人民代表大会常务委员会第三十六次会议通过，2017年3月30日陕西省第十二届人民代表大会常务委员会第三十三次会议批准的《西安市人民代表大会常务委员会关于修改〈西安市保护消费者合法权益条例〉等49部地方性法规的决定》第二次修订。2018年10月30日西安市第十六届人民代表大会常务委员会第十五次会议修订通过，2018年11月30日陕西省第十三届人民代表大会常务委员会第八次会议批准。共6章50条。2019年3月1日起施行。

《西安市旅游条例》修订

2004年12月23日西安市第十三届人民代表大会常务委员会第十八次会议通过，2005年3月30日陕西省第十届人民代表大会常务委员会第十八次会议批准。根据2010年7月15日西安市第十四届人民代表大会常务委员会第二十三次会议通过，2010年9月29日陕西省第十一届人民代表大会常务委员会第十八次会议批准的《西安市人民代表大会常务委员会关于修改部分地方性法规的决定》第一次修订。根据2016年12月22日西安市第十五届人民代表大会常务委员会第三十六次会议通过，2017年3月30日陕西省第十二届人民代表大会常务委员会第三十三次会议批准的《西安市人民代表大会常务委员会关于修改〈西安市保护消费者合法权益条例〉等49部地方性法规的决定》第二次修订。2018年12月21日西安市第十六届人民代表大会常务委员会第十七次会议修订通过。

《西安市集中供热条例》修订

2007年12月26日西安市第十四届人民代表大会常务委员会第七次会议通过，2008年4月2日陕西省第十一届人民代表大会常务委员会第一次会议批准。根据2010年7月15日西安市第十四届人民代表大会常务委员会第二十三次会议通过，2010年9月29日陕西省第十一届人民代表大会常务委员会第十八次会议批准的《西安市人民代表大会常务委员会关于修改部分地方性法规的决定》修订。2017年12月17日西安市第十六届人民代表大会常务委员会第八次会议修订通过，2018年3月31日陕西省第十三届人民代表大会常务委员会第二次会议批准。共8章80条。2018年7月1日起施行。

《西安市城市轨道交通条例》修订

2011年5月25日西安市第十四届人民代表大会常务委员会第三十次会议通过，2011年7月22日陕西省第十一届人民代表大会常务委员会第二十四次会议批准。根据2016年12月22日西安市第十五届人民代表大会常务委员会第三十六次会议通过，2017年3月30日陕西省第十二届人民代表大会常务委员会第三十三次会议批准的《西安市人民代表大会常务委员会关于修改〈西安市保护消费者合法权益条例〉等49部地方性法规的决定》修订。2018年10月30日西安市第十六届人民代表大会常务委员会第十五次会议修订通过 ，2018年11月30日陕西省第十三届人民代表大会常务委员会第八次会议批准。共8章81条。2019年3月1日起施行。

《西安市急救医疗管理条例》修订

2003年6月19日西安市第十三届人民代表大会常务委员会第八次会议通过，2003年9月28日陕西省第十届人民代表大会常务委员会第六次会议批准。根据2010年7月15日西安市第十四届人民代表大会常务委员会第二十三次会议通过，2010年9月29日陕西省第十一届人民代表大会常务委员会第十八次会议批准的《西安市人民代表大会常务委员会关于修改部分地方性法规的决定》第一次修订。根据2016年12月22日西安市第十五届人民代表大会常务委员会第三十六次会议通过，2017年3月30日陕西省第十二届人民代表大会常务委员会第三十三次会议批准的《西安市人民代表大会常务委员会关于修改〈西安市保护消费者合法权益条例〉等49部地方性法规的决定》第二次修订。2018年10月30日西安市第十六届人民代表大会常务委员会第十五次会议修订通过，2018年11月30日陕西省第十三届人民代表大会常务委员会第八次会议批准。共6章50条。2019年3月1日起施行。

中共西安市委、西安市人民政府重要文件目录

标　　题	发文号	发文时间
中共西安市委、西安市人民政府关于实施乡村振兴战略　谱写新时代大西安“三农”发展新篇章的实施意见	市发〔2018〕1号	2018.06.10
中共西安市委关于高举习近平新时代中国特色社会主义思想伟大旗帜　加快建设服务“一带一路”亚欧合作交流的国际化大都市的决定	市发〔2018〕2号	2018.01.28
中共西安市委关于“弘扬西迁精神　奋力追赶超越”的决定	市发〔2018〕3号	2018.02.03
中共西安市委、西安市人民政府关于西安市营造企业家健康成长环境　弘扬优秀企业家精神更好发挥企业家作用的实施意见	市发〔2018〕6号	2018.05.22
中共西安市委关于贯彻落实党的十九大精神　坚定不移将改革推向深入的实施意见	市发〔2018〕8号	2018.05.31
中共西安市委关于建设更高水平平安西安的决定	市发〔2018〕9号	2018.07.09
中共西安市委印发《关于加强市委常委会班子团结奋斗的十条规定》的通知	市发〔2018〕10号	2018.07.17
中共西安市委关于加快国家中心城市建设推动高质量发展的决定	市发〔2018〕11号	2018.08.27
中共西安市委关于深入学习贯彻习近平总书记对西安工作系列重要批示指示精神的决定	市发〔2018〕12号	2018.10.29
中共西安市委关于深入学习实践习近平生态文明思想加快创建国家生态文明建设示范区的决定	市发〔2018〕13号	2018.10.29
中共西安市委关于加强新时代西安宣传思想工作的实施意见	市发〔2018〕14号	2018.12.24
中共西安市委关于建立市政府向市人大常委会报告国有资产管理情况制度的意见	市发〔2018〕15号	2018.12.25
中共西安市委、西安市人民政府关于印发《西安市加快推进苏陕扶贫协作工作实施方案》的通知	市字〔2018〕6号	2018.01.31
中共西安市委、西安市人民政府关于成立西安市土地储备管理委员会的通知	市字〔2018〕14号	2018.02.09
中共西安市委、西安市人民政府关于印发《西安市深化投融资体制改革实施方案》的通知	市字〔2018〕18号	2018.03.05
中共西安市委、西安市人民政府关于印发《西安市深化土地供给侧结构性改革实施方案》的通知	市字〔2018〕19号	2018.03.05
中共西安市委、西安市人民政府关于表彰西安市首届农民节十个系列“十佳”集体和个人的通报	市字〔2018〕24号	2018.03.16
中共西安市委印发《市委常委会关于坚决维护以习近平同志为核心的党中央权威和集中统一领导的十条要求》的通知	市字〔2018〕26号	2018.03.23
中共西安市委印发《关于进一步纠正“四风”加强作风建设的若干意见》的通知	市字〔2018〕27号	2018.03.23
中共西安市委、西安市人民政府关于印发《西安市“马上就办、办就办好”若干规定》的通知	市字〔2018〕28号	2018.03.24
中共西安市委关于印发《中共西安市委贯彻〈中国共产党巡视工作条例〉实施细则》的通知	市字〔2018〕29号	2018.03.23
中共西安市委、西安市人民政府关于贯彻落实《陕西省推进建设丝绸之路经济带和21世纪海上丝绸之路实施方案（2015--2020年）》的实施意见	市字〔2018〕31号	2018.04.02
中共西安市委、西安市人民政府关于更名调整市推进“一带一路”建设工作领导小组的通知	市字〔2018〕32号	2018.04.03

标　　题	发文号	发文时间
中共西安市委、西安市人民政府关于加强和改善营商环境的决定	市字〔2018〕43号	2018.04.27
中共西安市委关于印发《市委常委会2018年工作要点》的通知	市字〔2018〕50号	2018.05.19
中共西安市委关于印发调整市委全面深化改革领导小组办公室主任的通知	市字〔2018〕51号	2018.05.20
中共西安市委关于市政府部分领导同志分工调整的备案报告	市字〔2018〕55号	2018.05.28
中共西安市委、西安市人民政府关于印发《西安市2017年脱贫攻坚存在问题整改方案》的通知	市字〔2018〕58号	2018.05.31
中共西安市委关于调整市委统一战斗工作领导小组组成人员的通知	市字〔2018〕62号	2018.06.11
中共西安市委、西安市人民政府关于印发第二届西安市政府专家决策咨询委员会组成人员的通知	市字〔2018〕64号	2018.06.17
中共西安市委、西安市人民政府关于命名表彰2017年度精神文明建设先进集体的决定	市字〔2018〕69号	2018.07.06
中共西安市委关于成立中共西安广电产业集团公司委员会的通知	市字〔2018〕70号	2018.07.06
中共西安市委关于成立建设平安西安领导小组的通知	市字〔2018〕71号	2018.07.09
中共西安市委、西安市人民政府关于表彰2017年度全市目标责任考核先进单位、纳税百强企业、龙头企业、最佳领导干部、最美公务员的决定	市字〔2018〕74号	2018.07.20
中共西安市委、西安市人民政府关于印发《西安市新时期产业工人队伍建设改革实施方案》的通知	市字〔2018〕75号	2018.07.26
中共西安市委关于成立西安市秦岭北麓违建专项整治工作领导小组及其下设机构临时党组织的通知	市字〔2018〕80号	2018.08.09
中共西安市委、西安市人民政府关于成立西安市“多规合一”工作协调领导小组的通知	市字〔2018〕81号	2018.08.09
中共西安市委、西安市人民政府关于支持临潼区追赶超越加快改革发展的意见	市字〔2018〕82号	2018.08.09
中共西安市委、西安市人民政府关于支持曲江新区打造文化产业改革示范区的意见	市字〔2018〕85号	2018.08.11
中共西安市委、西安市人民政府印发《关于支持富阎一体化发展的实施方案》的通知	市字〔2018〕90号	2018.08.21
中共西安市委关于终止赵红专等五人西安市第十三次党代会代表资格的决定	市字〔2018〕91号	2018.08.24
中共西安市委、西安市人民政府关于表扬第二届世界西商大会组织保障工作先进集体和先进个人的通报	市字〔2018〕98号	2018.09.04
中共西安市委、西安市人民政府关于表彰首届“西安之星”（教育领域）的决定	市字〔2018〕99号	2018.09.07
中共西安市委、西安市人民政府关于表彰西安市第二届“最美教师”的决定	市字〔2018〕100号	2018.09.07
中共西安市委、西安市人民政府关于成立西安市硬科技产业推进工作领导小组的通知	市字〔2018〕103号	2018.09.11
中共西安市委、西安市人民政府关于支持碑林环大学创新产业带发展的若干意见	市字〔2018〕105号	2018.09.14
中共西安市委、西安市人民政府关于表扬2017年度优秀招商团队、个人及十佳外商投资企业的通报	市字〔2018〕113号	2018.09.22
中共西安市委、西安市人民政府印发《关于做好2018年脱贫退出工作的实施意见》的通知	市字〔2018〕116号	2018.09.29
中共西安市委、西安市人民政府关于成立西安全球硬科技创新大会组委会及执委会的通知	市字〔2018〕117号	2018.09.30
中共西安市委、西安市人民政府关于表彰首届“西安之星”（科技、文化、卫生领域）的决定	市字〔2018〕123号	2018.10.18
中共西安市委、西安市人民政府关于“西安市政府转接决策咨询委员会”更名为“西安市决策咨询委员会”并调整相关成员的通知	市字〔2018〕127号	2018.10.26
中共西安市委关于深入学习宣传贯彻《中国共产党纪律处分条例》的通知	市字〔2018〕138号	2018.11.13
中共西安市委关于认真学习贯彻《中共中央办公厅关于陕西省委、西安市委在秦岭北麓西安境内违建别墅问题上严重违反政治纪律以及开展违建别墅专项整治情况的通报》的通知	市字〔2018〕139号	2018.11.14
中共西安市委、西安市人民政府关于表彰十佳境外投资企业十佳进出口企业的通报	市字〔2018〕140号	2018.11.15
中共西安市委关于终止上官吉庆、程群力2名同志西安市第十三次党代会代表资格的决议	市字〔2018〕142号	2018.11.23
中共西安市委、西安市人民政府关于印发《西安市贯彻落实“追赶超越”定位实施方案（2018年升级版）》的通知	市字〔2018〕147号	2018.11.26
中共西安市委、西安市人民政府关于表彰改革开放40周年优秀民营企业家的通报	市字〔2018〕148号	2018.11.28
中共西安市委、西安市人民政府关于表彰十佳高质量发展企业的通报	市字〔2018〕149号	2018.11.29
中共西安市委、西安市人民政府关于表彰十佳服务贸易企业十佳跨境电商企业的通报	市字〔2018〕150号	2018.11.29
中共西安市委关于成立实施乡村振兴战略领导小组的通知	市字〔2018〕154号	2018.12.03
中共西安市委、西安市人民政府关于印发《西安国家中心城市建设实施方案》的通知	市字〔2018〕155号	2018.12.06
中共西安市委深入贯彻实施省委《关于就习近平总书记对我省重要指示批示贯彻落实情况开展“回头看”的工作方案》的通知	市字〔2018〕159号	2018.12.15
中共西安市委关于成立市委“讲政治、敢担当、改作风”专题教育领导小组的通知	市字〔2018〕167号	2018.12.21
中共西安市委关于成立西安市退役军人事务局党组的通知	市字〔2018〕168号	2018.12.21
中共西安市委关于向王烽同志学习的决定	市字〔2018〕169号	2018.12.23
中共西安市委关于深入学习贯彻习近平总书记重要指示批示精神严明党的政治纪律政治规矩　切实巩固秦岭北麓违建别墅专项整治工作成效的实施意见	市字〔2018〕170号	2018.12.24
中共西安市委关于调整中央第十一巡视组巡视“回头看”反馈意见整改落实工作领导小组的通知	市字〔2018〕171号	2018.12.25
中共西安市委、西安市人民政府关于印发《西安市打赢脱贫攻坚战三年行动方案》的通知	市字〔2018〕176号	2018.12.29
中共西安市委办公厅、西安市人民政府办公厅关于印发《西安市“十三五”时期文化发展改革规划》的通知	市办发〔2018〕1号	2018.05.03
中共西安市委办公厅、西安市人民政府办公厅关于印发《西安市区县、开发区平安建设考核办法（试行）》《西安市市级部门平安建设考核办法（试行）》的通知	市办发〔2018〕2号	2018.07.10
中共西安市委办公厅印发《关于全面加强机关党的政治建设打造“三表率一模范”铁军部门办法（试行）》的通知	市办发〔2018〕3号	2018.08.16
中共西安市委办公厅、西安市人民政府办公厅关于印发《关于推行法律顾问制度和公职律师公司律师制度的实施意见》的通知	市办发〔2018〕6号	2018.09.07
中共西安市委办公厅、西安市人民政府办公厅关于印发《西安市创新体制机制推进农业绿色发展实施方案》的通知	市办发〔2018〕7号	2018.11.15
中共西安市委办公厅关于印发《西安市党政干部鼓励激励实施细则（试行）》《西安市党政干部容错纠错实施细则（试行）》《西安市推进市管党政领导干部能上能下实施细则（试行）》的通知	市办发〔2018〕8号	2018.11.27
中共西安市委办公厅、西安市人民政府办公厅印发《关于推进中华优秀传统文化传承发展工程的实施方案》的通知	市办发〔2018〕9号	2018.12.12

标　　题	发文号	发文时间
中共西安市委办公厅印发《关于进一步激励广大干部新时代新担当新作为的实施意见》的通知	市办发〔2018〕10号	2018.12.18
中共西安市委办公厅、西安市人民政府办公厅关于印发《西安市补齐区县域经济发展短板实施方案》的通知	市办字〔2018〕1号	2018.01.01
中共西安市委办公厅关于印发《西安市联系服务企业家工作制度》的通知	市办字〔2018〕2号	2018.01.08
中共西安市委办公厅、西安市人民政府办公厅关于认真贯彻落实《陕西省从事生产经营活动事业单位改革工作方案》的通知	市办字〔2018〕3号	2018.01.08
中共西安市委办公厅、西安市人民政府办公厅关于印发《市级领导包抓"补齐文化产业短板"重点工作任务分工方案》的通知	市办字〔2018〕5号	2018.01.11
中共西安市委办公厅印发《关于进一步纠正"四风"持续加强作风建设的实施意见》的通知	市办字〔2018〕6号	2018.01.11
中共西安市委办公厅关于启用"政务专线"的通知	市办字〔2018〕11号	2018.01.23
中共西安市委办公厅、西安市人民政府办公厅关于印发《加快补齐缓堵保畅短板实施方案》的通知	市办字〔2018〕13号	2018.01.28
中共西安市委办公厅、西安市人民政府办公厅关于调整市社会治安综合治理委员会组成人员的通知	市办字〔2018〕16号	2018.01.30
中共西安市委办公厅、西安市人民政府办公厅关于印发《补齐生态环境短板"1+6"组合方案》的通知	市办字〔2018〕18号	2018.01.31
中共西安市委办公厅、西安市人民政府办公厅关于印发《西安市工业补短板实施方案》的通知	市办字〔2018〕19号	2018.02.02
中共西安市委办公厅关于进一步做好人民网网民留言回复办理工作的通知	市办字〔2018〕20号	2018.02.02
中共西安市委办公厅、西安市人民政府办公厅印发《关于加快工业优结构促发展的实施意见》的通知	市办字〔2018〕21号	2018.02.02
中共西安市委办公厅、西安市人民政府办公厅关于印发《西安市行业协会商会与行政机关脱钩实施方案》的通知	市办字〔2018〕22号	2018.02.02
中共西安市委办公厅、西安市人民政府办公厅关于印发《西安市进一步贯彻落实"扎实推进特色现代农业建设"要求的实施方案》的通知	市办字〔2018〕23号	2018.02.03
中共西安市委办公厅、西安市人民政府办公厅关于印发《西安市两路两侧"三化"问题整治工作实施方案》的通知	市办字〔2018〕25号	2018.02.08
中共西安市委办公厅、西安市人民政府办公厅关于切实做好2018"西安年·最中国"新春活动有关工作的通知	市办字〔2018〕26号	2018.02.09
中共西安市委办公厅、西安市人民政府办公厅关于印发《西安市深化统计管理体制改革提高统计数据真实性的实施方案》的通知	市办字〔2018〕27号	2018.02.11
中共西安市委办公厅关于调整市管国有企业领导人员管理体制有关问题的通知	市办字〔2018〕28号	2018.02.14
中共西安市委办公厅、西安市人民政府办公厅关于印发《西安市公务活动禁止饮酒规定》《西安市党员干部行为规范》的通知	市办字〔2018〕31号	2018.02.22
中共西安市委办公厅关于印发《2018年度政党协商计划》的通知	市办字〔2018〕33号	2018.02.28
中共西安市委办公厅关于严格请示件报送工作有关事项的通知	市办字〔2018〕34号	2018.03.03
中共西安市委办公厅、西安市人民政府办公厅关于健全完善市级领导定期召开企业家座谈会深入企业调研机制的通知	市办字〔2018〕35号	2018.03.03
中共西安市委办公厅印发《〈中共西安市委关于高举习近平新时代中国特色社会主义思想伟大旗帜　加快建设服务"一带一路"亚欧合作交流的国家化大都市的决定〉重点任务分工方案》的通知	市办字〔2018〕38号	2018.03.05
中共西安市委办公厅、西安市人民政府办公厅关于印发《西安市深化国税、地税征管体制改革实施方案》的通知	市办字〔2018〕39号	2018.03.07
中共西安市委办公厅、西安市人民政府办公厅印发《关于进一步加强城市规划建设管理工作的实施意见》的通知	市办字〔2018〕40号	2018.03.08
中共西安市委理论学习中心组2018年学习安排意见	市办字〔2018〕41号	2018.03.07
中共西安市委办公厅印发《关于在全市开展"不忘初心、牢记使命，加快追赶超越步伐、落实五个扎实要求"大调研的实施方案》的通知	市办字〔2018〕42号	2018.03.08
中共西安市委办公厅、西安市人民政府办公厅关于印发《西安市首届农民节活动实施方案》的通知	市办字〔2018〕43号	2018.03.08
中共西安市委办公厅、西安市人民政府办公厅关于成立2019年"一带一路"国际合作高峰论坛申办筹备工作领导小组的通知	市办字〔2018〕44号	2018.03.08
中共西安市委办公厅、西安市人民政府办公厅关于印发《2018年"创业西安行"活动总体方案》的通知	市办字〔2018〕45号	2018.03.08
中共西安市委办公厅关于做好全市"追赶超越"奋进年有关工作的通知	市办字〔2018〕46号	2018.03.09
中共西安市委办公厅关于印发《市委常委大调研工作方案》的通知	市办字〔2018〕47号	2018.03.09
中共西安市委办公厅、西安市人民政府办公厅关于印发《西安市"科学家"计划实施办法》《西安市"西安之星"计划实施办法》《西安市引进培养高层次人才"5531"计划实施办法》的通知	市办字〔2018〕48号	2018.03.12
中共西安市委办公厅印发《中国西安市纪委关于五年来全市贯彻执行中央八项规定精神并以此推动和加强作风建设情况的报告》的通知	市办字〔2018〕49号	2018.03.12
中共西安市委办公厅、西安市人民政府办公厅关于印发《西安市脱贫攻坚工作成效考核办法（试行）》的通知	市办字〔2018〕50号	2018.03.13
中共西安市委办公厅、西安市人民政府办公厅印发《关于深化西安广播电视台体制机制改革的方案》的通知	市办字〔2018〕52号	2018.03.13
中共西安市委办公厅、西安市人民政府办公厅关于印发《富阎一体化发展专题推进会议方案》的通知	市办字〔2018〕53号	2018.03.13
中共西安市委办公厅印发《关于加快国家中心城市建设调研工作方案》的通知	市办字〔2018〕54号	2018.03.13
中共西安市委办公厅、西安市人民政府办公厅关于印发《全市村级党组织领导班子和第十次村民委员会换届选举工作实施意见》的通知	市办字〔2018〕55号	2018.03.15
中共西安市委办公厅、西安市人民政府办公厅关于认真贯彻落实《陕西省关于进一步规范省属企业负责人履职待遇、业务支出的意见（试行）》的通知	市办字〔2018〕57号	2018.03.18
中共西安市委办公厅关于印发《中共西安市委常委班子2017年度民主生活会整改方案》的通知	市办字〔2018〕58号	2018.03.19
中共西安市委办公厅关于印发《2018年全面深化改革工作要点》的通知	市办字〔2018〕59号	2018.03.22
中共西安市委办公厅关于印发《西安市科协系统深化改革实施方案》的通知	市办字〔2018〕60号	2018.03.23
中共西安市委办公厅关于成立"不忘初心、牢记使命加快追赶超越步伐，落实五个扎实要求"大调研领导小组的通知	市办字〔2018〕61号	2018.03.26
中共西安市委办公厅关于认真学习贯彻十三届全国人大一次会议和全国政协十三届一次会议精神的通知	市办字〔2018〕64号	2018.03.30

标　　题	发文号	发文时间
中共西安市委办公厅、西安市人民政府办公厅印发《关于实施“百企联百村，共建美丽新农村”扶贫行动工作方案》的通知	市办字〔2018〕65号	2018.04.02
中共西安市委办公厅、西安市人民政府办公厅印发《关于扎实落实“扎实加强文化建设”要求的实施方案》的通知	市办字〔2018〕66号	2018.04.03
中共西安市委办公厅、西安市人民政府办公厅关于全市党政机关认真落实普法责任制的通知	市办字〔2018〕68号	2018.04.15
中共西安市委办公厅、西安市人民政府办公厅关于贯彻落实《陕西省党政主要负责人履行推进法治建设第一责任人职责实施办法》的通知	市办字〔2018〕69号	2018.04.15
中共西安市委办公厅、西安市人民政府办公厅关于印发《西安市市级领导联系高校工作制度》的通知	市办字〔2018〕70号	2018.04.20
中共西安市委办公厅关于增补王军民同志为西安市关心下一代工作委员会常务副主任的通知	市办字〔2018〕72号	2018.04.24
中共西安市委办公厅、西安市人民政府办公厅关于印发《西安市加强和改进PPP工作八条措施》的通知	市办字〔2018〕74号	2018.04.25
中共西安市委办公厅、西安市人民政府办公厅关于实行“无会月”制度有关要求的通知	市办字〔2018〕76号	2018.04.27
中共西安市委办公厅、西安市人民政府办公厅关于印发《关于完善法律援助制度的实施方案》的通知	市办字〔2018〕78号	2018.04.27
中共西安市委办公厅关于印发《西安市委常委会抓基层党建责任清单》的通知	市办字〔2018〕79号	2018.05.04
中共西安市委办公厅关于确定胡泽等3位市委常委党的建设和基层组织建设工作联系点的通知	市办字〔2018〕80号	2018.05.10
中共西安市委办公厅关于印发《〈市委常委会2018年工作要点〉29项重点任务责任分工》的通知	市办字〔2018〕82号	2018.05.19
中共西安市委办公厅关于领导干部出访和开会学习考察出差返回后及时递交书面报告的通知	市办字〔2018〕83号	2018.05.23
中共西安市委办公厅、西安市人民政府办公厅关于市委市政府领导分片联系防汛工作的通知	市办字〔2018〕85号	2018.05.25
中共西安市委办公厅、西安市人民政府办公厅关于建立领导干部每月工作报告制度的通知	市办字〔2018〕87号	2018.05.28
中共西安市委办公厅关于印发《市委全面深化改革领导小组工作规则》《市委全面深化改革领导小组专项小组工作规则》《市委全面深化改革领导小组办公室工作细则》的通知	市办字〔2018〕88号	2018.05.31
中共西安市委办公厅关于印发《西安市招商项目落地年工作方案》的通知	市办字〔2018〕89号	2018.05.31
中共西安市委办公厅、西安市人民政府办公厅关于印发《西安市落实加快富阎一体化发展工作清单》的通知	市办字〔2018〕90号	2018.06.04
中共西安市委办公厅、西安市人民政府办公厅关于印发《区县、西咸新区、开发区市级部门2018年度目标责任考核“五张报表”》的通知	市办字〔2018〕92号	2018.06.11
中共西安市委办公厅、西安市人民政府办公厅关于印发《“长相思　忆长安”——唐都长安1400年文化旅游活动方案》的通知	市办字〔2018〕93号	2018.06.09
中共西安市委办公厅、西安市人民政府办公厅印发《关于开展田园综合体创建工作的实施意见》的通知	市办字〔2018〕94号	2018.06.08
中共西安市委办公厅、西安市人民政府办公厅关于印发《西安市农村人居环境整治三年（2018—2020年）行动方案》的通知	市办字〔2018〕95号	2018.06.08
中共西安市委办公厅关于我市纪念建党97周年系列活动安排的通知	市办字〔2018〕96号	2018.06.11
中共西安市委办公厅、西安市人民政府办公厅关于印发《2018年市级领导分工联系重点项目表》的通知	市办字〔2018〕98号	2018.06.15
中共西安市委办公厅、西安市人民政府办公厅关于印发《西安市实施工业“千百万工程”培育壮大工业产业集群实施方案》《西安市促进规上工业企业群发展壮大实施方案》和《西安市搭建服务平台促进企业家群体健康发展实施方案》的通知	市办字〔2018〕99号	2018.06.15
中共西安市委办公厅关于认真组织学习纪实文学《梁家河》的通知	市办字〔2018〕100号	2018.06.15
中共西安市委办公厅关于表彰2017年度西安市优秀调研成果和评选活动优秀组织奖的通报	市办字〔2018〕101号	2018.06.15
中共西安市委办公厅关于进一步规范请示报告类公文及领导干部个人报告报送工作的通知	市办字〔2018〕102号	2018.06.15
中共西安市委办公厅、西安市人民政府办公厅关于印发《西安市农村生活垃圾分类和资源化利用工作实施方案》的通知	市办字〔2018〕107号	2018.06.21
中共西安市委办公厅、西安市人民政府办公厅关于清理规范全市创建示范活动的通知	市办字〔2018〕110号	2018.06.26
中共西安委办公厅关于认真学习贯彻《关于进一步激励广大干部新时代新担当新作为的意见》的通知	市办字〔2018〕111号	2018.06.28
中共西安市委办公厅印发《关于正能量信息报送工作的规定》的通知	市办字〔2018〕112号	2018.06.28
中共西安市委办公厅关于印发《十三届市委巡察工作规划》的通知	市办字〔2018〕113号	2018.06.28
中共西安市委办公厅关于调整市委保密委员会组成人员的通知	市办字〔2018〕114号	2018.06.28
中共西安市委办公厅、西安市人民政府办公厅关于印发《西安市“5+2”县、区领导联系包抓美丽乡村示范村建设工作方案》的通知	市办字〔2018〕115号	2018.06.29
中共西安市委办公厅、西安市人民政府办公厅关于印发《西安市2018年法治政府建设工作要点》的通知	市办字〔2018〕116号	2018.07.05
中共西安市委办公厅、西安市人民政府办公厅关于印发《西安高新区托管雁塔区长安区鄠邑区部分区域的管理方案》《西安高新区托管雁塔区长安区鄠邑区部分区域移交工作方案》的通知	市办字〔2018〕117号	2018.07.08
中共西安市委办公厅、西安市人民政府办公厅关于印发《西安市开展争创“平安鼎”活动实施方案》的通知	市办字〔2018〕118号	2018.07.10
中共西安市委办公厅关于重申领导干部请假报备有关工作的通知	市办字〔2018〕119号	2018.07.10
中共西安市委办公厅、西安市人民政府办公厅关于印发《幸福路地区综合改造工作任务清单》的通知	市办字〔2018〕122号	2018.07.13
中共西安市委办公厅关于印发《西安市文联深化改革实施方案》的通知	市办字〔2018〕123号	2018.07.17
中共西安市委办公厅转发省委办公厅《关于在工作中严格规范有关表述的通知》的通知	市办字〔2018〕126号	2018.07.24
中共西安市委办公厅关于进一步加强重大事项请示报告的通知	市办字〔2018〕127号	2018.07.27
中共西安市委办公厅、西安市人民政府办公厅关于印发《西安市建设法治政府示范创建活动实施方案》的通知	市办字〔2018〕129号	2018.07.31
中共西安市委办公厅、西安市人民政府办公厅关于印发《西安市质量提升三年行动计划（2018—2020年）》的通知	市办字〔2018〕133号	2018.08.10
中共西安市委办公厅、西安市人民政府办公厅关于贯彻落实省委办公厅、省政府办公厅《关于进一步加强和规范村务监督委员会建设的实施意见》的通知	市办字〔2018〕142号	2018.08.24
中共西安市委办公厅、西安市人民政府办公厅关于转发《市军队转业干部安置工作领导小组关于认真做好2018年军队转业干部安置工作的意见》的通知	市办字〔2018〕143号	2018.08.26
中共西安市委办公厅印发《关于践行“两山”理论推动绿色发展创建国家生态文明示范区调研工作方案》的通知	市办字〔2018〕145号	2018.08.30

标　题	发文号	发文时间
中共西安市委办公厅印发《关于加快实现“一网通办”着力打造智慧城市全面提升营商环境调研工作方案》的通知	市办字〔2018〕147号	2018.09.01
中共西安市委办公厅、西安市人民政府办公厅关于印发《西安市市级领导、“5+2”区（县、开发区）领导和市级部门联系包抓美丽乡村示范村建设工作方案》的通知	市办字〔2018〕148号	2018.09.01
中共西安市委办公厅、西安市人民政府办公厅印发《关于进一步加强各区（县、开发区）领导班子成员包抓道路洁化、绿化、美化工作的实施方案》的通知	市办字〔2018〕152号	2018.09.09
中共西安市委办公厅关于印发《西安市深化机构改革工作方案》的通知	市办字〔2018〕155号	2018.09.12
中共西安市委办公厅、西安市人民政府办公厅关于印发《西安市大力支持西咸新区加快发展的实施意见》的通知	市办字〔2018〕160号	2018.09.19
中共西安市委办公厅、西安市人民政府办公厅关于印发《西安旅游集团有限责任公司划转工作方案》的通知	市办字〔2018〕164号	2018.09.27
中共西安市委办公厅、西安市人民政府办公厅关于表彰2017年度“美丽城区”“美丽镇街”及“美丽系列”的通报	市办字〔2018〕166号	2018.09.30
中共西安市委办公厅印发《关于在全市知识分子中深入开展“弘扬爱国奋斗精神、建功立业新时代”活动的实施方案》的通知	市办字〔2018〕167号	2018.09.30
中共西安市委办公厅、西安市人民政府办公厅关于印发《西安老年大学维修改造及用地拨划方案》的通知	市办字〔2018〕173号	2018.10.04
中共西安市委办公厅、西安市人民政府办公厅印发《关于做好人才、户籍新政后续服务供给保障的总体实施方案及分项方案》的通知	市办字〔2018〕174号	2018.10.05
中共西安市委办公厅、西安市人民政府办公厅关于印发《西安市开展“大棚房”问题专项清理整治行动坚决遏制农地非农化方案》的通知	市办字〔2018〕175号	2018.10.07
中共西安市委办公厅关于印发《西安市党委信息刊物审签规定》的通知	市办字〔2018〕179号	2018.10.15
中共西安市委办公厅、西安市人民政府办公厅关于印发《高铁新城移西安经济技术开发区管理体制方案》《高铁新城移交西安经济技术开发区工作方案》的通知	市办字〔2018〕180号	2018.10.17
中共西安市委办公厅、西安市人民政府办公厅关于印发《西安市城中村违法建设专项整治工作实施方案》的通知	市办字〔2018〕184号	2018.10.19
中共西安市委办公厅、西安市人民政府办公厅关于印发《西安市生态文明建设目标评价考核办法》的通知	市办字〔2018〕186号	2018.10.22
中共西安市委办公厅关于调整市委巡察工作领导小组组成人员的通知	市办字〔2018〕189号	2018.10.25
中共西安市委办公厅　西安市人民政府办公厅关于调整西安市反恐怖工作领导小组领导成员的通知	市办字〔2018〕192号	2018.10.30
中共西安市委办公厅关于转发市委组织部市委统战部《西安市西安市党外干部队伍建设五年规划（2018—2022年）》的通知	市办字〔2018〕194号	2018.11.01
中共西安市委办公厅、西安市人民政府办公厅关于印发《大干“收官季”冲刺“全年红”工作措施》的通知	市办字〔2018〕199号	2018.11.02
中共西安市委办公厅、西安市人民政府办公厅关于印发《西安市2018年黑臭水体排查工作方案》的通知	市办字〔2018〕203号	2018.11.21
中共西安市委办公厅关于重申强调严格落实重大事项请示报告制度的通知	市办字〔2018〕204号	2018.11.21
中共西安市委办公厅、西安市人民政府办公厅关于印发《西安市推进“大棚房”问题专项清理整治行动工作实施方案》的通知	市办字〔2018〕206号	2018.11.24
中共西安市委办公厅关于深入学习宣传贯彻习近平总书记民营企业座谈会重要讲话精神的通知	市办字〔2018〕207号	2018.11.23
中共西安市委办公厅、西安市人民政府办公厅关于印发《西安市黑臭水体整治整改攻坚工作总体方案》《西安市六个黑臭水体专项整治整改方案》的通知	市办字〔2018〕208号	2018.11.25
中共西安市委办公厅、西安市人民政府办公厅关于印发《西安市扎实推进打赢蓝天保卫战工作方案》的通知	市办字〔2018〕210号	2018.11.29
中共西安市委办公厅关于进一步加强人民网地方领导留言板网民留言回复办理工作的通知	市办字〔2018〕211号	2018.11.29
中共西安市委办公厅印发《关于检查贯彻落实<中共西安市人大常委会党组关于推进基层人大工作和建设规范化的意见>情况的工作方案》的通知	市办字〔2018〕212号	2018.11.28
中共西安市委办公厅、西安市人民政府办公厅关于印发《西安市绕城高速公路以内集体土地上棚户区和村庄三年清零行动方案（2018—2020年）》的通知	市办字〔2018〕217号	2018.12.13
中共西安市委办公厅、西安市人民政府办公厅关于进一步加强和支持检察机关依法开展公益诉讼工作的意见	市办字〔2018〕219号	2018.12.17
中共西安市委办公厅、西安市人民政府办公厅关于做好2019年度党报党刊发行工作严格规范报刊发行秩序的通知	市办字〔2018〕221号	2018.12.17
中共西安市委办公厅、西安市人民政府办公厅关于切实做好困难群众安全温暖过冬的通知	市办字〔2018〕223号	2018.12.15
中共西安市委办公厅转发《市纪委关于集中开展违规收送礼金问题专项整治的实施方案》的通知	市办字〔2018〕224号	2018.12.16
中共西安市委办公厅印发《关于在全市县处级以上领导干部中开展“讲政治、敢担当、改作风”专题教育的实施方案》的通知	市办字〔2018〕225号	2018.12.18
中共西安市委办公厅、西安市人民政府办公厅关于表彰秦岭北麓违建别墅专项整治工作优秀团队和先进个人的通报	市办字〔2018〕226号	2018.12.21
中共西安市委办公厅、西安市人民政府办公厅关于统筹规范全市性督查检查考核有关工作的通知	市办字〔2018〕227号	2018.12.22
中共西安市委办公厅、西安市人民政府办公厅关于印发《西安市断头路三年清零行动方案》的通知	市办字〔2018〕229号	2018.12.27
中共西安市委办公厅、西安市人民政府办公厅关于印发《西安市“一带一路”建设三年行动计划（2018—2020年）》的通知	市办字〔2018〕230号	2018.12.27
中共西安市委办公厅、西安市人民政府办公厅关于印发《西安市军民融合深度发展专项行动计划（2018—2020年）》的通知	市办字〔2018〕231号	2018.12.27
中共西安市委办公厅关于印发《中共西安市委常委会领导班子及其成员履行党风廉政建设主体责任清单》的通知	市办字〔2018〕233号	2018.12.28
西安市人民政府关于印发《西安市“十三五”老龄事业发展和养老体系建设实施方案》的通知	市政发〔2018〕2号	2018.01.03
西安市人民政府关于印发《建立完善守信联合激励和失信联合惩戒制度加快推进社会诚信建设实施方案》的通知	市政发〔2018〕3号	2018.01.03
西安市人民政府关于2017年度科学技术奖励的决定	市政发〔2018〕4号	2018.01.10
西安市人民政府关于授予李国武等2人西安市见义勇为先进个人荣誉称号的决定	市政发〔2018〕5号	2018.01.12
西安市人民政府关于印发《西安市中医药发展战略规划（2018—2030年）》的通知	市政发〔2018〕6号	2018.01.19

标　　题	发文号	发文时间
西安市人民政府关于给西安市公安局记集体二等功的通报	市政发〔2018〕7号	2018.01.31
西安市人民政府关于印发《西安市“十三五”移民（脱贫）搬迁安置规划》的通知	市政发〔2018〕8号	2018.01.31
西安市人民政府关于印发上官吉庆市长在市十六届人大三次会议上所作《政府工作报告》的通知	市政发〔2018〕9号	2018.02.09
西安市人民政府关于印发《支持西安经开区千亿级汽车产业集群发展若干意见》的通知	市政发〔2018〕12号	2018.02.09
西安市人民政府关于印发《大西安（西安市—西咸新区）国民经济和社会发展规划（2017—2021）》的通知	市政发〔2018〕15号	2018.03.22
西安市人民政府关于做好第四次全国经济普查工作的通知	市政发〔2018〕17号	2018.04.09
西安市人民政府关于表彰2017年度“西安市十大创业杰出人物”“西安市十佳科技企业家”“西安市十佳创新人物”的决定	市政发〔2018〕18号	2018.04.11
西安市人民政府关于进一步加快发展服务业的若干意见	市政发〔2018〕19号	2018.04.12
西安市人民政府关于进一步加快就业创业工作的实施意见	市政发〔2018〕20号	2018.04.22
西安市人民政府关于印发《西安交通投资集团有限公司组建方案》的通知	市政发〔2018〕21号	2018.04.23
西安市人民政府关于印发《大西安“十三五”综合交通运输发展规划》的通知	市政发〔2018〕24号	2018.05.16
西安市人民政府关于表彰“西安创业英雄”的决定	市政发〔2018〕25号	2018.05.22
西安市人民政府关于印发《西安市新增出租汽车经营权招投标办法》的通知	市政发〔2018〕27号	2018.05.23
西安市人民政府关于印发《西安市出租汽车经营权管理办法》的通知	市政发〔2018〕28号	2018.05.26
西安市人民政府办公厅关于印发西安市强化全面质量监管工作实施方案的通知	市政发〔2018〕30号	2018.06.24
西安市人民政府关于表彰创建国家食品安全示范城市工作先进单位和先进个人的决定	市政发〔2018〕32号	2018.07.30
西安市人民政府关于印发《西安市“铁腕治霾·保卫蓝天”“1+2+22”组合方案（办法）》的通知	市政发〔2018〕33号	2018.08.08
西安市人民政府办公厅关于印发大西安现代物流业发展规划（2018—2021年）的通知	市政发〔2018〕34号	2018.08.15
西安市人民政府关于印发《西安市推进企业上市和并购重组“龙门行动”计划（2018—2021年）》的通知	市政发〔2018〕35号	2018.08.11
西安市人民政府关于支持西安国家自主创新示范区聚集创投机构和创投人才的若干意见	市政发〔2018〕37号	2018.09.03
西安市人民政府关于表彰2018年西安创业明星的决定	市政发〔2018〕38号	2018.09.06
西安市人民政府关于印发贯彻落实《陕西省优化营商环境条例》实施方案的通知	市政发〔2018〕40号	2018.09.27
西安市人民政府关于在市场体系建设中建立公平竞争审查制度的实施意见	市政发〔2018〕41号	2018.09.28
西安市人民政府关于印发西安市清理规范投资项目报建审批事项实施方案的通知	市政发〔2018〕44号	2018.10.22
西安市人民政府关于授予外国专家2018年“西安友谊奖”和“西安市优秀外国专家奖”的决定	市政发〔2018〕45号	2018.10.26
西安市人民政府关于印发《西安市政务数据资源共享管理办法》的通知	市政发〔2018〕47号	2018.11.08
西安市人民政府关于印发《西安市汽车产业发展规划（2018—2025年）》《西安市汽车产业链发展推进方案（2018—2025年）》《关于推动汽车产业加快发展的若干政策意见》的通知	市政发〔2018〕48号	2018.11.20
西安市人民政府关于印发西安市城市黑臭水体治理攻坚战实施方案的通知	市政发〔2018〕51号	2018.11.30
西安市人民政府关于对获得2017年度国家和省部级科学技术奖励相关单位进行奖励的决定	市政发〔2018〕46号	2018.11.07
西安市人民政府关于印发西安市特色小镇总体规划（2018—2021年）的通知	市政发〔2018〕52号	2018.12.03
西安市人民政府关于印发《西安市鼓励甲醇汽车产业发展若干政策》的通知	市政发〔2018〕54号	2018.12.17
西安市人民政府关于公布第五批市级文物保护单位的通知	市政发〔2018〕55号	2018.12.18
西安市人民政府关于印发《西安市“铁腕治霾·保卫蓝天”三年行动方案（2018—2020年）（修订版）》的通知	市政发〔2018〕56号	2018.12.28
西安市人民政府办公厅关于印发《西安市城市底下空间规划建设利用三年行动方案》的通知	市政办发〔2018〕1号	2018.01.10
西安市人民政府办公厅关于印发《进一步加强西安市城市地下空间规划建设管理工作的实施意见》的通知	市政办发〔2018〕2号	2018.01.10
西安市人民政府办公厅关于印发《防治慢性病中长期规划实施方案（2017—2025年）》的通知	市政办发〔2018〕3号	2018.01.15
西安市人民政府办公厅关于印发《西安市综合防灾减灾规划》的通知	市政办发〔2018〕4号	2018.01.16
西安市人民政府办公厅关于印发《西安市生活垃圾终端处理设施区域生态补偿暂行办法》的通知	市政办发〔2018〕7号	2018.01.17
西安市人民政府办公厅关于印发《西安市第二次全国污染源普查工作方案》的通知	市政办发〔2018〕8号	2018.01.25
西安市人民政府办公厅关于印发《西安市农户信用等级评价办法》的通知	市政办发〔2018〕9号	2018.01.20
西安市人民政府办公厅关于印发《西安市质量奖管理办法》的通知	市政办发〔2018〕10号	2018.01.29
西安市人民政府办公厅关于印发《西安市推进农业水价综合改革实施方案》的通知	市政办发〔2018〕11号	2018.01.31
西安市人民政府办公厅关于转发《西安市秦岭生态保护区农家乐管理办法》的通知	市政办发〔2018〕13号	2018.02.23
西安市人民政府办公厅关于印发《西安市科技小巨人企业培育计划（2017—2021年）》的通知	市政办发〔2018〕14号	2018.02.22
西安市人民政府办公厅关于印发《突发地质灾害应急预案》的通知	市政办发〔2018〕15号	2018.03.06
西安市人民政府办公厅关于印发《西安名牌产品监督管理若干规定》的通知	市政办发〔2018〕17号	2018.03.09
西安市人民政府办公厅关于印发《西安市2018年政府工作报告任务分解意见》的通知	市政办发〔2018〕18号	2018.03.12
西安市人民政府办公厅关于阎良城市供水安全提升改造工程征地拆迁补偿标准的通知	市政办发〔2018〕22号	2018.03.21
西安市人民政府办公厅关于印发《西安市城市设计试点工作实施方案》的通知	市政办发〔2018〕23号	2018.03.23
西安市人民政府办公厅关于印发《西安市深化弄讯金融改革　加强“三农”金融服务实施意见》的通知	市政办发〔2018〕24号	2018.03.26
西安市人民政府办公厅关于印发《进一步创新完善财政支持产业发展方式的意见》的通知	市政办发〔2018〕25号	2018.03.26
西安市人民政府办公厅关于印发《西安市古树名木损失评估办法》的通知	市政办发〔2018〕26号	2018.03.22
西安市人民政府办公厅关于印发《西安市进一步加强重点历史文化区域管控疏解人口降低密度的规划管理意见》的通知	市政办发〔2018〕27号	2018.03.30
西安市人民政府办公厅关于印发《推进夜游西安实施方案》的通知	市政办发〔2018〕28号	2018.03.29
西安市人民政府办公厅关于印发《道路交通危险化学品建筑施工安全三项攻坚行动实施方案》的通知	市政办发〔2018〕29号	2018.03.30
西安市人民政府办公厅关于印发《西安市支持总部企业发展若干政策》的通知	市政办发〔2018〕30号	2018.04.04
西安市人民政府办公厅关于印发《2018年重点建设项目计划》的通知	市政办发〔2018〕31号	2018.04.10
西安市人民政府办公厅关于印发《促进光伏产业持续健康发展实施意见》的通知	市政办发〔2018〕32号	2018.04.14

标　题	发文号	发文时间
西安市人民政府办公厅关于印发《西安市农村无害化户厕提升改造三年行动计划方案（2018—2020年）》的通知	市政办发〔2018〕33号	2018.04.18
西安市人民政府办公厅关于印发《西安市农村公共厕所建设改造提升工作实施方案》的通知	市政办发〔2018〕34号	2018.04.18
西安市人民政府办公厅关于印发《进一步推进陕汽集团转型发展的意见（2018—2020年）》的通知	市政办发〔2018〕35号	2018.04.19
西安市人民政府办公厅关于印发《西安市城镇厕所革命三年行动计划方案（2018—2020年）》的通知	市政办发〔2018〕36号	2018.04.24
西安市人民政府办公厅关于印发《西安市建筑物外立面整治工作实施方案》的通知	市政办发〔2018〕37号	2018.04.25
西安市人民政府办公厅关于印发《西安市农村生活污水治理三年行动方案（2018—2020年）暨2018年工作方案》的通知	市政办发〔2018〕38号	2018.04.28
西安市人民政府办公厅关于印发《全域旅游示范市创建实施方案》的通知	市政办发〔2018〕39号	2018.04.28
西安市人民政府办公厅关于印发《西安市旅游厕所革命新三年行动计划方案（2018—2020年）》的通知	市政办发〔2018〕40号	2018.04.28
西安市人民政府办公厅关于印发加强和改善营商环境五个工作方案和二十一个行动方案的通知	市政办发〔2018〕41号	2018.05.03
西安市人民政府办公厅关于印发《保障农民工工资支付工作考核办法》的通知	市政办发〔2018〕42号	2018.05.08
西安市人民政府办公厅关于印发《弘扬企业家精神　营造诚信市场环境行动方案》的通知	市政办发〔2018〕43号	2018.05.09
西安市人民政府办公厅关于印发《西安市2018年地址灾害防治方案》的通知	市政办发〔2018〕44号	2018.05.12
西安市人民政府办公厅关于印发《加快发展对外文化贸易实施意见》的通知	市政办发〔2018〕45号	2018.05.10
西安市人民政府办公厅关于印发《加强安全生产网络化监管工作实施意见》的通知	市政办发〔2018〕47号	2018.05.14
西安市人民政府办公厅关于进一步加强建设用地规划管理工作的通知	市政办发〔2018〕46号	2018.05.10
西安市人民政府办公厅关于印发《西安市商品住房项目配建租赁型保障房实施细则》的通知	市政办发〔2018〕49号	2018.05.21
西安市人民政府办公厅关于印发《西安市关于深化改革推进出租汽车行业健康发展的实施意见》的通知	市政办发〔2018〕51号	2018.05.23
西安市人民政府办公厅关于印发《西安市新能源汽车推广应用地方财政补贴资金管理暂行办法》的通知	市政办发〔2018〕52号	2018.05.29
西安市人民政府办公厅关于印发《西安市出租汽车经营权试用期满重新许可实施意见》的通知	市政办发〔2018〕53号	2018.05.25
西安市人民政府办公厅关于印发加强建筑垃圾资源化利用工作实施意见的通知	市政办发〔2018〕54号	2018.05.27
西安市人民政府办公厅关于印发西安市哲学社会科学优秀成果评奖办法的通知	市政办发〔2018〕55号	2018.05.28
西安市人民政府办公厅关于印发西安市土地供应前考古勘探和费用承担管理办法的通知	市政办发〔2018〕56号	2018.05.22
西安市人民政府办公厅关于印发西安市城中村出租屋安全管理办法的通知	市政办发〔2018〕57号	2018.06.01
西安市人民政府办公厅关于印发深化农村集体产权制度改革加快推进三遍步伐实施意见的通知	市政办发〔2018〕58号	2018.06.06
西安市人民政府办公厅关于印发西安市畜禽养殖废弃物资源化利用工作方案的通知	市政办发〔2018〕59号	2018.06.12
西安市人民政府办公厅关于印发西安市“标准化+”行动计划实施方案（2018—2020年）的通知	市政办发〔2018〕60号	2018.06.12
西安市人民政府办公厅关于进一步规范商品住房交易秩序有关问题的通知	市政办发〔2018〕61号	2018.06.23
西安市人民政府办公厅关于印发《西安市矿山地质环境保护与治理规划（2018—2025年）》的通知	市政办发〔2018〕62号	2018.06.22
西安市人民政府办公厅关于印发实施学前儿童看护点工作指导意见（试行）的通知	市政办发〔2018〕63号	2018.06.25
西安市人民政府办公厅关于印发《西安市重大招商引资签约项目开工注册率资金到位率竣工投产率考核管理暂行办法》的通知	市政办发〔2018〕64号	2018.06.24
西安市人民政府办公厅关于印发西安市水污染防治2018年度工作方案的通知	市政办发〔2018〕65号	2018.06.27
西安市人民政府办公厅关于印发《西安市地铁工程建设突发事件应急预案》《西安市地铁运营突发事件应急预案》的通知	市政办发〔2018〕68号	2018.07.02
西安市人民政府办公厅关于印发《西安市电子政务管理办法》的通知	市政办发〔2018〕69号	2018.07.02
西安市人民政府办公厅关于印发《西安市食品安全事件应急预案（2018年修订版）》的通知	市政办发〔2018〕70号	2018.07.06
西安市人民政府办公厅关于印发《西安市商圈建设三年行动方案（2018—2020年）》的通知	市政办发〔2018〕71号	2018.07.06
西安市人民政府办公厅关于支持实体经济发展若干财税措施的意见	市政办发〔2018〕72号	2018.07.04
西安市人民政府办公厅关于印发西安市突发公共卫生事件应急预案（2018年修订版）的通知	市政办发〔2018〕73号	2018.07.19
西安市人民政府办公厅关于进一步完善市属国有企业法人治理结构的实施意见	市政办发〔2018〕74号	2018.07.23
西安市人民政府办公厅关于印发《西安市燃气事故应急处置预案（2018年修订稿）》的通知	市政办发〔2018〕76号	2018.08.01
西安市人民政府办公厅关于印发《西安市民办非学历文化教育培训机构管理暂行办法）》的通知	市政办发〔2018〕77号	2018.08.02
西安市人民政府办公厅印发关于完善集体林权制度实施意见的通知	市政办发〔2018〕78号	2018.08.01
西安市人民政府办公厅关于印发加快农产品加工业发展实施意见的通知	市政办发〔2018〕79号	2018.08.09
西安市人民政府办公厅关于印发《西安市适龄妇女免费“两癌”筛查工作方案》的通知	市政办发〔2018〕80号	2018.08.15
西安市人民政府办公厅关于转发2018年西安市政策性农业保险工作实施方案的通知	市政办发〔2018〕81号	2018.08.17
西安市人民政府办公厅关于印发《三大领域政府信息公开实施方案》的通知	市政办发〔2018〕82号	2018.08.20
西安市人民政府办公厅关于印发西安市建立耕地保护奖补机制实施意见的通知	市政办发〔2018〕83号	2018.08.21
西安市人民政府办公厅关于印发《西安市农村义务教育学生营养改善计划管理办法》的通知	市政办发〔2018〕84号	2018.08.21
西安市人民政府办公厅关于印发《西安市深化住房供给侧结构性改革实施方案》的通知	市政办发〔2018〕85号	2018.09.13
西安市人民政府办公厅关于印发《西安市深化医药卫生体制改革2018年重点任务》的通知	市政办发〔2018〕86号	2018.08.29
西安市人民政府办公厅关于印发《西安市工程建设项目审批制度改革实施细则》的通知	市政办发〔2018〕87号	2018.08.27
西安市人民政府办公厅关于印发西安市农村集体产权制度改革整市试点推进方案的通知	市政办发〔2018〕88号	2018.08.29
西安市人民政府办公厅关于提高被征地农民养老金标准的通知	市政办发〔2018〕89号	2018.08.30
西安市人民政府办公厅关于印发《西安市建立现代医院管理制度实施方案》的通知	市政办发〔2018〕90号	2018.08.31
西安市人民政府办公厅关于印发《西安市“三中心”项目审批改革试点方案》的通知	市政办发〔2018〕91号	2018.09.07
西安市人民政府办公厅关于印发《西安旅游产业倍增计划（2018—2021年）》的通知	市政办发〔2018〕92号	2018.09.07
西安市人民政府办公厅关于印发《西安市美丽城镇建设三年行动实施方案》的通知	市政办发〔2018〕93号	2018.09.07

标　题	发文号	发文时间
西安市人民政府办公厅关于不再保留秦岭北麓23个未开工项目的通知	市政办发〔2018〕94号	2018.09.14
西安市人民政府办公厅关于印发《西安市机器人产业发展规划（2018—2021年）》和《西安市“机器人+”行动计划（2018—2021年）》的通知	市政办发〔2018〕97号	2018.09.22
西安市人民政府办公厅关于印发西安市县级政府耕地保护责任目标考核办法的通知	市政办发〔2018〕98号	2018.09.28
西安市人民政府办公厅关于贯彻落实国务院和省政府取消一批行政许可等事项决定的通知	市政办发〔2018〕99号	2018.09.29
西安市人民政府办公厅关于印发《西安市城镇污水处理厂再生水化提标改造和加盖除臭工程三年行动方案（2018—2020年）》的通知	市政办发〔2018〕100号	2018.10.01
西安市人民政府办公厅关于进一步扩大旅游文化体育健康养老教育培训等领域消费的实施意见	市政办发〔2018〕101号	2018.10.06
西安市人民政府办公厅关于印发《西安市第二期特殊教育提升计划（2018—2020年）实施方案》的通知	市政办发〔2018〕103号	2018.10.15
西安市人民政府办公厅关于印发西安市教育系统突发事件应急预案的通知	市政办发〔2018〕105号	2018.10.21
西安市人民政府办公厅关于加强电梯质量安全工作的通知	市政办发〔2018〕106号	2018.10.17
西安市人民政府办公厅关于印发《西安市新建停车位三年行动方案（2018—2020年）》的通知	市政办发〔2018〕107号	2018.10.25
西安市人民政府办公厅关于印发《西安市大力发展农村电子商务三年行动方案（2018—2020年）》的通知	市政办发〔2018〕108号	2018.10.29
西安市人民政府办公厅关于印发《西安市公共停车场建设优惠政策》》的通知	市政办发〔2018〕109号	2018.10.25
西安市人民政府办公厅关于印发重污染天气应急预案（2018年修订稿）的通知	市政办发〔2018〕110号	2018.10.29
西安市人民政府办公厅关于规范商品住房交易有关问题的补充通知	市政办发〔2018〕112号	2018.11.03
西安市人民政府办公厅关于印发西安市消防安全责任制实施办法的通知	市政办发〔2018〕113号	2018.11.17
西安市人民政府办公厅关于印发西安市进一步深化基本医疗保险支付方式改革实施方案的通知	市政办发〔2018〕114号	2018.11.22
西安市人民政府办公厅关于印发改革完善全科医生培养与使用激励机制实施方案的通知	市政办发〔2018〕115号	2018.11.29
西安市人民政府办公厅关于贯彻落实省政府取消、下方或者委托一批行政审批事项决定的通知	市政办发〔2018〕116号	2018.12.04
西安市人民政府办公厅关于印发西安市冰雪灾害天气应急预案的通知	市政办发〔2018〕117号	2018.12.06
西安市人民政府办公厅关于印发《西安市商品住房项目配建公共租赁住房实施细则》的通知	市政办发〔2018〕118号	2018.12.07
西安市人民政府办公厅关于印发《西安市加快促进科技成果转移转化20条措施》的通知	市政办发〔2018〕119号	2018.12.12
西安市人民政府办公厅关于印发西安市职业病防治规划（2016—2020年）的通知	市政办发〔2018〕120号	2018.12.12
西安市人民政府办公厅关于印发《西安市地方标准管理办法》的通知	市政办发〔2018〕121号	2018.12.17
西安市人民政府办公厅关于印发促进中国（西安）跨境电子商务综合试验区发展若干政策的通知	市政办发〔2018〕122号	2018.12.20
西安市人民政府办公厅关于印发《西安市推进田园综合体建设扶持政策》和《西安市田园综合体建设工作考核办法（暂行）》的通知	市政办发〔2018〕124号	2018.12.24
西安市人民政府关于设立西安市渭河生态区的通告	市政告字〔2018〕1号	2018.08.16
西安市人民政府关于二手车迁入政策的通告	市政告字〔2018〕2号	2018.08.24
西安市人民政府关于柴油货车通行管理的通告	市政告字〔2018〕4号	2018.11.03
西安市人民政府关于开展第四次全国经济普查的通告	市政告字〔2018〕5号	2018.12.21
西安市人民政府关于表彰2017年度安全生产工作优秀单位和先进个人的通报	市政函〔2018〕36号	2018.04.02
西安市人民政府关于表彰2018年西安十佳工匠之星暨西安工匠的通报	市政函〔2018〕53号	2018.05.17
西安市人民政府关于印发《加快西安市通信基础设施建设2018年行动计划》的通知	市政函〔2018〕94号	2018.08.23
西安市人民政府关于表扬2018年度“西安市十佳科技企业家”“西安市十大创业杰出人物”“西安市十佳创新人物”的通报	市政函〔2018〕124号	2018.10.16
西安市人民政府办公厅关于市安委会重点成员单位包抓督导区（县、开发区）安全生产工作的通知	市政办函〔2018〕21号	2018.01.24
西安市人民政府办公厅关于印发《西安人民政府领导联系政府参事工作制度》的通知	市政办函〔2018〕22号	2018.01.25
西安市人民政府办公厅关于做好2018年春节元宵节期间旅游工作的通知	市政办函〔2018〕33号	2018.02.09
西安市人民政府办公厅关于进一步做好冬春季火灾防控工作的通知	市政办函〔2018〕35号	2018.02.09
西安市人民政府办公厅关于表彰2017年西安市质量发展工作先进单位的通报	市政办函〔2018〕50号	2018.03.09
西安市人民政府办公厅关于2017年全市消防工作考核情况的通报	市政办函〔2018〕52号	2018.03.12
西安市人民政府办公厅关于印发《西安市2018年重点为民办好的“十大实事”》的通知	市政办函〔2018〕53号	2018.03.12
西安市人民政府办公厅关于印发《西安渼陂湖水系生态文化旅游区规划建设实施方案》的通知	市政办函〔2018〕54号	2018.03.20
西安市人民政府办公厅关于印发《2018西安城墙国家马拉松赛实施方案》的通知	市政办函〔2018〕60号	2018.03.12
西安市人民政府办公厅关于印发《西安市产业扶贫（农业）投资基金设立方案》的通知	市政办函〔2018〕61号	2018.03.22
西安市人民政府办公厅关于印发《西安市节日量化设计导则》的通知	市政办函〔2018〕71号	2018.04.02
西安市人民政府办公厅关于立即在全市开展城中村消防安全隐患专项整治的通知	市政办函〔2018〕77号	2018.04.12
西安市人民政府办公厅关于印发开展机场、火车站等重点部位出租汽车营运秩序整治工作实施方案的通知	市政办函〔2018〕83号	2018.04.19
西安市人民政府办公厅关于印发西安市粮食生产功能区划定工作方案的通知	市政办函〔2018〕87号	2018.04.21
西安市人民政府办公厅关于切实做好“五一”期间安全稳定工作的通知	市政办函〔2018〕92号	2018.04.28
西安市人民政府办公厅关于印发《西安市打击传销专项执法行动实施方案》的通知	市政办函〔2018〕93号	2018.04.28
西安市人民政府办公厅关于印发《第三届丝绸之路国际博览会西安市代表团工作方案》的通知	市政办函〔2018〕94号	2018.04.28
西安市人民政府办公厅关于印发《2018年农作物秸秆综合利用和禁烧工作实施方案》的通知	市政办函〔2018〕101号	2018.05.14
西安市人民政府办公厅关于2017年农作物秸秆综合利用和焚烧工作考核情况的通报	市政办函〔2018〕102号	2018.05.14
西安市人民政府办公厅关于印发《西安市2018年节日亮化工作实施方案》的通知	市政办函〔2018〕104号	2018.05.16
西安市人民政府办公厅关于做好2018年高考中考服务保障工作的通知	市政办函〔2018〕112号	2018.05.28
西安市人民政府办公厅关于印发《西安市商贸领域促销费稳增长若干措施》的通知	市政办函〔2018〕129号	2018.05.31
西安市人民政府办公厅关于2018年元旦、春节夜间亮化节日氛围营造工作的通报	市政办函〔2018〕122号	2018.05.30
西安市人民政府办公厅关于铁腕治霾暗访检查发现问题有关情况的通报	市政办函〔2018〕130号	2018.06.05

标　　题	发文号	发文时间
西安市人民政府办公厅关于2017年生态园林式单位（居住式）的表彰通报	市政办函〔2018〕131号	2018.06.06
西安市人民政府办公厅关于印发2018年“夏防期”臭氧污染防治攻坚二十九条的通知	市政办函〔2018〕132号	2018.05.07
西安市人民政府办公厅关于推进葡萄酒庄产业发展的意见	市政办函〔2018〕142号	2018.05.15
西安市人民政府办公厅关于印发《2018年经济工作“季季红”八条措施》的通知	市政办函〔2018〕148号	2018.06.25
西安市人民政府办公厅关于2018年5月份市民服务热线运行情况的通报	市政办函〔2018〕139号	2018.06.13
西安市人民政府办公厅关于建立市钢铁行业化解过剩产能防范“地条钢”死灰复燃工作联席会议制度的通知	市政办函〔2018〕158号	2018.07.10
西安市人民政府办公厅关于印发《创新西安扶贫模式推进“精准扶贫+乡村振兴”实施方案》的通知	市政办函〔2018〕161号	2018.07.13
西安市人民政府办公厅关于2018年6月份市民服务热线运行情况的通报	市政办函〔2018〕163号	2018.07.17
西安市人民政府办公厅关于印发西安市落实生态环境部第一轮水源地环境保护督查反馈意见整改工作实施方案的通知	市政办函〔2018〕171号	2018.07.23
西安市人民政府办公厅关于印发《西安市2018年食品安全重点工作安排》的通知	市政办函〔2018〕175号	2018.07.30
西安市人民政府办公厅关于印发《西安市田园综合体创建导则》的通知	市政办函〔2018〕187号	2018.08.10
西安市人民政府办公厅关于2018年7月份市民服务热线运行情况的通报	市政办函〔2018〕189号	2018.08.16
西安市人民政府办公厅关于印发《西安市殡葬领域突出问题专项整治行动实施方案》的通知	市政办函〔2018〕191号	2018.08.17
西安市人民政府办公厅关于印发《西安市质量提升三年行动计划（2018—2020年）重点任务分解表》的通知	市政办函〔2018〕195号	2018.08.21
西安市人民政府办公厅关于印发《西安市2018—2019年蓝天保卫战强化督查配合保障工作方案》的通知	市政办函〔2018〕199号	2018.08.28
西安市人民政府办公厅关于开展人员密集场所消防安全检查的通知	市政办函〔2018〕201号	2018.08.30
西安市人民政府办公厅关于印发《西安市2018年城市生活垃圾分类工作实施方案》的通知	市政办函〔2018〕207号	2018.09.04
西安市人民政府办公厅关于印发《西安市城市标志标识完善整改方案》的通知	市政办函〔2018〕210号	2018.09.05
西安市人民政府办公厅关于印发《西安市庆祝中国农民丰收节活动实施方案》的通知	市政办函〔2018〕217号	2018.09.13
西安市人民政府办公厅关于印发《西安市秦岭生态环境保护约谈制度》的通知	市政办函〔2018〕219号	2018.09.14
西安市人民政府办公厅关于印发《西安市创建国家节水型城市实施方案》的通知	市政办函〔2018〕220号	2018.09.14
西安市人民政府办公厅关于印发西安市农村生活污水处理设施运行维护管理指导意见的通知	市政办函〔2018〕227号	2018.09.19
西安市人民政府办公厅关于做好2018年国庆、中秋节假日旅游工作的通知	市政办函〔2018〕229号	2018.09.20
西安市人民政府办公厅关于做好2018年秋季秸秆综合利用和禁烧工作的通知	市政办函〔2018〕230号	2018.09.21
西安市人民政府办公厅关于切实做好中秋、国庆期间安全生产工作的通知	市政办函〔2018〕231号	2018.09.21
西安市人民政府办公厅关于印发《2018西安全球硬科技创新大会工作方案》的通知	市政办函〔2018〕234号	2018.09.25
西安市人民政府办公厅关于印发《第二届世界饮品大会工作方案》的通知	市政办函〔2018〕237号	2018.09.28
西安市人民政府办公厅关于命名2018年西安市职工（劳模）创新工作室的通报	市政办函〔2018〕233号	2018.09.21
西安市人民政府办公厅关于航天基地定单位深入推进行政效能革命营造良好营商环境典型做法的表彰通报	市政办函〔2018〕236号	2018.09.27
西安市人民政府办公厅关于印发《西安市工业、仓储物流及重点项目专项补助资金管理办法》的通知	市政办函〔2018〕249号	2018.10.19
西安市人民政府办公厅关于印发西安市建设项目停车位配建标准的通知	市政办函〔2018〕252号	2018.10.23
西安市人民政府办公厅关于印发《西安市建筑垃圾治理试点城市实施方案》的通知	市政办函〔2018〕254号	2018.10.23
西安市人民政府办公厅关于2018年森林防火责任书执行情况的通报	市政办函〔2018〕268号	2018.11.09
西安市人民政府办公厅关于印发《西安市2018—2019年采暖季天然气保障工作方案》和《西安市2018—2019年采暖季天然气压非保民应急预案》的通知	市政办函〔2018〕271号	2018.11.13
西安市人民政府办公厅关于进一步加强钢瓶液化石油气管理的通知	市政办函〔2018〕274号	2018.11.09
西安市人民政府办公厅关于印发《西安市独角兽企业培育方案（2018—2021年）》的通知	市政办函〔2018〕275号	2018.11.13
西安市人民政府办公厅关于进一步加强2018年冬防期涉土作业监管工作的通知	市政办函〔2018〕276号	2018.11.15
西安市人民政府办公厅关于建立民办非学历文化教育培训机构管理工作联席会议制度的通知	市政办函〔2018〕282号	2018.11.19
西安市人民政府办公厅关于表彰第十次哲学社会科学优秀成果的通报	市政办函〔2018〕284号	2018.11.19
西安市人民政府办公厅关于印发加快发展老年教育实施方案的通知	市政办函〔2018〕286号	2018.11.22
西安市人民政府办公厅关于印发《西安市2019年元旦、春节夜间亮化节日氛围营造工作实施方案》的通知	市政办函〔2018〕297号	2018.12.01
西安市人民政府办公厅关于进一步做好保障农民工工资支付工作的通知	市政办函〔2018〕305号	2018.12.09
西安市人民政府办公厅关于进一步做好今冬明春供热工作的通知	市政办函〔2018〕316号	2018.12.13
西安市人民政府办公厅关于进一步抓好岁末年初安全生产工作的通知	市政办函〔2018〕318号	2018.12.14
西安市人民政府办公厅关于印发《西安市重要商业街道街区商业店橱窗亮化工作实施方案》的通知	市政办函〔2018〕321号	2018.12.17
西安市人民政府办公厅关于印发《西安市大十字轴线点亮示范路建设实施方案》的通知	市政办函〔2018〕322号	2018.12.17
西安市人民政府办公厅关于印发《西安市政府领导干部2018年度安全生产重点工作责任清单》的通知	市政办函〔2018〕326号	2018.12.17
西安市人民政府办公厅关于印发《西安市高耗能高排放行业退出工作方案》的通知	市政办函〔2018〕329号	2018.12.21
西安市人民政府办公厅关于2017年天然林资源保护工程建设目标责任书执行情况的通报	市政办函〔2018〕335号	2018.12.15
西安市人民政府办公厅关于印发西安市养殖水域滩涂规划（2017—2030年）的通知	市政办函〔2018〕336号	2018.12.25
《西安市旅游市场监督管理办法》	西安市人民政府令第132号	2018.01.17
关于修改《西安市住宅专项维修资金管理办法》的决定	西安市人民政府令第133号	2018.02.28
西安市网络预约出租汽车经营服务管理暂行办法	西安市人民政府令第134号	2018.05.23
《西安市控制吸烟管理办法》	西安市人民政府令第135号	2018.08.03
《西安市机动车车身广告设置管理办法》	西安市人民政府令第136号	2018.10.24

（姬娟妮）

文 摘

长安是中国的文化标识

为探讨长安是中国的文化标识这一命题，对建都长安的西周、秦、西汉、隋与唐时期的政治文明、物质文明和精神文明进行综合研究；通过对蓝田猿人、半坡遗址、西周青铜器、秦始皇兵马俑和汉唐长安城等大量考古遗存与史料进行分析。研究认为，中华之礼得周公而制，中国之政得秦皇而行，中国之境得汉武而定，中国之盛得唐宗而成，不断进行的制度创新，有力地推动了中国社会的进步。分析认为，长安地区是炎黄故里、儒释道圣地，是汉语、汉字起源之处，汉赋、唐诗繁盛之地，创立和繁荣了中华民族五千年的灿烂文明。分析结果表明：长安是丝绸之路新起点、光复伟业最高地，新时代、新长安必将在国际化大都市建设中，成为中国乃至世界的文化中心。

（摘自《长安大学学报(社会科学版)》2018年第5期《长安是中国的文化标识》 作者：李炳武）

民国西安易俗社秦腔媒介传播考述

作为由陕西近代知识分子主导，陕西军政、教育、文化各界共同发起创建的秦腔改良剧社，西安易俗社一经出现便引发了民国初期秦腔剧坛的新变。与传统秦腔班主制不同，易俗社全新的生产运行体制和模式在省内外催生了大批秦腔新兴班社，剧社新编经典秦腔剧目被省内外戏曲班社广泛移植；剧社“毕业”学员和因故脱离剧社的演员流动于西北五省，成为各大秦腔班社的“台柱子”；尤其民国中后期，易俗社组织最佳演出阵容前往汉口办分社和二进北平，更将西北地方剧种秦腔的传播推向民国剧坛中心区域。易俗社全新的艺术生产范型形成的秦腔传播效应，无疑对20世纪上半叶秦腔传播产生了重要影响。

（摘自《西北大学学报》（哲学社会科学版）2018年第5期《民国西安易俗社秦腔媒介传播考述》 作者：李有军）

明清时期陕西书院的祭祀及其社会意义

书院是中国传统社会的一种教育机构，祭祀是书院的重要典礼。陕西书院祭祀对象主要有至圣先师、地方乡贤、学术大儒和地方官员，书院祭祀一般在孔庙或大成殿、文昌阁、藏书楼进行，祭祀相关事宜都有严格规定。明清时期，陕西书院祭祀是对学子进行道德教育的方式，有助于人文教育和乡土礼仪风俗的形成。

（摘自《西北大学学报》（哲学社会科学版）2018年第6期《明清时期陕西书院的祭祀及其社会意义》 作者：黎文丽）

历史时期以西安为中心的关中地区政区设置之特点及其当代启示

西安是中国历史时期多个王朝之都城，也是中央王朝控驭西北地区重镇以及挽毂中原与西北、西南地区之枢纽。在中国特色社会主义进入了新时代后，以国家级中心城市西安为首，调整改革关中地区的行政区划，是重大的学术与现实问题。对历朝历代在以西安为中心的关中地区的政区设置进行分析，对形成的一些相沿成习的重要特点进行论证。研究认为，撤销咸阳市与铜川市并入西安市，重现西汉“三辅”、东汉与隋代关中三郡并立之历史时期经典型的行政区划建置格局；咸阳市原辖之秦都区、渭城区列为西安市市辖区，渭城区改称为“咸阳区”；黄陵县划入大西安市内，增加清明黄帝陵祭祀的影响力；渭南市富平县划入大西安市；另还将渭河源头之甘肃省定西市下属渭源县、陇西县以及泾河源头之宁夏回族自治区固原市下属泾源县也划入大西安市。如此，形成以国家级中心城市西安为首之关中平原城市群，可更有力地推动国家级中心城市西安建成为中国西部经济中心、“一带一路”对外交往高地、丝路文化高地以及内陆开放高地与综合交通枢纽。

（摘自《长安大学学报(社会科学版)》2018年第9期《历史时期以西安为中心的关中地区政区设置之特点及其当代启示》 作者：朱士光）

基于“一带一路”构建西部地区外资集聚平台研究

以“一带一路”建设为依托，加快中国西部地区经济跨越式发展需要利用全面开放的格局吸引外商直接投资向中国西部地区集聚，通过外商直接投资(FDI)的外溢效应带动中国西部地区产业结构升级和经济快速发展。中国西部地区具备了一定吸引外资集聚的优势，而近几年的外资转移情况却并没有将优势转化为现实。本文通过分析中国西部地区的引资环境对不同来源地的FDI的影响情况计量分析发现，“一带一路”倡议对外资向中国西部地区集聚的影响没有充分发挥，美国FDI更关注中国西部地区是否具备了高科技人才，欧盟FDI则随着中国西部地区的经济发展和市场规模的日益增长而有所扩大，东(南)亚FDI最为关注成本比较优势。在打造外资集聚平台过程中，中国西部地区要充分重视不同来源地FDI的不同需求，借力“一带一路”建设，全方位释放制度红利和人才储备优势。

（摘自《西北大学学报》（哲学社会科学版）2018年第3期《基于“一带一路”构建西部地区外资集聚平台研究》 作者：庞鹤 王珏）

“一带一路”建设中陕西军民融合创新发展路径研究

文章结合国家“一带一路”建设的推进和军民融合战略的实施，通过建立评价指标体系，并在借鉴国内外经验的基础上，对陕西省军民融合创新进行了科学评价。得出结论：陕西省军民融合创新发展处于中等水平，应该积极部署并落实军民融合创新发展战略规划，重视军民融合创新示范区和“一带一路”创新中心建设，建立健全军民融合创新管理模式，搭建军民融合科技创新信息共享平台，以期为陕西和其他地区军民融合创新提供指导与借鉴。

（摘自《西安财院学报》2018年第12期《“一带一路”建设中陕西军民融合创新发展路径研究》 作者：张雯 牟曦媛 王席）

“一带一路”倡议背景下陕西高校科技创新环境优化研究

“一带一路”倡议是我国重要决策，陕西要在“一带一路”建设中取得快速发展，强化在“一带一路”倡议实施中的支撑作用，打造丝绸之路经济带新起点，需要高校的科技引领与智力支持。陕西高校应主动对接“一带一路”发展战略，规范制度保障体系，完善政策制度环境；加强基础设施建设，强化基础支撑环境；强化市场导向作用，拓展市场需求环境；完善支持保障体系，建立良好机制环境；注重大学精神传承，促进校园文化建设，为陕西融入“一带一路”建设提供坚实的理论支撑和人才支持。

（摘自《西安财院学报》2018年第12期《“一带一路”倡议背景下陕西高校科技创新环境优化研究》 作者：邓 凯）

陕西建设丝绸之路经济带新起点要“内外并重”

“一带一路”倡议的提出和推进，使陕西变成丝绸之路经济带上对外开放的前沿，“一带一路”与“长江经济带”“京津冀协同发展”三大战略齐头并进，使国内区域开放与对外开放相互配合，互为支撑，我国开放型经济框架业已搭起。加快陕西丝绸之路经济带新起点建设，要“内外并重”，既要把对内开放摆到更加突出的位置，同时，也要在安全高效的基础上有序推进对外开放。一是关中城市群增长极的形成和建设。关中城市群增长极主要在文化教育、信息产业、航空产业、能源金融中心。二是继续发展陕南生态绿色产业。积极推动汉中融入西南成渝经济圈、安康融入华中经济圈，南联长江经济带，21 世纪海上丝路。三是会同周边资源能源城市建设能源经济圈。把能源结构调整、能源化工产业发展同未来持续发展结合起来。这里一定要重视石墨矿的开发应用趋势，未雨绸缪，抢抓目前的机遇实现结构调整。

（摘自《西安日报（“理论与实践”专版）》2018年第12期《陕西建设丝绸之路经济带新起点要“内外并重”》 作者：张 宏）

陕西对丝绸之路经济带出口的比较优势演进及对贸易畅通的启示

在“一带一路”建设背景下，陕西省与丝绸之路经济带沿线国家的经贸合作日益紧密，给陕西外向型经济带来重要的发展机遇。本文通过回顾2008—2016年陕西对丝绸之路经济带沿线国家出口的比较优势演进，观察出口总量以及地理分布、商品结构、贸易方式等变动过程，发现陕西对沿线国家的出口总量仍较为有限，特别是对沿线的发展中国家出口的份额亟待提高，同时出口商品结构的高级化、加工贸易转型升级已取得了明显成效。为了深度融入丝绸之路经济带，通过向西开放和陆路贸易带动经济增长质量提升，陕西应扩大对丝绸之路经济带沿线国家的出口规模，积极开拓有潜力的新兴市场，并注重提高出口商品的国内附加值和实际贸易利得。

（摘自《人文杂志》2018年第5期《陕西对丝绸之路经济带出口的比较优势演进及对贸易畅通的启示》 作者：孙早 谢慧莹 刘航）

改革开放以来西安经济发展的成就与经验

改革开放40年来，在全市人民的共同努力下，西安走出了一条不同寻常的经济发展之路，实现了古都城市发展历史上的新跨越。深入总结改革成就，归纳改革经验，对指导做好当前及未来西安的经济发展工作，早日实现追赶超越发展新目标，意义十分重大。主要成就：第一，经济规模显著扩大。第二，产业结构得到优化。第三，对外经济成绩斐然。第四，城乡交易持续繁荣。第五，人民生活不断改善。第六，城市面貌焕然一新。

（摘自《西安日报（“理论与实践”专版）》2018年第12期《改革开放以来西安经济发展的成就与经验》 作者：雷 军）

对西安争创国家军民融合创新示范区的几点建议

实施“军民融合+”战略，争创国家军民融合创新示范区是西安加快国家中心城市建设的重要动能。推进军民融合深度发展，是以习近平同志为核心的党中央在战争形态信息化、经济形态高度市场化、技术形态军民通用化时代背景下，统筹国家安全和发展做出的科学决策。西安要抓住此次军民融合的机会，充分发挥军工优势和军民融合的机会，借此实现跨越式发展。尤其是在以人工智能、航空航天、光电芯片等为代表的硬科技创新已成为推动城市发展的强大动力的时代，硬科技高度契合军民融合产业发展的战略方向，西安不仅具备军工研发的先天优势，又具有硬科技的后发优势。推进军民融合深度发展，与打造西安“硬科技之都”互促互进，将迸发双重或叠加活力。

具体建议有：“军工+”模式破解军、民发展不平衡难题；平台建设破解军、民发展信息不对称难题；产业发展破解西安军工科研、军民两用技术成果本地转化率低、本地产业化程度低的难题。

（摘自《西安日报（“理论与实践”专版）》2018年第12期《对争创国家军民融合创新示范区的几点建议》 作者：任孟娥）

西部9省市区高技术产业创新效率研究

“丝绸之路经济带”的高技术产业创新能力已成为沿线各省市区经济增长的重要源泉，其创新效率的分析意义重大。

本文采用随机前沿分析法构建面板数据，从科技投入、产出和环境支撑角度对“丝绸之路经济带”西部9省市区的高技术产业创新效率进行测算。研究表明，西部9省市区中西南地区整体创新效率比西北地区相对较高，同时存在“高投入低效率”“低投入高效率”等情况。构建Tobit模型探索不同地区高技术产业创新效率的影响因素，结果表明，西南地区的创新效率受到金融、科研、社会和经济的促进作用，西北地区部分省区创新效率受到金融、经济、科研等因素影响，最后借助实证结论对“丝绸之路经济带”西部9省市区高技术产业创新效率提升提供相应建议。

（摘自《西安财院学报》2018年第12期《“丝绸之路经济带”高技术产业创新效率研究——基于西部9省市区的实证分析》 作者：张利 童舟）

陕西农产品外贸物流与县域经济发展联盟体系与机制

农产品外贸物流对农业生产发展和县域经济繁荣具有十分重要的作用。基于陕西农产品外贸物流与县域经济发展的条件和基础，分析了制约陕西农产品外贸物流与县域经济发展的主要因素，构建了陕西农产品外贸物流与县域经济发展的“共享联盟”体系，包括：战略联盟、利益联盟、组织联盟、流程联盟、信息联盟、标准联盟。在此基础上提出陕西农产品外贸物流与县域经济发展的机制建设，即一个优化、三个亮点、五个抓手，从而为实现陕西经济的发展奠定保障基础，为我国西部经济未来发展、“丝绸之路”经济带以及整个国家经济和社会和谐发展发挥应有作用。

（摘自《西北农林科技大学学报（社会科学版）》2018年第3期《陕西农产品外贸物流与县域经济发展联盟体系与机制》 作者：王 静）

陕西省岐山县G村居民政治参与及社会治理分析

以陕西省岐山县G村社会调研数据为基础，对西部农村居民的政治关注度、参与度、满意度进行描述性统计分析，认为西部农村居民的政治参与水平不高。通过建立Probit模型，分析影响农村居民政治参与水平的人口学变量以及政治效能感因素，研究发现：人口学的关键变量、内在与外在的政治效能感均对政治参与有显著影响，为此提出通过有效的社会治理举措，以改善人口学变量中关键因素，提升农民的政治效能感，从而有效提高农村居民政治参与水平。

（摘自《西北农林科技大学学报（社会科学版）》2018年第1期《西部农村居民政治参与及社会治理分析——基于陕西省岐山县G村的社会调查》 作者：王 静）

精英“依附式”生态社区治理的探索
——基于陕西袁家村的启示

在国家全面实施新型城镇化和乡村振兴的战略背景下，实现城乡生态社区治理是新时期贯彻生态文明纵深发展的社会治理新模式，也是深入推进治理体系和能力现代化的重要体现。传统的“二元化”结构范式的社区精英治理，不仅难以适应生态治理“一核多元”的现实要求，同时，“精英俘获”附带的管制型治理思维也同生态的开放共享诉求相背离。新精英行动更凸显了开放、创新和共生的发展新理念，“依附式”模式契合了生态社区治理的内在逻辑，也体现了二者在社区治理过程中互动良序发展的现实诉求。袁家村以新精英思维构建了党支部为核、干群为基、精英主导的生态社区治理模式。这为当前的生态社区治理提供了理论和实践层面的有益启示。

（摘自《西北大学学报》（哲学社会科学版）2018年第6期《精英“依附式”生态社区治理的探索——基于陕西袁家村的启示》 作者：李志强 张一彦）

陕西四县(区)新型农村社区建设中农民财产权益受损的形成与应对

新型农村社区建设是继家庭联产承包责任制之后农村发展的“第二次革命”，是统筹城乡发展的重要战略，是新型城镇化的重要组成部分和城乡一体化的必然途径。大规模的新型农村社区建设，无论采取何种模式都会涉及农民的承包地、宅基地、房屋等一系列财产权益。通过对陕西省新型农村社区发展中有关农民财产权益保护政策和实践层面的检视和反思，客观反映新型农村社区建设过程中农民财产权益保护的实际状况，旨在揭示侵害农民财产权益的具体表现形态和制度、社会根源，提出有效防范和遏制各种侵害农民财产权益现象的对策建议，让农民财产权益损害问题走出“运动式发生”和“运动式解决”的怪圈，逐步走向法治化和常态化。

（摘自《西安财院学报》2018年第12期《新型农村社区建设中农民财产权益受损的形成与应对——基于陕西四县(区)的调研》 作者：白呈 明纪凯）

西部农村留守儿童学业绩效的影响因素与改善路径

由于自然条件局限、家庭教育缺失等因素，西部留守儿童中超过正常学龄的学生占28.89%，构成一个不容忽视的特殊群体。本研究调查发现，与其他学生相比，超龄留守学生在学业绩效、学业满意、父母沟通频率、父母师生关心、学校融入等方面得分更低。对于所有学生而言，性别、学业满意、周生活费水平、学校融入等因素都会正向影响学业绩效；父亲受教育程度、与母亲沟通频率、同伴关心等因素对正常学龄留守学生的学业绩效有正向影响，却不适用于超龄留守学生；与父亲沟通频率、教师关心等因素却对超龄留守学生具有显著影响。依据以上发现，改善超龄学生家庭关爱模式、调整师生互动方式将对促进学业发展产生积极影响。

（摘自《西安交通大学学报(社会科学版)》2018年第7期《西部农村留守儿童学业绩效的影响因素与改善路径》 作者：梅红 宋倩楠 王静静）

新时代陕西农村义务教育发展问题研究

农村义务教育在整个国民教育体系中占有举足轻重的地位，关系着农村经济和社会发展的全局。然而，陕西农村人口文化素质普遍偏低，义务教育整体薄弱的状况还没得到根本改变，这一状况已不能适应社会主义新农村建设的要求。文章在分析加快发展陕西农村义务教育意义的基础上，探讨了陕西农村义务教育发展的现状、问题及原因，提出加快发展陕西农村义务教育的建议，以期推进陕西新农村建设的步伐。

（摘自《西安财院学报》2018年第9期《新时代陕西农村义务教育发展问题研究》 作者：张雪绸）

西安市“211”高校图书馆微信公众号对大学生价值观引领的作用探析

大学生正处于价值观建立和成熟的关键时期，高校图书馆是高校培养大学生价值观的重要阵地之一。随着新媒体技术的迅速发展，高校图书馆引领大学生价值观提升的方式也应有所改变。本文通过对西安市“211”高校微信公众号服务内容、推文内容和大学生使用情况的调研，对新媒体服务在高校图书馆大学生价值观教育方面的作用做一番探讨，为高校图书馆大学生价值观教育提出新的途径。

（摘自《西安电子科技大学学报（社会科学版）》2018年第6期《高校图书馆微信公众号对大学生价值观引领的作用探析——以西安市“211”高校为例》 作者：辛 妮）

基于文化线路理念建构关陇先秦秦文化遗址保护体系

随着早期秦文化遗址的考古发现，先秦秦文化遗址序列雏形始现。这些遗址集中分布于关陇一带，规模大、价值高，但保护不足。《国家文物事业发展“十三五”规划》《大遗址保护“十三五”专项规划》陆续出台，要求发挥大遗址在构建中华优秀传统文化传承体系与促进地方区域经济社会发展方面的作用，关陇先秦秦文化遗址保护工作面临巨大挑战与机遇。本文基于文化线路保护理念的回溯与研析，通过该理念的认定要素、价值系统及相关理论逻辑，阐发关陇先秦秦文化遗址体系“线性联系—面状圈层—点状网络”构成，架构其“整体—共享—增值”的价值诠释框架，探讨其“线、面、点—上挂下联”保护体系及“线、面、点—自上而下”的展示框架，探求关陇先秦秦文化遗址保护之道。

（摘自《人文杂志》2018年第11期《基于文化线路理念建构关陇先秦秦文化遗址保护体系》 作者：苏静 刘克成）

城市电影中的西安：以阶层、性别、城市化为维度的考察

城市作为人们的物质栖息之所与精神寄寓的家园，同时也是文化矛盾的综合体，而城市电影的重要意义在于它提供了一种旁观、理解与讨论城市生活体验、问题及其解决方法的契机和参照点。本文将以阶层、性别、城市化为话语框架，探讨西安城市电影中复杂的社会现象与艺术内涵。西安城市电影作为一种动态、丰富而富有未来性的影像文本，既是“文化作为景观”又是“文化作为知识”，西安为叙事背景的电影并非单向、单纯、单点的城市呈现，而是在西安城市刻板印象和多元可能的交织下，对西安人生活方式和生存状态的折射、反思与对话。这既给了我们有关西安城市电影的诸多启示与建议，也带给我们有关西安城市电影发展走向的深远思索。

（摘自《西北大学学报》（哲学社会科学版）2018年第11期《城市电影中的西安：以阶层、性别、城市化为维度的考察》 作者：杨 欣）

“X人”式使感形容词的历时来源及其在西安话中的表现

为讨论汉语中“X人”式使感形容词的性质、历时来源，以及在西安话中的特殊表现，通过变换、插入和考察分布的方法，确定现代汉语普通话中“X人”的性质和特点，检索历史文献，采用语义分析的方法，探讨这些“X人”的历时来源和发展过程；使用对比的方法，观察西安话中的“人”读阳平和轻声时“X人”的不同用法。研究认为，普通话中的“X人”形式表示“使人感到X”，属于词法词、复合词、形容词；这种“X人”来源于汉语史上的述宾结构，该述宾结构最初表示一种具体动作，随后其语义发生“从动作到性状”的变化，表示一种抽象的性状；以西安话为代表的部分方言中，有一部分“人”产生了轻声读法，成为派生词缀，这种“X人”的语义也就从“使人感到X”转变为“主语自身感到X”。研究还认为，汉语的“X人”形式经历了“述宾结构—复合词—派生词”的发展过程：汉语史上的述宾结构“X人”，发展为现代汉语普通话和多数方言中都有的复合词“X人”，此时“人”读本调，表达一种“使感”的语义；这种复合词“X人”在以西安话为代表的部分方言中进一步发展，出现了“人”读轻声的派生词，表达一种“自感”的语义。

（摘自《长安大学学报(社会科学版)》2018年第11期《“X人”式使感形容词的历时来源及其在西安话中的表现》 作者：丁 丁）

（张永春　杜凝）

统计资料

主要经济社会指标及增速

	单 位	总 量	同比增长率（%）
*地区生产总值	亿元	8349.86	8.2
规模以上工业增加值	亿元		9.4
#装备制造业			11.1
全社会固定资产投资	亿元		8.4
固定资产投资（不含农户）	亿元		8.5
#房地产开发投资			7.9
#工业投资			28.7
*社会消费品零售总额	亿元	4658.72	9.6
#限额以上企业（单位）消费品零售额		2973.14	9.3
规模以上服务业营业收入（1—11月）	亿元	2083.01	17.8
进出口总值	亿元	3303.87	29.6
出口总值		1957.49	26.1
进口总值		1346.38	35.0
实际利用外商直接投资	亿美元	63.54	14.9
接待国内外旅游者人数	万人次	24738.75	36.7
旅游业总收入	亿元	2554.81	56.4
客运量	万人次	31066.41	7.9
货运量	万吨	42436.91	9.7
*全市居民人均可支配收入	元	31407	8.7
*城镇常住居民人均可支配收入	元	38729	8.1
*农村常住居民人均可支配收入	元	13286	9.0
居民消费价格总指数		101.9	1.9
商品零售价格指数		102.2	2.2
工业生产者出厂价格指数		101.1	1.1
工业生产者购进价格指数		102.7	2.7
新建住宅销售价格指数		114.6	14.6
全社会用电量	亿千瓦小时	396.75	9.8
#工业用电量		132.61	2.7
地方财政一般预算收入	亿元	684.71	10.8
地方财政一般预算支出	亿元	1151.61	10.2
期末金融机构本外币存款余额	亿元	21266.72	4.4
期末金融机构本外币贷款余额	亿元	19891.60	16.0

注：1.带*号的为季度指标。

法人单位数

单位：个

	12月末数量	同比增减个数
法人单位	167633	19968
#企业“一套表”调查单位数	7350	736
#规模以上工业企业法人单位数	1385	-42
限额以上批零住餐企业法人单位数	1989	237
资质以内建筑业企业法人单位数	1212	155
规模以上服务业法人单位数	1578	244
房地产开发企业法人单位数	1186	142

生产总值

	单　位	总　量	同比增长率（%）
生产总值	亿元	8349.86	8.2
第一产业	亿元	258.82	3.3
第二产业	亿元	2925.61	8.5
第三产业	亿元	5165.43	8.3
农林牧渔业	亿元	286.18	3.5
工业	亿元	1874.36	9.0
建筑业	亿元	1073.12	7.9
批发和零售业	亿元	842.06	7.0
交通运输、仓储和邮政业	亿元	357.49	6.3
住宿和餐饮业	亿元	204.85	5.8
金融业	亿元	874.91	5.3
房地产业	亿元	643.18	5.8
营利性服务业	亿元	964.58	22.9
非营利性服务业	亿元	1229.13	3.0
非公有制经济增加值	亿元	4459.64	53.4

主要农产品产量

	总　量	同比增长率（%）
肉类产量（万吨）	5.45	-7.2
#猪肉（万吨）	3.59	-2.6
奶类产量（万吨）	11.33	-2.7
#牛奶（万吨）	8.04	-3.4
禽蛋产量（万吨）	5.26	-0.3
蔬菜产量（万吨）	373.69	5.3
水果产量（万吨）	89.15	-0.7
猪存栏（头）	312882	-6.8
牛存栏（头）	50556	-0.7
羊存栏（只）	74200	-1.3
家禽存栏（万只）	625.83	-2.6
猪出栏（头）	459344	-6.0
牛出栏（头）	22482	-22.7
羊出栏（只）	54384	-6.4
家禽出栏（万只）	701.13	1.0

规模以上工业增加值

	总　量（亿元）	同比增长率（%）
规模以上工业增加值	9.4	9.4
1. 轻工业	8.4	8.4
重工业	9.6	9.6

续表

	总　量（亿元）	同比增长率（%）
#装备制造业	11.1	11.1
2.* 汽车制造业	7.1	7.1
* 铁路、船舶、航空航天和其他运输设备制造业	11.7	11.7
* 电气机械和器材制造业	10.5	10.5
医药制造业	4.9	4.9
* 通用设备制造业	13.8	13.8
* 专用设备制造业	0.7	0.7
电力、热力生产和供应业	8.2	8.2
农副食品加工业	1.9	1.9
* 计算机、通信和其他电子设备制造业	14.8	14.8
非金属矿物制品业	16.6	16.6
酒、饮料和精制茶制造业	7.5	7.5
燃气生产和供应业	0.3	0.3
化学原料和化学制品制造业	1.0	1.0
有色金属冶炼和压延加工业	-2.7	-2.7
食品制造业	12.0	12.0
* 仪器仪表制造业	22.4	22.4
印刷和记录媒介复制业	11.9	11.9
* 金属制品业	15.1	15.1
黑色金属冶炼和压延加工业	13.6	13.6

注：带*号的属规模以上装备制造业。

规模以上工业总产值率

	总　量（亿元）	同比增长率（%）
规模以上工业总产值	5734.50	12.2
#战略新兴产业	2283.36	9.7
#高技术产业	1400.72	8.5
1. 轻工业	1111.88	15.7
重工业	4622.62	11.4
2. 国有企业	503.42	6.1
集体企业	5.38	-12.7
股份制企业	3941.76	10.2
外商及港澳台商投资企业	1266.20	20.7
3. 国有及国有控股企业	2324.06	8.8
4. 大中型工业企业	3990.22	10.6
小型工业企业	1744.28	15.9
5. 工业产品销售率（%）	95.4	-0.6
6. 工业出口交货值（亿元）	598.29	11.5

注：#号的表示“其中”，下同。

规模以上工业主要产品产量

	总　量	同比增长率（%）
发电量（亿千瓦小时）	172.76	-4.1
饮料（万吨）	174.23	-8.8
小麦粉（万吨）	55.57	8.2
光电子器件（亿只）	152.20	328.7
饲料（万吨）	77.33	-10.8
乳制品（万吨）	74.86	13.1
中成药（万吨）	1.06	56.5
汽车用发动机（万千瓦）	383.33	12.8
交流电动机（万千瓦）	260.10	31.4
变压器（万千伏安）	13192.59	-7.1
汽车（万辆）	43.37	-2.6
其中：载货汽车（万辆）	18.32	-3.1
轿车（万辆）	18.08	-0.3
SUV（运动型多用途乘用车-万辆）	6.94	-5.7
新能源汽车（万辆）	13.85	70.0
单晶硅（万千克）	2038.32	25.1
多晶硅（万千克）	343.16	-46.4
电力电缆（万千米）	13.28	11.8
光纤（万千米）	801.48	51.3
光缆（万芯千米）	716.10	22.1
锂离子电池(万只)	1504.00	202.0
智能手机（万台）	1655.07	-45.3
电子元件(亿只)	4.37	1.8
集成电路圆片（万片）	150.00	-1.1

规模以上工业经济效益综合指数

	1—11月数量	同比增长率（%）
综合指数（%）	314.9	18.5
总资产贡献率（%）	7.3	0.0
资本保值、增值率（%）	107.7	4.1
资产负债率（%）	53.2	-0.1
流动资产周转次数（次）	1.2	0.0
成本费用利润率（%）	6.9	-0.2
全员劳动生产率（元/人）	365718.9	9.6

规模以上工业企业经济效益

	1—11月数量	同比增长率（%）
企业单位数（个）	1385	—
#企业亏损户（个）	301	-3.8
主营业务收入（亿元）	4562.20	9.5
利润总额（亿元）	303.90	8.0
利税总额（亿元）	418.20	7.5
应收账款净额（亿元）	1125.60	6.8
产成品资金占用额（亿元）	424.20	19.7
亏损企业亏损额（亿元）	26.40	-15.4

规模以上工业能源消费量

	总　量	占能源合计比重（%）
原煤（吨）	11507273	75.8
天然气（万立方米）	62585	7.5
用电量（万千瓦时）	954474	11.1
汽油（吨）	18760	0.3
柴油（吨）	81986	1.1

规模以上工业综合能源消费量

	总量（吨标准煤）	同比增长率（%）
规模以上工业综合能源消费量	6746859	-3.4
主要行业规模以上工业综合能源消费量		
#造纸及纸制品业	16105	-6.1
石油加工、炼焦及核燃料加工业	16504	-14.2
化学原料及化学制品制造业	1106998	-3.3
非金属矿物制品业	352337	-8.8
黑色金属冶炼及压延加工业	8574	40.6
有色金属冶炼及压延加工业	48012	-8.4
电力、热力的生产和供应业	3786083	-4.6
通用设备制造业	20665	0.5
专用设备制造业	28283	-1.2
汽车制造业	200276	-1.6
铁路、船舶、航空航天和其他运输设备制造业	16491	-6.7
规模以上工业单位增加值能耗（吨标准煤 / 万元）	0.45	-11.7

注：规模以上工业单位增加值能耗工业增加值为现价，速度为可比价。

固定资产投资

	总　量	同比增长率（%）
全社会固定资产投资（亿元）	—	8.4
固定资产投资（不含农户）	—	8.5
#民间固定资产投资	—	20.3
#基础设施投资（不含电网）	—	8.3
#工业投资	—	28.7
#技术改造投资	—	25.5
1. 按登记注册类型分	—	
公有制经济	—	-4.2
非公有制经济	—	25.0
2. 按报表种类分	—	
项目投资	—	8.8
房地产开发	—	7.9
3. 按产业结构分	—	
第一产业	—	20.8
第二产业	—	28.6
第三产业	—	5.4
#交通运输、仓储和邮政业	—	17.6
信息传输、软件和信息技术服务业	—	15.4

续表

	总　量	同比增长率（%）
批发零售、住宿餐饮业	—	17.4
水利、环境和公共设施管理业（亿元）	—	7.1
本年新增固定资产（亿元）	—	-12.2
本年施工项目个数（个）	3270	16.7
# 本年新开工项目（个）	1486	-10.2
5000万元及以上项目（个）	1983	-0.8
工业项目个数（个）	934	30.6

房地产开发投资

	总　量	同比增长率（%）
本年完成投资（亿元）	2518.01	7.9
房屋施工面积（万平方米）	16044.57	1.3
# 住宅	11208.59	0.7
办公楼	1097.23	3.8
商业营业用房	1916.42	-3.1
其他	1822.33	8.8
房屋竣工面积（万平方米）	977.28	-40.2
# 住宅	623.40	-51.4
办公楼	60.02	-20.2
商业营业用房	109.81	-43.8
其他	184.05	123.8
商品房销售面积（万平方米）	2713.46	8.1
# 住宅	2221.27	3.4
办公楼	210.41	44.9
商业营业用房	168.91	22.8
其他	112.87	42.2

社会消费品零售总额

	总　量	同比增长率（%）
社会消费品零售总额实际增长		7.2
社会消费品零售总额（亿元）	4658.72	9.6
按经营单位所在地分		
1. 城镇	4489.78	9.6
其中：城区	3900.88	10.7
2. 乡村	168.94	11.3
按消费形态分		
1. 餐饮收入	372.51	11.5
2. 商品零售	4286.21	9.5

限额以上企业（单位）消费品零售额

	总　量	同比增长率（%）
限额以上消费品零售额（亿元）	2973.14	9.3
其中：网上零售额	341.57	33.7
按经营单位所在地分		
1. 城镇	2960.81	9.3
其中：城区	2924.32	9.2
2. 乡村	12.33	27.5
按消费形态分		
1. 餐饮收入	98.23	13.2
2. 商品零售	2874.91	9.2
# 粮油、食品类	190.19	20.0
饮料类	23.63	17.8
烟酒类	46.54	18.5
服装、鞋帽、针、纺织品类	421.40	13.5
化妆品类	63.50	20.9
金银珠宝类	41.40	-14.4
日用品类	102.55	27.7
五金、电料类	21.94	2.2
体育、娱乐用品类	72.54	9.2
书报杂志类	12.27	-0.4
电子出版物及音像制品类	2.90	-47.3
家用电器和音像器材类	185.62	4.4
中西药品类	68.40	4.3
文化办公用品类	89.81	6.3
家具类	112.29	-0.4
通信器材类	139.44	14.2
煤炭及制品类	22.36	-45.7
石油及制品类	337.59	19.6
建筑及装潢材料类	94.54	27.6
机电产品及设备类	1.42	-3.4
汽车类	775.32	3.1
其他类	49.26	11.2

规模以上服务业

	1—11月数量	同比增长率（%）
规模以上服务业营业收入（亿元）	2083.01	17.8
按规模分		
1. 大型企业	1222.27	11.8
2. 中型企业	393.52	18.4
3. 小型企业	381.27	30.6
4. 微型企业	85.94	71.5
按登记注册类型分		
1. 内资企业	1946.51	18.1

续表

	1—11月数量	同比增长率（%）
国有企业	210.92	24.0
集体企业	4.53	1.2
股份合作企业	0.35	3.5
联营企业	0.00	-99.2
有限责任公司	1272.95	12.4
股份有限公司	190.32	17.7
私营企业	250.09	50.0
其他企业	17.36	33.9
2. 港、澳、台商投资企业	42.21	9.6
3. 外商投资企业	94.29	16.0
按行业分		
交通运输、仓储和邮政业	414.45	19.1
信息传输、软件和信息技术服务业	773.46	12.5
房地产业	67.82	18.9
租赁和商务服务业	214.12	18.0
科学研究和技术服务业	401.67	27.2
水利、环境和公共设施管理业	71.50	9.4
居民服务、修理和其他服务业	15.03	33.3
教育	10.95	22.1
卫生和社会工作	39.60	19.1
文化、体育和娱乐业	74.40	25.1

注：房地产业不含房地产开发中类。

交通及邮电

	总　量	同比增长率（%）
客运量（万人次）	31066.41	7.9
公路客运量	15555.00	-0.3
铁路旅客发送量	11046.01	22.7
民用航空旅客吞吐量	4465.39	6.7
货运量（万吨）	42436.91	9.7
公路货运量	25691.00	5.0
铁路货物发送量	16714.65	17.8
民用航空货物吞吐量	31.26	20.3
城市公交客运量（万人次）	135330.00	0.6
城市地铁客运量（万人次）	74624.64	23.3
邮政电信（万元）		
邮政业务总收入	616823.02	13.3
电信业务总收入	1502102.24	1.7

注：公路数据来自市交通局；铁路数据来自西安铁路局，为西铁局全口径数据；民航数据来自西北民航管理局；地铁数据来自地铁办；邮政数据来自西安邮政局；电信数据来自中国电信西安分公司、中国移动西安分公司和中国联通西安分公司。

旅　游

	总　量	同比增长率（%）
接待国内外旅游者人数（万人次）	24738.75	36.7
旅游业总收入（亿元）	2554.81	56.4

全社会用电量

	总　量	同比增长率（%）
全社会用电总计（亿千瓦时）	396.75	9.8
全行业用电合计	282.12	8.9
第一产业	2.90	6.6
第二产业	143.04	2.7
工业	132.61	2.7
# 制造业	93.60	1.2
建筑业	11.06	5.3
第三产业	136.19	16.2
交通运输、仓储、邮政业	14.94	15.8
信息传输、计算机服务和软件业	9.04	15.9
批发和零售业	30.20	21.3
住宿和餐饮业	9.43	9.9
金融业	1.36	7.6
房地产业	18.09	30.4
租赁和商务服务业	2.59	7.1
公共服务及管理组织	42.77	12.6
城乡居民生活用电	114.62	12.2
城 市	82.45	12.4
乡 村	32.17	11.6

财政收支

	总　量	同比增长率（%）
财政总收入（亿元）	1460.39	13.6
地方财政一般公共预算收入（亿元）	684.71	10.8
# 税收收入	556.58	24.0
# 增值税	213.31	27.4
营业税	0.37	-83.1
企业所得税	53.95	9.1
个人所得税	31.23	18.9
地方财政一般公共预算支出（亿元）	1151.61	10.2
# 一般公共服务	105.28	25.8
公共安全	69.31	8.3
教育	157.53	17.6
科学技术	48.23	6.5
文化体育与传媒	28.08	10.0
社会保障和就业	129.76	3.3
医疗卫生	92.75	5.3
节能环保	53.21	23.2
城乡社区事务	247.01	5.8
农林水事务	63.64	7.2
交通运输	14.79	2.9

注：从2017年11月起，财政数据包含西咸新区。

金融机构本外币存贷款

	12月末数量	同比增长率（%）
期末金融机构存款余额（亿元）	21266.72	4.4
# 住户存款	8465.50	11.4
非金融企业存款	8318.31	-1.1
广义政府存款	3725.07	3.0
非银行业金融机构存款	732.87	0.6
期末金融机构贷款余额（亿元）	19891.60	16.0
# 住户贷款	5209.41	29.6
非金融企业及机关团体贷款	14661.39	11.7
非银行业金融机构贷款	0.19	-5.0

金融机构人民币存贷款

	12月末数量	同比增长率（%）
期末金融机构存款余额（亿元）	20948.18	4.5
# 住户存款	8360.33	11.5
非金融企业存款	8125.23	-1.0
广义政府存款	3722.47	3.0
非银行业金融机构存款	727.56	0.7
期末金融机构贷款余额（亿元）	19729.82	16.4
# 住户贷款	5209.24	29.6
非金融企业及机关团体贷款	14519.14	12.3
非银行业金融机构贷款	0.19	-5.0

注：金融数据来自人民银行西安分行营业管理部。

环境质量

	12月数量	1—12月数量
环境空气中五项主要污染物浓度		
二氧化硫（μg/m^3）	22	—
二氧化氮（μg/m^3）	69	—
一氧化碳（mg/m^3）	2.400	—
PM10（μg/m^3）	182	—
PM2.5（μg/m^3）	96	—
臭氧日最大8小时平均第90百分位数的浓度（μg/m^3）	46	—
环境空气优良天数（天）	10	188

注：环境监测数据来自市环保局。

物　价

	12月月环比数	12月同期比数	1—12月累计比数
居民消费价格总指数	100.1	102.1	101.9
1. 非食品烟酒价格指数	99.7	102.3	101.8
服务价格指数	99.7	103.1	102.2
消费品价格指数	100.3	101.5	101.8
2. 食品烟酒	101.0	101.6	102.2
衣着	99.2	101.8	100.9

续表

	12月月环比数	12月同期比数	1—12月累计比数
居住	100.2	103.2	101.7
生活用品及服务	100.3	104.2	102.8
交通和通信	99.1	99.2	100.7
教育文化和娱乐	99.6	103.6	101.6
医疗保健	100.0	102.1	104.3
其他用品和服务	98.7	100.5	100.1
商品零售价格指数	100.0	101.5	102.2
新建商品住宅	101. 1	122. 4	114. 6
二手住宅	99. 7	115. 0	111. 3
工业生产者出厂价格指数	100. 1	101. 0	101. 1
按轻重工业分：轻工业	99. 9	102. 4	102. 5
重工业	100. 2	100. 6	100. 7
按两大部类分：生产资料	100. 2	101. 6	101. 7
生活资料	100. 0	100. 0	100. 1
工业生产者购进价格指数	99. 8	100. 6	102. 7
#燃料动力类	99. 4	100. 5	99. 8
黑色金属材料类	99. 7	100. 5	104. 1
农副产品类	100. 7	103. 4	102. 3

注：物价数据来自国家统计局西安调查队。

各区（县）、开发区生产总值

	总　量(亿元)	同比增长率（%）	占全市比重（%）
全　市	8349.86	8.2	—
新城区	650.64	7.7	7.8
碑林区	965.26	8.0	11.6
莲湖区	820.73	7.1	9.8
灞桥区	480.78	12.1	5.8
未央区	964.83	7.3	11.6
雁塔区	1757.98	8.3	21.1
阎良区	250.10	7.7	3.0
临潼区	237.52	8.2	2.8
长安区	909.11	8.2	10.9
高陵区	378.45	8.1	4.5
鄠邑区	217.26	8.0	2.6
蓝田县	151.67	8.0	1.8
周至县	146.27	6.0	1.8
西咸新区	381.94	13.3	4.6
#高新区	1576.96	12.2	18.9
经开区	746.66	8.0	8.9
曲江新区	264.34	8.6	3.2
航空基地	27.36	18.2	0.3
航天基地	191.31	9.1	2.3
浐灞生态区	141.74	15.1	1.7
国际港务区	90.53	23.5	1.1

注：统计资料数据均来自西安统计局。

索引

责任编辑
姬娟妮

西安年鉴
2019
XI'AN YEARBOOK

说　明

一、本索引采用主题分析法，按照主题词首字汉语拼音（同音字按声调）顺序排列；首字相同，按照第二字音序排列，依次类推。

二、部类名称、分目名称、二级分目名称用黑体字标明。主题词后的阿拉伯数字表示内容所在的页码，数字后的拉丁字母（a、b、c）表示该页码从左至右的栏别。

三、“附见”内容于次行缩后壹格放在相关款目下面。款目之后第二个页码表示该款目参见内容所在位置。

四、“特载”“专文”“大事记”“统计资料”“附录”内容不做索引。

数字首

A

B

C

H

I

J

K

L

T

图书在版编目（CIP）数据

西安年鉴. 2019 / 西安地方志办公室编. —西安：世界图书出版西安有限公司，2019.12

ISBN 978-7-5192-6986-9

Ⅰ. ①西… Ⅱ. ①西… Ⅲ. ①西安—2019—年鉴 Ⅳ. ①Z524.11

中国版本图书馆CIP数据核字（2019）第288892号

书　　名	西安年鉴·2019 XI'AN NIANJIAN·2019
编　　者	西安市地方志办公室
责任编辑	孙　蓉　冀彩霞
出版发行	**世界图书出版西安有限公司**
地　　址	西安市锦业路1号都市之门C座
邮政编码	710065
电　　话	029-87214941 029-87233647（市场营销部） 029-87234767（总编室）
网　　址	http://www.wpcxa.com
邮　　编	xast@wpcxa.com
经　　销	新华书店
印　　刷	中煤地西安地图制印有限公司
开　　本	889mm×1240mm　1/16
印　　张	25
插　　页	32页
字　　数	1500千字
版　　次	2019年12月第1版　2019年12月第1次印刷
国际书号	ISBN 978-7-5192-6986-9
定　　价	280.00元

☆如有印装错误，请寄回本公司更换☆